Ps-Athenagoras *De Resurrectione*

Supplements
to
Vigiliae Christianae

TEXTS AND STUDIES OF EARLY CHRISTIAN LIFE AND LANGUAGE

Editors

J. den Boeft

B.D. Ehrmann

K. Greschat

J. Lössl

J. van Oort

D.T. Runia

C. Scholten

VOLUME 133

The titles published in this series are listed at *brill.com/vcs*

Ps-Athenagoras
De Resurrectione

*Datierung und Kontextualisierung
der dem Apologeten Athenagoras
zugeschriebenen Auferstehungsschrift*

von

Nikolai Kiel

BRILL

LEIDEN | BOSTON

Library of Congress Cataloging-in-Publication Data

Kiel, Nikolai.
  Ps-Athenagoras De Resurrectione : Datierung und Kontextualisierung der dem Apologeten Athenagoras zugeschriebenen Auferstehungsschrift / von Nikolai Kiel.
    pages cm. – (Supplements to Vigiliae Christianae : texts and studies of early Christian life and language, ISSN 0920-623X ; VOLUME 133)
  Includes bibliographical references and index.
  ISBN 978-90-04-30268-6 (hardback : alk. paper) – ISBN 978-90-04-30537-3 (e-book)
  1. Ps-Athenagoras, active 3rd century. De resurrectione 2. Jesus Christ–Resurrection–History of doctrines–Early church, ca. 30-600. I. Title.

BR65.A443D445 2015
  232.9'7–dc23

2015032454

This publication has been typeset in the multilingual "Brill" typeface. With over 5,100 characters covering Latin, IPA, Greek, and Cyrillic, this typeface is especially suitable for use in the humanities. For more information, please see www.brill.com/brill-typeface.

ISSN 0920-623X
ISBN 978-90-04-30268-6 (hardback)
ISBN 978-90-04-30537-3 (e-book)

Copyright 2016 by Koninklijke Brill NV, Leiden, The Netherlands.
Koninklijke Brill NV incorporates the imprints Brill, Brill Hes & De Graaf, Brill Nijhoff, Brill Rodopi and Hotei Publishing.
All rights reserved. No part of this publication may be reproduced, translated, stored in a retrieval system, or transmitted in any form or by any means, electronic, mechanical, photocopying, recording or otherwise, without prior written permission from the publisher.
Authorization to photocopy items for internal or personal use is granted by Koninklijke Brill NV provided that the appropriate fees are paid directly to The Copyright Clearance Center, 222 Rosewood Drive, Suite 910, Danvers, MA 01923, USA. Fees are subject to change.

This book is printed on acid-free paper.

Inhaltsverzeichnis

Vorwort IX

Einleitung 1
1 Gegenstand und Zielsetzung der Untersuchung 1
2 Zum methodischen Verfahren 4
3 Aufbau der Untersuchung 7

TEIL 1
Die zeit- und theologiegeschichtliche Einordnung von De Resurrectione

1 Die Verfasserschaft von De Resurrectione: Athenagoras oder Pseudo-Athenagoras? 11
   1 Forschungslage zur Verfasserfrage 11
   2 Handschriftliche Überlieferung von De Resurrectione 22
   3 Inhaltliche Divergenzen zwischen der Legatio und De Resurrectione 30
   4 Unterschiede im Stil 57

2 De Resurrectione des Ps-Athenagoras 61
   1 Prolog: Erörterung über Wahrheit und Irrtum (De Res 1,1–2) 61
   2 Methodischer Aufbau von De Resurrectione 64
   3 Adressaten 75
   4 Gattung und „Sitz im Leben" 97

3 Die Einwände der Gegner gegen die leibliche Auferstehung in De Resurrectione 100
   1 Forschungsüberblick und die daraus folgende Vorgehensweise für die Untersuchung 100
   2 Zur Rekonstruktion der gegnerischen Einwände 134
      2.1 *Celsus' Kritik an der Auferstehungslehre* 136
      2.2 *Ergebnis und Ausblick: Adressatenschaft und Gegnerschaft* 177
      2.3 *Kettennahrungs-Einwand (De Res 3,3–4,4 und 8,4)* 193

4 Allgemeine Entwicklung des Kettennahrungs-Einwands und dessen Widerlegung 208

1 Seneca 208
2 Tatian 211
3 Minucius Felix 214
4 Tertullian 219
5 Zwischenergebnis bezüglich der Entwicklung des Kettennahrungs-Einwands 223
6 Origenes 228
7 Der Hellene des Makarius Magnes/Porphyrius 250
8 Cyrill von Jerusalem 279
9 Theodoret von Cyrus 285
10 Quaestiones-Literatur 290
11 Gregor von Nyssa 309
12 Ergebnis 334

5 Widerlegung des Kettennahrungs-Einwands (De Res 5–8) 336

1 Die Frage nach der Abhängigkeit von der zeitgenössischen Medizin 336
2 Der dreifache Verdauungsprozess (De Res 5) 344
3 Verdauungstheorie des Galen 347
4 Definition der Nahrung (De Res 6,1 f.) 363
5 Wirksamkeit von Verdauungskräften (De Res 6,3 f.) 366
6 Zusammenfassung und der sog. „rohe Saft" (De Res 6,5 f.) 368
7 Immaterielle Beschaffenheit der Auferstehungsleiblichkeit (De Res 7,1) 371
8 Assimilierungsunfähigkeit des verzehrten Menschenfleisches (De Res 7,2 f.) 377
9 Theologische Widerlegung des Kettennahrungs-Einwands (De Res 7,4–8,3) 382
10 Resultat 387

INHALTSVERZEICHNIS

VII

TEIL 2
Verifizierung der angenommenen Datierung an der positiven Darlegung des Auferstehungsbeweises

Einleitung zu Teil 2   393

6 Schöpfungstheologische Argumentation (De Res 12–17)   394
  1 Zur Komposition von De Res 12–25: „Logos de veritate"   394
  2 Ursache der Menschenschöpfung (De Res 12,1–13,2)   397
    2.1 *Erschaffung des „ersten Menschen"*   397
    2.2 *Zweckbestimmung der Menschenentstehung (De Res 12,1–5)*   404
    2.3 *Ebenbildlichkeit Gottes im Menschen (De Res 12,6)*   423
    2.4 *Auferstehung als μεταβολή (De Res 12,7–9)*   440
  3 De Res 16 und 17: Διαμονή des gesamten Menschen   445
    3.1 *Fortdauer der Menschennatur (De Res 16)*   445
    3.2 *Analogie der Lebensalter (De Res 17)*   449
    3.3 *Die Funktion des σπέρμα-Beispiels für den Auferstehungsbeweis*   454
  4 Bekräftigung und Verteidigung der Auferstehungshoffnung (De Res 13,1–2)   460
  5 Die Natur der Menschen (De Res 15,1–8)   468

7 Theologiegeschichtliche Zuordnung der μεταβολή-Vorstellung   484
  1 Rheginosbrief   486
    1.1 *Μεταβολή-Verständnis der Auferstehung*   493
    1.2 *Vergleich mit Ps-Athenagoras*   527
  2 Tertullian   531
    2.1 Demutatio *in einen engelhaften Zustand*   531
    2.2 *Vergleich mit Ps-Athenagoras*   554
  3 Origenes   561
    3.1 *Verwandlung in eine pneumatische Leiblichkeit*   561
    3.2 *Vergleich mit Ps-Athenagoras*   596
  4 Ergebnis   600

8 Die auf der Providenz Gottes beruhende Beweisführung (De Res 18–25)   609
  1 Gerichtsargumentation (De Res 18–23)   609
    1.1 *Relativierung des Gerichtsarguments (De Res 14,5f.)*   609
    1.2 *Vorsehung Gottes als Ausgangslage (De Res 18)*   613
    1.3 *Notwendigkeit eines gerechten Jenseitsgerichts (De Res 19)*   623

1.4 *Fehlende Gerechtigkeit des reinen Seelengerichts (De Res 20)* 633

1.5 *Ungerechtigkeit der platonischen Gerichtsvorstellung (De Res 21–23)* 642

2 Exkurs: Philosophiegeschichtliche Einordnung der Psychologie von De Res 681

2.1 *Affektionsfreiheit der Seele bei Plotin* 681

2.2 *Bedürfnislosigkeit der Seele bei Plotin* 688

2.3 *Die ps.-athen. Seelenlehre innerhalb der Philosophiegeschichte* 691

3 Der auf dem τέλος beruhende Auferstehungsbeweis (De Res 24–25) 695

Ausblick: Die Rezeption von De Resurrectione durch Methodius von Olympus 707

1 Methodius von Olympus: De Resurrectione 709

2 Rezeption der συναμφότερον-Vorstellung (De Res I,54–55) 714

3 Resultat 724

Ergebnis 728

1 Pseudonymität von De Resurrectione 728

2 Celsische Einwände als Bezugsrahmen der Datierung 728

3 Kettennahrungsdebatte als auslösender Faktor des Traktats 729

4 Auferstehung als Verwandlungsgeschehen innerhalb der theologiegeschichtlichen Entwicklung 732

5 Philonische und galenische Gedankengänge im Auferstehungtraktat 733

6 Modifikation der Gerichtsargumentation des 2. Jhds als Indiz für die Datierung 735

7 Abhängigkeit des Methodius von Ps-Athenagoras als flankierende Beweisführung 736

8 Resümee 736

Literaturverzeichnis 737
Quellenregister 777
Autorenregister 801

Vorwort

Die vorliegende Studie ist die durchgesehene und im Wesentlichen unveränderte Fassung meiner Dissertation, die im Wintersemester 2014/15 von der Evangelisch-Theologischen Fakultät der Westfälischen Wilhelms-Universität Münster angenommen wurde.

Angeregt wurde die Untersuchung der Auferstehungsschrift des Ps-Athenagoras von meinem Doktorvater, Herrn Prof. Dr. Holger Strutwolf, der ihre Entstehung sehr interessiert begleitete. Ihm gilt mein besonderer Dank – sowohl für den konstruktiven Austausch als auch für die intensive Förderung der Arbeit. Herrn Prof. Dr. Hermut Löhr danke ich für die Übernahme des Korreferats.

Ein wesentlicher Wegbegleiter seit Beginn meiner Beschäftigung mit der Auferstehungsthematik war Herr Prof. Dr. Dietrich-Alex Koch. Er weckte schon zur Zeit meines Studiums durch seine interessanten Seminare die Begeisterung für Fragen der christlichen Eschatologie in mir.

Es ist mir ferner eine große Freude, an dieser Stelle all jenen ein Wort des Dankes auszusprechen, die mir bei der Konzeption der Dissertation zur Seite gestanden haben: Die Kolleginnen und Kollegen im neutestamentlichen Forschungskolloquium in Münster haben durch ihren kritischen Dialog entscheidend zum Entstehen der Arbeit beigetragen. Auch den Teilnehmerinnen und Teilnehmern der internationalen Arbeitsgemeinschaft ‚Zweites Jahrhundert‘ in Benediktbeuern im Jahre 2014 gebührt mein Dank für die Diskussion der Ergebnisse meiner Dissertation. Herrn Prof. Dr. Horacio E. Lona danke ich in diesem Zusammenhang für konstruktive Anmerkungen zu der in dieser Studie vertretenen Datierungsthese.

Allen Mitarbeiterinnen und Mitarbeitern des Instituts für Neutestamentliche Textforschung sei für die freundliche und stets kollegiale Arbeitsatmosphäre herzlich gedankt. Hervorgehoben seien dabei Herr Prof. Dr. Siegfried G. Richter, Frau Dr. Marie-Luise Lakmann, Herr Dr. Andreas Juckel sowie Herr Gunnar Büsch, die Teile der Studie gelesen und mit wertvollen Hinweisen versehen haben. Herr Volker Krüger hat dankenswerterweise alle computertechnischen Probleme gelöst.

Den Herausgebern danke ich für die Aufnahme der Arbeit in die Reihe „Supplements to Vigiliae Christianae“. Schließlich habe ich zu danken Herrn Matthias Gran und Herrn Alexander Dölecke für das Korrekturlesen des Textes.

Mein besonderer Dank gilt meiner Frau, Dr. Svetlana Kiel, die die gesamte Arbeitsphase über Jahre hinweg begleitet hat. Ihr und meinen Kindern, Lina und Josephine, widme ich diese Studie.

Nikolai Kiel
Münster, im September 2015

Einleitung

1 Gegenstand und Zielsetzung der Untersuchung

In der neueren Forschungsliteratur zu der dem Apologeten Athenagoras traditionell zugeschriebenen Schrift De Resurrectione ist immer wieder die ungeklärte Forschungslage bezüglich der Autorenschaft und der damit verbundenen Datierung von De Resurrectione bemängelt und beklagt worden. Seit dem bahnbrechenden Aufsatz von Robert M. Grant aus dem Jahre 1954 ist die Zuschreibung des Auferstehungstraktats an Athenagoras umstritten.[1] Zwangsläufig wirkt sich das Postulat der Pseudonymität auch auf die Datierung von De Resurrectione aus. Nach der Bestreitung der athenagoreischen Verfasserschaft schlägt R.M. Grant die Datierung der Schrift in das frühe 4. Jahrhundert vor.[2] Seit diesem Vorstoß hinsichtlich der Authentizität und der zeitgeschichtlichen Verortung der Auferstehungsschrift hat sich die Diskussion bezüglich dieser beiden Fragestellungen nicht mehr beruhigt. Noch immer ist ungeklärt, wer der Autor des Traktats ist und welcher Zeit diese Auferstehungsschrift tatsächlich zuzuordnen ist.

In den neueren Behandlungen von De Resurrectione spiegelt sich der unsichere *status quo* in aller Deutlichkeit wider. Sehr häufig werden die Vertreter der „Echtheit" und der „Unechtheit" der athenagoreischen Verfasserfrage einander gegenübergestellt und die damit notwendigerweise zusammenhängenden Datierungsvorschläge erwähnt.[3] Wenn sich der/die jeweilige Forscher/in von einer Position überzeugen lässt, schließt er/sie sich einer der Gruppen an und belässt es dabei, die andere Position nicht mehr widerlegen zu müssen.[4] Es

---

1   Vgl. R.M. Grant, Athenagoras or Pseudo-Athenagoras (1954), 121–129.

2   Vgl. R.M. Grant, Athenagoras or Pseudo-Athenagoras, 129: „And from the use of the present tense we can probably infer that the treatise was written shortly before Galerius' death in the spring of 310."

3   Stellvertretend für eine solche Vorgehensweise sind hier in der neueren Literatur folgende Studien zu nennen: K. Schneider, Theologie der Auferstehung, 243 Anm. 1; C. Setzer, Resurrection of the Body, 87 Anm. 28 und 29; U. Volp, Die Würde des Menschen, 116 Anm. 517.

4   Vgl. G. af Hällström, Carnis Resurrectio, 15.42 f. So beispielhaft auch für viele Untersuchungen K. Schneider, der m. E. durch die vorliegende Studie durchaus Recht zu geben ist, wenn sie ausführt: „Die dem Apologeten Athenagoras zugeschriebene Abhandlung ‚De resurrectione' muß wahrscheinlich als unecht betrachtet und in eine spätere Zeit datiert werden." K. Schneider, Theologie der Auferstehung, 243. Allein die neuste Monographie zu Athenagoras von D. Rankin, Athenagoras Philosopher and Theologian (2009), scheint eine Ausnahme

ist unverkennbar, wie ambivalent die Forschungslage zu diesen Einleitungsfragen noch immer ist. Diesem Desiderat in der patristischen Forschung widmet sich die vorliegende Studie und versucht, unter Berücksichtigung der bereits in der Forschung erzielten Ergebnisse insbesondere die unsichere Datierung von De Resurrectione zu klären.

Trotz des zuletzt beharrlichen Versuchs von B. Pouderon, die athenagoreische Verfasserschaft von De Resurrectione mit allen Mitteln zu verteidigen,[5] hat sich in den intensiven Beschäftigungen mit dieser Auferstehungsschrift ein gewisser Konsens abgezeichnet. Dieser geht von der Pseudonymität der Verfasserschaft aus.[6]

Wenn auch die Debatte hinsichtlich der Verfasserschaft in den letzten beiden Jahrzehnten abgeklungen ist, wird die Datierung des Traktats weiterhin

---

hinsichtlich der Fragestellung der Verfasserschaft zu machen und ringt um eine Lösung, was die Frage der „Echtheit" und „Unechtheit" der athenagoreischen Verfasserschaft angeht. Vgl. D. Rankin, Athenagoras, 17–23. Jedoch bleibt die Diskussion allein auf die Beiträge von B. Pouderon und N. Zeegers-Vander Vorst beschränkt, ohne die konstruktiven Stellungnahmen von E. Gallicet und H.E. Lona zu dieser Fragestellung im Ansatz wahrzunehmen. Zuletzt schließt sich D. Rankin einfach der Position von B. Pouderon an, ohne den in der Forschung sich abzeichnenden Konsens zugunsten der „Unechtheit" der athenagoreischen Verfasserschaft des Traktats in Wirklichkeit berücksichtigt zu haben.

5 So in wiederkehrenden Behandlungen B. Pouderon, L'Authenticité du Traité sur la Résurrection attribué à l'Apologiste Athénagore, In: Vigiliae Christianae 40 (1986), 226–244. Dieser Aufsatz wird ohne jegliche Veränderungen erneut in seiner Monographie abgedruckt: ders., Athénagore d'Athènes, philosophe chrétien (Théologie Historique 82), Paris 1989, 62–81. Dann in einem vierteiligen Aufsatz, der einen neuen Versuch der Verteidigung der „Echtheit" des Traktats enthält, aber im Wesentlichen der früheren Position entspricht: ders., Apologetica. Encore sur l'authenticité du ,De Resurrectione' d'Athénagore, In: Revue des sciences religieuses 67 (1993), 23–40; 68 (1994), 19–38; 69 (1995), 194–201; 70 (1996), 224–239.

6 Vgl. R.M. Grant, der im Titel seines Aufsatzes „Athenagoras or Pseudo-Athenagoras" die Verfasserfrage thematisiert, wobei er eindeutig für die zweite Alternative votiert: „Pseudo-Athenagoras". Siehe weiterhin auch innerhalb der italienischen Forschung E. Gallicet, der ebenso in zwei Aufsätzen die „Unechtheit" vetritt: E. Gallicet, Atenagora o Pseudo-Atenagora?, In: Rivista di Filologia 104 (1976), 420–435 und E. Gallicet, Ancora sullo Pseudo-Atenagora, In: Rivista di Filologia 105 (1977), 21–42. Dieser Bezeichung des Autors des Auferstehungstraktats hat sich ebenfalls H.E. Lona in seinem Aufsatz mit einem ähnlichen Titel „Bemerkungen zu Athenagoras und Pseudo-Athenagoras" aus dem Jahre 1988 angeschlossen. Auch N. Zeegers-Vander Vorst spricht sich eindeutig für die Pseudonymität des Auferstehungstraktats aus, der seit dem Arethas-Codex aus dem Jahre 914 n. Chr. traditionell dem Apologeten Athanagoras zugeschrieben wird. Vgl. N. Zeegers-Vander Vorst, La Paternité athénagorienne du De Resurrectione, In: Revue d'histoire ecclésiastique 87 (1992), 333–374.

EINLEITUNG

kontrovers diskutiert.[7] Hier setzt die vorliegende Studie an und geht allen seit R.M. Grant in Frage kommenden Datierungsvorschlägen nach und überprüft diese. Die Spanne der verschiedenen Datierungsansätze umfasst die Zeit vom Ende des zweiten bis zum späten vierten nachchristlichen Jahrhundert. Hierbei sind sowohl die theologie- als auch die zeitgeschichtliche Verortung des Auferstehungstraktats unklar.

Eine grundlegende Richtung hinsichtlich dieser Problemstellung hat der Datierungsvorschlag von Horacio E. Lona vorgegeben. Indem er überzeugend die Pseudonymität des Auferstehungstraktats nachweist, schlägt er in seiner Untersuchung der Auferstehungsschrift des Ps-Athenagoras eine Datierung in die zweite Hälfte des 4. Jahrhunderts vor.[8] Nun ist dieser Datierungsvorschlag fast drei Jahrzehnte später weder bestätigt noch wirklich gründlich widerlegt. Zwar gehen einige Autoren auf Lonas These ein,[9] eine gründliche Auseinandersetzung und Überprüfung steht jedoch noch aus.

In einem letzten ausführlichen Beitrag hinsichtlich der zur Debatte stehenden Auferstehungsschrift kommt N. Zeegers-Vander Vorst nach dem für sie sicheren Erweis der Pseudonymität gar zu der Überzeugung, dass der Traktat von einer zeitgeschichtlich völlig losgelösten Thematik ist[10] und in den gesamten zur Diskussion stehenden chronologischen Zeitrahmen (vom 2. bis zum 4. Jahrhundert) passt.[11] Es muss daher gefragt werden, ob der im Traktat deut-

---

7   Vgl. beispielsweise C. Setzer, Resurrection of the Body, 87: „Ultimately, authorship is less crucial than dating, since we are interested in developing attitudes about resurrection over time." Die Datierung ist somit für eine theologische Entwicklung der Auferstehungslehre wesentlich wichtiger, als es die Bestimmung des Verfassers auf den ersten Blick vermuten lässt. Dennoch geht C. Setzer im Anschluss an L.W. Barnard von der Verfasserschaft des Athenagoras aus, obwohl die Autorin zu verstehen gibt, dass besonders die Datierung des Traktats weiterhin völlig ungeklärt bleibt.

8   Vgl. H.E. Lona, Athenagoras, 577: „Der Verfasser von ‚De Resurrectione' ist nicht ein Einzelgänger aus dem zweiten Jahrhundert, der ohne Bezug auf die zeitgenössische Problematik und ohne Echo in der folgenden Zeit sein Werk schreibt, sondern ein Theologe aus der zweiten Hälfte des vierten Jahrhunderts [...]"

9   Vgl. N. Zeegers-Vander Vorst, Adversaires et destinataires, 237 Anm. 122. Siehe auch B. Pouderon, Apologetica (1996), 228 Anm. 152.

10 Vgl. N. Zeegers-Vander Vorst, Adversaires et destinataires, 641: „Ces contradictions s'expliquent à la fois par l'absence dans R d'indications explicites (dépourvu à ce point de références, R pourrait passer pour un traité en quelque sorte intemporel: valable pour tous et en tout temps) [...]"

11 Vgl. N. Zeegers-Vander Vorst, Adversaires et destinataires, 652: „Contrairement à la plupart des apologies du IIᵉ s., R n'est pas un écrit de circonstance et ne contient aucune référence à l'actualité. C'est tellement vrai qu'on a pu le dater des IIᵉ, IIIᵉ, IVᵉ et même Vᵉ s." Vgl. ebd.,

lich werdende polemische Hintergrund der Kontroverse auf einen konkreten Zeitbezug schließen lässt. Wird nicht durch gegnerische Argumente aktuell ausgelöste Debatte hinsichtlich der christlichen Auferstehungslehre vorausgesetzt, auf die der Autor dieser Schrift Bezug nimmt und reagiert?[12] Dies ist m. E. deutlich aus dem Anlass zu Beginn der Schrift ersichtlich (vgl. De Res 1,1 f.): Die Kettennahrungs-Problematik innerhalb der Adressatenschaft des Traktats sorgt für die aktuelle Verwirrung bezüglich der Auferstehung derselben Leiber. So sieht sich der Verfasser veranlasst, eine Widerlegung der gegnerischen Einwände vorzubringen, indem er die beim Publikum ausgelösten Bedenken hinsichtlich der christlichen Auferstehungshoffnung ausräumt. Es zeigt sich demnach deutlich, dass De Resurrectione auf eine sich konkret abzeichnende Problematik reagiert. Daher ist m. E. keineswegs von einem völlig zeitgeschichtlich losgelösten Beitrag zur Auferstehungslehre auszugehen.

Den im bisherigen Forschungsstand vorherrschenden unsicheren Vermutungen zur Eingrenzung des Entstehungszeitrahmens will diese Studie Abhilfe schaffen. Es muss geklärt werden, in wie weit die einzelnen Vorschläge bezüglich der Datierungsfrage von De Resurrectione des Ps-Athenagoras überzeugen und in welche Zeit der Beitrag zur Auferstehungslehre tatsächlich gehört. Es wird sich zeigen, dass sich der theologie- und zeitgeschichtliche Rahmen durchaus eingrenzen lässt, der freilich nicht auf ein ganz bestimmtes Jahr festzulegen ist.

2 Zum methodischen Verfahren

Um die Zeitspanne der Entstehungszeit einigermaßen eingrenzen zu können, müssen in gleicher Weise der *terminus post quem* und – insofern dies möglich ist – der *terminus ante quem* erfasst werden. Zunächst ist es notwendig, mit der Klärung der Verfasserschaft des Traktats einzusetzen. In diesem Fall kann auf gewisse Ergebnisse der Forschungsliteratur zurückgegriffen werden. Dennoch ist zu prüfen, ob die zuletzt von B. Pouderon in vier aufeinander folgenden Aufsätzen mit dem bezeichnenden Titel „Apologetica"[13] verteidigte athenago-

---

      656: „ʀ est assurément un traité étrange, difficile à situer dans le temps, dans l'espace et dans l'ensemble de la littérature chrétienne."

12   Vgl. G. af Hällström, Carnis Resurrectio, 21: „He is consequently not writing in a vacuum, but compelled to act by the present situation."

13   Vgl. B. Pouderon, Apologetica. Encore sur l'authenticité du ‚De Resurrectione' d'Athénagore, In: Revue des sciences religieuses 67 (1993), 23–40; 68 (1994), 19–38; 69 (1995), 194–201; 70 (1996), 224–239.

EINLEITUNG 5

reische Verfasserschaft vor dem Hintergrund des sich in der Forschung abzeichnenden *consensus communis* der kritischen Überprüfung standhält. Sollten die
Argumente Pouderons nicht überzeugend genug sein, kann die Entstehungszeit am Ende des 2. Jahrhunderts nicht mehr mit der athenagoreischen Verfasserschaft begründet werden.

Daher rückt die Fragestellung, in welche kontrovers geführte Debatte der
Auferstehungstraktat mit größter Wahrscheinlichkeit hineingehört, in den Mittelpunkt. Um also den theologischen Beitrag von De Resurrectione in eine
bestimmte Entwicklungsphase der Auferstehungslehre einordnen zu können,
müssen sichere Hinweise aus dem Traktat selbst eruiert werden. Dieses Verfahren wandte vor allem H.E. Lona innerhalb seiner Datierungsthese an, und
es scheint wohl die einzig zuverlässige Methode zu sein, hinsichtlich der Datierungsfrage sichere Ergebnisse zu erzielen.

Lona folgend liegt auch der vorliegenden Untersuchung die Annahme zugrunde, dass sich insbesondere die Ausführlichkeit der Behandlung der Kettennahrungs-Problematik im ersten Teil des Traktats (De Res 3,3–8,4) dazu eignet,
den kontroversen Hintergrund der Auseinandersetzung um die Auferstehungslehre zu erfassen.[14] Es ist daher unumgänglich, dieser Problemstellung auf der
Grundlage einer exegetischen Untersuchung der Quelle gründlich nachzugehen, um darauf basierend die Kontroverse mit den Auferstehungsgegnern plausibel in eine bestimmte Zeitphase einstufen zu können.

Die Methode orientiert sich vorrangig an der ideengeschichtlichen Entwicklung von theologischen und philosophischen Konzeptionen, die im Traktat
innerhalb der Argumentation vorausgesetzt und für den Auferstehungsbeweis
herangezogen werden. Daher ist es notwendig, vor allem die positive Beweisführung für die Auferstehung auf entsprechende Vorstellungen zu prüfen. Im
ersten Teil des Traktats (De Res 2,3–11,2) werden die Einwände der Kontrahenten, die den Auferstehungsbeweis erst veranlasst haben, ermittelt. Daraus
sind sichere Indizien zur zeitgenössischen Auseinandersetzung mit den gleichen gegnerischen Argumenten und mit einer vergleichbaren Problematik für
eine bestimmte Zeitphase auszumachen. Im Anschluss daran wird die positive Argumentationsführung hinsichtlich des Auferstehungsbeweises in De Res

---

14   Vgl. H.E. Lona, Athenagoras, 552 f.: „Die Ausführlichkeit der Antwort (3,3–8,4) zeigt, wie
    zentral die Frage und welcher der Hintergrund war, auf dem die Diskussion um die Mög
    lichkeit der Auferstehung zu verstehen ist. Diese Feststellung ist methodisch bedeutsam
    im Hinblick auf die zeitgeschichtliche Einordnung von ‚De Resurrectione mortuorum'.
    In welchem Zusammenhang wurde diese Frage eingehend erörtert? Läßt sich die Stel
    lungnahme unseres Traktates in diesem Zusammenhang als Antwort auf eine kontroverse
    Frage verstehen?"

12–25 einer Kommentierung unterzogen. Die aus dem ersten Teil gewonnene These über die Entstehungsphase der Schrift ist dabei im zweiten Teil des Traktats in Form einer ausführlichen Textanalyse auf ihre Plausibilität zu überprüfen. Auch daraus sind mit der angewandten Methodik zusätzliche Hinweise für die Entstehungszeit von De Resurrectione zu erheben. Die auf diese Weise angestrebte Kontextualisierung beinhaltet die Rekonstruktion des historischen Kontextes der Auferstehungsschrift. Dieses Verfahren verspricht eine präzise Erfassung der Entstehungsumstände des Auferstehungstraktats.

Der Fokus der Untersuchung richtet sich auf die Verortung des auferstehungstheologischen Beitrags von De Resurrectione in eine theologiegeschichtliche Entwicklungsphase der Auferstehungslehre. Entsprechende Auferstehungsentwürfe der zeitgenössischen Literatur werden zum Vergleich herangezogen. Zur Datierung ist jedoch in erster Linie die Rekonstruktion des gegnerischen Standpunkts im Traktat selbst erforderlich,[15] der dann sichere Hinweise auf eine bestimmte Zeitspanne innerhalb der Auseinandersetzung und Entwicklung der Auferstehungslehre gibt.

Daher stehen die Gegnerschaft des Traktats und die Entwicklung der gegnerischen Argumentation anhand der Kettennahrungs-Problematik im Mittelpunkt der Untersuchung. Aus der Einordnung der spezifischen Form des Kettennahrungs-Einwands in die geschichtliche Entwicklung dieser Argumentationsfigur werden ebenfalls Hinweise für die Datierung des Traktates ermittelt. Diese methodische Vorgehensweise hat H.E. Lona dazu bewogen, alle infrage kommenden Quellen vom zweiten bis zum fünften Jahrhundert zu überprüfen und angesichts der intensiven Beschäftigung mit der Kettennahrungs-Problematik innerhalb der Theologiegeschichte eine Datierung von De Resurrectione des Ps-Athenagoras vorzunehmen. In einem gesonderten Kapitel zur Entwicklung des Kettennahrungs-Arguments wird in der vorliegenden Untersuchung diese Datierungsthese anhand der von Lona herangezogenen Quellen eingehend geprüft.

Des Weiteren ist auf die Fragestellung einzugehen, zu welcher zeitgeschichtlichen Debatte die Auferstehungslehre des Traktats einen Beitrag leistet. Aufgrund einer gründlichen exegetischen Untersuchung der Auferstehungsschrift sind sichere Auskünfte zu verifizieren, die auf den polemischen Hintergrund der Auseinandersetzung verweisen. Diese methodische Herangehensweise

---

15   Zur Problematik der Rekonstruktion des gegnerischen Standpunkts siehe den instruktiven Aufsatz von K. Berger, Die impliziten Gegner. Zur Methode des Erschließens von ‚Gegnern' in neutestamentlichen Texten, 373–400. Da in De Res 2,3 und 4,1–4 die Einwände der Kontrahenten detailliert referiert werden, kann auf die gegnerische Position geschlossen werden.

EINLEITUNG   7

verspricht, zu eindeutigen Ergebnissen hinsichtlich der Bestimmung der Entstehungszeit zu gelangen und eine wahrscheinliche Datierung des Auferstehungstraktats auszumachen.

3   Aufbau der Untersuchung

Aus der methodischen Vorgehensweise ergibt sich folgende Struktur der Untersuchung: Es ist sinnvoll, mit der Klärung der athenagoreischen Verfasserschaft des Traktats einzusetzen. In diesem Zusammenhang müssen vor allem die sich in der Forschung herauskristallisierenden Ergebnisse hinsichtlich der Verfasserfrage berücksichtigt werden. Daraufhin kann über die Entstehungszeit von De Resurrectione nachgedacht werden. Zu diesem Zweck sollen im ersten Hauptteil der Untersuchung die Einleitungsfragen behandelt werden. Im Mittelpunkt stehen der Anlass, der Aufbau der Auferstehungsschrift mit der in ihr angewandten Argumentationsmethode, die Adressaten und vor allem die Gegnerschaft des Traktats. Der Erfassung der gegnerischen Position gilt die größte Aufmerksamkeit, da damit entscheidende Hinweise auf den kontroversen geschichtlichen Hintergrund der Debatte um die Auferstehungslehre zu erwarten sind.

Da üblicherweise die zeitliche Einordnung der Schrift in der Forschungsgeschichte aus der Bestimmung der Gegnerschaft vorgenommen wird, ist der Ermittlung des gegnerischen Standpunkts ein wesentlicher Schwerpunkt gewidmet. Daraus sind die ersten wichtigen Anhaltspunkte für die Datierung der Auferstehungsschrift zu bestimmen.

Des Weiteren wird die dem Traktat zugrundeliegende Thematik der Kettennahrung untersucht. Dabei wird in einem ausführlichen Kapitel die Entwicklung der allgemeinen Kettennahrungs-Problematik chronologisch nachgezeichnet, um die im Traktat behandelte Begründung des ἀδύνατον-Einwands in ihrer Genese einzuordnen. Aus dem fortschreitenden Entwicklungsprozess der Kettennahrungs-Argumentation sind ebenfalls wichtige zeit- und theologiegeschichtliche Hinweise für die Abfassungszeit der Auferstehungsschrift zu erheben. Hierzu gehört innerhalb des Traktats der Abschnitt De Res 5–8, der die intensive Auseinandersetzung mit der Kettennahrungs-Problematik (De Res 3,3–4,4) beinhaltet und auf zeitgenössische Anschauungen der Medizin rekurriert.

Im zweiten Hauptteil der Studie werden die aus dem ersten Abschnitt gewonnenen Ergebnisse bezüglich der Entstehungsphase des Traktats einer Überprüfung unterzogen. Dieser Teil der Arbeit umfasst die Kommentierung der positiven Beweisführung von De Resurrectione. Der positive Nachweis der

Auferstehungshoffnung konzentriert sich in De Res 12–25 auf vier aufeinander aufbauende Beweisgänge: die Ursache der Menschenschöpfung (De Res 12 f.), die Natur des Menschen (De Res 15–17), die Gerichtsargumentation (De Res 18–23) und das τέλος der menschlichen Existenz (De Res 24 f.). Aus dieser kommentierenden Untersuchung lassen sich weitere Hinweise für die zeitgeschichtliche Phase der Auseinandersetzung um die christliche Auferstehungslehre verifizieren.

Die besondere Aufmerksamkeit gilt der Einordnung der Auferstehungsauffassung von De Resurrectione in eine theologiegeschichtliche Entwicklungsphase der Auferstehungslehre. Dies wird aus der für den Auferstehungstraktat maßgeblichen μεταβολή-Auffassung erschlossen und anhand zeitgleicher Auferstehungsentwürfe in eine bestimmte Phase der Theologiegeschichte eingeordnet. Des Weiteren sind innerhalb der positiven Beweisführung mittels der Gerichtsargumentation Anknüpfungspunkte aus dem in der christlichen Tradition verbreiteten Nachweis der Auferstehungshoffnung zu eruieren. Insbesondere aber liegt das Hauptaugenmerk auf der Partizipation an den zeitgenössisch verbreiteten philosophischen Vorstellungen hinsichtlich der Seelenlehre, was ebenfalls Auskünfte für die Entstehung des Traktats innerhalb einer bestimmten zeitgeschichtlichen Periode verspricht.

Abschließend wird der Frage nach einer möglichen Rezeption von De Resurrectione des Ps-Athenagoras innerhalb der Theologiegeschichte nachgegangen. Zu diesem Zweck findet eine Untersuchung der Auferstehungsschrift des Methodius von Olympus statt, da dieser Autor – wie allgemein bekannt – intensiv an seiner christlichen Tradition der Auferstehungslehre partizipiert.[16] Diese mögliche Abhängigkeit des methodianischen Auferstehungsentwurfs von Ps-Athenagoras stellt einen Ausblick dar, der jedoch für die zeit- und theologiegeschichtliche Bestimmung der Entstehungsphase des pseudoathenagoreischen Auferstehungstraktats eine sekundäre Rolle einnimmt.

---

16   Vgl. N. Bonwetsch, Die Theologie des Methodius von Olympus, 160–171.

TEIL 1

*Die zeit- und theologiegeschichtliche
Einordnung von De Resurrectione*

∵

1. KAPITEL

Die Verfasserschaft von De Resurrectione: Athenagoras oder Pseudo-Athenagoras?

1 Forschungslage zur Verfasserfrage

Die Frage der „Echtheit" von De Resurrectione ist in der jüngsten Vergangenheit ausführlich debattiert worden.[1] Die ersten begründeten Zweifel an der athenagoreischen Verfasserschaft bekundete *Robert M. Grant* in seinem Aufsatz „Athenagoras or Pseudo-Athenagoras" im Jahre 1954.[2] Er verweist auf die handschriftliche Überlieferung, in der erst im Arethas-Codex (914 n. Chr.) De Resurrectione ausdrücklich Athenagoras zugeschrieben wurde.[3] Seit den Beobachtungen Otto Stählins zu diesem Codex[4] wurde die handschriftliche Überlieferung wiederholt als entscheidendes Kriterium zum Nachweis der „Unechtheit" des Traktats vorgebracht.

An zweiter Stelle betont R.M. Grant vor allem die inhaltlichen Divergenzen zwischen den beiden Werken Legatio und De Resurrectione.[5] Um die Unterschiede im Inhalt von Legatio und De Resurrectione nachzuweisen, macht er die Kapitel Leg 36 f., in denen Athenagoras den Aufriss einer künftigen Behandlung des Auferstehungsthemas bietet, zum Ausgangspunkt seiner Ausführungen.[6]

Weiterhin verweist Grant bei der Beschreibung der eschatologischen Seinsweise der Auferstandenen auf die Bedeutung des Begriffes πνεῦμα in der Leg

---

1 Peter Pilhofer beschreibt im „Lexikon der antiken christlichen Literatur" (³2002) treffend die Forschungslage zur Verfasserschaft von De Resurrectione: „Über die Echtheit von *res.* (De Resurrectione) wurde eine lebhafte Debatte geführt, die noch nicht entschieden ist." P. Pilhofer, Art. *Athenagoras*, In: LACL, 77.

2 Vgl. R.M. Grant, Athenagoras or Pseudo-Athenagoras (1954), 121–129.

3 Vgl. ebd., 121 f.

4 Vgl. O. Stählin, Clemens Alexandrinus, Bd. 1 (GCS 12), XVII Anm. 1.

5 Vgl. R.M. Grant, Athenagoras or Pseudo-Athenagoras, 122 f.

6 Zu dem in Leg 36,2 angekündigten Beweisverfahren formuliert Grant treffend: „This distinction between heavenly and terrestrial, spirit and flesh, ‚intelligibles and sensibles' [...], is not reflected in the treatise. Furthermore, the promise in the Legatio of further discussion of resurrection involves the use of Platonic and Pythagorean parallels. Nothing of the sort is found in the treatise, [...]" Ebd.

© KONINKLIJKE BRILL NV, LEIDEN, 2016 | DOI: 10.1163/9789004305373_003

31,2, der in De Resurrectione gänzlich fehlt.[7] Aber auch in der Anthropologie scheinen große Unterschiede in beiden Werken vorzuliegen. Die mit der anthropologischen Konzeption zusammenhängende Dämonologie in der Legatio findet in De Resurrectione keinerlei Beachtung, so dass auch dieser inhaltliche Unterschied in beiden Werken gegen die athenagoreische Verfasserschaft von De Resurrectione aufgeführt wird.[8] Als letzten Aspekt erwähnt Grant im Anschluss an die Beobachtungen von Eduard Schwartz die Unterschiede im Stil, die endgültig die Annahme von zwei unterschiedlichen Verfassern in Legatio und De Resurrectione bestätigen.[9]

Seit den präzisen Beobachtungen von R.M. Grant konnten die Zweifel an der athenagoreischen Verfasserschaft von De Resurrectione nicht mehr ausgeräumt werden. Als Vertreter der „Echtheit" hat sich *Leslie W. Barnard* in aller Kürze mit einigen Argumenten Grants auseinandergesetzt, dessen Bedenken in ihrer Gesamtheit jedoch nicht zu widerlegen vermocht.[10]

Daraufhin machte es sich *Ezio Gallicet* zur Aufgabe, in zwei aufeinander folgenden Aufsätzen dezidiert die Unterschiede in beiden Werken aufzuzeigen. In seinem ersten Text „Atenagora o Pseudo-Atenagora?" stellt er zunächst einen detaillierten Vergleich der in beiden Schriften unterschiedlichen Stilistik an.[11]

---

7 Vgl. R.M. Grant, Athenagoras or Pseudo-Athenagoras, 122: „Spirit is never mentioned in the treatise, but in the Legatio [...]"

8 Diese inhaltlichen Divergenzen erfordern eine systematische Untersuchung des Inhalts in beiden Werken im Hinblick auf die Auferstehungsthematik. Einem solchen detaillierten Vergleich des Inhalts widmet sich N. Zeegers-Vander Vorst, La Paternité (1992), 333–374. Die Überprüfung hat sich m.E. insbesondere auf das Kapitel 36 der Legatio zu beschränken. Dort werden die inhaltlichen Begründungen für den Beweis der Auferstehung aufgeführt, die sich aufgrund der gleichen Thematik der Auferstehung als geeignet erweisen, um einen Vergleich mit De Resurrectione anzustellen.

9 Vgl. R.M. Grant, Athenagoras or Pseudo-Athenagoras, 123: „[...] but there are many words which, as a glance at Schwartz's index will show, are found only in one or the other of the works. [...]; but we should add that Schwartz found ‚sententiae' and ‚vocabula quaesita' only in the Legatio and general definitions only in the treatise."

10 Vgl. L.W. Barnard, Athenagoras (1972), 28–30. Auf die Schwächen der von Barnard vorgebrachten Argumente, um Grants Zweifel an der „Echtheit" der athenagoreischen Verfasserschaft von De Resurrectione auszuräumen, macht Horacio E. Lona detailliert aufmerksam: „Die Schwächen der Argumentation von L.W. Barnard treten jedoch bei näherer Überprüfung seiner Aussagen alsbald zutage." H.E. Lona, Athenagoras, 533.

11 Vgl. E. Gallicet, Atenagora o Pseudo-Atenagora? (1976), 420–435. Diesen Beobachtungen hat sich ein weiterer Vertreter der „Unechtheit", H.E. Lona, angeschlossen und die einzelnen Nachweise der von E. Gallicet vorgebrachten Punkte erneut zusammengestellt, um sie in Bezug auf die Echtheitsfrage aufs Neue zu gewichten. Vgl. H.E. Lona, Athenagoras, 529f.

DIE VERFASSERSCHAFT VON DE RESURRECTIONE 13

Bei der von E. Gallicet durchgeführten Stiluntersuchung sind besonders jene Abweichungen wichtig, die auf die besondere Denkform in beiden Werken verweisen.[12] Die Unterschiede im Stil legen ihm zufolge zwei unterschiedliche Autoren nahe.[13] In seinem zweiten Aufsatz „Ancora sullo Pseudo-Atenagora" stellt E. Gallicet die inhaltlichen Unterschiede in beiden Schriften heraus.[14] Insbesondere in der Anthropologie liegen zwei so unterschiedliche Konzepte vor, dass E. Gallicet von offensichtlichen Widersprüchen in den anthropologischen Entwürfen von Legatio und De Resurrectione spricht.[15] Ein weiterer deutlicher Unterschied zwischen beiden Werken stellt die Gerichtsargumentation zugunsten der Auferstehung dar. Diese nimmt in der Legatio die Hauptbegründung ein, in De Resurrectione erfährt sie jedoch eine beträchtliche Relativierung (De Res 14,5 f.).[16] Neben diesen die Auferstehungslehre beider Schriften betreffenden Differenzen führt E. Gallicet weitere inhaltliche Aspekte an, die die Unvereinbarkeit der doktrinellen Standpunkte beider Werke bestätigen.[17]

Zuletzt hat sich *Bernard Pouderon* als Hauptverfechter der athenagoreischen Verfasserschaft von De Resurrectione profiliert. In zahlreichen Publikationen verteidigt er nachhaltig seine Position[18] und distanziert sich bewusst

---

12   Vgl. dazu H.E. Lona, Athenagoras, 530: „Denn die Denkform bleibt grundsätzlich die gleiche, auch wenn der Gegenstand der Darlegung ein anderer ist. Auf jeden Fall bekräftigt die Summe der stilistischen Unterschiede den Verdacht der Unechtheit."

13   Dem besonderen Nachdruck der Überprüfung der Denkform soll im Abschnitt „Unterschiede im Stil" nachgegangen werden. Allerdings verzichte ich auf eine erneute detaillierte Auflistung der linguistischen und terminologischen Unterschiede, die E. Gallicet in seinem ersten Aufsatz geleistet hat.

14   Vgl. E. Gallicet, Ancora sullo Pseudo-Atenagora (1977), 21–42. H.E. Lona fasst diese sieben inhaltlichen Unterschiede präzise zusammen. Vgl. H.E. Lona, Athenagoras, 530 f.

15   Vgl. E. Gallicet, Ancora sullo Pseudo-Atenagora, 26: „Ma anche nell'antropologia v'è contraddizione fra *s.* e *R.*"

16   Vgl. E. Gallicet, Ancora sullo Pseudo-Atenagora, 24: „Son posizioni ben diverse, dunque, quella di *s.* (che accetta il collegamento primario giudizio-risurrezione, cosí diffuso nell'ambiente cristiano nel momento in cui Atenagora scrive) e quella di *R.* (che a tale collegamento si oppone, come non essenziale per dimostrare la necessità della risurrezione)."

17   Vgl. E. Gallicet, Ancora sullo Pseudo-Atenagora, 21–30. Vgl. dazu H.E. Lona, Athenagoras, 530 f.

18   Zunächst B. Pouderon, L'Authenticité du Traité sur la Résurrection attribué à l'Apologiste Athénagore, In: Vigiliae Christianae 40 (1986), 226–244. Dieser Aufsatz wird ohne jegliche Veränderungen erneut in seiner Monographie abgedruckt: ders., Athénagore d'Athènes, philosophe chrétien (Théologie Historique 82), Paris 1989, 62–81. Dann in einem vierteiligen Aufsatz, der einen neuen Versuch der Verteidigung der „Echtheit" des Traktats enthält, aber im Wesentlichen der früheren Position entspricht: ders., Apologetica. Encore sur

14 1. KAPITEL

vom durch R.M. Grant und E. Gallicet klar vorgezeichneten Trend der Forschung. So ist Pouderon als der wichtigste ernst zu nehmende Vertreter der
Authentizität zu bezeichnen.

In seinem ersten Aufsatz zur kontroversen Thematik „L'Authenticité du
Traité sur la Résurrection attribué à l'Apologiste Athénagore"[19] setzt er sich mit
den Argumenten von R.M. Grant und E. Gallicet auseinander. Den Zweck seiner
Abhandlung notiert er in der programmatischen Überschrift zum zweiten Teil
seines Aufsatzes: „Pour mettre fin à la Querelle: Étude comparative des deux
ouvrages".[20] Um die Divergenzen insbesondere im Stil abzuschwächen, verweist er auf die in jedem Werk eigentümliche Gattung, Intention und anvisierte
Adressatenschaft. Auf diese Weise glaubt er, die Vergleichsstudie, die sich einzig auf stilistische Elemente stützt, widerlegt zu haben.[21] Obwohl er sich selbst
mit der oben genannten programmatischen Überschrift einer „Étude comparative des deux ouvrages" verpflichtet, geht er ihr hier m.E. letztlich aus dem Weg.

Daraufhin trägt er drei wichtige „traditionelle" Argumente für die „Echtheit"
vor.[22] Das erste Argument beinhaltet eine angebliche Verwandtschaft in Stil
und Vokabular beider Werke. Hierbei beruft er sich auf die Ausführungen von
W.R. Schoedel.[23] Dazu stellt er ein Verzeichnis von dreißig in beiden Schriften

---

l'authenticité du ‚De Resurrectione' d'Athénagore, In: Revue des sciences religieuses 67
(1993), 23–40; 68 (1994), 19–38; 69 (1995), 194–201; 70 (1996), 224–239.

19 Vgl. B. Pouderon, L'Authenticité du Traité sur la Résurrection attribué à l'Apologiste
Athénagore, In: Vigiliae Christianae 40 (1986), 226–244.

20 B. Pouderon, L'Authenticité, 232. Allerdings attestiert ihm vier Jahre später H.E. Lona, dass
er eine intensive Auseinandersetzung vor allem mit E. Gallicet vermieden hat. „Die Art
und Weise, wie Pouderon auf die Argumentation von Gallicet eingeht, kann über die Tatsache nicht hinwegtäuschen, daß eine echte Auseinandersetzung mit ihr fehlt, von einer
Widerlegung ganz zu schweigen." H.E. Lona, Athenagoras, 534. H.E. Lona trifft mit dieser
Kritik m.E. die Schwächen der Darlegung von B. Pouderon. Denn auf die linguistischen
und stilistischen Unterschiede, die E. Gallicet in seinem ersten Aufsatz in beiden Werken
einleuchtend nachgewiesen hat, reagiert B. Pouderon mit einer polemischen Relativierung. Vgl. B. Pouderon, L'Authenticité, 230: „La justesse de ces obversations impressionne,
mais le caractère arbitraire et somme toute artificiel des relevés – à défaut d'un inventaire
exhaustif des procédés et d'un index complet du vocabulaire – doit en atténuer la portée.
Et que signifierait d'ailleurs la différence des styles?"

21 Vgl. B. Pouderon, L'Authenticité, 230: „Aucenement, car le sujet de l'un et l'autre ouvrage,
le genre adopté, le but recherché, le public visé, diffèrent du tout au tout et rendent vaine
toute démarche comparative s'appuyant uniquement sur des éléments stylistiques."

22 Vgl. B. Pouderon, L'Authenticité, 227.

23 Vgl. B. Pouderon, L'Authenticité, 227: „Le troisième argument [...] est infiniment plus
subjectif: c'est celui d'une parenté de style et de vocabulaire entre les deux ouvrages,

DIE VERFASSERSCHAFT VON DE RESURRECTIONE

vorhandenen Wörtern zusammen,[24] mit dem er die terminologische Übereinstimmung zugunsten der athenagoreischen Verfasserschaft von De Resurrectione zu belegen sucht.[25]

---

reconnue même par un des adversaires de la thèse de l'authenticité, comme W. Schoedel." W.R. Schoedel selbst urteilt, ohne die Beobachtungen von E. Schwartz, Libellus, 92, wahrgenommen zu haben, sehr undifferenziert. W.R. Schoedel, Athenagoras, xxv: „In favour of the traditional view of authorship in the fact that there is apparently no fundamental difference between the vocabulary and style of the two treatises [...]"

24 Vgl. B. Pouderon, L'Authenticité, 232–234.

25 H.E. Lona hat daraufhin jeden der von B. Pouderon vorgebrachten Begriffe einer kritischen Überprüfung unterzogen und die aus diesen Argumenten abgeleitete Beweiskraft für dieselbe Verfasserschaft deutlich relativiert. Als Ergebnis dieser lexikalischen Untersuchung resümiert H.E. Lona, Athenagoras, 534 f.: „Ich kann kein einziges Beispiel dafür finden, daß das Vorkommen eines gleichen Begriffes in den zwei Werken ein Argument dafür ist, daß sie ein und derselbe Autor verfaßt hat. In der Mehrheit der Fälle handelt es sich um Begriffe aus der christlichen bzw. judenchristlichen Überlieferung oder aus der hellenistischen Philosophie, die auch von anderen Autoren verwendet werden. Ihr Vorkommen in der ‚Legatio' und in ‚De Resurrectione' läßt sich als Hinweis auf den gleichen Verfasser deuten, sofern man a priori von der Autorschaft des Athenagoras ausgeht. Sonst zeigt sich darin nur die allgemeine Tatsache, daß zwei Autoren bei der Behandlung bestimmter Themen zwangsläufig auf Begriffe zurückgreifen, die ihnen im Rahmen einer Sprachtradition für den Dienst am gemeinsamen Glauben zur Verfügung standen. Mit anderen Worten, der von Pouderon gebotene lexikalische Vergleich entbehrt m. E. der Beweiskraft. Damit argumentativ operieren, kommt einer ‚petitio principii' denkbar nahe." N. Zeegers-Vander Vorst bestätigt ebenfalls die fehlende Aussagekraft des von Pouderon gebotenen Wörterverzeichnisses. Vgl. N. Zeegers-Vander Vorst, La Paternité, 339: „C'est à ces 30 mots, non pertinents, que B. Pouderon réduit le dossier des ‚similitudes' lexicales entre l. et r. Trente mots sur les 397 de l'*index graecus* de E. Schwartz, cela signifie, on l'a dit, l'élimination de 367 mots. Ces 367 mots doivent-ils donc être versés au dossier des divergences?"

Daraufhin hat B. Pouderon dieses Verzeichnis in einem neuen Anlauf zur Verteidigung der „Echtheit" noch stärker ausgeweitet. Vgl. B. Pouderon, Apologetica 1994, 20–24. Allerdings führt der lexikalische Vergleich zu keinem eindeutigen Ergebnis, wie Pouderon selbst eingesteht. Vgl. B. Pouderon, Apologetica 1994, 24: „[...] j'en tirerais plutôt la conclusion que le vocabulaire ‚spécialisé' d'Athénagore [...] est assez diversifié au sein même de chacun de ses deux ouvrages." Vielmehr bleibt die von N. Zeegers-Vander Vorst gezogene Schlussfolgerung bestehen, die den Vergleich des *gesamten* Vokabulars in beiden Werken beinhaltet: „Ainsi, la seule étude du lexique fait apparaître un dossier de similitudes pratiquement nul et un dossier de divergences dont le nombre et, pour certaines, l'importance pourraient faire pencher la balance en défaveur de la paternité athénagorienne de r." N. Zeegers-Vander Vorst, La Paternité, 344. Da der lexikalische Vergleich an sich nicht aussagekräftig ist, wie es H.E. Lona und N. Zeegers-Vander Vorst darlegen, wird in dieser Studie auf eine derartige Überprüfung verzichtet.

16   1. KAPITEL

Die in beiden Werken vorhandenen Zitate (1 Kor 15,32 bzw. Jes 22,13 in Leg 12,2 und in De Res 19,3 und Homer, Iliad. 16,672.682 in Leg 12,2 und in De Res 16,5) bilden für B. Pouderon den Ausgangspunkt für das zweite „traditionelle" Argument zugunsten der athenagoreischen Verfasserschaft des Auferstehungstraktats.[26]

Zuletzt verweist B. Pouderon auf die „zweideutige Formulierung"[27] in Leg 37,1: „Ἀλλ' ἀνακείσθω μὲν ὁ περὶ τῆς ἀναστάσεως λόγος."[28] Mit λόγος kann sowohl

---

26   Vgl. B. Pouderon, L' Authenticité, 227, und erneut in ders., Apologetica 1993, 30. Die Beweiskraft dieser Referenzstellen muss m. E. stark relativiert werden. Im ersten Fall konnte die Quelle direkt aus 1 Kor 15,32 bzw. Jes 22,13 stammen, da der Autor von De Resurrectione auch sonst auf 1 Kor 15,53 und 2 Kor 5,10 in De Res 18,5 anspielt und ihm auf diese Weise der Inhalt des paulinischen Briefes, insbesondere des Auferstehungskapitels 1 Kor 15, vertraut ist (vgl. De Res 18,5 [Marcovich 44,14–18]). Außerdem wird 1 Kor 15,32 innerhalb der patristischen Literatur im Zusammenhang der Auferstehungslehre häufig verwendet. Vgl. N. Zeegers-Vander Vorst, La Paternité, 351: „1 Co 15,32 Le ‚Mangeons et buvons, car demain nous mourons' est une sentence qui, reprise par Paul à Is 22,13, est un lieu commun de la littérature patristique." 1 Kor 15,32 wird von folgenden christlichen Autoren des 2. und 3. Jahrhunderts zitiert: Clemens von Alexandrien, Paedagogus III,81,1 (GCS 12, 280,31 Stählin/Treu) und Stromata I,59,4 (GCS 52, 38,4 f. Stählin/Früchtel/Treu); Tertullian, De Resurrectione 49,13 (Evans 144,60 f.), De Monogamia 16,5 (CCSL 2, 1252,28 f. Dekkers) und De Ieiunio 17,5 (CCSL 2, 1276,8 f. Reifferscheid/Wissowa).

Zusätzlich offenbart das zweite Zitat Unterschiede sowohl im Wortlaut als auch in der konträren Anwendung dieser Bezugstelle in beiden Werken. Bei Homer, Iliad. 16,672.682 (Allen III,126.127) lautet die Aussage (vgl. auch Homer, Od. 13,79 f.): „Ὕπνῳ καὶ θανάτῳ διδυμάοσιν". In Leg 12,2 (PTS 31, 45,14 Marcovich) heißt es: „ὕπνος καὶ θάνατος διδυμάονε" und in De Res 16,5 (Marcovich 41,25): „τινὲς ἀδελφὸν τοῦ θανάτου τὸν ὕπνον ὀνομάζουσιν". Die Zitate in Legatio und De Resurrectione unterscheiden sich deutlich in ihrem Vergleichspunkt: Statt διδυμάων führt De Res 16,5 ἀδελφός ein. Außerdem charakterisiert diese Äußerung in Leg 12,2 die Meinung derer, die jegliche Jenseitserwartung leugnen, in De Res 16,5 dagegen wird mit diesem Zitat die Hoffnung auf die Auferstehung plausibel gemacht. Der Tod entspricht einem Schlaf, aus dem die Toten bei der Auferstehung erwachen werden. Da beide Zitate also nicht identisch sind und auch jeweils einem konträren Beweiszweck dienen, liegt es keineswegs nahe, aufgrund dessen von demselben Autor in beiden Schriften auszugehen. Hinzu kommt, dass das Homer-Zitat auch von anderen Autoren des 2. und 3. Jahrhunderts wie von *Plutarch* und *Clemens von Alexandrien* gerne verwendet wird. Vgl. Plutarch, Consolatio ad Apollonium 12, 107E und Clemens von Alexandrien, Protrepticus X,102,3 (GCS 12, 73,28 f. Stählin/Treu): „Οὔκουν ἔτ' ἂν εἰκότως ὕπνος καὶ θάνατος θεὼ διδυμάονε παρ' ὑμῖν νομίζοιντο".

Somit ist anzunehmen, dass beide Referenzstellen (1 Kor 15,32 und Homer, Iliad. 16,672. 682) als „zwei Allgemeinplätze der antiken Literatur" zu gelten haben. Vgl. H.E. Lona, Athenagoras, 540.

27   B. Pouderon, L' Authenticité, 227: „[...] formule qui préserve l' équivoque du texte grec."

28   Leg 37,1 (PTS 31, 113,1 Marcovich).

DIE VERFASSERSCHAFT VON DE RESURRECTIONE 17

die Argumentation zugunsten der Auferstehung als auch ein weiteres ange-
kündigtes Werk assoziiert werden.[29] Beide Deutungsmöglichkeiten bleiben in
dieser Formulierung offen.[30]

Allerdings ist diese „Ankündigung" eng an das vorher in Leg 36,2 vorgegebene Beweisverfahren für die Auferstehung geknüpft. Dass es sich um einen
Beweis handelt, legt das Verbum δεικνύειν ausdrücklich nahe.[31] Daran schließen sich auch einige Reflexionen zum Nachweis der Auferstehung bis zur Vereinnahmung der Philosophen Pythagoras und Platon zugunsten dieser Beweisführung an. Daraufhin folgt direkt die Zurückstellung des ὁ περὶ τῆς ἀναστάσεως
λόγος, um nicht die außerhalb des Programms der Apologie liegenden Dinge
einzuführen,[32] die die Legatio in ihrer Verteidigung gegen die drei Anklagen
überschreiten. Da sich der in Leg 37,1 zurückgestellte λόγος auf das in Leg 36,2
vorgelegte Verfahren bezieht, gilt vor allem den dortigen Ausführungen die
größte Aufmerksamkeit. Es ist zu fragen, ob die Auferstehungsschrift die in Leg
36,2 knapp skizzierten Gedanken aufgreift und weiterführt.

Die Verteidigung der athenagoreischen Verfasserschaft des Auferstehungstraktats durch B. Pouderon vermochte in der Folgezeit nicht zu überzeugen.
Zunächst hat im Jahre 1990 H.E. Lona der von B. Pouderon vertretenen Echtheitsthese entschieden widersprochen.[33] Zwei Jahre später bezog N. Zeegers-
Vander Vorst ebenfalls Stellung gegen Pouderons These.[34] Beide Autoren setzten sich, R.M. Grant und E. Gallicet folgend, für die „Unechtheit" der Verfasserschaft ein.

---

29 Vgl. B. Pouderon, L'Authenticité, 227: „[...] l'auteur de la *Supplique* semble annoncer dans
sa conclusion la prochaine parution d'un ouvrage consacré au problème de la résurrection
des morts."

30 Vgl. B. Pouderon, Apologetica 1993, 35: „Il est vrai que l'annonce de *DR* en *L*, présentée
comme un argument par les partisans de l'authenticité, est affaire d'interprétation: si
DR n'avait pas été conservé, personne n'aurait tiré de *L* 37,1, la certitude qu'Athénagore
avait rédigé un ouvrage consacré au problème de la résurrection – pas même Aréthas.
Car, même à supposer qu'il renvoie réellement à un ouvrage qu'il avait alors en projet, il
le fait en termes trop vagues pour qu'on puisse percevoir l'allusion sans en être averti."

31 Leg 36,2 (PTS 31, 111,17 f. Marcovich): „περίεργον ἐπὶ τοῦ παρόντος δεικνύειν".

32 Leg 36,2 (PTS 31, 111,18 f. Marcovich): „ἵνα μὴ ἐξαγωνίους τοῖς προκειμένοις ἐπεισάγειν δοκῶμεν
λόγους".

33 Vgl. H.E. Lona, Die dem Apologeten Athenagoras zugeschriebene Schrift ‚De Rusurrectione Mortuorum' und die altchristliche Auferstehungsapologetik, In: Salesianum 52
(1990), 525–578.

34 Vgl. N. Zeegers-Vander Vorst, La Paternité athénagorienne du *De Resurrectione*, In: Revue
d'histoire ecclésiastique 87 (1992), 333–374.

Indem *H.E. Lona* die Position B. Pouderons mit den Argumenten von E. Gallicet konfrontiert, stellt er eine gründliche Überprüfung der Verfasserfrage an. Nach der genauen Untersuchung vor allem des lexikalischen Aufgebots, aber auch der inhaltlichen Bezugspunkte in beiden Schriften, formuliert er seine Schlussfolgerung: „Nach der Überprüfung der Argumente für und gegen die Echtheit von ‚De Resurrectione' dürfte das Ergebnis klar sein: Die Einwände gegen die Echtheit aufgrund lexikalischer und inhaltlicher Beobachtungen sind nicht widerlegt. Es gilt also, ‚De Resurrectione' als das Werk eines unbekannten Verfasser anzusehen, das im Zuge der Textüberlieferung später dem Apologeten Athenagoras zugeschrieben wurde."[35]

Daraufhin unternimmt H.E. Lona im zweiten Teil seines Aufsatzes eine „zeit- und theologiegeschichtliche Einordnung des Traktats".[36] Dabei favorisiert er den Ansatz *Paolo Siniscalcos*, die pseudoathenagoreische Auferstehungsschrift außerhalb des apologetischen Zeitalters des 2. und 3. Jahrhunderts zu positionieren.[37] H.E. Lona greift diese Beobachtungen auf und bemüht sich um eine theologiegeschichtliche Einordnung von De Resurrectione. Da

---

35   H.E. Lona, Athenagoras, 541.

36   Ebd.

37   Vgl. H.E. Lona, Athenagoras, 528f. P. Siniscalco selbst macht in seiner Studie zur Tertullians *De Resurrectione* darauf aufmerksam, dass die pseudoathenagoreische Schrift von den anderen Auferstehungstraktaten des 2. und 3. Jahrhunderts (des Pseudo-Justin und des Tertullian) erheblich abweicht. Es fehlt jegliche Auseinandersetzung mit der Schrift und Offenbarung, was mit der Argumentationsmethode des Verfassers zusammenhängt (vgl. De Res 14,1f.). Zusätzlich gibt es weder auf die Würde des Fleisches noch auf die im 2. Jahrhundert herausgebildete Formel ἀνάστασις τῆς σαρκός einen Verweis. Deshalb sei diese Schrift außerhalb der lebhaften Auseinandersetzung am Ende des 2. und Anfang des 3. Jahrhunderts entstanden. Vgl. P. Siniscalco, Ricerche sul ‚De Resurrectione' di Tertulliano, 138f. „L'opera, insoma, pur cogliendo elementi essenziali di una certa tradizione, si pone sostanzialmente al di fuori di essa per lo spirito che la informa, per il tipo di argomentazioni di cui si serve, per i destinatari a cui si rivolge." Ebd., 139.

Auf Siniscalcos Beobachtungen zur Datierung reagiert E. Bellini und hält weiterhin an der traditionellen Verfasserschaft des Traktats und dessen Datierung ins zweite Jahrhundert fest. Vgl. E. Bellini, Atenagora, 517: „In tutti questi ambienti prevale nel secolo secondo uno spiccato interesse per l'escatologia [...] La diversità di ambiente spiegherebbe la diversità di accenti e di tono, mentre la scarsa importanza della Scrittura sarebbe dovuta alla destinazione dello scritto ai pagani. Cosí lo scritto risulterebbe proprio quello preannunciato alla fine della Supplica."

DIE VERFASSERSCHAFT VON DE RESURRECTIONE

die Schrift ihm zufolge außerhalb der gnostischen und origenistischen Kontroversen steht, schlägt er zunächst vor, sie in das 4. bzw. 5. Jahrhundert zu datieren.[38] Zum Ende seiner theologie- und zeitgeschichtlichen Einordnung des Auferstehungsansatzes von De Resurrectione grenzt er die Entstehungsphase auf die zweite Hälfte des vierten Jahrhunderts ein.[39]

Besonders die von P. Siniscalco getroffene Beobachtung zum Terminus σάρξ vertieft H.E. Lona in einem dieser Thematik gewidmeten Aufsatz[40] und gewinnt daraus ein zusätzliches Argument zu den Beobachtungen von E. Gallicet, das gegen die athenagoreische Verfasserschaft des Traktats spricht.

Im Gegensatz zur Legatio, die nur an einer Stelle in Leg 31,2 auf die Auferstehung der σάρξ verweist, fehlt in De Resurrectione jegliche Einbeziehung der σάρξ in die eschatologische Vollendung. Das „Fleisch" stellt im Traktat ausschließlich eine „anatomische Größe" dar, die bei der Bestimmung der auferstandenen Leiblichkeit keinerlei Bedeutung hat.[41] Dagegen benutzt Athenagoras in der Legatio den Begriff σάρξ in unterschiedlichem Sinn. Einerseits wird damit die Verfallenheit an die Affekte und Begierden bezeichnet (Leg 21,1f.; 33,2; 34,2), andererseits stellt dieser Terminus eine anthropologische Bestimmung für die auferstandene Leiblichkeit dar (Leg 31,2). H.E. Lona stellt resümierend dazu fest: „Demgegenüber fällt der Sprachgebrauch von σάρξ in ‚De Resurrectione' völlig aus dem Rahmen dessen, wie die anderen Schriften

---

38   Vgl. H.E. Lona, Athenagoras, 562: „Der zeitliche Rahmen wäre nach unseren Quellen zwischen der zweiten Hälfte des vierten Jahrhunderts und dem Anfang des fünften Jahrhunderts. Genaueres läßt sich aber erst sagen, wenn die anderen Argumente miteinbezogen werden."

39   Vgl. H.E. Lona, Athenagoras, 577: „Der Verfasser von ‚De Resurrectione' ist nicht ein Einzelgänger aus dem zweiten Jahrhundert, der ohne Bezug auf die zeitgenössische Problematik und ohne Echo in der folgenden Zeit sein Werk schreibt, sondern ein Theologe aus der zweiten Hälfte des vierten Jahrhunderts [...]"

40   Vgl. H.E. Lona, Bemerkungen zu Athenagoras und Ps.-Athenagoras, In: Vigiliae Christianae 42 (1988), 352–363. Als Antwort darauf B. Pouderon, La chair et le sang. Encore sur l'authénticité du traité d'Athénagore, In: Vigiliae Christianae 44 (1990), 1–5.

41   Vgl. H.E. Lona, Athenagoras, 531: „‚Fleisch' ist keine Bezeichnung des Menschen oder des Leibes allgemein, es ist auch keine Sphäre menschlichen Handelns, der eine besondere Qualität eignet, sondern nur eine anatomische Größe, die in sich wertneutral ist. Für die Frage des Menschenbildes ist dieses Verständnis von ‚Fleisch' irrelevant."

,De Resurrectione' (des Ps-Justin, des Tertullian und AdvHaer v,1–14 des Irenäus) aus dieser Zeit zeigen. Die Unterschiede hinsichtlich der Begrifflichkeit der ‚Legatio' lassen die Annahme, beide Werke stammen vom gleichen Verfasser, als sehr problematisch erscheinen, und bestätigen die Vermutung, daß sich die Verfasserschaft des Athenagoras erst im Prozeß der Textüberlieferung herausgebildet, dann aber weiter behauptet wurde."[42] Da sich die Formel „Auferstehung des Fleisches" bereits im zweiten Jahrhundert voll ausbildet,[43] verwundert es in der Tat, dass in einem Traktat, der sich ausschließlich der Auferstehungsthematik widmet, die Wendung ἀνάστασις τῆς σαρκός – im Gegensatz zur Legatio – keinerlei Beachtung findet.

Eine letzte umfassende Untersuchung zu der Verfasserfrage von De Resurrectione hat *Nicole Zeegers-Vander Vorst* in ihrem Aufsatz „La Paternité athénagorienne du *De Resurrectione*" vorgelegt.[44] Ihre Absicht besteht darin, eine bis dahin noch fehlende systematische Konfrontation der konträren Positionen von E. Gallicet und B. Pouderon zu ermöglichen.[45] Sie stellt ein ausführliches Verzeichnis zusammen, in dem sowohl die Ähnlichkeiten als auch die Divergenzen beider Werke untersucht werden. Sie verpflichtet sich der Methode, einen umfassenden Vergleich zwischen beiden Schriften anzustellen.[46] Daraufhin folgt eine detaillierte Auflistung der Ähnlichkeiten und Gegensätze, die 1. das Vokabular, 2. die Argumentation, 3. die Referenzstellen, 4. den Stil und 5. die gemeinsamen Themen betreffen. Die Ergebnisse ihrer Untersuchung könnten eindeutiger nicht sein: Die von B. Pouderon vorgebrachten Ähnlichkeiten in beiden Werken sind nicht aussagekräftig, sondern lediglich banal.[47] Insbe-

---

42   H.E. Lona, Athenagoras, 532.

43   Vgl. H.E. Lona, Athenagoras, 532, und ders., Auferstehung (1993), 264–266. H.E. Lona legt dar, dass die Formel „Auferstehung des Fleisches" bei solchen Autoren und Schriften wie in De Resurrectione des Ps-Justins, in dem *dritten* Korintherbrief und bei Irenäus bereits den Status eines Bekenntnisses erlangt hat.

44   Vgl. N. Zeegers-Vander Vorst, La Paternité athénagorienne du *De Resurrectione*, In: Revue d'histoire ecclésiastique 87 (1992), 333–374.

45   Vgl. N. Zeegers-Vander Vorst, La Paternité, 335: „Mais la présentation dichotomique de l'auteur: d'abord la thèse d'E. Gallicet, puis celle de B. Pouderon, rend impossible la confrontation systématique de chacun des points sur lesquels ces deux auteurs ont fait porter leur enquête."

46   Vgl. N. Zeegers-Vander Vorst, La Paternité, 334: „Reste alors en dernier recours la méthode qui consiste à comparer R. et L. et à peser les similitudes et les divergences entre les deux ouvrages."

47   Vgl. N. Zeegers-Vander Vorst, La Paternité, 370: „Les similitudes relevées, loin d'être ‚trou-

sondere hinsichtlich der in beiden Schriften behandelten gleichen Thematik fällt das Urteil von N. Zeegers-Vander Vorst entschieden aus: „Ces thèmes, communs certes aux deux écrits, sont banals, et leur similitude est de peu de poids en regard des divergences et des contradictions qui séparent L. et R. sur chacun d'eux."[48]

Bezüglich der Divergenzen spricht die Autorin von ihrer beeindruckenden Fülle im lexikalischen, stilistischen, argumentativen und thematischen Bereich.[49] Dennoch bedenkt sie die Möglichkeit einer Weiterentwicklung im Denken desselben Autors.[50] Dann aber müssten die Unterschiede im *usus scribendi* und vor allem die gegensätzlichen Positionen zu denselben Themen plausibel erklärt werden. Das Urteil dieser umfassenden Untersuchung ist deutlich: „Ainsi les divergences, surtout lorsqu'elles relèvent du style, de thèmes et d'attitudes non justifiables par le genre lettéraire et le but des deux ouvrages, laissent largement ouverte la présomption de deux auteurs différents."[51]

Die Sichtung der Forschungslage und der dabei diskutierten Argumente, die sowohl für die „Echtheit" als auch für die „Unechtheit" vorgebracht worden sind, macht eine Fokussierung auf die wichtigsten Kontroverspunkte nötig, um eine definitive Entscheidung in der Verfasserfrage herbeizuführen. Zunächst steht die handschriftliche Überlieferung im Fokus des Interesses, da sie sowohl von den Vertretern als auch den Gegnern der Authentizität regelmäßig für die eigene Argumentation in Anspruch genommen wird. So soll das Zeugnis des Arethas-Codex neu gewichtet werden.

Weiterhin legen die Beobachtungen von N. Zeegers-Vander Vorst hinsichtlich der Widersprüche in den Inhalten eine detaillierte Untersuchung der gemeinsamen Themen in beiden Werken nahe. Zu diesem Zweck wird allein Leg 36 zum Ausgangspunkt des Vergleichs genommen, da darin Themen in engem Bezug zur Auferstehung stehen. Besonders diesen Inhalten gilt die volle Aufmerksamkeit, da sie die größten Überschneidungen zwischen dem Auferstehungskapitel (Leg 36) und dem ausschließlich dieser Thematik gewidmeten Traktat verheißen. Deshalb soll zunächst das angekündigte Beweisverfahren

---

blantes et [...] décisives', parce que ‚la communauté d'expression rejoint cella de la pensée', sont les unes non pertinentes, les autres incidentes ou banales."

48   N. Zeegers-Vander Vorst, La Paternité, 369.

49   Vgl. N. Zeegers-Vander Vorst, La Paternité, 371: „Voilà donc un ensemble impressionnant de divergences: lexicales, stylistiques, argumentatives et thématiques."

50   Vgl. ebd.

51   Ebd.

22 1. KAPITEL

für die Auferstehung in Leg 36,2 behandelt werden und im Anschluss daran der Themenkomplex, der in direktem Zusammenhang mit der Auferstehungslehre in Leg 36 steht: die Modalitäten der Auferstehung, die Anthropophagie, das Gerichtsargument und schließlich die Anthropologie. Das zuletzt genannte Thema betrifft die anthropologischen Standpunkte in beiden Schriften, die sich auf den Gesamtbereich der Legatio und De Resurrectione erstrecken. Auf die Unterschiede in der Anthropologie macht insbesondere E. Gallicet aufmerksam, so dass an dieser Stelle bei den grundsätzlichen dogmatischen Voraussetzungen beider Schriften wichtige Ergebnisse zu erwarten sind. Auf die Behandlung von weiteren Themen, die in beiden Schriften zusätzlich einen Vergleich nahelegen, wird an dieser Stelle verzichtet.[52]

Schließlich wird eine Stiluntersuchung in der Diskussion immer wieder als wichtig erachtet. Sie kann sicherlich nicht das Hauptargument bei der Entscheidung in der Verfasserfrage einnehmen, aber dennoch eine ausschlaggebende Richtung hinsichtlich der Verfasserschaft geben. Die Überprüfung der Stilistik nimmt daher den abschließenden Teil ein, da der jeweilige Stil unabhängig von der literarischen Gattung, des Adressatenkreises und des Beweiszieles in der Regel von einem Autor beibehalten wird.

2   Handschriftliche Überlieferung von De Resurrectione

Nach dem gegenwärtigen Forschungskonsens gehen alle Handschriften, die die Legatio und De Resurrectione enthalten, auf den Arethas-Codex (Par. 451) zurück.[53] Diesen stellte der Schreiber Baanes im Jahre 914 n. Chr im Auftrag des Erzbischofs Arethas von Caesarea in Kappadokien zusammen. So heißt es in der *Subscriptio*: „ἐγράφη χειρὶ βαάνους νοταρίου ἀρέθᾳ ἀρχιεπισκόπῳ καισαρείας καππαδοκίας ἔτει κόσμου ‚ςυκβ'."[54] Darin enthalten sind die Schriften *Protrepticus* und *Paedagogus* des Clemens von Alexandrien, die *Epistula ad Zenam* und

---

52   Diese können bei N. Zeegers-Vander Vorst eingesehen werden, die alle in Frage kommenden Überschneidungen im Inhalt zwischen den beiden Schriften einem ausführlichen Vergleich unterzieht. Dies betrifft folgende Themen: die Konzeption der „bedürfnislosen" Gottheit, die Verbindung zwischen der Schöpfungsaktivität und der Vorsehung, das eigentliche τέλος der Menschen und das Gemeinsame bei allen Wesen, das Verhältnis Gottes zur Materie und das Urteil über die irdischen Realitäten. Vgl. N. Zeegers-Vander Vorst, La Paternité, 357–359.363–365.367 f.

53   Seit A. v. Harnack, Überlieferung und Bestand, 257. Anders M. Heimgartner, Pseudojustin, 228–230.

54   Siehe bei A. v. Harnack, Apologeten, 24.

DIE VERFASSERSCHAFT VON DE RESURRECTIONE

die *Cohortatio ad Graecos*, die Justin zugeschrieben sind. Hinzu kommen zwei Werke des Euseb, *Praeparatio evangelica* und *Contra Hieroclem*, weiterhin die durch Blattverlust ausgefallene *Oratio* des Tatian[55] und an sechster und siebter Stelle die *Legatio* und *De Resurrectione* des Athenagoras.[56] Hinweise auf die Verfasserschaft liefert zum einen die jeweilige *Inscriptio*. Zur Legatio lautet diese: „Ἀθηναγόρου ἀθηναίου φιλοσόφου χριστιανοῦ πρεσβεία περὶ χριστιανῶν" und zu De Resurrectione: „τοῦ αὐτοῦ περὶ ἀναστάσεως νεκρῶν". Zusätzlich werden beide Schriften jeweils mit einer *Subscriptio* versehen: „ἀθηναγόρυ (sic) πρεσβεῖα (sic)" und „ἀθηναγόρου περὶ ἀναστάσεως".

Im Gegensatz zu A. v. Harnack weist O. v. Gebhardt überzeugend nach, dass die *Inscriptiones* und *Subscriptiones* nicht etwa von einem Schreiber des 11. Jahrhunderts stammen. Vielmehr sind beide von Baanes angefertigt.[57] O. Stählin weitet diese Vermutung dahingehend aus, dass neben Baanes eine weitere Hand am Werk war.[58] In der aktuellen Forschungsdiskussion werden diese Beobachtungen bei der Klärung der Verfasserfrage des Athenagoras als gewichtige Argumente herangezogen und kontrovers bewertet.[59] Zusätzlich gilt als erwiesen, dass τοῦ αὐτοῦ einen späteren Zusatz zum Titel περὶ ἀναστάσεως νεκρῶν darstellt und offensichtlich von Arethas selbst hinzugefügt wurde. Auffällig ist, dass τοῦ αὐτοῦ, abgekürzt ΤΑΥ, dem Titel dicht gedrängt beigefügt ist. M. Marcovich und B. Pouderon bestätigen beide, dass es sich hierbei eindeutig um eine spätere Zufügung handelt.[60] Insgesamt gesehen scheint relativ

---

55   Dies weist A. v. Harnack, Apologeten, 26f. nach, dem sich ein Großteil der Forscher angeschlossen haben. Vgl. J. Trelenberg, Tatianos, 18: „Als den gemeischaftlichen Ursprung aller drei Handschriften postuliert Harnack den berühmten *Codex Arethae* aus dem Jahre 914. Dessen bekannte Lücke von insgesamt 32 Folien (= 64 Seiten) habe, wie Harnack mit bestechenden Argumenten nachweist, ursprünglich die *oratio* des Tatian enthalten."

56   Vgl. A. v. Harnack, Apologeten, 25; M. Marcovich, De Resurrectione Mortuorum, 6.

57   Vgl. O. v. Gebhardt, Arethascodex (TU 1,3), 184: „Aber dieselbe Hand, welche τοῦ αὐτοῦ περὶ ἀναστάσεως νεκρῶν überschrieb, markirte [sic] den Schluss durch die Unterschrift ἀθηναγόρου περὶ ἀναστάσεως, und diese Hand ist sicher mit derjenigen identisch, welche die Supplicatio mit Ueberschrift und Unterschrift versah."

58   O. Stählin schreibt bei A. v. Harnack, Chronologie, Bd. 1, 317f. Anm. 4: „Die Unterschrift ἀθηναγόρου πρεσβεία ist ganz bestimmt von Arethas (nicht von dem Schreiber Baanes) und auf f. 348ᵇ hat Baanes nur περὶ ἀναστάσεως νεκρῶν geschrieben, und Arethas hat erst τοῦ αὐτοῦ hinzugefügt. Die Unterschrift ἀθηναγόρου περὶ ἀναστάσεως rührt auch von Arethas her." Noch einmal in O. Stählin, Clemens Alexandrinus, Bd. 1 (GCS 12), XVII Anm. 1: „Da Schwartz in seiner Ausgabe p. 48 es nicht erwähnt, möchte ich hier bemerken, daß in der Überschrift τοῦ αὐτοῦ περὶ ἀναστάσεως νεκρῶν die Worte τοῦ αὐτοῦ von Arethas herrühren (ebenso wie die Unterschrift ἀθηναγόρου περὶ ἀναστάσεως)."

59   Zuerst bei R.M. Grant, Athenagoras or Pseudo-Athenagoras, 121.

60   M. Marcovich lässt dabei offen, von wem dieser Zusatz stammt: „[...] in the *Grundtext*

klar zu sein, dass die *Inscriptiones* zur Legatio und De Resurrectione von Baanes stammen,[61] während die beiden *Subscriptiones* von der Hand des Arethas herrühren.[62]

Der nachträgliche Zusatz τοῦ αὐτοῦ hat seit den Beobachtungen von O. Stählin viele Forscher an der Verfasserschaft des Athenagoras von De Resurrectione zweifeln lassen.[63] Obwohl B. Pouderon dies energisch zu widerlegen suchte, gesteht auch er zu, dass der gelehrte Erzbischof Arethas als der einzige Garant für die Echtheit des Traktats zu gelten hat.[64] In der zuletzt erschienenen Monographie zu Athenagoras erwägt David Rankin sogar folgende Möglichkeit: „I would also want to say, however, that, if the witness of Arethas did not exist, virtually no-one would as much as consider that the *Legatio* and the *De resurrectione* had come from the same hand [...]"[65] Somit erscheint das Zeugnis des Erzbischofs Arethas bei der Zuordnung von De Resurrectione zu Athenagoras ganz entscheidend zu sein. Es muss nun geklärt werden, ob Arethas dabei einer alten Tradition folgte[66] oder etwa auf eigene Initiative De Resurrectione Athenagoras zuwies.[67]

---

of *A* the hands of Baanes und Arethas are very similar, and they both use the same brown ink, so that sometimes it becomes difficult to distinguish between their hands." M. Marcovich, Athenagoras, Legatio pro Christianis (PTS 31), 17. B. Pouderon hingegen entscheidet sich für Baanes, der τοῦ αὐτοῦ vergessen und nachträglich ergänzt hat. Vgl. B. Pouderon, Apologetica 1993, 27: „[...] le resserrement des trois lettres qui signifient τοῦ αὐτοῦ est pour moi la preuve qu'il s'agit bien d'une addition postérieure du scribe pour rattraper un oubli."

61 Vgl. A. v. Harnack, Apologeten, 34; O. v. Gebhardt, Arethascodex, 183 f.; M. Marcovich, Athenagoras, Legatio pro Christianis (PTS 31), 17; B. Pouderon, Apologetica 1993, 25.

62 Vgl. E. Schwartz, Libellus, 47 und 79. M. Marcovich, Athenagoras, Legatio pro Christianis (PTS 31), 17: „But the *subscriptio* to the *Plea* is by the hand of Arethas"; „As for the *subscriptio* – ἀθηναγόρου περὶ ἀναστάσεως – it is most probably by the hand of Arethas." Anders nur O. v. Gebhardt, Arethascodex, 184. В B. Pouderon, Apologetica 1993, 26, plädiert zwar auch dafür, dass die *Subscriptiones* von Arethas stammen, grenzt dies aber letztendlich doch ein. Vgl. B. Pouderon, Apologetica 1993, 26: „Mais l'on ne peut exclure que les deux souscritions soient elles aussi de la main de Baanès, car les deux onciales, celle de Baanès et celle d'Aréthas, sont par ailleurs très proches l'une de l'autre, et il est difficile de les distinguer dans d'aussi courts passages."

63 Die wichtigsten Vertreter: R.M. Grant; E. Gallicet; H.E. Lona; N. Zeegers-Vander Vorst.

64 Vgl. B. Pouderon, L'Authenticité, 227: „[...] il s'agirait donc d'un ajout et le docte archvêque serait ainsi le seul garant de l'authenticité du Traité."

65 D. Rankin, Athenagoras (2009), 18.

66 So ausdrücklich L.W. Barnard, Background, 39: „It is thus just possible that Arethas or Baanes was following an older tradition which has now been lost."

67 So N. Zeegers-Vander Vorst, La Paternité, 372.

DIE VERFASSERSCHAFT VON DE RESURRECTIONE

Da beide Überschriften von Baanes stammen, ist davon auszugehen, dass er seine Vorlage einfach kopierte. Die Angabe des Titels der Legatio Ἀθηναγόρου ἀθηναίου φιλοσόφου χριστιανοῦ πρεσβεία περὶ χριστιανῶν wird hinsichtlich der Verfasserangabe auch in der patristischen Tradition bestätigt. Methodius von Olympus verweist in seiner Schrift *De Resurrectione* ausdrücklich auf Athenagoras und gibt einen längeren Auszug aus der Leg 24 wieder.[68] Ebenfalls bestätigt Philippus von Side, dass Athenagoras eine Apologie verfasst hat, die er als ὁ ὑπὲρ χριστιανῶν πρεσβευτικός bezeichnet.[69] Diese Belege zeigen, dass die Überschrift der Legatio traditionell ist. Baanes folgt bei der Verfasserangabe dieser Apologie einer ihm überlieferten Tradition, die er in der *Inscriptio* festhält. Genauso müsste er auch bei der Überschrift zu De Resurrectione vorgegangen sein, selbst wenn τοῦ αὐτοῦ ein späterer Nachtrag ist.[70]

Auch Arethas folgt eventuell einer Tradition, wenn er die beiden *Subscriptiones* und höchst wahrscheinlich τοῦ αὐτοῦ angibt. Dennoch muss die Möglichkeit erwogen werden, dass der Hinweis aus Leg 37,1 Arethas dazu bewog, De Resurrectione mit dem angekündigten ὁ περὶ τῆς ἀναστάσεως λόγος zu identifizieren. So hätte er De Resurrectione aus eigener Initiative zum Verfasser der Legatio zugeordnet.[71]

Wenn Arethas ein ihm anonym überliefertes Werk tatsächlich aus eigener Initiative einem früheren Apologeten zuschrieb, hätte er dies in einem seiner zahlreichen Scholien zu De Resurrectione vermerkt. Mit dieser Schrift beschäftigte er sich ausführlich und versah sie mit 68 Anmerkungen, wohingegen zur Legatio lediglich sechs vorliegen.[72] Auch nahm er in De Resurrectione die Kapiteleinteilung vor und fügte jedem Kapitel eine Inhaltsangabe bei.[73] Bereits im

---

68   Meth, De Res I,37,1 (GCS 27, 278,1 Bonwetsch): „καθάπερ ἐλέχθη καὶ Ἀθηναγόρᾳ".

69   Vgl. Philippus von Side, in: Theodoros Anagnostes, Kirchengeschichte (GCS 54, 160,1–3 Hansen).

70   Vgl. B. Pouderon, Apologetica 1993, 27.

71   So N. Zeegers-Vander Vorst, La Paternité, 372: „Dans l'hypothèse où R. n'est pas d'Athénagore, la précision τοῦ αὐτοῦ serait due à l'archevêque Arethas et (ou?) à son copiste Baanès, qui auraient de leur propre initiative associé R. à L."

72   Vgl. M. Marcovich, Athenagoras, Legatio pro Christianis (PTS 31), 114; M. Marcovich, De Resurrectione Mortuorum, 51–63.

73   So weist O. v. Gebhardt überzeugend nach, dass Arethas dieser Auferstehungsschrift besondere Aufmerksamkeit widmete. Vgl. O. v. Gebhardt, Arethascodex, 185: „Mit der Schrift de resurr. hat Arethas sich eingehender beschäftigt als mit irgend einer anderen des Cod. 451. Nicht nur hat er sie mit zahlreichen Randbemerkungen versehen, sondern auch, wie schon bemerkt, eine Capiteleintheilung (sic) vorgenommen und jedem Capitel eine mehr oder weniger ausführliche Inhaltsanalyse beigeschrieben. Man erkennt hier besonders deutlich, dass die Lectüre und gelehrte Bearbeitung zu verschiedenen Zeiten stattgefunden hat."

26 1. KAPITEL

zweiten Scholion gibt Arethas über den Verfasser von De Resurrectione einige Bemerkungen ab. Er bezeichnet ihn als ὁ θαυμάσιος οὑτοσὶ καὶ θεῖος ἀνήρ, der sich der Thematik philosophierend gewidmet hat.[74] In einem anderen Scholion zu Eusebs Praeparatio Evangelica 1,3 zählt der Scholiast einige Kirchenväter auf, welche die apologetische Tätigkeit von 1Petr 3,15 weiter verfolgten: „Ὁποῖος Ἰουστῖνος ὁ θεῖος Ἀθηναγόρας Τατιανὸς Κλήμεις [sic] ὁ Στρωματεὺς Ὡριγένης καὶ αὐτὸς ἔτι Πάμφιλος ὁ τοῦ παρόντος Εὐσεβίου πατήρ."[75] Auffälligerweise wird ausschließlich Athenagoras mit ὁ θεῖος präzisiert, was mit der Bezeichnung aus dem Scholion zu De Resurrectione korrespondiert. Es ist durchaus denkbar, dass Arethas mit den zwei Attributen (θαυμάσιος καὶ θεῖος) ausdrücklich auf Athenagoras verweist,[76] was auch in der *Inscriptio* durch τοῦ αὐτοῦ und in der *Subscriptio* durch ἀθηναγόρου περὶ ἀναστάσεως von ihm selbst bestätigt wird.

Wäre die Verfasserangabe von De Resurrectione für Arethas tatsächlich ungeklärt, so hätte er sich in einem der zahlreichen Scholien sicherlich dazu geäußert. So versäumt er es beispielsweise auch nicht, zur *Inscriptio* der Legatio in einer Anmerkung festzuhalten, dass das χαίρειν in der Adressatenangabe fehlt.[77] Insgesamt gesehen scheinen die Beobachtungen zu den Scholien zu bestätigen, dass die Verfasserangabe von De Resurrectione für Arethas nicht zur Debatte stand, sondern vielmehr von ihm der Tradition entsprechend übernommen wurde.

M. Heimgartner bringt demgegenüber erneut die handschriftliche Überlieferung als ein gewichtiges Argument gegen die athenagoreische Verfasserschaft von De Resurrectione vor. Er macht darauf aufmerksam, dass im Cod. Par. 450, datiert auf den 11. September 1363, De Resurrectione ohne die Legatio ursprünglich anonym und ohne Titel überliefert ist.[78] Er weist weiterhin gegen den Forschungskonsens nach, dass Par. 450 keine direkte Abschrift des Arethas-Codex darstellt, so dass „[...] *grec* 450 einem selbständigen Überlieferungszweig ange-

---

74 Vgl. M. Marcovich, De Resurrectione Mortuorum, 51.

75 Siehe bei A. v. Harnack, Apologeten, 33 und 177.

76 Gegen M. Heimgartner, Pseudojustin, 229 f.: „Viertens bezeichnet ein Scholion des Arethas den Verfasser der Auferstehungsschrift in geheimnisvoller Weise als ὁ θαυμάσιος οὑτοσὶ καὶ θεῖος ἀνήρ, als wäre er namentlich unbekannt." A. v. Harnack will hingegen mit dieser Bezeichnung Justin als Verfasser identifizieren. A. v. Harnack, Apologeten, 177: „Der ungenannte Verfasser wird also hier als der ‚erstaunliche und göttliche Mann‘ bezeichnet. So ist von den Apologeten meines Wissens nur Justin geehrt worden. Das ὁ θαυμάσιος erinnert an Tatian's ‚θαυμασιώτατος Ἰουστῖνος‘, und Tatian's Oratio geht ja im Codex den Schriften Justin's vorher."

77 Vgl. M. Marcovich, Athenagoras, Legatio pro Christianis (PTS 31), 114.

78 Vgl. M. Heimgartner, Pseudojustin, 228 f.

DIE VERFASSERSCHAFT VON DE RESURRECTIONE

hört, in dem Pseudoathenagoras ohne Überschrift stand."[79] Dennoch findet sich ein Titel περὶ ἀναστάσεως νεκρῶν λόγος ἄριστος, der jedoch kaum lesbar und stark abbreviiert ist.[80] Ebenfalls scheint auch der Verfassername ἀθηναγό- ρου „nach einer Lücke von 16 mm von deutlich anderer Hand"[81] zu sein. Beide Angaben wurden demnach offenbar später hinzugefügt.[82]

Tatsächlich hat sich seit der ausführlichen Untersuchung des Arethas-Codex durch A. v. Harnack die Meinung durchgesetzt, dass Par. 450 von Par. 451 abhängig ist.[83] Allerdings schwankt Harnack in seinen Stellungnahmen über den Grad der Abhängigkeit. Von einer direkten Abschrift des Par. 450 von Par. 451 spricht er lediglich in einer Nebenbemerkung ohne Angabe von kon- kreten Gründen und korrigiert auf diese Weise seine frühere Sicht.[84] In seiner detaillierten Untersuchung des Verwandtschaftsverhältnisses des Par. 450 von Par. 451 fällt das Urteil differenzierter aus: „C (Par. 450) bietet einen der Ueber- lieferung in A (Par. 451) nur entfernt verwandten, von der Recension dersel- ben in Par.1 unbeeinflussten, sorglos geschriebenen, bereits entstellten, wenig brauchbaren Text."[85]

---

79   Ebd., 229.

80   Vgl. M. Heimgartner, Pseudojustin, 228: „Die Auferstehungsschrift des Pseudoathenagoras jedoch ist deutlich von den übrigen Werken abgesetzt. Der Text vorangehenden *Quae- stiones graecorum ad christianos* jedoch endet knapp unter der Blattmitte von 433^r, der Rest der Seite ist leer. Pseudoathenagoras beginnt erst oben auf Blatt 433^v. An der Stelle der *inscriptio* stehen rubriziert sieben kurze senkrechte Wellenlinien und ein Punkt. Ganz oben am Blattrand steht eine kleine, auch mit UV-Lampe kaum noch lesbare, stark abbreviiert geschriebene Notiz: περὶ ἀναστάσεως νεκρῶν λόγος ἄριστος, dann nach einer Lücke von 16 mm von deutlich anderer Hand ἀθηναγόρου."

81   Ebd., 228.

82   Vgl. M. Heimgartner, Pseudojustin, 228 Anm. 174: „Laut mündlicher Auskunft von Christian Förstel, Paris, eine Hand des 15. oder 16. Jahrhunderts." Anders B. Pouderon, SC 379, 214, der im Apparat z. St. den Codex Par. 450 folgende *Inscriptio* von erster Hand bezeugen lässt: περὶ τῆς ἀναστάσεως ἀθηναγόρου.

83   Vgl. A. v. Harnack, Apologeten, 73–79.85–89.

84   Vgl. A. v. Harnack, Überlieferung und Bestand, 257: „Abgeschrieben aus Paris. 451 ist, wie ich Texte u. Unters. I,1.2 gezeigt habe und Schwartz in seiner Ausgabe des Athenagoras (Texte u. Unters. IV,2) ausführlich erwiesen hat, Mutin. III D. 7, saec. XI, Paris. 174 saec. XII und auch Paris. 450 (dieser, eine Sammlung von echten und unechten Werken Justin's geschrieben i. J. 1364, enthält nur die Oratio; die Abhängigkeit von Paris. 451 hatte ich noch nicht erkannt)." In der gleichen Monographie äußert sich Harnack an einer anderen Stelle vorsichtiger. A. v. Harnack, Überlieferung und Bestand, 106 f.: „Es (Paris. 450) ist nicht ganz unabhängig von der Sammlung Par. 451, wie die Textkritik in Bezug auf die Schriften, die sie beide gemeinsam haben, beweist."

85   A. v. Harnack, Apologeten, 78 f. Noch einmal auf S. 76: „Die Verwandtschaft dieses Codex

Der Codex Par. 450 enthält eine Sammlung von pseudojustinischen Schriften, in der sich auch die zwei echten Schriften des Justin finden: die Apologie und der Dialog.[86] An letzter Stelle ist die Auferstehungsschrift des Ps-Athenagoras angehängt, allerdings nach einem Abstand von ca. einem halben Blatt.[87] Da die Schrift bewusst einer Sammlung justinischer Schriften beigefügt ist, liegt m. E. die Vermutung nahe, dass der Schreiber des Codex sie mit den „justinischen" Schriften assoziiert.[88] Ob aufgrund dessen auf eine andere Vorlage zu schließen ist – da im Gegensatz zum Arethas-Codex die *Inscriptio* und *Subscriptio* in Par. 450 fehlen – bleibt fraglich. Es besteht ebenfalls die Möglichkeit, dass zwischen den beiden Codices im Überlieferungsprozess eine Handschrift gelegen hat, in der die Verfasserangabe verloren ging bzw. nicht zur Kenntnis genommen wurde.[89] Somit muss die anonyme Tradierung von De Resurrectione in Par. 450 nicht zwangsläufig auf einen „selbständigen Überlieferungszweig" schließen lassen. Dennoch ist die Möglichkeit in Betracht zu ziehen, dass unsere Auferstehungsschrift nicht *per se* mit dem Namen Athenagoras, sondern auch mit dem Apologeten Justin in Verbindung gebracht wurde.

Seit E. Schwartz wird die separate Überlieferung von De Resurrectione und Legatio auf die unterschiedliche Textqualität der beiden Schriften im Arethas-Codex zurückgeführt.[90] Der Text der Legatio enthält wesentlich mehr Fehler bzw. Korrekturen als der von De Resurrectione. Daraus schließen die Vertreter der „Unechtheit" auf zwei verschiedene Vorlagen, in denen beide Schriften unabhängig voneinander tradiert wurden.[91] Die unterschiedliche Textqua-

---

(c) mit A kann, wie Auswahl und Anordnung der Stücke beweist, höchstens eine entfernte sein."

86 Vgl. A. v. Harnack, Apologeten, 75 f.

87 Vgl. M. Heimgartner, Pseudojustin, 228: „Der Text der vorangehenden *Quaestiones graecorum ad christianos* jedoch endet knapp unter der Blattmitte von 433^r, der Rest der Seite ist leer. Pseudoathenagoras beginnt erst oben auf Blatt 433^v." Heimgartner folgert aus diesem Befund, dass De Resurrectione nicht als justinisch verstanden werden sollte. Vgl. M. Heimgartner, Pseudojustin, 228 f.

88 Vgl. A. v. Harnack, Apologeten, 176: „Der Cod. Par. 450 (ann. 1364) will nichts anderes enthalten, wie seine Einleitung beweist, als justinische Schriften."

89 Auch M. Heimgartner bedenkt diese Möglichkeit: „Wer grec 450 dennoch vom Arethascodex abhängig sein lässt, muss mindestens eine Handschrift zwischen den beiden annehmen, in der das erste Blatt des Zenasbriefes verlorengegangen ist, in der die Überschrift mit Titel und Verfasser der Auferstehungsschrift ausgefallen ist und die Sonderlesarten entstanden sind." M. Heimgartner, Pseudojustin, 229.

90 Vgl. E. Schwartz, Libellus, IV.

91 Vgl. M. Heimgartner, Pseudojustin, 229; N. Zeegers-Vander Vorst, La Paternité, 372.

DIE VERFASSERSCHAFT VON DE RESURRECTIONE

lität kann allerdings auch dadurch hervorgerufen sein, dass beide Schriften unterschiedlich oft kopiert wurden.[92] Außerdem kursierten die Legatio und De Resurrectione in unterschiedlichen Sammlungen, die nach thematischen und chronologischen Gesichtspunkten zusammengestellt waren.[93] So erklärt sich die getrennte Überlieferung der zwei Schriften durch ihre unterschiedliche Tradierungsweise.[94]

Die von den Vertretern der „Unechtheit" vorgebrachten Argumente bezüglich der handschriftlichen Überlieferung lassen sich demnach auch anders erklären.[95] Es liegt m. E. nahe, dass sich für Baanes bzw. Arethas die Frage nach dem Verfasser schlichtweg nicht stellte. So kann angenommen werden, dass die Auferstehungsschrift zur Zeit der Entstehung des Arethas-Codex unter dem Namen Athenagoras tradiert wurde. Mehr lässt sich zu der Verfasserfrage mit Hilfe der handschriftlichen Überlieferung nicht eruieren. L.W. Barnard bemerkt als Vertreter der „Echtheit" treffend, dass die Verfasserschaft von De Resurrectione aufgrund anderer Gründe entschieden werden muss.[96] Diesem Ansatz schließen sich einige Befürworter der „Unechtheit" wie H.E. Lona[97] und selbst M. Heimgartner[98] an. Ob De Resurrectione also tatsächlich den Apologeten Athenagoras zum Verfasser hat, lässt sich m. E. in erster Linie durch inhaltliche und stilistische Entsprechungen entscheiden.

---

92   Vgl. L.W. Barnard, Background, 38.

93   Vgl. B. Pouderon, Apologetica 1993, 28: „Les deux ouvrages ont suivi un cheminement différent; [...] Il a probablement dû circuler très peu de manuscrits ne contenant que l'œuvre d'Athénagore (L + DR), trop réduite (46 fol. dans le *Paris. gr.* 451); elle a donc le plus souvent été réunie à d'autres œuvres, dans un classement thématique ou chronologique: la *Legatio* avec d'autres apologies, le *De resurrectione* avec des ouvrages similaires."

94   Vgl. bei A. v. Harnack, Apologeten, 68–72, die Zusammenstellung aller Handschriften, die zusammen bzw. einzeln die Schriften des Athenagoras überliefern.

95   Das entschlossene Statement von M. Heimgartner ist also zu relativieren. Vgl. M. Heimgartner, Pseudojustin, 230: „Die Identifikation des Autors der Auferstehungsschrift ist offenbar eine Frucht der intensiven Beschäftigung des Arethas mit dieser Schrift. Als er im Laufe seiner Studien zur Ansicht gelangte, dass sie vom selben Verfasser stamme wie die im Codex voranstehende *Legatio*, hat er bei der Überschrift τοῦ αὐτοῦ ergänzt und der Schrift eine *subscriptio* beigefügt."

96   Vgl. L.W. Barnard, Background, 38: „However the authorship of *De Resurrectione* must be decided on other grounds [...]"

97   Vgl. H.E. Lona, Athenagoras, 532.

98   Vgl. M. Heimgartner, Pseudojustin, 228.

30   1. KAPITEL

3   Inhaltliche Divergenzen zwischen der Legatio und De Resurrectione

Im Folgenden wird der Fokus auf die inhaltliche Ebene der beiden zu vergleichenden Schriften gelegt. Dazu werden die Themen, die die größten inhaltlichen Überschneidungen erwarten lassen, komparativ untersucht und eine Entscheidung hinsichtlich der Verfasserfrage angestrebt.

Angekündigtes Beweisverfahren der Auferstehung in Leg 36,2

In Leg 36 führt Athenagoras den Auferstehungsglauben als Argument gegen den Vorwurf des Kannibalismus (in Leg 35 und 36 behandelt) an: Da die Christen eine postmortale Hoffnung haben, ist es absurd, sie thyesteischer Mahlzeiten zu bezichtigen. Da sich alle Menschen vor dem Richter für ihre Taten verantworten müssen,[99] ist für Christen an einen Menschenmord nicht zu denken.[100] Innerhalb dieser Argumentation geht Athenagoras im zweiten Teil von Kapitel 36 auf mögliche Einwände gegen die christliche Auferstehungshoffnung ein. Eine Schwierigkeit bietet vor allem die Vorstellung, dass sich der verfaulte, aufgelöste und zerstörte Leib wieder herstellen lässt (τὸ σαπὲν καὶ διαλυθὲν καὶ ἀφανισθὲν σῶμα συστῆναι πάλιν).[101] Um diese Bedenken auszuräumen, zeigt Athenagoras auf, wie der Auferstehungsbeweis überzeugend geführt werden kann. Er belässt es aber bei einigen Andeutungen, um nicht die eigentliche Thematik, die Verteidigung gegen die drei Anschuldigungen, zu verlassen:

> Da allerdings nicht nur nach unserer (Lehre), sondern auch nach der (Meinung) vieler Philosophen die Leiber auferstehen werden, überschreitet es das Maß, über diesen Gegenstand Beweis zu führen, damit wir nicht den Anschein geben, die nicht zur Sache gehörenden Dinge über das Vorliegende hinaus einzuführen, indem wir etwa über das Geistige und über das Sinnliche und über die Zusammensetzung dieser Dinge reden oder dass das Unkörperliche älter ist als die Körper und dass das Geistige dem Sinnlichen vorangeht, obwohl wir zuerst auf das Sinnliche stoßen, da die Leiber aus dem Unkörperlichen gemäß der Hinzufügung des Geistigen, aber (auch) aus dem Sinnlichen bestehen.[102]

---

99   Vgl. auch Leg 12,1 (PTS 31, 44,1–8 Marcovich).

100   Vgl. Leg 35,1 (PTS 31, 108,1–3 Marcovich).

101   Leg 36,2 (PTS 31, 111,13 f. Marcovich).

102   Leg 36,2 (PTS 31, 111,16–112,23 Marcovich): „Ὅτι μέντοι οὐ καθ' ἡμᾶς μόνον ἀναστήσεται τὰ σώματα, ἀλλὰ καὶ κατὰ πολλοὺς τῶν φιλοσόφων, περίεργον ἐπὶ τοῦ παρόντος δεικνύειν, ἵνα μὴ ἐξαγωνίους τοῖς προκειμένοις ἐπεισάγειν δοκῶμεν λόγους, ἢ περὶ νοητῶν καὶ αἰσθητῶν καὶ

DIE VERFASSERSCHAFT VON DE RESURRECTIONE 31

Athenagoras legt mit diesen knappen Sätzen die Vorgehensweise dafür dar, wie die Auferstehung zu beweisen wäre. Dabei verfolgt er eine apologetische Tendenz, um den möglichen Vorwurf der Torheit (εὐήθεια) widerlegen zu können.[103] Zu diesem Zweck bedient er sich der Meinung einiger Philosophen,[104] die ihm die entscheidenden Impulse geliefert haben, die Auferstehung der Leiber nachvollziehbar zu machen. Einen ersten Ansatz bietet das Nachdenken über das Geistige und Sinnliche und die Verbindung dieser beiden Komponenten.

Bereits bei der Reflexion über die gewordenen Götter in Leg 19,1 unterscheidet Athenagoras zwischen dem Geistigen (τὸ νοητόν) und dem Sinnlichen (τὸ αἰσθητόν). Nach einem Zitat aus Timaios 27d6 interpretiert er die platonische Redeweise περὶ νοητοῦ καὶ αἰσθητοῦ in Leg 19,1 wie folgt: Das Geistige ist mit dem Seienden und Ungewordenen, das Sinnliche mit dem Nicht-Seienden und Gewordenen gleichzusetzen.[105] Eine entsprechende Identifikation hatte Athenagoras bereits in Leg 15,1 vorgenommen.[106] Wenn der Apologet also den Beweis für die Auferstehung aufgrund der σύστασις des Geistigen und des Sinnlichen führt, denkt er offensichtlich an eine Zusammensetzung des Ungewordenen mit dem Gewordenen bzw. des Seienden mit dem Nicht-Seienden.

τῆς τοιούτων συστάσεως λέγοντες ἢ ὅτι πρεσβύτερα τὰ ἀσώματα τῶν σωμάτων, καὶ ⟨ὅτι⟩ τὰ νοητὰ προάγει τῶν αἰσθητῶν, κἂν πρώτοις περιπίπτωμεν τοῖς αἰσθητοῖς, συνισταμένων ἐκ μὲν τῶν ἀσωμάτων κατὰ τὴν ἐπισύνθεσιν τῶν νοητῶν, ἐκ δὲ [τῶν νοητῶν] ⟨τῶν αἰσθητῶν⟩ σωμάτων·" Der abschließende im *Genetivus absolutus* konstruierte Nebensatz scheint verderbt zu sein, so dass sich die Editoren zu einer Konjektur veranlasst sahen. M.E. muss das zweite τῶν νοητῶν ganz durch ⟨τῶν αἰσθητῶν⟩ ersetzt werden, damit es nachvollziehbar erscheint, dass die Leiber aus dem Leiblosen (ἐκ μὲν τῶν ἀσωμάτων) und aus dem sinnlich Wahrnehmbaren (ἐκ δὲ ⟨τῶν αἰσθητῶν⟩) bestehen. Das zweite τῶν νοητῶν ist daher als eine Verschreibung des τῶν αἰσθητῶν aufzufassen. Es stellt sich weiterhin die Frage, wie sich Athenagoras diese materielle Zusammensetzung der Körper aus dem Körperlosen vorgestellt hat. Offenbar hat der Apologet bei diesen Andeutungen für den Auferstehungsbeweis nur Stichworte geliefert, ohne dabei den logischen Argumentationsaufbau stringent durchdacht zu haben.

103 Leg 36,2 (PTS 31, 111,15 Marcovich).

104 Jaap Mansfeld will den Verweis auf κατὰ πολλοὺς τῶν φιλοσόφων mit den Stoikern identifizieren. Vgl. J. Mansfeld, Resurrection added, 226 f. Allerdings werden die anschließenden platonisierenden Gedanken eher dem Mittelplatonismus entnommen sein. Vgl. ebenfalls den darauf folgenden Bezug auf Pythagoras und Platon. Leg 36,2 (PTS 31, 112,23–26 Marcovich): „οὐ⟨δὲν⟩ γὰρ κωλύει κατὰ τὸν Πυθαγόραν καὶ τὸν Πλάτωνα γενομένης τῆς διαλύσεως τῶν σωμάτων, ἐξ ὧν τὴν ἀρχὴν συνέστη, ἀπὸ τῶν αὐτῶν αὐτὰ καὶ πάλιν συστῆναι."

105 Leg 19,1 (PTS 31, 58,1–59,9 Marcovich).

106 Leg 15,1 (PTS 31, 50,3–5 Marcovich).

In den folgenden zwei Nebensätzen spricht Athenagoras über die zeitliche Priorität des Geistigen und des Leiblosen. Das Geistige geht dem Sinnlichen zeitlich voraus ebenso wie das Leiblose den Leibern. Mit dieser platonisierenden Redeweise scheint er auf die Präexistenz der Ideen[107] und auf die mit den Ideen verwandten Seelen anzuspielen.[108] Er spricht jedenfalls ausdrücklich von den Leibern, die jünger sind als τὰ ἀσώματα. Athenagoras begnügt sich mit diesen Andeutungen, so dass der abschließende im *Genetivus absolutus* konstruierte Nebensatz schwer verständlich wird.[109] Er könnte eine kausale Begründung des vorangehenden Konzessivsatzes sein: „[...] *obwohl* wir zuerst auf das Sinnliche stoßen, *weil* die Leiber aus dem Leiblosen gemäß der Hinzufügung des Geistigen, aber (auch) aus dem Sinnlichen bestehen.“[110] Auf diese Weise erklärt der begründende Satz, weshalb das Sinnliche zuerst erscheint, obwohl das Geistige eine zeitliche Priorität besitzt, da die menschlichen Körper sowohl das Leiblose als auch das Sinnliche in sich vereinen. Dieser Verweis legt nahe, dass besonders in den Leibern eine enge Verbindung des durch die Hinzufügung des Geistigen entstehenden Leiblosen mit dem Sinnlichen besteht.[111]

---

107 Vgl. Alkinoos, Did 4,7 (Whittaker 7,39–42/Summerell/Zimmer 8,28–31): „καὶ ἐπεὶ τῶν νοητῶν τὰ μὲν πρῶτα ὑπάρχει, ὡς αἱ ἰδέαι, τὰ δὲ δεύτερα, ὡς τὰ εἴδη τὰ ἐπὶ τῇ ὕλῃ ἀχώριστα ὄντα τῆς ὕλης, καὶ νόησις ἔσται διττή, ἡ μὲν τῶν πρώτων, ἡ δὲ τῶν δευτέρων." Alkinoos geht ebenfalls von der Priorität der noetischen Dinge (τῶν νοητῶν) aus und vergleicht sie mit den Ideen (ὡς αἱ ἰδέαι).

108 Vgl. den dritten Unsterblichkeitsbeweis im Phaidon (78b–81a).

109 Die Editoren sahen sich veranlasst, nach dem zweiten τῶν νοητῶν ein τῶν αἰσθητῶν zu ergänzen. So zunächst von Suffridus Petrus, dem sich E. Schwartz, Libellus, 46 und J. Geffcken, Apologeten, 236 Anm. 3, aber auch die neueren Editoren wie W.R. Schoedel, Athenagoras, 86, B. Pouderon, SC 379, 206 und M. Marcovich, Athenagoras, Legatio pro Christianis (PTS 31), 112 angeschlossen haben. Daraufhin versetzt Marcovich σωμάτων, das nach dem ersten νοητῶν stand, an das Ende des Satzes.

110 Leg 36,2 (PTS 31, 112,21–23 Marcovich): „κἂν πρώτοις περιπίπτωμεν τοῖς αἰσθητοῖς, συνισταμένων ἐκ μὲν τῶν ἀσωμάτων κατὰ τὴν ἐπισύνθεσιν τῶν νοητῶν, ἐκ δὲ [τῶν νοητῶν] ⟨τῶν αἰσθητῶν⟩ σωμάτων."

111 J. Geffcken verteidigt die Konjektur ⟨τῶν αἰσθητῶν⟩ von Suffridus Petrus. Vgl. J. Geffcken, Apologeten, 236 Anm. 3. Daraufhin deutet er diese Äußerung des Athenagoras aus einer Stellungnahme des Sextus, der sich dabei gegen eine platonische Lehre wendet. Vgl. J. Geffcken, Apologeten, 236: „Er [sc. Athenagoras] schließt sich also der von Sextus bekämpften platonischen Lehre von dem Vorzuge der νοητά vor den αἰσθητά an und läßt aus den ἀσώματα die νοητά, aus diesen wieder αἰσθητά entstehen, während Sextus umgekehrt das αἰσθητόν zur Grundlage macht und daraus die νόησις hervorgehen läßt. Athenagoras mag also aus seinem philosophischem Handbuche die Ansichten der Platoniker kennen gelernt haben."

DIE VERFASSERSCHAFT VON DE RESURRECTIONE 33

Aufgrund dessen darf es gemäß Pythagoras und Platon auch nicht hinderlich sein, dass die Leiber aus denselben Elementen wieder zusammengesetzt werden:

> Denn es hindert gemäß Pythagoras und Platon nichts, dass, wenn die Auflösung der Leiber geschieht, sie sich aus denselben Elementen, aus denen sie ursprünglich bestanden, auch wieder zusammensetzen.[112]

Athenagoras betont hier die enge Verbindung der körperlichen Elemente mit dem Leiblosen, mit dem er offenbar die unsterblichen Seelen meint.[113] Mit dem Verweis auf Pythagoras und Platon unterstreicht er diesen Zusammenhang[114] und verweist offensichtlich auf die von ihnen vertretene Seelenwanderungslehre.[115] Er korrigiert allerdings deren Vorstellung, indem er nicht von einer Inkarnation der Seele in andere Leiber spricht, sondern von der Einkörperung in die ursprünglichen σώματα.

Mit dem Hinweis auf Pythagoras und Platon schließt sich Athenagoras ihrer Lehre keineswegs an. Vielmehr will er Analogien finden, die die Auferstehung der Leiber nahelegen.[116] An dieser Stelle tritt erneut seine apologetische Tendenz hervor, die pythagoreischen und platonischen Gedanken zur Unterstreichung des eigenen Standpunkts zu nutzen.

Es stellt sich die Frage, ob das in Leg 36,2 angekündigte Verfahren für den Beweis der Auferstehung in De Resurrectione weitergeführt wird. Bereits R.M. Grant[117] und E. Gallicet[118] weisen darauf hin, dass Leg 36,2 *nicht* der Aufer-

---

112 Leg 36,2 (PTS 31, 112,23–26 Marcovich): „οὐ⟨δὲν⟩ γὰρ κωλύει κατὰ τὸν Πυθαγόραν καὶ τὸν Πλάτωνα γενομένης τῆς διαλύσεως τῶν σωμάτων, ἐξ ὧν τὴν ἀρχὴν συνέστη, ἀπὸ τῶν αὐτῶν αὐτὰ καὶ πάλιν συστῆναι."

113 Vgl. Leg 27,2 (PTS 31, 89,17 Marcovich). Hier spricht er ausdrücklich von der Unsterblichkeit der Seele: „ὡς ἀθάνατος οὖσα".

114 Vgl. C. Andresen, Justin und der mittlere Platonismus, 161 f. Anm. 18, der sämtliche Belegstellen aufführt, nach denen Pythagoras und Platon als Vertreter der Seelenwanderungslehre und der Unsterblichkeit der Seele in der Antike zu gelten haben.

115 Vgl. M. Peglau, Presbeia, 113; J. Mansfeld, Resurrection added, 226 f.; Dagegen J. Geffcken, Apologeten, 237 Anm. 1.

116 Vgl. auch MinFel Oct 34,6–8. Auch J. Geffcken erkennt diese Argumentationsweise der Analogie, die er allerdings auf den Stoffwechsel bezieht: „Athenagoras meint also, nicht etwa, daß Pythagoras und Platon die Auferstehung der Körper gelehrt hätten, sondern daß nach Analogie ihres Denkens über den Stoffwechsel die christliche Anschauung eine auch philosophisch begründete sei." J. Geffcken, Apologeten, 237.

117 Vgl. R.M. Grant, Athenagoras or Pseudo-Athenagoras, 122 f.

118 Vgl. E. Gallicet, Ancora sullo Pseudo-Atenagora, 21 f.

34 1. KAPITEL

stehungsschrift entspricht.[119] Tatsächlich greift der Verfasser von De Resurrectione in seiner Beweisführung weder die Rede von der σύστασις τῶν νοητῶν καὶ τῶν αἰσθητῶν auf noch thematisiert er die zeitliche Priorität von τὰ ἀσώματα und τὰ νοητά gegenüber den Leibern und dem Sinnlichen. Zwar spricht auch er von der Unsterblichkeit der Seele, meint aber nicht deren Präexistenz, sondern vielmehr die postmortale Fortdauer. Erst mit der Geburt besitzen die Menschen mit der Seele einen über den Tod hinausgehenden unveränderlichen Bestand.[120] An keiner Stelle ist jedoch von einer Präexistenz der Seelen die Rede.[121] Somit greift der Autor von De Resurrectione die in Leg 36,2 angekündigten Voraussetzungen für den Auferstehungsbeweis in seiner Schrift *nicht* auf.

Modalitäten der Auferstehung

Neben dem angekündigten Beweisverfahren in Leg 36,2 kommt der Bestimmung der Modalitäten der Auferstehung ebenfalls eine entscheidende Rolle zu, um Hinweise bzw. Divergenzen hinsichtlich der Vereinbarkeit beider Schriften zu ermitteln. Zunächst ist zu konstatieren, dass in beiden Schriften von einer Dichotomie in der Anthropologie auszugehen ist. In De Resurrectione verwen-

---

119 M. Heimgartner, Pseudojustin, 203–206, hat jüngst den Versuch unternommen, eher in Ps-Justins De Resurrectione als in De Resurrectione von Ps-Athenagoras die Weiterführung von Leg 36,2 zu sehen. Er geht davon aus, dass der Verfasser der pseudojustinischen Auferstehungsschrift in Wahrheit Athenagoras sei. Heimgartner beschränkt seine Analysen auf den letzten Satz in Leg 36,2 mit dem Verweis auf Pythagoras und Platon. Die Weiterführung dieses Gedankens postuliert er in Ps-Just De Res 6,10. Jedoch mit dem angekündigten Beweisverfahren für die Auferstehung von ἢ περὶ νοητῶν bis ⟨τῶν αἰσθητῶν⟩ σωμάτων beschäftigt sich Heimgartner nicht, weil in Ps-Just De Res das Nachdenken über σύστασις τῶν νοητῶν καὶ τῶν αἰσθητῶν ebenfalls fehlt. Vgl. weiter die Kritik von H.E. Lona, Rez., ZAC 8, 164: „Überraschend eindeutig und ebenso problematisch ist die von H.[eimgartner] vertretene These, der Apologet Athenagoras sei der Verfasser von DR. Die in leg. 36,3–37,1 angekündigte Schrift über die Auferstehung sei eben DR. Die Begründung dieser Meinung – Gemeinsamkeiten zwischen DR 6,10 und leg. 36,3, stilistische und lexikalische Berührungspunkte – halte ich für unzureichend." Vgl. A. Whealey, Pseudo-Justin's *De Resurrectione*: Athenagoras or Hippolytus?, In: VigChr 60 (2006), 420–430, der sich der Kritik von H.E. Lona anschließt und stattdessen Hippolyt als Verfasser der pseudojustinischen Schrift annimmt.

120 Vgl. De Res 16,2 (Marcovich 41,7 f.): „τῶν δὲ ἀνθρώπων κατὰ μὲν τὴν ψυχὴν ἀπὸ γενέσεως ἐχόντων τὴν ἀμετάβλητον διαμονήν".

121 Auch die Aussage vom „vorangehenden Leben der Menschen" in De Res 12,6 (Marcovich 37,6 f.) bezieht sich auf die Existenz in vergänglichen und irdischen Leibern (καίπερ ἐν φθαρτοῖς καὶ γηΐνοις ὄντες σώμασιν).

DIE VERFASSERSCHAFT VON DE RESURRECTIONE

det der Verfasser ausschließlich die ψυχή-σῶμα-Terminologie. In der Legatio variiert Athenagoras die Begrifflichkeit: Hauptsächlich wird der Terminus σῶμα neben der ψυχή gebraucht, um die auferstandene Leiblichkeit zu bezeichnen. Nur an einer einzigen Stelle erscheint der σάρξ-Begriff (Leg 31,2) zur Thematisierung der eschatologischen Bestimmung des Menschen.

In Leg 31,2 verweist Athenagoras auf inhaltliche Aspekte der christlichen Lehre, um die verbliebenen Vorwürfe gegen die Christen (Leg 31–36: Inzest und Kannibalismus) zu widerlegen:[122] Diese haben Gott zur Richtschnur (ὡς πρὸς στάθμην) ihres Lebens gemacht und kommen nicht einmal auf den Gedanken zu sündigen,[123] geschweige denn Menschenfresserei und sexuelle Ausschweifungen zu begehen. Die Gründe für die tadellose Lebensführung der Christen bilden die Allgegenwart Gottes und der Ausblick auf das Endgericht.[124] In diesem Zusammenhang äußert sich Athenagoras zur jenseitigen Hoffnung der Christen:

> Denn wenn wir überzeugt wären, dass das Leben einzig hier verbracht wird, wäre es möglich auch zu vermuten, dass wir sündigen, indem wir etwa Fleisch und Blut dienen oder der Gewinnsucht oder den Begierden unterliegen. Da wir aber wissen, dass Gott nachts und tags über das, was wir denken und reden,[125] wacht und dass er, weil er eben ganz Licht ist, das sieht, was in unserem Herzen ist, sind wir überzeugt, dass, sobald wir uns von (diesem) Leben hier trennen, wir ein anderes Leben führen werden, entweder ein besseres als das Gegenwärtige und ein himmlisches, kein irdisches – wenn wir bei Gott und mit Gott fest und leidenschaftslos bezüglich der Seele bleiben, nicht mehr wie Fleisch, selbst wenn wir

---

122   Athenagoras geht in Leg 31,1 auf solche Vorwürfe zunächst nicht ein, weil sie nicht ernsthaft gegen die Christen erhoben werden könnten. Die Christen stehen vielmehr in der Tradition vieler Philosophen (von Pythagoras bis Sokrates), die ungerechterweise verleumdet werden. Letztlich entschließt er sich doch, gegen derartige Anklagen vorzugehen, aber nicht in der entsprechenden Breite wie beim Atheismusvorwurf (Kap. 4–30). Vgl. Leg 31,1 (PTS 31, 100,13 f. Marcovich): „Πλὴν ἀλλὰ καὶ πρὸς ταῦτα ἀπαντήσω τὰ ἐγκλήματα." Mit dieser geschickten rhetorischen Einleitung zur Widerlegung der übrigen Anklagen gelingt es ihm, den Rahmen der Entgegnung im Vergleich zum ersten Vorwurf eindeutig einzugrenzen (Kap. 31–34: Inzest, Kap. 35 f.: Kannibalismus).

123   Leg 31,2 (PTS 31, 100,15–19 Marcovich).

124   Vgl. J. Geffcken, Apologeten, 230.

125   Der Konjektur ⟨οἷς ποιοῦμεν⟩ von E. Schwartz, Libellus, 42,6, und M. Marcovich, Athenagoras, Legatio pro Christianis (PTS 31), 100,22, schließe ich mich nicht an. Hier ist allein dem handschriftlich überlieferten Text zu folgen. So auch W.R. Schoedel, Athenagoras, 76; B. Pouderon, Athénagore (SC 379), 192,25.

36   I. KAPITEL

es haben (werden),[126] sondern wie ein himmlischer Geist – oder, wenn wir mit den Übrigen zusammenfallen, ein schlechteres und im Feuer –, denn Gott hat auch uns nicht wie Vieh oder Jochtiere als Beiwerk erschaffen, damit wir umkommen und vergehen – auf Grund dieser Dinge ist es nicht zu erwarten, dass wir absichtlich Schlechtes begehen, damit wir nicht dem großen Richter übergeben werden, um bestraft zu werden.[127]

Athenagoras thematisiert in diesem Abschnitt die eschatologische Erwartung der Christen und verfolgt dabei die Absicht, die Vorwürfe gegen die Christen zu entkräften. Da diese eine jenseitige Vergeltung erwarten, begehen sie nichts absichtlich Schlechtes (ἐθελοκακεῖν). Die Hoffnung auf das Jenseits verbietet es, das Leben der Christen auf die irdische Gegenwart zu begrenzen. Sie enthalten sich jeglicher Sünde, um nicht Diener von „Fleisch und Blut" zu werden. Diese metaphorische Sprechweise bringt zum Ausdruck, dass sie sich nicht der „Gewinnsucht" und den „Begierden" ausliefern, sondern in dem Bewusstsein der Allgegenwart Gottes derartige Dinge meiden. Eine solche ethische Enthaltsamkeit erhält ihre Motivation aus der christlichen Hoffnung, auf die Athenagoras kurz eingeht.

Nach der Trennung vom irdischen Leben erwarten die Christen eine neue und bessere Existenzweise. In einem Nebengedanken beschreibt der Apologet diesen ἕτερος βίος genauer: Wir werden bei und mit Gott sein. Das Verbleiben (μένω) in Gottes Gegenwart beinhaltet im Hinblick auf die Seele eine Unbeugsamkeit (ἀκλινεῖς) und Leidenschaftslosigkeit (ἀπαθεῖς). Um diesen Seelenzustand genauer auszuführen, bedient sich Athenagoras einer metaphorischen Ausdrucksweise: „οὐκέτι ὡς σάρκες, κἂν ἔχωμεν, ἀλλ᾽ὡς οὐράνιον πνεῦμα μένωμεν".[128]

---

126   Auch an dieser Stelle folge ich der Konjektur von M. Marcovich nicht, der σάρκα einfügt, sondern belasse es bei dem überlieferten Text: κἂν ἔχωμεν.

127   Leg 31,2 (PTS 31, 100,19–101,31 Marcovich): „Εἰ μὲν γὰρ ἕνα τὸν ἐνταῦθα βίον βιώσεσθαι ⟨ἐ⟩πεπείσμεθα, κἂν ὑποπτεύειν ἐνῆν δουλεύοντας σαρκὶ καὶ αἵματι, ἢ κέρδους ἢ ἐπιθυμίας ἐλάττους γενομένους ἁμαρτεῖν· ἐπεὶ δὲ ἐφεστηκέναι μὲν οἷς ἐννοοῦμεν, οἷς λαλοῦμεν καὶ νύκτωρ καὶ μεθ᾽ ἡμέραν τὸν θεὸν οἴδαμεν, πάντα δὲ φῶς αὐτὸν ὄντα καὶ τὰ ἐν τῇ καρδίᾳ ἡμῶν ὁρᾶν, πεπείσμεθα ⟨δὲ⟩ τοῦ ἐνταῦθα ἀπαλλαγέντες βίου βίον ἕτερον βιώσεσθαι ⟨ἢ⟩ ἀμείνονα ἢ κατὰ τὸν ἐνθάδε καὶ ἐπουράνιον, οὐκ ἐπίγειον (ἐὰν μετὰ θεοῦ καὶ σὺν θεῷ ἀκλινεῖς καὶ ἀπαθεῖς τὴν ψυχὴν οὐκ⟨έτι⟩ ὡς σάρκες, κἂν ἔχωμεν, ἀλλ᾽ ὡς οὐράνιον πνεῦμα μένωμεν), ἢ συγκαταπίπτοντες τοῖς λοιποῖς χείρονα καὶ διὰ πυρός (οὐ γὰρ καὶ ἡμᾶς, ὡς πρόβατα ἢ ὑποζύγια, πάρεργον καὶ ἵνα ἀπολοίμεθα καὶ ἀφανισθείημεν, ἔπλασεν ὁ θεός), ἐπὶ τούτοις οὐκ εἰκὸς ἡμᾶς ἐθελοκακεῖν οὐδ᾽ αὐτοὺς τῷ μεγάλῳ παραδιδόναι κολασθησομένους δικαστῇ."

128   Leg 31,2 (PTS 31, 100,27–101,28 Marcovich). Der Einfügung von σάρκα zwischen κἂν ἔχωμεν durch Marcovich wird hier nicht gefolgt.

DIE VERFASSERSCHAFT VON DE RESURRECTIONE

Der Vergleich οὐκέτι ὡς σάρκες rekurriert auf das bereits Erwähnte δουλεύειν σαρκὶ καὶ αἵματι. Der Ausdruck ὡς οὐράνιον πνεῦμα führt die Perspektive vom besseren und himmlischen (ἐπουράνιος) Leben weiter aus. Mittels eines knappen Konzessivsatzes κἄν ἔχωμεν wird an einer sarkischen Leiblichkeit im Eschaton dennoch festgehalten. So verdeutlicht Athenagoras, dass er die „fleischliche Qualität" nicht *per se* ablehnt. Vielmehr akzeptiert er die dem Fleisch verfallene Existenzweise für das zukünftige Leben nicht. Auffällig ist dabei das Festhalten an der σάρξ innerhalb der eschatologischen Vollendung. Damit spielt der Apologet auf die Formel von der Auferstehung des Fleisches an,[129] vermeidet es aber ausdrücklich, von einer ἀνάστασις τῆς σάρκος zu sprechen.

> Mit dieser Vorsicht korrespondiert ebenfalls die Anspielung auf die Inkarnation Gottes in Leg 21,3: „Sie (Götter) verlieben sich nicht, sie leiden nicht; denn entweder sind sie Götter und es berührt sie keine Begierde (oder sie sind keine Götter). Selbst wenn ein Gott gemäß dem göttlichen Heilsplan Fleisch (σάρκα) annimmt, ist er schon ein Sklave der Begierde?"[130] In Leg 21 kritisiert Athenagoras die Vorstellung von paganen Göttern, die als σαρκοειδεῖς erscheinen und leidenschaftlichen Affekten ergeben sind.[131] Der Apologet neigt dazu, diese Wehrlosigkeit gegenüber den Leidenschaften als eine Existenzweise der σάρξ zu bezeichnen. Auch vermeidet er es in seiner gesamten Apologie, explizit auf das Leiden bzw. die Inkarnation Christi einzugehen. Dennoch scheint in dem zitierten Fragesatz eine Anspielung auf die Fleischannahme Gottes vorzuliegen, die gemäß der göttlichen οἰκονομία erfolgte. Wenn Gott tatsächlich Fleisch annahm, war er aber *nicht* Sklave der Begierde. Die Annahme der σάρξ beinhaltet somit keineswegs deren grundsätzliche Verfallenheit an die Begierden.

Auf eine ähnliche Weise scheint Athenagoras in Leg 31,2 mit dem Satz κἄν ἔχωμεν an eine auferstandene Leiblichkeit gedacht zu haben, die gemeinsam mit der Seele als ἀκλινεῖς und ἀπαθεῖς aufzufassen ist. Spricht Athenagoras von der Auferstehung, bevorzugt er im Allgemeinen den Begriff σῶμα, um negative

---

129   Vgl. H.E. Lona, Bemerkungen, 257.

130   Leg 21,3 (PTS 31, 65,41–43 Marcovich): „οὐκ ἐρῶσιν, οὐ πάσχουσιν· ἢ γὰρ θεοὶ καὶ οὐχ ἅψεται αὐτῶν ἐπιθυμία (* *) κἂν σάρκα θεὸς κατὰ θείαν οἰκονομίαν λάβῃ, ἤδη δοῦλός ἐστιν ἐπιθυμίας;" Hier ist allein der überlieferte Text zu beachten. Daher werden die Konjekturen, die M. Marcovich vorschlägt, nicht aufgenommen.

131   Leg 21,1 f. (PTS 31, 63,1.4; 64,21 Marcovich).

38   1. KAPITEL

Implikationen zu vermeiden, die der Begriff σάρξ innerhalb seiner sonstigen Verwendung in der Apologie hervorruft.[132] Um den Unterschied zu ὡς σάρκες zu betonen, stellt der Apologet die Vorstellung von einem Leben ὡς οὐράνιον πνεῦμα dar.[133] Das andersartige, bessere und himmlische Leben der Christen wird mit der Existenzweise eines „himmlischen Geistes" umschrieben.

Dieser metaphorische Vergleich lässt sich aus den Ausführungen über die „schwachen Seelen"[134] in Leg 27 erklären. Dort thematisiert der Apologet die Entstehung der εἴδωλα, die er auf die unvernünftigen Regungen in der Seele zurückführt: Dies erleidet insbesondere die Seele, die das ὑλικὸν πνεῦμα aufnimmt und sich mit ihm vermischt. Auf diese Weise kann die Seele ihrer schöpfungsgemäßen Bestimmung, die himmlischen Dinge und deren Schöpfer zu schauen, nicht gerecht werden.[135] Diese platonisch inspirierte Deutung des Seelenzustands wird mit einer allgemeinen Aussage expliziert: „Um es allgemein zu sagen, wird sie nur Blut und Fleisch, nicht mehr reiner Geist."[136] Hier bedient sich der Apologet mit der Phrase καθολικῶς εἰπεῖν ausdrücklich einer metaphorischen Ausdrucksweise. Mit den Termini „Blut und Fleisch" bezeichnet Athenagoras die mit dem ὑλικὸν πνεῦμα vermischte Seele. So erklärt sich auch der auf die Seele bezogene Ausdruck πνεῦμα καθαρόν als ein Gegensatz zu der Vereinigung der Seele mit dem ὑλικὸν πνεῦμα.[137]

---

132   Vgl. H.E. Lona, Bemerkungen, 353–359.

133   Vgl. H.E. Lona, Bemerkungen, 356.

134   J. Geffcken, Apologeten, 219.

135   Vgl. Leg 27,1 (PTS 31, 88,3–5 Marcovich): „Πάσχει δὲ τοῦτο ψυχὴ μάλιστα τοῦ ὑλικοῦ προσλαβοῦσα καὶ ἐπισυγκραθεῖσα πνεύματος, οὐ πρὸς τὰ οὐράνια καὶ τὸν τούτων ποιητήν, ἀλλὰ κάτω πρὸς τὰ ἐπίγεια βλέπουσα·"

136   Leg 27,1 (PTS 31, 88,6 f. Marcovich): „καθολικῶς εἰπεῖν, ὡς μόνον αἷμα καὶ σάρξ, οὐκέτι πνεῦμα καθαρὸν γιγνομένη."

137   Durch die Vermischung der Seele mit dem „materiellen Geist" verweist der Apologet auf die Wirkungsweise des „um die Materie sich befindenden Geistes" (τὸ περὶ τὴν ὕλην ἔχον πνεῦμα), der der Güte Gottes entgegengesetzt ist (vgl. Leg 24,2 [PTS 31, 78,15–79,19 Marcovich]). Er ist von Gott geschaffen – wie auch die übrigen Engel – und mit der Verwaltung der Materie und ihrer Erscheinungsformen betraut (vgl. Leg 24,2 [PTS 31, 79,20–22 Marcovich]). Allerdings ist er stolz auf die Natur seines Wesens und auf seine Herrschaft geworden, so dass er die Verwaltung seiner von Gott verliehenen Aufgabe missachtet hat (vgl. Leg 24,3 [PTS 31, 80,32 f.; 81,36 f. Marcovich]). Von diesem τὸ ἐναντίον πνεῦμα gehen die dämonischen Regungen und Wirkungen aus, womit dieser auf die Menschen eindringt (vgl. Leg 25,2 [PTS 31, 84,25 f. Marcovich]). Je nach dem Verhältnis der Menschen zur Materie und nach ihrem Empfinden für das Göttliche entscheidet sich der Einfluss des ἄρχων τῆς ὕλης auf die Menschen (Leg 25,2 [PTS 31, 84,27–29 Marcovich]).

DIE VERFASSERSCHAFT VON DE RESURRECTIONE

Die Bezeichnung der Seele als πνεῦμα καθαρόν entspricht der eschatologischen Ausdrucksweise οὐράνιον πνεῦμα. Im ersten Fall wird die Metapher im Gegensatz zu αἷμα καὶ σάρξ verwendet. In Leg 31,2 ist ebenfalls der Gegensatz zu ὡς σάρκες anvisiert. Da sich der Ausdruck πνεῦμα καθαρόν gegen eine Vermischung der Seele mit dem ὑλικὸν πνεῦμα wendet, impliziert auch die Metapher οὐράνιον πνεῦμα die gleiche Tendenz. Die Verbindung der Seele mit dem „materiellen Geist" ruft bei Athenagoras die abschätzige Charakterisierung ihrer Existenzweise als „Fleisch und Blut" hervor, so dass die gegenteilige metaphorische Ausdrucksweise als οὐράνιον/καθαρὸν πνεῦμα das jenseitige frei von sarkisch-negativen Einflüssen bestehende Leben meint.[138] Diese bildliche Bezeichnung der menschlichen Existenz im negativen Sinn als αἷμα καὶ σάρξ/σάρκες und im positiven Sinn als οὐράνιον/καθαρὸν πνεῦμα fehlt in De Resurrectione gänzlich.

Der Traktat beinhaltet ein von der in der Legatio verwendeten Bedeutung abweichendes semantisches Verständnis der Begriffe πνεῦμα und σάρξ. Πνεῦμα taucht in De Res 7,1 nur einmal auf, und zwar ebenfalls im Zusammenhang mit der Bestimmung der auferstandenen Leiblichkeit.[139] Allerdings wird das πνεῦμα aus dem Auferstehungsleib ganz ausgeschlossen. Denn Blut, Schleim, Galle und πνεῦμα, das hier die Bedeutung „Atem" hat, sind dann keine Lebensfaktoren mehr. Insgesamt gesehen entfällt bei dem auferstandenen σῶμα jegliches Nahrungsbedürfnis. Die Verwendung des Begriffes πνεῦμα in De Resurrectione entspricht demnach *nicht* der semantischen Bedeutungsebene in der Legatio. Das πνεῦμα gehört nicht einmal zur Auferstehungsleiblichkeit. Dies widerspricht *explizit* der metaphorischen Ausdrucksweise der Legatio, welche die auferstandene σάρξ als οὐράνιον πνεῦμα charakterisiert.

Daraus ergibt sich folgende Frage: Kann ein und derselbe Autor, der in der Legatio die eschatologische Leiblichkeit als πνεῦμα bezeichnet, dieses πνεῦμα in De Resurrectione aus dem auferstandenen σῶμα aber gänzlich ausschließt, beide Texte verfasst haben? Da hier offensichtlich ein deutlicher Gegensatz in der Verwendung des Begriffes πνεῦμα vorliegt, besteht Grund zu der berechtigten Annahme, hier von zwei unterschiedlichen Autoren auszugehen.

Dieser Eindruck bestätigt sich auch beim Gebrauch des Wortes σάρξ. Das „Fleisch" stellt in De Resurrectione keine anthropologische Größe bei der Bestimmung des Menschen dar. Der Mensch besteht einzig aus σῶμα und ψυχή

---

138 Vgl. H.E. Lona, Bemerkungen, 356: „Es handelt sich um ein Bild für menschliche Vollendung, das Transzendenz und Andersartigkeit (οὐράνιον πνεῦμα) hervorhebt [...]"

139 De Res 7,1 (Marcovich 31,9 f.): „οὐδὲν συντελοῦντος ἔτι πρὸς τὸ ζῆν οὐχ αἵματος οὐ φλέγματος οὐ χολῆς οὐ πνεύματος."

und muss deshalb auch als συναμφότερον auferstehen.[140] Zwar kommt der Begriff σάρξ zehnmal in De Resurrectione vor,[141] ausschließlich jedoch in „anatomische[m] Verständnis".[142] Die σάρξ wird neben Knochen, Sehnen, Knorpeln, Muskeln und Eingeweide als organische Größe verstanden und macht einen Teil des σῶμα aus.[143] Die Tatsache, dass die σάρξ sogar in ein anderes σῶμα gelangen kann,[144] liefert den Haupteinwand gegen die Auferstehung des Fleisches in De Res 4–8.

Auf diese Weise ist σάρξ *kein* Synonym für σῶμα. So verzichtet der Autor von De Resurrectione im Gegensatz zu den anderen Auferstehungtraktaten gänzlich auf den Ausdruck „Auferstehung des Fleisches". Wenn er von der leiblichen Auferstehung spricht, verwendet er stattdessen folgende Ausdrücke: ἀνάστασις (ohne Beifügung), ἀνάστασις τῶν νεκρωθέντων, ἀνάστασις τῶν σωμάτων, ἀνάστασις τῶν νεκρωθέντων σωμάτων und ἀνάστασις τῶν ἀνθρώπων.[145] Somit ist dem Votum H.E. Lonas zuzustimmen, der bei der Verwendung des Begriffes σάρξ in De Resurrectione ebenfalls einen deutlichen Gegensatz zur Legatio feststellt: „Hier ist der Sprachgebrauch semantisch homogen, aber eigenartigerweise in einem Sinne, der in ‚Legatio' nicht vorkommt. Denn das ‚anatomische' Verständnis von ‚sarx' – als Teil des menschlichen Körpers –, das den Sprachgebrauch in ‚De Resurrectione' charakterisiert, ist in der ‚Legatio' nicht belegt. [...] Beide Texte bezeugen also zwei eindeutig verschiedene semantische Ebenen im Sprachgebrauch von ‚sarx'."[146]

Eine weitere Stelle zur Beschreibung der Modalitäten der Auferstehung findet sich in Leg 36,2: „τὸ σαπὲν καὶ διαλυθὲν καὶ ἀφανισθὲν σῶμα συστῆναι πάλιν".[147] Es ist anzunehmen, dass die Benennungen der Vergänglichkeit für den Leib σαπέν καὶ διαλυθέν καὶ ἀφανισθέν im Auferstehungtraktat vom selben Autor aufgenommen werden. Hierin findet sich zur Beschreibung des Vergehens des Leibes allerdings ausschließlich das geläufige Verb διαλύειν. Die Verben σήπο-

---

140 De Res 18,4 (Marcovich 43,28–30): „λέγω δὲ συναμφότερον τὸν ἐκ ψυχῆς καὶ σώματος ἄνθρωπον, καὶ τὸν τοιοῦτον ἄνθρωπον γίνεσθαι πάντων τῶν πεπραγμένων ὑπόδικον τήν τε ἐπὶ τούτοις δέχεσθαι τιμὴν ἢ τιμωρίαν."

141 De Res 6,5; 7,2 f.; 8,2 f.; 17,2 (Marcovich 30,34; 31,13.15.17.22.24 f.; 32,11.16; 42,9).

142 H.E. Lona, Bemerkungen, 359.

143 De Res 17,2 (Marcovich 42,8–10): „ὀστέων φημὶ καὶ νεύρων καὶ χόνδρων, ἔτι δὲ μυῶν καὶ σαρκῶν καὶ σπλάγχνων καὶ τῶν λοιπῶν τοῦ σώματος μερῶν".

144 De Res 7,2 (Marcovich 31,15–17).

145 ἀνάστασις (ohne Beifügung): De Res 1,5; 2,2; 10,2; 11,7; 12,8; 13,2; ἀνάστασις τῶν νεκρωθέντων: 8,4; 18,5; ἀνάστασις τῶν σωμάτων: 3,1; 11,1; 14,3; ἀνάστασις τῶν νεκρωθέντων σωμάτων: 25,3; ἀνάστασις τῶν ἀνθρώπων: 10,2.

146 H.E. Lona, Bemerkungen, 360.

147 Leg 36,2 (PTS 31, 111,13 f. Marcovich).

μαι und ἀφανίζομαι (noch in Leg 31,2) hingegen erfahren in De Resurrectione keinerlei Beachtung.

Auch die für Athenagoras offensichtlich geläufige Phrase συστῆναι πάλιν, die in Leg 36,2 zweifach den Wiederherstellungsvorgang des Leibes in der Auferstehung bezeichnet, wäre im Falle der Identität des Autors beider Werke in De Resurrectione zu erwarten. Stattdessen bevorzugt der Autor des Auferstehungstraktats die Verben ἑνόω πάλιν und συνάγω (in De Res 2,3 und 8,4), um die Vereinigung derselben Leiber in der Auferstehung anzuzeigen.[148] Das Verb συνίστημι/συστῆναι wird lediglich in De Res 4,4 und 7,1 verwendet,[149] jedoch bezogen auf das Zusammenkommen der früheren *Teile* der Leiber (vgl. De Res 7,1: τῶν μὲν ἀνισταμένων σωμάτων ἐκ τῶν οἰκείων μερῶν πάλιν συνισταμένων)[150] und nicht direkt auf das σῶμα wie in Leg 36,2. Angesichts des angekündigten Beweisverfahrens für die Auferstehung mit ἀπὸ τῶν αὐτῶν αὐτὰ καὶ πάλιν συστῆναι[151] wäre bei demselben Verfasser die Aufnahme dieser Wendung zu erwarten gewesen.

Aufgrund dieser Beobachtungen ist dem Urteil von N. Zeegers-Vander Vorst bezüglich der Modalitäten der Auferstehung voll zuzustimmen: „Il n'en reste pas moins que les modalités de la résurrection sont très différentes en L. et en R., comme le sont aussi les sens que revêt le terme de σάρξ."[152] Somit widerlegen auch diese Ausführungen die Vermutung, dass beide Schriften von demselben Verfasser stammen.

Anthropophagie

In Leg 35 und 36 beschäftigt sich Athenagoras mit der Anklage der Anthropophagie. Um diesen Vorwurf zu widerlegen, verweist der Apologet in Leg 35 zunächst auf die Tatsache, dass sich die Christen nicht einmal Gladiatorenkämpfe anschauen.[153] Ihrem Verständnis nach kommt das Zusehen bereits einer Beteiligung daran gleich.[154] Da auch Abtreibungen und Kindesaussetzungen von den Christen verurteilt werden,[155] dürfen sie weder der ἀνδροφονία noch der ἀνθρωποβορία angeklagt werden.[156] Im Anschluss daran widmet der

---

148 De Res 2,3; 8,4 (Marcovich 26,27; 32,25.28).

149 De Res 4,4; 7,1 (Marcovich 28,33; 31,6).

150 De Res 7,1 (Marcovich 31,5f.).

151 Leg 36,2 (PTS 31, 112,25f. Marcovich).

152 N. Zeegers-Vander Vorst, La Paternité, 361.

153 So auch TheophAnt, Ad Aut III,15,1 (PTS 44, 115,1–4 Marcovich).

154 Leg 35,1 (PTS 31, 109,9–14 Marcovich).

155 Leg 35,2 (PTS 31, 109,15–110,21 Marcovich).

156 Leg 35,1 (PTS 31, 108,8–109,9 Marcovich).

Apologet ein Kapitel (Leg 36) der Abwehr des Vorwurfs der ἀνθρωποφαγία und verweist dabei auf die Auferstehungslehre.

Die Behandlung der Anthropophagie und der Auferstehungslehre scheint sowohl für die Legatio als auch für De Resurrectione charakteristisch zu sein. Falls die Schriften demselben Autor entstammen, sind an dieser Stelle die größten terminologischen Übereinstimmungen zu erwarten. Der Verfasser von De Resurrectione geht in De Res 4–8 sehr ausführlich auf die Problematik der gegen den Auferstehungsglauben vorgebrachten Menschenverzehrungen ein. Da demnach bei der Bezeichnung der Menschenfresserei mit Übereinstimmungen zu rechnen ist, erhebt B. Pouderon Leg 36,1 zur entscheidenden Passage für eine athenagoreische Verfasserschaft:[157]

> Wer nun, der an die Auferstehung glaubt, dürfte sich selbst wohl für Leiber, die einst auferstehen werden, als Grab hergeben? Denn es wäre nicht überzeugend, unsere Leiber, die auferstehen werden, zu verzehren, als ob sie nicht auferstehen würden, und zu glauben, dass die Erde die eigenen Toten herausgeben wird, dass aber die, die jemand in sich selbst begraben hat, nicht zurückgefordert würden.[158]

Der Leiber verzehrende Mensch, der infolge der Menschenfresserei die Toten in sich selbst begräbt, wird hier mit einem Grab verglichen. Aus der Sicht des Apologeten trifft ein solcher Vorwurf auf die Christen freilich nicht zu, da sie sich nach der Auferstehung im Gericht für alle ihre Taten vor Gott verantworten müssen. Es ist auch völlig unverständlich, den Glauben an die Auferstehung der Leiber zu vertreten und sie zugleich zu verzehren, als würden diese nicht auferstehen. Daher ist es völlig abwegig, die Herausgabe der eigenen Toten aus der Erde zu erwarten, demgegenüber die verzehrten Menschenkörper aber aus der Jenseitshoffnung auszuschließen.

Athenagoras bezeichnet die Menschenverzehrungen als τὰ σώματα ἐσθίειν. Der Autor des Traktats bevorzugt für das Verzehren menschlicher Lei-

---

157   Vgl. B. Pouderon, L'Authenticité, 240: „voici ce passage, capital pour l'établissement de l'authenticité du *Traité: Sup.* XXXVI,1."

158   Leg 36,1 (PTS 31, 110,1–5 Marcovich): „Τίς ἂν οὖν ἀνάστασιν πεπιστευκὼς [ἐπὶ] σώμασιν ἀναστησομένοις ἑαυτὸν παράσχοι τάφον; οὐ γὰρ τῶν αὐτῶν καὶ ἀναστήσεσθαι ἡμῶν πεπεῖσθαι τὰ σώματα καὶ ἐσθίειν αὐτὰ ὡς οὐκ ἀναστησόμενα, καὶ ἀποδώσειν μὲν νομίζειν τὴν γῆν τοὺς ἰδίους νεκρούς, οὓς δέ τις αὐτὸς ἐγκατέθαψεν αὐτῷ, μὴ ἀπαιτήσεσθαι." Statt der Tilgung von [ἐπὶ] spricht sich M. Marcovich für εἶναι aus, so dass ein gut konstruierter AcI möglich wird. An dieser Stelle folge ich jedoch der Textemendation von Wilamowitz, dem sich auch alle anderen Editionen angeschlossen haben.

DIE VERFASSERSCHAFT VON DE RESURRECTIONE

ber hingegen die Bezeichnug σῶμα μετέχειν[159] und im übertragenen Sinn die Begriffe μιανθῆναι σώματι,[160] ἐντρυφᾶν τοῖς σώμασιν[161] und ἑστιᾶν τοῖς σώμασιν,[162] an keiner Stelle jedoch τὰ σώματα ἐσθίειν. Bei dieser Begriffsvielfalt wäre von demselben Autor der Ausdruck τὰ σώματα ἐσθίειν im Auferstehungstraktat zu erwarten, da auch sonst in der apologetischen Literatur von ἐσθίειν – zwar nicht des σῶμα, aber der ἄνθρωποι, παιδία und σάρκας παιδίων – die Rede ist.[163]

Zusätzlich bestimmt Athenagoras in Leg 35,1 den Verzehr des menschlichen Fleisches als πάσασθαι κρεῶν ἀνθρωπικῶν.[164] In Leg 34,2 umschreibt er diesen Vorgang auch mit σαρκῶν ἅπτεσθαι ἀνθρωπικῶν.[165] Diese Ausdrucksweise entspricht der annähernd gleichen Formulierung bei Theophilus von Antiochien, Ad Aut III,15,1: „σαρκῶν ἀνθρωπείων ἐφάπτεσθαι".[166] Obwohl die Bezeichnung für Menschenverzehrungen in der Legatio eine gewisse Variation in den Ausdrücken (κρεῶν ἀνθρωπικῶν/σαρκῶν ἀνθρωπικῶν und πάσασθαι/ἅπτεσθαι) enthält, kommen diese Lexeme in De Resurrectione *nicht* vor. Der Verfasser des Traktats verwendet zur Umschreibung des Menschenfleischverzehrs in De Res 8,3 eine andere Formulierung: „τὸ δὲ σαρκῶν ἀνθρώπων ἀνθρώπους μετασχεῖν".[167] Er bevorzugt also das Verb μετέχειν, um das Verzehren sowohl des menschlichen σῶμα als auch der σαρκῶν ἀνθρώπων zum Ausdruck zu bringen.

Was den direkten Vorwurf des Kannibalismus betrifft, wählt Athenagoras die Begrifflichkeit ἀνθρωποβορία, der er ἀνδροφονία hinzusetzt.[168] Denn es ist ihm zufolge nicht möglich, menschliches Fleisch zu verzehren, wenn nicht jemand

---

159 Z.B.: De Res 7,4 (Marcovich 32,2 f.).

160 De Res 7,4 (Marcovich 32,4).

161 De Res 8,2 (Marcovich 32,14).

162 De Res 8,2 (Marcovich 32,15).

163 Justin, Dial 10,1 (PTS 47, 86,6 Marcovich): „ἐσθίομεν ἀνθρώπους". Märtyrerbericht aus Lugdunum und Vienna: „ἀνθρώπους ἐσθίειν" Euseb, H.E. V,1,52 (GCS 9,1, 422,20 Schwartz), v,1,26 (GCS 9,1, 412,7 Schwartz): „ἂν παιδία φάγοιεν". Origenes, C. Cels. VI,40 (Marcovich 416,9 f.): „ἐσθίοντας σάρκας παιδίων".

164 Leg 35,1 (PTS 31, 108,2 Marcovich).

165 Leg 34,2 (PTS 31, 107,14 Marcovich). Lona weist zu Recht darauf hin, dass dieser Ausdruck „in übertragenem Sinn gemeint" ist. Vgl. H.E. Lona, Bemerkungen, 360 Anm. 21. Pouderon führt aus, dass in Leg 34,2 der eigentliche Vorwurf des Kannibalismus an die Heiden zurückgewiesen wird. Vgl. B. Pouderon, La chair et le sang, 3.

166 TheophAnt, Ad Aut III,15,1 (PTS 44, 115,2 f. Marcovich).

167 De Res 8,3 (Marcovich 32,16 f.).

168 Leg 35,1 (PTS 31, 108,8–109,9 Marcovich). Die Anklage der ἀνθρωποβορία kommt ebenfalls bei Theophilus von Antiochien vor, der diesen Ausdruck dreimal verwendet. Vgl.: TheophAnt, Ad Aut III,5; III,8 und III,15 (PTS 44, 103,2 f.; 108,13; 115,7 Marcovich).

44   1. KAPITEL

vorher getötet wird.[169] Der Verfasser von De Resurrectione erwähnt in De Res 4,4 stattdessen die τεκνοφαγίαι, die als Argument gegen die Auferstehung des Leibes vorgebracht werden. Hierbei muss er sich aber nicht mit dem Vorwurf möglicher Kinderverzehrungen auseinandersetzen. Im gesamten Traktat liegt keine Anspielung auf den Vorwurf der Anthropophagie vor. Dennoch nimmt B. Pouderon an, dass der Autor des Traktats in De Res 8,3 (σαρκῶν ἀνθρώπων μετασχεῖν) an diesen Anklagepunkt dachte.[170] Wenn dies aber zuträfe, hätte der Verfasser von De Resurrectione bereits unmittelbar davor – nämlich in De Res 8,2 – darauf verweisen können. Der Einwand der Menschenverzehrungen gegen den Auferstehungsglauben wird jedoch in polemischer Weise gewendet:

> Wenn sie nun beweisen können, dass das Fleisch der Menschen den Menschen zur Nahrung bestimmt ist, so wird sie nichts daran hindern anzunehmen, dass das gegenseitige Auffressen naturgemäß ist.[171]

An dieser Stelle findet keinerlei Verweis darauf statt, dass es sich um eine Anklage gegenüber den Christen handelt. Indem er aber den Einwand der Gegner auf diese Weise darstellt, sucht er vielmehr das Argument ins Lächerliche zu ziehen.

Weiterhin weist B. Pouderon auf die Bezeichnung Θυέστεια δεῖπνα für den Vorwurf des Kannibalismus in beiden Werken hin: Leg 3,1 und De Res 4,4.[172] Daraus zieht er die Konsequenz: „Son emploi peut donc paraître caractéristique d'un auteur."[173] Die Anschuldigungen gegen die Christen, dass sie thyesteische Mahlzeiten vollziehen und ödipodeische Verbindungen eingehen, erscheinen in dieser Kombination zum ersten Mal bei Athenagoras in Leg 3,1.[174] In dieser Verbindung finden sich die Bezeichnungen für die Vorwürfe Θυέστεια δεῖπνα und Οἰδιποδείους μίξεις nur noch im Märtyrerbericht von Lugdunum und Vienna sowie bei Tertullian.[175] Allerdings weist B. Pouderon selbst auf die starke Verbreitung des Motivs der „Thyesteischen Mahlzeiten" bei paganen und

---

169   Leg 35,1 (PTS 31, 108,2 f. Marcovich): „Οὐ γὰρ ἔστι πάσασθαι κρεῶν ἀνθρωπικῶν μὴ πρότερον ἀποκτείνασί τινα."

170   Vgl. B. Pouderon, La chair et le sang, 3 f.

171   De Res 8,2 (32,11–13 Marcovich): „Εἰ μὲν οὖν ἔχουσιν δεικνύναι σάρκας ἀνθρώπων ἀνθρώποις εἰς βρῶσιν ἀποκληρωθείσας, οὐδὲν κωλύσει τὰς ἀλληλοφαγίας εἶναι κατὰ φύσιν".

172   Vgl. B. Pouderon, L' Authenticité, 237 f.; ders., Apologetica 1993, 30–35.

173   B. Pouderon, L' Authenticité, 238, und vgl. erneut in ders., Apologetica 1993, 34.

174   Leg 3,1 (PTS 31, 26,1 f. Marcovich): „Τρία ἐπιφημίζουσιν ἡμῖν ἐγκλήματα, ἀθεότητα, Θυέστεια δεῖπνα, Οἰδιποδείους μίξεις."

175   Eus, H.E. V,1,14; Tert, Ad Nat 1,2,8; 1,7,10; 1,7,27.

DIE VERFASSERSCHAFT VON DE RESURRECTIONE   45

christlichen Autoren hin.[176] „Tatsächlich gehört noch zur Zeit des Apollinaris Sidonius (5. Jh.) das thyesteische Mahl zu den Themen des Mimus, wie es vorher immer wieder Thema von Schauspielen war."[177]

Die christlichen Apologeten kehren diesen Vorwurf um und wenden ihn gegen die Heiden. Theophilus von Antiochien liefert dafür einen deutlichen Beleg:

> Aber man darf auch nicht die übrigen Schauspiele ansehen, damit unsere Augen und Ohren nicht befleckt werden, indem sie Teilhaber der dort besungenen Mordtaten werden. Denn wenn jemand über Menschenfresserei (ἀνθρωποβορίας) reden möchte: dort werden die Kinder des Thyestes und Tereus aufgefressen (ἐκεῖ τὰ Θυέστου καὶ Τηρέως τέκνα ἐσθίομενα); wenn aber jemand über Ehebruch, nicht allein bei den Menschen, sondern auch bei den Göttern reden möchte, von denen sie wohltönend mit Ehren und Kämpfen berichten: (diese) werden bei ihnen als Tragödie aufgeführt.[178]

„Selbst für den Satiriker Lukian sind das thyesteische Mahl und das ödipodeische Beilager Symbole des Schrecklichen."[179] Somit scheint das Motiv der Θυέστεια δεῖπνα durch die Aufführungen in den Theatern eine große Verbreitung in der Bevölkerung gefunden zu haben. Wenn nun der Verfasser des Traktats in De Res 4,4 auf τὰ τραγικὰ δεῖπνα Θυέστου verweist, dann greift er eine bekannte Theatervorstellung auf. Die Gegner der Auferstehungslehre bringen derartige τεκνοφαγίαι vor und verweisen damit nicht nur auf die thyesteischen Mahlzei-

---

176 Vgl. B. Pouderon, Apologetica 1993, 30 f.: Im TLG wird das Wort Θυέστης und θυέστειος 140-mal angezeigt.

177 W. Schäfke, Frühchristlicher Widerstand, 583.

178 TheophAnt, Ad Aut III,15,2 f. (PTS 44, 115,4–10 Marcovich): „Ἀλλ᾽ οὐδὲ τὰς λοιπὰς θεωρίας ὁρᾶν χρή, ἵνα μὴ μολύνωνται ἡμῶν οἱ ὀφθαλμοὶ καὶ τὰ ὦτα, γινόμενα συμμέτοχα τῶν ἐκεῖ φόνων ᾀδομένων. Εἰ γὰρ εἴποι τις περὶ ἀνθρωποβορίας, ἐκεῖ τὰ Θυέστου καὶ Τηρέως τέκνα ἐσθίομενα· εἰ δὲ περὶ μοιχείας, οὐ μόνον περὶ ἀνθρώπων ἀλλὰ καὶ περὶ θεῶν, ὧν καταγγέλλουσιν εὐφώνως μετὰ τιμῶν καὶ ἄθλων, παρ᾽ αὐτοῖς τραγῳδεῖται." Statt φωνῶν (bezeugt von V, B, P) ist hier mit Dechair und Wolf φόνων zu emendieren (gegen Marcovich). Im unmittelbaren Kontext in Ad Aut III,15,1 wird ebenfalls von φόνων gesprochen: Die Christen meiden die Gladiatorenkämpfe, um nicht Teilhaber und Mitwisser solcher Mordtaten zu werden (ἵνα μὴ κοινωνοὶ καὶ συνίστορες φόνων γενώμεθα).

179 W. Schäfke, Frühchristlicher Widerstand, 583 f. mit Verweis in Anm. 812 auf Lucian, De mercede conductis 41: „ἅπαντες γὰρ ἀκριβῶς ὅμοιοί εἰσιν τοῖς καλλίστοις τούτοις βιβλίοις, ὧν χρυσοῖ μὲν οἱ ὀμφαλοί, πορφυρᾶ δὲ ἔκτοσθεν ἡ διφθέρα, τὰ δὲ ἔνδον ἢ Θυέστης ἐστὶν τῶν τέκνων ἐστιώμενος ἢ Οἰδίπους τῇ μητρὶ συνὼν ἢ Τηρεὺς δύο ἀδελφὰς ἅμα ὀπυίων."

ten, sondern auch auf „jenen medischen Tisch" (τὴν Μηδικὴν τράπεζαν ἐκείνην), der die Verspeisung der eigenen Kinder durch Harpagus zum Thema hat.[180] Mit Hilfe solcher Verweise soll die Unmöglichkeit der Auferstehung untermauert werden.[181] Jedoch ist von der Beschuldigung gegenüber den Christen, thyesteische Mahlzeiten zu begehen, in De Res 4,4 weder explizit noch implizit die Rede.

H.E. Lona resümiert aus diesem Grund zutreffend gegen das von B. Pouderon vorgebrachte Argument für die „Echtheit" von De Resurrectione: „Nirgends im ganzen Abschnitt (De Res 5,1–8,5) findet sich eine Spur von einer Anspielung auf die Anklage der Heiden gegen die Christen. Konnte der Verfasser der ‚Legatio‘ den Ausdruck, mit dem ein verbreiteter und für die Christen beleidigender Vorwurf verbunden war, in ‚De Resurrectione‘ nur als Beispiel für eine theoretische Schwierigkeit gebrauchen?"[182] Somit ist der Hinweis auf die „tragischen Mahlzeiten des Thyestes" in De Res 4,4 eher gegen die athenagoreische Verfasserschaft von De Resurrectione zu werten, da die erwähnten τεκνοφαγίαι im Gegensatz zu Theophilus von Antiochien nicht zur Abwehr des Menschenfresserei-Vorwurfs (ἀνθρωποβορία) verwendet werden. Die offensichtlich bedenkenlose Erwähnung der gegnerischen Argumente in De Res 4,4 verweist auf einen anderen kontroversen Kontext, in dem der Vorwurf des Kannibalismus keine Aktualität mehr besaß.[183]

Gerichtsargument

In Leg 36,1 geht Athenagoras auf die Perspektive des Gerichts ein, um die Auferstehung der Toten zu begründen. Der Verweis auf eine die Auferstehung der Menschen voraussetzende jenseitige Vergeltung dient dem Apologeten dazu, die Kaiser davon zu überzeugen, dass die Christen keine Anthropophagie begehen. Der Autor von De Resurrectione geht in De Res 18–23 ebenfalls sehr ausführlich auf das „Gerichtsargument" ein, um die Auferstehung der Leiber

---

180 De Res 4,4 (Marcovich 28,28 f.). Vgl. bei Herodot 1,119,3–7.

181 De Res 4,4 (Marcovich 28,30 f.): „ἔκ τε τούτων κατασκευάζουσιν, ὡς νομίζουσιν, ἀδύνατον τὴν ἀνάστασιν".

182 H.E. Lona, Athenagoras, 540. Ebenso N. Zeegers-Vander Vorst, La Paternité, 352.

183 Es wird sich zeigen, dass die Gegnerschaft des Traktats von celsischen Einwänden beeinflusst ist. Da Celsus den Vorwurf der Anthropophagie nicht vorbringt, muss auch Ps-Athenagoras darauf nicht eingehen. Origenes hingegen hält es noch für nötig, in Contra Celsum auf diese Verleumdung einzugehen, obwohl Celsus selbst die Anklage nicht erhebt. Vgl. Origenes, C. Cels. VI,27; VI,40; VIII,52 (Marcovich 404,24–27; 416,9–11; 567,9–12). „Von da ab ist mit dem stärkeren Vordringen des Christentums der unsinnige Vorwurf gegen die Mitglieder der katholischen Kirche verschollen. Wenigstens hört man in den Christenprozessen nichts mehr davon." Fr. J. Dölger, Sacramentum infanticidii, 200.

DIE VERFASSERSCHAFT VON DE RESURRECTIONE

zu belegen. Bei derselben Autorenschaft sind insbesondere an dieser Stelle Übereinstimmungen sowohl der Terminologie als auch der Gedankenführung zu erwarten.

Nachdem Athenagoras betont hat, dass alle Menschen Rechenschaft über ihr Leben ablegen müssen (Leg 36,1: λόγον ὑφέξειν τοῦ ἐνταῦθα ἢ πονηροῦ ἢ χρηστοῦ βίου),[184] erläutert er die Perspektive des göttlichen Gerichts, welche die Auferstehung zur Voraussetzung hat:

> Für die aber, die überzeugt sind, dass bei Gott nichts ungeprüft sein wird, dass aber auch der Leib, der den unvernünftigen Trieben und Begierden der Seele gedient hat (τὸ ὑπουργῆσαν σῶμα ταῖς ἀλόγοις ὁρμαῖς τῆς ψυχῆς καὶ ἐπιθυμίαις), mitbestraft werden wird, gibt es keinen Grund, auch die kleinste Sünde zu begehen.[185]

Von der Auferstehung des Leibes ist hier vor allem zum Zwecke des Gerichts die Rede. Das σῶμα und die ψυχή werden für ihre gemeinsam vollbrachten Taten eine Vergeltung von Gott erhalten.

Der Verfasser von De Resurrectione vertritt eine andere Sichtweise hinsichtlich des „Gerichtsarguments" für die Auferstehung. Dieses Argument kann aus seiner Sicht nicht die hauptsächliche Beweislast für den Nachweis der Auferstehung tragen. In De Res 14,6 deckt er die Schwächen des Gerichtsarguments für den Auferstehungsbeweis auf:

> Wenn nämlich der Grund für die Auferstehung allein im gerechten Gericht liegen würde, dürften in der Tat diejenigen nicht auferstehen, die weder gesündigt noch Gutes getan haben; dies sind die ganz kleinen Kinder.[186]

Da sich das gerechte Gericht auf die Vergeltung der Menschentaten bezieht, trifft dies nicht notwendigerweise auf kleine Kinder zu. Deshalb schwächt der Verfasser die Bedeutungskraft der Gerichtsargumentation zur Begründung der Auferstehung deutlich ab.

---

184 Leg 36,1 (PTS 31, 110,6 Marcovich).

185 Leg 36,1 (PTS 31, 110,9–12 Marcovich): „⟨τοὺς δὲ⟩ μηδὲν ἀνεξέταστον ἔσεσθαι παρὰ τῷ θεῷ, συγκολασθήσεσθαι δὲ καὶ τὸ ὑπουργῆσαν σῶμα ταῖς ἀλόγοις ὁρμαῖς τῆς ψυχῆς καὶ ἐπιθυμίαις πεπεισμένους, οὐδεὶς λόγος ἔχει οὐδὲ τῶν βραχυτάτων τι ἁμαρτεῖν."

186 De Res 14,6 (Marcovich 39,11–14): „εἰ γὰρ μόνον τὸ κατὰ τὴν κρίσιν δίκαιον τῆς ἀναστάσεως ἦν αἴτιον, ἐχρῆν δήπου τοὺς μηδὲν ἡμαρτηκότας ἢ κατορθώσαντας μηδ' ἀνίστασθαι, τοῦτ' ἔστι τοὺς κομιδῇ νέους παῖδας·"

Diese Beweisführung erscheint bei ihm erst an dritter Stelle. Die anderen beiden Argumente, nämlich die Absicht des Schöpfers bei der Erschaffung des Menschen (De Res 12–13) und die Natur des menschlichen Geschöpfs (De Res 15–17), gehen dem Gerichtsargument (De Res 18–23) voraus. Die schöpfungstheologische Reflexion nimmt somit für den Auferstehungsbeweis eine primäre Rolle ein und relativiert die von der apologetischen Tradition vorgegebene hauptsächliche Beweiskraft des Gerichtsarguments:

> Indem nämlich viele (πολλοί) den Beweis für die Auferstehung bedachten, haben sie im dritten Argument allein den Grund dafür gefunden, da sie meinten, dass die Auferstehung wegen des Gerichts stattfindet. Dies erweist sich aber ganz deutlich als ein Trugschluss (ψεῦδος); denn alle gestorbenen Menschen werden auferstehen, aber nicht alle Auferstandenen werden gerichtet.[187]

Mit dem Verweis auf die πολλοί verortet sich der Autor von De Resurrectione innerhalb der christlichen Tradition.[188] Allerdings findet sich kein Bezug zu dem in der Legatio dargelegten Auferstehungsbeweis, der insbesondere im Hinblick auf das Gericht entwickelt wird. Dort liefert die jenseitige κρίσις noch die Hauptbegründung für die Auferstehung. Damit befindet sich Athenagoras in der apologetischen Tradition, die allein mit dem Verweis auf das Gericht den Auferstehungsbeweis führt. Tatsächlich nimmt das Gerichtsargument bei den Apologeten am Ende des 2. und Anfang des 3. Jahrhunderts eine gewichtige Stellung ein, um die christliche Jenseitshoffnung mit Hilfe der Auferstehung zu begründen. E. Gallicet[189] und N. Zeegers-Vander Vorst[190] weisen zu Recht darauf hin, dass die Gerichtsperspektive in dieser Zeit bei den Apologeten (Justin, Tatian, Theophilus und Tertullian) die hauptsächliche Begründung für die Auferstehung darstellt.[191] Bereits in der alt- und neutestament-

---

187 De Res 14,6 (Marcovich 39,7–11): „πολλοὶ γὰρ τὸν τῆς ἀναστάσεως λόγον διαλαμβάνοντες τῷ τρίτῳ μόνῳ τὴν πᾶσαν ἐπήρεισαν αἰτίαν, νομίσαντες τὴν ἀνάστασιν γίνεσθαι διὰ τὴν κρίσιν. τοῦτο δὲ περιφανῶς δείκνυται ψεῦδος ἐκ τοῦ πάντας μὲν ἀνίστασθαι τοὺς ἀποθνῄσκοντας ἀνθρώπους, μὴ πάντας δὲ κρίνεσθαι τοὺς ἀναστάντας·"

188 Vgl. N. Zeegers-Vander Vorst, Adversaires et destinataires, 209 f.

189 Vgl. E. Gallicet, Ancora sullo Pseudo-Atenagora, 23, Anm. 2 und 3.

190 Vgl. N. Zeegers-Vander Vorst, Adversaires et destinataires, 208.

191 Vgl. Justin, Apol 1,52,3 (PTS 38, 104,8–12 Marcovich); Tatian, Oratio 6,1 (PTS 43, 15,1–6 Marcovich); TheophAnt, Ad Aut 1,14,4–6 (PTS 44, 35,17–27 Marcovich); Tertullian, Apol 48,12 (Becker 216,7–13) und De Res 14,8 (Evans 36,26–38,28): „idque iudicium resurrectio expunget, haec erit tota causa immo necessitas resurrectionis, congruentissima scilicet deo destinatio iudicii."

DIE VERFASSERSCHAFT VON DE RESURRECTIONE   49

lichen Literatur sowie bei den Apostolischen Vätern sind Ansätze hierzu zu finden.[192]

Im Gegensatz dazu legt der Verfasser von De Resurrectione den Schwerpunkt für den Auferstehungsbeweis auf rationale Argumente und verzichtet ausdrücklich auf gegenwärtige und frühere Autoritäten zur Begründung.[193] Für ihn bildet allein das allgemeine und natürliche Denken sowie die Folgerichtigkeit der Argumente den Maßstab für den Nachweis der christlichen Lehren.[194] Hinsichtlich der Auferstehung erhebt er den „Ursprung aus der Schöpfung" (ἡ ἐκ δημιουργίας ἀρχή) und die Perspektive der Vorsehung (οἱ τῆς προνοίας λόγοι) zu den wesentlichen Stützen der rationalen Beweisführung.[195]

Athenagoras hingegen greift bei seinen Nachweisen ausdrücklich auf frühere Autoritäten zurück und stützt seine Argumentation mit Hilfe von Zitaten. Seine Vorgehensweise reflektiert er in Leg 6,2, um so den Vorwurf der Gottlosigkeit zu entkräften:

> Weil aber der Nachweis ohne Beifügung von Namen nicht möglich ist, dass nicht allein wir Gott auf die Einzahl beschränken, so griff ich zu den Zitaten (ἐπὶ τὰς δόξας ἐτραπόμην).[196]

Beide Autoren weisen unterschiedliche Denkvoraussetzungen zur Begründung ihrer Beweisziele auf. Da der Verfasser von De Resurrectione das allgemeine und natürliche Denken (ἡ κοινὴ καὶ φυσικὴ ἔννοια) zur Grundlage seiner Beweisführung erhebt, relativiert er das bei den christlichen Apologeten stark verbreitete Gerichtsargument zugunsten seiner schöpfungstheologischen Reflexion. Eben dieser Zusammenhang legt bereits eine weiterentwickelte Phase der Auseinandersetzung mit christlichen Inhalten nahe.

---

192   Vgl. Dan 12,2; 2 Kor 5,10; Apg 24,15; Apk 20,13; Joh 5,28 f.; „μὴ θαυμάζετε τοῦτο, ὅτι ἔρχεται ὥρα ἐν ᾗ ἡ πάντες οἱ ἐν τοῖς μνημείοις ἀκούσουσιν τῆς φωνῆς αὐτοῦ καὶ ἐκπορεύσονται οἱ τὰ ἀγαθὰ ποιήσαντες εἰς ἀνάστασιν ζωῆς, οἱ δὲ τὰ φαῦλα πράξαντες εἰς ἀνάστασιν κρίσεως." 2 Clem 9,1; Barn 21,1; PolycS, EpPhil 2,1 f.; 7,1.

193   De Res 14,1 (Marcovich 38,18 f.): „οὐκ ἔξωθέν ποθεν ἔχει τὴν ἀρχὴν οὐδ' ἐκ τῶν τισι δοκούντων ἢ δεδογμένων".

194   De Res 14,1 (Marcovich 38,16–20): „Ἡ τῶν τῆς ἀληθείας δογμάτων ἢ τῶν ὁπωσοῦν εἰς ἐξέτασιν προβαλλομένων ἀπόδειξις τὴν ἀπλανῆ τοῖς λεγομένοις ἐπιφέρουσα πίστιν οὐκ ἔξωθέν ποθεν ἔχει τὴν ἀρχὴν οὐδ' ἐκ τῶν τισι δοκούντων ἢ δεδογμένων, ἀλλ' ἐκ τῆς κοινῆς καὶ φυσικῆς ἐννοίας ἢ τῆς πρὸς τὰ πρῶτα τῶν δευτέρων ἀκολουθίας."

195   De Res 14,5 (Marcovich 39,3–5).

196   Leg 6,2 (PTS 31, 32,14 f. Marcovich): „ἀλλ' ἐπειδὴ ἀδύνατον δεικνύειν ἄνευ παραθέσεως ὀνομάτων ὅτι μὴ μόνοι εἰς μονάδα τὸν θεὸν κατακλείομεν, ἐπὶ τὰς δόξας ἐτραπόμην."

50 1. KAPITEL

Der Autor von De Resurrectione hebt in De Res 14,6 das Gerichtsargument nicht auf, sondern knüpft an dem „gemeinsamen Bestandteil der christlichen Apologetik"[197] an, was auch die Breite der Darlegung dieses Arguments in De Res 18–23 deutlich anzeigt. Allerdings ist die Verbindung zwischen dem göttlichen Gericht und der Auferstehung nicht so fest wie noch in der Legatio des Athenagoras, wodurch die Gerichtsperspektive im Hinblick auf den Auferstehungsbeweis eine untergeordnete Stellung erhält.[198] N. Zeegers-Vander Vorst hält in der Auseinandersetzung mit B. Pouderon fest, dass dieser Gegensatz zwar nicht notwendigerweise die Annahme zweier Autoren impliziert, aber auch nicht zu den bedeutenden Parallelen zwischen den beiden Werken zu zählen ist.[199]

Es ist m. E. erforderlich, noch weit darüber hinauszugehen: Die Denkvoraussetzungen beider Autoren scheinen derart unterschiedlich zu sein – wie insbesondere in Leg 6,2 und in De Res 14,1–6 zu sehen ist –, dass eine mögliche Weiterentwicklung im Denken ein und desselben Autors auszuschließen ist. Andernfalls müsste plausibel erklärt werden, wie ein Autor in der Lage ist, seine Argumentationsweise grundlegend zu ändern. Auch die inhaltliche Begründung des Gerichtsarguments, welche die Verantwortung für die menschlichen Handlungen thematisiert, wird die fundamentalen Unterschiede in der Anthropologie der beiden Werke aufzeigen.

Die Verantwortung der Seele und des Leibes bei der Vollbringung der Menschentaten

Die Begründung für die Auferstehung des Leibes liegt in der Legatio im Gerichtsgedanken. Die Gerechtigkeit Gottes muss sich in Form eines Gerichts auf den gesamten Menschen erstrecken. Zu diesem Zweck ist es notwendig, dass neben der Seele auch das σῶμα des Menschen im Jenseitsgericht ein gerechtes Urteil erfährt: „συγκολασθήσεσθαι δὲ καὶ τὸ ὑπουργῆσαν σῶμα ταῖς ἀλόγοις ὁρμαῖς τῆς ψυχῆς καὶ ἐπιθυμίαις."[200] Die Bestrafung des Leibes setzt voraus, dass dieser bei der Vollbringung der Menschenhandlungen beteiligt ist. Welchen Anteil

---

197 N. Zeegers-Vander Vorst, La Paternité, 359: „Mais le thème, [...] est un lieu commun de l'apologétique chrétienne".

198 Vgl. E. Gallicet, Ancora sullo Pseudo-Atenagora, 24.

199 Vgl. N. Zeegers-Vander Vorst, La Paternité, 360: „Cette divergence, même si elle n'implique pas nécessairement la dualité d'auteur, invite au moins à ne pas ranger l'argument du jugement final parmi les ,parallèles les plus remarquables entre les deux ouvrages'." N. Zeegers-Vander Vorst wendet sich hier gegen die Argumentation von B. Pouderon, in L'Authenticité, 239 f.

200 Leg 36,1 (PTS 31, 110,9–11 Marcovich).

DIE VERFASSERSCHAFT VON DE RESURRECTIONE 51

aber das σῶμα und die ψυχή an der Ausübung der menschlichen Aktivitäten haben, wird in der Legatio und in De Resurrectione völlig unterschiedlich definiert.

So betont Athenagoras in der Legatio, dass auch der Leib die Vergeltung im Gericht Gottes erfahren muss, da er den Trieben und Begierden *der Seele* gedient hat. Bei dieser Formulierung fällt auf, dass die ὁρμαί und ἐπιθυμίαι ihren Ursprung in der Seele haben. Zudem bedarf die Seele des Leibes, um diese Triebe und Begierden in die Tat umsetzen zu können. Auf diese Weise wird der ψυχή des Menschen die Hauptverantwortung zugeschrieben, wohingegen der Leib lediglich das ausführt, was in der Seele seinen Ursprung nimmt.

Eine derartige Einschätzung der Seele findet sich ebenfalls in Leg 27. Dort spricht Athenagoras von den unvernünftigen und trügerischen Regungen der Seele, welche die Phantasiegestalten von Götterbildern gebären.[201] In diesem Zusammenhang thematisiert er den eigentlichen Ursprung der εἴδωλα und betreibt auf diese Weise eine Entmythologisierung: Für die Entstehung der εἴδωλα sind eben diese ἄλογοι καὶ ἰνδαλματώδεις κινήσεις verantwortlich, die ihren Ursprung in der Seele haben. Indem die εἴδωλα aus der Materie hervorgezogen werden (ἀπὸ τῆς ὕλης ἕλκουσι), entstehen in der ψυχή Phantasiebilder, so dass die Vorstellungen von diesen Götterbildern in den Seelen selbst gebildet und geboren werden (τὰ δὲ αὐταῖς ἀναπλάττουσιν καὶ κυοῦσιν).[202] Dieses erleidet vor allem die Seele, die den materiellen Geist aufnimmt und sich mit diesem vermischt.[203] Die Zuwendung zur Materie und die Aufnahme des ὑλικὸν πνεῦμα kommen zustande, da die Seele nicht zu den himmlischen Dingen und deren Schöpfer, sondern nach unten zu den irdischen Dingen blickt.[204] Die Vernachlässigung der Gottesschau bewirkt die Verhaftung an der Materie, so dass die unvernünftigen Regungen in der ψυχή entstehen können. Davon besonders betroffen ist eine weiche und leicht lenkbare Seele (ἀπαλὴ καὶ εὐάγωγος ψυχή), welche die christlichen Lehren nicht gehört und erfahren hat, so dass sie das Wahre nicht schauen und über den Vater und Schöp-

---

201 Leg 27,2 (PTS 31, 89,8 f. Marcovich): „Αἱ οὖν ἄλογοι αὗται καὶ ἰνδαλματώδεις τῆς ψυχῆς κινήσεις εἰδωλομανεῖς ἀποτίκτουσι φαντασίας·"

202 Leg 27,1 (PTS 31, 88,2 f. Marcovich).

203 Leg 27,1 (PTS 31, 88,3 f. Marcovich): „Πάσχει δὲ τοῦτο ψυχὴ μάλιστα τοῦ ὑλικοῦ προσλαβοῦσα καὶ ἐπισυγκραθεῖσα πνεύματος".

204 Leg 27,1 (PTS 31, 88,4 f. Marcovich): „οὐ πρὸς τὰ οὐράνια καὶ τὸν τούτων ποιητήν, ἀλλὰ κάτω πρὸς τὰ ἐπίγεια βλέπουσα·"

fer des Alls nicht viel nachdenken konnte.[205] Diese Seele nimmt trügerische Vorstellungen über sich selbst wie Siegelabdrücke in sich auf (ἐναποσφραγίσηται ψευδεῖς περὶ αὑτῆς δόξας).[206]

Zusätzlich führt Athenagoras die Dämonen der Materie (οἱ περὶ τὴν ὕλην δαίμονες) ein, die sich diese trügerischen Regungen der Seele zu Nutze machen. Sie halten sich um den Opferduft und das Blut der Opfertiere herum zum Zwecke der menschlichen Täuschung auf (λίχνοι μὲν περὶ τὰς κνίσας καὶ τὸ τῶν ἱερείων αἷμα ὄντες, ἀπατηλοὶ δὲ ἀνθρώπων).[207] Wenn sich nun Menschen dem Opferdienst zuwenden, bewirken eben diese Dämonen der Materie, dass Phantasievorstellungen von Götzen- und Götterbildern (ἀπὸ τῶν εἰδώλων καὶ ἀγαλμάτων) in das Denken der Seelen einfließen (τοῖς νοήμασιν εἰσρεῖν).[208] So erhalten in Wahrheit die Dämonen den Ruhm, wenn der Opferdienst vor den Götterbildern vollbracht wird. Athenagoras betont nachdrücklich, dass es die Dämonen sind, die sich der unvernünftigen in der Seele entstehenden Regungen bedienen. Indem sich die Dämonen in Wirklichkeit hinter den Götterbildern aufhalten, erhalten allein sie die Ehre (τούτων τὴν δόξαν καρποῦνται οἱ δαίμονες) für das, was die unsterbliche Seele im Zusammenhang mit dem Opferkult an vernünftigen, aber auch unvernünftigen Handlungen vollbringt.[209]

---

205 Leg 27,2 (PTS 31, 89,9–11 Marcovich): „ὅταν δὲ ἁπαλὴ καὶ εὐάγωγος ψυχή, ἀνήκοος μὲν καὶ ἄπειρος λόγων ἐρρωμένων, ἀθεώρητος δὲ τοῦ ἀληθοῦς, ἀπερινόητος δὲ τοῦ πατρὸς καὶ ποιητοῦ τῶν ὅλων".

206 Leg 27,2 (PTS 31, 89,11 f. Marcovich).

207 Leg 27,2 (PTS 31, 89,12 f. Marcovich). Vgl. auch Leg 26,1 (PTS 31, 85,1–3 Marcovich): „Καὶ οἱ μὲν περὶ τὰ εἴδωλα αὐτοὺς ἕλκοντες [οἱ] δαίμονές εἰσιν οἱ προειρημένοι, οἱ προστετηκότες τῷ ἀπὸ τῶν ἱερείων αἵματι καὶ ταῦτα περιλιχμώμενοι"; Tertullian, Apol 22,6 (Becker 140,13–15); Minucius Felix, Oct 27,2 (Kytzler 26,6–12). Die Vorstellung vom Aufenthalt der Dämonen um den Opferduft und um das Blut der Opfertiere herum teilt auch der Platoniker Celsus (τῶν μὲν περιγείων δαιμόνων τὸ πλεῖστον [...] προσηλωμένον αἵματι καὶ κνίσσῃ), vgl. C. Cels. VIII,60 (Marcovich 576,13–20): „Χρὴ γὰρ ἴσως οὐκ ἀπιστεῖν ἀνδράσι σοφοῖς, οἳ δή φασι διότι τῶν μὲν περιγείων δαιμόνων τὸ πλεῖστον γενέσει συντετηκὸς καὶ προσηλωμένον αἵματι καὶ κνίσσῃ καὶ μελῳδίαις καὶ ἄλλοις τισὶ τοιούτοις προσδεδεμένον κρεῖττον οὐδὲν δύναιτ' ἂν τοῦ θεραπεῦσαι σῶμα καὶ μέλλουσαν τύχην ἀνθρώπῳ καὶ πόλει προειπεῖν, καὶ ὅσα περὶ τὰς θνητὰς πράξεις ταῦτα ἴσασί τε καὶ δύνανται." Vgl. auch J. Geffcken, Apologeten, 219–221.

208 Vgl. Leg 27,2 (PTS 31, 89,12–16 Marcovich): „οἱ περὶ τὴν ὕλην δαίμονες, λίχνοι (μὲν) περὶ τὰς κνίσας καὶ τὸ τῶν ἱερείων αἷμα ὄντες, ἀπατηλοὶ δὲ ἀνθρώπων, προσλαβόντες τὰς ψευδοδόξους ταύτας τῶν πολλῶν τῆς ψυχῆς κινήσεις, φαντασίας αὐτοῖς, ὡς ἀπὸ τῶν εἰδώλων καὶ ἀγαλμάτων (ἐπιούσας), ἐπιβατεύοντες αὐτῶν τοῖς νοήμασιν εἰσρεῖν παρέχουσιν·"

209 Vgl. Leg 27,2 (PTS 31, 89,16–19 Marcovich): „καὶ ὅσα καθ' αὑτήν, ὡς ἀθάνατος οὖσα, λογικῶς κυεῖται ψυχή, ἢ προμηνύουσα τὰ μέλλοντα ἢ θεραπεύουσα τὰ ἐνεστηκότα, τούτων τὴν δόξαν καρποῦνται οἱ δαίμονες."

DIE VERFASSERSCHAFT VON DE RESURRECTIONE

Athenagoras führt in Leg 27 die Entstehung der „Götter" auf die unvernünftigen Regungen *der Seele* zurück und macht dadurch sie für den Götterkult verantwortlich. Dem σῶμα hingegen kommt in diesem Zusammenhang keinerlei Bedeutung zu.

Dem Autor von De Resurrectione ist diese Vorstellung von der Entstehung der Affekte gänzlich fremd. Anders als in der Legatio haben hier die Triebe und Begierden ihren *Ursprung* im σῶμα. In De Res 12,8 bezeichnet der Verfasser allein den Leib als Quelle der Triebe (αἱ ὁρμαί τοῦ σώματος). Der Seele kommt lediglich die Aufgabe zu, die Triebe zu beaufsichtigen (ἐπιστατεῖν).[210] Innerhalb des Gerichtsarguments (De Res 18–23) legt der Autor den Schwerpunkt auf die ungerechte Behandlung der Seele, wenn sie allein büßen soll für das, was sie aufgrund des Leibes vollbracht hat. Die Seele wird vielmehr vom Leib belästigt, indem dieser sie zu den eigenen Begierden und Regungen herabzieht (πρὸς τὰς οἰκείας ὀρέξεις ἢ κινήσεις ἕλκοντος).[211] Weiterhin werden im σῶμα alle in Frage kommenden Affekte wie Begierden (ὀρέξεις), Lüste (ἡδοναί), aber auch Furcht (φόβοι) und Trauer (λῦπαι) lokalisiert.[212]

Ohne den Leib ist die Seele (τὴν ψυχὴν καθ' ἑαυτήν) zu diesen Affekten nicht fähig. Gemäß ihrer eigenen Natur (κατὰ τὴν ἑαυτῆς φύσιν) empfindet sie weder Begierde (οὐκ ὄρεξιν) noch Erregung (οὐ κίνησιν) oder Drang (οὐχ ὁρμήν).[213] Im Gegensatz zum Leib ist sie völlig leidenschaftslos (De Res 18,5: ἀπροσπαθὴς γὰρ αὕτη καθ' ἑαυτήν)[214] und wird erst im Verbund mit dem Leib mit diesen Leidenschaften konfrontiert.[215]

B. Pouderon unternimmt jedoch den Versuch, auch in De Resurrectione den Ursprung der Leidenschaften innerhalb der Seele zu bestimmen. Als Belegstelle dient ihm dazu De Res 15,2.[216] Allerdings spricht der Verfasser des Traktats hier von der einheitlichen Natur des Menschen und nicht von der Seele an sich:

Da der Mensch gewiß ein einheitliches, aus beiden Teilen bestehendes Wesen ist, das bald die Empfindungen (πάθη) der Seele und bald die

---

210 De Res 12,8 (Marcovich 37,18 f.).

211 De Res 21,2 (Marcovich 46,16–18).

212 De Res 21,4 (Marcovich 46,32–34).

213 De Res 21,4 (Marcovich 46,22 f.).

214 De Res 18,5 (Marcovich 43,33).

215 De Res 21,4 (Marcovich 46,30–32): „πρωτοπαθεῖ τὸ σῶμα καὶ τὴν ψυχὴν ἕλκει πρὸς συμπάθειαν καὶ κοινωνίαν τῶν ἐφ' ἃ ⟨κι⟩νεῖται πράξεων".

216 Vgl. B. Pouderon, Apologetica 1995, 197: „L'homme est sujet à toutes les passions de l'âme et du corps."

des Leibes erleidet, wirkt und vollbringt er die Dinge, die sowohl der sinnlichen als auch der vernünftigen Urteilskraft bedürfen.[217]

An dieser Stelle wird insbesondere das Zusammengesetztsein der menschlichen Natur aus Seele und Leib hervorgehoben. Daraus ist das Fortbestehen des aus beiden Teilen bestehenden Menschen auch im Jenseits abzuleiten. Indem der Verfasser hier von den πάθη der Seele und des Leibes spricht, betont er die einheitliche Natur des Menschen und lokalisiert den Ursprung der Leidenschaften nicht ausschließlich in der Seele.

In De Res 12,8 und 15,7 ist der Seele die Verantwortung, die Triebe und Begierden des Leibes zu lenken, zugesprochen. Allerdings übernimmt die Hauptverantwortung für alle Handlungen gemäß De Res 18,5 (ebenso in De Res 20,3; 21,5; 22,1 f.) der gesamte Mensch als τὸ συναμφότερον. Deshalb muss er sich im Endgericht in seiner Gesamtheit als Leib und Seele für alle seine Taten verantworten. Dabei stellt vor allem De Res 21,4 f. keinen Kompromiss dar.[218] Dort wird die Sicht der Legatio, wonach die ὁρμαί und ἐπιθυμίαι allein aus der Seele hervorgehen, und die Auffassung von De Resurrectione, für die Entstehung der Affekte das σῶμα in Anspruch zu nehmen, nicht ausgeglichen. Der Autor des Auferstehungstraktats stellt daraufhin (in De Res 21,5) unmissverständlich klar, dass, wenn auch der Mensch die Verantwortung für alle Leidenschaften übernimmt, die πάθη auf keinen Fall der Seele entspringen: „Aber selbst wenn wir die Leidenschaften (τὰ πάθη) nicht dem Leib allein, sondern dem Menschen zuweisen – so sagen wir es richtig, weil sein Leben einheitlich aus beiden Teilen (μίαν ἐξ ἀμφοτέρων) besteht –, so werden wir natürlich nicht behaupten, dass diese (Leidenschaften) der Seele zukommen, wenn wir in reiner Absicht ihre eigene Natur betrachten."[219] Hier ist nicht etwa von einem Kompromiss die Rede, sondern davon, dass der Mensch als ein aus beiden Teilen bestehendes Wesen die Verantwortung für die πάθη übernimmt.

---

217 De Res 15,2 (Marcovich 39,31–33): „πάντως ἑνὸς ὄντος ἐξ ἀμφοτέρων ζῴου τοῦ καὶ πάσχοντος ὁπόσα πάθη ψυχῆς καὶ ὁπόσα τοῦ σώματος ἐνεργοῦντός τε καὶ πράττοντος ὁπόσα τῆς αἰσθητικῆς ἢ τῆς λογικῆς δεῖται κρίσεως".

218 So aber B. Pouderon, Apologetica 1995, 197, der De Res 21,4 f. als eine Formulierung des Kompromisses beider Schriften deutet.

219 De Res 21,5 (Marcovich 47,4–7): „Ἀλλὰ κἂν μὴ μόνου τοῦ σώματος, ἀνθρώπου δὲ θῶμεν εἶναι τὰ πάθη, λέγοντες ὀρθῶς διὰ τὸ μίαν ἐξ ἀμφοτέρων εἶναι τὴν τούτου ζωήν, οὐ δήπου γε καὶ τῇ ψυχῇ ταῦτα προσήκειν φήσομεν, ὁπόταν καθαρῶς τὴν ἰδίαν αὐτῆς ἐπισκοπῶμεν φύσιν."

DIE VERFASSERSCHAFT VON DE RESURRECTIONE 55

In der Legatio stellt sich die Verantwortlichkeit des Menschen völlig anders dar: Im Denken des Athenagoras nimmt die Dämonologie eine wichtige Rolle ein. Der Mensch wird entweder gemäß seiner eigenen, ihm vom Schöpfer verliehenen Vernunft (τὸν ἴδιον λόγον) oder gemäß der Einwirkung des Beherrschers der Materie und der ihm nachfolgenden Dämonen geführt und bewegt.[220] Die dämonischen Erregungen und Wirkungen (δαιμονικαὶ κινήσεις καὶ ἐνέργειαι) gehen von dem gegnerischen Geist – also dem Beherrscher der Materie – aus.[221] Diese Erregungen verursachen die Angriffe auf den Menschen, so dass jeder entsprechend dem eigenen Verhältnis zur Materie und dem eigenen Empfinden für das Göttliche bewegt wird.[222] Dabei sind alle Menschen im Besitz des vernünftigen Denkens (λογισμός),[223] so dass sie Verantwortung für das eigene Handeln haben. Während aber laut De Resurrectione der Leib die Seele zu seinen Leidenschaften fortzieht, bewirken dies der Legatio nach die Dämonen: „Und die vorhergenannten Dämonen sind es, die sie (die Menschen) zu den Götterbildern fortziehen (ἕλκοντες)."[224] So ist der Mensch im Besitz der eigenen Vernunft gefordert, den Angriffen und Erregungen der Dämonen entgegenzutreten und in seiner Seele den Vater und Schöpfer des Alls zu erkennen.[225]

Die starke Dominanz der Dämonologie in den anthropologischen Reflexionen der Legatio scheint dem Autor von De Resurrectione völlig fremd zu sein. In seiner Schrift lokalisiert er den Ursprung aller Triebe und Begierden im σῶμα und nicht wie in der Legatio in der Seele. Ebenso findet innerhalb der Anthropologie von De Resurrectione keine Beeinflussung durch eine fremde Macht statt. Der Konflikt wird vollständig in die menschliche Natur selbst verlagert. Auf diese Weise wird der Seele die Aufgabe zugewiesen, die Regungen des Leibes zu beaufsichtigen und mit angemessenen Kriterien und Maßstäben zu bemessen und zu beurteilen.[226] Dabei zeichnet der Autor von De

---

220 Vgl. Leg 25,3 (PTS 31, 84,37–85,39 Marcovich): „κατὰ δὲ τὸν ἴδιον ἑαυτῷ λόγον καὶ τὴν τοῦ ⟨τὴν ὕλην⟩ ἐπέχοντος ἄρχοντος καὶ τῶν παρακολουθούντων δαιμόνων ἐνέργειαν ἄλλος ἄλλως φέρεται καὶ κινεῖται".

221 Vgl. Leg 25,2 (PTS 31, 84,25 f. Marcovich): „Ἀλλ' ἐπεὶ αἱ ἀπὸ τοὐναντίου πνεύματος δαιμονικαὶ κινήσεις καὶ ἐνέργειαι τὰς ἀτάκτους ταύτας ἐπιφορὰς παρέχουσιν".

222 Vgl. Leg 25,2 (PTS 31, 84,26–29 Marcovich).

223 Vgl. Leg 25,3 (PTS 31, 85,40 Marcovich): „⟨καίτοι⟩ κοινὸν πάντες τὸν ἐν αὑτοῖς ἔχοντες λογισμόν".

224 Leg 26,1 (PTS 31, 85,1 f. Marcovich): „Καὶ οἱ μὲν περὶ τὰ εἴδωλα αὐτοὺς ἕλκοντες [οἱ] δαίμονές εἰσιν οἱ προειρημένοι".

225 Vgl. Leg 27,2 (PTS 31, 89,9–11 Marcovich).

226 De Res 12,8 (Marcovich 37,18–20): „πέφυκεν δὲ ταῖς τοῦ σώματος ἐπιστατεῖν ὁρμαῖς καὶ τὸ προσπῖπτον ἀεὶ τοῖς προσήκουσι κρίνειν καὶ μετρεῖν κριτηρίοις καὶ μέτροις".

Resurrectione im Gegensatz zur Legatio die Seele selbst mit einer vollständigen Leidenschaftslosigkeit aus.[227] Er betont ausdrücklich, dass ihr keine ὁρμαί, ἐπιθυμίαι und κινήσεις zueigen sind. In der Tat ist hier ein deutlicher Gegensatz zu konstatieren: Während in De Resurrectione allein das σῶμα für die Begierden zugänglich ist, ist in der Legatio der Leib ausführendes Organ der Seele.

In Erwägung zu ziehen ist noch die Annahme, dass es sich um ein und denselben Autor handelt, dessen Denkansätze sich von einer zur nächsten Schrift weiterentwickelt haben. Wenn eine derartige Entwicklung von der Legatio zu De Resurrectione hin vollzogen worden wäre, müsste der Apologet seine in der ersten Schrift vertretene Anthropologie einer vollständigen Modifikation unterzogen haben. Der in der Legatio angenommene Dualismus, der die Einwirkung der Dämonen auf den Menschen beinhaltet, würde dann gänzlich in das Wesen des Menschen verlagert. Hierauf gibt es allerdings in De Resurrectione keinerlei Hinweise. Weiterhin müsste plausibel erklärt werden, wie Athenagoras dazu kommt, die Quelle für alle Leidenschaften nicht mehr in der Seele, sondern stattdessen im Leib zu lokalisieren. Das σῶμα, das nach der Legatio bei der Entstehung der Triebe und Begierden irrelevant ist, müsste dann die Funktion der Seele übernehmen, die in der Apologie noch für die Entstehung der unvernünftigen Regungen verantwortlich war. Allein diese konträren Annahmen schließen m. E. eine Entwicklungshypothese aus.

Wer dennoch an derselben Verfasserschaft beider Schriften festhält, muss in Legatio und De Resurrectione zwei gegensätzliche theologische Standpunkte annehmen. Allerdings sind die Unterschiede in der Anthropologie derart fundamental, dass keinerlei Anhaltspunkte für eine Entwicklungshypothese bestehen. Eine solchermaßen starke Veränderung im Denken eines Autors kann unmöglich allein durch äußere Bedingungen, wie etwa die Änderung des Adressatenkreises, Unterschiede in der Gattung oder die Andersartigkeit des Beweiszieles, erklärt werden. Aus diesen Gründen erscheint die Annahme zweier unterschiedlicher Autoren von Legatio und De Resurrectione unausweichlich.

---

227 B. Pouderon meint in Leg 31,2 (ἀκλινεῖς καὶ ἀπαθεῖς τὴν ψυχήν) ebenfalls die in De Resurrectione hinsichtlich der Seele vertretene Leidenschaftslosigkeit zu erkennen. Vgl. B. Pouderon, Apologetica 1995, 196: „En tout cas, l' âme n'y est pas présentée comme la source des passions." Allerdings ist in Leg 31,2 von der erlösten Seele die Rede, die erst im Heil „unbeugsam" und „leidenschaftslos" sein wird. Dies heißt umgekehrt, dass sie auf Erden eben „nicht fest" und „leidenschaftlich" ist, so dass sie allein für die Leidenschaften verantwortlich bleibt.

4　Unterschiede im Stil

Schließlich kann eine Stiluntersuchung beider Schriften den endgültigen Ausschlag bei der Entscheidung der Verfasserfrage geben. Die Prüfung des je eigentümlichen Stils von Legatio und De Resurrectione ist vielversprechend, da die stilistischen Gewohnheiten eines Autors auch unabhängig von der literarischen Gattung als charakteristisch erhoben werden können.[228]

Gleichwohl versucht B. Pouderon, die Bedeutung der Stilunterschiede in beiden Werken erheblich zu relativieren, und führt die Verschiedenheiten im Stil allein auf die jeweilige Gattung der beiden Schriften zurück.[229] Dennoch gesteht auch er erhebliche stilistische Unterschiede in beiden Werken ein: „Une différence de style ou d'allure [...] est immédiatement perceptible à la lecture de *L* et de *DR* [...]"[230] Bereits E. Schwartz sind diese nicht entgangen: De Resurrectione weist zahlreiche allgemeine Definitionen und eine genaue Aufstellung von Argumenten auf. Weiterhin benutzt der Traktat eine eigene philosophische Begrifflichkeit und zeichnet sich durch weitläufige Satzperioden aus. Im Unterschied dazu ist die Legatio reich an künstlichen Reden, Satzbrüchen (sententiis interruptis), ausgesuchten Vokabeln (vocabulis quaesitis), Redundanz an Synonymen (verborum similium coacervatione), Antithesen und zahlreichen anderen Stilmitteln.[231]

E. Gallicet geht noch ausführlicher auf die Unterschiede in den Stilfiguren zwischen der Legatio und De Resurrectione ein:[232] In der Legatio kommen häufiger Syllepsen (z. B. Leg 1,1; 1,2) und Anakoluthe (z. B. Leg 4,1; 6,2; 34,2) als stilistische Figuren vor. Ebenfalls benutzt der Apologet vermehrt Parenthesen, die den Gedankengang verschachtelt erscheinen lassen. In De Resurrectione hingegen dominieren Epanalepsen (z. B. De Res 1,1; 1,3; 1,4; 2,4; 11,4; 14,1 f.; 18,4), Anaphern (z. B. De Res 1,2; 3,2 f.; 8,4; 15,7; 21,6–8; 22,2–4; 24,3) und Anadiplosen (z. B. De Res 1,1; 15,3.5; 18,2 f.; 20,3). Diese Stilfiguren fehlen in der Legatio und verleihen der Argumentation sowohl eine deutliche Klarheit als auch eine stär-

---

228　So ausdrücklich N. Zeegers-Vander Vorst, La Paternité, 355: „On regroupe ici les habitudes et procédés de style propres à L. et à R. et qui, précisément parce qu'ils sont indépendants du genre littéraire, peuvent être considérés comme caractéristiques d'un auteur."

229　Vgl. B. Pouderon, Apologetica 1994, 35. Anders urteilt noch ein Vertreter der „Unechtheit" W.R. Schoedel, Athenagoras, XXV: „There is apparently no fundametal difference between the vocabulary and style of the two treatises [...]"

230　B. Pouderon, Apologetica 1994, 35.

231　Vgl. E. Schwartz, Libellus, 92.

232　Vgl. E. Gallicet, Atenagora o Pseudo-Atenagora?, 432 f.

kere Offenkundigkeit in der Artikulation, wodurch der Entwurf eine wesentlich größere Argumentationsstrenge erhält.[233]

E. Gallicet weist insbesondere auf zwei weitere Stilunterschiede in den Werken hin, die ebenfalls unabhängig von der literarischen Gattung erscheinen: der *Dativus ethicus* und der *Hiatus*.[234] Der ethische Dativ μοί erscheint in der Legatio neunmal,[235] fehlt jedoch vollständig in De Resurrectione. Die Verwendung dieses Stilmittels erlaubt es dem Autor, eine Verbindung zu den Adressaten herzustellen. Bei Annahme derselben Verfasserschaft ist es verwunderlich, dass der Autor des Auferstehungstraktats auf die Verwendung des *Dativus ethicus* völlig verzichtet. B. Pouderon versucht, diesen Gegensatz durch den jeweiligen „Ton" in den Schriften zu entkräften.[236] Jedoch ist nicht ersichtlich, weshalb Athenagoras seine ihm eigene Stilart in De Resurrectione hätte ändern sollen.

E. Gallicet macht zudem auf die häufige Verwendung des *Hiatus* in der Legatio aufmerksam. In der Apologie tritt die Vokalverschmelzung 1029 Mal, in De Resurrectione lediglich 133 Mal auf.[237] Auch dieses von einer literarischen Gattung unabhängige Stilverfahren, das sicherlich zu den Automatismen eines Autors zählt, lässt erahnen, dass in beiden Schriften völlig unterschiedliche Autoren am Werk sind.[238]

> B. Pouderon – als dem wichtigsten Verteidiger der athenagoreischen Verfasserschaft des Traktats – bleibt nichts anderes übrig, als zuzugestehen, dass die Stilunterschiede in beiden Werken offensichtlich sind.[239] Anstatt auf-

---

233 Vgl. ebd. Erneut bestätigt von N. Zeegers-Vander Vorst, La Paternité, 355.

234 Vgl. E. Gallicet, Atenagora o Pseudo-Atenagora?, 433 f. Nun gesteht selbst B. Pouderon zu, dass diese zwei Stilmittel unabhängig von der literarischen Gattung erscheinen können. B. Pouderon, Apologetica 1994, 37: „Parmi les procédés stylistiques dont la présence ou l'absence a été soulignée par les adversaires de l'authenticité de DR, deux ont retenu mon attention, parce que leur usage peut paraître indépendant du genre littéraire: l'emploi du datif éthique, et le refus du hiatus."

235 Leg 2,5; 10,1; 13,1; 13,3; 17,1; 18,2 f.; 21,2; 23,1 (PTS 31, 25,35; 39,5; 46,5; 47,21; 53,1; 56,8.15; 65,29; 74,9 Marcovich).

236 Vgl. B. Pouderon, Apologetica 1994, 37: „Mais si l'emploi du datif éthique n'est pas fonction du genre littéraire, il est fonction du ton choisi par l'auteur."

237 Vgl. E. Gallicet, Atenagora o Pseudo-Atenagora?, 434.

238 Dagegen B. Pouderon, Apologetica 1994, 38.

239 B. Pouderon, Apologetica 1994, 35: „En effet, les phrases de L, généralement plus redondantes, plus oratoires, sont souvent hachées, entrecoupées – encombrées, devrais-je dire – de parenthèses et de citations; à l'inverse, en DR, la progression est, sinon rectiligne (puisque

grund dieser Beobachtungen eine eindeutige Konsequenz hinsichtlich der Autorenschaft des Auferstehungstraktats zu ziehen, verteidigt er in seinem programmatischen Aufsatz „Apologetica" die Echtheitsthese. Er versucht fortwährend, die Stilunterschiede auf die jeweilige Gattung zurückzuführen.[240] Die Legatio, die der Gattung des πρεσβευτικὸς λόγος zuzurechnen ist, wie Philippus von Side das Genre dieser Apologie treffend erfasst,[241] zeichnet sich Pouderon zufolge durch einen emphatischen Diskurs aus. Im Gegensatz dazu ist die Auferstehungsschrift, die der Gattung einer ἀπόδειξις entspricht,[242] den strengen Regeln der Dialektik und der Argumentation unterworfen.[243] Aus diesen gattungsspezifischen Beobachtungen zieht B. Pouderon den Schluss, dass der Gattungsunterschied die Andersartigkeit im Stil hervorgerufen habe.[244]

Jedoch kann das Argument der Anpassung des Stils an die jeweilige Gattung kaum die durchgehenden Unterschiede im Stil rechtfertigen. Deshalb greift B. Pouderon zu einer höchst hypothetischen Erklärung: „C'est précisément ma thèse que de soutenir que le style de *L* et celui de *DR* sont tributaires l'un et l'autre de leurs modèles, et que c'est en grande partie la différence des modèles qui explique la différence de style (ou d',allure' générale) des deux ouvrages."[245] Um diese Hypothese zu untermauern, will Pouderon bezüglich De Resurrectione das gleiche „modèle" in der pseudojustinischen Auferstehungsschrift erblicken.[246]

Jedoch, auch wenn De Resurrectione Ps-Justins der Gattung einer ἀπόδειξις entspricht,[247] geht der Verfasser dieser Schrift völlig anders vor als der Autor von De Resurrectione. Ps-Justin stützt sich beispielsweise in Kapitel 6 bei seinem Nachweis der „Auferstehung des Fleisches" ausdrücklich auf Platon,

---

l'auteur use des ressources de la dialectique), du moins régulière, sans heurt, d'une plus grande sobriété."

240   Vgl. B. Pouderon, Apologetica 1994, 35f.: „Mais cette différence de style correspond à la différence des genres."

241   Vgl. Philippus von Side in: Theodoros Anagnostes, Kirchengeschichte (GCS 54, 160,3 Hansen).

242   De Res 1,4 (Marcovich 25,23): „πρὸς ἀπόδειξιν"; De Res 14,1 (Marcovich 38,16f.): „Ἡ τῶν τῆς ἀληθείας δογμάτων [...] ἀπόδειξις".

243   Vgl. B. Pouderon, Apologetica 1994, 36.

244   Vgl. B. Pouderon, Apologetica 1994, 36: „Il n'y a rien là que de très banal: un auteur adapte son style au genre qu'il a choisi et aux nécessités qu'il s'impose."

245   Ebd.

246   Vgl. B. Pouderon, Apologetica 1994, 38.

247   Ps-Just, De Res 1,1; 1,4; 1,5; 1,6; 1,10; 1,11; 5,13 (PTS 54, 104,2.6f.11.25f.; 114,31 Heimgartner): ἀπόδειξις.

Epikur und die Stoiker und in De Res 10,7 f. erneut auf Platon und zusätzlich auf Pythagoras.[248]

Dagegen wird in der pseudoathenagoreischen Schrift in De Res 14,1 ausdrücklich auf die Begründung der Argumentation mit Hilfe früherer oder gegenwärtiger Autoritäten verzichtet.[249] Wenn aber in den Auferstehungsschriften Pseudo-Justins und Pseudo-Athenagoras tatsächlich ein gleiches „modèle" sowohl der Argumentation als auch des Stils Anwendung fände, dürften an dieser Stelle keine derartig massiven Divergenzen auftreten. Somit vermag der Verweis von B. Pouderon auf das jeweilige „modèle" der Gattung, die stilistischen Unterschiede in Legatio und De Resurrectione keineswegs plausibel zu erklären.

Es bleibt anzunehmen, dass besonders die Verschiedenheiten im Stil, die unabhängig von der literarischen Gattung in beiden Schriften bestehen, die Annahme zweier unterschiedlicher Autoren der beiden Werke bekräftigt.

Ergebnis

Die Untersuchung der für die Entscheidung der Verfasserfrage wesentlichen Argumente führt zu einem negativen Ergebnis: Die unter dem Namen des Athenagoras überlieferte Auferstehungsschrift stammt keinesfalls vom gleichnamigen Apologeten. Daher ist sicher von einer Pseudonymität im Hinblick auf die Verfasserschaft des Traktats auszugehen.

---

248 Ps-Just, De Res 6,1 f.6.10 f.13; 10,7 f. (PTS 54, 114,2–7.13; 116,20.24.31; 128,11–13 Heimgartner). Aus diesem Grund postuliert M. Heimgartner die Fortführung des angekündigten Auferstehungsbeweises von Leg 36,2 in Ps-Just, De Res 6,10. Daraus leitet er die These der athenagoreischen Verfasserschaft der pseudojustinischen Auferstehungsschrift ab. Vgl. ders., Pseudojustin, 204–206. Vgl. meine Kritik an dieser These oben in Anm. 119.

249 De Res 14,1 (Marcovich 38,16–20).

2. KAPITEL

De Resurrectione des Ps-Athenagoras

Nach Klärung der Verfasserschaft ist auf die sog. Einleitungsfragen zur Ermittlung des historischen Kontextes des Traktats einzugehen. Hierzu werden Anlass und Aufbau der Auferstehungsschrift erfasst, um anschließend die Adressatenschaft und den angenommenen Rahmen der Auseinandersetzung zu bestimmen. Daraus lassen sich die ersten Anhaltspunkte für eine zeitgeschichtliche Verortung von De Resurrectione ableiten.

1   Prolog: Erörterung über Wahrheit und Irrtum (De Res 1,1–2)

Ps-Athenagoras eröffnet seine Schrift mit einer allgemeinen Einleitung, die das Verhältnis der Wahrheit zum Irrtum thematisiert. Offenbar orientiert sich der Verfasser an dem Vorbild einer philosophischen Abhandlung,[1] bevor er auf die zur Diskussion stehende Auferstehungsthematik eingeht. Er will seinen Traktat in eine philosophische Debatte um die Wahrheit stellen:[2] „Neben jeder Lehre und jedem Wort […] wächst eine Unwahrheit heran.“[3] Die Entstehung des ψεῦδος stellt nichts Ungewöhnliches dar, sondern ist vielmehr als Konsequenz der Wahrheit zu sehen, die in der Lehre und dem Logos zum Ausdruck kommt.[4] Ps-Athenagoras zielt daher von Beginn an auf die Relativierung des Wachstums der Unwahrheit, widerlegt diese doch scheinbar die ἀλήθεια.

---

1   Bezeichnend ist, dass Alkinoos ebenfalls zu Beginn seines Didaskalikos das Streben des Philosophen nach der ἀλήθεια im Widerspruch zum ψεῦδος herausstellt. Vgl. Alkinoos, Did 1,2 (Whittaker 1,11 f./Summerell/Zimmer 2,8–10.): „ἔπειτα δὲ πρὸς τὴν ἀλήθειαν ἔχειν ἐρωτικῶς καὶ μηδαμῇ προσδέχεσθαι τὸ ψεῦδος“.

2   Vgl. Cicero, De nat deor I,12 (Pease 155,4–156,1): „Non enim sumus ii, quibus nihil verum esse videatur, sed ii, qui omnibus veris falsa quaedam adiuncta esse dicamus tanta similitudine, ut in iis nulla insit certa iudicandi et adsentiendi nota.“ Vgl. F. Schubring, Die Philosophie des Athenagoras, 24: „So sagt Cicero, dass jeder wahren Lehre auch etwas Falsches beigemischt sei, […]“

3   De Res 1,1 (Marcovich 25,1 f.): „Παντὶ δόγματι καὶ λόγῳ τῆς ἐν τούτοις ἀληθείας ἐχομένῳ παραφύεταί τι ψεῦδος·“

4   Die Wendung ἐν τούτοις bezieht sich auf δόγματι καὶ λόγῳ, d. h. auf die verbalen Äußerungen der Wahrheit. Vgl. J.C.M. van Winden, The Origin of Falsehood, 304.

© KONINKLIJKE BRILL NV, LEIDEN, 2016 | DOI: 10.1163/9789004305373_004

Daraufhin bestreitet der Autor jegliche Eigenberechtigung der Unwahrheit neben der ἀλήθεια: Weder erwächst sie aus einem in der Natur der Sache zugrundeliegenden Grund, noch liegt in ihr eine Ursache zur Eigenexistenz vor.[5] Vielmehr geht der Irrtum (ψεῦδος) von Menschen aus, die die gesetzwidrige Saat zur Zerstörung der Wahrheit verbreiten.[6] Die apologetische Absicht ist an dieser Stelle deutlich zu erkennen.[7] Gleichzeitig spielt der Verfasser auf den polemischen Hintergrund der Schrift an. Hier interessiert er sich jedoch nicht für die konkrete Identität der Gegner,[8] sondern führt den Ursprung des ψεῦδος allein auf die Aktivität gewisser Personen zurück. So verdeutlicht der Autor, dass insbesondere die gegnerischen Argumente bezüglich der Auferstehungshoffnung den entscheidenden Anlass zu dieser Abhandlung geliefert haben.

In De Res 1,2 führt Ps-Athenagoras die Begründung seiner Ausgangsthese (De Res 1,1) ein: Die Unwahrheit ist bereits bei denjenigen zu finden, die sich schon früher mit der Wahrheit beschäftigt haben und darüber mit ihren Vorgängern und Zeitgenossen in Streit (διαφορά) geraten sind.[9] Die daraus resul-

---

5 De Res 1,1 (Marcovich 25,2f.): „παραφύεται δὲ οὐκ ἐξ ὑποκειμένης τινὸς ἀρχῆς κατὰ φύσιν ὁρμώμενον ἢ τῆς κατ᾽ αὐτὸ ὅπερ ἐστὶν ἕκαστον αἰτίας“. Vgl. F. Schubring, Die Philosophie des Athenagoras, 21: „In ausdrücklichem Gegensatze gegen die Skepsis verneint er also hier, dass Wahres und Falsches prinzipiell ununterscheidbar seien und dass der Irrtum in der Beschaffenheit des Objektes seinen Grund habe, [...]“

6 De Res 1,1 (Marcovich 25,3–5): „ἀλλ᾽ ὑπὸ τῶν τὴν ἔκθεσμον σποράν ἐπὶ διαφθορᾷ τῆς ἀληθείας τετιμηκότων σπουδαζόμενον.“ Manche entdecken in dem Verbum παραφύεται eine Anspielung auf die Parabel vom Unkraut unter dem Weizen (Mt 13,24–30.36–43). So H.E. Lona, Athenagoras, 544; J.C.M. van Winden, The Origin of Falsehood, 304; B. Pouderon, Athénagore d'Athènes, 101. Dagegen L. Barnard, Background, 28f.; N. Zeegers-Vander Vorst, Adversaires et destinataires, 111–114.

    Der Verweis auf diese Parabel ist nicht zwingend notwendig, da an keiner Stelle vom Unkraut (ζιζάνια) wie in Mt 13,24ff. die Rede ist. Außerdem scheint das Bild vom Wachstum des Schlechten parallel zum Guten auch anderweitig verbreitet zu sein. Vgl. Menander, Frg. 337 (Koerte/Thierfelder II,124f.): „ὦ Παρμένων, οὐκ ἔστ᾽ ἀγαθὸν ἐν τῷ βίῳ φυόμενον ὥσπερ δένδρον ἐκ ῥίζης μιᾶς, ἀλλ᾽ ἐγγὺς ἀγαθοῦ παραπέφυκε καὶ κακόν, ἐκ τοῦ κακοῦ τ᾽ ἤνεγκεν ἀγαθὸν ἡ φύσις.“ Auch Arethas äußert sich in seinem ersten Scholion zu De Res 1,1, ohne aber das Bild des Feldes und des Unkrautes zu benutzen. Vgl. M. Marcovich, De Resurrectione Mortuorum, 51.

7 Vgl. N. Zeegers-Vander Vorst, Adversaires et destinataires, 115f.

8 Anders B. Pouderon, der bereits hier einen Verweis auf die Gnostiker erkennen will. Vgl. B. Pouderon, Athénagore d'Athènes, 105.

9 De Res 1,2 (Marcovich 25,5–7): „Τοῦτο δὲ ἔστιν εὑρεῖν πρῶτον μὲν ἐκ τῶν πάλαι ταῖς περὶ τούτων φροντίσιν ἐσχολακότων καὶ τῆς ἐκείνων πρός τε τοὺς ἑαυτῶν πρεσβυτέρους καὶ τοὺς ὁμοχρόνους γενομένης διαφορᾶς“.

DE RESURRECTIONE DES PS-ATHENAGORAS   63

tierende Verunsicherung der Adressaten[10] veranlasst nun den Autor zu dieser
Schrift.[11]

Er will hinsichtlich des Dogmas und des Logos für Klarheit sorgen. Die Verwirrung geht vor allem von solchen Menschen aus, die nichts unverleumdet
lassen – weder das Wesen Gottes noch seine Erkenntnis und Wirkung, noch
das sich aus diesen Dingen Ergebende, noch den Logos, der zur εὐσέβεια führt.[12]
Diese Themen beinhalten die Kernpunkte der ἀλήθεια, die wiederholt der Verleumdung ausgesetzt sind. Ps-Athenagoras will mit dieser Aufzählung hier keinesfalls die Problembereiche detailliert benennen,[13] sondern lediglich darlegen, dass die ταραχή hinsichtlich der Wahrheit kein neues Phänomen darstellt.
Der Streit um die Wahrheit betrifft dabei insbesondere Themen wie die οὐσία,
die γνῶσις und die ἐνέργεια Gottes, die von den συκόφανται aufgeworfen werden.
Auch die Lehre von der Auferstehung bleibt davon nicht unberührt. Auf diese
geht der Verfasser aber erst in De Res 1,5 konkret ein. Mit diesem Vorspann (De
Res 1,1–2) beabsichtigt Ps-Athenagoras also, den Streit um die Auferstehung in
eine bestehende Debatte um das Wesen Gottes hineinzustellen.

Zum Schluss des Prologs (De Res 1,1–2) verweist der Autor auf die Folgen der
Verwirrung, die insbesondere die Adressaten betreffen:

> Die einen aber verzichten gänzlich und ein für allemal auf die Wahrheit
> über diese Dinge, die anderen aber verdrehen sie (die Wahrheit) nach
> ihrer eigenen Meinung, die dritten aber liefern das Evidente dem Zweifel
> aus.[14]

Die Charakterisierung der beschriebenen Haltungen gegenüber der Wahrheit
weist bereits auf den Abschnitt De Res 1,5 hin, in dem der dreifache Zustand
der Adressaten dargelegt wird. Die folgenschwere Wirkung auf die Hörer, die

---

10 De Res 1,2 (Marcovich 25,7 f.): „οὐχ ἥκιστα δὲ ἐξ αὐτῆς τῆς τῶν ⟨νῦν⟩ ἐν μέσῳ στρεφομένων
    ταραχῆς." M. Marcovich setzt νῦν sinngemäß richtig ein, obwohl diese Partikel in keiner
    Handschrift vorkommt. Vgl. M. Marcovich, On the Text, 375 f.

11 Vgl. M. Marcovich, On the Text, 376: „But it is of importance; it reveals the author's real
    apologetic motive: the *present* state of confusion, heavy doubts, and even despair among
    the contemporary thinkers."

12 De Res 1,2 (25,8–11 Marcovich): „Οὐδὲν γὰρ τῶν ἀληθῶν οἱ τοιοῦτοι κατέλιπον ἀσυκοφάντητον,
    οὐ τὴν οὐσίαν τοῦ θεοῦ, οὐ τὴν γνῶσιν, οὐ τὴν ἐνέργειαν, οὐ τὰ τούτοις ἐφεξῆς καθ' εἱρμὸν ἑπόμενα
    καὶ τὸν τῆς εὐσεβείας ἡμῖν ὑπογράφοντα λόγον·"

13 So aber J.-M. Vermander, Résurrection, 130.

14 De Res 1,2 (25,11–14 Marcovich): „ἀλλ' οἱ μὲν πάντῃ καὶ καθάπαξ ἀπογινώσκουσιν τὴν περὶ
    τούτων ἀλήθειαν, οἱ δὲ πρὸς τὸ δοκοῦν αὐτοῖς διαστρέφουσιν, οἱ δὲ καὶ περὶ τῶν ἐμφανῶν ἀπορεῖν
    ἐπιτηδεύουσιν."

64 2. KAPITEL

schlimmstenfalls gar in einem vollständigen Verzicht auf die Wahrheit mündet, stellt in der Tat den Anlass zur Verfassung dieses Traktats dar.

Der Autor versucht mit den zuvor erörterten Qualifizierungen, die verschiedenen Grade der Verwirrung zu erfassen. Das Problem besteht in den gegen die Auferstehungswahrheit vorgebrachten Einwänden, die einen nachhaltigen Einfluss auf die Adressaten ausüben. Diese „gesetzlose Saat" (ἔκθεσμος σπορά) gilt es nun aus Sicht des Autors als Unwahrheit zu entlarven und auf diese Weise den Glauben an die Auferstehung zu stärken. Daher entwickelt der Autor in De Res 1,3–4 eine doppelte Methode, um zunächst die Verwirrung bei seinen Empfängern auszuräumen und anschließend den Glauben an die Auferstehung zu festigen.

2 Methodischer Aufbau von De Resurrectione

De Res 1,3–4

Die Ausgangslage für die Behandlung der Auferstehungsthematik bildet also die Verunsicherung der Hörer. In De Res 1,3–4 legt der Verfasser dar, wie er dieser Problematik in methodischer Weise begegnen will. Zugleich entwickelt er eine adressatenorientierte Struktur für seine gesamte Schrift.

> Daher meine ich, dass für die, die sich mit diesen Dingen beschäftigen, eine doppelte Unterweisung notwendig ist: zunächst die *für* die Wahrheit, danach die *über* die Wahrheit.[15]

Um das ausgestreute ψεῦδος zu entlarven, muss aus Sicht des Autors zunächst „für" die Wahrheit (ὑπὲρ τῆς ἀληθείας) gekämpft werden. Erst nach der Ausräumung der Gegenargumente kann eine inhaltliche Beschäftigung mit der Wahrheit (περὶ τῆς ἀληθείας) erfolgen. Der Verfasser wählt allerdings diese Zweiteilung nicht um ihrer selbst willen, sondern ausschließlich im Hinblick auf seine Adressaten, deren Zustand er (wie schon in De Res 1,2c) wie folgt beschreibt:

> Und die (Unterweisung) *für* die Wahrheit gegen die, die nicht glauben oder zweifeln, die aber *über* die Wahrheit für diejenigen, die einsichtsvoll sind und mit Wohlwollen die Wahrheit aufnehmen.[16]

---

15 De Res 1,3 (Marcovich 25,15 f.): „Ὅθεν οἶμαι δεῖν τοῖς περὶ ταῦτα πονουμένοις λόγων διττῶν, τῶν μὲν ὑπὲρ τῆς ἀληθείας, τῶν δὲ περὶ τῆς ἀληθείας·"

16 De Res 1,3 (Marcovich 25,16–19): „καὶ τῶν μὲν ὑπὲρ τῆς ἀληθείας πρὸς τοὺς ἀπιστοῦντας ἢ τοὺς

DE RESURRECTIONE DES PS-ATHENAGORAS 65

Im Vergleich zu De Res 1,2c versucht der Autor hier, die Wirkung der ταραχή in Bezug auf seine Hörer mit anderen Begriffen zu erfassen. Statt vom „Verzicht auf die Wahrheit" und vom „Verdrehen der wahren Meinung" spricht er nun vom „Unglauben". Die Ratlosigkeit über das Evidente wird nun mit dem Begriff des „Zweifels" umschrieben. Somit sucht der Verfasser, die weitgehenden Wirkungen bei den Hörern zu bestimmen, die hinsichtlich der Auferstehungswahrheit in Unglauben oder in Zweifel geraten sind. Er entwirft die Argumentation „pro veritate", um die Hindernisse im Denken der Zuhörer auszuräumen. Erst dann folgt der Beweis „de veritate", da nun eine positive Grundlage geschaffen ist, um die Wahrheit zu vertiefen. Ps-Athenagoras wählt die Ausdrücke εὐγνωμονέω und μετ' εὐνοίας δέχομαι, um bei den Hörern zur Aufnahme der Wahrheit nach der Widerlegung der Einwände eine positive Grundstimmung zu erreichen.

Daraufhin schließt sich in De Res 1,3b die Begründung dieser doppelten Methode an: Der Verfasser nimmt seine Aufgabe als Erforschung (ἐξετάζειν) der Wahrheit wahr. Zu diesem Zweck behält er sich vor, die Reihenfolge der Argumente unter gegebenen Umständen umzu-ändern und nicht zwangsläufig immer denselben Anfang beizubehalten. Als Orientierungspunkt wird stets das Zweckmäßige (τὸ δέον) im Hinblick auf seine Adressaten anvisiert.[17] Diese Reflexionen wendet er in De Res 1,4a sogleich mit seiner zweifachen Vorgehensweise an: Obwohl der Diskurs „de veritate" hinsichtlich des Beweises und der natürlichen Folgerichtigkeit (πρὸς ἀπόδειξιν καὶ τὴν φυσικὴν ἀκολουθίαν) vorzuziehen ist, wird aus Nützlichkeitsgründen (πρὸς τὸ χρειωδέστερον) die Argumentation „pro veritate" dem eigentlichen Nachweis (ἀπόδειξις) der Wahrheit vorangestellt.[18]

Mit zwei Beispielen (παράδειγματα) will der Verfasser seine Absicht veranschaulichen. Das erste thematisiert die Aufgabe und Absicht eines γεωργός: Auch ein Ackerbauer wird nicht die Samen in die Erde ausstreuen, ohne vor-

---

ἀμφιβάλλοντας, τῶν δὲ περὶ τῆς ἀληθείας πρὸς τοὺς εὐγνωμονοῦντας καὶ μετ' εὐνοίας δεχομένους τὴν ἀλήθειαν."

17 De Res 1,3 (Marcovich 25,19–23): „Ὧν ἕνεκεν χρὴ τοὺς περὶ τούτων ἐξετάζειν ἐθέλοντας τὴν ἑκάστοτε προκειμένην χρείαν σκοπεῖν καὶ ταύτῃ τοὺς λόγους μετρεῖν τήν τε περὶ τούτων τάξιν μεθαρμόζειν πρὸς τὸ δέον καὶ μὴ τῷ δοκεῖν τὴν αὐτὴν πάντοτε φυλάττειν ἀρχὴν ἀμελεῖν τοῦ προσήκοντος καὶ τῆς ἐπιβαλλούσης ἑκάστῳ χώρας."

18 De Res 1,4 (Marcovich 25,23–26): „Ὡς μὲν γὰρ πρὸς ἀπόδειξιν καὶ τὴν φυσικὴν ἀκολουθίαν, πάντοτε πρωτοστατοῦσιν οἱ περὶ αὐτῆς λόγοι τῶν ὑπὲρ αὐτῆς, ὡς δὲ πρὸς τὸ χρειωδέστερον, ἀνεστραμμένως οἱ ὑπὲρ αὐτῆς τῶν περὶ αὐτῆς." Die Hinzufügung ἀρχῆς vor ἀπόδειξιν ist für das bessere Verständnis des Satzes nicht notwendig. Anders M. Marcovich, On the Text, 376 f.

her das Schädigende der wilden Materie für die ausgestreuten edlen Samen entfernt zu haben.[19] Das zweite παράδειγμα entstammt dem medizinischen Bereich: Ein Arzt wird ebenfalls nicht etwas von einer gesundmachenden Arznei einem der Heilung bedürftigen Körper verabreichen, ohne ihn zuvor von der sich in ihm befindenden κακία gereinigt oder zumindest den sich ausbreitenden Schaden aufgehalten zu haben.[20] So soll die sich im Leib befindliche Krankheitsursache ganz entfernt bzw. eingedämmt werden, bevor das Medikament eine vollständige Heilung bewirken kann.

Der Vergleich zielt auf die Anwendung der beiden Methoden und ihr Verhältnis zueinander:

> So könnte wohl der, der die Wahrheit lehren will, indem er über die Wahrheit redet, niemanden überzeugen, solange sich im Denken der Hörer irgendeine falsche Meinung eingenistet hat und ⟨so⟩ den Worten entgegensteht.[21]

Ps-Athenagoras versteht sich als ein Lehrer der Wahrheit (ὁ τὴν ἀλήθειαν διδάσκειν ἐθέλων), der in erster Linie „über" die Wahrheit und deren Inhalte reden möchte. Allerdings kann er dabei keinen überzeugenden Erfolg erzielen, solange im Denken seiner Zuhörer eine ψευδοδοξία bezüglich des zu behandelnden Problems vorherrscht. So muss er zunächst auf die Schwierigkeiten eingehen, die bei den Hörern hinsichtlich der Frage der Auferstehung bestehen. Allein auf diese Weise verspricht er sich, überzeugend auf sein Publikum einwirken zu können.

Die Annahme, dass die beiden Diskurse *pro* und *de veritate* für ein je unterschiedliches Publikum bestimmt seien,[22] ist kaum nachvollziehbar. Dem Text

---

19   De Res 1,4 (Marcovich 25,26–28): „Οὔτε γὰρ γεωργὸς δύναιτ' ἂν προσηκόντως καταβάλλειν τῇ γῇ τὰ σπέρματα, μὴ προεξελὼν τά τῆς ἀγρίας ὕλης καὶ ⟨τὰ⟩ τοῖς καταβαλλομένοις ἡμέροις σπέρμασιν λυμαινόμενα".

20   De Res 1,4 (Marcovich 25,28–26,1): „Οὔτε ἰατρὸς ἐνεῖναί τι τῶν ὑγιεινῶν φαρμάκων τῷ δεομένῳ θεραπείας σώματι, μὴ τὴν ἐνοῦσαν κακίαν προκαθήρας ἢ τὴν ἐπιρρέουσαν ἐπισχών·"

21   De Res 1,4 (Marcovich 26,1–4): „οὔτε μὴν ὁ τὴν ἀλήθειαν διδάσκειν ἐθέλων περὶ τῆς ἀληθείας λέγων πεῖσαι δύναιτ' ἄν τινα ψευδοδοξίας τινὸς ὑποικουρούσης τῇ τῶν ἀκουόντων διανοίᾳ καὶ τοῖς λόγοις ἀντιστατούσης."

22   Der erste Teil (De Res 2,1–11,6) wende sich dabei an die Heiden, der zweite (De Res 11,7–25,5) an die Christen. Vgl. L.W. Barnard, Background, 7.11, und ders., Athenagoras, 30; G. af Hällström, Carnis Resurrectio, 21–23; H.E. Lona, Athenagoras, 546; U. Neymeyr,

DE RESURRECTIONE DES PS-ATHENAGORAS

nämlich ist eine schematische Aufteilung nicht zu entnehmen, spricht der Verfasser doch deutlich von *einer* διάνοια τῶν ἀκουόντων, in der zunächst die falsche Meinung entlarvt und daraufhin der Weg für die Aufnahme der Wahrheit geebnet werden soll.[23] Ps-Athenagoras hat somit ein einheitliches Publikum vor Augen, dem er die Auferstehungslehre mit rationalen Argumenten plausibel zu machen sucht.[24] Das Aufeinanderfolgen beider Methoden bringt die Tendenz des Autors zum Ausdruck, überzeugend auf das *eine* Publikum einwirken zu wollen. Dieser Eindruck bestätigt sich ebenfalls in den Metabemerkungen zwischen den beiden Diskursen (De Res 11,3–6).

De Res 11,3–6

Hier stellt Ps-Athenagoras erneut methodische Überlegungen an, um seiner Rede eine klare Struktur zu verleihen. In diesem Zusammenhang thematisiert er die Aufgaben der beiden eng aufeinander bezogenen Diskurse (De Res 11,4 f.): Dem „Logos de veritate" kommt naturgemäß die Aufgabe zu, den Vorrang (τὸ πρωτεύειν) innerhalb der Beweisführung einzunehmen.[25] Die Argumentation „pro veritate" steht dabei in dessen Dienst. Sie hat die Aufgabe, Begleitdienste (δορυφορεῖν τὸν πρῶτον) für den λόγος περὶ τῆς ἀληθείας zum Zwecke der Absicherung der Wahrheit zu leisten. Diese Trabantdienste bestehen darin, den Weg für den Diskurs „de veritate" zu bahnen und alles, was diesem hinderlich ist, im Voraus zurückzudrängen.[26]

Auch an dieser Stelle ist keineswegs davon auszugehen, dass beide Diskurse unabhängig voneinander auf ein unterschiedliches Publikum ausgerichtet sind. Vielmehr liegt eine einheitliche Hörerschaft nahe, selbst wenn zu die-

---

Lehrer, 197, der diese Ansicht präzise wiedergibt: Die apologetische Darlegung richte sich an die „Heiden" und „Zweifler" und die dogmatische Ausführung an alle um Stärkung ihres Glaubens bemühten „Christen". Dagegen N. Zeegers-Vander Vorst, Adversaires et destinataires, 98–102; K. Schneider, Theologie der Auferstehung, 244 f.

23   Im Gegensatz dazu spricht H.E. Lona ausdrücklich von zwei Gruppen innerhalb der Adressaten, auf die jeweils die beiden Diskurse zielen. Die erste Gruppe ist ihm zufolge die der Ungläubigen und Skeptiker, die im ersten Diskurs zum Auferstehungsglauben geführt werden. Die zweite Gruppe machen die Gläubigen aus, denen im zweiten Teil (De Res 11,7–25,5) eine größere Glaubensgewissheit vermittelt wird. Vgl. H.E. Lona, Athenagoras, 546.

24   Vgl. K. Schneider, Theologie der Auferstehung, 244: „Die Anwendung der zweiten Methode beruht wohl auf der Hoffnung des Autors, seine Adressaten nach Widerlegung ihrer Einwände von der Wahrheit der christlichen Auferstehungslehre überzeugen zu können."

25   De Res 11,3 (Marcovich 35,1): „Προσῆκεν δὲ τῷ μὲν τὸ πρωτεύειν κατὰ φύσιν".

26   De Res 11,3 (Marcovich 35,1–3): „τῷ δὲ τὸ δορυφορεῖν τὸν πρῶτον ὁδοποιεῖν τε καὶ προανείργειν πᾶν ὁπόσον ἐμποδὼν καὶ πρόσαντες."

68 2. KAPITEL

ser Personen gehören, die bezüglich der christlichen „Wahrheit" unterschiedlich vorgeprägt sind. Im Rückblick auf den ersten Diskurs gesteht der Verfasser ein, dass die hinderlichen Einwände in Bezug auf den Auferstehungsglauben nicht etwa die gesamte Hörerschaft erfasst haben, wohl aber bei einigen Zuhörern latent präsent sind. Erneut wird deutlich, dass gerade die ψευδοδοξία den Anlass für die gesamte Abhandlung der Auferstehungsthematik darstellt.[27]

Ps-Athenagoras stellt nach dem ersten Diskurs in De Res 11,3 fest, dass die Wirkung der Methoden (λόγοι) unterschiedlich ausfällt.[28] Mit dieser Äußerung will er keineswegs die heterogenen Meinungen innerhalb seines Publikums nivellieren. Vielmehr versucht er, bei seinen Zuhörern die ungleichen Voraussetzungen in Bezug auf den Auferstehungsglauben zu erfassen. Außerdem beabsichtigt er, die Stärke der im ersten Teil widerlegten Einwände bei seiner Zuhörerschaft rückblickend abzuschwächen, um sich im zweiten Teil ausschließlich dem positiven Nachweis der Auferstehungswahrheit zu widmen. Keinesfalls ist daraus abzuleiten, dass zunächst die Heiden und anschließend die Christen angesprochen werden. Vielmehr ist davon auszugehen, dass die Einwände gegen den Auferstehungsglauben einen erheblichen Einfluss auf das Erkenntnisvermögen der Adressaten des zweiten Diskurses ausüben, so dass ausschließlich unter diesen Umständen der erste Diskurs seine Berechtigung erhält. Festzuhalten ist, dass beide Methodenschritte sich an eine einheitliche Zuhörerschaft richten.[29]

Der philosophische Hintergrund der methodologischen Überlegungen

Schon längst wurde der philosophische Hintergrund der methodologischen Überlegungen von De Res 1,3–5 und 11,3–6 in der Forschung erkannt.[30] Dass Ps-Athenagoras hier ausdrücklich an philosophische Vorbilder anschließt, lässt

---

27 De Res 11,5 (Marcovich 35,11): „ψευδοδοξίᾳ δὲ ἐξ ἐπισπορᾶς ἐπεφύη καὶ παραφθορᾶς·"

28 De Res 11,3 (Marcovich 34,28–30): „Καὶ ὅτι μὲν ἕτερος ὁ περὶ τῆς ἀληθείας λόγος, ἕτερος δὲ ὁ ὑπὲρ τῆς ἀληθείας, εἴρηται διὰ τῶν προλαβόντων μετρίως οἷς τε διενήνοχεν ἑκάτερος καὶ πότε καὶ πρὸς τίνας ἔχει τὸ χρήσιμον·"

29 Aus diesem Grund kann dem Ergebnis zu dieser Fragestellung von N. Zeegers-Vander Vorst voll zugestimmt werden. Nach der detaillierten Behandlung der hier in Frage kommenden Texte (De Res 1,4; 11,3) formuliert sie treffend: „Ces textes montrent bien que R adresse ses deux discours à un seul et même public pour, en un premier temps, le guérir de l'erreur et, en second, lui inculquer la vérité." N. Zeegers-Vander Vorst, Adversaires et destinataires, 101.

30 Vgl. E. Schwartz, Libellus, 91; W.R. Schoedel, Athenagoras, xxx; L.W. Barnard, Background, 9 Anm. 25: „Athenagoras' two-fold division into arguments ‚on behalf of' and ‚concerning' the truth had a long history behind it."

DE RESURRECTIONE DES PS-ATHENAGORAS   69

zusätzlich Rückschlüsse auf sein Bildungsniveau zu.[31] Insbesondere der Arzt-Vergleich weist darauf hin, dass sich Ps-Athenagoras bei der Entwicklung seiner beiden λόγοι von seinen philosophischen Vorbildern leiten lässt. In der Tat erfreut sich die Arzt-Analogie großer Beliebtheit, um die Aufgabe eines Philosophen zu präzisieren. Mit *Platon* ist der Vergleich populär geworden,[32] so dass auch *Philon von Larissa* die Heilkunde zur Beschreibung der Wirksamkeit eines Philosophen gebraucht.

Anhand des Vergleichs mit Philon von Larissa (159/8–84/3 v. Chr.)[33] kann der philosophische Hintergrund der methodischen Herangehensweise von De Resurrectione bei der Behandlung der Auferstehungsthematik nachgezeichnet werden. So bewegt sich Ps-Athenagoras mit seinen methodologischen Überlegungen nicht etwa in einem Vakuum, sondern adaptiert eine uns von Philon bekannte Argumentationsform für seine Beweisführung.[34] Von Areios Didymos ist bei Ioannes Stobaios, Eclogae 2,7, ein längeres Referat des Philon von Larissa überliefert. Dort wird Philons „philosophische Haltung"[35] dargelegt. Er entwickelt die Aufgabe eines Philosophen durchgehend anhand des Vergleichs mit der Heilkunde.[36]

Wie es nun Aufgabe des Arztes ist, den Kranken zunächst davon zu überzeugen, die Heilmittel zuzulassen, dann aber gegnerische Argumente aus dem Weg zu räumen (τοὺς τῶν ἀντισυμβουλευόντων λόγους ὑφελέσθαι), kommen diese Aufgaben auch dem Philosophen zu.[37] Diese Phase der Argumentation äußert

---

31   Da wir im Traktat ausschließlich die Verfasserperspektive geboten bekommen, gilt es sich intensiver mit seiner philosophischen Vorprägung auseinanderzusetzen. Von hier aus kann ein neues Licht auf die Aussagen hinsichtlich seiner Adressaten geworfen werden.

32   So führt Platon in *Sophistes* 230c–d den Vergleich mit den Ärzten ein, um die grundlegende Tätigkeit eines Philosophen zu erfassen: Ärzte (ἰατροί) glauben, dass der Leib die ihn stärkende Nahrung nicht eher aufnehmen kann, als dass das Hinderliche aus ihm entfernt ist (τὰ ἐμποδίζοντα ἐν αὐτῷ). Ebenso denken auch diejenigen, die sich selbst reinigen also die wahren Philosophen – über die Seele. Denn bevor die ψυχή den Nutzen der Lehren erfährt, müssen zunächst alle Gegenargumente widerlegt werden. Ebenfalls ist es notwendig, die für die Lehren hinderlichen Meinungen zu beseitigen (τὰς τοῖς μαθήμασιν ἐμποδίους δόξας ἐξελών). Erst dann ist die Seele für die Aufnahme der philosophischen Lehren rein (καθαρόν).

33   Vgl. C. Brittain, Philo of Larissa, 38–72.

34   Vgl. E. Schwartz, Libellus, 91: „ita A.(thenagoras) primo hoc probat (De Res 2,4–9,2) distinguit orationem pro veritate et de veritate dispositionem sollemnem Academicorum secutus qui post Philonem Larissaeum θέσει philosophicae multum operae dabant".

35   H. Dörrie, Der Platonismus in der Antike, Bd. 1, 436.

36   Stob. Ecl. 2,7 (Wachsmuth/Hense 39,24–40,1): „Ἐοικέναι δή φησι τὸν φιλόσοφον ἰατρῷ."

37   Stob. Ecl. 2,7 (Wachsmuth/Hense 40,1–4).

70   2. KAPITEL

sich im λόγος προτρεπτικός, der zur Tugend anleitet.[38] Der große Nutzen (τὸ μεγαλωφελές) des λόγος προτρεπτικός erweist sich darin, dass auf diese Weise die widersprechenden, anklagenden oder sonst auf andere Weise die Philosophie herabsetzenden Argumente überführt werden.[39] Auffällig ist hierbei die dreigliedrige Beschreibung der Einwände, auf die die Überführung durch den λόγος προτρεπτικός zielt. Nicht anders charakterisiert Ps-Athenagoras in De Res 11,5 die Aufgabe des ersten Diskurses, nämlich, bei einigen den störenden Unglauben, bei den Hinzukommenden den Zweifel oder die falsche Meinung zu beseitigen.[40]

Im Anschluss daran führt Philon von Larissa den λόγος θεραπευτικός ein, der analog zur Heilkunde an zweiter Stelle (δευτέραν ἔχων τάξιν) steht.[41] Auch hier zeigen sich große Übereinstimmungen mit dem zweiten Diskurs von De Resurrectione. Um die Aufgabe des λόγος θεραπευτικός zu erfassen, knüpft Philon erneut an den Vergleich mit einem Arzt an: Wie es die Aufgabe des Arztes ist, nach der Überredung zur Annahme der Heilung diese nun auch herbeizuführen, so führt der λόγος θεραπευτικός den λόγος προτρεπτικός fort. Denn erst nachdem durch den ersten Logos die krankmachenden Ursachen entfernt worden sind, kann der Arzt dem Körper die vorbereitenden Mittel zur Gesundung verabreichen.[42] An dieser Stelle zieht Philon nun erneut den Vergleich: „Ebenso verhält es sich auch bei der Erkenntnis (ἐπιστήμη).“[43]

Weiterhin wägt Philon die beiden λόγοι und ihre Aufgaben gegeneinander ab: Im Anschluss an die protreptischen Maßnahmen versucht der Philosoph, durch die Vermittlung der ἐπιστήμη nun therapeutische Schritte herbeizuführen.[44] Dabei fokussiert Philon erneut die Aufgabe des λόγος προτρεπτικός, der die fälschlich entstandenen Meinungen zu beseitigen vermag (ὑπεξαιρετικὸν

---

38   Stob. Ecl. 2,7 (Wachsmuth/Hense 40,4–7): „Κεῖται τοίνυν ἑκάτερον τούτων ἐν τῷ προσαγορευ-ομένῳ προτρεπτικῷ λόγῳ, ἔστι γὰρ ὃ προτρεπτικὸς ὁ παρορμῶν ἐπὶ τὴν ἀρετήν.“

39   Stob. Ecl. 2,7 (Wachsmuth/Hense 40,7–9): „Τούτου δ᾽ ὁ μὲν ἐνδείκνυται τὸ μεγαλωφελὲς αὐτῆς, ὃ δὲ τοὺς ἀνασκευάζοντας ἢ κατηγοροῦντας ἢ πως ἄλλως κακοηθιζομένους (εἰς) τὴν φιλοσοφίαν ἀπελέγχει.“

40   De Res 11,5 (Marcovich 35,13 f.): „ὡς ἀναιρῶν καὶ προδιακαθαίρων τὴν ἐνοχλοῦσάν τισιν ἀπιστίαν καὶ τοῖς ἄρτι προσιοῦσι τὴν ἀμφιβολίαν ἢ ψευδοδοξίαν.“

41   Stob. Ecl. 2,7 (Wachsmuth/Hense 40,9–11).

42   Stob. Ecl. 2,7 (Wachsmuth/Hense 40,11–15): „Ὡς γὰρ ἰατροῦ μετὰ τὸ πεῖσαι παραδέξασθαι τὴν θεραπείαν τὸ προσάγειν ἐστὶ ταύτην [τοῦ μὲν θεραπευτικοῦ] τὰ μὲν ἐν τῷ προεκκομίσαι τὰ νοσοποιὰ τῶν αἰτίων, τὰ δ᾽ ἐν τῷ τὰ παρασκευαστικὰ τῆς ὑγιείας ἐνθεῖναι, οὕτως αὖ κἀπὶ τῆς ἐπιστήμης ἔχει.“

43   Stob. Ecl. 2,7 (Wachsmuth/Hense 40,15): „οὕτως αὖ κἀπὶ τῆς ἐπιστήμης ἔχει.“

44   Stob. Ecl. 2,7 (Wachsmuth/Hense 40,16 f.): „μετὰ γὰρ τὰ προτρεπτικὰ πειρᾶται τὰ θεραπευτικὰ προσάγειν, ἐφ᾽ ὃ καὶ τοῖς παρορμητικοῖς κέχρηται διμερῶς·“

DE RESURRECTIONE DES PS-ATHENAGORAS

τῶν ψευδῶς γεγενημένων δοξῶν).[45] Besonders diese Äußerungen schwächten die Entscheidungsinstanz der Seele (τὰ κριτήρια νοσοποιεῖται τῆς ψυχῆς).[46] Zur Gesundung bedarf die Seele nun des λόγος θεραπευτικός,[47] durch den ihr die gesunden Erkenntnisse vermittelt (τὸ δὲ τῶν ὑγιῶς ἐχουσῶν ἐνθετικόν) werden.[48]

Somit besteht der λόγος θεραπευτικός aus dem Hineinlegen (ἐνθετικόν) der gesunden Lehre in die Seele des Menschen, nachdem der λόγος προτρεπτικός seine reinigende Funktion vollbracht hat.[49] Besonders zwischen den ersten beiden λόγοι, die Philon von Larissa mit Hilfe des Arzt-Vergleichs entwickelt, und den beiden λόγοι ὑπέρ und περὶ τῆς ἀληθείας aus De Resurrectione sind viele Übereinstimmungen festzustellen.

Die vorrangige Aufgabe des λόγος ὑπὲρ τῆς ἀληθείας besteht darin, die Unwahrheit aufzudecken (τὸ τὸ ψεῦδος ἐλέγχειν).[50] Nicht anders bestimmt Philon von Larissa die Aufgabe des λόγος προτρεπτικός, der ebenfalls die der Philosophie entgegenstehenden Einwände zu entlarven hat (ἀπελέγχει). Ähnlich wie in De Resurrectione beschreibt der akademische Philosoph den Prozess des ἀπελέγχειν als eine Beseitigung der falschen Meinungen, die in der Seele der Menschen entstanden sind.

Dem λόγος περὶ τῆς ἀληθείας kommt eine andere Aufgabe zu. Seine Wirkung tritt nach der Widerlegung der falschen Meinungen ein, indem er die Wahrheit festigt (τὴν ἀλήθειαν κρατύνειν).[51] Dieser Logos ist notwendig, da er den positiven Nachweis der Wahrheit führt. Er bietet naturgemäß die Erkenntnis des zu behandelnden Sachverhalts (τὴν τῶν πραγμάτων γνῶσιν παρεχόμενος), indem er auf das Bedürfnis derer eingeht, die die Wahrheit erkennen wollen.[52] Auf diese Weise dient dieser Logos der Vergewisserung der Wahrheit, so dass er sich zugleich für das Heil (σωτηρία) der Glaubenden förderlich erweist.[53] Philon von Larissa führt in Analogie zur Heilkunde den λόγος θεραπευτικός ein, der

---

45 Stob. Ecl. 2,7 (Wachsmuth/Hense 40,18).

46 Stob. Ecl. 2,7 (Wachsmuth/Hense 40,19).

47 Stob. Ecl. 2,7 (Wachsmuth/Hense 40,19 f.).

48 Stob. Ecl. 2,7 (Wachsmuth/Hense 40,20).

49 C. Brittain spricht noch von dem prophylaktischen Logos, der die Fortdauer des gesunden Zustandes sichert. Vgl. C. Brittain, Philo of Larissa, 278 f. Allerdings wird von Philon dieser Logos nicht ausdrücklich genannt.

50 De Res 11,5 (Marcovich 35,8–10): „Ὁ δ᾽ ὑπὲρ τῆς ἀληθείας φύσει τε καὶ δυνάμει καταδεέστερος· ἔλαττον γὰρ τὸ τὸ ψεῦδος ἐλέγχειν τοῦ τὴν ἀλήθειαν κρατύνειν·"

51 De Res 11,5 (Marcovich 35,9 f.).

52 De Res 11,4 (Marcovich 35,5 f.).

53 De Res 11,4 (Marcovich 35,7 f.): „τῇ χρείᾳ δέ, ὡς τῆς ἀσφαλείας καὶ τῆς σωτηρίας τοῖς γινώσκουσι γινόμενος πρόξενος."

72   2. KAPITEL

eine heilende Aufgabe hat. Dieser λόγος eignet sich dazu, die gesunden Lehren in die Seele hineinzulegen. Philosophisch gesprochen geht es bei diesem Logos um die Vermittlung von Erkenntnis (ἐπιστήμη). An dieser Stelle lehnt sich der λόγος περὶ τῆς ἀληθείας eng an den von Philon entwickelten λόγος θεραπευτικός an, da er ebenfalls τὴν τῶν πραγμάτων γνῶσιν bietet.[54] Beide λόγοι zeichnen sich durch die Absicht aus, den jeweiligen Inhalt mit positiven Argumenten zu belegen.

Jedoch ist ein Unterschied in der *Bewertung* der beiden λόγοι durch die beiden Schriftsteller zu beobachten. Philon von Larissa bietet eine klare Struktur bei der διαίρεσις τοῦ κατὰ φιλοσοφίαν λόγου. Er orientiert sich bei seiner Einteilung ausschließlich an der Heilkunst, so dass der λόγος προτρεπτικός bei der Reinigung der Seele die erste Stellung einnimmt. Daraufhin folgt in Analogie zu der Heilkunde der λόγος θεραπευτικός, der den zweiten Rang (δευτέραν τάξιν) innehat. Philon unterlässt es, einen der beiden λόγοι höher zu bewerten, da beide auf ein Ziel (τέλος) ausgerichtet sind, nämlich auf die εὐδαιμονία. In diesem Sinn erscheinen beide λόγοι gleichwertig.

Ps-Athenagoras legt von Anbeginn an eine andere Rangordnung (τάξις) der beiden λόγοι dar. Bereits in De Res 1,4 ist die primäre Stellung des λόγος περὶ τῆς ἀληθείας gegenüber dem λόγος ὑπὲρ τῆς ἀληθείας deutlich erkennbar. Denn der Logos, der den positiven Beweis (ἀπόδειξις) und die sich daraus ergebende natürliche Schlussfolgerung (τὴν φυσικὴν ἀκολουθίαν) bietet, steht immer (πάντοτε) dem anderen Logos vor.[55] An dieser Höherbewertung des „Logos de veritate" hält Ps-Athenagoras auch nach der Widerlegung der Einwände gegen den Auferstehungsglauben im ersten Diskurs fest. Ausdrücklich betont er, dass der λόγος ὑπὲρ τῆς ἀληθείας in der Beweisführung eine sekundäre Rangfolge einnimmt (καὶ τάξει δεύτερος).[56] Dies resultiert vor allem aus der Natur der Beweisführung. So erhält der „Logos de veritate" in Bezug auf die Rangordnung (τῇ τάξει) eine höhere Stellung, weil er sich aus der Sicht des

---

54   De Res 11,4 (Marcovich, 35,5 f.).

55   De Res 1,4 (Marcovich 25,23–25): „Ὡς μὲν γὰρ πρὸς ἀπόδειξιν καὶ τὴν φυσικὴν ἀκολουθίαν πάντοτε πρωτοστατοῦσιν οἱ περὶ αὐτῆς λόγοι τῶν ὑπὲρ αὐτῆς". Mit αὐτῆς wird auf ἀληθείας aus De Res 1,3 τῶν δὲ περὶ τῆς ἀληθείας· καὶ τῶν μὲν ὑπὲρ τῆς ἀληθείας verwiesen. Daher erübrigt sich der Zusatz von ἀρχῆς vor ἀπόδειξιν, den M. Marcovich glaubhaft machen will. Siehe ders., De Resurrectione Mortuorum, 9: „The word αὐτῆς […] cannot refer to ἀπόδειξιν but refers to an omitted word. Read πρὸς ⟨ἀρχῆς⟩ ἀπόδειξιν."

56   De Res 11,5 (Marcovich 35,8–10): „Ὁ δ᾽ ὑπὲρ τῆς ἀληθείας φύσει τε καὶ δυνάμει καταδεέστερος· ἔλαττον γὰρ τὸ τὸ ψεῦδος ἐλέγχειν τοῦ τὴν ἀλήθειαν κρατύνειν· καὶ τάξει δεύτερος·"

DE RESURRECTIONE DES PS-ATHENAGORAS · 73

Autors bei dem zu beweisenden Sachverhalt zur Angabe (μηνυτής) des Inhalts der Auferstehungslehre besser eignet.[57]

Dem gegenüber nimmt das Aufdecken der Unwahrheit in der Beweisführung eine geringere Rolle als das Befestigen der Wahrheit ein.[58] Daher steht der λόγος ὑπὲρ τῆς ἀληθείας in seiner Natur und Kraft dem anderen Logos nach (φύσει τε καὶ δυνάμει καταδεέστερος).[59] Dennoch entscheidet sich Ps-Athenagoras, den „Logos pro veritate" dem „Logos de veritate" voranzustellen. Die Begründung dieser Vorgehensweise deutet m. E. an, von welcher argumentativen Tradition sich der Autor bei seiner doppelten Vorgehensweise leiten lässt.[60] Diesen Zusammenhang führt er wie folgt aus: Der λόγος ὑπὲρ τῆς ἀληθείας wird oftmals (πολλάκις) vorangestellt und erweist sich gelegentlich nützlicher als die sofortige inhaltliche Darlegung der Wahrheit.[61]

Das Adverb πολλάκις zeigt deutlich an, dass er an eine breite philosophische Tradition anknüpft, die von Platon ausgehend vor allem bei Philon von Larissa zu greifen ist. Denn der Nachweis der Auferstehungswahrheit kann nur dann überzeugen, wenn die Hindernisse bereits im Voraus ausgeräumt werden. Wie bei Platon und bei Philon sind es die im Wege stehenden falschen Ansichten bezüglich der wahren Lehre, die Ps-Athenagoras in Entsprechung zu Philon als ψευδοδοξία qualifiziert. Platon bezeichnet sie noch als die für die Lehrsätze hinderlichen Meinungen (τὰς τοῖς μαθήμασιν ἐμποδίους δόξας) und Philon spricht bereits von den falschen Ansichten (τῶν ψευδῶς γεγενημένων δοξῶν), die die Seele bei der Aufnahme der Philosophie krank erscheinen lassen.

Von dieser Tradition herkommend, lässt Ps-Athenagoras also diesen Logos vorausgehen, weil er seine Stärke gegen die erweist, die eine falsche Meinung in der Auffassung über die Auferstehung verinnerlicht haben.[62] Zusätzlich beweist – gemäß Philon – der λόγος προτρεπτικός seine große Nützlichkeit

---

57　De Res 11,4 (Marcovich 35,6 f.): „τῇ τάξει δὲ, ὡς ἐν τούτοις καὶ ἅμα τούτοις ὑπάρχων ὧν γίνεται μηνυτής".

58　De Res 11,5 (Marcovich 35,9 f.): „ἔλαττον γὰρ τὸ τὸ ψεῦδος ἐλέγχειν τοῦ τὴν ἀλήθειαν κρατύνειν·"

59　De Res 11,5 (Marcovich 35,8 f.).

60　De Res 1,3 (Marcovich 25,15 f.): „ὅθεν οἶμαι δεῖν τοῖς περὶ ταῦτα πονουμένοις λόγων διττῶν, τῶν μὲν ὑπὲρ τῆς ἀληθείας, τῶν δὲ περὶ τῆς ἀληθείας·"

61　De Res 11,5 (Marcovich 35,11–13): „Ἀλλὰ δὴ καὶ τούτων οὕτως ἐχόντων προτάττεται πολλάκις καὶ γίνεταί ποτε χρειωδέστερος".

62　De Res 11,5 (Marcovich 35,10 f.): „κατὰ γὰρ τῶν ψευδοδοξούντων ἔχει τὴν ἰσχύν·"

74 2. KAPITEL

(τὸ μεγαλωφελές) bei Widerlegung der Gegenargumente.[63] In Entsprechung dazu zeichnet unser Autor ebenfalls den λόγος ὑπὲρ τῆς ἀληθείας für seine Nützlichkeit (χρειωδέστερος) aus.[64]

In Anknüpfung an Philon von Larissa spricht Ps-Athenagoras in De Res 11,6 von einem gemeinsamen Ziel (τέλος) der beiden λόγοι. Denn wie bei Philon das eigentliche Ziel (τέλος) der philosophischen Belehrung zum Zwecke der εὐδαιμονία erfolgt, richtet auch Ps-Athenagoras die beiden λόγοι auf das eine τέλος aus. Denn sowohl das Aufdecken des ψεῦδος als auch das Befestigen der Wahrheit strebt auf das eine Ziel hin: auf die εὐσέβεια.[65] Also auch in der Zielsetzung der beiden Diskurse lässt sich Ps-Athenagoras von der philonischen Ausrichtung bestimmen, indem er die für Philon zu erstrebende εὐδαιμονία durch die in der christlichen Lehre zu erzielende εὐσέβεια ersetzt. Es ist aufgrund der Fülle an Übereinstimmungen offensichtlich, dass sich Ps-Athenagoras für die Entwicklung seiner methodologischen Vorgehensweise von der philonischen διαίρεσις leiten lässt.

Die philosophische Haltung eines Philon von Larissa spiegelt sich also in der Vorgehensweise des Ps-Athenagoras wider. Nun hat Philon bereits zu seinen Lebzeiten eine starke Breitenwirkung entfaltet.[66] Er hat beispielsweise auf Cicero Einfluss ausgeübt, so dass dieser ihn in seinen tuskulanischen Reden zweimal gebührend erwähnt.[67] Heinrich Dörrie beschreibt die Bedeutung Philons von Larissa für die Entwicklung der athenischen Akademie: „Gewiß ist das, was Areios Didymos in wohlgegliedertem Auszug mitteilt, einer Programmschrift der damaligen Akademie entnommen. Was aus Cicero hierzu zu entnehmen ist, bestätigt durchaus, daß dieses Programm weithin verwirklicht wurde."[68]

Auch Ps-Athenagoras partizipiert an dieser „Programmschrift". Daher kann sicher angenommen werden, dass sich unser Autor als philosophischer Lehrer in der Tradition der athenischen Akademie versteht. Denn aus De Res 1,4 ist deutlich zu erkennen, dass er sich als Lehrer der Wahrheit begreift (ὁ τὴν

---

63   Stob. Ecl. 2,7 (Wachsmuth/Hense 40,7–9): „Τούτου δ' ὁ μὲν ἐνδείκνυται τὸ μεγαλωφελὲς αὐτῆς, ὃ δὲ τοὺς ἀνασκευάζοντας ἢ κατηγοροῦντας ἢ πως ἄλλως κακοηθιζομένους ⟨εἰς⟩ τὴν φιλοσοφίαν ἀπελέγχει".

64   De Res 1,4 und 11,5 (Marcovich 25,25; 35,13).

65   De Res 11,6 (Marcovich 35,14–16): „Καὶ πρὸς ἓν μὲν ἑκάτερος ἀναφέρεται τέλος· εἰς γὰρ τὴν εὐσέβειαν ἔχει τὴν ἀναφορὰν ὅ τε τὸ ψεῦδος ἐλέγχων καὶ ὁ τὴν ἀλήθειαν κρατύνων·"

66   Philon von Larissa gilt als Vertreter der neuesten Akademie, der 89/8 v. Chr. von Athen nach Rom flüchtete, wo Cicero ihn hörte. Vgl. C. Brittain, Philo of Larissa, 38–72.

67   Cicero, Tusculanae disputationes II,11,26; V,107.

68   H. Dörrie, Der Platonismus in der Antike, Bd. 1, 437.

DE RESURRECTIONE DES PS-ATHENAGORAS 75

ἀλήθειαν διδάσκειν ἐθέλων).[69] Auch sonst unterlässt er es nicht, sich weiterhin in Analogie zu seinem philosophischen Hintergrund sowohl als Überführer der Unwahrheit (ὅ τὸ ψεῦδος ἐλέγχων) als auch als Befestiger der Wahrheit (ὁ τὴν ἀλήθειαν κρατύνων) zu bezeichnen.[70]

3   Adressaten

In der Forschung zum Auferstehungstraktat werden bei der Bestimmung der Adressaten maßgeblich drei Möglichkeiten diskutiert. Die Empfänger von De Resurrectione sind entweder Heiden[71] oder Christen.[72] Alternativ wird ange-

---

69   De Res 1,4 (Marcovich 26,1 f.).

70   Eine bemerkenswerte Parallele ist bei dem im zweiten Jahrhundert wirkenden Philosophen *Alkinoos* in seinem Didaskalikos der Grundsätze Platons festzustellen. Auch er greift auf diesen philosophischen Hintergrund zurück, um die Lehre der Syllogismen zu erfassen. Dabei schreibt er diese Lehre direkt Platon zu: Ihre Aufgabe besteht hauptsächlich darin, einen logischen Schluss zunächst zur Widerlegung und anschließend zum Beweis herbeizuführen. Vgl. Alkinoos, Did 6,3 (Whittaker 11,17 f./Summerell/Zimmer 14,13 f.). Denn der Syllogismus (ὁ συλλογισμὸς λόγος) deckt durch die Untersuchung das Falsche auf und beweist anschließend durch eine Lehre das Wahre (ἐλέγχων μὲν διὰ ζητήσεως τὰ ψευδῆ, ἀποδεικνύων δὲ διά τινος διδασκαλίας τἀληθῆ). Vgl. Alkinoos, Did 6,3 (Whittaker 11,19 f./Summerell/Zimmer 14,14 f.). Somit scheinen Aufdeckung und Belehrung zur Präzisierung der Aufgaben eines Philosophen sowohl bei Alkinoos als auch bei Ps-Athenagoras maßgeblich zu sein.

71   Vgl. E. Schwartz, Libellus, 91: "acroasis philosophica ad homines paganos". J. Lehmann, Auferstehungslehre, 2 f.: "Demnach wäre unser Traktat [...] in erster Linie für heidnische Leser bestimmt gewesen." G. Scheurer, Auferstehungs-Dogma, 41: "Athenagoras wendet sich ausschließlich an heidnische Leser. Der christliche Philosoph weiss sich nur heidnischen Denkern gegenüber." J.L. Rauch, Athenagoras, 24: "Thus he has beautifully adapted his arguments to a philosophically trained audience." N. Zeegers-Vander Vorst, Adversaires et destinataires, 649–652.

72   Vgl. R.M. Grant, Athenagoras or Pseudo-Athenagoras, 125, der unter den Empfängern die durch Origenes kritisierten "Simpliciores" entdeckt. Vgl. weiter B. Pouderon, Athénagore d'Athènes, 98–103. Pouderon schließt zunächst die Möglichkeit aus, dass es sich bei den Empfängern um Heiden handelt (vgl. ebd., 101). Vielmehr haben sie zwar einen heidnischen Hintergrund, befinden sich aber auf dem Weg zur Konversion (ebd., 103: "[...] ils s'intéressent vivement à sa doctrine ou à sa morale, sans toutfois les partager, soit qu'ils s'engagent sur la voie de la conversion"). Es sind also Personen, die entweder schon Christen sind, die noch zweifeln, oder Intellektuelle, die dem Christentum sehr nahestehen (vgl. ebd., 101). "Le *Traité* s'adresse bel et bien à des chrétiens, novices ou sympathisants, mal affermis encore dans leur foi, et dont la culture explique la coloration

nommen, dass beide Gruppen gleichermaßen in De Resurrectione vertreten sind.[73] Diese Ansicht beruht auf der Annahme der Uneinheitlichkeit des Publikums: Zunächst sind im ersten Teil (De Res 2,1–11,6) die Heiden und anschließend im zweiten Teil (De Res 11,7–25,5) die Christen die anvisierte Hörerschaft.[74]

Es erweist sich methodisch produktiv, zwischen den Empfängern und Gegnern des Traktats zu differenzieren.[75] Von Beginn an (De Res 1,1–2) scheint eine polemische Front vorzuliegen,[76] die einen erheblichen Einfluss auf die Adressaten ausübt. Freilich besteht keine objektive Beschreibung der Kontrahenten, sondern eine rhetorische Stilisierung derselben. Aus der Sicht des Autors sind die Empfänger anfällig für deren Argumente. Deshalb sollen zunächst die Adressaten im Fokus stehen, um erst anschließend eine Aussage über die Gegner treffen zu können.[77]

Dabei sind alle in Frage kommenden Stellen, die zur Ermittlung des Empfängerkreises herangezogen werden, einer Untersuchung zu unterziehen. Darin wird jedoch allein die Perspektive des Autors hinsichtlich der Situation seiner Adressaten sichtbar. Deshalb ist bei der Bestimmung der Adressaten umsichtig vorzugehen, da Ps-Athenagoras ihre Haltung hinsichtlich der Auferstehungsfrage rhetorisch stilisiert. Auf diese Weise sucht er auf sie einzuwirken und sie zum Auferstehungsglauben zu führen.

---

philosophique de l'ouvrage." (ebd., 103). Vgl. zuletzt M. Vinzent, Christ's Resurrection in Early Christianity, 19: „however, he clearly addressed Christians."

[73] Vgl. L.W. Barnard, Background, 7.11, und ders., Athenagoras, 30; G. af Hällström, Carnis Resurrectio, 21–23; C. Setzer, Resurrection of the Body, 87; H.E. Lona, Athenagoras, 546, der ebenfalls ausdrücklich von zwei Gruppen spricht. Lona kann jedoch die Adressaten auch als eine gemischte Gruppe von Heiden und Christen bezeichnen. „Eine solche gemischte Gruppe dürfte das Publikum bilden, an das sich Ps. Athenagoras mit seiner Darlegung wendet." (ebd., 562).

[74] Vgl. K. Schneider, Theologie der Auferstehung, 244, und ausdrücklich U. Neymeyr, Lehrer, 197 f.

[75] Anders G. af Hällström, Carnis Resurrectio, 22: „But one thing is obvious: whoever the opponents were, they were of considerable learning." Mit dieser Aussage wird nahegelegt, dass die Gegner und die Empfänger die gleiche Personengruppe ausmachen. Es wird somit zwischen den beiden Gruppen nicht unterschieden, obwohl Ps-Athenagoras von Beginn an (De Res 1,1 f.) eine polemische Front ausmacht und die Wirkung des von den Gegnern ausgehenden ψεῦδος auf die Empfänger in De Res 1,2c ausdrücklich beschreibt.

[76] Vgl. J.-M. Vermander, Résurrection, 126: „Car nous ne savons toujours pas contre qui était dirigée une œuvre qui, manifestement, est très polémique en son début."

[77] Vgl. in dieser Studie das Kapitel 3.: „Die Einwände der Gegner gegen die leibliche Auferstehung in De Resurrectione".

DE RESURRECTIONE DES PS-ATHENAGORAS

De Res 1,3[78]

Von der anfänglichen Kennzeichnung des anvisierten Publikums sind auch die folgenden Aussagen über die Hörer in De Res 1,3 und 1,5 zu verstehen. Der Autor hat von Anfang an einen einheitlichen Adressatenkreis vor Augen, den er mit verschiedenen Attributen zu beschreiben sucht. Der erste Diskurs richtet sich gemäß De Res 1,3 an die Ungläubigen *oder* Zweifelnden (ὑπὲρ τῆς ἀληθείας πρὸς τοὺς ἀπιστοῦντας ἢ τοὺς ἀμφιβάλλοντας).[79] Die Verwendung von ἢ deutet darauf hin, dass hier *nicht* zwei Gruppen anvisiert werden. Der Verfasser versucht, nur die unterschiedlichen Grade der Verwirrung hinsichtlich der Auferstehungs lehre bei seinen Hörern zu erfassen.[80] Der λόγος περὶ τῆς ἀληθείας schließt sich an den λόγος ὑπὲρ τῆς ἀληθείας an, so dass nach der Beseitigung des Unglaubens *oder* Zweifels bei den Zuhörern eine Einsicht und ein Wohlwollen zur Aufnahme der Wahrheit entstehen kann.[81] Dies will der Autor mit seinen beiden λόγοι bei den Hörern bewirken.[82] Gleichzeitig stellt diese Absicht auch den

---

78 Bereits in De Res 1,2c wird die Wirkung des ψεῦδος auf die Empfänger thematisiert: „Die einen aber verzichten gänzlich und überhaupt auf die Wahrheit über diese Dinge, die anderen aber verdrehen sie (die Wahrheit) nach ihrer eigenen Meinung, die (dritten) aber pflegen, auch über das Evidente ratlos zu sein." De Res 1,2 (Marcovich 25,11–14): „ἀλλ' οἱ μὲν πάντῃ καὶ καθάπαξ ἀπογινώσκουσιν τὴν περὶ τούτων ἀλήθειαν, οἱ δὲ πρὸς τὸ δοκοῦν αὐτοῖς διαστρέφουσιν, οἱ δὲ καὶ περὶ τῶν ἐμφανῶν ἀπορεῖν ἐπιτηδεύουσιν."
    Der Verfasser versucht offensichtlich, alle in Frage kommenden Zustände bei den Adressaten zu erfassen. Die letzte Bestimmung zeigt dies deutlich: Aus der Sicht des Autors ist die Sache evident, worüber sich aber die durch das ψεῦδος Verwirrten sogar in einer Ratlosigkeit befinden. Im Prinzip will der Verfasser mit diesen drei Beschreibungen lediglich sagen, dass die Unwahrheit bei seinem Publikum eine Verwirrung hinsichtlich der ἀλήθεια bewirkt hat. Das ψεῦδος, das es für den Autor als solches zu entlarven gilt, hat also einen starken Einfluss auf seine Zuhörerschaft ausgeübt, die nun mit dieser Abhandlung eines Besseren belehrt werden soll.

79 De Res 1,3 (Marcovich 25,16 f.).

80 Vgl. N. Zeegers-Vander Vorst, Adversaires et destinataires, 89: „Ce qu'il distingue, c'est plusieurs degrés d'incrédulite face au message chrétien, comme il le fait fréquemment en d'autres passages de son traité sans davantage distinguer entre paiens et chrétiens."

81 De Res 1,3 (Marcovich 25,17–19): „τῶν δὲ περὶ τῆς ἀληθείας πρὸς τοὺς εὐγνωμονοῦντας καὶ μετ' εὐνοίας δεχομένους τὴν ἀλήθειαν." Vgl. K. Schneider, Theologie der Auferstehung, 244: „Die Anwendung der zweiten Methode beruht wohl auf der Hoffnung des Autors, seine Adressaten nach Widerlegung ihrer Einwände von der Wahrheit der christlichen Auferstehungslehre überzeugen zu können."

82 Anders L.W. Barnard, Background, 9, der vor allem aus De Res 1,3 die Teilung der Adressaten in Heiden und Christen ableiten will. So ähnlich auch W.R. Schoedel, Athenagoras, XXX und G. af Hällström, Carnis Resurrectio, 22 mit Anm. 8, der in der Formulierung πρὸς τοὺς εὐγνωμονοῦντας καὶ μετ' εὐνοίας δεχομένους τὴν ἀλήθειαν bereits eine Akzeptanz der

78   2. KAPITEL

wechselseitigen Bezug der beiden Diskurse dar, wodurch eine Meinungsände-
rung in der διάνοια τῶν ἀκουόντων (De Res 1,4) erfolgen soll.

De Res 1,5

Nachdem der Autor den Anlass des Schreibens (De Res 1,1–2) und seine Vorgehensweise (De Res 1,3–4) zur Beseitigung des aufbrechenden ψεῦδος dargelegt
hat, erklärt er in De Res 1,5 seine konkrete Absicht im Hinblick auf das Auferstehungsthema:

> Es scheint für die, die das Nötige darüber untersuchen (wollen), nicht
> unbrauchbar zu sein, auf dieselbe Weise aber auch nun bei den Worten
> über die Auferstehung vorzugehen.[83]

Der Verfasser greift auf sein methodologisches Vorwissen zurück, um dem kontroversen Thema zu begegnen. Offensichtlich scheint die Auferstehung bei seinen Hörern sehr umstritten gewesen zu sein, so dass er sich veranlasst sieht,
seine umfassende philosophische Vorbildung argumentativ ins Feld zu führen.
Die ψευδοδοξία hat einen derart starken Einfluss auf das Denken seiner Adressaten ausgeübt, dass sie nun auch der Auferstehungslehre mit Argumenten
entgegensteht.[84]

Der Verfasser versucht erneut, den Zustand der Adressaten zu beschreiben:

> Denn auch in diesen Dingen finden wir einige, die gänzlich ungläubig
> sind, einige aber zweifeln und andere, obwohl sie die ersten Grundlagen
> angenommen haben, sind auf gleiche Weise mit den Zweifelnden ratlos.[85]

Mit dieser dreiteiligen Bestimmung des Verwirrungszustands weist Ps-Athenagoras einen möglichen Einfluss der ψευδοδοξία auf seine Adressaten nach. Er

---

Auferstehung bei den Adressaten des zweiten Diskurses vorausssetzt. Dadurch wäre aber
der positive Beweis in De Res 11,7–25,5 überflüssig und die Frage in De Res 14,3, ob es eine
Auferstehung der menschlichen Leiber gibt oder nicht (εἴτε γίνεται τῶν ἀνθρωπίνων σωμάτων ἀνάστασις εἴτε μή), würde sich nicht mehr stellen.

83   De Res 1,5 (Marcovich 26,6–8): „κατὰ τὸν αὐτὸν δὲ τρόπον ποιῆσαι καὶ νῦν ἐπὶ τῶν τῆς
      ἀναστάσεως λόγων οὐκ ἀχρεῖον φαίνεται σκοποῦσι τὸ δέον.“

84   De Res 1,4 (Marcovich 26,3 f.): „ψευδοδοξίας τινὸς ὑποικουρούσης τῇ τῶν ἀκουόντων διανοίᾳ
      καὶ τοῖς λόγοις ἀντιστατούσης.“

85   De Res 1,5 (Marcovich 26,8–10): „Καὶ γὰρ ἐν τούτοις εὑρίσκομεν τοὺς μὲν ἀπιστοῦντας πάντῃ,
      τινὰς δὲ ἀμφιβάλλοντας καὶ τῶν γε τὰς πρώτας ὑποθέσεις δεξαμένων τινὰς ἐπ' ἴσης τοῖς ἀμφι-
      βάλλουσιν ἀποροῦντας·“

DE RESURRECTIONE DES PS-ATHENAGORAS

beabsichtigt, möglichst umfassend die Wirkungsweise der Unwahrheit auf die διάνοια seiner Zuhörerschaft zu erfassen.[86] Im anschließenden Satz spricht er allgemein von der ἀπιστία, um das grundsätzliche Befinden seiner Hörerschaft hinsichtlich der Auferstehung wiederzugeben. Aus seiner Sicht findet sich kein vernünftiger Grund, weswegen sie in Unglauben *oder* in Verlegenheit geraten sind.[87] Aus der dabei verwendeten Formulierung ἀπιστοῦσιν ἢ διαποροῦσιν wird erneut ersichtlich, dass der durch das ψεῦδος ausgelöste Verwirrungszustand (ταραχή) gemeint ist. Die beiden Verben implizieren das gleiche Befinden und legen durch die Partikel ἤ das synonyme Verständnis nahe.[88]

Anschließend thematisiert Ps-Athenagoras in De Res 2,1 ganz allgemein das Entstehen der ἀπιστία. Die Problematik hinsichtlich der Auferstehung äußert sich nicht auf verschiedene Weise, so dass eine dreifache Gruppierung vorauszusetzen wäre. Vielmehr kann der Verfasser die Haltung der ἀπιστία auf dreifache Weise umschreiben. Den Zweck dieser Bestimmung stellt eine Differenzierung der Wirkungsweise des ψεῦδος auf seine Adressaten dar. Der Autor kann das grundsätzliche Problem mit ἀπιστία erfassen, deren Berechtigung und Ursache daraufhin in De Res 2 diskutiert wird.[89]

---

86   Daraus ist jedoch keineswegs auf drei völlig unterschiedliche Gruppen innerhalb der Rezipienten des Traktats zu schließen. So aber G. af Hällström, Carnis Resurrectio, 22, der die Adressaten in drei Kategorien A, B und C einteilt. Unter A sind die gänzlich Ungläubige einzuordnen, unter B die Zweifelnden, welche die einfachgesinnten Christen ausmachen, und unter C solche, die die Auferstehung akzeptieren.

87   De Res 1,5 (Marcovich 26,10–13): „τὸ δὲ πάντων παραλογώτατον ὅτι ταῦτα πάσχουσιν οὐδ' ἡντιναοῦν ἔχοντες ἐκ τῶν πραγμάτων ἀπιστίας ἀφορμὴν οὐδ' αἰτίαν εὑρίσκοντες εἰπεῖν εὔλογον, δι' ἣν ἀπιστοῦσιν ἢ διαποροῦσιν."

88   So auch N. Zeegers-Vander Vorst, Adversaires et destinataires, 90: „[...] la particule ἤ semble bien, ici encore, indiquer que R ne cloisonnait pas ses destinataires en ‚paiens‘ et ‚chrétiens‘."

89   Der Verfasser des Auferstehungstraktats widmet sich in De Res 2,1–3 dem Problem der ἀπιστία seiner Zuhörer. Er will den Gründen und Ursachen ihres Unglaubens nachgehen, so dass er programmatisch formuliert: „Lasst es uns aber auf diese Weise untersuchen (Σκοπῶμεν δὲ οὑτωσί)!" Seine Absicht besteht darin, die ἀπιστία wie folgt zu überwinden: „Jeder Unglaube, der nicht leichtfertig und in unüberlegter Ansicht, sondern durch einen triftigen Grund und mit einer Gewissheit über die Wahrheit bei einigen entstanden ist, erhält dann (sein) gebührendes Recht, wenn die Sache selbst, über die sie im Unglauben sind, unglaubwürdig zu sein scheint." De Res 2,1 (Marcovich 26,14–17). Aus dieser Aussage geht deutlich hervor, dass das Entstehen der πᾶσα ἀπιστία zunächst ernst genommen wird. Es ist die Sache selbst (αὐτὸ τὸ πρᾶγμα), die einer näheren Untersuchung (σκοπέω) bedarf. Wenn diese unglaubwürdig ist, erklärt sich unser Verfasser bereit, darauf einzugehen. Indem er die Bedenken seiner Hörer nicht nivelliert, beschäftigt sich Ps-Athenagoras

Zur umstrittenen Formulierung in De Res 1,5 (τῶν γε τὰς πρώτας ὑποθέσεις δεξαμένων), die für die These einer christlichen Adressatenschaft angeführt wird, ist vom kontextuellen Verständnis der Aussage festzustellen: Es geht insbesondere um die, die auf gleiche Weise mit den Zweifelnden ratlos sind, obwohl sie die ersten Grundlagen angenommen haben. Auch diese Formulierung spiegelt die Absicht des Verfassers wider (wie schon in De Res 1,3), bereits bei der Beschreibung ihrer Gesinnung auf sie positiv einzuwirken. Einige scheinen, nachdem sie die vorgebrachten Einwände vernommen haben, ratlos hinsichtlich der Auferstehung zu sein, obgleich sie die „ersten Hypothesen" (τὰς πρώτας ὑποθέσεις) angenommen haben. Die unbestimmte Aussage von der Aufnahme der ersten ὑποθέσεις zielt darauf, bei den Rezipienten *nur* die ersten Grundsätze des Christentum vorauszusetzen.[90] Die Adressaten wer-

---

direkt mit dem Problem seiner Hörer. Allerdings darf der vorgebrachte Unglaube nicht leichtfertig aus einer willkürlichen Meinung (δόξαν ἄκριτον) resultieren.

Unser Autor geht damit auf die eigentlichen Gründe der ἀπιστία ein und diskutiert ihre Berechtigung. Dabei appelliert er an das Publikum und dessen gesundes Urteilsvermögen (ὑγιαινούσῃ κρίσει), dem es sich bei der Wahrheitsfindung bedienen soll. Die Tatsache nämlich, nicht an eine Sache zu glauben, die an sich nicht unglaubwürdig ist, zeugt von einem ungesunden Menschenverstand. De Res 2,1 (Marcovich 26,17–19): „τὸ γάρ τοι τοῖς οὐκ οὖσιν ἀπίστοις ἀπιστεῖν ἀνθρώπων ἔργον οὐχ ὑγιαινούσῃ κρίσει περὶ τὴν ἀλήθειαν χρωμένων." Die Zuhörer werden auf diese Weise zu einer konstruktiven Auseinandersetzung mit dem eigenen Unglauben aufgefordert. Daher sollen diejenigen, die an der Auferstehung zweifeln, nicht dem Vorurteil der Ungezügelten erliegen. De Res 2,2 (Marcovich 26,19–21): „Οὐκοῦν χρὴ καὶ τοὺς περὶ τῆς ἀναστάσεως ἀπιστοῦντας ἢ διαπορούντας μὴ πρὸς τὸ δοκοῦν αὐτοῖς ἀκρίτως καὶ τὸ τοῖς ἀκολάστοις κεχαρισμένον τὴν περὶ ταύτης ἐκφέρειν γνώμην".

90   Vgl. B. Pouderon, Athénagore d'Athènes, 102, der diese Formulierung so übersetzt: „d'autres encore, parmi ceux-là qui ont accepté (nos) principes fondamentaux, connaissent sur ce point les mêmes hésitations que les sceptiques." So auch in ders., SC 379, 219. Mit der Übersetzung von τὰς πρώτας ὑποθέσεις als „unsere Grundprinzipien" versteht B. Pouderon diese als die des Christentums („j'entends par ‚nos principes fondamentaux' ceux du christianisme". B. Pouderon, Athénagore d'Athènes, 102). Allerdings fehlt im griechischen Text das Personalpronomen ἡμῶν, das erlauben könnte, eindeutig diese „ersten Hypothesen" einer Gruppe zuzuordnen.

Auch G. af Hällström, Carnis Resurrectio, 22 Anm. 7, übersetzt diese Passage so: „[...] they share ‚our basic assumptions', i.e. they are catholic Christians." Er will darunter die Grundprinzipien der „katholischen Christen" verstehen, die von den „christlichen Simpliciores" zunächst akzeptiert und danach bezweifelt werden. Vgl. die berechtigte Kritik an dieser Position von N. Zeegers-Vander Vorst, Adversaires et destinataires, 89 Anm. 70: „Le fait de qualifier les hésitants décrits par R de chrétiens ‚simples' prête à confusion avec les ‚simpliciores' décrits par Origène, alors que rien n'est commun entre les uns et les autres. Les hésitants de R que G. af Hällström qualifie de ‚simples' ne

DE RESURRECTIONE DES PS-ATHENAGORAS

den dazu veranlasst, sich an die πρώτας ὑποθέσεις zu halten, um die ἀπιστία, die sich in Zweifel oder Ratlosigkeit äußert, zu überwinden. Was allerdings die „ersten Hypothesen" beinhalten, bleibt absichtlich unbestimmt und zielt auf eine positive Beeinflussung der Hörerschaft durch den Autor.[91] Er will sie mit dieser Formulierung beinahe verpflichten, den ersten Annahmen hinsichtlich der Auferstehungshoffnung zu vertrauen und sich nicht durch die vorgebrachten Einwände verwirren zu lassen.

In De Res 1,5b gibt der Verfasser einige Hinweise zum Verständnis der angenommenen Lage seiner Zuhörerschaft. Er setzt voraus, dass die Adressaten eine Bereitschaft zur Überprüfung des Erforderlichen (σκοποῦσι τὸ δέον) mitbringen. Nun versucht Ps-Athenagoras, die Wirkung des ψεῦδος auf die Adressaten präziser zu erfassen. Einige Personen sind hinsichtlich der Auferstehung (ἐπὶ τῶν τῆς ἀναστάσεως λόγων) gänzlich ungläubig. Mit dem Verb ἀπιστέω beschreibt unser Autor ihren Unglauben, der offenbar aus bestimmen Einwänden gegen die leibliche Jenseitshoffnung der Christen resultiert.

Die zweite Haltung gegenüber dem Auferstehungsglauben nimmt eine Zwischenposition ein. Der Verfasser bezeichnet diese Personen als Zweifelnde (ἀμφιβάλλοντας), wodurch er wohl ihre anfängliche Zustimmung, zugleich aber ihre gegenwärtige Skepsis zu bestimmen sucht. Gerade der dritte Zustand der

---

    reconnaissent pas la résurrection, tandis que les ‚simpliciores' décrits dans Origène sont de farouches partisans de la résurrection à l'identique."

91   Anders N. Zeegers-Vander Vorst, die den Inhalt der „ersten Hypothesen" mit De Res 19,1 zu klären versucht: „En réalité, ‚ceux qui ont accepté les premières hypothèses' (non ‚nos' premières hypothèses) semblent être les philosophes stoiciens que R décrit en 19,1 en des termes presque identiques lorsqu'il évoque ‚ceux qui reconnaissent la providence et qui acceptent les mêmes principes que nous, mais qui ensuite, je ne sais comment, ont failli à leurs propres hypothèses' (19,1). Les ‚hypothèses' désignées ici sont non pas l'ensemble du message chrétien, mais seulement celles d'un Dieu provident et juge. Ainsi, les ‚tenants des premières hypothèses' décrits en 1,5 semblent être, bien plutôt que des chrétiens, les stoiciens décrits en 19,1 et qui présentent comme seuls points communs avec la doctrine chrétienne l'acceptation de la providence et du jugement." N. Zeegers-Vander Vorst, Adversaires et destinataires, 89. Hingegen leitet M. Vinzent aus De Res 19,1 die christliche Adressatenschaft ab. Vgl. M. Vinzent, Christ's Resurrection in Early Christianity, 18 f.

    Die Schwierigkeit der Deutung von De Res 1,5 durch De Res 19,1 besteht allerdings darin, dass in De Res 19,1 statt von den „ersten Hypothesen" von den „eigenen Hypothesen" (τῶν οἰκείων ὑποθέσεων) gesprochen wird. Diese „eigenen Hypothesen" beziehen sich aber eindeutig auf die Zustimmung im Hinblick auf die Vorsehung (τοὺς ὁμολογοῦντας τὴν πρόνοιαν) durch die Empfänger, die aber dann aus der Sicht des Autors von den „eigenen Hypothesen" abfallen (ἐκπίπτοντας) und sich selbst dadurch untreu werden. Der direkte Bezug von De Res 19,1 auf De Res 1,5 bleibt somit ausgeschlossen.

82 2. KAPITEL

Verunsicherten bestätigt diese Annahme. Denn in gleicher Weise wie die Zweifelnden (ἐπ' ἴσης τοῖς ἀμφιβάλλουσιν) befinden sich seine Hörer in Verlegenheit im Hinblick auf die christliche Auferstehungshoffung. Sie sind nach den vorgebrachten Einwänden ratlos hinsichtlich dessen, was sie nun glauben sollen. Obwohl sie die ersten Grundlagen angenommen haben, was auf die anfängliche Zustimmung der christlichen Auferstehungsbotschaft hindeutet, befinden sie sich jetzt im Zustand der Ratlosigkeit. Der Verfasser ist sich dessen bewusst, dass diese Befindlichkeit bei Nichtüberwindung einer solchen Gemütsverfassung zur ἀπιστία führen kann.

Deshalb bezieht er sofort nach der Beschreibung ihrer verunsicherten Haltung Stellung und wirft ihnen die Unvernünftigkeit ihrer ἀπορία vor. Aus seiner Perspektive erleiden die Verunsicherten diese Zweifel und Unwegsamkeiten, obwohl sie für ihren Unglauben weder die geringste Veranlassung aus den Tatsachen selbst haben noch einen triftigen Grund vorbringen können, weswegen sie sich in Unglauben *oder* in Verlegenheit befinden.[92] Es fällt bei den hier vorgebrachten Qualifizierungen des unsicheren Zustands der Adressaten auf, dass unser Autor ganz allgemein von der ἀπιστία spricht. Das hauptsächliche Problem stellt der Unglaube dar, der aus der von den Gegnern aufgeworfenen Lüge (ψεῦδος) resultiert.

Am Ende von De Res 1,5 kann Ps-Athenagoras die dreigliedrige Umschreibung für das Befinden seiner Zuhörer auf eine zweifache Charakterisierung ihres Zustands reduzieren: Sie können keinen vernünftigen Grund aufweisen, weshalb sie in Unglauben *oder* in Verlegenheit geraten sind (οὐδ' αἰτίαν εὑρίσκοντες εἰπεῖν εὔλογον, δι' ἣν ἀπιστοῦσιν ἢ διαποροῦσιν). Aufgrund dieser Formulierung bestätigt sich der Eindruck, dass der Autor mit der zuvor vorgenommenen Beschreibung sowohl der Zweifelnden als auch der Ratlosen den gleichen Zustand der Verunsicherung meint. Der Unterschied besteht nur darin, dass sich die διαπορία/ἀμφιβολία noch nicht zur ἀπιστία entwickelt hat. Auf diese Weise zeigt Ps-Athenagoras die Absicht des Traktats an. Er will den Gründen ihres Unglaubens nachgehen, um den noch in Zweifel oder in Verlegenheit sich Befindenden gute Argumente zur Überwindung ihrer Skepsis zu liefern.[93]

---

92 De Res 1,5 (Marcovich 26,10–13): „τὸ δὲ πάντων παραλογώτατον ὅτι ταῦτα πάσχουσιν οὐδ' ἡντιναοῦν ἔχοντες ἐκ τῶν πραγμάτων ἀπιστίας ἀφορμὴν οὐδ' αἰτίαν εὑρίσκοντες εἰπεῖν εὔλογον, δι' ἣν ἀπιστοῦσιν ἢ διαποροῦσιν."

93 H.E. Lona, Athenagoras, 545, spricht ebenfalls von einer „Skepsis", die bei den Adressaten vorhanden ist. Er nimmt jedoch an, dass die Empfänger des Auferstehungstraktats bereits die „Grundideen der christlichen Botschaft" angenommen haben (ebd.). Dieser Aussage kann mit einer leichten Modifikation zugestimmt werden: Sie haben allein die „Grundideen der christlichen *Auferstehungs*botschaft" vernommen, befinden sich aber durch die

DE RESURRECTIONE DES PS-ATHENAGORAS

Deshalb geht er ab De Res 2,1 auf „jeden Unglauben" (πᾶσα ἀπιστία) ein,[94] um denen, die im Hinblick auf die Auferstehung ungläubig *oder* verlegen sind (τοὺς περὶ τῆς ἀναστάσεως ἀπιστοῦντας ἢ διαποροῦντας), zu helfen.[95]

De Res 11,4–6

Es ist häufig vertreten worden, dass im zweiten Diskurs (De Res 11,7–25,5) ausschließlich die Christen und nicht mehr die Heiden angesprochen werden. Dies wird vor allem aus den Aussagen in De Res 11,4–6 über die Hörer des λόγος περὶ τῆς ἀληθείας abgeleitet.[96] In De Res 11,4a begründet der Autor die Priorität des „Logos de veritate" gegenüber dem „Logos pro veritate" so:

> Weil nämlich der Logos *über* die Wahrheit notwendiger ist, steht er für alle Menschen zum Zwecke der Gewissheit und des Heils auch im Hinblick auf die Natur, die Ordnung und das Bedürfnis voran.[97]

Der erste Logos dient dazu, bei einigen Menschen die Vorurteile hinsichtlich der zu beweisenden Thematik abzubauen. Der zweite Logos hingegen zielt auf den positiven Beweis der Wahrheit, die allerdings bei den Adressaten noch lange nicht vorausgesetzt werden kann. Vielmehr muss diese Wahrheit erst bewiesen werden.

Dies wird vor allem aus den weiteren Ausführungen zur Natur, Ordnung und zum Bedürfnis des λόγος περὶ τῆς ἀληθείας ersichtlich: Bezüglich der Natur äußert sich dieser Logos so, dass er die Erkenntnis des Sachverhalts erst gewährt (ὡς τὴν τῶν πραγμάτων γνῶσιν παρεχόμενος).[98] Somit muss die γνῶσις der Auferstehungswahrheit zunächst herbeigeführt werden. Der negative Beweis des ersten Diskurses reicht lange nicht aus, um die ἀπόδειξις für die Auferstehung darzulegen. Daher nimmt der λόγος περὶ τῆς ἀληθείας auch in der Rangordnung (τῇ τάξει) die wichtigere Stellung ein, weil dadurch eine positive Angabe (μηνυτής) über die Inhalte der Auferstehungslehre gemacht werden kann.[99]

---

      vorgebrachten Einwände der Gegner in einer skeptischen Haltung dieser Lehre gegenüber.

94   De Res 2,1 (Marcovich 26,14–17): „Πᾶσα ἀπιστία μὴ προχείρως καὶ κατά τινα δόξαν ἄκριτον ἐγγινομένη τισὶν ἀλλὰ μετά τινος αἰτίας ἰσχυρᾶς καὶ τῆς κατὰ τὴν ἀλήθειαν ἀσφαλείας τότε τὸν εἰκότα σώζει λόγον, ὅταν αὐτὸ τὸ πρᾶγμα περὶ οὗ ἀπιστοῦσιν ἄπιστον εἶναι δοκῇ·"

95   De Res 2,2 (Marcovich 26,19 f.).

96   So z. B. H.E. Lona, Athenagoras, 546 f.

97   De Res 11,4 (Marcovich 35,3–5): „Ὁ μὲν γὰρ περὶ τῆς ἀληθείας λόγος ἀναγκαῖος ὢν πᾶσιν ἀνθρώποις πρὸς ἀσφάλειαν καὶ σωτηρίαν πρωτοστατεῖ καὶ τῇ φύσει καὶ τῇ τάξει καὶ τῇ χρείᾳ·"

98   De Res 11,4 (Marcovich 35,5 f.).

99   De Res 11,4 (Marcovich 35,6 f.).

84 2. KAPITEL

Der „Logos de veritate" wird auch dem Bedürfnis (τῇ χρείᾳ) aller Menschen besser gerecht, da er sich als behilflich (πρόξενος) zur Vergewisserung der Auferstehungswahrheit erweist. Auf diese Weise fördert er das Heil, das den Erkennenden für das Jenseits verheißen wird.[100] Bei einer derartigen Formulierung fällt auf, dass dieser Logos nur den Erkennenden (τοῖς γινώσκουσι) zur ἀσφάλεια und zur σωτηρία dient. Dies hat zur Voraussetzung, dass die Auferstehungswahrheit zuvor erkannt werden muss, bevor sie den Zuhörern ein sicheres Jenseitsheil vermitteln kann. Daher nimmt der λόγος περὶ τῆς ἀληθείας in der Tat bei der Beweisführung die wichtigere Stellung als der erste Logos ein, da er nach der Widerlegung des ψεῦδος seinen Adressaten die γνῶσις ermöglicht.

Die entscheidende Frage ist aber, wieviel an christlicher Vorkenntnis bei den Empfängern aus solchen Aussagen abgeleitet werden kann. Denn in erster Linie spiegeln sie allein die Absicht des Autors wider, was er mit dem zweiten Teil seiner Argumentation erreichen will. Dies impliziert, dass der λόγος περὶ τῆς ἀληθείας, der allen Menschen zugänglich gemacht werden soll, sich bei einigen zur Erkenntnis auswirkt, aber nicht bei allen. Solches setzt wiederum voraus, dass die γνῶσις bezüglich der Auferstehungslehre noch lange nicht bei den Adressaten vorhanden ist, sondern erst erreicht werden soll. Zu diesem Zweck geht der λόγος ὑπὲρ τῆς ἀληθείας dem positiven Nachweis (De Res 11,7–25,5) voran, damit die der Erkenntnis entgegenstehenden Argumente ausgeräumt werden. So wird der Weg zur Vergewisserung (ἀσφάλεια) der christlichen Auferstehungshoffnung gebahnt. Außerdem differenziert unser Autor bei seinen Zuhörern nicht zwischen Christen und Heiden, sondern führt den Beweis ausdrücklich für *alle* Menschen (πᾶσιν ἀνθρώποις) ein. Somit wird eine schematische Aufteilung unter den Zuhörern in Heiden und Christen dem Textbefund nicht gerecht.

Nachdem in De Res 11,5 die Aufgaben des „Logos pro veritate" erläutert worden sind, kommt der Verfasser in De Res 11,6 auf die Gemeinsamkeiten der beiden λόγοι zu sprechen: Beide Diskurse haben das gleiche τέλος, das in der Erreichung der εὐσέβεια liegt. In der Zusammenschau beider Teile wird aber dennoch der Zweck des jeweiligen Logos unterschieden: Der eine überführt die Unwahrheit und der andere befestigt die Wahrheit.

> Sie sind auch nicht ganz und gar *eines*, sondern der eine Logos ist notwendig, wie gesagt, für alle, die glauben, und für die, die um die Wahrheit und

---

100   De Res 11,4 (Marcovich 35,7 f.): „τῇ χρείᾳ δέ, ὡς τῆς ἀσφαλείας καὶ τῆς σωτηρίας τοῖς γινώσκουσι γινόμενος πρόξενος."

DE RESURRECTIONE DES PS-ATHENAGORAS

um ihr eigenes Heil besorgt sind, während sich der andere bei einigen und gegen manche als brauchbarer erweist.[101]

Mit der Zwischensentenz ὡς ἔφην scheint Ps-Athenagoras auf das in De Res 11,4–5 bereits Ausgeführte zu verweisen. Die rhetorische Absicht von De Res 11,6 innerhalb der Beweisführung des Auferstehungstraktats besteht zugleich darin, die Überleitung für den positiven Nachweis in De Res 11,7–25,5 zu leisten. In diesem Zusammenhang wird mit identischer Begrifflichkeit wie in De Res 11,4 der Zweck des λόγος περὶ τῆς ἀληθείας bestimmt, woraus Schlussfolgerungen für die Adressatenschaft des Traktats zu ziehen sind.

In De Res 11,4 heißt es nämlich, dass der zweite Diskurs ἀναγκαῖος für „πᾶσιν ἀνθρώποις" zur ἀσφάλεια und σωτηρία ist. In De Res 11,6 variiert unser Autor die Zweckbestimmung des zweiten Logos leicht: Er ist ebenfalls ἀναγκαῖος, aber dieses Mal wird die allgemeine Bestimmung „für alle Menschen" durch πᾶσι τοῖς πιστεύουσι καὶ τοῖς φροντίζουσιν ersetzt. Weiterhin wird zwar der Begriff σωτηρία beibehalten, aber nun als das „eigene Heil" präzisiert. Sodann spricht der Verfasser jetzt von der Sorge der Rezipienten, die nicht der ἀσφάλεια, sondern vielmehr der ἀλήθεια gilt. Denn das Streben, die Wahrheit zu erkennen, vermittelt erst die Gewissheit und wirkt sich dadurch zum „eigenen Heil" aus.

Die Rede von „allen, die glauben", bestimmt nun genauer die vorher allgemeine Ausdrucksweise πᾶσιν ἀνθρώποις, gibt aber zugleich die Absicht des Autors an, was er bei „allen Menschen" erzeugen will. Der positive Nachweis der Auferstehungswahrheit soll sich im Glauben und in der Zustimmung der christlichen Jenseitshoffnung auswirken. Denn der Verfasser hofft und setzt gleichermaßen voraus, dass sein Publikum diesen Beweis aufnehmen wird, weil es um die Erkenntnis der ἀλήθεια und somit um „sein eigenes Heil" besorgt ist. Dies legt wiederum bei den Adressaten ein gesteigertes Interesse für den christlichen Jenseitsglauben nahe, der allerdings im Verlauf des zweiten Diskurses noch bewiesen werden muss.[102]

Somit ist das Ziel dieses Logos zunächst auf „alle Menschen" ausgerichtet, erweist sich aber nur für die als hilfreich, die glauben. Das bedeutet freilich auch, dass er auf den Glauben bei seinen Zuhörern zielt und besonders bei denen sich als nützlich erweist, die sich um die Sache der Wahrheit sorgen. Die

---

101 De Res 11,6 (Marcovich 35,16–19): „οὐ μὴν καὶ καθάπαξ ἕν εἰσιν, ἀλλ᾽ ὁ μὲν ἀναγκαῖος, ὡς ἔφην, πᾶσι τοῖς πιστεύουσι καὶ τοῖς τῆς ἀληθείας καὶ τῆς ἰδίας σωτηρίας φροντίζουσιν, ὁ δὲ ἔστιν ὅτε καί τισιν καὶ πρός τινας γίνεται χρειωδέστερος."

102 Vgl. die Aussage in De Res 14,3, nach der die programmatische Frage auch für den zweiten Teil des Traktats weiterhin gilt: „εἴτε γίνεται τῶν ἀνθρωπίνων σωμάτων ἀνάστασις εἴτε μή."

86 2. KAPITEL

Wahrheit stellt in diesem Diskurs die ἀλήθεια der Auferstehung dar, die dadurch auch eine Sicherheit (ἀσφάλεια) über den Tod hinaus garantiert. Dies wirkt sich „zum eigenen Heil" der Glaubenden aus, womit ihre leibliche Jenseitshoffnung in Form postmortaler Fortdauer beschrieben wird. Die Auferstehung garantiert somit das „eigene Heil" jenseits des Todes, der deshalb das menschliche Leben nicht mehr durch Vernichtung und Auflösung bedrohen kann.

Zusätzlich weist N. Zeegers-Vander Vorst darauf hin, dass die Verwendung des Begriffs σωτηρία, der die Besorgnis der Empfänger qualifiziert, nicht sogleich impliziert, dass die Adressaten des zweiten Diskurses als Christen zu verstehen sind.[103] Der Terminus σωτηρία könnte zwar suggerieren, dass die Hörer ein gewisses „neutestamentliches Vorverständnis" davon mitbringen und daher um ihr eigenes Heil besorgt sein könnten. Aber unser Autor setzt bei der Verwendung des Begriffs σωτηρία kein christliches Vorverständnis dieser Terminologie bei seinen Adressaten voraus. Denn σωτηρία wird mit ἀσφάλεια assoziiert, frei von einer neutestamentlichen Konnotation, um diesen zwei Wörtern eine ausschließlich pagane Bedeutungsbreite zu geben.[104] Weiterhin legt der Ausdruck in De Res 11,4, dass nämlich der zweite Logos den Erkennenden zur Gewissheit und zur Rettung behilflich wird (τῆς ἀσφαλείας καὶ τῆς σωτηρίας [...] γινόμενος πρόξενος), ebenso keine neutestamentlichen Voraussetzungen nahe: „Il associe aussi σωτηρία à πρόξενος, qui n'a guère que le sens profane qu'on lui connaît et qui est absent du Nouveau Testament."[105]

Ebenfalls assoziiert unser Autor in De Res 13,1 die σωτηρία mit φυλακή, um die Fortdauer des Menschen zu begründen, erneut frei von einer „christlichen" Dimension.[106] Denn der Mensch ist gemäß De Res 13,1 zur σωτηρία und φυλακή der ihm von Gott verliehenen Gaben bestimmt worden, damit er nach dem Tod fortdauert. Deshalb plädiert N. Zeegers-Vander Vorst dafür, in den implizierten Adressaten eher Heiden als Christen zu sehen: „Une telle discrétion pourrait indiquer que sont paiens ceux qu'il décrit et aux-

---

103 Vgl. N. Zeegers-Vander Vorst, Adversaires et destinataires, 106.
104 Vgl. ebd. N. Zeegers-Vander Vorst bietet zur Begründung dieser Annahme einen Verweis auf Thucydides 6,83,2. Dort wird ebenfalls σωτηρία eng mit ἀσφάλεια verbunden. Es ist allerdings von einer diesseitigen Rettung (σωτηρία) die Rede, die sich als eine Sicherheit (ἀσφάλεια) herausstellt, um in einem bevorstehenden Krieg dem Tod zu entfliehen.
105 Ebd., 106.
106 Vgl. ebd., 107.

DE RESURRECTIONE DES PS-ATHENAGORAS 87

quels il s'adresse."[107] Indem die Auferstehung unter dem Aspekt des Schutzes beschrieben wird, kann durch diese Sinngebung für σωτηρία die christliche Konzeption von der Auferstehung für die Heiden als akzeptabel erscheinen.[108]

Des Weiteren bietet N. Zeegers-Vander Vorst eine Begriffsstudie zu den Worten πιστεύω und πίστις.[109] Die Rede von den „Gläubigen" in De Res 11,6 könnte an die Christen erinnern, die sich um ihr eigenes Heil kümmern. Es könnte an neutestamentliche Texte gedacht werden, die den Glauben (πίστις/πιστεύω) in ein enges Verhältnis zum Heil (σωτηρία) setzen. Diese Texte erhalten allerdings in einer solchen Relation durch das Christusgeschehen eine Begründung (vgl. Röm 1,16; 1Petr 1,9). Eine solche christliche Konnotation von πιστεύω fehlt jedoch in dem semantischen Feld von πίστις/πιστεύω in De Resurrectione.[110] N. Zeegers-Vander Vorst betont zu Recht, dass in allen Passagen, in denen in De Resurrectione diese Begriffe benutzt werden, der Glaube den Sinn einer Garantie hat, die weit davon entfernt ist, durch Christus begründet zu sein.[111] Vielmehr zielt die Argumentation des Auferstehungstraktats bei der Verwendung der Begriffe πίστις/πιστεύω auf die Zustimmung seiner Adressaten zur christlichen Auferstehungshoffnung.

Insbesondere aus den Metabemerkungen zum Argumentationsverlauf des zweiten Teiles in De Res 14,1–2 wird klar ersichtlich, dass die Beweisführung nicht eine Offenbarungsquelle, sondern allein eine rationale Argumentation für sich beansprucht, um seinen Adressaten die Zustimmung zum Auferstehungsglauben zu ermöglichen.[112] Als Ergebnis zu diesen Begriffsstudien resümiert N. Zeegers-Vander Vorst: „Ainsi, R ne présente pas la foi (πίστις) en la résurrection comme celle que l'Évangile fonde sur le Christ, mais bien comme une garantie fondée sur des données établies par la raison et observables par les paiens eux mêmes. Et ‚ceux qui croient' (R 11,6) ne sont pas nécessairement des chrétiens, [...]"[113]

---

107   Ebd.

108   Vgl. ebd. N. Zeegers-Vander Vorst führt weitere Verweise auf: Platon, Prot. 321b, Thucydides 7,70,7 und Plutarch, Spart. Apopht. 11, um die pagane Bedeutung von σωτηρία als Schutz vor Gefahren der Vernichtung zu belegen.

109   Vgl. ebd., 107 f.

110   Vgl. ebd., 107.

111   Vgl. ebd.

112   So ähnlich auch ebd., 108: „La foi qu'il décrit n'est rien de plus qu'une assurance garantie par la raison et l'expérience."

113   Ebd., 108.

Diese Ergebnisse zeigen nun an, dass mit dem „Logos de veritate" nicht primär die Christen angesprochen werden sollen. Vielmehr stellt Ps-Athenagoras in De Res 11,6 klar heraus, dass beide Diskurse auf das eine der εὐσέβεια dienende Ziel (τέλος) ausgerichtet sind. Daher werden die Christen auch im zweiten Diskurs nicht als Zuhörer des Traktats vorausgesetzt, sondern die Hörerschaft soll insgesamt erst zum Glauben an die Auferstehung geführt werden.[114]

Deshalb zielt der erste Logos zunächst auf die Überführung der Unwahrheit (τὸ ψεῦδος ἐλέγχειν) und der zweite auf die Befestigung der Wahrheit (τὴν ἀλήθειαν κρατύνειν). Wäre aber der Auferstehungsglaube bei den Zuhörern des zweiten Diskurses bereits vorausgesetzt, müsste diese Wahrheit nicht mehr auf eine solche Weise bewiesen werden. Diese Beobachtungen deuten darauf hin, dass das ψεῦδος die anfangs vernommene Wahrheit von der Auferstehung bei den Empfängern des *gesamten* Traktats weiterhin bedroht. Daher widmet Ps-Athenagoras einen großen Teil seiner Auferstehungsschrift der Widerlegung der vorgebrachten Einwände. Daraus ist zu schließen, dass die anvisierte Gesamthörerschaft durch solche Argumente, die gegen die leibliche Auferstehungshoffnung vorgebracht werden, beeinflussbar ist. Aus diesem Grund verspricht die Einordnung der gegnerischen Argumentation, ein deutlicheres Licht auf die Bestimmung der Adressaten zu werfen.[115]

Es kann bereits jetzt festgestellt werden, dass die Voraussetzungen bei den Adressaten nicht so weit reichen, dass der Autor sie durch eine „Schriftargumentation" überzeugen kann. Offensichtlich befinden sie sich in einem anfänglichen Stadium, in dem sie sich mit den Inhalten der christlichen Wahrheit auseinandersetzen. Dies wiederum legt ein gewisses Interesse für die neue Jenseitshoffnung ihrerseits nahe. Da sie sich aber fest ihrer philosophischen Tradition verpflichtet wissen, entscheidet sich Ps-Athenagoras, sie ausschließlich mit rationalen Überlegungen von der Auferstehung zu überzeugen. Dieser Zusammenhang lässt sich mittels der Zwischenbemerkungen zur Argumentationsweise des λόγος περὶ τῆς ἀληθείας in De Res 14,1–3 belegen.

---

114 Dagegen H.E. Lona, Athenagoras, 546, der allein bei den Hörern der „ersten Gruppe" die Hinführung zum Auferstehungsglauben durch die Argumentation des ersten Diskurses entdeckt. Bei der Hörerschaft der „zweiten Gruppe" wird bereits der Glaube an die Auferstehung vorausgesetzt. Denn das Ziel des Traktats ist „[...] nicht die Verteidigung der Orthodoxie, sondern die Hinführung der Ungläubigen und Skeptiker zum Auferstehungsglauben – sie bilden die zuerst anvisierte Gruppe – und die Schaffung größerer Glaubensgewißheit durch die Überzeugungskraft der Argumentation bei den Gläubigen und Wohlgesinnten – die zweite Gruppe." (Ebd.).

115 Siehe im Kapitel 3.2.2 „Ergebnis und Ausblick: Adressatenschaft und Gegnerschaft".

De Resurrectione des Ps-Athenagoras

De Res 14,1–3

Bevor sich Ps-Athenagoras über den Beweis äußert, der die „φύσις der Menschen" betrifft (De Res 15–17), reflektiert er grundsätzlich in De Res 14,1–3(4–6) sein Argumentationsverfahren. Dabei orientiert er sich an den Voraussetzungen seiner Adressaten, denen er die Wahrheit auf überzeugende Weise vermitteln will:

> Der Beweis für die Lehrsätze der Wahrheit oder für das wie auch immer zur Untersuchung Vorgebrachte erhält, wenn er für das Gesagte eine unbeirrende Beglaubigung vorbringt, (seine) Begründung nicht irgendwo von außen her, auch nicht aus dem bei einigen darüber gegenwärtig Gedachten oder früher Gemeinten, sondern aus der allgemeinen und natürlichen Überlegung oder aus der logischen Folge des Zweiten aus dem Ersten.[116]

Von De Res 1,4 an zielt die Argumentation „de veritate" auf den positiven Beweis (πρὸς ἀπόδειξιν), der anhand der φυσικὴ ἀκολουθία zu führen ist. Diese Vorgehensweise für den zweiten Diskurs wird in De Res 14,1–3 reflektiert. Ps-Athenagoras macht sich Gedanken, wie der Beweis (ἀπόδειξις) der Auferstehungswahrheit für sich selbst und zugleich für seine Adressaten überzeugend durchgeführt werden kann. Bereits in De Res 11,7 wird die Struktur der Argumentationsführung für den λόγος περὶ τῆς ἀληθείας dargelegt, aber noch keineswegs begründet. Nachdem der Verfasser bereits den ersten Punkt des zweiten Teils diskutiert hat, der sich mit der „Ursache der Menschenschöpfung" beschäftigt (De Res 12–13), begründet er seine Vorgehensweise, die für den gesamten zweiten Diskurs gilt. Da er von Beginn an die Beweisführung auf seine Rezipienten ausrichtet (De Res 1,3f.), sind vor allem aus De Res 14,1–3 wichtige Gesichtspunkte zu erschließen, die der Bestimmung seines Publikums dienen.

Zunächst zeigt unser Autor in De Res 14,1 unmissverständlich, dass der Beweis zum Zwecke einer unbeirrbaren Beglaubigung (ἡ ἀπλανὴς [...] πίστις) erfolgt. Nicht zufällig verwendet er hier den Begriff πίστις, der in solcher Weise mit einem christologisch-neutestamentlichen Vorverständnis nichts zu tun hat, sondern allein die Zustimmung der Hörerschaft zur christlichen Auferste-

---

116 De Res 14,1 (Marcovich 38,16–20): „Ἡ τῶν τῆς ἀληθείας δογμάτων ἢ τῶν ὁπωσοῦν εἰς ἐξέτασιν προβαλλομένων ἀπόδειξις τὴν ἀπλανῆ τοῖς λεγομένοις ἐπιφέρουσα πίστιν οὐκ ἔξωθέν ποθεν ἔχει τὴν ἀρχὴν οὐδ' ἐκ τῶν τισι δοκούντων ἢ δεδογμένων, ἀλλ' ἐκ τῆς κοινῆς καὶ φυσικῆς ἐννοίας ἢ τῆς πρὸς τὰ πρῶτα τῶν δευτέρων ἀκολουθίας."

90 2. KAPITEL

hungshoffnung intendiert. Daher erhält der unbeirrbare Glaube an die Auferstehung, der unter Ausschluss aller möglichen Autoritäten ermittelt wird, seine Begründung in erster Linie nicht von außen her (οὐκ ἔξωθέν ποθεν). Dies beinhaltet alle früheren und gegenwärtigen Argumentationen zu der gleichen Thematik, die nicht als Ausgangsbasis für den Beweis vorausgesetzt werden.

Die vorgenommene Beschreibung solcher außerhalb stehenden Prämissen bestätigt diese Beobachtung. Der Autor sagt ausdrücklich, dass das gegenwärtig Geglaubte und früher Gemeinte (ἐκ τῶν τισι δοκούντων ἢ δεδογμένων) auf keinen Fall die Ausgangslage der Beweisführung ausmachen soll, da diese Voraussetzungen außerhalb der allgemeinen und natürlichen Überlegung und der logischen Schlussfolgerung liegen. Allein die κοινὴ καὶ φυσικὴ ἔννοια und ἀκολουθία sind die Maßstäbe, an denen sich der Beweis der Auferstehungswahrheit orientiert. Ps-Athenagoras partizipiert hier an den verbreiteten Grundsätzen der stoischen Erkenntnistheorie.[117] Sie stellen offensichtlich die gemeinsamen Bezugspunkte zwischen dem Autor und den Adressaten dar, so dass die ἀπόδειξις nur unter diesen Bedingungen durchgeführt werden kann.

In De Res 14,2 liefert der Autor eine Begründung für eine derartige Argumentationsstruktur. Das natürliche Denken (φυσικὴ ἔννοια) nimmt das entscheidende Kriterium ein, weil es an die ersten Grundsätze erinnert, die die φυσικὴ ἔννοια anregen. Hier könnte der platonische Erinnerungsbeweis im Hintergrund stehen, der an die Erkenntnis der ersten Ideen mittels der natürlichen Überlegung anknüpft.[118] Ein Unterschied besteht allerdings darin, dass statt von den ersten Ideen von den πρώτων δογμάτων die Rede ist, womit der Autor an die Lehrsätze der Wahrheit (τῆς ἀληθείας) denkt. Wenn es sich somit um die ersten Grundsätze handelt, bedarf es allein der ὑπόμνησις, die eine Anregung für die natürliche Erkenntnis liefert.[119]

Als zusätzliches Argumentationskriterium erhält die Notwendigkeit der φυσικὴ ἀκολουθία ebenfalls in De Res 14,2 eine zur Wahrheitsfindung beisteuernde Begründung. Denn die natürliche Schlussfolgerung leitet von den ersten Voraussetzungen die notwendigen Folgerungen her. Es bedarf allein der richti-

---

117 Vgl. SVF II,83 (Arnim 28,11–30). Vgl. weiter M. Pohlenz, Stoa I, 54–56.

118 So H.A. Lucks, The Philosophy of Athenagoras, 71f., und J.L. Rauch, Athenagoras, 118–120. Rauch weist überzeugend nach, dass trotz der Benutzung von stoischen Termini der Autor des Traktats durchaus als ein Platoniker seine Vorgehensweise entwickelt. „Although the use of ὑπόμνησις for the Platonic term is not attested elsewhere, we achieve the simplest solution if we admit that Athenagoras is speaking purely as a Platonist in Res. XIV." J.L. Rauch, Athenagoras, 119 f.

119 De Res 14,2 (Marcovich 38,20f.): „Ἡ γὰρ περὶ τῶν πρώτων ἐστὶ δογμάτων καὶ δεῖ μόνης ὑπομνήσεως τῆς τὴν φυσικὴν ἀνακινούσης ἔννοιαν".

DE RESURRECTIONE DES PS-ATHENAGORAS 91

gen Anordnung (τάξις) der Argumentation, um aus den ersten Annahmen zu ermitteln, was daraus wahrheitsgemäß folgt (ἀκολουθεῖ κατ᾽ ἀλήθειαν).[120] Die ersten Grundlagen werden aber durch die natürliche Erkenntnis vermittelt und von diesen Prämissen werden anschließend nach einer bestimmten τάξις die Ergebnisse hergeleitet, die mittels des rationalen Verständnisses überprüfbar sind.

Allein die φυσικὴ ἔννοια und ἀκολουθία stellen daher die Ausgangsbasis für die Wahrheitsfindung dar, die auf diese Weise allen Menschen plausibel gemacht werden kann und keinerlei außenstehende Quellen benötigt, die erst den Hörern vermittelt werden müssten. Unser Autor kann die Notwendigkeit der ἀκολουθία auch negativ begründen: Durch die richtige Ordnung der Argumentation wird einerseits verhindert, dass die Wahrheit und ihre Vergewisserung vernachlässigt wird, und andererseits, dass das naturgemäß Angeordnete und Definierte durcheinander gebracht wird. Die natürliche Verknüpfung (ὁ φυσικὸς εἱρμός) darf keineswegs auseinandergerissen werden (διασπᾶν), sondern muss stets für ein nachvollziehbares Ergebnis beibehalten werden.[121]

Diese einleitenden Überlegungen zu seinem Argumentationsbeweis wendet der Verfasser in De Res 14,3 konkret auf den gesamten λόγος περὶ τῆς ἀληθείας an:

> Daher, meine ich, ist es notwendig und gerecht für die, die sich mit dem Vorliegenden beschäftigt haben und (daraufhin) vernünftig ein Urteil fällen wollen, ob es eine Auferstehung der menschlichen Leiber gibt oder nicht, zuerst richtig die Beweiskraft des für diesen Beweis Ausgeführten zu untersuchen und (weiterhin zu erforschen), welche Geltung ein jedes Argument erlangt hat, was das erste, das zweite, das dritte und zuletzt das vierte (Argument) ausmacht.[122]

Indem unser Autor seine Metabemerkungen in De Res 14,1–3(4–6) im Verlauf des zweiten Diskurses einbringt, versucht er, seinen Adressaten die Beweis-

---

120 De Res 14,2 (Marcovich 38,21–24): „ἢ περὶ τῶν κατὰ φύσιν ἑπομένων τοῖς πρώτοις καὶ τῆς φυσικῆς ἀκολουθίας καὶ δεῖ τῆς ἐπὶ τούτοις τάξεως, δεικνύντας τί τοῖς πρώτοις ἢ τοῖς προτεταγμένοις ἀκολουθεῖ κατ᾽ ἀλήθειαν“.

121 De Res 14,2 (Marcovich 38,24–26): „ἐπὶ τῷ μήτε τῆς ἀληθείας ἢ τῆς κατ᾽ αὐτὴν ἀσφαλείας ἀμελεῖν, μήτε τὰ τῇ φύσει τεταγμένα καὶ διωρισμένα συγχεῖν ἢ τὸν φυσικὸν εἱρμὸν διασπᾶν.“

122 De Res 14,3 (Marcovich 38,27–31): „Ὅθεν, οἶμαι, χρῆν (καὶ) δίκαιον περὶ τῶν προκειμένων ἐσπουδακότας καὶ κρίνειν ἐμφρόνως θέλοντας εἴτε γίνεται τῶν ἀνθρωπίνων σωμάτων ἀνάστασις εἴτε μή, πρῶτον μὲν ἐπισκοπεῖν καλῶς τῶν πρὸς τὴν τοῦδε δεῖξιν συντελούντων τὴν δύναμιν καὶ ποίαν ἕκαστον εἴληχεν χώραν καὶ τί μὲν τούτων πρῶτον τί δὲ δεύτερον ἢ τρίτον τί δ᾽ ἐπὶ τούτοις ὕστατον·“

führung nachvollziehbar zu machen. Er will sie zum Nachdenken animieren, damit sie in die Lage versetzt werden, selbständig ein vernünftiges Urteil zu fällen. Er orientiert sich an ihrem Auffassungsvermögen, indem er eine intensive Beschäftigung mit der zu behandelnden Materie bei ihnen voraussetzt. Das Interesse seiner Zuhörerschaft gilt weiterhin der Fragestellung, ob es eine Auferstehung der menschlichen Leiber gibt oder nicht (εἴτε γίνεται τῶν ἀνθρωπίνων σωμάτων ἀνάστασις εἴτε μή). Diese Frage hat sich nach dem ersten Diskurs noch lange nicht erledigt, sondern diese ist immer noch des Beweises schuldig geblieben, der nun mit dem λόγος περὶ τῆς ἀληθείας durch eine positive Demonstration geleistet wird. Daher ist auch im zweiten Teil des Traktats das gleiche Publikum vorauszusetzen, dem der Auferstehungsbeweis noch erbracht werden soll, nachdem die Einwände im ersten Teil widerlegt wurden.

Es ist schwer vorstellbar, dass diese Adressaten primär Christen sind, die nach ihrer Konversion an dem Auferstehungsglauben zweifeln. Vielmehr ist von einer heidnischen Zuhörerschaft auszugehen, die sich für die christliche Jenseitshoffnung interessiert, aber erst von ihrer „somatischen" Komponente überzeugt werden muss. Einzig auf sie richtet unser Autor seine vernunftgemäße Beweisführung aus. Daher rekurriert er ausschließlich auf das Denken, das sich nicht an dem früher und gegenwärtig Gedachten orientiert, sondern allein die natürliche Denkkraft und die logische Folge der Argumente beansprucht. Auf diese Weise will er seine Zuhörer von allen Vorurteilen befreien und zur Zustimmung des christlichen Auferstehungsglaubens führen. Hierbei liefert der Autor in De Res 23,6 weitere interessante Beobachtungen zu den Auffassungsvoraussetzungen seiner Adressaten und legt zusätzlich dar, in welchem Rahmen sich die Auseinandersetzung mit dem christlichen Auferstehungsglauben ereignet.

De Res 23,6

In De Res 18–23 behandelt Ps-Athenagoras das „Gerichtsargument", das den dritten Baustein des „Logos de veritate" ausmacht. Am Ende dieser Argumentation liefert er eine abschlie-ßende Formulierung, die Aufschluss über die Adressaten und ihre Voraussetzungen gibt:

> Denn wir hatten in keiner Weise die Absicht, etwas von dem Inhalt, der gesagt werden sollte, auszulassen, sondern (wollten) den Versammelten (nur) das Wichtigste mitteilen, was man über die Auferstehung denken soll; auch sollten die vorgebrachten Ausgangspunkte hierfür der Fassungskraft der Anwesenden angemessen sein.[123]

---

123   De Res 23,6 (Marcovich 49,1–4): „Οὐ γὰρ τὸ μηδὲν παραλιπεῖν τῶν ἐνόντων εἰπεῖν πεποιήμεθα

DE RESURRECTIONE DES PS-ATHENAGORAS 93

Der Vefasser reflektiert erneut seine bisherige Argumentation, die er besonders auf seine Hörer abstimmt. Aus seiner Sicht ist das Wichtigste zum Nachweis der Auferstehung gesagt. Er hat sich stets, wie er versichert, an den Ausgangspunkten seiner Adressaten orientiert, deren Auffassungsvermögen er nicht übersteigen wollte. Bereits in De Res 1,5 ist er davon ausgegangen, dass seine durch die Gegeneinwände verunsicherte Hörerschaft nicht einmal die geringste ἀφορμή aus den Tatsachen heraus für ihren Unglauben vorbringen kann.[124] Mit der Anknüpfung an die Ausgangspunkte seiner Zuhörer bemüht er sich, eine gemeinsame Ausgangslage für seine Beweisführung herzustellen.

Dies zeigt die einleitende Argumentation für den Auferstehungsbeweis aus der „menschlichen Natur" in De Res 15,1 deutlich, nachdem er seine methodischen Überlegungen in De Res 14,1–6 dargelegt hat. Darin räumt er ein, dass die Behandlung der „Entstehungsursache" der Menschen (De Res 12 f.) bereits genügt, um den Nachweis zu erbringen, dass die Auferstehung gemäß der natürlichen Schlussfolgerung (κατὰ φυσικὴν ἀκολουθίαν) nach der Auflösung der Leiber folgen muss.[125] Dennoch möchte er den beabsichtigten Plan für den zweiten Logos einhalten, um die ἀφορμαί von jedem noch zu behandelnden Punkt für diejenigen darzulegen, die es von sich aus noch nicht einsehen konnten. Auf diese Weise werden gemeinsame Voraussetzungen für den Auferstehungsbeweis geschaffen.[126] Daran schließt sich der Auferstehungsnachweis aus der „Natur der geschaffenen Menschen" an. Indem er den Beweis aus der menschlichen φύσις führt, knüpft er offenbar an eine gemeinsame Ausgangslage mit seinen Adressaten an. Allerdings definiert er die Natur des Menschen ausschließlich aus einer anthropologischen Perspektive. Für ihn besteht sie aus einer unsterblichen Seele und dem bei der Entstehung ihr beigefügten Leib.[127]

     σκοπόν, ἀλλὰ τὸ κεφαλαιωδῶς ὑποδεῖξαι τοῖς συνελθοῦσιν ἃ χρὴ περὶ τῆς ἀναστάσεως φρονεῖν καὶ τῇ δυνάμει τῶν παρόντων συμμετρῆσαι τὰς ἐπὶ τοῦτο φερούσας ἀφορμάς."

124   De Res 1,5 (Marcovich 26,10–13): „τὸ δὲ πάντων παραλογώτατον ὅτι ταῦτα πάσχουσιν οὐδ' ἡντιναοῦν ἔχοντες ἐκ τῶν πραγμάτων ἀπιστίας ἀφορμὴν οὐδ' αἰτίαν εὑρίσκοντες εἰπεῖν εὔλογον, δι' ἣν ἀπιστοῦσιν ἢ διαποροῦσιν."

125   De Res 15,1 (Marcovich 39,18–20): ᾿Αρκούσης δὲ καὶ μόνης τῆς ἐπὶ τῇ γενέσει τῶν ἀνθρώπων θεωρουμένης αἰτίας δεῖξαι τὴν ἀνάστασιν κατὰ φυσικὴν ἀκολουθίαν ἑπομένην τοῖς διαλυθεῖσι σώμασιν".

126   De Res 15,1 (Marcovich 39,20–24): „δίκαιον ἴσως, πρὸς μηδὲν ἀποκνῆσαι τῶν προτεθέντων, ἀκολούθως δὴ τοῖς εἰρημένοις καὶ τὰς ἐξ ἑκάστου τῶν ἑπομένων ἀφορμὰς ὑποδεῖξαι τοῖς ἐξ αὐτῶν συνιδεῖν μὴ δυναμένοις καὶ πρό γε τῶν ἄλλων τὴν τῶν γενομένων ἀνθρώπων φύσιν, ἐπὶ τὴν αὐτὴν ἄγουσαν ἔννοιαν καὶ τὴν ἴσην παρέχουσαν περὶ τῆς ἀναστάσεως πίστιν."

127   De Res 15,2 (Marcovich 39,25 f.): „Εἰ γὰρ πᾶσα κοινῶς ἡ τῶν ἀνθρώπων φύσις ἐκ ψυχῆς ἀθανάτου καὶ τοῦ κατὰ τὴν γένεσιν αὐτῇ συναρμοσθέντος σώματος ἔχει τὴν σύστασιν".

Nicht anders geht er auch beim „Gerichtsbeweis" vor, worauf sich unmittelbar der reflektierende Abschluss der Argumentation in De Res 23,6 bezieht. Die Prämisse für den Auferstehungsnachweis aus dem Gerichtsgedanken ist die Annahme des Seelengerichts, die wiederum die postmortale Existenz der Seelen impliziert. Denn Ps-Athenagoras legt in dem vorausgehenden Exkurs zur Seele (De Res 21,6–23,5) dar, dass die ψυχή allein des Gerichts nicht würdig ist, da sie eine vollständige Bedürfnislosigkeit aufgrund ihrer unsterblichen Natur besitzt.[128] Dies bedeutet andererseits, dass sie nur gemeinsam mit dem Leib für alle Taten verantwortlich gemacht werden kann. Auf diese Weise impliziert diese Vorstellung die Auferstehung des Leibes, damit sich das gerechte Gericht auf den ganzen Menschen erstrecken kann, der in seiner Gesamtheit für alle vollbrachten Taten verantwortlich ist. Also ist der Ausgangspunkt für den Beweis der Auferstehung in diesem Zusammenhang das postmortale Seelengericht, das notwendigerweise eine Postexistenz der ψυχή voraussetzt.

Hierbei stellt der gemeinsame Glaube an die Vorsehung einen umfassenden Ausgangspunkt solcher Gedanken in De Res 18–23 dar und nimmt überhaupt die Ausgangslage für die Gerichtsbetrachtung ein. Ausdrücklich möchte der Autor in De Res 19,1 einen Konsens über die Vorsehung mit seinen Adressaten herstellen, um eine gemeinsame Basis für die weitere Argumentation zu erreichen:

> Für die nun, die die Vorsehung anerkennen und dieselben Prinzipien, die auch bei uns gelten, annehmen, dann (aber) – ich weiß nicht wie – von den eigenen Grundlagen abfallen, könnte es jemand wohl mit derartigen Worten zeigen und (noch) mit viel mehr als diesen, wenn er doch das in Kürze und in Eile Gesagte erweitern wollte.[129]

In De Res 19,2–3 schließen sich Überlegungen an, die die Funktion haben, den Glauben an die Vorsehung *via negationis* zu erweisen. Wenn seine Adressaten im Anschluss von De Res 19,2–3 der πρόνοια zustimmen können, werden sie ebenfalls der aus der Vorsehung resultierenden Annahme eines „gerechten Gerichts" im Jenseits beipflichten. Die Grundlage eines solchen Verständnisses

---

128 De Res 23,5 (Marcovich 48,29 f.): „ἀχρεῖον γὰρ ἀθανάτῳ φύσει πᾶν ὁπόσον τοῖς ἐνδεέσιν ὀρεκτὸν ὡς χρήσιμον."

129 De Res 19,1 (Marcovich 44,19–22): „Πρὸς μὲν οὖν τοὺς ὁμολογοῦντας τὴν πρόνοιαν καὶ τὰς αὐτὰς ἡμῖν παραδεξαμένους ἀρχάς, εἶτα τῶν οἰκείων ὑποθέσεων οὐκ οἶδ' ὅπως ἐκπίπτοντας, τοιούτοις χρήσαιτ' ἄν τις λόγοις καὶ πολλῷ πλείοσι τούτων, εἴ γε πλατύνειν ἐθέλοι τὰ συντόμως καὶ κατ' ἐπιδρομὴν εἰρημένα." Hier verweist Ps-Athenagoras auf De Res 18.

DE RESURRECTIONE DES PS-ATHENAGORAS   95

von der πρόνοια hat unser Autor zu Beginn des „Gerichtsarguments" in De Res
18,2 gelegt. Denn aus den schöpfungstheologischen Überlegungen leitet er die
Annahme von der φυλακή und πρόνοια her: Die nämlich, die Gott als Schöpfer
des Alls akzeptieren, werden aus seiner Weisheit und Gerechtigkeit den Schluss
ziehen, dass er die φυλακή τε καὶ πρόνοια für alles Geschaffene vorgesehen hat,
wenn sie doch den eigenen Prinzipien treu bleiben wollen (εἴ γε ταῖς ἰδίαις
ἀρχαῖς παραμένειν ἐθέλοιεν).[130]

Die Anerkennung solcher Prinzipien (τὰς αὐτὰς ἡμῖν παραδεξαμένους ἀρχάς)
und die Bejahung der Vorsehung stellen die Ausgangsbasis dar,[131] um seinem
Publikum den Beweis zu erbringen, dass sich daraus die Auferstehung der Leiber ergibt. Gottes Fürsorge (πρόνοια) nämlich erstreckt sich auf das verantwortungsvolle Handeln der Menschen, das in einem Endgericht überprüft wird.
Der Mensch muss sich aber als ein aus Seele und Leib bestehendes Gesamtwesen im Gericht für alle seine Taten verantworten, was wiederum die Wiederherstellung der menschlichen Zusammensetzung durch die Auferstehung
des Leibes voraussetzt. Somit leitet Ps-Athenagoras weitreichende Schlussfolgerungen aus der Akzeptanz der πρόνοια her.

N. Zeegers-Vander Vorst schließt aus der Voraussetzung der πρόνοια bei den
Adressaten des Traktats, dass es sich bei ihnen um stoische Philosophen handeln muss.[132] Nun leitet Ps-Athenagoras diese Prämisse erst her und hofft,
eine gemeinsame Ausgangslage mit seiner Hörerschaft herzustellen. Außerdem haben nicht nur die Stoiker, sondern auch Platoniker an der Vorsehung
festgehalten, wie bereits E. Schwartz richtig gesehen hat.[133] Es kann vermutet
werden, dass mit dem Glauben an die Vorsehung Ps-Athenagoras an eine philosophische Tradition seiner Adressaten anknüpft. Wie auch immer die philosophische Ausrichtung seiner Zuhörerschaft zu bestimmen ist, der Verfasser
des Auferstehungstraktats wendet sich an ein Publikum, das eine gewisse philosophische Vorbildung mitbringt, die er zugunsten seiner Beweisführung als
Ausgangspunkt zu gewinnen sucht.

---

130 De Res 18,2 (Marcovich 43,12–15): „ὅτι δεῖ τοὺς ποιητὴν τὸν θεὸν τοῦδε τοῦ παντὸς παραδεξα-
     μένους τῇ τούτου σοφίᾳ καὶ δικαιοσύνῃ τὴν τῶν γενομένων ἁπάντων ἀνατιθέναι φυλακήν τε καὶ
     πρόνοιαν, εἴ γε ταῖς ἰδίαις ἀρχαῖς παραμένειν ἐθέλοιεν".
131 De Res 19,1 (Marcovich 44,19–22).
132 Vgl. N. Zeegers-Vander Vorst, Adversaires et destinataires, 87.
133 Vgl. E. Schwartz, Libellus, 91: „qua de causa Stoici et Platonici, providentiae propugnatores,
     communia cum Christianis fundamenta habere dicuntur."

96 2. KAPITEL

Hingegen zieht B. Pouderon aus den wenigen Zitaten und Anspielungen auf die Schrift innerhalb der Gerichtsargumentation (De Res 18,5; 19,3; 23,3 f.) den Schluss, dass derartige Verweise nur den Christen verständlich erscheinen, so dass allein diese als Adressaten des Traktats zu postulieren sind.[134] Jedoch stellen diese Schriftverweise auf keinen Fall die dem Auffassungsvermögen der Anwesenden entsprechende Ausgangsbasis der Argumentation dar, um von da aus die Zuhörer zu überzeugen. Darin äußert sich ausschließlich die christliche Position unseres Autors, die er bei seinen Adressaten nicht voraussetzt. Dies ist aus De Res 18,5 (Anspielungen auf 1 Kor 15,53 und 2 Kor 5,10) deutlich zu ersehen. In De Res 23,3 f. untermauern die Dekalog-Zitate (Ex 20,12.14) die hergeleitete These von der Bedürfnislosigkeit der Seele. Da sich die Gebote auf den ganzen Menschen beziehen, kann die Seele dafür allein nicht im Endgericht verantwortlich gemacht werden. Die Verantwortung für alle Taten muss der gesamte Mensch übernehmen. Aus De Res 23 kann das Seelengericht als eine gemeinsame Voraussetzung des Autors und der Adressaten angenommen werden. Daraus leitet Ps-Athenagoras die Auferstehung des Leibes her und belegt seine Position durch Schriftzitate.

Auch aus De Res 14,6 kann keineswegs auf eine christliche Empfängerschaft geschlossen werden.[135] Indem Ps-Athenagoras die Beweiskraft des Gerichtsarguments zugunsten seiner schöpfungstheologischen Reflexionen relativiert, kommt erneut sein christlicher Standpunkt zum Ausdruck. Denn sein heidnisches Publikum konnte natürlich diese Begründung der Auferstehungshoffnung von den Apologeten vernommen haben.[136] Indem unser Autor den Auferstehungsbeweis aus dem Gericht bemängelt, verortet er sich in der bisherigen christlichen Tradition, die er einer Modifikation unterzieht.[137]

---

134 Vgl. B. Pouderon, Athénagore d'Athènes, 102.

135 So aber ausdrücklich B. Pouderon, Athénagore d'Athènes, 102: „en cela, il ne peut évidemment viser que des Chrétiens!"

136 Vgl. Justin, Apol 1,52,3 (PTS 38, 104,8–12 Marcovich); Tatian, Oratio 6,1 (PTS 43, 15,1–6 Marcovich); Athenagoras, Leg 31,2 (PTS 31, 100,18–31 Marcovich) und Leg 36,1 (PTS 31, 110,9–12 Marcovich): „⟨τοὺς δὲ⟩ μηδὲν ἀνεξέταστον ἔσεσθαι παρὰ τῷ θεῷ, συγκολασθήσεσθαι δὲ καὶ τὸ ὑπουργῆσαν σῶμα ταῖς ἀλόγοις ὁρμαῖς τῆς ψυχῆς καὶ ἐπιθυμίαις πεπεισμένους, οὐδεὶς λόγος ἔχει οὐδὲ τῶν βραχυτάτων τι ἁμαρτεῖν."; TheophAnt, Ad Aut 1,14,4–6 (PTS 44, 35,17–27 Marcovich); Tertullian, Apol 48,12 (Becker 216,7–13) und De Res 14,8 (Evans 36,26–38,28): „idque iudicium resurrectio expunget, haec erit tota causa immo necessitas resurrectionis, congruentissima scilicet deo destinatio iudicii."

137 Vgl. De Res 14,6 (Marcovich 39,7–17): „Πολλοὶ γὰρ τὸν τῆς ἀναστάσεως λόγον διαλαμβάνοντες τῷ τρίτῳ μόνῳ τὴν πᾶσαν ἐπήρεισαν αἰτίαν, νομίσαντες τὴν ἀνάστασιν γίνεσθαι διὰ τὴν κρίσιν. Τοῦτο δὲ περιφανῶς δείκνυται ψεῦδος ἐκ τοῦ πάντας μὲν ἀνίστασθαι τοὺς ἀποθνῄσκοντας ἀνθρώπους, μὴ πάντας δὲ κρίνεσθαι τοὺς ἀναστάντας· εἰ γὰρ μόνον τὸ κατὰ τὴν κρίσιν δίκαιον τῆς ἀναστάσεως ἦν αἴτιον, ἐχρῆν δήπου τοὺς μηδὲν ἡμαρτηκότας ἢ κατορθώσαντας μηδ' ἀνίστασθαι,

DE RESURRECTIONE DES PS-ATHENAGORAS

Auch hier wird allein sein christlicher Standpunkt sichtbar, der allerdings nicht zum Ausgangspunkt seiner Adressaten gerechnet werden darf.

Somit ist bei den Empfängern nicht von Christen auszugehen. Dennoch kann ihnen ein gewisses Vorwissen über christliche Positionen zugerechnet werden, das allerdings nicht bis zur Schriftkenntnis als Ausgangslage der Argumentation reicht. Ein Interesse an der christlichen Jenseitshoffnung ist bei ihnen vorhanden, sonst würden sie sich nicht der Überzeugungsarbeit des christlichen Autors aussetzen. Hierzu führt E. Schwartz zu Recht aus, dass die Adressaten des Traktats als „pagane Menschen" zu bestimmen sind, die zwar das Werk der Philosophie achten, aber auch bereit sind, in den christlichen Glauben eingeführt zu werden.[138]

Daher gestaltet Ps-Athenagoras sein gesamtes auf die Überzeugung der Adressaten zielendes Beweisverfahren nicht auf der Basis der Heiligen Schrift. Vielmehr will er die Fassungskraft ihres Vorwissens nicht übersteigen und verzichtet darauf, Autoritäten, Vorbilder wie auch vorausgehende Literatur als ἀφορμαί für seine Argumentation heranzuziehen (vgl. De Res 14,1 f.). Er versucht ausschließlich, an die rationale Denkweise zu appellieren, um die Auferstehung aus den gemeinsamen Prämissen so plausibel wie möglich zu machen. Allein die gemeinsame philosophische Tradition dient dem Verfasser als vorausgesetzte Argumentationsbasis.

Da er sich an Gleichgesinnte aus demselben philosophischen Milieu wendet, kann von seiner Person ebenfalls auf seine Zuhörerschaft geschlossen werden. Es scheinen heidnische Intellektuelle zu sein, die sich für die neue Lehre des Christentums interessieren.

4 Gattung und „Sitz im Leben"

Die Ausdrücke συνελθόντες und παρόντες in De Res 23,6 legen die Annahme nahe,[139] dass es sich um eine Zusammenkunft von Personen handelt, die ein

---

τοῦτ' ἔστι τοὺς κομιδῇ νέους παῖδας· Ἐξ ὧν δὲ πάντας ἀνίστασθαι τούς τε ἄλλους καὶ δὴ καὶ τοὺς κατὰ τὴν πρώτην ἡλικίαν τελευτήσαντας καὶ αὐτοὶ δικαιοῦσιν, οὐ διὰ τὴν κρίσιν ἡ ἀνάστασις γίνεται κατὰ πρῶτον λόγον, ἀλλὰ διὰ τὴν τοῦ δημιουργήσαντος γνώμην καὶ τὴν τῶν δημιουργηθέντων φύσιν."

138 Vgl. E. Schwartz, Libellus, 91: „est acroasis philosophica ad homines paganos et philosophiae operam dantes sed in fidem Christianam recipi paratos habita."

139 Vgl. De Res 23,6 (Marcovich 49,1–4): „Οὐ γὰρ τὸ μηδὲν παραλιπεῖν τῶν ἐνόντων εἰπεῖν πεποι-

98 2. KAPITEL

öffentliches Interesse an der christlichen Jenseitshoffnung haben. Dies impliziert eine öffentliche Lesung vor einem intellektuellen Publikum.[140] Der Vortragscharakter kann aus der in De Res 1,4 vorgenommenen Beschreibung der Anwesenden als τῶν ἀκουόντων geschlossen werden.[141]

Aus Interesse an der neuen Jenseitshoffnung, die sie wohl von den bereits Informierten vernommen haben, erscheinen sie zum öffentlichen Vortrag, bringen aber auch ihren „Zweifel oder eine falsche Meinung" (ἀμφιβολία ἢ ψευδοδοξία) mit, wie es unser Autor in De Res 11,5 bezeichnet. Deshalb ist es notwendig, dass der erste Logos bei solchen προσιόντες erst den grundsätzlichen Zweifel oder eine falsche Vorstellung von der Auferstehung beseitigt und bei den schon Informierten den „im Wege stehenden Unglauben" (τὴν ἐνοχλοῦσάν τισιν ἀπιστίαν) aufdeckt. Diese Beobachtungen implizieren, dass bei den Zuhörern verschiedene Grade der Skepsis gegenüber der somatischen Auferstehungshoffnung ausgeprägt sind. Dies bestätigt erneut die These, dass sich das Publikum aus heidnischen Interessierten zusammensetzt, die verschiedene Vorstellungen der Jenseitsexistenz mitbringen.

Ps-Athenagoras rechnet mit einer derartigen Zuhörerschaft, als er seine Beweisführung konzipiert. Daher entscheidet er sich, die Problematik rationalargumentativ zu bearbeiten. Ähnlich äußert sich auch N. Zeegers-Vander Vorst in ihrer umfassenden Untersuchung zur Adressatenschaft des Traktats: Ps-Athenagoras gibt zu erkennen, dass er seine Argumentation auf rationale Beweise reduziert, die bei den Philosophen, Leugnern der Auferstehung, akzeptabel sind.[142] E. Schwartz spricht sogar von einem „philosophischen Vortrag"

ἤμεθα σκοπόν, ἀλλὰ τὸ κεφαλαιωδῶς ὑποδεῖξαι τοῖς συνελθοῦσιν ἃ χρὴ περὶ τῆς ἀναστάσεως φρονεῖν καὶ τῇ δυνάμει τῶν παρόντων συμμετρῆσαι τὰς ἐπὶ τοῦτο φερούσας ἀφορμάς."

140 Dagegen N. Zeegers-Vander Vorst, Adversaires et destinataires, 97, die ihre Bedenken äußert, eine öffentliche Lesung mit dem Traktat zu verbinden.

141 Vgl. De Res 1,4 (Marcovich 26,1–4): „οὔτε μὴν ὁ τὴν ἀλήθειαν διδάσκειν ἐθέλων περὶ τῆς ἀληθείας λέγων πεῖσαι δύναιτ' ἄν τινα ψευδοδοξίας τινὸς ὑποικουρούσης τῇ τῶν ἀκουόντων διανοίᾳ καὶ τοῖς λόγοις ἀντιστατούσης."

Außerdem rechnet der Autor mit Personen, die sich erst dem Vortrag anschließen werden (τοῖς ἄρτι προσιοῦσι). Vgl. De Res 11,5 (Marcovich 35,11–14): „Ἀλλὰ δὴ καὶ τούτων οὕτως ἐχόντων προτάττεται πολλάκις καὶ γίνεταί ποτε χρειωδέστερος, ὡς ἀναιρῶν καὶ προδιακαθαίρων τὴν ἐνοχλοῦσάν τισιν ἀπιστίαν καὶ τοῖς ἄρτι προσιοῦσι τὴν ἀμφιβολίαν ἢ ψευδοδοξίαν." Jedoch kann die Bezeichnung der Hörer als „Hinzukommende" auch übertragen verstanden werden, so dass einige Menschen überhaupt noch nichts von dem christlichen Jenseitsglauben gehört haben und sich nun im ersten Stadium befinden, die Glaubensvorstellung der Christen kennenzulernen.

142 N. Zeegers-Vander Vorst, Adversaires et destinataires, 96: „[...] R signifie qu'il a réduit son argumentation à des preuves rationnelles, seules acceptables par les philosophes négateurs de la résurrection".

(acroasis philosophica),[143] was durchaus dem Selbstverständnis unseres Autors entspricht. Er gestaltet den Aufbau von De Resurrectione entsprechend der διαίρεσις einer philosophischen Abhandlung des akademischen Philosophen Philon von Larissa. So ist H.E. Lona bei der Einordnung der Rahmenhandlung zuzustimmen, der diese Auferstehungsschrift „an eine Versammlung von Interessierten in der Form eines Lehrvortrags mit einem protreptischen Ziel" ausgerichtet sein lässt.[144] „Die Argumentationsart läßt dabei auf eine Gruppe schließen, die nicht zum einfachen Volk gehört, sondern einen beachtlichen intellektuellen Anspruch erhebt."[145]

143 E. Schwartz, Libellus, 91.
144 H.E. Lona, Athenagoras, 547.
145 Ebd., 547 f.

3. KAPITEL

Die Einwände der Gegner gegen die leibliche Auferstehung in De Resurrectione

Als Ansatz zur Datierung des Traktats wurde in der bisherigen Forschungsliteratur insbesondere die Bestimmung der Gegnerschaft von De Resurrectione des Ps-Athenagoras verwendet. Sobald die Einwände gegen die Auferstehung auf eine bestimmte Gegnergruppe zurückgeführt werden können, läßt sich auch die chronologische Einordnung leichter vornehmen. Es stellt sich nun die Aufgabe, den kontroversen Kontext der Debatte zu eruieren, in der die pseudoathenagoreische Auferstehungsschrift ihren Beitrag leistet. Welche Einwände bewegen den Autor dazu, einen Traktat zur Verteidigung der Auferstehungslehre zu verfassen? Wodurch werden die Zweifel bei seinen Adressaten ausgelöst, so dass er sich veranlasst fühlt, ihnen die eschatologische Hoffnung plausibel zu machen? Indem diesen Fragen nachgegangen wird, erschließt sich auch der Hintergrund der kontroversen Auseinandersetzung um die Auferstehung. Erst dann ist es möglich, einen eindeutigen zeitgeschichtlichen Rahmen festzulegen und die Datierung von De Resurrectione des Ps-Athenagoras vorzunehmen.

1 Forschungsüberblick und die daraus folgende Vorgehensweise für die Untersuchung

In der Forschung werden insgesamt drei Gegnerthesen diskutiert: Die Einwände gegen die leibliche Auferstehungshoffnung stammen entweder von den Origenisten, den Heiden oder den Gnostikern.[1] Es empfiehlt sich, auf die wich-

---

1 Besonders B. Pouderon macht die Gnostikerthese stark. Vgl. B. Pouderon, Athénagore d'Athènes (1989), 104–110, und erneut ders., Le „De resurrectione" d'Athénagore face à la gnose valentinienne, In: Recherches Augustiniennes 28 (1995), 145–183. Daraufhin hat N. Zeegers-Vander Vorst eine sehr gelungene Widerlegung seiner gnostischen Gegnerthese vorgelegt, siehe N. Zeegers-Vander Vorst, Adversaires et destinataires du De resurrectione attribué à Athénagore d'Athènes, In: Salesianum 57 (1995), 75–122; 199–250; 415–442; 611–656. Neuerdings hat sich D. Rankin der Meinung von B. Pouderon angeschlossen, ohne jedoch die Gnostikerthese kritisch zu überprüfen. Vgl. D. Rankin, Athenagoras, 35f., der sich damit begnügt, Pouderons Argumente einfach zu paraphrasieren. Es findet aber keine Auseinandersetzung

tigsten Etappen der Forschungsdebatte zu verweisen, um daraus erste Einsichten zur Bestimmung der Gegnerschaft von De Resurrectione des Ps-Athenagoras zu gewinnen.

R.M. Grant

Mit Robert M. Grant[2] beginnt eine gründliche Auseinandersetzung mit der Bestimmung der Gegnerschaft der Auferstehungsschrift. Indem er die athenagoreische Verfasserschaft des Traktats bestreitet, ist es ihm möglich, einen neuen Vorschlag zum polemischen Kontext von De Resurrectione zu machen. Er verortet die Schrift in die antiorigenistischen Streitigkeiten um das „richtige" Verständnis von der Auferstehung. Daraus ergibt sich zwangsläufig ein chronologischer Rahmen zur Datierung des Traktats: De Resurrectione ist gegen Origenes gerichtet und in das dritte oder frühe vierte Jahrhundert zu datieren. Das entscheidende Kriterium zur Festlegung des antiorigenistischen Charakters in De Resurrectione ist die breite Widerlegung des „Kettennahrungs"-Einwands in De Res 3,3–8,5.[3]

Indem Origenes auf das Problem der Kettennahrung aufmerksam macht, übt er nach Grant Kritik an dem Glauben der *Simpliciores*, die von einer realen Auferstehung der σάρξ ausgehen. Er beabsichtigte, seine christlichen Adressaten auf eine höhere Verständnisebene zu führen, indem er ihnen die pneumatische Auferstehungsauffassung zu vermitteln suchte. Auf diese Weise legt Grant anhand des Kettennahrungs-Problems die anvisierte Gegnerschaft des Ps-Athenagoras fest. Dabei führt er die Entstehung dieses Einwands direkt auf Origenes zurück, so dass die Reaktion darauf erst nach der Verbreitung der origenistischen Gedanken erfolgt ist. So wird die Spätdatierung des Traktats plausibel begründet.

In der Folgezeit hat Grants origenistische Gegnerthese zu Recht massiven Widerspruch erfahren. Vor allem ist die Rückführung des Kettennahrungs-Einwands ausschließlich auf Origenes bestritten worden. Bereits Tatian (Oratio 6) und Tertullian (De Res 4) kennen einen solchen Einspruch gegen die Auferstehung, der besonders von Heiden vorgebracht wird. Grant selbst erwähnt, dass das Problem der Kettennahrung schon bei Seneca thematisiert wird und

---

mit N. Zeegers-Vander Vorst statt, die die gnostische Gegnerthese m.E. überzeugend widerlegt hat.

2 R.M. Grant, Athenagoras or Pseudo-Athenagoras, In: Harvard Theological Review 47 (1954), 121–129.

3 Vgl. R.M. Grant, Athenagoras or Pseudo-Athenagoras, 124: „But the more complicated problem of chain-consumption does not occur in Celsus' criticism of Christian views and it seems to be found first in Origen's commentary on the first psalm."

dass Tatian sich als erster mit diesem Argument gegen die christliche Jenseits-hoffnung auseinandersetzen muss.[4] Allerdings geht Grant nicht näher auf die beiden Verweise ein. Aus seinen weiteren Beobachtungen leitet er die Datie-rung für die Auferstehungsschrift des Ps-Athenagoras her: „Instead, it is a pro-duct of the third or early fourth century and is directed against Origen's doc-trine of resurrection."[5] Grant zufolge ist der Traktat demnach entweder bereits zu Origenes' Lebzeiten entstanden[6] oder er gehört zu der frühen antiorigenisti-schen Literatur, die Pamphilus und Eusebius dazu zwingen, eine Apologie für Origenes zu verfassen.[7]

W.R. Schoedel

William R. Schoedel greift den Ansatz von Grant in seiner 1972 erschienenen Edition der Werke des Athenagoras auf.[8] Dabei schließt er sich der Argumen-tation von Grant an und postuliert ebenso eine antiorigenistische Sicht in De Resurrectione. Als das wichtigste Argument für diese Gegnerthese gilt weiter-hin das Kettennahrungs-Problem, dessen Entstehung er ebenfalls auf Origenes zurückführt. „Origen seems to have raised the further point that such crea-tures may in turn be eaten by men."[9] Weiterhin leitet er das Milieu für diese Debatte her, indem er die pseudoathenagoreische Auferstehungsschrift mit *De Resurrectione* von Methodius und Gregor von Nyssas *In Sanctum Pascha*[10] ver-gleicht.[11] Allen drei Autoren ist gemeinsam, dass sie vor allem mit den medizini-

---

4   Vgl. R.M. Grant, Athenagoras or Pseudo-Athenagoras, 124: „Seneca, probably reflecting Posidonius, speaks of the departure of the divine spirit from bodies which have such a fate, and Tatian touches on the same point."

5   R.M. Grant, Athenagoras or Pseudo-Athenagoras, 129.

6   Vgl. R.M. Grant, Athenagoras or Pseudo-Athenagoras, 128: „Because of his caution in alluding to Origen himself, we should conclude that he wrote during Origen's lifetime or shortly thereafter, perhaps within the third century."

7   Vgl. R.M. Grant, Athenagoras or Pseudo-Athenagoras, 129: „The treatise belongs to the anti-Origenist literature which impelled Pamphilus and Eusebius to write their Apology for Origen."

8   W.R. Schoedel, Athenagoras, Legatio and De Resurrectione, Oxford 1972.

9   W.R. Schoedel, Athenagoras, XXVI.

10   H.E. Lona stellt ebenfalls viele gemeinsame Parallelen zwischen De Resurrectione von Ps-Athenagoras und dem gregorianischen Sermon *In Sanctum Pascha* fest. Allerdings verlegt er die beiden Schriften außerhalb der origenistischen Streitigkeiten. Aufgrund der großen Nähe zu diesem Sermon des Gregor von Nyssa plädiert er, die pseudoathenagoreische Auf-erstehungsschrift in die zweite Hälfte des vierten Jahrhunderts zu datieren. Vgl. H.E. Lona, Athenagoras, 570–572.576 f.

11   Vgl. W.R. Schoedel, Athenagoras, XXVIII: „These connections seem to provide evidence of the most natural milieu for the dabate."

schen Theorien des Galen vertraut sind, welche Ps-Athenagoras in De Res 5–7 zur Erwiderung des Kettennahrungs-Problems breit rezipiert.[12] Indem Schoedel eine auffällige Nähe zwischen unserem Traktat und dem gregorianischen Sermon feststellt, geht er bei der Datierung über Grants Vorschlag hinaus, der noch das Datum 310 n. Chr. als *terminus ante quem* annimmt.[13] „It seems more likely that the treatise is to be understood against the background of the debate over Origen's view of the resurrection."[14]

Der Traktat gehört ihm zufolge also in die antiorigenistischen Auseinandersetzungen, wobei Schoedel auf eine präzise Datierung von De Resurrectione verzichtet. „The extended life of that debate makes it unwise to attempt a more precise dating."[15] Zusätzlich lehnt Schoedel die pagane oder auch gnostische Gegnerschaft ab.[16] Er schränkt diese Aussage jedoch ein, indem er annimmt, dass Porphyrius ebenfalls als ein Gegner des Traktats zu gelten hat.[17] Da auch er das Kettennahrungs-Argument gegen die christliche Jenseitshoffnung vorbringt, muss es aus seiner Bekanntschaft mit Origenes stammen.[18] Da nun Porphyrius ein Neuplatoniker ist, wendet sich Ps-Athenagoras auch gegen solche Gegner. „Alternatively, our treatise may be directed against such Platonists themselves."[19] Mit der letzten Stellungnahme wird die ausschließlich origenistische Kontroverse, die Grant noch postuliert, um die heidnische Auseinandersetzung mit der christlichen Auferstehungshoffnung erweitert.

Nach Grant und Schoedel vertritt niemand mehr ernsthaft die origenistische Gegnerthese. Vielmehr steht die Forschung nun vor der Aufgabe, diese These kritisch zu hinterfragen.

J.L. Rauch

Als erster bezog James L. Rauch sowohl gegen die Bestreitung der athenagoreischen Verfasserschaft als auch gegen die Spätdatierung Stellung.[20] Leider wird

---

12   Vgl. W.R. Schoedel, Athenagoras, XXVIII.

13   Vgl. R.M. Grant, Athenagoras or Pseudo-Athenagoras, 129: „And from the use of the present tense we can probably infer that the treatise was written shortly before Galerius' death in the spring of 310."

14   W.R. Schoedel, Athenagoras, XXVIII.

15   W.R. Schoedel, Athenagoras, XXVIII.

16   Vgl. W.R. Schoedel, Athenagoras, XXVIII: „In addition to all this, there is little or nothing that compels the reader to think of pagan (or Gnostic) opponents."

17   Vgl. W.R. Schoedel, Athenagoras, XXIX Anm. 62.

18   Vgl. ebd.

19   Ebd.

20   J.L. Rauch, Greek Logic and Philosophy, and the Problem of Authorship in Athenagoras, Diss. Chicago 1968.

104 3. KAPITEL

diese Studie in der Forschung bisher nicht rezipiert,[21] obwohl Rauch wichtige Beobachtungen bezüglich der Gegnerschaft von De Resurrectione macht. J.L. Rauch setzt sich intensiv mit den Argumenten Grants auseinander.[22] Dabei diskutiert er die entscheidende Zuordnung der Gegnerschaft des Traktats zu Origenes. Er stimmt zwar der Tatsache zu, dass die Kettennahrungs-Theorie als eine *„Reductio ad impossibile"*[23] von Origenes gegen eine materialistische Auferstehungsauffassung verwendet wird. Da sie aber auch von Heiden vertreten wird, erwächst daraus nicht zwangsläufig eine antiorigenistische Front in De Resurrectione. Vielmehr ist diese Theorie nicht auf Origenes, sondern auf einen heidnischen Ursprung zurückzuführen.[24]

Um den heidnischen Ursprung des Kettennahrungs-Arguments zu belegen, verweist er auf die bereits bekannten Aussagen des Seneca, Tatian, Tertullian und Porphyrius.[25] Er erweitert diese Autoren um Ambrosius, der in De Fid Res 58 bezeugt, dass dieses Problem besonders die Heiden beunruhigt hat. Den stärksten Beleg leitet er aber direkt aus Ps-Athenagoras' De Res 3,3 selbst her. Demnach entspringt der Einwand der Kettennahrung direkt aus der Menge, die selbstverständlich heidnisch ist: Dieser Einwand verwirrt besonders diejenigen, „die sich von vielen ($\pi\alpha\rho\grave{\alpha}$ $\tau\hat{\omega}\nu$ $\pi o\lambda\lambda\hat{\omega}\nu$) treiben lassen"[26] und so in Zweifel geraten. Die Einbeziehung der Kettennahrungs-Theorie widmet den Zweifeln der Menge eine beachtliche Aufmerksamkeit.[27] Mit diesem Verweis wird ein Fortschritt in der Herleitung der Ursprünge des Kettennahrungs-Einwands erreicht, so dass andere Quellen nicht mehr die Hauptbeweislast erbringen müssen. Der Text selbst gibt den Hinweis darauf, dass dieser Einwand von der heidnischen Menge stammt.

---

21 Vermutlich geht dies auf die Tatsache zurück, dass die Studie als Mikrofilm veröffentlicht wurde, so dass der Zugriff darauf erschwert ist. Sie wird in der Forschungsliteratur bisher nicht berücksichtigt, bis M. Marcovich in seiner Edition auf sie aufmerksam gemacht hat, obwohl er sie in seinem Forschungsüberblick ebenfalls übergeht. Vgl. M. Marcovich, De Resurrectione Mortuorum, 1–3.

22 Vgl. J.L. Rauch, Athenagoras, 12–31.

23 J.L. Rauch, Athenagoras, 79: *„Reductio ad impossibile*: The chain-consumption theory is an attempt by opponents of the resurrection to reduce the resurrection to the absurd."

24 Vgl. J.L. Rauch, Athenagoras, 16 f.: „At any rate, it is unlikely that Origen was the author of the chain-consumption argument, since Athenagoras calls it a popular misconception, i. e. it has originated among the (pagan?) multitude."

25 Vgl. J.L. Rauch, Athenagoras, 17 Anm. 2 und 3.

26 Ps-Athen, De Res 3,3 (Marcovich 28,8–10).

27 Vgl. J.L. Rauch, Athenagoras, 15: „His reference to ‚some persons even of those admired for their wisdom', who give serious attention to the doubts of the multitude, […]"

DIE EINWÄNDE DER GEGNER GEGEN DIE LEIBLICHE AUFERSTEHUNG 105

J.L. Rauch stellt weiterhin die Mutmaßung an, dass es wahrscheinlich ist, dass die Gegner unter dem Einfluss der pagan-philosophischen Schulen stehen. So sieht sich – Rauch zufolge – unser Autor genötigt, dem Traktat den Stempel der griechisch-philosophischen Argumentation aufzudrücken.[28] Rauch widmet sich dann der Aufgabe, die philosophische Argumentationsstruktur des gesamten Traktats nachzuweisen. Zusätzlich vermutet er, dass die Auseinandersetzung um die Auferstehung eher den akademischen Zeitgenossen des Athenagoras aus Athen als Origenes und seinen Nachfolgern gilt.[29] Dass er noch von der athenagoreischen Verfasserschaft des Traktats ausgeht, steht dieser Vermutung nicht im Wege. Da sich Ps-Athenagoras zur Behandlung der umstrittenen Frage m. E. an der philosophischen Konzeption eines Philon von Larissa orientiert, ist es durchaus denkbar, dass er sich gegen seine philosophischen Zeitgenossen der Akademie aus Athen wendet.

So betont Rauch anschließend, dass im Falle der Gegnerschaft vielmehr an Platoniker als an Origenes zu denken ist: „According to Grant all these arguments are directed against Origen, but they could easily be directed against any Platonist. In fact, it is my conviction that Athenagoras' opponents were either members of the contemporary Academy, or at least had come under its influence; or his opponent may have been a particular Platonist like Celsus, whose work the *True Word* was contemporary with the writing of the *Plea*, and who argues that it is absurd to expect that the risen body will have the same nature and condition that it possessed before it experienced corruption and dissolution."[30] Mit diesen Beobachtungen antizipiert Rauch eine künftige Entwicklung, die nach der Abwendung von der origenistischen Gegnerschaft beschritten werden sollte. Die Konzentration wird dann Celsus gelten, obwohl Rauch den gegnerischen Rahmen breiter absteckt: Die Auseinandersetzung findet auf einer philosophisch-rationalen Ebene statt, so dass Mitglieder der zeitgenössischen Akademie oder Personen, die unter ihrem Einfluss stehen, die Gegenposition zur christlichen Auferstehungshoffnung bilden. Da aber von der platonischen Kritik nur die Stimme des Celsus auf uns zugekommen ist, sind wir allein auf seinen fragmentarisch überlieferten ἀληθὴς λόγος angewiesen.

E. Gallicet

Einen ähnlichen Hinweis auf den kontroversen Rahmen liefert Ezio Gallicet, der allerdings einen anderen Weg einschlägt, um auf dieser Basis ebenfalls

---

28 Vgl. J.L. Rauch, Athenagoras, 16.
29 Vgl. J.L. Rauch, Athenagoras, 15.
30 J.L. Rauch, Athenagoras, 23 f.

auf die celsische Gegnerschaft zu verweisen. Gallicet erbringt in seinen beiden Aufsätzen den Nachweis, dass De Resurrectione einem anderen Autor als Athenagoras entstammt. Nachdem er den Unterschied zwischen den beiden Werken sowohl in linguistischer als auch inhaltlicher Hinsicht überzeugend nachgewiesen hat, widmet er sich in seinem zweiten Aufsatz „Ancora sullo Pseudo-Atenagora" der Gegnerschaft und der Datierung der Schrift.[31] Er setzt sich wie J.L. Rauch mit der von Grant und Schoedel vorgebrachten origenistischen Gegnerthese auseinander, indem er vor allem die Kontroverse mit Origenes anhand der Schriftargumentation in De Resurrectione vermisst.[32] Allein aber mit der Heiligen Schrift kann eine Widerlegung des Origenes bzw. der Origenisten gelingen, was aber nicht im Mittelpunkt der pseudoathenagoreischen Schrift steht. „R. non è da situarsi come elemento di una discussione che avvenga all'interno della comunità cristiana."[33]

Die Debatte findet somit außerhalb der christlichen Gemeinschaft statt, was Gallicet veranlasst, über einen weiteren Kontext der Auseinandersetzung mit der christlichen Eschatologie nachzudenken. Dabei argumentiert er auf der Grundlage des Textes (De Res 2,3), in dem die Gegner aufgefordert werden, nachzuweisen, dass es für Gott unmöglich und seinem Willen widersprechend ist, die Auferstehung der Leiber zu vollbringen. Dies ist aber weniger gegen Origenes als gegen einen Gegner gerichtet, der sich mit einer gewissen Sicherheit identifizieren lässt, nämlich gegen Celsus.[34] In der Tat wirft Celsus das eigentümliche Problem einer solchen zweifachen Negation auf: Gott kann nicht, noch will er die Auferstehung (C. Cels. v,14).[35]

Der gesamte erste Teil von De Resurrectione widmet sich der Demonstration, dass die Auferstehung nicht absurd ist. Dies lässt sich Gallicet zufolge daraus schließen, dass die gleichen Begriffe verwendet werden, die auch Celsus benutzt.[36] Dagegen fehlt gänzlich die Widerlegung der pneumatischen Auferstehungsauffassung des Origenes, so wie Methodius und der Dialog des Adamantius sie unternehmen.[37] Nach diesen Ausführungen wendet sich Galli-

---

31 Vgl. E. Gallicet, Ancora sullo Pseudo-Atenagora, 31–42.

32 Vgl. E. Gallicet, Ancora sullo Pseudo-Atenagora, 31 f.

33 E. Gallicet, Ancora sullo Pseudo-Atenagora, 32.

34 Vgl. E. Gallicet, Ancora sullo Pseudo-Atenagora, 33: „Anche il dilemma su cui è impostato inizialmente tutto il discorso di R., che cioè gli avversari della risurrezione devono dimostrare che Dio o non la può on non la vuole, non mira ad Origene, ma a un avversario che si può identificare con una certe sicurezza, cioè a Celso."

35 Vgl. E. Gallicet, Ancora sullo Pseudo-Atenagora, 33.

36 Vgl. E. Gallicet, Ancora sullo Pseudo-Atenagora, 33 f. Auf Seite 34 Anm. 1 zeigt Gallicet auf, dass die Terminologie bei Celsus und bei Ps-Athenagoras identisch ist.

37 Vgl. E. Gallicet, Ancora sullo Pseudo-Atenagora, 34–36.

cet der Hauptbegründung der origenistischen Gegnerthese zu, die Grant und Schoedel anhand des Kettennahrungs-Problemes postulieren. Dabei legt er dar – wie schon J.L. Rauch vor ihm, – dass das Kettennahrungs-Argument zeitlich bereits vor Origenes auftritt[38] und daher auf keinen Fall ausschließlich mit Origenes zu verbinden ist. Er räumt zwar ein, dass ein solcher Einwand bei Celsus nicht aufzufinden ist, verzichtet aber darauf, dieser Problemstellung weiter nachzugehen. Entscheidend für Gallicet ist, dass die Datierung von De Resurrectione durchaus vor dem Auftreten des Origenes vorgenommen werden kann.

Da eine Schriftargumentation in De Resurrectione ausbleibt, wendet sich Ps-Athenagoras an Heiden, so dass sich sein Werk im Zeitalter der christlichen Apologetik besser verorten lässt.[39] Indem er ein paganes Publikum anvisiert, verwendet Ps-Athenagoras rationale Argumente, um es überzeugen zu können.[40] Gallicet führt aus De Resurrectione einige τόποι auf, die ihm charakteristisch für die apologetische Literatur erscheinen: In De Res 1,1–2 beispielsweise spricht Ps-Athenagoras von den Widersprüchen unter den Philosophen und wirft ihnen ἄγνοια und ἀπιστία vor, was auf eine typische Polemik in der Apologetik verweist.[41] Daraufhin schlägt Gallicet eine relative Chronologie vor: Es handelt sich um einen Schriftsteller, der gegen heidnische Einwände vorgeht, die zeitlich vor der origenistischen Kontroverse debatiert werden.[42] Somit ist die Schrift ein altes Werk, das chronologisch in die frühchristliche Apologetik ans Ende des zweiten Jahrhunderts gehört.[43]

L.W. Barnard

L.W. Barnard verteidigt nachhaltig in mehreren Publikationen die athenagoreische Verfasserschaft von De Resurrectione. In diesem Zusammenhang setzt er sich mit der Gegnerthese von Grant und Schoedel auseinander. Wenn De

---

38 Vgl. E. Gallicet, Ancora sullo Pseudo-Atenagora, 36. Gallicet verweist dabei auf Tatian (Oratio 6), Tertullian (De Res 32), Minucius Felix (Oct 11,4) und Cyprian (Ep. 58,4).

39 Vgl. E. Gallicet, Ancora sullo Pseudo-Atenagora, 38.

40 Vgl. E. Gallicet, Ancora sullo Pseudo-Atenagora, 39.

41 Vgl. E. Gallicet, Ancora sullo Pseudo-Atenagora, 40.

42 Vgl. E. Gallicet, Ancora sullo Pseudo-Atenagora, 42: „Ma probabile è invece la conclusione relativa alla cronologiea: trattasi di uno scrittore che combatte contro le obiezioni di parte pagana [...] anteriormente alla controversia origeniana."

43 Vgl. E. Gallicet, Ancora sullo Pseudo-Atenagora, 42: „un'opera dunque di alta antichità, il cui accostamento cronologico (ma solamente cronologico) con Ateganora è giustificato, come giustificato è il suo inserimento nella tradizione dell'Apologetica cristiana primitiva."

Resurrectione sich gegen Origenes wendet, dann muss der Verfasser so wie Methodius von Olympus argumentieren, der Origenes namentlich erwähnt und mit einer Schriftargumentation widerlegt.[44] Der Autor des Traktats hat Barnard zufolge jedoch nicht Nachfolger des Origenes im Sinn, sondern vielmehr philosophische Infragesteller und Disputanten, denen der christliche Glaube an die Auferstehung unbekannt ist oder die sich in einer frühen Stufe der Einführung befinden und über diese Lehre diskutieren.[45] Aus dieser Stellungnahme geht hervor, dass Barnard nicht zwischen Gegnern und Adressaten des Auferstehungstraktats unterscheidet. Für ihn scheinen beide Gruppen identisch zu sein, so dass die philosophisch Gebildeten nach einer Einführung in die christliche Lehre mit den Christen darüber kontrovers disputieren. Weiter referiert Barnard das Kettennahrungs-Problem, das als Hauptbegründung für die Origenistenthese angeführt wird. Er setzt sich besonders mit Schoedel auseinander, der De Resurrectione in die Zeit des Porphyrius datiert. Seine lapidare Entgegnung dieser Datierung lautet lediglich: „It could equally well have happened some sixty or seventy years earlier in the time of Athenagoras."[46] Denn bereits im zweiten Jahrhundert wird über viele Themen diskutiert, was nicht allein mit Origenes beginnt. Es folgt aber weder eine konstruktive Einordnung der Kettennahrungs-Problematik noch geht der Autor explizit auf seine Entwicklung im zweiten und dritten Jahrhundert ein.

Er begnügt sich mit einer allgemeinen Feststellung, dass hinter dem Text in De Res 3,3 eine beachtliche Debatte und Diskussion über die Natur der Auferstehung liegt, in der Christen und Heiden involviert sind.[47] Mit dem Verweis auf die wenigen Schriftzitate (in De Res 9,2; 18,5 und 23,3 f.) behauptet Barnard, dass diese Debatte innerhalb der christlichen Gemeinschaft selbst zu verorten ist, was nicht erst mit den Spekulationen des Origenes beginnt. Daraufhin geht er der Kritik des Celsus an der Auferstehungslehre in C. Cels. v,14 nach und vermutet, dass De Resurrectione auf solche Einwände reagiert. Er belässt es aber bei einer allgemeinen Bestimmung der Gegnerschaft, ohne weiter ins Detail zu gehen: „Celsus formulates clearly the main objections to the Christian belief in the resurrection of the body, and it is these that are dealt with in the treatise *De Resurrectione*. It is also possible that Athenagoras was

---

44 Vgl. L.W. Barnard, Background, 6 f. ders., Authenticity, 41.

45 Vgl. L.W. Barnard, Background, 7. ders., Authenticity, 41.

46 L.W. Barnard, Background, 7. Vgl. ders., Authenticity, 42.

47 Vgl. L.W. Barnard, Background, 10: „Behind this revealing text there lies considerable debate and discussion about the nature of the resurrection involving Christians and pagans." Vgl. ders., Authenticity, 44.

not insensitive to other criticisms of Christianity of the kind which appear in Celsus' Ἀληθὴς Λόγος [...]"[48]

Barnard postuliert diesen „gemischten Charakter" (this mixed character of the debate) der Gegnerschaft,[49] ohne darüber Auskunft zu geben, auf welchem Wege die Heiden auf die Christen Einfluss nehmen, so dass Christen genauso wie Heiden als Gegner des Traktats erscheinen. Das Postulat aber von der christlichen Gegnerschaft bleibt völlig allgemein und ungenau. Allerdings ebnet Barnard den Weg, den heidnischen Einwänden eines Celsus mehr Beachtung zu widmen. Diesen Ansatz greift J.-M. Vermander auf, so dass er direkt auf Barnards Verweis von der celsischen Gegnerschaft Bezug nimmt und diesen Zusammenhang stärker ausbaut.

J.-M. Vermander

Jean-Marie Vermander hat in dem 1978 erschienen Aufsatz „Celse et l'attribution à Athénagore d'un ouvrage sur la résurrection des morts"[50] m. E. den entscheidenden Weg eingeschlagen, die Gegnerschaft von De Resurrectione zu erfassen. Zunächst verortet sich Vermander in der Forschungsdebatte seiner Zeit. Er beabsichtigt mit seinem Aufsatz, die athenagoreische Verfasserschaft gegen Grants und Schoedels Zweifel nachzuweisen. Diesen Beweis will er mit der Bestimmung der Gegnerschaft von De Resurrectione führen.[51] Trotz dieser bedenklichen methodischen Voraussetzungen zeigt Vermander wichtige Beobachtungen zur Erfassung der gegnerischen Einwände auf. Dabei knüpft er an einen kurzen Hinweis von L.W. Barnard an, der die Vermutung äußert, dass sich der Auferstehungstraktat gegen die Kritik des Celsus wendet,[52] ohne jedoch

---

48   L.W. Barnard, Background, 10. ders., Authenticity, 44f. Die Gnostiker werden zu Recht als Gegner ausgeschlossen: „The Church's enemies were, in this, not primarily Gnostics (to whom Athenagoras never refers) but pagan critics and those within its own fold." L.W. Barnard, Background, 11. ders., Authenticity, 45.

49   L.W. Barnard, Background, 11. Vgl. ders., Authenticity, 45.

50   J.-M. Vermander, Celse et l'attribution à Athénagore d'un ouvrage sur la résurrection des morts, In: Mélanges de Science Religieuse 35 (1978), 125–134.

51   Vgl. J.-M. Vermander, Résurrection, 126.

52   Vgl. L.W. Barnard, Notes on Athenagoras, In: Latomus 31 (1972), 421: „Celsus, a near contemporary of Athenagoras, calls it ,revolting and impossible' [...]" In den späteren Stellungnahmen hat Barnard nie explizit Celsus als Gegner des Traktats bestimmt. Er spricht lediglich davon, dass es möglich sei, dass Athenagoras für solche Kritikpunkte am Christentum nicht unempfindlich sei, wie sie in Celsus' ἀληθὴς λόγος vorkämen (Vgl. L.W. Barnard, Background, 10). Jedoch von einer celsischen Gegnerschaft im Auferstehungstraktat auszugehen, hätte Barnard keinesfalls gewagt. So ähnlich versteht auch N. Zeegers-Vander Vorst Barnards Äußerungen über Celsus: „même s'il ne répond pas directement à Celse,

ausdrücklich von einer celsischen Gegnerschaft in De Resurrectione auszugehen.[53]

Vermander verspricht sich, aus der Bestimmung der Gegnerschaft eindeutige Indizien für eine Datierung zu verifizieren, wie es bereits vor ihm Grant und Schoedel mit ihrer Gegnerthese vorgenommen haben.[54] Daraufhin wendet er sich ebenfalls der Widerlegung der These origenistischer Gegner zu, die er durch Barnards Ausführungen noch lange nicht als erledigt ansieht.[55]

Zunächst zeigt Vermander grundsätzlich auf, dass Origenes niemals als Gegner der Auferstehungslehre aufgetreten ist. Vielmehr hat er selbst die Lehre der Kirche verteidigt und an der Auferstehungslehre ausdrücklich festgehalten.[56] Zusätzlich ist es nicht möglich, mit fünf Verweisen auf die Heilige Schrift, die in De Resurrectione enthalten sind (Ex 20,12.14; Lk 18,27; 1 Kor 15,53; 2 Kor 5,10),

---

R devait connaître les objections des intellectuels paiens dont Celse répercute certains échos." N. Zeegers-Vander Vorst, Adversaires et destinataires, 79 Anm. 16.

53   Barnard selbst konzentriert sich bei der Datierung des Auferstehungstraktats nicht auf eine Rekonstruktion der Gegnerschaft, sondern weist die Abhängigkeit des Traktats von Galen und Marc Aurel nach. Darin erkennt er den „Sitz im Leben", wie er es beschreibt, in dem De Resurrectione ihm zufolge zu verorten ist. Vgl. L.W. Barnard, Background, 7: „I shall return to the *sitz-im-leben* of the treatise shortly." Daraufhin betont er vor allem den Einfluss des Galen auf De Resurrectione. Vgl. L.W. Barnard, Background, 11–16. Auf diese Weise scheint die Datierungsfrage für Barnard geklärt zu sein: „All we can say is that *De Resurrectione*, in its final form, must belong to the last two decades of the second century A.D." L.W. Barnard, Background, 9.

    Allerdings kann m. E. die Abhängigkeit von einem Autor auch zu einem späteren Zeitpunkt entstanden sein, so dass für die Datierung der Schrift daraus kein sicheres Kriterium abzuleiten ist. Auch Vermander äußert zu Recht Kritik an einer solchen Vorgehensweise, da derart kaum eine Datierung vorgenommen werden kann: „Toutefois, pour impressionnante qu'elle soit, cette argumentation ne paraît pas décisive. Car nous ne savons toujours pas contre qui était dirigée une œuvre qui, manifestement, est très polémique en son début." J.-M. Vermander, Résurrection, 126.

54   Vgl. J.-M. Vermander, Résurrection, 126: „Or, si ce problème était résolu, nous serions sans doute définitivement fixés sur la datation, [...]"

55   Leider werden die Auseinandersetzungen mit der Origenesthese von J.L. Rauch, Greek Logic and Philosophy, and the Problem of Authorship in Athenagoras (1968), und von E. Gallicet, Ancora sullo Pseudo-Atenagora (1977), 31–42, nicht wahrgenommen. Andererseits zeigt dieser Tatbestand, dass die origenistische Gegnerthese zu diesem Zeitpunkt eine starke Zustimmung in der Forschung gefunden hatte, so dass sie immer wieder zur Debatte stand.

56   Vgl. J.-M. Vermander, Résurrection, 127 mit einem Verweis auf C. Cels. v,22 (Marcovich 338,14 f.): „τηροῦμεν καὶ τὸ βούλημα τῆς ἐκκλησίας τοῦ Χριστοῦ καὶ τὸ μέγεθος τῆς ἐπαγγελίας τοῦ θεοῦ".

gegen Origenes vorzugehen. Wenn heterodoxe Christen von den Häresiologen bekämpft werden, dann mit einem starken Bezug auf die Schrift.[57] Somit ist ihm zufolge die Benutzung der Schrift kein sicheres Kriterium bei der Bestimmung der Gegnerschaft.[58]

Weiterhin übt Vermander Kritik an der Vorgehensweise von Grant und Schoedel, die sechs Widersprüche zwischen Origenes und der Auferstehungsschrift postulieren, um die origenistische Gegnerschaft in De Resurrectione zu belegen.[59] Vor allem vermisst er bei einer solchen Gegnerthese, dass der Autor von De Resurrectione auf die origenistische Vorstellung von einer pneumatischen Leiblichkeit eingeht.[60] Dass Origenes ausschließlich eine leiblose Seligkeit der Seele im Endheil vertritt, ist durchaus eine platonische Vorstellung, die unabhängig von Origenes im Hellenismus präsent ist, so dass daraus nicht zwangsläufig ein Argument für die origenistische Gegnerschaft entsteht.[61] Dass aber der Autor von De Resurrectione die spezifisch origenistische Vorstellung vom σῶμα πνευματικόν behandelt,[62] entbehrt laut Vermander jeder Belegstelle im Auferstehungstraktat.

Was das Kettennahrungs-Problem betrifft, das als die wesentliche Begründung der Origenes-Gegnerthese fungiert, bezweifelt Vermander, dass unser Autor auf diese Weise in De Res 5–7 gegen Origenes vorgegangen ist.[63] Gemäß Grant richtet sich Ps-Athenagoras gegen den Kettennahrungs-Einwand des Origenes, der die Verdauung der Nahrung in De Princ II,1,4 betrifft:[64] „Alles nämlich, was wir als Nahrung aufnehmen, wird in die Substanz unseres Lei-

---

57 So gehen Tertullian in *De Resurrectione* gegen die Gnostiker und Methodius von Olympus in seinem *De Resurrectione* gegen die Origenisten vor, indem sie die Heilige Schrift zur Grundlage ihrer Widerlegung machen. Außerdem liefert die Menge der Anspielungen auf die Heilige Schrift keineswegs den Beweis dafür, dass eine derartige Debatte ausschließlich unter den Christen geführt wird. Denn die Legatio des Athenagoras enthält zwar zwanzig Schriftverweise, ist aber eindeutig an die Heiden (Kaiser Marc Aurel und Commodus) adressiert. Die Apologie des Theophilus von Antiochien verweist ebenfalls etwa zweihundert Mal auf die Bibel, aber der Empfänger ist zweifellos der Heide Autolycus. Vgl. J.-M. Vermander, Résurrection, 127f.

58 B. Pouderon macht aber erneut die Schriftverweise zu einem wichtigen Argument, um seine gnostische Gegnerthese zu belegen. Vgl. B. Pouderon, Athénagore d'Athènes, 101–103.

59 Vgl. J.-M. Vermander, Résurrection, 128.

60 Vgl. J.-M. Vermander, Résurrection, 128f.

61 Vgl. ebd.

62 Vgl. C. Cels. V,19.

63 Vgl. J.-M. Vermander, Résurrection, 129.

64 Vgl. R.M. Grant, Athenagoras or Pseudo-Athenagoras, 124f.

bes umgewandelt."[65] Vermander widerspricht zu Recht diesem Bezug von De Res 5–7 auf die Stelle aus De Principiis: Selbst wenn Origenes in De Princ II,1,4 eine andere Verdauungsauffassung vertritt, muss De Res 5–7 keineswegs eine Antwort darauf sein.[66] Beide Anschauungen von der Assimilation der Nahrung durch den menschlichen Körper divergieren, ohne sich jedoch entgegenzustehen.[67]

Das besondere Verdienst von Vermander besteht aber darin, dass er sehr präzise die Struktur des ersten Teiles von De Resurrectione erfasst und sie ins Verhältnis zur Entgegnung der celsischen ἀδύνατον- und ἀβούλητον-Einwände durch Origenes setzt: „le plan de la première partie du *Sur la Résurrection* est le suivant:

a) Dieu *peut* ressusciter les morts (chap. 3 à 9)
b) Dieu *veut* ressusciter les morts (chap. 10),

et que c'est exactement le même plan qu'adopte Origène dans le *Contre Celse*, au moment où il traite, en détail, de ce toujours même dogme de la résurrection:

a) Dieu *peut* ressusciter les morts (V, 22 et 23);
b) Dieu *veut* ressusciter les morts (V, 23 et 24)."[68]

Indem Vermander diese starke Übereinstimmung im Aufbau der Widerlegung bei beiden Autoren plausibel nachweist, erledigt sich endgültig die origenistische Gegnerschaft in De Resurrectione. Vielmehr wird sichtbar, dass beide Schriftsteller unabhängig voneinander gegen die von Celsus vorgebrachten ἀδύνατον- und ἀβούλητον-Einwände (in C. Cels. V,14) vorgehen und daher eine

---

65   Origenes, De Princ II,1,4 (GCS 22, 109,16–18 Koetschau): „Nam quodcumque illud est, quod per cibum sumpserimus, in corporis nostri substantiam vertitur."

66   Dies belegt insbesondere die Faktizität, dass Ps-Athenagoras selbst in De Res 7,1 eine Vorstellung von der verwandelten Leiblichkeit bei der Auferstehung vertritt, womit kaum eine Widerlegung des Origenes gelingen kann. Daher postuliert Grant, dass die Aussage in De Res 7,1 von Origenes abhängig sei (vgl. R.M. Grant, Athenagoras or Pseudo-Athenagoras, 125). Wenn dies aber so wäre, dann würde die Argumentation von De Res 5–7 seinen Zweck – die Widerlegung des Origenes – ganz verfehlen.

67   Vgl. J.-M. Vermander, Résurrection, 129: „D'autant plus que sur une question de détail comme celle-là, on imagine très bien que deux auteurs puissent diverger sans pour autant s'opposer."

68   J.-M. Vermander, Résurrection, 129 f.

DIE EINWÄNDE DER GEGNER GEGEN DIE LEIBLICHE AUFERSTEHUNG 113

vergleichbare Struktur ihrer jeweiligen Erwiderung bieten. Zusätzlich versucht Vermander, weitere Bezugspunkte zwischen De Resurrectione und der Kritik des Celsus herzuleiten, die die celsische Gegnerschaft im ersten Teil des Traktats (De Res 2,4–11,2) belegen.[69] Zum Ende dieses Nachweises formuliert Vermander sein Ergebnis: „Bref, on a l'impression que, sur le problème de la résurrection, notre auteur n'a rien voulu laisser passer de la critique celsienne et a pris soin de contredire toutes les affirmations du pain."[70]

Somit ist mit dem Ansatz von J.-M. Vermander ein grundsätzlicher Fortschritt in der Erfassung der Gegnerschaft von De Resurrectione erreicht. Die selben Einwände des Celsus werden sowohl von Ps-Athenagoras als auch von Origenes behandelt, so dass sich zwangsläufig die celsische Gegnerschaft im Auferstehungstraktat nahelegt. Beide Autoren reagieren jedoch auf unterschiedliche Weise auf die von Celsus prägnant formulierte Kritik an der Auferstehungslehre in C. Cels. v,14: „Aber Gott *kann* (δύναται) doch nicht das Hässliche (tun) und *will* (βούλεται) auch nicht das Naturwidrige."[71] Dennoch strukturieren sie ihre jeweilige Erwiderung parallel zu den beiden Einwänden von Celsus, so dass nacheinander zunächst das ἀδύνατον (De Res 2,4–9,2/C. Cels. v,22b–23a) und danach das ἀβούλητον (De Res 10,1–6/C. Cels. v,23b–24a) widerlegt wird.

Was allerdings bei Vermanders Rekonstruktion des gegnerischen Hintergrunds noch ungeklärt bleibt, ist die Einordnung des Kettennahrungs-Arguments innerhalb der celsischen Kritik an der Auferstehung. Denn Celsus selbst bringt den Kettennahrungs-Einwand gegen die Christen nicht vor. Zur Zeit des Origenes aber scheint dieses Problem so präsent zu sein, dass er es sogar in seine Auferstehungsauffassung einbezieht.[72] Dies legt wiederum nahe, dass der Einwand von der Kettennahrung erst nach der prägnanten Kritik (ἀδύνατον/ἀβούλητον) des Celsus hinzukam. Damit unterlegen die Gegner den ἀδύνατον-Einwand mit einer zusätzlichen Begründung, so dass Ps-Athenagoras innerhalb seiner Widerlegung des ἀδύνατον (De Res 2,4–9,2) einen breiten Exkurs zu diesem Problem in De Res 3,3–8,5 einfügen muss. Er spricht von dem Kettennahrungs-Einwand derart, dass der Eindruck entsteht, dieses Argument ist ganz aktuell von den Gegnern wider die leibliche Auferstehung eingebracht worden: „Das ist es, was besonders auch einige zu verwirren schien, die wegen

---

69 Vgl. J.-M. Vermander, Résurrection, 130 f.

70 J.-M. Vermander, Résurrection, 132.

71 C. Cels. v,14 (Marcovich 331,13 f.): „Ἀλλ' οὔτι γε τὰ αἰσχρὰ ὁ θεὸς δύναται οὐδὲ τὰ παρὰ φύσιν βούλεται·"

72 Vgl. Meth, De Res 1,20,4 f. (GCS 27, 243,2–11 Bonwetsch).

(ihrer) Weisheit bewundert werden, indem sie, ich weiß nicht wie, die Zweifel für berechtigt hielten, die von vielen vorgebracht werden."[73]

Eine solche Formulierung aus De Res 3,3 legt die akute Herausforderung zur Erwiderung dieses Einwands nahe, so dass sicher angenommen werden kann, dass zur Zeit der Abfassung von De Resurrectione das Kettennahrungs-Problem besonders an Aktualität gewinnt. Die Auseinandersetzung mit diesem ist zwar bereits bei Tatian, Tertullian und Minucius Felix in Grundzügen greifbar, erfährt aber zur Zeit des Origenes und offensichtlich zur Zeit des Ps-Athenagoras einen Höhepunkt, so dass beide Autoren damit konfrontiert werden.

Somit ist m. E. ein Datierungsansatz gefunden, der noch der weiteren Überprüfung und Begründung bedarf. In dieser Hinsicht ist mit der Beobachtung von Vermander zur vergleichbaren Struktur der Entgegnung bei Ps-Athenagoras und Origenes eindeutig ein Fortschritt erreicht, so dass beide Autoren das celsische ἀδύνατον und ἀβούλητον auf unterschiedliche Weise zu widerlegen suchen. Die celsische Kritik stellt die Herausforderung dar, die Auferstehungslehre gegen diese Einwände abzusichern. Daher gehören beide Widerlegungsversuche in die gleiche Zeit: in die erste Hälfte des dritten Jahrhunderts. Dass beide unterschiedlich mit den heidnischen Einwänden eines Celsus und dem Kettennahrungs-Problem umgehen, beweist vielmehr ihre unabhängige und zeitgleiche Vorgehensweise bei der Auseinandersetzung mit den heidnischen Einwänden gegen die Auferstehung.

Horacio E. Lona

Horacio E. Lona nimmt mit Grant und Schoedel ebenfalls eine Spätdatierung des Auferstehungstraktats von Ps-Athenagoras vor. Im Gegensatz zu den beiden Autoren verortet er aber De Resurrectione außerhalb der origenistischen Streitigkeiten und schlägt eine Datierung in die zweite Hälfte des vierten Jahrhunderts vor: „Der Verfasser von ‚De Resurrectione' ist nicht ein Einzelgänger aus dem zweiten Jahrhundert, der ohne Bezug auf die zeitgenössische Problematik und ohne Echo in der folgenden Zeit sein Werk schreibt, sondern ein Theologe aus der zweiten Hälfte des vierten Jahrhunderts [...]"[74] Lona orientiert sich bei seiner zeitgeschichtlichen Einordnung des Traktats insbesondere an der zentralen Behandlung des Kettennahrungs-Problems in De Res 3,3–8,4.

---

73 De Res 3,3 (Marcovich 28,8–10): „ὃ δὴ καὶ μάλιστα ταράττειν ἔδοξέν τινας καὶ τῶν ἐπὶ σοφίᾳ θαυμαζομένων, ἰσχυρὰς οὐκ οἶδ᾽ ὅπως ἡγησαμένων τὰς παρὰ τῶν πολλῶν φερομένας διαπορήσεις."

74 H.E. Lona, Athenagoras, 577.

„Die Ausführlichkeit der Antwort (3,3–8,4) zeigt, wie zentral die Frage und welcher der Hintergrund war, auf dem die Diskussion um die Möglichkeit der Auferstehung zu verstehen ist. Diese Feststellung ist methodisch bedeutsam im Hinblick auf die zeitgeschichtliche Einordnung von ‚De Resurrectione mortuorum‘.“[75]

Somit erhebt Lona die Behandlung des Kettennahrungs-Einwands zur methodischen Ausgangslage, um den zeitgeschichtlichen Kontext des Traktats zu rekonstruieren. Bei den Schriftstellern des vierten und fünften Jahrhunderts entdeckt er die hauptsächliche Auseinandersetzung mit dem Einwand der Kettennahrung, so dass De Resurrectione ihm zufolge in diese Zeit zu verorten ist. Er gesteht zwar zu, dass dieses Problem nicht zum ersten Mal bei Ps-Athenagoras aufkommt, sondern bereits von Tatian, Tertullian und Minucius Felix berührt wird. Jedoch fehlt bei den genannten Autoren eine ausführliche Auseinandersetzung mit einer solchen Fragestellung.[76] Weiterhin verweist Lona auf die Einbeziehung der Kettennahrung in das Auferstehungskonzept des Origenes und setzt sich mit der These der origenistischen Gegnerschaft in De Resurrectione auseinander.[77] Er stellt treffend den unterschiedlichen Umgang der beiden Autoren mit dieser Problematik fest: „Diese Schwierigkeit legt für Origenes die Fragwürdigkeit einer bestimmten Auferstehungsauffassung offen; für Ps. Athenagoras stellt sie die Möglichkeit der Auferstehung überhaupt in Frage.“[78]

Es wird jedoch von Lona überhaupt nicht nach der Möglichkeit gefragt, dass beide Autoren zeitgleich mit dieser Herausforderung umgehen und unabhängig von einander einen unterschiedlichen Weg beim Umgang mit dem Kettennahrungs-Problem einschlagen. Vielmehr begnügt er sich mit der Feststellung, dass Ps-Athenagoras nicht auf Origenes reagiert und daher außerhalb der antiorigenistischen Streitigkeiten steht. Mit dem Aufkommen der origenistischen Auferstehungslehre müssen sich jedoch die Kirchenväter der nachfolgenden Jahrhunderte (wie Methodius und Hieronymus) beschäftigen, wenn sie sich zur Auferstehung äußern wollen.[79] Da aber eine Auseinandersetzung

---

75 H.E. Lona, Athenagoras, 552 f.

76 Vgl. H.E. Lona, Athenagoras, 553: „Auch in diesem Fall taucht das Problem bei Ps. Athenagoras nicht zum erstenmal auf. Schon Tatian, Tertullian und Minucius Felix berühren diese Frage, auch wenn dies nicht in der Form einer ausführlichen Auseinandersetzung geschieht.“

77 Vgl. H.E. Lona, Athenagoras, 553 f.

78 H.E. Lona, Athenagoras, 554.

79 Vgl. H.E. Lona, Athenagoras, 554: „Wäre Ps. Athenagoras daran interessiert, gegen die Auferstehungslehre des Origenes zu polemisieren, würde man erwarten, daß er – ähnlich

mit Origenes in De Resurrectione ausbleibt, ist diese Auferstehungsschrift laut Lona in einen anderen polemischen Kontext zu verorten.[80] Daraufhin führt Lona die Äußerungen des Cyrill von Jerusalem, Theodoret von Cyrus, Gregor von Nyssa und der Quaestiones-Literatur als Quellen an, um den vergleichbaren Kontext der Debatte in De Resurrectione festzulegen. Das Problem der Kettennahrung wird ihm zufolge nicht allein von Heiden, sondern auch von Christen vorgetragen, so dass im Auferstehungstraktat eine derartige gemischte Gruppe zu entdecken ist, gegen die sich Ps-Athenagoras mit seiner Darlegung wendet.[81]

Allerdings lässt Lona den genauen Nachweis vermissen, welche Gegner und Adressaten bei den genannten Autoren tatsächlich vorliegen. Er postuliert einfach, dass der Kettennahrungs-Einwand auch von Christen gegen die Auferstehung vorgebracht wird, ohne jedoch zu bedenken, dass das Problem der Kettennahrung im vierten Jahrhundert zu einem traditionellen Einwand geworden ist, mit dem sich offenbar jeder Autor, der sich zur Auferstehungslehre und ihren Einwänden äußert, auseinandersetzen muss.[82] Zusätzlich führen die genannten Autoren ihren Nachweis der christlichen Jenseitshoffnung auf der Grundlage der Heiligen Schrift und mit dem Verweis auf Christi Auferstehung. Genau diese Vorgehensweise bleibt aber in De Resurrectione aus, so dass ein christliches Publikum kaum wahrscheinlich gemacht werden kann. Eine innerchristliche Auseinandersetzung um die „richtige" Auferstehungsauffassung fehlt ebenfalls im Traktat, so dass eine christliche Gegner- oder Adressatengruppe m.E. auszuschließen ist.

---

    wie Methodius und Hieronymus – in diesem Zusammenhang die Identität des irdischen mit dem pneumatischen Leib hervorhebt. Aber das ist hier nicht der Fall."

80   Vgl. H.E. Lona, Athenagoras, 554: „Die Texte, die m.E. eine bessere Basis für einen neuen Erklärungsversuch bieten, gehören in einen anderen polemischen Kontext."

81   Vgl. H.E. Lona, Athenagoras, 561f.: „Mehrere Texte – die 18. Katechese des Cyrill von Jerusalem, die Rede ‚In Sanctum Pascha' des Gregor von Nyssa, die ‚Quaestiones et responsiones ad orthodoxos', die Rede ‚De Providentia' des Theodoret von Cyrus – lassen erkennen, daß solche Einwände auch in den christlichen Reihen vorgetragen wurden. Eine solche gemischte Gruppe dürfte das Publikum bilden, an das sich Ps. Athenagoras mit seiner Darlegung wendet."

82   N. Zeegers-Vander Vorst bringt gegen Lonas Spätdatierung ebenfalls das Argument vor, dass der Kettennahrungs-Einwand bereits im 2. Jahrhundert entwickelt wurde und von den heidnischen Gegnern im 4. und 5. Jahrhundert weiter als fester Bestandteil der Polemik gegen die somatische Auferstehungshoffnung der Christen vorgebracht worden ist. Vgl. N. Zeegers-Vander Vorst, Adversaires et destinataires, 237 Anm. 122: „Il est donc plus vraisemblable d'admettre que R réfutait l'objection de la chaîne alimentaire déjà développée au IIe s. et que cette objection, parce que solide, trouvait encore des adeptes aux IVe et Ve s., principalement dans les rangs païens."

Es muss eher gefragt werden, in welcher Zeit und in welchem polemischen Kontext es möglich gewesen ist, von der Auferstehung des Leibes zu sprechen, ohne auf die Beweisführung mit der Heiligen Schrift zurückzugreifen. Diese Auskunft fehlt jedoch gänzlich in Lonas Datierungsversuch, wenn er die theologiegeschichtliche Einordnung des Traktats in das vierte Jahrhundert vornimmt. Die apologetische Zeit scheint jedoch eine angemessene Phase zu sein, auf einen Rekurs auf die Heilige Schrift zum Beweis der Auferstehung verzichten zu können, ohne sich gänzlich von den anderen Apologeten zu unterscheiden. Da sich unser Traktat m. E. ausschließlich an eine pagane Hörerschaft richtet, ist eine auf der Heiligen Schrift beruhende Argumentationsführung auch nicht zu erwarten. Ps-Athenagoras steht vor der Herausforderung, die somatische Jenseitshoffnung der Christen gegen heidnische Einwände abzusichern und überhaupt die Möglichkeit der Auferstehung der Leiber ausschließlich mit einer rationalen Beweisführung zu erweisen.

B. Pouderon

Bernard Pouderon verteidigt nachhaltig die athenagoreische Verfasserschaft des Traktats und datiert daher De Resurrectione in das letzte Viertel des zweiten Jahrhunderts. Er bringt auch eine ganz neue Gegnerthese im Auferstehungstraktat ein, indem er sich dabei auf M. Spanneut beruft:[83] „Le *Traité* paraît bien une mise en garde d'un doctrinaire ‚solide' (cf. *L.* XXVII, 2) adressée à des néophytes encore bien influençables (cf. *D.R.* II, 2), contre l'emprise de ‚ceux qui répandent la mauvaise semence dans le but d'étouffer la vérité' (cf. *D.R.* I, 1), c'est-à-dire les Gnostiques."[84] Wie aus dieser Formulierung zu entnehmen ist, unterscheidet B. Pouderon zwischen den Adressaten, die er als „beeinflussbare Neophyten" charakterisiert, und den Gegnern, die einen Einfluss auf dieses Publikum ausüben: den Gnostikern. Die gnostische Gegnerschaft erschließt er vor allem aus den ersten Sätzen des Traktats (De Res 1,1), in denen der polemische Kontext der Debatte angedeutet wird. Dagegen lehnt Pouderon die These heidnischer Gegner ausdrücklich ab, weil er in den polemischen Bezeichnungen der Kontrahenten ausschließlich Häretiker entdeckt.[85] Die origenistische Gegnerschaft verwirft er ebenfalls, da die spiritualistische Konzeption des Origenes ihm zufolge keinerlei Erwähnung im Traktat findet.[86]

---

83 Vgl. M. Spanneut, Le stoïcisme des Pères de l'Eglise de Clément de Rome à Clément d'Alexandrie, Paris 1957, 142.

84 B. Pouderon, Athénagore d'Athènes, 105.

85 Vgl. B. Pouderon, Athénagore d'Athènes, 107.109 f.

86 Vgl. B. Pouderon, Athénagore d'Athènes, 105.

118   3. KAPITEL

Vielmehr orientiert sich B. Pouderon bei der Bestimmung des polemischen Kontextes an den „beleidigenden Bezeichnungen" der Gegner: ἀκόλαστοι (De Res 2,2), βλασφημεῖν (De Res 2,3), μιξόθηροι (De Res 8,5) und οἱ χείριστοι (De Res 9,1).[87] Er gesteht zwar zu, dass die Gnostiker im ganzen Traktat niemals erwähnt werden, schließt aber dennoch aus diesen allgemeinen polemischen Aussagen auf die gnostische Gegnerschaft.[88]

Um zusätzlich die gnostische Front im Traktat zu belegen, versucht B. Pouderon, Analogien mit den Werken über die Auferstehung des Ps-Justin und Tertullian herzustellen, die sich eindeutig gegen die Gnostiker wenden.[89] Diesen Ansatz erhebt er zur einer wichtigen methodischen Vorgehensweise, um den polemischen Kontext von De Resurrectione zu eruieren. Eine Gemeinsamkeit mit den anderen Auferstehungstraktaten entdeckt B. Pouderon darin, dass in De Resurrectione nicht die Realität der Auferstehung „an sich" bewiesen werden soll. Vielmehr widmet sich laut B. Pouderon unser Autor – wie Ps-Justin und Tertullian – der Etablierung der Formel von der Auferstehung des Fleisches.[90] Dabei macht der Autor des Auferstehungstraktats seinen Kontrahenten zwei wesentliche Vorwürfe: Sie verachten das Fleisch und das sarkische Leben und sie lehnen daher die Auferstehung ab, um die Rehabilitation des Fleisches zu vermeiden.[91]

---

87   Vgl. B. Pouderon, Athénagore d'Athènes, 109.

88   Vgl. B. Pouderon, Athénagore d'Athènes, 110: „Bien que nulle part les Gnostiques ne soient explicitement désignés, rien n'ébranlera notre certitude que ce sont eux, et eux seuls, qu'Athénagore le modéré, le conciliateur, désigne de ces termes injurieux, qu'il n'emploie même pas contre ces ennemis naturels que sont les Épicuriens [...]" N. Zeegers-Vander Vorst ist der Identifizierung der vier polemischen Begriffe mit den Gnostikern intensiv nachgegangen und gelangt zu einem gegenteiligen Ergebnis: „Ainsi, aucun des quatre vocables où B. Pouderon décèle des injures lancées aux ,faux-frères' ne qualifie ,les' gnostiques. En raison du contexte où ils s'insèrent, il faut, en effet, éliminer de la liste les termes τοῖς μιξοθήροις: ,les êtres chimériques' et τοῖς χειρίστοις: ,les pires propos'. C'est le contexte encore qui impose d'identifier à des païens les ,acolastes' et les ,blasphémateurs'." N. Zeegers-Vander Vorst, Adversaires et destinataires, 217.

89   Vgl. B. Pouderon, Athénagore d'Athènes, 106: „Par l'analogie, en comparant différents passages du Traité d'Athénagore avec d'autres similaires, extraits d'ouvrages sur la résurrection manifestement dirigés contre les Gnostiques qui développent les mêmes thèmes."

90   Vgl. B. Pouderon, Athénagore d'Athènes, 104: „A regarder objectivement le contenu même du Traité, il apparaît avec évidence qu'aucun des arguments ne tend à prouver la réalité de la résurrection ,en soi', mais que tous tendent à établir la résurrection de la chair [...]"

91   Vgl. B. Pouderon, Athénagore d'Athènes, 105. H.E. Lona übt an dieser Rekonstruktion zu Recht massive Kritik: Pouderon mache auf diese Weise „unseren Verfasser zu einem Verteidiger des Dogmas von der Auferstehung des Fleisches." H.E. Lona, Athenagoras, 552

DIE EINWÄNDE DER GEGNER GEGEN DIE LEIBLICHE AUFERSTEHUNG   119

Aufgrund der Kritik an der gnostischen Gegnerthese, die kaum Zustimmung in der Forschung gefunden hat,[92] unternimmt B. Pouderon erneut den Versuch, die gnostische Front in De Resurrectione nachzuweisen. In einem zuletzt zu dieser Thematik erschienenen Aufsatz[93] wird die valentinianische Gnosis als Gegenposition in De Resurrectione postuliert. Der Titel des Aufsatzes lautet „Le ‚De resurrectione' d'Athénagore face à la gnose valentinienne" und gibt präzise seine These wieder. Eine genauere Untersuchung dieser Gegnerthese bringt jedoch keine wirklich neuen Argumente hervor, die aus dem Text von De Resurrectione die gnostische Gegnerschaft ableiten lassen. B. Pouderon begnügt sich damit, seine bekannten Argumente in zwei Anmerkungen zu erwähnen,[94] ohne weitere Gründe für eine gnostische Gegenposition im Traktat beizubringen.[95]

    Anm. 49. Dies ist Lona zufolge aber aus folgenden Grund unhaltbar: „Ps. Athenagoras spricht nirgendwo von der Auferstehung des Fleisches. Der Terminus σάρξ bezeichnet bei ihm nie die Leiblichkeit oder die Befindlichkeit des Menschen, sondern einen Teil des menschlichen Leibes. Es ist also das Fleisch im physiologischen Sinne." Ebd.

92   Eine Ausnahme bildet allein die Arbeit von D. Rankin, der sich ohne Einschränkung Pouderons gnostischer Gegnerthese anschließt. Vgl. D. Rankin, Athenagoras, 35 f. Es bleibt jedoch völlig unverständlich, weshalb die treffliche Widerlegung der Gnostikerthese durch N. Zeegers-Vander Vorst (Vgl. N. Zeegers-Vander Vorst, Adversaires et destinataires du De resurrectione attribué à Athénagore d'Athènes, In: Salesianum 57 [1995], 75–122; 199–250; 415–442; 611–656) unverwähnt bleibt, da Rankin die Ausführungen der Autorin zur „Echtheitsfrage" (in: N. Zeegers-Vander Vorst, La paternité athénagorienne du ‚De Resurrectione') detailliert wahrnimmt. Vgl. D. Rankin, Athenagoras, 17–23. Daher fehlt auch in seinem Literaturverzeichnis der einschlägige Aufsatz zu dieser Frage von N. Zeegers-Vander Vorst.

93   Vgl. B. Pouderon, Le ‚De resurrectione' d'Athénagore face à la gnose valentinienne, In: Recherches Augustiniennes 28 (1995), 145–183.

94   Vgl. B. Pouderon, La gnose valentinienne, 147 Anm. 11 und 169 Anm. 110.

95   Er lässt sich sogar dazu hinreißen, aus De Res 12,6 auf die Meinung der Kontrahenten zu schließen, die eine „Auferstehung der Seele" (résurrection de l'âme) vertreten sollen. Vgl. B. Pouderon, La gnose valentinienne, 170 Anm. 114: „Les opposants d'Athénagore, en DR. 12,6 [...] admettent que ‚tous les hommes ressuscitent'; dans la logique du discours, il ne peut s'agir que d'une ‚résurrection de l'âme', puisque dans le passage en question, il s'agit précisément de prouver la nécessité de la résurrection du corps, que ces opposants nient, ou dont ils doutent." Pouderon zufolge entspricht dies der valentinianischen Konzeption von der pneumatischen Auferstehung, die dann mit der „Auferstehung der Seele" gleichgesetzt wird. Vgl. B. Pouderon, La gnose valentinienne, 171: „C'est ce qui explique, à notre avis, que la résurrection ‚pneumatique' du valentinisme (et d'autres systèmes gnostiques) ait été assimilée à une résurrection de l'âme, voire, si l'on pose l'âme comme immortelle, à sa survie indépendamment du corps." Allerdings ist zu bemerken, dass im gesamten Trak-

Exkurs: Auseinandersetzung mit B. Pouderons gnostischer Gegnerthese in De Resurrectione

B. Pouderon macht die wenigen polemischen Äußerungen im Traktat zum wichtigsten Kriterium, um die gnostische Gegnerschaft in De Resurrectione zu rekonstruieren. Die beleidigenden Benennungen der Kontrahenten tauchen vor allem im ersten Teil des Traktats auf (De Res 2–11), in dem es darum geht, die Einwände der Gegner zu widerlegen. Pouderon weist auf vier Begriffe hin, die die Gnostiker diskreditieren sollen: ἀκόλαστοι (De Res 2,2), βλασφημεῖν (De Res 2,3), μιξόθηροι (De Res 8,5) und οἱ χείριστοι (De Res 9,1). Ebenfalls zählt er die Äußerung von dem Aufkommen der Lüge neben der Wahrheit in De Res 1,1 zu den „sicheren" Hinweisen für die gnostische Gegnerschaft. Fest steht, dass das in De Res 1,1 vorgebrachte Bild zum polemischen Kontext der Debatte gehört, der den Verfasser herausfordert, Stellung zu der umstrittenen Fragestellung zu beziehen. Alle diese Hinweise zeigen an, dass Ps-Athenagoras eine bestimmte Gegenposition seiner Kontrahenten bekämpfen will und nicht etwa eine allgemeine Darstellung von der Auferstehung ohne jeden Zeitbezug verfassen möchte.

Besonders bei den vier beleidigenden Qualifizierungen der Gegner muss jedoch gefragt werden, in welchem Kontext sie geäußert werden und worauf diese Diskreditierungen jeweils zu beziehen sind. Es fällt bei den ersten beiden Begriffen auf, dass sie in einem Zusammenhang stehen, in dem unser Autor zum ersten Mal im Traktat die gegnerischen Einwände referiert (De Res 2,2 und 2,3). Bevor Ps-Athenagoras explizit auf die von den Gegnern vorgebrachten Einwände eingeht (in De Res 2,3), warnt er seine Adressaten, sich nicht urteilslos der Meinung der „Ungezügelten" (τοῖς ἀκολάστοις) anzuschließen, die die ἀδύνατον- und ἀβούλητον-Einwände vorbringen.[96] Unser Autor ist sich dessen bewusst, dass die gegnerischen Argumente seine Zuhörer in Zweifel und in Verlegenheit versetzen, so dass er nicht zurückschreckt, ihre Einsprüche als Lästerung (βλασφημεῖν) und als gottlosen Unglauben (τῆς ἀθέου ταύτης ἀπιστίας) zu bezeichnen.[97] Er ist besorgt, dass ihre Argumente den Glauben an die Auferstehung bei seinem Publikum massiv gefährden, da es sich noch unter dem Einfluss der Gegner befindet. Daher kämpft er mit allen Mitteln, ihre Position und Ausstrahlung in Misskredit zu bringen.

---

tat von einer „Auferstehung der Seele", die in De Res 12,6 angeblich abgewehrt wird, keine Rede ist.

96 De Res 2,2 (Marcovich 26,20 f.).

97 De Res 2,3 (Marcovich 26,28 f.).

Wenn B. Pouderon die beiden Begriffe in De Res 2,2 und 2,3 (ἀκόλαστοι und βλασφημεῖν) direkt auf die Gnostiker bezieht, dann muss auch gefragt werden, ob die von den Gegnern vorgebrachten Einwände ebenfalls den gleichen Ursprung haben, weswegen Ps-Athenagoras eine solche Polemik benutzt. Bei den übrigen Äußerungen (μιξόθηροι und οἱ χείριστοι) gilt die gleiche Fragestellung, wenn die gnostische Gegnerschaft nicht nur postuliert, sondern tatsächlich nachgewiesen werden soll.

Die Diffamierung der Widersacher in De Res 8,5 als μιξόθηροι wird zum Abschluss der Widerlegung des Kettennahrungs-Einwands geäußert. Wenn sie tatsächlich weiterhin an diesem Argument – nach der Entgegnung in De Res 3,3–8,4 – festhalten, dann gleichen sie τοῖς μιξοθήροις.[98] Es existieren allerdings keinerlei Nachrichten davon, dass Gnostiker jemals die Kettennahrung gegen die leibliche Auferstehung vorgebracht haben. Bei dem letzten Begriff (οἱ χείριστοι) hat N. Zeegers-Vander Vorst überzeugend gezeigt, dass diese Formulierung nicht der Bezeichnung von Individuen, sondern der Art und Weise der Argumentation dient.[99] Wenn aber B. Pouderon annimmt, dass mit τοῖς χειρίστοις die Gnostiker direkt angesprochen werden, muss er ebenfalls den Nachweis liefern, dass diese Kontrahenten mit Töpfer- und Handwerker-Vergleichen die Auferstehung der Leiber *ad absurdum* führen. Jedoch bleibt ein derartiger Nachweis aus, da die Gnostiker mit solchen Vergleichen niemals gegen die somatische Jenseitshoffnung vorgegangen sind. Wenn sie sich gegen die Auferstehung der σάρξ wenden, dann mit Argumenten aus der Heiligen Schrift. Dies ist eindeutig in De Resurrectione von Ps-Justin und in De Resurrectione von Tertullian zu sehen.

Nun behauptet B. Pouderon bei der Rekonstruktion des gegnerischen Profils, dass der Verfasser des Auferstehungtraktats eine ähnliche kontroverse Auseinandersetzung wie Ps-Justin und Tertullian mit den Gnostikern in ihren Auferstehungsschriften führt. Da Ps-Justin auch den ἀδύνατον-Einwand seiner Gegner kennt, ist besonders darauf einzugehen. Daher ist es sinnvoll zu untersuchen, ob das ἀδύνατον-Argument in gleicher Weise oder doch ganz unterschiedlich vorgebracht wird.

Ps-Justin scheint tatsächlich den ἀδύνατον-Einwand zu behandeln, der von seinen Gegnern gegen die Auferstehung der σάρξ vorgebracht wird. Allerdings muss eruiert werden, in welchem Zusammenhang das ἀδύνατον vorkommt und ob es genauso wie bei Ps-Athenagoras fest mit dem ἀβούλητον verbun-

---

98   De Res 8,5 (Marcovich 33,2).

99   Vgl. N. Zeegers-Vander Vorst, Adversaires et destinataires, 216 f.

122   3. KAPITEL

den ist. In De Res 2,1ff. beginnt Ps-Justin, die Meinung seiner Widersacher explizit zu referieren: „Die das Schlimmere sagen, behaupten, dass es keine Auferstehung des Fleisches gebe. Denn es sei unmöglich (ἀδύνατον), dass dieses (Fleisch), das verdorben wird und sich in feine (Teile) auflöst, (wieder) in dieselbe (Einheit) zusammengebracht wird."[100] Das ἀδύνατον ist hier gegen die Auferstehung der σάρξ gerichtet, das die Gegner vorbringen. Aus De Res 5,2 wird ersichtlich, dass die Unmöglichkeit ausschließlich auf Gott bezogen wird (ἀδύνατον [...] τῷ θεῷ), der die Auferstehung des Fleisches nicht zu vollbringen vermag.[101] Denn Gottes Macht darf nicht dafür in Anspruch genommen werden, dass das in feine Teile aufgelöste und auf diese Weise verdorbene Fleisch in denselben Zustand wiederhergestellt wird. Die Gegner meinen somit, dass es für Gott unangemessen ist, die Auferstehung der σάρξ herbeizuführen.

Nun tritt das ἀδύνατον in De Res 2,1ff. nicht unverbunden als gegnerischer Einwand auf, sondern steht in einem bestimmten Kontext, der es weiter expliziert: „Zum ἀδύνατον aber, heißt es, dass die Rettung desselben auch nutzlos (ἀσύμφορον) sei."[102] Im griechischen Text kommt die enge Verbindung zwischen ἀδύνατον und ἀσύμφορον noch stärker zum Ausdruck: πρὸς δὲ τὸ ἀδύνατον καὶ ἀσύμφορόν φησιν ὑπάρχειν τὴν ταύτης σωτηρίαν. Beide Begriffe stehen in einem engen Sinnzusammenhang: Es ist für Gott unmöglich, das Fleisch aufzuerwecken, weil dies auch nutzlos ist. Die σάρξ in der eschatologischen Existenz wieder zu erhalten, bringt dem Menschen keinen Vorteil, so dass das Können Gottes darauf nicht bezogen werden darf. Zusätzlich zu diesen beiden Einwänden führt Ps-Justin noch weitere Argumente ein: „Und sie machen es schlecht, indem sie (seine) Mängel vorbringen und den Nachweis führen, dass es allein die Ursache der Sünden sei."[103]

Besonders dieser Zusammenhang scheint die ἀδύνατον- und ἀσύμφορον-Einwände provoziert zu haben. Indem die Gegner das Fleisch als die alleinige Ursache für die Sünden annehmen, ist es für sie schwer vorstellbar, dass die σάρξ diese Beschaffenheit im postmortalen Zustand ablegen wird. Sie machen vor allem an den Geschlechtsorganen die Ursache der Begierden und der Sünden fest, so dass damit die Nutzlosigkeit des auferstandenen Fleisches zu ver-

---

100   Ps-Justin, De Res 2,1f. (PTS 54, 106,1–3 Heimgartner): „Φασὶν οἱ τὰ χείρονα λέγοντες οὐκ εἶναι τῆς σαρκὸς ἀνάστασιν. Ἀδύνατον γὰρ εἶναι τὴν φθειρομένην καὶ διὰ λεπτῶν λυομένην ταύτην συναχθῆναι εἰς τὸ αὐτό."

101   Ps-Justin, De Res 5,2 (PTS 54, 112,5 Heimgartner).

102   Ps-Justin, De Res 2,3 (PTS 54, 106,3f. Heimgartner): „πρὸς δὲ τὸ ἀδύνατον καὶ ἀσύμφορόν φησιν ὑπάρχειν τὴν ταύτης σωτηρίαν".

103   Ps-Justin, De Res 2,3 (PTS 54, 106,4f. Heimgartner): „καὶ κακίζουσιν αὐτὴν τὰ ἐλαττώματα προφέροντες καὶ αὐτὴν μόνην τῶν ἁμαρτημάτων αἰτίαν ἀποφαίνονται."

DIE EINWÄNDE DER GEGNER GEGEN DIE LEIBLICHE AUFERSTEHUNG   123

binden ist. Ps-Justin gibt diesen Standpunkt der Auferstehungsleugner in De Res 2,6–12 ausführlich wieder, so dass die gegnerische Position gut rekonstruiert werden kann: „Wenn das Fleisch aufersteht, wird es entweder vollständig auferstehen und alle (seine) Teile haben oder unvollständig (sein). Aber sollte es mangelhaft auferstehen, zeigt es die Unfähigkeit dessen, der es auferstehen lässt, wenn er die einen (Teile) erhalten konnte, die anderen aber nicht. Wenn es aber alle Teile haben wird, (dann) offenbar auch die Geschlechtsteile. Ist es nicht widersinnig zu sagen, dass es diese nach der Auferstehung der Toten geben wird, da (doch) der Retter gesagt hat: ‚Weder heiraten sie noch werden sie verheiratet, sondern sie werden wie Engel im Himmel sein?‘ Die Engel aber, sagen sie, haben weder Fleisch noch essen sie noch haben sie miteinander Geschlechtsverkehr, so dass es auch keine fleischliche Auferstehung geben wird.“[104]

Den Ausgangspunkt der Kritik bildet die Überlegung, dass die auferstandene σάρξ entweder ὁλόκληρος oder ἀτελής sein wird. Die zweite Möglichkeit scheidet aber aus: Denn wenn das Fleisch mangelhaft (ἐλλειπῆ) aufersteht, zeigt es vor allem die Unfähigkeit Gottes, das Fleisch vollständig wiederherstellen zu können. Dies darf jedoch nicht auf Gott zutreffen, der die einen Teile erhalten kann, die anderen aber nicht. Diese Argumentation impliziert, dass die Gegner nicht *per se* die Allmacht Gottes ablehnen, sondern ausdrücklich in Bezug auf die Auferstehung der σάρξ: Wenn schon Gottes Macht für die fleischliche Auferstehung vereinnahmt wird, dann muss die σάρξ mit allen seinen Teilen vollständig auferstehen. Die Vorstellung aber, dass das Fleisch auch seine Geschlechtsteile bei der Auferstehung beibehält, provoziert den ἄτοπον-Vorwurf der Kontrahenten: „Ist es nicht widersinnig zu sagen, dass es diese (Geschlechtsteile) nach der Auferstehung der Toten haben wird, da (doch) der Retter gesagt hat: ‚Weder heiraten sie noch werden sie verheiratet, sondern sie werden wie Engel im Himmel sein.‘“[105]

Die Unsinnigkeit der fleischlichen Auferstehung besteht darin, dass diese einem Herrenwort (Mt 22,30/Mk 12,25/Lk 20,35 f.) direkt widerspricht, das die Beschaffenheit der Auferstandenen im Eschaton thematisiert. Wie die Aufer-

---

104   Ps-Justin, De Res 2,6–12 (PTS 54, 106,7–14 Heimgartner): „Εἰ ἡ σάρξ ἀνίσταται, ἤτοι ὁλόκληρος ἀναστήσεται καὶ πάντα τὰ μόρια ἔχουσα ἢ ἀτελής. Ἀλλὰ τὸ μὲν ἐλλειπῆ μέλλειν αὐτὴν ἀνίστασθαι ἀδυναμίαν ἐμφαίνει τοῦ ἀνιστῶντος, εἰ τὰ μὲν ἠδυνήθη σῶσαι, τὰ δὲ οὔ. Εἰ δὲ πάντα τὰ μέρη, καὶ τὰ μόρια ἕξει, δηλονότι· ταῦτα λέγειν ὑπάρχειν μετὰ τὴν ἀνάστασιν τὴν ἐκ νεκρῶν πῶς οὐκ ἄτοπον, τοῦ σωτῆρος εἰρηκότος· Οὔτε γαμοῦσιν οὔτε γαμίσκονται, ἀλλ᾽ ἔσονται ὡς ἄγγελοι ἐν τῷ οὐρανῷ; Οἱ δὲ ἄγγελοι, φασίν, οὔτε σάρκα ἔχουσιν οὔτε ἐσθίουσιν οὔτε συνουσιάζονται, ὥστε οὐδὲ σαρκικὴ ἀνάστασις γενήσεται.“

105   Ps-Justin, De Res 2,9 f. (PTS 54, 106,11–13 Heimgartner).

standenen den Engeln gleich sein werden, so werden sie weder Fleisch noch Nahrungsbedürfnis noch Geschlechtsverkehr haben, so dass die σαρκικὴ ἀνάστασις widerlegt ist. Die Leugner der fleischlichen Auferstehung gehen demnach davon aus, dass die Engel keine menschlichen Bedürfnisse besitzen, da sie keine σάρξ wie die Menschen haben. Wenn nun der Herr sagt, dass sie weder heiraten noch verheiratet werden, dann setzt er die Funktion der Geschlechtsteile außer Kraft, so dass das vollständig auferstandene Fleisch keinen Nutzen im Eschaton mehr hat. Vielmehr werden sie wie die Engel im Himmel sein, so dass die völlige Gleichstellung mit den ἄγγελοι sehr nahe liegt. Da die Engel gänzlich fleischlos gedacht werden, entfallen auch sämtliche Bedürfnisse der σάρξ wie das Nahrungsbedürfnis und die Funktionen der Geschlechtsglieder. Mit einer solchen Argumentation widerlegen die Gegner auf der Basis eines Herrenwortes die fleischliche Auferstehung: „Die Engel aber, sagen sie, haben weder Fleisch noch essen sie noch haben sie miteinander Geschlechtsverkehr, so dass es auch keine fleischliche Auferstehung (σαρκικὴ ἀνάστασις) geben wird."[106]

Daraufhin widmet sich Ps-Justin der Aufgabe, die gegnerischen Ausführungen in De Res 2,5–14 direkt in De Res 3 und 4 zu widerlegen. Erst in De Res 5,1 kommt der Autor wieder auf das ἀδύνατον zurück, das diesmal mit zwei anderen Einwänden kombiniert wird: „Doch aber auch von denen, die sagen, dass das Fleisch nicht auferstehe, sagen die einen, dass es unmöglich sei, dass es auferstehe, die anderen aber, dass es Gott nicht zukomme, es wegen seiner Wertlosigkeit und Verächtlichkeit auferstehen zu lassen, wieder andere, dass es grundsätzlich auch keine Verheißung habe."[107] Wenn die Formulierung (οἱ μέν – οἱ δέ – οἱ δέ) hier nahelegt, an drei verschiedene Gruppen zu denken, so ist es doch offensichtlich, dass die in De Res 2 formulierten Einwände an dieser Stelle in einer etwas variierten Form wiedergegeben werden. „Es handelt sich dabei mehr um verschiedene Argumentationsschwerpunkte als um verschiedene Gruppen von Gegnern, denn unser Autor variiert die Darstellungsweise: In 5,1 schildert er die Gegner als drei Gruppen (οἱ μέν – οἱ δέ – οἱ δέ) mit verschiedenen Hauptaussagen, in 2,2 f. lässt er jedoch die gleichen Gegner die Schwerpunkte 1 und 2 vertreten."[108] Zusätzlich ist dieser Beobachtung hinzuzufügen, dass mit der Bestreitung der Auferstehungsverheißung

---

106 Ps-Justin, De Res 2,11 f. (PTS 54, 106,13 f. Heimgartner).

107 Ps-Justin, De Res 5,1 (PTS 54, 112,1–4 Heimgartner): „Ἔτι δὲ καὶ τῶν λεγόντων μὴ ἀνίστασθαι τὴν σάρκα οἱ μὲν ὡς ἀδύνατον ἀναστῆναι λέγουσιν, οἱ δὲ ὡς μὴ προσῆκον τῷ θεῷ τὸ ἀνιστάνειν αὐτὴν διὰ τὸ εὐτελὲς καὶ εὐκαταφρόνητον αὐτῆς, οἱ δὲ ὅτι τὴν ἀρχὴν οὐδὲ ἐπαγγελίαν ἔχειν."

108 M. Heimgartner, Pseudojustin, 142.

DIE EINWÄNDE DER GEGNER GEGEN DIE LEIBLICHE AUFERSTEHUNG 125

für das Fleisch der bereits in De Res 2,14 angedeutete Einwand als Schwerpunkt 3 ebenfalls in De Res 5,1 aufgenommen wird. Denn in De Res 2,14b heißt es, dass die Gegner versuchen, „das Fleisch der Verheißung zu berauben (ἀποστερεῖν τῆς ἐπαγγελίας τὴν σάρκα)."[109] Dieser Einwand entspricht dem dritten Argumentationsschwerpunkt, dass nämlich das Fleisch grundsätzlich keine Verheißung hat.[110]

Somit ist eher von einer einheitlichen Gegnergruppe auszugehen, die drei verschiedene Einwände vorbringt, welche ihrerseits in einem gegenseitigen Sinnzusammenhang stehen: Es ist unmöglich für Gott, die σάρξ auferstehen zu lassen, weil die Wertlosigkeit und Verächtlichkeit des Fleisches ein Hindernis dafür bildet. Denn es kommt Gott nicht zu, das Fleisch und seine Mängel zu rehabilitieren. Außerdem hat die σάρξ auch keine Verheißung der Auferstehung, was anhand der Heiligen Schrift bzw. des Herrenwortes (De Res 2,10) aufgezeigt wird. Daraufhin werden diese drei Einwände nacheinander widerlegt: Zunächst das ἀδύνατον in De Res 5 und 6. In De Res 7 geht Ps-Justin gegen die vor, „die das Fleisch verachten und sagen, dass es weder der Auferstehung noch des himmlischen Lebenswandelns würdig sei."[111] Schließlich wird in De Res 8–10 die Bestreitung der Auferstehungsverheißung des Fleisches abgelehnt.[112]

Ps-Justin bietet eine Struktur seiner Verteidigung der Auferstehung, die ausschließlich der Entkräftung der gegnerischen Einwände dient. Diese Vorgehensweise entspricht nur dem ersten Teil von De Resurrectione des Ps-Athenagoras (De Res 2,3–11,2), in dem er ebenfalls die Argumente seiner Kontrahenten nacheinander behandelt (De Res 2,4–9,2: ἀδύνατον; De Res 10,1–11,2: ἀβούλητον). Wenn beide Schriften tatsächlich die gleiche Gegnerschaft bekämpfen, wie B. Pouderon es behauptet, ist es nötig, einen Vergleich der gegnerischen Positionen anzustellen, um zu sehen, ob die Kontrahenten von Ps-Justin und Ps-Athenagoras die gleiche bzw. eine ähnliche Sicht vertreten. Um eine Aussage darüber zu treffen, muss die gegnerische Position in De Resurrectione von Ps-Justin noch stärker erfasst werden.

Aus der direkten Wiedergabe der gegnerischen Argumentation in De Res 2,6–12 ist zu entnehmen, dass die Kontrahenten des Ps-Justin gegen die σαρκική ἀνάστασις vorgehen. Sie selbst scheinen eine πνευματική ἀνάστασις zu

---

109 Ps-Justin, De Res 2,14b (PTS 54, 106,18f. Heimgartner): „πειρώμενοι καὶ αὐτοὶ ἀποστερεῖν τῆς ἐπαγγελίας τὴν σάρκα."

110 Anders M. Heimgartner, Pseudojustin, 142.

111 Ps-Justin, De Res 7,1 (PTS 54, 118,1f. Heimgartner).

112 Vgl. M. Heimgartner, Pseudojustin, 142, der ebenfalls eine entsprechende Gliederung des Traktats vorschlägt.

126 3. KAPITEL

vertreten, was deutlich in De Res 9,3 zu sehen ist: „Wenn aber die Auferstehung nur eine pneumatische (πνευματική) wäre, müsste er (Jesus) bei seiner
eigenen Auferstehung beweisen, dass der Leib liegen bleibt, die Seele aber
(weiterhin) für sich besteht."[113] Offenbar richtet er sich gegen eine pneumatische Auferstehung, die die Bestreiter der fleischlichen Auferstehung befür-
worten. Dies lässt sich durchaus mit der gegnerischen Argumentation in De
Res 2,14 verbinden, in der der entscheidende Begriff πνευματικόν erneut fällt:
„Es gibt aber einige, die sagen, dass auch Jesus selbst nur pneumatisch (auf
Erden) anwesend gewesen sei, nicht mehr aber im Fleisch, obwohl er aber
eine Erscheinung des Fleisches dargeboten habe, indem sie (so) auch versuchen, das Fleisch der Verheißung zu berauben."[114]

Die Vertreter der pneumatischen Auferstehung begründen ihre Sicht mit
einer christologischen Argumentation: Da Jesus pneumatisch auf Erden gelebt und nicht wirklich die σάρξ angenommen hat, gibt es daher auch keine
Verheißung für die σαρκικὴ ἀνάστασις. Er hat zwar eine Erscheinung des Fleisches (φαντασία σαρκός) dargeboten, sich aber auf keinen Fall in die Sphäre der
σάρξ begeben. Wenn schon Christus das Fleisch bei seinem irdischen Leben
gemieden hat, so wird er es auch nicht auferstehen lassen. Aus dieser Position ergeben sich die Einwände gegen die Auferstehung der σάρξ. Die Gegner
verstehen sich selbst als Christen,[115] indem sie mit einem Herrenwort (De Res
2,10) und einer christologischen Beweisführung (De Res 2,14) argumentieren.
Daraus leiten sie ihre Argumente gegen die fleischliche Auferstehung ab: Es
ist für Gott ἀδύνατον und ἀσύμφορον, das Fleisch auferstehen zu lassen. Zusätzlich hat es auch keine Verheißung der Auferstehung.

---

113 Ps-Justin, De Res 9,3 (PTS 54, 124,4–6 Heimgartner): „Εἰ δὲ ἦν πνευματικὴ μόνη ἡ ἀνάστασις,
ἐχρῆν ἀναστάντα αὐτὸν κατ' ἰδίαν μὲν δεῖξαι τὸ σῶμα κείμενον, κατ' ἰδίαν δὲ τὴν ψυχὴν ὑπάρχουσαν."

114 Ps-Justin, De Res 2,14 (PTS 54, 106,17–19 Heimgartner): „εἰσὶ δέ τινες, οἳ λέγουσι καὶ αὐτὸν τὸν
Ἰησοῦν πνευματικὸν μόνον παρεῖναι, μηκέτι δὲ ἐν σαρκί, φαντασίαν δὲ σαρκὸς παρεσχηκέναι,
πειρώμενοι καὶ αὐτοὶ ἀποστερεῖν τῆς ἐπαγγελίας τὴν σάρκα."

115 In der Forschung ist immer wieder der Versuch unternommen worden, diese christliche
Gruppe genauer zu bestimmen. P. Prigent, Justin, 43, denkt dabei an die Ebionäer, die bei
Irenäus, AdvHaer V,1,3, erwähnt werden. G. af Hällström, Carnis Resurrectio, 18 f., schlägt
vor, in den Gegnern die Karpokratianer zu sehen. Dieser Rekonstruktion haben H.E. Lona,
Auferstehung, 142 Anm. 380, und B. Pouderon, Le contexte polémique, 162, massiv widersprochen. Neuerdings behauptet M. Heimgartner, Pseudojustin, 190, dass die Gegner die
Enkratiten im Umfeld von Julius Cassian seien. Bereits an diesen verschiedenen Vorschlä-
gen wird sichtbar, dass Ps-Justin mit seinem Auferstehungstraktat in einer innerchristli-
chen Debatte steht und sehr wahrscheinlich gegen „heterodoxe" Christen vorgeht.

In Grundzügen ist hier in De Resurrectione von Ps-Justin die gegnerische Position rekonstruiert. Daraus wird aber auch ersichtlich, dass das ἀδύνατον bei Ps-Justin in einem ganz anderen Kontext steht, so dass aufgrund dessen keinesfalls auf eine gnostische Gegnerschaft in De Resurrectione von Ps-Athenagoras geschlossen werden kann. Wenn Ps-Athenagoras gegen die Gnostiker vorgegangen wäre, müsste ebenfalls nachgewiesen werden, dass auch das ἀβούλητον und das Kettennahrungs-Argument von ihnen gegen die somatische Auferstehung vorgebracht werden. Dieser Nachweis bleibt aber bei B. Pouderon aus, da Ps-Athenagoras nicht gegen eine gnostische Gruppe, sondern m. E. gegen heidnische Gegner vorgeht.

Außerdem argumentieren die Kontrahenten des Ps-Athenagoras auch nicht auf der Basis der Heiligen Schrift, anders als die Gegner des Ps-Justin, die ihre Argumentation ausdrücklich mit einem Herrenwort gestalten. Daher ist es völlig ausgeschlossen, trotz des ἀδύνατον in beiden Traktaten von derselben Gegnerschaft auszugehen.[116]

N. Zeegers-Vander Vorst

Die letzte und auch umfangreichste Studie zu De Resurrectione des Ps-Athenagoras stammt von Nicole Zeegers-Vander Vorst.[117] Der Zweck ihrer Untersuchung besteht darin, die Identität der Empfänger und der Gegner des Traktats zu bestimmen. Durch eine solche Vorgehensweise erhofft sie sich, die literarische Gattung des Traktats zu erfassen und auf diese Weise einen Beitrag zur Datierung der Schrift zu leisten.[118] Die Autorin fasst den Forschungsstand bis dato präzise zusammen: Insgesamt werden drei Möglichkeiten für die

---

116 Zu einem ähnliche Resultat gelangt auch N. Zeegers-Vander Vorst, wenn sie die gnostischen und antihäretischen Schriften des zweiten und des dritten Jahrhunderts dahingehend überprüft, ob die geäußerten Einwände in De Resurrectione des Ps-Athenagoras überhaupt jemals von Gnostikern vorgebracht bzw. ihnen unterstellt worden sind. Sie kommt dabei zu einem eindeutigen Ergebnis: „Venons-en aux objections. À l'hypothèse d'adversaires gnostiques, s'oppose le fait que R s'attarde longuement à réfuter des objections que les gnostiques n'ont jamais émises." N. Zeegers-Vander Vorst, Adversaires et destinataires, 646.

117 N. Zeegers-Vander Vorst, Adversaires et destinataires du De resurrectione attribué à Athénagore d'Athènes, In: Salesianum 57 (1995), 75–122; 199–250; 415–442; 611–656.

118 Vgl. N. Zeegers-Vander Vorst, Adversaires et destinataires, 76: „L'enjeu est important d'autant que l'identité des adversaires et des destinataires et, partant, la définition du genre littéraire de R, pourraient jeter quelque lumière sur les questions controversées que sont la date et la paternité du traité."

Adressaten und Gegner erwogen. Es sind entweder Christen, Gnostiker oder Heiden. Diese drei vorgeschlagenen Bestimmungen werden einer sehr detaillierten Untersuchung unterzogen, indem alle möglichen Varianten sowohl für die Gegner als auch Adressaten bedacht werden. N. Zeegers-Vander Vorst formuliert programmatisch für ihre über 160 Seiten umfassende Behandlung des gegnerischen Standpunkts und des Publikums des Traktats: „car seule une enquête élargie à l'ensemble des négateurs de la résurrection permet de préciser l'identité des adversaires et des destinataires."[119] Dabei unterscheidet die Autorin bewusst zwischen den Empfängern und Gegnern des Traktats, da sonst zwischen den verschiedenen Ebenen der Argumentation nicht angemessen zu differenzieren ist. Dass nämlich die Adressaten mit den Kontrahenten identisch sind, ist keine Selbstverständlichkeit.[120] Jedoch reduzieren sich die theoretisch sehr unterschiedlichen Kombinationen der Autorin zufolge auf drei konkrete Möglichkeiten, die in der altkirchlichen Literatur bezeugt werden:

1. De Resurrectione widerlegt gnostische Interpretationen von der Auferstehung und wendet sich an Christen, um sie vor diesen Lehren zu warnen. Für eine derartige „literarische Gattung" (genre littéraire) führt N. Zeegers-Vander Vorst Ignatius von Antiochen, Irenäus von Lyon und die Auferstehungstraktate von Ps-Justin und Tertullian an.[121]
2. De Resurrectione bekämpft christliche Auferstehungsvorstellungen des Origenes bzw. der Origenisten und richtet sich ebenfalls an die Christen. So wie Origenes die Meinung der christlichen *Simpliciores* widerlegt, die eine buchstäbliche Auferstehungsauffassung vertreten, geht Ps-Athenagoras gegen eine spiritualistische Vorstellung der auferstandenen Leiber vor.[122]
3. Ps-Athenagoras reagiert auf die Einwände der Heiden und wendet sich zugleich an sie. Als Vergleichstexte werden die Apologien des zweiten Jahrhunderts herangezogen, in denen unter anderem die Auferstehungslehre gegen die heidnische Skepsis verteidigt wird.[123]

---

119 N. Zeegers-Vander Vorst, Adversaires et destinataires, 641.

120 Vgl. N. Zeegers-Vander Vorst, Adversaires et destinataires, 642.

121 Vgl. N. Zeegers-Vander Vorst, Adversaires et destinataires, 642.

122 Vgl. N. Zeegers-Vander Vorst, Adversaires et destinataires, 642.

123 Vgl. N. Zeegers-Vander Vorst, Adversaires et destinataires, 642: „R réfuterait les objections des païens et s'adresserait à eux; on rangera alors le traité parmi les apologies du IIe s., mais non sans noter qu'il en diverge par sa limitation au seul thème de la résurrection."

Zunächst geht N. Zeegers-Vander Vorst der These von christlichen Gegnern in De Resurrectione nach.[124] Sie schließt sich dem Forschungskonsens an, dass im Auferstehungstraktat keine christlichen Gegner wie Origenes bzw. Origenisten bekämpft werden. Dabei überprüft sie alle Argumente, die für eine solche These verwendet werden und resümiert treffend: „Pas plus que la nature des objections réfutées, les qualifications que R décerne à ces objecteurs ne désignent des chrétiens."[125] Stattdessen wendet sich De Resurrectione an heidnische Intellektuelle, wie die Autorin mehrfach betont.[126] Weiterhin widmet sich N. Zeegers-Vander Vorst einer intensiven Auseinandersetzung mit der von B. Pouderon vertretenen gnostischen Gegnerthese im Traktat.[127] Sie liefert eine sehr detaillierte Widerlegung dieser These, indem sie wie folgt ihre Kritik konkretisiert: „Quelques désigantions péjoratives et certaines objections communes à R et aux traités antignostiques d'Irénée, de Tertullien et du ps.-Justin ont pu faire accroire que R s'inscrivait dans la polémique antignostique du IIe s. Rien n'autorise cette hypothèse."[128] Weder die vier beleidigenden Begriffe (ἀκόλαστοι, βλασφημεῖν, μιξόθηροι und οἱ χείριστοι) noch die behandelten Einwände in De Res 2,3–11,2 legen eine gnostische Gegnerschaft in De Resurrectione nahe. Außerdem werden gnostische Interpretationen der Auferstehung niemals im Traktat erwähnt noch behandelt, wie N. Zeegers-Vander Vorst sehr ausführlich darlegt.[129]

Stattdessen macht die Autorin die heidnische Adressaten- und Gegnerthese in De Resurrectione stark. Im Fokus stehen vor allem die Argumente, die sie für die heidnische Gegnerschaft geltend macht. N. Zeegers-Vander Vorst beschreibt sehr ausführlich, dass alle Einwände, die im Auferstehungstraktat vorkommen, von Heiden geäußert werden. Sowohl die Unmöglichkeit der Wiederherstellung des Leibes (De Res 2,3.5) als auch der Verweis auf die Katastrophen (De Res 3,3–4,3) gehen von Heiden aus.[130] Als Belegbeispiele führt die

---

124   Siehe die zusammenfassende Stellungnahme: N. Zeegers-Vander Vorst, Adversaires et destinataires, 643 f.

125   N. Zeegers-Vander Vorst, Adversaires et destinataires, 643.

126   Vgl. N. Zeegers-Vander Vorst, Adversaires et destinataires, 644: „Or, ce raisonnement, c'est aux intellectuels païens qu'il l'adresse."

127   Siehe die zusammenfassende Kritik: N. Zeegers-Vander Vorst, Adversaires et destinataires, 645–647.

128   N. Zeegers-Vander Vorst, Adversaires et destinataires, 645.

129   Vgl. N. Zeegers-Vander Vorst, Adversaires et destinataires, 415–430. Der auf diesen Seiten behandelte Abschnitt lautet: „4. Le silence de R sur les interprétations non littérales de la résurrection. Encore l'identité des objecteurs."

130   Vgl. N. Zeegers-Vander Vorst, Adversaires et destinataires, 647.

Autorin die Äußerungen an, die von Fronto und den Verfolgern von Lyon und Vienne stammen. Zusätzlich werden die behandelten Einwände der Apologeten (Tatian, Tertullian) aufgeführt. Schließlich verweist Zeegers-Vander Vorst auf Porphyrius und auf die christlichen Zeugnisse des 4. und 5. Jahrhunderts, die sich weiterhin mit diesen heidnischen Argumenten auseinandersetzen. Die aufgeführten Belege dienen ausschließlich dem Nachweis, den heidnischen Ursprung des Kettennahrungs-Einwands zu erweisen. Die Autorin verzichtet darauf, eine Entwicklung dieses Einspruchs nachzuzeichnen und so entsteht der Eindruck, dass das Problem der Kettennahrung vom zweiten bis zum fünften Jahrhundert auf gleiche Weise geäußert und behandelt wird.

Die übrigen Einwände in De Resurrectione führt N. Zeegers-Vander Vorst ebenfalls auf die Heiden zurück: „D'origine païenne aussi et fréquemment énoncée alors qu'elle ne trouve que de vagues échos chez les chrétiens est l'objection que la restauration des corps décomposés est impossible à Dieu, indigne de lui et contraire à sa volonté (R 2,3; 9,1; 10,1 et 6).“[131] Zu den behandelten Entgegnungen in De Res 2,3–11,2 macht die Autorin auf einen weiteren Einwand in De Resurrectione aufmerksam. Dieser betrifft den Seele-Leib-Dualismus, der eine Verachtung des Fleisches beinhaltet.[132] Die Gegner vertreten die Ansicht, dass sich die Seele mit dem Tod von der fleischlichen Hülle befreit und zum Aufenthaltsort der Seeligen zurückkehrt.[133] Mit dieser Meinung setzt sich Ps-Athenagoras in De Res 15 auseinander. Die Autorin weist erneut überzeugend nach, dass dieser Dualismus von der platonischen Philosophie herrührt und erst anschließend von einigen Gnostikern fortgeführt wird.[134] Alle von Ps-Athenagoras behandelten Einwände legen eine heidnische Gegnerschaft nahe, so dass sich sowohl die christliche als auch die gnostische Gegnerthese erübrigt.[135]

Weiterhin geht N. Zeegers-Vander Vorst den Bezeichnungen der Gegner in De Resurrectione nach.[136] Sie legt dar, dass sie weder auf die Gnostiker noch auf die Christen, sondern eher auf die heidnischen Philosophen zutreffen. Darin

---

131 N. Zeegers-Vander Vorst, Adversaires et destinataires, 648.

132 Vgl. N. Zeegers-Vander Vorst, Adversaires et destinataires, 244–249: „3.4 Le dualisme âme-corps et le mépris de la chair (R 15 et passim)“.

133 Vgl. N. Zeegers-Vander Vorst, Adversaires et destinataires, 648.

134 Vgl. N. Zeegers-Vander Vorst, Adversaires et destinataires, 648.

135 Vgl. N. Zeegers-Vander Vorst, Adversaires et destinataires, 648: „Voilà donc un large consensus témoignant que les objections réfutées par R ont toutes été émises par des païens et cela avec une intensité dont on ne trouve d'équivalent ni dans les rares réticences chrétiennes, ni dans les formulations gnostiques.“

136 Vgl. N. Zeegers-Vander Vorst, Adversaires et destinataires, 648 f.

entdeckt sie solche Philosophen, die eine stoische Tendenz aufweisen.[137] Ebenfalls belegt die Autorin mit zahlreichen Argumenten die heidnische Adressatenschaft im Traktat.[138] Auf diese Weise ordnet sie den Auferstehungstraktat
in einen heidnischen Kontext ein und nimmt an, dass Ps-Athenagoras seinem
heidnischen Publikum die christliche Auferstehungshoffnung gegen Einwände
der paganen Philosophen plausibel zu machen versucht: „Ainsi l'hypothèse
d'adversaires païens et de destinataires également païens est la seule qui rende
compte de tous les traits de R: vocables, objections, argumentation. Tous ces
traits en effet, y compris ceux qui excluent chrétiens et gnostiques, peuvent
s'appliquer à des païens."[139]

Anschließend macht sich N. Zeegers-Vander Vorst einige Gedanken zur literarischen Gattung von De Resurrectione. Zugleich gibt sie auch einen Vorschlag zur Datierung der Schrift ab. Die Autorin entdeckt eine starke Verwandtschaft von De Resurrectione mit der apologetischen Literatur des zweiten Jahrhunderts. Es gibt ihr zufolge zwar auch einige Divergenzen, die allerdings im
Vergleich zu den Ähnlichkeiten als zweitrangig anzusehen sind.[140] Daraufhin
geht N. Zeegers-Vander Vorst den Unterschieden und den verwandten Themen zwischen dem Auferstehungstraktat und der Apologetik nach, um auf
diese Weise De Resurrectione in einen zeitgeschichtlichen Rahmen einzuordnen. Bei einer derartigen Vorgehensweise wird eine methodische Unsicherheit
deutlich, da sich diese Untersuchung primär der Bestimmung der Adressaten und der Gegner und nicht der Datierung widmet. Bereits am Anfang der
zeitlichen Einordnung äußert die Autorin ihre generellen Bedenken, eine präzise Datierung vorzunehmen: „Contrairement à la plupart des apologies du
IIe s., R n'est pas un écrit de circonstance et ne contient aucune référence à
l'actualité. C'est tellement vrai qu'on a pu le dater des IIe, IIIe, IVe et même V[e]
s."[141]

Obwohl N. Zeegers-Vander Vorst in der gesamten Studie von einer Datierung in die zweite Hälfte des zweiten Jahrhunderts ausgeht und immer wieder
Schriften aus dieser Zeit als Vergleichsquellen heranzieht, können die Zweifel einer eindeutigen chronologischen Bestimmung nicht ausgeräumt wer-

---

137   Vgl. N. Zeegers-Vander Vorst, Adversaires et destinataires, 648: „Et si les adeptes des
      premières hypothèses (R 1,5) et des mêmes principes que ‚nous' (R 19,1) ont pu évoquer
      des chrétiens, le contexte invite à y retrouver des philosophes de tendance stoïcienne."

138   Vgl. N. Zeegers-Vander Vorst, Adversaires et destinataires, 649–652: Die Zusammenfassung
      der Argumente zugunsten des heidnischen Publikums.

139   N. Zeegers-Vander Vorst, Adversaires et destinataires, 651f.

140   Vgl. N. Zeegers-Vander Vorst, Adversaires et destinataires, 652.

141   N. Zeegers-Vander Vorst, Adversaires et destinataires, 652.

den. Wiederholt lässt die Autorin verlauten, dass ihre Untersuchung wenig zur Datierung des Traktats beitragen kann.[142] Da es keine eindeutigen zeitgeschichtlichen Indizien gibt, kann De Resurrectione zu einer zeitlosen Schrift gezählt werden, die in jeder Zeit gültig ist.[143]

Dennoch macht sie einen Vorschlag zu einer relativen Chronologie: Es bestehen zwar einige Unterschiede zur apologetischen Literatur, wie das Fehlen von bekannten Anklagen (Atheismus, Mordtaten, Kannibalismus und Inzest) oder die Stilunterschiede und die Begrenzung auf einen Teilbereich der christlichen Lehre (Auferstehung), jedoch überwiegen die mit den Apologien verwandten Themen. Die Einwände bei De Resurrectione und den Apologeten gegen die Auferstehung sind im Wesentlichen identisch. Vor allem haben sie gemein, dass sie gegen heidnische Kritik an der christlichen Lehre vorgehen. Dabei erfasst N. Zeegers-Vander Vorst sehr präzise den kontroversen Hintergrund, in dem De Resurrectione zu verorten ist: „Les objections que ʀ choisit de réfuter émanent de païens, tels Celse et ceux, anonymes ou non, auxquels les apologistes s'adressent: l'impossibilité matérielle de la résurrection, l'incapacité de Dieu à l'accomplir, l'indignité et l'injustice dont Il se rendrait coupable en redonnant vie aux cadavres, le fait que cette restauration est contraire à sa volonté, le dualisme âme-corps et le mépris de la chair."[144] In der Tat wendet sich Ps-Athenagoras m.E. gegen solche Einsprüche (ἀδύνατον und ἀβούλητον), die von Celsus ausgehen. Zusätzlich ist der ἀδύνατον-Einwand mit der Kettennahrungs-Argumentation erweitert worden, die ebenfalls einen heidnischen Ursprung hat, wie N. Zeegers-Vander Vorst überzeugend nachweist.

Weiterhin listet die Autorin sämtliche Motive auf, die De Resurrectione mit den Apologien gemeinsam hat.[145] Sie ist bemüht, zahlreiche Übereinstimmungen in der Argumentation zwischen dem Auferstehungstraktat und der apologetischen Literatur herzustellen, um auf diese Weise die literarische Gattung des Traktats zu bestimmen. Die Verteidigung gegen pagane Kritik stellt das Milieu der Auseinandersetzung dar. Die Autorin kommt zu dem Ergebnis,

---

142   In der Einleitung zur „Conclusion générale" spricht sie davon in einer Nebenbemerkung. Vgl. N. Zeegers-Vander Vorst, Adversaires et destinataires, 641.

143   Vgl. N. Zeegers-Vander Vorst, Adversaires et destinataires, 641: „Ces contradictions s'expliquent à la fois par l'absence dans ʀ d'indications explicites (dépourvu à ce point de références, ʀ pourrait passer pour un traité en quelque sorte intemporel: valable pour tous et en tout temps) [...]"

144   N. Zeegers-Vander Vorst, Adversaires et destinataires, 654.

145   Vgl. N. Zeegers-Vander Vorst, Adversaires et destinataires, 654f. Hier bietet die Autorin eine zusammenfassende Darstellung aller gemeinsamen Motive.

dass besonders die positive Beweisführung in De Resurrectione viele Motive aufnimmt, die in der Apologetik benutzt werden.[146] Deshalb ist der Auferstehungstraktat des Ps-Athenagoras in dieselbe Strömung zu situieren.[147]

Das besondere Verdienst ihrer umfangreichen Studie ist, dass sie die Auseinandersetzung eines christlichen Schriftstellers mit heidnischen Einwänden sehr überzeugend nachweist. Nach dieser Untersuchung kann kein Zweifel mehr daran bestehen, dass hier ausschließlich die Heiden und ihre Argumente den kontroversen Hintergrund der Debatte bilden. Allerdings kann sich die Autorin bis zum Schluss der generellen Zweifel bezüglich einer eindeutigen Datierung der Schrift nicht entledigen. In dem vorletzten Satz ihrer Studie kommt diese Unsicherheit erneut zum Ausdruck: „R est assurément un traité étrange, difficile à situer dans le temps, dans l'espace et dans l'ensemble de la littérature chrétienne."[148] Der Schwerpunkt der Untersuchung besteht eindeutig in der Bestimmung der Adressatenschaft und der Gegnerschaft des Traktats. Die Datierungsfrage bleibt weiterhin ein Desiderat der Forschung, die einer Klärung bedarf.

Der Hauptgrund für die Unsicherheit in der Datierung liegt vor allem darin, dass die Autorin keine festen Anhaltspunkte entdeckt, die eine bestimmte Zeit nahelegen. Nun liefern m. E. besonders die celsischen Einwände (ἀδύνατον und ἀβούλητον) und die Widerlegung dieser Argumente durch Origenes in C. Cels. V,22–24 einen klaren zeitlichen Rahmen, in dem sich Ps-Athenagoras ebenfalls mit den vorgebrachten Einwänden beschäftigt. Außerdem bietet auch die dringende Herausforderung der Kettennahrungs-Problematik, mit der sich Ps-Athenagoras sehr ausführlich (De Res 3,3–8,5) auseinandersetzt, einen Gegenentwurf zu Origenes, der sogar das Problem der Kettennahrung in seine Konzeption der Auferstehungslehre integriert. Da es aber keinen Hinweis darauf gibt, dass Ps-Athenagoras in irgendeiner Weise auf Origenes reagiert, wie dies in der Forschung überzeugend nachgewiesen wurde, ist davon auszugehen, dass der Autor des Auferstehungstraktats seinen Entwurf in der ersten Hälfte des dritten Jahrhunderts verfasst hat. Er setzt sich wie Origenes mit den celsischen Einwänden auseinander, die zusätzlich wohl ganz aktuell mit dem Kettennahrungs-Problem erweitert worden sind. Besonders diese Herausforderung stellt einen massiven Angriff auf die Auferstehungslehre dar, so dass

---

146 Vgl. N. Zeegers-Vander Vorst, Adversaires et destinataires, 655: „Quant à l'exposé positif, R l'illustre de thèmes qui trouvent, eux aussi, de nombreux échos dans les apologies."

147 Vgl. N. Zeegers-Vander Vorst, Adversaires et destinataires, 655: „Tous exploités par les apologistes et plongeant, pour la plupart, leurs racines dans la philosophie de l'époque, ces thèmes invitent à situer R dans le même courant."

148 N. Zeegers-Vander Vorst, Adversaires et destinataires, 656.

134   3. KAPITEL

sich Ps-Athenagoras genötigt sieht, seinen Traktat zum Beweis der Auferstehung zu verfassen.

2   Zur Rekonstruktion der gegnerischen Einwände

Zeigt der bisherige Gang der Forschung, dass für die historische Einordnung der Auferstehungsschrift die Bestimmung der Gegnerschaft und ihrer Argumente eine wesentliche Rolle spielen muss, so wollen wir uns dieser Frage nunmehr eigens zuwenden.

Die Gründe der ἀπιστία: ἀδύνατον- und ἀβούλητον-Einwände (De Res 2,1–3)

Wie wir schon dargestellt haben, weist De Res 2,1–3 auf den polemischen Hintergrund der Debatte hin. Die Zuhörer haben sich offensichtlich anhand der Vorurteile der „Ungezügelten" (τοῖς ἀκολάστοις) eine eigene Meinung gebildet, ohne deren Argumente kritisch zu überprüfen. Mit der Bezeichnung der Gegner als οἱ ἀκόλαστοι verweist der Autor auf die umkämpfte Infragestellung der christlichen Jenseitshoffnung. Die Einwände solcher Gegner übten einen derart verheerenden Einfluss auf die Empfänger des Traktats aus, dass diese hinsichtlich der Auferstehungsthematik große Zweifel hegten. Unser Autor will nun seine Zuhörer dazu animieren, den gegnerischen Einsprüchen nicht blind zu glauben, sondern vielmehr einer kritischen Abwägung zu unterziehen. So bringt er in De Res 2,2b sofort einen Ansatz, mit dem die Voraussetzungen der gegnerischen Argumente auf den Prüfstand gestellt werden können: Denn entweder ist die Entstehung der Menschen von keiner Ursache abhängig – was aber aus seiner Sicht ganz leicht zu widerlegen ist – oder Gott gilt als die Ursache alles Seienden.[149]

Ps-Athenagoras setzt bei seinen Rezipienten die Überzeugung voraus, dass die Entstehung des Menschen nicht grundlos ist. Wenn in Gott vielmehr der Grund alles Seienden gesehen wird, soll erst von dieser Prämisse ausgehend die Unglaubwürdigkeit der Auferstehungslehre abgeleitet werden.

> Dieses wird ihnen aber (dann) gelingen, wenn sie nachweisen können, dass es entweder für Gott unmöglich (ἀδύνατον) ist oder dass es nicht

---

149   De Res 2,2 (Marcovich 26,21–24): „ἀλλ' ἢ μηδεμιᾶς αἰτίας ἐξάπτειν τὴν τῶν ἀνθρώπων γένεσιν (ὃ δὴ καὶ λίαν ἐστὶν εὐεξέλεγκτον) ἢ τῷ θεῷ τὴν τῶν ὄντων ἀνατιθέντας αἰτίαν εἰς τὴν τοῦδε τοῦ δόγματος ἀποβλέπειν ὑπόθεσιν".

DIE EINWÄNDE DER GEGNER GEGEN DIE LEIBLICHE AUFERSTEHUNG 135

seinem Willen (ἀβούλητον) entspricht, die toten oder auch die ganz aufgelösten Leiber wieder zu vereinigen und zur Zusammensetzung derselben
Menschen zusammenzubringen.[150]

Erst an dieser Stelle benennt der Autor konkret die vorgebrachten Gründe der
Gegner, die die Auferstehung der Menschenleiber als unglaubwürdig erweisen
sollen. Er beabsichtigt, die Unzulässigkeit dieser Argumentation nachzuweisen
und bezeichnet ihre Einwände in polemischer Weise als gottlosen Unglauben
und Lästerung (τῆς ἀθέου ταύτης ἀπιστίας καὶ τοῦ βλασφημεῖν ἃ μὴ θέμις).[151]
    Auf Grund einer schöpfungstheologischen Annahme also werden die Zuhö-
rer veranlasst, die gegnerischen Einwände aufs Neue zu bedenken. Unser Verfasser ist überzeugt, dass sie in den ἀδύνατον- und ἀβούλητον-Argumenten „gottlosen Unglauben" und infolgedessen eine „Lästerung" entdecken. In dem abschließenden Satz von De Res 2,3 werden nun die Gegner indirekt zitiert:

> Denn die, welche meinen, dass es ἀδύνατον und ἀβούλητον sei, sagen nicht
> die Wahrheit, was aus dem Folgenden offenbar werden wird.[152]

An dieser Stelle gibt Ps-Athenagoras ausdrücklich die gegnerische Meinung
wieder, dass nämlich gewisse Widersacher bestehen, die einen ἀδύνατον- und
ἀβούλητον-Einwand gegen die Auferstehung vorbringen.
    Exakt die gleichen Einsprüche stammen aus der Feder des prominenten
Christengegners Celsus. Mit seiner Schrift ἀληθὴς λόγος (entstanden um 177–180
n. Chr.)[153] übte er offensichtlich einen nachhaltigen Einfluss auf das Meinungs-
bild seiner paganen Adressaten aus. Sein Werk erfährt erst etwa 70 Jahre später
eine gründliche Widerlegung durch Origenes (um 245–248 n. Chr.).[154] Der Alex-

---

150 De Res 2,3 (Marcovich 26,25–28): „Τοῦτο δὲ ποιήσουσιν, ἐὰν δεῖξαι δυνηθῶσιν ἢ ἀδύνατον ὂν
τῷ θεῷ ἢ ἀβούλητον τὰ νεκρωθέντα τῶν σωμάτων ἢ καὶ πάντῃ διαλυθέντα πάλιν ἑνῶσαι καὶ
συναγαγεῖν πρὸς τὴν τῶν αὐτῶν ἀνθρώπων σύστασιν."

151 De Res 2,3 (Marcovich 26,28 f.): „Ἐὰν δὲ τοῦτο μὴ δύνωνται, παρισάπθωσαν τῆς ἀθέου ταύτης
ἀπιστίας καὶ τοῦ βλασφημεῖν ἃ μὴ θέμις·"

152 De Res 2,3 (Marcovich 26,29–31): „ὅτι γὰρ οὔτε τὸ ἀδύνατον λέγοντες ἀληθεύουσιν οὔτε τὸ
ἀβούλητον, ἐκ τῶν ῥηθησομένων γενήσεται φανερόν."

153 Vgl. H.E. Lona, Kelsos, 55: „Eine historische Rekonstruktion, die aufgrund der zitierten
Stellen auf eine Entstehungszeit zwischen 177–180 schließt, beruht auf mehr als nur
Mutmaßungen – wie Pichler meint –, und darf für sich eine gut begründete historische
Plausibilität beanspruchen." So auch M. Fiedrowicz, Origenes Contra Celsum (FC 50/1),
35: „Die Abfassung des *Alethes Logos* ist somit zwischen 177 und 180 zu datieren."

154 Vgl. M. Fiedrowicz, Apologie im frühen Christentum, 66: Origenes habe „zwischen 245
und 248 sein letztes und wohl reifstes Werk *Contra Celsum*" verfasst. Vgl. ders., Origenes

136   3. KAPITEL

andriner tritt diesem Angriff des Kontrahenten in dem groß angelegten und aus
acht Büchern bestehenden Entwurf „Contra Celsum" entschieden entgegen.
Ps-Athenagoras setzt ebenso die Kenntnis des ἀληθὴς λόγος bei seinem paganen
Publikum voraus. Offenbar erfreute sich diese Schrift zur Zeit der Entstehung
des Traktats einer weiten Verbreitung.

2.1 *Celsus' Kritik an der Auferstehungslehre*

2.1.1   C. Cels. V,14: ἀδύνατον- und ἀβούλητον-Einwände

Celsus äußert seine Kritik am christlichen Auferstehungsglauben, dessen Ursprünge er im Judentum entdeckt,[155] in dem Fragment *Contra Celsum* V,14. In
einer Kernaussage formuliert er seinen grundsätzlichen Standpunkt:

> Aber Gott *kann* (δύναται) doch nicht das Hässliche (tun), er *will* (βούλεται)
> auch nicht das, was gegen die Natur ist.[156]

Zum Abschluss der Kritik an der Auferstehung wiederholt Celsus seine grundsätzliche Problematik gegen die sarkische Jenseitshoffnung der Christen:

> Das Fleisch doch, das voll von Dingen ist, von denen nichts Gutes zu sagen
> ist, als ewig darzustellen, ist widersinnig. Dies wird Gott weder *wollen*
> noch *können* (οὔτε βουλήσεται ὁ θεὸς οὔτε δυνήσεται.).[157]

Dies sind zugleich die Haupteinwände, mit denen sich Ps-Athenagoras in seiner Auferstehungsschrift auseinanderzusetzen hat,[158] da sie im Bewusstsein

---

Contra Celsum (FC 50/1), 10: „Hier [sc. in Caesarea] verfasste Origenes zwischen 245 und
248 eines seiner letzten und ausgereiftesten Werke, die acht Bücher umfassende Schrift
‚Gegen Celsus'. [...] Da die Christenverfolgung in Alexandrien von 249 noch nicht erwähnt
wird, bildet dieses Jahr den *terminus ante quem*. Aus der Verbindung all dieser Indizien
lässt sich folgern, dass das Werk *Contra Celsum* um 248 abgeschlossen worden sein dürfte."

155 In C. Cels. II,77 (Marcovich 148,10–13) trägt „der Jude" des Celsus seinen Glauben an die
     Auferstehung des Leibes vor: „Wir hoffen ja, dass wir irgendwo im Leibe auferstehen und
     ein ewiges Leben haben werden, und dass der Gesandte uns dafür als Vorbild und als
     Urheber sein wird, der (uns) zeigt, dass es für Gott nicht unmöglich ist, jemanden mit
     dem Leib auferstehen zu lassen."

156 C. Cels. V,14 (Marcovich 331,13 f.): „Ἀλλ' οὔτι γε τὰ αἰσχρὰ ὁ θεὸς δύναται, οὐδὲ τὰ παρὰ φύσιν
     βούλεται·"

157 C. Cels. V,14 (Marcovich 331,21 f.): „Σάρκα δὴ μεστήν, ὧν οὐδὲ εἰπεῖν καλόν, αἰώνιον ἀποφῆναι
     παραλόγως οὔτε βουλήσεται ὁ θεὸς οὔτε δυνήσεται."

158 H.E. Lona stellt ebenfalls den Bezug zu De Resurrectione des Ps-Athenagoras her: „Der
     ganze erste Teil *Ps. Athenagoras* ‚De Resurrectione' mit den Argumenten ὑπὲρ τῆς ἀληθείας

DIE EINWÄNDE DER GEGNER GEGEN DIE LEIBLICHE AUFERSTEHUNG   137

der heidnischen Adressaten von De Resurrectione als ἀδύνατον- und ἀβούλη-τον-Einwände präsent sind.

Die Studie setzt hier an und untersucht die Kritik des Celsus dahingehend, ob sich noch weitere Berührungspunkte mit der Auferstehungsschrift des Ps-Athenagoras feststellen lassen. Die Auferstehung des Fleisches bzw. des Leibes wird als etwas „Hässliches" und „Naturwidriges" bezeichnet. Für Celsus stellt der Wunsch der Christen nach der Auferstehung etwas Abscheuliches (βδε-λυρόν) dar. Deshalb darf das „Können" Gottes von ihnen nicht für eine solche somatische Jenseitshoffnung in Anspruch genommen werden:

> Auch wenn du in deiner eigenen Verworfenheit etwas Abscheuliches begehrst, wird Gott dies weder können (ὁ θεὸς τοῦτο δυνήσεται), noch darf man glauben, dass es sofort geschehen wird.[159]

Abschätzig spricht der Platoniker Celsus[160] von der Vorstellung einer ewigen Leiblichkeit:

> Denn Gott ist nicht der Urheber der sündhaften Begierde, auch nicht der irregeleiteten Unordnung, sondern der richtigen und gerechten Natur.[161]

Aus dieser Aussage ist ersichtlich, dass Celsus mit der sarkischen Existenzweise durchweg ein Festhalten an der sündhaften Begierde (ἡ πλημμελὴς ὄρεξις) auch in der postmortalen Seinsweise verbindet. Die Verleihung der Unsterblichkeit an die σάρξ kann für einen Platoniker nicht der göttlichen Ordnung, die die richtige und gerechte Natur (ὀρθῆς καὶ δικαίας φύσεως) beinhaltet, entsprechen.

(2,1–11,2) behandelt die Frage, ob Gott die Toten auferwecken kann und will. Die Ungläu-bigen mögen beweisen, daß ἡ ἀδύνατον ὂν τῷ θεῷ ἢ ἀβούλητον τὰ νεκρωθέντα τῶν σωμάτων ἢ καὶ πάντῃ διαλυθέντα πάλιν ἑνῶσαι καὶ συναγαγεῖν πρὸς τὴν τῶν αὐτῶν ἀνθρώπων σύστασιν (2,3). Daß die Ungläubigen die Beweislast tragen, ist nur rhetorisch gemeint. Inhaltlich handelt es sich um die Einwände, die schon Kelsos erhoben hat." H.E. Lona, Ps. Justins „De Resurrectione", 732 f.

159   C. Cels. V,14 (Marcovich 331,14–17): „οὐδ' ἂν σύ τι ἐπιθυμήσῃς κατὰ τὴν σαυτοῦ μοχθηρίαν βδελυρόν, ὁ θεὸς τοῦτο δυνήσεται, καὶ χρὴ πιστεύειν, εὐθὺς ὅτι ἔσται." Der Ergänzung durch Marcovich vor χρὴ mit οὔ σε folge ich nicht, weil der Sinn der Satzes auch so gut erschließ-bar ist.

160   Vgl. H.E. Lona, Kelsos, 42–45: „Kelsos, der Platoniker". Vgl. auch M. Fiedrowicz, Origenes Contra Celsum (FC 50/1), 19–22: „Das philosophische Profil".

161   C. Cels. V,14 (Marcovich 331,17–19): „Οὐ γὰρ τῆς πλημμελοῦς ὀρέξεως οὐδὲ τῆς πεπλανημένης ἀκοσμίας ἀλλὰ τῆς ὀρθῆς καὶ δικαίας φύσεως ὁ θεός ἐστιν ἀρχηγέτης."

In einem vorausgehenden Abschnitt (C. Cels. IV,52–61) behandelt Celsus die Lehre von der Menschennatur. Da die christliche Auferstehungshoffnung der „richtigen und gerechten Natur" widerspricht, verweist er auf die bereits ausgeführte „Naturenlehre". Zusätzlich legt die Formulierung οὐδὲ τὰ παρὰ φύσιν βούλεται nahe, dass die Auferstehungslehre dieser entgegensteht. Die Menschennatur besteht nach Celsus – wie auch nach Ps-Athenagoras – aus zwei Komponenten: aus einer Seele und einem Leib. Allerdings sind für Celsus im Menschen zwei gegensätzliche Naturen verbunden: „Und die Seele ist ein Werk Gottes, aber eine andere ist die Natur des Leibes."[162]

Beide Bestandteile sind Celsus zufolge unterschiedlichen Ursprungs. Dieser belegt die Gegensätzlichkeit der beiden Naturen: Gott hat nichts Sterbliches erschaffen, alle Werke Gottes sind unsterblich.[163] Auf diese Weise ist die Seele unsterblich, da sie ein Werk Gottes ist. „Aber die sterblichen (Werke) sind von jenen (θνητὰ δ' ἐκείνων)."[164] Diese Aussage steht hier unverbunden, setzt aber die Rezeption des platonischen *Timaios* voraus. Darin wird den „jungen Göttern" (νεοὶ θεοί) die Erschaffung der sterblichen Leiber (σώματα πλάττειν θνητά) übertragen.[165]

Die σώματα stellen somit die sterblichen Werke dar, die im Gegensatz zur ψυχή zu einer anderen Natur gehören. Celsus geht sogar soweit, dass er keinen Unterschied zwischen den menschlichen und animalischen Leibern entdeckt: „Und darin wird sich nicht unterscheiden ein Leib (σῶμα) einer Fledermaus, eines Wurmes, eines Frosches oder eines Menschen."[166] Die Ursache dafür besteht für ihn darin, dass alle σώματα aus der gleichen Materie sind. Daher sind sie alle der Vergänglichkeit unterworfen.[167]

---

162   C. Cels. IV,52 (Marcovich 269,12): „Καὶ ψυχὴ μὲν θεοῦ ἔργον, σώματος δὲ ἄλλη φύσις."

163   C. Cels. IV,52 (Marcovich 269,9–12): „Ἀλλ' ἐκεῖνο μᾶλλον ἐθέλω διδάξαι ⟨περὶ⟩ τὴν φύσιν, ὅτι ὁ θεὸς οὐδὲν θνητὸν ἐποίησεν· ἀλλὰ θεοῦ μὲν ἔργα ὅσα ἀθάνατα, θνητὰ δ' ἐκείνων."

164   C. Cels. IV,52 (Marcovich 269,11 f.).

165   Tim. 42,d5–7: „τὸ δὲ μετὰ τὸν σπόρον τοῖς νέοις παρέδωκεν θεοῖς σώματα πλάττειν θνητά". Vgl. H.E. Lona, Kelsos, 253: „Gott ist nämlich der Demiurg oder Schöpfer der göttlichen Dinge (Ti. 69c: καὶ τῶν μὲν θείων αὐτὸς γίγνεται δημιουργός), die Entstehung der Sterblichen zu bewerkstelligen, hat er aber ‚seinen eigenen Erzeugnissen' übertragen (τῶν δὲ θνητῶν τὴν γένεσιν τοῖς ἑαυτοῦ γεννήμασιν δημιουργεῖν προσέταξεν). Damit sind die ‚jungen Götter' (Ti. 42d: νεοὶ θεοί), d. h. die ‚Götter göttlichen Ursprungs' (Ti. 41a: θεοὶ θεῶν) gemeint, deren Aufgabe es ist, die sterblichen Leiber zu gestalten. [...] Darauf spielt Kelsos an, wenn er die Entstehung des Sterblichen ohne weitere Erklärung auf ‚jene' (δ' ἐκείνων) zurückführt, die mit den ‚jungen Göttern' gleichzusetzen sind."

166   C. Cels. IV,52 (Marcovich 269,12–14): „Καὶ ταύτῃ γε οὐδὲν διοίσει νυκτερίδος ἢ εὐλῆς ἢ βατρά-χου ἢ ἀνθρώπου σῶμα·"

167   C. Cels. IV,52 (Marcovich 269,14 f.): „ὕλη γὰρ ἡ αὐτή, καὶ τὸ φθαρτὸν αὐτῶν ὅμοιον." Daran anschließend formuliert Celsus, dass die verschiedenartigen σώματα auf keinen Fall als

DIE EINWÄNDE DER GEGNER GEGEN DIE LEIBLICHE AUFERSTEHUNG 139

Celsus geht überhaupt von der Gemeinsamkeit der somatischen Natur aller Lebewesen aus: Die φύσις aller Leiber ist ein und dieselbe, die in einem wiederholten Wechsel hin und her kehrt.[168] Aus dem gleichen materiellen Substrat entstehen stetig neue Lebewesen, die jeweils dem Prozess der Vergänglichkeit unterworfen sind.[169] Celsus schließt die Reflexion über die Natur der Leiber mit einem negativen Ergebnis ab: „Nichts von dem, was aus der Materie entstanden ist, ist unsterblich (ὕλης ἔκγονον οὐδὲν ἀθάνατον)."[170] Im Umkehrschluss bedeutet dies: Alle Erzeugnisse der Materie sind von ihrem Wesen her vergänglich (C. Cels. IV,52: ὕλη γὰρ ἡ αὐτὴ καὶ τὸ φθαρτὸν αὐτῶν ὅμοιον) und können daher niemals die Unsterblichkeit in sich aufnehmen.

Werk Gottes (θεοῦ ἔργον) zu verstehen sind. Um diesen Standpunkt zu belegen, bringt er einige Beispiele vor: Ein toter Mensch wird umgestaltet und aus seinem Rückenmark entsteht eine Schlange, aus einem Ochsen werden Bienen, aus einem Pferd Wespen, aus einem Esel Käfer und aus den meisten Leichnamen gehen Würmer hervor. C. Cels. IV,57 (Marcovich 274,14–18): „οὐ θαυμαστὸν εἰ ἐπὶ τοῦ παρόντος ἐξ ἀνθρώπου νεκροῦ μεταπλασσόμενος ὄφις, ὥς οἱ πολλοί φασι, γίνεται ἀπὸ τοῦ νωτιαίου μυελοῦ καὶ ἐκ βοὸς μέλισσα καὶ ἐξ ἵππου σφὴξ καὶ ἐξ ὄνου κάνθαρος καὶ ἀπαξαπλῶς ἐκ τῶν πλείστων σκώληκες". Zu den einzelnen Beispielen und ihrer Kenntnis in der antiken Literatur, siehe H.E. Lona, Kelsos, 254, mit entsprechenden Anmerkungen (Anm. 291–297).

Diese Annahmen erbringen für Celsus den Beweis, dass nichts davon ein Werk Gottes ist (C. Cels. IV,57 [Marcovich 274,18 f.]: κατασκευαστικὸν εἶναι τοῦ μηδὲν τούτων ἔργον εἶναι θεοῦ). „Sondern die Eigenschaften (ποιότητας) – ich weiß nicht, woher sie so geordnet sind – gehen ineinander über, so dass sie nicht ein ἔργον des göttlichen Logos sind (οὐχὶ θείου τινὸς λόγου ἔργον εἶναι), der die ποιότητας in der Materie verwandelt (C. Cels. IV,57 [Marcovich 274,19–21]: ἀλλὰ τὰς ποιότητας, οὐκ οἶδ' ὁπόθεν οὕτω τεταγμένας ἐκ τῶνδε τάσδε γίνεσθαι, οὐχὶ θείου τινὸς λόγου ἔργον εἶναι, τὰς ἐν τῇ ὕλῃ ποιότητας ἀμείβοντος)."

Celsus grenzt sich hier von stoischer Vorstellung ab, dass nämlich der göttliche Logos alle Bereiche der Materie durchdringt (vgl. H.E. Lona, Kelsos, 255 Anm. 298; C. Andresen, Logos und Nomos, 16). Vgl. H.E. Lona, Kelsos, 254: „Weil solche Verwandlungen innerhalb des materiellen Bereichs offenbar einer der Materie eigenen Ordnung folgen, schließen sie das Einwirken Gottes aus. Der Vorgang vollzieht sich durch eine Veränderung der materiellen Eigenschaften eines Lebewesens, an deren Ende ein ganz anders geartetes Lebewesen steht, d.h. mit anderen materiellen Eigenschaften ausgestattet ist, wenngleich die materielle Substanz gleich bleibt."

168 C. Cels. IV,60 (Marcovich 275,27–29): „Εἶθ' ἑξῆς φησιν ὅτι κοινὴ ἡ πάντων τῶν προειρημένων σωμάτων φύσις καὶ μία ἐς ἀμοιβὴν παλίντροπον ἰοῦσα καὶ ἐπανιοῦσα."

169 Auch Attikos, ein Mittelplatoniker des zweiten Jahrhunderts, vertritt eine ähnliche Vorstellung. Im Namen Platons behauptet er, dass alle Leiber, da sie aus derselben Materie bestehen, sich verändern und ineinander verwandeln. Vgl. Attikos, Fr. 5 (des Places 56,39–41): „Ἔτι ὁ μὲν Πλάτων πάντα τὰ σώματα, ἅτε ἐπὶ μιᾶς ὁμοίας ὕλης θεωρούμενα, βούλεται τρέπεσθαι μεταβάλλειν τ' εἰς ἄλληλα." Vgl. H.E. Lona, Kelsos, 255.

170 C. Cels. IV,61 (Marcovich 276,14).

140   3. KAPITEL

In C. Cels. v,14 erwähnt Celsus ein zusätzliches Hindernis, das der Auferstehung des Fleisches/Leibes entgegensteht. Mit der Verleihung der Unsterblichkeit an die σάρξ erschiene Gott als Urheber (ἀρχηγέτης) der sündhaften Begierde (ἡ πλημμελὴς ὄρεξις), was die gesamte Weltordnung durcheinander brächte.[171] In einem vorausgehenden Abschnitt, der direkt auf die Naturenlehre (IV,52–61) folgt, behandelt Celsus die Lehre von der Entstehung des Bösen (IV,62–70). Hier bereitet er den theoretischen Hintergrund der abwertenden Aussage vor, die die σάρξ mit der „sündhaften Begierde" identifiziert. Indem er aufs Neue postuliert, dass die Natur aller materiellen Dinge[172] dieselbe (IV,52: ὕλη γὰρ ἡ αὐτή) und immer die eine (IV,60: σωμάτων φύσις καὶ μία) ist, knüpft er an der Naturenlehre an. Daraus folgt, dass die Entstehung der Übel ebenfalls immer dieselbe ist (καὶ κακῶν γένεσις ἀεὶ ἡ αὐτή).[173]

Den Grund dafür liefert die Annahme, dass das Böse gleichbleibend ist – weder war es früher weniger oder mehr, noch wird es später weniger oder mehr.[174] Der Zustand der Übel (κακῶν) hat eine durchgehende Kontinuität. Die eigentliche Ursache dafür besteht darin, dass das Böse nicht von Gott kommt,[175] sondern der Materie innewohnt und in den Sterblichen, die mit ihrer somatischen Beschaffenheit Anteil an der Materie haben, sein Leben führt.[176] Da aber der Kreislauf der Sterblichen (ἡ τῶν θνητῶν περίοδος) von Anfang bis Ende gleichmäßig ist,[177] sind sie durch ihre Verbundenheit mit dem σῶμα durchgehend mit dem Bösen behaftet. Das Schlechte aber kann in keinem Fall von Gott stammen, sondern hat seine Herkunft aus der Gott entgegengesetzten Materie. Die Unsterblichkeit an eine materielle Substanz zu verleihen, bedeutet dementsprechend, das Böse im einem Einzelnen zu perpetuieren. Dies steht

---

171   C. Cels. v,14 (Marcovich 331,17–19).

172   Vgl. H.E. Lona, Kelsos, 256: „Aus der Gedankenführung ergibt sich, dass die in diesem Abschnitt gemeinte Natur die materielle ist."

173   C. Cels. IV,62 (Marcovich 277,20 f.): „μία γὰρ ἡ τῶν ὅλων φύσις καὶ ἡ αὐτή, καὶ κακῶν γένεσις ἀεὶ ἡ αὐτή."

174   C. Cels. IV,62 (Marcovich 277,18–20): „Κακὰ δ' ἐν τοῖς οὖσιν οὔτε πρόσθεν οὔτε νῦν οὔτε αὖθις ἥττω καὶ πλείω γένοιτ' ἄν·"

175   Celsus rezipiert mit dieser Aussage die platonische Annahme, dass Gott am Bösen unschuldig sei (Res 379b: τῶν δὲ κακῶν ἀναίτιον). Vgl. Apuleius, Plat 12 p. 205: „nec ullius mali causa deo poterit adscribi". Bereits in IV,14 hat Celsus selbst festgestellt, dass „Gott gut, schön und glückselig" sei, und dass er niemals eine Veränderung vom Guten zum Schlechten (ἐξ ἀγαθοῦ εἰς κακόν) annehmen könne.

176   C. Cels. IV,65 (Marcovich 279,15–18): „Τίς ἡ τῶν κακῶν γένεσις, οὐ ῥάδιον μὲν γνῶναι τῷ μὴ φιλοσοφήσαντι, ἐξαρκεῖ δ' εἰς πλῆθος εἰρῆσθαι ὡς ἐκ θεοῦ μὲν οὐκ ἔστι κακά, ὕλη δὲ πρόσκειται καὶ τοῖς θνητοῖς ἐμπολιτεύεται·"

177   C. Cels. IV,65 (Marcovich 279,18 f.): „ὁμοία δ' ἀπ' ἀρχῆς εἰς τέλος ⟨ἐστὶν⟩ ἡ τῶν θνητῶν περίοδος".

DIE EINWÄNDE DER GEGNER GEGEN DIE LEIBLICHE AUFERSTEHUNG   141

der gesamten Ordnung entgegen, wie Celsus es auch deutlich in C. Cels. v,14 zur Sprache bringt: Gott kann auf keinen Fall der Urheber einer irregeleiteten Unordnung sein, da es seinem Wesen widerspricht. Er wird aber nichts, was widersinnig ist, gegen sich selbst vollbringen.[178]

Die Vorstellung von der Verleihung der Unsterblichkeit an die σάρξ, die als Teil der vergänglichen Materie und zusätzlich als alleiniger Sitz der sündhaften Begierde gilt, provoziert somit die abwertende Bemerkung des Celsus, dass Gott weder das „Naturwidrige" will (οὐδὲ τὰ παρὰ φύσιν βούλεται) noch das „Hässliche" tun kann (οὔτι γε τὰ αἰσχρὰ ὁ θεὸς δύναται).

Von einer ähnlichen „hässlichen" Vorstellung hat Celsus bereits in C. Cels. IV,14.18 im Zusammenhang mit dem Glauben der Christen an eine Herabkunft Gottes (insgesamt in C. Cels. IV,2–23 thematisiert) gesprochen: Wenn Gott tatsächlich zu den Menschen herabkommt, so wie die Christen es behaupten, dann muss sich eine Veränderung (μεταβολή) an ihm vollziehen, und zwar vom Guten zum Schlechten, vom Schönen zum Hässlichen (ἐκ καλοῦ εἰς αἰσχρόν), vom Glück zum Unglück und vom Besten zum Schlimmsten.[179] Da aber Gott gut, schön und glückselig ist und sich im schönsten und besten Zustand befindet,[180] wählt er niemals eine derartige Veränderung.[181] Allein dem Sterblichen ist von Natur aus die Umwandlung eigen, nicht aber dem Unsterblichen, das sich immer auf dieselbe Weise verhält.[182] Deshalb wird Gott eine solche Veränderung auf keinen Fall annehmen.[183]

Wenn auch die Christen behaupten, dass sich Gott tatsächlich in einen sterblichen Leib (εἰς σῶμα θνητόν) verwandelt hat, so können sie diese Annahme aus der Sicht des Celsus nicht beweisen.[184] Das Unmögliche (τὸ ἀδυνατεῖν) besteht darin, dass Gott von seinem Wesen her zunächst keiner μεταβολή

---

178   C. Cels. v,14 (Marcovich 331,23 f.): „οὐδὲν οὖν οἷός τε παράλογον οὐδὲ παρ' ἑαυτὸν ἐργάσασθαι."

179   C. Cels. IV,14 (Marcovich 228,5–8): „εἰ δὴ εἰς ἀνθρώπους κάτεισι, μεταβολῆς αὐτῷ δεῖ, μεταβολῆς δέ ἐξ ἀγαθοῦ εἰς κακὸν καὶ ἐκ καλοῦ εἰς αἰσχρὸν καὶ ἐξ εὐδαιμονίας εἰς κακοδαιμονίαν καὶ ἐκ τοῦ ἀρίστου εἰς τὸ πονηρότατον."

180   C. Cels. IV,14 (Marcovich 228,4 f.): „Ὁ θεὸς ἀγαθός ἐστι καὶ καλὸς καὶ εὐδαίμων καὶ ἐν τῷ καλλίστῳ καὶ ἀρίστῳ·"

181   C. Cels. IV,14 (Marcovich 228,8 f.): „Τίς ἂν οὖν ἕλοιτο τοιαύτην μεταβολήν;"

182   C. Cels. IV,14 (Marcovich 228,9–11): „Καὶ μὲν δὴ τῷ θνητῷ μὲν ἀλλάττεσθαι καὶ μεταπλάττεσθαι φύσις, τῷ δ' ἀθανάτῳ κατὰ τὰ αὐτὰ καὶ ὡσαύτως ἔχειν."

183   C. Cels. IV,14 (Marcovich 228,11 f.): „Οὐκ ἂν οὖν οὐδὲ ταύτην τὴν μεταβολὴν θεὸς δέχοιτο."

184   C. Cels. IV,18 (Marcovich 231,3–5): „Ἤτοι ὡς ἀληθῶς μεταβάλλει ὁ θεός, ὥσπερ οὗτοί φασιν, εἰς σῶμα θνητόν, καὶ προείρηται τὸ ἀδυνατεῖ(ν)·"

142   3. KAPITEL

unterworfen ist und sich zudem niemals mit der „hässlichen" Materie bekleidet. Da dies für einen Platoniker wie Celsus völlig unvorstellbar ist, erscheint
ihm die Vorstellung von einer Inkarnation Gottes als absurd.

Ebenfalls als „abscheulich" (βδελυρόν) empfindet Celsus die Vorstellung, dass
sich die Seele, die er für ein überhimmlisches und unvergängliches Erzeugnis der göttlichen und leiblosen Natur hält,[185] in einen bereits verfaulten Leib
begeben soll. Vielmehr sucht sie sich, wenn sie in der richtigen Art und Weise
philosophiert, bereits zu Lebzeiten vom Leib zu lösen, da sie der Sphäre des
Untsterblichen entstammt. Freiwillig begibt sie sich niemals wieder in ein
σῶμα, daher fragt sich Celsus in C. Cels. v,14 mit Erschütterung: „Denn welche
menschliche Seele würde sich noch nach einem verfaulten Leib sehnen?"[186]
Die Bekleidung der Seele mit einem bereits verwesten σῶμα ist für einen Platoniker eine äußerst widerwärtige (καὶ τὸ σφόδρα μιαρὸν αὐτοῦ καὶ ἀπόπτυστον)
Vorstellung, die weder von allen Juden noch allen Christen geteilt wird.[187] Die
Uneinigkeit der Sadduzäer und Pharisäer, aber auch der Christen[188] wird hier
von Celsus gezielt für die Absurdität solchen Glaubens eingebracht. Celsus
schließt diesen Gedankengang mit einer präzisen Feststellung ab: Daher ist
die Auferstehung des „verfaulten Leibes" auch unmöglich plausibel zu machen
(ἀδύνατον ἀποφαίνειν). Er kann sein Unverständnis auch aus der Perspektive des
verwesten Leibes formulieren: „Denn welcher gänzlich zerstörter Leib könnte
in die anfängliche Natur und in jene erste Zusammensetzung (τὴν πρώτην
σύστασιν), aus der er gelöst wurde, zurückkehren?"[189] Dieser Vorstellungskomplex verhält sich völlig diametral zu der platonischen Hoffnung, sich bereits zu
Lebzeiten vom σῶμα und dessen Bedürfnissen zu befreien, erst recht aber zum
Zeitpunkt des Todes.

185   C. Cels. viii,49 (Marcovich 564,10 f.): „εἴτε ψυχὴν ζῶσαν εἴτε θείας καὶ ἀσωμάτου φύσεως
       ἔκγονον ὑπερουράνιόν τε καὶ ἄφθαρτον".
186   C. Cels. v,14 (Marcovich 331,6 f.): „ποία γὰρ ἀνθρώπου ψυχὴ ποθήσειεν (ἂν) ἔτι σῶμα σεσηπός;"
187   C. Cels. v,14 (Marcovich 331,7–9): „Ὁπότε μηδ' ὑμῶν τοῦτο τὸ δόγμα καὶ τῶν Χριστιανῶν
       ἐνίοις κοινόν ἐστι, καὶ τὸ σφόδρα μιαρὸν αὐτοῦ καὶ ἀπόπτυστον ἅμα καὶ ἀδύνατον ἀποφαίνειν·"
       Die Zufügung ῥᾴδιον durch M. Marcovich nach ἀδύνατον, ohne eine handschriftliche
       Bezeugung zu haben, ist nicht nötig. Diese Konjektur schwächt eher die Unmöglichkeit
       der Beweisführung (ἀδύνατον ἀποφαίνειν) ab.
188   Celsus unterscheidet hier in seiner Polemik gegen die Christen nicht zwischen Häretikern
       und „Orthodoxen". Alle christlichen Gruppen werden von ihm als eine Einheit, als Chri-
       sten, begriffen.
189   C. Cels. v,14 (Marcovich 331,9–11): „Ποῖον γὰρ σῶμα πάντῃ διαφθαρὲν οἷόν τε ἐπανελθεῖν εἰς τὴν
       ἐξ ἀρχῆς φύσιν καὶ αὐτὴν ἐκείνην, ἐξ ἧς ἐλύθη, τὴν πρώτην σύστασιν;"

2.1.2 Die Antwort auf den ἀδύνατον-Einwand in De Res 2,4–3,2

An der zuletzt geäußerten Kritik des Celsus setzt Ps-Athenagoras mit seiner Widerlegung an. Die celsische Behauptung, dass die Wiederherstellung eines zerstörten Leibes in seinen ersten Zustand (εἰς τὴν πρώτην σύστασιν) unmöglich nachzuweisen (ἀδύνατον ἀποφαίνειν) ist, wird von Ps-Athenagoras in De Res 2,3 exakt als gegnerischer Einwand aufgegriffen. Er fordert die von der gegnerischen Argumentation beeinflussten Empfänger dazu auf, Folgendes zu beweisen (δεῖξαι): Ist es für Gott unmöglich oder entspricht es nicht seinem Willen (ἀδύνατον ὂν τῷ θεῷ ἢ ἀβούλητον), die toten oder vollständig aufgelösten Leiber wieder zu einem Ganzen zu vereinigen und auf diese Weise die Zusammensetzung derselben Menschen (τὴν τῶν αὐτῶν ἀνθρώπων σύστασιν) zu vollbringen?[190] In De Res 3,1 lässt der Verfasser erneut durchblicken, dass er mit σύστασις – wie Celsus – die Wiederherstellung in die *erste* Verbindung (ἡ πρώτη σύστασις) im Sinn hat.[191] Ps-Athenagoras greift somit den Einwand des Celsus auch in genauem Wortlaut auf. Daher spricht er in seiner anfänglichen Entgegnung des ἀδύνατον-Einwands (De Res 2,4–6) ebenfalls von der Zusammensetzung nicht nur derselben Menschen, sondern auch von der σύστασις desselben menschlichen Leibes (De Res 2,5: πρὸς τὴν τοῦ ἀνθρωπείου σώματος σύστασιν).[192] Auf diese Weise geht er so präzise wie möglich auf den celsischen Einspruch ein.

Insgesamt gesehen fasst Ps-Athenagoras den ἀδύνατον-Einwand (De Res 2,4–3,2) als Infragestellung der göttlichen Macht (δύναμις) auf, die die Fähigkeit besitzt, die Menschenleiber auferstehen zu lassen. Um diese Hinterfragung aufzuheben, verweist er in De Res 2,4–6 zunächst auf die Allwissenheit Gottes. Gott weiß, wohin die einzelnen Elemente der aufgelösten Leiber jeweils geraten sind. Zur Begründung dieses Wissens Gottes bezieht sich Ps-Athenagoras auf die göttliche Schöpfermacht. Wenn Gott bereits *vor* der Erschaffung des Menschen die Zusammensetzung der einzelnen Elemente kannte, so wird er auch die durch den Tod zerstreuten zu derselben Verbindung zusammenführen. Die erste Phase der Widerlegung des ἀδύνατον-Arguments (De Res 2,4–6) schließt Ps-Athenagoras mit einem Verweis auf die ἀξία und σοφία Gottes ab:

---

190 De Res 2,3 (Marcovich 26,25–28): „Τοῦτο δὲ ποιήσουσιν, ἐὰν δεῖξαι δυνηθῶσιν ἢ ἀδύνατον ὂν τῷ θεῷ ἢ ἀβούλητον τὰ νεκρωθέντα τῶν σωμάτων ἢ καὶ πάντη διαλυθέντα πάλιν ἑνῶσαι καὶ συναγαγεῖν πρὸς τὴν τῶν αὐτῶν ἀνθρώπων σύστασιν.‟

191 De Res 3,1 (Marcovich 27,20 f.).

192 De Res 2,5 (Marcovich 27,12).

144 3. KAPITEL

> Aber für die Würde Gottes und für seine Weisheit ist beides naturgemäß und auf gleiche Weise leicht sowohl das Vorherwissen des Nochnichtgewordenen als auch die Kenntnis des Aufgelösten.[193]

In der nächsten Phase der Entgegnung (De Res 3,1–2) rückt die schöpfungstheologische Argumentation stärker in den Vordergrund:

> Und dass er auch eine ausreichende Kraft zur Auferstehung der Leiber besitzt, beweist (schon) deren Entstehung.[194]

Ps-Athenagoras führt sogleich seinen eigentlichen Standpunkt aus und nimmt Bezug auf den Glauben von der *creatio ex nihilo*:

> Wenn Gott nämlich die Menschenkörper und deren Grundstoffe bei der ersten Zusammensetzung (κατὰ τὴν πρώτην σύστασιν) aus dem Nichts (μὴ ὄντα) schuf, so wird er auch auf entsprechende Weise mit gleicher Leichtigkeit das Aufgelöste auferstehen lassen.[195]

Die δύναμις Gottes wird hier als eine alle Bereiche umfassende Schöpfermacht gedacht, die durch den Verweis auf die *creatio ex nihilo* eine zusätzliche Steigerung erhält.[196] Daher ist die δύναμις Gottes zu allem fähig, vorausgesetzt, es stimmt mit seinem Willen und seiner Absicht (γνώμη) überein. Dies wird in De Res 10 und 12 f. jeweils genauer begründet. Für das Erste genügt es Ps-Athenagoras, das ἀδύνατον in ein δυνατόν umgewandt zu haben: „ἐπ' ἴσης γὰρ αὐτῷ καὶ τοῦτο δυνατόν."[197]

In De Res 3,2 widmet er sich stärker seinen Rezipienten, die ihrer platonischen Tradition folgend von der Schöpfertätigkeit des Demiurgen an einer bereits existierenden Materie ausgehen: Denn sein Beweis wird auch dann

---

193 De Res 2,6 (Marcovich 27,16–18): „ὅσον δὲ πρὸς τὴν ἀξίαν τοῦ θεοῦ καὶ τὴν τούτου σοφίαν, ἀμφότερα κατὰ φύσιν καὶ ῥάδιον ἐπ' ἴσης τῷ τὰ μὴ γενόμενα προγινώσκειν τό καὶ διαλυθέντα γινώσκειν."

194 De Res 3,1 (Marcovich 27,19 f.): „Καὶ μὴν καὶ τὴν δύναμιν ὡς ἔστιν ἀρκοῦσα πρὸς τὴν τῶν σωμάτων ἀνάστασιν, δείκνυσιν ἡ τούτων αὐτῶν γένεσις."

195 De Res 3,1 (Marcovich 27,20–23): „Εἰ γὰρ μὴ ὄντα κατὰ τὴν πρώτην σύστασιν ἐποίησεν τὰ τῶν ἀνθρώπων σώματα καὶ τὰς τούτων ἀρχάς, καὶ διαλυθέντα (καθ' ὃν ἂν τύχῃ τρόπον) ἀναστήσει μετὰ τῆς ἴσης εὐμαρείας·"

196 Zur Entwicklung der Glaubensvorstellung von der *creatio ex nihilo* siehe: G. May, Schöpfung aus dem Nichts (1978).

197 De Res 3,1 (Marcovich 27,23).

DIE EINWÄNDE DER GEGNER GEGEN DIE LEIBLICHE AUFERSTEHUNG 145

nicht abgeschwächt, wenn einige seiner Adressaten die ersten Grundstoffe aus der Materie herleiten (κἂν ἐξ ὕλης ὑποθῶνταί τινες τὰς πρώτας ἀρχάς).[198]

Wenn es aber unter seinen Hörern auch andere Ansichten zur Entstehung der Menschenkörper gibt, nämlich, dass die σώματα aus den ersten Elementen

---

198 De Res 3,2 (Marcovich 27,23 f.): „Καὶ τῷ λόγῳ βλάβος οὐδὲν, κἂν ἐξ ὕλης ὑποθῶνταί τινες τὰς πρώτας ἀρχάς". Ps-Athenagoras verweist hier offenbar auf die platonische Vorstellung, gemäß welcher der Demiurg aus der vorhandenen Materie alle Dinge bildet. Denn er leitet daraus den Auferstehungsbeweis her, wenn er in De Res 3,2 anschließend sagt, dass es der einen und derselben Kraft Gottes zukommt, auch die bei ihnen angenommene Materie, die gestaltlos ist, zu gestalten und die ungeformte und ungeordnete ὕλη in viele und verschiedenartige Formen zu ordnen (Ἧς γάρ ἐστι δυνάμεως καὶ τὴν παρ' αὐτοῖς νενομισμένην (ὕλην), ἄμορφον οὖσαν, μορφῶσαι καὶ τὴν ἀνείδεον καὶ ἀδιακόσμητον πολλοῖς καὶ διαφόροις εἴδεσιν κοσμῆσαι). Die Konjektur von Marcovich scheint hier sinnvoll zu sein, wenn er aufgrund eines isoteleuton (-μένην ὕλην) den Ausfall von ὕλην nach νενομισμένην vorschlägt. Bereits der vom Arethas-Codex (A) abhängige Codex Mutinensis (N) hat durch manus recentior οὖσαν in οὐσίαν verbessert und somit ebenfalls auf ein gestaltloses Sein hingewiesen, aus dem alle Formen gebildet werden. Da hier aber im unmittelbaren Kontext deutlich von der ὕλη die Rede ist, kann der Konjektur von Marcovich zugestimmt werden. Vgl. M. Marcovich, De Resurrectione 3.2, 146 f.; ders., De Resurrectione Mortuorum, 9 f.

Ps-Athenagoras verweist hier somit auf die platonische Ansicht von der Entstehung aller Dinge aus einer ὕλη. Platon selbst spricht im Timaios noch nicht explizit von der ὕλη, sondern von einer ungestalteten φύσις, die alle Körper in sich aufnimmt (Tim. 50b6: περὶ τῆς τὰ πάντα δεχομένης σώματα φύσεως). Er bezeichnet sie in Tim. 52a8 als χώρα. Erst Aristoteles deutet die χώρα als ὕλη in Physica Δ 2 (209b11–13): „διὸ καὶ Πλάτων τὴν ὕλην καὶ τὴν χώραν ταὐτό φησιν εἶναι ἐν τῷ Τιμαίῳ· τὸ γὰρ μεταληπτικὸν καὶ τὴν χώραν ἓν καὶ ταὐτόν." Vgl. dazu H. Dörrie/M. Baltes, Der Platonismus in der Antike, Bd. 4, 439–448 und 489–528.

Überhaupt scheint Ps-Athenagoras in De Res 3,2 die Terminologie der Platoniker zu gebrauchen, wenn er von einer Materie spricht, die ἄμορφον, ἀνείδεον und ἀδιακόσμητον ist und die in viele und verschiedenartige Formen gestaltet und geordnet wird. Siehe bei Aëtius, De placitis 1,9,5 (Doxographi Graeci, 308,5–9 Diels): „Πλάτων τὴν ὕλην σωματοειδῆ ἄμορφον ἀνείδεον ἀσχημάτιστον ἄποιον ὅσον ἐπὶ τῇ ἰδίᾳ φύσει, δεξαμενὴν δὲ τῶν εἰδῶν καὶ οἷον τιθήνην καὶ ἐκμαγεῖον καὶ μητέρα γίγνεσθαι." Alkinoos, Didaskalikos 8,2 (Whittaker 19,35 f./Summerell/Zimmer 22,13 f.): „αὐτὴν δὲ [sc. τὴν ὕλην] καθ' αὑτὴν ἄμορφόν τε ὑπάρχειν καὶ ἄποιον καὶ ἀνείδεον". In der christlichen Literatur: Justin, Apol I,59,1 (PTS 38, 115,2 f. Marcovich): „λαβόντα τὸν Πλάτωνα μάθητε [τὸ] εἰπεῖν, ὕλην ἄμορφον οὖσαν τρέψαντα τὸν θεὸν κόσμον ποιῆσαι"; Justin, Apol I,10,2 (PTS 38, 45,6 f. Marcovich): „Καὶ πάντα τὴν ἀρχὴν, ἀγαθὸν ὄντα, δημιουργῆσαι αὐτὸν ἐξ ἀμόρφου ὕλης δι' ἀνθρώπους δεδιδάγμεθα." Ps-Justin, De Res 6,2.6 (PTS 54, 114,4 f.13 f. Heimgartner): „καὶ ὁ μὲν Πλάτων φησὶν ὑπὸ τοῦ θεοῦ τὰ πάντα ἐκ τῆς ὕλης γεγονέναι καὶ κατὰ πρόνοιαν αὐτοῦ. [...] εἴτε γὰρ κατὰ Πλάτωνα ἐστὶν ἡ ὕλη καὶ ὁ θεός, ἀμφότερα ταῦτα ἄφθαρτα".

146 3. KAPITEL

(ἐκ τῶν στοιχείων ὡς πρώτων)[199] oder aus den Samen (ἐκ σπερμάτων)[200] geschaf-

---

199 Ps-Athenagoras setzt bei seinen Adressaten die Annahme voraus, dass die Menschenleiber aus den Elementen zusammengesetzt sind. In De Res 2,5 (Marcovich 27,7 f.9–11) führt
er aus, dass Gott bereits *vor* der eigentümlichen Zusammensetzung eines jeden Leibes
(πρὸ τῆς οἰκείας ἑκάστου συστάσεως) die Natur der werdenden Elemente (τῶν γενησομένων
στοιχείων ἡ φύσις), aus denen die Menschenkörper bestehen, kannte. Mit dem Tod werden
die Körper aufgelöst, so dass das Aufgelöste von dem Elemententeil (τοῦ στοιχείου μέρος
δέδεκται τὸ λυθέν) aufgenommen wird, mit dem es verwandt (πρὸς τὸ συγγενές) ist. Gott
wird dann durch seine Kraft in der Auferstehung die Elemententeile eines jeden Leibes
zu einem Ganzen zusammenbringen (De Res 3,2: τὰ μέρη τῶν στοιχείων εἰς ἓν συναγαγεῖν).
Nun setzt Ps-Athenagoras voraus, dass die einzelnen Elemente an sich nicht vergehen,
sondern unvergänglich bleiben, so dass der Menschenkörper aus denselbigen Elementen
zusammengesetzt werden kann.

Zur Zeit des Ps-Athenagoras scheint es eine allgemein verbreitete Vorstellung zu sein,
dass die Körper aus den einzelnen Elementen bestehen. Die Ursprünge der Elementenlehre lassen sich bis auf Empedokles zurückverfolgen (vgl. dazu H. Diels, Die Fragmente
der Vorsokratiker Bd. 1, 276–375). Er nimmt vier unveränderliche Grundelemente (Erde,
Wasser, Feuer, Luft) an, aus denen die Natur der zusammengesetzten Körper besteht. Vgl.
Empedokles, Testimonia 34: „Ἐμπεδοκλῆς ἐξ ἀμεταβλήτων τῶν τεσσάρων στοιχείων ἡγεῖτο
γίνεσθαι τὴν τῶν συνθέτων σωμάτων φύσιν" (aus Galen, In Hipp. nat. hom. [Vol xv, 32,11–
13 Kühn]). Siehe weiter die Definition für στοιχεῖον, die sich bei Diogenes Laertius, Vitae
VII,136 (Long 355,12 f.) wiederfindet: „ἔστι δὲ στοιχεῖον ἐξ οὗ πρώτου γίνεται τὰ γινόμενα καὶ εἰς
ὃ ἔσχατον ἀναλύεται." Dass sich alles Entstehende in die ihm verwandten Elemente auflöst,
scheint somit ebenfalls eine verbreitete Annahme zu sein. Direkt nach dieser Definition
verbindet Diogenes Laertius die genannte Annahme mit der Lehre von der qualitätslo-
sen Materie, die aus den vier Elementen besteht. Das Feuer ist das Warme, das Wasser das
Flüssige, die Luft das Kalte, die Erde das Trockene (τὰ δὴ τέτταρα στοιχεῖα εἶναι ὁμοῦ τὴν ἄποιον οὐσίαν τὴν ὕλην· εἶναι δὲ τὸ μὲν πῦρ τὸ θερμόν, τὸ δ' ὕδωρ τὸ ὑγρόν, τόν τ' ἀέρα τὸ ψυχρόν, καὶ
τὴν γῆν τὸ ξηρόν.). Diogenes Laertius, Vitae VII,137 (Long 355,13–16). Vgl. Ps-Athenagoras,
De Res 7,1 (Marcovich 31,1–4), der ebenfalls vom Flüssigen, Trockenen, Warmen und Kalten spricht, in das die aufgenommene Nahrung aufgesogen und verwandelt wird (διακρίνεσθαι καὶ μεταβάλλειν εἰς ἕν τι τῶν ὑγραινόντων ἢ ξηραινόντων ἢ θερμαινόντων ἢ ψυχόντων).

Die Stoiker selbst unterscheiden zwischen Grundprinzipien und Elementen. Die
Grundprinzipien sind ihrer Meinung nach ungeschaffen und unvergänglich, die Elemente
hingegen werden durch den Weltbrand vernichtet (διαφέρειν δέ φασιν ἀρχὰς καὶ στοι-
χεῖα· τὰς μὲν γὰρ εἶναι ἀγενήτους ⟨καὶ⟩ ἀφθάρτους, τὰ δὲ στοιχεῖα κατὰ τὴν ἐκπύρωσιν φθείρεσθαι.). Vgl. Diogenes Laertius, Vitae VII,134 (Long 354,15–17). Nach dieser Vorstellung
bleiben also nur die Grundstoffe (τὰς ἀρχάς) bestehen, während die Elemente vergehen.
Ps-Athenagoras knüpft also mit der Äußerung κἂν ἐξ ὕλης ὑποθῶνταί τινες τὰς πρώτας ἀρχάς,
κἂν ἐκ τῶν στοιχείων ὡς πρώτων τὰ σώματα τῶν ἀνθρώπων, κἂν ἐκ σπερμάτων an verschiedenen Konzeptionen an, um den Auferstehungsbeweis zu führen.

Auf eine ähnliche Weise greift auch Ps-Justin in seinem Auferstehungstraktat auf die

DIE EINWÄNDE DER GEGNER GEGEN DIE LEIBLICHE AUFERSTEHUNG 147

fen sind,[201] dann bleibt es dennoch der einen und derselben Macht überlassen, daraus die σώματα τῶν ἀνθρώπων zu gestalten.[202] Die δύναμις Gottes ist somit trotz unterschiedlicher Annahmen weiterhin bei der Entstehung der Leiber notwendig, um dem Leblosen wieder Leben zu verleihen (τῷ μὴ ζῶντι δοῦναι ζωήν).[203] Daraus zieht Ps-Athenagoras die Schlussfolgerung:

> Auf gleiche Weise „kommt es derselben Macht auch zu, das Aufgelöste zu vereinigen, das Darniederliegende aufzurichten, das Tote wieder zu beleben und das Vergängliche in die Unvergänglichkeit zu verwandeln."[204]

Celsus hingegen kommt aus derselben Annahme von der Entstehung der σώματα aus der ὕλη zu einer dem christlichen Standpunkt entgegengesetzten Überzeugung: In seiner Naturenlehre (C. Cels. IV,52–61) vertritt er die Meinung, dass der Menschenleib ein Erzeugnis der Materie ist (ὕλης ἔκγονον), deshalb aber gänzlich verderblich. Denn nichts, was aus der ὕλη entsteht, erhält Unsterblichkeit. Vielmehr ist die Materie einem ständigen Prozess der Vergänglichkeit unterworfen, aus der stetig neue σώματα aller Lebewesen gebildet werden.

Vorstellungen der Platoniker, Epikureer und Stoiker zurück (in Ps-Justin, De Res 6,1–18), um die Wiederentstehung des Fleisches (vgl. Ps-Justin, De Res 6,5 [PTS 54, 114,12 f. Heimgartner]: κατὰ πάντας αὐτοὺς φανήσεται δυνατὴ ἡ τῆς σαρκὸς ὑπάρχειν παλιγγενεσία) in der Auferstehung plausibel zu machen. Ps-Justin nimmt in diesem Zusammenhang an, dass alle diese philosophischen Schulrichtungen die gemeinsame Lehre vertreten (De Res 6,3 [PTS 54, 114,8 f. Heimgartner]: ἔστι τινὰ παρ' αὐτοῖς ὁμολογούμενα κοινὰ δόγματα πρὸς ἁπάντων), dass die στοιχεῖα unvergänglich sind, aus denen die Entstehung einer jeden Sache und Lebewesens ist (De Res 6,4 [PTS 54, 114,10 f. Heimgartner]: καὶ τὸ τὰ στοιχεῖα ἄφθαρτα ὑπάρχειν, ἐξ ὧν ἡ ἑκάστου γένεσίς ἐστι.). Da die Elemente nach der Auflösung des Leibes unvergänglich bestehen bleiben, können sie auch in der Auferstehung erneut zu demselben Gebilde zusammengebracht werden, wie es auch vorher war. Vgl. M. Heimgartner, Pseudojustin, 159–167.

200 Vgl. Galen, De nat fac 1,6 (Helmreich 108,21–109,3/Brock 18,18–20,1): „Περὶ πρώτης οὖν τῆς γενέσεως εἴπωμεν, ἣν ἐξ ἀλλοιώσεώς θ' ἅμα καὶ διαπλάσεως ἐλέγομεν γίγνεσθαι. καταβληθέντος δὴ τοῦ σπέρματος εἰς τὴν μήτραν ἢ εἰς τὴν γῆν, οὐδὲν γὰρ διαφέρει, χρόνοις τισὶν ὡρισμένοις πάμπολλα συνίσταται μόρια τῆς γεννωμένης οὐσίας ὑγρότητι καὶ ξηρότητι καὶ ψυχρότητι καὶ θερμότητι καὶ τοῖς ἄλλοις ἅπασιν, ὅσα τούτοις ἕπεται, διαφέροντα." Vgl. L.W. Barnard, Athenagoras, 122.

201 De Res 3,2 (Marcovich 27,24 f.).

202 Vgl. De Res 3,2 (Marcovich 27,25–30).

203 De Res 3,2 (Marcovich 27,30).

204 De Res 3,2 (Marcovich 27,30–28,1): „τῆς αὐτῆς ἐστιν καὶ τὸ διαλελυμένον ἑνῶσαι καὶ τὸ κείμενον ἀναστῆσαι καὶ τὸ τεθνηκὸς ζωοποιῆσαι πάλιν καὶ τὸ φθαρτὸν μεταβαλεῖν εἰς ἀφθαρσίαν."

148 3. KAPITEL

Von diesem Punkt aus benötigte es lediglich einen kleinen Schritt, um zur christlichen Auferstehungslehre zu gelangen, nämlich – so wie Ps-Athenagoras es vertritt, da Gott für ihn der Schöpfer des Leibes ist – dass aus der vorhandenen Materie dieselben Menschenleiber gebildet werden. Demzufolge erhielte aber ein „Erzeugnis der Materie" die Unsterblichkeit, was aber dem Vorstellungshorizont des Platonikers Celsus völlig widerspricht: Denn die Natur des Leibes hat keine wesensmäßige Verwandtschaft mit dem Unvergänglichen, weil das σῶμα kein Werk Gottes ist. Gott ist für Celsus nicht Ursache der leiblichen Existenz. Allein der Seele ist die Unvergänglichkeit eigen, da ausschließlich sie ein θεοῦ ἔργον ist. Da aber alle Werke Gottes unsterblich sind, kann nur die ψυχή aufgrund ihrer wesensmäßigen Verwandtschaft mit Gott die Unsterblichkeit besitzen. Der Leib aber ist Teil der Materie und somit dem Prozess der Vergänglichkeit unterworfen. Die Lehre von den Naturen beschließt Celsus mit der präzisen Feststellung: „καὶ ὕλης ἔκγονον οὐδὲν ἀθάνατον."[205] Somit ist für Celsus der materielle Leib wirklich ein Erzeugnis der Materie – ohne Gottes Zutun –, für Ps-Athenagoras dagegen Werk Gottes.

2.1.3 Widerlegung des ἀδύνατον-Einwands in De Res 9

Bei der Kritik an der Auferstehungslehre hält Celsus den Christen besonders ihre „Ausflucht" in die Allmacht Gottes vor. Auf diese Weise schieben die Christen alle Einwände beiseite, die sich aus der Perspektive eines Platonikers gegen die Verleihung der Unsterblichkeit an einen Teil der Materie erheben. In C. Cels. v,14 beschließt Celsus seine Kritik an der somatischen Jenseitshoffnung mit folgenden Worten:

> Da sie (dazu) nichts antworten können, flüchten sie sich in den widersinnigsten Zufluchtsort, dass alles für Gott möglich ist.[206]

Celsus postuliert, dass Gottes δύναμις auch Grenzen gesetzt sind. Dabei argumentiert er ebenfalls theologisch, wenn er einwendet, dass Gott das Hässliche doch niemals tun kann, da es vom Wesen her seinem Willen widerspricht. Er führt dies auf folgende Weise aus: Gott „könnte zwar der Seele ewiges

---

205 C. Cels. IV,61 (Marcovich 276,14).

206 C. Cels. V,14 (Marcovich 331,12 f.): „Οὐδὲν ἔχοντες ἀποκρίνασθαι καταφεύγουσιν εἰς ἀτοπωτάτην ἀναχώρησιν, ὅτι πᾶν δυνατὸν τῷ θεῷ." In der Tat haben viele christliche Autoren des 2. Jh. vor allem auf die Allmacht Gottes beim Auferstehungsbeweis verwiesen. Vgl. EpAp 21 (32); Irenäus, AdvHaer V,5,2; Theophilus von Antiochien, Ad Aut II,13,1; Tertullian, De Res 57,11.

DIE EINWÄNDE DER GEGNER GEGEN DIE LEIBLICHE AUFERSTEHUNG 149

Leben gewähren. ‚Leichname aber‘, sagt Heraklit, ‚sind eher wegzuwerfen als Mist.'"[207]

Das Bild von menschlichen Leichnamen als „Mist" scheint durchaus in den ersten drei nachchristlichen Jahrhunderten präsent zu sein. Hierbei ist auf die Autoren zu verweisen, die das Heraklit-Zitat ausdrücklich auf das σῶμα beziehen oder es in direkten Zusammenhang mit dem „Leib" stellen.[208] Der Geograph *Strabon* berichtet von den Nabatäern, dass sie die toten Leiber ihrer Verstorbenen ebenfalls für „Mist" halten (ἰσόκοπρα δ᾽ ἡγοῦνται τὰ νεκρὰ σώματα) und begründet diese Ansicht mit dem Heraklit-Zitat.[209] Auch Celsus verwendet dieses, um jegliche postmortale Existenz für die σώματα als absurd darzustellen.

Der Neuplatoniker *Plotin* benutzt ähnlich wie Celsus das Heraklit-Zitat, um den Menschenleib im Gegensatz zur ψυχή als wertlos zu erweisen. In der Enneade v,1,2 spricht er von der Weltseele, die alles durchdringt und jedem Wesen Leben verleiht. In diesem Zusammenhang macht er deutlich, dass auch die Menschen das Göttliche in sich haben,[210] da die Seele von ihrem

---

207 C. Cels. v,14 (Marcovich 331,19–21): „Καὶ ψυχῆς μὲν αἰώνιον βιοτὴν δύναιτ᾽ ἂν παρασχεῖν· ‚Νέκυες δέ‘, φησὶν Ἡράκλειτος, ‚κοπρίων ἐκβλητότεροι‘."

208 *Philo von Alexandrien* benutzt ebenfalls das Heraklit-Zitat in seiner Schrift *De Fuga et Inventione* 61. Er bezieht es aber auf das „Übel" (τὸ κακόν), das als „Mist" wegzuwerfen ist. Das Übel stellt aber allein die „Gottlosigkeit" (ἡ ἀσέβεια) dar. *Plutarch* wendet auch das Heraklit-Zitat in seinen *Quaestiones convivales* IV,4,669 an. Darin behandelt er die Thematik von der Wichtigkeit des Salzes, das dem Fleisch einen Geschmack verleiht. Der Ausspruch des Heraklits wird auf das Fleisch (κρέας) bezogen, das ungesalzen ist und daher ungenießbar bleibt: Wenn aber das Fleisch ungesalzen ist, „ist es bitter und ekelhaft für den Geschmack. ‚Denn Leichen sind wegzuwerfen als Mist‘, gemäß Heraklit, und alles Fleisch ist tot und ein Teil des Toten. Die Kraft des Salzes aber fügt, wie die hinzukommende Seele, dem Fleisch Anmut und Genuss hinzu."

209 Strabon, Geographica 16,4,26 (Radt, Bd. 4, 404,7–9): „ἰσόκοπρα δ᾽ ἡγοῦνται τὰ νεκρὰ σώματα, καθάπερ Ἡράκλειτός φησι νέκυες κοπρίων ἐκβλητότεροι." Vgl. St. Radt, Strabons Geographika, Bd. 8, Buch XIV–XVII: Kommentar, 392 f. Stefan Radt vermutet, dass diese Quelle von Athenodoros herkomme, von dem Strabon diesen Abschnitt über die Nabatäer entnommen habe: „Die Parallele mit Heraklit könnte gut von Athenodoros stammen, der ja Philosoph war und als Quelle für diesen ganzen Abschnitt ohnehin sehr wahrscheinlich ist." Ebd., 393.

210 Plotin, Enn. v,1,2 (Harder Bd.1 212,40–42): „Ἔστι δὲ καὶ ἥλιος θεός, ὅτι ἔμψυχος, καὶ τὰ ἄλλα ἄστρα, καὶ ἡμεῖς, εἴπερ τι, διὰ τοῦτο· νέκυες γὰρ κοπρίων ἐκβλητότεροι."

150 3. KAPITEL

Wesen her göttlich ist.[211] Hinsichtlich des σῶμα schließt Plotin das Heraklit-Zitat an, so dass die Leichen eher als Mist wegzuwerfen sind (νέκυες γὰρ κοπρίων ἐκβλητότεροι).[212] Die Weltseele verleiht der Sonne und den Gestirnen ihre Göttlichkeit, da sie diese beseelt und zudem älter als jene ist.[213] Daraus folgert Plotin, dass auch unsere Seele von gleicher Art ist (ὁμοειδὴς δὲ καὶ ἡ ἡμετέρα).[214] Wenn sie ohne Zusätze betrachtet und als Gereinigte wahrgenommen wird, dann offenbart sich das Wertvolle selbst, nämlich das, was die Seele ist. Plotin beschließt diesen Gedanken mit der Stellungnahme, dass die ψυχή wertvoller als alles Somatische ist. Denn alles Leibliche ist Erde (γῆ γὰρ πάντα) und kehrt als Mist zur Erde zurück.[215] Das Wertvolle am Menschen ist allein die Seele, die bereits zu Lebzeiten zu Gott hinaufgebracht werden soll.[216]

Ebenso scheinen die Widersacher in De Res 9 die somatische Vergänglichkeit gegen die christliche Auferstehungslehre betont zu haben. Sie verweisen auf die menschlichen Erzeugnisse der Töpfer und der Bildhauer, die ihre zerbrochenen Werke nicht mehr zusammensetzen können. So kann auch der Menschenleib, der in De Res 9 mit einem σκεῦος (bzw. ἔργον) verglichen wird,[217]

---

211 Plotin, Enn. V,1,3 (Harder Bd.1 214,1): „Οὕτω δὴ τιμίου καὶ θείου ὄντος χρήματος τῆς ψυχῆς".

212 Plotin, Enn. V,1,2 (Harder Bd.1 212,42).

213 Plotin, Enn. V,1,2 (Harder Bd.1 212,40f.43f.).

214 Plotin, Enn. V,1,2 (Harder Bd.1 212,44).

215 Plotin, Enn. V,1,2 (Harder Bd.1 212,44–214,47): 'Ομοειδὴς δὲ καὶ ἡ ἡμετέρα, καὶ ὅταν ἄνευ τῶν προσελθόντων σκοπῇς λαβὼν κεκαθαρμένην, εὑρήσεις τὸ αὐτὸ τίμιον, ὃ ἦν ψυχή, καὶ τιμιώτερον παντὸς τοῦ ὃ ἂν σωματικὸν ᾖ. γῆ γὰρ πάντα·"

216 Plotin, Enn. V,1,3 (Harder Bd.1 214,1–3): „Οὕτω δὴ τιμίου καὶ θείου ὄντος χρήματος τῆς ψυχῆς, πιστεύσας ἤδη τῷ τοιούτῳ θεὸν μετιέναι μετὰ τοιαύτης αἰτίας ἀνάβαινε πρὸς ἐκεῖνον·"

217 Eine interessante Verwendung des Heraklit-Zitats bietet auch der Stoiker *Epiktet* in seinen *Dissertationes* und lässt eine erhebliche Nähe zu Ps-Athenagoras in De Res 9 erkennen. In Diss. II,4 thematisiert Epiktet das Problem des Ehebruchs, das das Eigene des Menschen (τὸ ἴδιον τοῦ ἀνθρώπου), die Nachbarschaft, die Freundschaft und überhaupt die πόλις zertört (vgl. Epiktet, Diss. II,4,1.3 [Oldfather 232,2f.; 234,5–7/Schenkl 124,3f.9–11]). Einen derartigen Menschen vergleicht er mit einem verfaulten Gefäß (σκευάριον σαπρόν), das zu nichts zu gebrauchen ist. Es ist auf den Misthaufen (ἐπὶ τὰς κοπρίας) wegzuwerfen, damit es vernichtet wird (vgl. Epiktet, Diss. II,4,4 [Oldfather 234,10–13/Schenkl 124,13–15]: „εἶτα σκευάριον μὲν εἰ ᾖς οὕτως σαπρόν, ὥστε σοι πρὸς μηδὲν δύνασθαι χρῆσθαι, ἔξω ἂν ἐπὶ τὰς κοπρίας ἐρρίπτου καὶ οὐδ' ἐκεῖθεν ἄν τίς σε ἀνῃρεῖτο·"). Epiktet tadelt hier das zerstörerische Potenzial des Menschen, das aus der somatischen Lust resultiert. Einem solchen Menschen, der dem σῶμα und seinen Leidenschaften erlegen ist, wirft er vor: „Willst du nun nicht etwa

DIE EINWÄNDE DER GEGNER GEGEN DIE LEIBLICHE AUFERSTEHUNG 151

nicht wieder zur selben Konstitution zusammengesetzt werden.[218] Hier liegt ein vergleichbarer Vorstellungskomplex vor, der das menschliche σῶμα als vergänglich und wertlos ansieht, so dass es einem zerstörten Gefäß bzw. κόπριον gleicht.[219] Den verwesten Leichnam erneut zum Leben zu erwecken, bedeutet, die zerbrochenen und zerstreuten Scherben eines Gefäßes zusammenzubringen. Für einen in der platonischen Tradition Verwurzelten kommt eine derartige Vorstellung in der Tat einer Umkehrung des Heraklit-Zitats gleich. Dass die zerstörten Leichname nun für sich Unsterblichkeit beanspruchen, erscheint einem philosophisch Gelehrten völlig absurd.

Ps-Athenagoras kennt den celsischen Vorwurf, mit dem dieser die Flucht der Christen in die Allmacht Gottes als Ausweg jedes Nachdenkens kritisiert. Bevor er jedoch zum Zitat aus Mt 19,26/Lk 18,27 Stellung bezieht, wirft er seinerseits den Auferstehungsgegnern ebenfalls ein Fliehen (καταφεύγω) vor. In Wahrheit betreiben sie eine ἀτοπωτάτη ἀναχώρησις (C. Cels. v,14b), wenn sie Gott mit einem Handwerker vergleichen, der seine zerbrochenen, mit der Zeit alt gewordenen oder auf eine andere Weise zerstörten Werke nicht mehr neu machen kann.[220] Offensichtlich begründen die Gegner den ἀδύνατον-Einwand mit dem ἀδυνατεῖν der Menschen als Handwerker. Sie versuchen, mit Töpfer- und Bildhauervergleichen den Beweis zu erbringen, dass sich die zerstörten Werke und Gefäße aus den zerstreuten Scherben nicht in dieselbe Gestalt wiederherstellen lassen.[221] Daraus ziehen sie die Konsequenz, dass auch Gott

---

selbst auf einen Misthaufen hingeworfen werden wie ein unbrauchbares Gefäß (σκεῦος ἄχρηστον), wie Mist?" (Epiktet, Diss. II,4,5 [Oldfather 234,16–18/Schenkl 124,19 f.]: „οὐ θέλεις οὖν ῥιφῆναί που καὶ αὐτὸς ἐπὶ κοπρίαν ὡς σκεῦος ἄχρηστον, ὡς κόπριον;"). Mit diesem Vorwurf wird ebenfalls das Heraklit-Zitat rezipiert, allerdings bezogen auf das unmoralische Treiben des Ehebrechers. Der sündige Mensch wird mit einem σκεῦος ἄχρηστον verglichen. Der Tadel der ehebrecherischen Lust wird mit der Vergänglichkeit des Menschen begründet. Dieser gleicht aufgrund seiner moralischen Verfehlung einem „unbrauchbaren Gefäß", das der Vernichtung ausgesetzt ist.

218 De Res 9,1 (Marcovich 33,3–9).

219 Ps-Athenagoras greift den Vergleich des Celsus vom σῶμα als Mist bzw. Misthaufen nicht auf. Er will offenbar dieser Polemik, die wiederum selbst eine polemische Erwiderung provoziert, ausweichen. Vielmehr beabsichtigt er eine konstruktive Auseinandersetzung mit den gegnerischen Argumenten.

220 De Res 9,1 (Marcovich 33,4–6): „παραιτοῦμαι δὴ νῦν τοὺς καταφεύγοντας ἐπὶ τὰ τῶν ἀνθρώπων ἔργα καὶ τοὺς τούτων δημιουργοὺς ἀνθρώπους, οἳ τὰ συντριβέντα τῶν ἔργων ἢ χρόνῳ παλαιωθέντα ἢ καὶ ἄλλως διαφθαρέντα καινουργεῖν ἀδυνατοῦσιν".

221 Es ist durchaus möglich, dass die Gegner das Gefäß-Beispiel zugunsten des Auferstehungsbeweises schon einmal in den apologetischen Schriften der Christen vernommen haben. Vgl. Theophilus von Antiochien, Ad Aut II,26,3 (PTS 44, 76,9–12 Marcovich): „καθά-

152   3. KAPITEL

es weder will noch, wenn er es denn will, fähig wäre, den toten oder auch
vollständig aufgelösten Leib auferstehen zu lassen.[222] Mit den Beispielen von
den zerbrochenen Kunsterzeugnissen (τὰ τεχνητά) kommt zum ersten Mal
eine direkte Verflechtung des ἀδύνατον mit dem ἀβούλητον-Einwand zustande,
was gleichzeitig eine Überleitung zur Widerlegung des ἀβούλητον in De Res 10
liefert.

Zusätzlich leitet Celsus seine gesamte Kritik an der Auferstehungslehre mit
dem programmatischen „Ἠλίθιον“[223] ein, wodurch er von Beginn an die „Torheit“ und die „Einfältigkeit“ dieser Lehre diffamieren will. Ps-Athenagoras wendet diesen Vorwurf in De Res 9,2 ausdrücklich um, indem er ebenso mit „Ἠλίθιον“ beginnend die Entgegnung formuliert: „Ἠλίθιον γὰρ ὡς ἀληθῶς τὸ τοῖς ἐπι-
πολαίοις καὶ ματαίοις ἀντιλέγειν.“[224] Denn das wahrhaft (ἀληθῶς) Einfältige ist
es, diesen oberflächlichen und nichtigen Einwänden zu widersprechen. Sich
mit derartigen Entgegnungen zu beschäftigen, lohnt nicht.[225] Mit ihren Vergleichen nämlich vergehen sie sich in schlimmster Weise gegen Gott (τοῖς χειρίστοις
ἐξυβρίζουσιν εἰς θεόν). Sie stellen dabei völlig verschiedene Kräfte – aber auch die
sich dieser Kräfte bedienenden Wesenheiten und ebenso die Kunstwerke der
Menschen mit den von Gott erschafften Werken der Natur (τοῖς φυσικοῖς) – auf

---

περ σκεῦός τι, ἐπὰν πλασθὲν αἰτίαν τινὰ σχῇ, ἀναχωνεύεται ἢ ἀναπλάσσεται εἰς τὸ γενέσθαι
καινὸν καὶ ὁλόκληρον, οὕτως γίνεται καὶ τῷ ἀνθρώπῳ διὰ θανάτου· δυνάμει γὰρ τέθραυσται, ἵνα
ἐν τῇ ἀναστάσει ὑγιὴς εὑρεθῇ, λέγω δὲ ἄσπιλος καὶ δίκαιος καὶ ἀθάνατος.“ Sie greifen diesen
Vergleich auf und legen vielmehr die Unmöglichkeit der Wiederherstellung des zerbrochenen Gefäßes in dieselbe Gestalt dar.

    Siehe weiter auch bei Ps-Justin, De Res 6,5–10 (PTS 54, 114,12–116,23 Heimgartner), der
Gott mit einem Handwerker (τεχνίτης) oder einem Bildner (πλάστης) vergleicht, der eine
Statue oder Büste bildet. Wenn das Gebilde wieder aufgelöst wird, so ist es ihm nicht
unmöglich, dasselbe Gebilde zu schaffen, indem er dieselbe Materie wieder vermischt
und neu gestaltet (6,9: πάλιν ἐὰν διαλυθῇ τὸ πλάσμα, οὐκ ἀδύνατον αὐτῷ ἐστι τὴν αὐτὴν ὕλην
ἀναφυράσαντι καὶ καινοποιήσαντι τὸ αὐτὸ πλάσμα ποιῆσαι·). So wird es auch für Gott nicht
unmöglich sein, wenn das aus der Materie entstandene Gebilde sich aufgelöst hat, sie
wieder neu zu formen und dasselbe Gebilde zu machen, wie es auch schon vorher war
(6,10: ἀδύνατον ἔσται ἀνακαινοποιῆσαι πάλιν αὐτὴν καὶ ποιῆσαι τὸ αὐτὸ πλάσμα, ὁποῖον ἦν καὶ
τὸ πρότερον.). Ps-Justin greift hier die platonische Vorstellung von der Unvergänglichkeit
der Materie auf und leitet daraus den Auferstehungsbeweis her.

222   De Res 9,1 (Marcovich 33,7–9): „εἶτα ἐξ ὁμοίου τοῖς κεραμεῦσι καὶ τέκτοσι δεικνύναι πειρωμέ-
      νους τὸ καὶ τὸν θεὸν μήτ᾽ ἂν βουληθῆναι μήτε βουληθέντα δυνηθῆναι νεκρωθὲν ἢ καὶ διαλυθὲν
      ἀναστῆσαι σῶμα“.

223   C. Cels. V,14 (Marcovich 331,1): „Ἠλίθιον δ᾽ αὐτῶν καὶ τὸ νομίζειν, [...]“

224   De Res 9,2 (Marcovich 33,13 f.).

225   De Res 9,2 (Marcovich 33,13): „Περὶ μὲν οὖν τούτων σπουδάζειν οὐκ ἀνεπιτίμητον·“

DIE EINWÄNDE DER GEGNER GEGEN DIE LEIBLICHE AUFERSTEHUNG 153

die gleiche Stufe.[226] In der Tat argumentiert Celsus gegen die Auferstehung der Leiber theologisch, so dass er sich und seinen Anhängern den oben beschriebenen Vorwurf gefallen lassen muss.

Ps-Athenagoras beschließt seine Widerlegung des ἀδύνατον-Einspruchs mit dem Argument von der Allmacht Gottes: „Es ist doch bei Weitem ehrenvoller und das Wahrhaftigste von allem festzuhalten, dass das, was bei den Menschen unmöglich, bei Gott (jedoch) möglich ist."[227] Es ist hier nicht zu verkennen, dass Ps-Athenagoras direkt auf den von Celsus vorgebrachten Vorwurf, dass sich die Christen ohne Nachzudenken allein in die Allmacht Gottes flüchten, reagiert: „ὅτι πᾶν δυνατὸν τῷ θεῷ."[228] Unser Autor hat jedoch den Beweis erbracht, dass die Auferstehungslehre dennoch mit vielen rationalen Argumenten begründet werden kann. Seine Widerlegung zeigt, dass der Logos von der Auferstehung sowohl durchaus möglich (δυνατόν) als auch ganz klar nicht unmöglich (οὐκ ἀδύνατον) ist.[229] Aus dem gegnerischen ἀδύνατον ist mit der Argumentation des Ps-Athenagoras ein δυνατόν erwachsen, das aus Gottes δύναμις resultiert.

Die Auferstehung der Leiber ist für Gott durchaus möglich, da sich die Kräfte und Wesenheiten von Gott und Mensch nicht vergleichen lassen. Daher scheitert auch jeglicher Vergleich der σώματα mit den Kunsterzeugnissen (τὰ τεχνητά) der Töpfer und Bildhauer. Im Gegensatz zu diesen Handwerkern ist Gott als der δημιουργός der Menschen nämlich fähig, ihre Leiber erneut zu beleben. Aus diesem Grund hält Ps-Athenagoras an dem Allmachtsargument weiter fest. Es ist bei weitem ehrenvoller, der δύναμις Gottes zu vertrauen, als Celsus folgend der göttlichen Macht Grenzen zu setzen. Der celsische Vorwurf der Zuflucht (καταφεύγουσιν) in die δύναμις Gottes, wird somit umgewandt und erwidert. Mit diesem Verweis auf die die Auferstehung der Leiber garantierenden Allmacht Gottes beschließt Ps-Athenagoras endgültig die Widerlegung des ἀδύνατον-Einwands.

---

226 De Res 9,1 (Marcovich 33,9–12): „καὶ μὴ λογιζομένους ὅτι διὰ τούτων (ἐπ' ἴσης) τοῖς χειρίστοις ἐξυβρίζουσιν εἰς θεόν, συνεξισοῦντες τῶν πάντη διεστηκότων τὰς δυνάμεις, μᾶλλον δὲ καὶ τῶν ταύταις χρωμένων τὰς οὐσίας καὶ τὰ τεχνητὰ τοῖς φυσικοῖς."

227 De Res 9,2 (Marcovich 33,14–16): „Μακρῷ γε μὴν ἐνδοξότερον καὶ πάντων ἀληθέστατον τὸ φῆσαι τὸ παρ' ἀνθρώποις ἀδύνατον παρὰ θεῷ δυνατόν."

228 C. Cels. v,14 (Marcovich 331,13).

229 De Res 9,2 (Marcovich 33,16–18): „Εἰ δὲ δι' αὐτῶν τούτων ὡς ἐνδόξων καὶ διὰ πάντων τῶν μικρῷ πρόσθεν ἐξητασμένων δείκνυσιν ὁ λόγος δυνατόν, εὔδηλον ὡς οὐκ ἀδύνατον. Ἀλλὰ μὴν οὐδ' ἀβούλητον."

154   3. KAPITEL

2.1.4   Erwiderung des ἀβούλητον-Einwands in De Res 10

In De Res 10 widmet sich Ps-Athenagoras der Erwiderung des ἀβούλητον-Einwands. Celsus selbst hat das ἀδύνατον und ἀβούλητον eng aufeinander bezogen. Dabei stellt er innerhalb seiner Auferstehungskritik fest, dass Gott weder das Häßliche tun kann (δύναται) noch das Naturwidrige will (βούλεται). Auch die Reihenfolge der beiden Einsprüche variiert bei Celsus. So bringt er deutlich zum Ausdruck, dass die Auferstehungslehre nicht dem Willen Gottes entspricht und Gottes Macht keinesfalls für die Wiederbelebung der verfaulten Leiber vereinnahmt werden darf:

> Das Fleisch doch [...] als ewig zu erweisen, ist widersinnig; das wird Gott weder wollen noch können (οὔτε βουλήσεται ὁ θεὸς οὔτε δυνήσεται).[230]

Nachdem Ps-Athenagoras in De Res 2,3 die Meinung der Gegner zum ersten Mal erwähnte, präzisiert er deren Argumente anhand der Begriffe ἀδύνατον und ἀβούλητον. Er entscheidet sich, aufeinander folgend zunächst den ἀδύνατον-Einwand in De Res 2,4–9,2 und erst dann das ἀβούλητον in De Res 10 zu widerlegen. Allerdings ist deutlich, dass sich beide Argumente von Beginn an eng aufeinander beziehen. Deshalb fordert Ps-Athenagoras seine Kontrahenten in De Res 2,3 direkt auf, überzeugende Beweise für ihre Zweifel an der Auferstehungslehre zu liefern:

> Sie sollen zeigen, „dass es entweder für Gott ἀδύνατον oder ἀβούλητον ist, die toten oder auch die ganz aufgelösten Leiber wieder zu einem Ganzen zu vereinigen und die Zusammensetzung derselben Menschen zu vollbringen.“[231]

In De Res 9,1 gibt der Verfasser des Traktats erneut beide Argumente in enger Verflechtung wieder. Er referiert die gegnerische Meinung, die anhand der Töpfer- und Bildhauer-Vergleiche unterstellt, dass die Auferstehung der Leiber weder Gottes Willen enspricht noch es seiner Fähigkeit obliegt, den toten und vollständig aufgelösten Körper auferstehen zu lassen.[232] Die enge Verbindung der beiden Argumente ist somit unübersehbar, da unser Autor der Erwiderung

---

230   C. Cels. v,14 (Marcovich 331,21 f.).

231   De Res 2,3 (Marcovich 26,25–28): „Τοῦτο δὲ ποιήσουσιν, ἐὰν δεῖξαι δυνηθῶσιν ἢ ἀδύνατον ὂν τῷ θεῷ ἢ ἀβούλητον τὰ νεκρωθέντα τῶν σωμάτων ἢ καὶ πάντῃ διαλυθέντα πάλιν ἑνῶσαι καὶ συναγαγεῖν πρὸς τὴν τῶν αὐτῶν ἀνθρώπων σύστασιν.“

232   De Res 9,1 (Marcovich 33,7–9): „τὸ καὶ τὸν θεὸν μήτ᾽ ἂν βουληθῆναι μήτε βουληθέντα δυνηθῆναι νεκρωθὲν ἢ καὶ διαλυθὲν ἀναστῆσαι σῶμα“.

beider Einwände fast die Hälfte seines Traktats (De Res 2,4–11,2) widmet. Nachdem er in De Res 2,4–9,2 sehr ausführlich das ἀδύνατον behandelt hat, befasst er sich nunmehr in De Res 10 mit dem ἀβούλητον. Dass die Auferstehungslehre ebenso dem Willen Gottes entspricht, ist nicht zwangsläufig aus seiner Allmacht abzuleiten. Denn Gott wird niemals etwas vollbringen, was seinem Willen entgegensteht, obwohl er gemäß seiner δύναμις dazu durchaus in der Lage wäre. Deshalb ist es für Ps-Athenagoras unumgänglich, die Übereinstimmung der somatischen Auferstehungshoffnung der Christen mit dem Willen Gottes aufzuzeigen.

Aus der breiten Widerlegung in De Res 10 ist zu erschließen, woraus das ἀβούλητον-Argument in der Sicht der philosophisch Gebildeten besteht und was es genau beinhaltet. Ps-Athenagoras macht in De Res 10,1 von Beginn an unmissverständlich klar, dass das ἀβούλητον für Gott nur dann vorliegt, wenn es selbst ἄδικον oder ἀνάξιον ist. Ist die leibliche Auferstehung nicht mit dem göttlichen Willen vereinbar, muss darin eine Ungerechtigkeit oder Unwürdigkeit feststellbar sein. Wenn es den Gegnern jedoch gelingt, das ἀβούλητον als ἄδικον oder ἀνάξιον zu erweisen, dann ist die Auferstehung des Leibes in der Tat widerlegt.

Ps-Athenagoras setzt nun seine Argumentation dem gegenüber: Die Ungerechtigkeit äußert sich entweder gegen den Auferstandenen selbst oder gegen einen Außenstehenden, der in seiner Beziehung zum auferstandenen Menschen beeinträchtigt ist.[233] Daraufhin widmet er sich ausführlich dem zweiten Punkt und legt dar, dass sowohl den „geistigen Naturen“ (αἱ νοηταὶ φύσεις) als auch „der Natur der Unvernünftigen“ (τῶν ἀλόγων ἡ φύσις) und „Unbeseelten“ (τῶν ἀψύχων) in keinem Fall Ungerechtigkeit widerfährt, wenn sich die Auferstehung der Menschen ereignet (De Res 10,2–4).

Nachdem er auf diese Weise den Zuhörern sehr ausführlich seine Argumentationsführung nahe gebracht hat, widmet er sich erst dann dem kritischen Punkt, der eine Entscheidung für oder gegen das ἀβούλητον herbeiführt. Er greift in der exakten Formulierung die anfangs geäußerte Fragestellung, nämlich ob sich die somatische Auferstehung dem Auferstandenen gegenüber als ἀδικία erweist (De Res 10,1: τὸ ἄδικον ἢ περὶ αὐτὸν θεωρεῖται τὸν ἀναστησόμενον; De Res 10,5: περὶ αὐτὸν θεωρεῖταί τις ἀδικία τὸν ἀνιστάμενον ἄνθρωπον), auf.[234] Bereits diese Wiederholung des in De Res 10,1 thematisierten Problems verdeutlicht, dass unser Autor mit dem in De Res 10,2–4 eingelegten Exkurs der die Dis-

---

233   De Res 10,1 (Marcovich 33,20 f.): „Καὶ πάλιν τὸ ἄδικον ἢ περὶ αὐτὸν θεωρεῖται τὸν ἀναστησόμενον ἢ περὶ ἄλλον τινὰ παρ' αὐτόν.“

234   De Res 10,5 (Marcovich 34,6 f.).

156 3. KAPITEL

kussion um die Vereinbarkeit mit dem Willen Gottes auslösenden Frage nicht aus dem Weg gehen will. Entsteht nicht mit der Auferstehung desselben Leibes eine ἀδικία, die den Auferstandenen selbst in Misskredit bringt? Erfährt dieser nicht in seiner eschatologischen Existenz einen Schaden, wenn er als derselbe Mensch wieder aufersteht? Dies sind offensichtlich die Fragen, die sich das philosophische Publikum des Auferstehungstraktats stellt und daher zunächst am ἀβούλητον-Argument festhält.

Ist es tatsächlich mit dem Willen Gottes vereinbar, dass der Mensch in seiner früheren Gestalt erneut im Eschaton erscheint? Dies sind die Probleme, mit denen sich Ps-Athenagoras im gesamten Auferstehungstraktat auseinandersetzen muss. Vorläufig genügt es ihm aber, zu behaupten, dass dem Menschen in der Auferstehung in seiner somatisch-psychischen Existenz kein Unrecht widerfährt. Dann aber widmet er sich jener Problematik, die besonders die philosophisch Gebildeten beschäftigt: Weder der Seele noch dem Leib, beiden Komponenten des Menschen, geschieht Unrecht.

Genau dieser Zusammenhang stößt einem Platoniker aber negativ auf. Dass nämlich der Seele kein Unrecht widerfährt, wenn sie sich erneut in demselben bereits zerstörten Leib wiederfindet, bereitet einem platonisch Gebildeten große Probleme. So kann er nicht ohne weiteres der somatischen Auferstehungshoffnung zustimmen. Vielmehr vermutet er Ungerechtigkeit gegenüber der Seele, wenn sie in ihren früheren Leib eintreten soll.

So kann Celsus nicht anders, als einer derartigen Jenseitshoffnung voller Empörung zu widersprechen. Gott könnte zwar der Seele ewiges Leben gewähren, aber keineswegs der menschlichen Leiblichkeit: „Dies wird Gott weder *wollen* noch *können*."[235] Diese Hoffnung ist dermaßen unvernünftig, dass sie dem Willen Gottes grundsätzlich entgegensteht. Da nämlich Gott selbst die Vernunft alles Seienden ist, vollbringt er nichts, was völlig gegen den Logos und somit gegen sich selbst ist.[236]

Wenn sich Ps-Athenagoras tatsächlich gegen diese Kritik des Celsus wendet, muss gefragt werden, ob die Widerlegung des ἀβούλητον-Einwands überhaupt auf sein philosophisches Publikum zutrifft. Da nun die celsische Kritik an der somatischen Jenseitshoffnung der Christen zur Debatte steht, muss sich Ps-Athenagoras derselben argumentativen Mittel bedienen, damit seine Entgeg-

---

235 C. Cels. v,14 (Marcovich, 331,19–22): „Καὶ ψυχῆς μὲν αἰώνιον βιοτὴν δύναιτ' ἂν παρασχεῖν· ‚Νέκυες δέ‘, φησὶν Ἡράκλειτος, ‚κοπρίων ἐκβλητότεροι‘. Σάρκα δή, μεστήν ὧν οὐδὲ εἰπεῖν καλόν, αἰώνιον ἀποφῆναι παραλόγως οὔτε βουλήσεται ὁ θεὸς οὔτε δυνήσεται."

236 C. Cels. v,14 (Marcovich, 331,22–24): „Αὐτὸς γάρ ἐστιν ὁ πάντων τῶν ὄντων λόγος· οὐδὲν οὖν οἷός τε παράλογον οὐδὲ παρ' ἑαυτὸν ἐργάσασθαι."

DIE EINWÄNDE DER GEGNER GEGEN DIE LEIBLICHE AUFERSTEHUNG   157

nung des ἀβούλητον gelingen kann. In der Tat versucht unser Verfasser, bereits mit dem ersten Einleitungssatz (in De Res 10,1) zur Erwiderung des ἀβούλητον eine gemeinsame Grundlage mit seinen Adressaten herzustellen:

> Das Ungewollte ist nämlich für Gott ungewollt, weil es entweder selbst ungerecht oder unwürdig ist.[237]

Eine vergleichbare Ausgangsbasis für die Beweisführung hat das philosophische Publikum auch bei Celsus vernommen, allerdings in einem anderen Zusammenhang. Innerhalb der Behandlung der „christlichen Sündenlehre" (C. Cels. III,59–71) übt Celsus massive Kritik an dem Allmachtsargument der Christen, mit dem das Unmögliche doch möglich gemacht wird. Es wird von ihnen gerne zur Erklärung des Wunderbaren herangezogen, ohne jedoch zu fragen, ob es auch mit dem göttlichen Willen vereinbar ist. Daher hinterfragt Celsus die christliche „Ausflucht" in die göttliche Allmacht:

> Sie [sc. die Christen] sagen, Gott wird alles können (δυνήσεται πάντα ὁ θεός). Gott kann alles, aber er wird nichts Ungerechtes wollen (ὁ θεὸς πάντα δύνασθαι, ὅτι οὐκ ἐθελήσει οὐδὲν ἄδικον).[238]

Celsus geht hier sogar auf das Allmachtsargument der Christen ein, gibt mit seiner kommentierenden Bemerkung jedoch zu bedenken, dass Gott sicherlich keine Ungerechtigkeit vollbringen wird. Die gleiche Ausgangsbasis findet sich auch bei Ps-Athenagoras, wenn er in De Res 10,1 einführt, dass das ἀβούλητον erst dann nachweisbar ist, wenn es selbst eine Ungerechtigkeit oder Unwürdigkeit für Gott beinhaltet.

Die Kritik des Celsus wendet sich insbesondere gegen drei christliche Lehren: Herabkommen Gottes in die Materie, Auferstehung des Leibes und Sündenlehre.[239] Da aus der Sicht des Celsus die christliche Sündenlehre dem Willen

---

237 De Res 10,1 (Marcovich 33,19 f.): „Τὸ γὰρ ἀβούλητον ⟨τῷ θεῷ⟩ ἢ ὡς ἄδικον αὐτό ἐστιν ἀβούλητον ἢ ὡς ἀνάξιον." Die Konjektur τῷ θεῷ ist von Marcovich sinnvoll ergänzt, indem dadurch deutlich wird, dass der Bezugspunkt eindeutig Gott beinhalten soll. Siehe auch De Res 2,3: ἢ ἀδύνατον ὂν τῷ θεῷ ἢ ἀβούλητον und De Res 11,2: τὸ τῷ θεῷ βουλητόν.

238 C. Cels. III,70 (Marcovich 207,25 f.; 208,3 f.).

239 Dörrie spricht explizit nur von der „Sündenvergebung, Auferstehung und Himmelfahrt", die für Celsus „unerträglich und nicht vollziehbar" seien. Vgl. H. Dörrie, Die platonische Theologie des Kelsos, 261. Dazu zählt m. E. auch das Herabkommen Gottes in die Materie, das ebenso den Widerspruch des Platonikers provozierte.

Gottes entgegensteht, ist Folgendes zu fragen: In welchem genauen Kontext kommt er zu der Feststellung, dass Gott nichts Ungerechtes wollen wird (οὐκ ἐθελήσει οὐδὲν ἄδικον)?

Innerhalb des Abschnittes zur Sündenlehre (C. Cels. III,62–71) kritisiert Celsus die christliche Botschaft dahingehend, dass sie sich ausschließlich an die Sünder und nicht an die Gerechten wendet. In diesem Zusammenhang unterstellt er den Christen, dass sie allein den Sündern Erbarmen (ἔλεος) versprechen, da sie keinen guten und gerechten Menschen gewinnen können (ὡς μηδένα ἄνδρα τῷ ὄντι χρηστὸν καὶ δίκαιον προσάγεσθαι δυνάμενοι).[240] Aus der Sicht des Celsus aber ist es unmöglich, dass Erbarmen allein die von Natur aus sündigen Menschen umwandeln wird.[241] „Denn die Natur zu ändern, ist überhaupt äußerst schwierig (φύσιν γὰρ ἀμεῖψαι τελέως παγχάλεπον).“[242] Diese Aussage wird erst dann verständlich, wenn die Naturenlehre des Celsus und die damit verbundene Entstehung des Bösen einbezogen werden. Das Böse besitzt Kontinuität in der Materie, so dass es weder mehr noch weniger wird.[243] Da die Materie aber eine gottferne Substanz ist, haftet das Böse ständig an ihr.[244] Die Menschen haben mit ihrem σῶμα Anteil an der Materie, so dass das Böse (bzw. Sünde) notwendigerweise im σῶμα sein Leben führt.[245]

Wenn nun die Christen behaupten, dass die materielle und böse Natur des Menschen zur Sündlosigkeit umgewandelt wird, kommt diese Vorstellung für Celsus einer Ungerechtigkeit gleich. Zwar kann Gott die menschliche Natur umwandeln, aufgrund ihrer naturellen Beschaffenheit aber hätte sie dennoch Anteil an der ὕλη und wäre dadurch erneut zur Sünde fähig. Dies entspricht Celsus zufolge aber einer Ungerechtigkeit. So werden sündige Menschen bevorzugt, anstatt die Gerechten, die sich bereits während ihres Lebens vom materiellen Bereich fern gehalten und stattdessen der Philosophie gewidmet haben, mit der Belohnung ewiger Seligkeit auszustatten. Somit kann die Umwandlung der Sünder dahingehend mit der Auferstehung der Leiber verglichen werden, dass die Christen mit solchen Lehren weiterhin in der materiellen Natur verhaftet bleiben. Celsus bezeichnet sie auch als „leiblie

---

240 C. Cels. III,65 (Marcovich 204,5 f.).

241 C. Cels. III,65 (Marcovich 204,22–25).

242 C. Cels. III,65 (Marcovich 204,25).

243 C. Cels. IV,62 (Marcovich 277,18–21): „Κακὰ δ' ἐν τοῖς οὖσιν οὔτε πρόσθεν οὔτε νῦν οὔτε αὖθις ἥττω καὶ πλείω γένοιτ' ἄν· μία γὰρ ἡ τῶν ὅλων φύσις καὶ ἡ αὐτή, καὶ κακῶν γένεσις ἀεὶ ἡ αὐτή.“

244 C. Cels. IV,65 (Marcovich 279,17).

245 C. Cels. IV,65 (Marcovich 279,18).

DIE EINWÄNDE DER GEGNER GEGEN DIE LEIBLICHE AUFERSTEHUNG   159

bendes Geschlecht" (φιλοσώματον γένος),[246] das sich völlig der Materie verschrieben hat, anstatt sich vom σῶμα und seinen Leidenschaften zu trennen.

So betont Celsus gegenüber den Christen: Gott kann zwar alles, aber er wird nichts Ungerechtes wollen. Der Allmacht Gottes sind also dann Grenzen gesetzt, wenn sie sich gegen den göttlichen Willen stellt. Für einen Platoniker kann der göttliche Wille auf keinen Fall für das Materielle vereinnahmt werden, denn das kommt dem platonischen Verständnis entsprechend einer Legitimation des Bösen und der Sünde gleich. Daher wird der Seele, wenn sie sich in der eschatologischen Existenz erneut in einem σῶμα findet, Ungerechtigkeit widerfahren – selbst wenn dieser Leib verwandelt ist.

Selbstverständlich kennt Celsus die Wiedergeburtslehre, gemäß der die ψυχή immer wieder in neue σώματα gerät. Jedoch geschieht dies zum Zwecke der Reinigung, nämlich bis sich die Seele vollständig vom Bereich des Somatischen gelöst hat und auf diese Weise frei wird von der erneuten Einkerkehrung in das Leibliche. Daher spricht Celsus in V,14 über die Jenseitshoffnung, die sich ausschließlich auf die Seele bezieht, auch im Konjuktiv: „Gott könnte zwar der Seele ewiges Leben gewähren."[247] Dies gilt natürlich ausschließlich für die Seele, die sich vom materiellen Bereich trennt und ausschließlich der Philosophie widmet. Wenn aber die eschatologische Hoffnung von den Christen als eine erneute Inkarnation der Seele propagiert wird, kann dies nur als ἀδικία verstanden werden.[248]

So versteht Celsus das ἀβούλητον-Argument in diesem Sinne: Die Auferstehung des Leibes widerspricht Gottes Willen, da der Seele auf diese Weise Gewalt angetan wird. Sie kann sich nicht zu ihrer wesensmäßigen Verwandtschaft erheben, da sie erneut an der Materie haftet.

Eine derartige eschatologische Erwartung aber, die den Bereich der Materie einbezieht, steht in deutlichem Gegensatz zur platonischen Hoffnung, sich mit den Mitteln der Philosophie dauerhaft von der materiellen Sphäre zu lösen. Die Differenz besteht vor allem in der Eschatologie: Dass die Seele insoweit mit der Materie verschmolzen ist, dass sie wiederholte Inkarnationen erleidet, lässt ein Platoniker durchaus gelten. Eine anzustrebende Belohnung aber, die

---

246 C. Cels. VII,36 (Marcovich 489,13).

247 C. Cels. V,14 (Marcovich, 331,19): „Καὶ ψυχῆς μὲν αἰώνιον βιοτὴν δύναιτ' ἂν παρασχεῖν·"

248 Ps-Athenagoras wehrt diesen Vorwurf seiner Gegner explizit ab: „Denn dass die Seele Unrecht erleidet, (dies) wird (doch) kein Vernünftiger behaupten." De Res 10,5 (Marcovich 34,8 f.): „Οὔτε γὰρ τὴν ψυχὴν ἀδικεῖσθαι φήσει τις σωφρονῶν·"

160 3. KAPITEL

in der ewigen Schau Gottes im Rahmen der Leiblichkeit besteht, kann sich kein platonisch Gebildeter vorstellen.

2.1.5 Grundsätzliche Differenz zwischen Celsus und Ps-Athenagoras

Die Gründe für die grundsätzliche Differenz der beiden Autoren in der Eschatologie liegen nun sicherlich in der Protologie, die das prinzipielle Verhältnis der Seele zum materiellen Bereich beschreibt. Dabei stellt sich die Frage nach dem Zweck der Verbindung mit dem Somatischen im Diesseits: Was bedeutet es, dass sich die Seele seit der Geburt in einem Leib befindet? Die Beantwortung dieser Frage scheint ebenfalls einen grundlegenden Unterschied zwischen Celsus und Ps-Athenagoras nahezulegen. Wenn geklärt werden kann, zu welchem Zweck und gemäß welcher Bestimmung der Mensch im Kosmos existiert, wird die generelle Differenz zwischen den beiden Autoren verständlich. Aus der Perspektive des Celsus muss weiterhin gefragt werden, weshalb die Seele überhaupt in einem der gottlosen Materie angehörenden σῶμα wohnt. Wie kommt es dazu, dass sich die ψυχή mit der Geburt in einem Leib wiederfindet und auf diese Weise mit seinen Unzulänglichkeiten und Bedürfnissen konfrontiert wird? In der Tat befasst sich Celsus in Fragment VIII,53 mit den Ursachen für die Gebundenheit des Menschen an den Leib.

Dabei führt Celsus die Entstehung des Menschen auf die Gebundenheit mit dem σῶμα zurück:

> Weil die Menschen an den Leib gebunden worden sind, sind sie (überhaupt) entstanden.[249]

Die Entstehung des Menschen entspricht nicht etwa einem Schöpfungsakt Gottes,[250] sondern muss wegen der Verhaftung an der gottlosen Materie andere Ursachen haben. Daraufhin gibt Celsus drei mögliche Deutungen ab, die allerdings nicht in Konkurrenz zueinander stehen, sondern vielmehr miteinander einen Sinnzusammenhang ergeben:

> Die Menschen sind an einen Leib gebunden entstanden, „sei es wegen der Weltordnung, sei es, weil sie Strafen für (ihre) Sünden abzahlen, sei es, dass die Seele von einigen Leidenschaften beschwert wurde, bis sie in den bestimmten Weltperioden ganz gereinigt wird.“[251]

---

249 C. Cels. VIII,53 (Marcovich 568,7 f.): „Ἐπειδὴ δὲ σώματι συνδεθέντες ἄνθρωποι γεγόνασιν“.

250 Vgl. C. Cels. VI,63 (Marcovich 440,15 f.): „Οὐδ' ἄνθρωπον ἐποίησεν εἰκόνα αὐτοῦ· οὐ γὰρ τοιόσδε ὁ θεὸς οὔτ' ἄλλῳ εἴδει οὐδενὶ ὅμοιος.“

251 C. Cels. VIII,53 (Marcovich 568,8–11): „εἴτ' οἰκονομίας τῶν ὅλων ἕνεκεν εἴτε ποινὰς ἁμαρτίας

DIE EINWÄNDE DER GEGNER GEGEN DIE LEIBLICHE AUFERSTEHUNG   161

Es scheint zunächst, dass Celsus drei Möglichkeiten angibt, ohne sich auf eine bestimmte festzulegen. Allerdings lassen sich diese Erklärungen als verschiedene Stufen ein und desselben Denkmodells verstehen.[252] Celsus führt also die Gebundenheit des Menschen an den Leib auf eine gewisse Weltordnung zurück. Es entspricht der Einrichtung des Ganzen, dass die Menschen für ihre Entstehung auf Erden eines Leibes bedürfen. Der Kosmos als Ganzes ist offenbar gut und bedarf der Menschen für seine geordnete Existenz.

Die Seelen sind an den Leib gebunden, weil sie Strafen für ihre früheren Sünden bezahlen müssen. Hier ist ohne Zweifel daran zu denken, dass sich die ψυχαί aufgrund eines „Urfehlers" in der Materie befinden, um Strafe dafür zu verbüßen.[253] Mit dieser Erklärung spielt Celsus definitiv auf den Mythos vom Seelenwagen an, den Platon im Phaidros (246a–247e) schildert.[254]

ἀποτίνοντες, εἴθ' ὑπὸ ⟨πα⟩θημάτων τινῶν τῆς ψυχῆς βαρυνθείσης, μέχρι ἂν ⟨ἐν⟩ ταῖς τεταγμέναις περιόδοις ἐκκαθαρθῇ·"

252   Anders H.E. Lona, Kelsos, 454 f. Lona meint, dass Celsus „hier verschiedene Meinungen" zitiere, „ohne sie sich deswegen zu Eigen zu machen." (Ebd., 454). Bei der zweiten Deutung handle es sich „nur um eine Meinung, auf die es in diesem Zusammenhang nicht ankommt." (Ebd., 455). Allerdings gibt Lona dann doch zu, dass die dritte Meinung eher der platonischen Ansicht eines Celsus entspricht. „Von den drei Erklärungen des Kelsos steht die dritte ohne Zweifel Platon in Inhalt und Sprache am nächsten." (Ebd., 455).

    Als Ausgangsthese gilt, dass die Menschen in ihrer irdischen Existenz an einen Leib gebunden sind. Celsus liefert m. E. drei Verständnismöglichkeiten, die von einer allgemeinen bis hin zu einer detaillierten Erklärung gestuft sind. Mit dem an die dritte Erklärung anschließenden Zitat des Empedokles verweist er auf eine höhere Autorität, die vor allem die dritte Deutung begründet.

253   Vgl. H.E. Lona, Kelsos, 454: „Bei der zweiten Erklärung wird vorausgesetzt, dass die Seele älter ist als der Leib (Ti. 34c), und dass sie einen wie auch immer gearteten ‚Urfehler' begangen hat, für den sie jetzt in der Erdenzeit zu bezahlen hat (ποινὰς ἁμαρτίας ἀποτίνοντες)."

254   So auch H.E. Lona, Kelsos, 454, Anm. 530. Platon stellt im Phaidros 246a–247e den Mythos vom Seelenwagen dar, um die menschliche und göttliche Natur der Seele zu erfassen. Der Wagenlenker (νοῦς) lenkt ein Zweigespann. Das eine Pferd ist edel und gut (καλός τε καὶ ἀγαθός), das andere ist unwillig und von entgegengesetzter Art, das den Wagen zur Erde niederdrückt. So möchte die Seele mit ihrem geflügelten Gespann in die Sphäre des Göttlichen emporsteigen, wird aber von dem einen Pferd daran gehindert. Das schlecht erzogene Ross beugt sich und drückt mit seiner Last das Gespann zur Erde nieder, wenn der Lenker es nicht gut erzogen hat. Wenn die Seele diesem Pferd nachgibt, dann verliert sie ihre Flügel und nimmt einen „irdischen Leib" an. Mit diesem Mythos vom Seelenwagen versucht Platon, die Ursachen für den „Fall" der Seele in das σῶμα in mythischer Sprache verständlich zu machen.

Die dritte Erklärung gibt noch eine deutlichere Anspielung auf den platonischen Mythos vom Seelenwagen wieder: Die Seele, die den eigentlichen Kern des Menschen darstellt, ist von gewissen Leidenschaften beschwert, so dass sie in einen Leib gefallen ist. Auf diese Weise ist sie fest an den Leib gebunden, bis sie sich in bestimmten Weltperioden ganz von ihm reinigt. Die Bezahlung für die Strafen wird als Läuterung von den Leidenschaften verstanden. Da aber die παθήματα fest am materiellen Bereich behaftet sind, ist die ψυχή zur Strafe ganz der hylischen Existenz in einem σῶμα erlegen. Auf diese Weise wird sie geläutert und lernt, erneut zum Bereich des Göttlichen aufzusteigen, was allerdings die Überwindung der somatischen Befangenheit beinhaltet. Solange sie sich aber fern von ihrer ursprünglichen Bestimmung befindet, muss sie gemäß Empedokles „dreimal zehntausend Zeiten fern von den Seligen umherirren, wobei sie im Laufe der Zeit verschiedenartige äußere Gestalten der Sterblichen annimmt."[255]

Durch eine höhere Autorität verweist Celsus auf die Wiedergeburtslehre der Seele, die zum Zwecke der κάθαρσις immer wieder der Verleiblichung ausgesetzt ist. Auf diese Weise wird sie gewissen Vorstehern übergeben, die über dieses Gefängnis Aufsicht führen.[256] Mit δεσμωτήριον ist hier zweifellos die Gebundenheit an den Leib gemeint, die der Läuterung alles Leidenschaftlichen dient. Den Reinigungsprozess überwachen bestimmte Aufseher, um die Strafen an den Seelen zu vollziehen.

Celsus thematisiert den „Reinigungsweg", den die Seele gehen muss, um zur wahren Gotteserkenntnis zu gelangen (insgesamt in C. Cels. VII,36–45). H. Dörrie weist darauf hin, dass Celsus vor allem im Fragment VII,45 den platonischen Weg zur Wahrheit und Gotteserkenntnis positiv entfaltet.[257] Bevor er zu diesem Höhepunkt seines ἀληθὴς λόγος kommt, entwickelt Celsus die dafür notwendigen Voraussetzungen.

In Abschnitt VII,27–35 geht er in Abgrenzung zur christlichen Position der platonischen Jenseitshoffnung nach, die ausschließlich für die ψυχή bestimmt ist. Da er innerhalb der Auferstehungskritik die Möglichkeit der Verleihung des ewigen Lebens an die Seele in Aussicht stellt, liefert er dafür in VII,27–32 den positiven Nachweis. Im Gegensatz zur leiblichen Jenseitshoffnung der Christen, die sich Gott sogar in einem menschengestaltigen Leib vorstellen,[258]

---

255 C. Cels. VIII,53 (Marcovich 568,11–13): „δεῖ γὰρ κατὰ τὸν Ἐμπεδοκλέα τρίς μιν μυρίας ὥρας ἀπὸ μακάρων ἀλάλησθαι, γιγνομένην παντοῖα διὰ χρόνου εἴδεα θνητῶν·"

256 C. Cels. VIII,53 (Marcovich 568,15 f.): „πειστέον οὖν, ὅτι παραδέδονταί τισιν ἐπιμεληταῖς τοῦδε τοῦ δεσμωτηρίου."

257 Vgl. H. Dörrie, Die platonische Theologie des Kelsos, 235–255.

258 C. Cels. VII,27 (Marcovich 481,12 f.): „λεγόμενα περὶ τοῦ θεοῦ ὡς σώματος τῇ φύσει τυγχάνοντος καὶ ἀνθρωποειδοῦς σώματος".

DIE EINWÄNDE DER GEGNER GEGEN DIE LEIBLICHE AUFERSTEHUNG 163

entwickelt Celsus seine Vorstellung von der Existenz der Seele im Eschaton. Er legt dar, dass die Christen über eine ausgeprägte eschatologische Hoffnung verfügen, da sie stets über die postmortale Seinsweise nachsinnen.[259] Sie hoffen, nach dem Tod zu einer anderen Erde, die besser ist als die irdische, zu gelangen.[260]

Der Hinweis auf die „bessere Erde" dient Celsus als Anknüpfungspunkt, um seine eigene Jenseitsvorstellung zu entfalten: Die göttlichen Männer der Vorzeit sprachen ebenfalls von einer jenseitigen Erde, die aber ausschließlich den glückseligen Seelen ein glückliches Leben ($\varepsilon\dot{\upsilon}\delta\alpha\dot{\iota}\mu\omega\nu$ $\beta\dot{\iota}o\varsigma$ $\psi\upsilon\chi\alpha\dot{\iota}\varsigma$ $\varepsilon\dot{\upsilon}\delta\alpha\dot{\iota}\mu\sigma\sigma\iota\nu$) in Aussicht stellt.[261] Die einen nannten sie „die Inseln der Glückseligen" ($\mu\alpha\kappa\dot{\alpha}\rho\omega\nu$ $\nu\dot{\eta}\sigma\sigma\upsilon\varsigma$), die anderen „das Elysische Gefilde" (Ἠλύσιον πεδίον). Dabei hofften sie, dort eine Erlösung von den hiesigen Übeln zu erhalten ($\dot{\alpha}\pi\dot{o}$ $\tau\tilde{\eta}\varsigma$ $\lambda\dot{\upsilon}\sigma\varepsilon\omega\varsigma$ $\tau\tilde{\omega}\nu$ $\ddot{\varepsilon}\nu\theta\varepsilon\nu$ $\kappa\alpha\kappa\tilde{\omega}\nu$).[262] Als Beleg für eine derartige Hoffnung bietet Celsus das klassische Zitat aus Homers' Odyssee 4,563–565:

> Aber dich werden die Unsterblichen in das ‚Elysische Gefilde' und zu den Grenzen der Erde schicken, wo das Leben ganz leicht ist.[263]

Ein weiterer göttlicher Mann der Vorzeit ist Platon, der als der Hauptvertreter für die Unsterblichkeit der Seele gilt. Celsus lässt sich nicht lange bitten, wenn er über die Jenseitshoffnung für die Seele nachdenkt, um sogleich auf ihn zu verweisen:

> Platon aber, der die Seele für unsterblich hält, nannte jene Gegend, wohin sie sich in Bewegung setzt, geradezu ‚Erde' und (zwar) auf diese Weise.[264]

Daraufhin folgt ein Zitat aus Platons Phaidon 109a–b, das innerhalb der mythischen Abhandlung über den Kosmos (Phaidon 107d–115a) das Schicksal

---

259 C. Cels. VII,28 (Marcovich 482,2): „Ποῖ ἀπεῖναι μέλλομεν; Καὶ τίνα ἐλπίδα ἔχομεν;"

260 C. Cels. VII,28 (Marcovich 482,3 f.): „Εἰς ἄλλην γῆν, ταύτης κρείττονα."

261 C. Cels. VII,28 (Marcovich 482,4 f.): „Ἱστόρηται θείοις ἀνδράσι παλαιοῖς εὐδαίμων βίος ψυχαῖς εὐδαίμοσιν"

262 C. Cels. VII,28 (Marcovich 482,5 f.): „ὠνόμασαν δὲ [οἱ δὲ] οἱ μὲν μακάρων νήσους, οἱ δὲ Ἠλύσιον πεδίον' ἀπὸ τῆς λύσεως τῶν ἔνθεν κακῶν".

263 C. Cels. VII,28 (Marcovich 482,7–10): „ὥσπερ καὶ Ὅμηρος·
ἀλλά σ' ἐς Ἠλύσιον πεδίον καὶ πείρατα γαίης
ἀθάνατοι πέμψουσι,
τῇ περ ῥηΐστη βιοτή."

264 C. Cels. VII,28 (Marcovich 482,11 f.): „Πλάτων δὲ ἀθάνατον τὴν ψυχὴν ἡγούμενος ἐκείνην τὴν χώραν, ἔνθα στέλλεται, ἄντικρυς ‚γῆν' ὠνόμασεν οὕτως·"

164 3. KAPITEL

der Seele nach dem Tod thematisiert. Jene göttliche Gegend wird mit einer Erde verglichen, die sich außerhalb der Vorstellung von der diesseitigen Erde befindet: „Die Erde aber selbst liegt rein im reinen Himmel."[265] Dorthin nun strebt die Seele, die sich nach dem Reinen sehnt. Celsus versucht, diese Stelle (Phaidon 109a–b) mit einem weiteren Zitat aus dem Phaidon 109d–e zu deuten. Das, was Platon dort aufzeigt, ist nicht für jeden leicht zu verstehen, wohl aber für denjenigen, der sich der Philosophie widmet:[266]

> Aus Schwachheit und Trägheit sind wir nicht in der Lage bis an den Rand des Luftbereichs hindurchzukommen. Und wenn die Natur fähig wäre, die Schau auszuhalten, dann würde sie erkennen, dass jener der wahre Himmel und das wahre Licht ist.[267]

Die Seele ist zwar bestrebt, sich der irdischen Existenz zu entledigen und in den wahren Himmel und das wahre Licht an den Rand des Luftbereichs vorzudringen, wird jedoch daran gehindert: Die Schwachheit und die Trägheit machen ihr zu schaffen, welche sie erneut in den hylischen Bereich niederdrücken. Zwischen den beiden zitierten Sätzen liefert Platon im Phaidon selbst noch die Anspielung auf das Bild von der gefiederten Seele: Die ψυχή bedarf der Flügel, um sich erneut zum Luftbereich emporzuschwingen, damit sie erkennen kann, was die wahre Erde ist.[268] Die Möglichkeit zur Erkenntnis des wahren Himmels und des Lichts bleibt also bestehen. Die Natur der Seele muss aber dazu befähigt werden, die Betrachtung des Göttlichen auszuhalten. Platon selbst löst diese Spannung auf und stellt unmissverständlich klar, dass diese Hoffnung allein der gottgefälligen und philosophierenden Seele vorenthalten ist.

> Diejenigen Seelen, „die sich selbst hinreichend durch die Philosophie gereinigt haben, leben in der zukünftigen Zeit gänzlich ohne Leiber (ἄνευ τε σωμάτων ζῶσι τὸ παράπαν)."[269]

---

265 C. Cels. VII,28 (Marcovich 482,19 f.): „αὐτὴν δὲ τὴν γῆν καθαρὰν ἐν καθαρῷ κεῖσθαι τῷ οὐρανῷ."

266 C. Cels. VII,31 (Marcovich 485,2–4): „Τί δὲ διὰ τούτων ἐμφανίζει, οὐ παντὶ γνῶναι ῥάδιον· εἰ μὴ ὅστις ἐπαΐειν δύναιτο, τί ποτ' ἐστὶν ἐκεῖνο, ὅ φησιν·"

267 C. Cels. VII,31 (Marcovich 485,4–7): „‚ὑπ' ἀσθενείας καὶ βραδυτῆτος οὐχ οἵους τε εἶναι (ἡμᾶς) διεξελθεῖν ἐπ' ἔσχατον τὸν ἀέρα·‛ ,καὶ εἰ ἡ φύσις ἱκανὴ εἴη ἀνασχέσθαι θεωροῦσα, γνῶναι ἄν, ὅτι ἐκεῖνός ἐστιν ὁ ἀληθῶς οὐρανὸς καὶ τὸ ἀληθινὸν φῶς'."

268 Phaidon 109e2–4: „ἐπεί, εἴ τις αὐτοῦ ἐπ' ἄκρα ἔλθοι ἢ πτηνὸς γενόμενος ἀνάπτοιτο, κατιδεῖν (ἂν) ἀνακύψαντα".

269 Phaidon 114c2–4: „τούτων δὲ αὐτῶν οἱ φιλοσοφίᾳ ἱκανῶς καθηράμενοι ἄνευ τε σωμάτων ζῶσι τὸ παράπαν εἰς τὸν ἔπειτα χρόνον".

DIE EINWÄNDE DER GEGNER GEGEN DIE LEIBLICHE AUFERSTEHUNG 165

Bevor aber Celsus den Weg der Seele zur Erkenntnis des Höchsten in VII,36–45 weiter entfaltet, weist er auf das Missverständnis der christlichen Auferstehungshoffnung hin:

> Da sie die Lehre von der Versetzung der Seele in einen anderen Leib missverstanden haben, reden sie von der Auferstehung.[270]

Es stellt sich die Frage, was Celsus dazu bewegt, die Auferstehungshoffnung der Christen als Missverständnis der Seelenwanderungslehre zu postulieren. Nun zeigt er mit seiner Platonrezeption auf, dass die Seele infolge von Schwachheit und Trägheit nicht in der Lage ist, sich zu ihrer wahren Bestimmung zu erheben und in „die reine Erde" einzugehen. Daher ist sie der μετενσωμάτωσις ausgesetzt und fällt immer wieder in die Leiber.[271]

Die Seelenwanderung erfolgt zum Zwecke der Läuterung von Schwachheit und Trägheit. Diese Leidenschaften nämlich hindern die Seele, sich in die oberen Regionen des Göttlichen emporzuschwingen. So bleibt sie an die Materie gebunden. Dennoch soll die Gebundenheit an das Somatische durch wahre Philosophie und Gotteserkenntnis überwunden werden. Den Weg zu dieser Erkenntnis will Celsus den Willigen nicht vorenthalten. Die Christen hingegen missverstehen die Lehre von der Seelenwanderung und entwickeln daraus ihre Lehre von der Auferstehung des Leibes.[272]

In Fragment VII,33–35 geht Celsus dem eschatologischen Missverständnis der Christen weiter nach. Er will ihren Zugang zur Jenseitshoffnung nachzeichnen, damit offenbar wird, dass sie bezüglich der Erkenntnis Gottes durchweg eine materialistische Herangehensweise haben.

---

270   C. Cels. VII,32 (Marcovich 486,1 f.): „ὡς οἴεται Κέλσος, τῆς μετενσωματώσεως παρακούσαντες τὰ περὶ ἀναστάσεώς φαμεν". Die Wiedergabe des Celsus durch Origenes ist hier in der 1. Pers. Pl. formuliert, wobei Celsus selbst natürlich an dieser Stelle in der 3. Pers. Pl. spricht.

271   Vgl. Phaidon 81b–e: Platon spricht dort von den „schlechten" Seelen, die an dem Körperlichen hängen und somit erneut in einen Leib eingehen müssen. „Und so lange irren sie umher, bis sie durch die Begierde nach dem (ihnen) Nachfolgenden, dem Leiblichen, wieder in einem Leib eingebunden werden (καὶ μέχρι γε τούτου πλανῶνται, ἕως ἂν τῇ τοῦ συνεπακολουθοῦντος, τοῦ σωματοειδοῦς, ἐπιθυμίᾳ πάλιν ἐνδεθῶσιν εἰς σῶμα·)." Phaidon 81d9–e2.

272   Vgl. H.E. Lona, Kelsos, 403: „Das Missverständnis der Christen besteht darin, dass sie die Bindung der Seele an den Leib nicht als Zeichen der Unvollkommenheit im Rahmen einer notwendigen Reinigung auffassen, sondern als Kern menschlicher Vollendung, ohne zu wissen, dass jede Berührung mit dem Bereich des Leiblichen echte Vollendung ausschließt."

166   3. KAPITEL

Wenn sie doch von allen Seiten bedrängt und vollständig widerlegt werden, kommen sie wieder, als ob sich nichts gehört hätten, zu der gleichen Frage zurück: Wie sollen wir nun Gott erkennen und sehen? Und wie sollen wir zu ihm hinkommen?[273]

Mit diesen Fragen der Christen verweist Celsus auf die polemische Debatte um die christliche Jenseitshoffnung.[274] Celsus sucht, die christliche Auferstehungslehre vollständig zu widerlegen. Allerdings flüchten sich die Christen ihm zufolge in eine Erkenntnistheorie, die gänzlich materialistisch ist. Auf diese Weise zeigen sie, dass sie kein noetisches Verständnis des Göttlichen besitzen, sondern sich Gott allein im hylischen Rahmen vorstellen. Indem sie ihn aber mit einer solchen Komponente auszeichnen und ihn im menschengestaltigen Leib denken (VII,27: λεγόμενα περὶ τοῦ θεοῦ ὡς σώματος τῇ φύσει τυγχάνοντος καὶ ἀνθρωποειδοῦς σώματος),[275] halten sie zwangsläufig auch bei ihrer Jenseitshoffnung an dem Somatischen fest.[276] Celsus führt seine Kritik in diesem Sinne weiter fort:

Sie erwarten, dass sie mit leiblichen Augen Gott sehen, mit den Ohren seine Stimme hören und mit sinnlichen Händen ihn berühren werden.[277]

Da die Christen nicht zu der Verständnisebene der Platoniker durchdringen, bleiben sie in materialistischen Vorstellungen des Göttlichen verhaftet. Dadurch ist auch das Missverständnis ihrer somatischen Jenseitshoffnung aufgedeckt, so dass die Beschreibung ihrer eschatologischen Erwartung genügt. Wer mit den Augen des Leibes (ὀφθαλμοῖς σώματος), mit Ohren und den sinnlichen Händen Gott sehen, hören und berühren möchte, muss notwendigerweise von einer leiblichen Auferstehung ausgehen. Da auch ihr Gott in hylischen Kate-

---

273   C. Cels. VII,33 (Marcovich 486,27–29): „Ὅταν δὴ πάντοθεν ἐξείργωνται καὶ διελέγχωνται, πάλιν ὥσπερ οὐδὲν ἀκηκοότες ἐπανίασιν ἐπὶ τὸ αὐτὸ ἐρώτημα· Πῶς οὖν γνῶμεν καὶ ἴδωμεν τὸν θεόν; Καὶ πῶς ἴωμεν πρὸς αὐτόν;"

274   Vgl. H.E. Lona, Kelsos, 403: „Der Gegenstand der Auseinandersetzung, bei der die Christen von allen Seiten her in die Enge getrieben und widerlegt werden (πάντοθεν ἐξείργωνται καὶ διελέγχωνται), wird wohl die Auferstehungsfrage sein, die dem hellenistischen Denken viele Angriffsflächen bot."

275   C. Cels. VII,27 (Marcovich 481,12 f.).

276   Vgl. H.E. Lona, Kelsos, 404: „Man geht von der Beschaffenheit des erkennenden Subjekts aus, das nur in einer leiblich auferstandenen Verfassung gedacht wird."

277   C. Cels. VII,34 (Marcovich 487,19–21): „προσδέχεσθαι ὀφθαλμοῖς σώματος θεὸν ὄψεσθαι καὶ ὡσὶ τῆς φωνῆς αὐτοῦ ἀκούσεσθαι καὶ χερσὶν αἰσθηταῖς ψαύσειν αὐτοῦ."

DIE EINWÄNDE DER GEGNER GEGEN DIE LEIBLICHE AUFERSTEHUNG   167

gorien als einer, der einen menschengestaltigen Leib besitzt (ἀνθρωποειδοῦς σώματος), gedacht wird, geht ihre Jenseitshoffnung ebenfalls völlig im somatischen Bereich auf. Auf diese Weise scheint Celsus ihr Missverständnis aufgedeckt zu haben, das in dem christlichen Erkenntniszugang des Göttlichen seine Ursachen hat. Diejenigen, die sich bei der Erkenntnis Gottes der sinnlichen Wahrnehmung bedienen, werden auch in den Vorstellungen der Sinneswahrnehmung die eschatologische Vollendung erwarten.

Deshalb wiederholt Celsus in VII,36 ihre grundsätzlichen Fragen, bevor er seine methodologischen Überlegungen bezüglich der Erkenntnis der Wahrheit in VII,36–45 ausführlich entfaltet.

> Sie werden aber auch wiederum fragen: Wie sollen die Gott erkennen, die (ihn) nicht durch sinnliche Wahrnehmung erfassen (können)? Was kann man ohne sinnliche Wahrnehmung verstehen?[278]

Dies ist aber aus der Perspektive eines Platonikers eine materialistische Herangehensweise, die der Täuschung der Sinnesorgane ausgesetzt ist. Indem sich die Christen aber diese Fragen zur Ausgangslage ihrer Gotteserkenntnis machen, zeigen sie selbst auf, dass sie sich vollständig im Bereich der Materie befinden. Daher führt Celsus ihre Erkenntnismethode auf den sarkischen Vorstellungshorizont ihrer Fragen zurück:

> Dies ist nicht die Stimme eines Menschen, auch nicht der Seele, sondern des Fleisches.[279]

Auf diese Weise verpflichten sie sich der sarkischen Vorstellung sowohl von Gott als auch von ihrem eschatologischen Zustand, so dass Celsus sie polemisch als ein „elendes und leibliebendes Geschlecht" (δειλὸν καὶ φιλοσώματον γένος)[280] bezeichnet. Falls sie dazu in der Lage sind, sollen sie von Celsus den noetischen Erkenntniszugang zum Göttlichen vernehmen:[281]

---

278   C. Cels. VII,36 (Marcovich 489,8–10): „Οἳ δὲ καὶ πάλιν ἐρήσονται· Πῶς αἰσθήσει μὴ καταλαμβανόμενοι γνώσονται τὸν θεόν; Τί χωρὶς αἰσθήσεως μαθεῖν ἐστι δυνατόν;"

279   C. Cels. VII,36 (Marcovich 489,10 f.): „Οὐκ ἀνθρώπου μὲν οὐδὲ τῆς ψυχῆς, ἀλλὰ σαρκὸς ἡ φωνή."

280   C. Cels. VII,36 (Marcovich 489,12 f.).

281   C. Cels. VII,36 (Marcovich 489,11–13). Innerhalb der Abhandlung von dem Weg zur wahren Gotteserkenntnis lässt Celsus unmissverständlich den Unterschied zwischen sich selbst und den Christen erkennen: „Es würde mich doch wundern, wenn ihr mir folgen könntet, da ihr ganz an das Fleisch gebunden seid und nichts Reines schauen könnt (θαυμάσαιμί γ' ἄν εἰ ἀκολουθῆσαι δυνήσεσθε, παντελῶς τῇ σαρκὶ ἐνδεδεμένοι καὶ μηδὲν καθαρὸν βλέποντες.)." C. Cels. VII,42 (Marcovich 495,12 f.).

168　　　　　　　　　　　　　　　　　　　　　　　　　　3. KAPITEL

> Wenn ihr euch der Sinneswahrnehmung verschließt und (dann) mit dem
> νοῦς nach oben schaut und (wenn) ihr euch vom Fleisch abwendet und
> das Auge der Seele erweckt, nur auf diese Weise werdet ihr Gott sehen.[282]

Celsus stellt der vermeintlich sinnlichen Gottesschau der Christen die geistige
Betrachtungsweise eines Platonikers gegenüber. Mit der Abwendung von der
αἴσθησις und somit von der σάρξ beginnt jedes Nachdenken über Gott, der allein
mit dem νοῦς erfasst werden kann. Darin hat sich ein Platoniker Zeit seines
Lebens zu üben, indem er sich nämlich der Sinneswahrnehmung bei der Schau
des Göttlichen immer mehr verschließt und sich stattdessen des Verstandes
bedient. Die Herausforderung besteht darin, das Auge der Seele zu erwecken
und sich auf diese Weise der göttlichen Sphäre zu nähern. Dabei wird sich die
ψυχή ihrer Verwandtschaft mit dem Göttlichen bewusst und kann zur wahren
Gottesschau gelangen.

Als Platoniker orientiert sich Celsus an den Anführern und heiligen Männern
der Vorzeit. Diesen gottbegeisterten Dichtern, Weisen und Philosophen sollen die Christen seiner Meinung nach eher folgen, als sich auf die christlichen
Gaukler und Betrüger zu verlassen.[283] Denn von den Weisen und Philosophen
ist Vieles und Göttliches zu hören (οἱ σοφοὶ καὶ οἱ φιλόσοφοι, παρ' ὧν πολλὰ καὶ
θεῖα ἀκοῦσαι).[284] Jedoch als der tüchtigste Lehrer in Sachen Theologie gilt für
Celsus noch immer Platon, der den Weg der Wahrheit aufgesucht und erkannt
hat.[285] Zum Beweis seiner These verweist er auf die klassische Stelle aus dem
Timaios:[286] „Den Schöpfer und den Vater dieses Weltalls aufzusuchen, ist
eine schwere Aufgabe, und den Gefundenen allen mitzuteilen, ist unmöglich."[287] Die Erkenntnis der göttlichen Wahrheit ist nur wenigen Menschen

---

282　C. Cels. VII,36 (Marcovich 489,13–15): „ἐὰν αἰσθήσει μύσαντες ἀναβλέψητε νῷ καὶ σαρκὸς
　　　ἀποστραφέντες ⟨τὸν τῆς⟩ ψυχῆς ὀφθαλμὸν ἐγείρητε, μόνως οὕτως τὸν θεὸν ὄψεσθε."

283　C. Cels. VII,41 (Marcovich 494,3–6).

284　C. Cels. VII,41 (Marcovich 494,18 f.).

285　C. Cels. VII,42 (Marcovich 495,1 f.).

286　Vgl. Plat. Tim 28c3–5. Diese Stelle wird ebenfalls von den Apologeten gerne zitiert: Justin,
　　　Apol II,10,6 (PTS 38, 152,16–18 Marcovich); Athenagoras, Leg 6,3 (PTS 31, 32,16 f. Marcovich);
　　　Clemens Alexandrinus, Protrepticus VI,68,1 (GCS 12, 51,28–30 Stählin/Treu); Strom V,78,1;
　　　V,92,3 (GCS 52, 377,25 f. 386,25 f. Stählin/Früchtel/Treu). Siehe weitere Belege bei J. Geff-
　　　cken, Apologeten, 174 f., und H.E. Lona, Kelsos, 410 Anm. 351.

287　C. Cels. VII,42 (Marcovich 495,3–5): „‚Τὸν μὲν οὖν ποιητὴν καὶ πατέρα τοῦδε τοῦ παντὸς εὑρεῖν
　　　τε ἔργον καὶ εὑρόντα εἰς πάντας ἀδύνατον λέγειν'."

DIE EINWÄNDE DER GEGNER GEGEN DIE LEIBLICHE AUFERSTEHUNG 169

vorbehalten, so dass die Masse diesen Weg unmöglich gehen kann.[288] Um die wahre Gotteserkenntnis aufzufinden, muss der „richtige" Wahrheitsweg gewählt werden, der allein die wahre Gottesschau vermittelt. Diese ἀληθείας ὁδός ist laut Celsus nur von einigen wenigen weisen Männern gefunden worden, damit wir eine gewisse Vorstellung von dem Unnennbaren und Ersten (τοῦ ἀκατονομάστου καὶ πρώτου) erhalten.[289]

Die ἐπίνοια davon ereignet sich „nur durch einen Erkenntnisvorgang, der in drei Formen verlaufen kann, aus denen eine gewisse Vorstellung gewonnen wird."[290] Diese ἐπίνοια wird „entweder durch Zusammenstellung mit anderen Dingen oder durch eine Unterscheidung von ihnen oder durch Analogie (mit ihnen)"[291] erfasst. Celsus zeigt drei Zugangsmöglichkeiten auf, wie der Weg der Wahrheit bestiegen werden kann. Allerdings ist es unmöglich, dass alle Menschen auf ihm gehen (ὅτι ταύτῃ βῆναι πᾶσιν ‚ἀδύνατον'.).[292] Dennoch entschließt sich Celsus, das Unsagbare (τὸ ἄρρητον) in Grundzügen darzulegen.[293] Dies ist nur denen zugänglich, die allein den νοῦς bemühen. Den Christen aber bleibt dieser Weg verschlossen, da sie nicht fähig sind, „das Auge der Seele" zu gebrauchen. Stattdessen erwarten sie, mit leiblichen Augen Gott zu schauen, so dass ihre somatische Jenseitshoffnung sie daran hindert, zur Erkenntnis der Wahrheit vorzustoßen: „Es würde mich aber wundern, wenn ihr (mir) folgen könntet, da ihr ganz an das Fleisch gebunden seid und nichts Reines schauen (könnt)."[294] Die Schau des Reinen bleibt den Christen verwehrt, da sie dazu ausschließlich die Sinnesorgane verwenden.

In Abgrenzung zur sarkischen Betrachtungsweise der Christen formuliert Celsus thesenartig seinen Standpunkt: „Es gibt Sein und Werden, das geistig Erkennbare und das Sichtbare. Mit dem Sein verbindet sich die Wahrheit, mit dem Werden aber der Irrtum. Über die Wahrheit gibt es nun Wissen, über das Gegenteil aber Meinung. Und zum geistig Erkennbaren führt die Denkkraft, zum Sichtbaren aber die Sehkraft. Der νοῦς erkennt das geistig Erkennbare, das Auge aber das Sichtbare."[295]

---

288 C. Cels. VII,42 (Marcovich 495,6–8).

289 C. Cels. VII,42 (Marcovich 495,8–10): ‚Ἐπειδὴ δὲ τούτου χάριν ἐξηύρηται σοφοῖς ἀνδράσιν, ὡς ἂν τοῦ ἀκατονομάστου καὶ πρώτου λάβοιμέν τινα ἐπίνοιαν".

290 H.E. Lona, Kelsos, 411.

291 C. Cels. VII,42 (Marcovich 495,10 f.): „διαδηλοῦσαν αὐτὸν ἢ τῇ συνθέσει τῇ ἐπὶ τὰ ἄλλα ἢ ἀναλύσει ἀπ' αὐτῶν ἢ ἀναλογίᾳ".

292 C. Cels. VII,42 (Marcovich 495,7 f.).

293 C. Cels. VII,42 (Marcovich 495,11 f.).

294 C. Cels. VII,42 (Marcovich 495,12 f.): „θαυμάσαιμι δ' ἄν, εἰ ἀκολουθῆσαι δυνήσεσθε παντελῶς τῇ σαρκὶ ἐνδεδεμένοι καὶ μηδὲν καθαρὸν βλέποντες."

295 C. Cels. VII,45 (Marcovich 498,19–23): „Οὐσία καὶ γένεσις, νοητὸν ⟨καὶ⟩ ὁρατόν· μετὰ οὐσίας μὲν

Celsus stellt den Gegensatz zum christlichen Erkenntnisweg in sechs Begriffspaaren auf: Οὐσία – γένεσις, νοητόν – ὁρατόν, ἀλήθεια – πλάνη, ἐπιστήμη – δόξα, νόησις – ὄψις, νοῦς – ὀφθαλμός. Der platonische Weg der Wahrheit, der den Bereich der seienden Wirklichkeit umfasst, stellt sich derart dar: Es gibt das Sein und das geistig Erkennbare. Mit dem Sein ist aufs Engste die Wahrheit, die das wahre Wissen enthält, verbunden. Die Denkkraft führt allein zum geistig Erkennbaren, indem der νοῦς gebraucht wird, um das νοητόν zu erkennen. Die Christen dagegen verlassen sich auf das Werden und das Sichtbare. Damit ist aber ein Irrtum (πλάνη) verbunden. Wenn die Christen ihren Weg zur Gotteserkenntnis beschreiben, dann handelt es sich für Celsus lediglich um eine Meinung (δόξα) und nicht etwa um das wahre Wissen (ἐπιστήμη) der Wahrheit. Statt der νόησις gebrauchen sie die Sehkraft, womit sie jedoch nur das Sichtbare und nicht das geistig Erkennbare erfassen. So bleibt ihnen der platonische Weg der Wahrheit unzugänglich.

Weiterhin versucht Celsus, mit Hilfe des Sonnengleichnisses seine Zuhörer auf eine höhere Verständnisebene zu führen. Dies können nur diejenigen nachvollziehen, die sich allein auf die noetische Wirklichkeit einlassen: „Was nun bei den sichtbaren Dingen die Sonne, die weder Auge noch Sehkraft ist, sondern die Ursache dafür ist, dass das Auge sieht und dafür, dass die Sehkraft ihretwegen besteht, und dass die sichtbaren Dinge gesehen werden, und für alle wahrnehmbaren Dinge, dass sie bestehen, und selbst für sich, dass sie gesehen wird, so ist für das geistig Wahrnehmbare Jener. Jener selbst ist weder νοῦς noch Denkkraft noch Wissen, sondern die Ursache für den νοῦς, dass er denkt, und für die Denkkraft, dass sie seinetwegen existiert, und für das Wissen, dass es seinetwegen erkennt."[296]

Der Vergleich mit der Sonne zielt ausschließlich darauf, auf das höchste Jene zu verweisen. So wie die Sonne die Ursache dafür ist, dass das Auge und die Sehkraft die sichtbaren Dinge überhaupt erst feststellen können, ist das höchste Jene die Ursache für alles, was geistig erfasst wird. Jenes Höchste ist die Ursache für alles geistig Erkennbare, für die Wahrheit und das Sein selbst. Es selbst ist jedoch jenseits von allem (πάντων ἐπέκεινα ὤν) und nur durch eine gewisse unaussprechliche Kraft geistig erkennbar (ἀρρήτῳ τινὶ

ἀλήθεια, μετὰ δὲ γενέσεως πλάνη. Περὶ ἀλήθειαν μὲν οὖν ἐπιστήμη, περὶ δὲ θάτερον δόξα· καὶ νοητοῦ μέν ἐστι νόησις, ὁρατοῦ δὲ ὄψις. Γιγνώσκει δὲ νοητὸν μὲν νοῦς, ὁρατὸν δὲ ὀφθαλμός."

296 C. Cels. VII,45 (Marcovich 498,23–30): „Ὅπερ οὖν ἐν τοῖς ὁρατοῖς ἥλιος οὔτ' ὀφθαλμός ὢν οὔτ' ὄψις ἀλλ' ὀφθαλμῷ τε τοῦ ὁρᾶν αἴτιος καὶ ὄψει τοῦ δι' αὐτὸν συνίστασθαι καὶ ὁρατοῖς τοῦ ὁρᾶσθαι, (καὶ) πᾶσιν αἰσθητοῖς τοῦ γίνεσθαι καὶ μὴν αὐτὸς αὑτῷ τοῦ βλέπεσθαι, τοῦτο ἐν τοῖς νοητοῖς ἐκεῖνος, ὅσπερ οὔτε νοῦς οὔτε νόησις οὔτ' ἐπιστήμη, ἀλλὰ νῷ τε τοῦ νοεῖν αἴτιος καὶ νοήσει τοῦ δι' αὐτὸν εἶναι καὶ ἐπιστήμη τοῦ δι' αὐτὸν γιγνώσκειν".

δυνάμει νοητός).[297] Auf diese Weise entzieht es sich jeglicher benennbaren Vorstellung.

Bereits in C. Cels. VI,3 hat sich Celsus der Meinung des Platon angeschlossen, dass das erste Gute niemals auszusprechen ist („μηδαμῶς εἶναι ῥητὸν· τὸ πρῶτον ἀγαθόν).[298] Dieses ist der höchste Gott, der – da er keinen Namen besitzt – durch das Wort nicht erreichbar ist (VI,65: οὐδὲ λόγῳ ἐφικτός ἐστιν ὁ θεός [...] οὐκ ὀνομαστός).[299] Im Gegensatz zu den Christen, die die Meinung vertreten, Gott vollständig in seinem Heilswirken durch den Sohn erkannt zu haben,[300] ist dem Platoniker ein derartiges Verständnis fremd. Das höchste Wesen kann nur durch ἀρρήτῳ τινὶ δυνάμει erkannt werden, so dass die Autonomie Gottes für einen platonischen Theologen auf diese Weise bewusst gewahrt bleibt.

In der Erkenntnis der Wahrheit liegt ein deutlicher Gegensatz zwischen Christen und Platonikern vor, so dass Celsus die Ausführungen in C. Cels. VII,45 direkt auf seine Kontrahenten bezieht: „Dieses ist für Menschen gesagt, die einen νοῦς haben. Wenn ihr aber etwas davon versteht, dann ist es gut für euch.“[301] Allerdings hat Celsus die Hoffnung aufgegeben, dass seine Gegner im Stande sind, seinen Ausführungen zu folgen. Daher fordert er sie zum Schweigen auf, anstatt kühn zu postulieren, dass allein sie Gott erkannt haben.[302] Dies ist für Celsus bereits deswegen unmöglich, da sie in ihren Seelen völlig gelähmt und verstümmelt sind und ihr Leben somit in einem toten Leib führen.[303] Wer sich aber dem Somatischen völlig verschreibt, ist nicht in der Lage, seinen νοῦς zu gebrauchen und somit die wahre Gottesschau zu erreichen.

Eine derartige philosophische Kritik des Celsus konnte von Seiten der Christen nicht unbeantwortet bleiben. M.E. reagiert Ps-Athenagoras in seiner Auferstehungsschrift darauf. Es entsteht der Eindruck, dass unser Verfasser den philosophischen Einwänden des Celsus direkt begegnet und im Gegenzug ein modifiziertes Verständnis der leiblichen Auferstehungshoffnung bietet.

---

297 C. Cels. VII,45 (Marcovich 498,30–32): „καὶ νοητοῖς ἅπασι καὶ αὐτῇ ἀληθείᾳ καὶ αὐτῇ οὐσίᾳ τοῦ εἶναι, πάντων ἐπέκεινα ὤν, ἀρρήτῳ τινὶ δυνάμει νοητός.“

298 C. Cels. VI,3 (Marcovich 379,15f.).

299 C. Cels. VI,65 (Marcovich 442,21–23).

300 Beispielsweise in C. Cels. VI,8 (Marcovich 385,1–3).

301 C. Cels. VII,45 (Marcovich 499,1f.): „Ταῦτ᾿ εἴρηται μὲν ἀνθρώποις νοῦν ἔχουσιν· εἰ δέ τι αὐτῶν καὶ ὑμεῖς συνίετε, εὖ ὑμῖν ἔχει.“

302 C. Cels. VII,45 (Marcovich 499,5–7).

303 C. Cels. VII,45 (Marcovich 499,7–9).

Die Aussage, dass die Christen bei der Erkenntnis des Göttlichen nicht ihren νοῦς gebrauchen und somit das Sein (οὐσία) und das geistig Erkennbare (νοητόν) nicht erfassen, widerlegt Ps-Athenagoras in De Res 15,5. Hierzu setzt er ebenfalls diese drei Begriffe (νοῦς, νοητόν, οὐσία) in Verhältnis zueinander: „Wenn aber auch ein νοῦς und ein λόγος den Menschen zur Unterscheidung des geistig Erkennbaren (νοητῶν) gegeben sind, nicht nur der Wesenheiten (οὐσιῶν), sondern auch der Güte, Weisheit und Gerechtigkeit des Gebers, so ist es notwendig, da das (Ziel), um dessentwillen die vernünftige Beurteilung gegeben ist, fortdauert, dass auch das hiezu verliehene Unterscheidungsvermögen selbst fortbesteht."[304] Damit aber das dem Menschen gewährte Vermögen zur Unterscheidung des Göttlichen erhalten bleibt, muss der Mensch über den Tod hinaus als fortdauerndes Wesen weiter existieren.

Ps-Athenagoras leitet von der Schöpfungstheologie die Notwendigkeit einer postmortalen Fortdauer des Menschen her. Der νοῦς und der λόγος sind dem Menschen verliehen, damit er sie zur Erfassung des geistig Erkennbaren gebraucht. Hier wird die celsische Kritik, nämlich dass die Christen den Verstand nicht gebrauchen, umgewandt und zum Zwecke der eigenen Argumentationsführung verwertet. Der Verstand und die Vernunft sind von Gott gegeben, um alle noetischen Bereiche zu erfassen. Dabei soll dies nicht nur für die Wesenheiten (οὐσιῶν) gelten, sondern insbesondere den Eigenschaften des Gebers zukommen: seiner Güte, Weisheit und Gerechtigkeit.

Celsus selbst betont, dass das höchste Wesen für ihn gänzlich unbeschreibbar bleibt. Wenn von der Verleihung des νοῦς an den Menschen gesprochen wird, differenziert Celsus weiter. Denn er schließt sich Platon in C. Cels. VI,19 an, der im Phaidros (247c) sagt: „Denn das farblose, gestaltlose und unberührbare wirklich seiende Wesen (οὐσία ὄντως οὖσα) lässt sich nur vom Verstand (νῷ μόνῳ), dem Führer der Seele betrachten [...]"[305] Der νοῦς, den Platon als κυβερνήτης der Seele bezeichnet, wird ausdrücklich allein der ψυχή zugeordnet. Die platonische Aussage, dass das wirklich seiende Wesen nur durch den νοῦς betrachtet wird, weitet Ps-Athenagoras aus und bezieht diese Betrachtung auf konkrete Eigenschaften Gottes. Außerdem korrigiert er die Vorstellung, dass der νοῦς allein zur Seele gehört, und wendet in De Res 15,6

---

304 De Res 15,5 (Marcovich 40,15–18): „Εἰ δὲ καὶ νοῦς καὶ λόγος δέδοται τοῖς ἀνθρώποις πρὸς διάκρισιν νοητῶν, οὐκ οὐσιῶν μόνον ἀλλὰ καὶ τῆς τοῦ δόντος ἀγαθότητος καὶ σοφίας καὶ δικαιοσύνης, ἀνάγκη, διαμενόντων ὧν ἕνεκεν ἡ λογικὴ δέδοται κρίσις, καὶ αὐτὴν διαμένειν τὴν ἐπὶ τούτοις δοθεῖσαν κρίσιν·"

305 C. Cels. VI,19 (Marcovich 397,12–14): „Ἡ γὰρ ἀχρώματός τε καὶ ἀσχημάτιστος καὶ ἀναφὴς οὐσία ὄντως οὖσα, ψυχῆς κυβερνήτῃ, νῷ μόνῳ θεατή, [...]"

DIE EINWÄNDE DER GEGNER GEGEN DIE LEIBLICHE AUFERSTEHUNG 173

die schöpfungstheologische Gabe des νοῦς und des λόγος auf den gesamten Menschen an: „Was aber den νοῦς und den λόγος empfangen hat, ist der (ganze) Mensch, nicht die Seele für sich allein."[306] Dagegen ordnet Celsus den νοῦς ausdrücklich der Seele zu, die den Verstand gebraucht, um das ihr Verwandte zu schauen (VI,18: ἡ οὖν ἀνθρωπίνη ψυχὴ [...] βλέπουσα εἰς τὰ αὐτῆς συγγενῆ).[307]

Ps-Athenagoras bezieht jedoch auch den somatischen Bereich des Menschen als Sitz für den νοῦς ein, um daraus die Jenseitshoffnung für den gesamten Menschen abzuleiten: „Folglich muss der (ganze) Mensch, der aus beiden Teilen besteht, für immer fortdauern. Es ist aber (nur dann) möglich, wenn er aufersteht."[308] Wenn der Mensch aber nicht in seiner Gesamtheit aufersteht, sondern allein die Seele unsterblich weiter existiert, dann ist der Mensch vergeblich mit dem νοῦς ausgestattet worden.[309]

Für Celsus aber ist das σῶμα ein Hindernis, das die Seele überwinden muss, um ihren νοῦς zu gebrauchen. Außerdem macht das Wesen des Menschen für ihn allein die ψυχή aus, so dass er bei der Bezeichnung des menschlichen Wesens allein von der ἀνθρωπίνη ψυχή spricht. Zusätzlich kann er der schöpfungstheologischen Prämisse der Christen nicht zustimmen, dass nämlich der gesamte Mensch ein Geschöpf Gottes ist und daher auch in seiner leiblichen Beschaffenheit im postmortalen Zustand weiter existieren muss. Ausdrücklich verwirft er die schöpfungstheologische Annahme der Christen: „Er hat auch nicht den Menschen als sein Abbild gemacht. Denn Gott ist nicht so beschaffen, wie er auch nicht irgendeiner anderen Gestalt gleich ist."[310]

Dennoch hält er daran fest, dass aus Gott alles entstanden ist.[311] Celsus spricht Gott nicht etwa seine Schöpfungstätigkeit ab, sondern wehrt sich vielmehr gegen die anthropomorphe Vorstellung, dass Gott einer Gestalt gleich ist. Indem die Christen aber behaupten, dass der gesamte Mensch als Abbild Gottes geschaffen ist, vertreten sie indirekt die Vorstellung, dass Gott als das Urbild auch seinem Abbild ähnlich ist. Dies ist für einen Platoniker jedoch

---

306 De Res 15,6 (Marcovich 40,20 f.): „Ὁ δὲ καὶ νοῦν καὶ λόγον δεξάμενός ἐστιν ἄνθρωπος, οὐ ψυχὴ καθ᾽ ἑαυτήν·"

307 C. Cels. VI,18 (Marcovich 396,8–10).

308 De Res 15,6 (Marcovich 40,21 f.): „ἄνθρωπον ἄρα δεῖ τὸν ἐξ ἀμφοτέρων ὄντα διαμένειν εἰς ἀεί, τοῦτον δὲ διαμένειν ἀδύνατον μὴ ἀνιστάμενον."

309 De Res 15,7 (Marcovich 40,27).

310 C. Cels. VI,63 (Marcovich 440,15 f.): „Οὐδ᾽ ἄνθρωπον ἐποίησεν εἰκόνα αὐτοῦ· οὐ γὰρ τοιόσδε ὁ θεὸς οὔτ᾽ ἄλλῳ εἴδει οὐδενὶ ὅμοιος."

311 C. Cels. VI,65 (Marcovich 442,10): „Ὁ μὲν οὖν Κέλσος περὶ θεοῦ φησιν ὅτι ἐξ αὐτοῦ τὰ πάντα".

174 3. KAPITEL

inakzeptabel. Denn Gott selbst hat keinen Ursprung und ist unbenennbar.[312] Deshalb liegen die Christen falsch, wenn sie behaupten, dass Gott Anteil an Gestalt oder Farbe, Anteil an Bewegung oder an einer Seinsweise hat.[313] Gott allein erschuf die Menschenseele, die sich zur Strafe im σῶμα befindet. Dort muss sie sich von den Leidenschaften reinigen, die sie dazu veranlasst haben, sich dem materiellen Bereich zu zuwenden.[314]

Auch Ps-Athenagoras folgt keinesfalls dem in Gen 1,27 vermeintlich enthaltenen Anthropomorphismus, aus dem geschlossen werden konnte, dass Gott einer Gestalt gleich ist. Er rezipiert vielmehr die philonische Vorstellung[315] und bezieht die Schöpfung des Menschen als Ebenbild Gottes ausschließlich auf die Verleihung des νοῦς und der λογικὴ κρίσις: „Der Schöpfer hat die Menschen, die das Ebenbild des Schöpfers in sich selbst tragen (ἐν ἑαυτοῖς ἀγαλματοφοροῦσι τὸν ποιητήν), weil sie mit dem Verstand (νοῦν) und mit der vernünftigen Unterscheidung (λογικῆς κρίσεως) ausgestattet sind, zur ewigen Fortdauer bestimmt."[316] Sogleich äußert Ps-Athenagoras auch den Zweck, zu dem den Menschen der νοῦς und die λογικὴ κρίσις verliehen wurden: „Damit die Menschen ihren Schöpfer und seine Kraft und Weisheit erkennen."[317] Somit sind den Menschen der Verstand und die vernünftige Beurteilung gegeben, damit sie ohne Mühe das ganze Leben in der Erkenntnis ihres Schöpfers und seiner Eigenschaften zubringen (συνδιαιωνίζωσιν ἀπόνως).[318]

Weiterhin berücksichtigt Ps-Athenagoras die Kritik des Celsus, der den Christen vorwirft, dass sie nicht in der Lage sind, ihren νοῦς zur Betrachtung des Göttlichen zu gebrauchen. Nun bewegt sich auch Ps-Athenagoras fest in der platonischen Tradition, so dass er die Zweckbestimmung der menschlichen Existenz ebenfalls in der Erkenntnis des Göttlichen entdeckt. So wie Celsus bestimmt auch er das Hauptziel (τέλος) des menschlichen Strebens

---

312 C. Cels. VI,65 (Marcovich 442,14 f.21–23).

313 C. Cels. VI,65 (Marcovich 442,13 f.22).

314 Vgl. die Ursachen für die Gebundenheit der Seele an den Leib in C. Cels. VIII,53 (Marcovich 568,7–16).

315 Philo verwendet ebenfalls das Verbum ἀγαλματοφορεῖν, um die Erschaffung des Menschen nach Gottes Ebenbild zu beschreiben. Siehe Philo, Opif § 69.137. Allein die vernünftige Seele des himmlischen Menschen (nach Gen 1,26 f.) trägt das Abbild Gottes in sich.

316 De Res 12,6 (Marcovich 37,2–4): „τοῖς δὲ αὐτὸν ἐν ἑαυτοῖς ἀγαλματοφοροῦσι τὸν ποιητὴν νοῦν τε συνεπιφερομένοις καὶ λογικῆς κρίσεως μεμοιραμένοις τὴν εἰς ἀεὶ διαμονὴν ἀπεκλήρωσεν ὁ ποιήσας".

317 De Res 12,6 (Marcovich 37,4 f.): „ἵνα γινώσκοντες τὸν ἑαυτῶν ποιητὴν καὶ τὴν τούτου δύναμίν τε καὶ σοφίαν".

318 De Res 12,6 (Marcovich 37,6).

nach Gott als eine θεωρία des Göttlichen. „Das Ziel aber des verständigen Lebens und der vernünftigen Beurteilung könnte nicht jemand erreichen, wenn er nicht mit diesen Dingen ungehindert das ganze Leben zubringt, die besonders und zuerst der natürlichen Vernunft angemessen sind, so dass er unaufhörlich an der Schau des Gebers und seiner Ratschlüsse Freude empfindet."[319]

Das τέλος des verständigen Lebens besteht in der unaufhörlichen Schau Gottes. Dieser Gedanke beschließt als Höhepunkt des gesamten Traktats die Ausführungen über die Auferstehung und verdeutlicht die eschatologische Hoffnung des Ps-Athenagoras. Im Gegensatz zu Celsus schließt er den Bereich des Somatischen davon nicht aus. Er argumentiert streng schöpfungstheologisch und legt dar, dass der Mensch aus einer unsterblichen Seele und einem Leib geschaffen ist. Dabei hat Gott ihn mit einem νοῦς und einem eingepflanzten Gesetz (νόμον ἔμφυτον) zum Heil und zur Bewahrung seiner Gaben, die einer verständigen Lebensweise und einem vernünftigen Leben zustehen, ausgestattet. Gott hätte ein derartiges Lebewesen nicht so ausgerüstet, wenn er nicht wollte, dass der Geschaffene auch fortdauert.

Ps-Athenagoras beschließt nun diese Ausführungen und begründet die διαμονή des ganzen Menschen mit der θεωρία des Göttlichen: Der Schöpfer dieses Weltalls hat den Menschen hervorgebracht, damit dieser am vernünftigen Leben teilhat, und – nachdem er Gottes Pracht und Schöpferweisheit geschaut hat[320] – immer in der Betrachtung dieser göttlichen Dinge bleibt (τῇ τούτων θεωρίᾳ συνδιαμένειν ἀεί).[321] Diese ewige Gottesschau des Menschen ist aber erst dann möglich, wenn es auch dessen Auferstehung gibt. Aus der Absicht des Schöpfers, den Menschen als ein vernünftiges auch *post mortem* in der Kontemplation des Göttlichen verbleibendes Wesen zu schaffen, ergibt sich zuverlässig (σαφῶς) der Beweis für die Auferstehung (τῇ γνώμῃ τοῦ ποιήσαντος δείκνυται σαφῶς ἡ ἀνάστασις).[322]

---

319   De Res 25,4 (Marcovich 50,18–21): „Τέλος δὲ ζωῆς ἔμφρονος καὶ λογικῆς κρίσεως οὐκ ἂν ἁμάρτοι τις εἰπὼν το τούτοις ἀπερισπάστως συνδιαιωνίζειν οἷς μάλιστα καὶ πρώτως ὁ φυσικὸς συνήρμοσται λόγος, τῇ τε θεωρίᾳ τοῦ δόντος καὶ τῶν ἐκείνῳ δεδογμένων ἀπαύστως ἐπαγάλλεσθαι." Die Hinzufügung von μεμοιραμένοις nach λογικῆς κρίσεως ist für das Verständnis der Aussage nicht nötig. Anders M. Marcovich, siehe zur Stelle.

320   Vgl. De Res 12,6 (Marcovich 37,6 f.): Die auferstandenen Menschen werden mit den Gütern das ganze Leben zubringen, „mit denen sie das vorausgehende Leben (schon) stärkten, obwohl sie in vergänglichen und irdischen Leibern existierten (οἷς τὴν προλαβοῦσαν ἐκράτυναν ζωήν, καίπερ ἐν φθαρτοῖς καὶ γηΐνοις ὄντες σώμασιν)".

321   De Res 13,2 (Marcovich 38,1–4).

322   De Res 13,2 (Marcovich 38,6–8).

176 3. KAPITEL

Innerhalb der Beweisführung von De Res 12–25 geht Ps-Athenagoras somit der Aufgabe nach, die somatische Auferstehung mit dem Willen Gottes zu vereinbaren und auf diese Weise das ἀβούλητον mit positiven Argumenten zu widerlegen. Die Auferstehung des Leibes stimmt mit dem göttlichen Willen überein, da es der Absicht Gottes entspricht, sein Geschöpf über den Tod hinaus zu erhalten. Daher stellt die Auferweckung des aufgelösten Leibes für Gott kein unwürdiges Werk dar. Der Mensch besteht von Beginn an aus einem Leib und einer unsterblichen Seele und ist daher eine würdige Schöpfung Gottes. Das ἀνάξιον bildet dabei neben dem ἀδύνατον und ἀβούλητον keinen eigenständigen Einspruch, selbst wenn die Formulierung in De Res 11,1[323] dies nahelegt. Denn bereits in De Res 10,1 ordnet unser Autor das ἀνάξιον ausdrücklich dem ἀβούλητον zu: Das ἀβούλητον nämlich liegt für Gott erst dann vor, wenn es sich als ungerecht oder unwürdig erweist.[324] Daher geht er in De Res 10,1–5 zuerst der angeblichen Ungerechtigkeit durch die Auferstehung des Leibes nach.

Erst in De Res 10,6 widmet er sich dem ἀνάξιον der Auferstehungshoffnung. In De Res 11,2 lässt er unmissverständlich verlauten, dass die Auferstehung des Leibes ein der Würde des Wollenden (κατὰ τὴν τοῦ βουληθέντος ἀξίαν) entsprechendes Werk ist.[325] Dies bedeutet andererseits, dass das ἄδικον wie auch das ἀνάξιον fest mit dem ἀβούλητον-Einwand verknüpft sind und keine eigenständigen Einwände darstellen. In De Res 10,6 widerlegt Ps-Athenagoras das ἀνάξιον mit Hilfe eines schöpfungstheologischen Arguments. Mit diesem belegt er auch in De Res 12 f. den Willen Gottes, die Auferstehung des Leibes zu vollbringen.

> Es dürfte aber auch keiner behaupten, dass es ein unwürdiges Werk für Gott ist, den aufgelösten Leib aufzuerwecken und wieder zusammenzubringen. Denn wenn das Geringere nicht unwürdig war, d. h. den vergänglichen und leidensfähigen Leib zu erschaffen, um wie viel mehr ist das Bessere nicht unwürdig, welches unvergänglich und leidenschaftslos sein wird.[326]

---

323 De Res 11,1 (Marcovich 34,20–22): „εὔδηλον ὅτι καὶ δυνατὸν καὶ βουλητὸν καὶ ἄξιον τοῦ δημιουργήσαντος ἔργον ἡ τῶν διαλυθέντων σωμάτων ἀνάστασις·"

324 De Res 10,1 (Marcovich 33,19 f.): „Τὸ γὰρ ἀβούλητον ⟨τῷ θεῷ⟩ ἢ ὡς ἄδικον αὐτό ἐστιν ἀβούλητον ἢ ὡς ἀνάξιον."

325 De Res 11,2 (Marcovich 34,27).

326 De Res 10,6 (Marcovich 34,14–18): „Οὐ μὴν οὐδ' ἐκεῖνο φαίη τις ἂν ὡς ἀνάξιον ἔργον τοῦ θεοῦ τὸ διαλυθὲν ἀναστῆσαι σῶμα καὶ συναγαγεῖν· εἰ γὰρ τὸ χεῖρον οὐκ ἀνάξιον, τοῦτ' ἔστι τὸ φθαρτὸν ποιῆσαι σῶμα καὶ παθητόν, πολὺ μᾶλλον τὸ κρεῖττον οὐκ ἀνάξιον, ὅπερ ἐστὶν ἄφθαρτον καὶ ἀπαθές."

  Vgl. Petrus I. Alexandrinus, De Res Cod. Vatopédi 236 Frg. 14 (Richard 267,4–6): „οὕτω

DIE EINWÄNDE DER GEGNER GEGEN DIE LEIBLICHE AUFERSTEHUNG 177

Auf diese Weise beendet er die Widerlegung des ἀβούλητον-Einwands, der von Celsus gegen die leibliche Auferstehung vorgebracht wird. Um zu verdeutlichen, dass die Auferstehung des Leibes bereits bei Erschaffung des Menschen fest im göttlichen Willen verankert ist, verweist Ps-Athenagoras insbesondere auf die göttliche Schöpferabsicht.

2.2 *Ergebnis und Ausblick: Adressatenschaft und Gegnerschaft*

Aufgrund dieser Ausführungen zur celsischen Gegnerschaft ist zu konstatieren, dass Ps-Athenagoras direkt auf die Einwände des Celsus bezüglich der Auferstehung reagiert. Die Adressaten kennen die Argumente des Celsus, so dass unser Autor sie bei seinen Zuhörern fest voraussetzt. Dies ist terminologisch deutlich an den ἀδύνατον und ἀβούλητον-Einwänden zu greifen, die offenbar zur Zeit der Entstehung des Traktats eine starke Wirkung auf die heidnischen Sympathisanten der christlichen Auferstehungslehre ausübten. Es handelt sich somit um eine *refutatio*[327] der celsischen Einsprüche hinsichtlich der Auferstehung des Leibes.[328]

     καὶ ὁ κύριος τὸ ἴδιον σῶμα ζωοποιήσας μετὰ τὸ ἐκ νεκρῶν ἀναστῆναι ἄφθαρτον ἐποίησε, τουτέστιν ἀπαθές καὶ ἀθάνατον." Petrus I. Alexandrinus spricht ebenfalls von der Verleihung der Unvergänglichkeit und Leidenschaftslosigkeit (und zusätzlich der Unsterblichkeit) infolge der Auferstehung. Er bezieht diese Vorstellung auf Jesu Auferstehung, die auch den Gläubigen zusteht.

327   Die Beweisführung von De Resurrectione kann generell in zwei Kategorien der antiken Rhetorik eingeteilt werden: Der erste Teil (De Res 2–10) entspricht einer *refutatio* und der zweite Teil (De Res 12–25) einer *confirmatio*. M. Fiedrowicz macht auf die rhetorische Technik der *refutatio*, *confirmatio* und *retorsio* bei den Apologeten aufmerksam. Vgl. ders., Apologie im frühen Christentum, 162–164.

    Die Argumentation des Ps-Athenagoras ist jedoch keine *retorsio*. In der christlichen Entgegnung des gegnerischen Standpunkts war es nämlich üblich, zum Prinzip der *retorsio* zu greifen. Vgl. K. Pichler, Streit um das Christentum, 217–219: Pichler führt das „Prinzip der retorsio" an der Widerlegung des Origenes hinsichtlich der celsischen Argumente aus. Zur Verwendung der *retorsio* bei Tertullian vgl. T. Georges, Retorsio aus theologischer Perspektive, 223–235, insbes. 234: „Das Zurückwenden von Vorwürfen auf die Ankläger ist grundsätzlich ein für die Apologeten insgesamt und für Tertullian im Besonderen wohlbekanntes Verfahren, das mit dem Begriff der ‚retorsio' beschrieben wird. Die *retorsio* knüpft ihrerseits an die Technik der *accusatio mutua* an, die der antiken Rhetorik vertraut war, und lässt sich somit auch für Tertullians Anknüpfen an antike Paideia namhaft machen."

328   Gemäß Celsus ist es unmöglich, dass der völlig zerstörte Leib (σῶμα πάντη διαφθαρέν) in jene erste Zusammensetzung (τὴν πρώτην σύστασιν), die er vor der Auflösung besaß, zurückkehrt (C. Cels. v,14 [Marcovich 331,9–11]). Bis in die genaue Terminologie hinein widerlegt Ps-Athenagoras die Argumente des Celsus: Gott ist nämlich fähig, die Zusammensetzung derselben Menschen (De Res 2,3: πρὸς τὴν τῶν αὐτῶν ἀνθρώπων σύστασιν [Mar-

Die Adressaten haben offenbar die Argumente des Celsus vernommen, so dass ihnen seine Einwände gegen die Auferstehung präsent sind. Es ist gut vorstellbar, dass sie sogar das Werk des Christengegners in der Hand bzw. vor ihrem geistigen Auge haben, so dass Ps-Athenagoras bei seinem öffentlichen Vortrag damit rechnen muss, erneut mit celsischen Einwänden konfrontiert zu werden. Daher widerlegt er sie ausdrücklich, indem er diese Argumente polemisch als gottlosen Unglauben und Lästerung bezeichnet.

Nun erschließt sich die kontroverse Auseinandersetzung in De Resurrectione nicht nur auf dem Hintergrund der Kritik des Celsus an der Auferstehungslehre. Vielmehr ist die Debatte weiter fortgeschritten, so dass vor allem der ἀδύνατον-Einwand mit zusätzlichen Begründungen angereichert wurde, die von Celsus in seinem Werk so noch nicht vorgebracht werden. Dies deutet darauf hin, dass es sich um eine weiter entwickelte Diskussion handelt, die nicht auf das kürzliche Erscheinen des ἀληθὴς λόγος zurückgeht. Vielmehr sind hinsichtlich der Auferstehungslehre zusätzliche kontroverse Punkte dazugekommen, die auf eine spätere Debatte hinweisen.[329]

<hr>

covich 26,27 f.]) und des gleichen menschlichen Leibes wiederherzustellen (De Res 2,5: πρὸς τὴν τοῦ ἀνθρωπείου σώματος σύστασιν [Marcovich 27,12]). Deshalb fordert er seine durch die gegnerischen Argumente beeinflussten Zuhörer auf, zu beweisen, dass es für Gott unmöglich ist oder nicht seinem Willen entspricht (ἀδύνατον ὂν τῷ θεῷ ἢ ἀβούλητον), die toten und aufgelösten Leiber wieder zu ihrer früheren Konstitution zu vereinigen und die Verbindung derselben Menschen herzustellen (De Res 2,3 [Marcovich 26,25–28]). Können sie diesen Beweis nicht erbringen, sollen sie von diesem gottlosen Unglauben und der Lästerung (τῆς ἀθέου ταύτης ἀπιστίας καὶ τοῦ βλασφημεῖν) ablassen (De Res 2,3 [Marcovich 26,28 f.]). Hiermit verweist Ps-Athenagoras auf den polemischen Kontext der Debatte, die durch Celsus bei seinen Adressaten weiterhin präsent ist. Denn wenn sie behaupten, dass es ἀδύνατον und ἀβούλητον ist, sagen sie aus der Perspektive unseres Autors nicht die Wahrheit (De Res 2,3: ὅτι γὰρ οὔτε τὸ ἀδύνατον λέγοντες ἀληθεύουσιν οὔτε τὸ ἀβούλητον [Marcovich 26,29 f.]). Dies will er in seiner darauf folgenden Argumentation mit Nachdruck beweisen (in De Res 2,4–11,2).

329   Vgl. in dieser Studie das Kapitel 3. 2.3: „Kettennahrungs-Einwand (De Res 3,3–4,4 und 8,4)". Mit dem Kettennahrungsargument wird eine neue Begründung des ἀδύνατον-Einwands geliefert, die Celsus noch nicht kennt. Da sich auch Origenes mit dem Problem der Kettennahrung hinsichtlich der Auferstehung auseinandersetzt und einen positiven Umgang damit ermöglicht, weist dies darauf hin, dass die Kettennahrungs-Problematik zur Zeit des Origenes an Aktualität gewinnt. Daher muss davon ausgegangen werden, dass die zusätzliche Begründung des ἀδύνατον-Arguments erst in dieser Zeit neu aufkommt und auch Ps-Athenagoras in De Res 4–8 zu einer intensiven Auseinandersetzung mit dieser herausfordert. Im Unterschied zu Origenes wählt er aber einen anderen Umgang mit der Thematik der Kettennahrung, die offenbar unter den Interessierten an der Auferstehungslehre Verwirrung gestiftet und grundsätzliche Zweifel hinsichtlich der christlichen Jenseitshoffnung gefördert hat.

DIE EINWÄNDE DER GEGNER GEGEN DIE LEIBLICHE AUFERSTEHUNG   179

Das ἀδύνατον-Argument wurde in De Res 9 mit einer zusätzlichen Begründung erweitert, die auf den innerhalb der Auferstehungsapologetik beanspruchten Vergleich Gottes mit dem Töpfer reagiert. *Theophilus von Antiochien* und *Ps-Justin* verweisen auf das Beispiel der Handwerker und Bildner, die ein zerstörtes Gefäß aus demselben Stoff wieder in die gleiche Form verfertigen können. So wird es auch Gott nicht unmöglich sein (vgl. Ps-Justin, De Res 6,9: οὐκ ἀδύνατον αὐτῷ ἐστι [...] τὸ αὐτὸ πλάσμα ποιῆσαι),[330] den aufgelösten Leib aus derselben Materie in die gleiche Gestalt, welche die Menschen bereits

---

330   M. Heimgartner schlägt neuerdings vor, dass bereits Ps-Justin in seinem Auferstehungstraktat die Argumente des Celsus gegen die Auferstehung des Fleisches voraussetzt. Seine Gegner sollen sich in De Res 5–6 dieser Argumentation des Christengegners bedienen. Vgl. M. Heimgartner, Pseudojustin, 170: „Die Gegner von Kapitel 5–6 sind Christen, welche in den Argumenten des Kelsos gegen die Auferstehung des Fleisches eine willkommene Untermauerung ihrer eigenen Position gefunden haben." Nun könnte scheinbar der ἀδύνατον-Einwand der Gegner von Ps-Justin diese Schlussfolgerung nahelegen. Da aber Celsus selbst den ἀδύνατον-Einwand fest mit dem ἀβούλητον-Argument verbindet und auf diese Weise beide Argumente eng aufeinander bezieht, wäre vorauszusetzen, dass die christlichen Gegner auch den ἀβούλητον-Einspruch gegen die Auferstehung des Fleisches verwenden. Jedoch gibt es keinen Hinweis in De Resurrectione des Ps-Justin, dass dies der Fall ist. Außerdem ist es schwer vorstellbar, dass Christen die Polemik des Christengegners für ihre eigene Position gebrauchen, die ja selbst von einer pneumatischen Auferstehung ausgehen (vgl. Ps-Justin, De Res 9,3 [PTS 54, 124,4f. Heimgartner]: εἰ δὲ ἦν πνευματικὴ μόνη ἡ ἀνάστασις [...]).

     Zusätzlich gibt es auch chronologisch erhebliche Schwierigkeiten, wenn in Ps-Justin die celsische Argumentation vorauszusetzen ist. M. Heimgartner bestimmt die Abfassungszeit des pseudojustinischen Auferstehungstraktats in die Jahre 161 bis 182. Für den ἀληθὴς λόγος des Celsus nimmt er das Jahr 178 an. Nun hätte die Rezeption des antichristlichen Werkes sofort nach seiner Entstehung stattgefunden. Heimgartner versucht, diese chronologische Problematik dann mit dem Argument zu lösen, dass sich die Gegner des Ps-Justin in Alexandrien befinden, wo auch das Werk des Celsus entstanden sein soll. Die Enkratiten im Umfeld des Julius Cassian, die Gegner, hätten so eine direkte Kenntnis des ἀληθὴς λόγος des Celsus gehabt. Vgl. M. Heimgartner, Pseudojustin, 170.194–197.

     H.E. Lona stellt zwar auch einige Ähnlichkeiten zwischen Celsus und Ps-Justin fest, lehnt aber zu Recht eine direkte Abhängigkeit ab. Vgl. H.E. Lona, Ps. Justins „De Resurrectione", 767: „Es wäre unzutreffend, Ps. Justins ‹De Resurrectione› als christliche Antwort auf die Kritik des Kelsos zu verstehen." Vgl. erneut H.E. Lona, Kelsos, 68 und 292: „Der gemeinsame kulturelle Hintergrund erklärt die Berührungspunkte mit Kelsos, besonders bei den Fragen, die in der Verteidigung des Auferstehungsglaubens des Ps. Justin im Vordergrund stehen und den zwei Punkten entsprechen, die in der Kritik des Kelsos die Argumentation stützen: die Möglichkeit der Auferstehung und die Würde des Fleisches."

180   3. KAPITEL

in ihrem irdischen Leben besaßen, wiederherzustellen.[331] Die Kontrahenten kehren hingegen diesen Vergleich um und verweisen auf die Töpfer und Bildhauer, die ihre zerbrochenen Werke (οἳ τὰ συντριβέντα τῶν ἔργων) in Wahrheit nicht mehr zusammensetzen können. Sie sind nicht fähig, aus den zerschlagenen Scherben das gleiche Gefäß neu zu gestalten (καινουργεῖν ἀδυνατοῦσιν).[332] Mit solchen Vergleichen, die die Gegner offenbar aus der apologetischen Auferstehungsliteratur entnehmen, versuchen sie ihrerseits zu beweisen, dass auch Gott es weder will noch – wenn er es denn wollte – dazu fähig ist, den toten oder auch völlig aufgelösten Leib eines Verstorbenen auferstehen zu lassen.[333] Auf diese Weise illustrieren sie bildhaft die Kombination der celsischen ἀδύνατον- und ἀβούλητον-Einwände an diesem Paradigma und legen eindrücklich die Unmöglichkeit der Auferstehung derselben Körper dar.

So gehen die Gegner des Auferstehungstraktats auf der Basis der celsischen Argumentation gegen die Auferstehungslehre vor. Die Illustration der Einwände des Celsus an dem Beispiel in De Res 9 zeigt zudem, dass die Kontrahenten die celsische Widerlegung der christlichen Auferstehungshoffnung vollständig verinnerlicht haben. So fällt es ihnen leicht, zusätzliche Begründungen für den ἀδύνατον-Einwand vorzubringen. Auf diese Weise wirken sie

---

331   Vgl. Theophilus von Antiochien, Ad Aut II,26,3 (PTS 44, 76,9–12 Marcovich): „καθάπερ σκεῦός τι, ἐπὰν πλασθὲν αἰτίαν τινὰ σχῇ, ἀναχωνεύεται ἢ ἀναπλάσσεται εἰς τὸ γενέσθαι καινὸν καὶ ὁλόκληρον, οὕτως γίνεται καὶ τῷ ἀνθρώπῳ διὰ θανάτου· δυνάμει γὰρ τέθραυσται, ἵνα ἐν τῇ ἀναστάσει ὑγιὴς εὑρεθῇ, λέγω δὲ ἄσπιλος καὶ δίκαιος καὶ ἀθάνατος.“ Vgl. auch Ps-Justin, De Res 6,5–10 (PTS 54, 114,12–116,23 Heimgartner), der Gott mit einem Handwerker (τεχνίτης) oder einem Bildner (πλάστης) vergleicht, der eine Statue oder Büste bildet. Wenn das Gebilde wieder aufgelöst wird, so ist es ihm nicht unmöglich, dasselbe Gebilde zu schaffen, indem er dieselbe Materie wieder vermischt und neu gestaltet (6,9: πάλιν ἐὰν διαλυθῇ τὸ πλάσμα, οὐκ ἀδύνατον αὐτῷ ἐστι τὴν αὐτὴν ὕλην ἀναφυράσαντι καὶ καινοποιήσαντι τὸ αὐτὸ πλάσμα ποιῆσαι·). So wird es auch für Gott nicht unmöglich sein, wenn das aus der Materie entstandene Gebilde sich aufgelöst hat, sie wieder neu zu formen und dasselbe Gebilde zu machen, wie es auch schon vorher war (6,10: ἀδύνατον ἔσται ἀνακαινοποιῆσαι πάλιν αὐτὴν καὶ ποιῆσαι τὸ αὐτὸ πλάσμα, ὁποῖον ἦν καὶ τὸ πρότερον.).

332   De Res 9,1 (Marcovich 33,3–6): „Πολλῶν δὲ ὄντων τῶν εἰς τὴν προκειμένην ἐξέτασιν χρησιμωτέρων, παραιτοῦμαι δὴ νῦν τοὺς καταφεύγοντας ἐπὶ τὰ τῶν ἀνθρώπων ἔργα καὶ τοὺς τούτων δημιουργοὺς ἀνθρώπους, οἳ τὰ συντριβέντα τῶν ἔργων ἢ χρόνῳ παλαιωθέντα ἢ καὶ ἄλλως διαφθαρέντα καινουργεῖν ἀδυνατοῦσιν“.

333   De Res 9,1 (Marcovich 33,7–9): „εἶτα ἐξ ὁμοίου τοῖς κεραμεῦσι καὶ τέκτοσι δεικνύναι πειρωμένους τὸ καὶ τὸν θεὸν μήτ’ ἂν βουληθῆναι μήτε βουληθέντα δυνηθῆναι νεκρωθὲν ἢ καὶ διαλυθὲν ἀναστῆσαι σῶμα“.

DIE EINWÄNDE DER GEGNER GEGEN DIE LEIBLICHE AUFERSTEHUNG   181

auf die heidnischen Sympathisanten der christlichen Lehre ein und stiften Verwirrung (ταραχή) hinsichtlich der Jenseitshoffnung der Christen. Dieser Verunsicherung will Ps-Athenagoras begegnen und nutzt dies als Anlass, seinen Auferstehungstraktat zu verfassen.[334]

Es stellt sich die Frage, ob aus diesen Überlegungen zur heidnischen Adressatenschaft und Gegnerschaft des Ps-Athenagoras eine möglicherweise präzisere Beschreibung der Zuhörer des Auferstehungstraktats zu gewinnen ist. Nun kann mit Sicherheit davon ausgegangen werden, dass die Adressaten intellektuelle Heiden sind, die sich für das Christentum interessieren und in diesem Fall über die christliche Jenseitshoffnung informiert werden wollen.[335] Bereits bei dieser Beschreibung der Rezipienten fällt auf, dass hier eine frappierende Übereinstimmung mit dem Empfängerkreis des ἀληθὴς λόγος von Celsus vorliegt. Auch hier richtet er sich an solche Personen, die ein gesteigertes Interesse an der neuen Bewegung haben und vertiefende Informationen zur christlichen Lehre verlangen. Celsus setzt bei ihnen ein kritisches Interesse voraus und sucht mit seinem Werk daher eine tiefgreifende Auseinandersetzung mit der neuen Bewegung. Den Adressaten wird hier eine intensive Kontroverse zugemutet, die auf ein kritisches Hinterfragen der christlichen Lehren zielt. Celsus richtet sich vor allem an „die Gebildeten, die sich für das Christentum interessieren, sei es, weil sie sich von ihm angezogen fühlen, sei es, weil sie ratlos davor

---

334   Vgl. De Res 1,2 (Marcovich 25,5–8). Diese Verwirrung ist in besonderer Weise durch die neue Begründung des ἀδύνατον-Einwands mit der Kettenanahrungsproblematik hervorgerufen worden. Vgl. De Res 3,3 (Marcovich 28,8–10): „ὃ δὴ καὶ μάλιστα ταράττειν ἔδοξέν τινας καὶ τῶν ἐπὶ σοφίᾳ θαυμαζομένων, ἰσχυρὰς οὐκ οἶδ' ὅπως ἡγησαμένων τὰς παρὰ τῶν πολλῶν φερομένας διαπορήσεις."

335   L. Chaudouard versucht, das Milieu zu bestimmen, an das sich Ps-Athenagoras mit seinem Auferstehungstraktat richtet. Er geht davon aus, dass hier Philosophen und deren Schüler, die sich für die neue christliche Lehre interessieren, angesprochen werden. „C'est à ceux-là et à leurs disciples que s'adresse le discours d'Athénagore, car seuls ils sont capables et dignes d'écouter une démonstration positive. Peut-être venaient-ils, mêlés aux rares chrétiens platonisants, entendre le philosophe chrétien, [...]" L. Chaudouard, Étude sur le Περὶ ἀναστάσεως d'Athénagore, 71.
       Zusätzlich stellt Chaudouard m. E. die richtige Hypothese auf, dass die Auferstehungsschrift des Ps-Athenagoras auf die Kritik des Celsus reagiert. „Cette hypothèse ferait d'Athénagore un précurseur d'Origène, elle expliquerait le soin apporté par le philosophe athénien à la réfutation des objections d'ordre scientifique." Ebd., 72. Obwohl Chaudouard noch von der Verfasserschaft des Athenagoras und der Datierung von De Resurrectione ins 2. Jahrhundert ausgeht, sind seine Vermutungen zum historischen Milieu sehr erwägenswert.

182   3. KAPITEL

stehen, oder weil sie sich empören, ohne jedoch ihre Ablehnung begründen zu können."[336]

Aus diesem Grund verfolgt er mit dem ἀληθὴς λόγος das Ziel, seine gebildeten Adressaten vor dem Christentum und ihren Lehren zu warnen und sie zum wahren λόγος und zum altbewährten νόμος zurückzuführen. Celsus selbst befürchtet, dass die christliche Lehre auch die geistige Elite erfassen könnte.[337] Er versteht sich als διδάσκαλος,[338] der die interessierten Adressaten

---

336 H.E. Lona, Kelsos, 52.

337 Vgl. H.E. Lona, Kelsos, 53 f.: „Die Adressaten sind also Gebildete, die ebenfalls in Kontakt mit christlichen Lehrern stehen und darum der Anziehungskraft ihrer Lehre ausgesetzt sind. Davon weiß Kelsos aus erster Hand [...] Darunter gab es nicht nur interessierte Teilnehmer bzw. Zuhörer, sondern auch manche, die sich von der christlichen Botschaft überzeugen ließen und gläubig geworden waren. Der dreifache Zweck der Schrift – Polemik, Belehrung und Werbung – erfüllt jeweils eine andere Funktion. Die bloß Interessierten konnten durch den Alethes Logos an ihre Überlieferung wieder anknüpfen und in ihr die echte Wahrheit wieder finden, die sie irrtümlicherweise bei den Christen suchten. Diejenigen, die den Schritt zur Übernahme des christlichen Glaubens wenigstens schon innerlich vollzogen hatten, konnten durch das Werk des Kelsos das Ausmaß ihrer Verfehlung entdecken, und dadurch ebenso die Aufforderung vernehmen, wieder den Weg zurück zum wahren Logos und Nomos einzuschlagen."

Siehe auch die ähnliche Charakterisierung des Adressatenkreises von Celsus, die M. Fiedrowicz in der Einleitung der kürzlich erschienenen Übersetzung von C. Barthold des Contra Celsum in Fontes Christiani (Bd. 50/1) bietet: „Celsus verfasste seine Schrift für eine Leserschaft, die über die nötige Bildung verfügte, um den anspruchsvollen Ausführungen zu folgen, die literarischen Zitate oder Anspielungen einordnen und die philosophischen Argumente nachvollziehen zu können. Innerhalb dieses Adressatenkreises konnte es unterschiedliche Einstellungen gegenüber dem Christentum geben, denen der Autor gleichermaßen Rechnung zu tragen suchte. Gegner der neuen Religion sollten eine argumentative Grundlage für ihre Ablehnung erhalten, ratlos ihr Gegenüberstehende sollten sie durch Vergleich mit dem bewährten Logos und Nomos einordnen können, Interessierte und Sympathisanten sollten wiederum auf die eigene Tradition eingeschworen werden, indem ihnen die Fragwürdigkeit des Neuen und die Gültigkeit des Alten vor Augen geführt wurden. Jene schließlich, die sich schon dem Christentum angeschlossen hatten, sollten die Unvernünftigkeit ihrer Entscheidung einsehen, auf ihrem Weg umkehren und der ‚wahren Lehre' folgen." M. Fiedrowicz, Origenes Contra Celsum (FC 50/1), 33.

338 Vgl. H.E. Lona, Kelsos, 32–34: „Bildung und Beruf". Zur Bildung des Celsus stellt Lona fest, dass sie „dem Niveau eines ausgebildeten Rhetors" entspricht (Ebd., 32). Außerdem zeigt sein gesamtes Werk, dass er die Rolle eines διδάσκαλος einnimmt und seinen Adressaten die wahre Lehre mit dieser Schrift vermitteln will. Vgl. H.E. Lona, Kelsos, 34: „Nicht zuletzt weist der Titel seines Werkes auf sein Selbstverständnis hin. Niemand ist besser dazu geeignet die ‚Wahre Lehre' darzustellen, als einer der aufgrund seines Berufs diese Lehre

DIE EINWÄNDE DER GEGNER GEGEN DIE LEIBLICHE AUFERSTEHUNG 183

seiner Schrift auf den wahren Weg der Wahrheit zu führen sucht. Dabei äußert er sich abwertend gegenüber den christlichen Lehrern, denen er in gewohnt polemischer Manier Unkenntnis vorwirft (vgl. C. Cels. III,72–77). Offenbar ist er mit solchen Gelehrten in Kontakt gekommen, woraus ersichtlich wird, dass er sich aller Wahrscheinlichkeit nach im Rahmen eines Schulbetriebs über das Christentum und ihre Lehren informierte.[339]

Jedenfalls spricht der Christengegner ausdrücklich von Begegnungen mit christlichen Lehrern, die wie unkundige Ärzte den Leib zu heilen versprechen und so die Kranken davon abhalten, sich an kundige Mediziner zu wenden. Allein gelehrte Ärzte sind fähig, sie von ihrer Unwissenheit zu heilen,[340] womit er auf seine eigene Aufgabe als platonischer Philosoph verweist. Nun fordert diese Polemik des Gegners im Gegenzug die christlichen Lehrer zur intellektuellen Auseinandersetzung heraus, so dass der Auferstehungstraktat des Ps-Athenagoras durchaus als Resultat einer solchen Forderung angesehen werden kann.

Unser Verfasser versucht, die christliche Auferstehungswahrheit nicht nur mit allgemeingültigen Postulaten, sondern mit einer rationalen Beweisführung darzulegen und verzichtet explizit auf alle früheren und gegenwärtigen Auto-

---

nicht nur gründlich kennt, sondern auch überzeugend und deutlich zur Sprache bringen kann, d.h. der Lehrer, der sich in den Dienst der Wahrheit stellt, um die falsche Lehre der Christen zu bekämpfen."

339 Vgl. H.E. Lona, Kelsos, 37–40. Lonas These vom Besuch eines christlichen Schulbetriebs durch Celsus hat bei M. Fiedrowicz Zustimmung gefunden. Vgl. ders., Origenes Contra Celsum (FC 50/1), 18: „Angesichts der Schwierigkeit, die Informationen, die Celsus über Leben und Lehre der Christen besaß, auf private Lektüre literarischer Quellen zurückzuführen, wurde ein zeitweiliger enger Kontakt des Heiden mit dem Lehrbetrieb einer christlichen Schule wahrscheinlich gemacht. Solche Lehrstätten, wie sie in Rom und Alexandrien existierten, orientierten sich am Modell der zeitgenössischen Philosophenschulen und standen stets auch gebildeten Heiden offen, die sich für das christliche Denken interessierten." Siehe weiter ebd., 19: „Die genannten Beobachtungen und Einwände des Christengegners resultierten also sehr wahrscheinlich aus seiner persönlichen Kenntnis des christlichen Schulbetriebs – aus welchen Motiven auch immer der Heide Celsus den Kontakt gesucht haben mochte. Ob es ein anfängliches echtes Interesse an der neuen Religion war, die den Suchenden schließlich doch enttäuschte und zum erbitterten Gegner werden ließ, oder ob von vornherein die feste Absicht bestand, das Christentum durch interne Kenntnis noch effektiver bekämpfen zu können, lässt sich anhand der Quellen nicht mehr klären."

340 C. Cels. III,75a (Marcovich 211,5–8): „Ἐπεὶ δὲ καὶ μετὰ ταῦτα παραπλήσιόν φησι ποιεῖν τὸν τὰ χριστιανισμοῦ διδάσκοντα τῷ ὑπισχνουμένῳ μὲν ὑγιῆ ποιεῖν τὰ σώματα, ἀποτρέποντι δὲ τοῦ προσέχειν τοῖς ἐπιστήμοσιν ἰατροῖς τῷ ἐλέγχεσθαι ⟨ἂν⟩ ὑπ᾽ αὐτῶν τὴν ἰδιωτείαν αὐτοῦ, καὶ πρὸς ταῦτα ἐροῦμεν·"

184 3. KAPITEL

ritäten als Ausgangsgrundlage seiner Argumentation (vgl. De Res 14,1 f.).[341] Er versteht sich ebenfalls als ein christlicher Lehrer, der die Unwahrheit aufdecken und stattdessen die Wahrheit vermitteln und befestigen will (ὅ τε τὸ ψεῦδος ἐλέγχων καὶ ὁ τὴν ἀλήθειαν κρατύνων).[342] So besteht für Ps-Athenagoras auch der Zweck seiner Auferstehungsschrift in der Belehrung der Wahrheit (ὁ τὴν ἀλήθειαν διδάσκειν ἐθέλων).[343]

Seinen Traktat konzipiert er als einen öffentlichen Vortrag und rechnet mit konkret versammelten Zuhörern (vgl. De Res 23,6: τοῖς συνελθοῦσιν)[344] und hinzukommenden Interessierten (vgl. De Res 11,5: τοῖς ἄρτι προσιοῦσι).[345] Einen solchen Rahmen konnte m. E. ein freies christliches Schulwesen geboten haben. Wie Justin oder Clemens tritt auch Ps-Athenagoras als freier christlicher Lehrer auf.[346] Als möglicher Wirkungsort ist Athen anzunehmen,[347] wo

---

341   Vgl. De Res 14,1 f. (Marcovich 38,16–26).

342   Vgl. De Res 11,6 (Marcovich 35,16).

343   Vgl. De Res 1,4 (Marcovich 26,1–4). Ps-Athenagoras will seine Adressaten von der Auferstehungswahrheit überzeugen, indem er zuvor im Denken der Hörer (τῇ τῶν ἀκουόντων διανοίᾳ) falsche Meinungen zu entlarven beabsichtigt. So teilt er auch seinen Auferstehungstraktat nach dem Vorbild der διαίρεσις des akademischen Philosophen Philon von Larissa in zwei Teile ein. So geht der „Logos pro veritate" (λόγος ὑπὲρ τῆς ἀληθείας) zur Ausräumung falscher Meinungen und Einwände dem „Logos de veritate" (λόγος περὶ τῆς ἀληθείας) voran, der dann explizit der Vermittlung der Wahrheit hinsichtlich der Auferstehungslehre gewidmet ist.

344   De Res 23,6 (Marcovich 49,2 f.).

345   De Res 11,5 (Marcovich 35,14).

346   Zu Justins Schule vgl. P. Lampe, Die stadtrömischen Christen, 238–240. Als Versammlungsort dient Justin seine eigene Wohnung „über dem Bad des Myrtinus", in der er seinen Schülern den Unterricht erteilt. Zur Wirksamkeit des Clemens als freier Lehrer in Alexandrien siehe C. Scholten, Die alexandrinische Katechetenschule, 17: „Die Quellen weisen nämlich unübersehbar darauf hin, daß die Vertreter dieser Lehranstalt, besonders Clemens, nicht einfach in Diensten der Gemeinde auf die Taufe vorbereiteten, sondern sich als freie Lehrer missionarisch-erzieherisch an die heidnische Öffentlichkeit wandten und den christlichen Glauben einem gebildeten Publikum nahezubringen versuchten."

347   Da Ps-Athenagoras seine Argumentation zum Nachweis der Auferstehungswahrheit nach der διαίρεσις des *Philon von Larissa* ausrichtet (vgl. Kapitel 2. 2: „Methodischer Aufbau von De Resurrectione"), orientiert er sich an einem wichtigen Verteter der athenischen Akademie. Er bewegt sich auf diese Weise im *geistigen* Umfeld der in Athen bestehenden Philosophenschulen, die mit Mark Aurel eine besondere Förderung erfuhren.

      Vgl. J. Hahn, Der Philosoph, 119 f.: *Athen* galt „als ein Zentrum der Philosophie und Sammelbecken von Philosophen, mit dem im Imperium des 1. bis 3. Jahrhunderts n. Chr. allein Rom konkurrieren konnte. Die Einrichtung der vier staatlich besoldeten Lehrstühle für platonische, stoische, peripatetische und epikureische Philosophie durch Mark Aurel,

DIE EINWÄNDE DER GEGNER GEGEN DIE LEIBLICHE AUFERSTEHUNG 185

die wohl anläßlich seines Besuches in Athen im Jahre 176 erfolgte, bedeutete natürlich eine nachhaltige Förderung und einen Höhepunkt des philosophischen Schulbetriebs zu Athen."

In *Rom* und in *Alexandrien* gab es freie christliche Schulformen, in denen ein *Justin* bzw. *Clemens* sich als freie christliche Lehrer an die pagane Öffentlichkeit wandten. In Alexandrien ist beispielsweise mit der Tätigkeit des *Origenes* bezeugt, dass auch gebildete Heiden und sogar heidnische Philosophen über die Lehren der Christen informiert werden wollten. Siehe Euseb, H.E. VI,18,2; VI,19,12. Dies ist bereits auch in der Zeit des *Clemens* mit seinen Schriften *Protrepticus*, *Paedagogus* und den *Stromata* greifbar. Besonders *Protrepticus* des Clemens richtet sich an gebildete Außenstehende. Vgl. dazu D. Wyrwa, Religiöses Lernen, 297.

H.E. Lona verweist auf Kontakte des Celsus mit freien christlichen Lehrern innerhalb eines Schulbetriebs. Auch Ps-Athenagoras hält offenbar als ein freier Lehrer innerhalb einer vergleichbaren Schulform seinen Vortrag. Er versucht so, die heidnischen Sympathisanten von der Auferstehungslehre zu überzeugen. Jedoch begrenzen sich unsere Kenntnisse im Fall des Celsus und seiner Zeit allein auf die Schulen in Rom und Alexandrien, was m. E. die Existenz solcher Lehrstätten an anderen Orten im *dritten* Jahrhundert nicht ausschließt.

H.E. Lona nimmt dies für die Vorprägung des Celsus hinsichtlich seines Kenntnisstands der christlichen Schriften und Lehren in der zweiten Hälfte des zweiten Jahrhunderts an: „In Frage kommen nur die entsprechenden Einrichtungen in Rom und Alexandrien, von denen besonders Alexandrien durch das Zeugnis des Klemens greifbar ist. Der ‚Protreptikos', der ‚Paidagogos' und die vielfältige Thematik der ‚Stromata' sind Beispiele für eine qualifizierte christliche Stimme im Rahmen einer allen Gebildeten offenen Einrichtung, zu denen auch interessierte Heiden freien Zugang hatten, wo sie christliche Inhalte hörten und Kenntnisse über die Heilige Schrift gewannen, und sich dabei ein gewisses Bild vom Glauben und von den Gläubigen machen konnten." H.E. Lona, Kelsos, 39.

In der ersten Hälfte des *dritten* Jahrhunderts ist diese Möglichkeit für heidnische Sympathisanten durch das Zeugnis des Clemens und Origenes für *Alexandrien* und im Fall von Origenes auch für *Caesarea* gesichert. Daher kann dies auch für Ps-Athenagoras in *Athen* angenommen werden, auch wenn die Lokalisierung einer für ihn entsprechenden Einrichtung aus dem Auferstehungstraktat nicht explizit möglich ist.

L. Chaudouard verortet die Wirksamkeit des Ps-Athenagoras ebenfalls nach Athen, da er noch von der Verfasserschaft des Apologeten Athenagoras ausgeht. Er vermutet, dass Ps-Athenagoras als *freier* Lehrer im Umkreis der Philosophenschulen in Athen wirksam war: „Ce traité fut donc à l'origine une leçon d'apologétique. Cette conclusion probable confirme l'hypothèse qui fait d'Athénagore un philosophe chrétien, tenant école libre à côté des écoles païennes officiellement créées à Athènes, par l'empereur Marc-Aurèle." L. Chaudouard, Étude sur le Περὶ ἀναστάσεως d'Athénagore, 9. So ähnlich auch J.L. Rauch, Athenagoras, 15.23 f.

Zur Wirksamkeit der Christen im 2. und 3. Jahrhundert nach dem Vorbild von Popular- und Fachphilosophen siehe Chr. Markschies, Lehrer, 114–119, insbesondere 114: „Mir

186   3. KAPITEL

Ps-Athenagoras vor einem paganen Publikum die Auferstehung des Leibes zu beweisen sucht.

Hingegen ist dieser Vortrag kaum innerhalb einer christlichen Gemeinde gehalten worden,[348] weil der Auferstehungsbeweis weder auf der Heiligen Schrift noch auf der christologischen Argumentationsführung basiert. Unser Autor nimmt als gemeinsame Voraussetzung allein die philosophische Tradition an. Daher ist mit einem vergleichbaren Publikum zu rechnen, an das auch Celsus seinen ἀληθὴς λόγος richtet.[349]

Von der weitreichenden Wirkung des ἀληθὴς λόγος auf die pagane Öffentlichkeit wissen wir in erster Linie von Ambrosius, dem Mäzen des Origenes. Ambrosius beauftragt Origenes zur Widerlegung dieser antichristlichen Schrift, die offenbar auch ca. 70 Jahre nach ihrem Entstehen von bestimmten Kreisen gelesen wird und auf diese Weise einen großen Einfluss ausübt. Von Ambrosius sind Rückschlüsse auf den Adressatenkreis des ἀληθὴς λόγος möglich, in dem dieses Werk auch noch im dritten Jahrhundert Anerkennung genießt. Ambrosius selbst gehört aller Wahrscheinlichkeit nach zur wohlhabenden und gebildeten Oberschicht in Alexandrien.[350] Er selbst scheint sich

---

      scheint, wie bereits mehrfach angedeutet, daß eine solche Differenzierung der verschiedenen Institutionen und Bildungsniveaus des höheren Unterrichts auch für die Geschichte der christlichen Theologie des zweiten und dritten Jahrhunderts von großer Bedeutung ist. Denn wir kennen für diese beiden Jahrhunderte sowohl christliche Lehrer, die eher auf dem Niveau eines Salon- oder Popularphilosophen mit lediglich mäßigen Kenntnissen der zeitgenössischen Fachphilosophie unterrichten, als auch hochgelehrte Theologen, deren philosophisches Bildungsniveau durchaus den Vergleich mit Fachphilosophen nahelegt. Als Beispiel eines philosophischen Unterrichts, der wahrscheinlich eher dem der Salon- oder Popularphilosophen entspricht, möchte ich an dieser Stelle den römischen Apologeten *Justin* nennen, als Beispiel für ein Bildungsniveau, das eher dem eines Fachphilosophen entspricht, *Origenes*." So erneut Chr. Markschies, Institutionen, 88. Zu den Anfängen der alexandrinischen Katechetenschule siehe weiter den instruktiven Beitrag von D. Wyrwa, Religiöses Lernen, 271–305.

348   So aber U. Neymeyr, der mit einem christlichen Publikum des Traktats rechnet. Vgl. U. Neymeyr, Lehrer, 198 f.: „Da der Verfasser ein überwiegend christliches Publikum vor Augen hatte, ist es denkbar, daß sein Vortrag im Rahmen der christlichen Gemeinde gehalten wurde, daß sich also Mitglieder der christlichen Gemeinde aus eigener Initiative oder auf Anregung des Vortragenden versammelten, um diesen Vortrag zu hören."

349   Einzig mit vernunftgemäßen Argumenten und ohne Verweis auf jegliche Autoritäten will er seinen Auferstehungsbeweis führen. So wird der Zugang für sein gebildetes paganes Publikum zur christlichen Jenseitshoffnung erleichtert, weil Ps-Athenagoras auf diese Weise eine gemeinsame Grundlage mit ihnen herzustellen vermag, ohne ein bestimmtes Vorwissen vorauszusetzen.

350   Siehe Origenes, *Exhortatio ad Martyrium* 14 (GCS 2, 14,16–20 Koetschau): „τούτων δὲ ἕνεκεν

DIE EINWÄNDE DER GEGNER GEGEN DIE LEIBLICHE AUFERSTEHUNG   187

zunächst den Valentinianern angeschlossen zu haben,[351] da er bei ihnen einen vernünftigen und gebildeten Glauben vorfand. Umgekehrt konnte er den vernunftlosen und ungebildeten Glauben der einfachen Christen in Alexandrien nicht ertragen (μὴ φέρων τὴν ἄλογον καὶ ἰδιωτικὴν πίστιν),[352] so dass er Anschluss an das gebildete Milieu der Valentinianer suchte.[353] Origenes konnte ihn dar-

---

τῶν ῥητῶν ηὐξάμην ἂν τοσαῦτα κτησάμενος ἐπὶ γῆς, ὁπόσα ἔχεις, ἢ καὶ τούτων πλείονα γενέσθαι μάρτυς ἐν Χριστῷ τῷ θεῷ, ἵνα ‚πολλαπλασίονα‘ λάβω ἤ, ὡς ὁ Μάρκος φησὶν, ‚ἑκατονταπλασίονα·‘ " Origenes spielt hier auf den erheblichen Reichtum des Ambrosius an (ηὐξάμην ἂν τοσαῦτα κτησάμενος ἐπὶ γῆς, ὁπόσα ἔχεις), der ihm nach der Auskunft Eusebs (vgl. Euseb, H.E. VI,23,1 f.) auch die Mittel zu seiner Schrifttätigkeit bereit gestellt hat. In dieser Schrift verweist Origenes auch darauf, dass Ambrosius offenbar verheiratet war und Kinder hatte. Vgl. Origenes, *Exhortatio ad Martyrium* 37 f. (GCS 2, 35,21–25; 36,2–4 Koetschau). Vgl. A. Fürst, Christentum als Intellektuellen-Religion, 68.

351   Euseb berichtet, dass Ambrosius zunächst Anhänger der Valentinianer gewesen ist, bevor er durch die von Origenes verkündete Wahrheit überführt wurde und zur Lehre der kirchlichen Orthodoxie übertrat (τῷ τῆς ἐκκλησιαστικῆς ὀρθοδοξίας προστίθεται λόγῳ). Vgl. Euseb, H.E. VI,18,1 (GCS 9,2, 556,9–12 Schwartz): „Ἐν τούτῳ καὶ Ἀμβρόσιος τὰ τῆς Οὐαλεντίνου φρονῶν αἱρέσεως, πρὸς τῆς ὑπὸ Ὠριγένους πρεσβευομένης ἀληθείας ἐλεγχθεὶς καὶ ὡς ἂν ὑπὸ φωτὸς καταυγασθεὶς τὴν διάνοιαν, τῷ τῆς ἐκκλησιαστικῆς ὀρθοδοξίας προστίθεται λόγῳ." Hingegen sieht Hieronymus in Ambrosius einen Marcioniten (in Hieronymus, Vir. ill. 56,1: „Ambrosius primum Marcionites, deinde ab Origene correctus"; 61,3 [TU 14/1, 34.35 f.]) und für Epiphanius war er entweder ein Anhänger des Marcion oder des Sabellius (in Epiphanius, Pan 64,3,1 [GCS 31, 405,15 f. Holl]: „τινὲς δὲ τοῦτον τὸν Ἀμβρόσιον ἔφασαν οἱ μὲν Μαρκιωνιστήν, οἱ δὲ Σαβελλιανόν").

        Chr. Markschies setzt sich dafür ein, der Auskunft Eusebs mehr als der des Hieronymus und der des Epiphanius zu vertrauen. Außerdem ist Hieronymus bei der Behauptung, dass Ambrosius ein Marcionit gewesen sei, von Epiphanius abhängig. Vgl. Chr. Markschies, Valentinianische Gnosis, 163. Vgl. auch H. Strutwolf, Gnosis als System, 17 Anm. 35: „Schon in seiner Kindheit ist er [sc. Origenes], wie Euseb wohl eher ungern bezeugt, in einem eher häretischen Milieu aufgewachsen [...] Seine Schule wurde von vielen gebildeten Gnostikern besucht und sein Mäzen Ambrosius war ein ehemaliger, von Origenes bekehrter Valentinianer [...]" Vgl. ebd., 14.

352   Origenes, CIoh V,8 (GCS 10, 105,16 f. Preuschen).

353   Vgl. Chr. Markschies, Valentinianische Gnosis, 164: „Unter dem Vorwand, Erkenntnis zu haben und zu vermitteln (προφάσει γνώσεως), bieten die Valentinianer in vielen Texten vor allem Erklärung der Schrift (διήγησιν τῶν τε εὐαγγελικῶν καὶ ἀποστολικῶν λέξεων) an. Und Ambrosius wendete sich ihnen zu, weil er einen vernunftlosen und ungebildeten Glauben nicht ertragen konnte (μὴ φέρων τὴν ἄλογον καὶ ἰδιωτικὴν πίστιν), bei den Valentinianern offenbar eine rationalen Standards genügende Theorie des chritlichen Glaubens versprochen bekam, die sich im Modus der Schriftexegese präsentierte."

        A. Wucherpfennig deutet irrtümlicherweise die Aussage des Origenes in CIoh V,8 in dem Sinne, dass Ambrosius bei den Valentinianern „einem ‚unvernünftigen‘ (‚ἄλογον‘) und

188 3. KAPITEL

aufhin zum Glauben der Kirche zurückgewinnen, so dass Ambrosius seitdem
den alexandrinischen Gelehrten tatkräftig mit finanziellen Mitteln ausstattete
und zur weiteren schriftstellerischen Tätigkeit antrieb.[354] Diese Beziehung entspricht dem antiken Patronatsverhälnis: Ambrosius gab regelmäßig Aufträge
an Origenes, Schriften wie den Kommentar zum Johannesevangelium bzw. die
Widerlegung des celsischen ἀληθὴς λόγος zu verfassen, woraufhin Origenes mit
seiner finanziellen Unterstützung rechnen konnte.[355]

Da Ambrosius nun den starken Einfluss des ἀληθὴς λόγος innerhalb der geistigen Oberschicht befürchtet, erteilt er dem Alexandriner den Auftrag zur
Abfassung der Apologie wider Celsus. Origenes erhält diesen Auftrag vermutlich im Jahre 245, während er sich in Caesarea aufhält. Dort schickt Ambrosius ihm das Werk des Christengegners zu (vgl. C. Cels. Praef. 4).[356] Origenes

---

,eigenartigen' (‚ἰδιωτικήν‘) Glauben angehangen" sei. Vgl. A. Wucherpfennig, Heracleon
Philologus, 18. Bei so einer Interpretation wird der Duktus der Aussage nicht beachtet, dass
sich Ambrosius aus Mangel an solchen Leuten, die das Bessere erklären konnten (αὐτὸς
γοῦν ἀπορίᾳ τῶν πρεσβευόντων τὰ κρείττονα), den Lehren der Valentinianer angeschlossen
hat. Bei den *einfachen* Christen konnte er vielmehr den unvernünftigen und ungebildeten Glauben nicht ertragen. Daher hat er sich selbst „aus Liebe zu Jesus" (διὰ τὴν πρὸς
Ἰησοῦν ἀγάπην) den Lehren der Valentinianer hingegeben, von denen er später Abstand
genommen hat, als er von der ihm gegebenenen Einsicht Gebrauch gemacht hat und so
zur nötigen Erkenntnis gelangt ist. Origenes deutet mit der letzten Äußerung darauf hin,
dass er ihn offenbar von den Valentinianern zum Glauben der Kirche zurückgewinnen
konnte. Siehe Origenes, CIoh v,8 (GCS 10, 105,16–19 Preuschen): „αὐτὸς γοῦν ἀπορίᾳ τῶν πρεσβευόντων τὰ κρείττονα, μὴ φέρων τὴν ἄλογον καὶ ἰδιωτικὴν πίστιν διὰ τὴν πρὸς Ἰησοῦν ἀγάπην
ἐπεδεδώκεις ποτὲ σαυτὸν λόγοις, ὧν ὕστερον τῇ δεδομένῃ σοι συνέσει καταχρησάμενος εἰς δέον
καταγνοὺς ἀπέστης."

354 Vgl. Euseb, h.e. VI,23,1 f. (GCS 9,2, 568,22–570,7 Schwartz): „Ἐξ ἐκείνου δὲ καὶ Ὠριγένει τῶν εἰς
τὰς θείας γραφὰς ὑπομνημάτων ἐγίνετο ἀρχή, Ἀμβροσίου παρορμῶντος αὐτὸν μυρίαις ὅσαις οὐ
προτροπαῖς ταῖς διὰ λόγων καὶ καρακλήσεσιν αὐτὸ μόνον, ἀλλὰ καὶ ἀφθονωτάταις τῶν ἐπιτηδείων
χορηγίαις. ταχυγράφοι τε γὰρ αὐτῷ πλείους ἢ ἑπτὰ τὸν ἀριθμὸν παρῆσαν ὑπαγορεύοντι, χρόνοις
τεταγμένοις ἀλλήλους ἀμείβοντες, βιβλιογράφοι τε οὐχ ἥττους ἅμα καὶ κόραις ἐπὶ τὸ καλλιγρα-
φεῖν ἠσκημέναις· ὧν ἁπάντων τὴν δέουσαν τῶν ἐπιτηδείων ἄφθονον περιουσίαν ὁ Ἀμβρόσιος
παρεστήσατο· ναὶ μὴν καὶ ἐν τῇ περὶ τὰ θεῖα λόγια ἀσκήσει τε καὶ σπουδῇ προθυμίαν ἄφατον
αὐτῷ συνεισέφερεν, ᾗ καὶ μάλιστα αὐτὸν προύτρεπεν ἐπὶ τὴν τῶν ὑπομνημάτων σύνταξιν."

355 Zu diesem Patronatsverhältnis zwischen Ambrosius und Origenes siehe A. Monaci Castagno, Origene e Ambrogio, 165–193; A. Wucherpfennig, Heracleon Philologus, 17: „Das
Verhältnis von Origenes zu Ambrosius wird wie vergleichbare Patronatsverhältnisse eine
reziproke Beziehung gewesen sein, in der die Unterstützung des Patrons der Leistung seines Klienten entsprach. Origenes hat sich bei der Abfassung seines Kommentars daher
nach den Interessen seines Patrons Ambrosius gerichtet."

356 C. Cels. Praef. 4 (Marcovich 4,4 f.): „ἐλογισάμεθα πεισθῆναί σου τῇ προστάξει καὶ ὑπαγορεῦσαι
πρὸς ὃ ἔπεμψας ἡμῖν σύγγραμμα".

DIE EINWÄNDE DER GEGNER GEGEN DIE LEIBLICHE AUFERSTEHUNG 189

berichtet von Ambrosius selbst, dass sein Patron von sehr vielen Städten geehrt und aufgenommen wird (δοξασθεὶς καὶ ἀποδεχθεὶς ὑπὸ πλείστων ὅσων πόλεων).[357] Mit dieser Aussage weist er darauf hin, dass Ambrosius offenbar über Alexandrien hinaus in vielen Städten bekannt ist und Kontakte mit der dazu gehörigen Oberschicht unterhält. Die Aussage des Origenes über seinen Förderer in *Exhortatio ad Martyrium* 36 „δοξασθεὶς καὶ ἀποδεχθεὶς ὑπὸ πλείστων ὅσων πόλεων" hat Anlass gegeben zur Vermutung, dass Ambrosius ein wichtiger Würdenträger der alexandrinischen Oberschicht gewesen ist. Es ist durchaus möglich, dass er ein hohes öffentliches Amt in Alexandrien bekleidet hat.[358] Seine Wirktätigkeit ist aber nicht nur auf Alexandrien begrenzt, wenn er von zahllosen Städten geehrt und aufgenommen wird. P. Nautin weist darauf hin, dass Ambrosius aufgrund dieser Aussage sehr wahrscheinlich ein Rhetor war, der an verschiedenen Orten des Imperiums Reden hielt und zu wichtigen Anlässen konsultiert wurde.[359]

Jedenfalls ist nicht zu leugnen, dass er als wohlhabender Bürger in hohen Kreisen verkehrte und sich als Gebildeter für religiöse Belange interessierte. In diesem Kontext ist ihm offenbar deutlich geworden, dass der ἀληθὴς λόγος

---

357 Origenes, *Exhortatio ad Martyrium* 36 (GCS 2, 33,14–17 Koetschau): „καὶ μάλιστα εἰ δοξασθεὶς καὶ ἀποδεχθεὶς ὑπὸ πλείστων ὅσων πόλεων νῦν ὡσπερεὶ πομπεύεις αἴρων τὸν σταυρὸν τοῦ Ἰησοῦ, ἱερὲ Ἀμβρόσιε, καὶ ἀκολουθῶν αὐτῷ προσάγοντί σε ἐπὶ ἡγεμόνας καὶ βασιλεῖς".

358 So im Anschluss an Epiphanius, Pan 64,3,1 (τῶν διαφανῶν ἐν αὐλαῖς βασιλικαῖς) und Origenes, *Exhortatio ad Martyrium* 36, schon A. v. Harnack, Geschichte der altchristlichen Literatur II/2, 56: „Ambrosius war aus vornehmen Geschlecht, sehr begütert, stand zeitweise in hohen Munizipalämtern (‚von zahllosen Städten geehrt') und war verheiratet." Vgl. auch O. Bardenhewer, Geschichte der altkirchlichen Literatur Bd. 2, 196; A. Fürst, Christentum als Intellektuellen-Religion, 68.

359 P. Nautin bewertet in diesem Zusammenhang kritisch die Aussage des Epiphanius, dass Ambrosius ein hoher Funktionär des Kaiserhofes in Alexandrien gewesen sei (so Epiphanius, Pan 64,3,1 [GCS 31, 405,13–18 Holl]: „Μετὰ χρόνον ἀπ' ἐντεῦθεν προτρεπομένων αὐτὸν πολλῶν καὶ ἀναγκαζόντων, Ἀμβροσίῳ τινὶ συντυχὼν τῶν διαφανῶν ἐν αὐλαῖς βασιλικαῖς [...] κατήχησε γοῦν τὸν αὐτὸν ἀπὸ τῆς αἱρέσεως ἐκκλῖναι καὶ ἀναθεματίσαι καὶ τὴν πίστιν ἀναδέξασθαι τῆς ἁγίας θεοῦ ἐκκλησίας·"). P. Nautin, Origène, 75: „Un homme δοξασθεὶς καὶ ἀποδεχθεὶς ὑπὸ πλείστων ὅσων πόλεων n'est pas nécessairement un haut fonctionnaire de la cour impériale. Les inscriptions nous ont conservé beaucoup de décrets pris par des villes et décernant des honneurs à un rhéteur, à un artiste ou à un athlète. Si l'on imagine difficilement Origène dans la clientèle d'un comédien ou d'un sportif, on peut se le représenter sans invraisemblance parmi les familiers d'un rhéteur qui s'intéressait aux problèmes religieux et qui, après avoir été converti par lui, le poussait à écrire des ouvrages en lui en fournissant les moyens. Un rhéteur célèbre était souvent appelé dans d'autres villes de l'empire pour prononcer un éloge ou plaider une cause importante, et il y était honoré et applaudi."

190   3. KAPITEL

des Celsus für die Gebildeten und für die Interessierten am Christentum noch immer ein Hindernis war.[360] Aus diesem Grund beauftragt er den versierten alexandrinischen Gelehrten, dem platonischen Angriff auf die christliche Lehre eine Gegenschrift zu widmen. So kann er auf die Verleumdungen des Christengegners reagieren und auf einen Gegenentwurf des Origenes verweisen, der mittlerweile auch unter den Philosophen zumindestens in Alexandrien und Caesarea ein hohes Ansehen genießt.[361]

Nun richtet sich der ἀληθὴς λόγος des Celsus in besonderer Weise an solche Gebildete, die in der platonischen Tradition verwurzelt sind. „Der Platoniker Kelsos wendet sich gegen das Christentum mit platonischen Argumenten, und daraus lässt sich schließen, dass auch seine Adressaten zu dieser Gruppe gehören."[362] Innerhalb dieser Kreise scheint das Werk des Celsus gelesen und als Warnung vor der neuen religiösen Bewegung wahrgenommen worden zu sein. Da Ambrosius offenbar zu dieser Leserschicht Kontakte unterhält, wird er auf die antichrichtliche Schrift und ihren Einfluss aufmerksam und fordert den fähigsten Theologen seiner Zeit zum Gegenentwurf heraus. Die Schrift des Celsus ist auch nach dessen Tod[363] hoch aktuell und erfordert aus der Sicht von

---

360   Vgl. M. Fiedrowicz, Origenes Contra Celsum (FC 50/1), 12: „Hinzu kam die Einsicht, dass die Argumente, mit denen Celsus vor über einem halben Jahrhundert das Christentum bekämpft hatte, offensichtlich noch nicht überzeugend widerlegt waren und eine umfassende Akzeptanz der neuen Religion nach wie vor erschwerten. Möglicherweise hatte Ambrosius Kontakt zu heidnischen Kreisen, in denen das Werk des Celsus nach wie vor mit Interesse und Sympathie gelesen wurde."

361   Euseb berichtet in seiner Kirchengeschichte, dass Origenes in Alexandrien von zahlreichen Häretikern und von den angesehenen Philosophen aufgesucht worden ist. Vgl. Euseb, H.E. VI,18,2 (GCS 9,2, 556,15–17 Schwartz): „μυρίοι δὲ τῶν αἱρετικῶν φιλοσόφων τε τῶν μάλιστα ἐπιφανῶν οὐκ ὀλίγοι διὰ σπουδῆς αὐτῷ προσεῖχον, μόνον οὐχὶ πρὸς τοῖς θείοις καὶ τὰ τῆς ἔξωθεν φιλοσοφίας πρὸς αὐτοῦ παιδευόμενοι." In Euseb H.E. VI,19,12 wird diese Auskunft durch einen Brief des Origenes bestätigt, der sich in diesem Zusammenhang gegen Vorwürfe verteidigt, sich der Philosophie während seiner Schultätigkeit in Alexandrien hingegeben zu haben. Von seinem Schüler Gregor Thaumaturgos wissen wir, dass Origenes auch in Caesarea philosophischen Unterricht erteilte. Euseb zitiert aus der Schrift Contra Christianos des Porphyrius, dass sogar dieser Christengegner, der Schüler Plotins, in seiner frühen Jugend noch Origenes in Caesarea gehört hat. Vgl. Euseb, H.E. VI,19,5 (GCS 9,2, 558,22–26 Schwartz).

362   H.E. Lona, Kelsos, 52.

363   Origenes erwähnt zu Beginn seiner Widerlegung des ἀληθὴς λόγος – sehr wahrscheinlich im Jahre 245 –, dass Celsus bereits längst verstorben ist (ἤδη καὶ πάλαι νεκροῦ). Vgl. C. Cels. Praef. 4 (Marcovich 3,24–27): „Τοίνυν οὐ συνήδομαι τῷ πιστεύσαντι εἰς Χριστόν, ὡς δύνασθαι σαλευθῆναι αὐτοῦ τὴν πίστιν ὑπὸ Κέλσου (τοῦ οὐδὲ κοινοτέραν ζωὴν ζῶντος ἐν ἀνθρώποις ἔτι, ἀλλ᾽ ἤδη καὶ πάλαι νεκροῦ) ἤ τινος πιθανότητος λόγου." Die Konjektur von Marcovich von ἤ

Ambrosius als gebildeten Bürgers Alexandriens eine intensive Auseinandersetzung. „Wäre sie völlig in Vergessenheit geraten, hätte sie keine Gefahr für die Christen bedeutet, dann hätte Ambrosius den Origenes nicht um eine so gründ-

---

in ⟨ἄν⟩ευ vor τινος πιθανότητος λόγου entstellt den Sinn der Aussage erheblich. Vielmehr wird der Glaube eines solchen Christen durch den überzeugenden Logos des Celsus erschüttert. Daher ist hier dem durch Handschriften überlieferten Text zu folgen, da die Verbesserung von Marcovich eine polemische Äußerung in den Mund des Origenes mit ἄνευ τινος πιθανότητος λόγου hineinlegt.

Stattdessen gibt Origenes hier zu verstehen, dass er sich vor allem um die Wirkung des antichristlichen Werkes auf die sich im ersten Stadium befindenden Gläubigen besorgt zeigt. Ihr Glaube an Christus reicht nur soweit, dass er bereits durch die Kritik des Celsus erschüttert werden kann (ὡς δύνασθαι σαλευθῆναι αὐτοῦ τὴν πίστιν ὑπὸ Κέλσου), obwohl dieser Christengegner nicht mehr am gemeinsamen Leben der Zeitgenossen von Origenes teilnimmt, sondern schon seit langem tot ist. Jedoch entfalten seine Argumente immer noch eine immense Überzeugungskraft (ἢ τινος πιθανότητος λόγου), so dass der schwache Glaube solcher „Christen" eine Erschütterung erleidet. Die Schrift des Celsus wird somit von noch nicht gefestigten Christen im dritten Jahrhundert gelesen, wenn man tatsächlich schon vom Übertritt zum Christentum sprechen darf. Jedenfalls ist fest davon auszugehen, dass heidnische Interessenten am Christentum zur Zeit des Ambrosius und des Origenes insbesondere mit dem ἀληθὴς λόγος des Celsus konfrontiert worden sind.

Hingegen meint M. Fiedrowicz, dass sich die Apologie des Origenes primär an einen „innerkirchlichen Adressatenkreis" richtet. Vgl. M. Fiedrowicz, Origenes Contra Celsum (FC 50/1), 39 f.: „Origenes wusste um die vielfältige Wirkung, die der *Alethes Logos* auf heidnische wie christliche Leser nach wie vor ausübte. Der Adressatenkreis seiner Gegenschrift war, was Bildung und Interesse an religiös-philosophischen Fragen betraf, mit jener Leserschaft weitgehend identisch. Wie Origenes jedoch im Vorwort andeutete, richtete seine Apologie sich weniger an Heiden, deren Bild vom Christentum durch den *Alethes Logos* geprägt war, als vielmehr an solche Christen, deren schwacher Glaube durch jene Streitschrift verunsichert wurde. Durch diesen primär innerkirchlichen Adressatenkreis erhielt die apologetische Literatur eine neue Orientierung, nachdem sie bislang primär für nicht-christliche Adressaten bestimmt war."

Im Unterschied zu dieser Bestimmung des Adressatenkreises des *Contra Celsum* ist m. E. sowohl von heidnischen Sympathisanten als auch von noch nicht fest verwurzelten Christen als Leser der Apologie des Origenes zu rechnen. Eine Ausspielung einer Gruppe gegen die andere scheint nicht wirklich der Wirkungsgeschichte des ἀληθὴς λόγος gerecht zu werden, wie beispielsweise sowohl dessen Kenntnis des christlichen Lehrers Ps-Athenagoras und seiner heidnischen Interessenten der christlichen Auferstehungslehre als auch Ambrosius zeigen. Der Patron des Origenes weiß zweifellos um die immense Wirkung der antichristlichen Schrift auf seine heidnischen Zeitgenossen. Deswegen will er besonders diesem heidnischen Adressatenkreis einen Gegenentwurf durch Origenes präsentieren, um die Einwände des Celsus zu widerlegen und das Interesse und Sympathie des paganen Publikums an der christlichen Lehre weiterhin zu fördern.

liche Widerlegung ersucht, dass ein Buch vom Umfang des Contra Celsum entstanden ist."[364]

Innerhalb einer derartigen Adressatenschaft steht die Kritik des Celsus an
der christlichen Auferstehungslehre auch noch im dritten Jahrhundert hoch im
Kurs und stiftet Verwirrung unter den gebildeten Sympathisanten des Christentums. Daher entschließt sich Ps-Athenagoras zu einer Verteidigung der christlichen Jenseitshoffnung, der besonders die platonischen Intellektuellen mit
Skepsis gegenüberstehen. Einen der neuralgischen Punkte bildet wie im zweiten so auch im dritten Jahrhundert die christliche Auferstehungslehre.[365] Den
platonisch Verwurzelten erscheint diese Lehre nach wie vor befremdlich und
steht ihrer philosophischen Tradition völlig diametral entgegen.[366] Die Auferstehungshoffnung der Christen gehört – neben Offenbarung und Inkarnation –
zu den Kernthemen, die von Seiten der Platoniker den heftigsten Widerspruch
herausforderte.[367] Der Auferstehungstraktat des Ps-Athenagoras ist nun gezielt
der Verteidigung eines solchen kontroversen Themas gewidmet.[368]

Der platonische Angriff des Celsus ist in der Zeit des Ps-Athenagoras wie
auch zur Zeit des Ambrosius offensichtlich nach wie vor aktuell und hat auch

---

364 H.E. Lona, Kelsos, 53.

365 H.E. Lona spricht zu Recht von „neuralgischen Punkten" der christlichen Lehre, welche
die Heiden zum Widerspruch herausforderten. Vgl. H.E. Lona, Kelsos, 68: „Wer damals das
Lager gewechselt hat, wusste sehr genau um die neuralgischen Punkte, die die Grenzen
zu seinen bisherigen Überzeugungen markierten und deswegen zum vornehmlichen Ziel
der Polemik wurden: das Verhältnis Gottes zur Welt und zur menschlichen Geschichte,
seine Offenbarung in der Gestalt eines gekreuzigen Erlösers, die Auferstehung Jesu von
den Toten und die Auferstehungshoffnung der Gläubigen."

366 Sie fragen sich etwa: Wie kann der vergängliche Körper bzw. der bereits verweste Leichnam auferstehen und für sich eine Jenseitshoffnung beanspruchen? Vielmehr war es mit
Platon angebracht, sich bereits zu Lebzeiten vom somatischen Bereich so weit wie möglich zu lösen.

367 Vgl. M. Fiedrowicz, Origenes Contra Celsum (FC 50/1), 36: Es gab „im Disput zwischen
Heiden und Christen einige Kernthemen – Offenbarung, Inkarnation, Auferstehung –, an
denen sich die Geister schieden."

368 Auf andere umstrittene Themen zwischen Heiden und Christen geht unser Autor in
seiner Auferstehungsschrift nicht ein. Die gesamte Aufmerksamkeit gilt ausschließlich
der christlichen Jenseitshoffnung, die Ps-Athenagoras bewußt unter Ausschluss anderer
für das heidnische Publikum hinderlichen Themenbereiche – wie beispielsweise die
christologische Begründung der Auferstehungshoffnung – allein mit einer rationalen
Beweisführung darlegen will. Ps-Athenagoras kennt die platonische Kritik des Celsus
an der Auferstehungslehre der Christen und setzt diese Kenntnis bei seinem gebildeten
Publikum fest voraus. Seine Gegner haben sogar die celsische Auferstehungskritik völlig
verinnerlicht und mit weiteren Begründungen ausgebaut.

DIE EINWÄNDE DER GEGNER GEGEN DIE LEIBLICHE AUFERSTEHUNG   193

einige Jahrzehnte später nichts von seiner grundsätzlichen Kritik an der christlichen Lehre eingebüßt. Im Unterschied zu Origenes widmet sich Ps-Athenagoras ausschließlich einem Kernbereich der celsischen Polemik und zielt darauf, seine in der platonischen Tradition verwurzelten Zuhörer von der christlichen Auferstehungslehre zu überzeugen.

2.3   Kettennahrungs-Einwand (*De Res 3,3–4,4 und 8,4*)

Nach der Bestimmung der celsischen Gegnerschaft des Traktats ist es noch notwendig, dem Problem der Kettennahrung nachzugehen. Celsus selbst bringt diese Problematik gegen den Auferstehungsglauben nicht vor. Dies legt die Annahme nahe, dass diese eine spätere Kotroverse hinsichtlich der Auferstehungslehre darstellt. Daher soll nun der von den Gegnern vorgebrachte Kettennahrungs-Einwand näher untersucht werden.

De Res 3,3

In De Res 2,4–3,2 entwickelt Ps-Athenagoras die ersten beiden Ansätze zur Widerlegung des ἀδύνατον-Einwands. Um die Unmöglichkeit der Auferstehung der Leiber argumentativ zu überwinden, betont er die δύναμις (2,4–6) und die σοφία (3,1–2) Gottes. In diesem Zusammenhang geht er in De Res 3,3 auf das Problem des Verzehrs der Menschenleiber durch verschiedene Lebewesen ein.[369] Dies ist für das philosophisch gebildete Publikum des Traktats offensichtlich ein gewichtiges Hindernis, um an die Auferstehung der Körper zu glauben. Ps-Athenagoras gibt in De Res 3,3 eine Zusammenfassung dieses Einwands wieder und versucht zugleich, das Problem thesenartig zu lösen. Dabei stützt er sich auf Gottes σοφία und δύναμις:

> Demselben Wesen und derselben Kraft und Weisheit kommt es zu, das Aufgeriebene in der Menge der verschiedenartigen Lebewesen, die sich an derartigen Leibern zu vergreifen und von ihnen Speise zu erwerben pflegen, aus diesen auszuscheiden und wieder mit den ursprünglichen Teilen und Teilchen zu vereinigen, selbst wenn das Aufgeriebene in eines jener Lebewesen, selbst wenn es in viele, selbst wenn es von diesen in andere Lebewesen geraten ist, selbst wenn es, nachdem es sich in jenen Lebewesen aufgelöst hatte, in die ersten Prinzipien gemäß der natürlichen Auflösung zurückgekehrt ist.[370]

---

369   Der Kettennahrungs-Einwand wird explizit dem ἀδύνατον zugeordnet. Vgl. De Res 4,2 (Marcovich 28,17 f.): „πρῶτον μὲν τὴν διάκρισιν τούτων φασὶν ἀδύνατον".

370   De Res 3,3 (Marcovich 28,2–8): „Τοῦ αὐτοῦ δ' ἂν εἴη καὶ τῆς αὐτῆς δυνάμεως καὶ σοφίας καὶ τὸ

194 3. KAPITEL

Ps-Athenagoras wendet die bisherige Argumentation zugunsten der Auferstehung der Leiber auch auf den Einwand der Kettennahrung an: Gottes Kraft
und Weisheit steht es zu, nicht nur die zerstreuten Elemente in der Materie
erneut zusammenzuführen, sondern auch die von verschiedenen Lebewesen
verspeisten und verdauten Leiber der Menschen aus diesen Tieren wieder aus-
zuscheiden und in die ursprüngliche Einheit zurückzuführen. Erst nach dieser
Argumentation für die Auferstehung der σώματα geht unser Autor mit vier κἄν-
Nebensätzen auf einige Denkschwierigkeiten ein, die sich aus dem Gedanken
an eine Verspeisung der Leiber ergeben haben.[371] Es werden verschiedene Möglichkeiten der Verspeisung und Auflösung der Menschenleiber bedacht, die bei
der Infragestellung der somatischen Auferstehungshoffnung der Christen eingebracht werden. So entsteht der Eindruck, dass besonders diese Denkschwierigkeiten die christliche Auferstehungsauffassung bei den Adressaten gefährden. Die Verspeisung durch ein Lebewesen stellt das Grundproblem dar, von
dem aus die Gegner weitere Argumente gegen die somatische Jenseitshoffnung
entwickeln: Durch die Verdauung der menschlichen σώματα durch viele Lebewesen geht der zerrissene Menschenkörper in viele Tiere ein, so dass er sich
mit jenen Lebewesen vermischt.

Eine deutliche Steigerung bedeutet der Gedanke einer kettenartigen Verspeisung der Lebewesen durch andere Tiere, die Menschenleiber in sich aufgenommen haben. Daraus scheinen die Kontrahenten die Auferstehung der
Leiber, die sich mehrfach mit animalischen Körpern vereinigt haben, *ad absurdum* zu führen und eine „Reductio ad impossibile"[372] herzuleiten. Schließlich
bringen die Gegner im vierten κἄν-Satz die Rückführung in die ersten Prinzipien ein (ἐπὶ τὰς πρώτας ἀρχάς). Die gemeinsame Prämisse dieser vier Äußerungen ist, die Verdauung der Leiber als völlige Assimilation an die aufnehmenden
Lebewesen zu postulieren. Daraus resultiert die Schwierigkeit, dass der Menschenkörper Teil eines anderen Lebewesens wird, so dass eine Loslösung davon
unvorstellbar erscheint.

Mit folgender Zwischenbemerkung bringt unser Autor die akute Herausforderung zum Ausdruck, vor der seine Adressaten mit dem Verspeisungsproblem
stehen:

διατεθρυμμένον ⟨εἰς⟩ πλήθη ζῴων παντοδαπῶν, ὁπόσα τοῖς τοιούτοις σώμασιν ἐπιτρέχειν εἴωθεν
καὶ τὴν ἐκ τούτων ἀγείρειν βοράν, διακρῖναι μὲν ἐκεῖθεν, ἑνῶσαι δὲ πάλιν τοῖς οἰκείοις μέρεσι καὶ
μορίοις, ⟨κἄν⟩ εἰς ἓν ἐξ ἐκείνων χωρήσῃ ζῷον, κἄν εἰς πολλά, κἄν ἐντεῦθεν εἰς ἕτερα, κἄν αὐτοῖς
ἐκείνοις συνδιαλυθὲν ἐπὶ τὰς πρώτας ἀρχὰς ἐνεχθῇ κατὰ τὴν φυσικὴν εἰς ταύτας ἀνάλυσιν·"

371   Vgl. De Res 3,3 (Marcovich 28,5–8).
372   J.L. Rauch, Athenagoras, 15.

Das ist es, was besonders auch einige zu verwirren schien, die wegen (ihrer) Weisheit bewundert werden, indem sie, ich weiß nicht wie, die Zweifel für berechtigt hielten, die von vielen vorgebracht werden.[373]

Bereits in De Res 1,2 beklagt Ps-Athenagoras, dass durch das ausgestreute ψεῦδος Verwirrung (ταραχή) bezüglich der Wahrheit entstanden ist. Mit dem Verb ταράττειν spielt der Verfasser auf den Anlass der Schrift an und sucht, diese ταραχή bei seinen Adressaten auszuräumen.[374]

Nun gibt unser Autor in De Res 3,3c auch zu erkennen, woher der Kettennahrungs-Einwand stammt und wer für seinen Ursprung verantwortlich ist. Der Verspeisungseinspruch übte die größte Erschütterung auf seine Adressaten aus, da sie diese Zweifel (διαπορήσεις) für stark hielten. Die Formulierung τῶν ἐπὶ σοφίᾳ θαυμαζομένων deutet an, dass sich das Publikum über die Weisheit von bestimmten Personen, die ihrerseits die Zweifel bezüglich der Auferstehung bei den Adressaten bestärkt haben, recht verwundert zeigt. Die Verwunderung der Adressaten über die σοφία findet seinen Ausdruck in den vier κἄν-Sätzen, die als durchdachte und somit „weise" Argumente auf das Publikum einwirken. Die kettenartige Verspeisung der Körper durch verschiedene Lebewesen scheint zunächst eine überzeugende Widerlegung der Auferstehung der Leiber zu bieten. Unser Verfasser bringt dies explizit zum Ausdruck, da er weiß, dass dieses Argument von einigen seiner Zuhörer ernst genommen wird. Sie wundern sich über die σοφία der Argumentation und erachten die daraus entstehenden Zweifel für begründet. Wenn sie sich erstaunt über die Weisheit der Einwände zeigen, dann natürlich auch über die Personen, die aufgrund ihrer σοφία das Verspeisungsargument auf den ersten Blick überzeugend gegen die leibliche Auferstehung vorbringen.

---

373 De Res 3,3c (Marcovich 28,8–10): „ὃ δὴ καὶ μάλιστα ταράττειν ἔδοξέν τινας καὶ τῶν ἐπὶ σοφίᾳ θαυμαζομένων, ἰσχυρὰς οὐκ οἶδ' ὅπως ἡγηπαμένων τὰς παρὰ τῶν πολλῶν φερομένας διαπορήσεις."

374 Besonders der Einwand von der Kettennahrung scheint diese Verwirrung ausgelöst zu haben, wie die Aufnahme des Begriffs ταραχή durch ταράττειν verdeutlicht. Seine Zuhörer befinden sich durch die vorgebrachten Einwände in Verlegenheit und Ratlosigkeit, so dass sich unser Autor genötigt sieht, die Hälfte seines Auferstehungsbeweises der Widerlegung dieser Argumente zu widmen (De Res 2,4–11,2). Die ἀδύνατον- und ἀβούλητον-Einwände des Celsus werden so nun durch das Kettennahrungs-Argument erweitert, welches auf die Adressaten offenbar großen Eindruck machte. Ps-Athenagoras stellt also fest, dass insbesondere dieses Problem enorme Verwirrung unter seinem Publikum angerichtet hat.

In der Forschung ist immer wieder versucht worden, die „weisen" Personen zu bestimmen. *R.M. Grant* hat diese Formulierung als eine Anspielung auf Origenes erkannt und ihn als den Urheber des Kettennahrungs-Einwands bezeichnet.[375] Außer *W.R. Schoedel* ist ihm dabei niemand gefolgt, da im gesamten Traktat keinerlei Hinweise darauf zu finden sind, dass die Auferstehungsauffassung des Origenes widerlegt wird.[376] Allerdings macht Grant zu Recht darauf aufmerksam, dass Ps-Athenagoras hier eindeutig auf die Weisheit seiner Gegner verweist. Dies bestätigt die Beobachtungen, die wir zur celsischen Gegnerschaft im Traktat gemacht haben: Die Gegner scheinen Intellektuelle zu sein, die von ihrer philosophischen Tradition her neben den ἀδύνατον- und ἀβούλητον-Einwänden das Problem der Kettennahrung gegen die christliche Auferstehungshoffnung anführen.

J.L. Rauch vermutet, dass mit dem Verweis auf die „Weisheit" der Kontrahenten unser Autor an seine akademischen Zeitgenossen gedacht haben könnte.[377] Da sich Ps-Athenagoras bei seiner Argumentation an der διαίρεσις des Philon von Larissa orientiert,[378] ist es m. E. durchaus denkbar, dass er sich im *geistigen* Umfeld der Philosophenschulen von Athen bewegt.[379] Mit sei-

---

375   Vgl. R.M. Grant, Athenagoras or Pseudo-Athenagoras, 124 f.

376   Vgl. den Forschungsüberblick in dieser Studie: Es wurden in der Forschung viele überzeugende Argumente gegen die origenistische Gegnerschaft in De Resurrectione aufgeführt.

377   Vgl. J.L. Rauch, Athenagoras, 15.23 f.: „In fact, it is my conviction that Athenagoras' opponents were either members of the contemporary Academy, or at least had come under its influence."

       Zum Bestand der platonischen Akademie in Athen vgl. J. Hahn, Der Philosoph, 124: „Die traditionsreiche *communis opinio*, daß es in Athen eine ununterbrochene auch über die Prinzipatszeit hinwegführende – für die platonische Schule bis Justinian reichende – förmliche Sukzession der klassischen Philosophenschulen gegeben habe, ist durch jüngere Studien nachhaltig in Frage gestellt worden."

378   Vgl. das Kapitel 2. 2: „Methodischer Aufbau von De Resurrectione" in dieser Arbeit.

379   Vgl. J. Hahn, Der Philosoph, 119–136, der die philosophische Tätigkeit und die Präsenz der Philosophen in Athen zur hohen Kaiserzeit beschreibt. *Athen* galt „als ein Zentrum der Philosophie und Sammelbecken von Philosophen, mit dem im Imperium des 1. bis 3. Jahrhunderts n. Chr. allein Rom konkurrieren konnte. Die Einrichtung der vier staatlich besoldeten Lehrstühle für platonische, stoische, peripatetische und epikureische Philosophie durch Mark Aurel, die wohl anläßlich seines Besuches in Athen im Jahre 176 erfolgte, bedeutete natürlich eine nachhaltige Förderung und einen Höhepunkt des philosophischen Schulbetriebs zu Athen." J. Hahn, Der Philosoph, 119 f. „Ein bedeutendes Ereignis für die philosophische Szene in Athen muß die Einrichtung der vier staatlich besoldeten Lehrstühle für die klassischen Philosophenschulen durch Mark Aurel gewesen sein. Als

nen philosophischen Zeitgenossen in Athen konnte er in der Tat eine Debatte über die Auferstehung geführt haben.

Es ist allerdings völlig abwegig, in den „weisen" Personen intellektuelle Christen zu entdecken.[380] *N. Zeegers-Vander Vorst* weist sehr überzeugend nach, dass die Gegner kaum intellektuelle Christen sein konnten,[381] da Ps-Athenagoras dann seinen Kontrahenten mit „christlichen Mitteln" hätte begegnen müssen. Dies wäre beispielsweise mit einer Argumentation auf der Basis der Heiligen Schrift oder mit Bezug auf die Auferstehung Christi möglich, was jedoch ausbleibt. Hinzu kommt, dass das Kettennahrungs-Argument niemals von Christen gegen die Auferstehung des Leibes verwendet wurde. Denn dann müsste ebenso belegt werden, dass die Christen zum Beweis der Unmöglichkeit der Auferstehung Teknophagien anführen (vgl. De Res 4,4).

Bei der Formulierung τὰς παρὰ τῶν πολλῶν φερομένας διαπορήσεις sind sich die Kommentatoren einig, dass hier auf die heidnische „Menge" verwiesen wird, die die διαπορήσεις vorbringt.[382] Ps-Athenagoras selbst gibt zunächst an, dass das Kettennahrungs-Argument von den „weisen" Personen stammt. Den tatsächlichen Ursprung dieses Einwands führt unser Autor dann aber auf die „Menge" zurück, die sich dieser Argumentation bedient, um die christliche Auferstehungshoffnung abzulehnen. Der Verfasser zeigt mit der Bemerkung οὐκ οἶδ᾽ ὅπως sein Unverständnis darüber an, dass seine Zuhörer die διαπορήσεις für berechtigt halten, die durch das Problem der Verspeisung der Leiber bei ihnen hervorgerufen werden.[383] Indem er aber das Kettennahrungs-Problem (De Res 4,1–4) ausführlich entfaltet, zeigt er an, dass insbesondere dieser Einwand für Verwirrung (De Res 1,2: ταραχή) sorgte. Daher ist er bemüht, die Argumentation der Gegner vollständig nachzuzeichnen und möglichst genau auf sie einzugehen.

---

     eine dem Philosophen auf dem Herrscherthron wahrlich gebührende Tat ist diese Förderung der Philosophie und Athens von der Nachwelt gewürdigt worden [...]" Ebd., 126 f.

380   So aber G. af Hällström, Carnis Resurrectio, 32.43.94.

381   Vgl. N. Zeegers-Vander Vorst, Adversaires et destinataires, 201–204.

382   Vgl. N. Zeegers-Vander Vorst, Adversaires et destinataires, 199: „Les commentateurs s᾽ accordent à reconnaître dans ‚le grand nombre (οἱ πολλοί)' des objecteurs païns."

383   N. Zeegers-Vander Vorst, Adversaires et destinataires, 205, spricht davon, dass sich unser Autor darüber entrüstet zeigt, dass die heidnischen Weisen sklavisch die verbreiteten Einwände durch die Masse aufnehmen. So gibt Ps-Athenagoras seinen Adressaten zu verstehen, dass die „Weisen" dieses Argument von der Menge (παρὰ τῶν πολλῶν) übernommen haben und es deshalb jeder Weisheit entbehrt.

198   3. KAPITEL

Da das Problem der Kettenahrung aktuell vorliegt, entfaltet er es in seiner ganzen Breite. Im Gegensatz dazu kann er die ἀδύνατον- und ἀβούλητον-Argumente eines Celsus nur kurz andeuten (De Res 2,3), da bei seinem Publikum die Kenntnis dieser vorauszusetzen ist. Das Problem der Verspeisung der Menschenleiber scheint jedoch eine gefährliche Herausforderung für den Auferstehungsglauben darzustellen, so dass er die Argumentation der Kontrahenten detailliert referiert.

De Res 4,1–4

Aus der sehr ausführlichen Darlegung der gegnerischen Argumentation in De Res 4,1–4 sind verschiedene Argumentationsstufen zu entnehmen. *Zunächst* wird auf die allgemeine Problematik der Verspeisung der Menschenleiber durch verschiedene Lebewesen aufmerksam gemacht (De Res 4,1–2). Die *zweite* Stufe thematisiert den kettenartigen Verzehr dieser Körper (De Res 4,3). In der *dritten* Phase bringen die Gegner schließlich die Teknophagien (De Res 4,4) vor, um die Unmöglichkeit (ἀδύνατον) der Auferstehung endgültig festzustellen.

Es ist deutlich zu sehen, dass die Kontrahenten ihre Argumentation aus einer intensiven Beschäftigung mit der somatischen Auferstehungslehre der Christen entwickelt haben. So haben sie offensichtlich die christliche Jenseitshoffnung in einer ersten Phase kennengelernt, die ihre Skepsis jedoch nicht zu überwinden vermochte. Daher legten sie einen besonderen Nachdruck auf das Problem der Verspeisung der Leiber und entwickelten eine logisch aufeinander aufbauende Widerlegung, wie aus der Struktur ihrer Argumentationsführung zu erschließen ist. Da diese gegnerischen Gedanken im Umkreis des Publikums des Traktats kursieren und auf diese Weise die Sympathie für die christliche Jenseitshoffnung massiv gefährden, entschließt sich Ps-Athenagoras, seinen intellektuellen Zuhörern eine detaillierte Widerlegung dieses hinderlichen Komplexes vorzulegen.

In De Res 4,1 führt Ps-Athenagoras die Argumentation ein, die für die Verwirrung bei seinem Publikum gesorgt hat:

> Diese aber sagen, dass viele Leiber von denen, die bei Schiffbrüchen oder in Flüssen jämmerlich starben, für Fische zur Nahrung geworden sind, und (dass) viele von denen, die in Kriegen starben oder die durch einen anderen heftigeren Grund und Umstand der Dinge ohne Begräbnis geblieben sind, für die zufällig (ihnen) begegnenden Tiere zum Fraß gedient haben.[384]

---

384   De Res 4,1 (Marcovich 28,11–15): „Οὗτοι δέ γέ φασιν πολλὰ μὲν σώματα τῶν ἐν ναυαγίοις ἢ ποτα-

DIE EINWÄNDE DER GEGNER GEGEN DIE LEIBLICHE AUFERSTEHUNG 199

Mit dem ersten Beispiel greifen die Kontrahenten die ihnen bekannten Katastrophen auf, die manche Menschen bei Schiffbruch oder auf Flüssen ereilten. Dabei schildern sie das Schicksal dieser Menschen: Die Leiber der Schiffbrüchigen lösen sich im Wasser auf und dienen so den Fischen zum Fraß. Ein derartiger Tod verhindert eine natürliche Bestattung, so dass die Körper dem Schicksal erliegen, von Fischen verzehrt zu werden. Solche Ichthyphagien scheinen im antiken Mittelmeerraum keine ungewöhnlichen Todesfälle gewesen zu sein. Das zweite Beispiel beschreibt Todesschicksale, die manche Soldaten im Krieg ereilt haben: Die auf dem Schlachtfeld Gefallenen bleiben ebenfalls ohne ein ordentliches Begräbnis, so dass ihre Leichname von wilden Tieren aufgezehrt werden. Das Gemeinsame solcher Schicksalsschläge besteht darin, dass ihnen eine Bestattung in einem Grab verwehrt bleibt.

Daraus ziehen die Kontrahenten weitreichende Konsequenzen bezüglich der somatischen Auferstehungshoffnung der Christen:

> Indem nun die Leiber auf diese Weise verzehrt und ihre ausfüllenden Teile und Teilchen in einer großen Menge von Lebewesen aufgerieben werden und sich in Form von Nahrung mit den sich davon ernährenden Leibern vereinigen, (so) ist zuerst, sagen sie, die Trennung dieser Leiber unmöglich.[385]

Es wird die Ansicht vertreten, dass sich der Menschenleib aus verschiedenen Teilen und Teilchen zusammensetzt. Wenn nun diese Bestandteile des Menschenkörpers von Tieren verzehrt werden, so ist für die Gegner der Beweis erbracht, dass sie unmöglich aus den animalischen Leibern geschieden werden können. Hier liegt die Vorstellung zugrunde, dass sich die aufgefressenen Körperteile gänzlich mit den Leibern der Tiere vereinigen, so dass eine διάκρισις als ἀδύνατον erscheint. Der ἀδύνατον-Einwand wird somit auf die Unmöglichkeit der Trennung der Bestandteile des Menschenleibes aus den Körpern der Tiere angewandt.

Auf die erste Stufe der *Reductio ad impossibile* folgt sogleich die zweite (De Res 4,3), die den Gegnern noch größere Denkschwierigkeiten bereitet:

μοῖς δυσθανατ(ούντ)ων ἰχθύσιν γενέσθαι τροφήν, πολλὰ δὲ τῶν ἐν πολέμοις θνησκόντων ἢ κατ' ἄλλην τινὰ τραχυτέραν αἰτίαν καὶ πραγμάτων περίστασιν ταφῆς ἀμοιρούντων τοῖς προστυγχάνουσιν ζῴοις προκεῖσθαι βοράν."

385 De Res 4,2 (Marcovich 28,15–18): „Τῶν οὖν οὕτως ἀναλισκομένων σωμάτων καὶ τῶν ταῦτα συμπληρούντων μερῶν καὶ μορίων εἰς πολὺ πλῆθος ζῴων διαθρυπτομένων καὶ διὰ τῆς τροφῆς τοῖς τῶν τρεφομένων σώμασιν ἐνουμένων, πρῶτον μὲν τὴν διάκρισιν τούτων φασὶν ἀδύνατον".

Zu diesem ist das Zweite (noch) unausführbarer (ἀπορώτερον): Denn die Tiere kommen selbst, nachdem sie menschliche Leiber verzehrt haben, in den Magen der Menschen hinein, so weit sie für die Menschen zur Nahrung geeignet sind, und vereinigen sich mit den sich davon ernährenden Leibern. Daraus folgt notwendig, dass die menschlichen Teile, so weit sie zur Nahrung für die fressenden Tiere geworden sind, in andere menschliche Leiber übergehen. Die sich mittlerweile von diesen (menschlichen Leibern) ernährenden Tiere gehen (somit) selbst als Nahrung in jene Menschen hinein, deren Nahrung sie selbst geworden sind.[386]

Hier wird die kettenartige Verspeisung der Menschenleiber von den Gegnern eingebracht. Das Problem besteht darin, dass die Körper der Tiere selbst zur Nahrung für andere Menschen werden, nachdem sie ihrerseits menschliche σώματα verspeist haben. Der kettenartige Prozess der Ernährung wird detailliert geschildert, um bereits aus der Darbietung die daraus resultierende Unausführbarkeit (ἀπορώτερον) der somatischen Auferstehung zu erweisen.

In der Tat bereitet die Vermischung des verzehrten Menschenleibes mit einem Tierkörper, der wiederum selbst von einem anderen Menschen gegessen wird, die größten Schwierigkeiten in Bezug auf die Auferstehung der σώματα. Wessen Leib wird nun auferstehen? Der eine Leib, der auf indirektem Wege in einen anderen menschlichen Körper gelangt ist, oder der andere, der sich zuletzt vom Fleisch der Tiere ernährt hat, die ihrerseits Menschen verzehrten. Es ist unbestreitbar, dass die Kontrahenten mit einer derartigen Argumentation großen Einfluss auf das Publikum ausüben und auf diese Weise für Verwirrung sorgen. Um die Vermischung von zwei σώματα in einem Menschenkörper auszudrücken, bringen die Gegner somit den Vorwurf des indirekten Kannibalismus vor. Denn die Tiere, die Menschenleiber gefressen haben, werden dann von anderen Menschen verzehrt. Somit nehmen die Letzteren selbst menschliche Bestandteile in sich auf. Indem dies aber auf dem Umwege der Verspeisung von Menschen durch Tiere geschieht, werden dann Menschen selbst zur Nahrung von Menschen.

In De Res 4,4 folgt nun die letzte Stufe der gegnerischen Argumentation. Hier wird nun tatsächlich der Vorwurf des direkten Kannibalismus vorgebracht.

---

386 De Res 4,3 (Marcovich 28,18–25): „πρὸς δὲ ταύτῃ τὸ δεύτερον ἀπορώτερον. Τῶν γὰρ τὰ σώματα τῶν ἀνθρώπων ἐκβοσκηθέντων ζώων, ὁπόσα πρὸς τροφὴν ἀνθρώποις ἐπιτήδεια, διὰ τῆς τούτων γαστρὸς ἰόντων καὶ τοῖς τῶν μετειληφότων σώμασιν ἐνουμένων, ἀνάγκην εἶναι πᾶσαν τὰ μέρη τῶν ἀνθρώπων, ὁπόσα τροφὴ γέγονεν τοῖς μετειληφόσι ζώοις, πρὸς ἕτερα τῶν ἀνθρώπων μεταχωρεῖν σώματα, τῶν μεταξὺ τούτοις τραφέντων ζώων τὴν ἐξ ὧν ἐτράφησαν τροφὴν διαπορθμευόντων εἰς ἐκείνους τοὺς ἀνθρώπους ὧν ἐγένετο τροφή.“

DIE EINWÄNDE DER GEGNER GEGEN DIE LEIBLICHE AUFERSTEHUNG 201

Allerdings zeigt die Darstellung, dass die erwähnten Kinderverzehrungen nicht aus unmittelbarem Erfahrungshorizont stammen, sondern eher zum Bildungsgut der Gegner gehören. Die Vorfälle von Teknophagien sind bekannt, selbst wenn keiner davon aus seiner eigenen Umgebung wissen möchte. In De Res 4,4 werden die Kontrahenten zitiert:

> Außerdem setzen sie zu diesen Dingen auf tragödienhafte Weise (noch) die Kinderverzehrungen hinzu, die in Hungersnöten und durch Wahnsinn vollbracht wurden, und die infolge feindlicher Überlistung von den eigenen Erzeugern aufgezehrten Kinder und jenen medischen Tisch und die tragischen Mahlzeiten des Thyestes. Und sie reihen daran noch einige derartige Vorfälle, die neuerdings bei den Griechen und Barbaren geschahen.[387]

Die Gegner versuchen, die ersten beiden Stufen der Argumentation, die den Verzehr der Menschen durch andere Lebewesen betreffen (De Res 4,1f. und 4,3), deutlich zu überbieten. Aus Sicht des Autors geschieht dadurch eine Übertreibung, die er mit dem Begriff ἐπιτραγῳδέω auch andeutet. Denn der Verweis der Kinderverzehrungen wird theatralisch zur Unterstützung ihres Einwands hinzugesetzt. Jedoch spielt Ps-Athenagoras mit dem Verb ἐπιτραγῳδέω zugleich auch auf die bekannten Theatervorstellungen an, bei denen Teknophagien Bestandteil der Aufführungen waren. So erwähnt Theophilus von Antiochien, dass derartige Geschichten in Schauspielen verbreitet werden. Er wehrt sich dabei gegen den Vorwurf der Anthropophagie und wirft den Heiden selbst die Tolerierung von Menschenfresserei in den Theatern vor:

> Denn wenn jemand über Menschenfresserei reden möchte, dort (in den Schauspielen) werden die Kinder des Thyestes und des Tereus verzehrt (ἐκεῖ τὰ Θυέστου καὶ Τηρέως τέκνα ἐσθιόμενα),[388]

Das heidnische Publikum wurde demnach insbesondere in Theatern damit konfrontiert. Daher greifen die Auferstehungsleugner „die tragischen Mahl-

---

387 De Res 4,4 (Marcovich 28,26–30): „Εἶτα τούτοις ἐπιτραγῳδοῦσιν τὰς ἐν λιμοῖς καὶ μανίαις τολμηθείσας τεκνοφαγίας καὶ τοὺς κατ' ἐπιβουλὴν ἐχθρῶν ὑπὸ τῶν γεννησαμένων ἐδηδεμένους παῖδας καὶ τὴν Μηδικὴν τράπεζαν ἐκείνην καὶ τὰ τραγικὰ δεῖπνα Θυέστου καὶ τοιαύτας δή τινας ἐπισυνείρουσι παρ' Ἕλλησιν καὶ βαρβάροις καινουργηθείσας συμφοράς".

388 TheophAnt, Ad Aut III,15,3 (PTS 44, 115,6f. Marcovich): „Εἰ γὰρ εἴποι τις περὶ ἀνθρωποβορίας, ἐκεῖ τὰ Θυέστου καὶ Τηρέως τέκνα ἐσθιόμενα·"

202 3. KAPITEL

zeiten des Thyestes" auf, da dieses Stück der Öffentlichkeit durch Theater-schauspiele bekannt war.[389] Jedoch setzen die Gegner auch die Kenntnis des mythologischen Stoffes bei dem Publikum des Traktats voraus, da sie kurz auf „jenen medischen Tisch" (τὴν Μηδικὴν τράπεζαν ἐκείνην) anspielen. Die Adressaten dürften sogleich an die Verzehrung des eigenen Sohnes durch Harpagos gedacht haben, die bei Herodot beschrieben wird.[390] Theophilus von Antiochien setzt ebenfalls bei seinem gebildeten Adressaten Autolykus die Kenntnis dieser furchtbaren Geschichte voraus. Jedoch verweist er nicht wie im Falle der Teknophagien des Thyestes und Tereus auf die Schauspiele, sondern direkt auf die Lektüre des Herodot: „Erzählt nicht auch Herodot, der Geschichtsschreiber, dass Kambyses[391] die Kinder des Harpagos, nachdem er sie geschlachtet und gekocht hatte, dem Vater zum Fraß vorgesetzt habe? Weiterhin erzählt er, dass auch bei den Indern die Eltern von den eigenen Kindern aufgefressen werden."[392]

Somit konnten die Adressaten auf unterschiedlichem Weg von derartigen Geschichten Kenntnis erhalten haben. Da das Publikum des Ps-Athenagoras sicherlich den gebildeten Kreisen entstammt, konnte es aus den vorgebrachten Anspielungen auf das jeweilige Ereignis schließen. In beiden Erzählungen werden Thyestes und Harpagos getäuscht und verzehren infolge dieser feindlichen Überlistung (κατ' ἐπιβουλὴν ἐχθρῶν) ihre eigenen Kinder.

Die Vorfälle von Teknophagien kursierten allgemein im antiken Bewusstsein. Daher betont unser Autor auch, dass die Gegner auf die Vorfälle hinweisen, die neulich bei den Griechen und Barbaren geschehen sind. Solche Kinderverzehrungen sollen in Hungersnöten und durch furchtbaren Wahn-

---

389 *Lucian* beschreibt in seiner Schrift *De saltatione* die Aufgabe des Pantomimen, die die gesamte mythologische Kenntnis umspannt. Der Pantomime muss sämtliche mythologischen Stücke beherrschen, zu denen ebenso die Geschichte des Thyestes gehört (vgl. Lucian, De saltatione, 43). Außerdem erwähnt Lucian, dass er neulich im Theater eine Pantomime gesehen hat, in der der Darsteller das tragische Schicksal des Thyestes mit dem Stück vom Kronos vermischt hat, der seine Kinder verschlingt (vgl. Lucian, De saltatione, 80). Daraus kann geschlossen werden, dass „die tragischen Mahlzeiten des Thyestes" dem Publikum aus den Theatervorstellungen bekannt gewesen sein mussten.

390 Herodot 1,119,3–7.

391 Eigentlich: Astyages.

392 TheophAnt, Ad Aut III,5,3f. (PTS 44, 103,8–11 Marcovich): „Οὐχὶ καὶ Ἡρόδοτος ὁ ἱστοριογράφος μυθεύει τὸν Καμβύσην τὰ τοῦ Ἁρπάγου τέκνα σφάξαντα καὶ ἑψήσαντα παρατεθεικέναι τῷ πατρὶ βοράν; Ἔτι δὲ καὶ παρὰ Ἰνδοῖς μυθεύει κατεσθ(ί)εσθαι τοὺς πατέρας ὑπὸ τῶν ἰδίων τέκνων."

sinn zustande gekommen sein, wie von den antiken Autoren oftmals berichtet wird. Zwei Beispiele illustrieren diese Ereignisse: Josephus berichtet von einer Frau, die in den Wirren des jüdischen Krieges aus Hunger ihr eigenes Kind getötet, gebraten und anschließend verzehrt hat.[393] Apollodor erzählt ebenfalls von Teknophagien, die von Frauen in Argos verübt wurden. Es wird berichtet, dass der Gott Dionysos die Frauen mit Wahnsinn schlug (ἐξέμηνε τὰς γυναῖκας), da sie ihm die gebührende Ehre versagt haben. In den Wahnsinn getrieben, sollen sie daraufhin das Fleisch ihrer eigenen Kinder verzehrt haben (παῖδας τὰς σάρκας αὐτῶν ἐσιτοῦντο).[394]

Besonders die Apologeten machen auf die Teknophagien in den Mythen der Griechen aufmerksam, um den Vorwurf der Anthropophagie direkt umzuwenden. Theophilus von Antiochien[395] und Tatian[396] verweisen auf den „kinderfressenden Kronos" (Κρόνον τεκνοφάγον), der seine Söhne verzehrt, und auf Zeus, der seine Tochter Metis verschlingt. Die Teknophagien nahmen also auch im mythologischen Stoff ihren Platz ein, so dass die Gegner diese Gräueltaten durch kurze Anspielungen leicht in das Bewusstsein des Publikums bringen konnten.

Die Kontrahenten bedienen sich also solcher Verweise, um die Auferstehungshoffnung der Christen anzugreifen. Denn daraus schließen sie auf die Unmöglichkeit der Auferstehung (ἔκ τε τούτων κατασκευάζουσιν, ὡς νομίζουσιν, ἀδύνατον τὴν ἀνάστασιν). Auf diese Weise erhält der ἀδύνατον-Einwand eine umfassende Begründung. Bereits in De Res 4,2 haben die Gegner aus der Vereinigung von Elementen des Menschenleibes mit den Tieren die Unmöglichkeit der Auferstehung des Leibes abgeleitet: Denn die Trennung der Menschenleiber aus den Tieren ist unmöglich (τὴν διάκρισιν τούτων φασὶν ἀδύνατον). Die kettenartige Verspeisung der Menschenkörper durch Tiere und anschließend durch Menschen ist hingegen noch ἀπορώτερον (De Res 4,3).

Die dritte Stufe der gegnerischen Argumentation erreicht in der Tat einen Höhepunkt (De Res 4,4), da sie den direkten Verzehr des Menschenfleisches

---

393 Josephus, De Bello Judaico VI,193–213.

394 Apollodor, Bibliotheca 3,5,2 (Brodersen 114,8–10): „δείξας δὲ Θηβαίοις ὅτι θεός ἐστιν, ἧκεν εἰς Ἄργος, κἀκεῖ πάλιν οὐ τιμώντων αὐτὸν ἐξέμηνε τὰς γυναῖκας. αἱ δὲ ἐν τοῖς ὄρεσι τοὺς ἐπιμαστιδίους ἔχουσαι παῖδας τὰς σάρκας αὐτῶν ἐσιτοῦντο."

395 TheophAnt, Ad Aut III,3,4 (PTS 44, 101,14–16 Marcovich): „Τίς γὰρ οὐκ ᾄδει Κρόνον τεκνοφάγον, Δία δὲ τὸν παῖδα αὐτοῦ τὴν Μῆτιν καταπίνειν καὶ δεῖπνα μιαρὰ τοῖς θεοῖς ἑτοιμάζειν·"

396 Tatian, Or 25,5 (PTS 43, 49,27 f. Marcovich): „καὶ Κρόνος τοὺς υἱοὺς ἀναλίσκει, καὶ ὁ Ζεὺς τὴν Μῆτιν καταπίνει."

durch Menschen thematisiert. Aus all dem Gesagten leiten die Gegner nun ihren grundsätzlichen Standpunkt her:

> Die Auferstehung ist unmöglich, „weil nicht dieselben Teile der einen und der anderen Leiber mit auferstehen können. Denn entweder können die Teile der früheren Leiber nicht zusammenkommen, weil ihre ausfüllenden Teile in andere Menschenleiber hineingekommen sind oder wenn diese (Teile) den früheren Menschen zurückgegeben werden, werden die Leiber der Späteren einen Mangel haben."[397]

Die Unmöglichkeit der Auferstehung derselben Leiber wird in zwei Richtungen aufgezeigt: Da sich die verzehrten leiblichen Teile der einen Menschen mit den sich damit ernährenden anderen Menschenleibern vermischen, können sie nicht ohne Schaden für einen der beiden Körper gänzlich voneinander geschieden werden. Wenn allein die verzehrenden Leiber vollständig auferstehen, können die verzehrten σώματα nicht in ihrer ursprünglichen Einheit wiederhergestellt werden, da sich ihre verzehrten Teile mittlerweile völlig mit den anderen Leibern vereinigt haben. Wenn aber Erstere vollständig auferweckt werden sollen, dann müssen ihre verzehrten Teile aus den späteren Menschenkörpern geschieden werden. Auf diese Weise werden die Leiber der späteren Menschen dahingehend einen Mangel erleiden, dass sie unvollständig auferstehen müssen.

Zusätzlich wird innerhalb der Argumentation deutlich, dass die Gegner die Vorstellung verneinen, dass die Auferstehungsleiber in der vor dem Tod bestehenden Beschaffenheit auferweckt werden. Dies bedeutet einerseits, dass sich ihre Kritik vor allem gegen eine vollständige Wiederherstellung der Leiber in der Auferstehung richtet. Andererseits kann ausgeschlossen werden, dass die Auferstehungsleugner die Vorstellung einer pneumatischen Leiblichkeit kritisieren, da ihr Verspeisungseinwand die Verwandlung in ein σῶμα πνευματικόν nicht zu widerlegen vermag. Ps-Athenagoras konzentriert sich bei der Widerlegung dieses Einwands auf den Vorgang der Verdauung von Nahrung (De Res 5–7), da die Trennung der bei der Verdauung assimilierten Körperteile für die Gegner das größte Hindernis bedeutet.

---

397 De Res 4,4 (Marcovich 28,30–29,2): „ἔκ τε τούτων κατασκευάζουσιν, ὡς νομίζουσιν, ἀδύνατον τὴν ἀνάστασιν, ὡς οὐ δυναμένων τῶν αὐτῶν μερῶν ἑτέροις τε ⟨καὶ⟩ ἑτέροις συναναστῆναι σώμασιν, ἀλλ᾽ ἤτοι τὰ τῶν προτέρων συστῆναι μὴ δύνασθαι, μετεληλυθότων τῶν ταῦτα συμπληρούντων μερῶν πρὸς ἑτέρους, ἢ τούτων ἀποδοθέντων τοῖς προτέροις ἐνδεῶς ἕξειν τὰ τῶν ὑστέρων."

De Res 8,4

Bei seiner Entgegnung in De Res 5–8 greift Ps-Athenagoras die geäußerten Einwände der Gegner häufig mit κἄν-Nebensätzen auf.[398] Allerdings scheinen keine wirklich neuen Argumente hinzuzukommen. Dies ist höchstens in De Res 8,4 zu vermuten, so dass diese Stelle einer näheren Überprüfung bedarf.

Hier betont Ps-Athenagoras erneut die Weisheit und die Kraft Gottes, die die durch den Tod zerstreuten Körperteile mit den ihnen zugehörigen anderen naturgemäßen Teilen vereinigen wird, „selbst wenn (das Körperteil) im Feuer verbrannt, selbst wenn es im Wasser verfault, selbst wenn es von Raubtieren oder von hinzukommenden Tieren verzehrt wird, selbst wenn es sich vom Gesamtkörper abgehauen (schon) vor den anderen Teilen auflöst."[399] Hier fällt auf, dass zwei Komponenten neu erscheinen, obwohl die gegnerische Argumentation in De Res 3,3–4,4 bereits ausführlich dargeboten wurde. Dies betrifft das Verbrennen der Körperteile im Feuer und die Auflösung der einzelnen abgehauenen Teile. Das Verwesen des Menschenleibes im Wasser nimmt die Katastrophen der Schiffsunglücke und den Tod in den Flüssen auf (De Res 4,1: σώματα τῶν ἐν ναυαγίοις ἢ ποταμοῖς δυσθανατούντων). Das Verzehren der Leiber durch hinzukommende Tiere wird im Unterschied zu De Res 4,1 hier zusätzlich um ὑπὸ θηρίων erweitert, stellt aber kein neues Argument dar. Alle vier Fälle können ohne Bedenken der ersten Stufe der gegnerischen Argumentation in De Res 4,1f. zugeordnet werden. Die zweite Stufe der kettenartigen Verspeisung in De Res 4,3 wird von diesen Fällen nicht

---

398 Vgl. in De Res 3,3; dann in De Res 7,4 und De Res 8,3. In De Res 7,4 werden mit zwei κἄν-Nebensätzen die geäußerten Einwände aus De Res 4,1–4 noch einmal aufgenommen: „Aber es dürften sich niemals die menschlichen Leiber mit denen, die von derselben Natur sind, vermischen, selbst wenn (κἄν) sich einmal (ihre) Sinneswahrnehmung durch einen anderen täuschen ließ und sie einen solchen Leib in sich aufnahmen, selbst wenn (κἄν) sie sich aus Not oder im Wahnsinn von selbst mit dem Leib eines Gleichartigen befleckten." Im ersten κἄν-Satz greift der Autor die Vorfälle der Teknophagion aus De Res 4,4 auf, die aus Unwissenheit geschahen. Die Eltern verzehrten ihre eigenen Kinder, ohne davon zu wissen. Mit dem zweiten κἄν-Satz werden solche Menschenverzehrungen aufgenommen, die aus Not in Hungersnöten oder durch Wahnsinn verursacht geschahen. In De Res 8,3 wehrt Ps-Athenagoras erneut die Vermischung der menschlichen Leiber mit den gleichartigen σώματα ab, „selbst wenn sie oftmals infolge des schlimmsten Vorfalls in den Magen dieser Leiber hineinkommen." In diesem κἄν-Satz werden ebenfalls die direkten Menschenverzehrungen aus De Res 4,4 angesprochen.

399 Ps-Athen, De Res 8,4 (Marcovich 32,28–30): „κἄν πυρὶ καυθῇ, κἄν ὕδατι κατασαπῇ, κἄν ὑπὸ θηρίων ἢ τῶν ἐπιτυχόντων ζῴων καταδαπανηθῇ, κἄν τοῦ παντὸς σώματος ἐκκοπὲν προδιαλυθῇ τῶν ἄλλων μερῶν·"

206 3. KAPITEL

berührt. Es erscheinen also in De Res 8,4 neben der bereits in De Res 4,1 erwähnten Auflösung im Wasser und dem Verzehr durch Tiere ergänzend zwei neue Todesarten, die aber über das in De Res 4,1 f. Gesagte nicht hinausgehen.

Der Schwerpunkt der Aussage in De Res 4,1 liegt auf der Verspeisung der σώματα durch verschiedene Lebewesen (Fische und Tiere). Die Zusatzargumente verbleiben auf der gleichen Ebene der ersten Stufe des Kettennahrungs-Einwands: Das Verbrennen im Feuer thematisiert die Zerstreuung der einzelnen Elemente des Körpers und betrifft nicht ihre Verbindung mit anderen Körpern. Die Auflösung der abgehauenen Teile vor dem Rest des Körpers akzentuiert ebenfalls die Zerstreuung der einzelnen Teile. Diese vier Einwände in De Res 8,4 scheinen jedoch bereits traditionell geworden zu sein. Denn in einer etwas variierenden Form werden sie auch bei *Tatian* dargelegt. Er führt sie ebenfalls mit vier κἄν-Sätzen ein: „Κἄν πῦρ ἐξαφανίσῃ μου τὸ σαρκίον, […] κἄν ἐν ποταμοῖς, κἄν ἐν θαλάσσαις ἐκδαπανηθῶ, κἄν ὑπὸ θηρίων διασπασθῶ, […]"[400] Den zweiten Fall bei Ps-Athenagoras κἄν ὕδατι κατασαπῇ (De Res 8,4) hat Tatian noch zweifach mit κἄν ἐν ποταμοῖς, κἄν ἐν θαλάσσαις ἐκδαπανηθῶ umschrieben, was unser Autor in De Res 4,1 ebenfalls andeutet: σώματα τῶν ἐν ναυαγίοις ἢ ποταμοῖς δυσθανατούντων. Die Todesfälle durch Feuer und das Zerreißen durch wilde Tiere treten bei beiden Autoren auf. Ps-Athenagoras erweitert jedoch seine Viererreihe um das Abschlagen der einzelnen Körperteile vom gesamten Organismus.

Es ist m. E. nicht zu übersehen, dass Ps-Athenagoras in De Res 8,4 verbreitete Einwände aufgreift. Allerdings werden sie von den Gegnern des Traktats in De Res 3,3–4,4 nicht in gleicher Weise vorgebracht. Vielmehr zielt die gegnerische Argumentation hier auf die Vermischung der Menschenleiber. In De Res 8,4 nimmt Ps-Athenagoras die Zerstreuung der Körperteile in verschiedene Subtanzen (wie im Wasser, im Feuer und in den Tieren) als Einwand auf, der von den Kontrahenten ebenfalls nicht explizit vorgebracht wurde.[401] Es ist stattdessen davon auszugehen, dass Ps-Athenagoras an dieser Stelle die bereits bekannten Einwände aufgreift, die aber nicht das Hauptproblem der Gegner bezüglich der leiblichen Auferstehung bilden. Sie werden vorausge-

---

400 Tatian, Or 6,4 (PTS 43, 16,16–18 Marcovich).

401 Die Aufzählung der Todesschicksale in De Res 8,4 beinhaltet also nicht die eigenen Argumente der Gegner, die gegen die leibliche Auferstehung vorgebracht werden. Wenn Ps-Athenagoras ihre Einwände wiedergibt, dann zitiert er sie direkt. In De Res 4,1 heißt es: „Οὗτοι δέ γέ φασιν" und in De Res 4,2 erneut „φασίν". In De Res 4,4 wird mit „ὡς νομίζουσιν" ausdrücklich ihre Meinung wiedergegeben. Somit stellt die Liste in De Res 8,4 nicht explizit ihre eigene Meinung dar.

setzt und innerhalb der Widerlegung des von den Kontrahenten vorgebrachten Kettennahrungs-Einwands mit behandelt. Auf keinen Fall stellen diese Einwände das hauptsächliche Hindernis für die Auferstehungsleugner dar.

4. KAPITEL

Allgemeine Entwicklung des Kettennahrungs-Einwands und dessen Widerlegung

Innerhalb des Einwands von der Kettennahrung ist eine Entwicklung zu konstatieren. Dieser Einwand scheint nämlich auf die ersten Versuche der Christen zu reagieren, die dem heidnischen Publikum ihre somatische Jenseitshoffnung plausibel machen wollten. Dass ein solcher Einwand seinen Ursprung im paganen Milieu hat, ist den Äußerungen Senecas deutlich zu entnehmen. Aber auch die Apologeten wie Tatian, Tertullian und Minucius Felix setzen sich mit dieser Entgegnung der Heiden auseinander. Lässt sich eine Entwicklungslinie dieses Einwands nachzeichnen, kann auch das vorgebrachte Problem der Verspeisung der Menschenleiber in De Resurrectione des Ps-Athenagoras in einem allgemeinen Entwicklungsprozess verortet werden. Zudem wird der Fokus auf den Fortschritt der Widerlegung dieses Einwands bei den christlichen Autoren gelegt. So kann eine mögliche Fortentwicklung hierbei ebenfalls festgestellt werden.

1 Seneca: Ep. 92,34

In diesem Brief an Lucilius thematisiert Seneca die Todesfälle, die später als Ausgangsbasis des Kettennahrungs-Einwands gebraucht werden.[1] In unmittelbarem Kontext der Aussage in Ep. 92,34 behandelt Seneca das Verhältnis der Seele zu ihrem Körper: Der Körper wird als notwendige Last der Seele bestimmt, dem sie sich nicht zu unterwerfen hat. Vielmehr soll der *animus* sich als Sachwalter und nicht als Liebhaber seines Leibes bewähren, da niemand frei ist, der dem Körper dient (Nemo liber est qui corpori servit.).[2] Die endgültige

---

1 Bereits R.M. Grant wies darauf hin, dass Seneca, der vermutlich Posidonius reflektiert, vom Weggang des göttlichen Geistes aus denjenigen Leibern spricht, die ein solches Schicksal der Kettennahrung erfahren. Vgl. R.M. Grant, Athenagoras or Pseudo-Athenagoras, 124: „It was obvious that animals did eat corpses; Seneca, probably reflecting Posidonius, speaks of the departure of the divine spirit from bodies which have such a fate [...]"

2 Seneca, Epist 92,33 (Rosenbach 406,21–26).

© KONINKLIJKE BRILL NV, LEIDEN, 2016 | DOI: 10.1163/9789004305373_006

ALLGEMEINE ENTWICKLUNG DES KETTENNAHRUNGS-EINWANDS

Freiheit vom Leib erfährt die Seele zum Zeitpunkt des Todes. Für den Stoiker stellt der Tod somit keine Bedrohung dar, da er diesem mit Gelassenheit entgegentritt.

Seneca versteht die Seele als den Personenkern des Menschen und beschreibt die Loslösung der Seele vom Leib zum Todeszeitpunkt folgendermaßen:

> Von diesem (Körper) geht sie (die Seele) bald mit Gleichmut, bald mit einem großen Sprung weg und fragt nicht, was des verlassenen Körpers Ende sein wird. Sondern wie wir uns nicht um das vom Bart und Kopf abgeschnittene Haar kümmern, so (auch) jene göttliche Seele (*divinus animus*), die im Begriff ist, den Menschen zu verlassen, sie (kümmert sich nicht), wohin ihr Behälter hingeschafft wird, ob Feuer ihn vernichtet, ob die Erde ihn bedeckt, ob wilde Tiere ihn zerreißen; (dies) hält sie für ebenso unwichtig wie die Nachgeburt für ein neugeborenes Kind. Ob den Leichnam die Vögel auseinanderschleppen oder ob er verzehrt wird, ,den Seehunden zur Beute gegeben',[3] was berührt es jenen, der ein Nichts ist?[4]

Hieraus ist zu ersehen, dass für Seneca die Vernichtung des Körpers, auf welche Weise sie auch geschieht, kein Hindernis für die Seele darstellt. Sie trennt sich im Tode von ihm, so dass dessen Schicksal für sie ohne Bedeutung bleibt. Dabei stellt sich Seneca die Seele als unsterblich vor, die auch im postmortalen Zustand weiter existiert. Die Seele kümmert sich nicht darum, was mit ihrem *receptaculum* nach dem Tode geschieht. Er hat seinen Dienst für sie zu Lebzeiten erfüllt und sie nun ist froh, sich von ihm befreit zu haben. Interessant ist, dass Seneca exakt die Todesschicksale anspricht, die später wiederholt gegen die christliche Jenseitshoffnung vorgebracht werden: Die Seele wird weder von der Verbrennung ihres Körpers noch von seiner Bestattung noch von seinem Zerreißen durch die Tiere betroffen. Selbst wenn die Vögel den Leichnam in alle Richtungen auseinandertragen und ihn dann verzehren, bleibt die Seele

---

3 Zitat: Vergil, Aeneis 9,485.

4 Seneca, Epist 92,34 (Rosenbach 406,26–408,9): „Ab hoc modo aequo animo exit, modo magno prosilit, nec quis deinde relicti eius futurus sit exitus quaerit. Sed ut ex barba capilloque tonsa neglegimus, ita ille divinus animus egressurus hominem, quo receptaculum suum conferatur, ignis illud excidat an terra contegat an ferae distrahant, non magis ad se iudicat pertinere quam secundas ad editum infantem. Utrum proiectum aves differant an consumatur ,canibus data praeda marinis', quid ad illum qui nullus est?"

davon unberührt. Denn nach dem Weggang der Seele ist der Körper ein „Nichts" (nullus). Mit dem Zitat aus Vergils Aeneis wird auf die Todesschicksale angespielt, durch die sich die Leichname im Wasser auflösen und so für Seetiere wie Seehunde und Fische als Nahrung dienen. Der Körper gilt für die Seele wie die Nachgeburt für ein neugeborenes Kind,[5] die ihren Zweck für eine bestimmte Zeit erfüllt und dann keine Verwendung mehr für sie besteht. Das Beispiel vom Kopf- und Barthaar erfüllt die gleiche Aussageabsicht: Der Leib wird von der Seele mit dem Tode abgestoßen, so dass sein weiteres Schicksal für sie bedeutungslos bleibt.

Angesichts einer derartigen Sicht ist es mehr als verständlich, dass die erwähnten Todesfälle später gegen die Auferstehung des Leibes regelmäßig aufgenommen werden. Wie noch zu sehen sein wird, müssen sich die Apologeten mit solchen Argumenten wiederholt auseinandersetzen. Vor allem die Vernichtung des Leibes im Feuer, aber auch sein Verzehr durch wilde Tiere, stellen die größten Hindernisse für die somatische Jenseitshoffnung dar. Der Hintergrund dieser Argumente scheint eine grundsätzlich ablehnende Haltung bezüglich der menschlichen Körperlichkeit zu sein. Die Christen müssen sich mit einer derartigen von verschiedenen Philosophenschulen ausgehenden Ablehnung der Leiblichkeit auch in den späteren Jahrhunderten auseinandersetzen. Daher sind die christlichen Schriftsteller bemüht, die Würde und den Wert des Leibes mit schöpfungstheologischen Aussagen zu bekräftigen. Jedoch ist zu beobachten, dass die verschiedenen Todesfälle für die christliche Auferstehungslehre durchaus eine theologische Herausforderung darstellen.

---

5   Auch im Rheginosbrief wird mit diesem Vergleich die negative Seite der Leiblichkeit beschrieben: „Aber während du in dieser Welt bist, was ist es, das dir mangelt? [Antwort] Dies ist es, worum du dich bemüht hast, um es zu lernen: die Nachgeburt (χόριον) des Leibes, diese, welche das Alter ist, und du bist vergänglich." NHC I,4 (47,14–19): „ⲁⲗⲗⲁ ⲉⲕ̄ⲛ̄ⲛⲓⲙⲁ ⲉⲩ ⲡⲉ ⲉⲧⲕϣⲁⲁⲧ ⲙ̄ⲙⲁϥ ⲡⲉⲉⲓ ⲡⲉ ⲛ̄ⲧⲁⲕⲣ̄ⲥⲡⲟⲩⲇⲁⲍⲉ ⲁⲥⲃⲟ ⲁⲣⲁϥ ⲡⲭⲟⲣⲓⲟⲛ ⲙ̄ⲡⲥⲱⲙⲁ ⲉⲧⲉ ⲡⲉⲉⲓ ⲡⲉ ⲧⲙ̄ⲛ̄ⲧⲣ̄ⲡ̄ⲗⲟ ⲁⲩⲱ ⲕϣⲟⲟⲡ ⲛ̄ⲧⲉⲕⲟ". Vgl. H. Strutwolf, Gnosis als System, 189: „Nach der Geburt wird dieses χόριον als Nachgeburt zurückgelassen. Hier steht das Wort ‚Nachgeburt' als Metapher für ein negatives, zu einer Sache gehörendes Anhängsel. Die negative Begleiterscheinung des Leibes ist das Alter und die Vergänglichkeit des Körpers." Die Nachgeburt (χόριον) des Leibes ist im Rheginosbrief somit das Alter und folglich die Existenz in der Vergänglichkeit. Vgl. auch Origenes, C. Cels. VII,32 (Marcovich 486,7–10).

ALLGEMEINE ENTWICKLUNG DES KETTENNAHRUNGS-EINWANDS 211

2 Tatian: Oratio 6

In Oratio 6,1–4 kommt Tatian zum ersten Mal in seinem λόγος πρὸς Ἕλληνας[6] auf die Jenseitshoffnung der Christen zu sprechen. Er beginnt diesen Abschnitt mit einer grundsätzlichen Stellungnahme:

> Und daher haben wir auch den Glauben, dass nach der Vollendung des Ganzen die Auferstehung der Leiber sein wird.[7]

Im Verlauf der Darlegung grenzt er sich sowohl von den Stoikern, die von einer regelmäßigen Wiederkehr der Weltperioden ausgehen (Or 6,1), als auch von der mythischen Gerichtsvorstellung, nach der die Minos und Rhadamanthys die Richter sein werden (Or 6,2), ab. Vielmehr wird Gott, der Schöpfer selbst, Richter aller Menschen sein.[8] Die Auferstehung erfüllt daher den Zweck, die Menschen zum Gericht zu versammeln.[9] In Or 6,3 folgt der schöpfungstheologische Beweis, der die Wiederherstellung des Menschen in der Auferstehung belegt.

Erst in Or 6,4 geht Tatian in vier κἄν-Nebensätzen auf die Einwände ein, die sich aus der Sicht der Heiden der sarkischen Auferstehungslehre der Christen grundsätzlich entgegenstellen:

---

6 Die „Oratio ad Graecos“ des Tatian wird unterschiedlich datiert. Die Datierungsvorschläge umspannen den Zeitrahmen von 155 bis 177/178 n. Chr. A. v. Harnack, Chronologie Bd. 1, 284–289: ca. 155 n. Chr.; O. Bardenhewer, Geschichte der altkirchlichen Literatur, Bd. 1, 264 und 271: 165 n. Chr.; A. Puech, Recherches sur le Discours aux Grecs de Tatien, 96 f.: 171 n. Chr.; R.M. Grant, The Date of Tatian's Oration, In: HThR 46 (1953), 99–101 insbes. 99: „after the year 176, perhaps in 177 or 178"; M. Elze tendiert nach einer gründlichen Abwägung der verschiedenen Datierungsversuche zu einer Zeit um 165 n. Chr.: „Für die Abfassungszeit kame man dann auf einen frühen Ansatz, vielleicht sogar zu Lebzeiten Justins († um 165). Als Ort würde Rom das Nächstliegende sein, denn die Anrede ‚Hellenen‘ ist ja nicht im völkischen Sinn gemeint.“ M. Elze, Tatian und seine Theologie, 44. Vgl. auch P. Bruns, Art. *Tatian der Syrer*, In: LACL, 666: um 165 n. Chr. J. Trelenberg, Tatianos, 14 f., schlägt einen längeren Prozess für die Abfassung der *Oratio* vor, die nicht „in einem Zug“ geschrieben worden sei. Daher lässt er im Anschluss an M. Marcovich (Tatiani oratio ad Graecos [PTS 43], 3) die Entstehungsphase „zwischen 165 und 172 n. Chr.“ gelten.

7 Tatian, Or 6,1 (PTS 43, 15,1 f. Marcovich): „Καὶ διὰ τοῦτο καὶ σωμάτων ἀνάστασιν ἔσεσθαι πεπιστεύκαμεν μετὰ τὴν τῶν ὅλων συντέλειαν·“

8 Tatian, Or 6,2 (PTS 43, 15,8 Marcovich): „δοκιμαστὴς δ' αὐτὸς ὁ ποιητὴς θεὸς γίνεται.“

9 Tatian, Or 6,1 (PTS 43, 15,5 f. Marcovich): „διὰ μόνων τῶν ἀνθρώπων τὴν σύστασιν ⟨τὴν ἀνάστασιν⟩ ἔσεσθαι χάριν κρίσεως.“

212 4. KAPITEL

> Selbst wenn das Feuer mein Fleisch von Grund aus vernichtet, [...]; selbst
> wenn ich in Flüssen, selbst wenn ich in Meeren gänzlich zugrunde gehe,
> selbst wenn ich von wilden Tieren zerrissen werde [...][10]

Die bereits von Seneca geäußerten Todesschicksale werden geringfügig variiert und gegen die Auferstehungslehre der Christen vorgebracht. Obgleich diese Einwände bis dahin von den Heiden in dieser Form noch nicht explizit gegen die Auferstehung geäußert wurden,[11] fühlt sich Tatian dennoch herausgefordert, mögliche Hindernisse auszuräumen. Da Tatian sein paganes Publikum[12] von der Auferstehung der Leiber[13] überzeugen will, geht er also gegen diese Einsprüche vor: Das Verbrennen des Körpers beweist offenbar, dass außer der Asche nichts vom Menschen übrig bleibt. Auch das Verwesen im Wasser sowie das Zerreißen des Leichnams durch Tiere geben schlagende Beweise dafür ab, dass nach einer derartigen Zerstreuung des Menschenfleisches eine Wiederherstellung unmöglich erscheint.

Tatian entwickelt eine eigene Strategie, um solchen Einwänden zu begegnen:

> Selbst wenn das Feuer mein Fleisch von Grund aus vernichtet, (so) kann
> der Kosmos die verdampfte Materie aufnehmen (ἐξατμισθεῖσαν τὴν ὕλην ὁ
> κόσμος κεχώρηκε).[14]

---

10 Tatian, Or 6,4 (PTS 43, 16,16–18 Marcovich): „Κἂν πῦρ ἐξαφανίσῃ μου τὸ σαρκίον, ἐξατμισθεῖσαν τὴν ὕλην ὁ κόσμος κεχώρηκε· κἂν ἐν ποταμοῖς, κἂν ἐν θαλάσσαις ἐκδαπανηθῶ, κἂν ὑπὸ θηρίων διασπασθῶ, ταμείοις ἐναπόκειμαι πλουσίου δεσπότου.“

11 Dies könnte höchstens in der Petrus-Apokalypse § 4 der Fall sein, wenn angenommen wird, dass die dort erwähnten Todesfälle ebenfalls von den Heiden gegen die Auferstehungslehre der Christen stammen. Siehe das Kapitel in dieser Studie 4. 7: „Der Hellene des Macarius Magnes/Porphyrius“.

12 Zum Publikum des Tatian in der Oratio siehe M. Elze, Tatian und seine Theologie, 25 und 41: „Er richtet sich von vornherein an ein allgemeineres Publikum, nämlich an die ‚Griechen‘, und daß er damit die Gebildeten meint, ist schon nachgewiesen worden (vgl. S. 25).“

13 Tatian verwendet die Begriffe σῶμα und σάρξ offenbar synonym, wie hier aus Or 6,1 (σωμάτων ἀνάστασιν) und 6,4 (τὸ σαρκίον) ersichtlich wird. Vgl. H.E. Lona, Auferstehung, 116–119, der die anthropologische Anschauung des Tatian eher mit dem σάρξ-Begriff präziser erfassen will: „Die Übersicht über den Sprachgebrauch Tatians zeigt, daß der ‚soma‘-Begriff jede materielle Gestalt bezeichnen kann, auch solche, die, wie im Fall der Dämonen, keine ‚fleischliche‘ Verfassung besitzen. Anders verhält es sich mit dem ‚sarx‘-Begriff, den Tatian als Ausdruck der spezifischen Materialität des menschlichen Leibes verwendet.“ H.E. Lona, Auferstehung, 119.

14 Tatian, Or 6,4 (PTS 43, 16,16 f. Marcovich).

ALLGEMEINE ENTWICKLUNG DES KETTENNAHRUNGS-EINWANDS 213

Das Verbrennen des Menschenkörpers stellt für ihn kein Hindernis für die Auferstehungshoffnung dar, weil der Leib nicht völlig verschwindet. Vielmehr geht er in eine andere Substanz über – in diesem Fall in Dampf. In der Entgegnung der weiteren Einwände zeigt sich deutlicher, worauf Tatian hinaus will:

> Selbst wenn ich in Flüssen, selbst wenn ich in Meeren gänzlich zugrunde gehe, selbst wenn ich von wilden Tieren zerrissen werde, liege ich aufbewahrt in den Schatzkammern eines reichen Herrschers (ταμείοις ἐναπόκειμαι πλουσίου δεσπότου).[15]

Für Tatian bleibt allein eine für Gott sichtbare Substanz (ἡ ὁρατὴ αὐτῷ μόνῳ ὑπόστασις) des Menschenkörpers erhalten und liegt aufbewahrt in den ταμείοις πλουσίου δεσπότου.[16] Somit wechselt der Leib durch die Verwesung lediglich in eine andere Substanz. Später wird der „reiche Herrscher" den Leib in seinen ursprünglichen Zustand wiederherstellen (ἀποκαταστήσει πρὸς τὸ ἀρχαῖον).[17]

In der schöpfungstheologischen Argumentation in Or 6,3 vertritt Tatian die Vorstellung, dass der Mensch bereits vor seiner Geburt potenziell in der Substanz der fleischlichen Materie vorhanden ist (ἐν ὑποστάσει τῆς σαρκικῆς ὕλης ὑπῆρχον).[18] So wird der Mensch auch mit dem Tod nicht gänzlich aufgelöst. Er

---

15   Tatian, Or 6,4 (PTS 43, 16,17 f. Marcovich).

16   Die Vorstellung von den „Schatzkammern" ist auch in der *syrischen Baruch-Apokalypse* zu finden. Jedoch befinden sich dort allein die *Seelen* der Gerechten. Vgl. syrBarApk 30,2: „Und es wird zu jener Zeit geschehen, dass jene Schatzkammern (ܐܘܨ̈ܪܐ) geöffnet werden, in denen die Zahl der Seelen der Gerechten (ܢܦ̈ܫܬܐ ܕܟܐ̈ܢܐ) aufbewahrt ist." Vgl. auch syrBarApk 21,23b: „Die Schatzkammern der Seelen (ܐܘܨ̈ܪܐ ܕܢܦ̈ܫܬܐ) werden wiedergeben die, die darin eingeschlossen sind." Siehe auch in 4 Esra IV,35.41, VII,32.95. Vgl. weiter H.C. Cavallin, Leben nach dem Tode im Spätjudentum, 264–266.

17   Tatian, Or 6,4 (PTS 43, 16,19–21 Marcovich): „Καὶ ὁ μὲν πτωχὸς καὶ ἀθέ(ατ)ος οὐκ οἶδε τὰ ἀπο κείμενα, θεὸς δὲ ὁ βασιλεύων, ὅτε βούλεται, τὴν ὁρατὴν αὐτῷ μόνῳ ὑπόστασιν ἀποκαταστήσει πρὸς τὸ ἀρχαῖον."

18   Tatian, Or 6,3 (PTS 43, 15,11 f. Marcovich). M. Elze weist darauf hin, dass Tatian zu dieser Vorstellung wegen der Ablehnung der Präexistenz der Seele gekommen sei. Vgl. M. Elze, Tatian und seine Theologie, 88: Es gebe für Tatian keine Präexistenz der Seele. „Das geht aus Tatians etwas umständlich formuliertem Beweis für die Denkmöglichkeit der leiblichen Auferstehung hervor (Or VI,3): Vor der Geburt existiert der Mensch bewußtseinslos nur in der Substanz der fleischlichen Materie." Dabei sei Tatian gänzlich von der stoischen Lehre abhängig, dass sich alles Lebende innerhalb der Materie befinde und allein in der ὕλη seine Existenz habe. Vgl. ebd.

214 4. KAPITEL

bleibt in einem „undifferenzierten Substrat der fleischlichen Materie"[19] bestehen und löst sich keinesfalls zu einem „Nichts" auf. Zum Zeitpunkt, wenn Gott
es will (ὅτε βούλεται), wird der Mensch dann aus der für Gott allein sichtbaren
Seinsweise in seinen ursprünglichen Zustand zurückkehren.

Somit wehrt Tatian die Ansicht ab, dass der menschliche Körper mit dem
Tode ganz vergeht. Da der Körper in einer anderen materiellen Substanz erhalten bleibt, stellen die vorgebrachten Todesschicksale keine gravierenden Argumente gegen die Auferstehung der Leiber dar. An der Behandlung der vier
Einwände ist zu sehen, dass sich Tatian herausgefordert sieht, die durch die
erwähnten Todesfälle ausgelöste Vernichtungsproblematik theologisch zu bewältigen. Es wird sich zeigen, dass auch andere Apologeten vor der gleichen
Problematik standen.

3   Minucius Felix

Oct 11

Marcus Minucius Felix stellt in seinem Dialog „Octavius"[20] der heidnischen
Kritik sehr pointiert die christliche Lehre gegenüber. Im ersten Teil seines
Dialogs (Oct 5–13) lässt er den gebildeten Heiden Caecilius die Angriffe gegen
die Christen formulieren.[21] In dessen Rede nimmt die Kritik an der christlichen

---

19   H.E. Lona, Auferstehung, 120.

20   Dieser Dialog wird in die erste Hälfte des dritten Jahrhunderts datiert, nachdem sich die
       Priorität des Apologeticums (197 n. Chr.) von Tertullian durchgesetzt zu haben scheint.
       Ausführlicher dazu C. Becker, Der ‚Octavius' des Minucius Felix, 74–97. „Der Zeitraum,
       der für die Abfassung in Betracht kommt, umfaßt mehrere Jahrzehnte (zwischen 212
       und 246/49) und läßt sich schwerlich weiter einengen. Aber mit der Festlegung auf ein
       bestimmtes Jahr wäre auch nicht viel gewonnen. Wichtiger ist es, dem Dialog seinen Platz
       in der Entwicklung der frühen lateinischen Apologetik zu geben." C. Becker, Der ‚Octavius'
       des Minucius Felix, 97. Vgl. F. Hasenhütl, Die Heidenrede im „Octavius" des Minucius Felix,
       37: „Aus dieser Untersuchung ergibt sich nun als sicherer *terminus post quem* das Jahr
       der Abfassung des ‚*Apologeticum*' nämlich 197. Da Minucius nicht unter dem Eindruck
       einer blutigen Verfolgungssituation der Christen zu schreiben scheint, wie es sie im ersten
       Jahrzehnt des 3. Jhd. gegeben hat, ist der ‚*Octavius*' wohl nach 210 anzusetzen. Als *terminus
       ante quem* ist Cyprians Schrift ‚*Ad Donatum*' festzustellen, welche um 245 entstand." Völlig
       anders G. Stölting, ‚Octavius' von Minucius Felix, 4–6. Die Autorin nimmt an, dass der
       Octavius in „das dritte Viertel des 3. Jahrhunderts" zu datieren sei. G. Stölting, ‚Octavius'
       von Minucius Felix, 6.

21   Zu den intendierten Adressaten des Dialogs, siehe B. Aland, Christentum, Bildung und
       römische Oberschicht. Zum ‚Octavius' des Minucius Felix, 11–30, bes. 16–21. Sie weist nach,

ALLGEMEINE ENTWICKLUNG DES KETTENNAHRUNGS-EINWANDS 215

Jenseitshoffnung einen breiten Raum ein. Dabei setzt Caecilius sich vor allem in Oct 11,1–9 mit der Auferstehungslehre der Christen auseinander.

In Oct 11,1–3 geht Caecilius zunächst auf die Lehre vom Weltenbrand ein, mit der die Christen den Untergang der Welt erklären.[22] Caecilius meint, einen Widerspruch in der Eschatologie der Christen zu entdecken:[23] Sie drohen dem ganzen Erdkreis und der Welt mit ihren Gestirnen einen Brand an.[24] Sie selbst aber werden nach dem Tode aus Staub und Asche wieder auferstehen.[25] Die Paradoxie einer derartigen Anschauung ist für Caecilius offensichtlich:

> Ist es nicht ein mehrdeutiger Unsinn, eine doppelte Torheit, dem Himmel und den Gestirnen, die wir so zurücklassen, wie wir sie vorgefunden haben, den Untergang zu prophezeien, uns selbst (dagegen), die wir so, wie wir geboren werden, auch vergehen, nach Tod und Vernichtung ewiges Leben zu versprechen?[26]

---

    dass die Adressaten der gebildeten Oberschicht angehören. Der letzte Satz des sehr aufschlussreichen Aufsatzes fasst die Ergebnisse zu den Empfängern des Dialogs präzise zusammen: „Der ‚Octavius‘ des Minucius Felix dokumentiert vielmehr das erste Eindringen des Christentums in die Kreise der römischen Nobilität und der Gebildeten und erhält daher seine besondere Form, die nur in diesem Zusammenhang auch gewürdigt werden kann." B. Aland, Christentum, Bildung und römische Oberschicht, 30.

22   Bereits *Celsus* hat auf eine ähnliche Weise in C. Cels. v,14 seine Kritik an der Jenseitshoffnung der Christen eröffnet: Denn die Christen glauben, „dass das ganze andere Geschlecht verbrannt werden wird; sie aber bleiben allein bestehen, nicht nur die Lebenden, sondern auch die seit langem Verstorbenen, indem sie mit demselben Fleisch aus der Erde hervorkommen werden. Geradezu die Hoffnung von Würmern!" C. Cels. v,14 (Marcovich 331,1–4): „Ἠλίθιον δ' αὐτῶν καὶ τὸ νομίζειν, ἐπειδὰν ὁ θεὸς ὥσπερ μάγειρος ἐπενέγκῃ τὸ πῦρ, τὸ μὲν ἄλλο πᾶν ἐξοπτήσεσθαι γένος, αὐτοὺς δὲ μόνους διαμενεῖν, οὐ μόνον τοὺς ζῶντας ἀλλὰ καὶ τοὺς πάλαι ποτὲ ἀποθανόντας αὐταῖς σαρξὶν ἐκείναις ἀπὸ τῆς γῆς ἀναδύντας, ἀτεχνῶς σκωλήκων ἡ ἐλπίς."

23   Vgl. C. Becker, Der ‚Octavius‘ des Minucius Felix, 50 f.: „Caecilius stellt der geordneten, wohlgefügten Welt, der die Christen den Untergang androhen – so als habe er an dem dauernden Bestand dieser Welt nie einen Zweifel gehabt – die Schwäche, die Vergänglichkeit des Menschen gegenüber, von dem die Christen nicht nur glauben, daß er alle Auflösung überdauere, sondern daß er sogar ein neues Leben erhalte."

24   MinFel, Oct 11,1 (Kytzler 8,31 f.).

25   MinFel, Oct 11,2 (Kytzler 9,3).

26   MinFel, Oct 11,3 (Kytzler 9,4–7): „anceps malum et gemina dementia, caelo et astris, quae sic relinquimus ut invenimus, interitum denuntiare, sibi mortuis exstinctis, qui sic ut nascimur et interimus, aeternitatem repromittere."

216   4. KAPITEL

Direkt darauf verweist Caecilius auf die Vernichtung der Menschenkörper, die aus seiner Sicht ein unüberwindbares Hindernis für deren Auferstehung bedeutet. Dies ist für ihn der stärkste Einwand gegen eine solche Jenseitshoffnung:

> Daher verwünschen sie natürlich auch die Scheiterhaufen und verurteilen die Feuerbestattungen, als ob nicht jeder Körper, auch wenn er den Flammen entzogen wird, sich dennoch im Laufe der Jahre und Jahrhunderte in der Erde auflöst; und es ist ganz gleichgültig, ob wilde Tiere ihn zerreißen, ob das Meer ihn verschlingt, ob der Erdboden ihn bedeckt oder die Flamme ihn verzehrt.[27]

Caecilius wendet also gegen die somatische Auferstehungslehre ein, dass der menschliche Körper nach dem Tod vollständig vernichtet wird. Dabei macht es keinen Unterschied, ob er im Grab verwest, im Feuer verbrennt, von wilden Tieren in verschiedene Teile gerissen wird oder sich im Wasser auflöst.[28] Denn

---

27 MinFel, Oct 11,4 (Kytzler 9,8–11): „Inde videlicet et exsecrantur rogos et damnant ignium sepulturas, quasi non omne corpus, etsi flammis subtrahatur, annis tamen et aetatibus in terram resolvatur nec intersit, utrum ferae diripiant an maria consumant an humus contegat an flamma subducat".

28 Die Christen lehnen die Feuerbestattungen ab, da sie dadurch die Auferstehung der Toten aus ihren Gräbern gefährdet sehen. Caecilius bringt als Kritik vor, dass es gleichgültig ist, auf welche Weise sich der Menschenkörper auflöst. Es fällt auf, dass die bekannten Todesschicksale erwähnt werden, die einer Auferstehung der Toten scheinbar widersprechen. Es ist vom Zerreißen durch wilde Tiere die Rede, wobei der Einwand von der Verspeisung des Menschenleibes noch im Hintergrund bleibt. Der Hinweis auf das Verschlingen in den Meeren spielt auf die Schiffsunglücke an. Zudem ist besonders augenscheinlich, dass sich die Formulierung *an humus contegat* fast exakt an Senecas Wortlaut anlehnt – wobei Seneca noch von der *terra* spricht, die den Menschenkörper bedeckt. Das Motiv vom Verbrennen des Körpers scheint dagegen in der römischen Bestattungspraxis geläufig zu sein. Es wird dennoch auf die gleiche Stufe mit den anderen Todesfällen gestellt, um die gänzliche Auflösung des Leibes hervorzuheben, die ihn auf diese Weise der Auferstehung beraubt.
    Vgl. W. Kierdorf, Art. *Bestattung D. Italien und Rom*, In: DNP 2, 590–592. „In Rom hatte sich gegen Ende der Republik in den besitzenden Schichten die Verbrennung fast allg. durchgesetzt;" Ebd., 590. „Der Leichnam wurde auf einem Scheiterhaufen (*rogus*) außerhalb der Stadt verbrannt, oft zusammen mit persönlichen Besitz und Gaben des Trauergefolges (bes. Salben und Weihrauch). Nach dem Anzünden des Feuers erklang ein letztes Mal die Totenklage. Nahe Angehörige sammelten nach dem Löschen der Glut die Reste des Leichenbrandes (*ossilegium*), deponierten sie mit Duftstoffen in einer Urne und setzten diese im Familiengrab oder einem *columbarium* bei." Ebd., 591.

ALLGEMEINE ENTWICKLUNG DES KETTENNAHRUNGS-EINWANDS

die Schnelligkeit seiner Vernichtung ist für die Leichname eher ein Heilmittel (ipsa conficiendi celeritate medicina).[29] Für Caecilius gleicht die somatische Jenseitshoffnung der Christen einem Irrtum (hoc errore decepti),[30] da es für ihn nicht vorstellbar ist, wie die vernichteten Leiber wiederhergestellt werden sollen.

In Oct 11,7 geht er dann auf das Problem der Körperlichkeit bei der Auferstehung ein.[31] Er möchte wissen, mit welchem Körper die Menschen auferstehen.[32] Wenn dies tatsächlich mit demselben Körper geschehen soll, stellt sich dem aber entgegen, dass dieser bereits längst zerfallen ist (ipso corpore? sed iam ante dilapsum est).[33] Mit dieser Aussage gibt er erneut zu verstehen, dass für ihn die Auflösung des Leichnams mit der Auferstehung desselben Leibes unvereinbar ist. Die vorgebrachten Todesfälle in Oct 11,4 dienen dem Zweck, die vollständige Vernichtung des Körpers auszuführen, so dass die Auferstehung desselben Leibes soweit wie möglich ins Ungewisse rückt.

Oct 34

Im zweiten Teil des Dialogs lässt Minucius Felix Octavius die Verteidigungsrede für den christlichen Glauben vortragen (Oct 16–38). Im Laufe der Widerlegung geht er in Oct 34 auf die Einwände, die Caecilius gegen die Jenseitshoffnung der Christen in Oct 11 erhoben hat, ein.[34] In Oct 34,6–12 widmet er sich der Verteidigung der Auferstehungslehre. Der geäußerten Kritik an der Körperlichkeit bei der Auferstehung (Oct 11,7–9) begegnet er mit dem Verweis auf die Seelenwanderungslehre des Pythagoras und Platon.[35]

---

29 MinFel, Oct 11,4 (Kytzler 9,12 f.).

30 MinFel, Oct 11,5 (Kytzler 9,13 f.).

31 Zu Oct 11,7–9 äußert sich C. Becker folgendermaßen: „Schließlich läßt er die grundsätzlichen Einwände beiseite und fragt nach dem Vorgang der Auferstehung; wenn man sie sich vorzustellen suche, gerate man in die größten Widersprüche und Ungereimtheiten [...]" C. Becker, Der ‚Octavius‘ des Minucius Felix, 51.

32 MinFel, Oct 11,7 (Kytzler 9,21 f.): „Vellem tamen scisictari, utrumne cum corporibus, et corporibus quibus, ipsisne an innovatis resurgatur." Vgl. 1 Kor 15,35: „Ἀλλὰ ἐρεῖ τις· πῶς ἐγείρονται οἱ νεκροί; ποίῳ δὲ σώματι ἔρχονται;"

33 MinFel, Oct 11,7 (Kytzler 9,23).

34 Gemäß der vorgegebenen Reihenfolge in Oct 11 verteidigt Octavius in Oct 34,1–5 zunächst die Lehre vom Weltenbrand, um der von Caecilius vorgeworfenen Widersprüchlichkeit zu begegnen. Mit dem Verweis auf ähnliche Vorstellungen bei Stoikern, Epikureern und Platon glaubt er, die scheinbare Paradoxie aufgelöst zu haben.

35 Vgl. C. Becker, Der ‚Octavius‘ des Minucius Felix, 52: „Caecilius hatte nach Einzelheiten des Auferstehungsvorganges gefragt und nur Widersinniges gefunden. Octavius verweist ihn auf die Seelenwanderungslehre des Pythagoras und vor allem Platons."

218 4. KAPITEL

Denn sie wollen, dass nach der Auflösung der Körper allein die Seelen fortwährend bestehen bleiben und in andere neue Körper öfter eingehen.[36]

Auf diese Weise haben sie die Umstände der Wiederentstehung der Leiber verkehrt und halbrichtig überliefert.[37] Denn statt in anderen neuen Leibern (in alia nova corpora) werden die Seelen in *denselben* Körpern erscheinen, die sie bereits auf Erden hatten.[38] Dem stehen auch die verschiedenen Vernichtungsarten nicht entgegen. Denn wenn auch der Menschenkörper „unseren schwachen Augen" (oculis nostris hebetibus) entzogen wird, geht er für Gott nicht völlig zugrunde.[39]

> Jeder Körper, mag er zu Staub vertrocknen oder sich in Feuchtigkeit auflösen oder zu Asche komprimiert werden oder sich zu Dampf verdünnen, wird (nur) uns entzogen, aber für Gott, der die Elemente bewahrt, wird er erhalten.[40]

Hier reagiert Minucius auf die die Menschenkörper ereilenden Todesschicksale. Das „Vertrocknen" zu Staub beinhaltet die Verwesung des Leichnams nach der Bestattung (Oct 11,4: an humus contegat). Die Auflösung in Feuchtigkeit verweist auf die Zersetzung des Körpers im Wasser, was Caecilius noch als „Verschlingen" des *corpus* im Meer beschreibt (Oct 11,4: an maria consumant). Die nächsten beiden Beispiele greifen die geläufigen Erfahrungen bei den Feuerbestattungen auf. Durch die Wortwahl *comprimere* und *tenuare* deutet Minucius an, dass sich der verbrannte Körper keineswegs zu einem „Nichts" auflöst, sondern lediglich zu Asche komprimiert und zu Dampf verdünnt wird. Er geht in eine andere Seinsweise über, so dass die Elemente desselben Leibes erhalten bleiben. Auch wenn sich dies den menschlichen Augen nicht erschließt, garantiert Gott die Erhaltung der Körperelemente (sed deo elementorum custodia reservatur).

---

36 MinFel, Oct 34,6 (Kytzler 32,21–23): „nam corporibus dissolutis solas animas volunt et perpetuo manere et in alia nova corpora saepius commeare."

37 MinFel, Oct 34,6 (Kytzler 32,20 f.).

38 MinFel, Oct 34,9 (Kytzler 32,27–33,4).

39 MinFel, Oct 34,10 (Kytzler 33,4 f.).

40 MinFel, Oct 34,10 (Kytzler 33,5–7): „corpus omne sive arescit in pulverem sive in umorem solvitur vel in cinerem comprimitur vel in nidorem tenuatur, subducitur nobis, sed deo elementorum custodia reservatur."

ALLGEMEINE ENTWICKLUNG DES KETTENNAHRUNGS-EINWANDS 219

Auf die „Zerfleischung" durch Tiere geht Octavius nicht mehr ein, da dies nicht zu den Hauptproblemen gehört, mit denen er sich auseinandersetzt. Die Fähigkeit Gottes, die Elemente des Körpers zu bewahren, erbringt für Minucius Felix den Nachweis, dass Gott aus den zu Asche komprimierten und zu Dampf verdünnten Grundstoffen denselben Körper erneut zusammensetzen wird. Da er den möglichen Verzehr der Leiber durch Tiere nicht aufgreift, stellt sich diese Problematik für ihn auch nicht. Minucius Felix geht es in erster Linie darum, das völlige Vergehen der Körper nach dem Tode zu bestreiten, so dass er auf die „gängigen" Vernichtungsmöglichkeiten in der Erde, im Feuer und im Wasser eingeht. Somit wendet er sich gegen die schwerwiegendsten Hindernisse, die sich aus seiner Sicht der Auferstehung derselben Leiber entgegenstellen.

4   Tertullian: De Resurrectione

De Res 4

In De Resurrectione[41] geht Tertullian ebenfalls auf das Problem vom Verzehr des Menschenkörpers ein, das gegen die somatische Auferstehung angeführt wird. In De Res 4 lässt er solche Einwände aus dem Mund seiner Gegner verlauten. Er gibt an, dass sich seine Kontrahenten, „die Häretiker", der Argumentation der Heiden bedienen.[42] Beide Seiten sind sich darin einig, dass das Fleisch wertlos und verachtenswert ist:

---

41   Die Datierung der Schrift kann relativ präzise vorgenommen werden. Sie wird in die Zeitphase von 208 bis 212 n. Chr. datiert. Vgl. F.J. Cardman, Tertullian on the Resurrection, 202–231. P. Siniscalco schlägt sogar konkret das Jahr 211 bzw. den Anfang von 212 n. Chr. vor: „Gli indizi, qui esposti per esserci sembrati più certi tra molti altri più incerti, incoraggiano dunque a situare in un punto cronologico assai preciso la redazione del De res., intorno all'anno 211, nel tempo in cui la Chiesa cartaginese, dopo un periodo di pace, vedeva incombere una nuova persecuzione e, fors'anche in relazione a questa prova, nel pensiero di Tertulliano, già informato da concezioni montaniste, maturava quella crisi che avrebbe dovuto allontanarlo in modo definitivo dalla Chiesa; nel tempo cioè che intercorre tra la composizione del De Corona e del De anima e quella dell'Ad Scapulam e del De fuga e che può essere indicato fra il 211 ed il principio del 212." P. Siniscalco, Ricerche sul ‚De Resurrectione' di Tertulliano, 40 f.

42   Tert, De Res 4,2 (Evans 12,3 f.): „an aliud prius vel magis audias ⟨tam⟩ ab haeretico quam ab ethnico".

220   4. KAPITEL

Und hörst du nicht sofort und überall die Schimpferei über das Fleisch, seinen Ursprung, seine Materie, seinen Zufall und seinen ganzen Ausgang.[43]

Sie stimmen überein, dass das Fleisch zu einem Nichts vergeht und daher keine Hoffnung auf ein postmortales Leben hat.[44] Daraufhin gibt Tertullian die gegnerische Argumentation wieder, in der die bekannten Schwierigkeiten bezüglich der leiblichen Auferstehung geäußert werden:

> Dieses Fleisch also, oh weiser Mann,[45] das deinem Anblick, deiner Berührung und deiner Erinnerung entzogen wird, davon willst du (uns) überzeugen, dass es irgendeinmal aus einem vernichteten zu einem unversehrten Zustand, aus dem Nichtigen zu einem Ganzen, aus der Leerheit zu einem Vollen, aus einem völligen Nichts zu einem Etwas wiederhergestellt werden wird? Und dabei sollen es die Flammen, das Meer, die Bäuche der wilden Tiere, die Kröpfe der Vögel, die Eingeweide der Fische und die absonderliche Gefräßigkeit der jetzigen Zeiten wieder hergeben?[46]

Aus dieser Passage ist zu entnehmen, dass – neben dem Verbrennen im Feuer und der Verwesung im Meer – der Verzehr des menschlichen Körpers durch wilde Tiere, Vögel und Fische die größte Schwierigkeit bezüglich der Auferstehung desselben Fleisches bildet.[47] In der letzten Äußerung scheint sogar eine

---

43   Tert, De Res 4,2 (Evans 12,4–6): „et non protenus et non ubique convicium carnis, in originem in materiam in casum, in omnem exitum eius".

44   Tert, De Res 4,2 (Evans 12,6–10).

45   E. Evans deutet diese Anrede als eine ironische Bezeichnung der Christen durch die Gegner. Vgl. E. Evans, Tertullian's treatise on the resurrection, 206: „These sentences are evidently put into the mouth of a supposed objector. Kroymann inserts *ait*, making *vir sapiens* nominative. This may be right, though there could be some doubt whether Tertullian would, even in irony, have dignified his opponent by that title: so that it may be preferable to let *vir sapiens* be vocative, and ironical in the mouth of the objector."

46   Tert, De Res 4,3 (Evans 12,11–14,16): „„Hancne ergo, vir sapiens, et visui et contactui et recordatui tuo ereptam persuadere vis quod se receptura quandoque sit in integrum de corrupto, in solidum de casso, in plenum de inanito, in aliquid omnino de nihilo, et utique redhibentibus eam ignibus et undis et alvis ferarum et rumis alitum et lactibus piscium et ipsorum temporum propria gula?'"

47   Bereits im *Apologeticum* geht Tertullian kurz auf diese Hindernisse für die Auferstehungshoffnung ein. Vgl. Apol 48,9 (Becker 214,24–27): „ubicumque resolutus fueris, quaecumque te materia destruxerit, hauserit, aboleverit, in nihilum prodegerit, reddet te. eius est nihilum ipsum, cuius et totum."

ALLGEMEINE ENTWICKLUNG DES KETTENNAHRUNGS-EINWANDS 221

kettenartige Verspeisung der Leiber angedeutet,[48] aber nicht explizit als Einwand ausgeführt zu sein. Es ist für die Kontrahenten unvorstellbar, wie sich aus diesen Lebewesen der Menschenkörper wiederherstellen lassen soll. Die ausdrückliche Erwähnung der Bäuche, Kröpfe und Eingeweide, in die die Körper durch den Verzehr gelangen, soll die Unmöglichkeit ihrer Trennung von diesen Lebewesen hervorheben. Von hier aus konnte leicht die kettenartige Verspeisung weiter entfaltet werden, um die Absurdität der sarkischen Auferstehungslehre auszuführen. Die gegnerische Argumentation hat jedoch kein Interesse daran und bleibt auf „der ersten Stufe" des Kettennahrungs-Einwands stehen, die bei Ps-Athenagoras in De Res 4,1 f. beschrieben wird.

De Res 32 und 63

Innerhalb seiner „Schriftargumentation" (ab De Res 20) geht Tertullian in De Res 32 auf das besondere Problem des Verzehrs der Menschenkörper durch Tiere ein. Dabei liefert er den ersten Ansatz zur Widerlegung dieses Einwands. Er hebt insbesondere die Macht Gottes hervor und macht ein Schriftwort[49] zur Grundlage seiner Argumentation:

> Ich werde den Fischen des Meeres befehlen und sie werden die Gebeine von sich geben, die sie verzehrt haben, und ich werde das Gefüge zum Gefüge (des Körpers) und Gebein zum Gebein bilden.[50]

Tertullian führt daraufhin aus, dass die Fische und die wilden Tiere, die jedoch im Zitat noch fehlen, zur Rückgabe des Fleisches und Blutes aufgefordert werden.[51] Mit diesem Schriftbeleg wird die Auferstehung der verschlungenen Kör-

---

48 Möglicherweise hat Tertullian an die Verspeisung der Sklaven durch fleischfressende Fische (Muränen) gedacht, die dann anschließend selbst von Menschen verzehrt werden. Vgl. Tert, De Pallio 5,6 (CCSL 2, 749,66–71 Gerlo).

49 Es handelt sich offensichtlich um ein Mischzitat aus Ez 37,7 und evt. aus Apk 20,13. Aus Henoch 61,5 dürfte das Zitat – anders als Evans es meint – jedoch nicht stammen. Denn dort heißt es: „Und diese Masse (die Auserwählten) werden alle Geheimnisse der Tiefe der Erde enthüllen und welche von der Wüste verschlungen, und welche von den Fischen des Meeres und den wilden Tieren gefressen worden sind, dass sie zurückkehren und sich auf Tag des Auserwählten stützen; denn niemand wird vernichtet werden vor dem Herrn der Geister, und niemand kann vernichtet werden." Zitiert nach der äthiopischen Übersetzung der Ausgabe von GCS 5, 80,7–12 (Flemming/Radermacher). Vgl. R. Bauckham, Resurrection as Giving Back the Dead, 286–288.

50 Tert, De Res 32,1 (Evans 86,2–4): „Et mandabo piscibus maris et eructuabunt ossa quae sunt comesta, et faciam compaginem ad compaginem et os ad os."

51 Tert, De Res 32,2 (Evans 86,7–10).

per bewiesen, indem Gott selbst den Verschlingenden die Herausgabe verordnet. Zusätzlich verweist Tertullian auf den Propheten Jona, der nach drei Tagen auf Gottes Befehl hin unversehrt vom Fisch herausgegeben wurde.[52] So zeigt er seinen Gegnern auf der Basis der Schrift, dass auch die Wiederherstellung der verzehrten Leiber mit der Macht Gottes vereinbar ist.

Im letzten Kapitel von De Resurrectione (De Res 63) fasst Tertullian seinen Standpunkt hinsichtlich der Auferstehungshoffnung zusammen. Dort geht er erneut auf die Schwierigkeiten ein, die sich aus der Verwesung des Menschen im Wasser und der Verbrennung im Feuer ergeben. Aber auch der Verzehr durch wilde Tiere und Vögel scheint noch der Erläuterung zu bedürfen, so dass Tertullian einen neuen Versuch der Widerlegung startet:

> Du sollst wissen, dass die Vernichtung dieses (Fleisches), die du annimmst, ein Entfernen (secessum) ist: nicht allein die Seele wird entfernt; auch das Fleisch hat zuweilen seine Verstecke (secessus suos), im Wasser, im Feuer, in den Vögeln, in wilden Tieren.[53]

Tertullian geht noch einmal auf die Position der Gegner ein, die von einer völligen Vernichtung des Fleisches nach dem Tod ausgehen. Im Gegensatz zur Entfernung der Seele glauben sie, dass das Fleisch für immer mit dem Tod vergeht. Um diese Ansicht zu belegen, verweisen sie auf die verschiedenen Todesschicksale, die das scheinbar gänzliche Vergehen des Fleisches im Wasser, im Feuer und durch die Verspeisung der Vögel und der wilden Tiere demonstrieren.

Tertullian hält ihnen entgegen, dass auch das Fleisch seine Verstecke hat. Nicht allein die Seele wird an einem Ort zum Endgericht aufbewahrt, sondern auch das Fleisch bleibt erhalten und geht nicht völlig zugrunde. Es hat wie die Seele auch „secessus suos", so dass das Verwesen im Wasser, das Verbrennen im Feuer und der Verzehr durch Tiere und Vögel nur ein Zwischenstadium seiner Aufbewahrung bedeuten. Tertullian benutzt daraufhin das Bild vom Umgießen des Fleisches in verschiedene Gefäße, um dessen Vernichtung durch diese Todesfälle zu entkräften:

> Wenn es scheint, dass es in diesen (Dingen) aufgelöst wird, (so) wird es wie in Gefäße umgegossen.[54]

---

52 Tert, De Res 32,3 (Evans 86,10–15).

53 Tert, De Res 63,3 (Evans 184,11–13): „huius interitum quem putas, secessum scias esse. non sola anima seponitur: habet et caro secessus suos interim, in aquis in ignibus in alitibus in bestiis."

54 Tert, De Res 63,4 (Evans 184,13 f.): „cum in haec dissolvi videtur, velut in vasa transfunditur."

ALLGEMEINE ENTWICKLUNG DES KETTENNAHRUNGS-EINWANDS

Somit stellen die verschiedenen Todesarten bloß „Gefäße" dar, bis sich das Fleisch endgültig mit der Erde vereint. Denn Tertullian fügt hinzu:

> Wenn (dem Fleisch) auch die Gefäße selbst gefehlt haben, als es aus jenen auch in seine mütterliche Erde wie durch einen Umweg ausgeflossen ist, so wird es wieder eingezogen, so dass aus jener (Erde) wieder ein Adam hergestellt wird [...][55]

Die von den Gegnern vorgebrachten Todesarten gleichen für Tertullian lediglich einem „Umweg", bis sich das Fleisch in die mütterliche Erde ergießt. Die materielle Substanz des Menschen vereinigt sich mit der Materie, aus der der erste Mensch gebildet wurde. Auf diese Weise bleibt es der Macht Gottes überlassen, denselben Menschen daraus wiederherzustellen. So resümiert Tertullian in seinem abschließenden Kapitel:

> Also wird das Fleisch auferstehen, und zwar ganz, und zwar dasselbe und zwar unversehrt. Es ist bei Gott durch den sehr treuen Mittler zwischen Gott und den Menschen, Jesus Christus, aufbewahrt (in deposito), wo auch immer es sich befindet.[56]

5 Zwischenergebnis bezüglich der Entwicklung des Kettennahrungs-Einwands

Bei allen behandelten Autoren ist deutlich zu beobachten, dass die unterschiedlichen Todesarten sowohl von den Vertretern der Heiden (Seneca, Marc Aurel)[57] als auch von den Gegnern der apologetischen Schriften zum Nachweis

---

55 Tert, De Res 63,4 (Evans 184,14–17): „si etiam ipsa vasa defecerint, cum de illis quoque effluxerit in suam matricem terram, quasi per ambages resorbebitur, ut rursus ex illa repraesentetur Adam [...]"

56 Tert, De Res 63,1 (Evans 182,1–184,3): „Resurget igitur caro, et quidem omnis, et quidem ipsa, et quidem integra. in deposito est ubicumque apud deum per fidelissimum sequestrem dei et hominum Iesum Christum".

57 *Marc Aurel* erwähnt ebenfalls einige Todesschicksale, die gleichsam eine Bestattung der Leichname unmöglich machen. Es ist dabei unerheblich, auf welche Weise der Körper vernichtet wird. Vgl. M. Aurelii, Ep. ad Frontem 1,6,5 (van den Hout 11,28–31): „(sepu)ltura enim cadaveribus in ipsis iniuriis praesto est: sive maria naufragos devorent sive flumina praecipites trahant sive harenae obruant seu ferae lacerent sive volucres discerpant, corpus humanum satis sepelitur, ubicumque consumitur."

224   4. KAPITEL

der gänzlichen Vernichtung des Menschenkörpers aufgeführt werden. Marc Aurel bringt es mit seiner Ableitung aus den verschiedenen Schicksalsschlägen für die Leichname deutlich auf den Punkt:

> Aus all dem Angeführten ist zu entnehmen, dass „der menschliche Körper ganz vernichtet wird, wo auch immer er zerrieben wird (corpus humanum satis sepelitur, ubicumque consumitur)."[58]

Diese Stellungnahme kann repräsentativ dafür gelten, was mit den ausgeführten Todesfällen zum Ausdruck gebracht wird. Dabei können die erwähnten Todesarten bei den einzelnen Autoren variieren, obgleich sie auf dieselbe Aussage hinzielen. Sie stehen für einen gemeinsamen Topos, indem sie die völlige Zerstörung des Leichnams unterstreichen.

Bei allen diesen Autoren sind bei der Auflistung der Todesfälle drei Schwerpunkte zu konstatieren:

1. Die Verbrennung des Leichnams im Feuer erscheint in allen Aufzählungen (außer bei Marc Aurel), was wohl aus der geläufigen Praxis der Feuerbestattung rührt. Minucius Felix gibt einen klaren Verweis darauf, dass die Christen statt der Feuerbestattung dem Brauch des Begräbnisses in die Erde folgen.[59] Daraus resultiert die Problematik für die Wiederherstellung des Leibes, der sich im Feuer zur Asche und Dampf verflüchtigt, wie Minucius Felix präzise formuliert.[60]

2. Den zweiten Schwerpunkt nimmt das Verwesen im Wasser ein. Auf diese Weise wird das Ertrinken der Menschen bei Schiffbruch im Meer, in den Flüssen und überhaupt in den Gewässern jeder Art aufgenommen, wodurch den Leichnamen eine natürliche Bestattung verwehrt wird. Aus der Auflö-

---

58   M. Aurelii, Ep. ad Frontem 1,6,5 (van den Hout 11,31).

59   MinFel, Oct 34,10 (Kytzler 33,7–9).

60   Im Bericht über die Märtyrer von Lugdunum und Vienna wird von den Verfolgern ebenfalls die Verbrennung der Märtyrerleichname zum Verhindern von deren Auferstehung verübt. Nach dem Verbrennen der Leichen wurde deren Asche in den vorbeifließenden Fluss Rhône gestreut, „damit kein Überrest von ihnen mehr auf der Erde zu sehen wäre. Und dies taten sie in der Annahme, dass sie Gott besiegen und deren Wiederentstehung (παλιγγενεσία) verhindern könnten, damit, wie sie sagten, diese keine Hoffnung auf eine Auferstehung haben sollten". Euseb, H.E. v,1,62 f. (GCS 9,1, 426,20–23 Schwartz); „ὅπως μηδὲ λείψανον αὐτῶν φαίνηται ἐπὶ τῆς γῆς ἔτι. καὶ ταῦτ' ἔπραττον ὡς δυνάμενοι νικῆσαι τὸν θεὸν καὶ ἀφελέσθαι αὐτῶν τὴν παλιγγενεσίαν, ἵνα, ὡς ἔλεγον ἐκεῖνοι, μηδὲ ἐλπίδα σχῶσιν ἀναστάσεως". Vgl. P. Gemeinhardt, Die Blutzeugen und ihre Auferstehung, 103.

sung des Menschenkörpers im Wasser wird ebenfalls auf die vollständige Vernichtung des Leibes geschlossen, die seine Zusammensetzung scheinbar unmöglich macht. Manche Autoren führen zudem auch den Verzehr des aufgelösten Körpers durch Seetiere und Fische an, um die Zerstörung des σῶμα noch stärker zu illustrieren. Sie werden den Seehunden zur Beute, wie Seneca es ausdrückt, indem er dabei Vergil zitiert. Auch Tertullian greift den Verzehr durch Fische auf (De Res 4), ohne jedoch auf eine kettenartige Verspeisung des menschlichen Leibes zu schließen, wie es bei Ps-Athenagoras in De Res 4,1–4 gegen die Auferstehung der σώματα eingebracht wird.

3. Den dritten Schwerpunkt nimmt der Verzehr des Körpers durch verschiedene Lebewesen ein. Neben den bereits erwähnten Fischen sind es vor allem wilde Tiere und Vögel, die den Menschenleib in viele Teile zerreißen und verzehren. Auf diese Weise wird dem toten Körper besonders die Grausamkeit und buchstäbliche Entehrung zuteil, wodurch seine Vernichtung augenscheinlich wird.

Wenn Ps-Athenagoras ebenfalls in De Res 8,4 eine Auflistung von einigen Todesfällen bietet, greift er einen bekannten Komplex auf, der die vollständige Zerstörung des Leibes belegt. Der Menschenleib wird zu seiner ursprünglichen Einheit bei der Auferstehung vereinigt, „selbst wenn (ein Körperteil) im Feuer verbrannt, selbst wenn es im Wasser verfault, selbst wenn es von Raubtieren oder von hinzukommenden Tieren verzehrt wird, selbst wenn es sich vom Gesamtkörper abgehauen (schon) vor den anderen Teilen auflöst.“[61] Ps-Athenagoras nimmt die geläufigen Einwände auf, um auf derselben Ebene wie die anderen christlichen Schriftsteller (Tatian, Tertullian und Minucius Felix) hervorzuheben, dass durch diese Todesarten der Menschenkörper nicht gänzlich vergeht. Er löst sich lediglich in seine Elemente auf und wird so zerstreut. Gottes Allwissenheit und Kraft werden aber die zerstreuten Elemente und Körperteile erneut zu einem Ganzen zusammenfügen.

Ps-Athenagoras greift innerhalb seiner Widerlegung also traditionelle Einwände auf. Die Liste in De Res 8,4 kann der ersten Stufe des Kettennahrungs-Einwands zugeordnet werden und stellt die Ausgangslage der Kontrahenten zum Ausbau ihrer Argumentation gegen die Auferstehung dar. Denn sie verweisen in De Res 4,1 auf das Ertrinken der Schiffbrüchigen im Meer und in den Flüssen, so dass die Leichname für Fische zur Nahrung werden. Ebenso dienen

---

61   Ps-Athen, De Res 8,4 (Marcovich 32,28–30): „κἂν πυρὶ καυθῇ, κἂν ὕδατι κατασαπῇ, κἂν ὑπὸ θηρίων ἢ τῶν ἐπιτυχόντων ζῴων καταδαπανηθῇ, κἂν τοῦ παντὸς σώματος ἐκκοπὲν προδιαλυθῇ τῶν ἄλλων μερῶν·“

die im Krieg Gefallenen oder durch andere Umstände ohne Begräbnis Gebliebenen zum Fraß für die Tiere.

Solange die Kontrahenten solche Vorfälle anführen, bewegen sie sich auf derselben Ebene, die auch in den Aufzählungen der Todesarten wider die Auferstehung bei den Apologeten (Tatian, Tertullian und Minucius Felix) erscheint. Allerdings bleibt die gegnerische Argumentation nicht bei dem Tatbestand stehen, dass die Leiber durch die angeführten Katastrophen gänzlich vergehen. Die Kontrahenten verzichten in De Res 4 auch auf das Anführen vom Verbrennen der Körper im Feuer und auf die Vorfälle vom Verwesen der Leiber im Wasser. Vielmehr wollen sie besonders auf den Verzehr der σώματα durch wilde Tiere aufmerksam machen, so dass die Trennung der Körperteile von den aufnehmenden Lebewesen als unmöglich erscheint. Somit reagieren sie auf die ersten christlichen Versuche, die mit der Macht Gottes die Rückkehr der Körperelemente in ihren ursprünglichen Zustand begründeten. Aus De Res 9,2 ist deutlich zu ersehen, dass die Gegner die christliche Argumentation kennen. Die Christen verweisen nämlich auf die göttliche Macht, die die Leiber vor der gänzlichen Vernichtung bewahrt und sie erneut wiederherstellen kann.

Das gewissermaßen Neue an der gegnerischen Argumentation in De Res 4,1–4 stellt die Verselbständigung des Arguments mit dem Verzehr der Menschenleiber dar. Die Kontrahenten greifen die bekannten Einwände vom Menschenverzehr durch Tiere auf und leiten daraus den „Kettennahrungs-Einwand" her. Gerade die kettenartige Verspeisung sorgt daher für Verwirrung bezüglich der Auferstehung derselben Körper. Denn es konnte nicht einfach wie bisher mit der Macht Gottes, die die zerstreuten Elemente und Körperteile wieder zusammenbringen kann, argumentiert werden. Wenn sich die einzelnen σώματα mit den anderen Menschenleibern durch den indirekten oder direkten Verzehr vermischen, konnte nicht ohne weiteres darauf verwiesen werden, dass Gott die einzelnen Elemente trennen und wieder zur Ursprungsgestalt zusammenfügen kann. Da sich nämlich mittels der Nahrung zwei verschiedene Körper zu *einem* Leib vereinigen, musste vielmehr neu beantwortet werden, welcher von beiden Körpern bei der Auferstehung vollständig wiederhergestellt wird. Denn entweder wird der frühere oder der spätere Leib einen Mangel erleiden und auf diese Weise unvollständig auferstehen. Damit wollen die Gegner die Auferstehung derselben Körper widerlegen. So muss Ps-Athenagoras auf das Problem der Nahrungsverdauung in den Menschenkörpern gezielt eingehen, wenn er weiter an der Wiederherstellung derselben Leiber in der Auferstehung festhalten will.

Aufgrund dieser Beobachtungen zur Entwicklung des Kettennahrungs-Einwands muss die Meinung der Forscher relativiert werden, die behaupten, dass dieser Einwand bereits im zweiten Jahrhundert voll ausgebildet worden ist.[62] Es ist m.E. eine deutliche Entwicklung von Tatian, Tertullian und Minucius Felix bis Ps-Athenagoras zu konstatieren. Bei jenen Autoren wird noch nicht die kettenartige Verspeisung des Leibes thematisiert. Vielmehr liegt bei ihnen das Problem noch in Grundzügen vor, so dass sie die christliche Jenseitshoffnung gegen verschiedene Todesschicksale verteidigen müssen.

Tatian und Minucius Felix diskutieren die sich aus den vorgebrachten Todesfällen ergebenden Denkschwierigkeiten für die Auferstehung der Leiber. Auch Tertullian bewegt sich noch auf derselben Ebene, wobei er sich doch stärker mit dem Problem des Verzehrs der Körper durch verschiedene Tiere befasst. Allerdings wird von seinen Gegnern keine kettenartige Verspeisung als Einwand eingebracht. Erst bei Ps-Athenagoras ist die nächste Entwicklungsstufe des Einwands erreicht, so dass die geläufigen Todesarten zur Entkräftung der christlichen Auferstehungslehre nicht mehr ausreichten. Die Gegner waren herausgefordert, ihre Argumentation gezielter auf die Christen und ihre Lehre abzustimmen. Deshalb erfährt die Problematik des Verzehrs von Menschenkörpern eine Steigerung, so dass die kettenartige Verspeisung bis zum direkten Kannibalismus weiter ausgestaltet wird. Besonders dieser Kettennahrungs-Einwand sorgt unter den Adressaten des Traktats für Verwirrung, so dass Ps-Athenagoras in De Res 5–8 sehr ausführlich darauf eingeht.

H.E. Lona stellt die These auf, dass De Resurrectione aufgrund der besonderen Problematik der Kettennahrung und fehlender origenistischen Gegnerschaft außerhalb der antiorigenistischen Streitigkeiten in die zweite Hälfte des vierten Jahrhunderts zu datieren ist.[63]

---

62 N. Zeegers-Vander Vorst widerlegt mit einer derartigen Feststellung die Spätdatierung des Traktats. Vgl. Dies., Adversaires et destinataires, 237 Anm. 122: „Il est donc plus vraisemblable d'admettre que R réfutait l'objection de la chaîne alimentaire déjà développée au IIe s. [...]" Zeegers-Vander Vorst stellt alle Zeugnisse zum Kettennahrungs-Einwand auf einer Ebene zusammen, so dass der Eindruck entsteht, dass dieser Einwand von Tatian, Tertullian und Minucius Felix bis ins 4. und 5. Jahrhundert auf gleiche Weise vorgebracht wurde. Vgl. Dies., Adversaires et destinataires, 232–237. Zeegers-Vander Vorst schränkt dann doch ihre Beobachtung etwas ein, indem sie feststellt, dass der Einwand der Kettennahrung, wie er von Ps-Athenagoras in De Resurrectione formuliert ist, exakt mit der Kritik des Porphyrius übereinstimmt: „Ces objections de Porphyre sont exactement celles que R énonce en vue de les réfuter." Ebd., 234.

63 Es muss den Vertretern der Spätdatierung insoweit zugestimmt werden, dass sie diese besondere Herausforderung hinsichtlich der Auferstehungslehre zum Ausgangspunkt der Datierung von De Resurrectione machen. R.M. Grant macht darauf aufmerksam, dass der Kettennahrungs-Einwand bereits von Tatian berührt werde. Aber als ausgeführte Argu-

Es muss jedoch gefragt werden, ob es auch möglich ist, dass Ps-Athenagoras und Origenes unabhängig voneinander zeitgleich auf dieselbe Herausforderung reagieren. Jedenfalls ist bei beiden Autoren zu beobachten, dass sie zum ersten Mal das Problem des kettenartigen Verzehrs hinsichtlich der christlichen Auferstehungslehre thematisieren. Die Problematik betrifft vor allem die Verdauung und Vermischung der menschlichen Körperteile mit anderen Leibern. Dass beide Autoren zu unterschiedlichen Lösungsvorschlägen kommen, darf nicht überraschen. Denn die christliche Auferstehungslehre stand vor einer besonderen Herausforderung, wenn sie diese Problematik bewältigen wollte, ohne die Wiederherstellung derselben Leiber in der Auferstehung aufzugeben.

6 Origenes

Einleitende Überlegungen

Origenes wählt einen anderen Weg als Ps-Athenagoras, um die Problematik der Kettennahrung hinsichtlich der Auferstehung zu bewältigen. Er sieht die kettenartige Verspeisung des σῶμα nicht nur als Angriff, sondern als vielmehr Chance, die bisherige christliche Auferstehungsvorstellung auf den Prüfstand zu stellen. Vor allem entdeckt er in dem Glauben der *Simpliciores* eine allzu naive Auffassung von der sarkischen Auferstehung, die dem Einwand einer kettenartigen Verspeisung nicht standhalten kann. Da er einen derartigen Einspruch für begründet hält, ist es notwendig, den Gründen und Ursachen dieser Position nachzugehen.

Es muss in der Tat die Frage gestellt werden, was Origenes dazu veranlasst, in dem Problem der Kettennahrung keinerlei Hindernis für die christliche Auferstehungslehre zu erblicken. Als mögliche Antwort liegt nahe, dass innerhalb der christlichen Auseinandersetzung mit den Heiden dieser Einwand in der

---

mentation trete das sehr komplizierte Problem der Kettennahrung zuerst bei Origenes auf. Vgl. R.M. Grant, Athenagoras or Pseudo-Athenagoras, 124. Auch H.E. Lona beobachtet die Äußerungen der Apologeten bezüglich des Verspeisungseinwands genau: „Schon Tatian, Tertullian und Minucius Felix berühren diese Frage, auch wenn dies nicht in der Form einer ausführlichen Auseinandersetzung geschieht. Die Lage ändert sich mit der Kritik des Origenes [...]" H.E. Lona, Athenagoras, 553.

Grant leitet aus diesen Beobachtungen die origenistische Gegnerschaft im Auferstehungstraktat her. Lona übt zu Recht Kritik an dieser These, da es keine weiteren Berührungspunkte zwischen Ps-Athenagoras und Origenes gibt, die deutlich auf eine solche Gegnerschaft hinweisen könnten. Vgl. H.E. Lona, Athenagoras, 554.

beschriebenen Form noch nicht vorgebracht worden ist. Tatsächlich bestätigt die Entwicklung der Verspeisungsproblematik der Leiber, dass vor Origenes der kettenartige Verzehr kein einziges Mal gegen die Auferstehung geäußert wurde. Erst mit Origenes und offensichtlich mit Ps-Athenagoras wird das Kettennahrungs-Problem thematisiert, womit diese Argumentation hinsichtlich der Auferstehungslehre ihren Anfang nimmt.

Sicherlich kannte Origenes die geläufigen Einwände der Heiden von der Verspeisung der Leiber durch die Tiere, aber einen kettenartigen Verzehr des Menschenkörpers durch andere Menschen stellte bis dahin noch kein Problem für die Auferstehungslehre dar. Mit Ps-Athenagoras und Origenes taucht es nun zum ersten Mal auf und der Alexandriner sieht dies als Gelegenheit, die traditionelle Auferstehungsauffassung neu zu überprüfen. Da die Kettennahrung erst jetzt zur Sprache kommt, sind die Lösungsstrategien noch nicht ausgebildet. Ps-Athenagoras stellt sich dieser Aufgabe und sucht anhand von Nahrungsverdauung im menschlichen Organismus das Problem zu lösen. Auch Origenes reagiert mit einem eigenen Ansatz, indem er die kettenartige Verspeisung sogar in seine Auferstehungslehre integriert. Somit bewältigt auch er die neue Herausforderung und nutzt sie als begründetes Argument, die traditionelle Auferstehungslehre diesen kritischen Überlegungen auszusetzen und auf diese Weise einer Modifikation zu unterziehen. Origenes lässt nicht erkennen, dass pagane Gegner mit dem Argument der kettenartigen Anthropophagie gegen die Auferstehung argumentiert haben. Vielmehr entwickelt er diesen Einwand scheinbar selbst gegen eine allzu naive Auferstehungsvorstellung.

Im Folgenden werden die Hintergründe beleuchtet, die Origenes dazu bringen, in Meth, De Res I,20,4f., die kettenartige Verspeisung gegen den Glauben der *Simpliciores* einzubringen.

Kommentar zu Ps 1,5a (*in Meth, De Res I,20–24*)

In seinem Werk über die Auferstehung lässt Methodius den Origenisten Proklus zu Wort kommen (De Res I,14–19.25f.). Proklus selbst stützt sich bei seiner Kritik an der Auferstehung des Fleisches auf das „von dem weisen Origenes Gesagte".[64] Daraufhin lässt Methodius ihn einen längeren Abschnitt aus dem Psalmenkommentar des Origenes (Meth, De Res I,20–24) zitieren.[65] Darin

---

64 Meth, De Res I,18,5 (GCS 27, 241,6 Bonwetsch)/(f. 60ʳ,10–12): „послоушан во гланыхъ ѡригеномь [...] моудромъ".

65 Der Kommentar zu den Psalmen 1–25 ist in der alexandrinischen Zeit des Origenes entstanden. Vgl. P. Nautin, Origène, 369: „Le commentaire des *Psaumes 1 à 25*, dont l'interruption semble avoir été provoquée par la composition des *Stromates*, doit se placer immédiatement avant, dans les mêmes années 222–225." In den Anfang dieser Zeitphase ist offenbar

äußert sich Origenes zur Auferstehungslehre und integriert zugleich in De Res I,20,4f. das Kettennahrungs-Problem in seine Auferstehungsauffassung. Es ist zu fragen, wie Origenes dazu kommt, den Verzehr von Menschenleibern nicht als Angriff gegen die Auferstehung zu verstehen.

Den Anlass für den längeren Abschnitt über die Auferstehung bietet dabei die Aussage in Ps 1,5a (LXX: διὰ τοῦτο οὐκ ἀναστήσονται ἀσεβεῖς ἐν κρίσει),[66] woraufhin Origenes seine Auffassung von der Auferstehung ausführlich entfaltet. Von Beginn an macht er auf einige Widersprüche bezüglich der Auferstehung aufmerksam, die bei manchen Christen vorherrschen. Er bezeichnet sie als *Simpliciores* unter den Gläubigen (οἱ ἁπλούστεροι τῶν πεπιστευκότων), da sie aus Ps 1,5a ableiten, dass die Gottlosen bei der Auferstehung nicht hergestellt werden.[67] Origenes selbst hat im Unterschied dazu gelehrt, dass sowohl die Gläubigen als auch die Gottlosen auferstehen werden. Allerdings wird sich die Qualität ihrer Körper deutlich voneinander unterscheiden. Die Heiligen werden bei der Auferstehung glänzende und herrliche Leiber erhalten.[68] Die Gottlosen dagegen werden mit dunklen und schwarzen Körpern bekleidet,[69] die aber ebenfalls unvergänglich sein werden, so dass sie durch die Strafe nicht vernichtet und aufgelöst werden können.[70]

Nun nimmt Origenes das Schicksal der Gottlosen bei der Auferstehung zum Anlass, dem Auferstehungsglauben der *Simpliciores* auf den Grund zu gehen: „Wie begreifen sie (eigentlich) die Auferstehung?"[71] Aus den weiteren Formulierungen ist zu erschließen, dass die *Simpliciores* ihre Auferstehungslehre selbstbewusst vertreten, ohne Origenes zufolge aber die Konsequenzen ihrer Lehre bis ins Detail zu durchdenken. So wird die nun anstehende Untersuchung – so Origenes – sie vollständig widerlegen (ἡ βάσανος αὐτοὺς διελέγξει), da sie das sich ihrer Auffassung Ergebende nicht angemessen erklären können.[72]

---

auch der Kommentar zu Ps 1,5a zu datieren, der bei Methodius, De Res I,20–24 (GCS 27, 242,2–250,6 Bonwetsch), überliefert ist.

66 Der hebräische Text von Ps 1,5a lautet: „עַל־כֵּן לֹא־יָקֻמוּ רְשָׁעִים בַּמִּשְׁפָּט".

67 Meth, De Res I,20,1 (GCS 27, 242,2f. Bonwetsch): „Ἐντεῦθεν οἱ ἁπλούστεροι τῶν πεπιστευκότων ὁρμώμενοι νομίζουσι τοὺς ἀσεβεῖς τῆς ἀναστάσεως μὴ τεύξεσθαι".

68 Or, De Princ II,10,8 (GCS 22, 182,4–6 Koetschau).

69 Or, De Princ II,10,8 (GCS 22, 182,6–8 Koetschau).

70 Or, De Princ II,10,3 (GCS 22, 176,18–20 Koetschau).

71 Meth, De Res I,20,1 (GCS 27, 242,3f. Bonwetsch): „τί νοοῦντες τὴν ἀνάστασιν;"

72 Meth, De Res I,20,1 (GCS 27, 242,4f. Bonwetsch): „κἂν γὰρ δοκῶσι περὶ τούτων ἀποφαίνεσθαι, ἡ βάσανος αὐτοὺς διελέγξει, τὰ ἑξῆς ἀκολούθως σῴζειν μὴ δυναμένους."

ALLGEMEINE ENTWICKLUNG DES KETTENNAHRUNGS-EINWANDS 231

Daraufhin referiert Origenes ihre Auffassung von der Auferstehung des Leibes und stellt diese zugleich auf die Probe: Sie glauben nämlich, dass die Auferstehung solche Leiber betrifft, wie wir hier auf Erden an uns tragen (ὅτι τῶν σωμάτων ὧν νῦν περικείμεθα).[73] Außerdem behaupten sie, dass die Leiber in ihrer vollständigen materiellen Substanz auferstehen werden.[74] Nun gibt Origenes offen seine Verlegenheit darüber zu (προσαπορήσωμεν),[75] dass einige Christen die vollständige Substanz ihrer Leiber bei der Auferstehung zu erhalten erhoffen. Ps-Athenagoras benutzt ebenfalls das gleiche Verbum (jedoch statt προσαπορέω noch διαπορέω), um den verunsicherten Zustand seiner Adressaten zu beschreiben, in den sie durch den Einwand der Kettennahrung geraten sind.[76]

Origenes hingegen entdeckt darin keinen Widerspruch zur christlichen Auferstehungslehre. Er stellt vielmehr einige Überlegungen an, die den sehr materialistischen Auferstehungsvorstellungen der *Simpliciores* entgegenstehen. So stellt er ironisch die Frage, ob auch das beim Aderlassen abfließende Blut, oder auch das zu- und abnehmende Fleisch und die nachwachsenden Haare, ebenfalls auferstehen oder ob nur der materielle Zustand wiederhergestellt wird, der zum Zeitpunkt des Todes beim Menschen besteht.[77] Da sie auf diese Frage keine angemessene Antwort geben können, flüchten sich die *Simpliciores* in ihrer Bedrängnis zu der Aussage: „Gott wird das vollbringen, was er will (θλιβόμενοι εἰς τὸ τὸν θεὸν ποιεῖν ἃ βούλεται προστρέχουσιν).“[78] Die Tüchtigeren unter den Vertretern der *Simpliciores* weichen solchen Erwägungen aus und behaupten, dass der Leib, der zum Zeitpunkt des Todes der unsrige ist, auferstehen wird (οἱ δὲ γενναιότεροι αὐτῶν [...] φασὶν τὸ ἐπὶ τέλει ἡμῶν ἀναστήσεσθαι σῶμα.).[79]

Solche Allgemeinpostulate reichen Origenes jedoch nicht aus, so dass er in De Res I,20,4 f. das Kettennahrungs-Argument gegen den Glauben der *Simpliciores* ins Feld führt. Er wiederholt erneut seine Skepsis gegenüber einer derartig materialistisch gesinnten Auferstehungsvorstellung: „Wir sind aber dar-

---

73   Meth, De Res I,20,2 (GCS 27, 242,7 Bonwetsch).

74   Meth, De Res I,20,2 (GCS 27, 242,7–9 Bonwetsch): „εἶτα προσεπερωτησάντων ἡμῶν· πότερον τῆς οὐσίας αὐτῶν ὅλης, ἢ οὐχί, πρὶν βασανίσαι λέγουσιν ὅτι ὅλης.“ Vgl. R.M. Grant, The Resurrection of the Body, 191: „The simple believers say that the body which we now wear will rise. If we ask whether complete in substance or not, they say it will be complete.“

75   Meth, De Res I,20,3 (GCS 27, 242,9 Bonwetsch).

76   Vgl. Ps-Athen, De Res 1,5 (Marcovich 26,13); De Res 2,2 (Marcovich 26,20).

77   Meth, De Res I,20,3 (GCS 27, 242,10–12 Bonwetsch).

78   Meth, De Res I,20,3 (GCS 27, 242,12 f. Bonwetsch).

79   Meth, De Res I,20,3 (GCS 27, 242,13–243,2 Bonwetsch).

232 4. KAPITEL

über in Zweifel, weil die leibliche Natur und derartiges wandelbar ist."[80] Aus
der zunächst in De Res I,20,3 ironisch anmutenden Frage nach dem abflie-
ßenden Blut scheint Origenes ein stichfestes Argument zu formulieren. Mit
dem Hinweis darauf, dass sich die materielle Substanz eines Körpers ständig
im Fluss befindet (De Res I,22,2 f.) und somit wandelbar ist, spielt er auf ein
weiteres Problemfeld der sarkischen Auferstehungshoffnung der *Simpliciores*
an:[81]

> Gleichwie die Speisen in unseren Leib aufgenommen werden und das
> Gleichförmige umgestalten, so werden auch unsere Leiber in den fleisch-
> fressenden Vögeln und Tieren umgewandelt und werden Teile von jenen
> Leibern; diese werden wiederum von Menschen oder von anderen Lebe-
> wesen verzehrt und erneut umgewandelt und werden zu Leibern der
> Menschen oder der anderen Lebewesen. Und wenn dies eine Zeitlang
> geschieht, ist es notwendig, dass derselbe Leib häufig ein Teil von mehre-
> ren Menschen wird. Wem wird nun der Leib bei der Auferstehung gehö-
> ren? Und so wird es geschehen, dass wir in die Tiefe der unvernünftigen
> Torheit hineingeraten.[82]

Zum Beweis der Wandelbarkeit der somatischen Natur verweist Origenes auf
die Nahrungsaufnahme in unseren Körpern. Die verspeiste Nahrung bewirkt,
dass das Gleichförmige der Leiber einer ständigen Veränderung unterliegt. In
De Princ II,1,4 thematisiert Origenes ebenfalls die Wandelbarkeit der körperlichen Natur, die aus allem in alles umgestaltet werden kann. Als Beleg dafür
dient ihm erneut die Nahrungsaufnahme von Menschen und Tieren, die den
Grund der Verwandlung deutlich anzeigt (permutationis causam declarant):

---

80 Meth, De Res I,20,4 (GCS 27, 243,2 f. Bonwetsch): „προσηπορήσαμεν δέ διὰ τὸ τρεπτὴν εἶναι
τὴν σωματικὴν φύσιν καὶ τοιαῦτα·"

81 Bevor jedoch dieser Zusammenhang entfaltet wird, belegt Origenes mit der kettenartigen
Verspeisung der Menschenleiber zunächst die ständige Wandelbarkeit der körperlichen
Natur.

82 Meth, De Res I,20,4f. (GCS 27, 243,3–11 Bonwetsch): „ὥσπερ εἰς τὸ ἡμέτερον σῶμα αἱ τροφαὶ
κατατάττονται καὶ μεταβάλλουσι τὰς ὁμοιότητας, οὕτως καὶ τὰ ἡμέτερα σώματα μεταβάλλονται
[καὶ] ἐν τοῖς σαρκοβόροις οἰωνοῖς καὶ θηρίοις ⟨καὶ⟩ γίγνεται μέρη τῶν ἐκείνων σωμάτων, καὶ πάλιν
ἐκεῖνα ὑπὸ ἀνθρώπων ἢ ἑτέρων ζῴων ἐσθιόμενα ἀντιμεταβάλλεται καὶ γίγνεται ἀνθρώπων ἢ
ἑτέρων ζῴων σώματα. καὶ τούτου ἐπὶ πολὺ γιγνομένου ἀνάγκη τὸ αὐτὸ σῶμα πλειόνων ἀνθρώπων
πολλάκις γίγνεσθαι μέρος. τίνος οὖν ἔσται σῶμα ἐν τῇ ἀναστάσει; καὶ οὕτως εἰς βυθὸν ἡμᾶς
φλυαρίας ἀλόγου συμβήσεται ἐμπίπτειν."

ALLGEMEINE ENTWICKLUNG DES KETTENNAHRUNGS-EINWANDS

> Denn was auch immer jenes ist, was wir als Speise zu uns aufnehmen, es verwandelt sich in die Substanz unseres Körpers.[83]

Dies gilt sowohl von den Körpern der Menschen als auch von denen der Tiere, so dass die von ihnen aufgenommene Nahrung zum materiellen Stoff ihres jeweiligen Leibes umgestaltet wird. Von dieser Voraussetzung aus wird auch verständlich, weshalb Origenes fast schon unvermittelt zum Beweis der Wandelbarkeit der somatischen Natur auf die kettenartige Verspeisung der menschlichen Körper verweist. Denn auf den Vergleich der Nahrungsaufnahme (ὥσπερ) folgt sogleich die Anwendung (οὕτως): Der Verzehr der menschlichen σώματα durch fleischfressende Vögel und Tiere hat zur Folge, dass das verspeiste Menschenfleisch in die Substanz dieser Tierkörper umgewandelt wird. Auf diese Weise findet eine gänzliche Vermischung der Menschenkörper mit den animalischen Leibern statt, so dass sie Teile von jenen Leibern werden (καὶ γίγνεται μέρη τῶν ἐκείνων σωμάτων). Solange sich die Argumentation auf dieser Ebene bewegt, überschreitet sie nicht die erste Stufe des gegnerischen Kettennahrungs-Arguments in De Res 4,1 f. von Ps-Athenagoras.

Die gegnerische Argumentation in De Res 4,1 f. bringt ebenfalls solche Fälle vor, bei denen Menschen zur Nahrung von anderen Lebewesen werden. Die Argumentation ist mit der von Origenes durchaus vergleichbar, jedoch liegt keine direkte Abhängigkeit vor, was die unterschiedlichen Beispiele belegen: Statt von fleischfressenden Vögeln und Raubtieren sprechen die Kontrahenten des Auferstehungstraktats von Fischen und hinzukommenden Tieren, die ihnen zur Nahrung dienende Leichen verzehren. Jedoch ist die Aussageabsicht die gleiche. Origenes bringt die Sache prägnant auf den Punkt: Die Leiber werden durch die Nahrungsaufnahme in jenen Vögeln und Tieren verdaut und werden so Teile ihrer eigenen Körper (καὶ γίγνεται μέρη τῶν ἐκείνων σωμάτων). Die Gegner des Auferstehungstraktats betonen in De Res 4,2 ebenfalls die Vereinigung (ἑνουμένων) der verzehrten Körper mit den sich davon ernährenden Tierleibern. Sie gehen dabei wie Origenes von einer Vermischung des verspeisten Menschenkörpers mit dem anderen Tierkörper aus.

Origenes leitet – wie auch die Kontrahenten des Ps-Athenagoras – davon direkt die kettenartige Verspeisung ab: Die Körper jener Vögel und Tiere werden wiederum von Menschen oder anderen Lebewesen verzehrt. Auf diese Weise werden ihre Körperteile aufgenommen und in die körpereigene Substanz der sie verzehrenden Menschen- oder Tierkörper umgewandelt. Wenn

---

83 De Princ II,1,4 (GCS 22, 109,16–18 Koetschau): „Nam quodcumque illud est, quod per cibum sumpserimus, in corporis nostri substantiam vertitur.“

dies eine Zeitlang geschieht, wird oftmals derselbe Leib ein Teil von mehreren Menschen (τὸ αὐτὸ σῶμα πλειόνων ἀνθρώπων πολλάκις γίγνεσθαι μέρος). Der Alexandriner kritisiert deutlich mit dieser Vorstellung die Annahme der *Simpliciores*, dass genau derselbe Leib (τὸ αὐτὸ σῶμα) mit dem gleichen materiellen Substrat in der Auferstehung wiederhergestellt wird. So fragt er ironisch: τίνος οὖν ἔσται σῶμα ἐν τῇ ἀναστάσει;

Mit dem Kettennahrungs-Argument übt Origenes deutlich Kritik an der materialistischen Auferstehungsauffassung der *Simpliciores*. Die Gegner des Ps-Athenagoras verfolgen mit dem Kettennahrungs-Einwand ebenfalls die Absicht, die Auferstehung derselben Körperteile (De Res 4,4: τῶν αὐτῶν μερῶν) ins Unmögliche zu verkehren. Jedoch stellen sie im Unterschied zu Origenes die Auferstehungslehre an sich in Frage.[84] Sie leiten aus der Verspeisung der Menschenleiber die Unmöglichkeit der Herauslösung ihrer Teile aus den Körpern her, die das Fleisch der Menschen in sich aufgenommen haben (De Res 4,2: πρῶτον μὲν τὴν διάκρισιν τούτων φασὶν ἀδύνατον).[85] Zudem schließen sie daraus auf die Unmöglichkeit der Auferstehung der Leiber überhaupt: „ὡς νομίζουσιν, ἀδύνατον τὴν ἀνάστασιν".[86] Das Kettennahrungs-Argument unterstützt den von den Gegnern geäußerten ἀδύνατον-Einwand, so dass sie meinen, die Auferstehungslehre der Christen vollständig widerlegt zu haben.

Origenes erwähnt eine solche Schlussfolgerung aus dem Kettennahrungs-Problem nicht. Er bedenkt vielmehr die Relevanz dieser Problematik im Rahmen seiner Modifikation der traditionellen Auferstehungslehre. Er kommt zu einer neuen Begründung der Auferstehungshoffnung, um die Identität der Auferstandenen im postmortalen Zustand nicht allein an der Auferstehung desselben irdischen Leibes festzumachen. Bevor er jedoch diesen Zusammenhang anhand seiner εἶδος-Spekulation entfaltet, bedenkt er ein zusätzliches Problem, das sich der traditionellen Auferstehungslehre ebenfalls entgegenstellt.

Dies betrifft die fließende materielle Substanz in den Körpern, die durch die Nahrungsaufnahme verursacht wird. Nachdem er in De Res 1,21,1–3 die auf

---

84 Vgl. H.E. Lona, Athenagoras, 553 f.: „Im Unterschied zu Ps. Athenagoras wird das Problem der Menschenfresserei (bei Origenes) nicht behandelt, aber der Punkt, worum es bei diesem Einwand geht, ist der gleiche: Wenn die Glieder eines menschlichen Leibes von einem anderen Lebewesen aufgenommen und buchstäblich einverleibt werden, wie kann der Mensch mit seinem vollständigen Leib auferstehen, da dieser schon zum Leib eines anderen geworden ist? Nur: diese Schwierigkeit legt für Origenes die Fragwürdigkeit einer bestimmten Auferstehungsauffassung offen; für Ps. Athenagoras stellt sie die Möglichkeit der Auferstehung überhaupt in Frage."

85 Ps-Athen, De Res 4,2 (Marcovich 28,17 f.).

86 Ps-Athen, De Res 4,4 (Marcovich 28,31).

ALLGEMEINE ENTWICKLUNG DES KETTENNAHRUNGS-EINWANDS 235

der Heiligen Schrift basierenden Argumente der *Simpliciores* verlauten lässt, widmet er sich im zweiten Schritt (ab De Res 1,22,1) der Widerlegung ihrer real materialistisch gedachten Auferstehungsauffassung. Diese beinhaltet die Überzeugung, dass der Leib in seiner vollständigen stofflichen Substanz auferstehen wird.[87] Dabei verpflichtet Origenes seine Adressaten zur Wahrheitsliebe und fordert sie auf, bei den Überlegungen zur Auferstehung den Verstand (νοῦς) zu nutzen.[88] Origenes zielt hier auf die Bewahrung der ursprünglichen Überlieferung (σῶσαί τε καὶ τὴν τῶν ἀρχαίων παράδοσιν) und möchte nicht – wie etwa „die einfachen Gläubigen" – in die Torheit der nichtigen Gedanken geraten, die unmöglich und zugleich Gottes unwürdig sind (φυλάξασθαι μὴ ἐμπεσεῖν εἰς φλυαρίαν πτωχῶν νοημάτων, ἀδυνάτων τε ἅμα καὶ θεοῦ ἀναξίων).[89]

Mit dieser Aussage verurteilt er jedoch nicht die Auferstehungslehre der Christen *per se* als unmöglich und Gottes unwürdig, sondern allein die materialistische Vorstellung der *Simpliciores* von der Auferstehung. Auf diese Weise stellt er sich nicht auf die Argumentationsebene des Celsus, der die christliche Auferstehungslehre an sich als unmöglich (ἀδύνατον), sehr abscheulich (σφόδρα μιαρόν), verabscheuenswert (ἀπόπτυστον) und unausstehlich (βδελυρόν) ansieht.[90] Origenes versucht vielmehr, die real sarkisch gedachte Auferstehungshoffnung zu überwinden, indem er deutlich sagt: „σὰρξ δὲ οὐκέτι."[91]

In De Res 1,23,4 grenzt er sich erneut von der sarkischen Auferstehung bewusst ab und formuliert deutlich: „οὐδὲ ἀνάστασις σαρκῶν ἔσται".[92] Bevor

---

87 Vgl. Meth, De Res 1,20,2 (GCS 27, 242,7–9 Bonwetsch): „εἶτα προσεπερωτησάντων ἡμῶν· πότερον τῆς οὐσίας αὐτῶν ὅλης, ἢ οὐχί; πρὶν βασανίσαι λέγουσιν ὅτι ὅλης."

88 Meth, De Res 1,22,1 (GCS 27, 244,13–16 Bonwetsch): „Χρὴ δὲ πάντα τὸν φιλαλήθη κατὰ ταὐτὸν τούτοις τὸν νοῦν ἐπιστήσαντα περὶ τῆς ἀναστάσεως ἀγωνίσασθαι, σῶσαί τε καὶ τὴν τῶν ἀρχαίων παράδοσιν καὶ φυλάξασθαι μὴ ἐμπεσεῖν εἰς φλυαρίαν πτωχῶν νοημάτων, ἀδυνάτων τε ἅμα καὶ θεοῦ ἀναξίων." Die gleiche Forderung hat auch Celsus erhoben, wenn die Christen über ihre Jenseitshoffnung nachdenken wollen. Vgl. C. Cels. VII,36 (Marcovich 468,13–15).

89 Meth, De Res 1,22,1 (GCS 27, 244,15 f. Bonwetsch).

90 Vgl. C. Cels. V,14 (Marcovich 331,7–9.14–17): „Ὁπότε μηδ' ὑμῶν τοῦτο τὸ δόγμα καὶ τῶν Χριστιανῶν ἐνίοις κοινόν ἐστι, καὶ τὸ σφόδρα μιαρὸν αὐτοῦ καὶ ἀπόπτυστον ἅμα καὶ ἀδύνατον ἀποφαίνειν· [...] οὐδ' ἂν σύ τι ἐπιθυμήσῃς κατὰ τὴν σαυτοῦ μοχθηρίαν βδελυρόν, ὁ θεὸς τοῦτο δυνήσεται, καὶ χρὴ πιστεύειν, εὐθὺς ὅτι ἔσται."

91 Meth, De Res 1,23,3 (GCS 27, 247,4 Bonwetsch).

92 Meth, De Res 1,23,4 (GCS 27, 247,10 Bonwetsch). Vgl. A. Vitores, Identidad, 116–140, der besonders diesen Gegensatz zur traditionellen Auffassung von der Auferstehung des Fleisches betont. Jedoch stimmt auch Vitores der Tatsache zu, dass Origenes durchaus von der Auferstehung des Fleisches sprechen kann, wenn diese jedenfalls als Verwandlung in die himmlische Beschaffenheit verstanden wird. Vgl. A. Vitores, Identidad, 218 Anm.

236 4. KAPITEL

er jedoch zu einer derartig eindeutigen Aussage vordringt, vertieft er in De Res I,22,2 f. seine Position von der ständigen Wandelbarkeit der somatischen Natur weiter.

Jeder Leib wird durch die in ihn eingehende Nahrung am Leben erhalten. Da anstelle der zugeführten Nahrung die andere verdaut ausgeschieden wird, befindet sich der Körper in einem ständigen Wandlungsprozess. Deshalb bleibt der materielle Stoff des Körpers niemals derselbe (τὸ ὑλικὸν ὑποκείμενον οὐδέποτε ἔχει ταυτόν).[93] Aus diesem Grund wird der Leib Fluss genannt, da an zwei aufeinanderfolgenden Tagen niemals derselbe erste Stoff im Leib erhalten bleibt.[94]

Wenn die *Simpliciores* von der Auferstehung desselben Leibes ausgehen, mit dem die Menschen auf Erden bekleidet waren, so sind solche Gedanken für Origenes in der Tat armselig und Gottes unwürdig (De Res I,22,1: εἰς φλυαρίαν πτωχῶν νοημάτων [...] καὶ θεοῦ ἀναξίων). Auf welchen praemortalen Zustand des Leibes soll sich nun die Auferstehung beziehen? Aufgrund der fließenden Natur des Leibes (De Res I,22,3: ῥευστὴ ἡ φύσις τοῦ σώματος)[95] erscheint ihm die Rede von der Auferstehung desselben stofflichen Körpers, mit dem die Menschen auf Erden umgeben waren, absurd. Denn welche materielle Gestalt des Menschen soll auferstehen, die des neugeborenen Kindes oder die des alten Greises? Die Ursache für die Zweifel an der Auferstehung desselben materiellen Substrats des Menschenkörpers liegt in der Annahme, dass sich der Leib ständig im Fluss befindet. Seine fließende Natur ist durch die Nahrungsaufnahme und ihre Verdauung bedingt, ohne die ein menschlicher Organismus nicht am Leben bleiben kann.

In *De Oratione* 27,8 thematisiert Origenes den gleichen Zusammenhang, wenn er über das Wesen (οὐσία) der unkörperlichen und der körperlichen

---

70. Vgl. auch G. Dorival, Résurrection, 291–321, der sich mit der Frage beschäftigt, ob Origenes die Auferstehung des Fleisches gelehrt hat. Als Ergebnis seiner Untersuchung formuliert Dorival: „Origène refuse la représentation charnelle, physique pour reprendre la terminologie d'H. Chadwick, de la résurrection de la chair. La résurrection de la chair, pour lui, est de l'ordre de la transformation de la chair." G. Dorival, Résurrection, 311.

93 Meth, De Res I,22,2 (GCS 27, 244,16–20 Bonwetsch): „τοῦτο οὖν εἰς τὸν τόπον ⟨τοῦτον⟩ διαληπτέον, ὅτι πᾶν σῶμα ὑπὸ φύσεως συνεχόμενον τῆς κατατατούσης ἔξωθέν τινα δίκην τροφῆς εἰς αὐτό, καὶ ἀπεκκρινούσης ἀντὶ τῶν ἐπεισαγομένων ἕτερα, ὥσπερ τὰ τῶν φυτῶν καὶ τῶν ζῴων, τὸ ὑλικὸν ὑποκείμενον οὐδέποτε ἔχει ταυτόν."

94 Meth, De Res I,22,3 (GCS 27, 244,20–245,2 Bonwetsch): „διόπερ οὐ κακῶς ποταμὸς ὠνόμασται τὸ σῶμα, διότι ὡς πρὸς τὸ ἀκριβὲς τάχα οὐδὲ δύο ἡμερῶν τὸ πρῶτον ὑποκείμενον ταὐτόν ἐστιν ἐν τῷ σώματι ἡμῶν".

95 Meth, De Res I,22,3 (GCS 27, 245,4f. Bonwetsch).

Dinge nachdenkt: Die Substanz der ἀσώματα bleibt immer fest (βεβαίως) und stabil, wobei sie weder einen Zusatz erhält noch eine Wegnahme erleidet.[96] Genau dies aber ist das Eigentümliche der Leiber und der körperlichen Dinge. Der Körper befindet sich im Wandel. Wachstum findet dann statt, wenn zu einem bestimmten Zeitpunkt mehr Nahrung hineinkommt als abfließt, umgekehrt kommt es zu einer Abnahme der körperlichen Substanz.[97] Somit erklärt sich aufgrund der Nahrungsaufnahme die ständige Wandelbarkeit der Leiber, dem das Unkörperliche nicht unterliegt. Daher betont Origenes in De Res I,22,3, dass das Wesen der Seele im Unterschied zur leiblichen Natur weder in uns fließt noch jemals etwas Hineingehendes erhält (ἧς ἡ οὐσία οὔτε ῥεῖ καθ᾽ ἡμᾶς οὔτ᾽ ἐπεισαγόμενόν τι ἔχει ποτέ).[98] Anders verhält es sich mit dem Leib, dessen materielle Substanz sich in einem ständigen Wechsel befindet.

So lässt sich auch das Kettennahrungs-Argument problemlos in die Auferstehungsauffassung des Origenes integrieren. Indem nämlich menschliche Körperteile von anderen Menschen verzehrt werden, gehen sie in die Substanz der verzehrenden Körper ein. Die Auferstehung der Menschen ist für Origenes dadurch nicht beeinträchtigt, bestreitet er doch die Auferstehung desselben materiellen Substrats der Menschenleiber. Da er die Kontinuität des menschlichen Individuums nicht an derselben Qualität der materiellen Leiblichkeit festmacht, stellt die Kettennahrungs-Problematik für ihn keine Gefahr für die Auferstehung der Körper dar. Dennoch hält er an der gleichen Individualität der Auferstandenen fest, begründet diese aber mit der „εἶδος-Spekulation".

Auf die Problematik von der fließenden Materie im Körper, die scheinbar der Auferstehung derselben Leiber entgegensteht, reagiert Origenes mit seiner philosophischen „Neuschöpfung"[99] vom εἶδος, welches die Kontinuität der Personen auch im postmortalen Zustand garantiert:[100] Ein Paulus oder ein Petrus

---

96 Or, De Orat 27,8 (GCS 3, 367,13–16 Koetschau).

97 Or, De Orat 27,8 (GCS 3, 367,16–19 Koetschau)· „τοῦτο γὰρ ἴδιον σωμάτων, περὶ ἃ γίνεται ἡ αὔξη καὶ ἡ φθίσις παρὰ τὸ εἶναι αὐτὰ ῥευστά, δεόμενα τοῦ ὑποστηρίζοντος ἐπεισιόντος καὶ τρέφοντος· ὅπερ ἐὰν πλεῖον ἐν καιρῷ ἐπεισίῃ τοῦ ἀπορρέοντος, αὔξησις γίνεται, ἐὰν δὲ ἔλαττον, μείωσις·".

98 Meth, De Res I,22,3 (GCS 27, 245,3 f. Bonwetsch).

99 Vgl. M. Mees, Paulus, Origenes und Methodius, 108: „Diese ‚eidos'-Spekulation, eine Fortentwicklung aus Platon und Aristoteles, [ist] aber eigentlich eine Neuschöpfung des Origenes, [...]"

100 Vgl. H. Crouzel, Critiques, 689 f. Nach platonischen und aristotelischen Verständnis ist es die Seele, die das εἶδος des Leibes ausmacht. So deutet auch B. Daley das εἶδος bei Origenes. (Vgl. B. Daley, Eschatologie, 127 f.). Jedoch wird das εἶδος von Origenes deutlich somatisch und somit sterblich verstanden, das in der Auferstehung auferweckt wird. Vgl. H. Crouzel,

238   4. KAPITEL

werden als dieselben Personen auferstehen, selbst wenn sich die Natur des
Leibes ständig im Wechsel befindet und der erste Stoff sich in unserem Leib
von einem auf den anderen Tag verändert.[101] Jedoch bleibt das εἶδος immer
dasselbe, das den Leib charakterisiert (τὸ εἶδος τὸ χαρακτηρίζον τὸ σῶμα ταὐτὸν
εἶναι).[102] Mit dem εἶδος verbindet Origenes das gestaltende Formprinzip des
menschlichen Körpers, gemäß dem der Mensch in seiner Gestalt abgebildet
ist.[103] Origenes stellt sich das εἶδος zwar körperlich vor, unterscheidet es aber
gleichzeitig von der materiellen Substanz.

> Dieses somatische Formprinzip [...] ist auf keinen Fall dieses Angeord-
> nete, das sich im ersten Stoff befindet.[104]

Origenes differenziert bewusst zwischen der materiellen Substanz des Körpers
und seinem somatischen εἶδος, das im Unterschied zu τὸ ὑλικὸν ὑποκείμενον ein
in sich verharrendes Prinzip ist.[105] Deshalb garantiert es auch die individuelle
Kontinuität desselben Leibes über den Tod hinaus. Denn dieses somatische
Formprinzip, nach dem ein Petrus und ein Paulus abgebildet werden, wird der
Seele in der Auferstehung erneut umgelegt als zum Besseren verwandelt (ἐπὶ
τὸ κρεῖττον μεταβάλλον).[106]

Mit einigen Vergleichen (De Res I,22,3: ὡς καί; I,22,4: ὥσπερ [...] οὕτως; I,22,5:
καὶ ὥσπερ [...] οὕτως) verdeutlicht Origenes, was er mit der Erhaltung des εἶδος
bei der Auferstehung gewährleisten will: Die individuellen Gestalten der Men-

---

     Critiques, 690: „Cet *eidos* est bien du corps, car il est ‚mortel par nature': il recevra du Christ
     une nouvelle vie."

101   Meth, De Res I,22,3 (GCS 27, 244,20–245,3 Bonwetsch).

102   Meth, De Res I,22,3 (GCS 27, 245,5 Bonwetsch).

103   Vgl. H. Strutwolf, Gnosis als System, 315f.

104   Meth, De Res I,22,3 (GCS 27, 245,9–12 Bonwetsch): „τοῦτο τὸ εἶδος [...] τὸ σωματικόν, [...] οὐ
     πάντως δὲ τόδε τὸ ἐκτεταγμένον τὸ κατὰ τὴν πρώτην ὑποκείμενον."

105   Vgl. G. Dorival, Résurrection, 293: „L'énoncé de la thèse [...] qui consiste à distinguer
     dans tout corps humains deux éléments: le *prôton hypokeimenon*, le premier substrat,
     qui n'est jamais le même et qui ne peut donc ressusciter, et l'*eidos sômatikon*, la forme
     corporelle, qui reste la même; c'est cet *eidos sômatikon* qui caractérise le corps, donne
     forme à l'individu concret, c'est la qualité somatique (poiètès) au sens stoïcien; c'est lui
     l'élément corporel que l'âme revêtira lors de la résurrection en le changeant en mieux,
     en quelque chose de plus glorieux." Vgl. auch A. Le Boulluec, Résurrection selon Origène,
     143–155.

106   Meth, De Res I,22,3 (GCS 27, 245,9–11 Bonwetsch): „τοῦτο τὸ εἶδος, καθ' ὃ εἰδοποιεῖται ὁ Πέτρος
     καὶ ὁ Παῦλος, τὸ σωματικόν, ὃ ἐν τῇ ἀναστάσει περιτίθεται πάλιν τῇ ψυχῇ, ἐπὶ τὸ κρεῖττον
     μεταβάλλον".

schen bleiben dieselben, die die leibliche Beschaffenheit eines Petrus und eines Paulus garantieren.[107] So wird die eigentümliche Erscheinungsform dieser Menschen – wie beispielsweise ihre Narben aus der Kindheit (οὐλαὶ ἐκ παίδων), ihre Leberflecken bzw. Sommersprossen (φακοί) – erhalten bleiben.[108] Denn wie die eigentliche Form (εἶδος) vom neugeborenen Kind bis zum Greisenalter bestehen bleibt, obwohl ihre einzelnen Ausprägungen (οἱ χαρακτῆρες) große Veränderungen erhalten, so wird das εἶδος bei dem gegenwärtigen und dem zukünftigen Menschen dasselbe sein. In der Auferstehung erlebt der Mensch nämlich die größte Umwandlung in das Schönere (πλείστης ὅσης ἐσομένης τῆς ἐπὶ τὸ κάλλιον μεταβολῆς).[109] Durch die verschiedenen Lebensalter hindurch bleibt dennoch die Individualität des einen Menschen erhalten, was Origenes mit dem gleichen Formprinzip zu beschreiben sucht. Desgleichen garantiert das εἶδος eines jeden Menschen, dass dieser in der Auferstehung weiter als der gleiche erkennbar bleibt, auch wenn sein Leib in einen schöneren und besseren Zustand umgewandelt wird.

Daraufhin entfaltet Origenes in De Res I,22,4c.5 seine Jenseitsvorstellung und legt dar, dass sich die Leiber der Auferstandenen an die verschiedenartigen Örtlichkeiten anpassen. Da die Heiligen das Reich der Himmel ererben, werden sie pneumatische Leiber erhalten.[110] Dies bedeutet jedoch nicht, dass das frühere εἶδος vollständig verschwindet, selbst wenn seine Veränderung in das Herrlichere geschieht (ἐπὶ τὸ ἐνδοξότερον γένηται αὐτοῦ ἡ τροπή).[111] Diesen Zusammenhang begründet Origenes letztendlich aus der Schrift: Denn auch das εἶδος Jesu, Moses und Elias war in der Verklärung kein anderes (οὐχ ἕτε-

---

107   Meth, De Res I,22,3 (GCS 27, 245,6 f. Bonwetsch): „τὴν ποιότητα Πέτρου καὶ Παύλου τὴν σωματικὴν παριστάνοντας".

108   Meth, De Res I,22,3 (GCS 27, 245,5–9 Bonwetsch): „ὡς καὶ τοὺς τύπους μένειν τοὺς αὐτοὺς τοὺς τὴν ποιότητα Πέτρου καὶ Παύλου τὴν σωματικὴν παριστάνοντας, καθ' ἣν ποιότητα καὶ οὐλαὶ ἐκ παίδων παραμένουσι τοῖς σώμασι καὶ ἄλλα τινὰ ἰδιώματα (ἐν τῷ σώματι), φακοὶ καὶ ἐπὶ τούτοις εἴ τί ἐστιν ὅμοιον·"

109   Meth, De Res I,22,4 (GCS 27, 245,13–246,3 Bonwetsch): „ὥσπερ δὲ τὸ εἶδός ἐστιν ἐκ βρέφους μέχρι τοῦ πρεσβυτέρου, κἂν οἱ χαρακτῆρες δοκῶσι πολλὴν ἔχειν παραλλαγήν, οὕτως νοητέον καὶ τὸ ἐπὶ τοῦ παρόντος εἶδος ταὐτὸν εἶναι τῷ μέλλοντι, πλείστης ὅσης ἐσομένης τῆς ἐπὶ τὸ κάλλιον μεταβολῆς."

110   Meth, De Res I,22,4 f. (GCS 27, 246,3–8 Bonwetsch): „ἀναγκαῖον γὰρ τὴν ψυχὴν ἐν τόποις σωματικοῖς ὑπάρχουσαν κεχρῆσθαι σώμασι καταλλήλοις τοῖς τόποις. καὶ ὥσπερ ἐν θαλάσσῃ ζῆν ἡμᾶς ἐνύδρους γενομένους εἰ ἐχρῆν, πάντως ἂν ἡμᾶς ἔδει βράγχια ἔχειν καὶ τὴν ἄλλην ἰχθύων κατάστασιν, οὕτως μέλλοντας κληρονομεῖν βασιλείαν οὐρανῶν καὶ ἐν τόποις διαφέρουσιν ἔσεσθαι, ἀναγκαῖον χρῆσθαι σώμασι πνευματικοῖς".

111   Meth, De Res I,22,5 (GCS 27, 246,8–10 Bonwetsch): „οὐχὶ τοῦ εἴδους τοῦ προτέρου ἀφανιζομένου, κἂν ἐπὶ τὸ ἐνδοξότερον γένηται αὐτοῦ ἡ τροπή".

ρον),[112] so dass sie eindeutig als dieselben Personen zu identifizieren waren. Die Szene von der Verklärung dient somit als Beweis für den Erhalt derselben Gestalt, die aber eine verklärte Leiblichkeit annehmen wird.[113]

Auch Ps-Athenagoras nutzt den Vergleich von den verschiedenen Altersstufen, um die Auferstehung plausibel zu machen: Der Leib muss sich naturgemäß zu dem bewegen lassen, wozu er von Natur aus bestimmt ist und so die ihm zugeteilten Veränderungen (μεταβολάς) annehmen. Dies betrifft die Veränderungen, die sich infolge der Altersstufen (κατὰ τὰς ἡλικίας) vollziehen, was Gestalt oder Größe des Menschen angeht. So verhält es sich auch bei der Auferstehung.[114] Sie ist ebenfalls eine Verwandlung und zwar die allerletzte, eine μεταβολή in einen besseren körperlichen Zustand (πρὸς τὸ κρεῖττον).[115]

Auffällig dabei ist, dass beide Autoren aus den verschiedenen Entwicklungsstufen der Lebensalter auf die Auferstehung des Leibes schließen. Während Origenes jedoch mit diesem Vergleich die Kontinuität des individuellen Formprinzips über verschiedene Lebensstufen hinaus in einem Menschen aufzeigen will, verbindet Ps-Athenagoras damit die naturgemäße Veranlagung des Leibes. Dem Leib ist es von Natur aus beschieden, verschiedene Umwandlungen anzunehmen, so dass für ihn die Auferstehung die allerletzte μεταβολή bedeutet. Origenes benutzt ebenfalls den μεταβολή-Begriff, um seine Auferstehungsauffassung zu verdeutlichen.[116] Es wird jedoch nicht die allerletzte, sondern die

---

112 Meth, De Res I,22,5 (GCS 27, 245,10 f. Bonwetsch): „ὥσπερ ἦν τὸ Ἰησοῦ εἶδος καὶ Μωυσέως καὶ Ἠλίου, οὐχ ἕτερον ἐν τῇ μεταμορφώσει παρ' ὃ ἦν."

113 Vgl. M. Eichinger, Die Verklärung Christi bei Origenes, 127: „In diesen Zusammenhang ist der besondere Gebrauch des Begriffes im Scholion zu Ps 1,5 zu stellen: der dem Erdenleib eingesetzte ‚logos spermatikos' ist Wirkkraft der Umwandlung dieses Leibes in einen Himmelsleib; dabei vergeht das im steten Fluß befindliche ‚πρῶτον ὑποκείμενον', während das ‚εἶδος τὸ χαρακτηρίζον τὸ σῶμα' des Individuums, wenngleich ein Wandel in ein herrliches (ἐνδοξότερον) geschieht, bleibt und so die Identität des Auferstehungsleibes garantiert. So war auch das εἶδος Jesu, Moses und Elias bei der Verklärung kein (!) anderes (οὐχ ἕτερον) als vorher."

114 Ps-Athen, De Res 12,8 (Marcovich 37,20–23): „τοῦ δὲ σώματος κινουμένου κατὰ φύσιν πρὸς ἃ πέφυκεν καὶ τὰς ἀποκληρωθείσας αὐτῷ δεχομένου μεταβολάς, μετὰ δὲ τῶν ἄλλων τῶν κατὰ τὰς ἡλικίας ἢ κατ' εἶδος ἢ μέγεθος τὴν ἀνάστασιν."

115 Ps-Athen, De Res 12,9 (Marcovich 37,23 f.): „εἶδος γάρ τι μεταβολῆς καὶ πάντων ὕστατον ἡ ἀνάστασις ἥ τε τῶν κατ' ἐκεῖνον τὸν χρόνον περιόντων ἔτι πρὸς τὸ κρεῖττον μεταβολή."

116 Vgl. M. Eichinger, Die Verklärung Christi bei Origenes, 135: „Zusammenfassend läßt sich zur Begriffsuntersuchung von ‚μεταβάλλειν', ‚μεταβολή' – ähnlich wie beim Begriff ‚εἶδος' – zunächst sagen: der Begriff findet bei Origenes eine sehr reiche Verwendung und diese in einer sehr großen Bedeutungsweite. Er bezeichnet die innere Sinnesänderung, die äußere stoffliche Veränderung, die durch Wunderkraft vollführte Gestaltveränderung, die heidnischen Metamorphosen und vor allem die Änderung der Eigenschaften des

ALLGEMEINE ENTWICKLUNG DES KETTENNAHRUNGS-EINWANDS 241

größte Umwandlung in einen schöneren Zustand sein (πλείστης ὅσης ἐσομένης τῆς ἐπὶ τὸ κάλλιον μεταβολῆς). Neben der Verwandlung des Leibes in das Schönere (De Res I,22,4: ἐπὶ τὸ κάλλιον) und in das Herrlichere (De Res I,22,5: ἐπὶ τὸ ἐνδοξότερον) spricht Origenes auch von ἐπὶ τὸ κρεῖττον (De Res I,22,3). So weisen beide Autoren eine vergleichbare Verwandlungsvorstellung auf.

In De Res I,23,1–3 betont Origenes besonders die Differenz zwischen der irdischen und der auferstandenen Leiblichkeit. Indem er dies nach der Herausarbeitung der Kontinuität des Individuums mit der εἶδος-Spekulation erneut zum Thema macht, liefert er Lösungsansätze für die aufgeworfenen Schwicrigkeiten bezüglich der Auferstehung derselben Leiber. Noch immer geht es um die fließende Materie im Körper, die aus der Nahrungsaufnahme resultiert. In diesem Zusammenhang ist natürlich auch die kettenartige Verspeisung der menschlichen σώματα mit eingeschlossen. Origenes fordert seine Adressaten zunächst heraus, keinen Anstoß daran zu nehmen, dass bei der Auferstehung die erste Substanz (τὸ πρῶτον ὑποκείμενον) nicht mit dem auferstandenen Körper identisch sein wird. Denn denen, die die Vernunft (ὁ λόγος) an die Spitze ihrer Überlegungen stellen, ist ersichtlich, dass τὸ πρῶτον ὑποκείμενον nicht an zwei Tagen gleich bleiben kann.[117] Deshalb wird hinsichtlich seiner materiellen Konstitution auch ein andersartiger Leib gesät (τὸ ἑτεροῖον μὲν σπείρεσθαι), als der, welcher dann aufersteht (ἑτεροῖον δὲ ἀνίστασθαι).[118]

Diese körperliche Verschiedenheit begründet er sogleich mit dem Schriftwort aus 1 Kor 15,44: „Denn es wird gesät ein psychischer Leib, auferweckt (aber) ein pneumatischer Leib."[119] Die irdische Beschaffenheit werden die Auferstandenen beinahe (σχεδόν) ganz ablegen. Davon ausgenommen ist das somatische Formprinzip, das in der Auferstehung erhalten bleibt (τοῦ εἴδους σωζομένου κατὰ τὴν ἀνάστασιν).[120] Diesen Zusammenhang begründet Origenes erneut mit einem Schriftwort aus dem Auferstehungskapitel des Paulus (1 Kor 15,50): „Die-

---

    Körpers bei der Auferstehung, sowie die dabei sich vollziehende ontische Wandlung des Menschen."

117   Meth, De Res I,23,1 (GCS 27, 246,12–15 Bonwetsch): „Μὴ πρόσκοπτε τοίνυν, εἰ τὸ πρῶτον ὑποκείμενον [ἂν] τις λέγοι μὴ ἔσεσθαι ταὐτὸν τότε, ὅπου ὁ λόγος τοῖς ἐφιστάναι δυναμένοις δείκνυσιν, ὅτι οὐδὲ νῦν δύναται δύο ἡμερῶν ταὐτὸν εἶναι τὸ πρῶτον ὑποκείμενον."

118   Meth, De Res I,23,2 (GCS 27, 246,15 f. Bonwetsch): „ἄξιον δὲ ἐπιστῆσαι καὶ τὸ ἑτεροῖον μὲν σπείρεσθαι, ἑτεροῖον δὲ ἀνίστασθαι·"

119   Meth, De Res I,23,2 (GCS 27, 246,16 f. Bonwetsch): „σπείρεται γὰρ σῶμα ψυχικόν, ἐγείρεται σῶμα πνευματικόν".

120   Meth, De Res I,23,2 (GCS 27, 246,17–247,1 Bonwetsch): „καὶ ἐπιφέρει πάλιν ὁ ἀπόστολος, σχεδὸν τὴν γηΐνην ποιότητα διδάσκων ἀποτίθεσθαι μέλλειν ἡμᾶς, τοῦ εἴδους σωζομένου κατὰ τὴν ἀνάστασιν·"

242 4. KAPITEL

ses aber sage ich euch, Brüder, dass das Fleisch und Blut das Reich Gottes nicht ererben können, auch nicht die Vergänglichkeit die Unvergänglichkeit."[121] Keinesfalls soll dasselbe Fleisch auferstehen, so dass Origenes hier deutlich eine Korrektur an der christlichen Tradition vornimmt und als Beleg das Pauluswort aus 1 Kor 15,50 heranzieht. Er leitet daraus ab:

> Aber das Fleisch wird nicht mehr sein, sondern das, was einst in dem Fleisch abgeprägt wurde; dieses Formprinzip wird in dem pneumatischen Leib abgeprägt werden.[122]

Somit wird mit demselben εἶδος einerseits die Kontinuität des Individuums in der Auferstehung bewahrt, andererseits eine Abkehr von der Auferstehung derselben materiellen Substanz im Körper vorgenommen. Da die fließende Natur des materiellen Stoffes im Leib überhaupt nicht wiederhergestellt wird, stellt diese auch kein Problem für die Auferstehungslehre dar. Daher bedeutet auch die Vermischung von Menschenleibern mit anderen somatischen Organismen, die mittels der Verspeisung und Verdauung geschehen ist, keine Schwierigkeit für die Auferstehung. Die Weiterexistenz der Auferstandenen wird nicht an ihrer materiellen Körpersubstanz, sondern ausschließlich am εἶδος festgemacht, das in dem pneumatischen σῶμα erneut abgebildet sein wird. So betont Origenes ausdrücklich, dass das frühere Formprinzip in der Auferstehung nicht aufgegeben wird. Auch wenn die Auferstandenen pneumatische Leiber erhalten, verschwindet das frühere εἶδος nicht, auch dann nicht, wenn sich seine Veränderung in einen herrlicheren Zustand vollzieht.[123]

Im Abschnitt De Res 1,23,4–24,4 setzt sich Origenes auch mit einigen Schriftaussagen auseinander, die die *Simpliciores* zur Unterstützung ihrer Meinung anführen. Indem sie von der Auferstehung der ganzen materiellen Substanz ausgehen (vgl. De Res 1,20,2), belegen sie ihre „gewöhnliche Erwartung" (De Res 1,21,1: κατὰ τὴν πρόχειρον ἐκδοχήν) mit einigen Stellen aus der Schrift (Ez 37,1–6; Mt 8,12; Mt 10,28; Röm 8,11).[124] Besonders die Aussage in Röm 8,11 scheint

---

121 Meth, De Res 1,23,2 (GCS 27, 247,1–3 Bonwetsch): „τοῦτο δέ φημι, ἀδελφοί, ὅτι σὰρξ καὶ αἷμα βασιλείαν θεοῦ κληρονομῆσαι οὐ δύνανται, οὐδὲ ἡ φθορὰ τὴν ἀφθαρσίαν."

122 Meth, De Res 1,23,3 (GCS 27, 247,4–6 Bonwetsch): „σὰρξ δὲ οὐκέτι· ἀλλ᾽ ὅπερ ποτὲ ἐχαρακτηρίζετο ἐν τῇ σαρκί, τοῦτο χαρακτηρισθήσεται ἐν τῷ πνευματικῷ σώματι."

123 Meth, De Res 1,22,5 (GCS 27, 246,8–10 Bonwetsch): „οὐχὶ τοῦ εἴδους τοῦ προτέρου ἀφανιζομένου, κἂν ἐπὶ τὸ ἐνδοξότερον γένηται αὐτοῦ ἡ τροπή". Denn auch das εἶδος Jesu, Moses und Elias änderte sich bei der Verklärung nicht, so dass sie als dieselben Personen identifiziert werden konnten.

124 Meth, De Res 1,21,1–3 (GCS 27, 243,12–244,12 Bonwetsch).

ALLGEMEINE ENTWICKLUNG DES KETTENNAHRUNGS-EINWANDS 243

ihre Ansicht von der vollständigen Auferstehung des sterblichen Leibes zu bestätigen: „Er wird eure sterblichen Leiber lebendig machen, weil sein Geist in euch wohnt."[125] Sie leiten daraus ab, dass dieselben sterblichen Leiber in der Auferstehung erneut lebendig gemacht werden.

Auch Origenes sieht in der Aussage „ζωοποιήσει καὶ τὰ θνητὰ ἡμῶν σώματα"[126] den wohl stärksten Beleg ihrer Meinung dafür, dass der sterbliche Leib in seiner vollständigen irdischen Beschaffenheit auferstehen wird. Jedoch kann er diese Aussage des Paulus problemlos in seine Auferstehungsvorstellung integrieren: In De Res I,24,4 greift er diese Aussage auf, aus der folgt, das der Leib sterblich ist (θνητοῦ ὄντος τοῦ σώματος) und keinen Anteil am wahrhaftigen Leben hat.[127] Dies widerspricht aber keineswegs seiner Annahme, dass das Formprinzip des Menschen über den Tod hinaus bestehen bleibt. Auch das somatische εἶδος ist von Natur aus sterblich und bedarf der Verwandlung in einen pneumatischen Zustand. Gott verwandelt es, so dass es aus dem Sein des Todesleibes lebendig gemacht wird.[128] Auf diese Weise erhält das somatische Formprinzip eines Individuums eine pneumatische Qualität, da es das πνεῦμα Gottes ist, das lebendig macht. Die sterbliche somatische Befindlichkeit des εἶδος wird durch den in ihm wohnenden Geist Gottes überwunden, so dass es wie das göttliche πνεῦμα ebenfalls pneumatisch wird.[129]

In De Res I,24,5 greift Origenes die rhetorische Frage aus 1 Kor 15,35 (ἐρεῖ δέ πῶς ἐγείρονται οἱ νεκροί; ποίῳ δὲ σώματι ἔρχονται;) auf[130] und beschreibt erneut seine Verwandlungsvorstellung. Zunächst tritt das εἶδος, das den eigentlichen

---

125 Meth, De Res I,21,3 (GCS 27, 244,10–12 Bonwetsch): „ζωοποιήσει τὰ θνητὰ ὑμῶν σώματα, διὰ τὸ ἐνοικοῦν αὐτοῦ πνεῦμα ἐν ὑμῖν."

126 Meth, De Res I,24,4 (GCS 27, 249,5 Bonwetsch). Im Unterschied zu De Res I,21,3 ersetzt Origenes hier das ὑμῶν mit ἡμῶν.

127 Meth, De Res I,24,4 (GCS 27, 249,4–6 Bonwetsch): „καὶ τὸ παρὰ τῷ ἀποστόλῳ δέ ‚ζωοποιήσει καὶ τὰ θνητὰ ἡμῶν σώματα', θνητοῦ ὄντος τοῦ σώματος καὶ οὐ μετέχοντος τῆς ἀληθινῆς ζωῆς".

128 Meth, De Res I,24,4 (GCS 27, 249,6–10 Bonwetsch): „δύναται παριστάνειν, ὅτι τὸ σωματικὸν εἶδος, περὶ οὗ εἰρήκαμεν, τῇ φύσει θνητὸν ὄν, ὅταν ‚ὁ Χριστὸς φανερωθῇ ἡ ζωὴ ἡμῶν', καὶ αὐτὸ μεταβάλλει ἀπὸ τοῦ εἶναι σῶμα θανάτου ζωοποιηθέν, διὰ ‚τὸ πνεῦμα τὸ ζωοποιοῦν', ἐκ τοῦ (σαρκικοῦ) πνευματικὸν γεγονέναι".

129 Vgl. H. Strutwolf, Gnosis als System, 315f.: „Dieses materielle Formprinzip ist nach der Darstellung des Origenes augenscheinlich der eigentliche Körper, denn er bezieht die paulinische Aussage ‚Er wird unsere sterblichen Leiber lebendig machen' (Röm 8,11) nach der Bemerkung, der Leib sei sterblich und des wahren Lebens nicht teilhaftig, auf das σωματικὸν εἶδος, welches von Natur aus (τῇ φύσει) sterblich ist, aber durch den lebendig machenden Geist aus dem Zustand des fleischlichen Todesleibes in den pneumatischen Leib verwandelt wird."

130 Meth, De Res I,24,5 (GCS 27, 249,10 f. Bonwetsch).

244   4. KAPITEL

Körper des Menschen ausmacht,[131] nach der Auflösung der materiellen Substanz nackt hinzu (γυμνῶς παρίστησιν). Origenes hebt hervor, dass der Mensch vor seiner Verwandlung entblößt erscheint, „weil die erste Substanz nicht auferstehen wird (ὅτι τὸ πρῶτον ὑποκείμενον οὐκ ἀναστήσεται)".[132]

Daraufhin wendet er das Beispiel von der Verwandlung des Weizenkorns in eine Ähre an und beschreibt damit den Prozess der μεταβολή in einen anderen Zustand: Wie der σπερματικὸς λόγος, der sich im Weizenkorn befindet, die darin vorhandene Materie umfasst und sie ganz durchdringt, so umfasst er auch die Materie desselben somatischen εἶδος (περιδραξάμενός αὐτῆς τοῦ αὐτοῦ εἴδους). Durch diese Durchdringung der Materie besitzt der σπερματικὸς λόγος die Fähigkeit zur Verwandlung der vier materiellen Stoffe (Erde, Wasser, Luft und Feuer), aus denen alle materiellen Dinge gebildet werden. Er überwindet ihre Beschaffenheit, so dass die Grundelemente der Materie in eine andere Qualität verwandelt werden.[133]

Mit dieser Erläuterung deutet Origenes an, wie sich die Umwandlung der irdischen Leiber in einen pneumatischen Zustand vorzustellen ist. Die materiellen Grundstoffe des Körpers werden in der Auferstehung überwunden und erhalten eine neue pneumatische Qualität. Origenes beschließt die Ausführung zur Verwandlung, indem er erneut in die Sprache des benutzten Paradigmas eintaucht:

> Und so erfüllt sich die Ähre, indem sie sich vom ursprünglichen Samenkorn in der Größe, in der Gestalt und in der Mannigfaltigkeit zum Übermaß unterscheidet.[134]

Auch Ps-Athenagoras lässt deutlich verlauten, dass die Auferstehungsleiber im Gegensatz zu ihrer irdischen Beschaffenheit nicht mehr aus den vier Grund-

---

131 Vgl. H. Strutwolf, Gnosis als System, 316.

132 Meth, De Res I,24,5 (GCS 27, 249,11f. Bonwetsch). Vgl. A. Le Boulluec, Résurrection selon Origène, 145: „Et Origène assure, en appliquant à l'εἶδος Rom. 8,11 et Col. 3,4 et au πρῶτον ὑποκείμενον I Cor. 15,35 que le premier sera vivifié, tandis que le second ne ressuscitera pas (οὐκ ἀναστήσεται)."

133 Meth, De Res I,24,5 (GCS 27, 249,12–250,4 Bonwetsch): „εἰ γὰρ καλῶς ἐλάβομεν τὸ παράδειγμα, τηρητέον ὅτι ὁ σπερματικὸς λόγος ἐν τῷ κόκκῳ τοῦ σίτου δραξάμενος τῆς παρακειμένης ὕλης καὶ δι' ὅλης αὐτῆς χωρήσας, περιδραξάμενός αὐτῆς τοῦ αὐτοῦ εἴδους ὧν ἔχει δυνάμεων ἐπιτίθησι τῇ ποτε γῇ καὶ ὕδατι καὶ ἀέρι καὶ πυρί, καὶ νικήσας τὰς ἐκείνων ποιότητας μεταβάλλει ἐπὶ ταύτην, ἧς ἐστιν αὐτὸς δημιουργός".

134 Meth, De Res I,24,5 (GCS 27, 250,4–6 Bonwetsch): „καὶ οὕτως συμπληροῦται ὁ στάχυς, εἰς ὑπερβολὴν διαφέρων τοῦ ἐξ ἀρχῆς κόκκου μεγέθει καὶ σχήματι καὶ ποικιλίᾳ."

ALLGEMEINE ENTWICKLUNG DES KETTENNAHRUNGS-EINWANDS

stoffen der Materie bestehen. In De Res 7,1 äußert er sich zur körperlichen Beschaffenheit der Auferstandenen und wehrt dabei die Konsequenzen aus einem Zugeständnis an die Gegner ab. Sie gehen nämlich davon aus, dass sich die verspeisten Körperteile gänzlich an die Organismen assimilieren, in die sie eingegangen sind. Ps-Athenagoras geht darauf ein und bedenkt die Möglichkeiten, die sich daraus ergeben: Selbst wenn eine aus der Sicht des Ps-Athenagoras widernatürliche Nahrung (καίπερ οὖσαν παρὰ φύσιν) verdaut wird und sich in einen der materiellen Stoffe des Körpers verwandelt, der aus Flüssigem, Trockenem, Warmem oder Kaltem besteht (μεταβάλλειν εἰς ἕν τι τῶν ὑγραινόντων ἢ ξηραινόντων ἢ θερμαινόντων ἢ ψυχόντων), erwächst den Gegnern daraus kein Vorteil.[135]

Die Auferstehung derselben Leiber ist durch ihre Verdauungs- und Assimilationsauffassung nicht gefährdet, da die auferstandenen Körper allein aus ihren eigenen Teilen wieder zusammengesetzt werden (τῶν μὲν ἀνισταμένων σωμάτων ἐκ τῶν οἰκείων μερῶν πάλιν συνισταμένων).[136] Es werden sich aber die auferstandenen Teile des Leibes gänzlich in ihrer Beschaffenheit von den irdischen Leibern unterscheiden: Weder die verzehrten Körperteile machen dann die Auferstehungsleiblichkeit aus, noch werden die Auferstandenen aus denselben vier materiellen Stoffen bestehen. Denn Blut, Schleim, Galle und Atem, die die flüssigen, trockenen, warmen und kalten Grundstoffe repräsentieren, werden keine Lebensfaktoren der auferstandenen Körper sein.[137] Ps-Athenagoras wählt insbesondere diese vier Bestandteile des menschlichen Organismus, da er davon ausgeht, dass sich die Nahrung in solche Stoffe des Körpers verwandelt. Überhaupt wird bei den zukünftigen Körpern kein Bedürfnis mehr nach Nahrung bestehen.

> Denn von dem, was einst die zu ernährenden Leiber brauchten, werden sie dann nichts mehr nötig haben, weil mit dem Mangel der Ernährenden und mit der Vergänglichkeit zugleich auch das Nahrungsbedürfnis aufgehoben sein wird.[138]

R.M. Grant geht davon aus, dass Ps-Athenagoras an dieser Stelle (De Res 7,1) von Origenes abhängig ist. So reagiere unser Autor auf die Auferstehungsauffassung

---

135   Ps-Athen, De Res 7,1 (Marcovich 31,1–5).

136   Ps-Athen, De Res 7,1 (Marcovich 31,5 f.).

137   Ps-Athen, De Res 7,1 (Marcovich 31,6–10).

138   Ps-Athen, De Res 7,1 (Marcovich 31,10–12): „Οὐδὲ γὰρ ὧν ἐδεήθη ποτὲ τὰ τρεφόμενα σώματα, δεηθήσεται καὶ τότε, συνανῃρημένης τῇ τῶν τρεφομένων ἐνδείᾳ καὶ φθορᾷ τῆς ἐξ ὧν ἐτρέφετο χρείας."

des Alexandriners und komme ihm in De Res 7,1 sehr entgegen.[139] Dagegen betont *H.E. Lona* zu Recht, dass Ps-Athenagoras mit seiner Argumentation keine Reaktion auf die Lehre des Origenes aufweist.[140]

Es kann Lona uneingeschränkt zugestimmt werden, dass Ps-Athenagoras an einem derartigen Nachweis kein Interesse zeigt. Er kommt in der Tat Origenes sehr nahe, wenn er in De Res 7,1 die materielle Beschaffenheit der Auferstehungsleiber aufgibt. Anstatt von einer Abhängigkeit zu sprechen, sollten m. E. vielmehr die sehr ähnlichen Verwandlungsvorstellungen der beiden Autoren akzentuiert werden. Obwohl beide unterschiedliche Voraussetzungen hinsichtlich ihrer Verdauungstheorien mitbringen, stimmen die Autoren hier überein. Sowohl Origenes als auch Ps-Athenagoras gehen davon aus, dass die Auferstehungsleiber eine Verwandlung in einen besseren Zustand erfahren, so dass die materielle Beschaffenheit der Körper überwunden und abgelegt wird. Die verwandelten σώματα werden eine andere leibliche Qualität annehmen, die kein Bedürfnis nach Nahrung mehr hat. Da Origenes aus der Nahrungsaufnahme auf die fließende materielle Natur der irdischen Leiber schließt, vertritt er ebenfalls die Ansicht, dass die Auferstehungskörper keinerlei Nahrungbedürfnis mehr besitzen, da die fließende Materie nicht zur verwandelten Leiblichkeit gehören wird. Andernfalls nämlich wäre der Leib erneut den Begierden und Genüssen ausgeliefert, wovon sich Origenes aber ausdrücklich distanziert.

In seinem Prinzipienwerk referiert er die sinnliche Auffassung der *Simpliciores*, die mit der Auferstehung des Fleisches irdische Freuden verbinden.[141] Sie erwarten nämlich, dass nach der Auferstehung ein immer währendes Festmahl im Reich Gottes stattfinden wird. Origenes übt an dieser Hoffnung der *Simpliciores* Kritik: Denn zudem wünschen sie sich noch, dass sie nach der Auferstehung wieder ein Fleisch erhalten, das so beschaffen ist, dass es weiterhin die Fähigkeit besitzt, zu essen, zu trinken und alles zu tun, was zu Fleisch und Blut gehört.[142] Origenes hält ihnen vor, dass sie die Rede des Paulus

---

139 Vgl. R.M. Grant, Athenagoras or Pseudo-Athenagoras, 125.

140 Vgl. H.E. Lona, Athenagoras, 554: „Wäre Ps. Athenagoras daran interessiert, gegen die Auferstehungslehre des Origenes zu polemisieren, würde man erwarten, daß er – ähnlich wie Methodius und Hieronymus – in diesem Zusammenhang die Identität des irdischen mit dem pneumatischen Leib hervorhebt."

141 Or, De Princ II,11,2 (GCS 22, 184,5–9 Koetschau).

142 Or, De Princ II,11,2 (GCS 22, 184,9–11 Koetschau): „et propter hoc praecipue carnes iterum desiderant post ressurectionem tales, quibus manducandi et bibendi et omnia, quae carnis et sanguinis sunt, agendi nusquam desit facultas".

ALLGEMEINE ENTWICKLUNG DES KETTENNAHRUNGS-EINWANDS 247

von der Auferstehung des pneumatischen Leibes nicht beachten, der weder ein Bedürfnis nach Nahrung noch einen Geschlechtstrieb haben wird. Somit lehnt Origenes die unter den *Simpliciores* verbreitete Lehre von der Auferstehung des Fleisches ab, womit die einfachen Gläubigen die irdischen Freuden mit Speis und Trank im Eschaton verbinden.

Wenn Origenes dennoch von der Auferstehung des Fleisches spricht, geht er von der vollständigen Verwandlung seiner materiellen Substanz aus.[143] In De Oratione 26,6 gibt er beispielsweise zu bedenken, dass das nichts nützende Fleisch und das mit ihm verwandte Blut gemäß 1 Kor 15,50 das Reich Gottes nicht ererben können.[144] Der Empfang des Himmelreichs findet erst dann statt, wenn sich die materiellen Substanzen aus Fleisch, Erde, Staub und Blut zu einem himmlischen Sein umgewandelt haben (ἐὰν μεταβάλωσιν ἀπὸ σαρκὸς καὶ γῆς καὶ χοῦ καὶ αἵματος ἐπὶ τὴν οὐράνιον οὐσίαν).[145] Ps-Athenagoras verzichtet in seiner Auferstehungsschrift ebenfalls auf die Rede von der Auferstehung des Fleisches, da er seinen Adressaten keine zusätzlichen Schwierigkeiten bezüglich der Auferstehungslehre bereiten will. Auf diese Weise aber nimmt er zusammen mit Origenes eine Korrektur an der traditionell gewordenen Auferstehungslehre vor und hält wie der Alexandriner allein an einem verwandelten σῶμα in der Auferstehung fest.

Ps-Athenagoras entfaltet in De Res 5–8 sehr ausführlich seinen eigenen Ansatz, um der Kettennahrungs-Problematik so detailliert wie möglich zu begegnen. Seine Theorie von der Verdauung verspeister Nahrung weicht von der des Origenes deutlich ab, so dass er nicht ohne weiteres dem Einwand seiner Gegner zustimmen kann: Die verzehrten menschlichen Körperteile werden nicht ein fester Bestandteil von anderen Leibern, da sie in der Auferstehung adäquat getrennt werden können. Um diesen Zusammenhang zu begründen, unterscheidet Ps-Athenagoras zwischen naturgemäßer (κατὰ φύσιν) und widernatürlicher (παρὰ φύσιν) Nahrung, die vom Schöpfer bestimmt worden ist. Neben den Verdauungsprozessen im menschlichen Organismus, die unser Autor in medizinischer Terminologie seiner Zeit in De Res 5–7 sehr ausführlich entfaltet, bringt er auch eine theologische Begründung vor: Der Schöpfer (ὁ ποιήσας) aller Dinge hat verordnet, dass die Leiber der Menschen für

---

143   So z.B. auch in: De Princ III,6,5 (GCS 22, 287,11–20 Koetschau); C. Cels. v,18 (Marcovich 334,18–21): „Οὔτε μὲν οὖν ἡμεῖς οὔτε τὰ θεῖα γράμματα αὐταῖς φησι σαρξί, μηδεμίαν μεταβολὴν ἀνειληφυίαις τὴν ἐπὶ τὸ βέλτιον, ζήσεσθαι τοὺς πάλαι ἀποθανόντας, ἀπὸ τῆς γῆς ἀναδύντας·"

144   Or, De Orat 26,6 (GCS 3, 363,19–21 Koetschau).

145   Or, De Orat 26,6 (GCS 3, 363,21f. Koetschau).

248   4. KAPITEL

kein anderes Lebewesen als Nahrung dienen sollen.[146] Wenn nun tatsächlich die Menschenkörper doch von Tieren und sogar Menschen verzehrt werden, stellen sie für solche Organismen eine widernatürliche Nahrung dar, die kein fester Bestandteil dieser Leiber werden darf. Da eine solche Nahrung für alle bestehenden Lebewesen unangemessen ist, muss uneingeschränkt alles, was sich für die Ernährung eines solchen Lebewesens als fremdartig erweist (πᾶν ὁπόσον ἀλλότριον εἰς τὴν τοῦ ζῴου τροφήν), mit der Verdauung vollständig zugrunde gehen und auf natürlichem Wege ausgeschieden werden.[147] Allein solche Nahrung wird sich mit den Ernährenden vereinigen, die sich in den Organen des Körpers einer dreifachen Reinigung ausgesetzt und sich so sorgfältig durch die natürlichen Läuterungsmittel reinigen lassen hat. So stellt sie nämlich erst einen reinen Zuwachs zur Substanz des Körpers dar. Alles aber, was für den Bestand des zu ernährenden Organismus fremd und schädlich ist, wird abgestoßen und beseitigt.[148]

Die verzehrten menschlichen Körperteile weisen außerdem eine grundsätzliche Unfähigkeit auf, sich mit der Natur der anderen Körper zu vermischen, da sie ihnen nichts Verträgliches einführen können.[149] Vielmehr geht eine derartige Speise infolge der verschiedenen im Körper stattfindenden Verdauungsprozesse in schlechte Säfte und giftige Stoffe über und führt dem so ernährten Leib nichts Verwandtes oder Befreundetes zu (ὡς μηδὲν οἰκεῖον ἢ φίλον τῷ τρεφομένῳ σώματι φέρουσαν).[150] Aufgrund der von Natur aus bestimmten Fremdartigkeit solcher Ernährung, die für Ps-Athenagoras auf den Schöpferwillen Gottes zurückgeht, werden sich die Menschenleiber niemals mit den Körpern derselben Natur vermischen (οὐκ ἂν συγκραθείη ποτὲ τὰ τῶν ἀνθρώπων σώματα τοῖς τῆς αὐτῆς οὖσι φύσεως).[151]

Im Unterschied zu Origenes vermeidet es Ps-Athenagoras, von einer durch die Nahrungsaufnahme bedingten fließenden materiellen Substanz im Körper zu sprechen. Die Kettennahrungs-Problematik bei Origenes bestätigt die Ansicht, dass sich der materielle Stoff des Leibes in einem ständigen Wandlungsprozess befindet, so dass er auch verzehrtes Menschenfleisch durch die Verdauung aufnimmt und ausscheidet. So befindet sich das ὑλικὸν ὑποκείμενον in einem durchgängigen Stadium der Veränderung und behält niemals

---

146   Ps-Athen, De Res 8,1 (Marcovich 32,7–11).
147   Ps-Athen, De Res 6,1 (Marcovich 30,1–3).
148   Ps-Athen, De Res 6,2 (Marcovich 30,7–10).
149   Ps-Athen, De Res 6,6 (Marcovich 30,35–37).
150   Ps-Athen, De Res 6,3 (Marcovich 30,16–18).
151   Ps-Athen, De Res 7,4 (Marcovich 31,34–32,1).

denselben Zustand bei. Daher wird auch allein das εἶδος auferstehen, das im Vergleich zum materiellen Stoff fest im σῶμα des Menschen verharrt.

Ps-Athenagoras geht nicht von einem durch die vollständige Nahrungsverdauung ständigen Wechsel der Materie im Körper aus. Erst wenn die aufgenommene Speise die verschiedenen Reinigungsstufen im Organismus durchläuft, die sie von allem Schädlichen und Widernatürlichen läutern, wird sie zu einem völlig reinen Zuwachs der Körpersubstanz (ὡς εἰλικρινεστάτην γενέσθαι πρόσληψιν εἰς οὐσίαν).[152] Da sich nicht jede Nahrung mit dem Menschenleib vereinigt, ist auch der Vergleich des σῶμα mit einem Fluss bei Ps Athenagoras abwegig. Für unseren Autor werden die Speisen erst dann in die Körpersubstanz umgewandelt, wenn einer naturgemäßen Aufnahme nichts mehr entgegensteht, so dass dem sich ernährenden Leib ausschließlich das οἰκεῖον ἢ φίλον zugeeignet wird.

Da Origenes eine andere Anschauung von der Verdauung hat, stellt die Kettennahrungs-Problematik für ihn kein Problem dar. Die Kettennahrung wird zur Bestätigung der fließenden materiellen Natur des Leibes angeführt, während sich die Auferstehung nicht auf die materielle Substanz der Körper bezieht. Es tangiert seine Auffassung von der Auferstehung demnach nicht, da er eine ausgeprägte Verwandlungsvorstellung der Auferstehungskörper vertritt. Nun hätte Ps-Athenagoras ebenfalls allein mit seiner der origeneischen verwandten μεταβολή-Vorstellung auf das Kettennahrungs-Problem reagieren können, wie er es in De Res 7,1 auch tut. Jedoch macht er die Identität der irdischen mit der auferstandenen Leiblichkeit allein am σῶμα-Begriff fest, so dass er von der Auferstehung derselben Leiber spricht. Origenes hingegen drückt die Kontinuität der personalen Identität mit dem εἶδος aus, das im Gegensatz zum ὑλικὸν ὑποκείμενον der materiellen Wandlung nicht unterliegt. Daher stellt für ihn der Verzehr von Menschenleibern keinen Angriff auf seine Auferstehungslehre dar, ist dies doch mit seiner Auffassung von der verwandelten Leiblichkeit und der Beibehaltung der Identität anhand des somatischen über den Tod hinaus verharrenden εἶδος vereinbar.

Ps-Athenagoras empfindet die Kettennahrungs-Problematik als eine akute Herausforderung seiner Auferstehungslehre. Im Vergleich zu Origenes entwickelt er keine derart ausgeprägte Eschatologie, obwohl er die μεταβολή-Vorstellung mit dem Alexandriner teilt. Da Ps-Athenagoras die Übereinstimmung der irdischen mit den auferstandenen Personen am σῶμα festmacht, das aus

---

152   Ps-Athen, De Res 6,1 (Marcovich 30,7).

250 4. KAPITEL

seinen eigenen Teilen wieder zusammengesetzt wird, muss er gegen die Herausforderung der kettenartigen Verspeisung der Menschenleiber Stellung beziehen. Dies macht er wie kein anderer christlicher Autor vor und nach ihm in einer unnachahmlichen Art und Weise, indem er medizinische Anschauungen von der Verdauung seiner Zeit in De Res 5–7 für seine Auferstehungslehre rezipiert und fruchtbar macht.[153]

Somit besteht der Unterschied zwischen Origenes und Ps-Athenagoras beim Umgang mit der Kettennahrungs-Problematik in der Tat darin, dass sie eine unterschiedliche Auffassung von der Nahrungsverdauung vertreten. Dies erklärt, weshalb beide einen jeweils anderen Weg einschlagen, um mit dem Verzehr von Menschenkörpern durch andere Menschen umzugehen.

7   Der Hellene des Makarius Magnes/Porphyrius

Innerhalb der Datierungsdebatte um De Resurrectione des Ps-Athenagoras ist seit W.R. Schoedel auf ein Fragment aus der Schrift „Contra Christianos" des Porphyrius verwiesen worden, in dem das Kettennahrungs-Argument gegen den christlichen Auferstehungsglauben vorgebracht wird. Es handelt sich nach der Sammlung des Adolf von Harnack um das Fragment Nr. 94.[154] Nun stellt Schoedel die These auf, dass sich Ps-Athenagoras neben Origenes auch gegen Porphyrius wendet.[155] Porphyrius hat ihm zufolge den Einwand der Kettennahrung von Origenes gehört und nach dem Bruch mit dem Christentum[156]

---

153   Vgl. in dieser Studie das Kapitel 5.: „Widerlegung des Kettennahrungs-Einwands (De Res 5–8)".

154   Vgl. A. v. Harnack, Porphyrius, ‚Gegen die Christen', 15 Bücher. Zeugnisse, Fragmente und Referate (APAW.Ph. 1), Berlin 1916, Fr. 94, 101 f.

155   Vgl. W.R. Schoedel, Athenagoras, XXIX, Anm. 62: „It should also be noted that Porphyry (A.D. 233–c. 301) raised the problem of chain-consumption against the Christian doctrine of the resurrection and rejected the appeal to the power of God (frg. 94 Harnack). In view of the attention which Porphyry gave to Origen (Eusebius, H.E. 6. 19. 5–8) it is not impossible that he learnt to attack Christians with weapons provided by the Alexandrian theologian. If the defence of the resurrection in our treatise is directed against Origenists, then followers of Porphyry may be the pagans whom the author sees as exerting a baleful influence on Christian theology. Alternatively, our treatise may be directed against such Platonists themselves. In any event, the discussion seems to belong to a later period than that of the apologist Athenagoras."

156   Vgl. W. Kinzig, War der Neuplatoniker Porphyrios ursprünglich Christ?, 320–332. W. Kinzig beantwortet die in dem Titel seines Aufsatzes gestellte Frage positiv. Zu der Abfassungszeit des Werkes „Contra Christianos" äußert sich Kinzig folgendermaßen: „Vor dem Hin-

ALLGEMEINE ENTWICKLUNG DES KETTENNAHRUNGS-EINWANDS 251

gegen eine jegliche somatische Auferstehungshoffnung der Christen eingebracht.[157] Daher richtet sich die pseudoathenagoreische Auferstehungsschrift
auch gegen solche Platoniker, so dass sich eine Spätdatierung nahe legt.[158]

Auch H.E. Lona verweist auf dieses Fragment aus dem Werk des Porphyrius,
um den polemischen Kontext zu rekonstruieren, in dem Ps-Athenagoras zu
verorten ist.[159] So vertritt Lona ebenfalls die Meinung, dass Ps-Athenagoras
gegen solche Einwände reagiert, wie sie Porphyrius vorbringt.[160] Daher ist De
Resurrectione des Ps-Athenagoras in eine spätere Zeit zu verlegen, so dass eine
Datierung vor dem Auftreten des Porphyrius ausgeschlossen ist.[161]

Somit machen die Vertreter der Spätdatierung die Äußerung des Porphyrius
in diesem Fragment zu einem wichtigen Anhaltspunkt, an dem eine Datierung
des Auferstehungstraktats festgemacht wird. Daher soll das indirekt überlieferte Werk „Contra Christianos" des Christengegners und seine Äußerung im
Fragment Nr. 94 näher untersucht werden. Im Mittelpunkt des Interesses wird

---

tergrund des Christseins des Philosophen läßt sich schließlich auch die Abfassung der
fünfzehn (!) Bücher Κατὰ Χριστιανῶν in der Zeit seines Aufenthaltes in Sizilien, wohin
sich Porphyrios im Jahre 268 begeben hatte, erklären: Sie dürften als Rechtfertigung der
eigenen ‚Konversion' zum Heidentum gedacht gewesen sein (daher der ungewöhnliche
Umfang der Schrift!) und vielleicht auch als ein Art Empfehlung zur Nachfolge Plotins
als Schulhaupt in Rom. Tatsächlich wurde ihm diese Ehrung ja auch irgendwann nach
dem Tode des Meisters 270 zuteil. Nicht zuletzt mögen die intimen Kenntnisse christlicher Lehren, die die Forschung schon seit jeher verwundert haben, aus seiner christlichen
Zeit stammen." W. Kinzig, War der Neuplatoniker Porphyrios ursprünglich Christ?, 331 f.

Anders resümiert Chr. Riedweg, was die neuesten Ergebnisse zur Datierung, zu dem
Ort und den Umständen der Entstehung des Werkes Κατὰ Χριστιανῶν des Porphyrius
betrifft: „Kurz: Zeit, Ort und Umstände der Entstehung von Porphyrios' Schrift Κατὰ
Χριστιανῶν entziehen sich, vom terminus post quem 270–272 abgesehen, trotz intensiver
Forschungsbemühungen der letzten Jahre noch immer weitestgehend unserer Kenntnis.
Das ist bedauerlich, vermag aber angesichts der Lückenhaftigkeit der Überlieferung auch
kaum zu überraschen." Chr. Riedweg, Porphyrios über Christus und die Christen, 161 f.

157 Vgl. W.R. Schoedel, Athenagoras, XXIX, Anm. 62.

158 Vgl. ebd.

159 Vgl. H.E. Lona, Athenagoras, 554 f.

160 Vgl. H.E. Lona, Athenagoras, 561: „Hinter dem Einwand, wie z.B. Porphyrius ihn formuliert, verbirgt sich freilich kein physiologisches Interesse, sondern einfach der durch
die Anthropologie des Neuplatonismus vorgegebene Grundsatz, den Leib aus jeder Art
menschlicher Vollendung auszuschließen."

161 Vgl. H.E. Lona, Athenagoras, 562: „In diesen Zusammenhang ist m. E. der dem Athenagoras
zugeschriebene Traktat ‚De Resurrectione' einzuordnen. [...] Der zeitliche Rahmen wäre
nach unseren Quellen zwischen der zweiten Hälfte des vierten Jahrhunderts und dem
Anfang des fünften Jahrhunderts."

die Frage stehen, ob es möglich ist, dass sich die Auferstehungsschrift des Ps-Athenagoras gegen die Kritik des Porphyrius gerichtet hat.

Der Ursprung der „Makariusfragmente"

Adolf von Harnack hat alle ihm zur Verfügung stehenden Zeugnisse, Fragmente, Exzerpte und Referate zusammengetragen, die auf das Werk „Gegen die Christen" des Porphyrius zurückgehen. Er ist sich dessen bewusst, dass nicht alles in den 97 Fragmenten Zusammengestellte sicher von Porphyrius herkommt. „Man mag sich dabei sagen, daß nicht überall Porphyrius rein und sicher hervortritt, sondern daß Abgeleitetes untermengt ist. Ich glaube aber, daß in der folgenden Sammlung nichts steht, was nicht mindestens in dieser oder jener Weise auf ihn zurückgeht."[162] Da das für unsere Untersuchung wichtige Fragment Nr. 94 aus der Schrift „Apokritikos" des Makarius Magnes entstammt, müssen vor allem die „Makariusfragmente" im Mittelpunkt des Interesses stehen. In der Tat kommt ein Großteil der Fragmente (52 von 97) aus der Schrift des Makarius Magnes, der die Einwände eines anonymen heidnischen Philosophen zitiert, um sie anschließend zu widerlegen. Die Einwände werden von Makarius nicht wie üblich in der Quaestiones-Literatur einzeln vorgebracht und dann sofort entkräftet, sondern in längeren „Blöcken" im Apokritikos wiedergegeben, worauf dann erneut in größeren Abschnitten die Entgegnung folgt. So entsteht der Eindruck, dass im Apokritikos eine Quelle enthalten ist, die die heidnische Kritik am Neuen Testament und der christlichen Lehre beinhaltet.

A. v. Harnack hat m. E. überzeugend nachgewiesen, dass alle 52 Einwände im Apokritikos des Makarius aus „einer wohl disponierten heidnischen Streitschrift" entnommen sind „und nicht mit einem ungeordneten Haufen von Entwürfen zu tun haben."[163] Die Quaestiones sind – laut Harnack – ein bearbeitetes Exzerpt der Schrift „Contra Christianos" durch einen anonymen Schreiber, das auf Makarius gekommen ist und ihn zu einer Widerlegung veranlasst hat. Diese Einwände können kaum aus der Feder des Makarius selbst stammen, wie Harnack überzeugend durch Stilvergleiche zeigt.[164] Der Apokritikos des Maka-

---

162   A. v. Harnack, Porphyrius, ‚Gegen die Christen', 15 Bücher, 10.

163   A. v. Harnack, Kritik des Neuen Testaments, 105.

164   A. v. Harnack äußert sich dazu im Anschluss an die Stellungnahmen von Duchesne und Wagemann folgendermaßen: „In der Tat läßt sich ein größerer Unterschied in der Sprache und Stilisierung kaum denken als der zwischen dem Heiden und dem Christen hier bestehende, so daß allein schon dieses *eine* Argument die Annahme ausschließt, Macarius habe die Einwände selbst componiert oder in seiner Bearbeitung wiedergegeben. In bezug auf die Sprache des Philosophen ist aber noch besonders darauf hinzuweisen, daß sie

ALLGEMEINE ENTWICKLUNG DES KETTENNAHRUNGS-EINWANDS 253

rius stellt somit ein fiktives Streitgespräch eines anonymen Philosophen mit dem Christen dar. Nun hat Harnack versucht, Indizien aus diesen Fragmenten zur Datierung der Streitschrift zu ermitteln. So kommt er zum Ergebnis, dass die Auszüge aus einer Schrift entstammen, die in die zweite Hälfte des dritten Jahrhunderts gehört.[165]

Was die Zuschreibung der Fragmente direkt an Porphyrius betrifft, ist die These in der Folgezeit häufig auf Widerspruch gestoßen. Bereits vor den Studien Harnacks stand J. Geffcken einer *direkten* Zuordnung der Einwände an Porphyrius kritisch gegenüber.[166] Nun hat sich die Skepsis zur porphyrischen

---

mit poetischen und pretiösen Worten und Ausdrücken gleichsam bestickt ist, während sich Macarius von solchen Zugaben wesentlich frei gehalten hat, in diesem *einen* Punkt sprachlich also der geschmackvollere ist.

2) Ein weiteres Argument für die Selbständigkeit der Quaestiones liegt in ihrer höchst feindseligen und grimmigen, vom christlichen Standpunkt blasphemischen Kritik am Neuen Testament. Es ist ganz undenkbar, daß ein Christ selbständig diesen Ton gewählt und getroffen hätte. Wohl konnte er die heidnischen Einwürfe sachlich wiedergeben, aber diese treffsichere Kraft und beißende Ironie vermochte er nicht aufzubringen, um von den Schmähungen Christi ganz zu schweigen. Er hätte sich auch einer schweren Sünde schuldig gemacht, wenn er hier mehr getan hätte, als eine vorhandene Schrift auszuschreiben, um sie zu widerlegen.

3) Ferner ist die Selbständigkeit der Quaestiones dadurch gewährleistet, daß die Solutiones nur zum Teil die Schwierigkeiten treffen, die in jenen liegen. Sehr häufig geht Macarius an der eigentlichen Schwierigkeit vorbei und spinnt seinen eigenen Faden. Wie könnte er so verfahren sein, wenn er die Quaestiones selbst aus ihm bekannten mündlichen heidnischen Einwürfen und Urteilen gestaltet hätte?

4) u. 5) Da es sich um eine wirkliche Streitunterredung nicht gehandelt hat, so sind die angeführten Argumente nicht nur gegen die Hypothese entscheidend, die Quaestiones gebührten dem Macarius selbst, sondern sie erweisen auch positiv, daß eine heidnische Streit*schrift* hier angenommen werden muß." A. v. Harnack, Kritik des Neuen Testaments, 96–99.

165 Vgl. A. v. Harnack, Kritik des Neuen Testaments, 109: „Da unser Verfasser also in vorkonstantinischer Zeit geschrieben hat, aber nicht zur Zeit einer brennenden Verfolgung, und da er anderseits nach der Zeit des Decius geschrieben haben muß, ist seine Schrift mit großer Wahrscheinlichkeit zwischen die Jahre 252 und 302 anzusetzen."

166 Vgl. J. Geffcken, Zwei griechische Apologeten, 303: „Ist nun eine absolute Gleichsetzung des Ungenannten mit Porphyrios nicht richtig und gilt es immer erst das einzelne Argument mit Porphyrios' philosophischem Charakter in Einklang zu setzen, so kann doch schwerlich ein Zweifel darüber obwalten, daß wir in der Kritik am N.T. nicht nur die Methode, sondern auch die eigentliche Polemik des Neuplatonikers vor uns haben [...] In der Tat muß diese Polemik zu einem guten Teil Porphyrios enthalten."

254   4. KAPITEL

Verfasserschaft der Fragmente weiter gehalten, obwohl immer wieder betont wurde, dass diese Auszüge definitiv porphyrische Kritik aufführen.[167]

Zuletzt hat sich *Richard Goulet* sehr ausführlich mit der Schrift des Makarius beschäftigt und in zwei Bänden eine Einleitung und eine neue Edition des Werkes vorgelegt.[168] Bereits in einem früheren Aufsatz hat Goulet seinen grundsätzlichen Standpunkt zum Werk geäußert, den er nun in seiner Einleitung mit vielen Argumenten bestätigt. Darin kritisiert er die „mechanische Methode" („une méthode trop mécanique"), die sich seit Harnacks Zusammenstellung der Fragmente durchgesetzt hat, die anonymen Einwände im Apokritikos als reine und einfache Auszüge aus „Contra Christianos" anzusehen („comme des extraits purs et simples du *Contra Christianos*").[169]

Harnack hat sich selbst vorsichtiger dazu geäußert, als er dann später rezipiert wurde. Er war sich dessen bewusst, dass die „Makariusfragmente" auch Überschüssiges enthalten, das Porphyrius bestimmt so nicht gesagt hat.[170] „Man darf daher mit gutem kritischen Gewissen die Ausführungen des Heiden bei Makarius als porphyrianisch in Anspruch nehmen, wenn man auch keine Garantie für die Zuverlässigkeit jedes Satzes und jeder Wendung – am wenigsten für das Beiwerk – zu übernehmen vermag."[171] Somit ist er davon überzeugt, „in den 52 Stücken bei Makarius Magnes *wesentlich* porphyrianisches Gut zu erkennen."[172]

Nun hat Harnack diese Annahme nicht einfach postuliert, sondern eine Methodik entwickelt, anhand der der porphyrianische Charakter so weit wie möglich an jedem einzelnen Fragment überprüft werden kann: Wenn zwischen den Makariusfragmenten und den anderen indirekten Zeugnissen und Fragmenten des Porphyrius Übereinstimmungen festzustellen sind, dann kann davon ausgegangen werden, dass in den Auszügen der anonymen Streitschrift des Makarius porphyrianisches Gedankengut enthalten ist.

---

167   Repräsentativ für diese These kann neben J. Geffcken ein weiterer Vertreter zitiert werden, der sich intensiv mit der Schrift des Makarius beschäftigt hat: „Fragmente, die im Ἀποκριτικός des Makarius Magnes (ca. 400 n. Chr.) überliefert sind und Einwände eines heidnischen Anonymus gegen das Christentum enthalten, stammen sicherlich nicht von Porphyrius, auch wenn man einräumen mag, daß sie zumindest teilweise seine Ideen widerspiegeln." P.F. Beatrice, Art. *Porphyrius*, In: TRE 27 (1997), 56.

168   Vgl. R. Goulet, Macarios de Magnésie, Le Monogénès. Introduction générale, édition critique, traduction française et commentaire, Tome I et II, Paris 2003.

169   R. Goulet, Porphyre et Macaire de Magnésie, 448. Vgl. ders., Macarios de Magnésie, Tome I, 127 ff.

170   Vgl. A. v. Harnack, Porphyrius, ‚Gegen die Christen', 15 Bücher, 9 f.

171   Ebd., 9.

172   Ebd., 8 f.

ALLGEMEINE ENTWICKLUNG DES KETTENNAHRUNGS-EINWANDS 255

Daraufhin hat Harnack eine Übersicht zu den wichtigsten Übereinstimmungen der Auszüge aus dem Apokritikos mit den anderen Fragmenten
zusammengestellt.[173] Da er sehr viele Parallelen der verschiedenen Zeugnisse
mit den Makariusfragmenten nachweist, hat er über die allgemeinen Vermutungen hinaus den Nachweis erbracht, die porphyrianischen Gedanken und
Ideen in den Makariusfragmenten methodisch nachvollziehbar herausschä-
len zu können.[174]

Zusätzlich hat Harnack die Datierungsfrage der Fragmente bei Makarius
aufgearbeitet[175] und somit auch die chronologische Möglichkeit nachgewiesen, dass nämlich die anonyme Schrift ein bearbeitetes Exzerpt aus dem Werk
„Contra Christianos" des Porphyrius ist. Dass die Streitschrift nicht aus zusam-
menhangslosen Fragmenten besteht, sondern eine feste Struktur hat, weist
Harnack ebenfalls detailliert nach.[176]

R. Goulet schließt in seiner umfangreichen Einleitung aus den Einwänden
des Gegners ebenfalls auf eine authentische heidnische Quelle, die Makarius
in seinem Werk überarbeitet habe.[177] Goulet zeigt ebenso, dass es große Ähn-

---

173 Vgl. A. v. Harnack, Porphyrius, ‚Gegen die Christen', 15 Bücher, 16–18.

174 Harnack formuliert seine Ergebnisse: „Überschlägt man, daß das Werk 15 Bücher umfaßt
hat und daß wir sowohl bei Makarius als auch bei den anderen Gewährsmännern nur
ganz geringe Teile besitzen, so ist die große Übereinstimmung dieser Zeugen mit jenem
(etwa zur Hälfte der Makariusfragmente finden sich Parallelen) schon nach der Wahr-
scheinlichkeitsrechnung der stärkste Beweis für die Herkunft der Makariusfragmente von
Porphyrius." A. v. Harnack, Porphyrius, ‚Gegen die Christen', 15 Bücher, 17.

175 Vgl. A. v. Harnack, Kritik des Neuen Testaments, 107–109.

176 Vgl. A. v. Harnack, Kritik des Neuen Testaments, 103: „Daß es sich um eine Schrift oder um
Auszüge aus einer solchen handelt, wird vollends evident, wenn sich nachweisen läßt, daß
die Quaestionen *nicht*, wie es nach Macarius erscheinen kann, ein zusammenhangsloser
Haufen von Einwendungen sind, sondern eine feste Struktur haben." Der Nachweis folgt
dann auf Seiten 103–107. Als Ergebnis formuliert Harnack erneut treffend. „Dieser Tatbestand läßt keine andere Deutung zu, als daß die Quästionen aus einer im ganzen wie im
einzelnen wohl disponierten Schrift *exzerpiert* sind, die einen bedeutenden Umfang hatte;
[...] Daß es aber ein selbständiges schriftliches Werk gewesen ist, ist nunmehr erwiesen."
A. v. Harnack, Kritik des Neuen Testaments, 106 f.

177 Vgl. R. Goulet, Macarios de Magnésie, Tome I, 138: „Après nous être assuré que Macarios
avait utilisé un texte antichrétien authentique pour composer les objections qu'il a mises
dans la bouche de son adversaire, nous essayé d'identifier cette source." Im Gegensatz zu
A. v. Harnack geht er von einer direkten Bearbeitung des Makarius aus, der die heidnische
Quelle für seine Widerlegung modifizierte. Dabei distanziert sich Goulet von einer por-
phyrischen Verfasserschaft der Quelle und nimmt nicht einen anonymen Exzerptor von
„Contra Christianos" wie Harnack an. Vgl. R. Goulet, Macarios de Magnésie, Tome I, 148:
„L'*Exzerptor* anonyme d'Harnack est une invention de philologue: on lui reconnaît tout

lichkeiten zwischen den Einwänden im Apokritikos und den übrigen Fragmenten des Porphyrius gibt.[178] So ist es wahrscheinlich, dass Porphyrius für mehrere der antichristlichen Angriffe die gemeinsame Quelle des Julian und der Einwände bei Makarius ist.[179] Goulet weist bei seinen Überlegungen zur Identifikation der heidnischen Quelle somit explizit auf den porphyrischen Einfluss in den Einwänden bei Makarius hin.[180]

---

la fidélité nécessaire pour justifier l'utilisation de son œuvre comme édition abrégée de Porphyre et tout l'originalité nécessaire à expliquer ce qui ne peut être attribué à Porphyre dans les objections."

Vielmehr geht Goulet davon aus, dass diese heidnische Quelle sowohl Gedanken des Porphyrius als auch Hierokles und Julian enthält, wobei die beiden Letzteren ihrerseits von dem „Contra Christianos" des Porphyrius abhängig sind. In der Forschung wurde auch immer wieder die Annahme einer Kompilation von verschiedenen antichristlichen Schriften in den Einwänden des Makarius erwogen, was jedoch kaum nachweisbar ist. Vgl. den Artikel von M. Biermann, der den Forschungstand kurz wiedergibt: „Die Forschung hat verschiedene Hypothesen zur Quelle der heidnischen Kritik hervorgebracht: Die zuversichtliche Identifikation der Quelle als ein im 4. Jh. entstandenes Exzerpt aus Porphyrius' Schrift ‚Gegen die Christen' ist durch jüngere Hypothesen ersetzt worden, etwa daß M.[acarius] die Schrift des Porphyrius selbst sehr selbständig verwertet und nicht mechanisch Einwände übernommen habe, oder daß ihm ein ca. 370 entstandenes kompilatorisches Werk neuplatonischer Prägung aus dem Umfeld der heidnischen Reaktion des 4. Jh. vorgelegen habe." M. Biermann, Art. *Macarius Magnes*, In: LACL, 469.

Dagegen schon A. v. Harnack, Kritik des Neuen Testaments, 99 Anm. 1): „Durch diese Erkenntnis ist auch die an sich mögliche Annahme aufgehoben, die Quaestiones seien aus mehreren heidnischen Streitschriften excerpiert. Diese Annahme scheitert freilich schon an der durchgehenden sprachlichen, stilistischen und sachlichen Einheit der Quaestiones und an den nicht ganz seltenen Gedankenwiederholungen in denselben, man vgl. z.B. II,14 mit III,22 und IV,4 etc. Übrigens, wer nicht spürt, daß in diesen Quaestiones *ein* energischer und geschlossener Geist in ehrlichem Kampfesmut und aus schwerer Sorge heraus das Wort genommen hat, dem ist nicht zu helfen." Auch R. Goulet, Macarios de Magnésie, Tome I, 149, distanziert sich von einer Kompilationsthese.

178 Vgl. R. Goulet, Macarios de Magnésie, Tome I, 269–278. Hier bietet Goulet eine Liste, die diese Übereinstimmungen zwischen den Fragmenten des Porphyrius und den Einwänden bei Makarius Magnes anzeigt.

179 Vgl. R. Goulet, Macarios de Magnésie, Tome I, 140: „Il est donc probable que pour plusieurs de ces attaques antichrétiennes Porphyre soit la source commune de Julien et des Objections de Macarios."

180 Vgl. R. Goulet, Macarios de Magnésie, Tome I, 148: „S'il faut donner un nom à la source païenne de Macarios, celui de Porphyre reste donc le plus probable, beaucoup plus probable que ceux de Hiéroclès ou de Julien: les rapprochements sont nombreux sur le fond et sur la forme, la méthode est semblable, des indices chronologiques ou géographiques

ALLGEMEINE ENTWICKLUNG DES KETTENNAHRUNGS-EINWANDS

Es ist also davon auszugehen, dass in den Einwänden des Apokritikos Gedankengut des Porphyrius enthalten ist. Entscheidend ist, dass die chronologische Möglichkeit für eine solche Annahme gewährleistet ist. Goulet weist m. E. überzeugend nach, dass die heidnische Quelle, die die Einwände des Apokritikos beinhaltet, am Ende des dritten Jahrhunderts zu datieren ist: „on peut donc considérer que ces objections datent de la fin du IIIe siècle."[181] Der Autor der heidnischen Quelle hat sein Werk vor dem Triumph des Christentums verfasst und auch vor der Entwicklung der kultischen christlichen Ikonographie.[182] Er spricht von vergangenen Verfolgungen und ist kein Zeitgenosse der Verfolgung des Diokletian.[183] Obwohl Goulet skeptisch gegenüber der porphyrischen Verfasserschaft der heidnischen Quelle bleibt, datiert er sie – wie Harnack – ebenfalls in das letzte Viertel des dritten Jahrhunderts („au dernier quart du IIIe siècle").[184]

---

recommandent cette identification." Goulet distanziert sich zwar davon, in den Einwänden *direkte* Auszüge aus „Contra Christianos" des Porphyrius zu sehen, gibt aber doch zu, dass Makarius sich bei seiner literarischen Aktivität durch die Lektüre des „Contra Christianos" inspirieren ließ. Vgl. R. Goulet, Macarios de Magnésie, Tome I, 148: „A ses yeux, les objections de l'Adversaire n'étaient en aucune façon des fragments de Porphyre, mais le pur produit de son activité littéraire inspirée par la lecture du *Contra Christianos*."

Jedoch will Makarius – so Goulet – nicht direkt Porphyrius widerlegen, weil es andere Autoren bereits vor ihm (wie Methodius von Olympus, Eusebius von Caesarea und Apollinaris von Laodizea) auf direktem Wege getan haben. Die Intention des Makarius besteht vielmehr darin, eine Interpretation von einigen Passagen des Neuen Testaments anzubieten, die vor allem den Heiden große Schwierigkeiten bereiten. Um eine Auswahl solcher Stellen vorzunehmen, konnte Makarius in „Contra Christianos" umfangreiches Material finden. Goulet schlägt daher vor, bei jedem einzelnen Einwand den eigentlichen argumentativen Kern zu erkennen, der im Vergleich mit den anderen porphyrianischen Fragmenten die Wahrscheinlichkeit nahe legt, dass dies von Porphyrius herkommt. Vgl. R. Goulet, Macarios de Magnésie, Tome I, 148 f.

So beschließt Goulet den Abschnitt zur Identifikation der heidnischen Quelle mit einer Stellungnahme, die das Erforschen des porphyrischen Ursprungs in jedem Einwand aufs Neue herausfordert: „Un philosophe et un savant engagé dans la confrontation culturelle avec le christianisme se cache donc derrière ces objections et, s'il faux choisir un nom, aucun ne s'impose avec autant de vraisemblance que celui de Porphyre." R. Goulet, Macarios de Magnésie, Tome I, 149.

181   R. Goulet, Macarios de Magnésie, Tome I, 103. Dagegen T.D. Barnes, Porphyry *Against the Christians*. Date and the attribution of fragments, In: JThS 24 (1973), 429 f.

182   Vgl. R. Goulet, Macarios de Magnésie, Tome I, 103.

183   Vgl. ebd.

184   Vgl. ebd.

258 4. KAPITEL

Diese Datierung entspricht auch der von A. v. Harnack, so dass m. E. einer chronologischen Zuordnung der Quelle direkt an Porphyrius erneut nichts mehr im Wege steht. Somit ist das Verfahren gerechtfertigt, in den Einwänden des Apokritikos von porphyrischen Gedanken auszugehen, vorausgesetzt, diese stimmen mit anderen Fragmenten des Porphyrius inhaltlich überein. Auch Goulet bestätigt in seinen Ausführungen zum Ursprung der heidnischen Quelle, dass vieles dafür spricht, in dem Autor der Quelle Porphyrius zu entdecken. Denn die Ähnlichkeiten im Inhalt und in der Form sind zahlreich, die Methode ist ebenfalls vergleichbar und die chronologischen und geographischen Indizien empfehlen diese Identifikation.[185]

Die von A. v. Harnack vorgeschlagene Methode wird hier vorausgesetzt, mit der die porphyrische Charakteristik in jedem einzelnen Fragment eruiert werden kann. Da die Datierung der Quelle ins dritte Jahrhundert auch von der neuesten Forschung bestätigt wird, ist dieses Vorgehen immer noch aktuell und berechtigt. Zudem kommt hinzu, dass seit Harnack noch weitere Fragmente des Porphyrius hinzugekommen sind, so dass der Nachweis der porphyrischen Gedanken in den einzelnen Makariusfragmenten erleichtert wird.[186] Wenn es also möglich ist, zu zeigen, dass in den einzelnen Fragmenten, die aus dem Apokritikos entstammen, vergleichbare und ähnliche Gedanken wie in anderen indirekten Zeugnissen aus der Schrift des Porphyrius vorliegen, dürfte kein Zweifel mehr daran bestehen, dass in den jeweiligen Einwänden porphyrianisches Gedankengut enthalten ist. Diese Vorgehensweise soll nun auf das Fragment Nr. 94 angewandt werden, da die Datierung und Zuschreibung dieses Fragments entscheidend ist, um eine Entwicklung der Auseinandersetzung mit dem Kettennahrungs-Problem in Bezug auf die Auferstehungslehre nachzeichnen zu können.

Porphyrische Herkunft des Einwands in Apok IV,24/Frg. 94

Nun ist ein neues Fragment des Porphyrius aufgetaucht, das die Zuordnung des Auszugs IV,24 im Apokritikos zum bekannten Christengegner offensichtlich macht. Im Kommentar zum Hiobbuch von Didymus des Blinden, der auf dem Papyrus in Tura 1941 entdeckt wurde, befindet sich ein neues Fragment des Porphyrius, das für die Identifikation des porphyrischen Inhalts im Apokritikos IV,24 des Makarius entscheidend ist. R. Goulet stellt ausdrücklich fest,

---

185 Vgl. R. Goulet, Macarios de Magnésie, Tome I, 148.
186 Vgl. die neueste Fragmentensammlung, die auch die Funde, die nach A. v. Harnack hinzukamen, einbezieht: R.M. Berchman, Porphyry against the Christians (2005), bes. 123–221: Fragments, Translation, and Exegetical Notes.

ALLGEMEINE ENTWICKLUNG DES KETTENNAHRUNGS-EINWANDS 259

dass darin eine wichtige Parallele enthalten ist, die die porphyrische Herkunft des Einwands in Apok IV,24 bestärkt.[187] Dort heißt es:

> Denn einige, zu denen auch Porphyrius und seinesgleichen gehören, bringen sophistische Reden vor: Wenn für Gott alles möglich ist, so auch das Lügen. Und wenn dem Gläubigen alles möglich ist (Mt 17,20), kann er sowohl ein Bett als auch einen Menschen machen.[188]

Die Art der Polemik ist mit der Kritik an der Macht Gottes in Apok IV,24,6 vergleichbar, auch wenn die Beispiele sich unterscheiden, die zur Begrenzung der göttlichen Macht verwendet werden.

Nachdem der anonyme Hellene des Makarius Magnes in Apok IV,24,4 das Kettennahrungs-Argument gegen die Auferstehungslehre der Christen eingeführt hat, fragt er in rhetorischer Absicht seinen christlichen Gegner: Wie soll der auf diese Weise vernichtete Körper in seinen ursprünglichen Zustand zurückkehren?[189] „Aber du wirst mir erwidern, dass dies für Gott möglich ist, was aber nicht wahr ist. Denn er kann nicht alles."[190] Daraufhin führt er einige Beispiele auf, die der Allmacht Gottes Grenzen setzen. Gott kann nicht vergangene Geschehnisse ungültig machen: „Ganz gewiss kann er nicht machen, dass Homer kein Dichter gewesen und dass Ilion nicht zerstört worden ist."[191] Auch die Gesetze der Arithmetik sind für den Hellenen nicht beliebig veränderbar: Denn Gott wird ganz bestimmt nicht zulassen, dass aus einer doppelten zwei, die vier ergibt, hundert wird.[192] Ebenfalls kann Gott weder schlecht

---

187 Vgl. R. Goulet, Macarios de Magnésie, Tome II: Édition critique, tracuction françaiese et commentaire, 431: „IV 24a, 6*. Le *Commentaire* de Didyme l'Aveugle *sur Job* (10,13) retrouvé dans un papyrus de Toura (p. 280,1–281,13) nous donne un parallèle capital qui confirme la provenance porphyrienne de notre objection."

188 Didymus, CIob 10,13 (PTA 3, 150,22–28 U./A. Hagedorn/L. Koenen): „σοφίζονται γάρ τινες, ὧν ἐστι καὶ Πορφύριος καὶ ὅμοιοι, ὅτι εἰ πάντα δυνατὰ τῷ θ(ε)ῷ, καὶ τὸ ψεύσασθαι, καὶ εἰ πάντα δυνατὰ τῷ πιστῷ, δύναται καὶ κλίνην ποιῆσαι καὶ ἄνθρωπον ποιῆσαι."

189 MacMag, Apok IV,24,4 (Goulet 316,16): „πῶς οἷόν τε εἰς τὴν ἐξ ἀρχῆς ἐπανελθεῖν ὑπόστασιν;"

190 MacMag, Apok IV,24,5 (Goulet 316,17 f.): „Ἀλλ' ἐρεῖς μοι ὅτι τοῦτο τῷ Θεῷ δυνατόν, ὅπερ οὐκ ἀληθές. Οὐ γὰρ πάντα δύναται."

191 MacMag, Apok IV,24,5 (Goulet 316,18 f.): „ἀμέλει οὐ δύναται ποιῆσαι μὴ γεγενῆσθαι ποιητὴν τὸν Ὅμηρον, οὐδὲ τὸ Ἴλιον μὴ ἁλῶναι."

192 MacMag, Apok IV,24,5 (Goulet 316,19–21): „οὐ μὴν οὐδὲ τὰ δύο διπλασιαζόμενα, τέτταρα ὄντα τῷ ἀριθμῷ, ἀριθμεῖσθαι ποιήσειεν ἑκατόν, κἂν αὐτῷ δοκῇ τοῦτο."

260 4. KAPITEL

werden noch sündigen, weil es nicht seiner Natur entspricht. Er wird aber niemals im Gegensatz zu seiner Natur handeln.[193]

Die gleiche Aussageabsicht verfolgt das ausdrückliche Zitat des Porphyrius im Hiobkommentar des Didymus: Wenn die Christen behaupten, dass Gott alles kann, dann ist er auch im Stande zu lügen. Aber Gott wird niemals der Lüge bezichtigt, weil es nicht zu seinem Wesen passt. Daher sind Gottes Macht Grenzen gesetzt, da Gott nicht gegen seine Natur handeln kann. Auch der Gläubige kann nicht aufgrund seines Glaubens alles vollbringen, wodurch Porphyrius auf die Aussage Christi in Mt 17,20/Mt 21,21 Bezug nimmt: „Ἐὰν ἔχητε πίστιν ὡς κόκκον σινάπεως, ἀμὴν λέγω ὑμῖν, ἐρεῖτε τῷ ὄρει τούτῳ· Ἄρθητι καὶ βλήθητι εἰς τὴν θάλασσαν καὶ οὐδὲν ἀδυνατήσει ὑμῖν."[194]

Nun hat der Hellene des Makarius an diesem Spruch Jesu in Apok III,17 ebenfalls Kritik geübt, dass nämlich den Jüngern, wenn sie bloß Glauben haben, nichts unmöglich sein wird (οὐδὲν ἀδυνατήσει ὑμῖν). Der Hellene zieht daraus die Schlussfolgerung: Wenn die Christen keine Berge versetzen können, dürften sie auch nicht zu den Gläubigen gezählt werden. Aber nicht einmal den Bischöfen oder den Presbytern ist dies möglich, so dass alle Christen gemäß diesem Spruch Jesu keine Gläubigen sind.[195] Somit ist auch für den Abschnitt Apok III,17 wie auch für Apok IV,24 der porphyrische Ursprung der Kritik kaum zu bezweifeln.

Zusätzlich ist auch die Kritik an dem Rückzug auf die Allmacht Gottes in beiden Fragmenten bei Didymus und in Apok IV,24 vergleichbar. In Apok IV,24,5 zitiert der Hellene die christliche Antwort, die dem Problem der Ver-

---

193 MacMag, Apok IV,24,6 (Goulet 316,21–28).

194 Zitiert nach der Version des Hellenen bei Macarius: MacMag, Apok III,17,1 (Goulet 144,11–13). Es scheint ein Mischzitat aus Mt 17,20 und Mt 21,21 zu sein. Die Situation in Mt 17,20 ist folgende: Die Jünger fragen Jesus, weshalb es ihnen nicht gelungen ist, einen Dämon aus dem fallsüchtigen Jungen auszutreiben und ihn auf diese Weise zu heilen. Jesus antwortet ihnen: „ἀμὴν γὰρ λέγω ὑμῖν, ἐὰν ἔχητε πίστιν ὡς κόκκον σινάπεως, ἐρεῖτε τῷ ὄρει τούτῳ· μετάβα ἔνθεν ἐκεῖ, καὶ μεταβήσεται· καὶ οὐδὲν ἀδυνατήσει ὑμῖν." In Mt 21,18–22 geht es um den verdorrten Feigenbaum und das Glaubensgebet. Dort heißt es in Mt 21,21: „ἀμὴν λέγω ὑμῖν, ἐὰν ἔχητε πίστιν καὶ μὴ διακριθῆτε, οὐ μόνον τὸ τῆς συκῆς ποιήσετε, ἀλλὰ κἂν τῷ ὄρει τούτῳ εἴπητε· ἄρθητι καὶ βλήθητι εἰς τὴν θάλασσαν, γενήσεται" Der Hellene folgt offenbar dem Wortlaut von Mt 17,20, nimmt aber beim Spruch zu dem „Berg" die Aussage aus Mt 21,21/(Mk 11,23) auf: ἄρθητι καὶ βλήθητι εἰς τὴν θάλασσαν. Mit καὶ οὐδὲν ἀδυνατήσει ὑμῖν lässt er den Ausspruch Jesu nach Mt 17,20 ausklingen.

195 MacMag, Apok III,17,2 (Goulet 144,14–18). Vgl. D. Hagedorn/R. Merkelbach, Ein neues Fragment aus Porphyrios „Gegen die Christen", In: VigChr 20 (1966), 90: „Dass der Glaube des Menschen alles vermöge, war für Porphyrios natürlich noch viel unsinniger als die Lehre von der Allmacht Gottes."

ALLGEMEINE ENTWICKLUNG DES KETTENNAHRUNGS-EINWANDS 261

speisung der Menschenkörper begegnet: „Aber du wirst mir erwidern, dass dies für Gott möglich ist, was aber nicht wahr ist."[196] Die Erwiderung des Christen bezieht sich mit τοῦτο τῷ Θεῷ δυνατόν eindeutig auf die Wiederherstellung der verzehrten Leiber in den ursprünglichen Zustand. Der Hellene verallgemeinert in seiner Aussage den Bezug auf die Allmacht Gottes, indem er sagt, dass Gott nicht *alle Dinge* kann (Οὐ γὰρ πάντα δύναται·). Daraufhin folgen unterschiedliche Beispiele, die dies belegen. Allerdings ist in der Antwort des Christen das Können Gottes nicht auf *alle Dinge*, sondern allein auf die Auferstehung der verzehrten Leiber bezogen. Somit ist von einem πάντα δύναται beim Christen keine Rede.

In dem Fragment bei Didymus kritisiert Porphyrius ebenfalls das πάντα δυνατὰ τῷ θεῷ, so dass dieser porphyrische Spruch mit dem in Apok IV,24,5 (Οὐ γὰρ πάντα δύναται·) identisch ist. In beiden Fällen verallgemeinert der heidnische Gegner mit πάντα den Bezug auf die Allmacht Gottes, ohne zu beachten, worauf sich das δυνατόν konkret bezieht. So wird die Möglichkeit geöffnet, der Allmacht Gottes Grenzen aufzuzeigen: Gott kann weder lügen noch die Vergangenheit rückgängig machen noch die mathematische Gesetze außer Kraft setzen. Zusätzlich ist er außer Stande, jemals schlecht zu werden und zu sündigen, was auch die Unmöglichkeit des Lügens impliziert.

Die Verallgemeinerung der Allmacht Gottes und die sich daraus ergebenden Grenzen sind sowohl in dem porphyrischen Fragment bei Didymus als auch in Apok IV,24,5 ähnlich, so dass sich die Vermutung nahelegt, dass beide aus derselben Quelle entstammen. Daraus ist zu schließen, dass die Kritik des Hellenen in Apok IV,24,5 auf Porphyrius zurückgeht. Da aber die Begrenzung der Allmacht Gottes in Zusammenhang mit der Auferstehungslehre in Apok IV,24 erscheint, entsteht zusätzlich der Eindruck, dass die gesamte Kritik mittels des Kettennahrungs-Arguments an der somatischen Auferstehung ebenfalls von Porphyrius herkommt. Jedenfalls ist diese Kritik in das letzte Viertel des dritten Jahrhunderts zu datieren, so dass der porphyrische Ursprung des Einwands in Apok IV,24 auch chronologisch wahrscheinlich ist.

Ein weiteres Zeugnis von *Augustin* bestätigt unsere Annahme, dass Porphyrius in seiner Kritik an der Auferstehungslehre das Kettennahrungs-Argument

---

196   MacMag, Apok IV,24,5 (Goulet 316,17): „Ἀλλ' ἐρεῖς μοι ὅτι τοῦτο τῷ Θεῷ δυνατόν, ὅπερ οὐκ ἀληθές."

verwendet hat. R. Goulet weist darauf hin, dass sich diese porphyrische Kritik bei Augustin in *De Civitate Dei* XXII,11 f.20 wiederfindet.[197] In diesen Kapiteln wird die Kritik des Porphyrius an der Auferstehungslehre abgewehrt, die ebenfalls in den Einwänden bei Makarius in Apok IV,2 und IV,24 vorkommt.[198]

Augustin führt in De Civ. Dei XXII,12 die kettenartige Verspeisung der menschlichen Körper ein, aus der sich notwendigerweise die Frage ergibt, in wessen Körper das verzehrte Menschenfleisch bei der Auferstehung zurückkehren wird. „Ob es also jenem Menschen zurückgegeben wird, dessen Fleisch es vorher war, oder eher jenem, dessen Fleisch es später geworden ist; dies fragen sie mit der Absicht, den Glauben an die Auferstehung zu verhöhnen [...]"[199] Unmittelbar darauf fällt auch direkt der Name des Porphyrius, der statt der Erlangung eines unsterblichen Leibes die endgültige Trennung von allem Körperlichen propagiert (sicut Porphyrius, [...] non tamen corpus habendo inmortale, sed corpus omne fugiendo).[200]

Auch wenn Augustin nicht ausdrücklich Porphyrius als den Urheber des Kettennahrungs-Einwands benennt – was er ja auch streng genommen nicht sein kann (siehe Ps-Athenagoras und Origenes) – so legt sich dennoch die Vermutung nahe, dass gerade Porphyrius dieses Argument erneut in die Debatte um die Auferstehung eingebracht hat.[201] Nach einem detaillierten Nachweis

---

197   Vgl. R. Goulet, Macarios de Magnésie, Tome I, 277 f.

198   Goulet verweist dabei auf die Studie von Jean Pépin, „Théologie cosmique et théologie chrétienne" aus dem Jahr 1964, in der der Verfasser zahlreiche Spuren der porphyrischen Kritik in *De Civitate Dei* XXII überzeugend nachweist. Vgl. R. Goulet, Macarios de Magnésie, Tome II, 431: „Ce chapitre (De Civ. Dei XXII) sur la résurrection doit être rapproché de l'objection de l'Adversaire (en IV 2) sur l'ordre des éléments, dirigée également contre la résurrection des corps. Il est significatif qu' Augustin traite les deux questions (en des termes fort apparentés à nos passages) dans le même livre XXII de la *Cité de Dieu*, dans un contexte où J. Pépin a relevé des traces nombreuses de la critique de Porphyre."

    J. Pépin, Théologie cosmique et théologie chrétienne, 447–451, legt in der Tat sehr detailliert dar, dass sich Augustin in De Civ. Dei XXII besonders mit den porphyrischen Einwänden gegen die Auferstehungslehre befasst. Vor allem behandelt Augustin in De Civ. Dei XXII,12 und XXII,20 das Kettennahrungs-Argument, das aus seiner Sicht die größte Schwierigkeit (quaestio difficillima) beim Beweis der Auferstehung der Körper für die Heiden bedeutet. Vgl. Augustin, De Civ. Dei XXII,12 (Dombart/Kalb II, 589,29–590,1).

199   Augustin, De Civ. Dei XXII,12 (Dombart/Kalb II, 590,2–4): „Utrum ergo illi redeat homini cuius caro prius fuit, an illi potius cuius postea facta, ad hoc percontantur, ut fidem resurrectionis inludant [...]"

200   Augustin, De Civ. Dei XXII,12 (Dombart/Kalb II, 590,7–10).

201   Siehe auch Augustin, De Civ. Dei XXII,28 (Dombart/Kalb II, 622,23–623,3). Dort behandelt Augustin wieder den Kettennahrungs-Einwand, indem er sich erneut wie in De Civ. Dei XXII,12 mit der Meinung des Platon und vor allem des Porphyrius auseinandersetzt.

ALLGEMEINE ENTWICKLUNG DES KETTENNAHRUNGS-EINWANDS   263

der Übereinstimmung der Begrifflichkeit zwischen Apok IV,24 und De Civ. Dei XXII,12 und 20 formuliert J. Pépin sein Ergebnis, was den Kettennahrungs-Einwand betrifft: „Ces analogies permettent de supposer que c'est bien l'objection telle que la formulait Porphyre qu' Augustin a rapportée et repoussée."[202]

J. Pépin weist zusätzlich überzeugend nach, dass die in Apok IV,2 geäußerte Kritik des Hellenen an 1 Thes 4,15–17 auch in De Civ. Dei XXII,11 behandelt wird, was ebenfalls auf den porphyrischen Ursprung in Apok IV,2 hinweist.[203] Somit geht die Kritik an der Auferstehungslehre sowohl in Apok IV,2 als auch in Apok IV,24 in ihrem Kern auf Porphyrius zurück, der in der Auseinandersetzung um die christliche Auferstehungslehre von Augustin in De Civ. Dei XXII,12 ausdrücklich erwähnt und als Gegner der unsterblichen Leiblichkeit (non tamen corpus habendo inmortale) präsentiert wird.

Apok IV,24: Kritik an der Auferstehungslehre

Im Auszug Apok IV,24 befasst sich der Hellene des Makarius mit der Auferstehungslehre der Christen. Innerhalb dieser Widerlegung bringt er auch das Kettennahrungs-Argument ein. Dabei ist es wichtig, die Funktion des Kettennahrungs-Einwands in dem rhetorischen Aufbau von IV,24 wahrzunehmen, um das Gewicht dieses Einspruchs innerhalb der Argumentation des Hellenen präziser einschätzen zu können. Bereits in dem Auszug Apok IV,2 hat sich der Autor mit der Lehre von der Auferstehung der Toten auseinandergesetzt und nimmt diese mit αὖθις dezidiert auf (περὶ δὲ τῆς ἀναστάσεως τῶν νεκρῶν αὖθις ἀφηγητέον).[204] Dort (IV,2) hat er das paulinische Wort in 1 Thess 4,15–17 zum Ausgangspunkt seiner Kritik an der christlichen Eschatologie gemacht, was nach dem Aufweis von J. Pépin ebenfalls direkt auf Porphyrius zurückgeht.[205]

In Apok IV,24 verweist der Hellene weiter auf eine bestimmte Widersprüchlichkeit in der christlichen Auferstehungslehre: Es erscheint ihm als absurd, dass Gott einerseits die gesamte Welt mit ihren Geschöpfen vernichten wird,

---

202 J. Pépin, Théologie cosmique et théologie chrétienne, 451. Eine ähnliche Vermutung hat bereits Henry Chadwick in seinem Aufsatz „Origen, Celsus and the Resurrection of the body", 89 Anm. 12, geäußert: „It is not improbable that Augustine has Porphyry's objections in mind when he defends the resurrection of the flesh in the last book of the De Civitate Dei." So auch H.E. Lona, Athenagoras, 555 Anm. 56: „Wahrscheinlich unter dem Einfluß dieser Kritik geht auch Augustinus auf das Problem ein. Vgl. De Civ. Dei XXII 12."

203 Vgl. J. Pépin, Théologie cosmique et théologie chrétienne, 451–457.

204 MacMag, Apok IV,24,1 (Goulet 314,19).

205 Vgl. J. Pépin, Théologie cosmique et théologie chrétienne, 451–457.

andererseits aber die bereits verfaulten und zerstörten Leiber der Menschen wiederbelebt werden. Der Hellene fragt sich daher: Aus welchem Grund soll Gott die bis jetzt geltende Sukzession der Kreaturen leichtsinnig auflösen, durch die er bestimmt hat, dass sich die einzelnen Gattungen der Geschöpfe fortpflanzen und auf diese Weise erhalten bleiben und nicht aufhören?[206] Dies hat er seit dem Beginn seiner Schöpfung festgesetzt, so dass die Vernichtung der Fortpflanzung und der fortfolgenden Entstehung von Geschöpfen seinem ursprünglichen Schöpferwillen widerspricht. Was einmal von Gott beschlossen und lange Zeit beibehalten wurde, muss selbst ewig (αἰώνια αὐτά) bestehen und darf vom Schöpfer weder verurteilt noch vernichtet werden. Gottes Werke entsprechen nämlich nicht dem von Menschen Geschaffenen. Menschliches Gebilde ist selbst sterblich, da es von einem Sterblichen gestaltet wurde.[207]

Mit diesem Vergleich drückt der Hellene unmissverständlich aus, dass die göttliche Schöpfung keinesfalls mit den Erzeugnissen der Menschen verglichen werden darf. Daraus leitet er konsequent die Unvernünftigkeit der christlichen Eschatologie her:

> Daher wäre es unvernünftig, wenn nach der Vernichtung des Ganzen die Auferstehung folgen würde.[208]

Mit solchen Ausführungen gibt er zu verstehen, dass er seinerseits von einer Erschaffung der Welt ausgeht, die selbst ewig bleiben muss. Daher kritisiert er bereits in Apok IV,1 die christliche Rede von der Vernichtung der Welt: Wenn die Gestalt dieser Welt vergehen soll, wie Paulus in 1 Kor 7,31 behauptet,[209] dann hat der Schöpfer den κόσμος unvollkommen und mangelhaft erschaffen.[210] Dies kann jedoch nicht möglich sein, da Himmel und Erde einer vollkommenen göttlichen Schöpfung entsprechen, die Gott als ein präzises Gebilde eingesetzt hat (ποίημα γὰρ ἀκριβέστατον καθέστηκε τοῦ θεοῦ).[211]

---

206 MacMag, Apok IV,24,1 (Goulet 314,19–22): „Τίνος γὰρ ἕνεκεν τοῦτο ποιήσειεν ὁ Θεός, καὶ τὴν μέχρι νῦν τῶν γενομένων διαδοχήν, δι᾽ ὧν ὥρισε τὰ γένη σώζεσθαι καὶ μὴ διαλείπειν, ἀναλύσει(ε) προχείρως οὕτως ἐξ ἀρχῆς νομοθετήσας καὶ διατυπώσας;"

207 MacMag, Apok IV,24,1 (Goulet 314,23–316,1): „Τὰ δ᾽ ἅπαξ δόξαντα τῷ Θεῷ καὶ τοσούτῳ φυλαχθέντα αἰῶνι, αἰώνια αὐτὰ προσήκει εἶναι, καὶ μήτε καταγινώσκεσθαι ὑπὸ τοῦ δημιουργήσαντος μήτε διαφθείρεσθαι ὡς ὑπό τινος ἀνθρώπου γενόμενα καὶ θνητὰ ὑπὸ θνητοῦ κατεσκευασμένα."

208 MacMag, Apok IV,24,2 (Goulet 316,1 f.): „Ὅθεν ἄλογον εἰ, τοῦ παντὸς φθαρέντος, ἀκολουθήσει ἡ ἀνάστασις".

209 MacMag, Apok IV,1,2 (Goulet 240,11): „Πῶς παράγειν ὁ Παῦλος λέγει τὸ σχῆμα τοῦ κόσμου;"

210 MacMag, Apok IV,1,3 (Goulet 240,16–21).

211 MacMag, Apok IV,6,2 (Goulet 246,29 f.).

ALLGEMEINE ENTWICKLUNG DES KETTENNAHRUNGS-EINWANDS 265

Diesen Zusammenhang arbeitet der Hellene in Apok IV,6 heraus und richtet sich dabei gegen einen Spruch der Apokalypse des Petrus. In diesem Fragment der nur in einer äthiopischen Fassung annähernd vollständig überlieferten Petrusapokalypse heißt es gemäß dem Zitat des Hellenen: „Die Erde, sagt er, wird alle (Menschen) am Tage des Gerichts Gott bereitstellen, und sie selbst soll auch mit dem sie umgebenden Himmel gerichtet werden."[212] Er wendet sich gegen eine Gerichtsvorstellung, die die Auferstehung aller Menschen impliziert und sie dem Gericht Gottes gemeinsam mit der Erde und dem Himmel ausliefert: „Daher es ist unmöglich, dass die Dinge, die der besseren Fügung gewürdigt worden sind, aufgelöst werden, da sie durch eine göttliche und unverfälschte Anordnung befestigt sind."[213] Die göttliche Erschaffung des Himmels und der Erde ist nicht zur Auflösung bestimmt, sondern zu einer immer währenden Erhaltung durch Gott.

Die christliche Rede von der Vernichtung des Himmels und der Erde hat dem Hellenen besonderen Anstoß bereitet, so dass er in dem Auszug Apok IV,7 weiterhin an solchen Schriftworten Kritik übt. Er zitiert erneut eine Stelle aus der Petrusapokalypse, die für ihn zu den autoritativen Schriften des Christentums gehört. Makarius Magnes selbst distanziert sich von der Kanonizität der Petrusapokalypse,[214] wodurch erneut ein sicherer Hinweis gewonnen ist, dass Makarius eine selbständige Quelle verarbeitet, die nicht aus dem vierten, sondern eher aus dem dritten Jahrhundert entstammt.[215] In diesem Fragment der Petrusapokalypse heißt es: „Und die ganze Kraft des Himmels wird zerschmelzen und der Himmel wird wie eine Buchrolle zusammengerollt werden. Und alle Sterne werden wie Weinstocklaub herunterfallen wie auch die Blätter vom Feigenbaum (fallen)."[216] Ein solches Wort (τὸ ῥῆμα) bein-

---

212 MacMag, Apok IV,6,1 (Goulet 246,23–25): „„Ἡ γῆ, φησί, παραστήσει πάντας τῷ Θεῷ ἐν ἡμέρᾳ κρίσεως καὶ αὐτὴ μέλλουσα κρίνεσθαι σὺν καὶ τῷ περιέχοντι οὐρανῷ"."

213 MacMag, Apok IV,6,3 (Goulet 246,30–248,1): „ὅθεν τὰ κρείττονος ἀξιωθέντα μοίρας λυθῆναι ἀμήχανον, ἅτε θείῳ πεπηγότα καὶ ἀκηράτῳ θεσμῷ."

214 MacMag, Apok IV,16,3 (Goulet 282,8 f.): „Κἂν γὰρ τὴν Ἀποκάλυψιν Πέτρου παραπεμψώμεθα".

215 Auch für Methodius von Olympus gehört die Petrusapokalypse zu den inspirierten Schriften. Vgl. Meth, Symp II,6,45 (GCS 27, 23,14 f. Bonwetsch). An dieser Stelle wird die Petrusapokalypse zu den „von Gott inspirierten Schriften" gezählt (ἐν θεοπνεύστοις γράμμασιν). Vgl. weitere altkirchliche Zeugnisse zur Petrusapokalypse: T.J. Kraus/T. Nicklas, Das Petrusevangelium und die Petrusapokalypse (GCS NF 11) 2004, 87–99.

216 MacMag, Apok IV,7,1 (Goulet 248,9–11): „„Καὶ τακήσεται πᾶσα δύναμις οὐρανοῦ καὶ εἱλιχθήσεται ὁ οὐρανὸς ὡς βιβλίον· καὶ πάντα τὰ ἄστρα πεσεῖται ὡς φύλλα ἐξ ἀμπέλου καὶ ὡς πίπτει φύλλα ἀπὸ συκῆς"." Offensichtlich zitiert hier der Hellene Jes 34,4, das in dem Zitat der ApokPetri

266 4. KAPITEL

haltet für den Hellenen eine vollständige Gottlosigkeit (ἀσεβείας μεστὸν ὑπάρ-χει).[217]

Aber auch das nächste Zitat aus dem Matthäusevangelium (Mt 24,35) bringt eine ψευδολογία und eine ἀλαζονεία zum Ausdruck: „Der Himmel und die Erde werden vergehen, aber meine Worte werden gewiss nicht verge-hen."[218] Der Hellene schließt direkt daran an und betont, dass niemand be-haupten darf, dass die Worte Jesu bestehen bleiben, wenn der Himmel und die Erde nicht mehr existieren.[219] „Wenn Christus besonders dies tun und den Himmel zerstören würde, so würde er den gottlosesten Menschen nachah-men, die ihre eigenen Kinder vernichten."[220] Daraufhin folgen einige Schrift-belege (Mt 11,25; Joh 3,27; Dtn 26,15; Jes 66,1), mit denen der kundige Gegner Aussagen über den Untergang der Erde und des Himmels widerlegt.[221] Da der Hellene von einer vollkommenen Erschaffung des Kosmos ausgeht, die er unter anderem als eine schöne und prächtige Schöpfung (Apok IV,1,5: τὸ χαρίεν καὶ λαμπρὸν κτίσμα)[222] Gottes bezeichnet, kann er sich der Lehre von der Vernichtung des gesamten Kosmos keineswegs anschließen. Zusätzlich steht diese ihm zufolge in Widerspruch zur Lehre von der Auferstehung der Toten.

Apok IV,24,2–4: Kettennahrungs-Argument

Um die Widersprüchlichkeit der Auferstehungslehre zu betonen, verweist der Hellene auf die gänzliche Vernichtung der menschlichen Körper: Wie sollen die seit tausend Jahren vor der Auferstehung Verstorbenen und diejenigen, die seit der Entstehung der Menschen gelebt haben, zusammen mit denen, die vor

---

aufgenommen wird, wobei die Aussage καὶ τακήσεται πᾶσα δύναμις οὐρανοῦ in der Septua-ginta fehlt, nicht aber – gemäß Euseb, In Isaiam 11,7 – in der griechischen Fassung des Theodotion. Vgl. Goulet, 249 Anm 1: „Le début de la citation, absent de la LXX, rejoint le texte massorétique et correspond, selon Eusèbe, in Isaiam 11 7, à la traduction grecque de Théodotion. Macarios citera le texte différemment: sans ce début du verset et avec ἑλιγή-σεται au lieu ἑλιχθήσεται. Chez Théodoret, qui cite lui aussi le début du verset, on trouve εἱλιχθήσεται."

217 MacMag, Apok IV,7,1 (Goulet 248,8 f.).

218 MacMag, Apok IV,7,2 (Goulet 248,11–14).

219 MacMag, Apok IV,7,2 (Goulet 248,14 f.).

220 MacMag, Apok IV,7,2 (Goulet 248,15–17): „ἄλλως τε εἰ τοῦτο πράξειεν ὁ Χριστὸς καὶ κατάξειε τὸν οὐρανόν, τοὺς ἀσεβεστάτους τῶν ἀνθρώπων μιμήσεται, οἳ τὰ ἑαυτῶν διαφθείρουσιν·"

221 MacMag, Apok IV,7,3 f. (Goulet 248,17–29).

222 MacMag, Apok IV,1,5 (Goulet 242,10 f.).

ALLGEMEINE ENTWICKLUNG DES KETTENNAHRUNGS-EINWANDS 267

drei Tagen starben, auferstehen?[223] Mit diesem zeitlichen Abstand der Toten will der Hellene die vollständige Auflösung der meisten Leichen akzentuieren, so dass die Zusammensetzung derselben Körper als absurd erscheint. Zur Hervorhebung dieses Zusammenhangs führt der Hellene verschiedene Todesschicksale an, um die völlige Torheit der Sache von der Auferstehung (μεστόν ἀβελτηρίας πρᾶγμα τὸ τῆς ἀναστάσεως) zu erweisen.[224]

> Denn viele sind oft im Meer umgekommen und (ihre) Leiber wurden von den Fischen verzehrt; viele aber wurden von wilden Tieren und von Vögeln (θηρίων καὶ ὀρνέων) gefressen. Wie können nun ihre Leiber zurückkehren?[225]

Der Hellene greift hierbei die Todesarten auf, die üblicherweise gegen die Auferstehung derselben Leiber eingebracht werden. Die Auflösung der Leichen im Wasser stellt das Anfangsmotiv dar, um auf den Verzehr von Menschenkörpern durch Fische und weiterführend durch Tiere und Vögel hinzuweisen. Der Gegner kann sich nicht vorstellen, wie die Leiber der auf diese Weise Verzehrten je wieder zusammenkommen sollen.

Da der Hellene die Petrusapokalypse kennt und daraus zweimal ausdrücklich zitiert, kann er dort durchaus auf die christliche Rede von der Wiederherstellung aller Menschen durch die Auferstehung zum Gericht gestoßen sein. Da sich auch der Spruch in Apok IV,6 in das Kapitel 4 der äthiopischen Fassung der Petrusapokalypse einordnen lässt,[226] hat der Hellene sehr wahrscheinlich auch die Worte von der Wiederherstellung der verzehrten Körper in dem gleichen Kapitel vernommen. Dort heißt es:

> Und den wilden Tieren (አራዊት) und Vögeln (አዕዋፍ) wird er gebieten, daß sie alles Fleisch, was sie gefressen haben, zurückgeben, indem er will, daß die Menschen (wieder) sichtbar werden; denn nichts geht für Gott zugrunde, und nichts ist ihm unmöglich, da alles sein ist.[227]

---

223 MacMag, Apok IV,24,2 (Goulet 316,2–5.).

224 MacMag, Apok IV,24,3 (Goulet 316,6 f.).

225 MacMag, Apok IV,24,3 (Goulet 316,7–9): „πολλοὶ γὰρ ἐν θαλάττῃ πολλάκις ἀπώλοντο καὶ ὑπὸ ἰχθύων ἀνηλώθη τὰ σώματα, πολλοὶ δ᾽ ὑπὸ θηρίων καὶ ὀρνέων ἐβρώθησαν· πῶς οὖν τὰ σώματα αὐτῶν ἐπανελθεῖν οἷόν τε;"

226 Vgl. C.D.G. Müller, Offenbarung des Petrus, 565: „In der äthiopischen Version finden sich, verteilt auf die Kap. 4, 5, 8, 10, 12 und 14, alle alten Zitate wieder. Das spricht dafür, daß uns hier, abgesehen von sprachlichen Schnitzern und kleinen Veränderungen, der ursprüngliche Text der Petrusapokalypse vorliegt."

227 ApokPetri § 4 (Grébaut 201). Zitiert nach der Übersetzung von H. Duensing, Petrusa-

268   4. KAPITEL

Die ausdrückliche Begründung, dass für Gott alles möglich ist, wird den
Hellenen noch in Apok IV,24,5 f. beschäftigen und zum Widerspruch herausfordern. Die Erwähnung von wilden Tieren und Vögeln konnte er durchaus dieser
Quelle entnommen haben,[228] wobei er diese mit dem Verzehr durch Fische
angereichert hat.

Solange die Argumentation auf dieser Ebene geführt wird, bewegt sie sich
auf der ersten Stufe des Kettennahrungs-Einwands, welcher bei Ps-Athenagoras in De Res 4,1 f. ausgeführt wird. Im Unterschied zum Hellenen erwähnt
Ps-Athenagoras aber keine Vögel. Jedoch spricht er ebenso vom Verzehr der
Leiber durch Fische und Tiere.[229]

Nun bleibt der Hellene auf der ersten Stufe der Kettennahrungs-Argumentation nicht stehen, da hiermit lediglich die unterschiedlichen Vernichtungsmöglichkeiten der menschlichen Körper zusammengetragen werden, um die
erneute Zusammensetzung derselben σώματα zu bestreiten. Er entwickelt den
Einwand von der Verspeisung bewusst weiter und illustriert damit stärker die
Vernichtung der Leichname:

> Wohlan, lasst uns das Gesagte gründlich untersuchen: wie zum Beispiel,
> jemand erlitt Schiffbruch, dann verzehrten (seinen) Leib die Seebarben,
> darauf fingen die Fischer sie und aßen sie, wurden aber (selbst) getötet
> und von Hunden gefressen; die Hunde starben und die Raben und die
> Geier verspeisten sie mit allen ihren Gliedern. Wie soll nun der Leib
> des Schiffbrüchigen wieder zusammengebracht werden, der in so vielen
> Lebewesen ganz vernichtet wurde? Und ein anderer (Leib) wiederum
> wurde vom Feuer verzehrt und ein anderer endete unter den Würmern.
> Wie können sie wieder in die ursprüngliche Substanz zurückkehren?[230]

---

pokalypse (ZNW 14) 1913, 68, der sich C.D.G. Müller in diesem Fall voll anschließt. Vgl.
C.D.G. Müller, Offenbarung des Petrus, 568.

228   Die äthiopischen Termini für „wildes Tier" (አሬፅ) und „Vogel" (ዖፍ) entsprechen genau den
griechischen Ausdrücken θηρίον und ὄρνεον. Siehe A. Dillmann, Lexicon Linguae Aethiopicae, 743 und 1002. Daher kann vermutet werden, dass der Hellene diese Begrifflichkeit
der Petrusapokalypse aufgreift und daraus die kettenartige Verspeisung entwickelt.

229   Vgl. Ps-Athen, De Res 4,1 (Marcovich 28,11–15). Origenes erwähnt bei seiner Darlegung
der kettenartigen Verspeisung ebenfalls die wilden Tiere und fleischfressenden Vögel (ἐν
τοῖς σαρκοβόροις οἰωνοῖς καὶ θηρίοις), aber nicht den Verzehr durch Fische. Vgl. Meth, De
Res I,20,4 (GCS 27, 243,5f. Bonwetsch).

230   MacMag, Apok IV,24,4 (Goulet 316,10–16): „Φέρε γὰρ τὸ λεχθὲν λεπτῶς βασανίσωμεν· οἷον,
ἐναυάγησέ τις, εἶτα τρίγλαι τοῦ σώματος ἐγεύσαντο, εἶθ' ἁλιεύσαντές τινες καὶ φαγόντες ἐσφάγησαν καὶ ὑπὸ κυνῶν ἐβρώθησαν, τοὺς κύνας ἀποθανόντας κόρακες παμμελεὶ καὶ γῦπες ἐθοινή-

ALLGEMEINE ENTWICKLUNG DES KETTENNAHRUNGS-EINWANDS 269

Es ist doch sehr auffällig, dass die kettenartige Verspeisung der σώματα im Vergleich zu den beiden abschließenden Fällen von der Vernichtung des Körpers im Feuer und der Auflösung unter den Würmern relativ breit ausfällt. Dies hängt höchst wahrscheinlich damit zusammen, dass der Hellene hier ganz bewusst gegen das Postulat der Petrusapokalypse (§4) reagiert: Wenn Gott den wilden Tieren und Vögeln gebieten soll, alles gefressene Menschenfleisch zurückzugeben, wie soll das Fleisch dann von den verschiedenen Tier- und Menschenkörpern ausgeschieden werden, nachdem es sich gänzlich mit ihnen vermischt hat? Der Hellene beabsichtigt, in besonderem Maße die vollständige Vernichtung des Körpers des Schiffbrüchigen herausstellen. Von diesem Leib bleibt durch die kettenartige Verspeisung der Lebewesen keinerlei Spur übrig. Auf diese Weise wird die christliche Antwort, dass Gott den wilden Tieren und Vögeln gebieten wird, das Menschenfleisch zurückzugeben, unterhöhlt. Durch den kettenartigen Verzehr nämlich ist die Auferstehung des σῶμα τοῦ ναυαγήσαντος widerlegt.

Zusätzlich ist zu beobachten, dass der Hellene die drei Todesarten von Apok IV,24,3 in Apok IV,24,4 mit konkreten Beispielen ausrüstet, um dadurch die Vorstellungskraft seiner Rezipienten stärker anzuregen. Außerdem gestaltet er aus den zunächst lose stehenden Todesschicksalen in Apok IV,24,3 eine kettenartige Verbindung (Apok IV,24,4), die die aufeinander folgende Verspeisung beinhaltet. Unter den vielen, die im Meer umgekommen sind, stellt er sich Schiffbrüchige vor, die infolge von Schiffskatastrophen zur Nahrung von Fischen wurden. Die allgemeine Rede von ὑπὸ ἰχθύων ἀνηλώθη τὰ σώματα verbindet er mit einer konkreten Fischart, den Seebarben, die den Körper des Schiffbrüchigen verzehren (τρίγλαι τοῦ σώματος ἐγεύσαντο).

Nun bringt er die „Fischer" ein, um eine Verbindung zwischen den Fisch- und Tierverzehrungen der πολλοί herzustellen, die in Apok IV,24,3 noch summarisch nebeneinander gestellt werden.[231] Diese Fischer fangen die Seebarben und verspeisen sie, so dass daraus eine indirekte Anthropophagie folgt, die der Hellene an dieser Stelle selbstständig herleitet. Die Fischer erleiden ihrerseits auf eine gewaltsame Weise den Tod (ἐσφάγησαν), so dass sie ohne Bestattung bleiben und von Hunden gefressen werden. Mit der Formulierung ὑπὸ κυνῶν ἐβρώθησαν nimmt er das in Apok IV,24,3 noch allgemein gehaltene ὑπὸ θηρίων

σαντο· πῶς οὖν συναχθήσεται τὸ σῶμα τοῦ ναυαγήσαντος διὰ τοσούτων ἐξαναλωθὲν ζῴων; Καὶ δὴ ἄλλο πάλιν ὑπὸ πυρὸς ἀναλωθὲν καὶ ἕτερον εἰς σκώληκας λῆξαν, πῶς οἷόν τε εἰς τὴν ἐξ ἀρχῆς ἐπανελθεῖν ὑπόστασιν;"

231   MacMag, Apok IV,24,3 (Goulet 316,7–9): „πολλοὶ γὰρ ἐν θαλάττῃ πολλάκις ἀπώλοντο καὶ ὑπὸ ἰχθύων ἀνηλώθη τὰ σώματα, πολλοὶ δ᾽ ὑπὸ θηρίων καὶ ὀρνέων ἐβρώθησαν·"

ἐβρώθησαν direkt auf und konkretisiert die Menschenfleisch fressenden Tiere mit Hunden. Die Hunde erleiden daraufhin selbst den Tod (τοὺς κύνας ἀποθανόντας) und werden von Vögeln gefressen. Unter den ὑπὸ [...] ὀρνέων ἐβρώθησαν stellt er sich konkret Raben und Geier vor, die die toten Hunde mit all ihren Gliedern (παμμελεί) auseinanderreißen und verzehren.

Nach diesem sehr bildhaften Verspeisungsszenarium greift der Hellene das entscheidende Problem auf, auf das er die ganze Zeit hinaus will: Wie soll der Leib des Schiffbrüchigen zusammengebracht werden, der durch derart viele Lebewesen verzehrt und ganz vernichtet wurde (διὰ τοσούτων ἐξαναλωθὲν ζῴων)? Da das σῶμα τοῦ ναυαγήσαντος mittlerweile ein Teil von verschiedenen Tier- und Menschenkörpern geworden ist, erscheint eine Zusammenführung zur ursprünglichen Substanz (εἰς τὴν ἐξ ἀρχῆς ἐπανελθεῖν ὑπόστασιν) völlig unmöglich. Der Hellene verzichtet auf eine detaillierte Illustration der einzelnen Verdauungsprozesse und Assimilierungen des verzehrten Körpers an die anderen σώματα, da er im Gegensatz zu den Gegnern des Ps-Athenagoras (De Res 4,1–4) an der Verdauungsproblematik kein Interesse zeigt. Er beabsichtigt, mit der kettenartigen Verspeisung des σῶμα des Schiffbrüchigen allein die völlige Zerstreuung und Auflösung der ursprünglichen Körpersubstanz aufzuzeigen. So widerlegt er das Argument, dass Gott den wilden Tieren und Vögeln gebieten wird, das von ihnen verzehrte Menschenfleisch zurückzugeben. Mit seiner detaillierten Schilderung des Kettennahrungs-Arguments meint er, den Bezug auf die Macht Gottes als unsinnig zu erweisen. Eine derartige Vorstellung erscheint ihm völlig absurd und Gottes unwürdig.

Der Bericht der gegnerischen Argumentation in De Res 4,1–4 des Ps-Athenagoras zeigt keinerlei Abhängigkeit von der Darstellungsweise in Apok IV,24,3f. des Hellenen. Die Kontrahenten des Ps-Athenagoras heben die Verdauung von Nahrung und die Vermischung des verspeisten Menschenfleisches mit den anderen Körpern hervor. Sie führen zwar in De Res 4,1 auch Todesfälle auf, die sich bei Schiffbruch (ἐν ναυαγίοις) ereignen. Auf diese Weise werden solche Leichname für Fische zur Nahrung (πολλὰ μὲν σώματα τῶν ἐν ναυαγίοις ἢ ποταμοῖς δυσθανάτων ἰχθύσιν γενέσθαι τροφήν). Es werden aber auch Schicksale von toten Körpern dargelegt, die aufgrund von Kriegen und anderen Umständen ohne Bestattung bleiben und den ihnen zufällig begegnenden Tieren zum Fraß vorliegen (τοῖς προστυγχάνουσιν ζῴοις προκεῖσθαι βοράν).[232] Jedoch sind die Ausführungen beider Berichte völlig unterschiedlich. In De Res 4,2 wird damit ausdrücklich der ἀδύνατον-Einwand begründet, der die Unmöglichkeit der Trennung der sich durch Verschmelzung mit anderen Leibern assimilier-

---

232 De Res 4,1 (Marcovich 28,11–15).

ALLGEMEINE ENTWICKLUNG DES KETTENNAHRUNGS-EINWANDS

ten Teile und Teilchen der verzehrten Körper beinhaltet.[233] Außerdem bringen die Gegner des Ps-Athenagoras die Teknophagien (De Res 4,4) vor,[234] die in der Argumentation des Hellenen keine Rolle spielen.

> Wenn Ps-Athenagoras tatsächlich gegen den Kettennahrungs-Einwand in Apok IV,24,3 f. reagieren sollte, wie W.R. Schoedel es behauptet, dann müsste er wenigstens auf die konkreten Fragen eingehen, die der Hellene aus der kettenartigen Verspeisung ableitet: „Wie können die vernichteten Leiber wieder in ihre ursprüngliche Substanz zurückkehren?"[235] In der Tat verfolgt Ps-Athenagoras den Nachweis, dass die Leiber in ἡ πρώτη σύστασις (De Res 3,1)[236] oder πρὸς τὴν τῶν αὐτῶν ἀνθρώπων σύστασιν (De Res 2,3)[237] bei der Auferstehung zurückgeführt werden, jedoch benutzt er niemals den Ausdruck εἰς τὴν ἐξ ἀρχῆς ὑπόστασιν. Vielmehr greift er die direkte Frage des Celsus auf, der ebenfalls von der ἡ πρώτη σύστασις spricht, in die der Leib bei der Auferstehung heimkehren soll: „Denn welcher gänzlich zerstörte Leib könnte in die anfängliche Natur und in jene erste Zusammensetzung (τὴν πρώτην σύστασιν), aus der er gelöst wurde, zurückkehren?"[238] Somit wird in der direkten Begrifflichkeit vielmehr die Formulierung des Celsus und nicht die des Hellenen (εἰς τὴν ἐξ ἀρχῆς ὑπόστασιν) aufgenommen, um die gegnerische Argumentation zu widerlegen.

Apok IV,24,5 f.: Kritik an der Allmacht Gottes

Es ist sehr unwahrscheinlich, dass sich der Hellene des Macarius Magnes gegen die detaillierte Widerlegung des Kettennahrungs-Einwands von Ps-Athenagoras wendet. Vielmehr ist anzunehmen, dass der heidnische Philosoph auf die Aussagen der Petrusapokalypse reagiert. Diese Schrift zitiert er ausdrücklich zweimal und deren Inhalt ist ihm bekannt. Er ist auch sonst in den christlichen Schriften gut bewandert.[239]

---

233 De Res 4,2 (Marcovich 28,15–18).

234 De Res 4,4 (Marcovich 28,26–30).

235 MacMag, Apok IV,24,4 (Goulet 316,16): „πῶς οἷόν τε εἰς τὴν ἐξ ἀρχῆς ἐπανελθεῖν ὑπόστασιν;"

236 De Res 3,1 (Marcovich 27,20 f.).

237 De Res 2,3 (Marcovich 26,27 f.).

238 C. Cels. V,14 (Marcovich 331,9–11): „ποῖον γὰρ σῶμα πάντη διαφθαρὲν οἷόν τε ἐπανελθεῖν εἰς τὴν ἐξ ἀρχῆς φύσιν καὶ αὐτὴν ἐκείνην, ἐξ ἧς ἐλύθη, τὴν πρώτην σύστασιν;"

239 Vgl. A. v. Harnack, Kritik des Neuen Testaments, 99: „In den Quaestiones finden sich mehr als 90 Citate aus dem NT und 10 aus dem AT. Der Verfasser zeigt eine ausgezeichnete Bibelkenntnis."

272 4. KAPITEL

Nachdem er in Apok IV,24,3 f. das Kettennahrungs-Argument sehr ausführlich gegen die Auferstehungshoffnung der Christen eingebracht hat, gibt er direkt darauf in Apok IV,24,5 die christliche Antwort wieder, die er sogleich kommentiert: „Ἀλλ᾽ ἐρεῖς μοι ὅτι τοῦτο τῷ θεῷ δυνατόν, ὅπερ οὐκ ἀληθές.“[240] Er übt Kritik an dem Rückzug der Christen in die göttliche Allmacht. Sie stützen sich darauf, dass Gott auch die verzehrten und gänzlich vernichteten Körper in die ursprüngliche Substanz zurückbringen wird. R. Goulet weist auf die Möglichkeit hin, dass sich der Hellene in Apok IV,24,5 f. ausschließlich gegen die christliche Antwort in der Petrusapokalypse § 4,3 wendet.[241] Dort reagiert der Apokalyptiker auf die Schwierigkeit bezüglich der somatischen Auferstehung, die sich aus dem Verzehr der Leiber durch wilde Tiere und Vögel ergibt. Der Autor der Apokalypse verweist dabei auf den allmächtigen Gott, der solchen Lebewesen gebieten wird, alles von ihnen gefressene Menschenfleisch zurückzugeben, um die Menschen wieder sichtbar erscheinen zu lassen. „Denn nichts geht für Gott zugrunde, und nichts ist ihm unmöglich, da alles sein ist.“[242] Es wird sogar ein zweites Mal in ApokPetri § 4 betont, dass für Gott alles möglich ist,[243] so dass er auch die verzehrten Menschenleiber in der Auferstehung wiederherstellen wird.

Gegen einen solchen ausdrücklichen Bezug auf die Allmacht Gottes polemisiert der Hellene in Apok IV,24,5 f. Er listet sämtliche Dinge auf, die Gott nicht vollbringen kann, um die christliche Antwort zu diskreditieren. So setzt er entgegen: „Οὐ γὰρ πάντα δύναται·“[244] Daraufhin folgen ausschließlich negative Aussagen über das, was Gottes Allmacht nicht leisten kann. Diese dienen allein dem Zweck, der göttlichen δύναμις ihre Grenzen aufzuzeigen.[245]

---

240   MacMag, Apok IV,24,5 (Goulet 316,17).

241   Vgl. R. Goulet, Tome II, 431: „L'Adversaire suppose que la réponse du chrétien à cette objection sera de dire: ‚Tout est possible à Dieu'. Elle était de fait traditionnelle. Mais il est possible que l'idée lui soit venue de prévenir cette réponse facile à cause de l'Apocalypse de Pierre IV,3.“

242   ApokPetri § 4,3 Zitiert nach der Übersetzung von C.D.G. Müller, Offenbarung des Petrus, 568.

243   Vgl. ApokPetri § 4,3: „Denn alles (geschieht) am Tage der Entscheidung, am Tage des Gerichtes mit dem Sprechen Gottes, und alles geschieht, wie er die Welt schafft, und alles, was darin ist, hat er geboten, und alles geschah; ebenso in den letzten Tagen, denn alles ist Gott möglich, […]“ Zitiert nach der Übersetzung von C.D.G. Müller, Offenbarung des Petrus, 568.

244   MacMag, Apok IV,24,5 (Goulet 316,17 f.).

245   Vgl. MacMag, Apok IV,24,5 (Goulet 316,18–21): „ἀμέλει οὐ δύναται ποιῆσαι μὴ γεγενῆσθαι ποιητὴν τὸν Ὅμηρον, οὐδὲ τὸ Ἴλιον μὴ ἁλῶναι· οὐ μὴν οὐδὲ τὰ δύο διπλασιαζόμενα, τέτταρα ὄντα τῷ ἀριθμῷ, ἀριθμεῖσθαι ποιήσειεν ἑκατόν, κἂν αὐτῷ δοκῇ τοῦτο.“ Zusätzlich kann Gott,

ALLGEMEINE ENTWICKLUNG DES KETTENNAHRUNGS-EINWANDS   273

In Apok IV,2 legt der Hellene ebenfalls die Grenzen für die Allmacht Gottes dar. Aus dieser Stelle (Apok IV,2) wird ersichtlich, wie der heidnische
Kontrahent zu den negativen Äußerungen bezüglich der Macht Gottes in
Apok IV,24,5 f. gekommen ist. In Apok IV,2 wendet er sich gegen die christliche Auferstehungslehre und macht die paulinische Aussage in 1 Thess 4,15–17
zum Ausgangspunkt seiner Kritik. Diese Widerlegung der christlichen Auferstehungshoffnung in Apok IV,2 setzt er definitiv voraus, wenn er im ersten
Satz von IV,24,1 mit αὖθις darauf Bezug nimmt. Die Grundaussage in Apok IV,2
lautet, dass Gott nicht gegen die von ihm selbst festgesetzte Naturordnung
handeln kann. Wenn Paulus jedoch behauptet, dass die Auferweckten und die
zur Zeit der Parusie noch Lebenden, zu denen er sich auch zählt, zur Begegnung mit dem Herrn in die Luft auf einer Wolke entrückt werden, dann widerspricht dies grundsätzlich der von Gott selbst bewahrten Ordnung (εὐταξία):
Denn wie können Menschen, die mit Fleisch belastet sind, wie Vögel in die
Luft emporschwingen oder auf einer Wolke getragen werden (ἐπὰν γνῷ ἐνσάρ
κους ἀνθρώπους, ὡς τὰ πετεινά, πετομένους ἐν ἀέρι ἢ βασταζομένους ἐπὶ νεφέ
λης)?[246] „Denn dies ist doch der Lärm der Großtuerei, dass lebende Wesen,
die mit der Last der leiblichen Masse bedrückt sind, die Natur der fliegenden
Vögel annehmen und die ganze Luft wie ein Meer hindurchfahren, indem sie
zum Fahrzeug die Wolke gebrauchen."[247]

Daraufhin bedenkt der Hellene die Möglichkeit der Entrückung der Menschen: Sollte dies möglich sein, wäre es einem Wunder gleich und fremd
gegenüber der vorgegebenen Ordnung, die sich an einer nachvollziehbaren

---

> selbst wenn er es wollte, niemals bösartig werden und er ist darüber hinaus außer Stande
> zu sündigen, da er von Natur aus gut ist. Dass Gott weder sündigen noch schlecht werden
> kann, resultiert nicht aus einer Schwachheit, die Gott anhaftet. Gott ist nicht mit solchen
> Wesen vergleichbar, die aufgrund einer Schwäche gehindert werden, etwas zu vollbringen.
> Da Gott vollkommen und von Natur aus gut ist, ist es unmöglich, dass er jemals bösartig
> wird. Vgl. MacMag, Apok IV,24,6 (Goulet 316,21–28): „Ἀλλ' οὐδὲ κακὸς ὁ Θεός, εἰ καὶ θέλει,
> δύναται γενέσθαι ποτέ, ἀλλ' οὐδὲ ἀγαθὸς ὢν τὴν φύσιν ἁμαρτῆσαι δύναιτ᾽ἂν· εἰ οὖν ἁμαρτάνειν
> οὔκ ἐστιν οἷός τε οὐδὲ κακὸς γενέσθαι, τοῦτο οὐ δι᾽ ἀσθένειαν τῷ Θεῷ συμβαίνει· οἱ γὰρ ἔχοντες
> ἐκ φύσεως παρασκευὴν καὶ ἐπιτηδειότητα πρός τι, εἶτα κωλυόμενοι τοῦτο ποιεῖν, ὑπὸ ἀσθενείας
> δηλαδὴ κωλύονται· ὁ δὲ Θεὸς ἀγαθὸς εἶναι πέφυκε καὶ οὐ κωλύεται κακὸς εἶναι· ὅμως καὶ μὴ
> κωλυόμενος, γενέσθαι κακὸς ἀδυνατεῖ."

246 MacMag, Apok IV,2,2 (Goulet 242,26 f.).
247 MacMag, Apok IV,2,2 (Goulet 242,27–30): „Πολὺς γὰρ οὗτος τῆς ἀλαζονείας ὁ κόμπος, ζῷα
       τῷ φόρτῳ πεπιλημένα τῶν σωματικῶν ὄγκων φύσιν ἀναλαβεῖν πτερωτῶν ὀρνέων καὶ διαπερᾶν
       ὥσπερ τι πέλαγος τὸν πολὺν ἀέρα, ὀχήματι νεφέλης ἀποχρησάμενα."

274　　　　　　　　　　　　　　　　　　　　　　　　　　　　　　　　　4. KAPITEL

Folgerichtigkeit orientiert.[248] Der Hellene bezieht sich hier auf die logische Nachvollziehbarkeit der schöpferischen Naturordnung. Er verweist sogleich darauf, dass die von oben wirkende schöpferische Natur (ἡ δημιουργός ἄνωθεν φύσις) jedem Lebewesen passende Orte zugeteilt und bestimmt hat, damit sie entsprechende Behausungen haben: den Wassertieren das Meer, den Landtieren das Festland, den Vögeln die Luft und den Gestirnen den Äther.[249] Wenn diese vom Schöpfer festgelegten Bestimmungen nun von ihm selbst außer Kraft gesetzt werden, gerät die eigene Schöpfung in Unordnung,[250] was für den Hellenen keinesfalls nachvollziehbar ist. Der göttliche und Göttliches wirkende Logos tut etwas Derartiges niemals, obgleich er dazu fähig wäre, das Los seiner Kreaturen zu verändern.[251] Dabei kann sich der Hellene keinen Schöpfer vorstellen, der in Widerspruch zur eigenen schöpferischen Ordnung handelt und auf diese Weise alles in Unordnung bringt. So will er die göttliche Allmacht von dem Willen Gottes und der Erhaltung der guten Ordnung begrenzt wissen: „Denn nicht gemäß seiner Macht handelt er [sc. Gott] und will etwas, sondern, damit die Dinge eine logische Folgerichtigkeit bewahren, bewacht er das Gesetz der guten Ordnung."[252] Von hier aus wird verständlich, dass Gott dem Hellenen zufolge keinesfalls gegen seine eigene Natur handeln kann (Apok IV,24,6). Dies impliziert auch die Schöpfungsordnung, die gemäß dem Willen des Schöpfers eingesetzt und bewahrt wird.[253]

248　MacMag, Apok IV,2,3 (Goulet 242,30 f.): „Εἰ γὰρ καὶ δυνατόν, ἀλλὰ τερατῶδες καὶ τῆς ἀκολουθίας ἐστὶν ἀλλότριον."

249　MacMag, Apok IV,2,3 (Goulet 244,1–4).

250　MacMag, Apok IV,2,3 (Goulet 244,4–10).

251　MacMag, Apok IV,2,4 (Goulet 244,11–13): „Ἀλλὰ οὐδ' ὁ θεῖος καὶ δραστήριος τοῦ Θεοῦ Λόγος τοῦτ' ἐποίησεν ἢ πράξει ποτέ, καίπερ δυνάμενος τῶν γινομένων τὰς μοίρας ἀλλάττειν·"

252　MacMag, Apok IV,2,4 (Goulet 244,13–15): „οὐ γὰρ καθ' ὃ δύναται πράττει τι καὶ θέλει, ἀλλά, καθ' ὃ τὴν ἀκολουθίαν σώζει τὰ πράγματα, τὸν τῆς εὐταξίας φυλάττει νόμον."

253　R. Goulet entdeckt zwischen den Aussagen in Apok IV,2 und IV,24 bezüglich der Äußerungen zur Macht Gottes einen Widerspruch (vgl. R. Goulet, Tome II, 435). Aus Apok IV,2,4 leitet er die wichtigste Aussage ab: „Gott kann alles, aber er will nicht alles. Er stimmt mit der Weltordnung überein." Dagegen will Goulet aus Apok IV,24,5–6 folgende Hauptaussage der Passage gewinnen: „Gott kann *nicht* alles: es gibt Dinge, die er nicht machen kann, selbst wenn er es wollte." Aus diesem scheinbaren Widerspruch postuliert er, dass die Aussage in Apok IV,2,4 nicht vom Hellenen stamme, sondern von Makarius selbst eingetragen worden sei. Um diese Interpolations-Hypothese zu belegen, verweist er auf ein *Turianus*-Fragment, in dem die gleiche Aussage wie in Apok IV,2,4 enthalten sei, so dass

Apok IV,24,7 f.: Abschließende Kritik an der Auferstehung

In Apok IV,24,7 greift der Hellene die bereits in Apok IV,24,2 erwähnte Aussage auf und sucht damit die Widersprüchlichkeit in den Äußerungen der Christen aufzudecken: Es ist unvernünftig (ἄλογον), wenn nach der Vernichtung des Kosmos die Auferstehung folgt.[254] Er betont in Apok IV,24,7 erneut die Unvernünftigkeit (ἄλογον) einer solchen Lehre:

> Betrachtet aber auch jenes: Wie unvernünftig wäre es, wenn der Schöpfer zulassen würde, dass der Himmel, von dem keiner eine erhabenere Schönheit erdenken (kann), zerschmilzt, die Sterne herabfallen und die Erde zugrunde geht, aber die verfaulten und vernichteten Leiber der Menschen auferstehen würden, einige der ehrenwerten (Menschen) und andere, die vor dem Tod ein unerfreuliches und unangemessenes und ganz unausstehliches Aussehen hatten.[255]

---

der scheinbare Nachweis erbracht werde, dass Makarius in Apok IV,2,4 seine Gedanken innerhalb der polemisch geführten Argumentation des Hellenen eingetragen habe. Vgl. R. Goulet, Tome II, 435f.

Dieser Beobachtung muss jedoch widersprochen werden: In Apok IV,24,6 bezieht der Hellene die Aussage, dass „Gott nicht alles kann, selbst wenn er es wollte" auf die Tatsache, dass Gott nicht „schlecht" werden kann, wenn er es auch wollte: Da Gott von Natur aus gut ist, kann er sich nicht in das Gegenteil verändern, weil es seinem Wesen entgegenstehen würde. Diese Aussage lässt sich gut mit der in Apok IV,2,4 vereinbaren: Gott kann nur das, was mit seinem Willen übereinstimmt. Das Handeln gegen seine Natur, was auch die Weltordnung impliziert, würde bedeuten, sich ins Gegenteil zu verändern und somit schlecht zu werden. Dies wird aber Gott nicht können, weil es seinem Willen und seiner Natur entgegensteht. Somit begrenzen seine Natur und sein Wille, der auf Erhaltung der Gesetze der Weltordnung ausgerichtet ist, seine Allmacht.

Was aber die These betrifft, dass Makarius das im Turianus Fragment Geäußerte in Apok IV,2,4 eingetragen habe, so gehe ich von der gegenteiligen Entwicklung aus. Makarius hat den Lösungsvorschlag des Hellenen vernommen und ihn vereinfacht rezipiert: Die komplexe Aussage in Apok IV,2,4 ἀλλά, καθ' ὃ τὴν ἀκολουθίαν σώζει τὰ πράγματα, τὸν τῆς εὐταξίας φυλάττει νόμον wird im Fragment bloß mit ἅπερ ἀκόλουθον wiedergegeben (vgl. R. Goulet, Tome II, 362,6). Das Bewahren des Gesetzes der guten Ordnung wird jedoch überhaupt nicht übernommen, worauf aber der Hellene in seiner Aussage den Schwerpunkt legt.

254 MacMag, Apok IV,24,2 (Goulet 316,1f.): „Ὅθεν ἄλογον εἰ, τοῦ παντὸς φθαρέντος, ἀκολουθήσει ἡ ἀνάστασις".

255 MacMag, Apok IV,24,7 (Goulet 316,29–318,1): „Σκέψασθε δὲ κἀκεῖνο πηλίκον ἐστὶν ἄλογον εἰ {μὲν} ὁ δημιουργὸς τὸν μὲν οὐρανόν, οὗ μηδέν τις ἐνενόησε κάλλος θεσπεσιώτερον, περιόψεται τηκόμενον καὶ ἄστρα πίπτοντα καὶ γῆν ἀπολλυμένην, τὰ δὲ σεσηπότα καὶ διεφθαρμένα τῶν

276 4. KAPITEL

Der Hellene übt bereits in Apok IV,1, IV,6 und IV,7 starke Kritik an der Vorstellung der Vernichtung der ganzen Welt. Er nimmt erneut die Terminologie der Petrusapokalypse auf, aus der er in Apok IV,7,1 einen Auszug zitiert.[256] Wenn der Schöpfer tatsächlich eine derartige Vernichtung des Himmels, der Gestirne und der ganzen Erde zulässt, weshalb sollten dann die bereits verfaulten und völlig vernichteten Leiber auferstehen, an denen im Gegensatz zum gesamten All die gänzliche Vernichtung jederzeit überprüfbar ist? Der Widerspruch in der Verheißung scheint dem Hellenen völlig unausgeglichen zu sein: Der „erhabeneren Schönheit des Himmels" versprechen sie einerseits den Untergang, andererseits sollen die gänzlich aufgelösten Menschenkörper erneut zum Leben erstehen.

Zudem ist dem heidnischen Kritiker unklar, wie die Gestalt der Auferstandenen sein wird. Sollen sie das Aussehen der ansehnlichen Menschen erhalten oder in dem Zustand auferstehen, den sie zuletzt vor dem Tod hatten, und als sie unerfreulich, verzehrt und widerlich aussahen? Im abschließenden Abschnitt von Apok IV,24,8 geht er dann auf die Möglichkeit ein, dass Gott es leicht vollbringen kann, die toten Menschen mit einer entsprechenden Gestalt (σὺν κόσμῳ πρέποντι) auferstehen zu lassen. Dann aber enthält die Erde keinen Platz mehr, wenn alle Toten seit der Entstehung der Welt auferstehen.[257]

Nun hat A. v. Harnack den Ausdruck σὺν κόσμῳ πρέποντι als „mit der entsprechenden Glanzgestalt"[258] übersetzt. Auf diese Weise entsteht der Eindruck, dass der Hellene die christliche Verwandlungsvorstellung in die pneumatische Leiblichkeit aufnimmt. Jedoch bezieht sich die Aussage σὺν κόσμῳ πρέποντι auf den vorhergehenden Satz: Der Hellene bedenkt die Möglichkeit, dass, wenn tatsächlich alle Menschen mit einer entsprechenden Gestalt auf-

---

ἀνθρώπων ἀναστήσει σώματα, σπουδαίων ἔνια, καὶ ἄλλα πρὸ τοῦ ἀποθανεῖν ἀτερπῆ καὶ ἀσύμμετρα καὶ ἀηδεστάτην ὄψιν ἔχοντα."

256 Dort sagt der Apokalyptiker, dass die gesamte Kraft des Himmels zerschmelzen (τακήσεται πᾶσα δύναμις οὐρανοῦ) und alle Sterne herunterfallen werden (πάντα τὰ ἄστρα πεσεῖται). Vgl. MacMag, Apok IV,7,1 (Goulet 248,9–11). Zusätzlich kritisiert der heidnische Philosoph in Apok IV,7,2 die Aussage aus Mt 24,35, dass der Himmel und die Erde vergehen sollen (ὁ οὐρανὸς καὶ γῆ παρελεύσεται). Vgl. MacMag, Apok IV,7,2 (Goulet 248,13 f.).

257 MacMag, Apok IV,24,8 (Goulet 318,1–3): „Εἰ δὲ καὶ ῥάδιον ἀναστῆσαι δύναται σὺν κόσμῳ πρέποντι, ἀδύνατον χωρῆσαι τὴν γῆν τοὺς ἀπὸ γενέσεως τοῦ κόσμου τελευτήσαντας, εἰ ἀνασταῖεν."

258 A. v. Harnack, Kritik des Neuen Testaments, 95.

ALLGEMEINE ENTWICKLUNG DES KETTENNAHRUNGS-EINWANDS 277

erstehen, die einen ein würdevolles, die anderen ein verächtliches Aussehen erhalten. Von einer „Glanzgestalt" ist keine Rede, da der Hellene auf diese Weise die Absurdität der Auferstehung von verfaulten und völlig vernichteten Leibern außer Kraft setzte. Erhielten sie nämlich eine „Glanzgestalt", hätte der Hellene nicht eine derartige Kritik an der Auferstehung der aufgelösten Leiblichkeit geübt.[259]

Zwischenergebnis

Wenn davon auszugehen ist, dass der Hellene eine ausgezeichnete Kenntnis der Bibel aufweist und sich bei seiner Kritik mit konkreten Schriftstellen auseinandersetzt, so spricht dies für eine Zeitphase, in der die Heilige Schrift bereits eine feste Grundlage der christlichen Lehre geworden ist. Schon aus diesem Grund ist es sehr unwahrscheinlich, dass De Resurrectione des Ps-Athenagoras die porphyrische Kritik, wie sie in den Auszügen des Hellenen greifbar ist, bekämpft. Ps-Athenagoras verzichtet vielmehr bewusst auf den Rekurs auf vorgegebene Autoritäten und autoritative Schriften (De Res 14,1 f.), um den Beweis für die Auferstehung allein auf einer rationalen Ebene zu führen. Dies bedeutet aber, dass er die Kenntnis der christlichen Schriften bei seinem paganen Publikum nicht voraussetzen kann. Wehrte er sich jedoch gegen eine derartige Kritik, wie sie vom heidnischen Kontrahenten des Makarius Magnes geäußert worden ist, hätte er sich mit sämtlichen Schriftstellen beschäftigen und seine Widerlegung auf der Grundlage der Heiligen Schrift gestalten müssen. Diese Aufgabe ist der weiteren Auseinandersetzung hinsichtlich der christlichen Auferstehungslehre vorgegeben, so dass die späteren Autoren auf der Grundlage der Schrift den Kettennahrungs-Einwand zu widerlegen suchen.

Auseinandersetzung mit H.E. Lonas Datierungsthese

H.E. Lona datiert den Auferstehungstraktat des Ps-Athenagoras in die zweite Hälfte des vierten Jahrhunderts. Es handelt sich um „einen polemischen Kontext", der sich außerhalb der antiorigenistischen Debatte vollzieht.[260] Um diese

---

259 So übersetzt auch R. Goulet m.E. die Phrase σὺν κόσμῳ πρέποντι mit „dans une forme appropriée" richtig und beachtet damit stärker den Kontext dieser Aussage. Vgl. R. Goulet, Tome II, 319.

260 Vgl. H.E. Lona, Athenagoras, 562: Hier wird noch von einem Zeitrahmen „zwischen der zweiten Hälfte des vierten Jahrhunderts und dem Anfang des fünften Jahrhunderts" gesprochen. Zum Ende seines Aufsatzes legt sich Lona dann auf die zweite Hälfte des vierten Jahrhunderts fest. „Der Verfasser von ,De Resurrectione' ist nicht ein Einzelgänger aus dem

Verortung zu belegen, führt er einige christliche Schriftsteller aus dem vierten und fünften Jahrhundert an, die sich auf „vergleichbare" Weise mit dem Kettennahrungs-Einwand beschäftigt haben sollen. Nach der Kritik des Porphyrius im dritten Jahrhundert setzten sich Cyrill von Jerusalem, Gregor von Nyssa, Theodoret von Cyrus und die Quaestiones-Literatur mit der kettenartigen Verspeisung der Menschenkörper auseinander, die gegen die christliche Auferstehungshoffnung eingebracht wird.

Dabei geht Lona davon aus, dass dieser Einwand zwar „bereits im zweiten Jahrhundert in aller Deutlichkeit gestellt worden" ist, aber eben „nicht als Frage an die Allmacht Gottes an sich, sondern als Frage nach der ‚theologischen' Möglichkeit und Angemessenheit der Auferstehung des Leibes."[261] Ihm zufolge greift die heidnische Polemik erst im vierten und fünften Jahrhundert auf diesen schon diskutierten Einwand zurück, der nun wie folgt formuliert wird:[262] „Ist die Auferstehung auch dann möglich, wenn der menschliche Leib, durch Tiere und Menschen verzehrt und assimiliert, Teil eines anderen Lebewesens geworden ist?"[263] Lona postuliert damit, dass die hauptsächliche Auseinandersetzung mit dem Kettennahrungs-Einwand erst bei den oben genannten Autoren stattfindet. Daraus schließt er auf die Datierung von De Resurrectione des Ps-Athenagoras: „In diesen Zusammenhang ist m. E. der dem Athenagoras zugeschriebene Traktat ‚De Resurrectione' einzuordnen. Inhaltlich befaßt er sich mit dem gleichen Problem und mit ähnlicher Intensität."[264]

An dieser Stelle muss die Überprüfung der vorgetragenen These erfolgen. Beschäftigen sich die von Lona angeführten Autoren tatsächlich mit dem gleichen Problem und vor allem mit ähnlicher Intensität? Nach den bisherigen Untersuchungen kann bereits jetzt festgestellt werden, dass der Kettennahrungs-Einwand besonders im dritten Jahrhundert kontrovers behandelt wird, so dass Origenes ihn sogar in seine Konzeption von der Auferstehung aufnimmt. Die intensivste Auseinandersetzung mit diesem Einwand findet m. E. bei Ps-Athenagoras statt, da noch nicht klar entschieden war, wie mit einem derartigen Argument gegen die christliche Auferstehungslehre umzugehen ist. Seit der eindrucksvollen Kritik des Porphyrius jedoch müssen sich alle christli-

---

zweiten Jahrhundert, der ohne Bezug auf die zeitgenössische Problematik und ohne Echo in der folgenden Zeit sein Werk schreibt, sondern ein Theologe aus der zweiten Hälfte des vierten Jahrhunderts [...]" H.E. Lona, Athenagoras, 577.

261   H.E. Lona, Athenagoras, 561.

262   Vgl. ebd.

263   Ebd.

264   Ebd., 562.

chen Autoren mit diesem Problem beschäftigen, wenn sie die Fragen der Heiden berücksichtigen wollen.

Es legt sich von daher der Eindruck nahe, dass das Anthropophagie-Argument zu einem traditionellen Motiv der Auferstehungspolemik im vierten Jahrhundert gereift ist. Daher müssen die christlichen Schriftsteller auf diese Schwierigkeit eingehen, wenn sie die heidnischen Bedenken gegen die Auferstehung ernsthaft widerlegen wollen. Interessant ist dabei zu beobachten, in welchem Kontext es überhaupt zur Thematisierung solcher Einwände kommt. Die Eruierung des möglichen „Sitzes im Leben" eines derartigen Problems kann ein deutlicheres Licht auf den Hintergrund der Debatte werfen. Wenn das Kettennahrungs-Argument bereits zu einem bekannten Motiv der heidnischen Polemik geworden ist, muss bei den Schriften der von Lona genannten Autoren überprüft werden, inwieweit dieser Einwand tatsächlich eine Gefahr für die christliche Auferstehungslehre bedeutet. Somit wird im Folgenden untersucht, wie im Einzelnen der Kettennahrungs-Einwand formuliert und von dem jeweiligen Kirchenvater widerlegt wird.

8   Cyrill von Jerusalem

Cyrill von Jerusalem beschäftigt sich in seiner 18. Katechese mit der Lehre von der Auferstehung der Toten. Auf ihn gehen sicher eine Prokatechese und die achtzehn Katechesen zurück, die er „wahrscheinlich in der Fastenzeit 348 gehalten hat."[265] Sie dienen der Vorbereitung der Katechumenen auf die Taufe. Innerhalb der Darlegung der christlichen Glaubensgrundlagen geht er in seiner letzten Katechese in Kat. 18,1–20 explizit auf die Auferstehungslehre ein. Nach einer Lesung aus Ez 37,1 und einer Einleitung in die Thematik (Kat. 18,1) macht Cyrill in Kat. 18,2 den Einwand von der Kettennahrung zum Ausgangspunkt seiner Beschäftigung mit der Auferstehung. Der Schwerpunkt ist darauf zu legen, in welchem Kontext er die Hindernisse zur Annahme der Auferstehungslehre im 4. Jahrhundert zur Sprache bringt. Cyrill macht nämlich die Gattung der Katechese zum Rahmen einer Beschäftigung mit verschiedensten Problemen, um die Taufbewerber mit den christlichen Lehren vertraut zu machen. Der „Sitz im Leben" der Auseinandersetzung mit dem Kettennahrungs-Einwand ist somit die christliche Unterweisung der Katechumenen, die der Vorberei-

---

265   G. Röwekamp, Art. *Cyrill von Jerusalem*, In: LACL, 179. Die Echtheit der fünf „Mystagogischen Katechesen" ist jedoch umstritten. Vgl. G. Röwekamp, Cyrill von Jerusalem, Mystagogische Katechesen (FC 7), 8–15.

280   4. KAPITEL

tung auf die Taufe dient. Innerhalb der Besprechung der einzelnen Artikel des
Glaubensbekenntnisses werden solche Einwände thematisiert, die sich möglicherweise im Bewusstsein der Noch-nicht-Initiierten festgesetzt haben.

Kat. 18: Kontext der Auseinandersetzung

In Kat. 18,1 führt Cyrill drei Gegnergruppen ein, die dem Glauben an die Auferstehung der Toten nicht zustimmen: Hellenen, Samaritaner und Häretiker.[266]
Den Kettennahrungs-Einwand bringen jedoch nur Hellenen und Samaritaner
vor, so dass diese zwei Gruppen den Schwerpunkt der Kontroverse bilden.
Cyrill versucht, Heiden und Samaritaner nacheinander zu überzeugen, woraus
zu schließen ist, dass die Taufbewerber einen solchen Hintergrund mitbringen.
Die Beweisführung wendet sich in Kat. 18,3–10 zunächst an die Hellenen und
in Kat. 18,11–19 an die Samaritaner. Im Vergleich dazu werden die Häretiker in
Kat. 18,20 knapp behandelt. Es ist deutlich zu sehen, dass der erste Teil (Kat.
18,3–10) der Überzeugung der Hellenen dient. Cyrill spricht sie direkt an und
geht auf ihre Voraussetzungen ein: „Da du ein Grieche bist, glaubst du nicht an
das Geschriebene über die Auferstehung."[267]

Cyrill wählt diese rhetorische Form, um einerseits seine Katechumenen
direkt anzusprechen, und sie andererseits mit Argumenten auszustatten, die
auf die Verteidigung der Auferstehungslehre gegen die heidnischen Zeitgenossen zielen. Er schließt den Abschnitt Kat. 18,10 mit folgenden Worten:

> Gebrauche nun diese Worte gegen die Hellenen. Diejenigen nämlich,
> die das Geschriebene nicht annehmen, bekämpfe mit ungeschriebenen
> Waffen, die allein aus der Vernunft und der logischen Beweisführung
> kommen. Denn diesen ist weder bekannt, wer Mose ist, noch wer Jesaja
> ist, noch was die Evangelien sind, noch wer Paulus ist.[268]

Anschließend wendet sich Cyrill in Kat. 18,11–19 den Einwänden der Samaritaner zu, die auf der Grundlage ihrer Schrift (Pentateuch) Belege gegen die

---

266 CyrJer, Kat. 18,1 (Reischl/Rupp II, 300,2 f.): „ἀντιλέγουσιν Ἕλληνες, ἀπιστοῦσι Σαμαρεῖται,
     διασύρουσιν αἱρετικοί."

267 CyrJer, Kat. 18,6 (Reischl/Rupp II, 304,12 f.): „Ἀλλ' ἀπιστεῖς τοῖς γεγραμμένοις περὶ τῆς ἀνα-
     στάσεως Ἕλλην τυγχάνων." In Kat. 18,8 werden erneut ausdrücklich die Ἕλληνες genannt,
     die noch deutlichere Beweise für die Auferstehung fordern. Vgl. CyrJer, Kat. 18,8 (Reischl/
     Rupp II, 306,6–9).

268 CyrJer, Kat. 18,10 (Reischl/Rupp II, 310,11–15): „τούτοις μὲν οὖν κέχρησο τοῖς ῥήμασι πρὸς
     Ἕλληνας. τοῖς γὰρ τὰ ἔγγραφα μὴ παραδεχομένοις ἀγράφοις μάχου τοῖς ὅπλοις ἐκ λογισμῶν
     μόνον καὶ ἀποδείξεων. τούτοις γὰρ οὔτε τίς ἐστι Μωσῆς γνώριμον, οὔτε τίς ἐστιν Ἡσαΐας, οὔτε
     τὰ εὐαγγέλια, οὔτε Παῦλος."

Auferstehungslehre anführen.[269] Cyrill sagt unmissverständlich, dass sie allein das Gesetz – aber nicht die Propheten – akzeptieren.[270]

Bevor nun Cyrill in Kat. 18,2 den Einwand von der Verspeisung der Menschenleiber zur Grundlage seiner Auseinandersetzung macht, betont er, dass die Hellenen gleichsam mit den Samaritanern solche Dinge gegen die Christen vorbringen.[271] Da aber die Samaritaner erst ab Kat. 18,11 ausdrücklich widerlegt werden, kann sicher davon ausgegangen werden, dass der Kettennahrungs-Einwand von den Hellenen vorgebracht wird und sich die Samaritaner deren Argumentation anschließen. Ginge dieser Einwand von den Letzteren aus, hätte Cyrill sie direkt mit Schriftbelegen aus dem Pentateuch widerlegt. Jedoch wählt er in Kat. 18,3–10 eine Beweisführung, die die Kenntnis der Heiligen Schrift nicht voraussetzt, und geht gegen die Hellenen somit explizit mit rationalen Argumenten vor.

Kat 18,2: Kettennahrungs-Einwand

Cyrill führt in Kat. 18,2 die Einwände seiner Gegner gegen die Auferstehung der Toten folgendermaßen ein:

> Und die Hellenen sagen zugleich mit den Samaritanern dieses gegen uns: ,Der gestorbenen Mensch ist zerfallen, verfault und wurde ganz unter den Würmern aufgelöst, auch die Würmer starben. Eine derartige Fäulnis und Verderben hat den Leib überkommen. Wie wird er nun auferweckt? Die Fische verzehrten die Schiffbrüchigen, und sie selbst wurden verzehrt. Von denen, die mit wilden Tieren kämpften, haben die Bären und Löwen selbst auch die Knochen zermalmt und verzehrt. Die Geier und die Raben fraßen das Fleisch derer Toten, die auf der Erde liegen geblieben waren und flogen (dann) in alle Welt davon. Woher soll der Leib zusammen-

---

269 Zur Auseinandersetzung von Cyrill mit den Samaritanern vergleiche die neuste Studie von J.W. Drijvers, Cyril of Jerusalem: Bishop and City (2004), 110: „The only time that he speaks about them in more detail is in his last lecture in which he condemns the Samaritans for not believing in the resurrection of the dead." Weiterhin werden die Samaritaner bei Cyrill noch in Procat. 10; Kat. 4,37; 6,33 und vor allem in Kat. 18,1f.11–13 audrücklich erwähnt.

270 Vgl. CyrJer, Kat. 18,11 (Reischl/Rupp II, 310,16–20): „Μετάβηθί μοι λοιπὸν ἐπὶ Σαμαρείτας, οἳ νόμον δεχόμενοι μόνον προφήτας οὐκέτι καταδέχονται, οἷς ἀργὸν ὡς ἔοικε τὸ παρὸν ἀνάγνωσμα τοῦ Ἰεζεκιήλ· προφήτας γάρ, ὡς ἔφην, οὐ δέχονται. πόθεν οὖν πείσωμεν καὶ Σαμαρείτας; ἔλθωμεν ἐπὶ τὰ ἔγγραφα τοῦ νόμου."

271 CyrJer, Kat. 18,2 (Reischl/Rupp II, 300,5f.): „Καὶ λέγουσι πρὸς ἡμᾶς ταῦτα Ἕλληνες ὁμοῦ καὶ Σαμαρεῖται."

282   4. KAPITEL

gebracht werden? Denn es ist möglich, dass der eine der Vögel, die das Fleisch fraßen, in Indien starb, der andere aber in Persien, der dritte in Gotthien. Von den anderen, die im Feuer verbrannt sind, hat der Regen oder der Wind sogar auch die Asche zerstreut. Woher soll der Leib zusammengebracht werden?'[272]

Von Beginn an betonen die Kontrahenten die völlige Vernichtung des menschlichen Körpers, der mit dem Tod des Menschen der Verwesung anheimfällt. Mit der gänzlichen Auflösung unter den Würmern, die ihrerseits sterben (εἰς σκώληκας ὅλος ἀνελύθη, καὶ οἱ σκώληκες τεθνήκασιν), illustrieren die Gegner die das σῶμα überkommende Verderbnis.[273] Daraus leiten die Auferstehungsleugner konsequent die Frage her: „πῶς οὖν ἐγείρεται;" Der Zerfall des Körpers provoziert die Frage nach dem „Wie" und somit nach der Möglichkeit der Auferstehung überhaupt: Auf welche Weise soll der völlig verweste Leib auferstehen? Diese Frage scheint ein grundsätzliches Unverständnis bezüglich der somatischen Auferstehungshoffnung zu implizieren. Daher heben die Kontrahenten die Vernichtung des Leibes insbesondere durch die Verspeisung von Fischen hervor, die selbst wiederum verzehrt werden.

Die Erwähnung der Ichthyphagie wirkt auf den ersten Blick etwas unvermittelt. Die Gegner greifen einen bekannten Topos auf, der nicht mehr wie bei Ps-Athenagoras oder beim Hellenen des Makarius Magnes in voller Breite entfaltet werden muss. Im Gegensatz zu diesen Autoren aber wird die kettenartige Verspeisung bei Cyrill lediglich mit καὶ αὐτοὶ κατεβρώθησαν angedeutet. Weder die Kontrahenten noch Cyrill, der deren Meinung hier wiedergibt, sind daran interessiert, die kettenartige Verspeisung des Menschenkörpers auszuführen.

---

272   CyrJer, Kat. 18,2 (Reischl/Rupp II, 300,5–17): „Καὶ λέγουσι πρὸς ἡμᾶς ταῦτα Ἕλληνες ὁμοῦ καὶ Σαμαρεῖται. πέπτωκεν ὁ ἄνθρωπος ὁ τελευτήσας καὶ σέσηπε καὶ εἰς σκώληκας ὅλος ἀνελύθη, καὶ οἱ σκώληκες τεθνήκασιν. σηπεδὼν τοιαύτη καὶ ἀπώλεια διεδέξατο τὸ σῶμα· πῶς οὖν ἐγείρεται; τοὺς ναυαγήσαντας ἰχθύες καταβεβρώκασι, καὶ αὐτοὶ κατεβρώθησαν. τῶν θηριομαχησάντων ἄρκτοι καὶ λέοντες καὶ αὐτὰ τὰ ὀστέα λεπτύναντες ἀνήλωσαν. γῦπες καὶ κόρακες τῶν χαμαὶ ῥιφέντων νεκρῶν τὰς σάρκας φαγόντες εἰς πάντα τὸν κόσμον ἀπέπτησαν. πόθεν συνάγεται τὸ σῶμα; ἐγχωρεῖ γὰρ τῶν ὀρνίθων τῶν φαγόντων τὸν μὲν ἐν Ἰνδικῇ τελευτῆσαι, τὸν δὲ ἐν Περσίδι, τὸν δὲ ἐν Γοτθίᾳ. πυρὶ καταφλεγέντων ἑτέρων καὶ αὐτὴν τὴν σποδιὰν διεσκόρπισεν ὄμβρος ἢ ἄνεμος. πόθεν συνάγεται τὸ σῶμα;"

273   Daher benennt auch Celsus die christliche Auferstehung als eine „Hoffnung für die Würmer" (ἀτεχνῶς σκωλήκων ἡ ἐλπίς). Vgl. C. Cels. V,14 (Marcovich 331,5 f.). Der Hellene des Makarius Magnes greift ebenfalls die Auflösung des menschlichen Körpers „unter den Würmern" (εἰς σκώληκας λῆξαν) auf, um dessen völlige Verwesung zu veranschaulichen. Vgl. MacMag, Apok IV,24,4 (Goulet 316,15 f.). Dies ist zu einem geläufigen Motiv zur Darstellung der gänzlichen Auflösung (ὅλος ἀνελύθη) des σῶμα geworden.

ALLGEMEINE ENTWICKLUNG DES KETTENNAHRUNGS-EINWANDS

Die angeführten Beispiele sollen allein die σηπεδών und die ἀπώλεια des Menschenleibes demonstrieren.

Auch der Verzehr durch θηρία wird ebenfalls knapp erwähnt. Von denen, die mit den wilden Tieren beispielsweise in der Arena kämpften, sind nicht einmal die Knochen übrig geblieben. Diese zermalmten sogar die menschlichen Überreste und ließen auf diese Weise keine Möglichkeit der Bestattung von zurückgebliebenen Körperteilen zu. Neben dem Verzehr durch Fische und wilde Tiere erwähnen die Kontrahenten traditionellerweise auch die fleischfressenden Vögel. Wie beim Hellenen des Makarius werden dafür Geier und Raben (γῦπες καὶ κόρακες) aufgeführt.[274]

Wenn Cyrill den Einwand des Porphyrius kennt, auf den der Auszug des Hellenen im Kern zurückgeht, so folgt daraus, dass er kein Interesse an der kettenartigen Verspeisung des Menschenkörpers zeigt. Er will vielmehr mit dem Verzehr durch die Vögel die Zerstreuung des Leibes in alle Welt aufzeigen. Da diese Vögel die ohne Bestattung gebliebenen Leichname fressen und εἰς πάντα τὸν κόσμον davonfliegen,[275] stellt sich bei den Kontrahenten die Frage: „πόθεν συνάγεται τὸ σῶμα;" Besonders das zuletzt geäußerte Bild vom Davonfliegen der Vögel in alle Welt wird detaillierter ausgeführt, um die Zerstreuung des gefressenen Leibes zu illustrieren: Diese ὄρνιθες sterben in verschiedensten Erdteilen, so dass der verzehrte Körper tatsächlich in die äußersten Winkel der damals bekannten antiken Welt gelangt.

Das nächste Beispiel hebt denselben Zusammenhang hervor: Die Verbrennung des Menschen hat die Zerstreuung der Asche durch Regen und Wind zur Folge. Auf diese Weise widerlegen die Kontrahenten die christliche Rede von der Zusammenführung der leiblichen Überreste. Daraus resultiert die Frage, auf die die gegnerische Argumentation den Schwerpunkt legt: Woher und wie soll der gänzlich vernichtete und in alle Welt zerstreute Leib zusammengebracht werden?

Kat. 18,3: Erwiderung des Kettennahrungs-Einwands

Cyrill antwortet in Kat. 18,3 sofort auf die Hauptproblematik der gegnerischen Argumentation: Er hält solchen Fragen vor allem die Macht Gottes entgegen.

---

274   Vgl. MacMag, Apok IV,24,4 (Goulet 316,10–13): „Φέρε γὰρ τὸ λεχθὲν λεπτῶς βασανίσωμεν· οἷον, ἐναυάγησέ τις, εἶτα τρίγλαι τοῦ σώματος ἐγεύσαντο, εἶθ' ἁλιεύσαντές τινες καὶ φαγόντες ἐσφάγησαν καὶ ὑπὸ κυνῶν ἐβρώθησαν, τοὺς κύνας ἀποθανόντας κόρακες παμμελεὶ καὶ γῦπες ἐθοινήσαντο·" Beim Hellenen stehen diese Vögel am Ende des kettenartigen Verzehrs des σῶμα des Schiffbrüchigen.

275   H.E. Lona übersetzt fälschlicherweise die Phrase εἰς πάντα τὸν κόσμον ἀπέπτησαν mit „ließen es auf die ganze Welt herabfallen". Siehe H.E. Lona, Athenagoras, 556.

284 4. KAPITEL

Die Gegner übertragen ihre eigene Schwachheit auf Gott, um ihn einer ἀδυναμία zu bezichtigen:[276]

> Für dich, der du ein sehr kleiner und schwacher Mensch bist, erscheint Indien weit von Gotthien und Spanien weit von Persien zu sein. Aber für Gott, der die ganze Erde in der Hand festhält, ist alles nahe.[277]

Da für Gott alles ganz nahe ist, geht für ihn auch nichts verloren. Ebenfalls ist er nicht weit von der Welt entfernt, da er selbst der Schöpfer der Sonne und der Luft ist.[278]

Daraufhin geht Cyrill auf die Zerstreuungsproblematik des Menschenleibes ein, die die gegnerische Argumentation aus seiner Sicht besonders herausstellt. Die Verspeisung des Körpers stellt für ihn keine Herausforderung dar, so dass er sich ausschließlich der Frage der Kontrahenten widmet, die da lautet: „πόθεν συνάγεται τὸ σῶμα;" Zur Widerlegung der kritischen Frage führt er das ὑπόδειγμα verschiedener Fruchtsamen ein, die sich in der Hand des Menschen befinden: Wenn der Mensch nun fähig ist, die einzelnen Samen zu unterscheiden, um sie gemäß ihrer eigenen Natur zusammenzubringen (συναγαγεῖν) und der entsprechenden Gattung zuzuordnen, so ist dies für Gott erst recht möglich. Da Gott die ganze Welt in seiner Hand zusammenhält, wird er auch alle zerstreuten menschlichen Körperteile zusammenbringen und dieselben Leiber erneut wiederherstellen.[279]

Mit dem Verweis auf die Macht Gottes ist für Cyrill die gegnerische Argumentation in Kat. 18,2 widerlegt. Der Verzehr der Menschenkörper durch Fische, die sogar selbst gefressen werden, durch wilde Tiere und fleischfressende Vögel sind keine ernst zu nehmenden Einwände, auf die Cyrill explizit eingehen muss. Sie gehören vielmehr zu den traditionellen Argumenten, die für die Lehre von der Auferstehung der Leiber keine Gefahr mehr bedeuten. Der Kirchenvater begnügt sich damit, die Argumentation der Hellenen und der Samaritaner allein mit dem Hinweis auf die Macht Gottes abgetan zu haben:

---

276 CyrJer, Kat. 18,3 (Reischl/Rupp II, 300,20–22): „μὴ τοίνυν πρὸς τὴν σὴν ἀσθένειαν ἀδυναμίαν κατηγόρει θεοῦ, ἀλλὰ τῇ ἐκείνου δυνάμει πρόσεχε μᾶλλον."

277 CyrJer, Kat. 18,3 (Reischl/Rupp II, 300,18–20): „Σοὶ τῷ ἀνθρώπῳ μικροτάτῳ ὄντι καὶ ἀσθενεῖ μακρὰν τῆς Γοτθίας ἡ Ἰνδικὴ καὶ Σπανία Περσίδος. θεῷ δὲ τῷ κατέχοντι πᾶσαν τὴν γῆν ἐν δρακὶ πάντα ἐγγύς."

278 CyrJer, Kat. 18,3 (Reischl/Rupp II, 300,25 f.): „θεὸς δὲ ὁ καὶ ἡλίου καὶ ἀέρος δημιουργὸς ἄρα μακρὰν ἀπέχει τοῦ κόσμου;"

279 CyrJer, Kat. 18,3 (Reischl/Rupp II, 300,27–302,5).

„Klage nun Gott nicht gemäß deiner Schwachheit der Machtlosigkeit an, sondern achte vielmehr auf seine Macht!"[280]

9 Theodoret von Cyrus

In der neunten Rede „De Providentia" behandelt Theodoret von Cyrus solche Todesfälle, die innerhalb des Kettennahrungs-Einwands gegen die Auferstehung der Leiber immer wieder vorgebracht werden. Auch bei diesem Autor ist es interessant zu beobachten, in welchem Kontext und Zusammenhang er die Auferstehungslehre mit derartigen Argumenten konfrontieren lässt.

Die zehn Reden über die Vorsehung gehören zu den apologetischen Werken des Theodoret von Cyrus, die er zwischen den Jahren 435 und 437 in Antiochien verfasst hat.[281] In ihnen setzt sich der Bischof von Cyrus mit den Einwänden der Heiden auseinander, die gegen den Glauben an die göttliche Vorsehung eingebracht wurden.[282] Die Kommentatoren sind sich darin einig, dass Theodoret auf heidnische Angriffe reagiert, die den Glauben an die göttliche Vorsehung in Frage stellten.[283] Theodoret widmet sich der Aufgabe, in diesen zehn Reden die göttliche Vorsehung zu verteidigen. Daher tragen die Vorsehungsreden den Charakter von „apologetischen Predigten mit freierer Redeform".[284]

---

280 CyrJer, Kat. 18,3 (Reischl/Rupp II, 300,20–22): „μὴ τοίνυν πρὸς τὴν σὴν ἀσθένειαν ἀδυναμίαν κατηγόρει θεοῦ, ἀλλὰ τῇ ἐκείνου δυνάμει πρόσεχε μᾶλλον."

281 Vgl. Y. Azéma, Discours sur la Providence, 20: „C'est pourquoi nous croyons que cette œuvre doit se situer, en définitive, entre 435 et 437, sans qu'il soit doute possible de préciser davantage."

282 Vgl. J. Schulte, Theodoret von Cyrus als Apologet, 26: „Von den Heiden gingen die Angriffe auf den Vorsehungsglauben zunächst aus, sie wurden nicht müde, das aufblühende Christentum mit der Frage zu belästigen: ‚Kann die Religion die wahre sein, deren Wachstum und Sieg in der Begleitschaft eines allgemeinen Ruins sich vollzieht?'"

283 Vgl. J. Schulte, Theodoret von Cyrus als Apologet, 26: „Was hat Theodoret zu den apologetischen Predigten über die Providenz bewogen? Der Glaube an die göttliche Vorsehung war infolge des Verfalles der politischen und sozialen Ordnungen und infolge vieler erschütternder Ereignisse, welche im IV. und V. Jahrhundert über das römische Weltreich hereinbrachen, in weiten Kreisen geschwunden." Vgl. auch Y. Azéma, Discours sur la Providence, 27.

284 J. Schulte, Theodoret von Cyrus als Apologet, 25. Vgl. Y. Azéma, Discours sur la Providence, 29: „Les *Discours* sont d'abord une œuvre de combat et peuvent se définir simplement comme une apologie de forme oratoire."

286   4. KAPITEL

Die Zweifel an dem Walten der göttlichen Vorsehung sind aus verschiedenen Lagern geäußert worden, wie Theodoret in der einleitenden ersten Rede betont.[285] Neben den Heiden haben auch Häretiker eine kritische Haltung gegenüber der göttlichen Providenz eingenommen. Jedoch wendet sich der Bischof von Cyrus in diesen zehn Reden zunächst an die Heiden, die das Dasein einer göttlichen Vorsehung leugnen.[286] Ihre Einwände stehen im Mittelpunkt der Erörterung, so dass Theodoret besonders seine paganen Zeitgenossen von der Providenz Gottes überzeugen will.[287]

De Prov IX

Innerhalb der neunten Rede geht der Bischof von Cyrus auf den Auferstehungsglauben ein. Die Lehre von der Providenz Gottes impliziert die Hoffnung auf ein jenseitiges Leben. Den Beweis für die Auferstehung führt Theodoret vom Glauben an ein gerechtes Gericht Gottes her. Die auf Erden zu erstrebende Tugend wird nicht unbelohnt bleiben, sondern im göttlichen Gericht eine gerechte Vergeltung erfahren. In diesem Zusammenhang geht er auf die wichtigsten Einwände ein, die seinen heidnischen Zuhörern Schwierigkeiten bereiten, die somatische Auferstehungslehre der Christen anzunehmen.

Theodoret knüpft an die Meinung der Hellenen an, die ebenfalls von einem jenseitigen Gericht ausgehen: Denn obwohl sie weder Propheten noch Apostel und Evangelien haben, sind sie allein von der Natur dazu angeleitet worden, jenseitige Strafen der Bösen und Belohnungen der Guten zu erwarten.[288] Nach dem Beweis des jenseitigen Gerichts geht Theodoret auf die damit entstehende Dissonanz zwischen Heiden und Christen ein: Sollen allein die Seelen die Strafe oder die Belohnung erhalten, der Leib dagegen so weggeworfen werden (τὸ δὲ σῶμα οὕτως ἐρρίφθαι), dass er der Fäulnis übergeben wird, da er gänzlich unbrauchbar und vernunftlos ist?[289]

Daraufhin entfaltet Theodoret eine breite Argumentation, die er mit einem Monolog der Seele (729A–C) und des Leibes (729D–732C) ausstattet, um den Beweis zu erbringen, dass die Seele und der Leib gemeinsam alle menschlichen

---

285   ThdrtCyr, De Prov I (PG 83, 560D–561A).

286   ThdrtCyr, De Prov I (PG 83, 560,D12–561,A1).

287   Vgl. Y. Azéma, Discours sur la Providence, 31: „Sans aucun doute les *Discours* s'adressent donc uniquement aux gentils, à ces hommes que Théodoret a définis comme ‚menant le combat contre la Providence‘.“

288   ThdrtCyr, De Prov IX (PG 83, 728,D4–729,A3).

289   ThdrtCyr, De Prov IX (PG 83, 729,A6–10): „μόνων δὲ τῶν ψυχῶν, ἢ ἄνεσιν, ἢ κόλασιν ὑποπτεῦσαι γενήσεσθαι, τὸ δὲ σῶμα οὕτως ἐρρίφθαι, τῇ σηπεδόνι παραδεδομένον, ὡς ἄχρηστον παντελῶς καὶ ἄλογον.“

ALLGEMEINE ENTWICKLUNG DES KETTENNAHRUNGS-EINWANDS 287

Taten vollbracht haben und daher auch gemeinsam gerichtet werden müssen. Zu diesem Zweck ist es aber notwendig, dass der Leib aufersteht. Als Ergebnis aus den beiden Monologen resümiert er: „Er gibt den Seelen (ihre) Leiber zurück und vergilt so allen gemäß (ihres) Verdienstes."[290]

Bis dahin hat Theodoret den Auferstehungsbeweis aus dem Gerechtigkeitsargument geführt. Auf das Problem, dass der Leib der Fäulnis übergeben wird (τῇ σηπεδόνι παραδεδομένον), da er ganz unbrauchbar und nutzlos ist,[291] geht er anschließend ein. Er thematisiert dabei die verschiedenen Vernichtungsmöglichkeiten, denen der Leib durch bestimmte Todesschicksale ausgesetzt wird. In diesem Zusammenhang weist er nach, dass es für Gott nicht unmöglich ist, die auf vielfältige Weise zugrunde gegangenen Körper auferstehen zu lassen:

> Du sollst also nicht glauben, dass das dir ganz Unmögliche auch für Gott unmöglich ist. Denn alles ist für jene Natur möglich und ganz leicht. Daher kann er auch die einmal im Todesfall zerflossene Natur des Leibes, die dann zu Staub geworden ist und überall in Flüssen, in Meeren, in Raubvögeln, in wilden Tieren, im Feuer, im Wasser zerstreut worden ist – denn ich trage alle deine Ausgeburten des Unglaubens vor –, zusammenbringen, weil er dich wieder will, dass du in (deine) frühere Größe und Schönheit zurückkehrst.[292]

Die polemische Zwischenbemerkung (πάντα γάρ σου τὰ τῆς ἀπιστίας εἰς μέσον φέρω κυήματα) verrät, dass Theodoret in der Tat bemüht ist, alle Einwände zusammenzutragen, die von den Heiden gegen die Auferstehung der Leiber vorgebracht werden. Das größte Hindernis stellt dabei die durch verschiedene Todesschicksale stattfindende Zerstreuung des Leichnams dar. Das Fehlen einer ordentlichen Bestattung des toten Körpers wird auch hier gegen die Auferstehung der Leiber geltend gemacht. Auch wenn die Zerstreuung des σῶμα „in Raubvögeln" (ἐν οἰωνοῖς) und „in wilden Tieren" (ἐν θηρίοις) erwähnt

---

290 ThdrtCyr, De Prov IX (PG 83, 732,D1 f.): „καὶ τὰ σώματα ταῖς ψυχαῖς ἀποδιδούς, οὕτως ἀπονέμει τὰ πρὸς ἀξίαν ἀπάσαις."

291 ThdrtCyr, De Prov IX (PG 83, 729,A8–10).

292 ThdrtCyr, De Prov IX (PG 83, 733,D1–736,A2): „Μὴ τοίνυν τὰ σοὶ λίαν ἀδύνατα, νομίσῃς εἶναι ἀδύνατα καὶ Θεῷ· πάντα γὰρ ἐκείνῃ τῇ φύσει δυνατὰ καὶ λίαν εὔπορα. Δύναται τοιγαροῦν, καὶ τὴν ἅπαξ εἰς ἰχῶρα διαρρυεῖσαν τοῦ σώματος φύσιν, εἶτα κόνιν γεγενημένην, καὶ πανταχοῦ διασπαρεῖσαν, ἐν ποταμοῖς, ἐν πελάγεσιν, ἐν οἰωνοῖς, ἐν θηρίοις, ἐν πυρί, ἐν ὕδατι (πάντα γάρ σου τὰ τῆς ἀπιστίας εἰς μέσον φέρω κυήματα), συναγαγεῖν, σὲ θέλων πάλιν, καὶ εἰς τὸ πρότερον καὶ μέγεθος καὶ κάλλος ἐπαναγαγεῖν."

wird, spielt die kettenartige Verspeisung der Menschenkörper bei der Verteidigung des christlichen Auferstehungsglaubens keine Rolle. Das „Zerfließen“ der körperlichen Natur und die Verwesung des Leichnams zu Staub deuten an, dass mit den vorgebrachten Todesfällen allein die gänzliche Vernichtung des toten Leibes hervorgehoben werden soll.

Im Vergleich zu Ps-Athenagoras bewegt sich diese Argumentation auf der ersten Stufe des Kettennahrungs-Einwands (De Res 4,1 f.), von der aus die kettenartige Verspeisung der σώματα entwickelt werden konnte. Jedoch scheinen die bei Theodoret erwähnten Einwände derart traditionell geworden zu sein, dass der Bischof von Cyrus auf eine detaillierte Widerlegung dieser Argumente verzichtet. Er begnügt sich, auf die Schöpfermacht Gottes zu verweisen, die die völlig zugrunde gegangenen Leiber wieder in die frühere Größe und Schönheit wiederherstellen wird.

Um die Macht Gottes zu begründen, verweist er auf den ersten Schöpfungsbericht der Genesis, mit dem die Schöpfertätigkeit des Demiurgen veranschaulicht wird:

> Denn er wollte nur und es entstand der Himmel; und er wurde so gewölbt, wie er es haben wollte. Er wollte und die Erde wurde darunter ausgebreitet; und sie ist aufgehängt, indem sie allein die Bestimmung Gottes als Grundlage hat. ‚Er sprach und es wurde Licht‘ (Gen 1,3). Er befahl und die Natur der Wasser wurde herbeigeführt; er ordnete an und sie wurde von der Erde abgesondert. Er winkte und die Erde wurde mit Wiesen, mit Wäldern und mit allerlei Saatfeldern ausgeschmückt. Er sprach und es entstanden unzählige Arten von Lebewesen, die sich auf dem Festland, im Wasser und in der Luft befinden. Da er dieses durch das Wort gemacht hat, um wieviel leichter wird er daher auch die Natur des Leibes aufstehen lassen.[293]

Theodoret wählt diese Art der Beweisführung und baut seine schöpfungstheologische Argumentation direkt auf der Grundlage der Schrift auf. Die Macht Gottes wird auf diese Weise gegenüber der gänzlichen Vernichtung des Leibes fast schon ins Unermessliche gesteigert. Auf die einzelnen Einwände der

---

293 ThdrtCyr, De Prov IX (PG 83, 736,A2–12): „Ἠθέλησε γὰρ μόνον, καὶ ἐγένετο οὐρανός· καὶ ἐκυρτώθη τοσοῦτον, ὅσον ἠθέλησεν. Ἠβουλήθη, καὶ ὑπεστορέσθη ἡ γῆ, καὶ κρέμαται μόνον τοῦ Θεοῦ τὸν ὅρον θεμέλιον ἔχουσα. „Εἶπε, καὶ ἐγένετο φῶς.“ Ἐκέλευσε, καὶ παρήχθη τῶν ὑδάτων ἡ φύσις· προσέταξε, καὶ τῆς γῆς ἀπεκρίθη· ἔνευσε, καὶ ἐκοσμήθη ἡ γῆ, λειμῶσι, καὶ ἄλσεσι, καὶ ληΐοις παντοδαποῖς· εἶπε, καὶ παρήχθη ζώων εἴδη μυρία, χερσαῖα, ἔνυδρα, καὶ ἀέρια. Ὁ ταῦτα λόγῳ πεποιηκώς, ῥᾷον κἀκ τούτων πολλῷ τὴν τοῦ σώματος ἀνίστησι φύσιν·“

ALLGEMEINE ENTWICKLUNG DES KETTENNAHRUNGS-EINWANDS

Gegner, die die verschiedenen Todesschicksale der Menschen beinhalten, geht Theodoret überhaupt nicht ein. Vielmehr sieht er darin die Allmacht Gottes nicht in Frage gestellt, so dass er die göttliche Schöpfermacht sehr exponiert dagegen setzt, indem er den ersten Schöpfungsbericht breit rezipiert.

Bereits vor dem Eingehen auf die gegnerischen Einwände, die die verschiedenen Vernichtungsmöglichkeiten des Leibes betreffen, hält Theodoret seinen Kontrahenten vor, dass sie mit der Leugnung der Auferstehung gänzlich in eine Blasphemie hineingeraten.[294] Dabei führt er den wahren Grund ihrer Ablehnung so an:

> Denn du schließt von deiner Schwachheit auf das Göttliche und du machst deine Schwachheit zur Grenze der göttlichen Kraft und du meinst, dass das für dich ganz Unmögliche gleichermaßen (auch) für Gott unmöglich ist.[295]

Dies scheint der eigentliche Grund der Begrenzung der göttlichen Macht aus der Perspektive Theodorets zu sein. Die Gegner beurteilen die göttliche δύναμις mit den Maßstäben ihrer menschlichen Erfahrung.

Daraufhin führt der Bischof von Cyrus das Beispiel vom Ton und dem Töpfer ein, um den Unterschied bezüglich ihrer Fähigkeiten anzuzeigen. Denn obwohl sie sogar aus derselben irdischen Natur bestehen, ist bei beiden nicht die gleiche Kraft zu finden:[296]

> Denn der eine bewegt, der andere wird bewegt, und der eine bildet, der andere aber wird gebildet, und der eine mischt, der andere wird gemischt, und der eine gestaltet, der andere aber empfängt die Gestalt, und wie der Töpfer es will, wird (der Ton) geformt.[297]

Obgleich der Ton und der Töpfer die gleiche Natur besitzen, ist dennoch die Kraft verschieden. Dagegen ist es überhaupt nicht möglich, das Unvergleich-

---

294 ThdrtCyr, De Prov IX (PG 83, 733,C1f.): „Ἀλλ' οἶδα πόθεν εἰς ταυτηνὶ τὴν βλασφημίαν ἐξώκειλας·"

295 ThdrtCyr, De Prov IX (PG 83, 733,C2–6): „ἀπὸ γὰρ τῆς σῆς ἀσθενείας τὰ θεῖα τεκμαίρῃ, καὶ τὴν σὴν ἀσθένειαν ὅρον ποιεῖς τῆς θείας δυνάμεως, καὶ τὰ σοὶ λίαν ἀδύνατα παραπλησίως εἶναι Θεῷ νομίζεις ἀδύνατα."

296 ThdrtCyr, De Prov IX (PG 83, 733,C11f.): „Ἀλλ' ὅμως καὶ μιᾶς φύσεως οὔσης τοῦ τε πηλοῦ καὶ τοῦ κεραμέως, οὐ τὴν ἴσην δύναμιν ἐν ἀμφοῖν ἔστιν εὑρεῖν."

297 ThdrtCyr, De Prov IX (PG 83, 733,C12–14): „Ὁ μὲν γὰρ κινεῖ ὁ δὲ κινεῖται, καὶ ὁ μὲν πλάττει ὁ δὲ πλάττεται, καὶ ὁ μὲν κεράννυσιν ὁ δὲ κεράννυται, καὶ ὁ μὲν εἰδοποιεῖ ὁ δὲ εἰδοποιεῖται καὶ ὡς ἂν ὁ κεραμεὺς ἐθέλοι, μετασχηματίζεται."

bare zu vergleichen (ἀλλὰ γὰρ οὐδὲ συγκρῖναι δυνατὸν τὰ ἀσύγκριτα),[298] womit der Autor auf das Verhältnis zwischen Gott und dem Menschen verweist.

> Denn wie sollte das Nicht-Seiende mit dem immer Seienden, das in der Zeit Existierende mit dem vor Zeitaltern Bestehenden, das aus Ton Gemachte mit dem Schöpfer des Himmels und der Erde verglichen werden?[299]

Daraufhin folgen die Einwände der Gegner, die die Unmöglichkeit der Auferstehung aufgrund der verschiedenartigen Vernichtungsmöglichkeiten des Leibes begründen. Jedoch führt Theodoret gegenüber einer derartigen Argumentation direkt den „Schöpfer des Himmels und der Erde" an, um die Unvergleichbarkeit der göttlichen Macht mit den menschlichen Vorstellungsmöglichkeiten herauszustellen. So beschließt Theodoret die Widerlegung des gegnerischen Standpunkts mit dem Verweis auf den Glauben an die *creatio ex nihilo*, indem er im Anschluss an die Rezeption des Schöpfungsberichts resümiert:

> Denn um wieviel leichter ist es, das Altgewordene zu erneuern, als das, was nicht ist, ohne Materie zu machen.[300]

Er vertritt die Meinung, dass Gott die Schöpfung nicht aus einer vorhandenen Materie geschaffen hat, sondern buchstäblich aus dem Nichts hervorbrachte. Da Gott über menschliche Vorstellungen hinaus eine unbegreiflich große Macht besitzt, wird er mit einer Leichtigkeit das Altgewordenen wieder neu gestalten. Der Verweis auf die *creatio ex nihilo* bietet somit den absoluten Höhepunkt für den Beweis der Allmacht Gottes, so dass für Theodoret kein Zweifel an der Auferstehung der wie auch immer vernichteten Leiber bestehen bleibt.

10   Quaestiones-Literatur

In der Quaestiones-Literatur wird der Kettennahrungs-Einwand bei der Behandlung der Auferstehungslehre ebenfalls thematisiert. In der Schrift „Quae-

---

298 ThdrtCyr, De Prov IX (PG 83, 733,C15).

299 ThdrtCyr, De Prov IX (PG 83, 733,C15 f.): „Πῶς γὰρ ἂν παραβληθείη τὸ ἐκ μὴ ὄντων τῷ ἀεὶ ὄντι; τὸ ἐν χρόνῳ τῷ πρὸ αἰώνων; τὸ ἐκ πηλοῦ τῷ οὐρανοῦ καὶ γῆς Ποιητῇ;"

300 ThdrtCyr, De Prov IX (PG 83, 736,A12–14): „ῥᾷον γὰρ πολλῷ τὸ παλαιωθὲν καινουργῆσαι, ἢ τὰ μὴ ὄντα δίχα ὕλης ποιῆσαι."

stiones graecae ad christianos"[301] des Ps-Justin macht der unbekannte Verfasser in der Frage Nr. 15 diesen Einwand zum Ausgangspunkt der Verteidigung der Auferstehungslehre. Es soll nun kurz auf die Frage nach dem „Sitz im Leben" der pseudojustinischen Quaestiones-Schriften eingegangen werden, die natürlich auch die Verfasserschaft und die Datierung mit beinhalten.

Die genannte Schrift ist mit anderen zwei Quaestiones-Schriften[302] unter den Werken Justins überliefert. A. v. Harnack schrieb diese drei Schriften neben der weiteren Schrift des Ps-Justin „Confutatio dogmatum Aristotelis" Diodor von Tarsus zu.[303] Er führt diesen Nachweis vor allem an den Beobachtungen zur Schrift „Quaestiones et Responsiones ad orthodoxos" durch und datiert sie zwischen 365 und 377/378 n. Chr., wobei er den Zeitrahmen sogar auf 370–376/377 n. Chr. einzuengen vermag.[304] „Ein hervorragender christlicher Lehrer, der von den verschiedensten Seiten – von Christen und Katechumenen, von persönlichen Schülern, von Collegen und von Mönchen – befragt zu werden gewohnt war und der als Autorität in der Apologetik, der Theologie, der Theodice, der Kosmologie, der Ethik und der Bibelwissenschaft galt, hat wichtige Fragen, die ihm wirklich gestellt waren, aufgezeichnet, *redigiert* und dann mit seinen Antworten herausgegeben. Er mag dabei einen Teil der Fragen selbst aufgeworfen, bez. im Unterricht gestellt haben."[305]

Harnack legt weiterhin überzeugend dar, dass die Fragen und Antworten den Charakter einer Schulunterweisung haben, die sehr wahrscheinlich der antiochenischen Schule entstammen: „Die ganze wissenschaftliche Methode, die Hermeneutik (vgl. z. B. die technische Unterscheidung von εἰκών, παραβολή und ἱστορία), die Vorliebe für Definitionen und Syllogismen, die starke Verwertung der aristotelischen Philosophie, die (indirekte) Ablehnung des Platonis-

---

301 Der griechische Titel dieser Schrift lautet: „Ἐρωτήσεις Ἑλληνικαὶ πρὸς τοὺς Χριστιανοὺς περὶ τοῦ ἀσωμάτου καὶ περὶ τοῦ θεοῦ καὶ περὶ τῆς ἀναστάσεως τῶν νεκρῶν". Daran schließen sich die *Responsiones* an, die so lauten: „Ἀποκρίσεις χριστιανικαὶ πρὸς τὰς προῤῥηθείσας ἐρωτήσεις ἀπὸ τῆς εὐσεβείας τῶν φυσικῶν λογισμῶν". Die lateinische Wiedergabe variiert insoweit, dass Ἑλληνικαὶ unterschiedlich übertragen wird: „Quaestiones graecae ad christianos" (Maranus in der PG), „Quaestiones gentiles ad christianos" (Otto) und „Quaestiones Gentilium ad Christianos" (Harnack). Wir entscheiden uns für die erste Form.

302 Die bekanntesten unter diesen heißen: „Quaestiones et Responsiones ad orthodoxos" und „Quaestiones Christianorum ad Gentiles".

303 Vgl. A. v. Harnack, Diodor von Tarsus, Vier pseudojustinische Schriften als Eigentum Diodors nachgewiesen, Leipzig 1901.

304 Vgl. A. v. Harnack, Diodor von Tarsus, 29: „Man wird daher mit einer nicht geringen Wahrscheinlichkeit behaupten dürfen, dass unsere Schrift in die JJ. c. 370–376/7 fällt; ein sehr Vorsichtiger mag bei den JJ. c. 365–377/8 stehen bleiben."

305 A. v. Harnack, Diodor von Tarsus, 19.

mus, die klare Verständlichkeit und der nüchterne Sinn, der die ‚Antworten‘ durchwaltet, die Ablehnung der allegorischen Exegese und die teils historische, teils typische Erklärung der Schriftstellen (ein besonders schönes Beispiel Q. 57 [44]) – alle diese Merkmale lassen in dem Verfasser einen Anhänger der antiochenischen Schule erkennen.“[306] Vor allem die Datierung der „Quaestiones et Responsiones ad orthodoxos“ und die Verortung dieser Schrift in die antiochenische Schule lassen für Harnack keinen anderen Verfasser als Diodor von Tarsus zu.[307]

Was die anderen drei Schriften betrifft, die ebenfalls unter dem Namen Justins in dem berühmten Cod. Paris. 450 (aus dem Jahre 1364) der „justinischen“ Werke überliefert sind, so weist Harnack nach, dass sie denselben Autor haben, der auch die „Quaestiones et Responsiones ad orthodoxos“ verfasst hat.[308] So ist für Harnack der Beweis erbracht, der u. a. auf sachlichen und lexikalischen Übereinstimmungen zwischen den vier Schriften gründet, dass sie alle von einem gemeinsamen Verfasser herrühren, welcher Diodor von Tarsus ist.[309]

Die weitere Forschung hat besonders die Datierung und die Zuschreibung an Diodor von Tarsus sehr in Frage gestellt, jedoch den antiochenischen Charakter der vier Schriften bestätigt.[310] Intensiver hat sich F.X. Funk mit der harnack-

---

306   A. v. Harnack, Diodor von Tarsus, 29.

307   Harnack bietet insgesamt neun Indizien an, die er für die Verfasserschaft des Diodor von Tarsus geltend macht. Vgl. A. v. Harnack, Diodor von Tarsus, 33–36.

308   Vgl. A. v. Harnack, Diodor von Tarsus, 46–54.

309   Vgl. A. v. Harnack, Diodor von Tarsus, 51: „Diese Conformitäten, zusammenstimmend mit der allgemeinen Gleichartigkeit der drei Schriften und mit ihrer Geschichte stellen es sicher, dass sie alle drei von *einem* Verfasser herrühren. Da nun Diodor von Tarsus als Verfasser der Quaest. et Resp. nachgewiesen ist, so sind ihm auch die beiden anderen Schriften zuzuschreiben.“ Nach der Behandlung der Schrift „Confutatio dogmatum Aristotelis“ schreibt Harnack schließlich alle vier Schriften dem einen Autor zu. „Die ‚Confutatio dogmatum Aristotelis‘ gehört somit dem Verfasser der drei Quästionen-Schriften an […] Nun aber sind, wie oben nachgewiesen worden ist, die ‚Quaestiones et Responsiones‘ von *Diodor* verfasst; *also rühren alle vier Schriften von ihm her.*“ A. v. Harnack, Diodor von Tarsus, 53f.

310   So hat Ad. Jülicher als erster in einer Rezension eine kritische Stellung zu der Studie Harnacks bezogen: „Für sicher erwiesen achte ich die Zusammengehörigkeit der vier Schriften, ferner, dass ihr Verfasser der antiochenischen Schule angehörig, ein syrischer Grieche und ein Mann von ähnlicher Geistesart, Autorität und Theologie wie Diodor gewesen, dass die Abfassungszeit schlechterdings nicht vor 365 angesetzt werden kann. Der *Terminus ante quem* dagegen und der Name Diodor's scheinen mir doch etwas zu schnell ergriffen.“ Ad. Jülicher, Rez. In: ThLZ 27 (1902), 84.

ALLGEMEINE ENTWICKLUNG DES KETTENNAHRUNGS-EINWANDS 293

schen These befasst und ebenfalls der Datierung und zugleich der Zuschreibung widersprochen. Er geht den Argumenten Harnacks für die Datierung nach und schlägt selbst vor, die Schrift „Quaestiones et Responsiones ad orthodoxos" um die Mitte des 5. Jahrhunderts zu datieren.[311] Daraus folgt, dass auch die diskutierte Verfasserschaft nicht mehr aufrecht erhalten bleiben kann.[312] F.X. Funk stimmt wie Jülicher der Zugehörigkeit der vier Schriften zur antiochenischen Schule zu, so dass sich für die vorgeschlagene Zeit der Name des Theodoret von Cyrus als Verfasser der vier Schriften nahelegt.[313] Jedoch bleiben beide Autoren einen genauen Nachweis weiterhin schuldig.

Die neuere Forschung hat ebenfalls keine sicheren Ergebnisse erzielt,[314] so dass die Schrift „Quaestiones et Responsiones ad orthodoxos" zu den unechten Schriften Theodorets[315] und die anderen drei Werke weiterhin unter dem

---

311 Vgl. F.X. Funk, Pseudo-Justin und Diodor von Tarsus, 346: „Im Vorstehenden dürften hinreichende Gründe dafür angeführt sein, daß die Schrift nicht früher als etwa um die Mitte des 5. Jahrhunderts entstand."

312 Vgl. F.X. Funk, Pseudo-Justin und Diodor von Tarsus, 346: „Fällt die Schrift in die nachgewiesene Zeit, so ist die Autorschaft Diodors ausgeschlossen. Man braucht auch nicht gerade auf der Mitte des 5. Jahrhunderts zu bestehen, man kann noch ein paar Jahrzehnte weiter hinaufgehen, und die Schrift ist dennoch Diodor abzusprechen, da dieser schon vor 394 starb."

313 Vgl. F.X. Funk, Pseudo-Justin und Diodor von Tarsus, 350; Ad. Jülicher, Rez. In: ThLZ 1902, 85 f. So auch J. Lebon, Restitutions à Théodoret de Cyr, In: RHE 26 (1930), 523–550.

314 Stellvertretend steht das Votum von G.Chr. Hansen in dem Vorwort der 1975 neu abgedruckten Edition von A. Papadopulos-Kerameus, V: „Die Antworten aber werden sämtlich von *einem* Mann erteilt, einem überlegenen, vielseitig gebildeten, nüchtern urteilenden Theologen, der sich als entschiedener Vertreter der Orthodoxie versteht und sich offenbar großer Autorität erfreut. Wer dieser Mann ist, wissen wir nicht. Mit Bestimmtheit können wir nur sagen, daß er ein Anhänger der antiochenischen Schule war, die seiner Schrift das bestimmende Gepräge gegeben hat. Sehr wahrscheinlich lebte und lehrte er in Antiochien. Die Abfassungszeit der Schrift ist nur nach inneren Kriterien und nur sehr ungefähr zu bestimmen. Gewöhnlich nimmt man die erste Hälfte des 5. Jahrhunderts an, doch kann die Frage ohne eine neue gründliche Untersuchung nicht als gelöst betrachtet werden."

315 Dies hängt mit einem handschriftlichen Fund zusammen, der die Schrift „Quaestiones et Responsiones ad orthodoxos" direkt Theodoret von Cyrus zuschreibt. A. Papadopulos-Kerameus hat eine in Konstantinopel gefundene Handschrift aus dem 10. Jahrhundert 1895 veröffentlicht, die den folgenden Titel trägt: „Θεοδωρήτου ἐπισκόπου πόλεως Κύρρου πρὸς τὰς ἐπενεχθείσας αὐτῷ ἐπερωτήσεις παρά τινος τῶν ἐξ Αἰγύπτου ἐπισκόπων ἀποκρίσεις". Diese Handschrift (10. Jh.) enthält 15 Quaestiones mehr als der Parisinus und hat auch einen besser überlieferten Text. Jedoch hat A. Ehrhard die Verfasserangabe zu Recht als sekundär beurteilt: „P.[apadopulos-Kerameus] schlug nun die Autorität der Kpler Hs so hoch an, dass er es nicht für notwendig fand, die Autorschaft Theodorets eigens zu erwei-

294   4. KAPITEL

Namen Ps-Justins geführt werden.[316] Dennoch hat sich in der Forschung durchgesetzt, alle vier Schriften eher ins fünfte als ins vierte Jahrhundert zu datieren.

Ps-Justin, Quaestiones graecae ad christianos

Für unseren Zusammenhang ist die Schrift „Quaestiones graecae/Gentilium ad christianos" wichtig, da in ihr das Kettennahrungs-Problem explizit behandelt wird. A. v. Harnack hat diese Schrift an die „Quaestiones christianae ad gentiles" des Ps-Justin sehr nahe herangerückt. „Mit den Quaestiones Christianae ad Gentiles hängen die Quaestiones Gentilium ad Christianos so enge zusammen, dass das Urteil, welches man über jene fällt, sofort auch für diese gültig ist."[317] Sie weisen die gleiche Gegnerschaft auf und die Kontroverse ist in beiden Schriften vergleichbar.[318] Die Gegner sind bereits im Titel der beiden Schriften angezeigt, so dass es sich um heidnische Intellektuelle handelt, die der christliche Verfasser mit philosophischen Überlegungen von den christlichen Lehren überzeugen will. Dabei handelt es sich nicht um eine Fiktion, sondern um einen „wirklichen, litterarisch [sic] geführten Streit zwischen [...] christlichem Philosophen und einem heidnischen Philosophen."[319] Zusätzlich hat Harnack eine recht treffende Beschreibung des Autors der beiden Schriften gegeben, die bemerkenswert ist, auch wenn damit nicht ausdrücklich Diodor von Tarsus gemeint sein muss: „der Verfasser der Quaest. Gent. und der Quaest. Christ. ist ein orthodoxer, aber in der Gedanken- und Stilbildung sehr stark von Aristoteles beeinflusster Christ, der eben deshalb den Aristoteles, den er gründlich kennt, scharf bekämpft."[320]

---

sen; [...] Und doch leuchtet ein, dass eine einzige Hs, auch wenn sie aus dem 10. Jahrh. stammt, diese Frage nicht entscheiden kann, namentlich wenn andere Hss widersprechen und wenn es sich um Ἐρωτήσεις καὶ ἀποκρίσεις handelt, eine Litteraturgattung, die wie kaum eine zweite, den verschiedenartigsten Zufällen ausgesetzt ist." A. Ehrhard, Rez. In: Byz.Zeit. 7 (1898), 609. „Verdächtig erscheint mir endlich auch der Zusatz zu dem Titel der Schrift in dem Cod. Metoch. s. Sepulcri, dass die Fragen von einem der ägyptischen Bischöfe an Theodoret gerichtet wurden. Das ist bei dem damaligen Gegensatze zwischen dem antiochenischen und dem alexandrinischen Patriarchate nicht wahrscheinlich, [...]" A. Ehrhard, 611. Vgl. auch die Kritik Harnacks an dem Titel dieser Handschrift: A. v. Harnack, Diodor von Tarsus, 8.

316   Vgl. Clavis Patrum Graecorum, in der die drei Schriften als „Spuria" des Justin (CPG: 1086, 1087, 1088) und die andere Schrift unter „Dubia" des Theodoret (CPG: 6285) verzeichnet werden.

317   A. v. Harnack, Diodor von Tarsus, 239.

318   Vgl. A. v. Harnack, Diodor von Tarsus, 239.

319   A. v. Harnack, Diodor von Tarsus, 237.

320   A. v. Harnack, Diodor von Tarsus, 48.

ALLGEMEINE ENTWICKLUNG DES KETTENNAHRUNGS-EINWANDS 295

Der griechische Titel der Schrift „Quaestiones graecae/Gentilium ad christianos" gibt zugleich auch die Thematik an, was in dieser – im Vergleich mit den anderen drei pseudojustinischen – *kurzen* Schrift behandelt werden soll: „Ἐρωτήσεις Ἑλληνικαὶ πρὸς τοὺς Χριστιανοὺς περὶ τοῦ ἀσωμάτου καὶ περὶ τοῦ θεοῦ καὶ περὶ τῆς ἀναστάσεως τῶν νεκρῶν". Die Abhandlung besteht aus fünfzehn Quaestiones, denen dann in einer unterschiedlichen Länge ebenfalls genau so viele Responsiones folgen. Die ersten vier Fragen befassen sich mit dem Problem des Unkörperlichen, die nächsten zehn kann man durchaus zum Bereich περὶ τοῦ θεοῦ rechnen. Erst in der letzten Quaestio wird περὶ τῆς ἀναστάσεως τῶν νεκρῶν nachgedacht, indem der christliche Autor ausdrücklich mit φησί einen Einwand der Heiden zur Diskussion stellt. Zum Ende der vierzehnten Quaestio liefert der christliche Autor eine Überleitung zur Behandlung der Auferstehungslehre: Er widmet sich einer der edleren Lehren, die besonders staunenswert ist, was nämlich von den Worten über die Auferstehung zu halten ist.[321] Denn diese Lehre gehört zu solchen, die bei einigen Leuten, die ein steinernes Herz haben, nicht wenige Aporien hervorgerufen hat.[322]

Bereits diese Einleitung zeigt an, dass die Quaestiones von dem christlichen Autor bearbeitet und redigiert worden sind. Er möchte in der Tat auf eine wesentliche Aporie eingehen, die den Heiden große Schwierigkeiten bereitet.

Quaestio Nr. 15

In der Quaestio 15 zitiert der christliche Autor den Kettennahrungs-Einwand, womit die Heiden die Auferstehungslehre widerlegen wollen:

> Denn wenn, wie man sagt, die Gestorbenen unversehrt auferstehen müssen, wie verhält es sich damit, wenn es geschieht, dass ein Mensch im Meer stirbt, dann von den Fischen gefressen wird; dieser wird wiederum von anderen Menschen, die diese Fische essen, verzehrt; wie soll er das Fleisch zurückerhalten, das in anderen Menschen verbraucht worden ist. Denn entweder ist es notwendig, dass dieser ohne das Fleisch aufersteht, das die anderen Menschen mittels der Fische aßen, wie oft behauptet wird, oder werden jene denen, die die Glieder ihres Fleisches für sich zurückfordern, (diese) abgeben und unvollständig auferstehen, damit

---

321   Qu. 14 (PG 6, 1465,B3–6/Otto 330,C1–3).

322   Qu. 14 (PG 6, 1465,B6–8/Otto 330,C3–5). An dieser Stelle folge ich dem Text von Otto, der statt τῶν εὐτελῶν wie in der PG τῶν οὐκ εὐτελῶν rekonstruiert: „ἕν γάρ τι τῶν οὐκ εὐτελῶν ἀπόρων, τῶν παρὰ τοῖς λιθοκαρδίοις κινουμένων, ἔστι καὶ τοῦτο."

296 4. KAPITEL

sie den Mangel derer, die von ihnen ungerecht verzehrt wurden, aus-
füllen. Und dieses sagen die Steinherzigen, indem sie (dabei) höhnisch
lachen.[323]

Daraufhin bittet (παρακαλῶ) der Fragesteller das christliche Schuloberhaupt,
von ihm ein zum Beweis geeignetes Argument für die Auferstehung zu lernen.[324] Die Rede des christlichen Lehrers soll die Notwendigkeit der Auferstehung durch beweisende und wahre Argumente (διά τινων ἀποδεικτικῶν καὶ
ἀληθῶν λόγων) zwingend machen.[325] Wenn der Verfasser die Worte nicht selbst
in den Mund des „lernwilligen Schülers" gelegt hat, dann zeigt doch diese
abschließende Bitte, dass hier in der Tat eine Unterweisung in die christliche
Auferstehungslehre stattfindet. Jedenfalls empfindet der Fragende die vorgelegte Aporie nicht so dramatisch, während er sich nach überzeugenden Gegenargumenten gegen den Kettennahrungs-Einwand bei einer anerkannten christlichen Autorität erkundigt. Er hofft dabei auf eine zufriedenstellende Antwort,
die den Einwand der Heiden zu widerlegen vermag. Er bemerkt selbst dazu,
dass er bereit ist, auf die christliche Beweisführung einzugehen:

> Denn wenn die Beweise für die Wahrheit überzeugend sind, wisset wohl,
> dass ich kein Argument (mehr) von den Aporien vorbringen werde. Denn
> es ist auch unsinnig und streitsüchtig, gegen einen überzeugenden Be-
> weis kämpfen zu wollen.[326]

Worin besteht nun die vorgelegte Aporie für die Auferstehungslehre? Der Einwand reagiert auf die christliche Rede von einer unversehrten (σώους) Auferstehung der Gestorbenen. Dagegen wird der Fall der Ichthyphagie vorgebracht,

---

323 Qu. 15 (PG 6, 1465,B9–C7/Otto 330,C6–D8): „Εἰ γὰρ δεῖ, φησί, σώους ἀνίστασθαι τοὺς τετελευ-
τηκότας, πῶς, εἰ συμβαίη ἄνθρωπον ἀποθανεῖν εἰς θάλατταν, εἶτα βρωθέντα τοῦτον ὑπὸ ἰχθύων
αὖθις ὑπὸ ἄλλων ἀνθρώπων καταβρωθῆναι διὰ μέσων τῶν ἰχθύων, πῶς ἂν ἀναλάβοι τὰς σάρκας
τὰς εἰς ἄλλους ἀνθρώπους καταδαπανηθείσας; Ἢ γὰρ τούτων ἀνάγκη παρὰ τὰς σάρκας ἀναστῆναι, ἃς ἔφαγον οἱ ἄλλοι ἄνθρωποι διὰ μέσων τῶν ἰχθύων, καθὼς πολλάκις εἴρηται, ἢ ἐκείνους,
μέλη τῶν ἑαυτοῦ σαρκῶν ἀπαιτουμένους, ἀποθέσθαι καὶ ἐλλιπεῖς γενέσθαι, ἵνα ἀποπληρώσωσι
τὸ ἐλλεῖπον τῶν ὑπ᾽ αὐτῶν ἀδίκως καταβρωθέντων. Καὶ ταῦτα οἷα γελῶντες οἱ λιθοκάρδιοί φασιν."
324 Qu. 15 (PG 6, 1465,C7 f./Otto 330,D8 f.): „Ἐγὼ δὲ παρακαλῶ ἐκτὸς ἀπορίας κατασκευαστικὸν
λόγον τῆς ἀναστάσεως μαθεῖν".
325 Qu. 15 (PG 6, 1465,C8–10/Otto 330,D9–E2).
326 Qu. 15 (PG 6, 1465,C10–14/Otto 330,E2–5): „Τῶν γὰρ ἀποδείξεων ἐρρωμένων ταῖς ἀληθείαις,
οὐδένα τῶν ἀποριῶν λόγον εὖ ἴστε ποιήσομαι· καὶ γὰρ ἄτοπον καὶ φιλόνεικον πρὸς ἐρρωμένην
ἀπόδειξιν ἐθέλειν ἐρίζειν."

ALLGEMEINE ENTWICKLUNG DES KETTENNAHRUNGS-EINWANDS 297

an dem der kettenartige Verzehr veranschaulicht wird. Auf andere Todesfälle verzichtet die gegnerische Argumentation, weil wohl an dem Schicksal eines Schiffbrüchigen die Aporie für die Auferstehungslehre präzise gezeigt werden konnte. Bereits diese Eingrenzung auf *einen* Fall weist auf ein traditionelles Motiv der Auferstehungskritik hin. Die Kontrahenten legen den Schwerpunkt auf die indirekte Anthropophagie, die sich dabei vollzieht: Ein Schiffbrüchiger wird von den Fischen gefressen, der wiederum auf indirekte Weise von den anderen Menschen verzehrt wird, die die Menschenfleisch fressenden Fische fangen und verspeisen, so dass sie unwissentlich das Fleisch des Schiffbrüchigen in sich aufnehmen. Die entscheidende Frage lautet dann: Wie soll der Schiffbrüchige sein Fleisch wieder erlangen, das in den anderen Menschen verbraucht (πῶς ἂν ἀναλάβοι τὰς σάρκας τὰς εἰς ἄλλους ἀνθρώπους καταδαπανηθείσας) und mit diesen Organismen verbunden worden ist?

Daraus leiten die Gegner zwei Schlussfolgerungen her, die die unversehrte Auferstehung der Toten ins Absurde führen sollen: Im ersten Fall beziehen sie sich auf eine häufig geäußerte Behauptung (καθὼς πολλάκις εἴρηται), dass der auf so eine Weise verzehrte Schiffbrüchige ohne sein Fleisch auferstehen wird (παρὰ τὰς σάρκας ἀναστῆναι). Damit greifen sie vermutlich die Meinung auf, dass bei der Auferstehung allein die Seele ohne das Fleisch das Heil erlangt, womit die Gegner auf die Diskrepanz in den christlichen Reihen anspielen. Die zweite Möglichkeit ist die geläufige, die aus der kettenartigen Verspeisung des Menschen abgeleitet wird: Da die auf indirekte Weise verspeisten Glieder des fremden Fleisches in der Auferstehung zurückgefordert werden, müssen die solches Fleisch Verzehrenden diese Glieder abgeben und so selbst unvollständig auferstehen, um den Mangel der von ihnen ungerecht Verzehrten auszufüllen (ἵνα ἀποπληρώσωσι τὸ ἐλλεῖπον τῶν ὑπ' αὐτῶν ἀδίκως καταβρωθέντων).

Nach dieser Darlegung der zweiten Möglichkeit kommentiert der Fragende den Spott der Gegner: Dieses sagen die λιθοκάρδιοι mit einem höhnischen Gelächter. Aus dieser Äußerung geht hervor, dass sich der Fragesteller nicht mit dem Einwand der Konrahenten identifizieren will, sondern vielmehr mit überzeugenden Gegenargumenten vom christlichen Lehrer ausgestattet werden möchte.

Responsio Nr. 15

Nach der Behandlung der ersten vierzehn Fragen geht die christliche Antwort auf diese Aporie erst zum Schluss der Schrift ein. Im Vergleich mit den anderen ἀποκρίσεις fällt die Ausführung zur Auferstehung jedoch sehr breit aus. Den Ausgangspunkt nimmt zunächst die Widerlegung des Kettennahrungs-Einwands ein, die der Fragende von der christlichen Autorität besonders fordert:

298 4. KAPITEL

> Dass ein Mensch von Fischen gefressen ist oder wird und dass ein Fisch
> von Menschen verzehrt wird, daraus folgt nicht, dass sich der Mensch in
> einem Fisch auflöst oder der Fisch in einem Menschen, sondern es findet
> die Auflösung eines jeden von ihnen in die Elemente statt, aus denen sie
> von Anfang an zusammengesetzt worden sind. Wenn auch die Weise der
> Auflösung der Teile[327] durch die gegenseitige Verzehrung geschieht, so
> ist aber das Ende jeder Auflösung, auf welche Weise sie sich auch immer
> ereignete, die Rückkehr in die aufgelösten Elemente.[328]

Die Antwort des Christen beinhaltet die Vorstellung, dass der menschliche
Leichnam nicht gänzlich vergeht, sondern lediglich in die Elemente übergeht,
aus denen der Mensch gebildet worden ist. Die στοιχεῖα des Menschenkörpers
bleiben erhalten, ohne sich ganz mit dem Tode aufzulösen.

H.E. Lona stellt die Behauptung auf, dass diese Antwort mit der des Ps-
Athenagoras übereinstimmt, so dass De Resurrectione in die gleiche zeitliche
Phase gehört.[329] Es muss jedoch berücksichtigt werden, dass Ps-Athenagoras
mehrere Vorstellungen zum Nachweis der Auferstehung nebeneinander zur
Verfügung stellt. Neben dem Glauben an eine *creatio ex nihilo* bietet er die
Möglichkeit an, dass die Menschen sowohl aus der Materie als auch aus den
Elementen oder aus den Samen entstanden sind (ἐξ ὕλης, ἐκ τῶν στοιχείων, ἐκ
σπερμάτων).[330] Umgekehrt beinhaltet dies, dass Gott auch die Leiber, die sich
in ein Nichts oder in die Elemente auflösen, wieder auferstehen lässt. Über den
Beweis für die Auferstehung der Leiber, der auf dem Glauben von der *creatio
ex nihilo* basiert, spricht er folgendermaßen:

> Wenn er nämlich die Leiber der Menschen und deren Grundstoffe bei
> der ersten Zusammensetzung aus dem Nichts schuf, so wird er auch
> auf entsprechende Weise die aufgelösten Leiber mit gleicher Leichtigkeit
> auferstehen lassen.[331]

---

327 An dieser Stelle folge ich Otto, der hier μέρων liest, und nicht wie Maranus, der mit c und
 ε ἑτέρων stehen lässt.

328 Resp. 15,1 (PG 6, 1477,B3–11/Otto 348,E1–350,A6): „Τὸ τὸν ἄνθρωπον εἶναι ἢ γενέσθαι ἰχθυόβρωτον καὶ τὸν ἰχθὺν ἀνθρωπόβρωτον οὔτε τὸν ἄνθρωπον εἰς ἰχθὺν ἀναλύει οὔτε τὸν ἰχθὺν εἰς
 ἄνθρωπον, ἀλλ' ἑκατέρου ἡ ἀνάλυσις γίνεται εἰς τὰ στοιχεῖα ἐξ ὧν τὴν ἀρχὴν συνετέθησαν. Εἰ καὶ
 ὁ τρόπος τῆς μέρων ἀναλύσεως γίνεται διὰ τῆς ὑπ' ἀλλήλων βρώσεως, ἀλλὰ πάσης ἀναλύσεως
 τῆς καθ' οἰονδήποτε τρόπον γινομένης τὸ τέλος ἐστὶ τὸ εἰς τὰ στοιχεῖα χωρεῖν τὰ ἀναλυόμενα.“

329 Vgl. H.E. Lona, Athenagoras, 558.

330 Ps-Athen, De Res 3,2 (Marcovich 27,23–25): „Καὶ τῷ λόγῳ βλάβος οὐδὲν κἂν ἐξ ὕλης ὑποθῶνταί
 τινες τὰς πρώτας ἀρχάς, κἂν ἐκ τῶν στοιχείων ὡς πρώτων τὰ σώματα τῶν ἀνθρώπων, κἂν ἐκ
 σπερμάτων.“

331 Ps-Athen, De Res 3,1 (Marcovich 27,20–23): „Εἰ γὰρ μὴ ὄντα κατὰ τὴν πρώτην σύστασιν

ALLGEMEINE ENTWICKLUNG DES KETTENNAHRUNGS-EINWANDS 299

Ps-Athenagoras besteht hier *nicht* ausdrücklich darauf, wie die christliche Antwort in den „Quaestiones graecae ad christianos" von der Auflösung in die Elemente zu sprechen, sondern lässt auch die Möglichkeit einer gänzlichen Auflösung der toten Körper zu. Ihm kommt es ausschließlich auf die eine und dieselbe *Kraft* Gottes an, die die Auferstehung desselben Leibes vollbringen wird, in welche Form sich auch immer der tote Körper verflüchtigt.[332]

Der christliche Lehrer der Quaestiones geht jedoch fest davon aus, dass sich der menschliche Körper in die Elemente und nicht in ein Nichts auflöst, so dass er auch an keiner Stelle seines umfangreichen Auferstehungsbeweises von der *creatio ex nihilo* spricht. Vielmehr betont er, dass der Mensch vor seiner Entstehung potenziell in den Elementen vorhanden ist, aus denen er gestaltet wurde, so dass er auch nach seiner Vernichtung potenziell in den Elementen vorhanden bleibt.[333] Dabei hebt er besonders hervor, dass die zur Auferstehung Bestimmten auch nach dem Tod allein für Gott potenziell in den Elementen erhalten bleiben (δυνάμει οἱ ἀνιστάμενοι ἐν τοῖς στοιχείοις τῷ θεῷ).[334]

> Warum glauben die Hellenen Gott nicht, der versprochen hat, die Toten auferstehen zu lassen, als wenn es eine unmögliche Sache wäre, da doch der Mensch potenziell (weiterhin) in den Elementen existiert; so wird er, wie er einst geschaffen wurde, nun wieder auch neu erschaffen werden.[335]

Der christliche Lehrer hört nicht auf, auf diesen Zusammenhang einen besonderen Schwerpunkt zu legen, um den Einwand von dem Verzehr der Menschenleiber zu widerlegen:

   ἐποίησεν τὰ τῶν ἀνθρώπων σώματα καὶ τὰς τούτων ἀρχάς, καὶ διαλυθέντα (καθ᾽ ὃν ἂν τύχῃ τρόπον) ἀναστήσει μετὰ τῆς ἴσης εὐμαρείας·"

332 Vgl. Ps-Athen, De Res 3,2 (Marcovich 27,25–28,1): „Ἧς γάρ ἐστι δυνάμεως καὶ τὴν παρ᾽ αὐτοῖς νενομισμένην (ὕλην), ἄμορφον οὖσαν, μορφῶσαι καὶ τὴν ἀνείδεον καὶ ἀδιακόσμητον πολλοῖς καὶ διαφόροις εἴδεσιν κοσμῆσαι καὶ τὰ μέρη τῶν στοιχείων εἰς ἓν συναγαγεῖν καὶ τὸ σπέρμα ἓν ὂν καὶ ἁπλοῦν εἰς πολλὰ διελεῖν καὶ τὸ ἀδιάρθρωτον διαρθρῶσαι καὶ τῷ μὴ ζῶντι δοῦναι ζωήν, τῆς αὐτῆς ἐστιν καὶ τὸ διαλελυμένον ἑνῶσαι καὶ τὸ κείμενον ἀναστῆσαι καὶ τὸ τεθνηκὸς ζωοποιῆσαι πάλιν καὶ τὸ φθαρτὸν μεταβαλεῖν εἰς ἀφθαρσίαν." Die Konjektur ὕλην nach νενομισμένην ist von Marcovich sinnvoll gesetzt. Vgl. M. Marcovich, De Resurrectione 3.2, 146 f. ders., De Resurrectione Mortuorum, 9 f.

333 Resp. 15,30 (PG 6, 1485,C5–12/Otto 360,E9–362,B1).

334 Resp. 15,32 (PG 6, 1485,D8 f./Otto 362,C2 f.).

335 Resp. 15,30 (PG 6, 1485,C8–12/Otto 360,E12–362,B1): „πῶς ἀπιστοῦσιν οἱ Ἕλληνες θεῷ, ἐπαγγειλαμένῳ ἀνιστᾶν τοὺς νεκρούς, ὡς ἐπ᾽ ἀδυνάτῳ πράγματι, τοῦ ἀνθρώπου δυνάμει ὄντος ἐν τοῖς στοιχείοις, ὥσπερ πάλαι κτιζομένου, οὕτως καὶ νῦν ἀνακτιζομένου;"

300 4. KAPITEL

> Wenn das, was aus Elementen besteht, wieder zu Elementen wird, warum
> erscheint es als absurd oder unmöglich, dass das, was aus Elementen
> besteht, wieder sein wird?[336]

Er geht davon aus, dass die Elemente die Grundlage für die Erschaffung der
gewordenen Wesen bilden, so dass der ihnen zugrundeliegende Stoff (τὸ ὑποκείμενον) auch in Form der für jeden Körper eigentümlichen Elemente weiterhin nach dem Tod bestehen bleibt. Denn nach der direkten Widerlegung
des Kettennahrungs-Arguments führt der christliche Lehrer in Resp. 15,1 diesen Zusammenhang so aus:

> Aber wenn die Elemente die Grundlage für die Erschaffung des Gewor-
> denen und für die Neuschöpfung des Vernichteten bilden (ὑπόκειται), wie
> wird dann, wenn es als unglaublich und unmöglich gehalten wird, dass es
> eine Neuschöpfung des Vernichteten geben wird, nicht auch unglaublich
> und unmöglich die Schöpfung der Gewordenen am Anfang sein? Das ist
> aber widersinnig.[337]

Neben dem Argument von der Rückkehr der aufgelösten Leiber in die Elemente, aus denen Gott dieselben Körper wieder erschaffen wird, gründet sich die
Widerlegung des Kettennahrungs-Einwands vor allem auf die Macht Gottes.
Diese δύναμις hat bereits die Auferstehung als glaubwürdig erwiesen, indem
Christus den Anfang der Auferstehungshoffnung dargelegt hat. Der Verfasser
mutet seinen heidnischen Kontrahenten eine christologische Argumentation
zu:

> Man soll nun nicht wegen der gegenseitigen Verspeisung des Menschen
> und des Fisches eine sophistische Aporie ersinnen, die die Auferstehung
> aufhebe, sondern seinen Blick auf die Kraft Gottes richten, der nicht
> nur verheißt, die Auferstehung der Toten zu vollbringen, sondern auch
> durch die schon ihren Anfang genommene Auferstehung unseres Retters
> Christus uns den Auferstehungsglauben als zuverlässig erwiesen hat.[338]

---

336   Resp. 15,24 (PG 6, 1485,A3–5/Otto 360,B4 f.): „Εἰ τὰ ἐκ τῶν στοιχείων πάλιν στοιχεῖα, τί ἄτοπον
ἢ ἀδύνατον φαίνεται τὸ πάλιν εἶναι τὰ ἐκ τῶν στοιχείων;"

337   Resp. 15,1 (PG 6, 1477,C4–9/Otto 350,A12–B4): „Ἀλλ᾽ εἰ τὰ στοιχεῖα ὑπόκειται εἰς τὴν κτίσιν
τῶν γινομένων καὶ εἰς ἀνάκτισιν τῶν φθαρέντων, πῶς, εἰ ἄπιστον καὶ ἀδύνατον ἡγεῖται ὂν τὴν
ἀνάκτισιν τῶν φθαρέντων, οὐκ ἄπιστος καὶ ἀδύνατος ἔσται καὶ ἡ κτίσις τῶν γινομένων τὴν ἀρχήν;
Ὅπερ ἐστὶν ἄτοπον."

338   Resp. 15,1 (PG 6, 1477,B11–C4/Otto 350,A6–11): „Οὐ χρὴ οὖν διὰ τὴν ὑπ᾽ ἀλλήλων βρῶσιν ἀνθρώ-

ALLGEMEINE ENTWICKLUNG DES KETTENNAHRUNGS-EINWANDS 301

Der Verfasser diskreditiert den kettenartigen Verzehr der Menschen als eine „sophistische Schwierigkeit" (σεσοφισμένη ἀπορία). Dabei geht er auf die Verdauung des menschlichen σῶμα und der Assimilierung an andere Organismen, die die Menschen auf Umwegen verzehren, indem sie fleischfressende Fische verspeisen, überhaupt *nicht* ein. Er bezeichnet dies lediglich als ein „gegenseitiges Verzehren des Menschen und des Fisches" (τὴν ὑπ' ἀλλήλων βρῶσιν ἀνθρώπου καὶ ἰχθύος). Der christliche Lehrer nimmt diese Aporie nicht wirklich ernst, so dass er darauf verzichtet, dem Verdauungsprozess weiter nachzugehen. Er begnügt sich, auf die δύναμις Gottes zu verweisen, die aufgrund der göttlichen Verheißung die Auferstehung der Toten vollbringen wird. Um die Verheißung Gottes glaubhaft zu machen, führt er die bereits geschehene Auferstehung Christi an. Somit ist aus seiner Sicht der Anfang gemacht, so dass in der Auferstehung Christi auch die Auferstehung der Toten verbürgt ist.

Auch wenn die kettenartige Verspeisung der σώματα in Quaestio 15 recht ausführlich dargelegt wird, ohne jedoch auf eine direkte Anthropophagie wie in De Res 4,4 des Ps-Athenagoras, einzugehen, ist dennoch in der darauf ergehenden Responsio *keine* intensive Auseinandersetzung mit dem Kettennahrungs-Einwand zu verspüren. Denn obwohl der Fragende den christlichen Lehrer bittet, überzeugende Beweise gegen diesen von den Heiden erhobenen Einwand zu liefern, enthält die Widerlegung auch sehr viele „christliche Argumente", die zunächst bei den Heiden nicht vorausgesetzt werden dürften. Dies betrifft vor allem die christologische Argumentation, die den Glauben an die Auferstehung Christi auch bei den Heiden einfach annimmt. Ohne die Auferstehung „unseres Retters Christus" eigens zu beweisen, wird diese Prämisse als eine feststehende Tatsache ausgewiesen, um den Fragenden mit „überzeugenden und wahren Argumenten" (ἀποδεικτικῶν καὶ ἀληθῶν λόγων) gegen den heidnischen Einwand auszurüsten.

So konnte offensichtlich im 5. Jahrhundert den heidnischen Einwürfen begegnet werden, indem die Glaubwürdigkeit der christlichen Überlieferung als gemeinsame Ausgangslage der Diskussion vorausgesetzt wurde. Der christliche Lehrer ist sich zwar dessen bewusst, dass die Heiden nicht ohne weiteres die christliche Überlieferung akzeptieren. Dennoch ist ihm der Bezug auf die Heilige Schrift ein festes Mittel, um die Bedenken der Ungläubigen bezüglich der christlichen Auferstehungshoffnung zu zerstreuen. Diesen Zusammen-

---

που καὶ ἰχθύος σεσοφισμένην κατασκευάζειν ἀπορίαν ἀναιρετικὴν ἀναστάσεως, ἀλλὰ πρὸς τὴν δύναμιν ἀφορᾶν τοῦ θεοῦ, τοῦ μὴ μόνον ἐπαγγελλομένου ποιεῖν τῶν νεκρῶν τὴν ἀνάστασιν, ἀλλὰ καὶ διὰ τῆς ἤδη ἠργμένης ἀναστάσεως τοῦ σωτῆρος ἡμῶν Χριστοῦ βεβαίαν παρεσχηκότος ἡμῖν ταύτης τὴν πίστιν."

302 4. KAPITEL

hang thematisiert er in seiner breit ausgeführten Responsio (Resp. 15,14) zu der Quaestio 15:

> Wenn sie der Überlieferung derer nicht glauben, die den Begründer der Auferstehung von den Toten zum unsterblichen Leben auferstanden gesehen haben, so vermögen sie dennoch nicht durch einen festen Beweis die Lehre von der Auferstehung aufzulösen. Denn dass der Mensch von Fischen gefressen wird, enthält zwar eine Aporie, aber keinen Beweis. Denn obwohl dieselbe Sache (der Auferstehung) als unmöglich erscheint, fügt sie sich (doch) der Gottheit, wie (bereits) geschehen ist. Ist aber die Sache durch die Kraft erwiesen, kann sich kein Vernunftschluss als Widerlegung betätigen.[339]

Die christologische Begründung der Auferstehungshoffnung ist dem Autor derart gewiss, dass die Ungläubigen keinen festen Beweis zur Auflösung der Auferstehungslehre vorbringen können. Indem er dabei vom ἀρχηγὸς τῆς ἀναστάσεως spricht, greift er auf das Zeugnis der Apostel von der Auferstehung Christi in Apg 3,15 zurück: „τὸν δὲ ἀρχηγὸν τῆς ζωῆς ἀπεκτείνατε, ὃν ὁ θεὸς ἤγειρεν ἐκ νεκρῶν, οὗ ἡμεῖς μάρτυρές ἐσμεν." Der Verfasser der Quaestiones legt zwar dar, dass das Kettennahrungs-Argument eine gewisse Schwierigkeit in Bezug auf die Auferstehung der Leiber enthält, aber keineswegs einen Beweis, der die somatische Jenseitshoffnung aufheben könnte. Denn obwohl die kettenartige Verspeisung der Menschenleiber eine Unmöglichkeit hinsichtlich der Auferstehung der σώματα bietet, fügt sie sich dennoch der Gottheit.[340] Aus dem nächsten Satz wird klar, wie der Autor die Fügung gegenüber der Gottheit versteht: Denn ist einmal die Auferstehung der verzehrten Leiber durch den Bezug

---

339 Resp. 15,14 (PG 6, 1481,C4–12/Otto 356,C3–D2): „Εἰ τῇ παραδόσει τῶν θεασαμένων τὸν ἀρχηγὸν τῆς ἀναστάσεως ἀναστάντα ἐκ τῶν νεκρῶν εἰς ἀθάνατον ζωὴν ἀπιστοῦσιν, ἀλύτῳ δὲ ἀποδείξει λύειν τὸ τῆς ἀναστάσεως δόγμα ἀσθενοῦσι. Τὸ γὰρ ἰχθυόβρωτον γενέσθαι τὸν ἄνθρωπον ἀπορίαν μὲν ἔχει, ἀπόδειξιν δὲ οὔ. Ἀδύνατον γὰρ τὸ αὐτὸ πρᾶγμα καὶ θεότητι ὑποπεσεῖν ὡς γεγονός· τοῦ δὲ πράγματος τῇ οὐσίᾳ δυνάμει ἀποδεδειγμένου, οὐδεὶς συλλογισμὸς δύναται ποιήσασθαι τὴν ἀνατροπήν." Hier folge ich vollständig der Textkonstitution von Otto.

340 Harnack hat seine Schwierigkeiten mit diesem Satz: „Die nun folgenden Wörter sind in den Handschriften so entstellt, dass ich an der Herstellung und Übersetzung verzweifle. Sie lauten: Ἀδύνατον γὰρ τὸ αὐτὸ πρᾶγμα καὶ θεότητι ὑποπεσεῖν ὡς γεγονός." A. v. Harnack, Diodor von Tarsus, 175 Anm. 1). Daher übersetzt Harnack den aus seiner Sicht entstellten Satz überhaupt nicht. M.E. ist die schwer verständliche Äußerung im oberen Sinne zu deuten, wenn man nicht von einer gänzlichen Verderbtheit dieser Stelle ausgehen will. So aber die Editoren: Vgl. Maranus (PG) und Otto zu diesem Satz in ihren Editionen.

ALLGEMEINE ENTWICKLUNG DES KETTENNAHRUNGS-EINWANDS 303

auf die Kraft Gottes erwiesen, vermag kein Syllogismus der Heiden als Widerlegung der somatischen Jenseitshoffnung dagegen zu bestehen.

Unmittelbar darauf geht der Verfasser auf die Meinung der Hellenen ein, die von der Ewigkeit der Sonne ausgehen. Er möchte den Widerspruch ihrer Anschauung von der Ewigkeit der Sonne und der Leugnung der Auferstehung aufzeigen, indem er zum Beweis der christlichen Jenseitshoffnung erneut auf die christologische Argumentation zurückgreift: „Denen, die nun nicht erkennen, dass die Sonne gemäß ihrer eigenen Natur ein Gewordenes ist, wie ist es nicht absurd ihnen zu glauben, dass die Toten nicht auferstehen sollen, deren Auferstehungsbegründer bereits ihr Erstgeborener durch die Auferstehung geworden ist?"[341] Dem heidnischen Widersinn von der Leugnung der Auferstehung der Toten stellt der christliche Responsor den Begründer der Auferstehung (ὁ ἀρχηγὸς τῆς ἀναστάσεως) entgegen. Er hat sich bereits als ihr Erstgeborener durch seine eigene Auferstehung erwiesen, indem hier mit dem traditionellen Begriff πρωτότοκος auf Kol 1,18 und Apk 1,5 (πρωτότοκος [ἐκ] τῶν νεκρῶν) zurückgegriffen wird. Anhand der benutzten Begrifflichkeit (ἀρχηγός und πρωτότοκος) ist die christologische Rede unseres Lehrers ganz von der neutestamentlichen Terminologie bestimmt, die er bei seiner Widerlegung der heidnischen Ansichten als „überzeugende und wahre Argumente" rezipiert.

Um weiterhin den Kettennahrungs-Einwand zu widerlegen, greift unser Verfasser auf die paulinische Argumentation zurück, die die Analogie zwischen der Auferstehung des *einen* himmlischen und den anderen Menschen in 1 Kor 15,45–48 aufstellt: „Aber wenn *ein* Toter für Gott zur Erweckung geeignet ist, dann notwendigerweise auch alle; und wenn nicht alle, dann keiner. Man darf aber nicht die Werke Gottes mit unseren Erwägungen bemessen. Denn die Werke Gottes sind über dem Verstand, der Empfindung und der Vernunft; zu ihnen gehört es auch, dass ein von Fischen verzehrter Toter notwendigerweise wieder zu (seinem) Sein zurückkommt, wenn es auch geschehen ist, dass er davon vernichtet worden ist."[342]

---

341 Resp. 15,16 (PG 6, 1484,A6–10/Otto 356,E4–8): „Τοῖς οὖν τὸν ἥλιον κατὰ τὴν οἰκείαν φύσιν γενητὸν ὄντα μὴ ἐπισταμένοις, πῶς οὐκ ἄτοπον τούτοις πιστεύειν περὶ τοῦ μὴ ἀνίστασθαι τοὺς νεκρούς, ὧν ὁ ἀρχηγὸς τῆς ἀναστάσεως πρωτότοκος αὐτῶν ἤδη γέγονεν ἐκ τῆς ἀναστάσεως;" Otto gibt m. E. den Text besser wieder, wenn er γεννητόν (so Maranus in der PG) in γενητόν korrigiert, ohne darauf hinzuweisen, wie Maranus in seiner Ausgabe bei Migne dazu gekommen ist. Vermutlich hat sich Maranus an dieser Stelle verlesen.

342 Resp. 15,17 (PG 6, 1484,A13–B5/Otto 356,E10–358,B5): „Ἀλλ' εἴ τις νεκρὸς ἐπιτήδειός ἐστι τῷ θεῷ

304 4. KAPITEL

Die Auferweckung Christi dient als der entscheinde Beweis für den Glauben an die Auferstehung der Toten. Wenn daher die Heiden mit dem Verzehr der Menschen durch Fische diese christliche Lehre außer Kraft setzen wollen, stellen sie ihre Gedanken über das Wirken Gottes. Diese entpringen aber ihrem Verstand, ihrer Empfindung und ihrer Vernunft. Jedoch vollbringt Gott seine Werke außerhalb des menschlichen Bemessungsvermögens, so dass er auch einen von Fischen verzehrten Toten zu seinem Sein wieder zurückkommen lassen wird. Die Vernichtung durch eine derartige Verspeisung steht der Macht der Wiederherstellung nicht im Wege.

Quaestiones et Responsiones ad orthodoxos

Auf derselben Ebene beantwortet der Verfasser in dem anderen Werk „Quaestiones et Responsiones ad orthodoxos" eine Frage, die die Vernichtung der Menschen durch Zerstückelung und Verbrennung hinsichtlich des Auferstehungsglaubens betrifft. In der Quaestio 122 (111) wird ausgehend vom Samenbeispiel in 1 Kor 15,36–38 die christliche Auferstehungshoffnung hinterfragt:

> Wenn der Apostel zur Ausbildung der Auferstehung der Leiber in dem Korintherbrief das passende Beispiel der Samen benutzte, wie werden die Zerstückelten und die Verbrannten auferstehen, deren Samen nach der Zerstückelung oder Verbrennung nicht sprossen, sondern gänzlich vernichtet sind.[343]

Es fällt bei dieser Quaestio auf, dass der Vergleich des menschlichen σῶμα mit dem Samen, der im 1. Koritherbrief noch die Auferstehungshoffnung veranschaulichen sollte, hier ins Gegenteil umgewendet wird: Wie sollen die zerstückelten oder verbrannten Samen bzw. σώματα sprossen oder auferstehen, wenn sie einer vollständigen Vernichtung unterworfen wurden? Dabei ist es

---

πρὸς ἔγερσιν, ἐξ ἀνάγκης καὶ πᾶς· καὶ εἰ μὴ πᾶς, οὐδείς. Οὐ χρὴ δὲ τοῖς ἡμετέροις ἐνθυμήμασι μετρεῖν τοῦ θεοῦ τὰ ἔργα· ὑπὲρ νοῦν γὰρ καὶ αἴσθησιν καὶ λόγον τοῦ θεοῦ τὰ ἔργα, ἐν οἷς ἐστι καὶ τὸν ἰχθυόβρωτον νεκρὸν ἀνάγκη πάλιν εἰς τὸ εἶναι ἐλθεῖν, εἰ καὶ συνέβη αὐτὸν φθαρῆναι ὑπό τινος." Die Ausgabe bei Migne fügt zwischen μὴ πᾶς ein καί hinzu, was aber den Sinn der Aussage nicht verändert. Ich folge hier erneut der Ausgabe von Otto, der die Edition des Maranus kritisch überprüft hat.

343 Quaest. et Resp. 122 (111), (Papadopulos-Kerameus 114,18–22): ᾽Ερώτησις. Εἰ πρὸς σύστασιν τῆς τῶν σωμάτων ἀναστάσεως ὡς καιρίῳ τῷ κατὰ τὰ σπέρματα ὑποδείγματι ὁ ἀπόστολος ἐν τῇ πρὸς Κορινθίους ἐχρήσατο, πῶς οἱ τεμνόμενοι ἢ καιόμενοι ἀναστήσονται, τῶν σπερμάτων μετὰ τομὴν ἢ καῦσιν οὐ βλαστανόντων, ἀλλ᾽ εἰς τὸ παντελὲς φθειρομένων;"

ALLGEMEINE ENTWICKLUNG DES KETTENNAHRUNGS-EINWANDS

bezeichnend, dass die Gegner den vorliegenden Einwand auf der Grundlage der Heiligen Schrift der Christen führen. Die Schwierigkeit der Verbrennung oder Zerstückelung des Menschenkörpers steht nicht mehr isoliert als eigenständiges Hindernis hinsichtlich der Auferstehung der Leiber da, sondern wird geschickt mit dem von Paulus zum Auferstehungsbeweis verwendeten Beispiel verbunden. Daraus ist ersichtlich, dass die Argumentation der Heiligen Schrift vorausgesetzt wird, ohne jedoch alle Bedenken bezüglich der Auferstehung der σώματα ausgeräumt zu haben. Bereits an der Art einer solchen Fragestellung ist deutlich zu sehen, dass die Auseinandersetzung tatsächlich in eine spätere Zeit (5. Jh.) gehört. Im Gegensatz dazu fehlt in den Einwänden bei Ps-Athenagoras ein jegliches Eingehen auf die christlichen Schriften, was wiederum auf eine viel frühere Debatte als die hier behandelten Quaestiones verweist.

In der Responsio greift der christliche Autor den scheinbaren Widerspruch auf, den die Gegner anhand des Samenbeispiels und seiner gänzlichen Vernichtung konstruiert haben. Er macht darauf aufmerksam, dass die im Samen liegende Kraft nicht sofort mit der Kraft Gottes gleichzusetzen ist. Es ist jedoch eine vom Schöpfer selbst dem Samen verliehene Kraft, die aber in dem von Natur aus bestehenden Rahmen eine begrenzte (ὡς ἔμμετρον) Fähigkeit innehat, so dass sie allein zur Hervorbringung des aus dem Samen Werdenden fähig ist.[344] Wenn jedoch die Samen verbrannt oder zerstückelt worden sind, so sind sie von Natur aus zur Entstehung des aus ihnen Werdenden unbrauchbar geworden.[345]

Dagegen besitzt Gott keine begrenzte Kraft (ὁ δὲ θεὸς ἅτε οὐκ ἔμμετρον ἔχων τὴν δύναμιν), so dass für ihn keine Unfähigkeit bei der Erschaffung aller Dinge besteht, solange dies mit seinem Willen vereinbar ist.[346] Daher wird er auch nicht von der Zerstückelung und der Verbrennung der Leiber gehindert, deren Auferstehung zu bewirken.[347]

---

344 Quaest. et Resp. 122 (111), (Papadopulos-Kerameus 114,23–26): „Ἀπόκρισις. Τῆς φύσεως οὔσης τῆς ἐργαζομένης τὰ ἐκ τῶν σπερμάτων γινόμενα, ὡς ἔμμετρον λαβούσης παρὰ τοῦ δημιουργοῦ τὴν δύναμιν, ἀνάγκη ἐπιτήδεια εἶναι τὰ σπέρματα πρὸς ποίησιν τῶν ἐξ αὐτῶν γιγνομένων.“

345 Quaest. et Resp. 122 (111), (Papadopulos-Kerameus 114,26–115,2): „διὸ ἐὰν καῇ ἢ τμηθῇ τὰ σπέρματα, ἄχρηστα γίνεται τῇ φύσει πρὸς ποίησιν τῶν ἐξ αὐτῶν γιγνομένων·“

346 Quaest. et Resp. 122 (111), (Papadopulos-Kerameus 115,2–4): „ὁ δὲ θεὸς ἅτε οὐκ ἔμμετρον ἔχων τὴν δύναμιν, διὰ τοῦτο οὐδέν ἐστιν αὐτῷ ἀνεπιτήδειον πρὸς ποίησιν πάντων ὧν βούλεται.“

347 Quaest. et Resp. 122 (111), (Papadopulos-Kerameus 115,4 f.): „οὐδὲ κωλύεται ὑπὸ τῆς τομῆς καὶ καύσεως τῶν σωμάτων τοῦ ποιήσασθαι αὐτῶν τὴν ἀνάστασιν·“

306   4. KAPITEL

> Denn Gott wirkt nicht nach dem Gesetz und dem Maß der Natur, sondern gemäß der Macht seines Willens, der keiner Schwierigkeit bei der Erschaffung dessen unterliegt, was er tun will.[348]

Auch in den „Quaestiones graecae ad christianos" hat das Beispiel vom Samen die Gegner beunruhigt, so dass das christliche Schuloberhaupt in Resp. 15,34 ebenfalls darauf zurückkommt. Er erweitert den Vergleich um ein anderes Beispiel, um die Argumentation der Gegner der Widersinnigkeit zu überführen: Denn wenn es stimmt, dass die Natur aus dem verdorbenen Samen nicht das Lebendige schaffen kann, dann argumentieren die Gegner auf dieser Ebene, dass auch – um das neue Beispiel einzubringen – die Kunstfertigkeit eines Handwerkers aus dem verdorbenen Holz nicht ein Bett zu schaffen vermag.[349] Wenn die Kraft Gottes nach derartigen Maßstäben zu bemessen ist, dann gilt auch, dass Gott nicht aus einem vernichteten einen unvergänglichen Menschen schaffen kann.[350] Daraus folgt aber, dass die Kraft Gottes begrenzt ist, wie die der Natur und die der Kunst (ἔμμετρος ἄρα ἔσται ἡ δύναμις τοῦ θεοῦ, ὥσπερ τῆς φύσεως καὶ τῆς τέχνης).[351]

Die Begrenzung der δύναμις Gottes nach menschlichen Bemessungsmaßstäben provoziert die kritische Stellungnahme des christlichen Lehrers:

> Wenn es aber widersinnig ist, dies zu behaupten, so ist es auch widersinnig, Gott nicht zu glauben, dass er aus einem vernichteten einen unvergänglichen Menschen machen wird.[352]

Der Begriff ἔμμετρος spielt in der Debatte um die Kraft Gottes eine entscheidende Rolle. Der christliche Lehrer wirft seinen Kontrahenten vor, die δύναμις Gottes nach ihren eigenen Maßstäben zu bemessen und dadurch der göttlichen Allmacht Grenzen zu setzen. Jedoch ist die Macht seines Willens (αὐθεντία βουλῆς) völlig unabhängig und übersteigt jegliches menschliche Vorstel-

---

348   Quaest. et Resp. 122 (111), (Papadopulos-Kerameus 115,5–7): „οὐ γὰρ νόμῳ καὶ μέτρῳ φύσεως ἐργάζεται ὁ θεός, ἀλλ' αὐθεντίᾳ βουλῆς τῆς ἐν μηδενὶ ἀπορουμένης πρὸς ποίησιν ὧν βούλεται ποιεῖν."

349   Resp. 15,34 (PG 6, 1488,A7–9/Otto 362,D3–5): „Εἰ, ὥσπερ ἡ φύσις ἐκ τοῦ φθαρέντος σπέρματος οὐ δύναται ποιεῖν τὸ ζῶον καὶ ἡ τέχνη ἐκ τοῦ φθαρέντος ξύλου οὐ δύναται ποιεῖν τὴν κλίνην".

350   Resp. 15,34 (PG 6, 1488,A9–11/Otto 362,D5 f.): „οὕτως οὐδὲ ὁ θεὸς δύναται ἐκ τοῦ φθαρέντος ἀνθρώπου ἄφθαρτον ποιεῖν ἄνθρωπον".

351   Resp. 15,34 (PG 6, 1488,A11 f./Otto 362,D6–8).

352   Resp. 15,34 (PG 6, 1488,A13–15/Otto 362,D8–E2): „Εἰ δὲ τοῦτο ἄτοπον λέγειν, ἄτοπον ἄρα καὶ τὸ ἀπιστεῖν θεῷ ποιεῖν ἐκ τοῦ φθαρέντος ἀνθρώπου ἄφθαρτον ἄνθρωπον."

lungsvermögen. Somit wird die Zurückweisung des Kettennahrungs-Einwands durch einen besonderen Nachdruck der αὐθεντία Gottes vorgenommen, woraus auf ein fortgeschrittenes Stadium der Auferstehungsdebatte zu schließen ist.

Ps-Athenagoras kann seinen Auferstehungsbeweis nicht mit einer derartigen Betonung der Macht Gottes führen und versucht stattdessen, seine Argumentation mit den zu seiner Zeit für das pagane Publikum annehmbaren Reflexionen zu begründen. Daher widerlegt er die kettenartige Verspeisung der σώματα mit einer breiten Darlegung des Problems der Verdauung menschlicher Nahrung. Wenn er zum Ende der Entgegnung des von Celsus vorgebrachten ἀδύνατον-Einwands in De Res 9,2 dann doch auf die Kraft Gottes verweist, so kann er dies nicht mit dem Gewicht der späteren theologischen Generationen tun. Er formuliert den Bezug auf die Möglichkeit Gottes wesentlich vorsichtiger als es später der Fall sein wird:

> Es ist doch bei weitem ehrenvoller und das Alles-Wahrhaftigste zu sagen, dass das bei Menschen Unmögliche bei Gott möglich ist.[353]

Zwar hält er die Macht Gottes hier ausdrücklich den heidnischen Einwänden entgegen, aber es geschieht erst am Ende einer langen rational geführten Widerlegung und nicht wie beim Autor der Quaestiones, der sofort in der Resp. 15,1 bei der Entgegnung des Kettennahrungs-Einwands auf die außerordentliche Betonung der Allmacht Gottes den Nachdruck legt. Auch diese Beobachtungen legen es nahe, De Resurrectione des Ps-Athenagoras nicht in die gleiche zeitliche Phase der Auseinandersetzung mit der kettenartigen Verspeisung der σώματα zu versetzen, wie es in der Quaestiones-Literatur der Fall ist.

Exkurs: Der Kettennahrungs-Einwand in der späteren Quaestiones-Literatur

Der Einwand von der Kettennahrung bleibt in der Quaestiones-Literatur weiterhin präsent und dient als Grundlage zur Entfaltung der christlichen Auferstehungslehre. In der Quaestio Nr. 114 des *Ps-Athanasius*, „Quaestiones ad Antiochum ducem",[354] und in der Quaestio Nr. 22 des *Anastasius Sinaita*

---

353 Ps-Athen, De Res 9,2 (Marcovich 33,14–16): „μακρῷ γε μὴν ἐνδοξότερον καὶ πάντων ἀληθέστατον τὸ φῆσαι τὸ παρ' ἀνθρώποις ἀδύνατον παρὰ θεῷ δυνατόν."

354 Diese Schrift des Ps-Athanasius (CPG 2257) wird ins 7. bzw. 8. Jahrhundert datiert. Vgl. H. Dörrie/H. Dörries, Art. *Erotapokriseis*, In: RAC 6 (1966), 358: „PsAthanasius. Unter die Werke des Athanasius geraten, doch sicher nachjustinianischen Ursprungs, ist eine län-

308   4. KAPITEL

(ca. 610–701 n. Chr.),[355] „Quaestiones et Responsiones" (CPG 7746), wird die kettenartige Verspeisung der Menschenleiber zum Zwecke der Verteidigung der Auferstehungslehre eingeführt.

So heißt es bei Ps-Athanasius, „Quaestiones ad Antiochum ducem" Nr. 114: „Die Auferstehung der vernichteten Leiber wird bei vielen für eine schwierige und unmögliche Sache gehalten. Denn wie, sagen sie, oder woher soll das Fleisch auferstehen? Oft haben tausende Fische das Fleisch der Schiffbrüchigen gefressen und wiederum aßen tausende Menschen die tausende Fische und tausende Löwen fraßen tausende Menschen."[356]

Anastasius Sinaita macht ebenfalls in der Quaestio Nr. 22 seines Werkes „Quaestiones et Responsiones" die kettenartige Verspeisung zum Ausgangspunkt seiner Überlegungen zur Auferstehung: „Die Herzen vieler Gläubigen enthalten verborgen einen Skandalon und ein Zweifeln bezüglich der Auferstehung unserer Leiber, indem sie bei sich (selbst) überlegen: Wie wird der Leib, der von zehntausenden wilden Tieren und Vögeln gefressen worden ist oder der ins Meer versunken und von unzähligen Fischen verzehrt und in der Meertiefe verfault und aufgelöst worden ist, wie wird er zusammengebracht und wie kommt er zur Auferstehung?"[357]

Die Darstellungsweisen sind recht vergleichbar und knapp gehalten, wobei die Antworten jeweils sehr breit im Vergleich zu den Quaestiones ausfallen. Jedoch findet auch in diesen Werken des 7. und 8. Jahrhunderts keine wirkliche Auseinandersetzung mit dem Kettennahrungs-Argument statt. Die Eröffnung mit einem derartigen Einwand dient lediglich zur Darlegung der eigenen Auferstehunglehre, die auf verschiedenen Argumenten beruht. Das

---

gere Fragereihe, ‚Quaestiones ad Antiochum' (PG 28, 597). Auf die Entstehungszeit mag die Aussage ein Licht werfen, daß die hl. Stätten höchstens vorübergehend in nichtkatholischem Besitz gewesen sein könnten. So schrieb man schwerlich nach der islamischen Eroberung. Dachte der Verfasser bei den Barbareneinfällen an den größten, den der Perser, so käme man auf die Zeit des Heraklius." Da Heraklius von 610–641 Kaiser gewesen ist, ist somit das 7. Jahrhundert als Entstehungszeit dieses Werkes zu vermuten.

355   Vgl. F.R. Gahbauer, Art. *Anastasius Sinaita*, In: LACL, 33.

356   Ps-Athan, Quaest. ad Antiochum ducem 114 (PG 28, 668,D6–669,A2): „Ἀμήχανόν τι πρᾶγμα τοῖς πολλοῖς καὶ ἀδύνατον νομίζεται τῶν καταφθαρέντων σωμάτων ἡ ἀνάστασις. Πῶς γὰρ, φησὶν, ἢ πόθεν ἀναστήσεται ἡ σάρξ, ἣν πολλάκις ναυαγήσασαν ἔφαγον χίλιοι ἰχθύες καὶ πάλιν τοὺς χιλίους ἰχθύας χίλιοι ἄνδρες, καὶ τοὺς χιλίους ἄνδρας χίλιοι λέοντες;"

357   AnastSin, Quaest. et Resp. 22 (CCSG 59, 42,1–6): „Πολλῶν καρδίαι πιστῶν ἔχουσι κρυπτῶς σκάνδαλον καὶ δισταγμὸν περὶ τῆς τῶν σωμάτων ἡμῶν ἀναστάσεως, ἐννοούμενοι, ὅτι Πῶς τὸ σῶμα τὸ ὑπὸ μυρίων θηρίων καὶ πετεινῶν καταβρωθέν, ἢ θαλάττῃ καταποντισθέν, καὶ ὑπὸ ἀμετρήτων ἰχθύων ἀναλωθέν, καὶ ἐν τῷ βυθῷ ἀφοδευθέν, καὶ διαλυθέν, πῶς συνάγεται καὶ εἰς ἀνάστασιν ἔρχεται;"

Verdauungsproblem wird dabei nicht thematisiert, so dass dieser Einspruch von der kettenartigen Verspeisung der Menschen mittlerweile zu einem traditionellen Topos der antichristlichen Polemik gereift ist.[358]

Nach der Zusammenschau dieser Quellen des Ps-Justin, des Ps-Athanasius und des Anastasius Sinaita resümiert W. Gass immer noch treffend in seinem umfangreichen Aufsatz aus dem Jahre 1842: „Nur mit einem Worte erinnern wir endlich an die vielfachen Beispiele, welche in alter und neuerer Zeit, um die Unmöglichkeit der Wiederherstellung des nämlichen Körpers handgreiflich zu machen, von gewissen Todesarten hergenommen worden sind. Vorzüglich müssen Verbrannte und im Meere Begrabene (Quaest. 122 [111]) herhalten, und es war ganz willkürlich, ob man die Ertrunkenen zuerst von Fischen, dann sie von Menschen aufzehren lassen (Quaest. et resp. ad Graec., ad Antioch. Quaest. 114, Anast. Sin. Quaest. 22), oder den Assimilationsprocess noch weiter ausdehnen wollte. Für so ausgesuchte Fälle blieb aber immer noch die Berufung auf Gottes Allmacht und die Bemerkung übrig, dass auch der am meisten zersetzte Leib sich am Ende in seine Grundbestandtheile auflöse, aus denen er in jedem Falle wieder zusammengefügt werden müsse."[359]

Somit ist festzuhalten, dass diese Autoren der Quaestiones-Literatur auf das Verdauungsproblem zur Verteidigung gegen die Kettnennahrungs-Problematik überhaupt keinen Wert legen, sondern sie benutzen diesen Einwand lediglich dazu, um ihre geläufigen Argumente zum Beweis der Auferstehung der Leiber auszuführen.

11   Gregor von Nyssa

H.E. Lona entdeckt bei Gregor von Nysssa interessante und geeignete Parallelen, um die Bestimmung des zeitgeschichtlichen Hintergrunds von De Resurrectione des Ps-Athenagoras vorzunehmen.[360] Er stützt sich dabei auf die Untersuchung von J.C.M. van Winden, der die Abhängigkeit der Schrift „In

---

358   Vgl. H. Dörrie/H. Dörries, Art. *Erotapokriseis*, In: RAC 6 (1966), 362: „Ein τόπος der antichristlichen Polemik ist, wie die Auferstehung der von Tieren aufgefressenen Leiber zu denken sei." Diese Aussage bezieht sich auf die Quaestio Nr. 22 des Werkes „Quaestiones et Responsiones" von Anastasius Sinaita.

359   W. Gass, Die unter Justins des Märtyrers Schriften befindlichen Fragen an die Rechtgläubigen, In: ZHTh 12 (1842) H. 4, S. 35–154, hier: 95.

360   Vgl. H.E. Lona, Athenagoras, 559.

310 4. KAPITEL

sanctum Pascha" des Gregors von Nyssa von unserem Traktat behauptet.[361] Lona bestreitet jedoch dieses Abhängigkeitsverhältnis[362] und findet dagegen in der gregorianischen Predigt „In sanctum Pascha" einen parallelen zeitgenössischen Entwurf zur Auferstehungsschrift des Ps-Athenagoras. So dient ihm dieser Vergleich als die wichtigste Stütze zur Datierung des Auferstehungstraktats in die zweite Hälfte des 4. Jahrhunderts.

An der Darbietung und Widerlegung des Kettennahrungs-Einwands soll nun Lonas These überprüft werden, da für Ps-Athenagoras das Problem von der Verspeisung der menschlichen Körper die wichtigste Herausforderung für die Auferstehungslehre seiner Zeit bedeutet. Wenn sich nachweisen lässt, dass der Kettennahrungs-Einwand eine identische Herausforderung auch für Gregor von Nyssa einnimmt, wäre weiterhin zu überprüfen, ob auch ein Vergleich zwischen den beiden Widerlegungsversuchen möglich ist.

Bezüglich der Schrift „In sanctum Pascha" weist J.C.M. van Winden darauf hin, dass das Kettennahrungs-Problem dort nur kurz angedeutet wird.[363] Eine intensive Auseinandersetzung findet in diesem Sermon damit jedoch nicht statt, sondern in dem kurz vorher bzw. zeitgleich verfassten Werk „De Opificio Hominis" des Gregor von Nyssa.[364] In Kap. 26 von „De Opificio Hominis" geht

---

361 J.C.M. van Winden, In defence of the Resurrection, 103 f., stellt die These auf, dass Gregor von Nyssa in seiner Schrift „In sanctum Pascha" einen philosophischen Hintergrund aufweise, der mit dem von De Resurrectione des Ps-Athenagoras identisch sei. Gregor habe sich bei seiner Predigt „In sanctum Pascha" von dem pseudoathenagoreischen Auferstehungstraktat inspirieren lassen. Die parallele Argumentationsstruktur sei besonders zwischen dem zweiten Teil (De Res 12–25) von De Resurrectione und „In sanctum Pascha" nachweisbar. Vgl. J.C.M. van Winden, In defence of the Resurrection, 106–121.

362 Vgl. H.E. Lona, Athenagoras, 571 Anm. 85: „Ohne auf die Echtheits- und Verfasserfrage von ‚De Resurrectione' einzugehen, hat J.C.M. van Winden auf den Traktat hingewiesen als Bezugspunkt für die Bestimmung des philosophischen Hintergrundes von ‚In S. Pascha'. Meine Analyse führt manches von dem, was von ihm angedeutet bleibt, weiter, um die Ergebnisse für die Einordnung des Traktats fruchtbar zu machen." Vgl. weiter H.E. Lona, Athenagoras, 576.

363 Vgl. J.C.M. van Winden, In defence of the Resurrection, 110 f.: „So he does for instance not refer to the problem of chain-consumption. However, one could perhaps hear an allusion to this problem at the end of the first part of the sermon; the way in which he introduces the resurrection there (p. 251, 22 ὅπερ οἱ σαρκοβόροι ὄρνιθες ἔφαγον [...]) is remarkable and could be understood as a hidden reference to that problem. But obviously he is not willing to go into it in this sermon."

364 J. Daniélou datiert „In sanctum Pascha" auf den 21. April 379, da diese Predigt zu Ostern gehalten worden ist. Vgl. J. Daniélou, La chronologie des sermons de saint Grégoire de Nysse (1955), 350 f. In der Forschung wird auch eine Datierung in das Jahr 382 erwogen. Vgl. P. Maraval, Art. Chronology of Works, In: The Brill Dictionary of Gregory of Nyssa, 162. Bei

ALLGEMEINE ENTWICKLUNG DES KETTENNAHRUNGS-EINWANDS 311

Gregor auf die verschiedenen Todesschicksale ein, die der Auferstehungslehre der Christen Schwierigkeiten bereiten.

De Opificio Hominis 26

Gregor von Nyssa befasst sich in diesem Werk mit der Erschaffung des Menschen. Im zweiten Teil seines περὶ κατασκευῆς ἀνθρωποῦ behandelt er Themen, die die Auferstehung des Menschen betreffen.[365] In OpHom 26 geht er auf einige Hindernisse der Auferstehungslehre ein. In diesem Zusammenhang thematisiert er auch das Kettennahrungs-Problem. Gregor will die Wahrscheinlichkeit der Auferstehung der Leiber beweisen, so dass er dieses Kapitel mit der Überschrift versieht: „Dass die Auferstehung nicht außerhalb der Wahrscheinlichkeit liege".[366]

Daraufhin beschreibt er seine Gegner, die die Auferstehung aufgrund der Schwachheit der menschlichen Überlegungen erwägen und auf diese Weise die göttliche Kraft mit menschlichen Maßstäben bemessen. Daher kommen sie zu dem Schluss, dass das für sie Unbegreifliche auch für Gott unmöglich ist (τὸ ἡμῖν ἀχώρητον οὐδὲ Θεῷ δυνατὸν εἶναι κατασκευάζουσι).[367] Das οὐδὲ Θεῷ δυνατόν der Auferstehung begründen sie mit verschiedenen Möglichkeiten der Auflösung von Menschenkörpern:

> Sie verweisen nämlich auf die Vernichtung der längst Toten und auf die Überreste derer, die durch das Feuer ganz zur Asche verbrannt wurden; zudem bringen sie zum Beweis auch noch die fleischfressenden Tiere vor und den Fisch, der in seinem eigenen Leib das Fleisch des Schiffbrüchigen aufgenommen hat; und dieser ist wiederum zur Nahrung von Menschen geworden und ist in die Masse dessen, der ihn verzehrt hat, durch die Verdauung übergegangen.[368]

---

dem Werk „De Opificio Hominis" sind sich die Gelehrten darin einig, dass es zwischen dem Tod des Basilius (September 378) und April 379 entstand. Vgl. J. Daniélou, La chronologie des œuvres de Grégoire de Nysse (1966), 162; G. May, Die Chronologie des Lebens und der Werke Gregors von Nyssa (1971), 57.

365 Ab Kapitel 21 erscheint das Auferstehungsthema ausdrücklich in den Überschriften zu den einzelnen Kapiteln.

366 Überschrift zu OpHom 26 (PG 44, 224,B10): „Ὅτι οὐκ ἔξω τοῦ εἰκότος ἡ ἀνάστασις."

367 GregNy, OpHom 26 (PG 44, 224,B11–C1): „Ἀλλ' εἰσί τινες, οἳ διὰ τὴν τῶν ἀνθρωπίνων λογισμῶν ἀτονίαν, πρὸς τὰ ἡμέτερα μέτρα τὴν θείαν δύναμιν κρίνοντες, τὸ ἡμῖν ἀχώρητον οὐδὲ Θεῷ δυνατὸν εἶναι κατασκευάζουσι."

368 GregNy, OpHom 26 (PG 44, 224,C1–8): „Δεικνύουσι γὰρ τῶν τε ἀρχαίων νεκρῶν τὸν ἀφανισμὸν, τῶν τε διὰ πυρὸς ἀποτεφρωθέντων τὰ λείψανα, καὶ ἔτι πρὸς τούτοις τὰ σαρκοβόρα τῶν ζῴων τῷ λόγῳ προφέρουσι, καὶ τὸν ἰχθὺν τῷ ἰδίῳ σώματι τὴν σάρκα τοῦ ναυαγήσαντος ἀναλαβόντα, καὶ

Den Anfang der Widerlegung der christlichen Auferstehungshoffnung nimmt der generelle Verweis auf die Vernichtung der seit langer Zeit Verstorbenen. Um ihr Verschwinden (ἀφανισμός) zu veranschaulichen, greift die gegnerische Argumentation auf die konkreten Beispiele der antichristlichen Auferstehungspolemik zurück. Die Verbrennung der Leichname und deren Überbleibsel in Form von Asche belegen eindeutig das Vergehen der Menschenkörper. Jedoch reicht dies noch nicht aus, so dass die Kontrahenten zum Beweis (τῷ λόγῳ) der Unmöglichkeit der Auferstehung die kettenartige Verspeisung der σώματα anführen.

Zunächst ist die Rede von allen „fleischfressenden Tieren", wobei sich die Entfaltung des Kettennahrungs-Problems dann doch auf „den einen Fisch" konzentriert, der in seinen eigenen Leib das Fleisch des Schiffbrüchigen aufnimmt und verdaut. Aus der Formulierung καὶ τὸν ἰχθύν wird ersichtlich, dass hier ein altbekanntes Motiv der Auferstehungspolemik rezipiert und daraufhin der kettenartige Verzehr entfaltet wird. Denn dieser Menschenfleisch fressende Fisch wird wiederum von anderen Menschen verzehrt, so dass das Fleisch des Schiffbrüchigen in die Masse (εἰς τὸν ὄγκον) der anderen menschlichen Organismen übergeht und sich auf dem Wege der Verdauung (διὰ τῆς πέψεως) mit ihnen vermischt. Bis dahin referiert Gregor die gegnerische Argumentation, die in der indirekten Anthropophagie ihren Höhepunkt erreicht. So wird der traditionelle Kettennahrungs-Einwand aufgenommen.

Interessant ist im weiteren Verlauf der Darlegung zu beobachten, wie Gregor von Nyssa auf diesen Einwand reagiert. Seine Kommentierung des Kettennahrungs-Einwands ist sehr aufschlussreich, da sie darüber Auskunft gibt, in welchem Maße er die Auferstehungslehre dadurch gefährdet sieht. Jedenfalls entdeckt Gregor darin keine solch massive Herausforderung für die somatische Auferstehungshoffnung, wie es bei Ps-Athenagoras der Fall ist. Er spricht lediglich von derartig vielen kleinlichen und der großen Kraft und Vollmacht Gottes unwürdigen Dingen, die die Gegner zum Umsturz der Auferstehungslehre anführen.[369] Die Kontrahenten können sich nämlich nicht vorstellen, dass Gott auf demselben Weg der erneuten Auflösung, die die Rückkehr der Elemente bewirkt, dem Menschen das Eigene zurückgeben kann (δι' ἀναλύσεως ἀποκαταστῆσαι τῷ ἀνθρώπῳ τὸ ἴδιον).[370]

    τοῦτον πάλιν τροφὴν ἀνθρώπων γενόμενον, καὶ εἰς τὸν τοῦ βεβρωκότος ὄγκον μετακεχωρηκότα διὰ τῆς πέψεως."

369 GregNy, OpHom 26 (PG 44, 224,C8–11): „Καὶ πολλὰ τοιαῦτα μικροπρεπῆ, καὶ τῆς μεγάλης τοῦ Θεοῦ δυνάμεως καὶ ἐξουσίας ἀνάξια, ἐπ' ἀνατροπῇ τοῦ δόγματος διεξέρχονται·"

370 GregNy, OpHom 26 (PG 44, 224,C11–13): „ὡς οὐ δυναμένου τοῦ Θεοῦ πάλιν διὰ τῶν αὐτῶν ὁδῶν, δι' ἀναλύσεως ἀποκαταστῆσαι τῷ ἀνθρώπῳ τὸ ἴδιον."

ALLGEMEINE ENTWICKLUNG DES KETTENNAHRUNGS-EINWANDS 313

Bevor er jedoch diesen Zusammenhang weiter in OpHom 27 eingehend entfaltet, gibt er eine bezeichnende Kommentierung des gegnerischen Kettennahrungs-Einwands ab:

> Aber wir wollen schnell die langen Umschweifen ihrer ‚vernünftigen' Nichtigkeit abschneiden.[371]

Aus dieser Äußerung geht hervor, dass Gregor von Nyssa es bewusst unterlässt, sich mit ihrer „vernünftigen Nichtigkeit" (τῆς λογικῆς ματαιότητος) intensiv zu befassen. Daher findet in der darauf folgenden Argumentation die Verdauung der menschlichen σώματα durch andere Menschen auch keine Berücksichtigung. Ebenfalls verzichtet er auf die Behandlung der im Kettennahrungs-Einwand enthaltenen indirekten Anthropophagie. Auf diese Weise kommt es zu keiner gründlichen Auseinandersetzung mit der kettenartigen Verspeisung der Menschen, wie es noch Ps-Athenagoras in De Resurrectione vornimmt.

Zum Zweck der Widerlegung der Argumente der Auferstehungsleugner, die die gänzliche Vernichtung der Leiber der christlichen Jenseitshoffnung entgegenhalten, enwickelt Gregor von Nyssa eine bezeichnende Apologetik der Auferstehungslehre. Der Bezug auf die Heilige Schrift gilt ihm als eine ständige Grundlage, von der aus er seine Überlegungen entfaltet. Zunächst lässt er wie ein Bekenntnis (ὁμολογοῦντες) verlauten, dass die Auflösung des Leibes in das geschieht, woraus er besteht (τὴν μὲν διάλυσιν τοῦ σώματος εἰς τὰ ἐξ ὧν συνέστηκε γίνεσθαι).[372] Dabei löst sich gemäß dem göttlichen Wort (κατὰ τὸν θεῖον λόγον) nicht nur die Erde zur Erde auf, womit er auf Gen 3,19 anspielt, sondern auch die Luft und das Feuchte gehen zu dem Gleichartigen über. Somit findet mit der Verwesung des Leichnams bloß ein Übergang eines jeden Stoffes, aus denen wir alle zusammengesetzt sind, zu dem Verwandten statt.[373]

Anschließend widerlegt er mit vier κἄν-Nebensätzen die verschiedenen Vernichtungsmöglichkeiten, die die Kontrahenten gegen die Auferstehungslehre vorbringen: „Selbst wenn sich der menschliche Leib durch den Verzehr mit den fleischfressenden Vögeln, selbst wenn er sich mit den wildesten Raubtieren vermischt hat, selbst wenn er in das Gebiß der Fische gerät, selbst wenn er durch

---

371 GregNy, OpHom 26 (PG 44, 224,C13–15): ʼΑλλ' ἡμεῖς ἐν ὀλίγῳ τὰς μακρὰς αὐτῶν τῆς λογικῆς ματαιότητος περιδρομὰς ὑποτεμνώμεθα".

372 GregNy, OpHom 26 (PG 44, 224,D1f.).

373 GregNy, OpHom 26 (PG 44, 224,D2–6): „καὶ οὐ μόνον τὴν γῆν κατὰ τὸν θεῖον λόγον εἰς τὴν γῆν ἀναλύεσθαι· ἀλλὰ καὶ τὸν ἀέρα, καὶ τὸ ὑγρὸν προσχωρεῖν τῷ ὁμοφύλῳ, καὶ ἑκάστου τῶν ἐν ἡμῖν πρὸς τὸ συγγενὲς τὴν μεταχώρησιν γίγνεσθαι".

314   4. KAPITEL

Feuer zu Rauch und zur Asche verwandelt worden ist."[374] Trotz dieser grausamen Todesschicksale verschwindet der Menschenleib nicht gänzlich. Er geht lediglich in die Elemente über, aus denen er gebildet worden ist. Wohin auch immer die Gegner gemäß den verschiedenen Todesumständen den Menschen in ihrem Denken versetzen, so bleibt er dennoch innerhalb der Welt (ἐντὸς τοῦ κόσμου πάντως ἐστί).[375] Diese wird aber durch die Hand Gottes umfasst, wie die von Gott inspirierte Stimme lehrt (ἡ θεόπνευστος διδάσκει φωνή).[376]

Der Bezug auf die göttliche Schrift dient ihm erneut – neben Gen 3,19 – als Hauptbegründung für die vertretene Ansicht, womit Gregor wohl auf Ps 95,4 (Ps 94,4 [LXX]: ὅτι ἐν τῇ χειρὶ αὐτοῦ τὰ πέρατα τῆς γῆς καὶ τὰ ὕψη τῶν ὀρέων αὐτοῦ εἰσιν) verweist. Die zerstreuten Elemente des Menschenleibes gehen nicht ganz verloren, sondern verbleiben in dem Kosmos, der zum Zugriffsbereich Gottes gehört. Gott weiß aber, wo sich die einzelnen Elemente eines jeden Leibes innerhalb der Welt befinden. Daher darf das Wissen Gottes nicht nach menschlichen Maßstäben beurteilt werden, als ob Gott keine genaue Kenntnis davon besitzt, was von seiner Hand umfasst wird.[377] Die Begründung anhand der Schrift (Ps 94,4 [LXX]) macht Gregor zur Basis seiner Beweisführung. So ist es für ihn erwiesen, dass Gott auch die in die Elemente übergegangenen Menschenkörper wiederherstellen wird.

In sanctum Pascha

In einer ähnlichen Weise geht Gregor von Nyssa in der Predigt „In sanctum Pascha" auf vergleichbare Todesschicksale ein, die die Auferstehung der Leiber nicht zu negieren vermögen. Diese Predigt hält er zu Ostern und denkt dabei über den künftigen Tag der Auferstehung nach: Auch der Apostel Paulus sehnt sich nach diesem Tag, so dass er das vorteilhafte Leben verachtet und stattdessen das zukünftige Sein erstrebt.[378] Gregors gesamte Argumentation

---

374   GregNy, OpHom 26 (PG 44, 224,D6–10): „κἂν τοῖς σαρκοβόροις ὀρνέοις, κἂν τοῖς ὠμοτάτοις θηρίοις ἀναμιχθῇ τὸ ἀνθρώπινον σῶμα διὰ τῆς βρώσεως, κἂν ὑπὸ τὸν ὀδόντα τῶν ἰχθύων ἔλθῃ, κἂν εἰς ἀτμοὺς καὶ κόνιν μεταβληθῇ τῷ πυρί."

375   GregNy, OpHom 26 (PG 44, 224,D10–12): „Ὅπου δ' ἄν τις καθ' ὑπόθεσιν περιενέγκῃ τῷ λόγῳ τὸν ἄνθρωπον, ἐντὸς τοῦ κόσμου πάντως ἐστί·"

376   GregNy, OpHom 26 (PG 44, 224,D12 f.): „τοῦτον δὲ τῇ χειρὶ τοῦ Θεοῦ περικρατεῖσθαι, ἡ θεόπνευστος διδάσκει φωνή."

377   GregNy, OpHom 26 (PG 44, 224,D13–225,A3): „Εἰ οὖν σύ τι τῶν ἐν τῇ σῇ παλάμῃ οὐκ ἀγνοεῖς, ἆρ' οἴει τῆς σῆς δυνάμεως ἀτονωτέραν εἶναι τὴν τοῦ Θεοῦ γνῶσιν, ὡς μὴ ἂν ἐξευρεῖν τῶν ἐμπεριεχομένων ὑπὸ τῆς θείας σπιθαμῆς τὴν ἀκρίβειαν;"

378   GregNy, In s. Pascha (GNO IX, 251,17–19): „Πρὸς ταύτην βλέπων ὁ ἀπόστολος τὴν ἡμέραν τῆς ζωῆς τῆς ἐπικαίρου καταφρονεῖ, ἐπιθυμεῖ δὲ τῆς μελλούσης, ἐξευτελίζων δὲ τὰ ὁρώμενά φησιν·"

ALLGEMEINE ENTWICKLUNG DES KETTENNAHRUNGS-EINWANDS 315

ist von bestimmten Schriftstellen bestimmt, so dass er auch diesen Gedanken mit einem Schriftbeleg versieht, ohne daran Anstoß zu nehmen, ἐν Χριστῷ und μόνον aus dem Zitat (1 Kor 15,19) für seinen Zweck wegzulassen: „Wenn wir auf dieses Leben gehofft haben, sind wir elender als alle Menschen."[379] Gregor passt 1 Kor 15,19 seiner Argumentation an und bietet hier eine freie Wiedergabe des Paulus-Wortes. Zusätzlich erhält der Tag der Auferstehung eine umfassende soteriologische Bedeutung: Denn um dieses Tages willen werden die Menschen als Erben Gottes und als Miterben Christi eingesetzt.[380]

Daraufhin geht er auf die verschiedenen Vernichtungsmöglichkeiten ein, ohne jedoch das Kettennahrungs-Problem explizit anzusprechen:

> Wegen dieses Tages wird sich der Teil des Leibes wiederfinden; genau der, den die fleischfressenden Vögel vor tausend Jahren fraßen, ohne dass etwas fehlen wird; auch der, den die Walfische, Hunde und die Seetiere verzehrt haben, er wird mit dem auferweckten Menschen auferstehen; auch der, den das Feuer ganz verbrannt und der Wurm in den Gräbern verzehrt hat; und einfach alle Leiber, welche die Verwesung nach ihrer Entstehung vernichtet hat; sie werden ganz und unversehrt aus der Erde zurückgegeben werden und, wie Paulus lehrt, in einem Augenblick wird die Auferstehung vollendet werden.[381]

Mit dem Verweis auf das Paulus-Wort widerlegt Gregor die sich der Auferstehung der Leiber entgegenstellenden Todesschicksale. Wie auch immer die Vernichtung der Menschenkörper zustande gekommen ist, sie werden alle aus der Erde zurückgegeben. Als feste Begründung für diesen Glauben steht der Apostel Paulus, der in 1 Kor 15,52 versichert, dass sich die Auferstehung in einem Augenblick ereignen wird. Gregor verzichtet darauf, die verschiedenen Hindernisse, die die gänzliche Vernichtung und Zerstreuung der σώματα beinhalten, für die Auferstehung der Leiber eingehend zu thematisieren. Auch hier findet

---

379 GregNy, In s. Pascha (GNO IX, 251,19 f.): „Εἰ ἐπὶ τῇ ζωῇ ταύτῃ ἠλπικότες ἐσμέν, ἐλεεινότεροι πάντων ἀνθρώπων ἐσμέν."

380 GregNy, In s. Pascha (GNO IX, 251,21 f.): „διὰ ταύτην τὴν ἡμέραν κληρονόμοι θεοῦ ἄνθρωποι καὶ συγκληρονόμοι Χριστοῦ."

381 GregNy, In s. Pascha (GNO IX, 251,22–252,2): „διὰ ταύτην τὴν ἡμέραν, ὅπερ οἱ σαρκοβόροι ὄρνιθες ἔφαγον πρὸ χιλίων ἐνιαυτῶν μέρος τοῦ σώματος, εὑρεθήσεται μὴ λεῖπον, καὶ ὅπερ κήτη καὶ κύνες καὶ τὰ ἐνάλια ζῷα κατεβοσκήθησαν, ἐγειρομένῳ τῷ ἀνθρώπῳ συναναστήσεται, καὶ ὅπερ διέφλεξε πῦρ καὶ σκώληξ ἐν τάφοις κατεδαπάνησε καὶ ἁπλῶς πάντα τὰ σώματα, ὅσα μετὰ τὴν γένεσιν ἠφάνισεν ἡ φθορά, ἀνελλιπῆ καὶ ἀκέραια ἀναδοθήσεται ἐκ τῆς γῆς καὶ, ὡς Παῦλος διδάσκει, ἐν ῥιπῇ ὀφθαλμοῦ τελεσθήσεται ἡ ἀνάστασις·"

316 4. KAPITEL

keine gründliche Auseinandersetzung mit den Gefahren statt, die für die Auferstehungslehre aus solchen Todesfällen erwachsen. Gregor streift innerhalb
seines rhetorischen Aufbaus diese Schicksale, um auf diese Weise das Paulus-
Wort noch stärker zu akzentuieren.

So konnte definitiv in der zweiten Hälfte des vierten Jahrhunderts argumentiert werden, um die Zweifel an der Auferstehung der Leiber zu zerstreuen. An
keiner Stelle geht Ps-Athenagoras innerhalb seiner Argumentation derartig vor
und hält einfach den Hindernissen des Auferstehungsglaubens ein Schriftwort
entgegen. Zunächst kann er nicht so wie Gregor die Kenntnis der Schrift bei
seinem Publikum voraussetzen. Außerdem ist das Christentum zur Zeit des Ps-
Athenagoras nicht so gefestigt, dass allein der Verweis auf die Heilige Schrift
zur Beseitigung aller Bedenken bezüglich der christlichen Jenseitshoffnung
genügt. Bereits diese Beobachtungen zur Schriftverwendung weisen deutlich
darauf hin, dass De Resurrectione in eine viel frühere zeitliche Phase als „In
sanctum Pascha" des Gregor von Nyssa gehört.

In diesem Sermon deutet Gregor daraufhin seine spezifische Lösung an,
wie die aus den vorgebrachten Todesfällen entstandenen Zweifel zusätzlich
überwunden werden können. Er spricht dabei von der Wiedererkennung des
eigenen Leibes durch die Seele: Nach der Schilderung des Paulus-Wortes aus
1 Kor 15,52 legt er dar, dass sich die Seelen zum Zeitpunkt der Auferstehung aus
ihrem Zwischenzustand erheben und mit dem eigenen Leib erneut bekleiden.
Der Zweifler soll nämlich begreifen, dass die große und zahllose Menge der
Seelen aus gewissen geheimen Wohnungen heraustreten wird. Dabei wird eine
jede von ihnen den eigenen Leib (τὸ ἴδιον σῶμα) wie ein auserlesenes Kleid
erkennen (γνωρίζουσαν) und diesen wieder schnell bewohnen.[382]

De Opificio Hominis 27

In De Opificio Hominis 27 entwickelt Gregor von Nyssa ausführlicher seine
spezifische Ansicht von der Wiedererkennungsfähigkeit der Seele, die bei der
Auferstehung die zu ihrem Leib dazugehörenden Elemente an sich heran-
ziehen wird: Da nämlich die Seele bei ihrem Zusammenleben mit dem irdischen Leib in einer natürlichen Zuneigung und Liebe zu ihm gestanden ist,
besteht bei ihr durch die enge Verbindung mit ihm auf verborgene Weise eine
Wiedererkennungsfähigkeit (τοῦ οἰκείου σχέσις τε καὶ ἐπίγνωσις) des eigenen
Leibes.[383] Diese ἐπίγνωσις des Eigenen stellt sich derartig dar, dass der Seele

---

382 GregNy, In s. Pascha (GNO IX, 252,9–15): „εἶτα ἐπινοεῖς [...] ψυχῶν δὲ ἀμύθητον καὶ ἀναρίθ-
μητον πλῆθος ἔκ τινων οἰκήσεων ἀπορρήτων κινούμενον, γνωρίζουσαν δὲ ἑκάστην ὡς ἱμάτιον
ἐξαίρετον τὸ ἴδιον σῶμα καὶ τούτῳ πάλιν ἐνοικοῦσαν ὀξέως".

383 GregNy, OpHom 27 (PG 44, 225,B10–13): „Φυσικῇ γάρ τινι σχέσει καὶ στοργῇ πρὸς τὸ συνοι-

ALLGEMEINE ENTWICKLUNG DES KETTENNAHRUNGS-EINWANDS   317

von Natur aus gewisse Zeichen des Leibes beigelegt sind (σημείων τινῶν παρὰ
τῆς φύσεως ἐπικειμένων), wodurch sie nach der Loslösung von ihm das Abge-
sonderte erkennen kann und bei der Auferstehung die eigentümliche Gemeinschaft mit dem früheren σῶμα erhält.[384] So geschieht es zum Zeitpunkt der
Auferstehung, dass die Seele im Stande ist, das Verwandte und das Eigene zu
sich selbst wieder heranzuziehen.[385]

Diese Vorstellung entwickelt Gregor auf der Grundlage der Heiligen Schrift,
so dass er sogleich mit einem Schriftverweis seine Ausführungen begründet:

> Denn dass an der Seele auch nach (ihrer) Trennung gewisse Zeichen
> unserer Zusammensetzung haften bleiben, beweist der Dialog im Hades,
> nachdem die Leiber dem Grab übergeben worden waren, verblieb ein
> gewisses leibliches Kennzeichen an den Seelen, woran Lazarus erkannt
> wurde und der Reiche nicht unbekannt blieb.[386]

Somit erbringt Gregor den Beweis, dass es nicht außerhalb der Wahrscheinlichkeit liegt, die Rückkehr der auferstandenen Leiber anzunehmen, die aufgrund
der Wiedererkennungsfähigkeit der Seele aus den allgemeinen Elementen zu
ihrem Eigentum zurückgebracht werden.[387]

Diesen Zusammenhang will er außerdem mit einer Untersuchung der
menschlichen Natur noch deutlicher zeigen.[388] Dabei rezipiert Gregor die
εἶδος-Spekulation des Origenes und stellt dadurch die Wiedererkennungsfähigkeit der leiblichen Elemente durch die Seele plausibel dar. Bereits aus dem
Dialog des Lazarus mit dem Reichen leitet Gregor her, dass bei den Seelen nach

---

κῆσαν σῶμα τῆς ψυχῆς διακειμένης, ἔστι τις κατὰ τὸ λεληθὸς αὐτῇ διὰ τῆς συνανακράσεως τοῦ
οἰκείου σχέσις τε καὶ ἐπίγνωσις".

384 GregNy, OpHom 27 (PG 44, 225,B13–C1).

385 GregNy, OpHom 27 (PG 44, 225,C1f.): „Τῆς τοίνυν ψυχῆς τὸ συγγενές τε καὶ ἴδιον ἐφ' ἑαυτὴν
πάλιν ἑλκούσης".

386 GregNy, OpHom 27 (PG 44, 225,C5–11): „Τὸ γὰρ ἐπιδιαμένειν τινὰ τῇ ψυχῇ, καὶ μετὰ τὴν
διάλυσιν, σημεῖα τοῦ ἡμετέρου συγκρίματος, δείκνυσιν ὁ κατὰ τὸν ᾄδην διάλογος, τῶν μὲν
σωμάτων τῷ τάφῳ παραδοθέντων, γνωρίσματος δέ τινος σωματικοῦ ταῖς ψυχαῖς παραμείναντος,
δι' οὗ καὶ ὁ Λάζαρος ἐγνωρίζετο, καὶ οὐκ ἠγνοεῖτο ὁ πλούσιος."

387 GregNy, OpHom 27 (PG 44, 225,C11–13): „Οὐκοῦν οὐδὲν ἔξω τοῦ εἰκότος ἐστί, πάλιν πιστεύειν
ἐκ τοῦ κοινοῦ πρὸς τὸ ἴδιον τὴν ἀνάλυσιν γίνεσθαι τῶν ἀνισταμένων σωμάτων". Vgl. auch die
Überschrift zum Kapitel OpHom 27, womit Gregor sein Beweisziel für den jeweiligen
Abschnitt angibt: (PG 44, 225,A7–9) „Ὅτι δυνατόν ἐστιν, εἰς τὰ τοῦ παντὸς στοιχεῖα τοῦ
ἀνθρωπίνου σώματος ἀναλυθέντος, πάλιν ἐκ τοῦ κοινοῦ ἑκάστῳ τὸ ἴδιον ἀποσωθῆναι."

388 GregNy, OpHom 27 (PG 44, 225,C13f.): „καὶ μάλιστά γε τῷ φιλοπονώτερον τὴν φύσιν ἡμῶν
κατεξετάζοντι."

318   4. KAPITEL

der Loslösung von ihren Körpern somatische Kennzeichen verbleiben (γνωρίσματος δέ τινος σωματικοῦ ταῖς ψυχαῖς παραμείναντος). So werden Lazarus und der Reiche erkannt, obwohl sie allein als leiblose Seelen nach dem Tod weiter existieren.

Zur Verdeutlichung dieses Zusammenhangs greift er auf die εἶδος-Vorstellung des Origenes zurück und beschreibt die somatischen Kennzeichen der Seele als das εἶδος, das bei der Seele notwendigerweise wie ein Siegelabdruck verbleibt (ἀναγκαίως τοῦ εἴδους οἷον ἐκμαγείῳ σφραγίδος τῇ ψυχῇ παραμείναντος). Auf diese Weise wird das in dem Siegel abgebildete Bild von ihr nicht verkannt, sondern zum Zeitpunkt der Wiederherstellung aus den Elementen (ἀναστοιχείωσις) erhält sie für sich jene στοιχεῖα, die genau zum Bild des εἶδος passen.[389] Gregor versichert, dass die eigentümlichen Elemente eines jeden Leibes definitiv passen werden, da sie von Anfang an in dem εἶδος abgebildet wurden.[390] So wird die Seele die στοιχεῖα ihres eigenen σῶμα wieder erkennen, da sie genau an das Formprinzip angeglichen werden, von dem die Seele nach der Trennung vom Leib einen Siegelabdruck weiterhin beibehält.

Auch Origenes geht von einem somatischen εἶδος aus, das wieder der Seele umgelegt wird.[391] Dieses leibliche εἶδος wird in der Auferstehung zum Besseren verwandelt (ἐπὶ τὸ κρεῖττον μεταβάλλον).[392] Mit der εἶδος-Vorstellung verbindet Origenes – wie auch Gregor von Nyssa – die Bewahrung der über den Tod hinaus bestehenden Identität eines jeden Menschen. Denn wie das irdische Fleisch nach diesem Formprinzip abgebildet worden ist, wo wird auch der pneumatische Leib gemäß demselben εἶδος geprägt werden.[393]

Bevor jedoch Gregor von Nyssa die εἶδος-Vorstellung des Origenes in dieser konkreten Form rezipiert, greift er auch einige Voraussetzungen des Origenes auf, die den Alexandriner zu der εἶδος-Spekulation geführt haben. Gregor eröffnet seine Reflexion über die Menschennatur in OpHom 27b mit der Annahme,

---

389 GregNy, OpHom 27 (PG 44, 228,B5–10): „ἀναγκαίως τοῦ εἴδους οἷον ἐκμαγείῳ σφραγίδος τῇ ψυχῇ παραμείναντος, οὐδὲ τὰ ἐναπομαξάμενα τῇ σφραγῖδι τὸν τύπον ὑπ' αὐτῆς ἀγνοεῖται, ἀλλ' ἐν τῷ καιρῷ τῆς ἀναστοιχειώσεως ἐκεῖνα δέχεται πάλιν πρὸς ἑαυτήν, ἅπερ ἂν ἐναρμόσῃ τῷ τύπῳ τοῦ εἴδους·"

390 GregNy, OpHom 27 (PG 44, 228,B10–12): „ἐναρμόσειε δὲ πάντως ἐκεῖνα, ὅσα κατ' ἀρχὰς ἐνετυπώθη τῷ εἴδει."

391 Meth, De Res I,22,3 (GCS 27, 245,9–11 Bonwetsch): „τοῦτο τὸ εἶδος, καθ' ὃ εἰδοποιεῖται ὁ Πέτρος καὶ ὁ Παῦλος, τὸ σωματικόν, ὃ ἐν τῇ ἀναστάσει περιτίθεται πάλιν τῇ ψυχῇ".

392 Meth, De Res I,22,3 (GCS 27, 245,11 Bonwetsch).

393 Meth, De Res I,23,3 (GCS 27, 247,3–6 Bonwetsch): „σῶμα μὲν γὰρ ἔσται περὶ τὸν ἅγιον διακρατούμενον ὑπὸ τοῦ εἰδοποιοῦντός ποτε τὴν σάρκα· σὰρξ δὲ οὐκέτι· ἀλλ' ὅπερ ποτὲ ἐχαρακτηρίζετο ἐν τῇ σαρκί, τοῦτο χαρακτηρισθήσεται ἐν τῷ πνευματικῷ σώματι."

ALLGEMEINE ENTWICKLUNG DES KETTENNAHRUNGS-EINWANDS   319

dass sich unser Wesen nicht gänzlich im Fluss und Veränderung befindet.[394] Es wäre nämlich unbegreiflich, wenn das menschliche Wesen von Natur überhaupt kein Stillstehen hätte.[395] Gemäß aber einer genaueren Betrachtung befindet sich etwas in uns im Stillstand, das andere aber schreitet durch Veränderung fort.[396] Denn der Leib verändert sich durch Zunahme und Abnahme. Dieser Veränderungsprozess kann an den Lebensaltern des Menschen beobachtet werden, die er der Reihe nach wie Kleider anzieht.[397] Was aber der ständigen Wandelbarkeit nicht unterworfen ist, sondern das Verharrende und Bleibende unserer Natur ausmacht, dies ist das εἶδος.

> Das εἶδος aber bleibt durch alle Wechsel unveränderlich für sich bestehen und verliert nicht die Zeichen, die ihm einmal von Natur aus verliehen wurden, sondern spiegelt sich durch alle Wechsel im Leibe mit eigentümlichen Kennzeichen ab.[398]

Gregor von Nyssa stützt sich hier offenbar auf Origenes, der die Unterscheidung zwischen dem Fließenden und dem Verharrenden in der leiblichen Natur entwickelt hat. Gemäß Origenes wird der Leib nicht zu Unrecht ein Fluss genannt, weil an keinen zwei Tagen in ihm der erste Stoff (τὸ πρῶτον ὑποκείμενον) gleich erhalten wird.[399] Im Gegensatz zur fließenden Natur des Leibes bleibt das εἶδος dasselbe, das den Leib charakterisiert (τὸ εἶδος τὸ χαρακτηρίζον τὸ σῶμα ταὐτὸν εἶναι).[400] Nach Origenes wird das Fließende des materiellen Stoffes im Leib durch die Nahrungsaufnahme und Absonderung des Verdauten verursacht. Dadurch muss er auch die kettenartige Verspeisung des Menschenleibes in seiner Konzeption der Auferstehungslehre berücksichtigen, so dass er sich von der Auferweckung der sich ständig wandelbaren materiellen Substanz des Leibes distanziert. Der pneumatische Leib wird jedoch nach demselben εἶδος gestaltet, das auch schon dem irdischen Fleisch seine Gestalt verliehen hat.

---

394   GregNy, OpHom 27 (PG 44, 225,D1): „Οὔτε γὰρ δι' ὅλου ἐν ῥύσει καὶ μεταβολῇ τὸ ἡμέτερον.‟

395   GregNy, OpHom 27 (PG 44, 225,D2 f.): „Ἦ γὰρ ἂν ἄληπτον ἦν καθόλου τῷ μηδεμίαν στάσιν ἔχειν ἐκ φύσεως·‟

396   GregNy, OpHom 27 (PG 44, 225,D3–5): „ἀλλὰ κατὰ τὸν ἀκριβέστερον λόγον, τὸ μέν τι ἔστηκε τῶν ἐν ἡμῖν, τὸ δὲ δι' ἀλλοιώσεως πρόεισιν.‟

397   GregNy, OpHom 27 (PG 44, 225,D5–7): „Ἀλλοιοῦται μὲν γὰρ δι' αὐξήσεώς τε καὶ μειώσεως τὸ σῶμα, οἷον ἱμάτιά τινα, τὰς καθεξῆς ἡλικίας μετενδυόμενον.‟

398   GregNy, OpHom 27 (PG 44, 225,D7–11): „Ἔστηκε δὲ διὰ πάσης τροπῆς ἀμετάβλητον ἐφ' ἑαυτοῦ τὸ εἶδος, τῶν ἅπαξ ἐπιβληθέντων αὐτῷ παρὰ τῆς φύσεως σημείων οὐκ ἐξιστάμενον, ἀλλὰ πάσαις ταῖς κατὰ τὸ σῶμα τροπαῖς μετὰ τῶν ἰδίων ἐμφαινόμενον γνωρισμάτων.‟

399   Meth, De Res I,22,3 (GCS 27, 244,10–245,2 Bonwetsch).

400   Meth, De Res I,22,3 (GCS 27, 245,4f. Bonwetsch).

320　　　　　　　　　　　　　　　　　　　　　　　　　　　　　　　　　　4. KAPITEL

Gregor nimmt eine andere Erklärung vor, um das Fließende des Menschenleibes zu erweisen. Da er sich gegen den Kettennahrungs-Einwand wehrt, womit die Auferstehung der Leiber widerlegt wird, verzichtet er auf die Nahrungsaufnahme zur Begründung der fließenden Natur im Leib. Er gesteht zwar auch zu, dass sich der Leib durch Zunahme und Abnahme (Ἀλλοιοῦται μὲν γὰρ δι' αὐξήσεώς τε καὶ μειώσεως τὸ σῶμα) im Fluss und ständigen Veränderung befindet, erklärt dies aber mit dem Verweis auf die aufeinanderfolgenden Lebensalter, die wie Kleider angezogen werden.[401] Origenes hat noch mit dem Hinweis auf die verschiedenen Lebensalter die Kontinuität des εἶδος begründet: Wie das εἶδος des neugeborenen Kindes bis zum Greisenalter erhalten bleibt, selbst wenn die einzelnen Ausprägungen viele Veränderungen einzunehmen scheinen, so wird auch dasselbe Formprinzip bei dem zukünftigen Leib bestehen bleiben.[402] Dabei findet eine Verwandlung des somatischen εἶδος in das Schönere statt (πλείστης ὅσης ἐσομένης τῆς ἐπὶ τὸ κάλλιον μεταβολῆς),[403] so dass der pneumatische Leib eine andere Qualität als der materielle einnehmen wird.[404] Die irdische Beschaffenheit des σῶμα wird beinahe ganz abgelegt, während das somatische Formprinzip in der Auferstehung bewahrt bleibt.[405]

Das Verhältnis der Seele zum somatischen εἶδος scheint bei Gregor von Nyssa stärker ausgebaut zu sein, als Origenes es noch bestimmt. Origenes grenzt die fließende Natur des Leibes vom Wesen der Seele deutlich ab und betont, dass die οὐσία der ψυχή in uns weder fließt noch jemals etwas Einführendes erhält.[406] Zusätzlich spricht er von der Notwendigkeit, dass die Seele, die sich in somatischen Orten befindet, entsprechende Leiber für diese Orte nötig hat.[407] Da wir nämlich das Reich der Himmel ererben und in vorzüglicheren Orten sein werden, ist es notwendig, dass die Seele mit einem pneumatischen σῶμα bekleidet wird.[408] Deshalb verschwindet aber das frühere εἶδος nicht,

---

401　GregNy, OpHom 27 (PG 44, 225,D5–7).

402　Meth, De Res I,22,4 (GCS 27, 245,13–246,2 Bonwetsch).

403　Meth, De Res I,22,4 (GCS 27, 246,2f. Bonwetsch).

404　Meth, De Res I,23,2 (GCS 27, 246,15–17 Bonwetsch).

405　Meth, De Res I,23,2 (GCS 27, 246,17–247,1 Bonwetsch): „καὶ ἐπιφέρει πάλιν ὁ ἀπόστολος, σχεδὸν τὴν γηΐνην ποιότητα διδάσκων ἀποτίθεσθαι μέλλειν ἡμᾶς, τοῦ εἴδους σωζομένου κατὰ τὴν ἀνάστασιν·"

406　Meth, De Res I,22,3 (GCS 27, 245,3f. Bonwetsch): „οὐ τοῦ κατὰ ψυχὴν μόνον, ἧς ἡ οὐσία οὔτε ῥεῖ καθ' ἡμᾶς οὔτ' ἐπεισαγόμενόν τι ἔχει ποτέ".

407　Meth, De Res I,22,4 (GCS 27, 246,3–5 Bonwetsch): „ἀναγκαῖον γὰρ τὴν ψυχὴν ἐν τόποις σωματικοῖς ὑπάρχουσαν κεχρῆσθαι σώμασι καταλλήλοις τοῖς τόποις."

408　Meth, De Res I,22,5 (GCS 27, 246,7f. Bonwetsch): „οὕτως μέλλοντας κληρονομεῖν βασιλείαν οὐρανῶν καὶ ἐν τόποις διαφέρουσιν ἔσεσθαι, ἀναγκαῖον χρῆσθαι σώμασι πνευματικοῖς".

ALLGEMEINE ENTWICKLUNG DES KETTENNAHRUNGS-EINWANDS 321

selbst wenn es eine Veränderung in das Herrlichere erfährt.[409] In welchem konkreten Verhältnis jedoch das somatische εἶδος zu der auf gleiche Weise seienden Seele steht, lässt Origenes in dem Fragment bei Meth, De Res I,20–24, offen.

Gregor von Nyssa greift dieses Axiom auf und entwickelt daraus seine spezifische Auffassung von der Auferstehung. Er betont zunächst, dass sich mit der gottähnlichen Seele nicht das Fließende, das infolge der Veränderung entsteht, und das sich Umwandelnde verbindet, sondern das Feststehende und das sich in der Zusammensetzung unseres Körpers auf gleiche Weise Verhaltende.[410] Dies ist aber ausschließlich das εἶδος, das keiner Veränderung unterworfen ist. Das Verhältnis des εἶδος zu den Elementen des Leibes besteht seinerseits darin, dass die unterschiedlichen Mischungen der Elemente die Verschiedenheit in dem εἶδος des Menschen hervorbringen.[411] Unter den Elementen versteht Gregor den zugrundeliegenden Stoff bei der Ausstattung eines jeden menschlichen Körpers, woraus eben τὸ ἀνθρώπινον σῶμα zusammengesetzt ist.[412]

In der eigentümlichen Zusammensetzung eines jeden Leibes aus den Elementen spiegelt sich das für dieses σῶμα charakteristische Formprinzip (εἶδος) ab. Mit dem Tod lösen sich die einzelnen Elemente des Leibes in die für sie verwandten materiellen Stoffe auf. Jedoch bleibt das εἶδος bei der Seele wie ein Siegelabdruck erhalten.[413] Mit diesem Bild umschreibt Gregor das feste postmortale Verhältnis zwischen der Seele und dem εἶδος, das von der Auflösung des Leibes in die Elemente unberührt ist. Das in dem Siegel abgedruckte Bild des εἶδος bleibt der Seele über den Tod hinaus bekannt, so dass sie zum Zeitpunkt der Auferstehung genau die Elemente wieder erhält, die exakt zum Bild des εἶδος passen.[414] Auf diese Weise wird die Auferstehung derselben Leiber

---

409   Meth, De Res I,22,5 (GCS 27, 246,8–10 Bonwetsch): „οὐχὶ τοῦ εἴδους τοῦ προτέρου ἀφανιζομένου, κἂν ἐπὶ τὸ ἐνδοξότερον γένηται αὐτοῦ ἡ τροπή".

410   GregNy, OpHom 27 (PG 44, 228,A11–B1)· „Τῷ τοίνυν θεοειδεῖ τῆς ψυχῆς οὐ τὸ ῥέον ἐν τῇ ἀλλοιώσει καὶ μεθιστάμενον, ἀλλὰ τὸ μόνιμόν τε καὶ ὡσαύτως ἔχον ἐν τῷ καθ' ἡμᾶς συγκρίματι, τούτῳ προσφύεται."

411   GregNy, OpHom 27 (PG 44, 228,B1–3): „Καὶ ἐπειδὴ τὰς κατὰ τὸ εἶδος διαφορὰς αἱ ποιαὶ τῆς κράσεως παραλλαγαὶ μεταμορφοῦσιν, ἡ δὲ κρᾶσις οὐκ ἄλλη τις παρὰ τὴν τῶν στοιχείων μίξιν ἐστί".

412   GregNy, OpHom 27 (PG 44, 228,B3–5): „στοιχεῖα δέ φαμεν τὰ τῇ κατασκευῇ τοῦ παντὸς ὑποκείμενα, δι' ὧν καὶ τὸ ἀνθρώπινον συνέστηκε σῶμα".

413   GregNy, OpHom 27 (PG 44, 228,B5–7): „ἀναγκαίως τοῦ εἴδους οἷον ἐκμαγείῳ σφραγίδος τῇ ψυχῇ παραμείναντος".

414   GregNy, OpHom 27 (PG 44, 228,B7–10): „οὐδὲ τὰ ἐναπομαξάμενα τῇ σφραγῖδι τὸν τύπον ὑπ' αὐτῆς ἀγνοεῖται, ἀλλ' ἐν τῷ καιρῷ τῆς ἀναστοιχειώσεως ἐκεῖνα δέχεται πάλιν πρὸς ἑαυτήν, ἅπερ ἂν ἐναρμόσῃ τῷ τύπῳ τοῦ εἴδους·"

322   4. KAPITEL

garantiert. Sie werden sich aus denselben στοιχεῖα zusammensetzen, die ihrerseits zum persönlichen εἶδος eines jeden Menschen dazu gehören.

De mortuis und De anima et resurrectione

Gregor von Nyssa wird jedoch missverstanden, wenn ihm die Auferstehung der *irdischen* Beschaffenheit des Leibes unterstellt wird.[415] In seinen Schriften „De anima et resurrectione" und in „De mortuis" lässt er unmissverständlich verlauten, dass auch die Elemente des Leibes bei der Auferstehung einer gänzlichen Verwandlung in den göttlichen Zustand unterworfen sein werden. Diesen Zusammenhang hebt er in der Schrift „De mortuis" hervor.[416] In einer wichtigen Passage dieser Schrift (GNO IX, 62,4–63,3) nimmt er die Beschreibung der Auferstehungsleiblichkeit vor.[417] Dort sagt er explizit, dass bei den Auferstandenen die körperlichen Elemente in einen göttlicheren Zustand umgewandelt werden (οἱ πρὸς τὴν θειοτέραν μεταστοιχειωθέντες κατάστασιν).[418] Auf diese Weise werden sie befähigt, mit „der leiblosen Natur" in die Höhe emporzusteigen (συμμετεωροποροῦσι τῇ ἀσωμάτῳ φύσει),[419] damit sich die Aussage des Paulus in 1 Thess

---

415   So aber J. Daniélou, La résurrection des corps, 154–170, und ihm folgend T.J. Dennis, Gregory on the Resurrection of the Body, 59: „Thus he uses an argument of Origen's to support and explain something which Origen denied, the restoration of the exact substance of the body." Vgl. erneut M. Ludlow, Universal Salvation, 65: „Gregory is firmly committed to the view that people will be resurrected with bodies composed of identically the same physical matter of which their bodies were constituted in their lifetimes."

416   Vgl. A. Le Boulluec, Corporéité ou individualité?, 322: „Dans le *De mortuis*, Grégoire de Nysse va plus loin. Il ne nie pas qu'une forme individuelle puisse subsister, mais il considère que toutes les particularités du corps ‚renouvelé' (cf. *Col.* 3,10) doivent changer ‚pour passer à quelque chose de plus divin'."

417   Vgl. R.M. Hübner, Einheit, 212: An dieser Stelle (IX,62,4–63,3) „kommt er zur Beschreibung des Auferstehungsleibes."

418   GregNy, De mort (GNO IX, 62,26 f.).

419   GregNy, De mort (GNO IX, 62,25 f.). „Die leiblose Natur", mit der die in den göttlicheren Zustand Verwandelten aufsteigen werden, ist offenbar ein Verweis auf die Natur der Engel (vgl. I.L.E. Ramelli, Apokatastasis, 404). Die engelhafte Natur ist nicht gänzlich körperlos, sondern besteht aus einer sehr feinen Körperlichkeit. Vgl. GregNy, Infant (GNO III,2, 78,7–12): „Die engelhafte und körperlose Natur, die aus dem unsichtbaren Wesen besteht, hält sich in überirdischen und überhimmlischen Regionen auf, weil (diese) Region (ihrer) Natur angemessen ist. Denn die geistige Natur ist fein, rein, leicht und beweglich, und der himmlische Körper ist fein und leicht und stets bewegt (τῆς μὲν ἀγγελικῆς τε καὶ ἀσωμάτου φύσεως, ἥτις τῶν ἀοράτων ἐστίν, ἐν τοῖς ὑπερκοσμίοις τε καὶ ὑπερουρανίοις διαιτωμένης διὰ τὸ κατάλληλον εἶναι τῇ φύσει τὸ ἐνδιαίτημα – ἥ τε γὰρ νοερὰ φύσις λεπτή τις καὶ καθαρὰ καὶ ἀβαρὴς καὶ εὐκίνητος τό τε οὐράνιον σῶμα λεπτόν τε καὶ κοῦφον καὶ ἀεικίνητον)." Vgl. weiter GregNy,

ALLGEMEINE ENTWICKLUNG DES KETTENNAHRUNGS-EINWANDS | 323

4,17 bewahrheitet: „Wir werden entrückt werden in die Wolken zur Begegnung mit dem Herrn in der Luft und so werden wir immer mit dem Herrn sein."[420]

Or dom IV,3 (GNO VII,2, 48,18–24): „Μεμέρισται πᾶσα ἡ λογικὴ κτίσις εἴς τε τὴν ἀσώματον καὶ τὴν ἐν σώματι φύσιν. Ἔστι δὲ ἀγγελικὴ μὲν ἡ ἀσώματος, τὸ δὲ ἕτερον εἶδος ἡμεῖς οἱ ἄνθρωποι. Ἡ μὲν οὖν νοητή, ἅτε δὴ τοῦ βαροῦντος κεχωρισμένη σώματος, τούτου λέγω τοῦ ἀντιτύπου τε καὶ εἰς γῆν βρίθοντος, τὴν ἄνω λῆξιν ἐπιπορεύεται, τοῖς κούφοις τε καὶ αἰθεριώδεσι τόποις ἐνδιατρίβουσα ἐν ἐλαφρᾷ τε καὶ εὐκινήτῳ τῇ φύσει·" „Denn glückselig ist in Wahrheit jenes Leben der Engel, das keine leibliche Schwere nötig hat (De mort [GNO IX, 49,3–5]: μακάριος μὲν γὰρ ὄντως ἐκεῖνος τῶν ἀγγέλων ὁ βίος ὁ μηδὲν τοῦ σωματικοῦ προσδεόμενος βάρους.)." Vgl. R.M. Orton, Garments of Light, 82 Anm. 49: „This seems to imply that angels have bodies which are not ‚weighty‘ or ‚rigid‘."

H.J. Oesterle, Anthropologie, 106, behautet aufgrund von Or dom IV,3, dass die Engel bei Gregor absolut „körperlose Wesenheiten" seien (so erneut auch A. Bedke, Anthropologie, 115.124 f.). Jedoch differenziert Gregor, wenn er die ἀγγελικὴ τε καὶ ἀσώματος φύσις beschreibt. Sie unterscheidet sich von den Menschennatur dadurch, dass sie keinen zur Erde niederdrückenden, festen und schweren Leib besitzt. Die Engelnatur ist wie ein οὐράνιον σῶμα fein, rein und leicht beweglich, was eine sehr subtile Art der Körperlichkeit impliziert. In gleicher Weise wird nämlich auch die Auferstehungsleiblichkeit beschrieben. Vgl. nur An et Res § 14,1 (PG 46, 108,A5 f.): „ἀλλ' ἐπὶ τὸ λεπτότερόν τε καὶ ἀερῶδες μετακλωσθέντος τοῦ νήματος". Auch spricht Gregor davon, dass die Auferstandenen ein engelgleiches Leben führen werden. Vgl. OpHom 17 (PG 44, 188,C11–D3) und OpHom 18 (PG 44, 196,A13–B3): „Ἀλλὰ καὶ τῆς ἀναστάσεως ἰσάγγελον ἡμῖν ὑποδεικνυούσης τὸν βίον, βρώσεως δὲ παρὰ τοῖς ἀγγέλοις οὐκ οὔσης, ἱκανὴ πίστις τοῦ ἀπαλλαγήσεσθαι τῆς τοιαύτης λειτουργίας τὸν ἄνθρωπον, τὸν καθ' ὁμοιότητα τῶν ἀγγέλων ζησόμενον."

Bedke hingegen kann diesen scheinbaren Widerspruch von der von ihm angenommenen „Körperlosigkeit der Engel" und der engelgleichen Auferstehungsleiblichkeit nicht auflösen (vgl. A. Bedke, Anthropologie, 124 f.). Auch R.J. Kees, Oikonomia Gottes, 225, geht bei den Engeln davon aus, dass sie „reine, d. h. körperlose, geschaffene Geistwesen" seien. Als Beleg dient ihm dabei An et Res § 9,2 (PG 46, 69,D2 5). An dieser Stelle wird jedoch davon gesprochen, dass die Engel im Vergleich zu den Menschen ein körperloses Leben empfangen haben, da sie nicht wie die Menschen im Fleisch leben. Jedoch sind sie nicht wie die Seelen infolge des Todes gänzlich von den Körpern geschieden (PG 46, 72,A1–3: „ἡ δὲ διὰ θανάτου τῶν σαρκῶν ἀπολελυμένη, ὅπερ ἐν ψυχαῖς θεωρεῖται"; A8 f.: „διακεκριμένον ἤδη τοῦ σώματος"), da sie eben eine sehr feine Art der Leiblichkeit besitzen. P. Zemp bestimmt m. E. richtig die subtile Materialität der Geistwesen: „Den Geistern wäre dann eine gewisse Materialität eigen, die der feinen und leichten Materialität des Himmelsraumes entspricht." P. Zemp, Grundlagen, 72. Anschließend lässt sich Zemp von J. Daniélou (ders., Platonisme, 157 ff.) dazu verleiten, auf „den bildhaften Charakter solcher Aussagen" zu schließen. Ebd.

420 GregNy, De mort (GNO IX, 62,23 f.): „Ἁρπαγησόμεθα ἐν νεφέλαις εἰς ἀπάντησιν τοῦ κυρίου εἰς ἀέρα καὶ τρούτως πάντοτε σὺν κυρίῳ ἐσόμεθα."

324 4. KAPITEL

Daraus schließt Gregor, dass bei den Verwandelten keine Schwere im Leib verbleibt (ἐπὶ τῶν ἀλλαγέντων τὸ βάρος οὐ παραμένει τῷ σώματι).[421] So wird die Erhebung der Auferstandenen in die Luft ermöglicht.[422] Alles Dichte und Feste hat von Natur aus die Bewegung nach unten, so dass der Leib einer völligen Umgestaltung bedarf, um nach oben emporzusteigen.[423] Es ist notwendig, dass die Natur in allen Wiederbelebten eine völlige Verwandlung erfährt. Daher müssen die Elemente des Auferstehungskörpers in einen göttlicheren Zustand überführt werden. Die übrigen Eigentümlichkeiten des Leibes werden ebenfalls in eine göttlichere Beschaffenheit verändert: Dies betrifft alle körperlichen Merkmale eines Menschen wie die Farbe, die äußere Gestalt, den Umriss und alles Einzelne der leiblichen Natur.[424]

In „De anima et resurrectione" kommt Gregor sogar der Vorstellung des Origenes so weit entgegen, dass er die Möglichkeit eines körperlosen Endheils der auferstandenen Leiblichkeit vorzuziehen scheint. Bei den Ausführungen zur Lehre von der ἀποκατάστασις πάντων (PG 46, 105,A2–108,A8) denkt er über die Vereinigung aller Menschen mit der göttlichen Natur nach (πάντα χρὴ [...] τῇ θείᾳ προσοικειωθῆναι φύσει):[425] Gott hat die Menschen durch seine Weisheit dazu bestimmt, dass sie den Reichtum der göttlichen Güter (τὸν πλοῦτον τῶν θείων ἀγαθῶν) in sich aufnehmen und sich so in einem ständigen Wachstum (αὔξησις) zur ὁμοίωσις πρὸς τὸ θεῖον befinden.[426] Dabei ist es auf keine andere

---

421 GregNy, De mort (GNO IX, 62,24 f.).

422 Auch in *De Vita Moysis* führt Gregor 1Thess 4,17 als Beleg für die Vorstellung an, dass die Auferstandenen völlig schwerelos und leicht (ἀβαρεῖς τε καὶ κοῦφοι) in ihrer umgewandelten Natur in die Höhe emporfahren. Sie werden infolge der Verwandlung ein ätherisches Gewand (ὁ ἀερώδης χιτών) besitzen. Vgl. GregNy, VitMoys II,191 (GNO VII,1, 99,3–9). In CCant XI (GNO VI, 327,14 f.; 328,16 f.20–329,1.10) verwendet Gregor ebenfalls die Gewandmetapher, um die Beschaffenheit des andersartigen Zustands der in der göttlichen Erkenntnis Aufsteigenden zu beschreiben. Nach dem Ausziehen des finsteren Fellkleides (ὁ δερμάτινος χιτών) bekleidet sich die Seele mit einem göttlichen Kleid. Dieses ἔνδυμα ist ein lichtgestaltiges und immaterielles (φωτοειδές τε καὶ ἄϋλον) Gewand, das als eine sonnenartige Bekleidung (ὁ ἡλιοειδὴς χιτών) spezifiziert wird.

423 GregNy, De mort (GNO IX, 62,18–22): „νῦν μὲν γὰρ πᾶν τὸ παχὺ καὶ στερέμνιον ἐκ φύσεως ἔχει τὴν ἐπὶ τὸ κάτω φοράν, τότε δὲ πρὸς τὸ ἀνωφερὲς ἡ μεταποίησις τοῦ σώματος γίνεται οὕτως εἰπόντος τοῦ λόγου ὅτι μετὰ τὸ ἀλλαγῆναι τὴν φύσιν ἐν πᾶσι τοῖς ἀναβεβιωκόσι διὰ τῆς ἀναστάσεως".

424 GregNy, De mort (GNO IX, 62,27–63,3): „πάντως ὅτι καὶ τὰ λοιπὰ τῶν ἰδιωμάτων τοῦ σώματος πρός τι τῶν θεωτέρων συμμετατίθεται· τὸ χρῶμα τὸ σχῆμα ἡ περιγραφὴ καὶ τὰ καθ' ἕκαστον πάντα."

425 GregNy, An et Res § 14,1 (PG 46, 105,A8–10).

426 GregNy, An et Res § 14,1 (PG 46, 105,A2–C11).

ALLGEMEINE ENTWICKLUNG DES KETTENNAHRUNGS-EINWANDS 325

Weise für uns möglich, den Lauf zu jenen Gütern zurückzulegen als dadurch, dass das, was uns beschwert, von unserer Seele abgeworfen wird. Damit meint er aber diese niederdrückende und irdische Last (τοῦ ἐμβριθοῦς λέγω τούτου καὶ γεώδους φορτίου),[427] womit er definitiv auf den Leib anspielt. Wenn wir uns der Abhängigkeit von ihm (τῆς τε πρὸς αὐτὸ συμπαθείας) entledigen, die in diesem Leben bei uns besteht, und uns weiterhin durch bessere Bemühung und Eifer von ihm reinigen, dann können wir auf gleiche Weise die Vereinigung mit dem Reinen erzielen (ἐν τῷ καθαρῷ δυνηθῆναι προσοικειωθῆναι τὸ ὅμοιον).[428]

Gregor kann sich die ὁμοίωσις πρὸς τὸ θεῖον der Seele[429] nicht anders als in der Loslösung von allem Leiblichen vorstellen.[430] Dies scheint wohl seine eigentli-

---

427   GregNy, An et Res § 14,1 (PG 46, 105,C11–D3): „Οὐ γὰρ ἔστιν ἄλλως ἐπέκεινα γενέσθαι τὸν δρόμον ἡμῖν, μὴ τοῦ βαροῦντος ἡμᾶς, τοῦ ἐμβριθοῦς λέγω τούτου καὶ γεώδους φορτίου, τῆς ψυχῆς ἡμῶν ἀποσεισθέντος".

428   GregNy, An et Res § 14,1 (PG 46, 105,D3–6): „τῆς τε πρὸς αὐτὸ συμπαθείας, ἣν ἐν τῷδε τῷ βίῳ ἐσχήκαμεν, διὰ κρείττονος ἐπιμελείας ἐγκαθαρθέντας, ἐν τῷ καθαρῷ δυνηθῆναι προσοικειωθῆναι τὸ ὅμοιον."

429   Vgl. H.M. Meissner, Rhetorik und Theologie, 324: „Der ganze Abschnitt (105A4–D6) ist philosophisch formuliert und abschließend werden nochmals die platonischen Wendungen zur κάθαρσις der Seele aufgenommen (105C10–D6); die ὁμοίωσις πρὸς τὸ θεῖον betrifft jedoch – das ist Gregors christliche Interpretation – alle, auch die zunächst unreinen, Seelen und besteht im unendlichen Fortschreiten in der ὁμοίωσις."

430   Vgl. C. Apostolopoulos, Phaedo Christianus, 295: „Durch seinen ganzen Dialog zieht sich das Konzept eines Reinigungsprozesses hindurch, welcher ‚nach einem unabänderlichen Gesetz kosmischer Notwendigkeit' – κατά πᾶσιν ἀνάγκην (97 B) – auf die Lostrennung des fremden ‚hinzugefügten' Elementes der Leiblichkeit vom eigentlichen geistigen Kern, dem *Selbst* des Menschen ausgerichtet ist." Bei der zu erstrebenden κάθαρσις denkt Gregor „an das ‚Gewand' der im weitesten Sinne gefaßten real-Leiblichkeit, welches abgestreift werden muß." Ebd., 300. So ähnlich schon E. v. Ivánka, Geistesleben, 64 f.: „Das traditionelle Bild für diese Überkleidung – das aus der Genesis (3,21) bekannte ‚Fellkleid', mit dem Gott Adam und Eva nach dem Sündenfall bekleidete, legt aber die Vorstellung nahe, daß diese ‚Überkleidung' erst nach dem Sündenfall geschehen ist, und es liegt in der inneren Konsequenz dieses Gedankenganges, daß bei der Rückkehr zum ursprünglichen Zustande der Seele diese Überkleidung wieder verschwindet, was auch gelegentlich mit ganz klaren Worten gesagt wird (vgl. Virg 12,2 [GNO VIII,1, 299,28–300,8]; De mort [GNO IX, 42,16–21]); aber auch dort, wo die Tatsache der Auferstehung festgehalten wird, wie am Schlusse von de anima und de mortuis, und wo ex proposito der Zustand des auferstandenen Leibes behandelt wird, geschieht dies so, daß alles, was vom ‚ungeistigen Fellkleide' in die menschliche Natur hineingetragen wurde in einer so entschiedenen Weise von dem Zustand des auferstandenen Leibes ausgeschlossen wird, daß dieser ‚geistige und leidenschaftslose Zustand' beinahe zu einer völligen Vergeistigung und Absorbierung des Materiellen ins Geistige wird, so daß es schließlich berechtigt erscheint, daß der ‚Hang zum Bösen' gelegentlich dann doch einfach als die ‚Neigung zum Materiellen' bezeichnet wird."

326   4. KAPITEL

che Jenseitserwartung zu sein, die er der somatischen Auferstehungshoffnung zur Seite stellt:[431]

> Wenn du aber noch einen Hang zu diesem Leib hast und die Trennung von dem Geliebten dich betrübt, dann sollst du in dieser Sache nicht hoffnungslos sein. Denn du wirst sehen, dass dieser leibliche Umwurf, der durch den Tod aufgelöst wird, aus denselben Elementen wieder fertig gewoben wird, nicht gemäß diesem groben und schweren Zustand; er wird aber zum subtileren und ätherischen Gewebe umgewoben, so dass du bei deinem Geliebten sein wirst und von neuem in eine bessere und anmutigere Schönheit wiederhergestellt wirst.[432]

Neben der Loslösung von allem Somatischen bietet Gregor auch die vollständige Umwandlung der leiblichen Hülle (τὸ σωματικὸν περιβόλαιον) in eine bessere und herrlichere Schönheit an, die den subtileren und ätherischen Zustand der neuen Körperlichkeit ausmacht.[433] Mit einer solchen Vorstellung von der

---

431   Vgl. C. Apostolopoulos, Phaedo Christianus, 281 f.: „Obwohl die Auferstehung des Leibes, genauer gesagt: die Auferstehung des Menschen in einer neuen, verklärten Leiblichkeit nicht geleugnet wird, tritt sie ‚existentiell‘ vollkommen zurück gegenüber der gegen die empirische Leiblichkeit gerichteten ‚dionysischen‘ Sehnsucht nach der himmlischen Heimat der *Seele*, die man im Tod zu erreichen hofft.“ A. Le Boulluec, Corporéité ou individualité?, 314 f., erkennt m. E. zu Recht die bestehende Spannung in *De anima et resurrectione*, die in der Lehre von der Unsterblichkeit der Seele und der Auferstehungslehre besteht. In der Tat wird in An et Res § 14,1 (PG 46, 105,D6–108,A8) ein Gegensatz zwischen dem philosophischen Ziel und der christlichen Auferstehungslehre sichtbar. „Der Hang zu dem *geliebten* Leib" und die Lehre von der ὁμοίωσις πρὸς τὸ θεῖον scheinen dabei völlig inkompatibel zu sein. Vgl. A. Le Boulluec, Corporéité ou individualité?, 314: „L'amour qu'il est censé éprouver pour ce corps paraît être d'un autre ordre que celui de l'âme pour le seul bien qui soit ‚réellement aimable et chérissable‘. [...] Mais il est clair que cette affection est infiniment inférieure à l'amour du beau, ou de Dieu, voire incompatible avec lui.“

432   GregNy, An et Res § 14,1 (PG 46, 105,D6–108,A8): „Εἰ δέ σοί τις καὶ πρὸς τὸ σῶμα τοῦτο σχέσις ἐστί, καὶ λυπεῖ σε ἡ τοῦ ἠγαπημένου διάζευξις, μηδὲ τοῦτό σοι ἀπ' ἐλπίδος ἔσται. Ὄψει γὰρ τοῦτο τὸ σωματικὸν περιβόλαιον τὸν νῦν διαλυθὲν τῷ θανάτῳ ἐκ τῶν αὐτῶν πάλιν ἐξυφαινόμενον, οὐ κατὰ τὴν παχυμερῆ ταύτην καὶ βαρεῖαν κατασκευήν, ἀλλ' ἐπὶ τὸ λεπτότερόν τε καὶ ἀερῶδες μετακλωσθέντος τοῦ νήματος, ὥστε σοι καὶ παρεῖναι τὸ ἀγαπώμενον, καὶ ἐν ἀμείνονι καὶ ἐρασμιωτέρῳ κάλλει πάλιν ἀποκαθίστασθαι.“

433   Die Umwandlung des leiblichen περιβόλαιον stellt in der Eschatologie Gregors eine Zwischenphase dar (vgl. Bapt [GNO X,2, 360,20 f.]: τὸ τῆς ἀφθαρσίας ἔνδυμα). Im weiteren Reinigungsprozess wird die leibliche Hülle ganz abgelegt. In Virg 12,2 (GNO VIII,1, 300,3–5) sagt Gregor explizit, dass, wenn die irdische Hülle von der Seele entfernt ist, ihre Schönheit wieder sichtbar wird (ὡς ἂν περιαιρεθέντος τοῦ γηίνου καλύμματος πάλιν τῆς ψυχῆς φανε-

ρωθῇ τὸ κάλλος). Die Rückkehr zur wesensmäßigen Schönheit, in der wir von Anfang an nach dem Ebenbild des Urbildes geformt wurden, erreichen wir erst dann, wenn wir mit dem Tode ins Unkörperliche übergehen und endgültig „die fleischliche Umhüllung wie eine scheußliche Maske auszuziehen (καὶ οἷόν τι προσωπεῖον εἰδεχθὲς τὴν σαρκώδη περιβολὴν ἐκδυομένους De mort [GNO IX, 42,16–21])."

Durch das Ablegen der leiblichen Hülle wird der Anfangszustand wiederhergestellt. Die Verleihung der „niedrigen empirischen Leiblichkeit" wird von Gregor öfters mit dem Anlegen der „Fellkleider" (Gen 3,21) identifiziert (vgl. H. Merki, Ὁμοίωσις θεῷ, 101–103). Daher wird durch das „Ausziehen" der δερματίνοι χιτῶνες der körperlose Anfangszustand im Endheil angestrebt. „Wenn wir nämlich (so geblieben) wären, wozu wir von Anfang an geworden sind, so hätten wir des Fellkleides gar nicht bedurft (οὐκ ἂν πάντως τοῦ δερματίνου χιτῶνος προσεδεήθημεν), als die Veränlichung an das Göttliche in uns aufstrahlte. Das sich an uns ursprünglich zeigende göttliche Wesen (ὁ δὲ θεῖος χαρακτήρ) war nicht eine Eigenart einer Gestalt oder Farbe (οὐ ποιὰ σχήματός τινος ἢ χρώματος ἦν ἰδιότης), sondern die göttliche Schönheit wird an solchen Dingen wahrgenommen, mit denen sich auch der Mensch durch Leidenschaftslosigkeit, Glückseligkeit und Unvergänglichkeit schmückte und (so) der urbildlichen Gnade nachahmte (De mort [GNO IX, 53,13–21])." In Virg 12,4 (GNO VIII,1, 302,5–11) wird als Ziel des Lebens ἡ τῆς θείας εἰκόνος εἰς τὸ ἀρχαῖον ἀποκατάστασις ausgegeben. Es geht um die Wiederherstellung jenes göttlichen Abbildes, das jetzt noch im Schmutz des Fleisches verborgen ist. „Jenes wollen wir (dann) werden, was der Protoplast während seines ersten Lebens war. Was war nun dieser? Er war nackt, frei vom Umwurf der toten Felle (γυμνὸς μὲν τῆς τῶν νεκρῶν δερμάτων ἐπιβολῆς), mit Freimut sah er Gottes Antlitz [...]" Erst nach dem Sündenfall wurden die ersten Menschen mit den toten Häuten (δέρμασι νεκροῖς) umhüllt (Virg 12,4 [GNO VIII,1, 302,24 f.]). Vgl. VitMoys II,22 (GNO VII,1, 39,21–40,1); An et Res § 18,1 (PG 46, 148,C3–149,A7); Or cat VIII,4 (GNO III,4, 30,3–16); CCant II (GNO VI, 60,16–22); CCant XI (GNO VI, 327,14–18; 332,20–333,1). „Das Motiv der Tierfelle (vgl. Gn 3,21), die unsere Teilhabe an der tierischen Natur versinnbildlichen [...], wird aber von Gregor stets ausdrücklich auf den Zustand *nach* dem Sündenfall bezogen, und zwar in Texten, die nur von zwei Zuständen wissen." P. Zemp, Grundlagen, 164 Anm. 116.

Gregor kennt auch eine Konzeption, die *vor der* Verleihung der Fellkleider eine göttliche Bekleidung voraussetzt. In Beat VIII,1 (GNO VII,2, 161,21–23) wird die „Beschneidung" mit dem Ablegen der toten Felle (τὴν τῶν νεκρῶν δερμάτων ἀποβολήν) identifiziert, „welche wir nach dem Ungehorsam des Lebens, nachdem wir uns entblößt hatten, angezogen haben (ἃ μετὰ τὴν παρακοὴν τῆς ζωῆς γυμνωθέντες ἐνεδυσάμεθα)." In Or dom v,3 (GNO VII,2, 65,2–9) spricht Gregor von den Fellkleidern, die die irdische Beschaffenheit der Menschen nach dem Ausziehen der ewigen, herrlichen Gewänder (τῶν ἀϊδίων τε καὶ λαμπρῶν ἐνδυμάτων γυμνωθέντες) repräsentieren. Die δερματίνοι χιτῶνες haben die Menschen anstelle der göttlichen Kleider (ἀντὶ τῶν θείων περιβολαίων) angezogen. Nach diesem Entwurf nimmt Gregor offenbar eine gewisse Körperlichkeit *vor* der Verleihung der groben Leiblichkeit an. Vgl. K. Holl, Amphilochius, 202: „Der Mensch war ursprünglich ein geistigeres Wesen; wenn auch nicht ohne Körperlichkeit, so doch ohne die gegenwärtige derbe und sterbliche Leiblichkeit." Vgl. weiter R.M. Orton, Garments of Light, 81: „[...] it seems probable that

verklärten Leiblichkeit wird – wie in „De mortuis" – die Schwere und die Bürde des Leibes (τὸ βάρος οὐ παραμένει τῷ σώματι)[434] überwunden, die die Seele durch ihren groben und schweren Zustand (οὐ κατὰ τὴν παχυμερῆ ταύτην καὶ βαρεῖαν κατασκευήν) nicht mehr belasten wird.

In diesem Sinne ist kein wirklicher Gegensatz zwischen der Vorstellung von der Auferstehungsleiblichkeit in „De mortuis" und in den übrigen Schriften („De opificio hominis" und „De anima et resurrectione") des Gregor von Nyssa festzustellen.[435] Gregor zeigt sich nicht nur in „De mortuis", sondern auch in „De anima et resurrectione" (und besonders in „De opificio hominis") hinsichtlich der Auferstehungslehre von Origenes in seinem Denken beeinflusst. Origenes stellt nämlich ebenfalls innerhalb der Behandlung der Lehre von der ἀποκατάστασις πάντων beide Möglichkeiten nebeneinander, die den Leser herausfordern, sich zwischen der leiblosen Postexistenz und der völlig verwandelten Leiblichkeit im Endheil zu entscheiden.[436] Die Formulierung „Εἰ δέ σοί τις καὶ

---

the ‚shining garments' represent bodies with which we were clothed in some primordial or at any rate prelapsarian state."

Jedoch impliziert diese Vorstellung m. E. bereits einen *depotenzierten* somatischen Status der Geistwesen, die urprünglich körperlos waren. Gregor ist auch in der Protologie von Origenes völlig abhängig, wenn er die Präexistenz der Gesamtmenschheit in einen ideellen Zustand *vor* der Annahme der geschlechtsdifferenzierten Leiblichkeit versetzt.

434 GregNy, De mort (GNO IX, 62,25).

435 So aber J. Daniélou, La résurrection des corps, 169 f. Daniélou stellt sogar einen Widerspruch zwischen „De mortuis" und den anderen Äußerungen zur Auferstehung bei Gregor fest. Er führt dies auf den starken Einfluss des Origenes in „De mortuis" zurück. „Ces expressions sont, prises à la lettre, la contradiction de celles que nous avons citées plus haut. Elles pourraient être d'Origène. Et, de fait, elles lui sont empruntées." J. Daniélou, La résurrection des corps, 170. T.J. Dennis schließt sich ebenfalls diesen Beobachtungen an und spricht sogar von einem Konflikt zwischen „De mortuis" einerseits und „De anima et resurrectione" und „De opificio hominis" andererseits. „Moreover, while the De anima and the De hominis argue with Methodius against Origen, the De mortuis is heavily influenced by Origen [...]" T.J. Dennis, Gregory on the Resurrection of the Body, 68. So ähnlich auch M. Ludlow, Universal Salvation, 67 f. C. Arruzza geht – statt von einem Konflikt – von einer Ausnahme in De mortuis aus. Die Autorin führt diese „exception" ebenso auf den Einfluss des Origenes und auf die näheren Entstehungsumstände von De mortuis zurück. Vgl. C. Arruzza, Théodicée, 262 f. Es wird aber nicht bedacht, dass die Vorstellung von der Abwertung der materiellen Körperlichkeit auch in anderen Schriften Gregors konstant bleibt. Vgl. weiter M. Hübner, Einheit, 226.

436 Dies ist neben De Princ II,3,7 deutlich in De Princ III,6,1–9 zu sehen. Vgl. H. Strutwolf, Gnosis als System, 345: „Auch in de princ III,6,1–9 widmet sich Origenes der Frage nach dem Schicksal der Leiblichkeit im Endheil. Zunächst stellt er in §1–3 die Argumente für die Unkörperlichkeit der zurechtgebrachten Vernunftwesen dar und entwickelt dann in

ALLGEMEINE ENTWICKLUNG DES KETTENNAHRUNGS-EINWANDS 329

πρὸς τὸ σῶμα τοῦτο σχέσις ἐστί, καὶ λυπεῖ σε ἡ τοῦ ἠγαπημένου διάζευξις" legt m. E.
nahe, dass Gregor mehr zur leiblosen Postexistenz tendiert,[437] wie es auch bei

§ 4–9 die Lehre vom pneumatischen Leibe, wobei er auch am Ende dieser Gedankenent-
wicklung dem Leser wieder die Entscheidung zwischen leibloser Postexistenz und einem
ewigen Leben in verklärter Leiblichkeit anheim stellt."

437 Als Vermittlung beider Positionen dient m. E. ein Zwei-Phasen-Modell innerhalb der
Eschatologie Gregors. Die Verwandlung des Leibes in einen göttlicheren Zustand stellt die
erste eschatologische Phase dar. Jedoch bedarf die Auferstehungsleiblichkeit eines weiteren Reinigungsprozesses, „bis, wenn ‚der letzte Feind vernichtet wird' (1 Kor 15,26), wie
der Apostel sagt, und die Schlechtigkeit gänzlich aus allem Seienden verbannt wird, die
gottähnliche Schönheit (τὸ θεοειδὲς κάλλος), in der wir von Anfang an geformt wurden, in
allen als eine einzige aufstrahlt (De mort [GNO IX, 65,24–66,3])." Vgl. I. Pochoshajew, Seele,
148 f.: „Die Ausführungen in *Mort* zeigen, dass Gregor die Auferstehung als einen Vorgang auffasst, in dessen Verlauf das Schlechte fortschreitend beseitigt wird. [...] Es kann
davon ausgegangen werden, dass die Notwendigkeit einer fortschreitenden Entfernung
des Schlechten nach der Auferstehung die Vereinigung mit Gott hinauszögert." Innerhalb
dieses Prozesses findet eine fortwährende Reinigung von allem Hylischen statt. Das Ziel ist
es, dass „die gereinigte Seele nichts in sich haben darf als nur Gott und auf nichts anderes
schauen darf, sondern sich derart von jeder hylischen Handlung und jedem materiellen
Gedanken reinigt (ἀλλ' οὕτως ἑαυτὴν ἐκκαθάραι παντὸς ὑλικοῦ πράγματός τε καὶ νοήματος),
dass sie insgesamt vollständig zum Geistigen und Immateriellen (πρὸς τὸ νοητόν τε καὶ
ἄϋλον) verändert wird und sich (so) zu einem höchst anschaulichen Abbild der urbildlichen Schönheit vollendet (CCant XV [GNO VI, 439,6–11])." Der Reinigungsvorgang kann
sich über „lange Zeitperioden" (μακραῖς περιόδοις) erstrecken, bis die ursprünglich von
Gott uns verliehene Beschaffenheit wiederhergestellt wird (vgl. An et Res § 18,5 [PG 46,
157,D2–4).
Die „Menschenseelen" müssen stufenweise den Reinigungsprozess bestreiten, wenn
sie sich in ‚den vielen Wohnungen des Vaters' (vgl. Joh 14,2) wiederfinden (vgl. CCant XV
[GNO VI, 459,4–460,2]). Dies weist offenbar auf die überirdische „Örtlichkeit" des Paradieses hin (vgl. P. Zemp, Grundlagen, 165–167). Dieses Paradies werden die Seelen schließlich
verlassen und in einen endgültigen „Heilsort" gelangen (vgl. Lucif res [GNO IX, 316,1 f.]:
„τοῦ παραδείσου τὴν εἰσοίκησιν, τῶν οὐρανῶν τὴν ἐπάνοδον"). Vgl. W.K. Bietz, Paradiesvor
stellungen, 55: „Doch ist mit dem Paradies offenbar nicht der endgültige Heilsort genannt:
der Weg führt darüber hinaus zur τῶν οὐρανῶν βασιλεία."
Im eschatologischen „Paradieszustand" werden die Menschen die grobe Körperlichkeit (δερμάτινοι χιτῶνες) ablegen und solche „Kleider" anziehen, die sich durch die Reinheit
des Lebens (ἐνδύματα, ἃ τῇ καθαρότητι τοῦ βίου) auszeichnen (Melet [GNO IX, 454,13–
455,2]). Die Leiblichkeit der Auferstandenen wird der der Engel ähnlich sein. Diese Engel-
gleichheit (ἰσάγγελος) äußert sich durch die ἀπάθεια des verwandelten Auferstehungskörpers (CCant I [GNO VI, 30,6–11]). Die Menschen besitzen sodann – wie die engelhafte
Natur (vgl. Infant [GNO III,2, 78,7–12]) – eine feine und leichte Körperlichkeit. Jedoch
wird auch diese Auferstehungsleiblichkeit so weit wie möglich gereinigt, dass sie schließ-

Origenes zu beobachten ist.[438] Somit ist Gregor auch in „De anima et resurrectione" – an dieser wichtigen Stelle zur Lehre von der „Wiederherstellung aller Dinge" (De an et res § 14,1) – von Origenes innerhalb seiner Eschatologie abhängig.

---

lich im Endheil abgelegt wird, wenn es zur ἡ εἰς τὸ ἀρχαῖον τῶν πεπτωκότων ἀποκατάστασις kommt (vgl. OpHom 17 [PG 44, 188,C11–13]). Vgl. R.M. Hübner, Einheit, 204–231, insbes. 214: „Die vorläufige, durch die jeweilige Höhe der sittlichen Vollkommenheit bedingte Verschiedenheit der Auferstandenen wird nach der jenseitigen Reinigung, wenn alles Böse vernichtet ist, einer endgültigen Gleichheit weichen, in der ein jeder im gleichen Licht erstrahlt." Ebd., 218: „Auferstehung heißt Gewinn der unterschiedslosen Gleichheit aller in der anfänglichen Gottebenbildlichkeit." Vgl. W. Völker, Gregor von Nyssa, 281: „Gelegentlich lüftet Gregor den Schleier und deutet ahnungsvoll die Zukunft an, wie sie sich seinen Blicken erschlossen hat. Dabei unterscheidet er zwei Stadien. Im ersten treten persönliche Unterschiede immer noch in Erscheinung, während im letzten diese verschwinden."

Die *zweite* Phase der gregorianischen Eschatologie stellt m.E. in letzter Konsequenz die vollständige Reinigung von allem Materiellen dar, so dass die völlig gereinigten Seelen ganz körperlos in der „unterschiedslosen Gleichheit" aller Geistwesen sein werden. In An et Res § 11,2 (PG 46, 81,B14–C7) spricht Gregor auch von den durch die göttliche Vorsehung bestimmten *zwei* Perioden des Menschenlebens (διχῇ μερίσας τὴν ἀνθρωπίνην ζωήν). Die *erste* Lebensphase besteht in einer gegenwärtig kurzen Dauer im Fleische (εἴς τε τὴν διὰ σαρκὸς ταύτην). Die *zweite* Phase beinhaltet künftig die ewige Dauer außerhalb des Leibes (καὶ εἰς τὴν ἔξω τοῦ σώματος μετὰ ταύτην). Dies ist zweifellos ein Hinweis auf den leiblosen Endzustand der Seelen in der Ewigkeit Gottes.

Vgl. R.M. Orton, Reassembly, Purification or Restoration, 192: „Once our flesh and blood bodies have fulfilled their function of ‚raising the earthly element to union with the divine' they have done their job and can be dispensed with." Orton rekonstruiert überzeugend die zwei Phasen der eschatologischen Vorstellung Gregors (vgl. ebd., 188–195). Jedoch geht er in der Beurteilung der gregorianischen Eschatologie zu weit, wenn er schreibt, dass diese Eschatologie „ein schwierigen Kompromiss zwischen platonischer (oder gnostischer) und christlicher Eschatologie" sei, „der die zentrale Schriftidee vom Ende als Neuschöpfung verkennt". Vgl. ebd., 195. M.E. wird hier unzureichend das Erbe des Origenes in der eschatologischen Konzeption Gregors gewürdigt.

In diesem Aufsatz scheint Orton seine frühere Sicht modifiziert zu haben, die bei den Geistwesen vom Bestehen der Leiblichkeit in der ἀποκατάστασις ausging. R.M. Orton, Garments of Light, 219: „Do we then retain our soul/body duality in the Restoration? Gregory does not tell us. But the logic of his anthropology, as well as Christian orthodoxy, demands as answer in the affirmative. [...] But Gregory's silence on the matter can be taken to imply that he was unable to conceive of any real functional role for our bodies (or our genders) in heaven." Auch I.L.E. Ramelli behauptet, dass die Leiblichkeit der Auferstandenen in der ἀποκατάστασις erhalten bleibt. Vgl. dies., Apokatastasis, 433.

438 Vgl. H. Strutwolf, Gnosis als System, 334–356.

ALLGEMEINE ENTWICKLUNG DES KETTENNAHRUNGS-EINWANDS 331

J. Daniélou stellt jedoch die These auf, dass Gregor von Nyssa sich bewusst von Origenes distanziert[439] und in diesem Zuge die geistliche Auferstehungs-

---

439 Die Stellen, auf die J. Daniélou dabei Bezug nimmt, betreffen aber ausschließlich die Distanzierung Gregors von der Präexistenz der Seelen und deren Fall in das Körperliche. Mit der Lehre von der Auferstehung haben sie nichts zu tun. Vgl. J. Daniélou, La résurrection des corps, 155, der auf OpHom 28 (PG 44, 229B) und auf An et Res §14,4 (PG 46, 113B–C) verweist. Arruzza spricht sogar hinsichtlich Gregors Ablehnung der Präexistenz der Seelen missverständlich von einem „Fehler bei Origenes", den Gregor dann aufdecke. Vgl. C. Arruzza, Théodicée, 241.

In OpHom 28 (PG 44, 232,A1–6) befürchtet Gregor, dass mit der Vorstellung eines vorgeburtlichen „Seelenstaates" (πολιτεία τῶν ψυχῶν) auch die Lehre von der Seelenwanderung verbunden wird (vgl. auch in An et Res §14,4 [PG 46, 112,C8–11]). Diejenigen, die „lehren, dass der Staat der Seelen älter als das Leben im Fleisch ist, scheinen mir nicht (ganz) rein von den hellenischen Lehrsätzen zu sein, welche Mythen über die Seelenwanderung in andere Körper beinhalten (πρεσβυτέραν τῆς ἐν σαρκὶ ζωῆς τὴν πολιτείαν τῶν ψυχῶν δογματίζοντες, οὔ μοι δοκοῦσι τῶν Ἑλληνικῶν καθαρεύειν δογμάτων, τῶν περὶ τῆς μετενσωματώσεως αὐτοῖς μεμυθολογημένων)." Da diese Lehre die Wanderung der ψυχή in verschiedene Körper (auch Tierkörper bis hin zu den Pflanzen) impliziert, widerspricht sie gänzlich der Bewahrung derselben Identität des Auferstehungskörpers. Davon grenzt sich Gregor – genauso wie Origenes (vgl. C. Cels. VII,32 [Marcovich 486,1 f.]; in De Princ I,8,4 [GCS 22, 105,1–16 Koetschau] diskutiert Origenes die Seelenwanderungslehre, ohne sich ihr explizit anzuschließen; vgl. H. Strutwolf, Gnosis als System, 237 Anm. 174) – entschieden ab. Gregor distanziert sich offenbar von einer *Interpretation* von Περὶ τῶν ἀρχῶν, die mit der Annahme von präexistenten Vernunftwesen die Lehre von der Seelenwanderung verbindet. So wird einem Missverständnis der Lektüre von *De Principiis* vorgebeugt. Gregor selbst rezipiert in kreativer Weise die Lehre des Origenes von der Präexistenz der Vernunftwesen, indem er seine Konzeption von der doppelten Schöpfung entwickelt. Er bleibt Origenes gänzlich verpflichtet, wenn er das ganze menschliche πλήρωμα in einen ideellen Präexistenzzustand der Gesamtmenschheit verlagert (OpHom 29 [PG 44, 233,D8 f.]: „ἅπαν προϋφεστάναι τὸ ἀνθρώπινον πλήρωμα"). In Voraussicht des Sündenfalls wird den Menschenwesen daraufhin die geschlechtsdifferenzierte Körperlichkeit verliehen (OpHom 16 [PG 44, 184,D10–185A9]: „[...] μᾶλλον δὲ προκατανοήσας τῇ προγνωστικῇ δυνάμει, πρὸς ὅ τι ῥέπει κατὰ τὸ αὐτοκρατές τε καὶ αὐτεξούσιον τῆς ἀνθρωπίνης προαιρέσεως ἡ κίνησις, ἐπειδὴ τὸ ἐσόμενον εἶδεν, ἐπιτεχνᾶται τῇ εἰκόνι τὴν περὶ τὸ ἄρρεν καὶ θῆλυν διαφοράν, ἥτις οὐκέτι πρὸς τὸ θεῖον ἀρχέτυπον βλέπει, ἀλλὰ καθὼς εἴρηται, τῇ ἀλογωτέρᾳ προσῳκείωται φύσει.").

Vgl. P. Zemp, Grundlagen, 156: „Die Folge der Texte zeigt, daß Gregor hier die Geschlechtsdifferenzierung in engem Zusammenhang mit der Leiblichkeit als solcher versteht, [...] Die darauffolgende Bemerkung, daß das Geistige (νοερόν) die Priorität habe, das andere aber ‚hinzugeworden' sei (ἐπιγεννηματικός), unterstreicht noch den Zusammenhang von Geschlechtlichkeit und Leiblichkeit. [...] Aus der Voraussicht der Sünde schuf er dem Menschen den Geschlechtsunterschied (und damit die Leiblichkeit) hinzu, [...]"

Vgl. auch W. Völker, Gregor von Nyssa, 93: „Das ganze irdische Leben ist in seiner Eigenart

332   4. KAPITEL

leiblichkeit verwirft, die Origenes stark betont.[440] Dieser Sicht muss entschieden widersprochen werden. Vielmehr knüpft Gregor an vielen Vorstellungen des Origenes an, die in Verbindung mit der Auferstehungslehre stehen. Dabei greift er ausdrücklich auf die εἶδος-Spekulation des Origenes zurück und ent-

---

und seinem Verlaufe nichts Urpsrüngliches und Natürliches, es wird vielmehr als Folge des Sündenfalles und als Strafe für den Ungehorsam aufgefaßt. Diese grundsätzliche Einstellung harmoniert aufs beste mit den Theorien, die in de opificio hominis vorgetragen werden. Nach ihnen ist die geschlechtliche Differenzierung und die Leiblichkeit in ihrer gegenwärtigen Form vorweggenommene Strafe für den vorausgesehenen Fall."

Die irdische Befindlichkeit des Menschen stellt somit nicht das ursprüngliche von Gott gewollte Leben dar. Die Leiblichkeit an sich ist schon Folge und Strafe für den Fall. Die Erschaffung der Leiber ist aber auch ein Gnadenakt für die gefallenen Geistwesen, die aufgrund einer Reinigung und Besserung zum Immateriellen zurückgeführt werden. Kees hingegen schwächt die eindeutige Beurteilung der Leiblichkeit bei Gregor ab, indem er den klaren Aussagen von der Abwertung der Körperlichkeit aufgrund der Geschlechtlichkeit ein „ethisches" bzw. „moralisches Verständnis" unterstellt. Vgl. R.J. Kees, Oikonomia Gottes, 220–236. J. Zachhuber erkennt zu Recht den Einfluss des Origenes auf die Vorstellung vom Sündenfall bei Gregor von Nyssa. Er spricht zwar von „Apollinarian, Neoplatonic and Origenist pattern", deutet aber auch an, dass insbesondere die letzten beiden „Vorlagen" in das origenistische Erbe Gregors eingeordnet werden können. Vgl. J. Zachhuber, Human Nature, 174–186, insb. 182: „It is interesting to note how close in Gregory's view the Origenist and the Neoplatonic pattern seem to be; they often appear to coincide in his mind."

440 Vgl. J. Daniélou, La résurrection des corps, 155: „Il rejette formellement la doctrine d'Origène sur la pure spiritualité de l'homme." Dabei verkennt Daniélou m. E. das Erbe des Origenes bei Gregor von Nyssa, wenn er darlegt, dass Gregor sich hautsächlich gegen Origenes von einem Antiorigenisten wie Methodius von Olympus bei seiner Auferstehungslehre leiten ließ. Vgl. J. Daniélou, La résurrection des corps, 155.168 f. So auch T.J. Dennis, Gregory on the Resurrection of the Body, 59; L.F. Mateo-Seco behauptet sogar, dass die εἶδος-Vorstellung des Gregor nicht von Origenes, sondern von Methodius inspiriert sei: „Gregory's solution is inspired by Methodius of Olympus (De res., 1–2): After death, a permanent ‚connaturality' continues to exist between the body and the soul. This is the bodily εἶδος (the idea or figure of the body) which remains in the soul like a seal." L.F. Mateo-Seco, Art. *Resurrection*, In: The Brill Dictionary of Gregory of Nyssa, 669.

Wie jedoch oben gezeigt wurde, ist diese εἶδος-Auffassung ganz von Origenes abhängig. So auch K.-H. Uthemann, Protologie und Eschatologie, 445 f.: „Wie er dabei in *De anima et resurrectione* die Identität des individuellen Menschen sichert und die Schöpfung eines neuen Körpers ausschließt, sofern er den Körper als ‚Gestalt (εἶδος) der Seele' oder die Auferstehung des Fleisches als Laubhüttenfest (σκηνοπηγία) interpretiert, bei dem für die Seele ein Körper als σκῆνος ‚wieder verdichtet wird' (nach Ps 117,27), zeigt er, daß er bis in die Terminologie hinein Origenes folgt, um dessen Kritiker Methodios von Olympos zu bestreiten."

ALLGEMEINE ENTWICKLUNG DES KETTENNAHRUNGS-EINWANDS 333

wickelt daraus seine Theorie von der Fähigkeit der Seele zur Wiedererkennung der zerstreuten Elemente des Leibes. Origenes entfaltet noch seine εἶδος-Anschauung in der Auseinandersetzung mit dem Kettennahrungs-Problem und integriert es in seine Auferstehungskonzeption. Für Gregor von Nyssa stellt die Kettennahrung keine wirkliche Herausforderung mehr dar – wie wir oben gesehen haben –, obwohl er sie kennt und sie ihm sicherlich durch Origenes bekannt ist.

Vergleich mit Ps-Athenagoras

Hier ist für unsere Untersuchung auch der hauptsächliche Unterschied zwischen Gregor von Nyssa und Ps-Athenagoras festzustellen. Während Gregor auf eine intensive Auseinandersetzung mit dem Problem der kettenartigen Verspeisung verzichtet, stellt dies für Ps-Athenagoras hinsichtlich der Auferstehungslehre die stärkste Herausforderung seiner Zeit dar. Er entwickelt eine bezeichnende Widerlegung des Kettennahrungs-Einwands und greift in diesem Kontext auf die zeitgenössische Medizinkenntnis zurück. Origenes spürt ebenfalls die Herausforderung der Kettennahrungs-Problematik, bezieht sie jedoch in seine Auferstehungslehre ein, da er eine andere Vorstellung von der Nahrungsverdauung als Ps-Athenagoras vertritt.[441]

Von all dem ist bei Gregor von Nyssa nichts zu spüren. Er verzichtet gänzlich auf die Einbeziehung der Nahrungsverdauung in seine Reflexion über das εἶδος. Er begründet die fließende Natur des Leibes mit dem Wechsel der Lebensalter und nicht wie Origenes mit der Verdauung und Absonderung von Nahrung. So geht er bei der positiven Rezeption der origeneischen εἶδος-Spekulation dem Problem der kettenartigen Verspeisung und Verdauung der Menschenleiber bewusst aus dem Weg. Offensichtlich ist er mit der Lösung des Origenes zufrieden, der die Kettennahrungs-Problematik mit der εἶδος-Anschauung löst. Der Alexandriner kennt die Verwandlung der Materie in göttlichen Zustand. Daher muss er nicht die völlige Identität des Substrats behaupten.

Gregor knüpft an der bestehenden Lösung des Origenes an und leistet einen eigenständigen Beitrag zur Auferstehungslehre. Er setzt die Wiederherstellung derselben Körperelemente mit der origeneischen Auferstehungsauffassung in Verbindung. Gregor stellt sich im Anschluss an Origenes den Auferstehungsleib

---

441 Es ist bezeichnend, dass nach Origenes nicht einmal die Origenisten wie Gregor von Nyssa dies übernehmen. Es hängt wohl damit zusammen, dass Porphyrius den Kettennahrungs-Einwand zum wichtigsten Angriff gegen die Auferstehungslehre erhoben hat. So konnte man danach nicht ohne Weiteres wie Origenes die kettenartige Verspeisung der Leiber in der Auferstehungslehre positiv aufnehmen, selbst wenn die völlige Verwandlung in die verklärte Leiblichkeit – wie bei Gregor von Nyssa – vertreten worden ist.

nicht als eine Auferweckung derselben irdischen Körpersubstanz vor, sondern geht auch bei der Zusammenführung der ursprünglichen Elemente von einer völligen Verwandlung der irdischen Leiblichkeit aus. Die wieder zusammengebrachten Elemente desselben Leibes erfahren nämlich eine grundlegende Umgestaltung in einen göttlicheren Zustand, so dass auch die στοιχεῖα der Auferstehungsleiblichkeit eine neue Qualität erhalten.[442]

12 Ergebnis

H.E. Lonas Datierungsversuch von De Resurrectione des Ps-Athenagoras in die zweite Hälfte des vierten Jahrhunderts hat sich aufgrund der in dieser Zeit gründlichen Behandlung des Kettennahrungs-Problems nicht bestätigt. Die intensive Phase der Auseinandersetzung mit dieser Problematik stellt vielmehr die erste Hälfte des dritten Jahrhunderts dar, als noch nicht geklärt war, wie mit dieser Herausforderung für die Auferstehungslehre umgegangen werden sollte. Da die Kettennahrungs-Problematik der gegnerischen Argumentation in De Res 4,1–4 sich m. E. innerhalb der Gesamtentwicklung des Kettennahrungs-Einwands plausibel in die erste Hälfte des dritten Jahrhunderts einordnen lässt, ist auch De Resurrectione des Ps-Athenagoras in diese Zeit zu datieren.

In De Resurrectione liegt ein Höhepunkt dieser Problemstellung vor. Die gegnerische Argumentation rekurriert auf die geläufigen Einwände, wie sie bei Tatian, Tertullian und Minucius Felix behandelt werden. Diese Autoren setzen die erste Stufe des Kettennahrungs-Einwands voraus. Bei Ps-Athenagoras und Origenes hingegen wird die nächste Stufe der kettenartigen Verspeisung der menschlichen Leiber erreicht und im pseudoathenagoreischen Traktat von den Gegnern bis zur Teknophagie gesteigert. Bei Porphyrius ist weiterhin zu beobachten, dass die Kettennahrungs-Problematik zu einem traditionellen Angriff auf die Auferstehungslehre wird. Er ist jedoch nicht mehr an der Verdauung der verspeisten σώματα interessiert, sondern hebt ausschließlich die gänzliche Vernichtung der Leiber durch den kettenartigen Verzehr hervor.

Den Autoren aus dem vierten Jahrhundert war es nun vorgegeben, sich mit einem derartigen Einwand gegen die leibliche Auferstehung auseinanderzuset-

---

442 Es kann der Zusammenfassung der gregorianischen Sicht des Auferstehungsleibes durch Daley zugestimmt werden: „Er [*sc.* der auferstandene Leib] wird tatsächlich mit dem jetzigen Leib identisch und als solcher erkennbar sein, aber er wird dennoch in seinem Gefüge ‚subtil und ätherisch' sein und ‚eine hellere und bezaubernde Schönheit' besitzen." B. Daley, Eschatologie, 155. Vgl. auch A. Le Boulluec, Corporéité ou individualité?, 324: „Il reste que la corporéité ainsi préservée est infiniment ténue."

zen, wollten sie auf die heidnischen Einsprüche eingehen. Aus ihren Behandlungen ist zwar zu ersehen, dass sie den Kettennahrungs-Einwand kennen, dieser stellt jedoch keine tatsächliche Herausforderung in ihrer Zeit dar, so dass die Auferstehungslehre der Christen dadurch etwa akut gefährdet wäre. Vielmehr ist die intensivste Phase der Auseinandersetzung mit diesem Problem bei Origenes und Ps-Athenagoras zu konstatieren.[443] Beide schlagen unterschiedliche Wege ein, um der kettenartigen Verspeisung der Menschenkörper hinsichtlich der Auferstehungslehre zu begegnen. In diese Zeit muss auch der Entwurf der leiblichen Auferstehung des Ps-Athenagoras verortet werden, der sich ausführlich mit der neuen Gefahr für den Auferstehungsglauben in De Res 5–8 beschäftigt.

---

443 Vgl. C.W. Bynum, Resurrection, 33: „This is the famous chain consumption argument that becomes increasingly important in the third century. And Athenagoras understands it in its full complexity."

5. KAPITEL

Widerlegung des Kettennahrungs-Einwands (De Res 5–8)

1   Die Frage nach der Abhängigkeit von der zeitgenössischen Medizin

In De Res 5–8 reagiert Ps-Athenagoras direkt auf den zuvor breit ausgeführten Kettennahrungs-Einwand (De Res 4,1–4) seiner Kontrahenten. Da sie mit einer derartigen Argumentation das Publikum des Traktats in Verwirrung bringen, sieht sich Ps-Athenagoras herausgefordert, dieses Problem eingehend zu behandeln. Die entscheidende Differenz zu seinen Gegnern entdeckt er in der unterschiedlichen Anschauung von der Nahrungsverdauung. Sie gehen nämlich davon aus, dass sich das durch andere Lebewesen oder Menschen verzehrte Menschenfleisch gänzlich mit dem auf diese Weise ernährenden Organismus verbindet und ein fester Bestandteil davon wird. Einer solchen Vorstellung von der Assimilation der verzehrten menschlichen σώματα an andere Menschen versucht er, auf der Grundlage der medizinischen Auffassungen von der Nahrungsverdauung zu begegnen. In diesem Zusammenhang greift er auf die zu seiner Zeit verbreitete Schulmedizin zurück, die auch seinem intellektuellen Publikum sicherlich in Grundzügen bekannt war. Ps-Athenagoras referiert keine ausführliche Verdauungstheorie, wie sie in zeitgenössischen Medizinwerken nachgelesen werden konnte, sondern greift zum Zwecke seiner theologischen Argumentation auf bestimmte Vorstellungskomplexe zurück, die einige wichtige Aspekte der Ernährungs- und Verdauungslehre beinhalten.

Dass in De Resurrectione auf die Ernährungsauffassungen der antiken Schulmedizin rekurriert wird, ist in der Forschung längst erkannt worden.[1] Jedoch

---

1   Vgl. L. Chaudouard, Étude sur le Περὶ ἀναστάσεως d'Athénagore, 64–68, der die Verdauungsvorstellung des Ps-Athenagoras der medizinischen Schule der *Dogmatiker* zuordnet. Galen wird dabei als der berühmte Vertreter der dogmatischen Schule gesehen. „Les *dogmatiques*, qui expliquaient le fonctionnement des organes par des forces spécifiques déterminées à des fins spéciales. C'était la vieille école d'Hippocrate, de Platon et d'Aristote, dont Galien était le représentant le plus célèbre, elle se piquait de sérieux et de métaphysique." Ebd., 65. Daraufhin stellt Chaudouard zahlreiche Übereinstimmungen in den Termini zwischen Ps-Athenagoras und der dogmatischen Schule und insbesondere Galen fest. Vgl. ebd., 66–68. Jedoch kann sich Chaudouard aufgrund der Verfasserschaft des Apologeten Athenagoras

WIDERLEGUNG DES KETTENNAHRUNGS-EINWANDS (DE RES 5–8)

ist es immer noch ungeklärt, auf welche Weise und mit welcher Intensität Ps-Athenagoras auf die zu seiner Zeit verbreiteten medizinischen Verdauungs-theorien zurückgreift. Während L.W. Barnard von einer direkten Abhängigkeit unseres Traktats von medizinischen Anschauungen des berühmten Medizi-ners Galen ausgeht, bestreitet B. Pouderon jegliche Rückführung auf eine be-stimmte in der Antike verbreitete Ernährungstheorie. Pouderon überprüft da-bei die bekannten antiken medizinischen Schulrichtungen, die sich mit der Ernährungslehre befasst haben,[2] und gelangt hinsichtlich eines möglichen Ein-flusses auf unseren Traktat in De Res 5–8 zu einem negativen Ergebnis.[3] Er stellt fest, dass in De Res 5–7 lediglich allgemeine Verdauungsvorstellungen referiert werden, die dem verbreiteten antiken Wissen der Schulmedizin ent-stammen.[4]

L.W. Barnard dagegen behauptet eine *direkte* literarische Abhängigkeit des im Traktat enthaltenen Entwurfs der dreifachen Verdauung in De Res 5f. von Galen. Ps-Athenagoras sollen einige Werke Galens vorgelegen haben, aus de-nen er seine medizinische Kenntnis geschöpft hat.[5] Zur Begründung dieser Abhängigkeitsthese spricht Barnard von „exakten Parallelen", die zwischen De Resurrectione (De Res 5,3; 6,1f.; 7,1) und einigen Stellen aus *De natura-libus facultatibus*/Περὶ φυσικῶν δυναμεῶν" (De nat fac 1,10; 1,15; 2,8; 3,13) vor-

---

nicht dazu entschließen, von einer Rezeption der galenischen Annahmen in De Resurrec-tione auszugehen. „Il reste donc qu' Athénagore est un dogmatique. Mais ses idées, comme ses expressions viennent plutôt des anciens médecins que de la jeune école à laquelle Galien donnait tant d' éclat." Ebd., 68.

2   B. Pouderon geht dabei die bekannten Schulrichtungen der antiken Medizin durch: Hippo-kratische Schule, Aristoteles, alexandrinische Medizin, dogmatische Schule und vor allem Galen. Vgl. B. Pouderon, La „chaîne alimentaire", 237–250.

3   Vgl. B. Pouderon, La „chaîne alimentaire", 250: „Et notre enquête, une fois de plus, s' avère décevante: il paraît quasiment impossible de déterminer avec précision à quelle source, ou à quelle école médicale, l' apologiste a emprunté les resseignements qu' il fournit."

4   Vgl. B. Pouderon, La „chaîne alimentaire", 250f.

5   Vgl. L.W. Barnard, Background, 15: „My suggestion is that he was familiar with Galen's attempt to use his wide medical knowledge within a system of philosophy. Indeed it is possible that he knew some of Galen's works or had knowledge of his medical and philosophical teaching." Vgl. auch ders., Athenagoras, 58. G. af Hällström, Carnis Resurrectio, 63 Anm. 2, schließt sich diesem Abhängigkeitsverhältnis an: „Athenagoras seems to be dependent on Galen's medical theories [...]" So auch H.E. Lona, Athenagoras, 549 Anm. 44: „Die physiologischen Überlegungen des Verfassers scheinen auf die Schriften des Galen zurückzugreifen." Ebd., 577: „Es werden sogar manche spezifischen Parallelen zwischen Nemesios und Athenagoras herangezogen, die wahrscheinlich auf die gemeinsame Kenntnis der Schriften von Galen zurückgehen."

liegen.[6] B. Pouderon hat dieser These von L.W. Barnard energisch widersprochen und jegliche Abhängigkeit unseres Verfassers von Galen bestritten. Pouderon zufolge hat der Autor des Traktats niemals galenische Werke gelesen,
so dass kein enger Bezug zwischen De Resurrectione und einigen Schriften
von Galen besteht.[7] Es könne nicht einmal von einem inhaltlichen Einfluss
der galenischen Gedanken auf den Auferstehungstraktat ausgegangen werden.[8]

Die Schwäche eines derartigen negativen Beweisverfahrens liegt jedoch in
einer methodischen Voraussetzung, die Pouderon zur Ausgangsbasis seines
Vergleichs von De Resurrectione mit Galens Schriften macht. Er geht selbstverständlich davon aus, dass beide Autoren eine ausgeprägte medizinische Verdauungstheorie vertreten, die sich zur Feststellung von Übereinstimmungen
und Differenzen miteinander vergleichen lässt.[9] Dabei stellt er insbesondere
Galens Beschreibungen des Verdauungsmechanismus, die in der Schrift „De
usu partium" sehr detailliert in medizinischer Terminologie vorgetragen werden, denen von De Resurrectione gegenüber, so dass die Differenzen unübersehbar werden.[10]

Einer solchen Vorgehensweise muss entgegen gehalten werden, dass De
Resurrectione kein medizinisches Werk ist und nicht darauf zielt, eine vollständige Ernährungslehre mit den sehr detaillierten Verdauungsprozessen im
menschlichen Organismus vorzutragen. Ps-Athenagoras geht in De Res 5,1 und
in De Res 8,1 f. ausdrücklich von einer theologischen Prämisse aus, die er mit
einigen medizinischen Reflexionen der verschiedenen Verdauungsstufen belegen will. Seine Grundannahme besteht darin, dass sich das verzehrte Menschenfleisch nicht an den Organismus eines Tieres oder eines Menschen assimilieren kann. Zur Begründung dieser These greift er auf die verschiedenen

---

6   Vgl. L.W. Barnard, Background, 11.14: „The philosophical treatise De Resurrectione records
     a surprising amount of medical knowledge which finds an exact parallel in Galen." Vgl.
     auch ders., Athenagoras, 57.

7   Vgl. B. Pouderon, La „chaîne alimentaire", 251: „Ainsi donc, nul besoin d'imaginer en
     l'apologiste un disciple de Galien! Sans doute même n'a-t-il jamais lu ses œuvres; et tout
     cas, rien, dans le texte de son traité, ne nous a permis d'établir un rapport étroit entre le
     grand médecin et lui."

8   Vgl. B. Pouderon, La „chaîne alimentaire", 242: „S'il devient évident qu'Athénagore n'a
     pas puisé directement dans les ouvrages de Galien, se peut-il du moins qu'il en ait subi
     l'influence, qu'il ait accepté et partagé ses choix physiologiques? Nous ne le croyons pas
     non plus."

9   Vgl. B. Pouderon, La „chaîne alimentaire", 240.

10   Vgl. B. Pouderon, La „chaîne alimentaire", 240 f.

WIDERLEGUNG DES KETTENNAHRUNGS-EINWANDS (DE RES 5–8) 339

Verdauungsprozesse zurück, die die Ausscheidung alles Schädlichen und Widernatürlichen in der eingenommenen Nahrung vollziehen, wozu aus seiner Sicht auch das Menschenfleisch gehört. Innerhalb dieser Argumentation in De Res 5–7 beabsichtigt er jedoch nicht, eine voll ausgebildete Verdauungstheorie zu referieren, wie es Galen in zahlreichen seiner Werke eindrücklich getan hat.

Es ist m. E. vielmehr ein Einfluss des dreifachen Verdauungsprozesses auf Ps-Athenagoras zu beobachten, den Galen in unterschiedlichen Kontexten jeweils verschieden detailliert beschrieben hat. Es muss jedoch B. Poudcron in dem einen Punkt zugestimmt werden, dass von einer *direkten* literarischen Abhängigkeit unseres Verfassers von Galen kaum zu sprechen ist,[11] da hierzu in De Resurrectione nicht genügend Vergleichsmaterial vorliegt. Dennoch greift Ps-Athenagoras auf bekannte Verdauungsvorstellungen zurück, die ihm und offensichtlich seinen Zuhörern vertraut gewesen sind. Es ist somit davon auszugehen, dass die Zuhörer ein gewisses Grundwissen von den verschiedenen Verdauungsstadien hatten, die besonders Galen in zahlreichen seiner Schriften so populär machte. Nur so lässt sich der breite Exkurs in De Res 5–7 zur „dreifachen Verdauung" der verzehrten Speise bis zur völligen Assimilation an den zu ernährenden Körper erklären, wenn nämlich vorausgesetzt wird, dass Ps-Athenagoras auch von seinem Publikum verstanden werden wollte.

Galen hat an vielen Stellen seines breiten Schrifttums von den drei Verdauungsstadien der Nahrung gesprochen. So wendet er sich beispielsweise in „De sanitate tuenda" ausdrücklich an gebildete Laien[12] und beschreibt diese Stadien in einer relativ einfachen und verständlichen Weise, so dass sie auch von Menschen verstanden werden konnten, die nicht Medizin studiert hatten. Die Partizipation an einer solchen Verdauungstheorie durch Ps-Athenagoras, die Galen mit einem unterschiedlichen Detail sowohl für Ärzte als auch für interessierte Laien formulierte, wird noch innerhalb der Interpretation von De Res 5–7 zu zeigen sein. Da jedoch – abgesehen von einigen Ausnahmen wie Cicero und Philo von Alexandrien – *vor* Galen die dreifache Verdauungslehre von keinem Mediziner so ausdrücklich und häufig vorgetragen wurde, ist m. E. die Vermutung berechtigt, einen gewissen Einfluss der galenischen Konzeption der dreifachen Verdauungsstufen auf Ps-Athenagoras anzunehmen.

---

11 Vgl. ebd., 240–242.

12 Vgl. E. Beintker/W. Kahlenberg, Werke des Galenos. Bd. 2. Galenos' Gesundheitslehre Buch 4–6, S. II/5: „Es ist eine Gesundheitslehre, die Galen, wie er wiederholt betont, nicht für Ärzte, sondern für gebildete Laien schreibt."

340 5. KAPITEL

B. Pouderon bestreitet jeglichen Einfluss der galenischen Gedanken auf Ps-Athenagoras. Er begründet seine Annahme mit zwei Beobachtungen: In De Resurrectione fehlen zwei wesentliche Dinge, die die Verdauung der Speise im menschlichen Organismus betreffen. Dies ist zunächst die Rolle der Leber als ein erzeugendes Organ des reinen Blutes und zweitens die Funktion des Blutes selbst, das von Galen als Träger der verdauten Nahrung in den gesamten Körper vertreten wird.[13] Zu beiden Sachverhalten äußert sich Galen in seinem Werk „De usu partium" 4,12 und 4,3, in dem er sehr ausführlich die Funktionen der einzelnen Organe innerhalb des Verdauungsprozesses beschreibt.

In der Tat fällt auf, dass Ps-Athenagoras in De Res 5,3 zwar von der zweiten Verwandlung der Nahrung in der Leber spricht,[14] auf die Erzeugung des Blutes in ihr jedoch nicht eingeht. Auch die Rolle des Blutes selbst als Produkt der umgewandelten Nahrung, das zu allen Körperteilen gelangt, findet keine Beachtung. Ps-Athenagoras hat aller Wahrscheinlichkeit nach aus theologischen Gründen auf die Funktion und den Stellenwert des Blutes innerhalb der Ernährungslehre verzichtet. Denn das Blut gehört für ihn ebenso wenig zur Auferstehungskörperlichkeit wie Schleim, Galle und Atem (De Res 7,1).[15] Das auferstandene σῶμα wird sich somit nicht mehr aus den materiellen Komponenten der irdischen Leiblichkeit zusammensetzen, in die sich die Nahrung innerhalb des Verdauungsprozesses verwandelt.

Weiter kommt hinzu, dass sein primäres Beweisziel in De Res 5,3 nicht darin besteht, die Entstehung des Blutes aufzuzeigen. Er verzichtet ebenfalls auf den Nachweis, die Hervorbringung der anderen Körpersäfte – wie Schleim und Galle – im Organismus darzulegen, die in der Humoralpathologie eine wesentliche Rolle einnehmen. Er will hier lediglich zeigen, dass in der Leber die zweite Verwandlung der Nahrung stattfindet, bis die τροφή für den Menschen mit der dritten Verdauung zu einem völlig reinen Zuwachs wird (εἰλικρινεστάτην γενέσθαι πρόσληψιν εἰς οὐσίαν).[16] Ps-Athenagoras beabsichtigt somit mit der Erwähnung der Funktion der Leber, allein die zweite Stufe zur Reinigung der eingenommenen Speise von den überschüssigen Stoffen bei seinen Zuhörern in Erinnerung zu rufen. In diesem Zusammenhang spielt die Entstehung des Blutes und der anderen Körpersäfte für seine Beweisabsicht keine

---

13 Vgl. B. Pouderon, La „chaîne alimentaire", 242 f.

14 Vgl. De Res 5,3 (Marcovich 29,20–22): „τῶν δὲ κατὰ τὴν δευτέραν μεταβολὴν καὶ τὴν ἐν ἥπατι γινομένην πέψιν διακρινομένων καὶ πρὸς ἕτερόν τι μεταχωρούντων ὃ τὴν τοῦ τρέφειν ἐκβέβηκεν δύναμιν·"

15 Vgl. De Res 7,1 (Marcovich 31,9 f.).

16 Vgl. De Res 6,1 (Marcovich 30,7).

WIDERLEGUNG DES KETTENNAHRUNGS-EINWANDS (DE RES 5–8)   341

Rolle, auch wenn dies in Galens Humoralpathologie eine grundlegende Ausgangsbasis der Ernährungslehre bildet.

Nun ist eine direkte literarische Abhängigkeit unseres Traktats von Galen in der
Tat kaum nachweisbar. Dies hängt mit der mangelnden Übereinstimmung in
der Verdauungsterminologie zusammen, die bei Galen präzise entfaltet wird.
Wie jedoch noch bei der Interpretation der betreffenden Passagen (De Res 5–8)
zu zeigen sein wird, ist eine inhaltliche Beeinflussung durch galenische Gedanken durchaus denkbar. Zunächst muss aber festgehalten werden, dass sich das
Beweisziel des Ps-Athenagoras in De Res 5–8, was die Verdauung des Fleisches
im Allgemeinen betrifft, völlig konträr zur Anschauung Galens verhält. Galen
spricht häufig von der „guten" Verdaubarkeit des eingenommenen Fleisches
im menschlichen Organismus. In diesem Zusammenhang erwägt er auch die
Verdauung von Menschenfleisch, das sich seiner Meinung nach – so gut wie
das Schweinefleisch auch – zur nahrhaften Ernährung des Menschen eignet.
Auch wenn Ps-Athenagoras Kenntnis von der „guten" Verdaubarkeit des Menschenfleisches haben sollte, konnte er solche Vorstellungen für seinen Auferstehungstraktat nicht gebrauchen. Er nimmt aus theologischen Gründen einen
gegensätzlichen Standpunkt ein, da er die Auferstehung desselben menschlichen σῶμα gefährdet sieht.

In seinem Werk „Über die natürlichen Kräfte" (*De naturalibus facultatibus*/Περὶ φυσικῶν δυνάμεων) 1,10 thematisiert Galen die Vielzahl der Organe
im Menschenkörper, die für die Verarbeitung der Nahrung erforderlich sind.[17]
In diesem Zusammenhang betont er, dass verschiedene Nahrungsmittel auch
unterschiedlich vom menschlichen Organismus verdaut werden. Dabei führt
er als Beispiel die Verdauung des Rettichs im Vergleich zum Fleisch an. Der
Mensch wird zwar vom Rettich ernährt, aber nicht in gleicher Weise wie vom
Fleisch.

> Denn das (Fleisch) bewältigt unsere Natur fast vollständig, verwandelt
> und verändert es und schafft daraus nützliches Blut.[18]

---

17   Diese Schrift wird in die Anfangszeit des zweiten römischen Aufenthalts (ab 169 n. Chr.)
      von Galen datiert. Vgl. dazu J. Ilberg, Ueber die Schriftstellerei des Klaudios Galenos, In:
      RhM 47 (1892), 507 f.512 f.

18   Galen, De nat fac 1,10,22 (Helmreich 116,21–23/Brock 36,2–4): „τούτων μὲν γὰρ ὀλίγου δεῖν
      ὅλων ἡ φύσις ἡμῶν κρατεῖ καὶ μεταβάλλει καὶ ἀλλοιοῖ καὶ χρηστὸν ἐξ αὐτῶν αἷμα συνίστησιν."

342 5. KAPITEL

Im Gegensatz dazu ist das, was im Rettich für die Verdauung im Menschenkörper geeignet ist und verwandelt werden kann, außerordentlich wenig.[19] Es ist nur mit Mühe und mit großer Anstrengung möglich, wobei daraus nur wenig Blut entsteht und dieses auch nicht völlig brauchbar ist.[20] Dies hängt damit zusammen, dass der Rettich fast ganz aus Ballaststoffen besteht (ὅλη δ᾽ὀλίγου δεῖν ἐστι περιττωματική),[21] die der menschliche Organismus nicht verdauen kann und daher zum großen Teil ausscheidet. Das Fleisch dagegen wird beinahe vollständig verdaut, so dass nur sehr wenig an überschüssigen Stoffen davon abgeführt wird. Der größte Teil dieser Substanz verwandelt sich in nützliches Blut, das in den gesamten Organismus gelangt und ihn auf diese Weise „ernährt".

Von allen Fleischsorten nimmt das Schweinefleisch bezüglich der Verdauung im Körper eine herausragende Stellung ein. Es ist im Vergleich zum anderen Tierfleisch besonders für die Ernährung geeignet, wie Galen in seinem Werk „Über die Kräfte der Nahrungsmittel" (De alimentorum facultatibus/Περὶ τροφῶν δυνάμεως) ausdrücklich betont.[22] Dort behauptet er sogar, dass überhaupt von allen Speisen das Schweinefleisch am nahrhaftesten ist.[23] Er befasst sich im dritten Buch dieses Werkes vor allem mit den animalischen Nahrungsmitteln. Es werden alle zur Nahrung geeigneten Tiere besprochen und hinsichtlich ihres Nährwertes für den Menschen eingeteilt. Das Schweinefleisch wird immer wieder als das mit dem größten Nährwert für den menschlichen Organismus bewertet. Beispielsweise ist die Gattung aller geflügelten Lebewesen weniger ernährend, wenn sie mit den vierfüßigen Tieren und besonders mit den Schweinen verglichen wird, deren Fleisch nahrhafter als jedes andere ist, das gefunden werden kann.[24] Mit dem größeren Nährwert verbindet sich auch

---

19 Galen, De nat fac I,10,22 (Helmreich 116,24–117,1/Brock 36,4–7).

20 Galen, De nat fac I,10,22 (Helmreich 117,1–4/Brock 36,7–10).

21 Galen, De nat fac I,10,22 (Helmreich 117,1f./Brock 36,7f.).

22 Zur Datierung dieser Schrift im *corpus galenicum* siehe E. Beintker/W. Kahlenberg, Werke des Galenos. Bd. 3. Die Kräfte der Nahrungsmittel Buch 1–2, S. III/7: „Endlich hat *Galen* um das Jahr 182 n. Chr., nachdem er verschiedene Zweige der ärztlichen Wissenschaft bereits ausführlich dargestellt hatte, auch die Nahrungsmittellehre behandelt und seine Ergebnisse – oft in kritischer Auseinandersetzung mit seinen Vorgängern – in einem drei Bücher umfassenden Werk ‚Die Kräfte der Nahrungsmittel' niedergelegt."

23 Galen, De alim facult III,1,2 (Helmreich 332,13): „πάντων μὲν οὖν ἐδεσμάτων ἡ σὰρξ τῶν ὑῶν ἐστι τροφιμωτάτη".

24 Galen, De alim facult III,18,2 (Helmreich 356,6–8): „ἔστι δὲ τὸ γένος ἁπάντων τῶν πτηνῶν ζῴων ὀλιγοτροφώτερον, εἰ παραβάλλοιτο τῷ γένει τῶν πεζῶν, καὶ μάλιστα τῷ τῶν ὑῶν, ὧν τῆς σαρκὸς οὐδὲν ἂν ἄλλο τροφιμώτερον ἔχοις εὑρεῖν." Vgl. auch De alim facult III,6,1 (Helmreich 341,23–25): „καὶ γὰρ ἡδίων καὶ τροφιμωτέρα γίγνεται καὶ πεφθῆναι βελτίων ἡ σὰρξ τῶν ἐκτμηθέντων ὑῶν".

WIDERLEGUNG DES KETTENNAHRUNGS-EINWANDS (DE RES 5–8)

die bessere Verdauung, was vor allem beim Schweinefleisch im Vergleich zum Rindfleisch gilt: „Für die Verdauung aber ist das Fleisch der Schweine viel besser."[25]

In demselben Zusammenhang vergleicht Galen das Schweinefleisch mit dem der Menschen, was die fast vollständige Verdauung im menschlichen Organismus betrifft:

> Die Ähnlichkeit des Schweinefleisches mit dem des Menschen ist auch daraus zu ersehen, dass einige (Menschen) menschliches Fleisch als Schweinefleisch verzehrt haben, ohne dass sie aus seinem Geschmack und Geruch einen Verdacht geschöpft hatten.[26]

Daraufhin verweist er auf einige verkommene Gastwirte und Garköche, die dabei ertappt wurden, Menschenfleisch gekocht und den Gästen zur Speise als Schweinefleisch vorgesetzt zu haben.[27] In einer anderen Schrift[28] führt Galen diesen Zusammenhang, dass das Fleisch der Schweine dem der Menschen sehr ähnlich ist (σάρκες τῶν ὑῶν ἐοίκασι ταῖς τῶν ἀνθρώπων), zum zweiten Mal aus.[29] Dabei verweist er erneut auf solche Gastwirte und Garköche, die das Fleisch der Menschen als Schweinefleisch verkauften und dabei erwischt wurden. Jedoch hat niemand von den Essenden einen Unterschied zwischen Menschen- und Schweinefleisch bemerkt.[30] An keinen dieser beiden Stellen sagt Galen, dass sich das Menschenfleisch nicht an den zu ernährenden Organismus assimiliert, wie es besonders Ps-Athenagoras vertritt. Das Gegenteil ist vielmehr der Fall: Das Menschenfleisch ist ebenso nahrhaft und gut verdaulich wie das Schweinefleisch, so dass es ebenfalls „fast vollständig" von unserem Organismus bewältigt und verdaut wird.

---

25 Galen, De alim facult III,1,4 (Helmreich 333,9 f.)· „εἰς πέψιν δὲ πολὺ βελτίω τὰ τῶν ὑῶν ἐστι."

26 Galen, De alim facult III,1,6 (Helmreich 333,23–25): „τῆς δ' ὑείας σαρκὸς τὴν πρὸς ἄνθρωπον ὁμοιότητα καταμαθεῖν ἔστι κἀκ τοῦ τινας ἐδηδοκότας ἀνθρωπείων κρεῶν ὡς ὑείων οὐδεμίαν ὑπόνοιαν ἐσχηκέναι κατά τε τὴν γεῦσιν αὐτῶν καὶ τὴν ὀσμήν."

27 Vgl. Galen, De alim facult III,1,6 (Helmreich 333,25–27): „ἐφωράθη γὰρ ἤδη που τοῦτο γεγονὸς ὑπό τε πονηρῶν πανδοχέων καὶ ἄλλων τινῶν."

28 Diese Schrift heißt: „Περὶ κράσεως καὶ δυνάμεως τῶν ἁπλῶν φαρμάκων βιβλία". Die lateinische Bezeichnung lautet: „De simplicium medicamentorum temperamentis et facultatibus libri", abgekürzt: „De simpl med temp ac fac".

29 Galen, De simpl med temp ac fac X,2,2 (Kühn Bd. XII,1, 254,3 f.).

30 Galen, De simpl med temp ac fac X,2,2 (Kühn Bd. XII,1, 254,4–7): „ἴσμεν γοῦν ἤδη πολλοὺς ἁλόντας πανδοκέας τε καὶ μαγείρους ἐν τῷ πιπράσκειν ὡς ὕεια τὰ τῶν ἀνθρώπων κρέα, καίτοι τῶν ἐσθιόντων αὐτὰ διαφορᾶς οὐδεμιᾶς οὐδεὶς ᾐσθάνετο."

344 5. KAPITEL

Es ist sehr gut vorstellbar, dass sich die gegnerische Position durch solche Äußerungen Galens von der guten Verdaubarkeit des Fleisches an sich und im Besonderen der des Menschenfleisches bestätigt sah, den Kettennahrungs-Einwand gegen die Auferstehungslehre der Christen ins Feld zu führen. Jedenfalls sieht sich Ps-Athenagoras herausgefordert, gegen die Meinung von der Assimilation des Menschenfleisches mittels Ernährung an andere menschliche σώματα vorzugehen. Er unternimmt dies auf der Grundlage von medizinischen Verdauungstheorien seiner Zeit, so dass bei seinen Adressaten eine gewisse Kenntnis der Verdauungsprozesse von Nahrung vorauszusetzen ist, um seine Argumentation in De Res 5–7 überhaupt nachvollziehen zu können.

2 Der dreifache Verdauungsprozess (De Res 5)

Ps-Athenagoras hält der These von der sehr guten Verdaubarkeit des Menschenfleisches im σῶμα eines jeden Lebewesens zunächst ein theologisches Argument entgegen. Der Schöpfer hat es so bestimmt, dass die Menschenkörper keinem Lebewesen zur Ernährung dienen dürfen.[31] Ihnen ist allein das Begräbnis in die Erde zugeteilt, um auf diese Weise ihrer Natur die letzte Ehre zu erweisen.[32] Auch wenn unser Autor diese entscheidende Prämisse erst in De Res 8,1 derart ausdrücklich zur Sprache bringt, setzt er sie doch bereits zu Beginn seiner Widerlegung des Kettennahrungs-Einwands in De Res 5,1 voraus: Denn Gott hat der Natur und der Gattung eines jeden Lebewesens die angemessene und entsprechende Nahrung bestimmt. Dabei hat er angeordnet, dass nicht jede Natur eine Vereinigung oder Verbindung mit jedem Leib eingehen und ein fester Bestandteil des so ernährten Körpers werden soll.[33] Der Menschenkörper gehört gemäß göttlicher Bestimmung zu keiner Art der Ernährung eines Lebewesens. Die Gegner verkennen mit ihrem Einwand des Verzehrs von menschlichen σώματα durch andere Tiere und Menschen die Macht und die Weisheit Gottes, der dieses All geschaffen hat und es nun lenkt.[34] Er achtet dabei darauf, dass seine Anordnungen und Bestimmungen eingehalten wer-

---

31 De Res 8,1 (Marcovich 32,7 f.): „Καὶ τί δεῖ λέγειν περὶ τῶν μηδενὶ ζῴῳ πρὸς τροφὴν ἀποκληρωθέντων σωμάτων“.

32 De Res 8,1 (Marcovich 32,8): „μόνην δὲ τὴν εἰς γῆν ταφὴν ἐπὶ τιμῇ τῆς φύσεως μεμοιραμένων“.

33 De Res 5,1 (Marcovich 29,4–7): „ἑκάστου ζῴου φύσει καὶ γένει τὴν προσφυῆ καὶ κατάλληλον συναρμόσαντος τροφὴν καὶ μήτε πᾶσαν φύσιν πρὸς ἕνωσιν ἢ κρᾶσιν παντὸς σώματος ἰέναι δικαιώσαντος“.

34 De Res 5,1 (Marcovich 29,3 f.): „Ἐμοὶ δὲ δοκοῦσιν οἱ τοιοῦτοι πρῶτον μὲν τὴν τοῦ δημιουργήσαντος καὶ διοικοῦντος τόδε τὸ πᾶν ἀγνοεῖν δύναμίν τε καὶ σοφίαν“.

WIDERLEGUNG DES KETTENNAHRUNGS-EINWANDS (DE RES 5–8)   345

den, so dass sich der Menschenleib niemals mit denen davon ernährenden Lebewesen verbinden kann, auch wenn er dem Schicksal eines solchen Verzehrs erlegen sein sollte.

Zudem ist für Gott auch die Trennung des Vereinigten nicht schwierig,[35] wenn es schon verzehrt worden ist. Ps-Athenagoras bringt den Nachweis für die δύναμις und σοφία Gottes wie folgt vor: Gottes Macht und Weisheit erweisen sich darin, dass er jeder einzelnen Natur der Geschöpfe das naturgemäße Handeln oder auch Erleiden (τὸ δρᾶν ἢ πάσχειν) zuweist und etwas anderes verhindert. Dabei spielt sein Wille die entscheidende Rolle. Denn alles, was er will, gestattet oder verändert er auch zu dem Zweck, zu dem er es will.[36] Nun wird der Wille Gottes darin sichtbar, dass nicht jedes Lebewesen mit einer beliebigen Nahrung ernährt wird. Die Verdaubarkeit von Speisen und ihr Ernährungsvermögen für jeden Organismus ist vom Schöpfer für alle Lebewesen gemäß seiner Ordnung festgelegt und bestimmt worden. Im Zusammenhang dieser Ausführungen wirft Ps-Athenagoras seinen Gegnern Unkenntnis (ἀγνοεῖν) vor und zwar dahingehend, dass sie zuerst (πρῶτον) die Kraft und Weisheit des Schöpfers missachten[37] und zusätzlich die δύναμις und die φύσις der ernährenden und der ernährten Lebewesen nicht beachten.[38] Sie haben weder die Fähigkeit noch die Natur der Organismen erwogen, denen die Nahrung zur Verarbeitung zugeführt wird. Sonst wüssten sie, dass nicht alles, was durch Nachgeben des äußeren Zwanges aufgenommen wird, für das Lebewesen auch zu einer naturgemäßen Ernährung wird.[39]

Mit solchen Formulierungen setzt Ps-Athenagoras bei seinen Adressaten eine gewisse Kenntnis der gegnerischen Argumentation hinsichtlich der Nahrungsverdauung voraus. Wenn dies tatsächlich dem Kenntnisstand seiner Zuhörer entspricht und nicht nur als rhetorische Unterstellung zu verstehen ist, dann fordert unser Autor sie hier auf, sich ihres Wissens über die Verdauung von Nahrung zu vergewissern. Freilich werden die Adressaten mit einer der-

---

35   De Res 5,1 (Marcovich 29,7): „μήτε πρὸς διάκρισιν τῶν ἑνωθέντων ἀπόρως ἔχοντος".

36   De Res 5,1 (Marcovich 29,7–10): „ἀλλὰ καὶ τῇ καθ' ἕκαστον φύσει τῶν γενομένων τὸ δρᾶν ἢ πάσχειν ἃ πέφυκεν ἐπιτρέποντος, ἄλλο δὲ κωλύοντος καὶ πᾶν ὃ βούλεται καὶ πρὸς ὃ βούλεται συγχωροῦντος ἢ μεταστρέφοντος". Die Änderung von M. Marcovich von ὃ vor dem ersten βούλεται in οἷ βούλεται wird hier nicht übernommen.

37   De Res 5,1 (Marcovich 29,3 f.): „Ἐμοὶ δὲ δοκοῦσιν οἱ τοιοῦτοι πρῶτον μὲν τὴν τοῦ δημιουργήσαντος καὶ διοικοῦντος τόδε τὸ πᾶν ἀγνοεῖν δύναμίν τε καὶ σοφίαν".

38   De Res 5,1 (Marcovich 29,10 f.): „πρὸς δὲ τοῖς εἰρημένοις μηδὲ τὴν ἑκάστου τῶν τρεφόντων ἢ τρεφομένων ἐπεσκέφθαι δύναμίν τε καὶ φύσιν".

39   De Res 5,2 (Marcovich 29,12 f.): „Ἦ γὰρ ἂν ἔγνωσαν ὅτι μὴ πᾶν ὃ προσφέρεταί τις ὑπενδόσει τῆς ἔξωθεν ἀνάγκης, τοῦτο γίνεται τῷ ζῴῳ τροφὴ προσφυής·"

346 5. KAPITEL

artigen Aufforderung in Wahrheit dazu veranlasst, die Schwächen der gegnerischen Argumentation auszumachen. Denn in erster Linie sollen sie erneut von der Auferstehung der Leiber überzeugt werden und den Kettennahrungs-Einwand der Kontrahenten überwinden.

Die Kenntnis also, die unser Autor in De Res 5,2 voraussetzt, betrifft den Verdauungsprozess der Nahrung: Einiges wird nämlich mit dem Eintritt in die herumschlingenden Teile des Bauches (τοῖς περιπτυσσομένοις τῆς κοιλίας μέρεσι) bereits auf natürliche Weise verdorben, bevor es für eine kurze Zeit die erste und naturgemäße Verdauung im Magen durchläuft. Die Vernichtung eines Teils der Nahrung in den Gedärmen der κοιλία findet derart statt, dass die Nahrung entweder ausgespien wird und abgeht (ἐμούμενά τε καὶ διαχωρούμενα) oder auf andere Weise zerstreut wird, was Ps-Athenagoras hier nicht näher ausführt. Es findet jedenfalls nicht einmal für eine kurze Zeit ἡ πρώτη καὶ κατὰ φύσιν πέψις statt, geschweige denn eine Vermischung mit dem zu ernährenden Organismus.[40]

Aber auch bei der ersten Verwandlung (ἡ πρώτη μεταβολή) verbindet sich nicht alles Verdaute mit den Körperteilen, die ernährt werden sollen. Einiges von der Nahrung verliert bereits während der ersten Verdauung im Magen einen Teil der Kraft, die zum Ernähren geeignet ist.[41] Der im Magen entstandene Speisebrei wird anschließend der zweiten Verdauungsstufe in der Leber ausgesetzt, so dass er sich auch dort von einigen überschüssigen Stoffen der Nahrung trennt. Auf diese Weise wird bei der zweiten Verwandlung (κατὰ τὴν δευτέραν μεταβολήν) die Nahrung erneut gereinigt, so dass ein Teil der τροφή aufs Neue die Kraft zum Ernähren verliert.[42]

Ps-Athenagoras betont insbesondere den Verdauungsprozess in der Leber. So geht er auf die Verwandlungsphase in diesem Organ näher ein, ohne jedoch darauf hinzuweisen, dass der Speisebrei in der Leber zu Blut umgewandelt wird. Dabei setzt er voraus, dass der entscheidende Umwandlungsprozess der Nahrung in den körpereigenen Saft, der dann der Ernährung der übrigen Kör-

---

40 De Res 5,2 (Marcovich 29,13–17): „ἀλλὰ τὰ μὲν ἅμα τῷ προσομιλῆσαι τοῖς περιπτυσσομένοις τῆς κοιλίας μέρεσι φθείρεσθαι πέφυκεν ἐμούμενά τε καὶ διαχωρούμενα ἢ τρόπον ἕτερον διαφορούμενα, ὡς μηδὲ κατὰ βραχὺ τὴν πρώτην καὶ κατὰ φύσιν ὑπομεῖναι πέψιν, ἦ που γε τὴν εἰς τὸ τρεφόμενον σύγκρασιν.“

41 De Res 5,3 (Marcovich 29,17–20): „Ὥσπερ οὖν οὐδὲ πᾶν τὸ πεφθὲν καὶ τὴν πρώτην δεξάμενον μεταβολὴν τοῖς τρεφομένοις μορίοις προσπελάζει πάντως, τινῶν μὲν κατ' αὐτὴν τὴν γαστέρα τῆς θρεπτικῆς δυνάμεως ἀποκρινομένων“.

42 De Res 5,3 (Marcovich 29,20–22): „τῶν δὲ κατὰ τὴν δευτέραν μεταβολὴν καὶ τὴν ἐν ἥπατι γινομένην πέψιν διακρινομένων καὶ πρὸς ἕτερόν τι μεταχωρούντων ὃ τὴν τοῦ τρέφειν ἐκβέβηκεν δύναμιν·“

WIDERLEGUNG DES KETTENNAHRUNGS-EINWANDS (DE RES 5–8)

perteile dient, gerade in der Leber stattfindet. Um seine Aussageabsicht hervorzuheben, vertieft er diesen Zusammenhang:

> Selbst auch die in der Leber stattfindende Verwandlung dient nicht ganz der Ernährung für die Menschen.[43]

In der dritten Verdauungsphase ereignet sich eine zusätzliche Trennung von den überschüssigen Stoffen. Auf diese Weise wird die verbliebene Nahrung zuweilen auch in den zu ernährenden Teilen und Teilchen des Körpers zu etwas anderem umgewandelt, vor allem, wenn Sättigung oder Überfüllung im Organismus vorherrschen (κατὰ τὴν ἐπικράτειαν τοῦ πλεονάζοντος ἢ περιττεύοντος). Unter diesen Bedingungen wird das Aufgenommene verdorben oder zu etwas Unschädlichem verändert.[44]

Mit dem letzten Verweis auf die dritte Verdauungsstufe will unser Autor deutlich machen, dass sich die aufgenommene Nahrung nicht unbedingt an die zu ernährenden Körperteile assimiliert und fest in deren Bestand aufgenommen wird. Die Hauptaussage in De Res 5,2f. besteht somit darin, dass die Nahrung in den drei Verdauungsphasen gründlich von allem περιττώματα gereinigt werden muss, bevor es dann tatsächlich zu einer πρόσληψις εἰς οὐσίαν (De Res 6,1) kommt.

3   Verdauungstheorie des Galen

Bei diesen Ausführungen greift Ps-Athenagoras auf die zu seiner Zeit verbreitete Ernährungsvorstellung zurück. Bevor die aufgenommene Speise auch tatsächlich den einzelnen Organen des Körpers zugeführt wird, muss sie eine dreifache Verdauung durchlaufen, um der eigenen Substanz in reiner Form zuwachsen zu können. Nun hat besonders der berühmte Arzt Galen die dreifachen Verdauungsstadien der Nahrung so verständlich beschrieben, dass sich auch interessierte Laien mit der Ernährungslehre des Mediziners vertraut machen konnten. In seiner Schrift *„In Hippocratis librum de alimento commenta-*

---

43   De Res 5,3 (Marcovich 29,22 f.): „καὶ αὐτῆς γε τῆς ἐν ἥπατι γινομένης μεταβολῆς οὐ πάσης εἰς τροφὴν ἀνθρώποις χωρούσης".

44   De Res 5,3 (Marcovich 29,23–27): „ἀλλ' εἰς ἃ πέφυκεν περιττώματα διακρινομένης τῆς τε καταλειφθείσης τροφῆς ἐν αὐτοῖς ἔσθ' ὅτε τοῖς τρεφομένοις μέρεσι καὶ μορίοις πρὸς ἕτερόν τι μεταβαλλούσης κατὰ τὴν ἐπικράτειαν τοῦ πλεονάζοντος ἢ περιττεύοντος καὶ φθείρειν πως ἢ πρὸς ἑαυτὸ τρέπειν τὸ πλησιάσαν εἰωθότος."

348   5. KAPITEL

rii IV/Εἰς τὸ Ἱπποκράτους περὶ τροφῆς ὑπομνήματα δ᾽"[45] thematisiert Galen die Aufgaben der Ernährungsorgane des Körpers, die innerhalb der drei Verdauungsstadien die Trennung des Überflüssigen (τῶν περιττῶν) aus der Nahrung übernehmen. Dies beschreibt er in einer allgemein verständlichen Sprache, die auch von Nicht-Medizinern verstanden werden konnte:

> Dreifach sind die anderen Organe, die den Absonderungen des Überflüssigen dienen: Der Magen nimmt nun die Nahrung auf und dort vollzieht sich eine geringe und erste Verwandlung (καὶ ἔνθα μεταβάλλεταί τινα μικράν τε καὶ πρώτην μεταβολήν) des Zubereiteten für die Leber, in der die größte Veränderung (μεγίστην ἀλλοίωσιν) der hinzugekommenen Nahrung stattfindet. Von dort leiten die Blutadern die verarbeitete Nahrung zum ganzen Leib weiter.[46]

Daraufhin behandelt Galen weitere Organe, die für die Reinigung der Nahrung vom Überflüssigen im Organismus zuständig sind: Blase, Milz und Nieren.[47] Jedoch vollzieht sich die Trennung der Überschussstoffe aus der Nahrung vor allem im Magen und in der Leber. Dort wird der Speisebrei gereinigt und schließlich zu Blut verwandelt, welches durch die Blutadern dann dem gesamten Körper zugeführt wird.

Bei dieser Beschreibung der Verdauungsphasen fällt besonders die sich in der Leber ereignende Veränderung der Nahrung auf. Im Vergleich dazu vollzieht sich im Magen lediglich eine kleine und erste Verwandlung in einen Speisebrei, aus dem das Überflüssige ausgeschieden wird. Ps-Athenagoras spricht ebenfalls von der πρώτη μεταβολή im Magen, bei der sich die Nahrung von der ernährenden Kraft trennt, die für den menschlichen Organismus das περιττώματα enthält. Im Anschluss an Galen weiß auch Ps-Athenagoras um die Bedeutung der zweiten Verwandlungsphase der verbliebenen Speise in der Leber. Nach Galen findet dort die größte Veränderung (μεγίστη ἀλλοίωσις) der Nahrung zu Blut statt.[48] Ps-Athenagoras betont ebenfalls die Trennung von den

---

45   Abgekürzt: „In Hipp alim comment".

46   Galen, In Hipp alim comment 5 (Kühn, Bd. xv,3, 385,16–386,4): „τριττά δ᾽ ἄλλα μόρια ὑπηρετοῦντα ταῖς τούτων ἐκκρίσεσι· γαστὴρ μὲν οὖν ὑποδέχεται τὴν τροφήν, καὶ ἔνθα μεταβάλλεταί τινα μικράν τε καὶ πρώτην μεταβολὴν παρασκευαζόμενα τῷ ἥπατι, μεγίστην ἀλλοίωσιν ἐργαζομένῳ τῆς εἰς αὐτὸ παραγινομένης τροφῆς. ἐντεῦθεν φλέβες εἰς ὅλον ὀχετεύουσι τὸ σῶμα κατεργασθεῖσαν αὐτήν."

47   Galen, In Hipp alim comment 5 (Kühn, Bd. xv,3, 386,5–15).

48   Vgl. P. Diepgen, Geschichte der Medizin, 125: „In der Leber erfolgt die Hauptsache. Hier entsteht bei der zweiten Verdauung aus dem Chylus das ‚Blut' als Gemisch der oft genann-

WIDERLEGUNG DES KETTENNAHRUNGS-EINWANDS (DE RES 5–8)   349

περιττώματα der Speise, die infolge der sich in der Leber vollziehenden Verwandlung geschieht. Daher hebt er zu Recht hervor, dass nicht einmal die in der Leber bewirkte μεταβολή die Nahrung zur Ernährung für die Menschen vollständig geeignet macht. Denn in der Leber kann nicht die gesamte Speise umgewandelt werden, vielmehr wird ein Teil davon als περιττώματα ausgeschieden.

Die dritte Verdauungsphase umschreibt Galen allgemein als eine Hinführung der verarbeiteten Nahrung in den gesamten Körper. Die Beschreibung dieser Phase kann bei Galen in unterschiedlichen Kontexten variieren, wovon auch die anderen Phasen nicht ganz ausgeschlossen sind. In einer seiner Hauptschriften „De sanitate tuenda libri VI/Ὑγιεινῶν λόγοι στ᾿" geht er erneut auf die drei Verdauungsstadien der Nahrung ein. Die Darstellung erfolgt unter dem Gesichtspunkt der Verdauungsunfähigkeit der schlecht zubereiteten Speisen im menschlichen Organismus. Mangelhaft gebackene oder gebratene Nahrungsmittel – wie Brot, Fleisch oder Hülsenfrüchte – können im Magen nicht nützlich verdaut werden.[49] Ebenso verhält es sich bei der zweiten Verdauung in den Blutadern (πρὸς τὴν δευτέραν τὴν ἐν φλεψὶ πέψιν): Was im Magen schlecht verarbeitet worden ist, kann in den Blutadern nicht ausreichend verdaut werden.[50] Dies wirkt sich gleichermaßen auch auf die dritte Phase der Verdauung aus: Was in den Blutadern nicht richtig verdaut worden ist, wird auch nicht bei der Verdauung im Fleisch (πρὸς τὴν ἐν τῇ σαρκὶ πέψιν) bewältigt.[51] Galen fasst diese Ausführungen abschließend zusammen:

Nun verdaut weder der Magen das, was von Außen kommt, gründlich, noch die Blutadern (αἱ φλέβες) das, was aus dem Magen kommt, noch das

---

ten vier Kardinalfüssigkeiten, die die stoffliche Grundlage des Lebens bilden: Blut (im engeren Sinne), Schleim, helle und dunkle Galle (in ihren feineren Bestandteilen)." Vgl. auch V. Nutton, Ancient Medicine, 233: „The liver was responsible for nutrition. In the liver ‚digested‘ or ‚concocted‘ food received from the stomach and intestines was turned into nutritious blood, which was then transported within the veins to provide the essential nutriment for all the body."

49   Galen, De sanitate tuenda IV,11,9 (Koch 133,29–31): „ἄρτον οὖν ἐλλιπῶς ὠπτημένον ἢ κρέας ἢ ὄσπριον ἀτελῶς ἡψημένον ἀδύνατόν ἐστι πεφθῆναι χρηστῶς ἐν τῇ γαστρί."

50   Galen, De sanitate tuenda IV,11,10 (Koch 133,31–34): „τὸν αὐτὸν δὲ λόγον ἔχει τὰ κατὰ τὴν γαστέρα μοχθηρῶς κατεργασθέντα πρὸς τὴν δευτέραν τὴν ἐν φλεψὶ πέψιν, ὃν ἐξ ἀρχῆς τὰ φαῦλα παρασκευασθέντα σιτία πρὸς τὴν ἐν τῇ γαστρί."

51   Galen, De sanitate tuenda IV,11,11 (Koch 133,34–134,2): „καὶ μέντοι τὰ κατὰ τὰς φλέβας οὐκ ὀρθῶς πεφθέντα τὸν αὐτὸν ἔχει λόγον ὡς πρὸς τὴν ἐν τῇ σαρκὶ πέψιν, ὃν εἶχεν τὰ μὲν σιτία πρὸς τὴν ἐν τῇ γαστρί, τὰ δ᾿ ἐκ ταύτης ἀναδιδόμενα πρὸς τὴν ἐν ταῖς φλεψίν."

Fleisch (αἱ σάρκες) das, was aus den Blutadern kommt, wenn es vorher nicht gut verarbeitet worden ist.[52]

Vielmehr entsteht notwendigerweise aus der unverdauten Nahrung eine Fülle von überschüssigen Stoffen im Leib,[53] die zur Ernährung des Körpers ungeeignet sind und daher ausgeschieden werden.

Es fällt bei dieser Beschreibung des dreifachen Verdauungsprozesses deutlich auf, dass Galen die zweite und die dritte Phase anders als noch in *In Hipp alim comment 5* zum Ausdruck bringt. Die zweite Verdauungsstufe ereignet sich in den Blutadern und die dritte im Fleisch. Ps-Athenagoras kennt ebenfalls eine derartige Akzentuierung der letzten Verdauungsphase im Fleisch, obwohl er selbst mehr von der Verwandlung bzw. Verbindung der verdauten Nahrung mit den einzelnen Teilen und Teilchen (τοῖς τρεφομένοις μέρεσι καὶ μορίοις)[54] des Körpers spricht. In De Res 7,2 geht er jedoch direkt auf die Meinung der Gegner ein, die davon ausgehen (ὑποθοῖτό τις), dass das verzehrte Menschenfleisch bis zum Fleisch des zu ernährenden Körpers verwandelt wird. Dabei kommt der Ausdruck καὶ μέχρι σαρκός vor, bis wohin die Verwandlung einer derartigen Nahrung reicht (φθάνειν τὴν ἐκ τῆς τοιαύτης τροφῆς μεταβολήν).[55] Die Gegner sprechen somit von einer μεταβολή des verzehrten Menschenfleisches bis zur dritten Phase der Verdauung, die sich im Fleisch des zu ernährenden Körpers ereignet.

Weiterhin ist aus der Beschreibung Galens zu erschließen, dass er die zweite Verdauungsstufe diesmal in den Blutadern und nicht wie noch in *In Hipp alim comment 5* in der Leber lokalisiert. Nun ist dies innerhalb seiner Ernährungslehre nicht als Widerspruch zu werten, wie noch in anderen Werken (*De usu partium* und *De bonis malisque sucis*) zu sehen sein wird. Denn nach dem Referat der drei Verdauungsstadien in „De sanitate tuenda" IV,11,9–12 weist er darauf hin, in aller Kürze die gesamte Thematik durchgegangen zu sein (ὡς ἐν βραχυτάτῳ διελθεῖν).[56] Wenn aber jemand genauere Kenntnis der einzelnen Verdau-

---

52   Galen, De sanitate tuenda IV,11,12 (Koch 134,2–4): „οὔτ' οὖν ἡ γαστὴρ ἀκριβῶς πέττει τὰ ἔξωθεν οὔθ' αἱ φλέβες τὰ ἐκ τῆς γαστρὸς οὔθ' αἱ σάρκες τὰ ἐκ τῶν φλεβῶν, ὅταν μὴ καλῶς ᾖ προκατειργασμένα·"

53   Galen, De sanitate tuenda IV,11,12 (Koch 134,4f.): „κἂν τούτῳ πλῆθος ἀναγκαῖόν ἐστιν ἐν τῷ σώματι γεννᾶσθαι περιττωμάτων."

54   De Res 5,3 (Marcovich 29,25).

55   De Res 7,2 (Marcovich 31,13f.): „Ἔπειτ' εἰ καὶ μέχρι σαρκὸς φθάνειν τὴν ἐκ τῆς τοιαύτης τροφῆς μεταβολὴν ὑποθοῖτό τις".

56   Galen, De sanitate tuenda IV,11,13 (Koch 134,5f.): „ἐμοὶ μὲν οὖν εἴρηται τὸ σύμπαν, ὡς ἐν βραχυτάτῳ διελθεῖν·"

WIDERLEGUNG DES KETTENNAHRUNGS-EINWANDS (DE RES 5–8)   351

ungsstufen erhalten will, kann er zu diesem Zweck in Galens früherer Schrift „*De naturalibus facultatibus*" (Περὶ τῶν φυσικῶν δυνάμεων) alles detailliert nachlesen.[57] In „De sanitate tuenda" IV,11,14–18 legt er anschließend jedoch trotzdem einen Exkurs zur vertieften Beschreibung der Verdauungsphasen ein.

Galen beachtet dabei in seiner Schrift „De sanitate tuenda"[58] das Interesse seiner Adressaten an der Gesundheitslehre und richtet sich demzufolge nicht an Mediziner, sondern vielmehr an ein allgemein interessiertes Publikum.[59]

> In „De sanitate tuenda" IV,11,14–18 geht er nun ausführlicher auf die drei Verdauungsstadien ein und bezieht sich dabei auf die Ausführungen in „De naturalibus facultatibus": Der Magen empfängt um seiner selbst willen die Nahrung, damit er mit dieser seinen Mangel ausfüllt. Daher umschließt er sie von allen Seiten und hält das Ganze fest, bis er sich ausreichend gesättigt hat.[60]

---

57   Galen, De sanitate tuenda IV,11,13 (Koch 134,6–8): „εἰ δέ τις ἑκάστου τῶν εἰρημένων εἰς τὴν ἀπόδειξιν ἐπιστήμην ἀκριβῆ λαβεῖν βούλεται, τούτῳ τὰ Περὶ τῶν φυσικῶν δυνάμεων ἀναγνωστέον ἐστίν".

58   Der Abschluss der Gesundheitslehre ist nach den Ausführungen Ilbergs in die Lebensphase Galens seit dem zweiten Aufenthalt in Rom (seit 169 n. Chr.) kurz vor dem Tod von Marc Aurel (180 n. Chr.) zu datieren. Siehe J. Ilberg, Ueber die Schriftstellerei des Klaudios Galenos, In: RhM 44 (1889), 225: „Die ὑγιεινά sind noch während der Regierung des Marc Aurel fertig geworden, wie ein Hinweis auf dessen Lebensweise erkennen lässt." Vgl. auch J. Ilberg, Ueber die Schriftstellerei des Klaudios Galenos, In: RhM 47 (1892), 512f. Ilberg macht hinsichtlich der Datierung der einzelnen Werke darauf aufmerksam, dass Galen über längere Zeitperioden gleichzeitig an mehreren Schriften gearbeitet hat. Vgl. ebd., 512: „Dabei müssen wir aber ausdrücklich betonen, dass es wohl in der Hauptsache möglich war, die Entstehungsperiode der einzelnen Bücher mit Sicherheit zu bestimmen, für die Richtigkeit der Abfolge im Speziellen jedoch zwar meist, aber nicht in jedem Falle Bürgschaft geleistet werden kann. Es hängt das z. T. mit der beschriebenen Arbeitsweise des Schriftstellers zusammen, der gewissermassen à quatre mains, gleichzeitig an zwei Schreibtischen gearbeitet haben muss, schon citirte, was zwar niedergeschrieben, viel leicht auch seinen Schülern vorgetragen, aber noch nicht im Buchhandel veröffentlicht war und der es auch an nachträglichen Redaktionsbewerkungen nicht hat fehlen lassen."

59   Vgl. G. Wöhrle, Studien zur Theorie der antiken Gesundheitslehre, 240: „Kein Werk für Spezialisten sind dagegen die *Hygieina*. Vielmehr sollen sie dem interessierten Laien einen Leitfaden für die eigene Gesunderhaltung in die Hand geben. [...] Natürlich kommen als Leser zunächst nur gebildete Leute einer ganz spezifischen Schicht in Frage."

60   Galen, De sanitate tuenda IV,11,14 (Koch 134,8–12): „ἐν οἷς ἀποδέδεικται πρῶτον μέν, ὡς ἡ γαστὴρ ἑαυτῆς ἕνεκα λαμβάνει τὴν τροφήν, ἵνα ἀπολαύσῃ τε καὶ ἀναπληρώσῃ τὸ ἐλλεῖπον ἑαυτῇ, καὶ διὰ τοῦτο περιπτύσσεται πανταχόθεν αὐτῇ καὶ κατέχει σύμπασαν, ἄχριπερ ἂν ἱκανῶς κορεσθῇ·"

Nachdem er nicht mehr ernährt zu werden braucht, öffnet er den Pylorus (πυλωρός), drückt und stößt die übriggebliebene Nahrung wie eine fremde Last nach unten.[61] Dann reißen auf dem Wege durch die Gedärme die dort verlaufenden Blutadern die Nahrung an sich, welche durch den Aufenthalt im Magen-Darm-Kanal (πρὸς τὴν κοιλίαν) verändert und dem Lebewesen mehr angeglichen worden ist.[62] Daraufhin wird die Nahrung in den Blutadern auf gleiche Weise weitergeleitet wie aus dem Magen in die Blutadern.[63] Von dort wird sie bereits als endgültig verarbeitete Nahrung in jedes Teil des Lebewesens hineingezogen (εἰς ἕκαστον ἕλκεται τῶν τοῦ ζῴου μορίων). Hier findet die dritte Verdauungsphase (ἡ τρίτη πέψις) statt, in der die Nahrung dem zu Ernährenden angeglichen wird.[64] An dieser Stelle schließt Galen die exkursartige Ausführung mit einem erneuten Verweis auf die weiterführende Lektüre seiner Schrift „De naturalibus facultatibus".[65]

In diesem Exkurs fällt auf, dass Galen bei der dritten Verdauungsstufe nicht mehr von einer ἡ ἐν τῇ σαρκὶ πέψις, sondern von einem Hineinziehen der verarbeiteten Nahrung in jedes einzelne Teil (εἰς ἕκαστον τῶν μορίων) des Körpers spricht. Auch Ps-Athenagoras bevorzugt eine solche Beschreibung der letzten Phase, so dass es zur Assimilation der verdauten Speise an die zu ernährenden Körperteile kommt (vgl. De Res 5,3: „τοῖς τρεφομένοις μέρεσι καὶ μορίοις"[66] und 6,3: „συνδιαπλεκομένην τε καὶ περιπλαττομένην πᾶσι τοῖς τούτου μέρεσιν καὶ μορίοις").[67]

Bezüglich der zweiten Verdauungsphase sind auf den ersten Blick die größten Differenzen in den einzelnen Beschreibungen Galens zu beobachten. In *In Hipp alim comment 5* spricht er noch allgemein von der größten Veränderung der Nahrung in der Leber, die anschließend dem gesamten Körper durch

---

61 Galen, De sanitate tuenda IV,11,15 (Koch 134,12–14): „δεύτερον δὲ ὡς, ἐπειδὰν μηκέτι δέηται τοῦ τρέφεσθαι, τότ' ἀνοίγνυσι μὲν τὸν πυλωρόν, ἐκθλίβει δὲ καὶ ὠθεῖ κάτω τὰ περιττὰ τῶν σιτίων, οἷον ἄχθος ἀλλότριον·"

62 Galen, De sanitate tuenda IV,11,16 (Koch 134,14–17): „εἶθ' ὡς ἐν τῇ διὰ τῶν ἐντέρων ὁδῷ, καὶ μάλιστα τῶν λεπτῶν, ἀναρπάζουσιν αἱ καθήκουσαι φλέβες τὴν τροφήν, ἐκ τῆς πρὸς τὴν κοιλίαν ὁμιλίας ἠλλοιωμένην τε καὶ συμφυλοτέραν τῷ ζῴῳ γενομένην·"

63 Galen, De sanitate tuenda IV,11,17 (Koch 134,17–19): „εἶτα καὶ κατὰ τὰς φλέβας ἐξ ἄλλης εἰς ἄλλην διαδίδοται τὸν ὅμοιον τρόπον, ὃν ἐκ τῆς γαστρὸς εἰς τὰς φλέβας·"

64 Galen, De sanitate tuenda IV,11,18 (Koch 134,19–21): „ἐντεῦθεν δ' ἤδη κατειργασμένη τέλεον εἰς ἕκαστον ἕλκεται τῶν τοῦ ζῴου μορίων, ἵνα πέττεται τὴν τρίτην πέψιν ὁμοιοῦταί τε τῷ τρεφομένῳ."

65 Galen, De sanitate tuenda IV,11,19 (Koch 134,21–24).

66 De Res 5,3 (Marcovich 29,25).

67 De Res 6,3 (Marcovich 30,13f.).

WIDERLEGUNG DES KETTENNAHRUNGS-EINWANDS (DE RES 5–8)   353

die Adern als verwandeltes Blut zugeführt wird. In „De sanitate tuenda" dagegen stehen die φλέβες im Vordergrund, so dass sich die zweite Verdauung in den Blutadern ereignet (πρὸς τὴν δευτέραν τὴν ἐν φλεψὶ πέψιν). In der anschließenden Vertiefung der einzelnen Verdauungsstadien wird die Funktion der Blutadern innerhalb der zweiten Phase ausführlicher erläutert. Die Leber wird hier innerhalb der zweiten Phase nicht ausdrücklich erwähnt, wobei Galen in dieser Schrift auch keine detaillierte Beschreibung der einzelnen Phasen beabsichtigt.

In dem anderen wichtigen physiologischen Werk „De usu partium/Περὶ χρείας μορίων" unternimmt Galen eine genauere Bestimmung der Zusammenarbeit von Blutadern und Leber: Die Blutadern befördern die im Magen verarbeitete Nahrung zur Leber.[68] Sie übernehmen jedoch nicht ausschließlich eine Transportfunktion, sondern ziehen die Nahrung zuvor aus dem Magen heraus und bereiten sie für die Leber vor.[69] Dabei findet in den Blutadern eine Verwandlung des Speisebreis in eine trübe Gestalt des Blutes (ἀμυδρὸν εἶδος αἵματος) statt. Die Leber dagegen bewirkt anschließend die endgültige Verwandlung, so dass ein ideales Blut (εἰς αἵματος ἀκριβοῦς γένεσιν) entsteht.[70] Innerhalb dieses Prozesses kommt es zu der Reinigung der Nahrung in der Leber.[71] Zur Veranschaulichung dieser Phase greift Galen auf den Vergleich des im Magen vorbereiteten Speisebreis mit einem flüssigen Saft zurück: Der Saft wird also im Magen verdaut und vorbereitet, eine vollständige Verdauung ist jedoch noch nötig.[72] Durch die Wärme der inneren Organe (ὑπὸ τῆς ἐν τῷ σπλάγχνῳ θερμασίας) steigt dieser Saft in die Leber empor und wird dort innerhalb dieser Phase dann zur Entstehung des nützlichen Blutes verdaut und verändert.[73] Bei diesem Vergleich verzichtet Galen auf die explizite Erwähnung der Blutadern. Er spricht lediglich von inneren Organen, die die Beförderung des Saftes in die Leber bewirken.

---

68   Galen, De usu partium IV,2 (Helmreich 196,5–7)· „οὕτω καὶ αὗται τὴν ἐν τῇ γαστρὶ προκατειργασμένην τροφὴν ἀναφέρουσιν εἴς τι κοινὸν ὅλου τοῦ ζῴου πέψεως χωρίον, ὃ καλοῦμεν ἧπαρ·"

69   Galen, De usu partium IV,2 (Helmreich 196,23–197,1): „καὶ τὰς μὲν φλέβας οὐ παραγούσας μόνον τὴν τροφὴν ἐκ τῆς γαστρός, ἀλλ' ἑλκούσας τε ἅμα καὶ προπαρασκευαζούσας τῷ ἥπατι".

70   Galen, De usu partium IV,3 (Helmreich 197,5–9): „Αὐτὸ δὲ τὸ ἧπαρ, ἐπειδὰν αὐτὴν παραλάβῃ πρὸς τῶν ὑπηρετῶν ἤδη παρεσκευασμένην καὶ οἷον ὑπογραφήν τινα καὶ ἀμυδρὸν εἶδος αἵματος ἔχουσαν, ἐπάγει τέλεον αὐτῇ τὸν κόσμον εἰς αἵματος ἀκριβοῦς γένεσιν."

71   Galen, De usu partium IV,3 (Helmreich 197,12 f.): „ταύτην αὖθις ἐπάγει τῇ τροφῇ τὴν κάθαρσιν τὸ ἧπαρ."

72   Galen, De usu partium IV,3 (Helmreich 197,13–16).

73   Galen, De usu partium IV,3 (Helmreich 198,2–6): „κατὰ δὲ τὴν τοῦ παραδείγματος εἰκόνα νόει μοι τὸν ἐκ τῆς κοιλίας εἰς τὸ ἧπαρ ἀναδοθέντα χυλὸν ὑπὸ τῆς ἐν τῷ σπλάγχνῳ θερμασίας ὥσπερ τὸν οἶνον τὸν γλεύκινον ζέοντά τε καὶ πεττόμενον καὶ ἀλλοιούμενον εἰς αἵματος χρηστοῦ γένεσιν".

354 5. KAPITEL

In einer anderen vereinfachten Darstellung kann Galen die zweite Phase auch als eine sich in den Blutadern und der Leber vollziehende Verdauung beschreiben. In der Schrift „Von den guten und schlechten Säften der Nahrungsmittel"[74] geht er in Kapitel 5,17 f. erneut auf die drei Stadien der Verdauung ein. Dort thematisiert er die Umwandlung der Speisen in gute Säfte (εἰς εὐχυμίαν): Zum Zwecke der εὐχυμία ist eine gute Verdauung im Magen notwendig.[75] Denn so nehmen die Speisen auch die zweite und die dritte Verdauung besser an.[76] Daraufhin sagt er ausdrücklich, dass die zweite Verdauung in der Leber und in den Blutadern geschieht (δευτέρα μὲν πέψις ἐν ἥπατί τε καὶ φλεψὶ γίνεται), woraufhin die dritte in jedem der zu ernährenden Teile (τρίτη δὲ ἐν ἑκάστῳ τῶν τρεφομένων μορίων) des Organismus erfolgt.[77] Anschließend führt er weiter aus, dass die Organismen erst dann ernährt werden können, wenn die Nahrung selbst verwandelt und der Qualität des zu Ernährenden angeglichen wird.[78]

> Das, was vorher zubereitet und verdaut worden ist, verwandelt sich besser als das Unverdaute. Denn die Stadien der Verdauung folgen aufeinander; auf die im Magen folgt die in der Leber und auf diese (folgt) die in den zu ernährenden Teilen.[79]

Hier erwähnt Galen wie schon in *In Hipp alim comment 5* bei Beschreibung der zweiten Verdauung allein die Leber, da er an dieser Stelle lediglich eine knappe Zusammenfassung der drei Verdauungsstadien bietet.[80]

---

74 Περὶ εὐχυμίας καὶ κακοχυμίας τροφῶν/De bonis malisque sucis: De bon mal suc. Diese Schrift wird von J. Mesk „nicht lange vor 180" datiert, „als Galen sich dem 50. Lebensjahre näherte". Vgl. J. Mesk, Galens Schriften über Nutzen und Schaden der Nahrungsmittel, 66.

75 Galen, De bon mal suc 5,17 (Helmreich 411,6 f.): „οὐδὲν γὰρ οὕτως εἰς εὐχυμίαν συντελεῖ πᾶσιν ἐδέσμασιν, ὡς τὸ πεφθῆναι καλῶς ἐν τῇ γαστρί."

76 Galen, De bon mal suc 5,17 (Helmreich 411,7 f.): „καὶ γὰρ τὴν δευτέραν καὶ τρίτην πέψιν ἐπιδέχεται ταῦτα μᾶλλον."

77 Galen, De bon mal suc 5,18 (Helmreich 411,8–10): „ἔμαθες δὲ ὅτι δευτέρα μὲν πέψις ἐν ἥπατί τε καὶ φλεψὶ γίνεται, τρίτη δὲ ἐν ἑκάστῳ τῶν τρεφομένων μορίων, ἧς ἕνεκα καὶ τῶν δύο προτέρων δεόμεθα."

78 Galen, De bon mal suc 5,18 (Helmreich 411,10–12): „τρέφεται μὲν γὰρ ὅσα τρέφεται τῶν τρεφόντων αὐτὰ μεταβαλλομένων τε κατὰ ποιότητα κἀξομοιουμένων τοῖς τρεφομένοις."

79 Galen, De bon mal suc 5,18 (Helmreich 411,12–15): „μεταβάλλεται δὲ τὰ προπαρασκευασθέντα καὶ προπεφθέντα τῶν ἀπέπτων μᾶλλον. ἀλλήλας γὰρ αἱ πέψεις διαδέχονται, τὴν μὲν τῆς γαστρὸς τὸ ἧπαρ, τὴν δὲ τούτου τὰ τρεφόμενα μόρια."

80 Zu den drei Stadien der Digestionen bei Galen vgl. P. Diepgen, Geschichte der Medizin, 125 f.

WIDERLEGUNG DES KETTENNAHRUNGS-EINWANDS (DE RES 5–8)   355

Diese vereinfachte Darstellung der Verdauungsphasen rezipiert Ps-Athenagoras bei seiner Argumentation in De Res 5,2 f. Eine ausführliche Beschreibung der Funktion der einzelnen Organe innerhalb des Verdauungsprozesses wird von ihm auch nicht beabsichtigt, will er doch lediglich zum Ausdruck bringen, dass die Nahrung in den einzelnen Stadien vollständig gereinigt und verwandelt werden muss, bevor es zu einem völlig reinen Zuwachs zur Körpersubstanz kommt.

Exkurs: Weitere Verdauungsanschauungen (Auseinandersetzung mit B. Pouderon)

Nun hat B. Pouderon bezüglich der Verdauung ebenfalls eine große Nähe zwischen einigen charakteristischen Passagen des Werkes von Galen und De Res 5,2 f. und 6,1 beobachtet.[81] In diesem Zusammenhang vergleicht er die Beschreibung der drei Etappen des Verdauungsprozesses von *In Hipp alim comment 5* und *De bon mal suc 5,17f.* mit denen von Ps-Athenagoras.[82] Dabei stellt er zwischen Galen und unserem Autor „exakte Parallelen" hinsichtlich der drei großen Phasen der Verdauung fest. Zudem finden sich in der Terminologie Übereinstimmungen, da jede Phase ausdrücklich als πέψις bezeichnet wird.[83] Pouderon verwirft aber jegliche Abhängigkeit unseres Autors von Galen. Dies begründet er mit dem Postulat, dass die Übereinstimmungen zwischen Ps-Athenagoras und Galen unspezifisch sind und auf eine gemeinsame Tradition zurückgehen.[84] Pouderon zufolge finden sich in zahlreichen anderen Entwürfen von der Physiologie der Verdauung ähnliche Aufteilungen der Phasen und eine ähnliche Terminologie. Er verweist hier insbesondere auf vier Quellen: Cicero, De natura deorum II,135–137; Macrobius, Saturnalia 7,4,12–19; Methodius, De Res II,9,2–4 und Ambrosius, Hexameron 6,71.[85]

---

81 Vgl. B. Pouderon, La „chaîne alimentaire", 238: „Pour établir à la fois l'intérêt et les limites d'un pareil rapprochement, il convient de citer et d'analyser quelques passages caractéristiques de l'œuvre de Galien en rapport avec la digestion, et qui semblent en effet assez proches du texte d'Athénagore."

82 Vgl. B. Pouderon, La „chaîne alimentaire", 238 f.

83 Vgl. B. Pouderon, La „chaîne alimentaire", 239: „Le parallèle que l'on peut établir entre Galien et Athénagore est assez exact: il concerne non seulement chacune des trois grandes phases de la digestion, mais encore la terminologie qui y est appliquée, puisque chacune d'entre elles est qualifiée de ‚cuisson' (coction ou digestion: πέψις)."

84 Vgl. ebd., 239.

85 Vgl. ebd., 239 f.

356   5. KAPITEL

Da die Beschreibungen des Verdauungsprozesses bei Methodius[86] und Ambrosius[87] zu knapp gehalten sind, um eine gemeinsame Tradition zu eruieren, beschränken wir uns auf die ausführlichen Darstellungen des Cicero und des Macrobius. Zusätzlich kommt noch eine Beschreibung des Ernährungsprozesses des Philo von Alexandrien in Frage, so dass rein chronologisch sogar zwei Autoren (Cicero und Philo) zur Verfügung stehen, die neben Galen einen möglichen Einfluss auf Ps-Athenagoras ausgeübt haben könnten.

Cicero beschreibt im zweiten Buch seines Werkes *De natura deorum* den Verdauungsvorgang der Nahrung, um so die Fürsorge der unsterblichen Götter gegenüber den Menschen begreifbar zu machen. In diesem Zusammenhang geht er auf die drei Stadien der Verdauung ein, ohne sie jedoch ausdrücklich so zu bezeichnen. Im Magen findet faktisch die erste Verdauung statt. Hier wird alles, was aufgenommen wird, verwandelt und verdaut. Dieser Vorgang vollzieht sich sowohl durch die Wärme, als auch durch das Zerreiben der Speise (terendo cibo) und den *spiritus* (praeterea spiritu).[88] Durch diese drei Komponenten kommt es also zur Verdauung und zur Verarbeitung jeder Speise. Daraufhin wird die auf diese Weise verarbeitete Speise im übrigen Körper verteilt. Dem *spiritus*/πνεῦμα kommt bei der Verdauung im Magen eine besondere Funktion zu, was bis her Dargestellten den größten Unterschied sowohl zu Galen als auch zu Ps-Athenagoras ausmacht.

Des Weiteren wird Cicero zufolge von der übriggebliebenen Speise aus den Eingeweiden und dem Magen ein Saft abgesondert, von dem wir ernährt werden. Dieser Saft fließt von der Mitte der Eingeweide durch bis zur Leber hin.[89] Dort vollzieht sich dann die nächste Verdauungsphase, die Cicero erneut nicht eindeutig betitelt. Er umschreibt lediglich diesen Verdauungsprozess: Von dem in die Leber hineingekommenen Speisebrei wird die Gallenflüssigkeit und die Feuchtigkeit abgesondert, während sich das Übriggebliebene zu Blut verwandelt. Der auf diese Weise umgewandelte Speisebrei fließt durch

---

86   Meth, De Res II,9,2f. (GCS 27, 346,3–17 Bonwetsch).

87   Ambros, Hexam 6,71 (CSEL 32,1, 258,4–23 Schenkl).

88   Cicero, De nat deor II,136 (Pease 903,2–904,3): „est autem multiplex et tortuosa arcetque et continet, sive illud aridum est sive umidum, quod recipit, ut id mutari et concoqui possit, eaque tum adstringitur, tum relaxatur, atque omne, quod accipit, cogit et confundit, ut facile et calore, quem multum habet, et terendo cibo et praeterea spiritu omnia cocta atque confecta in reliquum corpus dividantur."

89   Cicero, De nat deor II,137 (Pease 905,3–907,2): „Ex intestinis autem et alvo secretus a reliquo cibo sucus is, quo alimur, permanat ad iecur per quasdam a medio intestino usque ad portas iecoris – sic enim appelantur – ductas et directas vias, quae pertinent ad iecur eique adhaerent;"

die Leberpforten (portas iecoris) bis zur Hohlvene und gelangt durch diese zum Herzen. Vom Herzen verteilt er sich über die Venen in den gesamten Leib.[90] Mit der Verteilung der Speise in zu Blut verwandelter Form beendet er die Darstellung des gesamten Verdauungsvorganges.

Besonders bei der letzten Phase fällt die zentrale Funktion des Herzens bei der Verbreitung des zu Blut verwandelten Speisebreis auf, so dass es zur Ernährung aller Körperteile im Organismus kommt. Im Unterschied dazu erhalten weder das Herz noch die Venen/Blutadern in der dreifachen Verdauungsanschauung des Ps-Athenagoras besondere Beachtung. Dieser spricht im Gegensatz zu Cicero zudem ausdrücklich von drei Verdauungsstadien, erwähnt jedoch nicht die Rolle des *spiritus*/πνεῦμα bei der Verdauung im Magen.[91] Obwohl die Verdauungsstadien im Magen, in der Leber und in allen Körperteilen in gleicher Weise wie in De Res 5,2 f. thematisiert werden, scheinen die Unterschiede zu überwiegen. Daher ist von keinem konkreten Einfluss des Cicero auf Ps-Athenagoras auszugehen. Vielmehr spricht alles dafür, dass unser Autor die vereinfachte Darstellung der drei Verdauungsstadien von Galen übernommen hat.

Die Differenzen zu *Philo von Alexandrien* sind noch offensichtlicher, da dieser Autor innerhalb des Ernährungsprozesses statt von drei von *vier* Phasen ausgeht. In seinem Werk „De specialibus legibus" denkt Philo über die Bedeutung der Leber nach und darüber, weshalb sie auf dem Altar Gottes dar-

---

90   Cicero, De nat deor II,137 (Pease 907,3–909,1): „Ab eo cibo cum est secreta bilis eique umores, qui e renibus profunduntur, reliqua se in sanguinem vertunt ad easdemque portas iecoris confluunt, ad quas omnes eius viae pertinent; per quas lapsus cibus in hoc ipso loco in eam venam, quae cava appellatur, confunditur perque eam ad cor confectus iam coctusque perlabitur; a corde autem in totum corpus distribuitur per venas admodum multas in omnes partes corporis pertinentes."

91   Die Beteiligung des Pneumas bei der Nahrungsverdauung im Magen ist von *Erasistratos* vertreten worden. Die Meinung des Erasistratos wird von Galen referiert, wobei dieser sich davon ausdrücklich abgrenzt: Galen, De nat fac II,8 (Helmreich 188,5–22/Brock 186,8–188,2). Vgl. M. Wellmann, Art., *Erasistratos*, In: RE Bd. VI,1 (1907), 333–350, v. a. 338: „In dem Magen, der von zwei verschiedenen Muskelschichten bekleidet ist, einer inneren zirkulären und einer äußeren longitudinalen, erfolgt die Verarbeitung der Nahrung (κατεργασία τῆς τροφῆς), indem die Speisen durch die peristaltischen Bewegungen der Muskelhaut unter Mitwirkung des Pneuma zerrieben werden." Vgl. weiter E.D. Phillips, Greek Medicine, 151. Auch *Alkinoos* geht davon aus, dass die Nahrung im Magen unter Mitwirkung des Pneumas und der Wärme (πνεύματί τε καὶ θερμῷ) verdaut wird. Alkinoos, Didaskalikos 17,3 (Whittaker 38,42–39,45/Summerell/Zimmer 42,3–6): „Διοικεῖται δὲ τὰ σιτία κατὰ τὴν γαστέρα πνεύματί τε καὶ θερμῷ τεμνόμενα καὶ μαλαττόμενα καὶ οὕτως ἐπὶ πᾶν τὸ σῶμα χωροῦντα κατὰ τὰς οἰκείας μεταβολάς·"

358 5. KAPITEL

gebracht werden soll: Der Leberlappen (λοβὸς ἥπατος) ist das wichtigste Organ der Eingeweide, so dass er die Erstlingsgabe von diesen einnimmt. Die besondere Stellung der Leber besteht darin, dass in ihr die Nahrung zu Blut umgewandelt wird (δι' οὗ τὴν τροφὴν ἐξαιματοῦσθαι συμβέβηκε).[92] Daraufhin erläutert Philo die zentrale Funktion der Leber innerhalb der vier Verdauungsstadien der Nahrung. Zunächst vollzieht sich die erste Verdauung in der Speiseröhre (στόμαχος). Diese wird an dem Ort des Herunterschluckens lokalisiert (παρακείμενος τῇ καταπόσει), was Philo ausdrücklich erwähnt.[93] Sie nimmt die durch die Zähne zerteilte und zermalmte Nahrung auf und bereitet sie für den Magen vor.[94] Darin findet die erste Verarbeitung der Speise statt, die zur Vorbereitung der nächsten Phase dient. Denn Philo erwähnt ausdrücklich, dass der Magen die *zweite* Verrichtung (τὴν δευτέραν ὑπηρεσίαν) vollbringt, nachdem er die Nahrung von der Speiseröhre (παρὰ στομάχου) empfangen hat. Dies geht insoweit vonstatten, dass der Magen die Verwandlung der Nahrung zu Saft hervorbringt (χύλωσιν ἀπεργαζομένη τῆς τροφῆς).[95] Diesen Saft empfängt anschließend die Leber durch zwei rinnenartige Röhren, die sich vom Magen bis zur Leber erstrecken.[96] Dort vollzieht sich die nächste Verdauungsphase, die zur ἐξαιμάτωσις führt. Die Leber hat dabei eine doppelte Kraft: eine, die sich zum Ausscheiden eignet und eine andere, die die Verwandlung zu Blut vollzieht.[97] Die erste Kraft scheidet alles Unerweichte und schwer Verdauliche aus dem Saft in das daneben liegende Gallengefäß aus.[98] Die zweite δύναμις verändert das Reine und das Gefilterte durch ihre eigene

---

92 Philo, De spec leg I,216 (Vol V, 52,21–24 Cohn): „λοβὸς δ' ἥπατος τοῦ κυριωτάτου τῶν σπλάγχνων ἐστὶν ἀπαρχή, δι' οὗ τὴν τροφὴν ἐξαιματοῦσθαι συμβέβηκε καὶ ἐποχετευομένην τῇ καρδίᾳ φέρεσθαι διὰ φλεβῶν εἰς τὴν τοῦ ὅλου σώματος διαμονήν.“

93 Diese deutliche Lokalisierung des στόμαχος spricht gegen die Übersetzung als „Magen", die Heinemann vorschlägt. Vgl. I. Heinemann, Über die Einzelgesetze I–IV, In: L. Cohn/I. Heinemann/M. Adler/W. Theiler (Hgg.), Philo von Alexandria, Die Werke in deutscher Übersetzung, Bd. II, 72.

94 Philo, De spec leg I,217 (Vol V, 52,24–53,2 Cohn): „στόμαχος μὲν γὰρ παρακείμενος τῇ καταπόσει τὴν ὑπὸ τῶν ὀδόντων τμηθεῖσαν πρότερον καὶ λεανθεῖσαν αὖθις τροφὴν ὑποδέχεται καὶ προκατεργάζεται κοιλίᾳ·“

95 Philo, De spec leg I,217 (Vol V, 53,2–4 Cohn): „κοιλία δὲ παρὰ στομάχου λαμβάνουσα τὴν δευτέραν ὑπηρεσίαν ἐπιτελεῖ, πρὸς ἣν ὑπὸ φύσεως ἐτάχθη, χύλωσιν ἀπεργαζομένη τῆς τροφῆς·“

96 Philo, De spec leg I,217 (Vol V, 53,4–6 Cohn): „αὐλοὶ δὲ δύο τῆς κοιλίας σωληνοειδεῖς ἐκπεφύκασιν εἰς ἧπαρ ἐπαντλοῦντες ταῖς διαπεφυκυίαις ἐν αὐτῷ δεξαμεναῖς.“

97 Philo, De spec leg I,218 (Vol V, 53,6f. Cohn): „ἔχει δὲ διττὴν δύναμιν ἧπαρ, διακριτικήν τε καὶ τὴν πρὸς ἐξαιμάτωσιν·“

98 Philo, De spec leg I,218 (Vol V, 53,7f. Cohn): „ἡ μὲν οὖν διακριτικὴ πᾶν ὅσον ἀτέραμνον καὶ δυσκατέργαστον εἰς τὸ παρακείμενον χολῆς ἀγγεῖον ἀποκρίνει".

Hitze zu höchst lebenskräftigem Blut (εἰς αἷμα ζωτικώτατον). Diese Kraft stößt das Blut dann zum Herzen hin, von dem es im Rahmen der vierten Ernährungsphase durch die Blutadern zum ganzen Leib geleitet wird und diesem zur Ernährung dient.[99]

Wie bei Cicero ist die besondere Rolle des Herzens zu konstatieren, die die Verteilung der verwandelten Nahrung durch die Blutadern vollbringt. Zusätzlich findet bereits im Magen die zweite Verdauung statt, was definitiv der dreifachen Verdauungsanschauung des Ps-Athenagoras widerspricht. Im Anschluss an Galen lokalisiert er vielmehr die zweite Verwandlung in der Leber. Die deutlichen Unterschiede zu Cicero und zu Philo und die eindeutige Nähe zur Beschreibung der galenischen Verdauungsphasen legen es nahe, bei Ps-Athenagoras eher eine Rezeption der Verdauungskonzeption Galens zu vermuten als von anderen Einflüssen auszugehen. Denn besonders Galen hat in seinen zahlreichen Schriften den dreifachen Verdauungsprozess der Nahrung im Organismus populär gemacht.

Weiterhin führt B. Pouderon den Autor *Macrobius* aus der Zeit um 400 n. Chr. an, der in seiner Schrift „Saturnalia"[100] ebenfalls die Verdauungsphasen der Nahrung behandelt. Besonders bei Macrobius will Pouderon einen vollständigen Entwurf der Verdauungsetappen finden,[101] der für die gemeinsame Tradition, an der Ps-Athenagoras partizipiert, steht. Nun geht Macrobius ausdrücklich von vier Verdauungsstufen aus, damit die auf diese Weise verdaute Nahrung den Körper ernähren kann.[102] Diese vier Phasen korrespondieren mit den vier Kräften, die im Organismus existieren, um die aufgenommene Nahrung zu verarbeiten. Macrobius bezieht sich bei der Beschreibung der vier Kräfte explizit auf die Griechen[103] und verwendet demzufolge auch griechische Termini. Die vier Kräfte, die sich in uns zur Verarbeitung der Nahrung befinden, werden in seinem Referat des Verdauungsprozesses nacheinander

---

99 Philo, De spec leg I,218 (Vol V, 53,8–11 Cohn): „ἡ δ' ἑτέρα τὸ καθαρὸν καὶ διηθημένον τῷ περὶ αὐτὴν φλογμῷ τρέπει μὲν εἰς αἷμα ζωτικώτατον, ἀναθλίβει δ' εἰς καρδίαν, ἀφ' ἧς ὡς ἐλέχθη ταῖς φλεψὶν ἐποχετευόμενον διὰ παντὸς εἴλεῖται τοῦ σώματος γινόμενον αὐτῷ τροφή."

100 Zur Datierung dieser Schrift, siehe O. und E. Schönberger, Tischgespräche am Saturnalienfest, 8: „Also sind die Saturnalia wohl bald nach 402 und vor 410 veröffentlicht, und etwa seit 395 mag Macrobius an seinem Werk gearbeitet haben."

101 Vgl. B. Pouderon, La „chaîne alimentaire", 240: „L'exposé de Macrobe, plus complet, [...]"

102 Macrobius, Satur 7,4,13 (Willis 410,18–20): „Neque enim cibi quem sumimus una digestio est sed, ut corpus nutriat, quattuor patitur digestiones".

103 Macrobius, Satur 7,4,15 (Willis 411,1).

360 5. KAPITEL

aufgezählt: 1. καθελκτική, 2. καθεκτική, 3. ἀλλοιωτική und 4. ἀπεκκριτική.[104] Die Funktion der genannten Kräfte beschreibt er innerhalb des Ernährungsprozesses und benennt jeweils deren Wirkungen, die der Verdauung der Speisen im Organismus dienen.

Hier ist eine auffällige Übereinstimmung mit einem griechischen Autor zu konstatieren, der die vier Kräfte der Ernährungslehre in derselben Terminologie bestimmt hat: *Nemesius von Emesa* behandelt in seinem Werk „De natura hominis" in Kapitel 23 das Ernährungsvermögen im menschlichen Körper. Zu Beginn seines Abschnittes „Περὶ τοῦ θρεπτικοῦ" bringt er die vier Kräfte prägnant als Ausgangsgrundlage zur Betrachtung des Ernährungsprozesses im Körper vor: „Es gibt vier natürliche Kräfte des Ernährungsvermögens: die anziehende (ἑλκτική), die festhaltende (καθεκτική), die verändernde (ἀλλοιωτική) und die ausscheidende (ἀποκριτική) Kraft."[105] Daraufhin führt er die Wirkungsweise der Kräfte bei der Verdauung der aufgenommenen Nahrung im Organismus aus. Jeder einzelne Teil des Lebewesens zieht auf natürliche Weise die eigene Nahrung zu sich und hält das Angezogene fest. Als nächstes wird das Festgehaltene in sich selbst verwandelt und das Überflüssige zugleich abgestoßen.[106] Dies sind die vier Kräfte, die die Körperteile mit Nahrung versorgen und das Wachstum sowohl in der Länge als auch in der Breite begründen.[107]

Nun referiert Nemesius deutlich die galenische Bestimmung der vier Hauptkräfte zur Ernährung eines Lebewesens.[108] Überhaupt ist die Abhängigkeit des Nemesius von Galen, den er oft als Autorität seiner Ausführungen heranzieht, offensichtlich. Galen selbst erwähnt häufig die Bestimmung der vier Hauptkräfte: Es gibt vier natürliche Kräfte in jedem Körperteil: ἑλκτικήν τε καὶ καθεκτικὴν καὶ ἀλλοιωτικὴν καὶ ἀποκριτικήν.[109] Dabei behandelt er diese

---

104   Macrobius, Satur 7,4,14–18 (Willis 410,24–411,14).

105   Nemesius von Emesa, De nat hom 23 (Morani 83,2 f.): „Τοῦ θρεπτικοῦ φυσικαὶ δυνάμεις εἰσὶ τέσσαρες, ἑλκτικὴ καθεκτικὴ ἀλλοιωτικὴ ἀποκριτική."

106   Nemesius von Emesa, De nat hom 23 (Morani 83,3–5): „ἕκαστον γὰρ τῶν μορίων τοῦ ζῴου φυσικῶς ἕλκει πρὸς ἑαυτὸ τὴν οἰκείαν τροφὴν καὶ ἑλκῦσαν κατέχει καὶ κατασχὸν εἰς ἑαυτὸ μεταβάλλει καὶ οὕτω τὸ περιττὸν ἐξωθεῖ."

107   Nemesius von Emesa, De nat hom 23 (Morani 83,5–7): „καὶ αὗταί εἰσιν αἱ δυνάμεις αἱ τὴν τροφὴν τῶν μορίων τοῦ σώματος διοικοῦσαι, ἐξ ὧν ἡ αὔξησις ἥ τε κατὰ μῆκος καὶ πλάτος γίνεται."

108   Vgl. B. Pouderon, La „chaîne alimentaire", 243: „L'évêque, que l'on considère généralement comme l'un des plus illustres représentants de l'anthropologie chrétienne, suit de très près les théories de Galien, dont il reprend assez exactement le vocabulaire." Vgl. weiterhin: ebd., 243 f.

109   Galen, De symptomatum differentiis 4 (Kühn Bd. VII,2, 63,10–13): „ἡ γνῶσις τῶν φυσικῶν

Thematik ausführlich in der Schrift „De naturalibus facultatibus", in der er die natürlichen Kräfte im gesamten Organismus herausarbeitet. Dort zeigt er die vier allgemeinen Kräfte der Natur auf, die in allen Lebewesen wirken: Die erste Kraft zieht das Eigene heran, die zweite verändert und verdaut das Angezogene, die dritte hält das Eigene fest und die vierte scheidet das aus, was nicht zum Eigenen gehört.[110]

Sowohl Nemesius von Emesa als auch Macrobius sind von der galenischen Konzeption der vier Kräfte des Verdauungsprozesses abhängig. Ebenso scheint auch Macrobius die vier Verdauungsphasen der Nahrung bei Galen vorgefunden zu haben, die er aus den galenischen Beschreibungen rezipiert. Bei der ersten und zweiten Verdauung folgt er ausdrücklich Galen, indem er sie nacheinander im Magen[111] und dann in der Leber[112] stattfinden lässt. Daraufhin führt er eine zusätzliche Verdauungsstufe ein, die sich in den Venen und in den Arterien ereignet: „In den Venen und in den Arterien, die das Blut und den Atem aufnehmen, erfolgt die dritte Verdauung."[113] Diese reinigen nämlich das aufgenommene Blut, indem die wässerigen Bestandteile des Blutes in die Blase hingeschafft werden. Nach dieser Reinigung wird das klare,

---

δυνάμεων, ἃς ἐν τῷ περὶ αὐτῶν λόγῳ τέτταρας ἐν ἑκάστῳ τῶν τοῦ σώματος μορίων ἐδείξαμεν ὑπάρχειν, ἑλκτικήν τε καὶ καθεκτικὴν καὶ ἀλλοιωτικὴν καὶ ἀποκριτικήν." Vgl. F. Kovačić, Galen, 111 f.

110 In einem anderen Werk fasst Galen das in „De nat fac" in drei Bücher breit Ausgeführte prägnant zusammen: In Hipp epid VI coment V,1 (Kühn Bd. XVII/2, 228,10–15/Wenkebach 256,14–19): „ἀρκεῖ γὰρ ἀναμνῆσαι μόνον, ὡς ἐν τοῖς ⟨Περὶ⟩ τῶν φυσικῶν δυνάμεων ὑπομνήμασιν ἐδείχθησαν αἱ καθόλου δυνάμεις αὐτῆς, αἷς ἅπαντα τὰ κατὰ τὸ ζῷον ἐργάζεται, τέτταρες οὖσαι. πρώτη μὲν ἡ τῶν οἰκείων ἑλκτική, δευτέρα δὲ ἡ τούτων αὐτῶν ἀλλοιωτική τε ⟨καὶ⟩ πεπτικὴ καὶ τρίτη ἡ καθεκτικὴ τῶν οἰκείων καὶ τετάρτη ⟨ἡ⟩ τῶν οὐκ οἰκείων ἀποκριτική." Vgl. weiter: De nat fac III,1 (Helmreich 204,8–20/Brock 222,1–14); De nat fac III,8 (Helmreich 229,14–22/Brock 274,22–31)· „προυθέμεθα μὲν οὖν ἀποδεῖξαι τὴν καθεκτικὴν δύναμιν ἐν ἑκάστῳ τῶν ὀργάνων οὖσαν, ὥσπερ ἐν τῷ πρόσθεν λόγῳ τὴν ἑλκτικήν τε καὶ προσέτι τὴν ἀλλοιωτικήν. ὑπὸ δὲ τῆς ἀκολουθίας τοῦ λόγου τὰς τέτταρας ἀπεδείξαμεν ὑπαρχούσας τῇ γαστρί, τὴν ἑλκτικὴν μὲν ἐν τῷ καταπίνειν, τὴν καθεκτικὴν δ' ἐν τῷ πέττειν, τὴν ἀπωστικὴν δ' ἐν τοῖς ἐμέτοις καὶ ταῖς τῶν πεπεμμένων σιτίων εἰς τὸ λεπτὸν ἔντερον ὑποχωρήσεσιν, αὐτὴν δὲ τὴν πέψιν ἀλλοίωσιν ὑπάρχειν."

111 Macrobius, Satur 7,4,18 (Willis 411,11 f.): „Ergo in ventre fit prima digestio, virtute ἀλλοιωτικῇ in sucum vertente quicquid acceptum est".

112 Macrobius, Satur 7,4,19 (Willis 411,15–20): „Ergo postquam in sucum cibus reformatur, hic iam iecoris cura succedit. Est autem iecur concretus sanguis et ideo habet nativum calorem, quod confectum sucum vertit in sanguinem, et sicut cibum in sucum verti prima est, ita sucum transire in sanguinem secunda digestio est."

113 Macrobius, Satur 7,4,22 (Willis 411,26–28): „In venis autem et arteriis, quae sunt receptacula sanguinis et spiritus, tertia fit digestio."

reine und nahrhafte Blut den einzelnen Gliedern des ganzen Körpers zuteil[114] und ernährt selbst Knochen, Mark, Nägel und Haare.[115] „Und dies ist die vierte Verdauung (quarta digestio), die in den einzelnen Gliedern geschieht."[116]

Nun scheint er die galenische zweite Verdauungsphase, die sowohl in der Leber als auch in den Blutadern erfolgt, in zwei einzelne Stadien der Verdauung aufgeteilt zu haben. Auf diese Weise wird deutlich, dass Macrobius nicht einer eigenständigen Tradition des vierfachen Verdauungsprozesses folgt, sondern bei der Rezeption der einzelnen Verdauungsstadien ebenfalls von Galen abhängig ist. Er hat vermutlich vernommen, dass nach der zweiten Verdauungsphase im Blut noch wässerige Bestandteile verbleiben, die nach Galen das ὄχημα der Ernährung sind.[117] Wenn die wässerigen Bestandteile ihre Funktion des Transports der Nahrung zu den einzelnen Körperteilen erfüllt haben, scheiden die Nieren dieses Wässerige aus dem Blut aus, „weil es zu einer fremden Last für die Blutadern wird (ἄχθος ἀλλότριον ἐσομένας ταῖς φλεψί)".[118] Macrobius macht aber daraus eine eigene Verdauungsstufe, was von einer Systematisierung der galenischen Verdauungskonzeption zeugt.

Macrobius – wie auch Nemesius von Emesa – ist somit sowohl bei der Rezeption der vier natürlichen Kräfte als auch in den einzelnen Verdauungsphasen von Galen abhängig. Daher bietet er keine eigenständige Tradition des Verdauungsprozesses, an der Ps-Athenagoras partizipiert haben soll. Ps-Athenagoras greift vielmehr in einer weniger detailliert terminologischen Weise auf Galens Beschreibungen der dreifachen Verdauungsstadien zurück. Insgesamt muss festgehalten werden, dass Galen eine breite Wirkung auf die Medizin ausübte, was die Rezeption seiner Terminologie bezüglich der vier Kräfte des Ernährungsvermögens und der einzelnen Verdauungsphasen durch Macrobius und Nemesius belegt. Ebenfalls ist auch Ps-Athenagoras bei seiner Darlegung der dreifachen Verdauung von Galen beeinflusst, wenn auch nicht in dem Maße wie dies etwa bei Macrobius und Nemesius der Fall ist.

---

114 Macrobius, Satur 7,4,22 (Willis 411,28–412,1): „Nam acceptum sanguinem quodam modo defaecant, et quod in eo aquosum est venae in vesicam refundunt, liquidum vero purumque et altilem sanguinem singulis totius corporis membris ministrant".

115 Macrobius, Satur 7,4,22 (Willis 412,1–3): „et ita fit ut, cum cibum solus venter accipiat, alimonia eius dispersa per universos membrorum meatus ossa quoque et medullas et ungues nutriat et capillos."

116 Macrobius, Satur 7,4,23 (Willis 412,3f.): „Et haec est quarta digestio, quae in singulis membris fit."

117 Galen, De usu partium IV,5 (Helmreich 199,22–200,2).

118 Galen, De usu partium IV,6 (Helmreich 200,11–16).

4 Definition der Nahrung (De Res 6,1f.)

Zuletzt hat Ps-Athenagoras in De Res 5 darauf hingewiesen, dass nicht alles, was ein Mensch als Nahrung in sich aufnimmt, auch tatsächlich eine τροφὴ προσφυής (De Res 5,2) für das Lebewesen wird. Vieles wird innerhalb der drei Verdauungsstadien als περιττώματα ausgeschieden, so dass es sogar vorkommen kann, dass sich nichts von der aufgenommenen Speise mit den einzelnen Körperteilen verbindet (De Res 5,3). In De Res 6,1f. führt er nun den positiven Nachweis. Er zeigt auf, welche Nahrung sich überhaupt mit dem Organismus vereinigt. In De Res 6,2 liefert er schließlich eine Definition der Nahrung.

Zunächst eröffnet er in De Res 6,1 seine Argumentation mit einem Neuansatz: Da es nun unter allen Lebewesen eine große natürliche Verschiedenheit gibt, ist auch die Ernährung unterschiedlich. Denn selbst die naturgemäße Nahrung unterscheidet sich bei jeder Art von Lebewesen und bei jedem zu ernährenden Leib.[119] Zunächst durchläuft jede in den Organismus aufgenommene Nahrung eine dreifache Reinigung und Aussonderung (τριττῆς καθάρσεως καὶ διακρίσεως), so dass notwendigerweise alles, was für die Ernährung des Lebewesens fremdartig ist (πᾶν ὁπόσον ἀλλότριον εἰς τὴν τοῦ ζῴου τροφήν), vernichtet wird und auf natürlichem Wege abgeht. In manchen Fällen wird die Nahrung zu etwas anderem umgewandelt, weil sie mit dem zu ernährenden Leib nicht vereinigt werden kann.[120]

Eine weitere Voraussetzung für die Ernährung besteht darin, dass die Qualität der Nahrung den Qualitäten des zu ernährenden Lebewesens angepasst und naturgemäß sein muss.[121] Um die angemessene Qualitätsähnlichkeit der τροφή mit dem Organismus zu erreichen, muss die Nahrung den natürlichen Weg durch die aussondernden Organe gehen und gründlich durch die natürlichen Reinigungsmittel geläutert werden. Erst wenn sie diesen Läuterungsprozess durchlaufen hat, kann sie ein völlig reiner Zuwachs zur Substanz des Leibes werden (εἰλικρινεστάτην γενέσθαι πρόσληψιν εἰς οὐσίαν).[122] Unter diesen Umstän-

---

119 De Res 6,1 (Marcovich 29,28–30): „Πολλῆς οὖν οὔσης ἐν πᾶσι τοῖς ζῴοις τῆς φυσικῆς διαφορᾶς καὶ αὐτῆς γε τῆς κατὰ φύσιν τροφῆς ἑκάστῳ γένει ζῴων καὶ τῷ τρεφομένῳ σώματι συνεξαλλαττομένης".

120 De Res 6,1 (Marcovich 29,30–30,3): „τριττῆς δὲ κατὰ τὴν ἑκάστου ζῴου τροφὴν γινομένης καθάρσεως καὶ διακρίσεως, δεῖ πάντως φθείρεσθαι μὲν καὶ διαχωρεῖν ᾗ πέφυκεν ἢ πρὸς ἕτερόν τι μεταβάλλειν πᾶν ὁπόσον ἀλλότριον εἰς τὴν τοῦ ζῴου τροφὴν ὡς συγκραθῆναι μὴ δυνάμενον".

121 De Res 6,1 (Marcovich 30,4f.): „συμβαίνουσαν δὲ [καὶ] κατὰ φύσιν εἶναι τὴν τοῦ τρέφοντος σώματος δύναμιν ταῖς τοῦ τρεφομένου ζῴου δυνάμεσιν".

122 De Res 6,1 (Marcovich 30,5–7): „καὶ ταύτην ἐλθοῦσαν δι᾽ ὧν πέφυκεν κριτηρίων καὶ καθαρθεῖσαν ἀκριβῶς τοῖς φυσικοῖς καθαρσίοις, ⟨ὡς⟩ εἰλικρινεστάτην γενέσθαι πρόσληψιν εἰς οὐσίαν."

364 5. KAPITEL

den kann erst dann von Nahrung gesprochen werden (ὀνομάσειεν τροφήν), wenn es zu einem solchen Zuwachs kommt.[123] Denn bei diesem Reinigungsprozess wird alles beseitigt, was fremd und schädlich für den Zustand des zu ernährenden Lebewesens ist (πᾶν ὁπόσον ἀλλότριον καὶ βλαβερὸν εἰς τὴν τοῦ τρεφομένου ζῴου σύστασιν). Dies betrifft auch jene schwere Masse (τὸν πολὺν ἐκεῖνον ὄγκον), die allein zur Ausfüllung des Magens und zur Stillung der Begierde aufgenommen wird.[124]

Nun hat Galen bereits vor Ps-Athenagoras in seinem wichtigen Werk „De naturalibus facultatibus" herausgearbeitet, dass nicht jedes Lebewesen von jeder Art von Speisen ernährt werden kann.[125] Es ist nämlich unmöglich, dass sich jede beliebige Nahrung in allen seienden Wesen angleicht und verwandelt, wenn nicht bereits vorher eine gewisse Gemeinschaft und Verwandtschaft mit den Qualitäten der Organismen besteht (εἰ μή τινα ἔχοι κοινωνίαν ἤδη καὶ συγγένειαν ἐν ταῖς ποιότησι).[126] Selbst wenn eine derartige Verwandtschaft der Qualitäten vorliegt, wird eine solche Speise die entsprechenden Organismen nicht sofort ernähren. Bevor es zur ἐξομοίωσις kommt, muss sie durch mehrere Organe im Lebewesen verändert werden.[127] Dabei hebt Galen in verschiedenen Zusammenhängen hervor, dass allein das Verwandte (οἰκεῖον) aus der Nahrung herangezogen und dem Organismus angeglichen wird, während alles Fremde (ἀλλότριον) ausgeschieden werden muss.[128] Auch Ps-Athenagoras beginnt seine Argumentation in De Res 6,1 f. auf dieser Grundlage. Nur versteht er unter „etwas Fremdem" das verzehrte menschliche Fleisch, das sich aufgrund seiner theologischen Voraussetzung nicht mit den zu ernährenden Leibern verbinden kann.

Ps-Athenagoras versteht also unter Nahrung nur das, was sich zuvor durch die einzelnen Verdauungsstadien reinigen ließ und der Körpersubstanz zu-

---

123 De Res 6,2 (Marcovich 30,7 f.): „Ἥν δὴ καὶ μόνην ἐπαληθεύων ἄν τις τοῖς πράγμασιν ὀνομάσειεν τροφήν".

124 De Res 6,2 (Marcovich 30,8–11): „ὡς ἀποβάλλουσαν πᾶν ὁπόσον ἀλλότριον καὶ βλαβερὸν εἰς τὴν τοῦ τρεφομένου ζῴου σύστασιν καὶ τὸν πολὺν ἐκεῖνον ὄγκον ἐπεισαχθέντα πρὸς τὴν τῆς γαστρὸς ἀποπλήρωσιν καὶ τὴν τῆς ὀρέξεως θεραπείαν".

125 Galen, De nat fac I,10 (Helmreich 115,16 f./Brock 32,20–22): „διὰ τοῦτο πρῶτον μὲν οὐκ ἐκ πάντων ἐδεσμάτων πᾶν ζῷον τρέφεσθαι πέφυκεν".

126 Galen, De nat fac I,10 (Helmreich 115,13–16/Brock 32,17–20): „ὁμοιοῦσθαι δὲ καὶ μεταβάλλειν εἰς ἄλληλα πᾶσι τοῖς οὖσιν ἀδύνατον, εἰ μή τινα ἔχοι κοινωνίαν ἤδη καὶ συγγένειαν ἐν ταῖς ποιότησι".

127 Galen, De nat fac I,10 (Helmreich 115,18–21/Brock 32,22–34,2): „ἔπειτα δ' οὐδ' ἐξ ὧν οἷόν τ' ἐστὶν οὐδ' ἐκ τούτων παραχρῆμα, καὶ διὰ ταύτην τὴν ἀνάγκην πλειόνων ὀργάνων ἀλλοιωτικῶν τῆς τροφῆς ἕκαστον τῶν ζῴων χρήζει".

128 Galen, De nat fac I,12 (Helmreich 121,4–6/Brock 44,25–46,1).

WIDERLEGUNG DES KETTENNAHRUNGS-EINWANDS (DE RES 5–8)

wächst. Nun stimmt er mit einer solchen Definition von Nahrung durchaus mit Galen überein, der sich ebenfalls mit dem Verständnis von Nahrung (τροφή) auseinandersetzt: Zwar wird jede Speise (τῶν ἐδεσμάτων ἕκαστον) Nahrung genannt (τροφὴν ὀνομάζομεν), nicht aber, weil diese ein Lebewesen tatsächlich ernährt oder derart beschaffen ist, es zu ernähren. Vielmehr deshalb, weil sie ernähren kann und soll, unter der Voraussetzung, dass sie gut verarbeitet wird (εἰ καλῶς κατεργασθείη).[129]

Innerhalb dieser „guten Verarbeitung" der Speisen im Körper spricht Ps-Athenagoras ebenso von einem „Zuwachs", der sich im menschlichen Körper ereignet. Galen verwendet im Unterschied zu Ps-Athenagoras freilich eine sehr ausgefeilte medizinische Terminologie, um die Assimilierung der verdauten Speisen an den Organismus zu bestimmen. Er geht dabei von einem Ernährungsprozess aus, der sich zunächst in einer Anlagerung, dann in einem Zuwachs und schließlich in einer Angleichung vollzieht.[130] Diesen gesamten Vorgang nennt er θρέψις.[131] Darunter versteht er ganz allgemein die Angleichung dessen, was ernähren soll, an das zu Ernährende (ὁμοίωσις τοῦ τρέφοντος τῷ τρεφομένῳ).[132] Damit diese Angleichung erfolgt, muss der Zuwachs (πρόσφυσις) vorangehen, und diesem wiederum die Anlagerung (πρόσθεσις).[133]

Der Vorgang vollzieht sich wie folgt: Sobald nämlich aus den Gefäßen der Saft herauskommt, der einen beliebigen Teil des Lebewesens ernähren soll, verteilt er sich zunächst überall, bevor er im Anschluss daran angelagert wird, dann hinzuwächst und schließlich angeglichen wird.[134] Der völligen Verbindung der verdauten Nahrung mit dem Organismus werden somit zwei Phasen vorgeschaltet. „Die πρόσθεσις ist nur ein *Anfügen* der Nahrungsstoffe an

---

129 Galen, De nat fac I,11 (Helmreich 119,15–18/Brock 42,4–8): „κατὰ ταὐτὰ δὲ καὶ τῶν ἐδεσμάτων ἕκαστον τροφὴν ὀνομάζομεν οὔτε τῷ τρέφειν ἤδη τὸ ζῷον οὔτε τῷ τοιοῦτον ὑπάρχειν οἷον τὸ τρέφον, ἀλλὰ τῷ δύνασθαί τε καὶ μέλλειν τρέφειν, εἰ καλῶς κατεργασθείη."

130 Vgl. F. Kovačić, Galen, 109 f.: „Die Ernährung hat drei Stufen in der Veränderung der Nahrung: Verbreiten, Daranwachsen und Gleichwerden. Die letzte Veränderung der Nahrung, genannt Kochung, geschieht im Hinzuwachsen und Verähnlichen der Nahrung an das Genährte."

131 Galen, De nat fac I,11 (Helmreich 118,5 f./Brock 38,13–15): „τὸ μὲν οὖν ὄνομα τοῦ πράγματος, ὥσπερ καὶ πρότερον εἴρηται, θρέψις·"

132 Galen, De nat fac I,11 (Helmreich 118,6–8/Brock 38,15 f.): „ὁ δὲ κατὰ τοὔνομα λόγος ὁμοίωσις τοῦ τρέφοντος τῷ τρεφομένῳ."

133 Galen, De nat fac I,11 (Helmreich 118,8 f./Brock 38,16–18): „ἵνα δ' αὕτη γένηται, προηγήσασθαι χρὴ πρόσφυσιν, ἵνα δ' ἐκείνη, πρόσθεσιν."

134 Galen, De nat fac I,11 (Helmreich 118,9–13/Brock 38,18–22): „ἐπειδὰν γὰρ ἐκπέσῃ τῶν ἀγγείων ὁ μέλλων θρέψειν ὁτιοῦν τῶν τοῦ ζῴου μορίων χυμός, εἰς ἅπαν αὐτὸ διασπείρεται πρῶτον, ἔπειτα προστίθεται κἄπειτα προσφύεται καὶ τελέως ὁμοιοῦται."

den zu ernährenden Körperteil, die πρόσφυσις dagegen ein organisches *Zusammenwachsen*.[135] Den gleichen Vorgang des organischen Zusammenwachsens beschreibt auch Ps-Athenagoras, wenn er von der εἰλικρινεστάτη πρόσληψις spricht. Er erspart sich jedoch die Differenzierung des Ernährungsvorgangs in πρόσθεσις, πρόσφυσις und ὁμοίωσις.

5 Wirksamkeit von Verdauungskräften (De Res 6,3 f.)

Galen setzt die drei Ernährungsstadien in Verhältnis zu den Kräften, die im Organismus für die Verdauung der Nahrung zuständig sind. Die Natur des Körpers besitzt diese Kräfte, durch die jeder Körperteil den für sich selbst eigenen Saft (τὸν οἰκεῖον ἑαυτῷ χυμόν) heranzieht.[136] Ist dies geschehen, lässt er ihn jedem Teil zuwachsen und gleicht ihn vollständig an.[137] Das aber, was in dem jeweiligen Körperteil nicht bewältigt worden ist und keine gänzliche Veränderung und Angleichung an den zu ernährenden Teil annehmen konnte, wird wiederum durch eine andere ausscheidende Kraft entfernt.[138]

Auch Ps-Athenagoras weiß um gewisse Kräfte, die den Verdauungsprozess im Organismus bewirken. Dies bringt er in De Res 6,3 f. mit der Reinigung der verdauten Nahrung in Verbindung, wenn er als Konsequenz daraus zieht, Nahrung als einen völlig reinen Zuwachs zum Körper zu verstehen. Zunächst will er einen Konsens mit seinen Adressaten herstellen, die er mit den Anschauungen zur Verdauung der Nahrung von seinem Standpunkt zu überzeugen sucht: Denn es wird wohl keiner bestreiten, dass sich nur eine derartig gereinigte Nahrung – wie in De Res 6,1 f. dargestellt – mit dem zu ernährenden Leib vereinigt, indem sie sich allen seinen Teilen und Teilchen einflicht und anbildet.[139] Dies

---

135 E. Beintker/W. Kahlenberg, Werke des Galenos, Bd. v. Die Kräfte der Physis (Über die natürlichen Kräfte), S. v/26 Anm. 38a.

136 Galen, De nat fac I,12 (Helmreich 122,9–11/Brock 48,1–4): „ἡ φύσις ἅπαντα τεχνικῶς καὶ δικαίως πράττει δυνάμεις ἔχουσα, καθ᾽ ἃς ἕκαστον τῶν μορίων ἕλκει μὲν ἐφ᾽ ἑαυτὸ τὸν οἰκεῖον ἑαυτῷ χυμόν".

137 Galen, De nat fac I,12 (Helmreich 122,11–13/Brock 48,4 f.): „ἕλξαν δὲ προσφύει τε παντὶ μέρει τῶν ἐν αὑτῷ καὶ τελέως ἐξομοιοῖ".

138 Galen, De nat fac I,12 (Helmreich 122,13–16/Brock 48,5–8): „τὸ δὲ μὴ κρατηθὲν ἐν τούτῳ μηδὲ τὴν παντελῆ δυνηθὲν ἀλλοίωσίν τε καὶ ὁμοιότητα τοῦ τρεφομένου καταδέξασθαι δι᾽ ἑτέρας αὖ τινος ἐκκριτικῆς δυνάμεως ἀποτρίβεται."

139 De Res 6,3 (Marcovich 30,12–14): „Ἀλλὰ ταύτην μὲν οὐκ ἄν τις ἀμφισβητήσειεν ἑνοῦσθαι τῷ τρεφομένῳ σώματι συνδιαπλεκομένην τε καὶ περιπλαττομένην πᾶσι τοῖς τούτου μέρεσιν καὶ μορίοις·"

WIDERLEGUNG DES KETTENNAHRUNGS-EINWANDS (DE RES 5–8) 367

ist seine Auffassung des reinen Zuwachses an die Körpersubstanz. Die Nahrung aber, die sich gegenüber dem menschlichen Organismus anders und widernatürlich verhält, wird schnell vernichtet, da sie einer stärkeren Kraft (ἐρρωμενεστέρᾳ δυνάμει) begegnet.[140]

Es ist von keiner anderen Kraft als von derjenigen auszugehen, die nach der galenischen Auffassung die Ausscheidung alles für den Organismus Fremden (ἀλλότριον) bewirkt. Denn diese stärkere Kraft, wie Ps-Athenagoras sie bezeichnet, vernichtet die widernatürliche Nahrung mit Leichtigkeit, so dass diese in schädliche Säfte und giftige Stoffe übergeht (εἴς τε μοχθηροὺς ἐκτρέπεσθαι χυμοὺς καὶ φαρμακώδεις ποιότητας).[141] Eine derartige Aussonderung des Widernatürlichen vollzieht sich deshalb, weil diese naturwidrige Nahrung dem zu ernährenden Leib nichts Verwandtes oder Befreundetes zuführt (ὡς μηδὲν οἰκεῖον ἢ φίλον τῷ τρεφομένῳ σώματι φέρουσαν).[142]

Als stärksten Beweis für die Entstehung von schädlichen Säften und giftigen Stoffen aus einer derartigen Speise liefert für unseren Autor die Erfahrung, dass für viele Lebewesen, die sich mit einer widernatürlichen Nahrung ernähren, Schmerz, Lebensgefahr oder sogar Tod folgt. Dies kommt dann zustande, wenn sie durch ungestüme Begierde mit der Nahrung etwas Giftiges und Naturwidriges aufnehmen,[143] was für den zu ernährenden Leib tödlich ausgehen kann.[144] Auf genau diese Weise äußert sich nach der Vorstellung des Ps-Athenagoras das verzehrte Menschenfleisch im Organismus. Da dieser dadurch etwas für sich Giftiges und Widernatürliches aufnimmt, wird er in Mitleidenschaft gezogen. Somit stellt dieses Fleisch keine angemessene und naturgemäße Nahrung dar, wie Ps-Athenagoras zu beweisen sucht. Während der menschliche Leib sich allein durch Verwandtes und Naturgemäßes ernährt (τοῖς οἰκείοις καὶ κατὰ φύσιν), wird er durch das Entgegengesetzte zerstört (φθείρεται δὲ τοῖς ἐναντίοις).[145]

---

140   De Res 6,3 (Marcovich 30,14 f.): „τὴν δ' ἑτέρως ἔχουσαν καὶ παρὰ φύσιν φθείρεσθαι μὲν ταχέως, ἣν ἐρρωμενεστέρᾳ συμμίξῃ δυνάμει".

141   De Res 6,3 (Marcovich 30,15–17): „φθείρειν δὲ σὺν εὐμαρείᾳ τὴν κρατηθεῖσαν εἴς τε μοχθηροὺς ἐκτρέπεσθαι χυμοὺς καὶ φαρμακώδεις ποιότητας".

142   De Res 6,3 (Marcovich 30,17 f.).

143   De Res 6,4 (Marcovich 30,18–21): „Καὶ τούτου τεκμήριον μέγιστον τὸ πολλοῖς τῶν τρεφομένων ζῴων ἐκ τούτων ἐπακολουθεῖν ἄλγος ἢ κίνδυνον ἢ θάνατον, ἣν ὑπὸ σφοδροτέρας ὀρέξεως τῇ τροφῇ καταμεμιγμένον συνεφελκύσηταί τι φαρμακῶδες καὶ παρὰ φύσιν·"

144   De Res 6,4 (Marcovich 30,21 f.): „ὃ δὴ καὶ πάντως φθαρτικὸν ἂν εἴη τοῦ τρεφομένου σώματος".

145   De Res 6,4 (Marcovich 30,22 f.): „εἴ γε τρέφεται μὲν τὰ τρεφόμενα τοῖς οἰκείοις καὶ κατὰ φύσιν, φθείρεται δὲ τοῖς ἐναντίοις."

368   5. KAPITEL

Die zuletzt getroffene Stellungnahme kann Ps-Athenagoras bei Galen vernommen haben. Denn Galen formuliert diesen thesenartigen Gedanken in ähnlicher Weise:

> Nun steht es fest, dass wir von dem für uns Verwandten ernährt werden, aber von dem Entgegengesetzten zugrunde gehen.[146]

Das Entgegengesetzte in der Nahrung wirkt sich dabei zerstörerisch auf den sie aufnehmenden Organismus aus. Nun führt Galen in anderem Zusammenhang aus, dass das ἐναντίον dann in der Nahrung zum Vorschein kommt, wenn es vom Organismus nicht verdaut werden kann. Die Nahrung unterscheidet sich also vom schädlichen Gift, indem die τροφή innerhalb des Verdauungsprozesses bewältigt wird. Hingegen überwältigt das schädliche Gift selbst die verdauende Kraft im Körper (κρατεῖ τῆς ἐν τῷ σώματι δυνάμεως).[147] Daher wirkt es sich schädlich und sogar tödlich auf den Menschen aus, wenn er mit unverwandten Nahrungsmitteln ernährt wird. Diesen Gedanken setzt Ps-Athenagoras voraus, wenn er in De Res 6,4 den τεκμήριον μέγιστον anführt, dass aus einer widernatürlichen Nahrung Schmerz, Lebensgefahr und sogar Tod entsteht. Eine derartige Nahrung nämlich verhält sich im Organismus wie eingenommenes Gift und kann den so ernährenden Leib völlig zerstören.

6   Zusammenfassung und der sog. „rohe Saft" (De Res 6,5 f.)

In De Res 6,5 f. setzt Ps-Athenagoras noch einmal neu an und fasst die bis dahin hergeleiteten Überlegungen zusammen. Es geht dabei um die Voraussetzungen, die die eingenommene Speise zu einer κατὰ φύσιν τροφή für jeden Organismus machen: Zunächst richtet sich die naturgemäße Nahrung nach der Verschiedenheit der durch die Natur bedingten unterschiedlichen Lebewesen. Jedes Lebewesen hat eine eigentümliche naturgemäße Nahrung, die sich von den anderen deutlich unterscheidet. Weiterhin erfährt weder alles Aufgenommene noch jeder beliebige Teil von der Nahrung auch tatsächlich eine Vermischung mit dem zu ernährenden Leib.[148] An den ernährten Körper wird

---

146   Galen, De bon mal suc 1,13 (Helmreich 392,12 f.): „τρέφεσθαι μὲν οὖν ἡμῖν ὑπὸ τῶν οἰκείων, ἀπόλλυσθαι δὲ ὑπὸ τῶν ἐναντίων συμβαίνει."

147   Galen, De nat fac III,7 (Helmreich 217,25–218,1/Brock 250,15–18): „ἀλλ᾽ ἐν τούτῳ δὴ καὶ μάλιστα διήνεγκε φαρμάκου δηλητηρίου τροφή· τὸ μὲν γὰρ κρατεῖ τῆς ἐν τῷ σώματι δυνάμεως, ἡ δὲ κρατεῖται."

148   De Res 6,5 (Marcovich 30,24–27): „Εἴπερ οὖν τῇ διαφορᾷ τῶν τῇ φύσει διαφερόντων ζῴων ἡ

WIDERLEGUNG DES KETTENNAHRUNGS-EINWANDS (DE RES 5–8) 369

nur solche Nahrung assimiliert, die sich durch die einzelnen Verdauungsstufen reinigen lässt und eine vollkommene Umwandlung zur Einigung mit dem so beschaffenen Leib erhält. Erst eine so gereinigte und umgewandelte Nahrung lässt sich den zu ernährenden Teilen gut einfügen (καὶ τοῖς τρεφομένοις μέρεσιν εὐάρμοστον).[149]

Dies bedingt im Umkehrschluss, dass Widernatürliches sich mit den zu ernährenden Teilen niemals vereinigen kann, da es für diese auch keine natürliche und entsprechende Nahrung darstellt.[150] Die παρὰ φύσιν τροφή geht vielmehr bereits im Bauch selbst ab und wird so vernichtet, bevor sie noch einen anderen rohen Saft (χυμὸν ὠμόν) erzeugt.[151] Wenn es aber wegen der mangelnden Verdauung zu einer Erzeugung des rohen Saftes aus der Speise kommt und dieser länger im Organismus verbleibt, bringt die widernatürliche Nahrung Leiden oder gar unheilbare Krankheit hervor. Die auf diese Weise hervorgerufene Krankheit vernichtet anschließend auch die naturgemäße Nahrung oder sogar das der Ernährung bedürftige Fleisch.[152] Selbst wenn die naturwidrige τροφή einst durch Arzneimittel, bessere Speisen oder natürliche Kräfte im Organismus überwunden und abgeführt wird, fließt sie nicht ohne schweren Schaden ab. Dies hängt damit zusammen, dass sie den natürlichen Teilen nichts Heilsames zuzuführen vermag, da sie unfähig ist, sich mit ihnen zu verbinden.[153]

Ps-Athenagoras benutzt in De Res 6,5 einen medizinischen *terminus technicus*, um die Ursachen der Entstehung von Krankheiten aus widernatürlicher Nahrung zu erklären. Dies betrifft die spezifische Erwähnung des „rohen Saftes" (ὁ ὠμὸς χυμός), der aus der Absonderung von Überschussstoffen der widernatürlichen Nahrung entsteht. Galen äußert sich ebenfalls zum „sogenannten

---

κατὰ φύσιν συνδιῄρηται τροφὴ καὶ ταύτης γε αὐτῆς οὔτε πᾶν ὅπερ ἂν προσενέγκηται τὸ ζῷον, οὔτε τὸ τυχὸν ἐκ τούτου τὴν πρὸς τὸ τρεφόμενον σῶμα δέχεται σύγκρασιν".

149 De Res 6,5 (Marcovich 30,27–29): „ἀλλ᾽ αὐτὸ μόνον τὸ διὰ πάσης πέψεως κεκαθαρμένον καὶ μεταβεβληκὸς εἰλικρινῶς πρὸς τὴν τοῦ ποιοῦ σώματος ἕνωσιν καὶ τοῖς τρεφομένοις μέρεσιν εὐάρμοστον".

150 De Res 6,5 (Marcovich 30,29 f.): „εὔδηλον ὡς οὐδὲν τῶν παρὰ φύσιν ἑνωθείη ποτ᾽ ἂν τούτοις οἷς οὐκ ἔστιν τροφὴ προσφυὴς καὶ κατάλληλος".

151 De Res 6,5 (Marcovich 30,31 f.): „ἀλλ᾽ ἤτοι κατ᾽ αὐτὴν τὴν κοιλίαν διαχωρεῖ πρὶν ἕτερόν τινα γεννῆσαι χυμὸν ὠμὸν καὶ διεφθαρμένον".

152 De Res 6,5 (Marcovich 30,32–34): „ἢ συστὰν ἐπὶ πλεῖον τίκτει πάθος ἢ νόσον δυσίατον, συνδιαφθείρουσαν καὶ τὴν κατὰ φύσιν τροφὴν ἢ καὶ αὐτὴν τὴν τῆς τροφῆς δεομένην σάρκα."

153 De Res 6,6 (Marcovich 30,34–37): „Ἀλλὰ κἂν ἀπωσθῇ ποτε φαρμάκοις τισὶν ἢ σιτίοις βελτίοσιν ἢ ταῖς φυσικαῖς δυνάμεσι νικηθέν, μετ᾽ οὐκ ὀλίγης ἐξερρύη τῆς βλάβης, ὡς μηδὲν φέρον τοῖς κατὰ φύσιν εἰρηνικὸν διὰ τὸ πρὸς τὴν φύσιν ἀσύγκρατον."

370 5. KAPITEL

rohen Saft" (ὁ καλούμενος ὠμὸς χυμός), der aus den schlecht verdauten Speisen erwächst:

> Aus derartigen Speisen geht der sogenannte rohe Saft hervor, auf den allerlei Krankheiten zurückgehen.[154]

Ps-Athenagoras übernimmt diese Konzeption, wenn er in De Res 6,3 von der Vernichtung der widernatürlichen Nahrung spricht, die bei diesem Prozess in schädliche Säfte und giftige Stoffe übergeht. Die Vernichtung derartiger Speisen beinhaltet somit ein Übergangsstadium in solche Säfte, die sich im Organismus schädlich und giftig verhalten. In De Res 6,4 belegt er mit einem τεκμήριον μέγιστον, das daraus in der Tat Krankheiten hervorgehen, die zu Schmerz, Lebensgefahr und zuletzt zum Tod führen. In De Res 6,5 erwähnt Ps-Athenagoras schließlich den für solche Krankheiten verantwortlichen ὁ ὠμὸς χυμός. Die widernatürliche Nahrung geht bereits in der κοιλία ab, bevor es in den einzelnen Verdauungsstadien zur Erzeugung des „rohen Saftes" kommt.[155]

Mit dieser Äußerung nimmt er hier das in De Res 5,2 Gesagte auf. Dort führte er aus, dass manches der Nahrung bereits beim Eintritt in die herumschlingenden Teile der Bauchhöhle (τοῖς περιπτυσσομένοις τῆς κοιλίας μέρεσι) naturgemäß verdorben wird und es zum Erbrechen kommt. So geht es ab, ohne die erste und naturgemäße Verdauung im Magen zu durchlaufen.[156] Wenn es jedoch zur Verdauung der widernatürlichen Nahrung kommt, entsteht aus den abgesonderten Überschussstoffen der „rohe Saft", der dann zunächst länger im Organismus bestehen bleibt. Durch das längere Verbleiben dieses schädlichen und giftigen Saftes (vgl. De Res 6,3) im Körper geht Leiden oder unheilbare Krankheit hervor (τίκτει πάθος ἢ νόσον δυσίατον), die auch die naturgemäße Nahrung oder sogar auch das der Ernährung bedürftige Fleisch des Leibes verdirbt (συνδιαφθείρουσαν καὶ τὴν κατὰ φύσιν τροφὴν ἢ καὶ αὐτὴν τὴν τῆς τροφῆς δεομένην σάρκα).[157]

Mit der Übernahme dieser Konzeption, die die Entstehungsursache von Krankheiten durch widernatürliche Nahrung erklärt, zeigt sich Ps-Athenagoras

---

154 Galen, De bon mal suc 5,6 (Helmreich 409,7 f.): „γεννᾶται χυμὸς ἐκ τῶν τοιούτων ἐδεσμάτων ὁ καλούμενος ὠμός, ἐφ' ᾧ νόσοι παντοῖαι συνίστανται."

155 De Res 6,5 (Marcovich 30,31 f.): „ἀλλ' ἤτοι κατ' αὐτὴν τὴν κοιλίαν διαχωρεῖ πρὶν ἕτερόν τινα γεννῆσαι χυμὸν ὠμὸν καὶ διεφθαρμένον".

156 De Res 5,2 (Marcovich 29,13–16): „ἀλλὰ τὰ μὲν ἅμα τῷ προσομιλῆσαι τοῖς περιπτυσσομένοις τῆς κοιλίας μέρεσι φθείρεσθαι πέφυκεν ἐμούμενά τε καὶ διαχωρούμενα ἢ τρόπον ἕτερον διαφορούμενα, ὡς μηδὲ κατὰ βραχὺ τὴν πρώτην καὶ κατὰ φύσιν ὑπομεῖναι πέψιν".

157 De Res 6,5 (Marcovich 30,32–34).

WIDERLEGUNG DES KETTENNAHRUNGS-EINWANDS (DE RES 5–8)

letztendlich erneut inhaltlich von Galen abhängig. Dies belegt deutlich die Rezeption des Terminus „ὁ ὠμὸς χυμός",[158] der sämtliche Krankheiten im menschlichen Organismus verursacht.

In De Res 7 geht Ps-Athenagoras direkt auf die Ansichten seiner Gegner ein. Er benennt ihre Positionen in De Res 7,1, 7,2 f. und 7,4 relativ ausführlich, da er mit der Widerlegung der konkreten Hindernisse die Zuhörer von seiner Annahme zu überzeugen sucht.

7 Immaterielle Beschaffenheit der Auferstehungsleiblichkeit (De Res 7,1)

In De Res 7,1 beginnt er mit einem Zugeständnis an die Position der Gegner (Ὅλως δὲ κἂν συγχωρήσῃ τις),[159] da er davon ausgeht, dass sich seine Adressaten von der gegnerischen Meinung beeinflussen lassen. Bevor er jedoch ihre Argumentation referiert, stellt er zunächst die benutzte Terminologie klar: Das verzehrte Menschenfleisch lässt er als eine in den Organismus eingehende Nahrung (τὴν ἐκ τούτων εἰσιοῦσαν τροφήν) gelten. Dies tut er, da dieser Ausdruck gewöhnlich gebraucht wird (προσειρήσθω δὲ τοῦτο συνηθέστερον), obwohl er in De Res 5 und 6 ausführlich dargelegt hatte, dass diese Nahrung widernatürlich ist (καίπερ οὖσαν παρὰ φύσιν).[160] Eine derartige widernatürliche Nahrung wird – so die Meinung von Ps-Athenagoras – in den einzelnen Verdauungsstadien abgesondert und ausgeschieden. Wird jedoch tatsächlich eine aus Menschenfleisch bestehende Nahrung verdaut und in einen Teil des Flüssigen, Trockenen, Warmen oder Kalten verwandelt (μεταβάλλειν εἰς ἔν τι τῶν ὑγραινόν-

---

158 Galen beschreibt in einigen seiner Schriften die Konsistenz des „sogenannten rohen Saftes": Dieser Saft ist im Vergleich zu den verschiedenen Formen des Schleimes dicker und weniger pneumahaltig (παχύτερος δὲ τοῦ ἄλλου φλέγματος ὁ χυμὸς οὗτος, ἧττόν τε πνευματικός). Siehe Galen, De plenitudine 11,18 (Otte 72,26 f.). Nach „De alim facult" I,2,11 ist der ὠμὸς χυμός ein dicker und kalter Saft, der wie der Saft des Schleims ebenso roh und kalt ist. Jedoch ist er dicker, weil er weniger Feuchtigkeit und blähende Luft enthält. Galen vergleicht diesen „rohen Saft" mit dem Bodensaft des Urins, der gelegentlich dem Eiter ähnlich ist. Wenn es zur Überfüllung mit rohen Säften im Organismus kommt, entsteht beispielsweise Fieber. Die Entstehung der rohen Säfte geht dabei auf die harte und schlecht verarbeitete Nahrung (σιτία σκληρὰ καὶ δυσκατέργαστα) zurück. Vgl. Galen, De alim facult I,2,11 (Helmreich 221,5–16).

159 De Res 7,1 (Marcovich 31,1).

160 De Res 7,1 (Marcovich 31,1 f.): „Ὅλως δὲ κἂν συγχωρήσῃ τις τὴν ἐκ τούτων εἰσιοῦσαν τροφὴν (προσειρήσθω δὲ τοῦτο συνηθέστερον), καίπερ οὖσαν παρὰ φύσιν".

372　　　　　　　　　　　　　　　　　　　　　　　　　5. KAPITEL

τῶν ἢ ξηραινόντων ἢ θερμαινόντων ἢ ψυχόντων), entsteht den Gegnern aus diesem Zugeständnis kein Vorteil.[161] Ein Vorteil dieser Position bestünde etwa darin, dass die verzehrten Menschenleiber nicht mehr aus den sie aufgenommenen σώματα ausgeschieden werden können, so dass die Auferstehung derselben Körper als unmöglich (ἀδύνατον) erscheint.

Obwohl Ps-Athenagoras immer wiederholt beteuerte, dass sich solch eine Nahrung niemals in die Bestandteile des Körpers verwandelt, bedenkt er diese Möglichkeit dennoch. Diese ist den Adressaten seiner Zeit aus der Ernährungslehre und den vielfältigen Schriften Galens bekannt. Der Pergamener selbst hebt hervor, dass die vier Primärqualitäten, die er als die „ersten Elemente" bezeichnet, die materielle Substanz des Menschen konstituieren. Dabei ist er fest in der hippokratischen Tradition verwurzelt, der er diese Ideen entnimmt. Wenn Galen in diesem Zusammenhang von der menschlichen Natur spricht, meint er die vollständige Substanz und Mischung, die aus den ersten Elementen besteht: warm und kalt, trocken und feucht (θερμοῦ καὶ ψυχροῦ καὶ ξηροῦ καὶ ὑγροῦ).[162]

In seiner Schrift „De elementis" führt er aus, wie diese vier Grundqualitäten mit der Empedokleischen Elementenlehre und der hippokratischen Lehre der vier Säfte im menschlichen Organismus in Verbindung zueinander zu setzen sind: Alle Lebewesen bestehen aus Leibern, die diese vier Qualitäten enthalten. Die Körper setzen sich also aus den für alle Lebewesen gemeinsamen Elementen zusammen, die durch ihre Vorherrschaft „warm und kalt, trocken und feucht" (θερμὸν καὶ ψυχρὸν καὶ ξηρὸν καὶ ὑγρόν) genannt werden und für jeden Leib eigentümlich sind.[163] Daraufhin thematisiert Galen sogleich, wie sich diese Elementenlehre beim Menschen konkret zeigt. Demnach besteht der Mensch zunächst aus den ersten und einfach wahrnehmbaren Elementen, die als Homöomerien (ὁμοιομέρειαι) bezeichnet werden. Darunter versteht er die homöomeren Teile wie Sehnen, Bänder, Fleisch, Fett,

---

161　De Res 7,1 (Marcovich 31,3–5): „διακρίνεσθαι καὶ μεταβάλλειν εἰς ἕν τι τῶν ὑγραινόντων ἢ ξηραινόντων ἢ θερμαινόντων ἢ ψυχόντων, οὐδ' οὕτως ἐκ τῶν συγχωρηθέντων αὐτοῖς γενήσεταί τι προὔργου".

162　Galen, De temperamentis III,4 (Helmreich 104,1–3): „φύσιν δ' ὅταν εἴπω, τὴν ὅλην οὐσίαν τε καὶ κρᾶσιν λέγω τὴν ἐκ τῶν πρώτων στοιχείων, θερμοῦ καὶ ψυχροῦ καὶ ξηροῦ καὶ ὑγροῦ." Vgl. dazu F. Kovačić, Galen, 95.

163　Galen, De elem I,8,10 (De Lacy 124,19–24): „οὐ γὰρ δὴ ἐκ τῶν ποιοτήτων μόνον ἡγεῖται τὴν γένεσιν τοῖς ζῴοις ὑπάρχειν, αἵ γε μηδ' εἶναι δύνανται χωρὶς τῶν σωμάτων, ἀλλ' ἐκ τῶν σωμάτων αὐτῶν, δηλονότι τῶν τὰς ἄκρας ποιότητας δεδεγμένων· ἐκεῖνα γάρ ἐστι τὰ κοινὰ πάντων στοιχεῖα, τὰ δ' ἐπικρατείᾳ τούτων ὀνομαζόμενα θερμὸν καὶ ψυχρὸν καὶ ξηρὸν καὶ ὑγρὸν ἴδια καθ' ἕκαστον ὑπάρχει."

WIDERLEGUNG DES KETTENNAHRUNGS-EINWANDS (DE RES 5–8) 373

Knochen, Knorpel, Mark und die übrigen Teile, die alle aus derselben Form sind.[164] Diese wiederum sind aus den vier Körpersäften hervorgegangen, nämlich aus Blut, Schleim und der zweifachen Galle, der gelben und der schwarzen (αἵματος καὶ φλέγματος καὶ χολῆς διττῆς, ὠχρᾶς καὶ μελαίνης), deren Entstehung aus dem Gegessenen und Getrunkenen resultiert (ὧν ἡ γένεσις ἐκ τῶν ἐσθιομένων καὶ πινομένων). Die eingenommene Nahrung ist entstanden aus Luft, Feuer, Wasser und Erde. Diese sind aber selbst nicht aus anderen Körpern, sondern aus der Materie und den Grundstoffen hervorgegangen.[165] Die von Galen als ewig gedachte Materie bildet also den Ursprung der Empedokleischen Elemente: Feuer, Wasser, Luft und Erde, die aber selbst die Grundelemente aller Körper sind.[166]

Aus den vier Primärqualitäten setzen sich also die vier Säfte des Körpers zusammen, die die materielle Substanz des Menschen ausmachen. Denn Blut, Schleim, gelbe und schwarze Galle sind Elemente, die für die Entstehung aller Blut habenden Lebewesen – und demnach nicht nur für die des Menschen – verantwortlich sind.[167] Diese Säftelehre übernimmt Galen von den Hippokrati-

---

164 In De Res 17,2 zeigt sich Ps-Athenagoras ebenfalls von Galen abhängig, wenn er wie der große Mediziner in dem homoömeren und unausgebildeten Samen (ἐν ὁμοιομερεῖ καὶ (ἀ)διαπλάστῳ τῷ σπέρματι) den Ursprung der Homöomerien wie der Knochen, Sehnen, Knorpeln, Muskeln, des Fleisches, der Eingeweide und der übrigen Körperteile bestimmt. Vgl. De Res 17,2 (Marcovich 42,5–10): „Ἡ τίς ἂν ἐπίστευσεν μὴ τῇ πείρᾳ δεδιδαγμένος, ἐν ὁμοιομερεῖ καὶ (ἀ)διαπλάστῳ τῷ σπέρματι τοσούτων καὶ τηλικούτων ἀποκεῖσθαι δυνάμεων (ἀρχὴν) ἢ τοσαύτην ἐπισυνισταμένων καὶ πηγνυμένων ὄγκων διαφοράν, ὀστέων φημὶ καὶ νεύρων καὶ χόνδρων, ἔτι δὲ μυῶν καὶ σαρκῶν καὶ σπλάγχνων καὶ τῶν λοιπῶν τοῦ σώματος μερῶν;"

165 Galen, De elem 1,8,11f. (De Lacy 126,1–9): „Φέρε γάρ, ἵν᾽ ἐπ᾽ ἀνθρώπου διέλθω τὸν λόγον, ἐκ πρώτων οὗτος καὶ ἁπλουστάτων αἰσθητῶν στοιχείων ἐστί, τῶν ὁμοιομερῶν ὀνομαζομένων, ἰνὸς καὶ ὑμένος καὶ σαρκὸς καὶ πιμελῆς ὀστοῦ τε καὶ χόνδρου καὶ συνδέσμου καὶ νεύρου καὶ μυελοῦ καὶ τῶν ἄλλων ἁπάντων, ὧν τὰ μόρια τῆς αὐτῆς ἀλλήλοις ἰδέας ἐν τῇ συμπανια. γέγονε δὲ ταῦτα πάλιν ἔκ τινων ἑτέρων προσεχῶν ἑαυτοῖς στοιχείων, αἵματος καὶ φλέγματος καὶ χολῆς διττῆς, ὠχρᾶς καὶ μελαίνης, ὧν ἡ γένεσις ἐκ τῶν ἐσθιομένων καὶ πινομένων, ἃ δὴ πάλιν ἐξ ἀέρος καὶ πυρὸς ὕδατός τε καὶ γῆς ἐγένετο, ταῦτα δ᾽ οὐκ ἐξ ἑτέρων σωμάτων, ἀλλ᾽ ἐξ ὕλης τε καὶ ποιοτήτων ἐστί."

166 Vgl. F. Kovačić, Galen, 96: „In Galens Kosmologie stehen am Anfang die vier Elemente als Bausteine der Natur. Abstrakt gesehen sind diese vier Elemente nicht das Erste und Ursprüngliche. Denn es gebe eine eigenschaftslose Materie, die allen Elementen zugrunde gelegt sei. Diese Materie währe die ganze Ewigkeit hindurch, ungezeugt oder unerschaffen und unvergänglich; das, was an ihr aber entstehe und vergehe, sei die Qualität (ποιότης). Die Verbindung dieser Materie also mit den Qualitäten ergibt die Elemente."

167 Galen, De elem 11,1,3 (De Lacy 138,18–140,1): „αἷμα γὰρ καὶ φλέγμα καὶ χολὴ ξανθή τε καὶ μέλαινα στοιχεῖα τῆς γενέσεως ἁπάντων ἐστὶ τῶν ζῴων τῶν ἐναίμων, οὐκ ἀνθρώπου μόνον."

374 5. KAPITEL

kern.[168] So heißt es auch in dem Hippokrates zugeschriebenen Werk „De natura hominis" deutlich:

> Der Leib des Menschen enthält in sich selbst Blut, Schleim, gelbe und schwarze Galle und diese stellen in ihm die Natur des Leibes dar.[169]

So bezieht sich Galen in seinem „De naturalibus facultatibus" ausdrücklich auf „De natura hominis" aus dem Corpus Hippocraticum. Dabei wirft er Erasistratos,[170] einem Vertreter der medizinischen Schulrichtung, vor, die hippokratische Säftelehre nicht ausreichend zu beachten.[171] In „De nat fac" II,9 bestimmt Galen nämlich das Mischungsverhältnis der Primärqualitäten, aus denen sich die einzelnen Körpersäfte zusammensetzen: Das Blut besteht aus einem warmen und feuchten Saft, während die gelbe Galle ein warmer und trockner ist.[172] Der Schleim dagegen ist kalt und feucht[173] und die schwarze Galle trocken und kalt.[174] Alle diese Säfte gehen auf die Verdauung der Nahrung zurück, so dass

---

168 Vgl. F. Kovačić, Galen, 98: „Mit der Lehre von den vier Säften, die wiederum als Elemente, d. h. ‚Bausteine', für die Homöomerien gelten, als betonte Zwischenstufe, folgt Galen den Hippokratikern. Diese behandeln die vier Säfte wie vier Elemente, indem sie dieselben in Beziehung zu den vier Grundqualitäten stellen."

169 Hippokrates, De natura hominis 4,1 (Jouanna CMG I,1,3, 172,13 f.): „Τὸ δὲ σῶμα τοῦ ἀνθρώπου ἔχει ἐν ἑωυτῷ αἷμα καὶ φλέγμα καὶ χολὴν ξανθὴν καὶ μέλαιναν, καὶ ταῦτά ἐστιν αὐτῷ ἡ φύσις τοῦ σώματος".

170 Erasistratos war ein Arzt aus dem 4.–3. Jh. v. Chr., der als ein bedeutender Vertreter der dogmatischen Schulrichtung der antiken Medizin galt. Vgl. V. Nutton, Art., Erasistratos, In: DNP 4 (1998), 41–43.

171 Galen, De nat fac II,9 (Helmreich 196,26–197,5/Brock 204,9–14): „ἆρ' οὖν οὔτε τῶν ἄλλων ἀνέγνω τι τῶν τοῦ Ἱπποκράτους γραμμάτων ὁ Ἐρασίστρατος οὐδὲν οὔτε τὸ περὶ φύσεως ἀνθρώπου βιβλίον, ἵν' οὕτως ἀργῶς παρέλθοι τὴν περὶ τῶν χυμῶν ἐπίσκεψιν, ἢ γιγνώσκει μέν, ἑκὼν δὲ παραλείπει καλλίστην τῆς τέχνης θεωρίαν;" Vgl. M. Wellmann, Art., Erasistratos, In: RE Bd. VI,1 (1907), 333–350, v. a. 339: „Solche Fragen wie die nach der Entstehung der Säfte, ob beispielsweise gelbe Galle bei der Verdauung im Magen gebildet, oder ob sie schon mit der Nahrung von dem Körper aufgenommen wird, schloß er von dem Bereich der Arzneikunde aus und verwies sie in das Gebiet der Naturwissenschaften." Ebd., 344: „Untersuchungen über die Entstehung der Säfte hielt er [sc. Erasistratos] für überflüssig, die schwarze Galle hat er nach Galen in seinen Schriften überhaupt nicht erwähnt." Vgl. weiter E.D. Phillips, Greek Medicine, 148 f.

172 Galen, De nat fac II,9 (Helmreich 195,2–4/Brock 200,10–12): „τὸ αἷμα θερμὸν καὶ ὑγρὸν εἶναί φασι τῇ δυνάμει χυμόν, ὥσπερ τὴν ξανθὴν χολὴν θερμὴν καὶ ξηρὰν εἶναι".

173 Galen, De nat fac II,9 (Helmreich 195,14 f./Brock 200,24 f.): „ὥσπερ γε καὶ τὸ φλέγμα ψυχρὸν καὶ ὑγρόν."

174 Galen, De nat fac II,9 (Helmreich 196,3–7/Brock 202,13–17).

WIDERLEGUNG DES KETTENNAHRUNGS-EINWANDS (DE RES 5–8)

sich das Gegessene und Getrunkene in eines dieser vier Bestandteile des Körpers verwandelt.

An diese Vorstellung knüpft Ps-Athenagoras an, wenn er in Betracht zieht, dass die aus Menschenfleisch bestehende Nahrung in einen Teil des Flüssigen, Trockenen, Warmen oder Kalten übergeht und so in die die materielle Substanz des menschlichen Leibes bildenden Körpersäfte umgewandelt wird.

Der direkten Verwandlung der widernatürlichen Nahrung in die einzelnen Bestandteile des Organismus hält Ps-Athenagoras seine theologische Vorstellung von der auferstandenen Leiblichkeit entgegen: Den Gegnern erwächst durch ihre Argumentation kein Vorteil, da sich die auferstandenen Leiber aus ihren eigenen Teilen wieder zusammensetzen werden (τῶν μὲν ἀνισταμένων σωμάτων ἐκ τῶν οἰκείων μερῶν πάλιν συνισταμένων). Keines der erwähnten Primärqualitäten aber wird ein Teil des Auferstehungsleibes sein, da es weder die Stellung eines Teiles erhält noch bei den zu ernährenden Teilen des Leibes verbleibt.[175] Mit dieser letztgenannten Phrase (οὐδὲ παραμένοντος πάντοτε τοῖς τρεφομένοις τοῦ σώματος μέρεσιν) blickt Ps-Athenagoras bereits auf die in De Res 7,2 f. folgende Widerlegung, in der er betont, dass die aus solcher Nahrung entstehenden Körpersäfte sich niemals an den Leib assimilieren werden.

Zunächst bleibt er aber bei der theologischen Argumentation stehen und betont, dass die vier Körpersäfte keinesfalls an der auferstandenen Leiblichkeit teilhaben werden. Denn Blut, Schleim, Galle und Atem (οὐχ αἵματος οὐ φλέγματος οὐ χολῆς οὐ πνεύματος) tragen zum Leben der Auferstandenen nicht mehr bei.[176] Den Verzicht auf diese lebenserhaltenden Faktoren des irdischen Organismus begründet er mit der völligen Aufhebung des Nahrungsbedürfnisses beim auferstandenen Körper:

> Denn von dem, was einst die zu ernährenden Leiber brauchten, werden sie dann nichts mehr nötig haben, weil mit dem Mangel der Ernährenden und mit der Vergänglichkeit zugleich auch das Nahrungsbedürfnis aufgehoben sein wird.[177]

---

175 De Res 7,1 (Marcovich 31,5–9): „τῶν μὲν ἀνισταμένων σωμάτων ἐκ τῶν οἰκείων μερῶν πάλιν συνισταμένων, οὐδενὸς δὲ τῶν εἰρημένων μέρους ὄντος οὐδὲ τὴν ὡς μέρους ἐπέχοντος σχέσιν ἢ τάξιν, οὐ μὴν οὐδὲ παραμένοντος πάντοτε τοῖς τρεφομένοις τοῦ σώματος μέρεσιν ἢ συνανισταμένου τοῖς ἀνισταμένοις".

176 De Res 7,1 (Marcovich 31,9 f.): „οὐδὲν συντελοῦντος ἔτι πρὸς τὸ ζῆν οὐχ αἵματος οὐ φλέγματος οὐ χολῆς οὐ πνεύματος."

177 De Res 7,1 (Marcovich 31,10–12): „Οὐδὲ γὰρ ὧν ἐδεήθη ποτὲ τὰ τρεφόμενα σώματα, δεηθήσεται καὶ τότε, συνανῃρημένης τῇ τῶν τρεφομένων ἐνδείᾳ καὶ φθορᾷ τῆς ἐξ ὧν ἐτρέφετο χρείας."

376   5. KAPITEL

Es überrascht zunächst, dass neben den die materielle Beschaffenheit konstituierenden Körpersäften hier zusätzlich vom πνεῦμα die Rede ist. Das πνεῦμα wird die Stellung eines Lebensfaktors für die auferstandene Leiblichkeit ebenfalls einbüßen. Wenn jedoch die Rolle des Pneumas zur Erhaltung des materiellen Lebens bedacht wird, erscheint es plausibel, πνεῦμα als die vierte Komponente hinzuzufügen und nicht zwischen der gelben und schwarzen Galle zu differenzieren.

Auch diese Sichtweise lässt sich aus der medizinischen Anschauung Galens zum Pneuma erklären, welches einen wichtigen Faktor in dessen Physiologie einnimmt.[178] Galen spricht nämlich davon, dass der Atem zur „Ernährung" und Lebenserhaltung des menschlichen Organismus dient. Er geht dabei von einem Bestehen des ψυχικὸν πνεῦμα im Organismus aus und lokalisiert dieses im Gehirn.[179] Es wird durch den Atem „ernährt"[180] und ist somit wie auch die anderen Körpersäfte auf die von außen eingehende „Nahrung" angewiesen.[181] In diesem Zusammenhang spricht er von einer *dreifachen* Verarbeitung des Pneumas, bis es die Umwandlung in das ψυχικὸν πνεῦμα erfährt. Nachdem das Pneuma von außen eingezogen worden ist (πνεῦμα τὸ ἔξωθεν ἑλχθέν), empfängt es im Fleisch der Lunge die erste Verarbeitung (ἐν μὲν τῇ σαρκὶ τοῦ πνεύμονος τὴν πρώτην ἐργασίαν λαμβάνει); danach erfolgt im Herzen, in den Arterien und besonders in dem netzartigen Geflecht die zweite ἐργασία; anschließend geschieht die vollkommene Verarbeitung in den Höhlungen des Gehirns, in denen es passgenau zum seelischen Pneuma wird (ἔνθα δὴ καὶ ψυχικὸν ἀκριβῶς γίγνεται).[182]

---

178   Vgl. F. Kovačić, Galen, 118.

179   Vgl. F. Kovačić, Galen, 118 f. Kovačić stellt dabei fest, dass Galen zunächst von einem angeborenen Pneuma im menschlichen Körper ausgehe, das in den Bereich der vegetativen Seele oder der Physis gehöre. „Aus diesem angeborenen Pneuma wird – durch zusätzliche Einatmung der Luft – erst das Lebenspneuma und dann durch eine weitere Verarbeitung das Seelenpneuma." Ebd., 118.

180   Vgl. Galen, De usu respirationis 5,8 (Kühn Bd. IV,4, 510,7–9/Furley/Wilkie 132,14–16): „ἀπολείπεται δή, ⟨ὅτι διὰ⟩ θερμασίας συμμετρίαν ἀναπνέομεν. αὕτη μὲν οὖν ἡ μεγίστη χρεία τῆς ἀναπνοῆς· δευτέρα δ' ἡ θρέψις τοῦ ψυχικοῦ πνεύματος." Galen, De difficultate respirationis I,4 (Kühn Bd. VII,15, 761,11–14): „δέδεικται δ' ἐν ἐκείνοις καὶ ὡς ἡ χρεία τῆς ἀναπνοῆς ἡ μεγίστη μὲν καὶ κυριωτάτη φυλακὴ τῆς ἐμφύτου θερμασίας ἐστὶν, ἤδη δὲ καὶ τοῦ ψυχικοῦ πνεύματος θρέψις."

181   Vgl. F. Kovačić, Galen, 120: „Daher dient das Atmen der Erhaltung der angeborenen Wärme und ist Nahrung des seelischen Pneumas."

182   Galen, De usu partium VII,8 (Helmreich 393,23–394,6): „τὸ δ' ἐκ τῶν τραχειῶν ἀρτηριῶν πνεῦμα τὸ ἔξωθεν ἑλχθὲν ἐν μὲν τῇ σαρκὶ τοῦ πνεύμονος τὴν πρώτην ἐργασίαν λαμβάνει, μετὰ ταῦτα δ' ἐν τῇ καρδίᾳ τε καὶ ταῖς ἀρτηρίαις καὶ μάλιστα ταῖς κατὰ τὸ δικτυοειδὲς πλέγμα τὴν δευτέραν, ἔπειτα τὴν τελεωτάτην ἐν ταῖς τοῦ ἐγκεφάλου κοιλίαις, ἔνθα δὴ καὶ ψυχικὸν ἀκριβῶς γίγνεται [πρότερον]." Vgl. F. Kovačić, Galen, 120.

WIDERLEGUNG DES KETTENNAHRUNGS-EINWANDS (DE RES 5–8)

Somit macht die eingeatmete Luft – der Nahrung gleich – eine dreifache Verarbeitung durch, bis sie zu einer körpereigenen Substanz wird. Auch der Atem dient der Lebenserhaltung des menschlichen Organismus. Wenn nun das gesamte Nahrungsbedürfnis der auferstandenen Körper entfällt, ist es nur konsequent, auch auf den Atem als lebenserhaltenden Faktor der irdischen Leiblichkeit zu verzichten – wie dies auch bei den Körpersäften der Fall ist. Für das Verständnis der Auferstehungsleiblichkeit geht damit hervor, dass die Identität zwischen dem irdischen und dem auferstandenen Körper nicht mit der leiblichen Materie verbunden ist. Vielmehr macht Ps-Athenagoras das individuelle Kontinuum an der Zusammensetzung der auferstandenen Leiber allein aus ihren eigenen Teilen (ἐκ τῶν οἰκείων μερῶν) fest. Damit will er aber keine stoffliche Übereinstimmung verstanden wissen.[183] Denn die die materielle Substanz ausmachenden Körpersäfte und auch der Atem, der das ψυχικὸν πνεῦμα im Organismus „ernährt", werden zur Lebenserhaltung der Auferstehungsleiber nicht mehr benötigt.

8 Assimilierungsunfähigkeit des verzehrten Menschenfleisches (De Res 7,2 f.)

Nach dem Zugeständnis in De Res 7,1 widmet sich Ps-Athenagoras in De Res 7,2 f. einer hypothetischen Annahme, die sich für ihn aus der gegnerischen Argumentation ergibt. In De Res 7,1 beschäftigte sich unser Autor noch mit der Meinung seiner Kontrahenten, dass sich die aus Menschenfleisch bestehende Nahrung nämlich in die vier Primärqualitäten verwandelt, aus denen alle homöomeren Körperteile zusammengesetzt sind. In De Res 7,2 konzentriert er sich nun auf die Annahme, dass eine solche Nahrung die drei Verdauungsstufen übersteht und sich sogar bis zum Fleisch (μέχρι σαρκός) verwandelt:

> Sodann, wenn jemand annehmen sollte, dass sich die Verwandlung aus einer derartigen Nahrung auch bis zum Fleisch erstreckt [...][184]

---

183 So aber K. Schneider, Theologie der Auferstehung, 253; G. Scheurer, Auferstehungs-Dogma, 29 f.; J. Lehmann, Auferstehungslehre, 71 f. Lehmann schließt zwar die „flüssigen Bestandteile" aus dem Auferstehungsleib aus, bedenkt aber nicht, dass für Ps-Athenagoras die vier Primärqualitäten die gesamte Materialität des stofflichen Organismus ausmachen. Wenn Ps-Athenagoras dieselbe Identität des irdischen und auferstandenen Körpers am μέρος-Begriff festmacht, dann verbindet er damit keine stoffliche Identität.

184 De Res 7,2 (Marcovich 31,13 f.): „"Επειτ' εἰ καὶ μέχρι σαρκὸς φθάνειν τὴν ἐκ τῆς τοιαύτης τροφῆς μεταβολὴν ὑποθοῖτό τις [...]"

378   5. KAPITEL

Nun nehmen die Gegner in der Tat an, dass das Menschenfleisch ebenso gut wie das Schweinefleisch vom Organismus bewältigt wird und sich an das Fleisch des zu ernährenden Körpers fast vollständig assimiliert. An dieser Stelle in De Res 7,2 benennt Ps-Athenagoras somit konkret die Meinung seiner Kontrahenten, die von einer bis auf die Absonderung einiger weniger Überschussstoffe beinahe gänzlichen Verdauung des menschlichen Fleisches ausgehen.

In De Res 7,1 reagiert Ps-Athenagoras auf die Position seiner Gegner mit einer theologischen Erklärung – dass die auferstandenen Leiber nicht aus den aus Körpersäften bestehenden Organen, sondern allein aus ihren eigenen Teilen zusammengesetzt werden.[185] An dieser theologischen Ausgangsthese hält er auch in De Res 7,2 fest, wenn er behauptet, dass eine derartige Nahrung keinesfalls die Stellung eines *Teils* bei der Ausfüllung des zu ernährenden Körpers erhalten wird (ὡς μέρος εἰς τὴν ἐκείνου τελεῖν συμπλήρωσιν).[186] Offensichtlich verbindet Ps-Athenagoras mit dem μέρος-Begriff die Beibehaltung der Identität jeder Person, so dass sich die eigenen Teile weder mittels Ernährung mit dem Leib eines anderen Menschen verbinden können noch mit anderen Menschenteilen in der Auferstehung verwechselt werden. Er bringt diesen Zusammenhang wie folgt zum Ausdruck: Aus der Annahme der Gegner folgt nicht notwendigerweise, dass das infolge der Ernährung verzehrte und verwandelte Fleisch, nachdem es in den Leib eines anderen Menschen hineingekommen ist, tatsächlich wie ein Teil zur Ausfüllung des so ernährten Menschen verwendet werden muss.[187]

Dass unser Autor dabei nicht dasselbe Fleisch meint, belegt die anschließende Erklärung, in der er deutlich zwischen dem aufnehmenden und aufgenommenen Fleisch unterscheidet:

> Indem das aufnehmende Fleisch nicht für immer es behält, welches es aufgenommen hat.[188]

Somit kommt es nicht zur gänzlichen Assimilierung der verzehrten σάρξ, die sich durch die einzelnen Verdauungsstufen für eine begrenzte Zeit zum Fleisch

---

185   De Res 7,1 (Marcovich 31,5 f.): „τῶν μὲν ἀνισταμένων σωμάτων ἐκ τῶν οἰκείων μερῶν πάλιν συνισταμένων".

186   De Res 7,2 (Marcovich 31,16 f.).

187   De Res 7,2 (Marcovich 31,14–17): „οὐδ' οὕτως ἀνάγκη τις ἔσται τὴν νεωστὶ μεταβληθεῖσαν ἐκ τῆς τοιᾶσδε τροφῆς σάρκα προσπελάσασαν ἑτέρου τινὸς ἀνθρώπου σώματι πάλιν ὡς μέρος εἰς τὴν ἐκείνου τελεῖν συμπλήρωσιν".

188   De Res 7,2 (Marcovich 31,17 f.): „τῷ μήτε αὐτὴν τὴν προσλαμβάνουσαν σάρκα πάντοτε φυλάττειν ἣν προσείληφεν".

WIDERLEGUNG DES KETTENNAHRUNGS-EINWANDS (DE RES 5–8)

des ernährenden Organismus verwandelt. Dass es sich dabei aber nur um eine vorübergehende Verbindung der beiden σάρκες handelt, führt er im anschließenden Satz aus: Das verzehrte Fleisch, das sich mit dem anderen Fleisch vereinigt hat, ist weder dauerhaft noch bleibt es bei der σάρξ, der es zugeführt worden ist (μήτε τὴν ἑνωθεῖσαν ταύτην μόνιμον εἶναι καὶ παραμένειν ᾗ προσετέθη).[189] Vielmehr erhält es eine starke Verwandlung in andere Stoffe (πολλὴν δὲ καὶ τὴν ἐπὶ θάτερα δέχεσθαι μεταβολήν),[190] so dass es nicht zur Vermischung und Assimilierung der beiden σάρκες kommt. Die Verwandlung der widernatürlichen Nahrung in andere Stoffe äußert sich auf vielfältige Weise. Denn daraus entstehen einerseits Mühen und Sorgen, die auf körperliche Beschwerden zurückgehen. Ein andermal bewirkt diese Verwandlung im menschlichen Organismus Schmerzen, Ermüdungen oder Krankheiten.[191]

Ps-Athenagoras erwähnt in diesem Zusammenhang einen medizinischen Terminus. Er führt aus, dass diese beschwerlichen Auswirkungen der widernatürlichen Nahrung aus den schlechten Mischungen (δυσκρασίαι) resultieren, die durch Überhitzung oder Abkühlung im Körper entstehen.[192] Der Begriff δυσκρασία stammt aus der Humoralpathologie, wie sie insbesondere Galen im Anschluss an die hippokratische Tradition vertreten hat, und bezeichnet eine Veränderung des Säftehaushalts im Organismus, der die erstrebte εὐκρασία zerstört. Besonders das Übermaß der aktiven Primärqualitäten, die aus dem Warmen und Kalten bestehen,[193] stellen gemäß Galen die vorrangigen Ursachen für die inneren Krankheiten dar.[194] Gerade diese Vorstellung scheint Ps-Athenagoras vorauszusetzen, wenn er auf die δυσκρασία des Säfteverhältnisses

---

189 De Res 7,2 (Marcovich 31,18 f.).

190 De Res 7,2 (Marcovich 31,19).

191 De Res 7,2 (Marcovich 31,19–21): „ποτὲ μὲν πόνοις ἢ φροντίσιν διαφορουμένην, ἄλλοτε δὲ λύπαις ἢ καμάτοις ἢ νόσοις συντηκομένην".

192 De Res 7,2 (Marcovich 31,21 f.): „καὶ ταῖς ἐξ ἐγκαύσεως ἢ περιψύξεως ἐπιγινομέναις δυσκρασίαις". Der eingeschobene Zusatz ἔσθ' ὅτε vor diesem Satz durch Marcovich schwächt diese Aussage als eine belanglose Alternative ab. Daher wird dieser durch keine handschriftliche Bezeugung vorgeschlagene Zusatz nicht übernommen.

193 Galen, De nat fac I,3 (Helmreich 106,8 f./Brock 14,3 f.).

194 Galen, De nat fac II,8 (Helmreich 189,10–13/Brock 188,18–21): „οὐδὲ γὰρ δι' ἄλλο τι δυνατὸν γίγνεσθαι τὴν δυσκρασίαν αἰτίαν τῶν πρώτων νοσημάτων ἀλλ' ἢ διὰ τὴν εὐκρασίαν διαφθειρομένην." Vgl. G. Harig, Bestimmung der Intensität im medizinischen System Galens, 166: „Auf Grund der seit altersher verbreiteten Vorstellung, daß die Primärqualitäten Warm und Kalt die aktiven Qualitäten darstellen, betrachtet Galen diese beiden Qualitäten, kombiniert mit den passiven Qualitäten Trocken und Feucht, als hauptsächlichste Krankheitsursachen. Die wichtigsten Kennzeichen der Krankheiten sind für ihn demzufolge ihre warme oder kalte Qualität."

verweist, die durch die Umwandlung der widernatürlichen Nahrung in andere Stoffe hervorgerufen wird. Die δυσκρασία selbst entsteht durch Überhitzung der warmen Qualität oder durch Abkühlung der kalten Säfte im Körper.

Bereits in De Res 6,3 hat Ps-Athenagoras gezeigt, dass aus der widernatürlichen Nahrung schädliche und giftige Säfte und Stoffe entstehen, die durchaus mit dem sogenannten „rohen Saft" (De Res 6,5) identisch sein können und Leiden und Krankheiten erzeugen. Sie bringen offensichtlich das gute Mischungsverhältnis der natürlichen Körpersäfte durcheinander, so dass infolgedessen die naturgemäße Nahrung oder sogar das der Ernährung bedürftige Fleisch zerstört wird (De Res 6,5). In De Res 6,5 hat Ps-Athenagoras also bereits festgestellt, dass die schädlichen Säfte bis zum Fleisch gelangen können und imstande sind, es zu verderben. Dies geschieht jedoch unter der Voraussetzung, dass der dafür verantwortliche „rohe Saft" länger im Organismus verbleibt und nicht rasch als überschüssiger Stoff ausgeschieden wird. Wenn er aber durch Arzneimittel, bessere Speisen oder natürliche Kräfte entfernt wird, fließt er nicht ohne schwere Schädigung des Gesamtorganismus ab.

Mit De Res 7,2 ist also vorauszusetzen, dass die widernatürliche Nahrung in Form von schädlichen Säften bis zum Fleisch gelangt, jedoch durch die natürlichen Ausscheidungskräfte im Organismus in andere Stoffe verwandelt wird. In De Res 6,6 spricht Ps-Athenagoras noch vom Abfließen solcher Säfte, die während dieses Prozesses eine Schädigung im Körper verursachen. Eine ähnliche Vorstellung scheint er auch in De Res 7,2 zu vertreten, wenn er aufgrund der Störung des Mischungsverhältnisses im Organismus verschiedene Krankheitssymptome wie Leiden, Ermattungen oder Weiteres hervorgerufen sieht.

Mit der letzten Äußerung in De Res 7,2 bietet Ps-Athenagoras eine zusätzliche Erklärung zur Entstehung der unterschiedlichen Beschwerden, wenn die widernatürliche Nahrung länger im Organismus verbleibt. Die Verwandlung der widernatürlichen Nahrung in andere Stoffe und die daraus resultierenden Krankheitssymptome entstehen deshalb, „weil sich das Fettnetz nicht mit dem Fleisch und Fett mitverwandelt, sondern bei dem (Zustand) bleibt, wie es gerade ist, wenn es die Nahrung empfängt."[195] Ps-Athenagoras bringt hier einen

---

195 De Res 7,2 (Marcovich 31,22 f.): „μὴ συμμεταβαλλομένων σαρκὶ καὶ πιμελῇ τῶν δημῶν ἐν τῷ μένειν ἅπερ ἐστὶ τὴν τροφὴν δεχομένων." Sowohl δημῶν als auch ἐν können beibehalten werden, da sie sicher von der handschriftlichen Überlieferung bezeugt sind. Die Konjekturen von Marcovich in τῶν τεσσάρων μ(ερ)ῶν und in ἐπί sind für das bessere Verständnis des Textes nicht notwendig. Sie verschleiern vielmehr die neue Begründung für die Assimilierungsunfähigkeit des verzehrten Menschenfleisches, die Ps-Athenagoras hier zusätzlich bietet. Außerdem war der Begriff δημῶν bereits für Arethas nicht mehr verständlich, so dass er ihn am Rande mit τὸ λίπος deutet („et in mg δημός τὸ λίπος Arethas"). B. Poude-

WIDERLEGUNG DES KETTENNAHRUNGS-EINWANDS (DE RES 5–8) 381

neuen Begriff bezüglich der Konsistenz des aufnehmenden Fleisches ein. Er spricht vom „Fettnetz" (δημῶν) des mit Nahrung versorgten Organismus und nimmt so eine deutliche Unterscheidung zwischen der aufnehmenden und aufgenommenen σάρξ vor. Das zu ernährende Fleisch, das offensichtlich aus einer materiellen Beschaffenheit des „Fettnetzes" besteht, vermischt sich *nicht* mit dem Fleisch und Fett (πιμελή) der widernatürlichen Nahrung, sondern bleibt in demselben unvermischten Zustand, bevor es eine solche Nahrung in sich aufnimmt. Der Autor differenziert hier mit den Begriffen δημός und πιμελή zwischen den unterschiedlichen Konsistenzen der einzelnen σαρκῶν, um der Verwechselung vorzubeugen, die aufgrund des σάρξ-Begriffes entstehen kann.

In De Res 7,3 nimmt Ps-Athenagoras eine vorläufige Zusammenfassung der bisherigen Argumentation vor: Derartige Leiden finden somit bei dem Fleisch statt, das vorrangig mit dem Unverwandten (ἀνοικείων) ernährt wird. Eine auf diese Weise ernährte σάρξ wird bald beschwerlich und fett, bald scheidet sie

---

ron lässt sich dagegen von Marcovich inspirieren, so dass er δημῶν mit μερῶν ohne nähere Begründung ersetzt. (Vgl. B. Pouderon, SC 379, 240,28). Die meisten Editoren wollen δημῶν tilgen, weil sie offensichtlich mit diesem physiologischen Begriff, wie ihn Ps-Athenagoras noch verstand, nichts mehr anfangen können. Marcovich vermutet dabei – wie die anderen –, dass der Text an dieser Stelle verderbt sei. Vgl. M. Marcovich, De Resurrectione Mortuorum, 10: „I think the text is slightly corrupt." Daher schlägt er vor, δημῶν durch τῶν τεσσάρων (= δ') μ(ερ)ῶν zu ersetzen. Jedoch ist eine so komplizierte textkritische Lösung nicht notwendig, wenn mit dem δημός-Begriff die Konsistenz der σάρξ verstanden wird, die sich *nicht* mit dem Menschenfleisch und -fett vermischt, welches sie in sich als Nahrung aufnimmt.

Ps-Athenagoras nimmt mit δημός einen Terminus auf, den Galen selbst offenbar nicht verwendet. Wenn er vom Fett als einem homöomeren Körperteil spricht, dann benutzt er den Begriff πιμελή. Vgl. Galen, De elem 1,8,11 f. (De Lacy 126,1–9): „Φέρε γάρ, ἵν' ἐπ' ἀνθρώπου διέλθω τὸν λόγον, ἐκ πρώτων οὗτος καὶ ἁπλουστάτων αἰσθητῶν στοιχείων ἐστί, τῶν ὁμοιομερῶν ὀνομαζομένων, ἰνὸς καὶ ὑμένος καὶ σαρκὸς καὶ **πιμελῆς** ὀστοῦ τε καὶ χόνδρου καὶ συνδέσμου καὶ νεύρου καὶ μυελοῦ καὶ τῶν ἄλλων ἁπάντων, ὧν τὰ μόρια τῆς αὐτῆς ἀλλήλοις ἰδέας ἐστὶ σύμπαντα. γέγονε δὲ ταῦτα πάλιν ἔκ τινων ἑτέρων προσεχῶν ἑαυτοῖς στοιχείων, αἵματός καὶ φλέγματος καὶ χολῆς διττῆς, ὠχρᾶς καὶ μελαίνης, ὧν ἡ γένεσις ἐκ τῶν ἐσθιομένων καὶ πινομένων, ἃ δὴ πάλιν ἐξ ἀέρος καὶ πυρὸς ὕδατός τε καὶ γῆς ἐγένετο, ταῦτα δ' οὐκ ἐξ ἑτέρων σωμάτων, ἀλλ' ἐξ ὕλης τε καὶ ποιοτήτων ἐστί." Ps-Athenagoras will aber hier einer Verwechselung vorbeugend sagen, dass sich das das fremde Menschenfleisch und -fett aufnehmende Fettnetz keinesfalls mit einer solchen Nahrung vermischt. Mit dem δημός-Terminus greift er auf einen alten Ausdruck zurück, der im medizinischen Bereich nicht verwendet worden ist. Der Begriff kommt bereits bei Homer vor: Homer Iliad. 23.243; Iliad. 23.750. In Iliad. 8.379 f. (Allen II,227) ist explizit vom Fett des Menschen die Rede (ἥ τις καὶ Τρώων κορέει κύνας ἠδ' οἰωνοὺς δημῷ καὶ σάρκεσσι). Vgl. auch Homer Iliad. 11.818; 13.832; 21.127; 21.204.

382 5. KAPITEL

das Unverwandte wieder aus und wird mager.[196] Es kommt aber zu keinerlei Assimilierung der beiden σάρκες in einem Organismus. Weiterhin stellt Ps-Athenagoras in De Res 7,3 fest, dass sich dies nicht auf jedes verzehrte Fleisch bezieht. Es betrifft ausschließlich das Menschenfleisch, da es durchweg zu den für den menschlichen Organismus unverdaulichen Stoffen gehört. Nur dasjenige Fleisch verbindet sich mit den Teilen des Körpers, das auch von Natur aus dazu bestimmt und auserwählt worden ist. Somit vereinigt sich nur solches Fleisch, welches sich auf natürliche Weise eignet, den menschlichen Körper zu ernähren, um dem naturgemäßen Leben und seinen Mühen einen Dienst zu erweisen.[197] Was jedoch natürliche bzw. widernatürliche Nahrung für den Menschen ist, geht ausschließlich auf die göttliche Bestimmung zurück. Diese theologische Prämisse scheint somit die eigentliche Begründung der Argumentation in De Res 5–7 zu sein, was Ps-Athenagoras dann in De Res 8 noch verdeutlicht.

9   Theologische Widerlegung des Kettennahrungs-Einwands (De Res 7,4–8,3)

In De Res 7,4–8,3 zieht Ps-Athenagoras die Konsequenzen aus den langen Ausführungen in De Res 5,1–7,3, in denen er sich einige zentrale Aspekte der Ernährungslehre für seine Argumentation zunutze gemacht hat. Er blickt zunächst auf das Vorhergehende zurück und betont, dort den Grund für die Widerlegung des gegnerischen Standpunkts gelegt zu haben: Denn das von ihnen Gesagte kann sich nur dann als wahr erweisen (ἀληθὲς δεικνύναι δυνατὸν τὸ πρὸς αὐτῶν λεγόμενον), wenn das zuvor Untersuchte nicht gehörig beurteilt wird.[198] Er verweist ausdrücklich auf die συγχώρησις, die er in De Res 7,1 zum Ausgangspunkt seiner Entgegnung macht. Dort ist er konkret auf die Meinung seiner Kontrahenten eingegangen, die behaupten, dass die aus Menschenfleisch bestehende

---

196 De Res 7,3 (Marcovich 31,24–28): „Τοιούτων δὲ γενομένων ἐπὶ τῆς σαρκὸς παθημάτων, πολύ γ᾿ ἔτι μᾶλλον εὕροι τις ἂν ταῦτα πάσχουσαν τὴν ἐξ ἀνοικείων τρεφομένην σάρκα, νῦν μὲν εἰς ὄγκον προϊοῦσαν καὶ πιαινομένην ἐξ ὧν προσείληφεν, εἶτα πάλιν ἀποπτύουσαν ὃν ἂν τύχῃ τρόπον καὶ μειουμένην ἢ μιᾷ τινι τῶν ἔμπροσθεν ῥηθεισῶν ἢ πλείοσιν·"

197 De Res 7,3 (Marcovich 31,28–31): „μόνην δὲ παραμένειν τοῖς μέρεσιν ἃ συνδεῖν ἢ στέγειν ἢ θάλπειν πέφυκεν, τὴν ὑπὸ τῆς φύσεως ἐξειλεγμένην καὶ τούτοις προσπεφυκυῖαν οἷς τὴν κατὰ φύσιν συνεξέπλησεν ζωὴν καὶ τοὺς ἐν τῇ ζωῇ πόνους."

198 De Res 7,4 (Marcovich 31,32–34): „Ἀλλ᾿ οὔτε γὰρ καθ᾿ ὃ δεῖ κρινομένων τῶν ἔναγχος ἐξητασμένων οὔτε κατὰ συγχώρησιν παραδεχθέντων τῶν ἐπ᾿ ἐκείνοις γεγυμνασμένων ἀληθὲς δεικνύναι δυνατὸν τὸ πρὸς αὐτῶν λεγόμενον".

WIDERLEGUNG DES KETTENNAHRUNGS-EINWANDS (DE RES 5–8)   383

Nahrung im Organismus verdaut wird und sich in eines der vier materiellen Bestandteile des Körpers verwandelt. Dies gilt ihrer Meinung nach für jede eingenommene Speise, wovon auch die verzehrten menschlichen Körperteile nicht ausgenommen sind. Die Begründung mit der verbreiteten Ernährungslehre hat offensichtlich eine starke Wirkung auf die Adressaten des Traktats ausgeübt, so dass Ps-Athenagoras sich genötigt sieht, seine Zuhörer auf der Grundlage der zu seiner Zeit gültigen Ernährungsanschauungen vom Gegenteil zu überzeugen.

In De Res 7,4 formuliert Ps-Athenagoras sogleich das entscheidende Ergebnis, auf das er in der gesamten Argumentation von De Res 5–7 zugesteuert ist:

> Aber es dürften sich niemals die Menschenleiber mit denen, die von derselben Natur sind, verbinden.[199]

Auf ähnliche Weise lässt er diese Stellungnahme auch in De Res 8,3 (οὐδὲ τὰ τῶν ἀνθρώπων σώματα συγκραθείη ποτ' ἂν τοῖς ὁμοίοις σώμασιν)[200] verlauten, so dass der Abschnitt De Res 7,4–8,3 dadurch deutlich gerahmt wird. Darin geht Ps-Athenagoras direkt auf das Problem des Menschenfleischverzehrs ein und bringt die Widerlegung der gegnerischen Einwände zum Abschluss. In De Res 8,4 f. folgt noch ein Nachtrag, der sich allerdings nicht mehr mit dem Kettennahrungs-Einwand beschäftigt, sondern kurz andere Hindernisse bezüglich der Auferstehung der Leiber behandelt.[201]

Ps-Athenagoras greift in De Res 7,4 mit zwei κἄν-Nebensätzen auf die gegnerische Argumentation aus De Res 4,4 zurück: Es wird niemals eine Vermischung von Menschenleibern geschehen, selbst wenn es aus Unwissenheit (ὑπ' ἀγνοίας) zum Verzehr eines Menschenkörpers kommt, nachdem die Sinneswahrnehmung der Essenden getäuscht worden ist. Auch wenn sich Menschen aus Not oder infolge von Wahnsinn (ὑπ' ἐνδείας ἢ μανίας) mit dem Leib eines Menschen beflecken, wird keine Vereinigung der σώματα stattfinden.[202] Davon ist Ps-Athenagoras fest überzeugt, nachdem er in De Res 5,1–7,3 gezeigt hat, dass eine solche widernatürliche Nahrung durch die Verdauungsorgane vollständig ausgeschieden wird. Unser Autor weiß um die gefährliche Situation sei-

---

199   De Res 7,4 (Marcovich 31,32–32,1): „Ἀλλ' [...] οὐκ ἂν συγκραθείη ποτὲ τὰ τῶν ἀνθρώπων σώματα τοῖς τῆς αὐτῆς οὖσι φύσεως".

200   De Res 8,3 (Marcovich 32,20 f.).

201   Vgl. in dieser Studie das Kapitel 3. 2.3: „Kettennahrungs-Einwand (De Res 3,3–4,4 und 8,4)".

202   De Res 7,4 (Marcovich 32,1–4): „κἂν ὑπ' ἀγνοίας ποτὲ κλαπῶσι τὴν αἴσθησιν δι' ἑτέρου τινὸς μετασχόντες τοιούτου σώματος, κἂν αὐτόθεν ὑπ' ἐνδείας ἢ μανίας ὁμοειδοῦς τινος μιανθῶσιν σώματι."

384   5. KAPITEL

ner Zuhörer, die durch die Einwände der Kontrahenten in Verwirrung geraten sind. So schreckt er auch nicht davor zurück, einen polemischen Ton gegen sie einzuschlagen. Denn es ist uns nicht entgangen – sagt er –, dass es einige menschengestaltige Bestien gibt oder solche, die eine gemischte Natur aus Mensch und Tier besitzen, die die phantasievollen Dichter zu gestalten pflegten.[203] Nur wenn an solche Phantasiegestalten der Dichter gedacht wird, kann die gegnerische Position bestehen bleiben. Mit dem Verweis auf die τολμηρότεροι τῶν ποιητῶν gibt Ps-Athenagoras zugleich an, aus welcher Quelle seine Kontrahenten möglicherweise geschöpft haben. Sie ließen sich bei der Entwicklung ihres Kettennahrungs-Einwands von mythologischen Erzählungen wie den „tragischen Mahlzeiten des Thyestes" und „jenem medischen Tisch" (De Res 4,4) leiten.[204] Dies gehört jedoch zum Bereich des Mythos und stößt lediglich bei solchen Menschen auf Glaubwürdigkeit, die bereits „halbtierisch" (De Res 8,5: μιξοθήροις) geworden sind.[205]

In De Res 8,1–3 geht Ps-Athenagoras zur theologischen Argumentation über und bringt auch seine wichtigste Begründung für die Unmöglichkeit der Assimilierung des verzehrten Menschenfleisches an andere Organismen: Die Menschenkörper sind für keines der Lebewesen zur Nahrung bestimmt. Ihnen ist allein das Begräbnis in die Erde zur Ehre ihrer Natur zugeteilt worden, da der Schöpfer festgelegt hat, dass kein Lebewesen für die von der gleichen Gattung zur Nahrung dienen darf (ὅπου γε μηδ᾽ ἄλλο τι τῶν ζῴων τοῖς ἐκ ταὐτοῦ εἴδους εἰς τροφὴν ἀπεκλήρωσεν ὁ ποιήσας). Allein das Fleisch der Tiere darf von anderen Lebewesen verzehrt werden, das Menschenfleisch ist davon jedoch ausgenommen.[206] Dies geht ausdrücklich auf den Willen Gottes zurück, der auch für diese Ordnung zuständig ist. Wenn die Gegner sich jedoch anmaßen, das Gegenteil zu behaupten, begeben sie sich in die Position Gottes, was für unseren Autor einer Blasphemie gleichkommt.

---

203   De Res 7,4 (Marcovich 32,4–6): „εἴ γε μὴ λελήθασιν ἡμᾶς ἀνθρωποειδεῖς τινες ὄντες θῆρες ἢ μικτὴν ἔχοντες φύσιν ἐξ ἀνθρώπων καὶ θηρίων, οἵους πλάττειν εἰώθασιν οἱ τολμηρότεροι τῶν ποιητῶν."

204   Vgl. De Res 4,4 (Marcovich 28,26–29): „Εἶτα τούτοις ἐπιτραγῳδοῦσιν τὰς ἐν λιμοῖς καὶ μανίαις τολμηθείσας τεκνοφαγίας καὶ τοὺς κατ᾽ ἐπιβουλὴν ἐχθρῶν ὑπὸ τῶν γεννησαμένων ἐδηδεμένους παῖδας καὶ τὴν Μηδικὴν τράπεζαν ἐκείνην καὶ τὰ τραγικὰ δεῖπνα Θυέστου."

205   De Res 8,5 (Marcovich 33,2): „ὁμολογουμένην γὰρ ἔχει τὴν ἐπίκρισιν τοῖς γε μὴ μιξοθήροις."

206   De Res 8,1 (Marcovich 32,7–11): „Καὶ τί δεῖ λέγειν περὶ τῶν μηδενὶ ζῴῳ πρὸς τροφὴν ἀποκληρωθέντων σωμάτων μόνην δὲ τὴν εἰς γῆν ταφὴν ἐπὶ τιμῇ τῆς φύσεως μεμοιραμένων, ὅπου γε μηδ᾽ ἄλλο τι τῶν ζῴων τοῖς ἐκ ταὐτοῦ εἴδους εἰς τροφὴν ἀπεκλήρωσεν ὁ ποιήσας, κἂν [ἐν] ἄλλοις τισὶ τῶν ἑτερογενῶν τροφὴ γίνηται κατὰ φύσιν;"

WIDERLEGUNG DES KETTENNAHRUNGS-EINWANDS (DE RES 5–8)   385

Diesen Zusammenhang führt er in De Res 8,2 f. aus, wo er die Konsequenzen aus der gegnerischen Argumentation zieht. Wenn sie nun aufzeigen können, dass das Menschenfleisch den Menschen zur Speise bestimmt ist (ἀποκληρωθείσας), so wird sie nichts daran hindern auch zu behaupten, dass das gegenseitige Auffressen (τὰς ἀλληλοφαγίας) naturgemäß ist.[207] Mit dem Verbum ἀποκληρόω zeigt unser Autor an, dass allein Gott dessen Subjekt sein muss, damit eine gewisse Ordnung im Ernährungsverhalten seiner Schöpfung bewahrt bleibt. Wenn aber die Kontrahenten diese Rolle für sich beanspruchen, kommt es zu einer gänzlichen Verkehrung der gesamten menschlichen Ernährungsordnung.

Ps-Athenagoras spitzt daraufhin die Vorstellung der Gegner polemisch zu: Wenn sie es fertig bringen, derartiges auch nur zu behaupten, so müssten sie die Leiber ihrer Liebsten genießen, da diese ihnen aufgrund der Verwandtschaft am nächsten stehen – oder sie müssten ihre besten Freunde mit solchen Leibern bewirten.[208] Dies wäre die Position Galens von der guten Verdaubarkeit des Menschenfleisches, gegen die Ps-Athenagoras hier polemisiert. Unser Autor will mit solchen Überlegungen bei seinen Zuhörern eine natürliche Abscheu hervorrufen. Die Einwände der Kontrahenten sind dermaßen verwerflich, dass sie zur Verkehrung jeder moralisch-akzeptablen Ordnung beitragen.[209] Solchen Argumenten Glauben zu schenken, bedeutet somit für Ps-

---

207   De Res 8,2 (Marcovich 32,11–13): „Εἰ μὲν οὖν ἔχουσιν δεικνύναι σάρκας ἀνθρώπων ἀνθρώποις εἰς βρῶσιν ἀποκληρωθείσας, οὐδὲν κωλύσει τὰς ἀλληλοφαγίας εἶναι κατὰ φύσιν, ὥσπερ ἄλλο τι τῶν τῇ φύσει συγκεχωρημένων".

208   De Res 8,2 (Marcovich 32,13–15): „καὶ τούς γε τὰ τοιαῦτα λέγειν τολμῶντας τοῖς τῶν φιλτάτων ἐντρυφᾶν σώμασιν ὡς οἰκειοτέροις ἢ καὶ τοὺς εὐνουστάτους σφίσιν τούτοις αὐτοῖς ἑστιᾶν."

209   B. Pouderon spricht in Bezug auf De Res 8,2 f. von einer moralischen Argumentation, die nicht zum Bereich der medizinischen Wissenschaft und der natürlichen Vernunft gehört. Ihm zufolge argumentiert unser Autor ausschließlich auf der moralischen Ebene, wenn er den Verzehr von Menschenfleisch als eine Gefährdung der Gesetze der Natur und Religion verständlich macht. Vgl. B. Pouderon, La „chaîne alimentaire", 237. Auch C. Burini De Lorenzi, „Contro natura". Atenagora, De resurrectione 8,3, 650, meint, dass Ps-Athenagoras mit seiner moralischen Argumentation die Gesetze der Physiologie nicht beachte, wenn er von der Assimilationsunfähigkeit des verzehrten Menschenfleisches spricht. Die moralische Argumentation diene dabei zum Zwecke der Verurteilung der Anthropophagie, die gegen den Auferstehungsglauben vorgebracht werde. Vgl. ebd.
      M. E. stellt Ps-Athenagoras mit dieser Vorgehensweise eine gemeinsame Grundlage mit seinen Adressaten her. Er setzt voraus, dass sie möglicherweise von Galen gehört haben, dass das Menschenfleisch ebenso gut wie das Schweinefleisch verdaut wird. Wenn Galen selbst diesen Vergleich der Ähnlichkeit zwischen Schweinefleisch und Menschenfleisch vorbringt, kann auch er die Anthropophagie aus *moralischen* Gründen nicht tolerieren und spricht ausschließlich abfällig von solchen Vorfällen des Menschenfleischverzehrs.

386   5. KAPITEL

Athenaogras, jegliches Gespür für ein menschenwürdiges Denken verloren zu
haben. Diese Bewertung führt er sogleich aus: Wenn es bereits schuldhaft ist,
nur auszusprechen, dass Menschen menschliches Fleisch in sich aufnehmen,
dann ist ein derartiger Gedanke doch äußerst widerwärtig und abscheulich.
Auch ist er frevelhafter als jede gesetzlose und widernatürliche Speise oder
Tat.[210]

In Anbetracht solcher frevelhaften Vorstellungen hält Ps-Athenagoras ganz
an seiner Position fest, dass das Naturwidrige niemals zur Ernährung der nah-
rungsbedürftigen Körperteile und -teilchen dienen darf. Für ihn ist unumstöß-
lich, dass eine solche Speise von ihrer Bestimmung her keinen Menschenkörper ernähren kann.[211] Er beschließt diese Ausführungen mit der Wiederholung

---

Er verweist auf verkommene Gastwirte und einige andere Menschen (ὑπό τε πονηρῶν
πανδοχέων καὶ ἄλλων τινῶν), die ihren Gästen Menschenfleisch als Schweinefleisch zum
Verzehr anboten (vgl. Galen, De alim facult III,1,6 [Helmreich 333,23–27]).

Derartige Gastwirte und Garköche setzten Reisenden, die in ihrer Herberge Halt machten, eine Fleischsuppe vor, die statt Schweinefleisch menschliche Fleischstücke enthielt.
Nachdem die Essenden dies an einem Teil des Fingers, der noch einen Nagel hatte, erkann-
ten, konnten sie die Speise nicht mehr bei sich behalten und erbrachen das Gegessene
(ἐμέσαντες δὲ τὰ ἐδηδεσμένα). Galen, De simpl med temp ac fac X,2,2 (Kühn Bd. XII,1, 254,4–
13): „ἴσμεν γοῦν ἤδη πολλοὺς ἁλόντας πανδοκέας τε καὶ μαγείρους ἐν τῷ πιπράσκειν ὡς ὕεια τὰ
τῶν ἀνθρώπων κρέα, καίτοι τῶν ἐσθιόντων αὐτὰ διαφορᾶς οὐδεμιᾶς οὐδεὶς ἠσθάνετο. ἀλλὰ καὶ
διηγουμένων τινῶν ἤκουσα πιστῶν ἀνθρώπων ἐδηδοκέναι μὲν ἔν τινι πανδοχείῳ ζωμὸν δαψιλῆ
μετὰ κρεῶν ἡδίστων, ἤδη δὲ ἐμπεπλησμένων, εὑρεῖν ἐν αὐτῷ δακτύλου μέρος τὸ πρόσω κατʼ
αὐτὸν τὸν ὄνυχα, φοβηθέντες δὲ τοὺς ἐν τῷ πανδοχείῳ μὴ καὶ αὐτοὺς φάγωσιν ὡς εἰθισμένοι τοῦ
πράγματος, αὐτίκα μὲν ἐξελθεῖν, ἐμέσαντες δὲ τὰ ἐδηδεσμένα τῆς ὁδοιπορίας ἔχεσθαι.“

Auch Ps-Athenagoras spricht vom Erbrechen derartiger Nahrung, bevor es überhaupt
zur ersten naturgemäßen Verdauung kommt. In De Res 5,2 eröffnet er auf diese Weise
seine Argumentation, die die einzelnen Verdauungsstufen als Reinigung der eingenommenen Speise thematisiert. Wenn jemand durch äußeren Zwang oder aus Not Menschenfleisch in sich aufnimmt, so wird dieses bereits beim Eintritt in die Gedärme naturgemäß
verdorben, indem es zum Erbrechen kommt (ἐμούμενα). Vgl. De Res 5,2 (Marcovich 29,12–
15): „Ἦ γὰρ ἂν ἔγνωσαν ὅτι μὴ πᾶν ὃ προσφέρεταί τις ὑπενδόσει τῆς ἔξωθεν ἀνάγκης, τοῦτο
γίνεται τῷ ζῴῳ τροφὴ προσφυής· ἀλλὰ τὰ μὲν ἅμα τῷ προσομιλῆσαι τοῖς περιπτυσσομένοις τῆς
κοιλίας μέρεσι φθείρεσθαι πέφυκεν ἐμούμενα“.

Somit versucht Ps-Athenagoras – wie auch bei Galen zu sehen ist –, eine moralische
Abscheu hinsichtlich des Menschenfleischverzehrs bei seinen Adressaten hervorzurufen
und auf diese Weise eine gemeinsame Argumentationsbasis herzustellen.

210 De Res 8,3 (Marcovich 32,15–18): „Εἰ δὲ τοῦτο μὲν οὐδʼ εἰπεῖν εὐαγές, τὸ δὲ σαρκῶν ἀνθρώπων
ἀνθρώπους μετασχεῖν ἔχθιστόν τι καὶ παμμίαρον καὶ πάσης ἐκθέσμου καὶ παρὰ φύσιν βρώσεως
ἢ πράξεως ἐναγέστερον“. Es ist erneut Marcovichs Eingriff in den Text abzulehnen, indem
er ἢ zwischen βρώσεως und πράξεως durch καί ersetzt.

211 De Res 8,3 (Marcovich 32,18–20): „τὸ δὲ παρὰ φύσιν οὐκ ἄν ποτε χωρήσειεν εἰς τροφὴν τοῖς

WIDERLEGUNG DES KETTENNAHRUNGS-EINWANDS (DE RES 5–8)

seiner Position aus De Res 7,4, um diese aufs Neue im Bewusstsein seiner Zuhörer zu verankern:

> So werden sich auch niemals die Menschenkörper mit den gleichartigen Leibern verbinden, für die es eine widernatürliche Nahrung ist, selbst wenn sie oftmals durch ihren Magen infolge eines sehr schlimmen Missgeschickes hindurchgehen.[212]

10   Resultat

Es ist nicht zu verkennen, dass die Adressaten Kenntnis von der Ernährungs- und humoralpathologischen Krankheitslehre haben, die insbesondere Galen der Öffentlichkeit durch seine zahlreichen Schriften zugänglich machte. Somit muss es bereits zu einer ersten Verbreitung der galenischen Medizinkenntnis gekommen sein, deren Grundwissen Ps-Athenagoras zur gemeinsamen Verständigungsbasis in De Res 5–7 mit seinen Adressaten macht.[213] Auch wenn

---

ταύτης δεομένοις μέρεσιν καὶ μορίοις, τὸ δὲ μὴ χωροῦν εἰς τροφὴν οὐκ ἂν ἑνωθείη τούτοις ἃ μηδὲ τρέφειν πέφυκεν".

212   De Res 8,3 (Marcovich 32,20–23): „οὐδὲ τὰ τῶν ἀνθρώπων σώματα συγκραθείη ποτ' ἂν τοῖς ὁμοίοις σώμασιν, οἷς ἐστιν εἰς τροφὴν παρὰ φύσιν, κἂν πολλάκις διὰ τῆς τούτων ᾗ γαστρὸς κατά τινα πικροτάτην συμφοράν·"

Vgl. C. Burini De Lorenzi, „Contro natura". Atenagora, De resurrectione 8,3, 649–653, insbes. 650 f.: „Atenagora chiama in causa le leggi naturali dell'organismo, le fasi del cibarsi e del nutrirsi, le funzioni digestive, non tanto per provare direttamente e immediatamente la risurrezione, ma per rimuovere prima di tutto la contestazione sollevata: se la negazione si basa sulla impossibilità che risorga un corpo umano assimilato da un altro corpo umano, basta dimostrare che un corpo umano non può essere assimilato da altro corpo umano. Ma tale impossibilità di assimilazione non è affermata né dalla scienza di Galeno, né da quella d'Ippocrate, né dalla filosofia di Platone che nel *Timaeus* parla proprio della attrazione tra sostanze di stessa natura (cf. 81a)."

213   In De Res 5,3 folgt der Verweis auf die drei Stadien der Verdauung, die der Reinigung der widernatürlichen Nahrung dienen. Wenn seine Adressaten mit dieser medizinischen Ernährungslehre nicht vertraut gewesen wären, hätte sich Ps-Athenagoras die Ausführungen in De Res 5–7 sparen können. Stattdessen wäre er direkt zum Ergebnis von De Res 7,4–8,3 vorgedrungen, dass Gott nämlich die Menschenkörper für kein Lebewesen zur Ernährung bestimmt hat. Jedoch setzt er bei seinen Adressaten ein gewisses medizinisches Wissen voraus und versucht, diese auf der Grundlage *der galenischen Ernährungslehre* von seiner Ansicht zu überzeugen. Dabei verweist er auf die dreifache Reinigung und Verwandlung der Speise als bedingende Voraussetzung dafür, dass diese ein reiner Zuwachs zur Körpersubstanz wird. Verbleibt die widernatürliche Nahrung jedoch län-

388   5. KAPITEL

keine direkte literarische Abhängigkeit von bestimmten Passagen zur Ernährungslehre des berühmten Arztes bei Ps-Athenagoras vorzuliegen scheint, so ist doch in den Ausführungen von De Res 5–7 eine deutliche *inhaltliche* Abhängigkeit seiner Verdauungstheorie festzustellen.

Bereits zu Lebzeiten Galens[214] setzt innerhalb der christlichen Kreise in Rom eine Rezeption von galenischen Gedanken ein, wie Euseb in seiner Kirchengeschichte bezeugt. Die sogenannten Adoptionisten sollen Galen verehrt haben: „Γαληνὸς γὰρ ἴσως ὑπό τινων καὶ προσκυνεῖται.“[215] So ließen sie sich bei der

---

ger unverdaut im Organismus, erzeugt sie den sogenannten „rohen Saft“, der als Ursache für sämtliche Krankheiten verstanden wird. Mit der Erwähnung der Beeinträchtigung des ausgeglichenen Mischungsverhältnisses (δυσκρασία) der vier Körpersäfte im Organismus setzt er bei seinen Zuhörern ebenfalls ein medizinisches Verständnis der humoralpathologischen Krankheitsursachen voraus. Die widernatürliche Nahrung ruft die Entstehung der schädlichen und giftigen Säfte hervor, die die δυσκρασία im Körper bewirken und somit für die inneren Erkrankungen, Ermüdungen und Schmerzen verantwortlich sind.

214   Galens Lebenszeit wird in der neueren Forschung auf 129 bis ca. 215 n. Chr. datiert. Dazu zuletzt H. Schlange-Schöningen, Die römische Gesellschaft bei Galen (2003), der sich mit der Biographie von Galen beschäftigt und die Ergebnisse der neueren Erforschungen zu Galens Leben im Hinblick auf die antike Sozialgeschichte zusammenstellt. Zu Galens Geburtsjahr, siehe: Ebd., 61–64. In der älteren Forschung hat sich die Meinung, dass Galen um 200 n. Chr. verstorben sei, auf die Nachricht in der Suda berufen. Durch die Auswertung der arabischen Überlieferung muss nun von einem späteren Zeitpunkt seines Todes ausgegangen werden.

Zum Lebensende des Pergameners, siehe H. Schlange-Schöningen, Die römische Gesellschaft bei Galen, 148: „In der Suda findet sich die Nachricht, daß Galen im Alter von 70 Jahren, also um die Wende zum 3. Jahrhundert gestorben sei. Der Suda-Eintrag über Galen wird vermutlich auf Hesychios von Milet und somit auf die Zeit Justinians zurückgehen. Angesichts eines zeitlichen Abstandes von drei Jahrhunderten, der Hesychios von Galen trennt, hält Nutton eine ältere, durch die arabische Überlieferung (bei Abu Sulayman al-Sijistani) erhaltene Nachricht für glaubwürdiger, die auf ein verlorenes Werk von Galens Zeitgenossen Alexander von Aphrodisias zurückgeht und derzufolge Galen seine Schrift ‚de propriis placitis‘ im Alter von 80 Jahren verfaßt hat. Diese Nachricht kann als Bestätigung für die Bemerkung von Ishaq ibn Hunain gelten, Galen sei 87 Jahre alt geworden. Solange keine weiteren Hinweise zu Galens Lebenszeit gefunden werden, sollte man das Lebensende Galens auf ungefähr 215 n. Chr. datieren.“ H. Schlange-Schöningen beruft sich hier auf Ausführungen von V. Nutton, Galen in the Eyes of his Contemporaries (1984), 323 f.

Vgl. weiter V. Nutton, Ancient Medicine, 226: „When Galen died is open to dispute. The brief entry in the Byzantine lexicon, the Suda, puts his death at the age of 70 – that is, in 199–200 – but a strong tradition in Arabic authors, possibly reflected also in Byzantine chronographers, has him dying aged 87 – that is, in 216–217 – having spent seventeen years as a student and seventy as a practitioner.“

215   Euseb, H.E. V,28,14 (GCS 9,1, 504,20 f. Schwartz).

Entwicklung ihrer Christologie von den durch Galen vermittelten Syllogismen inspirieren.[216]

A. v. Harnack[217] und R. Walzer machen darauf aufmerksam, dass Galen offenbar einen Einfluss auf die Christen in Rom ausübte. Walzer stellt dazu treffend fest, „that this group of Christians depended on the logical teaching of Galen [...]"[218] Umso wahrscheinlicher ist es, dass die Adressaten des Ps-Athenagoras in der ersten Hälfte des dritten Jahrhunderts außerhalb von Rom auch mit galenischen Theorien in Kontakt gekommen sind. Jedenfalls setzt Ps-Athenagoras diese bei seinem Publikum voraus und rezipiert selbst galenische Grundannahmen hinsichtlich der Verdauung von Nahrung und einige Theoreme der humoralpathologischen Krankheitslehre. Wären keinerlei medizinische Anschauungen des Galen bei seiner Hörerschaft vorauszusetzen, würde er seine Beweisabsicht in De Res 5–7 gänzlich verfehlen.

Da Galen seine größte schriftstellerische Tätigkeit mit seinem zweiten Aufenthalt in Rom (ab 169 n. Chr.) bis in die achtziger Jahre gehabt hat,[219] ist davon auszugehen, dass es erst am Ende des zweiten Jahrhunderts zu einer ersten Verbreitung seiner Gedanken außerhalb Roms im *Imperium Romanum* gekommen ist. Wenn jedoch B. Pouderon bei der Datierung von De Resurrectione

---

216 Vgl. Euseb, H.E. V,28,13 (GCS 9,1, 504,13 f. Schwartz). Siehe dazu A. v. Harnack, Lehrbuch der Dogmengeschichte, Bd. I, 5. Auflage (1931), 711 f. H. Schlange-Schönigen, Die römische Gesellschaft bei Galen, 253: „Das Ziel ihrer Bibel-Exegese soll darin bestanden haben, zur Begründung ihrer Christologie geeignete Syllogismen zu entwickeln. [...] Die Vorwürfe kulminieren in der Behauptung, die Adoptionisten hätten Galen verehrt." H. Schlange-Schönigen, Die römische Gesellschaft bei Galen, 253: „Euseb bezeugt, daß in den achtziger Jahren des 2. Jahrhunderts eine christliche Gruppe, die unter der Führung des Theodotus von Byzanz stand, ihren Glauben wissenschaftlich auszurichten suchte. Aufgrund ihrer ‚adoptionistischen' Interpretation der Natur Christi wurde die Gemeinschaft des Theodotus von der römischen Kirche als häretisch betrachtet und vom Bischof Victor, dessen Amtszeit auf die Jahre von 187 bis 198 datiert wird, exkommuniziert."

217 Vgl. A. v. Harnack, Lehrbuch der Dogmengeschichte, Bd. I, 5. Auflage (1931), 712.

218 R. Walzer, Galen on Jews and Christians, 79. L.W. Barnard, Athenagoras, 56, schließt sich diesem Urteil an: „It need not be doubted that Christians in Rome knew of Galen as he knew them." Vgl. auch P. Lampe, Die stadtrömischen Christen, 292 f., zu den Beziehungen zwischen Galen und Adoptionisten. Es „[...] liegt nicht allzu fern, zwischen dem stadtrömischen Arzt und der stadtrömischen Christengruppe um Theodotus einen Kontakt anzunehmen. [...] Ein zumindest flüchtiger persönlicher Kontakt zwischen ihm und dem Theodotuskreis ist so weder zeitlich noch räumlich auszuschliessen." P. Lampe, Die stadtrömischen Christen, 292 f.

219 Vgl. J. Ilberg, Ueber die Schriftstellerei des Klaudios Galenos, In: RhM 44. 47. 51. 52 (1889. 1892. 1896. 1897), 207–239. 489–514. 165–196. 591–623.

390 5. KAPITEL

von einem Zeitrahmen zwischen 177–180 n. Chr. ausgeht,[220] ist es fast selbst-verständlich, dass er jeglichen Einfluss galenischer Ideen in De Resurrectione bestreitet.

Somit ist eine zusätzliche Bestätigung gefunden, von einer Datierung der Auferstehungsschrift des Ps-Athenagoras in das zweite Jahrhundert Abstand zu nehmen. Vielmehr ist die Entstehungszeit des Traktats in der ersten Hälfte des dritten Jahrhunderts anzusiedeln. Wird wie zuvor beschrieben ausreichend Zeit zur Verbreitung galenischer Lehren vorausgesetzt, ist auch der deutliche inhaltliche Einfluss des ἀρχιατρός Galen[221] auf Ps-Athenagoras schlüssig zu erklären.

---

220 Vgl. B. Pouderon, La „chaîne alimentaire", 238.

221 Vgl. H. Schlange-Schönigen, Die römische Gesellschaft bei Galen, 187–198: „Galen als ἀρχιατρός unter Mark Aurel".

TEIL 2

Verifizierung der angenommenen Datierung an der positiven Darlegung des Auferstehungsbeweises

∵

Einleitung zu Teil 2

Die Rekonstruktion des gegnerischen Standpunkts im ersten Hauptteil der Untersuchung hat ergeben, dass die Auferstehungsschrift in der ersten Hälfte des dritten Jahrhunderts entstanden ist. Die Einordnung der Kettennahrungs-Problematik (De Res 4,1–4) innerhalb ihrer allgemeinen Entwicklung legt ebenfalls die begründete Annahme für diese Entstehungsphase nahe. Im zweiten Hauptteil der Studie soll nun die gewonnene Datierungsthese auf der Basis einer Kommentierung des positiven Gehalts des Auferstehungsbeweises einer Verifizierung unterzogen werden. In diesem Teil der Untersuchung ist zu prüfen, ob die in 12–25 vorausgesetzten Bezugspunkte plausibel in die angenommene zeitgeschichtliche Phase eingeordnet werden können.

Begleitet wird diese Untersuchung von der Fragestellung, an welche zeitgenössischen Vorstellungen Ps-Athenagoras anknüpft. Dabei steht die Partizipation an theologie- und philosophiegeschichtlichen Voraussetzungen innerhalb der Kommunikation mit dem Publikum im Mittelpunkt des Interesses. Zudem muss überprüft werden, ob sich das maßgebliche Auferstehungsverständnis des Traktats adäquat in die theologiegeschichtliche Entwicklung der Auferstehungslehre der ersten Hälfte des dritten Jahrhunderts einordnen lässt.

Diesen Aufgabenstellungen soll innerhalb der nun folgenden Kommentierung der positiven Darlegung des Auferstehungsnachweises in drei größeren Abschnitten nachgegangen werden: A. Schöpfungstheologische Argumentation (De Res 12–17); B. Theologiegeschichtliche Zuordnung der μεταβολή-Vorstellung; C. Die auf der Providenz Gottes beruhende Beweisführung (De Res 18–25).

© KONINKLIJKE BRILL NV, LEIDEN, 2016 | DOI: 10.1163/9789004305373_008

6. KAPITEL

Schöpfungstheologische Argumentation (De Res 12–17)

1 Zur Komposition von De Res 12–25: „Logos de veritate"

In De Res 12–25 liefert Ps-Athenagoras den positiven Beweis (ἀπόδειξις) für die Wahrheit der Auferstehung. Der „Logos de veritate" (ὁ περὶ τῆς ἀληθείας λόγος) beabsichtigt dabei, bei seinen Adressaten die Wahrheit über die Auferstehung zu festigen, nachdem im „Logos pro veritate" (ὁ ὑπὲρ τῆς ἀληθείας λόγος) die Unwahrheit der Auferstehungsleugnung aufgedeckt wurde. Der erste Diskurs verfolgt somit den Zweck, die Hindernisse für den positiven Nachweis auszuräumen.[1] Innerhalb des „Logos de veritate" wird nun die Auferstehungslehre mit positiven Argumenten begründet. Ps-Athenagoras entwickelt auch für den zweiten Teil seines Traktats eine klare Gliederung: Zunächst beschäftigt er sich mit der Ursache (αἰτία) der Menschenschöpfung (De Res 12 f.), um anschließend nach einer Zwischenbetrachtung seiner Argumentationsweise (De Res 14) die menschliche Natur (De Res 15–17) zur Grundlage seines Auferstehungsbeweises zu machen. Darauf folgt die Argumentation, die auf dem gerechten Gericht Gottes beruht (De Res 18–23). Die Überlegungen über das Endziel (τέλος) der menschlichen Existenz beschließen die positive Beweisführung (De Res 24 f.).

Ps-Athenagoras reflektiert im gesamten Traktat häufig seine Vorgehensweise. Er will offenbar seinen Zuhörern eine nachvollziehbare Argumentation vermitteln. Nach der Überleitung vom ersten zum zweiten Teil seines Auferstehungsbeweises (De Res 11,3–6), stellt er bereits zu Beginn den Aufbau des zweiten Diskurses vor (De Res 11,7).[2] Es folgen weitere Überlegungen, die als

---

1 Im ersten Teil behandelt Ps-Athenagoras nacheinander die ἀδύνατον- (De Res 2,4–3,2 und 9,1 f.) und ἀβούλητον-Einwände (De Res 10,1–11,2), wobei er einen längeren Exkurs zum Kettennahrungseinwand (De Res 3,3–8,5) einlegt.

2 In De Res 11,7 sind nur die ersten drei Beweisgänge erwähnt. Der Beweis vom Endziel des menschlichen Lebens (De Res 24 f.) fehlt in dieser Einteilung des „Logos de veritate". H.E. Lona bedenkt, ob nicht verschiedene literarkritische Bearbeitungsstufen daraus abgeleitet werden könnten, so dass Ps-Athenagoras erst in der nachträglichen Bearbeitung des Traktats den vierten Schritt eingebracht habe. „Das Problem der literarischen Einheit läßt sich literarkritisch durch das Abheben von angeblich verschiedenen Schichten kaum lösen. Denn die Ankündi-

---

© KONINKLIJKE BRILL NV, LEIDEN, 2016 | DOI: 10.1163/9789004305373_009

SCHÖPFUNGSTHEOLOGISCHE ARGUMENTATION (DE RES 12–17)   395

Einführungen der jeweiligen Beweisgänge eingebracht werden (De Res 13,3; 14,1–6; 15,1; 18,1; 23,6; 24,1). Auf diese Weise erscheint die Argumentation relativ durchsichtig und die Zuhörer können sich ständig vergewissern, in welchem Stadium der Beweisführung sie sich befinden. Ps-Athenagoras teilt den „Logos de veritate" selbst noch in zwei größere Bereiche ein: Die ersten beiden Beweisgänge (De Res 12 f. und De Res 15–17) erfolgen aus dem Schöpfungshandeln Gottes (ἐκ δημιουργίας), denen zwei weitere aus der Vorsehung Gottes für die Menschen folgen (ἐκ τῆς τοῦ θεοῦ περὶ ἡμᾶς προνοίας).[3]

Das Nachdenken über das göttliche Schöpfungshandeln schließt also die Ursache der Menschenschöpfung und die menschliche Natur ein. Der Beweis aus dem gerechten Gericht Gottes und aus dem Endziel des menschlichen Lebens beruht auf der göttlichen Vorsehung. Der dritte und vierte Beweisgang sind somit enger aneinander geknüpft, da die Argumentation aus der Gerechtigkeit, die das Gericht Gottes für die Menschen impliziert, seine Stärke vom Endziel des menschlichen Lebens her gewinnt.[4]

Der Beweis aus der Ursache der Menschenschöpfung ist stärker mit dem aus der Natur des Menschen verbunden und erhält daher seine Beweiskraft aus der schöpferischen Tätigkeit Gottes (ἐκ δημιουργίας ἔχει τὴν ἰσχύν).[5] Die ersten beiden Beweisgänge sind somit von gleicher Art (ὁμογενεῖς), da sie denselben Ausgangspunkt haben.[6] Dennoch müssen sie aufeinander folgen, weil sie jeweils für sich selbst eine Beweiskraft entfalten. Überhaupt trägt jeder der vier Argumentationsgänge zur Klärung der umstrittenen Frage, ob

---

    gung der vier Themen kommt nicht nur in 13,3 vor, sondern erscheint auch in 14,4–5 und 18,1." H.E. Lona, Athenagoras, 543. Im Anschluss von De Res 12,1–13,2 reflektiert Ps-Athenagoras sehr gründlich seine Vorgehensweise im „Logos de veritate" (in De Res 13,3 und 14,1–6). Erst an diesen Stellen spricht er von den vier Beweisgängen. Daher ist zu vermuten, dass der Autor nach der entscheidenden Grundlegung für den Auferstehungsbeweis in De Res 12,1–13,2 seinen ὁ περὶ τῆς ἀληθείας λόγος um den vierten Punkt erweitert hat. So auch H.E. Lona, Athenagoras, 543: „Schwieriger zu klären ist das Verhältnis von 11,7 und 13,3 zueinander. Man gewinnt den Eindruck, daß dem Verfasser selber im Verlauf der Darlegung manche Zusammenhänge deutlicher geworden sind."

3   Vgl. De Res 18,1 (Marcovich 42,31–43,1).

4   De Res 18,1 (Marcovich 43,3 f.): „ὁ δὲ τῆς δικαιοσύνης λόγος, καθ' ὃν κρίνει θεὸς τοὺς εὖ ἢ κακῶς βεβιωκότας ἀνθρώπους, ἐκ τοῦ τούτων τέλους·"

5   De Res 18,1 (Marcovich 43,1–3): „ἡ μὲν γὰρ αἰτία, καθ' ἣν καὶ δι' ἣν γεγόνασιν ἄνθρωποι, συνεζευγμένη τῇ φύσει τῶν ἀνθρώπων ἐκ δημιουργίας ἔχει τὴν ἰσχύν".

6   De Res 18,1 (Marcovich 42,29 f.).

396 6. KAPITEL

es tatsächlich eine Auferstehung der menschlichen Leiber gibt (εἴτε γίνεται τῶν ἀνθρωπίνων σωμάτων ἀνάστασις εἴτε μή),[7] bei.

Da es um die entscheidende Frage geht, ob die christliche Auferstehungslehre der Wahrheit entspricht, müssen alle Beweisschritte sorgfältig nacheinander behandelt werden. Der Argumentation aus der Ursache der Menschenschöpfung kommt dabei eine Vorrangstellung zu, worauf unmittelbar die Betrachung der menschlichen Natur aufbaut. Daher nimmt die Beweisführung aus der αἰτία τῆς τῶν ἀνθρώπων γενέσεως eine grundlegende Ausgangsbasis des gesamten Auferstehungsbeweises ein.[8] Es ist zuerst notwendig, die Auferstehung der Leiber aus der Ursache der Menschenschöpfung zu erweisen. In diesem Zusammenhang ist nach der Absicht des Schöpfers zu fragen und danach, zu welchem Zweck er die Menschen überhaupt erschaffen hat.

Daran muss die Untersuchung der Natur der geschaffenen Menschen angefügt werden.[9] Mit dem Verbum ἐπισυνάπτω wird angezeigt, wie eng der zweite Beweisgang mit dem ersten zusammenhängt und dass er diesen voraussetzt. Daher kann Ps-Athenagoras auch sagen, dass diese Argumentation nicht wirklich die zweite Rangfolge einnimmt. Da aber über beide Beweisgänge nicht im gleichen Atemzug dasselbe Urteil gefällt werden kann, müssen sie nacheinander erfolgen. Dennoch gehören sie in gewisser Weise zusammen und bieten für die vorliegende Argumentationsabsicht die gleiche Beweiskraft (πρὸς τὸ προκείμενον τὴν ἴσην παρέχωνται δύναμιν).[10]

Die Beweisführung aus der αἰτία der Menschenschöpfung ist also dermaßen grundlegend, dass unser Autor zu Beginn des Auferstehungsbeweises aus der menschlichen Natur (in De Res 15,1) die Ansicht äußert, dass die Untersuchung der Entstehungsursache des göttlichen Geschöpfs schon allein genügt, um zu beweisen, dass die Auferstehung – der natürlichen Schlussfolgerung entsprechend – für die aufgelösten Leiber erfolgt.[11] Somit bietet der Argumen-

---

7   De Res 14,3 (Marcovich 38,28 f.).

8   Ps-Athenagoras bestreitet in diesem Zusammenhang die Annahme, dass die Natur der erschaffenen Menschen im Beweisverfahren einen vom ersten unabhängigen Beweisgang für sich beanspruchen kann (οὐχ ὡς τῇ τάξει δευτερεύουσαν). Vgl. De Res 14,4 (Marcovich 38,32–35).

9   De Res 14,4 (Marcovich 38,34 f.): „ταύτῃ δὲ προσφυῶς ἐπισυνάψαι τὴν τῶν γενομένων ἀνθρώπων φύσιν".

10 De Res 14,4 (Marcovich 38,36–39,2): „κἂν ὅτι μάλιστα συνυπάρχωσιν ἀλλήλαις καὶ πρὸς τὸ προκείμενον τὴν ἴσην παρέχωνται δύναμιν."

11 De Res 15,1 (Marcovich 39,18–20): „Ἀρκούσης δὲ καὶ μόνης τῆς ἐπὶ τῇ γενέσει τῶν ἀνθρώπων θεωρουμένης αἰτίας δεῖξαι τὴν ἀνάστασιν κατὰ φυσικὴν ἀκολουθίαν ἑπομένην τοῖς διαλυθεῖσι σώμασιν".

SCHÖPFUNGSTHEOLOGISCHE ARGUMENTATION (DE RES 12–17)   397

tationsgang in De Res 12 f. die entscheidende Grundlegung für den Auferstehungsbeweis. So baut die Erörterung in De Res 15–17 direkt auf diesen auf und
zieht Folgerungen aus der Ursache der Menschenkreation.

2 Ursache der Menschenschöpfung (De Res 12,1–13,2)

2.1 *Erschaffung des „ersten Menschen"*
Ps-Athenagoras macht die schöpfungstheologische Herangehensweise zur
Grundlage des positiven Auferstehungsbeweises:

> Man muss aber zum Vorliegenden gehen und den Beweis für die Aufer-
> stehung (τὸν περὶ τῆς ἀναστάσεως λόγον) von ihrer Ursache her als wahr
> erweisen, nach welcher und weswegen der erste Mensch geschaffen wor-
> den ist (ὁ πρῶτος γέγονεν ἄνθρωπος) und seine Nachkommen, wenn sie
> auch nicht auf gleiche Weise entstanden sind.[12]

Der Autor fragt nach dem Grund der Menschenschöpfung. Dabei ist die Frage-
stellung nach der Zweckbestimmung der Erschaffung des „ersten Menschen"
entscheidend. Denn in dieser Frage ist impliziert, dass es einen Unterschied
zwischen dem Protoplasten und seinen Nachkommen gibt, da der erste eine
Idealschöpfung des gesamten Menschengeschlechts darstellt. Es ist auch eine
Frage nach dem πρῶτος ἄνθρωπος, der im Anfangszustand existierte (wie aus
De Res 12,6 deutlich hervorgeht). Zu welchem Zweck wurde er nun geschaffen?
Es ist bezeichnend, dass Ps-Athenagoras diese Fragestellung zur Ausgangsbasis seines positiven Auferstehungsbeweises macht.[13] Daher ist anzunehmen,
dass eine solche Herangehensweise seinen philosophisch gebildeten Adressa-
ten nicht ganz fremd erschien. Zusätzlich legt sie offen, welche theologischen
Voraussetzungen unser Autor mitbringt, um seine Zuhörer von der Auferstehungswahrheit zu überzeugen.

---

12 De Res 11,7 (Marcovich 35,21–24): „ἰτέον δὲ ἐπὶ τὸ προκείμενον, καὶ δεικτέον ἀληθῆ τὸν περὶ τῆς
    ἀναστάσεως λόγον ἀπό τε τῆς αἰτίας αὐτῆς, καθ' ἣν καὶ δι' ἣν ὁ πρῶτος γέγονεν ἄνθρωπος οἵ τε
    μετ' ἐκεῖνον, εἰ καὶ μὴ κατὰ τὸν ὅμοιον γεγόνασι τρόπον".

13 Vgl. T.F. Torrance, Logos, 22: „But in so doing he made it clear that, since the resurrection
    und creation belong essentially together in the actualisation of God's fundamental pur-
    pose, in any true understanding of the resurrection physical and theological principles
    must come together."

Von der αἰτία τῆς τῶν ἀνθρώπων γενέσεως entwickelt Ps-Athenagoras seinen ersten und zugleich grundlegenden Beweisgang für die Auferstehung. Woher schöpft unser Autor seine Ideen und welche Prämissen bringt er mit, um nach der Ursache der Erschaffung des „ersten Menschen" zu fragen? N. Zeegers-Vander Vorst weist darauf hin, dass eine solche Fragestellung ein „Ursache-Zweck-Schema" (schéma cause-finalité) impliziert, das ein Leitmotiv der griechischen Philosophie darstellt.[14] Bereits Platon macht die Frage nach der Ursache des Geschaffenen zu einem Grundaxiom, um im *Timaios* über die Entstehung der Welt nachzudenken: „Alles Gewordene aber ist notwendigerweise aus einer Ursache entstanden."[15] Denn für alles ist es unmöglich, ohne Ursache eine Entstehung zu erhalten.[16] Der δημιουργός schaut bei der Erschaffung der Welt auf das Unvergängliche, das die Ursache für die Entstehung des gesamten Kosmos für Platon bildet.[17] Somit geht die Frage nach der Ursache von allem Entstandenen auf die platonische Tradition zurück, der auch viele andere Autoren ihre Ideen entnehmen.[18] Dazu gehört offensichtlich auch Ps-Athenagoras, der jedoch die Ursache der Entstehung auf den πρῶτος ἄνθρωπος bezieht.

Aus welchem Grund wurde also der πρῶτος ἄνθρωπος erschaffen? Eine solche Fragestellung beruht aber auch auf der jüdisch-christlichen Tradition, in der die gesamte Weltgeschichte vom Schöpfungshandeln Gottes in Gen 1 und 2 her bestimmt ist. Somit hat das Nachdenken über die Entstehung des *ersten* Menschen deutlich jüdisch-christliche Wurzeln und fragt nach der Ursache

---

14 N. Zeegers-Vander Vorst, Adversaires et destinataires, 624: „De plus, il est remarquable que, présentant la permanence de l'homme comme conforme au plan de Dieu, R se réfère non pas à l'Écriture, mais au schéma cause-finalité, qui est des leitmotiv de la philosophie grecque."

15 Platon, Timaios 28a4 f.: „πᾶν δὲ αὖ τὸ γιγνόμενον ὑπ᾽αἰτίου τινὸς ἐξ ἀνάγκης γίγνεσθαι·"

16 Platon, Timaios 28a5 f.: „παντὶ γὰρ ἀδύνατον χωρὶς αἰτίου γένεσιν σχεῖν."

17 Deshalb betont Platon nachdrücklich: „Bei dem Gewordenen wiederum aber, sagen wir, dass es notwendigerweise aus einer Ursache entstanden ist." Platon, Timaios 28c2 f.: „τῷ δ᾽ αὖ γενομένῳ φαμὲν ὑπ᾽ αἰτίου τινὸς ἀνάγκην εἶναι γενέσθαι." In einem weiteren Dialog (*Philebos* 26e3 f.) bestätigt Platon erneut seine Sicht, dass nämlich alles Gewordene aufgrund einer Ursache entstanden ist (πάντα τὰ γιγνόμενα διά τινα αἰτίαν γίγνεσθαι).

18 N. Zeegers-Vander Vorst, Adversaires et destinataires, 624, verweist vor allem auf die Autoren der Stoa, die diese Grundthese rezipieren, dass nämlich alles aufgrund von bestimmten Ursachen entstanden ist: *Chrysippus* in Frg. SVF II,912 (Arnim 264,5–7) [aus Plutarch, De fato 11 (Mor. 574e5–7)]: „κατὰ δὲ τὸν ἐναντίον (scil. λόγον) μάλιστα μὲν [καὶ] **πρῶτον** εἶναι δόξειε τὸ μηδὲν ἀναιτίως γίγνεσθαι, ἀλλὰ κατὰ προηγουμένας αἰτίας·" Vgl. weiter Seneca, Epist 65,14 (Rosenbach 544,13–20); Marc Aurel, Ad seipsum v,8,4 (Farquharson 80,12–18).

SCHÖPFUNGSTHEOLOGISCHE ARGUMENTATION (DE RES 12–17) 399

der Erschaffung eines „Idealmenschen". Besonders Philo von Alexandrien thematisiert in seiner Schrift „De opificio mundi" die Erschaffung des πρῶτος ἄνθρωπος, indem er zur Beantwortung dieser Fragestellung die ersten beiden Schöpfungsberichte heranzieht. Vor Philo gibt es keine literarischen Zeugnisse, die die Erschaffung des *ersten* Menschen auf der Grundlage der Heiligen Schrift zur Ausgangsbasis ihrer schöpfungstheologischen Überlegungen machen.[19] Dies hat definitiv seine Wurzeln im Judentum und Philo versucht, mit philosophisch-platonischen Kategorien die Erschaffung des πρῶτος ἄνθρωπος mit seiner Allegorese in Verbindung zu bringen.

Philo fragt *nicht* nach der Ursache der Erschaffung des ersten Menschen *an sich*. Vielmehr wendet er die platonische Ausgangsthese auf verschiedene Motive an, die umittelbar mit der Menschenschöpfung zusammenhängen: Was ist die Ursache dafür, dass der Schöpfer den Menschen nicht „allein" erschafft, sondern seine Entstehung auf mehrere „Demiurgen" zurückführt?[20] Mit dieser Herangehensweise versucht Philo, die Aussage in der ersten Person Plural „Lasst uns einen Menschen machen" (LXX: ποιήσωμεν ἄνθρωπον) in Gen 1,26 zu klären. Er führt aus, dass Gott nicht der Urheber des Bösen sein will,[21] welches der gemischten Natur (τῆς μικτῆς φύσεως) des Menschen entspringt.[22] Er ist nur für die Schöpfung des Guten innerhalb der gemischten Natur des Menschen zuständig, so dass er die Erschaffung des Entgegengesetzten, des Bösen, den anderen Wesen überträgt, die jedoch seine Untergebenen sind.[23] Wie im platonischen *Timaios* erschafft der δημιουργός nur die Seele. Platon zufolge sind für die Hervorbringung des sterblichen Körpers „die

---

19 Antike Völker machten sich natürlich über die Erschaffung der „Urmenschen/Erdgeborenen" (γηγενεῖς) eigene Gedanken, was aber selbstredend nicht auf die *Heilige Schrift* zurückgeht. Siehe C. Cels. IV,36a (Marcovich 250,14–18): „Μετὰ ταῦτα ὁ Κέλσος ἐκτιθέμενος τὰ ἀπὸ τῆς ἔξω τοῦ θείου λόγου ἱστορίας τὰ περὶ τῶν ἐπιδικασαμένων ἀνθρώπων τῆς ἀρχαιότητος οἷον Ἀθηναίων καὶ Αἰγυπτίων καὶ Ἀρκάδων καὶ Φρυγῶν καὶ γηγενεῖς τινας παρὰ σφίσιν γεγονέναι λεγόντων καὶ τεκμήρια τούτων παρεχομένων ἕκαστον". Vgl. H.E. Lona, Kelsos, 242 f.

20 Philo, Opif § 72 (Vol I, 24,11–13 Cohn): „Ἀπορήσειε δ' ἄν τις οὐκ ἀπὸ σκοποῦ, τί δήποτε τὴν ἀνθρώπου μόνου γένεσιν οὐχ ἑνὶ δημιουργῷ καθάπερ τἆλλα ἀνέθηκεν, ἀλλ' ὡσανεὶ πλείοσιν·"

21 Philo, Opif § 75 (Vol I, 25,17 f. Cohn): „ἔδει γὰρ ἀναίτιον εἶναι κακοῦ τὸν πατέρα τοῖς ἐκγόνοις·"

22 Vgl. Philo, Opif § 73 f. (Vol I, 25,5–13 Cohn).

23 Philo, Opif § 75 (Vol I, 25,13–17 Cohn): „διὰ τοῦτ' ἐπὶ μόνης τῆς ἀνθρώπου γενέσεώς φησιν ὅτι εἶπεν ὁ θεὸς ,ποιήσωμεν', ὅπερ ἐμφαίνει συμπαράληψιν ἑτέρων ὡς ἂν συνεργῶν, ἵνα ταῖς μὲν ἀνεπιλήπτοις βουλαῖς τε καὶ πράξεσιν ἀνθρώπου κατορθοῦντος ἐπιγράφηται θεὸς ὁ πάντων ἡγεμών, ταῖς δ' ἐναντίαις ἕτεροι τῶν ὑπηκόων·"

400 6. KAPITEL

jüngen Götter" verantwortlich.[24] Denn wenn der δημιουργός selbst den Leib geschaffen hätte, wäre dieser wie die Seele unsterblich.[25] Nun geht Philo bei den „anderen Demiurgen" nicht von *Göttern*, sondern, wie aus *De fuga* § 69 hervorgeht, von göttlichen *Kräften* (θεῖαι δυνάμεις) aus, so dass der Vater des Alls das Unsterbliche in der menschlichen Seele bildet, den sterblichen Seelenteil hingegen seinen Kräften überlässt.[26]

Weiterhin wendet er die Fragestellung nach der Ursache für alles Geschaffene erneut auf die Menschenschöpfung im ersten Schöpfungsbericht an: „Es könnte aber jemand nach dem Grund fragen, weshalb der Mensch das letzte (Werk) der Weltschöpfung ist?"[27] Daraufhin folgen vier Erklärungen, um die Gründe anzugeben, weshalb Gott den Menschen als das letzte seiner Werke in die Welt einführt.[28] Aus einer derartigen Vorgehensweise bezüglich der Deutung der Erschaffung des ersten Menschen wird ersichtlich, dass sich Philo

---

24 Platon, Timaios 42d5–7: „τὸ δὲ μετὰ τὸν σπόρον τοῖς νέοις παρέδωκεν θεοῖς σώματα πλάττειν θνητά".

25 Vgl. Platon, Timaios 41c2–6.

26 Vgl. Philo, De fuga § 69 (Vol III, 124,23–27 Wendland): „διαλέγεται μὲν οὖν ὁ τῶν ὅλων πατὴρ ταῖς ἑαυτοῦ δυνάμεσιν, αἷς τὸ θνητὸν ἡμῶν τῆς ψυχῆς μέρος ἔδωκε διαπλάττειν μιμουμέναις τὴν αὐτοῦ τέχνην, ἡνίκα τὸ λογικὸν ἐν ἡμῖν ἐμόρφου, δικαιῶν ὑπὸ μὲν ἡγεμόνος τὸ ἡγεμονεῦον ἐν ψυχῇ, τὸ δ' ὑπήκοον πρὸς ὑπηκόων δημιουργεῖσθαι."

27 Philo, Opif § 77 (Vol I, 25,23 f. Cohn): „Ἐπιζητήσειε δ' ἄν τις τὴν αἰτίαν, δι' ἣν ὕστατόν ἐστιν ἄνθρωπος τῆς τοῦ κόσμου γενέσεως·"

28 Der erste Grund: Gott hat den Menschen gebildet, weil er das ihm verwandteste und liebste Geschöpf in eine Welt hineinführen wollte, die bereits zum guten Leben ganz vorbereitet worden war (vgl. Opif § 77). Der zweite Grund: Nach seinem Entstehen fand der Mensch alle Zurüstungen für das Leben vor. Dies sollte eine Lehre für die späteren Menschen sein, dass sie, wenn sie den Urheber des Menschengeschlechts nachahmen, mühe- und kummerlos in reichstem Überfluss an erforderlichen Dingen leben würden (vgl. Opif § 79). Der dritte Grund: Gott wollte den Anfang und das Ende der Schöpfung wie nahe Verwandte und Freunde zusammenbringen. Deshalb schuf er zuerst den Himmel und zuletzt den Menschen. Der Himmel stellt dabei das vollkommenste der unvergänglichen Dinge in der wahrnehmbaren Welt dar; der Mensch ist dagegen das beste der geschaffenen und vergänglichen Geschöpfe, der wie ein kleiner Himmel viele sternähnliche Wesen als Bilder in sich trägt (Opif § 82 [Vol I, 28,22 f. Cohn]: βραχὺν [...] οὐρανὸν πολλὰς ἐν αὐτῷ φύσεις ἀστεροειδεῖς ἀγαλματοφοροῦντα). Somit hat Gott sowohl am Anfang als auch am Ende die natürlichen Gegensätze des Vergänglichen und Unvergänglichen durch die Erschaffung des Himmels und des Menschen zugewiesen (vgl. Opif § 82). Der vierte Grund: Gott hat den Menschen als letztes Geschöpf geschaffen, damit er als Führer und Herrscher der anderen Lebewesen fungieren sollte. Daher mussten diese vor ihm geschaffen werden, damit der Mensch die Herrscherrolle sogleich mit seiner Erschaffung übernehmen konnte (vgl. Opif § 83).

SCHÖPFUNGSTHEOLOGISCHE ARGUMENTATION (DE RES 12–17) 401

vornimmt, mit platonischen Kategorien die Schöpfungsberichte der Genesis, die er mit der Erschaffung der Welt im *Timaios* in Verbindung setzt, zu interpretieren. So wendet er seine platonische Bildung auf die Interpretation der Menschenschöpfung in Gen 1 und 2 an.

Ps-Athenagoras stellt die Frage noch grundsätzlicher als Philo, indem er ebenfalls unter platonischen Deutungskategorien nach der *Ursache* der Erschaffung des ersten Menschen *an sich* fragt. Philo spitzt die Fragestellung derart noch nicht zu, da sich ihm mit den vorgegebenen Schöpfungsberichten die Frage nach der αἰτία der Hervorbringung des πρῶτος ἄνθρωπος in dieser Weise nicht stellt. Die Schöpfungsursache des Protoplasten liegt für ihn in den ersten Kapiteln der Genesis selbst begründet. Es geht ihm darum, die Ursachen für die näheren Umstände der Menschenschöpfung zu klären. Dies hat jedoch zur Voraussetzung, dass der πρῶτος ἄνθρωπος selbstverständlich von Gott erschaffen wurde. Offenbar empfindet Philo es nicht als notwendig, nach dem Grund der Menschenerschaffung *an sich* zu fragen, was sicherlich mit seiner Verwurzelung in der Heiligen Schrift zusammenhängt. Somit stellt sich ihm die Fragestellung nach der αἰτία der Hervorbringung des Protoplasten in dieser Form nicht. Für Ps-Athenagoras aber erscheint es offenbar seiner philosophischen Adressaten wegen als klärungsbedürftig.

Auch *Celsus* führt die christliche Rede von der Erschaffung des „ersten Menschen" auf die Abhängigkeit von jüdischer Schöpfungsüberlieferung zurück: Obwohl die Christen von den Juden abgefallen sind (C. Cels. v,33: ὅμως δ' ἀφεστήκασιν Ἰουδαίων),[29] machten sie sich dennoch die Schöpfungsvorstellung der Genesis zu eigen. „Sie sagen, dass der erste Mensch (ὁ πρῶτος ἄνθρωπος) derselbe ist, wie auch die Juden ihn annehmen, und sie geben die Abstammung seiner Nachkommenschaft gleich wie bei ihnen an."[30] Celsus will dabei klarstellen, dass die Christen keine eigene κοσμογονία haben. Sie sind völlig von der jüdischen Lehre abhängig, haben jedoch mit ihren Wurzeln aus dem Judentum ganz gebrochen. Dies wirft er besonders den Christen der „großen Kirche" (ἀπὸ μεγάλης ἐκκλησίας) vor: Sie glauben nämlich an denselben Gott wie die Juden[31] und sie vertreten ihre Schöpfungsvorstellung. Denn sie schlie-

---

29 C. Cels. v,33 (Marcovich 347,19).

30 C. Cels. v,59 (Marcovich 371,6–8): „τὸν πρῶτον ἄνθρωπον, ὡς ἄρα λέγομεν τὸν αὐτὸν εἶναι ὡς καὶ Ἰουδαῖοι καὶ τὴν ἀπ' ἐκείνου διαδοχὴν ὁμοίως αὐτοῖς γενεαλογοῦμεν."

31 C. Cels. v,59 (Marcovich 370,24 f.): „Οὐκοῦν ὁ αὐτὸς θεὸς Ἰουδαίοις τε καὶ τοῖσδε".

402 6. KAPITEL

ßen sich den Lehren der Juden von der vorgetragenen Erschaffung der Welt an und behaupten, dass die Dinge über die sechs Tage und die über den siebten Tag, an dem Gott ruhte, wahr sind.[32]

Die Polemik des Celsus richtet sich insbesondere gegen die Menschenschöpfung sowohl im ersten als auch im zweiten Schöpfungsbericht der Genesis. Er übt massive Kritik an der Behauptung, dass der Mensch nach dem Abbild Gottes erschaffen worden ist: Denn der Mensch ist nicht nach dem Abbild Gottes gemacht. Gott ist nicht so beschaffen, dass er irgendeiner anderen Gestalt gleich ist (οὔτ' ἄλλῳ εἴδει οὐδενὶ ὅμοιος.).[33] Auch die Erschaffung des Menschen gemäß Gen 2,7 ruft bei Celsus Empörung gegenüber der biblischen Überlieferung hervor: Die Juden haben sehr unglaubwürdige und ganz geschmacklose Lehren zusammengestellt, dass ein bestimmter Mensch durch Gottes Hände gebildet und von ihm angehaucht worden ist.[34] Für diesen Platoniker ist der gesamte biblische Bericht über die Weltschöpfung und über die Entstehung der Menschen einfältig.[35] Daher polemisiert Celsus gegen weitere Details des Urzustands in Gen 2 und 3: Denn auch das von Gott gepflanzte Paradies und das vorausgeführte Leben des Menschen in ihm ist genauso töricht wie der Umstand, dass die Menschen der Sünde wegen von dort vertrieben worden sind.[36] Mose hat diese Dinge aufgeschrieben, ohne sich dabei etwas zu denken. Er handelte – nach Meinung des Celsus – ähnlich wie die Dichter der alten Komödie, die im Scherz ihre Stücke verfassten.[37]

Obwohl Celsus auf diese Weise gegen die biblische Schöpfungsüberlieferung in Gen 1–3 vorgeht, stellt er ebenfalls Überlegungen an, weshalb und zu welchem Zweck die Menschen hervorgebracht wurden. „Weil aber die Menschen an das σῶμα gebunden wurden, sind sie (überhaupt) entstanden."[38] Den Hauptgrund für die Entstehung der Menschen stellt die Bindung ihrer

---

32   C. Cels. v,59 (Marcovich 370,26–371,2): „Σαφῶς γε τῶν ἀπὸ μεγάλης ἐκκλησίας τοῦτο ὁμολογούντων καὶ τὰ τῆς παρὰ Ἰουδαίοις φερομένης κοσμογονίας προσιεμένων ὡς ἀληθῆ περί γε τῶν ἒξ ἡμερῶν καὶ τῆς ἑβδόμης, ἐν ᾗ ὁ θεὸς ἀναπαυσάμενος".

33   C. Cels. vi,63 (Marcovich 440,15 f.): „Οὐδ' ἄνθρωπον ἐποίησεν εἰκόνα αὐτοῦ· οὐ γὰρ τοιόσδε ὁ θεός, οὔτ' ἄλλῳ εἴδει οὐδενὶ ὅμοιος."

34   C. Cels. iv,36 (Marcovich 250,21–23): „συνέθεσαν ἀπιθανώτατα καὶ ἀμουσότατα ἄνθρωπόν τινα ὑπὸ χειρῶν θεοῦ πλαττόμενόν τε καὶ ἐμφυσώμενον".

35   C. Cels. vi,49 (Marcovich 427,13.26 f.).

36   C. Cels. vi,49 (Marcovich 428,2–5): „τὸν ὑπὸ θεοῦ φυτευθέντα παράδεισον καὶ τὴν προηγουμένην ἐν αὐτῷ τοῦ ἀνθρώπου ζωὴν καὶ τὴν ἐκ περιστάσεως γενομένην ἐκβληθέντος διὰ τὴν ἁμαρτίαν".

37   C. Cels. vi,49 (Marcovich 428,9–11): „Ἦ δ' ἄρα μηδὲν νοήσας Μωϋσῆς ἀνέγραψε ταῦτα, ἀλλὰ παραπλήσιόν τι ποιῶν οἷς παίζοντες οἱ τῆς ἀρχαίας κωμῳδίας ποιηταὶ ἀνεγράψαντο·"

38   C. Cels. viii,53 (Marcovich 568,7 f.): „Ἐπειδὴ δὲ σώματι συνδεθέντες ἄνθρωποι γεγόνασιν".

SCHÖPFUNGSTHEOLOGISCHE ARGUMENTATION (DE RES 12–17)

Seelen an den Leib dar. Daraufhin gibt er drei Deutungen ab, wie es zu dieser Bindung an den Leib gekommen ist: Die Menschen sind aufgrund der Bindung an den Leib entstanden, „sei es wegen der Weltordnung, sei es, weil sie die Strafen für die Sünde bezahlen, sei es, dass die Seele von einigen Leidenschaften beschwert wurde, bis sie in den bestimmten Weltperioden ganz gereinigt wird. Denn nach Empedokles muss sie ,dreimal zehntausend Zeiten fern von den Seligen umherirren, indem sie in der Zeit verschiedene äußere Gestalten der Sterblichen annimmt'. Also ist es überzeugend, dass sie gewissen Aufsehern dieses Gefängnisses übergeben worden sind.“[39] So übt Celsus zwar an dem biblischen Schöpfungsbericht und an der im Paradies geschehenen „Ursünde“ Kritik, verweist jedoch auch selbst auf bestimmte Ursachen, die aufgrund eines „Urfehlers“[40] der Seele zur Entstehung der Menschen geführt haben.

Wie Celsus setzt auch Ps-Athenagoras bei seinen gebildeten Adressaten ein generelles Interesse an der Entstehung der ersten Menschen voraus. Da Celsus seinen ἀληθής λόγος an Gebildete richtet, die mit den Christen und ihren Lehren in Kontakt gekommen sind,[41] beginnt Ps-Athenagoras seinen positiven Auferstehungsbeweis ebenso mit der Protologie, um den vergleichbaren Adressatenkreis von seiner Anschauung zu überzeugen. Wenn sich die Ursachen der Entstehung der Menschen klären lassen, kann auch eindeutiger über die letzten Dinge, die Eschatologie, nachgedacht werden. Denn auch die platonisch Gebildeten fragen nach den Gründen, weshalb es zur Menschenentstehung gekommen ist. Celsus wehrt zwar den biblischen Schöpfungsbericht *a priori* ab, bietet aber selbst einige Erklärungsversuche aus dem Mythos. An dieser Stelle versucht Ps-Athenagoras bei seinen Adressaten anzuknüpfen, indem er nach den aus seiner Sicht *wahren* Ursachen der Menschenschöpfung fragt. Er beginnt somit seinen positiven Nachweis mit einigen grundlegenden Überlegungen über die Ursprünge, weshalb sich der Schöpfer also überhaupt zur Erschaffung des *ersten* Menschen entschlossen hat.

---

39 C. Cels. VIII,53 (Marcovich 568,7–16): „Ἐπειδὴ δὲ σώματι συνδεθέντες ἄνθρωποι γεγόνασιν εἴτ' οἰκονομίας τῶν ὅλων ἕνεκεν εἴτε ποινὰς ἁμαρτίας ἀποτίνοντες, εἴθ' ὑπὸ παθημάτων τινῶν τῆς ψυχῆς βαρυνθείσης, μέχρι ἂν ⟨ἐν⟩ ταῖς τεταγμέναις περιόδοις ἐκκαθαρθῇ· δεῖ γὰρ κατὰ τὸν Ἐμπεδοκλέα τρίς μιν μυρίας ὥρας ἀπὸ μακάρων ἀλάλησθαι γιγνομένην παντοίαν διὰ χρόνου ἰδέαν θνητῶν· πειστέον οὖν, ὅτι παραδέδονταί τισιν ἐπιμεληταῖς τοῦδε τοῦ δεσμωτηρίου.“

40 H.E. Lona, Kelsos, 454.

41 Vgl. H.E. Lona, Kelsos, 53: „Die Adressaten sind also Gebildete, die ebenfalls in Kontakt mit christlichen Lehrern stehen und darum der Anziehungskraft ihrer Lehre ausgesetzt sind.“

2.2 Zweckbestimmung der Menschenentstehung (De Res 12,1–5)

De Res 12,1–4

In De Res 12,1 entwickelt Ps-Athenagoras seine Fragestellung, von der aus er den Beweis für die Auferstehung führen will: Der von der Entstehungsursache geführte Beweis kommt dann zur Geltung, wenn untersucht wird, ob der Mensch ohne weiteres und zwecklos (ἁπλῶς καὶ μάτην) oder zu einem bestimmten Zweck (ἢ τινὸς ἕνεκεν) geschaffen wurde.[42] Die zweite Alternative wird befürwortet, so dass Ps-Athenagoras eine sich daran weiter anknüpfende Möglichkeit bedenkt, die ebenfalls einer Klärung bedarf: Wenn der Mensch zu einem bestimmten Zweck ins Leben gerufen wurde, dann muss sich folgerichtig eine weitere Frage daran anschließen: Ist er erschaffen worden, um entsprechend seiner geschaffenen Natur zu leben und fortzubestehen, oder ist er um des Bedarfs eines anderen Wesens willen (ἢ διὰ χρείαν τινός) entstanden?[43] Als ein solches Wesen kommt allein der Schöpfer selbst oder ein in Verbindung zum Menschen stehendes Wesen in Frage. Ps-Athenagoras drückt diese erneute Alternative so aus:

> Wenn aber (der Mensch) in Hinsicht auf ein Bedürfnis erschaffen wurde, dann wäre es entweder der Schöpfer selbst, der seiner bedarf, oder irgendein anderes Wesen, das dem Menschen nahesteht und das sich einer größeren Fürsorge für würdig hält (ἢ ἄλλου τινὸς τῶν αὐτῷ προσηκόντων καὶ πλείονος φροντίδος ἠξιωμένων).[44]

Somit sind alle Alternativen umrissen, um der Ursache und der Zweckbestimmung der Menschenschöpfung nachzugehen. Ps-Athenagoras bedenkt alle Eventualitäten, die die Entstehung des Menschen hervorgerufen haben konnten. Auf diese Weise will er seine Adressaten zum Nachdenken animieren und seine anschließenden Ausführungen nachvollziehbar erscheinen lassen. Dabei stützt er sich auf die allgemeine Betrachtung, die die Motive einer Handlung des vernünftigen Menschen einbezieht und bedenkt:

> Wenn wir die Sache allgemeiner untersuchen, dann können wir herausfinden, dass jeder, der einsichtsvoll ist und der sich durch ein vernünftiges

---

42 De Res 12,1 (Marcovich 35,28 f.): „Ἔστι δὲ ὁ μὲν ἀπὸ τῆς αἰτίας λόγος, ἐὰν ἐπισκοπῶμεν πότερον ἁπλῶς καὶ μάτην γέγονεν ἄνθρωπος ἢ τινὸς ἕνεκεν·"

43 De Res 12,1 (Marcovich 35,29–31): „εἰ δὲ τινὸς ἕνεκεν, πότερον γενόμενον αὐτὸν ἐπὶ τῷ ζῆν καὶ διαμένειν καθ' ἣν ἐγένετο φύσιν ἢ διὰ χρείαν τινός·"

44 De Res 12,1 (Marcovich 35,31 f.): „εἰ δὲ κατὰ χρείαν, ἤτοι τὴν αὐτοῦ τοῦ ποιήσαντος ἢ ἄλλου τινὸς τῶν αὐτῷ προσηκόντων καὶ πλείονος φροντίδος ἠξιωμένων."

SCHÖPFUNGSTHEOLOGISCHE ARGUMENTATION (DE RES 12–17)   405

> Urteil zu einer Tätigkeit bewegen lässt, nichts von dem, was er mit Vorsatz
> ausüben will, zwecklos (μάτην) vollbringt.[45]

Dies ist die entscheidende Voraussetzung der allgemeinen Untersuchung, die
das vernünftige und einsichtsvolle Handeln zur Grundlage weiterer Reflexionen macht. Daraufhin werden drei Möglichkeiten geliefert, die den Zweck einer
Handlung zum Inhalt haben: Denn entweder vollbringt eine solche einsichtsvolle Person etwas, was um ihres eigenen Bedürfnisses willen ist, oder wegen
des Bedarfs für ein anderes Wesen, um das sie besorgt ist, oder wegen des
Geschaffenen selbst, indem sie sich durch einen natürlichen Zug und durch
Liebe zu seiner Entstehung bewegen lässt (ὁλκῇ τινι φυσικῇ καὶ στοργῇ πρὸς τὴν
αὐτοῦ γένεσιν κινούμενος).[46]

Die letzte Erläuterung deutet an, dass unser Autor dabei offenbar an den
Schöpfer selbst denkt, der den Menschen um seiner selbst willen geschaffen
hat. Jedoch ist Ps-Athenagoras innerhalb seiner Argumentation noch nicht so
weit, diese Möglichkeit als die einzig wahre zu ermitteln. Daher versucht er,
seine Adressaten durch zwei Vergleiche zum Nachdenken zu veranlassen und
die beiden ersten Möglichkeiten eingehend zu überprüfen: Ein Mensch baut
ein Haus und tut dies zunächst um seines eigenen Bedarfs willen. Er baut aber
auch für seine Rinder, Kamele und die anderen Tiere das für einen jeden von
ihnen passende Obdach. Dies macht er nicht, wie es scheint, um seines eigenen
Bedarfs willen, sondern, wenn man das gerichtete Ziel im Blick hat, aufgrund
der Fürsorge (ἐπιμέλειαν) seinen Tiere gegenüber, so dass er auf diese Weise
Sorge für sie trägt (πεφρόντικεν).[47]

Ein zweites Beispiel zeigt eingehender an, worauf unser Autor im Wesentlichen hinaus will: Der Mensch zeugt aber auch Kinder, was er weder um seines
eigenen Bedarfs noch um eines anderen dem Menschen nahestehenden (τῶν
αὐτῷ προσηκόντων) Wesens willen macht. Vielmehr sollen die von ihm Erzeug-

---

45   De Res 12,2 (Marcovich 35,33–36,1): „Ὃ δὴ καὶ κοινότερον σκοποῦντες εὑρίσκομεν ὅτι πᾶς εὖ
     φρονῶν καὶ λογικῇ κρίσει πρὸς τὸ ποιεῖν τι κινούμενος οὐδὲν ὧν κατὰ πρόθεσιν ἐνεργεῖ ποιεῖ
     μάτην".

46   De Res 12,2 (Marcovich 36,1–3): „ἀλλ' ἤτοι τῆς ἰδίας ἕνεκεν χρήσεως ἢ διὰ χρείαν ἄλλου τινὸς
     ὧν πεφρόντικεν ἢ δι' αὐτὸ τὸ γινόμενον, ὁλκῇ τινι φυσικῇ καὶ στοργῇ πρὸς τὴν αὐτοῦ γένεσιν
     κινούμενος·"

47   De Res 12,2 (Marcovich 36,3–8): „Οἷον (λεγέσθω γὰρ δι' εἰκόνος τινός, ἵνα σαφὲς γένηται τὸ
     προκείμενον) ἄνθρωπος ποιεῖ μὲν οἶκον διὰ τὴν ἰδίαν χρείαν, ποιεῖ δὲ βουσὶ καὶ καμήλοις ἢ τοῖς
     ἄλλοις ζῴοις, ὧν ἐστιν ἐνδεής, τὴν ἑκάστῳ τούτων ἁρμόζουσαν σκέπην οὐκ ἰδίας ἕνεκεν χρήσεως
     κατὰ τὸ φαινόμενον, ἀλλὰ κατὰ μὲν τὸ τέλος διὰ τοῦτο, κατὰ δὲ τὸ προσεχὲς διὰ τὴν τούτων ὧν
     πεφρόντικεν ἐπιμέλειαν·"

406   6. KAPITEL

ten so lange wie möglich existieren und fortbestehen, indem er sich mit der Nachkommenschaft der Kinder und Enkel über sein eigenes Ende hinwegtröstet und auf diese Weise das Sterbliche unsterblich zu machen glaubt (τὸ θνητὸν ἀπαθανατίζειν οἰόμενος).[48] Mit diesem Beispiel scheint er die aus seiner Sicht entscheidende Absicht Gottes bezüglich der Menschenschöpfung erfasst zu haben, wie auch aus den Folgerungen dieser Vergleiche in De Res 12,3 ersichtlich wird.

In De Res 12,3 leitet Ps-Athenagoras zur eigentlichen Aussageabsicht seiner Argumentation über:[49] „Jedoch hat Gott den Menschen nicht zwecklos erschaffen."[50] Bereits in De Res 12,2 stellt er fest, dass jeder, der einsichtig ist und sich durch ein vernünftiges Urteil zu einer Tätigkeit bewegen lässt, nichts von dem, was er vorsätzlich ausübt, zwecklos (μάτην) vollbringt. Dies gilt im Besonderen für Gott, der der einsichtigste und vernünftigste Schöpfer seiner Werke ist. Die Zwecklosigkeit entspricht keinesfalls dem Schöpfungshandeln Gottes. Unser Autor begründet diesen Zusammenhang eindrucksvoll mit einer klaren Aussage: „Denn er ist weise; kein Werk der Weisheit aber ist zwecklos."[51] Wenn jedoch die Zwecklosigkeit ganz aus Gottes Schöpfertätigkeit ausgeschlossen ist, dann stellt sich aus der bisherigen Argumentation in De Res 12,1 f. weiterhin die Frage: Zu welchem Zweck ist nun der Mensch geschaffen? Eine klare Antwort darauf hat unser Autor noch nicht gegeben. Er bedenkt in De Res 12,3 zunächst die erste der drei Alternativen, die zur Beantwortung dieser Frage in De Res 12,2 aufgeworfen werden. Schuf Gott den Menschen möglicherweise wegen seines eigenen Bedarfs? In De Res 12,3 folgt eine deutliche Verneinung dieser Möglichkeit: Er hat den Menschen nicht um seines eigenen Bedürfnisses willen geschaffen (οὔτε διὰ χρείαν ἰδίαν).[52] Daraufhin liefert Ps-Athenagoras auch eine direkte Begründung seiner thesenartigen Stellungnahme:

> Denn er ist ganz bedürfnislos (ἀπροσδεής); einem Wesen aber, das überhaupt nichts bedarf, dürfte keines von ihm geschaffenen (Werke) zu seinem eigenen Bedarf dienen.[53]

---

48 De Res 12,2 (Marcovich 36,8–12): „ποιεῖται δὲ καὶ παῖδας οὔτε διὰ χρείαν ἰδίαν οὔτε δι᾽ ἕτερόν τι τῶν αὐτῷ προσηκόντων, ἀλλ᾽ ἐπὶ τῷ εἶναί τε καὶ διαμένειν καθόσον οἷόν τε τοὺς ὑπ᾽ αὐτοῦ γεννωμένους, τῇ τῶν παίδων καὶ τῶν ἐγγόνων διαδοχῇ τὴν ἑαυτοῦ τελευτὴν παραμυθούμενος καὶ ταύτῃ τὸ θνητὸν ἀπαθανατίζειν οἰόμενος."

49 De Res 12,3 (Marcovich 36,13): „Ἀλλὰ ταῦτα μὲν ὑπὸ τούτων·"

50 De Res 12,3 (Marcovich 36,13 f.): „ὁ μέντοι θεὸς οὔτ᾽ ἂν μάτην ἐποίησεν τὸν ἄνθρωπον·"

51 De Res 12,3 (Marcovich 36,14): „ἔστι γὰρ σοφός, οὐδὲν δὲ σοφίας ἔργον μάταιον·"

52 De Res 12,3 (Marcovich 36,14 f.).

53 De Res 12,3 (Marcovich 36,15–17): „παντὸς γάρ ἐστιν ἀπροσδεής, τῷ δὲ μηδενὸς δεομένῳ τὸ παράπαν οὐδὲν τῶν ὑπ᾽ αὐτοῦ γενομένων συντελέσειεν ἂν εἰς χρείαν ἰδίαν."

SCHÖPFUNGSTHEOLOGISCHE ARGUMENTATION (DE RES 12–17) 407

Anschließend kommt Ps-Athenagoras zur zweiten Alternative, die sich aus der Verneinung der ersten folgerichtig ergibt: Wenn Gott den Menschen nicht zwecklos und nicht um seines eigenen Bedarfs willen in die Welt gesetzt hat, dann stellt sich die Frage, ob er ihn nicht wegen des Bedürfnisses eines anderen Wesens geschaffen hat, um das er besorgt ist (De Res 12,2: διὰ χρείαν ἄλλου τινὸς ὢν πεφρόντικεν).[54] Aber auch diese Option verneint Ps-Athenagoras entschieden: Gott hat den Menschen nicht wegen eines von ihm gemachten Werkes hervorgebracht.[55] Erneut folgt die Erklärung sogleich:

> Denn kein (Geschöpf), das die Vernunft und das Urteil gebraucht, wurde oder wird zum Bedarf für ein anderes (Wesen) geschaffen, sei es für ein größeres oder für ein geringeres Wesen.[56]

Die Gewordenen sind allein um ihres eigenen Lebens und ihrer eigenen Fortdauer willen entstanden (ἀλλὰ διὰ τὴν ἰδίαν αὐτῶν τῶν γενομένων ζωήν τε καὶ διαμονήν).[57] Die moralischen Vernunftwesen wurden demnach zum *Selbstzweck* von Gott hervorgebracht.[58]

Auf diese Weise lässt Ps-Athenagoras nur die dritte Alternative als die einzig wahre Ursache der menschlichen Erschaffung gelten. Diesen Zusammenhang hat er bereits in De Res 12,1 angedeutet. Dort bedenkt er die Möglichkeit, ob Gott den Menschen dazu erschaffen hat, dass dieser entsprechend seiner eigenen Natur einfach lebt und fortbesteht.[59] In De Res 12,2 formuliert er diese Ansicht schon entschiedener, ohne den Lesern das Bedenken der beiden anderen Optionen abzunehmen: Die Hervorbringung des Menschen ist allein um seiner selbst willen vollzogen worden, wozu Gott sich durch einen natürlichen

---

54 De Res 12,2 (Marcovich 36,1 f.).

55 De Res 12,3 (Marcovich 36,17 f.). „Ἀλλ' οὐδὲ διά τινα τῶν ὑπ' αὐτοῦ γενομένων ἔργων ἐποίησεν ἄνθρωπον."

56 De Res 12,3 (Marcovich 36,18 f.): „οὐδὲν γὰρ τῶν λόγῳ καὶ κρίσει χρωμένων οὔτε τῶν μειζόνων οὔτε τῶν καταδεεστέρων γέγονεν ἢ γίνεται πρὸς ἑτέρου χρείαν".

57 De Res 12,3 (Marcovich 36,19 f.).

58 Vgl. L. Richter, Athenagoras, 23: „Der Zweck der Schöpfung liegt hiernach vor allem in den Kreaturen selbst, und zwar in den vernünftigen. Während die anderen vernunftlosen Geschöpfe nur mittelbar von Gott bezweckt sind, nämlich um der vernünftigen Kreaturen (der Menschen) willen, sind diese Selbstzweck; ihr Sein ist Zweck ihres, ja allen kreatürlichen Seins." Vgl. ebd., 25: „Die vernünftige Kreatur, der Mensch, ist ja eben der eigentliche, ja einzige Zweck der Schöpfung."

59 De Res 12,1 (Marcovich 35,29 f.): „πότερον γενόμενον αὐτὸν ἐπὶ τῷ ζῆν καὶ διαμένειν καθ' ἣν ἐγένετο φύσιν".

408   6. KAPITEL

Zug und durch Liebe entschlossen hat.[60] Im zweiten Anschauungsbeispiel betont unser Autor, dass ein Mensch nicht um seines eigenen Bedarfs willen Kinder zeugt, sondern damit die von ihm Erzeugten so lange wie möglich existieren und fortbestehen (εἶναί τε καὶ διαμένειν).[61] Mit diesem Vergleich weist er offenbar auf die Absicht des Schöpfers hin, den Menschen allein um seines eigenen Lebens und seiner eigenen Fortdauer willen erschaffen zu haben.[62]

Am Ende von De Res 12,3 scheint Ps-Athenagoras somit zu einem klaren Ergebnis seiner in De Res 12,1 aufgeworfenen Problematik gekommen zu sein. Daher überrascht es zunächst, dass er in De Res 12,4 der zweiten Möglichkeit nachgeht, obwohl er diese längst verneint hat: Dass der Mensch zum Bedarf für ein anderes Wesen erschaffen wurde, kommt offensichtlich doch noch als eine ernstzunehmende Alternative in Frage. Daher setzt sich unser Autor erneut mit dieser Ansicht auseinander. Es fällt auf, dass er sich besonders auf die Vernunft stützt, um seine Zuhörer von der Unzulässigkeit dieser Behauptung zu überzeugen:

> Denn auch die Vernunft führt die Ursache für die Entstehung der Menschen nicht auf ein Bedürfnis für ein (anderes Wesen) zurück.[63]

Zwei Arten von Wesen, die die Menschen zu ihrer Existenz brauchen, kommen dabei in Betracht. Ps-Athenagoras spricht in De Res 12,3 von den größeren und geringeren Wesen, die möglicherweise Bedarf nach einem Menschen haben.[64]

Die größeren sind – wie aus dem weiteren Verlauf der Argumentation in De Res 12,4 hervorgeht – die unsterblichen Wesen, während die geringeren die unvernünftigen Lebewesen sind. Der Mensch wurde also nicht zum Bedürfnis dieser beiden Wesensarten erschaffen, weil zunächst „die unsterblichen

---

60   De Res 12,2 (Marcovich 36,2 f.): „δι' αὐτὸ τὸ γινόμενον, ὁλκῇ τινι φυσικῇ καὶ στοργῇ πρὸς τὴν
      αὐτοῦ γένεσιν κινούμενος".

61   De Res 12,2 (Marcovich 36,10 f.): „ἐπὶ τῷ εἶναί τε καὶ διαμένειν καθόσον οἷόν τε τοὺς ὑπ' αὐτοῦ
      γεννωμένους".

62   Vgl. L. Chaudouard, Étude sur le Περὶ ἀναστάσεως d'Athénagore, 50: „Il reste donc que
      Dieu a fait l'homme pour l'homme même, entraîné par cette bonté et cette sagesse qui
      resplendissent dans tous les êtres et il l'a fait immortel pour lui permettre d'arriver à la
      permanence dans la sagesse et la justice, le seul bonheur immarcescible. En définitive,
      c'est l'amour désintéressé qui est le motif de la Création, puisque Dieu reste le même
      avant comme après l'existence des êtres créés."

63   De Res 12,4 (Marcovich 36,20 f.): „Οὐδὲ γὰρ ὁ λόγος εὑρίσκει τινὸς χρείαν τῆς τῶν ἀνθρώπων
      γενέσεως αἰτίαν".

64   De Res 12,3 (Marcovich 36,18 f.).

SCHÖPFUNGSTHEOLOGISCHE ARGUMENTATION (DE RES 12–17) 409

(Wesen) bedürfnislos sind und niemals zu ihrer Existenz eine Beitrag von Menschen nötig haben."[65] Nun scheinen die Adressaten einen gegenteiligen Standpunkt zu vertreten, so dass sich Ps-Athenagoras herausgefordert sieht, sie von seiner Meinung zu überzeugen. Deshalb vertieft er noch einmal die zweite Alternative, um alle Zweifel hinsichtlich der Entstehungsursache der Menschen gänzlich auszuräumen. Es müssen vor allem solche Personen überzeugt werden, die sich die Ansicht des Celsus im ἀληθὴς λόγος zu eigen machen. Manche Zuhörer führen offenkundig die Ursache der Menschenentstehung nicht auf den Schöpfungswillen Gottes, sondern auf andere Umstände zurück, die die Hervorbrinung der Menschen notwendig machen.

In C. Cels. VIII,53 erklärt Celsus nämlich, dass bestimmte Gründe zur Entstehung der Menschen geführt haben. Jedenfalls sind die Menschen deshalb entstanden, weil sie an den Leib gebunden worden sind.[66] Den Zweck der irdischen Existenz stellt nun die Überwachung durch gewisse Aufseher dar, wie Celsus eindringlich betont:

> Nun muss man überzeugt sein, dass sie gewissen Aufsehern dieses Gefängnisses übergeben worden sind.[67]

Die Existenz der Seelen in ihren Körpern geht auf einen Urfehler zurück, der die Befindlichkeit in diesem Gefängnis verursacht hat.[68] Bestimmte Aufseher sind daher beauftragt, das Verhalten der Seelen in ihren σώματα zu überwachen, bis die ψυχαί in den vorgesehenen Weltperioden ganz gereinigt werden[69] und eine endgültige Befreiung vom somatischen Bereich erfahren.

Aus der Perspektive des Ps-Athenagoras stellt sich die Frage, was das Verhalten der Menschen diesen Aufsehern gegenüber im Wesentlichen beinhaltet. Offenbar müssen sich die Menschen in Bezug auf ihre ἐπιμεληταί bewähren. Diese überwachen ihrerseits das menschliche Leben, um ihnen bei der entsprechenden Lebensweise die Befreiung vom σῶμα zu gewähren. Weiterhin stellt

---

65   De Res 12,4 (Marcovich 36,21–23): „τῶν μὲν ἀθανάτων ἀνενδεῶν ὄντων καὶ μηδεμιᾶς μηδαμῶς παρ' ἀνθρώπων συντελείας πρὸς τὸ εἶναι δεομένων".

66   C. Cels. VIII,53 (Marcovich 568,7 f.): „Ἐπειδὴ δὲ σώματι συνδεθέντες ἄνθρωποι γεγόνασιν".

67   C. Cels. VIII,53 (Marcovich 568,15 f.): „πειστέον οὖν, ὅτι παραδέδονταί τισιν ἐπιμεληταῖς τοῦδε τοῦ δεσμωτηρίου."

68   C. Cels. VIII,53 (Marcovich 568,8–14). Vgl. H.E. Lona, Kelsos, 454: „Bei der zweiten Erklärung wird vorausgesetzt, dass die Seele älter ist als der Leib (Ti. 34c), und dass sie einen wie auch immer gearteten ‚Urfehler' begangen hat, für den sie jetzt in der Erdenzeit zu bezahlen hat (ποινὰς ἁμαρτίας ἀποτίνοντες)."

69   C. Cels. VIII,53 (Marcovich 568,10 f.): „μέχρι ἂν ⟨ἐν⟩ ταῖς τεταγμέναις περιόδοις ἐκκαθαρθῆ."

410   6. KAPITEL

sich hinsichtlich der Argumentation des Ps-Athenagoras folgende Frage: Inwiefern bedürfen die Aufseher einen menschlichen Beitrag und in welcher Weise benötigen sie die Menschen überhaupt? Aus der Sicht von Ps-Athenagoras kann die Forderung des Celsus so verstanden werden, dass die im Auftrag des höchsten Gottes handelnden Dämonen den Dienst der Menschen brauchen, um sich ihnen gegenüber freundlich zu erweisen.

In Abschnitt C. Cels. VIII,55–63 thematisiert Celsus die Pflichten, die die Menschen gegenüber den himmlischen Mächten zu erfüllen haben. Dort bezieht sich Celsus ebenfalls wie Ps-Athenagoras auf die Vernunft (λόγος), die verlangt, dass die Menschen diesen Vorstehern in gebührender Weise dienen sollen. Wenn sie jedoch diesen Dienst für unwürdig halten, sollen sie das Mannesalter nicht erreichen, keine Frau nehmen, keine Kinder empfangen und nichts anderes im Leben tun. Stattdessen sollen sie alle zusammen von hier weggehen, ohne Nachkommenschaft zu hinterlassen, bis ein solches Geschlecht auf Erden ganz ausgerottet wird.[70] Wenn sie aber auch Frauen nehmen, Kinder zeugen, Früchte genießen, an den Dingen in diesem Leben teilhaben und die auferlegten Übel ertragen wollen, dann müssen sie den mit diesen Dingen Beauftragten die gebührenden Ehren erweisen und dem Leben die geziemenden Dienste leisten. Dieses müssen sie ausführen, bis sie von den Fesseln des Somatischen befreit werden (μέχρι ἂν τῶν δεσμῶν ἀπολυθῶσι), damit sie diesen Wesen gegenüber nicht als undankbar erscheinen.[71]

> Denn es wäre auch ungerecht, an den Dingen teilzuhaben, die diese besitzen, ihnen aber keinen Beitrag zu leisten (συντελεῖν).[72]

Der zu leistende Beitrag der Menschen diesen höheren Wesen gegenüber besteht also in der Erweisung der ihnen zustehenden Ehren. Celsus verlangt auf-

---

70   C. Cels. VIII,55 (Marcovich 571,19–24): „Δυοῖν θάτερον αἱρεῖ λόγος. Εἰ μὲν ἀπαξιοῦσι θεραπεύειν τὰ εἰκότα τοὺς τῶνδε ἐπιστάτας, μήτ' εἰς ἀνδρὸς ἰέναι μήτ' ἄγεσθαι γυναῖκα μήτ' ἀναιρεῖσθαι τέκνα μήτ' ἄλλο πράττειν μηδὲν ἐν τῷ βίῳ, χωρεῖν δ' ἔνθεν πασσυδὶ μηδὲν σπέρμα ἐλλειπομένους, ὡς ἂν ἐρημωθείη πάμπαν ἐπὶ γῆς τὸ τοιοῦτον γένος·"

71   C. Cels. VIII,55 (Marcovich 571,24–572,6): „εἰ δὲ καὶ γυναῖκας ἄξονται καὶ παῖδας ποιήσονται καὶ καρπῶν γεύσονται καὶ τῶν ἐν τῷ βίῳ μεθέξουσι καὶ κακῶν τῶν ἐπιτεταγμένων ἀνέξονται (φύσις μὲν γὰρ αὕτη πάντας ἀνθρώπους πειρᾶσθαι κακῶν· εἶναι μὲν γὰρ ἀνάγκη κακά, χώραν δ' ἄλλην οὐκ ἔχει), ἀποδοτέον δὴ τὰς προσηκούσας τοῖς ταῦτ' ἐπιτετραμμένοις ⟨τιμὰς⟩ καὶ τῷ βίῳ λειτουργητέον τὰ πρέποντα, μέχρι ἂν τῶν δεσμῶν ἀπολυθῶσι, μὴ καὶ ἀχάριστοι πρὸς τούσδε εἶναι δοκῶσι."

72   C. Cels. VIII,55 (Marcovich 572,6 f.): „Καὶ γὰρ ἄδικον μετέχοντας ὧν οἵδε ἔχουσι μηδὲν αὐτοῖς συντελεῖν."

SCHÖPFUNGSTHEOLOGISCHE ARGUMENTATION (DE RES 12–17)   411

grund seines religiösen Bewußtseins, dass alle Menschen den als göttliche Zwischenwesen fungierenden Dämonen dankbar sein sollen, da diese die Dinge der Erde besitzen. Solange die Menschen leben, müssen sie ihnen die Erstlingsgaben und Gebete darbringen, damit sie diese Wesen als menschenfreundlich erfahren.[73] Er ist überzeugt, dass die Menschen alles von den Dämonen erhalten, was sie zum Leben auf Erden nötig haben:

> Wenn sie aber Weizen essen, Wein trinken, Obst genießen und sogar Wasser trinken und Luft einatmen, empfangen sie nicht jedes von diesen Dingen von gewissen Dämonen, denen im einzelnen die Sorge für jeden von ihnen aufgetragen worden ist?[74]

Selbstverständlich bejaht Celsus diese Frage, weil er sicher ist, die bestehende religiöse Weltordnung auf den Willen des einen höchsten Gottes zurückführen zu können. Hier wird die Vorstellung vertreten, dass die Dämonen von den durch die Menschen dargebrachten Opfern leben und sich darauf hin um die Menschen kümmern. Die göttlichen Zwischenwesen stehen also in einer engen Verbindung zu den Menschen und tragen Sorge für sie. Daher bedenkt auch Ps-Athenagoras in De Res 12,1 die Möglichkeit, ob nicht die Entstehung des Menschen auf ein Bedürfnis dieser Wesen zurückgeht, weil diese in einem engen Verhältnis zum Menschen stehen und sich einer größeren Fürsorge um ihn für würdig halten (ἄλλου τινὸς τῶν αὐτῷ προσηκόντων καὶ πλείονος φροντίδος ἠξιωμένων).[75]

Mit der Erwägung dieser Eventualität will der Verfasser bereits am Anfang seines positiven Beweises (in De Res 12,1) an den Voraussetzungen seiner Adressaten anknüpfen, denen die Sorge der göttlichen Wesen um die Menschen in der antiken Welt als eine Selbstverständlichkeit vorkommt. Er will seine Zuhörer mit ihren Vorstellungen ernst nehmen, sie gleichzeitig aber auch zur kritischen Reflexion der bestehenden religiösen Ordnungen veranlassen. Die Forderung der Teilnahme an dem allgemeinen Kultbetrieb löst bei Ps-Athenagoras die Kritik aus, dass die göttlichen Zwischenwesen offenbar den Dienst der Menschen nötig haben, um sich ihrerseits ihnen gegenüber gnädig zu erweisen. Der

---

73 C. Cels. VIII,33 (Marcovich 548,14–18): „Ἡ τοίνυν οὐδαμῇ οὐδαμῶς βιωτέον οὐδὲ τῇδε παριτητέον, ἢ τὸν ἐπὶ τοῖσδε παρελθόντα εἰς τὸν βίον δαίμοσι τοῖς τὰ ἐπὶ γῆς εἰληχόσιν εὐχαριστητέον καὶ ἀπαρχὰς καὶ εὐχὰς ἀποδοτέον, ἕως ἂν ζῶμεν, ὡς ἂν φιλανθρώπων αὐτῶν τυγχάνομεν.“

74 C. Cels. VIII,28 (Marcovich 543,29–544,3): „ὅταν δὲ σῖτον ἐσθίωσι καὶ οἶνον πίνωσι καὶ ἀκροδρύων γεύωνται καὶ αὐτὸ ὕδωρ (πίνωσι) καὶ αὐτὸν ἀέρα ἀναπνέωσιν, οὐκ ἄρα παρά τινων δαιμόνων ἕκαστα τούτων λαμβάνουσιν, οἷς κατὰ μέρη τὸ ἐπιμελὲς ἑκάστων προστέτακται;“

75 De Res 12,1 (Marcovich 35,31f.).

412   6. KAPITEL

höchste Gott hat ihnen die Fürsorge für die menschlichen Belange übertragen,
so dass die Menschen ihnen gegenüber zum Dienst verpflichtet sind.

> Celsus selbst wundert sich darüber, dass die Christen den Dämonen die
> Dienste verweigern. Denn diese handeln immer im Auftrag des höchsten
> Gottes, so dass alles von seiner Vorsehung abhängig ist, die er durch diese
> Zwischenwesen ausübt. Er fragt sich nämlich: „Warum darf man den Dämo-
> nen nicht dienen? Wird denn nicht alles gemäß der Absicht Gottes verwal-
> tet (κατὰ γνώμην διοικεῖται τοῦ θεοῦ) und kommt nicht jede Vorsehung von
> ihm?"[76] Nun scheint Celsus unter den Dämonen alle göttlichen Zwischenwe-
> sen zu subsummieren: Denn alles, was in der Welt ist, beruht auf dem Gesetz
> des größten Gottes (νόμον ἐκ τοῦ μεγίστου θεοῦ), sei es ein Werk Gottes oder
> der Engel oder der anderen Dämonen oder der Heroen. Über jedes Ding ist
> einer eingesetzt, der die Macht erhalten hat, für die er für würdig gehalten
> wurde (τέτακται δὲ ἐφ' ἑκάστῳ δύναμιν λαχὼν ὅστις ἠξίωται).[77] Sowohl die aus
> der jüdisch-christlichen Tradition bekannten Engel als auch die Götter und
> Halbgötter der Hellenen handeln – nach dieser Aussage des Celsus – alle
> im Dienste des größten und höchsten Gottes, da einem jeden von ihnen die
> Macht verliehen ist, für die er für würdig gehalten wird (ὅστις ἠξίωται).[78]
> Daher äußert sich die Vorsehung Gottes für die Menschen durch diese
> göttlichen Wesen, denen die Menschen die gebührenden Ehren zu erweisen
> haben. Celsus begreift den antiken Polytheismus weder im Gegensatz zum
> jüdisch-christlichen Monotheismus noch entgegen seiner henotheistischen
> Anschauung. Mit diesem Ansatz versucht er, die Christen in die polytheisti-
> sche Gesellschaft zurückzuführen.
> Celsus zufolge müssen die Menschen den Dämonen gegenüber ihre religiö-
> sen Pflichten (τούτοις ἀφοσιωτέον) nur soweit erfüllen, wie es förderlich ist (ἐφ'

76   C. Cels. VII,68 (Marcovich 517,12–14): „διὰ τί δαίμονας οὐ θεραπευτέον; Οὐ πάντα μέντοι κατὰ
     γνώμην διοικεῖται τοῦ θεοῦ, καὶ πᾶσα ἐξ ἐκείνου πρόνοια;"

77   C. Cels. VII,68 (Marcovich 517,14–17): „Καὶ ὅ τι περ ἂν ⟨ᾖ⟩ ἐν τοῖς ὅλοις, εἴτε θεοῦ ἔργον εἴτ'
     ἀγγέλων εἴτ' ἄλλων δαιμόνων εἴτε ἡρώων, πάντα ταῦτα ἔχει νόμον ἐκ τοῦ μεγίστου θεοῦ, τέτακται
     δὲ ἐφ' ἑκάστῳ δύναμιν λαχὼν ὅστις ἠξίωται;"

78   Vgl. H.E. Lona, Kelsos, 428f.: Celsus übernehme die platonische Vorstellung von der Auf-
     sicht der Götter und der Dämonen (vgl. Leg. 906) und „fügt dazu die Engel aus der bib-
     lischen Überlieferung. Die Heroen werden nicht nur wegen des Heraklitzitates (7,62a)
     herangezogen, sondern deswegen, weil sie wichtige Vertreter des himmlischen Bereichs
     sind. Durch die Vermittlung dieser Gestalten ist Gott überall präsent und wirksam in der
     Welt."

SCHÖPFUNGSTHEOLOGISCHE ARGUMENTATION (DE RES 12–17)   413

ὅσον συμφέρει). Die religiösen Pflichten ständig auszuüben, verlangt die Vernunft nämlich nicht (οὐχ αἱρεῖ λόγος).[79] Er setzt somit auch gegenüber einer kultischen Verehrung der Götter Grenzen. Eine übertriebene Ergebenheit an die Dämonen wird nicht befürwortet, weil sie als Motivation die Liebe zum Körper haben könnte.[80] Dies kann für einen Platoniker keinesfalls akzeptabel sein. Daher warnt Celsus vor der völligen Hingabe an den Kult: Denn wenn jemand ständig mit den Dämonen verkehrt und gänzlich mit dem Dienst an ihnen verschmilzt, so besteht für einen Platoniker die große Gefahr, dass sich ein solcher Mensch vom Besseren abwendet und stattdessen ein Liebhaber des Körpers wird (φιλοσωματήσας τε καὶ τῶν κρειττόνων ἀποστραφείς). Auf diese Weise vergisst er seinen wahren Ursprung (λήθη κατασχεθῇ) und bleibt völlig in den Dingen der Materie verhaftet.[81]

Diese kritische Haltung gegenüber den Dämonen entnimmt Celsus den „weisen Männern“ (ἀνδράσι σοφοῖς),[82] die in der Überlieferung und im Ansehen höher stehen als die Dämonen. Ihren Aussagen muss geglaubt werden, dass nämlich der größte Teil der die Erde umgebenden Dämonen (τῶν μὲν περιγείων δαιμόνων τὸ πλεῖστον) mit der Zeugung verschmolzen ist und dass sie beim Blut und Fettdampf umherschweifen und an Gesängen und anderen solchen Dingen sich erfreuen.[83] Daher können sie nichts Besseres vollbrin-

---

79   C. Cels. VIII,62 (Marcovich 578,15 f.): „Κἂν λέγῃ οὖν Κέλσος τούτοις ἀφοσιωτέον, ἐφ᾽ ὅσον συμφέρει, πάντῃ γὰρ τοῦτο ποιεῖν οὐχ αἱρεῖ λόγος.“

80   Vgl. C. Zintzen, Art. Geister (Dämonen), RAC 9 (1976), 647: „Da aber Dämonen mit dem Körperlichen zusammenhängen, warnt Kelsos vor einer zu großen Verehrung; auch ist die Wirksamkeit der Dämonen so beschränkt, daß eine zu weit gehende Verehrung nicht angebracht ist; andererseits sind Dämonen göttliche Wesen und daher gegenüber Opfern und dergleichen bedürfnislos.“

81   C. Cels. VIII,60 (Marcovich 576,11–13): „Ἐκεῖνο μέντοι φυλακτέον, ὅπως μή τις συνὼν τούτοις τῇ θεραπείᾳ τῇ περὶ αὐτὰ συντακῇ, φιλοσωματήσας τε καὶ τῶν κρειττόνων ἀποστραφείς, λήθῃ κατασχεθῇ.“

82   Vgl. J. Puiggali, La démonologie de Celse, 38, der hier Platoniker vermutet, die sich vor allem auf Pythagoras stützten. Plutarch, Is. et Os. 25 (Mor. 360e), bezieht sich bei diesem Thema ebenfalls auf Platon, Pythagoras und Xenokrates, die Bedenken gegenüber den Opferhandlungen teilten.

83   Eine ähnliche Einschätzung der Teilnahme der Dämonen am Kult wird auch von den Apologeten polemisch geteilt. Vgl. Athenagoras, Leg 26,1 (PTS 31, 85,1–3 Marcovich): „Καὶ οἱ μὲν περὶ τὰ εἴδωλα αὐτοὺς ἕλκοντες [οἱ] δαιμόνες εἰσὶν οἱ προειρημένοι, οἱ προστετηκότες τῷ ἀπὸ τῶν ἱερείων αἵματι καὶ ταῦτα περιλιχμώμενοι“; Leg 27,2 (PTS 31, 89,12 f. Marcovich): „οἱ περὶ τὴν ὕλην δαίμονες, λίχνοι ⟨μὲν⟩ περὶ τὰς κνίσας καὶ τὸ τῶν ἱερείων αἷμα ὄντες, ἀπατηλοὶ δὲ ἀνθρώπων“; Tertullian, Apol 22,6 (Becker 140,13–15); Minucius Felix, Oct 27,2 (Kytzler 26,6–12).

414 6. KAPITEL

gen, als den Leib zu heilen und dem Menschen und der Stadt das zukünftige Schicksal vorherzusagen. Sie allein haben Wissen und Macht über die Dinge, die die sterblichen Handlungen betreffen.[84] Celsus will hier einen Ausgleich zwischen der völligen Hingabe an den Kult, der mit dem Dienst an den Dämonen zusammenhängt, und seiner platonischen Ansicht herbeiführen.[85] Dabei versucht er, die völlige Abhängigkeit der Dämonen von den kultischen Handlungen ihrer Verehrer abzuschwächen, indem er die Bedürfnislosigkeit Gottes auch für sie postuliert:[86] „Man muss vielmehr bedenken, dass die Dämonen nichts brauchen und nichts bedürfen, sondern sich über die freuen, die ihnen gegenüber fromm handeln."[87] In C. Cels. VIII,21 spricht Celsus noch von der Bedürfnislosigkeit allein in Bezug auf Gott:[88] „Gott ist gewiss

---

84 C. Cels. VIII,60 (Marcovich 576,13–20): „Χρὴ γὰρ ἴσως οὐκ ἀπιστεῖν ἀνδράσι σοφοῖς, οἳ δή φασι διότι τῶν μὲν περιγείων δαιμόνων τὸ πλεῖστον γενέσει συντετηκὸς καὶ προσηλωμένον αἵματι καὶ κνίσσῃ καὶ μελῳδίαις καὶ ἄλλοις τισὶ τοιούτοις προσδεδεμένον κρεῖττον οὐδὲν δύναιτ' ἂν τοῦ θεραπεῦσαι σῶμα καὶ μέλλουσαν τύχην ἀνθρώπῳ καὶ πόλει προειπεῖν, καὶ ὅσα περὶ τὰς θνητὰς πράξεις ταῦτα ἴσασί τε καὶ δύνανται."

85 Vgl. H.E. Lona, Kelsos, 462, der die Aussage des Fragments in C. Cels. VIII,63a ebenfalls so einschätzt: „Ein neuer Ausgleichsversuch beschließt die Behandlung der Zwischenwesen. [...] Eine übertriebene Verehrung der Dämonen (8,62) ist nicht nötig, weil sie nichts brauchen und nichts bedürfen (μηδενὸς χρῄζειν μηδὲ δεῖσθαί τινος). Mit dieser Aussage entzieht sich Kelsos der christlichen Kritik an der Art des Mitwirkens der Dämonen am Kult: Sie sind zwar aktiv dabei (8,60b), aber sie brauchen weder Fettdampf noch Blut noch irgendetwas, was die Menschen ihnen geben könnten. Ihre Erhabenheit bedeutet jedoch keine Gleichgültigkeit, denn sie freuen sich über die Menschen, die ihnen gegenüber fromm handeln (χαίρειν τοῖς τὸ εὐσεβὲς δρῶσι πρὸς αὐτούς)."

86 Vgl. C. Andresen, Logos und Nomos, 63: „Deshalb hält er den Opferdienst für die niederen Dämonen nicht für ein unbedingtes Erfordernis (VIII, 62): mit Hilfe des alten Theologumenon von der Bedürfnislosigkeit Gottes müht er sich um eine philosophisch tragbare Haltung ihnen gegenüber. Man soll nicht meinen, daß die Dämonen die Opfer wünschen oder ihrer bedürfen, sie haben aber ihre Freude an Menschen, die fromm an ihnen handeln (VIII, 63a Z. 3–5)."

87 C. Cels. VIII,63 (Marcovich 579,3–5): „Μᾶλλον οἰητέον τοὺς δαίμονας μηδενὸς χρῄζειν μηδὲ δεῖσθαί τινος, ἀλλὰ χαίρειν τοῖς τὸ εὐσεβὲς δρῶσι πρὸς αὐτούς."

88 Von der Bedürfnislosigkeit Gottes ist oft die Rede: Vgl. Platon, Timaios 34b7: „καὶ οὐδενὸς ἑτέρου προσδεόμενον". Plutarch, Comparatio Aristidis et Catonis 4,2: „ἀπροσδεὴς μὲν γὰρ ἁπλῶς ὁ θεός". Alkinoos, Didaskalikos 10,3 (Whittaker 23,31–33/Summerell/Zimmer 26,13–15): „Καὶ μὴν ὁ πρῶτος θεὸς ἀίδιός ἐστιν, ἄρρητος, αὐτοτελὴς τουτέστιν ἀπροσδεής, ἀειτελὴς τουτέστιν ἀεὶ τέλειος, παντελὴς τουτέστι πάντη τέλειος." Im hellenistischen Judentum: Aristeasbrief 211 (SC 89, 198,22 Pelletier): „Ὁ θεὸς δὲ ἀπροσδεής ἐστι καὶ ἐπιεικής."; 2 Makk 14,35: „σὺ κύριε τῶν ὅλων ἀπροσδεὴς ὑπάρχων"; Philo, Quod deus sit immutabilis 56; Vita Mosis I,157; SpecLeg I,271; Josephus, Ant 8,111; In der christlichen Literatur: 1 Clem 52,1; Diog

SCHÖPFUNGSTHEOLOGISCHE ARGUMENTATION (DE RES 12–17) 415

allen (gegenüber) gemeinsam, gut und bedürfnislos (ἀπροσδεής) und frei von Neid."[89]

Eine ähnliche Vorstellung vertritt auch Ps-Athenagoras, wenn er ebenfalls behauptet, dass Gott gänzlich bedürfnislos ist (παντὸς γάρ ἐστιν ἀπροσδεής).[90] Daher schuf er den Menschen nicht um seines eigenen Bedarfs willen. Celsus überträgt nun diese Bedürfnislosigkeit auch auf die göttlichen Zwischenwesen, die eigentlich den menschlichen Dienst nicht benötigen, sich aber über fromme Handlungen der Menschen ihnen gegenüber freuen. Er hält auf diese Weise an dem herkömmlichen Kult fest, fordert aber, dass der Dienst an den Dämonen allein im Hinblick auf den höchsten Gott verübt werden soll: Denn von Gott darf man sich in keiner Weise und niemals abwenden, weder am Tag noch bei Nacht, weder in der Öffentlichkeit noch im Privaten.[91] „Beständig soll die Seele in jedem Wort und Werk – mit diesen (Dämonen) und (auch) ohne sie – immer auf Gott ausgerichtet sein!"[92] Allein die Ausrichtung auf Gott muss Priorität einnehmen. Die religiöse Pflicht den Dämonen gegenüber soll in der Teilnahme am Kult erfüllt werden, ohne jedoch darin ganz aufzugehen.

Daraufhin fragt Celsus die christlichen Vertreter: Wenn sich die Sache so verhält, was ist schlimm daran, sich die Herrscher hier auf Erden geneigt zu machen?[93] Daher sollen die Christen beispielsweise die Teilnahme an den gemeinsamen Kultmahlen nicht etwa verweigern. Denn nicht die Götterbilder sind es, zu deren Ehre die Mähler stattfinden. Vielmehr speisen die Teilnehmer bei einem derartigen Mahl gemeinsam mit den Dämonen und sind daher immer deren Tischgenossen (ὄντες ἀεὶ συνέστιοι δαιμόνων).[94] Dadurch

---

     3,4; Aristides, Apol 1,4; Justin, Apol 1,13,1; Dial 22,1; Athenagoras, Leg 13,2 (PTS 31, 46,7–9 Marcovich): „Ὁ τοῦδε τοῦ παντὸς δημιουργὸς καὶ πατὴρ οὐ δεῖται αἵματος οὐδὲ κνίσης οὐδὲ τῆς ἀπὸ τῶν ἀνθῶν καὶ θυμιαμάτων εὐωδίας, αὐτὸς ὢν ἡ τελεία εὐωδία, ἀνενδεὴς καὶ ἀπροσδεής·" Clemens Alexandrinus, Strom VI,137,4 (GCS 52, 501,22 Stählin/Früchtel/Treu): „θεὸς γὰρ ἄκμητός τε καὶ ἀπαθὴς καὶ ἀπροσδεής".

89   C. Cels. VIII,21 (Marcovich 538,18 f.): „Ὁ γε μὴν θεὸς ἅπασι κοινός, ἀγαθός τε καὶ ἀπροσδεὴς καὶ ἔξω φθόνου·" Vgl. C. Cels. VI,52 (Marcovich 430,23 f.): „δεῖται δὲ οὐδενὸς ὁ θεός."

90   De Res 12,3 (Marcovich 36,15). Vgl. 1 Clem 52,1 (Lindemann/Paulsen 136,8): „Ἀπροσδεής, ἀδελφοί, ὁ δεσπότης ὑπάρχει τῶν ἁπάντων·"

91   C. Cels. VIII,63 (Marcovich 579,16 f.): „Θεοῦ δὲ οὐδαμῇ οὐδαμῶς ἀπολειπτέον οὔτε μεθ' ἡμέραν οὔτε νύκτωρ, οὔτ' ἐς κοινὸν οὔτ' ἰδίᾳ·"

92   C. Cels. VIII,63 (Marcovich 579,17–19): „λόγῳ τε ἐν παντὶ καὶ ἔργῳ διηνεκῶς (ἀλλά γε καὶ μετὰ τῶνδε καὶ χωρὶς) ἡ ψυχὴ ἀεὶ τετάσθω πρὸς τὸν θεόν."

93   C. Cels. VIII,63 (Marcovich 579,22 f.): „Εἰ ὧδε ἔχοιεν, τί τὸ δεινὸν τοὺς τῇδε ἄρχοντας εὐμενίζεσθαι [...];"

94   Vgl. C. Cels. VIII,28 (Marcovich 543,26–28): „Εἰ δ' ὅπερ φασίν, ὅπως μὴ συνεστιῶνται δαίμοσι, μακαρίζω τῆς σοφίας αὐτούς, ὅτι βραδέως συνιᾶσιν ὄντες ἀεὶ συνέστιοι δαιμόνων."

erweisen sie ihnen die auf diese Weise gebührende Ehrerbietung. So versucht Celsus, – zumindest aus seiner Sicht – Gemeinsamkeiten hervorzuheben, um die Christen wieder in die polytheistische Gesellschaft zurückzuführen: Wenn nämlich die Götterbilder nichts sind, was ist Schlimmes dabei, am allgemeinen Festschmaus teilzunehmen (κοινωνῆσαι τῆς πανθοινίας)?[95] Denn in Wahrheit gebührt diese Ehre den Dämonen, die jedoch im Auftrage Gottes handeln und seine Fürsorge für die Menschen im irdischen Bereich übernehmen. Daher hält Celsus an den kultischen Handlungen fest, um auch die Dämonen gnädig zu stimmen. „Wenn es aber manche Dämonen gibt, dann ist es klar, dass auch diese Gott gehören, denen man vertrauen und nach den Gesetzen opfern und zu denen man beten soll, damit sie gnädig sind."[96]

Celsus versucht in Form der Kultausübung am Polytheismus festzuhalten, ohne jedoch die ganze Ausrichtung der Seele auf den einen höchsten Gott zu vernachlässigen. Er übersieht also nicht die Gefahren, die die Kultausübung aus Sicht eines Platonikers in sich birgt. Der Dienst an den für die Menschen sorgenden Dämonen darf keinesfalls dazu führen, dass die Menschen Liebhaber des σῶμα werden und sich daher nicht mehr ganz der noetischen Schau des Göttlichen hingeben. Um die völlige Hinwendung der Menschen an die Dämonen zu relativieren, gibt er zu bedenken, dass diese göttlichen Zwischenwesen nicht notwendigerweise auf den Dienst ihrer Verehrer angewiesen sind. Denn sie haben keinen Bedarf an der menschlichen Verehrung und können auch ohne diese existieren. Celsus wehrt also der übertriebenen Kultausübung, indem er ausdrücklich betont, dass „die Dämonen nichts brauchen und nichts bedürfen (τοὺς δαίμονας μηδενὸς χρῄζειν μηδὲ δεῖσθαί τινος)."[97]

Ps-Athenagoras knüpft an der celsischen Begründung hinsichtlich der Bedürfnislosigkeit der göttlichen Zwischenwesen an, verweigert ihnen jedoch gänzlich die Verehrung durch die Menschen. Dabei koppelt er die Ursache der Menschenentstehung ausdrücklich von dem angeblichen Bedürfnis solcher Wesen ab, „weil die unsterblichen Wesen bedürfnislos sind und auf keinen Fall zu ihrer Existenz einen Beitrag (συντελείας) von Menschen nötig haben."[98] Da sie also

---

95   C. Cels. VIII,24 (Marcovich 540,26 f.): „Εἰ μὲν οὐδὲν ταῦτά ἐστι τὰ εἴδωλα, τί δεινὸν κοινωνῆσαι τῆς πανθοινίας;"

96   C. Cels. VIII,24 (Marcovich 540,27–541,1): „Εἰ δ᾽ εἰσί τινες δαίμονες, δῆλον ὅτι καὶ οὗτοι τοῦ θεοῦ εἰσιν, οἷς καὶ πιστευτέον καὶ καλλιερητέον κατὰ νόμους καὶ προσευκτέον, ἵν᾽ εὐμενεῖς ὦσι."

97   C. Cels. VIII,63 (Marcovich 579,3 f.).

98   De Res 12,4 (Marcovich 36,21–23): „τῶν μὲν ἀθανάτων ἀνενδεῶν ὄντων καὶ μηδεμιᾶς μηδαμῶς παρ᾽ ἀνθρώπων συντελείας πρὸς τὸ εἶναι δεομένων".

SCHÖPFUNGSTHEOLOGISCHE ARGUMENTATION (DE RES 12–17) 417

zu ihrem Sein keine menschlichen Handlungen benötigen, erledigt sich für Ps-Athenagoras auch jeglicher Dienst der Menschen ihnen gegenüber. Soweit geht Celsus freilich nicht, da er die Dämonen im Auftrage des einen höchsten Gottes handeln lässt.[99]

Ps-Athenagoras lehnt hingegen jegliche Verehrung ab, die die Menschen diesen Zwischenwesen gegenüber zu erweisen haben. Die Menschen sind ihm zufolge auch nicht dazu erschaffen, um von gewissen Aufsehern überwacht zu werden, wie Celsus noch behauptet. Vielmehr sind sie diesen „unsterblichen Wesen" zu nichts verpflichtet, da sie nicht zu deren Bedürfnis hervorgebracht sind. Stattdessen verdanken sie ihre Existenz allein dem Schöpfungswillen Gottes. Da auch solche Wesen selbst bedürfnislos sind, ist die Entstehung der Menschen somit auf keine Notwendigkeit zurückzuführen, die einen Bedarf dieser Zwischenwesen an den Menschen beinhalten könnte.

Auffällig ist, dass Ps-Athenagoras die unsterblichen Wesen keineswegs als eine widergöttliche Macht begreift. Wenn er in De Res 12,3 ausführt, dass Gott den Menschen nicht wegen eines von ihm gemachten Geschöpfs erschaffen hat, dann wird vorausgesetzt, dass auch diese unsterblichen Wesen ihre Existenz dem Schöpfungswillen Gottes verdanken. Sie handeln offensichtlich auch für Ps-Athenagoras allein im Auftrage Gottes. In dieser Sache scheint er wie auch Celsus der platonischen Tradition zu folgen und den Zwischenwesen keine Gegenmacht zu Gott beizulegen und vermeidet so jeglichen Dualismus im göttlichen Machtgefüge. In De Res 10,2 bezeichnet Ps-Athenagoras diese Wesen als geistige Naturen (αἱ νοηταὶ φύσεις), die aufgrund der Auferstehung der Menschen kein Unrecht erleiden werden.[100] Denn die Auferstehung der Menschen ist weder ein Hindernis noch ein Schaden noch eine Entehrung ihrer Existenz.[101] Im Vergleich zu den Menschen sind diese geistigen Naturen stärkere Wesenheiten (De Res 16,2: τὰς οὐσίας τῶν κρειττόνων).[102] Diese Stärke fuhrt unser Autor auf ihre Fähigkeit der ewigen Fortdauer zurück. Sie sind von Anfang an als unsterblich geschaffen und können daher allein durch den

---

99　Vgl. C. Cels. VIII,55 (Marcovich 572,6 f.): „Καὶ γὰρ ἄδικον μετέχοντας ὧν οἵδε ἔχουσι μηδὲν αὐτοῖς συντελεῖν."

100　De Res 10,2 (Marcovich 33,22 f.): „Οὔτε γὰρ αἱ νοηταὶ φύσεις ἐκ τῆς τῶν ἀνθρώπων ἀναστάσεως ἀδικηθεῖεν ἄν·"

101　De Res 10,2 (Marcovich 33,23 f.): „οὐδὲ γὰρ ἐμπόδιόν τι ταύταις πρὸς τὸ εἶναι, οὐ βλάβος, οὐχ ὕβρις ἡ τῶν ἀνθρώπων ἀνάστασις·"

102　De Res 16,2 (Marcovich 41,3).

Willen des Schöpfers endlos fortbestehen.[103] Die Menschen hingegen besitzen die unveränderliche Fortdauer nur hinsichtlich der Seele, die mit ihrer Entstehung die Unsterblichkeit erhält. Hinsichtlich des Leibes erlangen sie die Unvergänglichkeit infolge einer Verwandlung, auf die auch der Beweis der Auferstehung zielt.[104]

Nachdem Ps-Athenagoras die Erschaffung der Menschen nicht auf ein Bedürfnis der unsterblichen Wesen zurückgeführt hat, widmet er sich in De Res 12,4b einer weiteren offensichtlich zur Debatte stehenden Problematik: Die Menschen sind auch nicht zum Bedarf der unvernünftigen Wesen geschaffen. Um diese These zu begründen, geht Ps-Athenagoras ausführlicher als noch bei den unsterblichen Wesen auf das Verhältnis zwischen den Menschen und den unvernünftigen Lebewesen ein. Dabei lässt er bei der Beurteilung der aufgeworfenen Problemstellung erneut allein die Vernunft walten und hofft, mit einer auf der Grundlage des λόγος ergehenden Argumentation jegliche Zweifel bezüglich dieses Sachverhalts auszuräumen: Der Mensch ist demnach *nicht* zum Bedürfnis der unvernünftigen Lebewesen (τῶν δὲ ἀλόγων) in die Welt eingeführt worden, da sich diese naturgemäß beherrschen lassen. Vielmehr müssen die unvernünftigen Wesen alle Bedürfnisse der Menschen erfüllen, die diesen von Natur aus zukommen. Außerdem steht für Ps-Athenagoras fest, dass vernunftlose Kreaturen selbst nicht fähig sind, die Menschen für sich in Gebrauch zu nehmen (ἀλλ' οὐκ αὐτῶν τούτοις χρῆσθαι πεφυκότων).[105]

Nun ist diese Argumentation für die Adressaten des Traktats nicht von vornherein unangefochten. Da sie im Werk des Celsus ἀληθὴς λόγος das Gegenteil vernommen haben konnten, greift Ps-Athenagoras diese Angelegenheit in besonderer Weise auf. Celsus selbst übt an der jüdisch-christlichen Anthropozentrik massive Kritik. Die Erschaffung des gesamten Kosmos um des Menschen willen ruft bei ihm eine große Empörung hervor, so dass er seine Polemik insbesondere gegen derartige Vorstellungen richtet:

---

103   De Res 16,2 (Marcovich 41,5–7): „ἅτε δὴ τῶν μὲν ἐξ ἀρχῆς γενομένων ἀθανάτων καὶ διαμενόντων μόνῃ τῇ γνώμῃ τοῦ ποιήσαντος ἀτελευτήτως".

104   De Res 16,2f. (Marcovich 41,7–10): „τῶν δὲ ἀνθρώπων κατὰ μὲν τὴν ψυχὴν ἀπὸ γενέσεως ἐχόντων τὴν ἀμετάβλητον διαμονήν, κατὰ δὲ τὸ σῶμα προσλαμβανόντων ἐκ μεταβολῆς τὴν ἀφθαρσίαν· Ὅπερ (ὁ) τῆς ἀναστάσεως βούλεται λόγος·"

105   De Res 12,4 (Marcovich 36,23–25): „τῶν δὲ ἀλόγων ἀρχομένων κατὰ φύσιν καὶ τὰς πρὸς ὃ πέφυκεν ἕκαστον χρείας ἀνθρώποις ἀποπληρούντων ἀλλ' οὐκ (αὐ)τῶν τούτοις χρῆσθαι πεφυκότων·"

SCHÖPFUNGSTHEOLOGISCHE ARGUMENTATION (DE RES 12–17)   419

Sie behaupten, dass Gott alles für den Menschen geschaffen hat. Aber das All ist nicht in höherem Maße wegen der Menschen als wegen der vernunftlosen Tiere entstanden.[106]

Weiterhin kehrt er das Verhältnis um, dass die unvernünftigen Tiere um der Menschen willen geschaffen sind. In polemischer Weise negiert er die anthropozentrische Schöpfungsvorstellung der Genesis:

> Wenn jemand sagen sollte, dass wir Herrscher der unvernünftigen Lebewesen sind, weil wir die vernunftlosen Tiere jagen und verzehren, so werden wir entgegnen: Warum sind wir nicht vielmehr ihretwegen geschaffen, da jene uns jagen und fressen?[107]

Zur Begründung seiner Sichtweise bezieht er sich auf die Zustände, die vor der Erbauung der Städte existierten, als die Menschen weder Waffen noch Netze hatten, um sich der Tiere zu bemächtigen. In dieser anfänglichen Zeit wurden die Menschen von den Tieren geraubt und gefressen (ἄνθρωποι μὲν ὑπὸ θηρίων ἡρπάζοντο καὶ ἠσθίοντο). Die wilden Tiere dagegen sind von den Menschen am seltensten überwältigt worden (θηρία δ' ὑπ' ἀνθρώπων ἥκιστα ἡλίσκετο).[108] Daraus zieht Celsus die Schlussfolgerung, die explizit der jüdisch-christlichen Schöpfungsvorstellung widerspricht:

> Daher hat Gott in dieser Hinsicht vielmehr die Menschen den Tieren unterworfen (ὑπέβαλεν).[109]

Eine solche kritische Stellungnahme scheint Ps-Athenagoras im Sinn zu haben und versucht, sie richtig zu stellen. Die Behauptung des Celsus, dass die Menschen im Ursprung um der Tiere willen geschaffen wurden (vgl. C. Cels. IV,78: τί

---

106 C. Cels. IV,74 (Marcovich 287,12 f.14–16): „τῷ ἀνθρώπῳ φάσκουσι πάντα πεποιηκέναι τὸν θεόν. οὐδὲν μᾶλλον ἀνθρώπων ἢ τῶν ἀλόγων ζῴων ἕνεκεν γέγονε τὰ πάντα."

107 C. Cels. IV,78 (Marcovich 292,2–6): „εἴ τις ἡμᾶς λέγοι ἄρχοντας τῶν ἀλόγων ζῴων, ἐπεὶ ἡμεῖς τὰ ἄλογα ζῷα θηρῶμέν τε καὶ δαινύμεθα, φήσομεν ὅτι τί δ' οὐχὶ μᾶλλον ἡμεῖς δι' ἐκεῖνα γεγόναμεν, ἐπεὶ ἐκεῖνα θηρᾶται ἡμᾶς καὶ ἐσθίει;"

108 C. Cels. IV,79 (Marcovich 293,2–7): „πρὸς ὃ ὑμεῖς φατε, ὡς ὁ θεὸς ἡμῖν δέδωκεν αἱρεῖν τὰ θηρία δύνασθαι καὶ καταχρήσασθαι, ἐροῦμεν, ὅτι ὡς εἰκός, πρὶν πόλεις εἶναι καὶ τέχνας καὶ τοιαύτας ἐπιμιξίας καὶ ὅπλα καὶ δίκτυα, ἄνθρωποι μὲν ὑπὸ θηρίων ἡρπάζοντο καὶ ἠσθίοντο, θηρία δ' ὑπ' ἀνθρώπων ἥκιστα ἡλίσκετο·"

109 C. Cels. IV,80 (Marcovich 294,12 f.): „Ὥστε ταύτῃ γε ὁ θεὸς τοὺς ἀνθρώπους μᾶλλον τοῖς θηρίοις ὑπέβαλεν."

δ' οὐχὶ μᾶλλον ἡμεῖς δι' ἐκεῖνα γεγόναμεν),[110] setzt er hierbei offenbar voraus. Dies weist darauf hin, dass Ps-Athenagoras insgesamt in De Res 12,4 die strittigen Punkte noch einmal aufgreift, die zur Debatte stehen und einer Klärung bedürfen. Celsus selbst negiert ausdrücklich die herrschende Stellung der Menschen den vernunftlosen Kreaturen gegenüber, mit der die Christen die menschliche Erschaffung als das herausragende Schöpfungswerk Gottes im ursprünglichen Zustand hervorheben. Denn er wehrt sich gegen die Annahme, dass die Menschen von Anfang an als ἄρχοντες τῶν ἀλόγων ζῴων geschaffen sind.[111] Außerdem kann er nicht einsehen, warum die Menschen gegenüber den übrigen Lebewesen eine Herrscherfunktion innehaben sollen, nur weil sie im Gegensatz zu diesen eine Vorstellung von Gott erhalten haben.[112]

Genau auf diese Kritik reagiert Ps-Athenagoras, wenn er darlegt, dass die Menschen nicht um der vernunftlosen Wesen willen entstanden sind:

> Denn es war nicht Recht und ist es (auch) nicht, das Herrschende und das Führende zum Gebrauch für die Geringeren zu stellen oder das Vernünftige den unvernünftigen Wesen zu unterwerfen, die zum Herrschen ungeeignet sind.[113]

Ps-Athenagoras verteidigt somit die Aussage des Schöpfungsberichts, dass der Mensch den vernunftlosen Lebewesen gegenüber die herrschende und führende Position erhalten hat. Daher widerspricht es dem göttlichen Schöpfungswillen, wenn Celsus stattdessen die Herrscherrolle der ἄλογοι behauptet.

Die biblische Anthropozentrik bildet für Ps-Athenagoras überhaupt die Grundlage, von der er seinen ersten Beweisgang des „Logos de veritate" entwickelt (De Res 12 f.). Er fragt insbesondere nach der Ursache der Erschaffung des *ersten* Menschen (De Res 11,7: ἀπό τε τῆς αἰτίας αὐτῆς, καθ' ἣν καὶ δι' ἣν ὁ πρῶτος γέγονεν ἄνθρωπος).[114] Celsus dagegen äußert sich polemisch hinsichtlich dieser Anthropozentrik. Daher geht Ps-Athenagoras in De Res 12,4 ausdrück-

---

110 C. Cels. IV,78 (Marcovich 292,4 f.).

111 C. Cels. IV,78 (Marcovich 292,3).

112 C. Cels. IV,88 (Marcovich 303,12 f.): „εἰ δ' ὅτι θείας ἐννοίας ἄνθρωπος ἐπείληπται, νομίζεται ὑπερέχειν τῶν λοιπῶν ζῴων". Siehe die Widerlegung dieser christlichen Begründung durch Celsus in: C. Cels. IV,88.98 (Marcovich 303,14–304,7; 315,12–14; 315,22–316,1).

113 De Res 12,4 (Marcovich 36,25–27): „θέμις γὰρ οὔτε ἦν οὔτε ἐστὶ τὸ ἄρχον καὶ ἡγεμονοῦν ὑπάγειν εἰς χρῆσιν τοῖς ἐλάττοσιν ἢ τὸ λογικὸν ὑποτάττειν ἀλόγοις, οὖσιν πρὸς τὸ ἄρχειν ἀνεπιτηδείοις."

114 De Res 11,7 (Marcovich 35,21–23): „καὶ δεικτέον ἀληθῆ τὸν περὶ τῆς ἀναστάσεως λόγον ἀπό τε τῆς αἰτίας αὐτῆς, καθ' ἣν καὶ δι' ἣν ὁ πρῶτος γέγονεν ἄνθρωπος".

SCHÖPFUNGSTHEOLOGISCHE ARGUMENTATION (DE RES 12–17) 421

lich auf die strittigen Punkte ein, die in dieser Weise zur Diskussion stehen und
seiner Position widersprechen. Der Mensch wurde also weder um der unsterblichen noch um der vernunftlosen Wesen willen von Gott erschaffen. Dies gilt
es gegen die platonische Kritik des Celsus zu verteidigen und die anthropozentrische Schöpfung Gottes gegen ihre Relativierung zu behaupten. Zugleich hat
Ps-Athenagoras die Aussage von De Res 12,6, die explizit die Erschaffung des
Menschen als das Hauptziel der Schöpfungstätigkeit Gottes hervorhebt, bereits
im Blick. Zu diesem Zweck bereitet er in De Res 12,1–4 die notwendigen Voraussetzungen für De Res 12,6 vor, wenn er von Menschenschöpfung nach dem
Ebenbild Gottes spricht, was definitiv den Höhepunkt der biblischen Schöpfungsvorstellung darstellt.

De Res 12,5

Bevor er jedoch in De Res 12,6 diese Argumentation abschließt und darauf den
Grund für die weiteren Beweisgänge legt, liefert Ps-Athenagoras in De Res 12,5
zunächst eine Zusammenfassung der in De Res 12,1–4 erarbeiteten Argumentation. Nachdem er in De Res 12,4 einen Exkurs zu den umstrittenen Fragen
eingebracht hat, kehrt er in De Res 12,5 zu den bereits in De Res 12,3 hergeleiteten Ergebnissen seiner in De Res 12,1–3 entwickelten Ausführungen zurück.
Er setzt gleichsam mit einer Zusammenfassung seiner bis dahin bewiesenen
Annahmen ein, um seinen Zuhörern die Zweckbestimmung der Menschenschöpfung in Erinnerung zu bringen: „Wenn also der Mensch nicht grundlos
und zwecklos geschaffen ist – denn nichts von Gott Geschaffenen ist gemäß
der Absicht des Schöpfers zwecklos – und nicht wegen des Bedarfs des Schöpfers selbst oder eines anderen von Gott geschaffenen Wesens, so ist (doch)
ganz klar, dass Gott in erster und mehr allgemeiner Hinsicht den Menschen
um seiner selbst willen (δι' ἑαυτόν) und um (seiner/Gottes) Güte und Weisheit
willen geschaffen hat, die an jedem (seiner) Schöpfungswerke wahrgenommen wird."[115]

Ohne die bereits in De Res 12,3 herausgearbeiteten Ergebnisse erneut in
genauem Wortlaut auszuführen, nimmt Ps-Athenagoras die drei Ausgangs-
thesen wieder auf, die er nun jedoch in verneinender Form formuliert: Die

---

115   De Res 12,5 (Marcovich 36,28–33): „Οὐκοῦν εἰ μήτε ἀναιτίως καὶ μάτην γέγονεν ἄνθρωπος
(οὐδὲν γὰρ τῶν ὑπὸ θεοῦ γενομένων μάταιον κατά γε τὴν τοῦ ποιήσαντος γνώμην), μήτε χρείας
ἕνεκεν αὐτοῦ τοῦ ποιήσαντος ἢ ἄλλου τινὸς τῶν ὑπὸ θεοῦ γενομένων ποιημάτων, εὔδηλον ὅτι κατὰ
μὲν τὸν πρῶτον καὶ κοινότερον λόγον δι' ἑαυτὸν καὶ τὴν ἐπὶ πάσης τῆς δημιουργίας θεωρουμένην
ἀγαθότητα καὶ σοφίαν ἐποίησεν ὁ θεὸς ἄνθρωπον".

Erschaffung des Menschen ist nicht als eine grund- und zwecklose Schöpfungstat Gottes zu verstehen. Vielmehr resultiert sie aus einer von Gott gewollten Absicht, die nicht auf sein eigenes oder auf ein Bedürfnis der von ihm geschaffenen Wesen zurückgeht. Für unseren Autor ist es ganz deutlich (εὔδηλον), dass Gott den Menschen um seiner selbst willen erschaffen hat. Dabei ist die kausale Formulierung „δι' ἑαυτόν" so aufzufassen, dass Gott den Menschen deshalb hervorgebracht hat, damit dieser schlichtweg lebt und existiert. Er führt ihn nicht etwa in die Welt ein, weil er ihn braucht, denn Gott ist gänzlich bedürfnislos und benötigt zu seiner eigenen Existenz kein Geschöpf. Die menschliche Erschaffung verdankt sich vielmehr ganz der Güte und Weisheit Gottes. Seine ἀγαθότης καὶ σοφία manifestieren sich also in der Menschenschöpfung und führen aufgrund dieser δημιουργία zum Ruhm Gottes. Somit ist δι' ἑαυτόν dahingehend zu verstehen, dass sich die Existenz des Menschen allein aus dem Willen Gottes erschließt, der sich in seiner Liebe und Zuwendung zur Hervorbringung seines Geschöpfs bewegen ließ. Umgekehrt wird nahegelegt, dass diese Kreatur ihre eigene Existenz nicht unabhängig von Gott besitzt, sondern in einem engen Verhältnis zu ihrem Schöpfer steht. Denn an diesem Schöpfungswerk offenbart sich insbesondere die göttliche Güte und Weisheit, die sich sowohl an dessen Hervorbringung als auch an der Erschaffung des gesamten Kosmos zeigt.[116]

Die Kreation des Menschen stellt unabdingbar den Höhepunkt der Schöpfungstätigkeit Gottes dar, was Ps-Athenagoras gegen die Kritik des Celsus auch bewusst aufrechterhalten will: Denn vom Standpunkt der geschaffenen Menschen betrachtet, hat Gott sie um ihres eigenen Lebens willen hervorgebracht (διὰ τὴν αὐτῶν τῶν γενομένων ζωήν) und nicht, damit es für eine kurze Zeit entfacht wird, dann aber gänzlich erlischt.[117] Auch an dieser Stelle greift Ps-Athenagoras auf das in De Res 12,3 bereits Ausgeführte zurück: Dort legt er unmissverständlich dar, dass der Schöpfer den Menschen um seines eigenen Lebens und seiner eigenen Fortdauer willen erschaffen hat.[118]

---

116 Vgl. L.W. Barnard, The Father of Christian Anthropology, 260: „Athenagoras is the first Christian thinker to state unequivocally that the end of creation is the manifestation of God's perfection in the goodness He imparts to His creatures. [...] The Scholastic thinkers were later to develop Athenagoras' belief in greater detail." Vgl. erneut ders., Athenagoras, 125.

117 De Res 12,5 (Marcovich 36,33–35): „κατὰ δὲ τὸν προσεχέστερον τοῖς γενομένοις λόγον διὰ τὴν αὐτῶν τῶν γενομένων ζωήν, οὐκ ἐπὶ μικρὸν ἐξαπτομένην, εἶτα παντελῶς σβεννυμένην."

118 M. Marcovich möchte dagegen glaubhaft machen, dass in De Res 12,5 vor ζωήν das Adjektiv αἰώνιον ausgefallen sein muss, das zu ergänzen wäre. Er verweist als Beleg für diese Konjektur auf die Stellen in De Res 12,6 (τὴν εἰς ἀεὶ διαμονήν), 13,2, 15,6.8 und 25,4. Vgl.

SCHÖPFUNGSTHEOLOGISCHE ARGUMENTATION (DE RES 12–17) 423

In De Res 12,5 jedoch umschreibt er diesen Zusammenhang wiederholend mit einer verneinenden Komponente: Gott bringt die Geschaffenen um ihres eigenen Lebens willen hervor, welches *nicht* nur für eine kurze Zeit Bestand haben und anschließend ganz erlöschen soll. Vielmehr ist dieses Leben zur Fortdauer bestimmt, so dass es durch die Diskontinuität, die mit dem Tod eintritt, keinen Abbruch erleidet. Das menschliche Leben ist ganz auf einen Fortbestand angelegt und wird auch über den Tod hinaus aufrechterhalten. Somit hat Ps-Athenagoras hier bereits den Beweis der Auferstehung im Sinn. Jedoch verzichtet er nicht darauf, seine Beweisführung von der Ebenbildlich keit Gottes im Menschen aufzubauen (worauf er in De Res 12,6 explizit zu sprechen kommt). In der Erschaffung nach dem Abbild Gottes liegt auch die postmortale Fortdauer der gesamten leibseelischen Existenz des Menschen begründet.

2.3 *Ebenbildlichkeit Gottes im Menschen (De Res 12,6)*

Die Zweckbestimmung des Daseins der Menschen um ihres eigenen Lebens willen beinhaltet in De Res 12,6 weiterhin die Ausführungen. Ps-Athenagoras führt seinen Nachweis der engen Beziehung des menschlichen Lebens mit der immer seienden Fortdauer von der Bildung des Menschen nach dem Eben-bild Gottes. Bevor er diesen Zusammenhang erläutert, legt er erneut dar, dass das Leben der Menschen nicht auf die gleiche Stufe mit den vernunftlosen Lebewesen zu stellen ist. Es soll nicht mit dem Tod gänzlich erlöschen und der Fortdauer ermangeln. Im Unterschied zu den Menschen gewährt Gott den unvernünftigen Wesen ein solches Leben, das nur eine kurze Zeit zu dauern hat:

M. Marcovich, On the Text, 380 f.: „My addition of αἰώνιον with ζωήν is strongly supported. (a) by 12.6 τὴν εἰς ἀεὶ διαμονὴν ἀπεκλήρωσεν ὁ ποιήσας, ἵνα [...] συνδιαιωνίζωσιν ἀπόνως [...]; (b) by 13.2 τὴν εἰς ἀεὶ διαμονήν. 15,6 διαμένειν εἰς ἀεί. 15,8 and 25,4 συνδιαιωνίζειν." Und erneut ders., De Resurrectione Mortuorum, 10: „The word αἰώνιον was dropped before ζωήν."

Jedoch greift Ps-Athenagoras hier lediglich beinahe wortgleich die Aussage aus De Res 12,3 (Marcovich 36,19 f.) auf: διὰ τὴν ἰδίαν αὐτῶν τῶν γενομένων ζωήν. Er lässt zwar ἰδίαν in De Res 12,5 aus, nimmt aber sonst die Formulierung genauso wieder auf: διὰ τὴν αὐτῶν τῶν γενομένων ζωήν. Noch ist nicht vom „ewigen" Leben die Rede, sondern von der Absicht Gottes, die Erschaffung der Menschen „wegen des Lebens der Geschaffenen selbst" hervor-gebracht zu haben. Dieses Leben beinhaltet natürlich eine beständige Fortdauer, weshalb unser Autor in De Res 12,3 ζωήν und διαμονήν ausdrücklich mit τε καί eng aneinander-knüpft.

424 6. KAPITEL

Denn dem kriechenden Getier, (wie) ich meine, den Vögeln und den Fischen, oder auch allgemeiner zu sagen, allem Vernunftlosen hat Gott ein derartiges Leben verliehen.[119]

Mit οἶμαι bekräftigt Ps-Athenagoras die noch in De Res 10,2 f. zur Diskussion stehende Ansicht, dass die irrationalen Kreaturen nicht auf ein postmortales Leben hoffen können. Dort wirft er nämlich noch die Frage auf, ob der Natur der Unvernünftigen (τῶν ἀλόγων ἡ φύσις) und der Unbeseelten (τῶν ἀψύχων) durch die Auferstehung der Menschen ein Unrecht widerfährt. Er verneint diese Möglichkeit, weil diese Lebewesen nach der Auferstehung der Menschen nicht einmal existieren werden (οὐδὲ γὰρ ἔσται μετὰ τὴν ἀνάστασιν). Gegenüber Wesen aber, die keine Hoffnung auf eine über den Tod hinausgehende Existenz haben, kann notwendigerweise infolge der Auferstehung der Menschen keine Ungerechtigkeit geschehen.[120] In De Res 10,3 bedenkt er dann doch noch die gegenteilige Position: Wenn aber jemand annimmt, dass diese Wesen für immer bestehen bleiben, dann darf ihnen dennoch kein Unrecht widerfahren, wenn die menschlichen Leiber eine Erneuerung erleben (τῶν ἀνθρωπίνων σωμάτων ἀνανεωθέντων).[121] Diesen Gedankengang begründet er daraufhin ausführlich in De Res 10,3 f.[122] Es geht jedoch aus De Res 12,6 klar hervor, dass

---

119 De Res 12,6 (Marcovich 36,35–37,2): „Ἑρπετοῖς γὰρ, οἶμαι, καὶ πτηνοῖς καὶ νηκτοῖς ἢ καὶ κοινότερον εἰπεῖν πᾶσι τοῖς ἀλόγοις τὴν τοιαύτην ζωὴν ἀπένειμεν θεός“.

120 De Res 10,2 (Marcovich 33,25 f.): „οὐ μὴν οὐδὲ τῶν ἀλόγων ἡ φύσις, οὐδὲ τῶν ἀψύχων· οὐδὲ γὰρ ἔσται μετὰ τὴν ἀνάστασιν, περὶ δὲ τὸ μὴ ὂν οὐδὲν ἄδικον.“

121 De Res 10,3 (Marcovich 33,26–28): „Εἰ δὲ καὶ εἶναί τις ὑποθοῖτο διὰ παντός, οὐκ ἂν ἀδικηθείη ταῦτα τῶν ἀνθρωπίνων σωμάτων ἀνανεωθέντων·“

122 In De Res 10,3 (Marcovich 33,28–34,1) führt er diese Begründung so aus: Wenn nämlich jetzt schon diesen Kreaturen kein Unrecht geschieht, die sich der Natur der Menschen fügen müssen, um wieviel weniger werden sie Unrecht erleiden, wenn die Menschen infolge der Auferstehung unvergänglich und unbedürftig geworden sind (ἀφθάρτων καὶ ἀνενδεῶν ⟨ἐκείνων⟩ γενομένων). Dann werden die Auferstandenen keinen Bedarf mehr nach diesen Lebewesen haben, welche ihrerseits so von jeder Knechtschaft befreit worden sind (ἐλευθερωθέντα δὲ πάσης δουλείας). An dieser Stelle in De Res 10,3 scheint Ps-Athenagoras auf die Aussage des Paulus in Röm 8,21 anzuspielen, dass die Schöpfung von der Knechtschaft der Vergänglichkeit (ἡ κτίσις ἐλευθερωθήσεται ἀπὸ τῆς δουλείας τῆς φθορᾶς) zur Freiheit der Herrlichkeit der Kinder Gottes befreit werden wird. Nun scheint er hier offenbar eine solche Alternative zu erwägen, ob nicht die vernunftlose Kreatur ebenfalls auf einen Zustand *post mortem* hoffen kann. Er lässt diese Position als Denkmöglichkeit zu, ohne sich ihr anzuschließen. Denn für Ps-Athenagoras steht fest, dass die Natur der Vernunftlosen und Unbeseelten nicht weiter jenseits des Todes bestehen bleibt, weil ihre Existenz mit dem Tod endgültig zu Ende geht (vgl. De Res 10,2 [Marcovich 33,25 f.]: „οὐ μὴν οὐδὲ τῶν

SCHÖPFUNGSTHEOLOGISCHE ARGUMENTATION (DE RES 12–17)   425

Ps-Athenagoras nicht von einer Existenz der vernunftlosen Kreaturen jenseits
des Todes ausgeht, was er mit οἶμαι deutlich zu verstehen gibt. Diese Ansicht
setzt er dann im weiteren Verlauf seiner Argumentation in De Res 16,3 und 19,3
fest voraus.[123]

Im Gegensatz zu den vernunftlosen Lebewesen hat Gott den Menschen also
zu einem fortwährenden Leben bestimmt. Dies begründet Ps-Athenagoras mit
einer Anspielung auf Gen 1,26 f.:

> Denen aber, die in sich den Schöpfer selbst als Ebenbild tragen, indem
> sie den Verstand haben und mit einer vernünftigen Unterscheidungskraft
> begabt sind, hat der Schöpfer die immer seiende Fortdauer zugeteilt.[124]

Anders als die ἄλογοι sind allein die Menschen zu einem vernünftigen Denken fähig. Das Abbild des Schöpfers (ἐν ἑαυτοῖς ἀγαλματοφοροῦσι τὸν ποιητήν)

ἀλόγων ἡ φύσις, οὐδὲ τῶν ἀψύχων· οὐδὲ γὰρ ἔσται μετὰ τὴν ἀνάστασιν, περὶ δὲ τὸ μὴ ὂν οὐδὲν
ἄδικον.").

Den geringeren Zustand der Vernunftlosen führt Ps-Athenagoras außerdem auf den
Mangel der auf sie angewiesenen Menschen zurück, so dass die irrationalen Kreaturen
durch diese unterjocht und vielfach geknechtet werden (vgl. De Res 10,3 [Marcovich
33,28–30]: „εἰ γὰρ νῦν ὑπείκοντα τῇ φύσει τῶν ἀνθρώπων, [καὶ] τῆς τούτων χρείας ὄντων
ἐνδεῶν, ὑπό τε ζυγὸν ἠγμένα καὶ δουλείαν παντοίαν οὐδὲν ἀδικεῖται".). Diese Unterjochung
und Knechtschaft beinhaltet für Ps-Athenagoras keine Ungerechtigkeit den vernunftlosen
Geschöpfen gegenüber. Er führt diese Bestimmung auf den Schöpfungswillen Gottes
in De Res 10,4 (Marcovich 34,1–5) zurück: Selbst wenn diese Kreaturen eine Stimme
hätten, würden sie nicht den Schöpfer anklagen, dass sie nämlich gegen die Gerechtigkeit
unter die Menschen erniedrigt wurden, da er ihnen nicht dieselbe Auferstehung wie den
Menschen gewährt hat. Denn deren Natur ist nicht mit der der Menschen gleich (ὧν γὰρ
ἡ φύσις οὐκ ἴση). Auch teilt der gerechte Schöpfer ihnen nicht das gleiche Ziel wie den
Menschen zu (τούτοις οὐδὲ τὸ τέλος ἴσον ὁ δίκαιος ἐπιμετρεῖ). Außerdem sind die irrationalen
Wesen dazu nicht befähigt, einen Vorwurf der Ungerechtigkeit zu erheben, da ihnen
überhaupt die Fähigkeit zur Unterscheidung der Gerechtigkeit fehlt. Allein den Menschen
hat Gott diese Fähigkeit verliehen, die auf diese Weise das Abbild Gottes durch den νοῦς
und die λογικὴ κρίσις in sich tragen (vgl. De Res 12,6).

123 In De Res 16,3 (Marcovich 41,12 f.) beispielsweise vergleicht er das Lebensende der Menschen mit dem der vernunftlosen Lebewesen: Da wir die Fortdauer in Unvergänglichkeit erhoffen, stellen wir unser Lebensende nicht dem der unvernünftigen Wesen auf
die gleiche Stufe. Bei dieser Argumentation setzt Ps-Athenagoras ebenfalls voraus, dass
das Lebensende der unvernünftigen Lebewesen eine völlige Erlöschung ihres Daseins
beinhaltet.

124 De Res 12,6 (Marcovich 37,2–4): „τοῖς δὲ αὐτὸν ἐν ἑαυτοῖς ἀγαλματοφοροῦσι τὸν ποιητὴν νοῦν
τε συνεπιφερομένοις καὶ λογικῆς κρίσεως μεμοιραμένοις τὴν εἰς ἀεὶ διαμονὴν ἀπεκλήρωσεν ὁ
ποιήσας".

äußert sich in der Begabung des Menschen mit dem Verstand (νοῦς) und mit dem vernünftigen Unterscheidungsvermögen (λογικὴ κρίσις). Besonders diese geistigen Komponenten charakterisieren die schöpfungsbedingte Bestimmung des Menschen, die wiederum dessen postmortale Fortdauer gewährleisten. Vom Schöpfer erhalten sowohl die vernunftlosen Lebewesen als auch die Menschen die Fähigkeit zum Leben. Zum Bestand *post mortem* jedoch sind allein die Menschen angelegt. Die Begründung dafür liefert für Ps-Athenagoras die Ebenbildlichkeit Gottes im Menschen.

Ps-Athenagoras verzichtet jedoch darauf, seine Argumentation mit dem direkten Zitat aus Gen 1,26 f. zu führen, dass nämlich Gott den Menschen nach seinem Abbild und seiner Ähnlichkeit gemacht hat.[125] Er argumentiert vielmehr mit einer Anspielung auf Gen 1,26 f.

> Andere christliche Autoren versuchen von dieser schöpfungstheologischen Grundlage den Auferstehungsbeweis zu begründen.[126] *Ps-Justin* beispielsweise zitiert ausdrücklich Gen 1,26a (De Res 7,3: ποιήσωμεν ἄνθρωπον κατ' εἰκόνα ἡμετέραν καὶ καθ' ὁμοίωσιν) und deutet diese Aussage in De Res 7,4 mit Gen 2,7a (καὶ ἔλαβεν ὁ θεὸς χοῦν ἀπὸ τῆς γῆς καὶ ἔπλασε τὸν ἄνθρωπον):[127] Es ist nämlich ganz deutlich, dass der nach dem Abbild Gottes gebildete Mensch fleischlich (σαρκικός) gewesen ist.[128] Daraus zieht er die Schlussfolgerung: Da Gott den Menschen bereits bei seiner Erschaffung mit dem Fleisch gewürdigt hat, wird er auch seine σάρξ in der Auferstehung auferwecken.[129] Ps-Justin will auf diese Weise die Würde des Fleisches gegen die gnostische Geringschätzung erweisen.[130] Auf der Grundlage einer solchen Deutung von Gen 1,26a leitet er seinen Beweis für die Auferstehung des Fleisches her.

---

125 Vgl. Gen 1,26a (LXX): „Ποιήσωμεν ἄνθρωπον κατ' εἰκόνα ἡμετέραν καὶ καθ' ὁμοίωσιν".
    Gen 1,27a: „וַיִּבְרָא אֱלֹהִים אֶת־הָאָדָם בְּצַלְמוֹ בְּצֶלֶם אֱלֹהִים בָּרָא אֹתוֹ" und in LXX: „καὶ ἐποίησεν ὁ θεὸς τὸν ἄνθρωπον, κατ' εἰκόνα θεοῦ ἐποίησεν αὐτόν".

126 Vgl. Ps-Justin, De Res 7,3 f.; Irenäus, AdvHaer v,6,1 und Tertullian, De Res 5–7. Vgl. N. Zeegers-Vander Vorst, Adversaires et destinataires, 620–623.

127 Ps-Justin, De Res 7,3 f. (PTS 54, 118,6–9 Heimgartner): „εἰ γὰρ οὖ φησιν ὁ λόγος· ποιήσωμεν ἄνθρωπον κατ' εἰκόνα ἡμετέραν καὶ καθ' ὁμοίωσιν, ποῖον; δηλονότι σαρκικὸν λέγει ἄνθρωπον. φησὶ γὰρ ὁ λόγος· καὶ ἔλαβεν ὁ θεὸς χοῦν ἀπὸ τῆς γῆς καὶ ἔπλασε τὸν ἄνθρωπον·"

128 Ps-Justin, De Res 7,5 (PTS 54, 118,9 f. Heimgartner): „δῆλον οὖν, ὡς κατ' εἰκόνα θεοῦ πλασσόμενος ὁ ἄνθρωπος ἦν σαρκικός."

129 Vgl. Ps-Justin, De Res 7,6–8 (PTS 54, 118,10–15 Heimgartner).

130 Vgl. H.E. Lona, Ps. Justins „De Resurrectione", 735 f., der in dieser Passage zu Recht eine antignostische Spitze vermutet.

SCHÖPFUNGSTHEOLOGISCHE ARGUMENTATION (DE RES 12–17) 427

Ps-Athenagoras unterlässt es explizit, als Grundlage für seine Beweisführung ein wörtliches Zitat aus Gen 1,26 f. anzuführen. Einerseits kann er nicht ohne weiteres Gen 1,26 f. bei seinen Adressaten als eine autoritative Aussage voraus-setzen,[131] andererseits scheint er sich dessen bewusst zu sein, dass Gen 1,26 f. bei seinem philosophischen Publikum eine anstößige Vorstellung von Gott auslösen könnte. Ps-Athenagoras geht also bei der Verteidigung der Auferste-hung anders als seine christlichen Vorgänger und Zeitgenossen vor. Obwohl er seinen Auferstehungsbeweis in De Res 12 f. gänzlich von der Schöpfungstheo-logie führt, weiß er um die Bedenken seiner Hörer einer solchen Schriftstelle gegenüber.

Besonders *Celsus* empfindet die in diesem Schriftwort enthaltene Gottes-auffassung als unerträglich und macht sie zum Gegenstand seiner Polemik. Überhaupt widmet er sich in seinem ἀληθὴς λόγος in besonderer Weise der Widerlegung der Schöpfungserzählungen der Genesis. Er kann weder den Antropozentrismus der beiden Schöpfungsberichte in Gen 1 und 2 ertragen noch die darin implizierte Vorstellung von Gott akzeptieren. Deshalb löst besonders die Menschenschöpfung in Gen 1,26 f. bei ihm eine abwertende Stellungnahme bezüglich des biblischen Schöpfergottes aus.

In C. Cels. VI,63 äußert er innerhalb der Kritik am ersten Schöpfungsbe-richt (C. Cels. VI,60b–65) seine Verachtung an der in Gen 1,26 f. enthaltenen Ansicht: „Er hat auch nicht den Menschen nach seinem Abbild gemacht. Denn Gott ist nicht so beschaffen, er ist auch nicht irgendeiner anderen Gestalt gleich."[132] Celsus schließt aus diesem Schriftwort, dass Gott sich in einer Menschengestalt widerspiegelt. Dass der Mensch nach dem Ebenbild Gottes geschaffen ist, beinhaltet für ihn einen unzumutbaren Anthropomor-phismus, der seiner Meinung nach die jüdisch-christliche Vorstellung von Gott prägt.[133] Zudem kann er die Erschaffung des Menschen auf keinen Fall als einen Höhepunkt des Schöpfungshandelns Gottes tolerieren. Er wehrt sich massiv dagegen, in Gen 1,26 f. ein besonderes Ereignis der göttlichen Schöp-fungstätigkeit zu erblicken und richtet seine Kritik gegen ein derartiges Got-tesbild.

---

131 Vgl. De Res 14,1 (Marcovich 38,16–20).

132 C. Cels. VI,63 (Marcovich 440,15 f.): „Οὐδ' ἄνθρωπον ἐποίησεν εἰκόνα αὑτοῦ· οὐ γὰρ τοιόσδε ὁ θεός, οὔτ' ἄλλῳ εἴδει οὐδενὶ ὅμοιος."

133 Vgl. H.E. Lona, Kelsos, 377: „Wörtlich verstanden beinhaltet Gen 1,27a einen unerträgli-chen Anthropomorphismus, der auf den unfassbaren Transzendenten menschliche Züge überträgt."

Celsus vermeidet aus seinem platonischen Verständnis heraus, das Wesen Gottes mit menschengestaltigen Vorstellungen zu beschreiben: Gott hat weder Anteil an einer Gestalt noch an einer Farbe (μετέχει σχήματος ὁ θεὸς ἢ χρώματος) noch an einer Bewegung (οὐδὲ κινήσεως μετέχει) noch an einer Seinsweise (οὐδ᾿ οὐσίας μετέχει ὁ θεός).[134] Daher widerspricht die implizite Auffassung von Gott in Gen 1,26 f. aufs Heftigste seiner platonischen Tradition. Denn es ist unmöglich, sich Gott in irgendeiner Gestalt vorzustellen, geschweige denn in einer Menschengestalt. Für einen Platoniker muss die Transzendenz, die Unbegreiflichkeit und die Unsagbarkeit Gottes streng bewahrt bleiben: Aus ihm ist zwar alles entstanden, aber Gott selbst hat keinen Ursprung.[135] Er ist auch nicht durch ein Wort zu erreichen (οὐδὲ λόγῳ ἐφικτός ἐστιν ὁ θεός), weil er keinen Namen hat.[136] Denn er erleidet auch nichts, was durch eine Benennung erfasst werden kann (οὐδὲν γὰρ πέπονθεν ὀνόματι καταληπτόν), da Gott außerhalb eines jeden Pathos ist (ἔξω παντὸς πάθους).[137] Celsus zufolge hat Gott weder einen Mund noch eine Stimme,[138] wie es der Schöpfungsbericht in Gen 1 zu suggerieren scheint. Daher betont er, dass der Schöpfer die Welt weder durch sein Wort noch durch seine Hände hervorgebracht hat.[139] „Gott besitzt auch nichts anderes von dem, was wir kennen.“[140] Für einen Platoniker ist Gott allein *via negationis* denkbar. Deshalb können die Menschen Gott höchstens mit negativen Aussagen beschreiben, weil er jenseits von allem (πάντων ἐπέκεινα ὤν) und jeder Vorstellung ist.[141]

Celsus wirft den Christen vor, dass sie zwar die Götterbilder entschieden verachten (οἱ δὲ ἄντικρυς τὰ ἀγάλματα ἀτιμάζουσιν),[142] sich selbst aber Gott in einer Menschengestalt vorstellen. Er bezieht sich bei dieser Kritik erneut auf Gen 1,26 f., um den Widerspruch der Christen offenzulegen: „Wenn sie aber dies tun, weil keine göttliche Abbildungen (θείας εἰκόνας) angenommen werden sollen, – denn eine andere Gestalt hat Gott, wie es auch die Meinung der Perser ist, – dann widersprechen sie sich selbst, ohne es zu

---

134 C. Cels. VI,64 (Marcovich 441,13 f.22).

135 C. Cels. VI,65 (Marcovich 442,10.14). Zur Zuschreibung dieser Aussage an Celsus siehe H.E. Lona, Kelsos, 375.378.

136 C. Cels. VI,65 (Marcovich 442,21–23).

137 C. Cels. VI,65 (Marcovich 443,5 f.).

138 C. Cels. VI,62 (Marcovich 439,14 f.): „Οὐδὲ στόμα αὐτῷ ἐστιν, οὐδὲ φωνή.“

139 Vgl. C. Cels. VI,61 (Marcovich 438,23 f.): „Οὐ θέμις τὸν πρῶτον θεὸν κάμνειν οὔτε χειρουργεῖν οὔτε κελεύειν.“

140 C. Cels. VI,62 (Marcovich 439,21): „Ἀλλ᾿ οὐδ᾿ ἄλλο φησὶν εἶναι τῷ θεῷ ὧν ἡμεῖς ἴσμεν·“

141 C. Cels. VII,45 (Marcovich 498,31).

142 C. Cels. VII,62 (Marcovich 513,7 f.).

SCHÖPFUNGSTHEOLOGISCHE ARGUMENTATION (DE RES 12–17)

merken, wenn sie behaupten: ‚Gott hat den Menschen nach seinem eigenen Abbild geschaffen‘, in einer ihm selbst ähnlichen Gestalt (τὸ δὲ εἶδος ὅμοιον ἑαυτῷ).“[143]

Die Christen lehnen also die Abbildungen der Götter in Form von Statuen (τὰ ἀγάλματα) ab, stellen sich aber Gott durchaus in einer Gestalt vor, wie es das Schriftwort in Gen 1,26 f. für Celsus nahelegt: Wenn Gott den Menschen nach seinem Ebenbild gemacht hat, dann wird er selbst in dem menschlichen Abbild sichtbar. Auf diese Weise widerlegen sie sich selbst, wenn sie die Götterbilder verwerfen und selbst jedoch indirekt voraussetzen, dass Gott einem εἶδος gleich ist. Wenn die Christen zur Begründung ihrer Kritik am Polytheismus darauf verweisen, dass die ἀγάλματα nur Stein, Holz, Bronze oder Gold sind, welche die Menschen bearbeitet haben und die deswegen keine Götter sein können, dann hält Celsus ihnen entgegen, dass dies eine lächerliche Weisheit ist.[144] Denn wer, der nicht völlig einfältig ist, hält diese sonst für Götter, fragt er seine Gegner. Die ἀγάλματα repräsentieren vielmehr Weihegeschenke und Ehrenbilder für die Götter.[145]

---

143 C. Cels. VII,62 (Marcovich 513,11–15): „Εἰ δ' ὅτι μηδὲ θείας εἰκόνας ὑποληπτέον (ἄλλην γὰρ εἶναι θεοῦ μορφήν, ὥσπερ καὶ Πέρσαις δοκεῖ), λελήθασιν αὐτοὶ σφᾶς αὐτοὺς ἐλέγχοντες, ὅταν φῶσιν ὅτι ‚ὁ θεὸς ἐποίησε τὸν ἄνθρωπον‘ ἰδίαν „εἰκόνα“, τὸ δὲ εἶδος ὅμοιον ἑαυτῷ.“

144 C. Cels. VII,62 (Marcovich 513,8 f.): „Εἰ μὲν ὅτι λίθος ἢ ξύλον ἢ χαλκὸς ἢ χρυσός, ὃν ὁ δεῖνα ἢ ὁ δεῖνα εἰργάσατο, οὐκ ἂν εἴη θεός, γελοία ἡ σοφία.“

145 C. Cels. VII,62 (Marcovich 513,9–11): „Τίς γὰρ καὶ ἄλλος εἰ μὴ πάντῃ νήπιος ταῦτα ἡγεῖται θεοὺς ἀλλὰ θεῶν ἀναθήματα καὶ ἀγάλματα;“ Daraufhin versucht Celsus, die Zweifelnden in dieser Sache von seiner Position zu überzeugen: Auch die Christen werden seiner Ansicht zustimmen, dass die Götterbilder zur Ehre von einigen bestimmt sind, die der Gestalt nach entweder ähnlich oder unähnlich sind. Zudem sind die zu verehrenden Wesen natürlich keine Götter, denen die Statuen geweiht sind, sondern Dämonen. Der aber, welcher Gott verehrt, braucht den Dämonen nicht unbedingt zu dienen. Vgl. C. Cels. VII,62 (Marcovich 513,15–18): „Ἀλλὰ συνθήσονται μὲν εἶναι ταῦτα ἐπὶ τιμῇ τινων, ἢ ὁμοίων ἢ ἀνομοίων τὸ εἶδος, οὔτε δὲ θεοὺς εἶναι, οἷς ταῦτα ἀνάκειται, ἀλλὰ δαίμονας, οὐδὲ χρῆναι θεραπεύειν δαίμονας ὅστις σέβει θεόν.“ Vgl. H.E. Lona, Kelsos, 427: „Das ist die christliche Position.“

Freilich ist dies die christliche Position, mit der Celsus seine Adressaten von seiner Meinung überzeugen will, dass die Dämonen zwar nicht die Verehrung brauchen, sich aber dennoch über die Diensterweise der Menschen freuen. Ein Platoniker will allein auf den höchsten Gott ausgerichtet sein. Ob dies mit Hilfe der Dämonen oder auch ohne diese geschieht, bleibt dabei unerheblich. Da aber Gott – Celsus gemäß – seine Vorsehung für die Menschen durch die Dämonen ausübt, handeln auch diese in seinem Auftrag, so dass die Ehrerbietungen ihnen gegenüber zugleich auch dem höchsten Gott zukommen.

430 6. KAPITEL

Ps-Athenagoras scheint die Kritik des Celsus zu berücksichtigen, wenn der Christengegner aufgrund von Gen 1,26 f. darauf schließt, dass Gott sich in einer menschlichen Gestalt abgebildet hat. Jedenfalls verzichtet unser Autor auf ein explizites Zitat dieses Schriftwortes und weicht auf diese Weise einem derartigen Vorwurf aus. Auf diese Weise will er seine philosophisch geprägten Adressaten nicht unnötig beunruhigen. Dennoch bildet die Anspielung auf Gen 1,26 f. eine entscheidende Grundlage der gesamten Argumentation im positiven Auferstehungsbeweis, aus dem er die Bestimmung des Menschen zur ewigen Fortdauer ableitet. Dabei setzt er sich nicht dem von Celsus vorgeworfenen Widerspruch aus, die ἀγάλματα zwar zu verachten, sich dann aber gemäß Gen 1,26 f. Gott in einer menschlichen Form vorzustellen. Das ἄγαλμα des Schöpfers ist nicht in der Menschengestalt, sondern allein im νοῦς und in der λογικὴ κρίσις des Menschen abgebildet. Aus dem menschlichen Erscheinungsbild kann nicht auf das göttliche Urbild geschlossen werden. Ps-Athenagoras greift auf den eigentümlichen Terminus ἀγαλματοφορεῖν zurück, um die Ebenbildlichkeit Gottes im Menschen zu beschreiben. Dadurch verlagert er das Urbild-Abbild-Verhältnis vom Äußeren in das Innere des Menschen. Die Menschen tragen den Schöpfer als Abbild in sich selbst (ἐν ἑαυτοῖς ἀγαλματοφοροῦσι τὸν ποιητήν), indem sie mit dem Verstand und der vernünftigen Unterscheidungsfähigkeit begabt worden sind.[146]

David T. Runia weist überzeugend darauf hin, dass Ps-Athenagoras das Verbum ἀγαλματοφορεῖν (De Res 12,6) von *Philo Alexandrinus* übernommen hat. Vor Philo gibt es keine nachweisbare Verwendung dieses Terminus, so dass Runia fest davon ausgeht, dass Philo als erster diesen Begriff geprägt hat.[147] Runia zeigt weiterhin auf, dass das Verbum ἀγαλματοφορεῖν vielleicht der eigentümlichste Begriff von allen „Verba Philonica" ist, der zur Verteidigung der jüdischen Schöpfungsvorstellung des Menschen und zugleich der Abwehr der polytheistischen Götterdarstellungen in den Tempeln als ἀγάλματα dient.[148] Er weist zu Recht nach, dass dieses *verbum Philonicum* durch Ps-Athenagoras direkt von

---

146 De Res 12,6 (Marcovich 37,2–4).

147 Vgl. D.T. Runia, Verba Philonica. Ἀγαλματοφορεῖν and the Authenticity of the De resurrectione attributed to Athenagoras, In: VigChr 46 (1992), 319: „As we saw earlier, there is no record of the word in the pagan tradition. I am inclined to agree both with the Souda, who notes that the word is Philonic, and the lexicographer Stephanus, who in his *Thesaurus Linguae Graecae* claims that the word itself is *peculiare et proprium* to Philo. All other examples of the word are found in the Patristic tradition, and a brief examination of these confirms, I believe, the Philonic inspiration."

148 Vgl. ebd., 316 f.

SCHÖPFUNGSTHEOLOGISCHE ARGUMENTATION (DE RES 12–17)   431

Philo übernommen worden ist. Die Benutzung von ἀγαλματοφορεῖν in De Res 12,6 stellt einen ähnlichen Gebrauch des Begriffs wie in „De opificio mundi" § 69 dar, so dass Runia – trotz einiger wenigen Unterschiede – von der direkten Herleitung dieses Terminus aus diesem philonischen Werk ausgeht.[149]

In seinem Werk „De opificio mundi" legt Philo Gen 1–3 aus. In Opif 69 geht er auf Gen 1,26 ein und versucht, die Aussage zur Menschenschöpfung innerhalb seines philosophischen Deutungsinteresses akzeptabel erscheinen zu lassen: „Nach allen anderen (Geschöpfen), wie gesagt worden ist, sagt er,[150] dass der Mensch ‚nach dem Bild Gottes und nach (seiner) Ähnlichkeit' geschaffen worden ist."[151] In Opif 69 geht Philo bei der Aussage κατ᾽ εἰκόνα θεοῦ καὶ καθ᾽ ὁμοίωσιν auf das buchstäbliche Verständnis von Gen 1,26 ein, ohne dabei dieses Schriftwort sogleich zu allegorisieren: Wenn jedoch die Äußerung „gemäß dem Bild Gottes und seiner Ähnlichkeit" im wörtlichen Sinne aufgefasst wird, ergeben sich für einen philosophisch Gebildeten einige Schwierigkeiten, die sowohl die Gottesvorstellung als auch das Menschenbild betreffen. Dennoch bekräftigt Philo die Aussage von Gen 1,26: „Ganz richtig, denn kein geschaffenes Wesen ist Gott ähnlicher als der Mensch."[152] Zunächst bemüht er sich, die Aussage καθ᾽ ὁμοίωσιν zu deuten: Diese Ähnlichkeit (ἐμφέρειαν) darf dabei nicht in der Eigentümlichkeit des Leibes (σώματος χαρακτῆρι) vermutet werden.[153] „Denn Gott ist weder menschengestaltig, noch ist der menschliche Leib gottähnlich."[154] Philo wehrt also einige Deutungsmöglichkeiten ab, die das Schriftwort implizieren kann. Dass Gott menschengestaltig (οὔτε γὰρ ἀνθρωπόμορφος ὁ θεός) zu denken ist, soll als eine Schlussfolgerung aus Gen 1,26 vermieden werden.[155]

---

149   Vgl. ebd., 323: „In fact his statement is much more reminiscent of Philo's exegesis of Gen. 1:26 at *Opif.* 69. [...] If our hypothesis on the reception of the *verbum Philonicum* ἀγαλματοφορεῖν is correct, then the author of this treatise will have derived it directly or indirectly from Philo (the similarity to *Opif.* 69 suggests the former)." Bereits vor den Ausführungen von D.T. Runia hatte H.E. Lona den ähnlichen Gebrauch von ἀγαλματοφορεῖν bei beiden Autoren festgestellt. Vgl. H.E. Lona, Ps. Justins „De Resurrectione", 738 Anm. 96: „Philo verwendet ἀγαλματοφορεῖν in ähnlicher Form (op. 69.137)."

150   Es ist Mose gemeint.

151   Opif § 69 (Vol I, 23,2f. Cohn): „μετὰ δὴ τἆλλα πάντα, καθάπερ ἐλέχθη, τὸν ἄνθρωπόν φησι γεγενῆσθαι κατ᾽ εἰκόνα θεοῦ καὶ καθ᾽ ὁμοίωσιν (Gen. 1,26)."

152   Opif § 69 (Vol I, 23,3f. Cohn): „πάνυ καλῶς, ἐμφερέστερον γὰρ οὐδὲν γηγενὲς ἀνθρώπου θεῷ."

153   Opif § 69 (Vol I, 23,4f. Cohn): „τὴν δ᾽ ἐμφέρειαν μηδεὶς εἰκαζέτω σώματος χαρακτῆρι·"

154   Opif § 69 (Vol I, 23,5f. Cohn): „οὔτε γὰρ ἀνθρωπόμορφος ὁ θεὸς οὔτε θεοειδὲς τὸ ἀνθρώπειον σῶμα."

155   Genau diesen Vorwurf wird später Celsus sowohl den Juden als auch den Christen machen, dass sie sich nämlich Gott allzu anthropomorph vorstellen.

432   6. KAPITEL

Daher darf die Gottähnlichkeit auch nicht auf den menschlichen Leib (οὔτε θεοειδὲς τὸ ἀνθρώπειον σῶμα) bezogen werden. Ps-Athenagoras schließt ebenfalls eine solche Folgerung aus, wenn er in De Res 12,6 auf Gen 1,26 anspielt. Nach Philo bezieht sich das Urbild-Abbild-Verhältnis allein auf den νοῦς, der der ἡγεμών der Seele ist: „Das Abbild aber ist in dem Verstand gelegen, dem Führer der Seele."[156] Mit dieser Deutung beantwortet Philo letztendlich die Frage, was eigentlich – gemäß dem Schriftwort (Gen 1,26) – im Menschen dem Abbild und der Ähnlichkeit Gottes entspricht. Die Ähnlichkeit des Menschen mit Gott ist ausschließlich in seinem Verstand zu suchen, so dass Philo mit dieser Auslegung die göttliche Abbildung in der äußeren Gestalt des Menschen deutlich ausschließt. Sie ist allein in dem Inneren des Menschen aufzufinden, was Philo mit dem Verstand als dem ἡγεμών der Seele identifiziert. Wie der Bezug des Abbildes Gottes auf den νοῦς zu verstehen ist, versucht Philo im anschließenden Satz zu klären: „Denn nach jenem einzigen (Geist) des Weltalls, der wie ein Urbild ist, wurde der νοῦς in jedem einzelnen (Menschen) als ein Teil des Ganzen abgebildet."[157] Unter dem „Geist des Weltalls" scheint Philo den λόγος vorauszusetzen. Daraufhin setzt er den νοῦς mit einem „Gott" im Menschen gleich: Dieser Verstand ist mit einem Gott in dem ihn tragenden Menschen zu vergleichen.[158] Dabei trägt der Mensch den νοῦς als ein Abbild Gottes in sich selbst (τρόπον τινὰ θεὸς ὢν τοῦ φέροντος καὶ ἀγαλματοφοροῦντος αὐτόν).[159]

Besonders die letzte Aussage, dass der Mensch im νοῦς das Abbild Gottes trägt, übernimmt Ps-Athenagoras mit dem Terminus ἀγαλματοφορεῖν und präzisiert auf diese Weise das gottähnliche Charakteristikum im Menschen. Der Abbildcharakter Gottes in der Menschenschöpfung ist auch bei ihm in der Begabung des Menschen mit dem νοῦς und zusätzlich mit der „vernünftigen Unterscheidungsfähigkeit" zu begreifen. Die so verstandene Ebenbildlichkeit Gottes begründet für Ps-Athenagoras die Bestimmung des Menschen zur ewigen Fortdauer.

Es ist allerdings eine deutliche Differenz zu Philo zu konstatieren: Ps-Athenagoras rechnet den νοῦς im Unterschied zu Philo nicht ausschließlich der Seele, sondern dem gesamten Menschen zu. Philo vesteht den νοῦς noch als „einen Führer der Seele",[160] den er auch an anderen Stellen als einen führen-

---

156   Opif § 69 (Vol I, 23,6 f. Cohn): „ἡ δὲ εἰκὼν λέλεκται κατὰ τὸν τῆς ψυχῆς ἡγεμόνα νοῦν·"

157   Opif § 69 (Vol I, 23,7 f. Cohn): „πρὸς γὰρ ἕνα τὸν τῶν ὅλων ἐκεῖνον ὡς ἂν ἀρχέτυπον ὁ ἐν ἑκάστῳ τῶν κατὰ μέρος ἀπεικονίσθη".

158   Zum Vergleich des νοῦς als Gott siehe D.T. Runia, God and Man in Philo of Alexandria, 64–74.

159   Opif § 69 (Vol I, 23,8 f. Cohn).

160   Vgl. auch Opif § 30 (Vol I, 9,14 Cohn): „νοῦς, ὁ τῆς ὅλης ψυχῆς ἡγεμών".

SCHÖPFUNGSTHEOLOGISCHE ARGUMENTATION (DE RES 12–17)   433

den Teil der Seele (οὕτως ψυχῆς ἡγεμονικόν ἐστιν ὁ νοῦς) bezeichnen kann.[161] Ps-Athenagoras vermeidet eine derartige Assoziierung, indem er in De Res 15,6 die schöpfungstheologische Gabe des νοῦς und des λόγος bewusst dem *ganzen* Menschen und nicht der Seele allein zuordnet:

> Was aber den Verstand und die Vernunft empfangen hat, ist der (ganze) Mensch, nicht die Seele für sich allein.[162]

Daraus leitet unser Autor her, dass der Mensch auch mit seinen beiden Bestandteilen für immer fortdauern muss, was aber nur dann möglich ist, wenn er aufersteht.[163] Ps-Athenagoras legt somit in De Res 12,6 eine wichtige Grundlage, mit der er die Gabe des νοῦς nicht allein der Seele, sondern ausdrücklich dem aus Seele und Leib bestehenden Menschen vermitteln lässt. Gerade eine solche Verleihung der geistigen Fähigkeiten impliziert, dass der Mensch im Gegensatz zu den vernunftlosen Lebewesen über den Tod hinaus zu einem Fortbestand angelegt ist. Wäre aber der νοῦς allein der Seele zugeordnet, würde nach einer derartigen Analogie die ewige Fortdauer nur für die ψυχή zutreffen. Besonders diese Erwägung schließt Ps-Athenagoras jedoch aus, indem er im Anschluss an Opif 69 den gottebenbildlichen νοῦς dem gesamten Menschen zuspricht, der ihn als Abbild Gottes in sich trägt.[164]

Auf diese Weise kann er auch für beide Bestandteile des Menschen die postmortale Existenz beanspruchen. Denn der Mensch hat in seiner gesamten leibseelischen Verfassung den νοῦς und den λόγος erhalten, damit er mit Hilfe des Verstands und der vernünftigen Urteilsfähigkeit die Gaben Gottes begreifen kann. Vor allem diese geistigen Komponenten verleihen ihm die Befähigung, über den Tod hinaus in der Kontemplation Gottes zu verweilen (vgl. De Res 13,2). Die Zweckbestimmung der menschlichen Existenz lässt er daher sogleich unzweideutig in De Res 12,6 verlauten:

---

161 Vgl. LegAll 1,39 (Vol 1, 70,25–27 Cohn): „οὕτως ψυχῆς ἡγεμονικόν ἐστιν ὁ νοῦς· τούτῳ μόνῳ ἐμπνεῖ ὁ θεός, τοῖς δ' ἄλλοις μέρεσιν οὐκ ἀξιοῖ, ταῖς τε αἰσθήσεσι καὶ τῷ λόγῳ καὶ τῷ γονίμῳ.“ Aus der Aussage, dass Gott allein den νοῦς und nicht die anderen Teile anhauchte, ergibt sich, dass Philo den νοῦς als einen führenden Teil (ἡγεμονικόν) der Seele auffasst. Siehe auch G. Sellin, Streit, 103: „Der himmlische Mensch heißt deshalb νοῦς, weil nur im νοῦς als bestem Teil der Seele Gott-Abbildlichkeit überhaupt möglich ist (Op 69).“

162 De Res 15,6 (Marcovich 40,20 f.): „Ὁ δὲ καὶ νοῦν καὶ λόγον δεξάμενός ἐστιν ἄνθρωπος, οὐ ψυχὴ καθ' ἑαυτήν.“

163 De Res 15,6 (Marcovich 40,21 f.): „ἄνθρωπον ἄρα δεῖ τὸν ἐξ ἀμφοτέρων ὄντα διαμένειν εἰς ἀεί, τοῦτον δὲ διαμένειν ἀδύνατον μὴ ἀνιστάμενον.“

164 Anders B. Pouderon, Athénagore d'Athènes, 166.221. Pouderon behauptet, dass das Bild des Schöpfers allein in der Seele abgebildet ist.

434   6. KAPITEL

Die Menschen sind zu immer seienden Fortdauer bestimmt, „damit sie ihren Schöpfer und seine Kraft und Weisheit erkennen und mit dem Gesetz und Recht verbunden sind, so dass sie mit diesen Dingen mühelos die ganze Zeit zubringen."[165]

Mit dieser Bestimmung der Absicht Gottes für den Menschen (ἵνα-Satz) erfasst Ps-Athenagoras sämtliche Beweismomente, die in der bisherigen und in der darauffolgenden Argumentation eine wesentliche Rolle spielen. Von der Kraft und Weisheit war vor allem in De Res 2,4–3,2 die Rede. Indem die Menschen zur Erkenntnis seiner δύναμις und σοφία gelangen, begreifen sie auch, dass Gott sowohl die Kraft zur Auferstehung der Leiber besitzt als auch das Wissen, wohin sich die Einzelteile des Leibes aufgelöst haben, so dass er sie in der Auferstehung auch erneut zusammenbringen kann. Der einen und derselben Kraft und Weisheit kommt es nämlich zu, die aus der Menge der vielfältigen Lebewesen aufgeriebenen Teile der Leiber zu trennen und wieder mit den eigenen Teilen und Teilchen zu vereinigen.[166]

Mit der Aussage „damit sie mit dem Gesetz und Recht verbunden bleiben (νόμῳ τε συνεπόμενοι καὶ δίκῃ)" blickt Ps-Athenagoras bereits auf den im Gerichtsargument (De Res 18–23) leitenden Gedanken, dass der Mensch in seiner Gesamtheit bei der Erfüllung des göttlichen Gesetzes und Rechts verantwortlich ist. In De Res 18,5 betont er, dass der Leib für sich allein nicht fähig ist, das Gesetz und das Recht zu beurteilen.[167] In De Res 23,2 ergänzt er in diesem Sinne, dass nicht die Seele allein die Gesetze erhalten hat, sondern der gesamte aus Seele und Leib bestehende Mensch.[168] So muss er auch aus beiden Teilen wieder zusammengesetzt im Gericht Gottes erscheinen. Dafür ist die Auferstehung des Leibes eine notwendige Voraussetzung. Die Zweckbestimmung der menschlichen Existenz umfasst somit das immer seiende Verbleiben mit dem Gesetz und Recht auch im postmortalen Zustand.

---

165   De Res 12,6 (Marcovich 37,4–6): „ἵνα γινώσκοντες τὸν ἑαυτῶν ποιητὴν καὶ τὴν τούτου δύναμίν τε καὶ σοφίαν νόμῳ τε συνεπόμενοι καὶ δίκῃ τούτοις συνδιαιωνίζωσιν ἀπόνως".

166   De Res 3,3 (Marcovich 28,2–5): „Τοῦ αὐτοῦ δ' ἂν εἴη καὶ τῆς αὐτῆς δυνάμεως καὶ σοφίας καὶ τὸ διατεθρυμμένον ⟨εἰς⟩ πλήθη ζῴων παντοδαπῶν ὁπόσα τοῖς τοιούτοις σώμασιν ἐπιτρέχειν εἴωθεν καὶ τὸν ἐκ τούτων ἀγείρειν κόρον, διακρῖναι μὲν ἐκεῖθεν, ἑνῶσαι δὲ πάλιν τοῖς οἰκείοις μέρεσι καὶ μορίοις".

167   De Res 18,5 (Marcovich 44,2 f.).

168   De Res 23,2 (Marcovich 48,9 f.).

SCHÖPFUNGSTHEOLOGISCHE ARGUMENTATION (DE RES 12–17)

Mit der Äußerung τούτοις συνδιαιωνίζωσιν ἀπόνως fasst Ps-Athenagoras gewissermaßen die Endbestimmung der menschlichen Existenz zusammen, die der Schöpfer für das sein Abbild in sich selbst tragende Geschöpf vorgesehen hat. „Mit diesen Dingen mühelos für immer zu verbleiben" bezieht sich auf die Erkenntnis des Schöpfers, seiner Kraft und seiner Weisheit und auf die Verbundenheit mit seinem Gesetz und Recht, wofür jedoch die Gabe des νοῦς und der λογικὴ κρίσις die notwendige Voraussetzung bildet. Allein mit dem Verstand und der vernünftigen Unterscheidungsfähigkeit kann der Mensch die Kraft und Weisheit des Schöpfers begreifen und die Rechtsbestimmungen Gottes bewah ren. Das Adverb ἀπόνως impliziert, dass dies im Endzustand ohne Anstrengung möglich sein wird.

Mit dem anschließenden Relativsatz kontrastiert Ps-Athenagoras den Gegenwartszustand mit der Endbestimmung und stellt an dieser Stelle eine Analogie her:

Die Menschen sind dazu bestimmt, mit den Dingen die Zeit im Eschaton zu verbringen, „mit denen sie das vorher empfangene Leben stärkten, obwohl sie in vergänglichen und irdischen Leibern existierten."[169]

Von Beginn an haben die ersten Menschen ihr Leben mit den Gaben Gottes gestärkt, so dass dies auch im Endzustand ermöglicht wird. Der Konzessivsatz erläutert die irdische Beschaffenheit der von Anfang an bestehenden Menschen, die nicht als körperlose Seelen existierten.[170] Das vorher empfangene Leben bezieht sich im Vergleich zu der zukünftigen Bestimmung auf die irdische Existenz und nicht auf einen verklärten Anfangszustand der Menschen.[171] Wie bereits die ersten Menschen in der Gegenwart Gottes verweilten, obwohl

---

169 De Res 12,6 (Marcovich 37,6 f.): „οἷς τὴν προλαβοῦσαν ἐκράτυναν ζωήν, καίπερ ἐν φθαρτοῖς καὶ γηΐνοις ὄντες σώμασιν."

170 Daher hat auch eine leiblose Präexistenz der Seelen, die etwa im Endzustand wiederhergestellt wird, im Denken des Ps-Athenagoras keinen Raum. Anders J.L. Rauch, Athenagoras, 123–125.

171 Ps-Athenagoras scheint überhaupt keinen ideellen Anfangszustand *vor* dem Fall vorauszusetzen. Vielmehr führt er die irdische Befindlichkeit des Menschen *an sich* auf den Schöpfungswillen Gottes zurück, trotz aller im Menschen sichtbaren Unzulänglichkeiten und Diskontinuitäten. Offenbar kennt er keinen „Urzustand" des Menschen *vor* dem „Sündenfall", den er auch an keiner Stelle in seiner Schrift erwähnt. Die ersten Menschen befinden sich von Beginn an in einer Situation der Bewährung. Dieser Zustand wird jedoch im Eschaton überwunden, indem die Unvergänglichkeit dem Körper in der Auferstehung verliehen wird.

436 6. KAPITEL

sie sich von Anfang an in vergänglichen und irdischen Körpern befanden, so wird auch ihre leibseelische Konstitution am Ende wieder bestehen. Diese Befindlichkeit wird durch die Auferstehung des Leibes, der eine Verwandlung in einen besseren Zustand erleben wird (vgl. De Res 12,9), hergestellt.[172] Die verwandelte Beschaffenheit des σῶμα bringt dem Menschen eine vollständige Unvergänglichkeit, die er mit der Seele seit seiner Erschaffung als göttliches Geschöpf bereits besitzt (vgl. De Res 16,2).[173]

Nun weist D.T. Runia darauf hin, dass das Verbum συνδιαιωνίζειν neben ἀγαλματοφορεῖν ebenfalls ein *verbum Philonicum* ist, da es bei Philo zum ersten Mal vorkommt und in der paganen Literatur keine Erwähnung findet.[174] Dies verstärkt den Eindruck, dass Ps-Athenagoras in De Res 12,6 von philonischen Gedanken abhängig ist. Er übernimmt somit sowohl die philonische Terminologie als auch die damit verbundene Vorstellung des Alexandriners. Philo selbst verwendet συνδιαιωνίζειν an vier Stellen in seinem Schrifttum (VitMos II,108; SpecLeg I,31.76; Praem 71).[175]

> Für Ps-Athenagoras nimmt dieser Terminus eine zentrale Rolle ein, um den Endzweck (τέλος) der menschlichen Existenz zu beschreiben. In De Res 15,8 führt er aus, dass auch der Leib mit der endlosen Seele (τῷ τῆς ψυχῆς ἀτελευτήτῳ) fortdauern und für immer bleiben (συνδιαιωνίζειν) muss.[176] Unser Autor postuliert die ewige postmortale Existenz insbesondere für das σῶμα, das mit der Seele auf ewig bestehen wird. Philo selbst bezieht noch συνδιαιωνίζειν ausschließlich auf die gottesfürchtige Seele. In *De Vita Mosis* II,108 drückt er diese Jenseitshoffnung unmissverständlich aus: Die wahrhaft heilige Handlung ist die Gottesfurcht (εὐσέβεια) der gottgefälligen Seele. Ihre Dankbarkeit wird sie unsterblich machen und so wird sie bei Gott auf einem Denkmal aufgeschrieben und bleibt mit der Sonne, mit dem Mond und dem ganzen Kosmos für immer bestehen (συνδιαιωνίζον).[177]

---

172 De Res 12,9 (Marcovich 37,23 f.).

173 De Res 16,2 (Marcovich 41,7–9).

174 Vgl. D.T. Runia, Verba Philonica, 324.

175 Vgl. D.T. Runia, Verba Philonica, 324. Runia gibt für Praem 71 versehentlich Virt 71 an.

176 De Res 15,8 (Marcovich 40,32–34).

177 Philo, VitMos II,108 (Vol IV, 226,1–4 Cohn): „ἡ γὰρ ἀληθὴς ἱερουργία τίς ἂν εἴη πλὴν ψυχῆς θεοφιλοῦς εὐσέβεια; ἧς τὸ εὐχάριστον ἀθανατίζεται καὶ ἀνάγραπτον στηλιτεύεται παρὰ θεῷ συνδιαιωνίζον ἡλίῳ καὶ σελήνη καὶ τῷ παντὶ κόσμῳ.“

Zusätzlich verwendet Ps-Athenagoras den Begriff συνδιαιωνίζειν noch in De Res 25,4, um das τέλος des gesamten Menschen auszudrücken: Das Endziel des verständigen Le-

SCHÖPFUNGSTHEOLOGISCHE ARGUMENTATION (DE RES 12–17)　　　437

Wenn Ps-Athenagoras den Begriff συνδιαιωνίζειν auch anders als der Alexandriner akzentuiert, bezieht er ihn demnach wie Philo in *De Vita Mosis* II,108 auf die Hoffnung im Jenseitszustand. Er nimmt aber auch eine Korrektur vor, indem er diese Jenseitshoffnung nicht allein für die Seele, sondern für den gesamten Menschen gelten lässt. Hierzu dient ihm der Verweis auf das vorher empfangene Leben (τὴν προλαβοῦσαν ζωήν), das offensichtlich den irdischen Menschenzustand beinhaltet (in De Res 12,6). Wie sich die Menschen trotz ihrer vergänglichen und irdischen Leiber von Anfang an in der Kontemplation Gottes befanden, so werden sie auch im Endzustand erneut in ihrer leibseelischen Beschaffenheit erscheinen. Jedoch werden ihre σώματα nicht mehr vergänglich und irdisch sein, sondern durch die Verwandlung einen besseren Auferstehungszustand aufweisen.

Dass die Körper von Beginn an vergänglich und irdisch (ἐν φθαρτοῖς καὶ γηΐνοις σώμασιν) gewesen sind, übernimmt Ps-Athenagoras offenbar – wie auch die ἀγαλματοφορεῖν-Vorstellung – von Philo aus *De opificio mundi*. In Opif 82 führt Philo aus, dass der erste Mensch das vorzüglichste der erdgeborenen und *vergänglichen* (τὸν δὲ τῶν γηγενῶν καὶ φθαρτῶν ἄριστον) Geschöpfe im Urzustand gewesen ist.[178] Wenn Philo dann zur Auslegung von Gen 2,7 vordringt, betont er erneut, dass der geschaffene Mensch bereits im Anfangszustand hinsichtlich seines sichtbaren Teils sterblich und hinsichtlich seines unsichtbaren Teils unsterblich war. Der Mensch befindet sich somit auf der Grenze zwischen der sterblichen und unsterblichen Natur, da er zugleich sterblich und unsterblich geschaffen ist. Die Sterblichkeit bezieht sich allein auf seinen Körper, die Unsterblichkeit auf seinen Geist (θνητὸν μὲν κατὰ τὸ σῶμα, κατὰ δὲ τὴν διάνοιαν ἀθάνατον).[179] Somit geht Philo von der Sterblichkeit und Vergänglichkeit der Menschenleiber aus, obwohl es noch nicht zum Sündenfall des Menschen (ab Opif 151 behandelt) gekommen ist und dieser sich noch im Genuss der göttlichen Gegenwart befand. Die menschliche Sterblichkeit ist bei Philo also nicht an die Verfehlung im Paradies gebunden, sondern gehört offenbar von Anfang an zur geschöpflichen Verfassung des Menschen.

---

　　　bens und der vernünftigen Unterscheidung des ganzen Menschen besteht darin, auf ewig ungehindert die Zeit mit derartigen Dingen zu verbringen (συνδιαιωνίζειν), für die ihm in erster Linie die natürliche Vernunft verliehen ist, nämlich an der Schau (θεωρία) des Gebers und seiner Ratschlüsse unaufhörlich Freude zu haben. Vgl. De Res 25,4 (Marcovich 50,18–21).

178　Philo, Opif § 82 (Vol I, 28,21f. Cohn).

179　Philo, Opif § 135 (Vol I, 47,6–11 Cohn).

D.T. Runia zieht aus seiner terminologischen Untersuchung zum Gebrauch des eigentümlichen *verbum Philonicum* ἀγαλματοφορεῖν einige Schlussfolgerungen, die die Zuschreibung und die Datierung von De Resurrectione betreffen. Er plädiert für die „Unechtheit" der athenagoreischen Verfasserschaft des Traktats und schließt sich dem Datierungsvorschlag von Grant und Schoedel ins 3. oder 4. Jahrhundert an.[180] Nun kann aufgrund dieser Studie seinen Beobachtungen im Grundsatz zugestimmt werden, wobei m. E. die Eingrenzung der Entstehungsphase von De Resurrectione genauer auf die erste Hälfte des 3. Jahrhunderts vorzunehmen ist. Das Verdienst von D.T. Runia besteht darin, den Hintergrund und die Entwicklung der für die Ebenbildlichkeit Gottes im Menschen zentralen Vorstellung in De Res 12,6 durch das Verbum ἀγαλματοφορεῖν eingehend beleuchtet zu haben. Da in De Res 12,6 zwei für Ps-Athenagoras wichtige philonische Begriffe und die damit verbundenen Vorstellungen aufgenommen sind, ist mit Runia von einer direkten Kenntnis des philonischen Schrifttums durch unseren Autor auszugehen.[181]

Weiterhin versucht D.T. Runia, den Beginn einer Verbreitung des philonischen Schrifttums zu bestimmen, um das Zeugnis von De Resurrectione zeitgeschichtlich einordnen zu können. Der erste christliche Autor, der sich explizit auf Philo beruft, ist Clemens von Alexandrien.[182] Bei den früheren Autoren können nur Mutmaßungen angestellt werden, inwieweit sie direkt philonische Schriften nutzten. Nun geht Runia zusätzlich davon aus, dass die Verbreitung von Philos Werken zunächst durch die Alexandrinische Tradition ermöglicht worden ist. Clemens und Origenes sind die ersten nachweisbaren Zeugen, durch die das philonische Schrifttum in der christlichen Tradition zu zirkulieren beginnt. Die Verbreitung von philonischen Gedanken innerhalb der christlichen Literatur ist ab diesem Zeitpunkt nicht mehr an Alexandrien

---

180 Vgl. D.T. Runia, Verba Philonica, 324. Vgl. erneut D.T. Runia, Philo in Early Christian Literature, 109: „If the author was Athenagoras, it is most probable that he must have had an Alexandrian connection (Barnard's hypothesis), for how else would he have gained access to Philo's writings in the period before Clement. Since this connection is unlikely, this lexical aspect is a further indication that the treatise belongs to the 3rd or (more likely) 4th century."

181 Vgl. D.T. Runia, Verba Philonica, 323. Vgl. D. Rankin, Athenagoras, 9 f.174, der sich ebenfalls bei diesem Abhängigkeitsverhältnis Runia voll anschließt, ohne jedoch aufgrund dessen die Echtheits- und die Datierungsposition von B. Pouderon zu hinterfragen.

182 In ClemAl, Strom I,31,1; I,72,4; I,153,2; II,100,3 (GCS 52, 20,5; 46,17; 95,16; 168,3 Stählin/Früchtel/Treu). Vgl. D.T. Runia, Why does Clement of Alexandria call Philo ‚the Pythagorean'?, 54–76. Siehe weiter D.T. Runia, Philo in Early Christian Literature, 132–156, insbesondere 132: „Clement is the first Christian author to make explicit mention of Philo, twice calling him a ‚Pythagorean' and once referring to one of his works (the *De vita Moysis*)."

SCHÖPFUNGSTHEOLOGISCHE ARGUMENTATION (DE RES 12–17)   439

gebunden. Clemens scheint noch zu seinen Lebzeiten Alexandrien verlassen und sich dann nach Jerusalem begeben zu haben.[183] Von Origenes können wir sicher sein, dass er Alexandrien etwa in den Jahren 231/232 n. Chr. in Richtung Caesarea verlassen hat.[184] Somit beginnt in der ersten Hälfte des dritten Jahrhunderts mit diesen beiden Autoren auch die Zirkulation und die Verbreitung der Schriften Philos innerhalb der christlichen Kreise. In diese Phase ist m.E. auch das Zeugnis von Ps-Athenagoras mit De Res 12,6 einzuordnen.[185]

Daher kann dem Vorschlag von D.T. Runia voll zugestimmt werden, wenn er in seinem Aufsatz abschließend feststellt: *„De resurrectione* is not his [sc. Athenagoras] and not to be dated to the second century, but rather to a later period, when the tradition of Alexandrian theology, decisively influenced by the reception of the Philonic corpus, spread out from Alexandria to a wider

---

183   Euseb, H.E. 6,11,6. Vgl. U. Neymeyr, Lehrer, 47: „Clemens hat also nach seinem Weggang aus Alexandrien sehr wahrscheinlich die Jerusalemer Gemeinde ‚gestärkt und vergrößert'." Siehe auch D. Wyrwa, Religiöses Lernen, 299: „Um die Jahre 200/203 bzw. 206/211 hatte Clemens das ihm zur Wahlheimat gewordene Alexandrien verlassen, kaum weil er sich der drohenden Christenverfolgung durch die Flucht entziehen wollte, sondern – wie angedeutet – weil es zu gravierenden Spannungen mit Bischof Demetrius gekommen sein muss."

184   Vgl. Chr. Markschies, Origenes, 4: „In den zwanziger Jahren des dritten Jahrhunderts muß es – ungeachtet aller Erfolge des Origenes innerhalb und außerhalb Alexandrias – zu Auseinandersetzungen zwischen dem Gelehrten und seinem Ortsbischof Demetrius gekommen sein, die sich so verschärften, daß Origenes ca. 231/232 n. Chr. die Stadt zu einer weiteren großen Reise verließ, von der er wahrscheinlich nie mehr nach Alexandria zurückkehrte."

185   Dagegen versucht B. Pouderon, Apologetica 1996, 233–236, den Autor der Auferstehungsschrift nach Alexandrien zu verorten und so die direkte Kenntnis des philonischen Schrifttums in De Resurrectione zu erklären. Auf diese Weise ist es Pouderon möglich, an der Datierung von De Resurrectione im zweiten Jahrhundert weiterhin festzuhalten. Den alexandrinischen Ursprung erblickt er in der Benutzung des Kamel-Beispiels in De Res 12,2: „En effet, l'utilisation par l'auteur de DR de l'exemple du chameau comme animal domestique, assez extraordinaire chez un athénien, mais naturelle en Egypte, m'avait déjà conduit à la même conclusion: l'auteur du traité devait appartenir à un milieu égyptien." B. Pouderon, Apologetica 1996, 234. Bereits L.W. Barnard hat mit diesem Beispiel ebenfalls den alexandrinischen Ursprung zu erweisen versucht. Vgl. ders., Athenagoras, 15.
          H.E. Lona übt berechtigte Kritik an einer derartigen methodischen Vorgehensweise, die sich auf ein Beispiel stützt, um den Entstehungsort des Traktats zu belegen. H.E. Lona, Athenagoras, 578, spricht bezüglich des Kamel-Verweises treffend von den „Kuriositäten der Forschungsgeschichte". Es ist anzunehmen, dass Ps-Athenagoras aufgrund seiner philosophischen Bildung durchaus Beispiele aufgreifen konnte, ohne dass sogleich auf eine regionale Anbindung an einen bestimmten Ort geschlossen werden muss.

440   6. KAPITEL

audience in the early Christian world."[186] Dieses Ergebnis kann als zusätzliches
Indiz dafür gewertet werden, nicht mehr an der athenagoreischen Verfasserschaft und einer damit verbundenen Entstehungszeit von De Resurrectione im
2. Jahrhundert festhalten zu müssen. Es ist vielmehr von der Pseudonymität des
Traktats und seiner Datierung in die erste Hälfte des 3. Jahrhunderts auszugehen, in der die philonischen Schriften in der patristischen Tradition eine erste
nachweisbare Rezeption erfahren haben.

2.4   Auferstehung als μεταβολή (De Res 12,7–9)

In De Res 12,7–9 leitet Ps-Athenagoras aus der schöpfungstheologischen Argumentation den Auferstehungsbeweis her. Dabei nimmt er in De Res 12,7 den
argumentativen Faden aus De Res 12,5 wieder auf, nachdem er in De Res 12,6 die
Bestimmung der menschlichen Existenz zur ewigen Fortdauer mit der Ebenbildlichkeit Gottes im Menschen begründet hat. Er betont erneut, dass alles,
was um eines anderen willen entstanden ist, begreiflicherweise selbst zu existieren aufhören muss, sobald jenes zu Ende geht, wofür es entstanden ist. Es
kann nicht zwecklos fortbestehen, weil es für die Zwecklosigkeit kein Platz in
den Werken Gottes gibt.[187] Was aber gerade um seiner selbst willen entstanden ist, damit es existiert und seiner Natur entsprechend lebt, das kann keinen
Grund in sich tragen, der seine Existenz gänzlich aufhebt. Die Begründung
dafür liefert die Einsicht, dass die Entstehungsursache in der Natur des Menschen zum Ziel kommt und allein in seiner Existenz wahrgenommen wird.[188]
Daher beinhaltet die αἰτία der menschlichen Hervorbringung die Zweckbestimmung, die in der immerseienden Existenz der gesamten Menschennatur
gipfelt.

   Dies trifft für beide Bestandteile der menschlichen φύσις zu. Ps-Athenagoras
entwickelt diesen Gedanken in De Res 12,8: Da aber die Ursache der menschlichen Entstehung stets in seiner Existenz wahrgenommen wird, so muss auch
das entstandene Wesen ganz am Leben erhalten werden. Dies gilt für beide
Bestandteile seiner Natur, sowohl für den aktiven als auch für den passiven Teil,
die beide ihren Beitrag beisteuern.[189] Die Seele bildet dabei den aktiven und

---

186   D.T. Runia, Verba Philonica, 324.

187   De Res 12,7 (Marcovich 37,8–11): „Ὁπόσα μὲν γὰρ ἄλλου του χάριν γέγονεν, παυσαμένων
       ἐκείνων ὧν ἕνεκεν γέγονεν, παύσεται εἰκότως καὶ αὐτὰ [τὰ γενόμενα] τοῦ εἶναι καὶ οὐκ ἂν
       διαμένοι μάτην, ὡς ἂν μηδεμίαν ἐν τοῖς ὑπὸ θεοῦ γενομένοις τοῦ ματαίου χώραν ἔχοντος·"

188   De Res 12,7 (Marcovich 37,11–14): „τά γε μὴν δι᾽ αὐτὸ τὸ εἶναι καὶ ζῆν καθὼς πέφυκεν γενόμενα,
       ὡς αὐτῆς τῆς αἰτίας τῇ φύσει συνειλημμένης καὶ κατ᾽ αὐτὸ μόνον τὸ εἶναι θεωρουμένης, οὐδεμίαν
       οὐδέποτε δέξαιτ᾽ ἂν τὴν τὸ εἶναι παντελῶς ἀφανίζουσαν αἰτίαν."

189   De Res 12,8 (Marcovich 37,14–17): „Ταύτης δὲ ἐν τῷ εἶναι πάντοτε θεωρουμένης, δεῖ σῴζεσθαι

SCHÖPFUNGSTHEOLOGISCHE ARGUMENTATION (DE RES 12–17) 441

der Leib den passiven Teil der Menschennatur. Der Beitrag der Seele besteht darin, entsprechend ihrer geschaffenen φύσις auf gleiche Weise zu existieren und fortzubestehen (τῆς μὲν ψυχῆς οὔσης τε καὶ διαμενούσης ὁμαλῶς), und das auszuführen, was ihr naturgemäß zukommt.[190]

> Es kommt ihr aber zu, die Triebe des Leibes zu beaufsichtigen und das Zustoßende immer mit angemessenen Beurteilungsmitteln und Maßstäben zu beurteilen und zu bemessen.[191]

In ihrer Verbindung mit dem Leib erleidet die ψυχή Anfechtungen, denen sie jedoch widerstehen kann. Aus dieser wechselseitigen Verhältnisbeziehung zwischen der Seele und dem Leib schimmert die platonische Vorstellung aus dem *Phaidon* durch: Der Seele ist von Natur aus verordnet, über den Leib zu herrschen und zu gebieten. Der Leib dagegen muss ihr dienen und sich von ihr beherrschen lassen.[192] Nun wird Ps-Athenagoras diesen Zusammenhang erst innerhalb des Gerichtsarguments (De Res 18–23) in aller Breite entfalten. In De Res 12,8 genügt es ihm, die Rolle der Seele kurz anzudeuten, die sie gegenüber dem Leib zu leisten hat.[193]

Ps-Athenagoras kommt es anschließend darauf an, die von Gott vorgesehene Bestimmung des Leibes hinsichtlich des Auferstehungsbeweises auszuführen:

πάντως καὶ τὸ γενόμενον ζῷον, ἐνεργοῦν τε καὶ πάσχον ἃ πέφυκεν, ἑκατέρου τούτων ἐξ ὧν γέγονεν τὰ παρ' ἑαυτοῦ συνεισφέροντος".

190 De Res 12,8 (Marcovich 37,17 f.): „καὶ τῆς μὲν ψυχῆς οὔσης τε καὶ διαμενούσης ὁμαλῶς ἐν ᾗ γέγονεν φύσει καὶ διαπονούσης ἃ πέφυκεν".

191 De Res 12,8 (Marcovich 37,18–20): „πέφυκεν δὲ ταῖς τοῦ σώματος ἐπιστατεῖν ὁρμαῖς καὶ τὸ προσπῖπτον ἀεὶ τοῖς προσήκουσι κρίνειν καὶ μετρεῖν κριτηρίοις καὶ μέτροις".

192 Platon, Phaidon 79e8–80a2: „Ὅρα δὴ καὶ τῇδε ὅτι ἐπειδὰν ἐν τῷ αὐτῷ ὦσι ψυχὴ καὶ σῶμα, τῷ μὲν δουλεύειν καὶ ἄρχεσθαι ἡ φύσις προστάττει, τῇ δὲ ἄρχειν καὶ δεσπόζειν " Vgl. H. Dörrie/M. Baltes, Der Platonismus in der Antike, Bd. 6.2, 220: „Insgesamt sollte die Seele gegenüber dem Körper auf jeden Fall das Beherrschende, der Körper immer das Beherrschte bleiben; denn nur so wird jeder ,das Seine' tun, so daß auch zwischen ihnen ,Gerechtigkeit' herrscht (Staat 433 A 8 f.)."

193 Mit der Funktionsbestimmung der Seele, die ihre Aufgabe gegenüber dem Leib wahrzunehmen hat, legt unser Autor die Grundlage, die er im Gerichtsargument (De Res 18–23) ausführlich entfaltet. Wenn die Seele nämlich ihrer Bestimmung, den Trieben des Leibes vorzustehen (ταῖς τοῦ σώματος ἐπιστατεῖν ὁρμαῖς), nicht nachkommt, so wird sie in Mitleidenschaft gezogen und zur Teilnahme an den Handlungen des Leibes verpflichtet. Vgl. De Res 21,4 (Marcovich 46,30–32): „τὸ σῶμα καὶ τὴν ψυχὴν ἕλκει πρὸς συμπάθειαν καὶ κοινωνίαν τῶν ἐφ' ἃ κινεῖται πράξεων". Die Seele aber bleibt für sich allein gesehen ganz leidenschafts- und bedürfnislos.

442 6. KAPITEL

Das σῶμα muss sich naturgemäß zu dem bewegen lassen, was seiner Natur zusteht, und die ihm bestimmten Verwandlungen annehmen. Dies betrifft neben den vielen anderen Verwandlungen, die sich in den Altersstufen, in der Gestalt oder Größe vollziehen, insbesondere die Auferstehung (μετὰ δὲ τῶν ἄλλων τῶν κατὰ τὰς ἡλικίας ἢ κατ' εἶδος ἢ μέγεθος τὴν ἀνάστασιν).[194]

> Denn eine Art Verwandlung und (zwar) die letzte von allen ist die Auferstehung und die Verwandlung ins Bessere der noch zu jener Zeit Verbliebenen.[195]

Die Aussage von der Verwandlung der noch zu jener Zeit Verbliebenen (ἡ τῶν κατ' ἐκεῖνον τὸν χρόνον περιόντων ἔτι μεταβολή) deutet an, dass Ps-Athenagoras mit dieser Aussage auf 1 Kor 15,51 f. anspielt:[196] Dort wird zwischen der Auferweckung der Toten und der sich zur gleichen Zeit ereignenden Verwandlung der Übriggebliebenen unterschieden. Die paulinische Erwähnung der dabei stattfindenden Verwandlung (ἀλλαγησόμεθα) bestimmt offenbar das Verständnis der Auferstehung bei Ps-Athenagoras. Bereits in De Res 3,2 weist unser Autor darauf hin, dass bei der Auferstehung das Vergängliche in die Unvergänglichkeit verwandelt wird (τὸ φθαρτὸν μεταβαλεῖν εἰς ἀφθαρσίαν).[197] Er greift an dieser Stelle ebenfalls den paulinischen Wortlaut aus 1 Kor 15,53 (δεῖ γὰρ τὸ φθαρτὸν τοῦτο ἐνδύσασθαι ἀφθαρσίαν) auf. In De Res 18,5 verweist er explizit auf den Apostel und auf seine Aussage in 1 Kor 15,53, dass dieses Vergängliche und Zerstreute die Unvergänglichkeit anziehen muss (ὅτι δεῖ κατὰ τὸν ἀπόστολον τὸ φθαρτὸν τοῦτο καὶ σκεδαστὸν ἐνδύσασθαι ἀφθαρσίαν).[198] Ps-Athenagoras erweitert die Aussage des Paulus um das σκεδαστόν, folgt aber sonst dem Text des Apostels.

Es ist unübersehbar, dass er seine Auffassung der Auferstehung von Paulus her gewonnen hat.[199] Jedoch präzisiert er sie als eine Verwandlung (μετα-

---

194 De Res 12,8 (Marcovich 37,20–23): „τοῦ δὲ σώματος κινουμένου κατὰ φύσιν πρὸς ἃ πέφυκεν καὶ τὰς ἀποκληρωθείσας αὐτῷ δεχομένου μεταβολάς, μετὰ δὲ τῶν ἄλλων τῶν κατὰ τὰς ἡλικίας ἢ κατ' εἶδος ἢ μέγεθος τὴν ἀνάστασιν."

195 De Res 12,9 (Marcovich 37,23 f.): „Εἶδος γάρ τι μεταβολῆς καὶ πάντων ὕστατον ἡ ἀνάστασις ἥ τε τῶν κατ' ἐκεῖνον τὸν χρόνον περιόντων ἔτι πρὸς τὸ κρεῖττον μεταβολή."

196 Bereits Arethas verweist im Scholion zu De Res 12,9 (Marcovich 55,22 f.) auf die paulinische Aussage aus 1 Kor 15,51: „Ὁ καὶ Παῦλος ὁ θεῖος φησιν· Πάντες μὲν οὐ κοιμηθησόμεθα, πάντες δὲ ἀλλαγησόμεθα."

197 De Res 3,2 (Marcovich 28,1).

198 De Res 18,5 (Marcovich 44,14 f.).

199 Vgl. L.W. Barnard, The Father of Christian Anthropology, 266 f.: „Yet it is noticeable that

βολή) in einen besseren Zustand (πρὸς τὸ κρεῖττον).[200] Der Terminus μεταβολή beinhaltet an sich, dass eine Veränderung an einer Sache stattfindet, die
ihrerseits gleich bleibt.[201] „Μεταβολή bedeutet den Umschlag von etwas in
etwas anderes, also eine Veränderung an einer Sache, bei der das der Veränderung Unterliegende beharrt und nicht wechselt. Der Begriff bedeutet demnach
einen Qualitätsumschlag und soll keinen Ortswechsel bezeichnen."[202]

Es ist zu fragen, wie Ps-Athenagoras überhaupt in seinem Traktat die Auferstehung als Verwandlung versteht und begründet. Zunächst soll aber der Frage
nachgegangen werden, gegen welche kritische Infragestellung die Verwandlungsvorstellung innerhalb der Auferstehung eine Anwort bietet. Nun ist dabei
an die Kritik des Celsus zu denken, der gegen die christliche Erwartung des
nahen Endes polemisiert: Die Christen glauben, dass sie allein fortbestehen
(διαμενεῖν) werden, und zwar nicht nur die Lebenden (οὐ μόνον τοὺς ζῶντας),
sondern auch die längst Verstorbenen, die mit demselben Fleisch aus der Erde
emporkommen (αὐταῖς σαρξὶν ἐκείναις ἀπὸ τῆς γῆς ἀναδύντας).[203] Der erste Teil
der Kritik bezieht sich auf die Endzeiterwartung der Christen, die auch Paulus
vor allem in 1 Thess 4,13–18 vertritt. Bei der Parusie Christi zählt er sich deutlich

---

  Athenagoras, while he believed in the re-animation of the particles of this body, does not
  wallow in a crass materialism. Thus he quotes the Pauline text 1 Kor 15,53 that this scattered
  and corruptible body must put on incorruption (*de Res.* 18); and in *de Res.* 12, he describes
  the body as undergoing destined changes, along with other changes in age, appearance
  and size, and finally undergoing resurrection – the last of such changes and a change for
  the better." Vgl. erneut ders., Athenagoras, 133 f.

200 B. Pouderon versteht diese Aussage als eine „Verbesserung des Fleisches" (‚amélioration'
  de la chair). Vgl. ders., Athénagore d'Athènes, 185. Jedoch bezieht Ps-Athenagoras die
  Verwandlung hier ausdrücklich auf das σῶμα und nicht auf die σάρξ.

201 Vgl. Aristoteles, Metaphysik Λ 1069b, 35–1070a, 4: „Μετὰ ταῦτα ὅτι οὐ γίγνεται οὔτε ἡ ὕλη
  οὔτε τὸ εἶδος, λέγω δὲ τὰ ἔσχατα. πᾶν γὰρ μεταβάλλει τὶ καὶ ὑπό τινος καὶ εἴς τι· ὑφ' οὗ μέν, τοῦ
  πρώτου κινοῦντος· ὃ δέ, ἡ ὕλη· εἰς ὃ δέ, τὸ εἶδος. εἰς ἄπειρον οὖν εἶσιν, εἰ μὴ μόνον ὁ χαλκὸς γίγνεται
  στρογγύλος ἀλλὰ καὶ τὸ στρογγύλον ἢ ὁ χαλκός· ἀνάγκη δὴ στῆναι." Aristoteles definiert den
  μεταβολή-Terminus innerhalb seiner Kinesiologie und wendet ihn an dieser Stelle auf
  die Veränderung der Form, die die Materie erhält, an. Jedoch bleibt die Materie immer
  dieselbe, selbst wenn sie verschiedene Formen anzunehmen vermag.

202 H. Strutwolf, Gnosis als System, 192. „Auch bei Athenagoras findet sich die Vorstellung der
  μεταβολή auf die Auferstehung angewandt. Bei ihm bezieht sich dieser Begriff eindeutig
  auf die Tatsache, daß der irdische Leib bei der Auferstehung einer Verwandlung unterliegt,
  während die Seele beharrt und bleiben muß." Ebd.

203 C. Cels. v,14 (Marcovich 331,1–5): „Ἠλίθιον δ' αὐτῶν καὶ τὸ νομίζειν, ἐπειδὰν ὁ θεὸς ὥσπερ
  μάγειρος ἐπενέγκῃ τὸ πῦρ, τὸ μὲν ἄλλο πᾶν ἐξοπτήσεσθαι γένος, αὐτοὺς δὲ μόνους διαμενεῖν,
  οὐ μόνον τοὺς ζῶντας ἀλλὰ καὶ τοὺς πάλαι ποτὲ ἀποθανόντας αὐταῖς σαρξὶν ἐκείναις ἀπὸ τῆς γῆς
  ἀναδύντας".

444 6. KAPITEL

zu den Lebenden und Übriggebliebenen. Auch in 1 Kor 15,51 f. hält der Apostel weiterhin daran fest, dass zum Zeitpunkt der Auferstehung nicht alle Menschen verstorben sein werden, alle Gläubigen aber eine Verwandlung erleben. Die Lebenden werden zu diesem Zeitpunkt verwandelt werden, so dass er sich selbst ebenfalls zu dieser Gruppe (durch das ἡμεῖς) zählt.

Gerade an solchen Erwartungen übt Celsus massive Kritik, indem er Gott mit einem Koch vergleicht, der das Feuer heranbringt (ὁ θεὸς ὥσπερ μάγειρος ἐπενέγκῃ τὸ πῦρ)[204] und so das Gericht herbeiführt. Das ganze Menschengeschlecht wird durch dieses Gerichtshandeln verbrannt, während die Christen allein als Lebende übrigbleiben und ihre Toten durch die Auferstehung mit demselben Fleisch zurückerhalten. Celsus kann diese Vorstellung nur verächtlich als eine Hoffnung der Würmer (ἀτεχνῶς σκωλήκων ἡ ἐλπίς) bezeichnen, die ihm zutiefst unvernünftig und absurd erscheint.

Indem Ps-Athenagoras die paulinische Verwandlungsaussage aufnimmt, reagiert er m. E. auf derartige Erwägungen: Denn die noch zu jener Zeit Verbliebenen werden ebenso wie die Toten die allerletzte Verwandlung in einen besseren Zustand erleben.[205] Unser Autor greift somit die urchristliche Endzeiterwartung auf, gegen die sich der Christengegner wendet. Celsus selbst empfindet das alleinige Fortbestehen der Christen mit ihrer ganzen Leiblichkeit als eine Provokation.[206]

Ps-Athenagoras setzt offenbar die Kenntnis dieser Polemik bei seinen Adressaten voraus. Daher versucht er, diesen Einwänden entgegenzuwirken und die ewige Fortdauer für den gesamten Menschen zu beweisen. Insbesondere die postmortale Weiterexistenz des Körpers bereitet seinen Adressaten Probleme, so dass er mit seiner μεταβολή-Konzeption diese Schwierigkeiten hinsichtlich des Leibes zu beheben beabsichtigt. Er verteidigt gerade den Begriff διαμονή,

---

204 C. Cels. v,14 (Marcovich 331,1 f.).

205 De Res 12,9 (Marcovich 37,23 f.). Vgl. J. Lehmann, Auferstehungslehre, 37: „Der Leib heischt nach seiner Natur das ihm Entsprechende und durchläuft die ihm vorgezeichneten Entwicklungsphasen. Die letzte derselben ist die Auferstehung, ein εἶδος μεταβολῆς, zeitlich zusammenfallend mit der μεταβολή derer, welche zu jener Zeit noch am Leben sind." Vgl. H. Strutwolf, „Epistula ad Rheginum", 71: „Die Auferstehung selbst ist eine μεταβολή und ebenso muß die Verwandlung der Glaubenden bei der Parusie des Herrn als πρὸς τὸ κρεῖττον μεταβολή bezeichnet werden."

206 Welche menschliche Seele wird sich denn nach einem verwesten Leib sehnen, fragt er, und zielt seinem platonischen Geist folgend darauf, eine solche Lehre *ad absurdum* zu führen. Gott kann wohl der Seele ewiges Leben gewähren, Leichname aber sollten eher als Mist weggeworfen werden. Vgl. C. Cels. v,14 (Marcovich 331,6 f.19–21): „ποία γὰρ ἀνθρώπου ψυχὴ ποθήσειεν ⟨ἂν⟩ ἔτι σῶμα σεσηπός; [...] Καὶ ψυχῆς μὲν αἰώνιον βιοτὴν δύναιτ' ἂν παρασχεῖν· ‚Νέκυες δέ', φησὶν Ἡράκλειτος, ‚κοπρίων ἐκβλητότεροι'."

SCHÖPFUNGSTHEOLOGISCHE ARGUMENTATION (DE RES 12–17)   445

den er nicht nur für die Seele, sondern auch für das σῶμα beansprucht. In De Res 16 und 17 widmet er sich der Verteidigung dieses Terminus und entwickelt hier seine spezifische Verwandlungsvorstellung bei der Auferstehung.

Daher empfiehlt es sich, die Behandlung von De Res 16 und 17 vorzuziehen und erst anschließend die schöpfungstheologische Beweisführung in De Res 13 und 15 fortzuführen.

3   De Res 16 und 17: Διαμονή des gesamten Menschen

3.1   *Fortdauer der Menschennatur (De Res 16)*

Indem Ps-Athenagoras mit dem Verbum διαμενεῖν (C. Cels. v,14) die Begrifflichkeit des Christengegners aufgreift und einer ausführlichen Untersuchung unterzieht, reagiert er bis in die genaue Terminologie hinein auf die celsischen Einwände:

> Es soll nämlich keinem als fremd erscheinen, wenn wir das durch Tod und Vernichtung unterbrochene Leben Fortdauer nennen (ὀνομάζομεν διαμονήν). Vielmehr ist in Betracht zu ziehen, dass dieser Ausdruck nicht nur in einem Sinne gebraucht wird und dass es nicht nur ein Maß der Fortdauer gibt, da auch die Natur der Fortdauernden nicht nur eine ist.[207]

Dabei unterscheidet Ps-Athenagoras zwischen der Fortdauer der rein unvergänglichen und unsterblichen Wesen (τῶν καθαρῶς ἀφθάρτων καὶ ἀθανάτων) und der der Menschen. Die ersten fasst er als die stärkeren Wesenheiten (αἱ οὐσίαι τῶν κρειττόνων) auf, die von Anfang an als unsterblich geschaffen sind und allein durch den Willen des Schöpfers ewig fortdauern.[208] Die Menschen hingegen erhalten von Geburt an ausschließlich mit ihrer Seele die unveränderliche Fortdauer. Hinsichtlich des Leibes erlangen sie die Unvergänglichkeit infolge einer Verwandlung (ἐκ μεταβολῆς τὴν ἀφθαρσίαν).[209] Nach dieser Aus-

---

207   De Res 16,1 (Marcovich 40,35–37): „Ξενιζέσθω δὲ μηδεὶς εἰ τὴν θανάτῳ καὶ φθορᾷ διακοπτομένην ζωὴν ὀνομάζομεν διαμονήν, λογιζόμενος ὡς οὐχ εἷς τοῦ προσρήματος ὁ λόγος, οὐχ ἓν τῆς διαμονῆς τὸ μέτρον, ὅτι μηδὲ τῶν διαμενόντων φύσις μία.“

208   Vgl. De Res 16,2 (Marcovich 41,1–7): „Εἴπερ γὰρ κατὰ τὴν οἰκείαν φύσιν ἕκαστον τῶν διαμενόντων ἔχει τὴν διαμονήν, οὔτ’ ἐπὶ τῶν καθαρῶς ἀφθάρτων καὶ ἀθανάτων εὕροι τις ἂν ἰσάζουσαν τὴν διαμονήν, τῷ μηδὲ τὰς οὐσίας τῶν κρειττόνων συνεξισοῦσθαι ταῖς καθ’ ὑπόβασιν διαφερούσαις, οὔτ’ ἐπὶ τῶν ἀνθρώπων τὴν ὁμαλὴν ἐκείνην καὶ ἀμετάβλητον ἐπιζητεῖν ἄξιον, ἅτε δὴ τῶν μὲν ἐξ ἀρχῆς γενομένων ἀθανάτων καὶ διαμενόντων μόνῃ τῇ γνώμῃ τοῦ ποιήσαντος ἀτελευτήτως“.

209   De Res 16,2 (Marcovich 41,7–9): „τῶν δὲ ἀνθρώπων κατὰ μὲν τὴν ψυχὴν ἀπὸ γενέσεως ἐχόντων

446   6. KAPITEL

sage ruft Ps-Athenagoras emphatisch aus: „Das ist gerade, was der Beweis der Auferstehung will!"[210]

Der Zweck des Auferstehungsbeweises besteht also darin, die Fortdauer insbesondere für den Leib zu erweisen. Durch die μεταβολή erhält das σῶμα die postmortale Existenz, die als Verleihung der Unvergänglichkeit begriffen wird. In De Res 16,3 führt er diese Erwartung für den Körper weiter aus:

> Indem wir auf die Auferstehung hinschauen, erwarten wir zwar die Auf-
> lösung des Leibes, die das mit Bedürftigkeit und Verderben ausgestattete
> Leben begleitet. Jedoch erhoffen wir nach dieser Auflösung die Fortdauer
> in Unvergänglichkeit, so dass wir unser Lebensende nicht mit dem der
> unvernünftigen Lebewesen auf die gleiche Stufe stellen.[211]

Aber auch ein Vergleich der διαμονή der unsterblichen Wesen mit der der Menschen soll vermieden werden. Eine derartige Gleichstellung ist unzulässig, da die Natur und das Leben der Menschen nicht mit dem Ungehörigen zu vergleichen ist.[212]

Die Hoffnung der Menschen auf die Fortdauer unterscheidet sich somit deutlich von der der himmlischen Kreaturen, von deren Existenz Ps-Athenagoras selbstverständlich ausgeht. Die postmortale Existenz der Menschen entspricht nicht jener der unvergänglichen Wesen, die im Dienste Gottes stehen und die durch seinen Willen die unveränderliche Fortdauer genießen. Den Menschen ist diese gleichbleibende ἀφθαρσία allein im Hinblick auf die Seele, die nur darin den unvergänglichen und unsterblichen Wesen gleicht, verliehen. Bezüglich des Leibes erhält der Mensch die Unvergänglichkeit allein durch eine Verwandlung, die dem σῶμα einen besseren Zustand bringt.

In De Res 16,4 thematisiert Ps-Athenagoras die Ungleichheit der Jenseitshoffnung, die in der Natur des Menschen zwischen der Seele und dem Leib besteht. Er weiß, dass seine Adressaten an diesem Punkt weiterhin Bedenken haben, so dass er explizit auf ihre Meinung eingeht:

     τὴν ἀμετάβλητον διαμονήν, κατὰ δὲ τὸ σῶμα προσλαμβανόντων ἐκ μεταβολῆς τὴν ἀφθαρσίαν·" Vgl. H.A. Lucks, The Philosophy of Athenagoras, 63.

210   De Res 16,3 (Marcovich 41,10): „Ὅπερ (ὁ) τῆς ἀναστάσεως βούλεται λόγος·"

211   De Res 16,3 (Marcovich 41,10–13): „πρὸς ἣν ἀποβλέποντες τήν τε διάλυσιν τοῦ σώματος ὡς ἑπομένην τῇ μετ' ἐνδείας καὶ φθορᾶς ζωῇ περιμένομεν καὶ μετὰ ταύτην τὴν μετ' ἀφθαρσίας ἐλπίζομεν διαμονήν, οὔτε τῇ τῶν ἀλόγων τελευτῇ συνεξισοῦντες τὴν ἡμετέραν τελευτήν".

212   De Res 16,3 (Marcovich 41,13–16): „οὔτε τῇ τῶν ἀθανάτων διαμονῇ τὴν τῶν ἀνθρώπων διαμονήν, ἵνα μὴ λάθωμεν ταύτῃ συνεξισοῦντες καὶ τὴν τῶν ἀνθρώπων φύσιν καὶ ζωὴν οἷς μὴ προσῆκεν."

SCHÖPFUNGSTHEOLOGISCHE ARGUMENTATION (DE RES 12–17)   447

Es ist daher nicht recht, Widerwillen gegenüber dieser Sache zu empfinden, wenn sich eine Ungleichheit bei der Fortdauer der Menschen zeigt. Deshalb darf keiner die Auferstehung aufgeben, weil die Trennung der Seele vom Leib und die Auflösung der Teile und Teilchen das fortlaufende Leben unterbricht.[213]

Die Ungleichheit bei der Fortdauer der Menschen soll also nicht zur Ablehnung der Auferstehung führen, was offenbar zur Debatte steht. Die Trennung der Seele vom Leib und die Auflösung der einzelnen Körperteile fördern bei seinen Zuhörern offenbar die Zweifel bezüglich der Auferstehungshoffnung, weil es zur Unterbrechung des Lebenszusammenhangs kommt. Dass die Seele ihre Existenz mit dem Tod nicht einbüßt, stellt aus ihrer Sicht nicht das Problem dar. Jedoch am Körper ist die Auflösung und Verwesung unmittelbar wahrzunehmen, so dass seine postmortale Wiederherstellung deutlich in Frage gestellt wird.

Ps-Athenagoras versucht, in De Res 16,5f. die Bedrohung des Todes zu entkräften, der ein unübersehbarer Einschnitt im menschlichen Leben bedeutet. Die bevorstehende Gefahr des Todes ist zwar real, aus der eschatologischen Perspektive aber ist sie eine vorübergehende Zwischenphase, die den Lebenszusammenhang bis zur Auferstehung unterbricht. Unser Autor schwächt das einschneidende Ereignis des Todes ab, indem er den seit Homer bekannten Vergleich des Todes mit dem Schlaf heranzieht:[214] Denn wir tragen auch keine Bedenken, von einem und demselben Leben zu reden, obwohl es durch den Schlaf unterbrochen wird. Während des Schlafens kommt es scheinbar auf natürliche Weise zum Ausfall der Empfindungen und der physischen Kräfte und so wird das in Sinneswahrnehmung bestehende Leben unterbrochen, da die Menschen in gleichen Zeitabständen schlafen und daraufhin durch das Auf-

---

213   De Res 16,4 (Marcovich 41,17–20): „Οὐ τοίνυν ἐπὶ τούτῳ δυσχεραίνειν ἄξιον, εἴ τις ἀνωμαλία θεωρεῖται περὶ τὴν τῶν ἀνθρώπων διαμονήν, οὐδ' ἐπειδὴ χωρισμὸς ψυχῆς ἀπὸ [τῶν] τοῦ σώματος (καὶ τῶν) μερῶν καὶ μορίων διάλυσις τὴν συνεχῆ διακόπτει ζωήν, διὰ τοῦτ' ἀπογινώσκειν χρὴ τὴν ἀνάστασιν.“

214   Vgl. Homer Iliad. 16,672 und 682 (Allen III,126.127); Od. 13,79f.; Platon, Apol 40c9–d2: „καὶ εἴτε δὴ μηδεμία αἴσθησίς ἐστιν ἀλλ' οἷον ὕπνος ἐπειδάν τις καθεύδων μηδ' ὄναρ μηδὲν ὁρᾷ, θαυμάσιον κέρδος ἂν εἴη ὁ θάνατος“. Xenophon, Cyropaedia 8,7,21: „ἐννοήσατε δ', ἔφη, ὅτι ἐγγύτερον μὲν τῶν ἀνθρωπίνων θανάτῳ οὐδέν ἐστιν ὕπνου·“ Plutarch, Consolatio ad Apollonium 12, 107E. Vgl. auch in der christlichen Literatur 1 Thess 4,13–18; 1 Kor 15,20.51; Joh 11,11: „Λάζαρος ὁ φίλος ἡμῶν κεκοίμηται· ἀλλὰ πορεύομαι ἵνα ἐξυπνίσω αὐτόν.“ 1 Clem 26,2 (hier wird Ps 3,6 und 22,4 LXX zitiert) [Lindemann/Paulsen 110,8f.]: „καί· ʼΕκοιμήθην καὶ ὕπνωσα, ἐξηγέρθην, ὅτι σὺ μετ' ἐμοῦ εἶ.“.“ Vgl. N. Zeegers-Vander Vorst, Adversaires et destinataires, 630.

448   6. KAPITEL

wachen sozusagen wieder aufleben (ἀναβιωσκόντων).[215] Dadurch wird jedoch
der Lebenszusammenhang hier auf Erden nicht außer Kraft gesetzt.

Mit dem Beispiel des Schlafens verbindet unser Autor noch weitere Assozia-
tionen, so dass er den Vergleich vertieft. Er erinnert sich daran, dass der Schlaf
als Bruder des Todes genannt wird,[216] wobei er sicherlich an die Aussage des
Homer gedacht hat.[217] Als Bruder des Schlafs gilt Ps-Athenagoras der Tod deshalb, weil bei den Schlafenden ähnliche Zustände wie bei den Toten walten
(ἀλλ' ὡς τῶν ὁμοίων παθῶν τοῖς τε θανοῦσι καὶ τοῖς ὑπνοῦσιν ἐγγινομένων). Dies
betrifft nämlich die Ruhe und die Empfindungslosigkeit den Dingen gegenüber,
die einen umgeben oder die zeitgleich geschehen. Aber diese Gleichgültigkeit
trifft während des Schlafzustands sogar auch auf die eigene Existenz und das
eigene Leben (μᾶλλον δὲ μηδὲ τοῦ εἶναι καὶ τῆς ἰδίας ζωῆς) zu.[218] Die letzte Aussage
entnimmt Ps-Athenagoras offenbar aus diesem Vergleich, so dass im Schlaf der
Mensch gewissermaßen von seinem Leben und Sein ruht.

In De Res 16,6 bezieht er eine solche Befindlichkeit auf die Unterbrechung
des Lebenszusammenhangs: Dennoch setzt ein Zustand der Empfindungslosigkeit nicht das gegenwärtige Leben außer Kraft. Besonders diesen Gedanken
will unser Autor hervorgehoben wissen. Denn das Leben der Menschen ist
überhaupt von zahlreichen Ungleichheiten gekennzeichnet, wozu der Schlaf
und auch die menschlichen Veränderungen in den einzelnen Altersstufen zählen. Das Beispiel von den Verwandlungen infolge der Lebensalter bildet die
zentrale Analogie für die Auferstehung, auf die Ps-Athenagoras in De Res 17 ausführlich eingeht. Jedenfalls bleibt das Leben der Menschen ein und dasselbe,
wenn es auch von Geburt bis zur Auflösung derart großen Ungleichheiten und
auch Unterbrechungen durch den Schlaf ausgesesetzt ist.[219]

---

215   De Res 16,5 (Marcovich 41,20–24): „Οὐδὲ γὰρ ἐπειδὴ τὴν κατὰ συναίσθησιν ζωὴν διακόπτειν
      δοκοῦσιν αἱ κατὰ τὸν ὕπνον φυσικῶς ἐγγινόμεναι παρέσεις τῶν αἰσθήσεων καὶ τῶν φυσικῶν
      δυνάμεων, ἰσομέτροις χρόνου διαστήμασιν ὑπνούντων τῶν ἀνθρώπων καὶ τρόπον τινὰ πάλιν
      ἀναβιωσκόντων, τὴν αὐτὴν παραιτούμεθα λέγειν ζωήν.“

216   De Res 16,5 (Marcovich 41,24 f.): „παρ' ἣν αἰτίαν, οἶμαι, τινὲς ἀδελφὸν τοῦ θανάτου τὸν ὕπνον
      ὀνομάζουσιν“.

217   Vgl. Homer Iliad. 16,672 und 682 (Allen III,126.127): „ὕπνῳ καὶ θανάτῳ διδυμάοσιν“; Od. 13,79 f.

218   De Res 16,5 (Marcovich 41,25–29): „οὐχ ὡς ἐκ τῶν αὐτῶν προγόνων ἢ πατέρων φύντας γενεα-
      λογοῦντες, ἀλλ' ὡς τῶν ὁμοίων παθῶν τοῖς τε θανοῦσι καὶ τοῖς ὑπνοῦσιν ἐγγινομένων, ἕνεκά γε
      τῆς ἠρεμίας καὶ τοῦ μηδενὸς ἐπαισθάνεσθαι τῶν παρόντων ἢ γινομένων, μᾶλλον δὲ μηδὲ τοῦ εἶναι
      καὶ τῆς ἰδίας ζωῆς.“

219   De Res 16,6 (Marcovich 41,30–32): „Εἴπερ οὖν τὴν τῶν ἀνθρώπων ζωὴν τοσαύτης γέμουσαν
      ἀνωμαλίας ἀπὸ γενέσεως μέχρι διαλύσεως καὶ διακοπτομένην πᾶσιν οἷς προείπομεν, οὐ παραι-
      τούμεθα τὴν αὐτὴν λέγειν ζωήν“.

SCHÖPFUNGSTHEOLOGISCHE ARGUMENTATION (DE RES 12–17)   449

Die Schlussfolgerung dieser Überlegungen lässt sich der Verfasser nicht nehmen und formuliert als Ergebnis:

> So dürfen auch wir nicht das jenseits der Auflösung gelegene Leben ablehn-
> nen, welches mit sich die Auferstehung bringt, selbst wenn es durch die
> Trennung der Seele vom Leib eine Zeitlang unterbrochen wird.[220]

Die Hoffnung auf die Auferstehung soll also nicht verworfen werden, wenn sich
bei der Fortdauer des Menschen hinsichtlich des Leibes eine ἀνωμαλία zeigt (De
Res 16,4). Denn die Seele überdauert den Tod und bleibt gleichmäßig (ὁμαλῶς)
in ihrer vom Schöpfer bestimmten Natur bestehen (De Res 12,8). Der Leib
dagegen ist der Auflösung und verschiedenen Verwandlungen unterworfen,
was aber seine Hoffnung auf die ewige Fortdauer nicht zu schmälern braucht.
Die Auferstehung ist als eine Verwandlungsstufe zu begreifen, nämlich als die
allerletzte μεταβολή.

3.2   *Analogie der Lebensalter (De Res 17)*

In De Res 17 beschäftigt sich Ps-Athenagoras daher weiterhin mit dem Beispiel von den Veränderungen und Verwandlungen in den einzelnen Altersstufen. Daraus kann sein Verständnis der μεταβολή ganz erfasst und angemessen
bewertet werden.

So vertieft Ps-Athenagoras in De Res 17 den Zustand der ἀνωμαλία, die sich in
der Menschennatur zeigt. Er ist weiterhin bemüht, die Bedenken seiner Adressaten bezüglich der postmortalen Fortdauer des Leibes abzubauen. Besonders
der Vergleich der Verwandlungen in den einzelnen Altersstufen der einen Person erscheint ihm geeignet, die Ungleichheit des Lebens und der Fortdauer im
Hinblick auf die Gestalt desselben Leibes zu erhellen. Da er die Auferstehung
ebenfalls als eine Verwandlung im Leben des Menschen begreift und somit als
eine natürliche Entwicklungsstufe des σῶμα zu einem höheren Zustand auffasst, greift er diese Analogie erneut auf. Er weist in De Res 17,1 darauf hin, dass
dieselbe Natur der Menschen durch den Willen des Schöpfers von Beginn an
eine zugewiesene Ungleichheit erhalten hat, die sich im Leben und in der Fortdauer zeigt. Das Leben wird durch den Schlaf und die Fortdauer durch den
Tod unterbrochen, so dass in beiden Fällen die ἀνωμαλία der Menschennatur
deutlich sichtbar wird. Die Ungleichheit lässt sich zudem aus den Umwand-

---

220 De Res 16,6 (Marcovich 41,32–35): „οὐδὲ τὴν ἐπέκεινα τῆς διαλύσεως ζωήν, ἥτις ἑαυτῇ συνεισά-
γει τὴν ἀνάστασιν, ἀπογινώσκειν ὀφείλομεν, κἂν ἐπὶ ποσὸν διακόπτηται τῷ χωρισμῷ τῆς ψυχῆς
ἀπὸ τοῦ σώματος.“

450 6. KAPITEL

lungen ersehen, die die Menschen in jedem Lebensalter erleben (ταῖς καθ' ἑκάστην ἡλικίαν μεταβολαῖς), so dass sich die späteren Zustände keineswegs eindeutig aus den früheren erschließen lassen.[221] Diese Assoziation überträgt Ps-Athenagoras auf seinen Auferstehungsbeweis: Aus den Verwandlungen in jedem Lebensalter ist auch auf die Auferstehung zu schließen, die die letzte Verwandlung von allen sein wird (vgl. De Res 12,8 f.).[222]

In De Res 17,2–4 legt er dar, wie er sich die Veränderungen in den verschiedenen Altersstufen vorstellt. Den Einstieg in die Vertiefung des Lebensaltervergleichs bietet die Beobachtung, dass sich die späteren Zustände nicht eindeutig (οὐκ ἐναργῶς) aus den früheren ableiten lassen. In diesem Zusammenhang greift unser Autor auf das innerhalb der Auferstehungsapologetik verbreitete Motiv vom menschlichen Samen zurück.[223] Jedoch führt er das σπέρμα-Beispiel nicht zum Zwecke des Nachweises der wirksamen Macht Gottes auf, wie es noch seine Vorgänger versuchen. Vielmehr wird es zur Verdeutlichung der verschiedenen Entwicklungsstufen innerhalb einer menschlichen Gestalt verwendet.

Ps-Athenagoras verweist auf das Beispiel vom menschlichen σπέρμα mit einer rhetorischen Frage: „Wer würde es glauben, wenn er nicht durch die Erfahrung belehrt worden wäre, dass in unausgebildetem und aus ähnlichen Teilen bestehendem Samen (ἐν ὁμοιομερεῖ καὶ ἀδιαπλάστῳ τῷ σπέρματι),[224] der Ursprung so zahlreicher und so bedeutender Kräfte aufbewahrt liegt?" Diese Fragestellung führt er weiter fort: „Wer würde zudem einen so großen Unterschied in dem winzigen Samen vermuten, der sich später in den entwickelten und gefestigten Massen (τοσαύτην ἐπισυνισταμένων καὶ πηγνυμένων ὄγκων διαφοράν) des menschlichen Organismus äußert?" Was Ps-Athenagoras mit ὄγκων

---

221 De Res 17,1 (Marcovich 42,1–5): „Αὕτη γὰρ τῶν ἀνθρώπων ἡ φύσις ἄνωθεν καὶ κατὰ γνώμην τοῦ ποιήσαντος συγκεκληρωμένην ἔχουσα τὴν ἀνωμαλίαν, ἀνώμαλον ἔχει τὴν ζωὴν καὶ τὴν διαμονήν, ποτὲ μὲν ὕπνῳ ποτὲ δὲ θανάτῳ διακοπτομένην καὶ ταῖς καθ' ἑκάστην ἡλικίαν μεταβολαῖς, οὐκ ἐμφαινομένων ἐναργῶς τοῖς πρώτοις τῶν ὕστερον ἐπιγινομένων."

222 Vgl. De Res 12,8 f. (Marcovich 37,20–24): „τοῦ δὲ σώματος κινουμένου κατὰ φύσιν πρὸς ἃ πέφυκεν καὶ τὰς ἀποκληρωθείσας αὐτῷ δεχομένου μεταβολάς, μετὰ δὲ τῶν ἄλλων τῶν κατὰ τὰς ἡλικίας ἢ κατ' εἶδος ἢ μέγεθος τὴν ἀνάστασιν. Εἶδος γάρ τι μεταβολῆς καὶ πάντων ὕστατον ἡ ἀνάστασις ἥ τε τῶν κατ' ἐκεῖνον τὸν χρόνον περιόντων ἔτι πρὸς τὸ κρεῖττον μεταβολή."

223 Vgl. Justin, Apol I,19,1–4; Ps-Justin, De Res 5,7 f.; Theophilus von Antiochien, Ad Aut I,8.

224 Die Vorstellung von einem unausgebildeten Samen, aus dem sich dann alle Körperteile entwickeln, hat Ps-Athenagoras offenbar bei Galen vorgefunden. Vgl. Galen, De semine II,3,14 (CMG V,3,1, 170,11 f. De Lacy): „ἢ συμπάντων γε ὁμοῦ τῶν ὀστῶν ἀδιάπλαστόν τε καὶ συγκεχυμένην ἔχει τὴν οὐσίαν ἑκάτερον τῶν σπερμάτων". Galen beschreibt also an dieser Stelle, dass jeder Same die Substanz aller Gebeine insgesamt enthält. Diese Samensubstanz ist aber in ihrem Anfangsstadium noch unausgebildet und undifferenziert.

SCHÖPFUNGSTHEOLOGISCHE ARGUMENTATION (DE RES 12–17) 451

διαφορά konkret im Sinn hat, präzisiert er sogleich mit φημί: „Wer würde also direkt vom σπέρμα auf die sich daraus entstehenden Gebeine, Sehnen, Knorpeln, Muskeln, Fleisch, Eingeweide und die übrigen Körperteile schließen?"[225] Allein jedoch die Erfahrung versichert, dass sich eine solche Entwicklung in der Tat vollzieht.

Daraufhin bezieht Ps-Athenagoras den Vergleich mit den im Samen enthaltenen Lebenskräften und Unterschieden auf die verschiedenen Stadien in den einzelnen Altersstufen: Denn weder in den flüssigen Samen (ἐν ὑγροῖς ἔτι τοῖς σπέρμασι) ist etwas davon zu sehen, noch kann ohne weiteres von der Gestalt eines kleinen Kindes auf die des Erwachsenen geschlossen werden. Desgleichen verhält es sich auch bei den anderen Altersstufen, so dass nicht selbstverständlich vom Alter eines jungen Menschen auf das des sich im mittleren Alter befindenden Menschen oder sogleich auf die Gestalt des Greises zu schließen ist.[226] Die natürliche Entwicklung des Wachstums- und Alterungsprozesses belegt die dabei stattfindenden Veränderungen, die sich jeweils in dem Erscheinungsbild des einen Menschen äußern.

Zusätzlich macht Ps-Athenagoras in De Res 17,3 darauf aufmerksam, dass dieselbe Menschengestalt in den einzelnen Altersstufen aus der Rückschau nicht unbedingt eine logisch nachvollziehbare Entwicklung durchmacht. Dennoch wird niemand bestreiten, dass das menschliche Erscheinungsbild vom Säugling bis zum Greisenalter deutliche Veränderungen durchlebt.

Er führt diesen Gedankengang wie folgt aus: Wenn manches von den erwähnten Altersstufen überhaupt nicht und manches nur dunkel die natürliche Aufeinanderfolge und die in der Natur der Menschen geschehenen Verwandlungen (καὶ τὰς τῇ φύσει τῶν ἀνθρώπων ἐπιγινομένας μεταβολάς) ahnen lässt, so wissen doch alle, wenn sie bei der Beurteilung dieser Erscheinungen nicht

---

225   De Res 17,2 (Marçovich 42,5–10)· „Ἡ τίς ἂν ἐπίστευσεν μὴ τῇ πείρᾳ δεδιδαγμένος, ἐν ὁμοιομερεῖ καὶ (ἀ)διαπλάστῳ τῷ σπέρματι τοσούτων καὶ τηλικούτων ἀποκεῖσθαι δυνάμεων (ἀρχὴν) ἢ τοσαύτην ἐπισυνισταμένων καὶ πηγνυμένων ὄγκων διαφοράν, ὀστέων φημὶ καὶ νεύρων καὶ χόνδρων, ἔτι δὲ μυῶν καὶ σαρκῶν καὶ σπλάγχνων καὶ τῶν λοιπῶν τοῦ σώματος μερῶν;"

      Galen spricht ebenfalls von homöomeren Teilen wie Sehnen, Bändern, Fleisch, Fett, Knochen, Knorpeln, Mark und den übrigen Körperteilen. Vgl. Galen, De elem 1,8,11 (De Lacy 126,1–5): „Φέρε γάρ, ἵν' ἐπ' ἀνθρώπου διέλθω τὸν λόγον, ἐκ πρώτων οὗτος καὶ ἁπλουστάτων αἰσθητῶν στοιχείων ἐστί, τῶν ὁμοιομερῶν ὀνομαζομένων, ἰνὸς καὶ ὑμένος καὶ σαρκὸς καὶ πιμελῆς ὀστοῦ τε καὶ χόνδρου καὶ συνδέσμου καὶ νεύρου καὶ μυελοῦ καὶ τῶν ἄλλων ἁπάντων, ὧν τὰ μόρια τῆς αὐτῆς ἀλλήλοις ἰδέας ἐστὶ σύμπαντα."

226   De Res 17,2 (Marcovich 42,10–13): „Οὔτε γὰρ ἐν ὑγροῖς ἔτι τοῖς σπέρμασι τούτων ἔστιν ἰδεῖν οὐδὲν οὔτε μὴν τοῖς νηπίοις ἐμφαίνεταί τι τῶν τοῖς τελείοις ἐπιγινομένων ἢ τῇ τῶν τελείων ἡλικίᾳ τὰ τῶν παρηβηκότων ἢ τούτοις τὰ τῶν γεγηρακότων."

452   6. KAPITEL

infolge von Bosheit oder Gleichgültigkeit ganz blind sind, dass die Entwicklung in den einzelnen Altersstufen nacheinander erfolgt.[227] Denn zuerst muss die Grundlegung der Samen erfolgen (ὅτι δεῖ πρῶτον μὲν γενέσθαι τῶν σπερμάτων καταβολήν), womit der Verfasser offenbar auf das Ereignis der Befruchtung anspielt.[228] Nachdem sich daraufhin der Embryo mit seinen einzelnen Gliedern entwickelt und diese Leibesfrucht (τῶν κυηθέντων) mit der Geburt das Licht der Welt erblickt hat, vollzieht sich anschließend das Wachstum im ersten Lebensalter. Danach tritt die Entwicklung zur Reife ein, die durch das Nachlassen der physischen Kräfte bis zum Greisenalter führt. Den letzten Lebensabschnitt charakterisiert unser Autor als Auflösung der lebensmüde gewordenen Leiber (εἶτα πεπονηκότων τῶν σωμάτων ἡ διάλυσις).[229] Er begreift hier den Tod als einen integralen Bestandteil in einem natürlichen Entwicklungsprozess, der sich von der Befruchtung bis zur διάλυσις erstreckt.

Worauf es Ps-Athenagoras bei diesem breit ausgeführten Vergleich aber ankommt, lässt er unmissverständlich in De Res 17,4 verlauten: Wie also bei diesen Dingen zu beobachten ist, dass aus dem Samen nicht das Wachstum oder die Gestalt der Menschen und aus dem Leben nicht die Auflösung in die ersten Prinzipien abgelesen werden kann, so verschafft erst die Verknüpfung der natürlichen Vorgänge die Glaubwürdigkeit für das, was aus den Einzelerscheinungen allein noch nicht sicher gestellt ist.[230]

---

227 De Res 17,3 (Marcovich 42,13–16): „Ἀλλὰ δὴ καίτοι τῶν εἰρημένων τινῶν μὲν οὐδ᾽ ὅλως τινῶν δὲ ἀμυδρῶς ἐμφαινόντων τὴν φυσικὴν ἀκολουθίαν καὶ τὰς τῇ φύσει τῶν ἀνθρώπων ἐπιγινομένας μεταβολάς, ὅμως ἴσασιν ὅσοι μὴ τυφλώττουσιν ὑπὸ κακίας ἢ ῥαθυμίας περὶ τὴν τούτων κρίσιν“.

228 Vgl. nur Philo von Alexandrien, Opif § 132 (Vol I, 45,17–20 Cohn): „οὐδὲν τῶν γηγενῶν ἄνευ ὑγρᾶς οὐσίας συνίστασθαι πέφυκε· μηνύουσι δ᾽ αἱ καταβολαὶ τῶν σπερμάτων, ἅπερ ἢ ὑγρά ἐστιν, ὡς τὰ τῶν ζῴων, ἢ οὐκ ἄνευ ὑγρότητος βλαστάνει, τοιαῦτα δὲ τὰ τῶν φυτῶν ἐστιν·“; Hebr 11,11: „Πίστει καὶ αὐτὴ Σάρρα στεῖρα δύναμιν εἰς καταβολὴν σπέρματος ἔλαβεν καὶ παρὰ καιρὸν ἡλικίας, ἐπεὶ πιστὸν ἡγήσατο τὸν ἐπαγγειλάμενον.“; Galen, In Hippocratis Aphorismos IV,1 (Vol XVII,2, 653,6 f. Kühn): „κατὰ τὸν αὐτὸν δὴ τρόπον καὶ τὰ κυούμενα ἐν μὲν τῷ πρώτῳ χρόνῳ τῆς καταβολῆς τοῦ σπέρματος, [...]“; Clemens von Alexandrien, Strom III,83,1 (GCS 52, 234,11 f. Stählin/Früchtel/Treu): „ὃ γὰρ φαίνεται γεννηθεὶς ἄνθρωπος, τοῦτο δύναται ἡ τοῦ σπέρματος καταβολή.“ Origenes, FrIoh Frg. 27 (GCS 10, 504,17–20 Preuschen): „Ἰησοῦν τὸν γεννηθέντα ἐκ τῆς παρθένου ἄνευ καταβολῆς σπέρματος ἀνδρός, ὅστις υἱὸς τοῦ Ἰωσὴφ τοῦ μνηστευσαμένου τὴν Μαρίαν χρηματίζει, ἔχων τὴν γένεσιν ἐκ Ναζαρὲτ τοπικῶς.“ In allen diesen Stellen wird der Vorgang der Befruchtung als καταβολή des Samens bzw. der Samen beschrieben.

229 De Res 17,3 (Marcovich 42,16–21): „ὅτι δεῖ πρῶτον μὲν γενέσθαι τῶν σπερμάτων καταβολήν, διαρθρωθέντων δὲ τούτων καθ᾽ ἕκαστον μέρος καὶ μόριον καὶ προελθόντων εἰς φῶς τῶν κυηθέντων ἐπιγίνεται μὲν ἡ κατὰ τὴν πρώτην ἡλικίαν αὔξησις ἥ τε κατ᾽ αὔξησιν τελείωσις, τελειωθέντων δὲ ὕφεσις τῶν φυσικῶν δυνάμεων μέχρι γήρως, εἶτα πεπονηκότων τῶν σωμάτων ἡ διάλυσις.“

230 De Res 17,4 (Marcovich 42,22–25): „Ὥσπερ οὖν ἐπὶ τούτων, οὔτε τοῦ σπέρματος ἐγγεγραμμένην

SCHÖPFUNGSTHEOLOGISCHE ARGUMENTATION (DE RES 12–17)   453

> Vielmehr ist es der Verstand (ὁ λόγος), der die Auferstehung garantiert, indem er durch die natürliche Aufeinanderfolge der Wahrheit auf die Spur kommt, weil er zuverlässiger und stärker als die Erfahrung zur Beglaubigung der Wahrheit ist.[231]

An dieser Stelle greift Ps-Athenagoras konsequent auf das in De Res 14,1f. entwickelte Beweisverfahren innerhalb seines „Logos de veritate" zurück. Er wendet hier die natürliche Schlussfolgerung (φυσικὴ ἀκολουθία) an, die durch angemessene Ordnung und Verknüpfung der Einzeldinge zur Wahrheitsfindung führt (vgl. De Res 14,2).[232] Somit dient die φυσικὴ ἀκολουθία am Ende dieses Beweisgangs in De Res 17 dazu, der Wahrheit auf die Spur zu kommen (ἀνιχνεύων τὴν ἀλήθειαν), wie es Ps-Athenagoras metaphorisch ausdrückt. Die natürliche Aufeinanderfolge der Verwandlungen in den einzelnen Lebensaltern versichert auch den Glauben an die Auferstehung, die zu verstehen ist als letzte Verwandlung im natürlichen Folgeprozess. Der Eintritt des Todes wird entdramatisiert und ebenfalls als ein Zwischenstadium in der voranschreitenden Entwicklung eingeordnet.[233] Alles zielt auf die allerletzte Stufe im Verwandlungsprozess, die in der Auferstehung ihren Höhepunkt erreicht.

Der Verstand wird dabei als eine von Gott verliehene Instanz zur Überprüfung des Wahrheitsgehalts der christlichen Auferstehungsbotschaft beansprucht. Letztendlich kann nur dieser vom Schöpfer gegebene λόγος zur Beglaubigung der Wahrheit (πρὸς πίστωσιν ἀληθείας) beitragen, da er zuverlässiger und stärker als jegliche Erfahrung ist, die den Anschein vermittelt, dass im Tod die menschliche Existenz zu Ende geht. Für Ps-Athenagoras ist somit der Auferstehungsglaube insbesondere durch den Verstand zugänglich, der die Erfahrung der Einzelerscheinungen zur folgemäßigen Ermittlung der Wahrheit zu verbinden vermag. So kommt unser Autor auch der Forderung des Celsus

---

ἔχοντος τὴν τῶν ἀνθρώπων φυὴν ἢ μορφὴν οὔτε τῆς ζωῆς τὴν εἰς τὰς πρώτας ἀρχὰς διάλυσιν, ὁ τῶν φυσικῶς γινομένων εἱρμὸς παρέχει τὴν πίστιν τοῖς οὐκ ἐξ αὐτῶν τῶν φαινομένων ἔχουσι τὸ πιστόν".

231 De Res 17,4 (Marcovich 42,25–28): „πολὺ μᾶλλον ὁ λόγος ἐκ τῆς φυσικῆς ἀκολουθίας ἀνιχνεύων τὴν ἀλήθειαν πιστοῦται τὴν ἀνάστασιν, ἀσφαλέστερος ὢν καὶ κρείττων τῆς πείρας πρὸς πίστωσιν ἀληθείας."

232 Vgl. De Res 14,2 (Marcovich 38,20–26).

233 So ähnlich auch L. Chaudouard, Étude sur le Περὶ ἀναστάσεως d'Athénagore, 30: „D'où il suit, en dernière analyse, que la mort est un simple changement accidentel, semblable à la transformation de l'enfant en adolescent, puis en adulte. L'enfant et l'adolescent disparaissent, l'homme demeure. De même, le corps se dissout un instant, mais il faut qu'il ressuscite, puisque l'homme doit demeurer perpétuellement."

454   6. KAPITEL

nach, sich zur Überprüfung des Wahrheitsgehalts einer Lehre allein des λόγος
zu bedienen.[234]

3.3 Die Funktion des σπέρμα-Beispiels für den Auferstehungsbeweis

Nun ist innerhalb der Auferstehungsapologetik immer wieder auf das Beispiel
des menschlichen Samens zurückgegriffen worden, um es als ein zusätzliches Argument für die Auferstehung zu verwenden. Es ist zu fragen, wie Ps-
Athenagoras im Vergleich zu seinen Vorgängern das traditionell gewordene
Samenmotiv für den Auferstehungsbeweis gebraucht. Wie bereits dargelegt
wurde, bindet er dieses Beispiel in den Lebensaltervergleich ein. Mit der
Grundlegung der Menschensamen (τῶν σπερμάτων καταβολή) beginnt der Verwandlungsprozess, der mit der Auflösung in die einzelnen Elemente schließlich zur Auferstehung führt.

> Der Apologet *Justin* verwendet als erster Autor überhaupt das Beispiel vom
> Menschensamen für den Beweis der Auferstehung. In Apol I,19 geht er auf
> die Bedenken der Heiden gegenüber der christlichen Auferstehungsbotschaft
> ein. Er versucht, sie zu überzeugen, indem er sie einlädt, folgende Annahme
> zu bedenken: Es ist als Denkmöglichkeit anzunehmen, dass wir nicht in
> der Sphäre des Körperlichen lebten. In diese Lage versetzt, wird uns dann
> jemand sagen, dass aus einem kleinen Tropfen des menschlichen Samens
> (ἐκ μικρᾶς τινος ῥανίδος τῆς τοῦ ἀνθρωπείου σπέρματος) Knochen, Sehnen und
> Fleisch eines Menschenleibes entstehen können. Was wäre unglaublicher
> als eine solche Behauptung, fragt Justin seine Adressaten.[235] Wenn uns also
> der menschliche Same und das gemalte Bild des daraus entstandenen Men-
> schen gezeigt (τὸ σπέρμα τὸ ἀνθρώπειον δεικνὺς καὶ εἰκόνα γραπτήν) und fest
> versichert wird, dass aus jenem dieser entstehen kann, wer wird es glau-

---

234 Vgl. C. Cels. VII,36 (Marcovich 489,13–15) und C. Cels. VIII,49 (Marcovich 564,6–8). Zurecht
schließt N. Zeegers-Vander Vorst auf die heidnische Gegnerschaft im Traktat, die offensichtlich die heidnischen Sympathisanten zu beeinflussen vermochte. Vgl. N. Zeegers-
Vander Vorst, Adversaires et destinataires, 630: „C'est donc par une constatation qui
échappe à la raison mais qui est expérimentalement vécue que R établit la continuité de
l'homme. Ici encore, même si ce raisonnement pouvait intéresser chrétiens et gnostiques,
c'est aux païens qu'il semble le mieux adapté."

235 Vgl. Justin, Apol I,19,1 (PTS 38, 60,1–4 Marcovich): „Καὶ κατανοοῦντι ⟨τί⟩ ἀπιστότερον ἂν
μᾶλλον δόξαι, ἢ εἰ ἐν σώματι μὴ ὑπήρχομεν καί τις ἔλεγεν, ἐκ μικρᾶς τινος ῥανίδος τῆς τοῦ
ἀνθρωπείου σπέρματος δυνατὸν ὀστέα τε καὶ νεῦρα καὶ σάρκας εἰκονοποιηθέντα, οἷα ὁρῶμεν,
γενέσθαι;"

SCHÖPFUNGSTHEOLOGISCHE ARGUMENTATION (DE RES 12–17)   455

ben, wenn er keine Kenntnis und Erfahrung vom Wachstumsprozess des Menschen hätte?[236] Daraufhin liefert Justin die Übertragung aus diesem Vergleich für den Auferstehungsbeweis: Denn wie aus einem kleinen Tropfen der Mensch entsteht, „so soll es nicht für unmöglich gehalten werden, dass die aufgelösten und nach Art der Samen in die Erde gelegten menschlichen Leiber (διαλυθέντα καὶ δίκην σπερμάτων εἰς γῆν ἀναλυθέντα τὰ ἀνθρώπεια σώματα) zu einem bestimmten Zeitpunkt auf Gottes Befehl hin auferstehen und ‚Unvergänglichkeit anziehen‘ (vgl. 1 Kor 15,53) werden."[237]

Justin bezieht das σπέρμα-Beispiel auf die Entwicklung von einem Tropfen bis zur erwachsenen Menschengestalt. Er formuliert jedoch die einzelnen Entwicklungsstufen im Wachstumsprozess nicht aus. Dieser Vergleich dient ihm dazu, auf das Wunder Gottes hinzuweisen, das sich sowohl in der Entwicklung vom menschlichen Samen bis zum erwachsenen Menschenbild als auch in der Auferstehung der aufgelösten Leiber vollzieht. Auf das von Justin vorgegebene Motiv des Menschensamens wird daraufhin in der Auferstehungsapologetik häufig zurückgegriffen. Damit illustrieren die Autoren die Schöpfermacht Gottes, die sich an der Entstehung des Menschen aus einem kleinen Tropfen veranschaulichen lässt.

Theophilus von Antiochien nimmt dieses Motiv auf und wendet es für seinen Beweis der Auferstehung an: „Gott hat dich aus einer kleinen flüssigen Substanz und einem ganz kleinen Tropfen gebildet (ἐξ ὑγρᾶς οὐσίας μικρᾶς καὶ ἐλαχίστης ῥανίδος), der selbst einmal nicht da war, und dich so in dieses Leben hineingeführt."[238] Daraufhin folgt die Anwendung für den Auferstehungsbeweis: Wie Gott dich erschaffen hat, so kann er dich auch später in der Auferstehung wieder neu machen.[239] Dabei versteht Theophilus die Auferstehung als

---

236 Vgl. Justin, Apol I,19,2 (PTS 38, 60,4–8 Marcovich): „Ἔστω γὰρ νῦν ἐφ' ὑποθέσεως λεγόμενον· εἴ τις ὑμῖν μὴ οὖσι τοιούτοις μηδ' ἐ(κ) τοιούτων ἔλεγε, τὸ σπέρμα τὸ ἀνθρώπειον δεικνὺς καὶ εἰκόνα γραπτήν, ἐκ τοῦ τοιοῦδε οἷόν τε γενέσθαι διαβεβαιούμενος, πρὶν ἰδεῖν γενόμενον ἐπιστεύσατε;" Der Zusatz von σώματος vor εἰκόνα durch Marcovich ist für das Verständnis der Aussage unerheblich. Die Aussage kann auch so verstanden werden, wobei eher vom Bild des Menschen als von dem des Leibes auszugehen ist, wie das Adjektiv ἀνθρώπειον hinsichtlich des Samens nahelegt (τὸ σπέρμα τὸ ἀνθρώπειον).

237 Justin, Apol I,19,4 (PTS 38, 60,10–15 Marcovich): „Ἀλλ' ὃν τρόπον τὴν ἀρχὴν οὐκ ἂν ἐπιστεύσατε ἐκ τῆς μικρᾶς ῥανίδος δυνατὸν τοιούτους γενέσθαι, καὶ ὁρᾶτε γινομένους, τὸν αὐτὸν τρόπον λογίσασθε, ὅτι διαλυθέντα καὶ δίκην σπερμάτων εἰς γῆν ἀναλυθέντα τὰ ἀνθρώπεια σώματα κατὰ καιρὸν προστάξει θεοῦ ἀναστῆναι καὶ ‚ἀφθαρσίαν ἐνδύσασθαι‘ οὐκ ἀδύνατον."

238 TheophAnt, Ad Aut I,8,3 (PTS 44, 25,14–16 Marcovich): „καὶ ἔπλασέν σε ἐξ ὑγρᾶς οὐσίας μικρᾶς καὶ ἐλαχίστης ῥανίδος (ἥτις οὐδὲ αὐτὴ ἦν ποτε), καὶ προήγαγέν σε ὁ θεὸς εἰς τόνδε τὸν βίον."

239 Vgl. TheophAnt, Ad Aut I,8,4 (PTS 44, 25,16–18 Marcovich): „Εἶτα πιστεύεις τὰ ὑπὸ ἀνθρώ-

456 6. KAPITEL

eine Neubildung.[240] Dies deutet er auch in Ad Aut II,26 an, wenn er über die Bedeutung des Todes für den Menschen nachdenkt: Wie ein Gefäß, wenn es nach seiner ersten Bildung einen Fehler hat, daraufhin umgeschmolzen oder erneut gebildet wird, um neu und vollkommen zu werden (ἀναπλάσσεται εἰς τὸ γενέσθαι καινὸν καὶ ὁλόκληρον), so widerfährt es durch den Tod dem Menschen.[241] „Denn er wird mit Macht zerbrochen, damit er in der Auferstehung gesund vorgefunden wird, ich meine unbefleckt, gerecht und unsterblich."[242] So stellt Theophilus den Samenvergleich in eine Reihe von Beispielen, die die Schöpfermacht Gottes demonstrieren, um auf diese Weise die Neubildung des Menschen in der Auferstehung zu belegen.

Neben Theophilus von Antiochien zieht auch *Ps-Justin* das Samenmotiv für den Beweis der Auferstehung heran.[243] Er verweist ebenfalls auf die Macht Gottes bei der Erschaffung des Menschen aus einem σπέρμα: Denn es ist darüber „zu staunen, dass aus einem ganz winzigen feuchten Tropfen ein so gro-

---

πων γινόμενα ἀγάλματα θεοὺς εἶναι καὶ ἀρετὰς ποιεῖν, τῷ δὲ ποιήσαντί σε θεῷ ἀπιστεῖς δύνασθαί σε καὶ μεταξὺ ποιῆσαι;" Vgl. H.E. Lona, Auferstehung, 178: „Nicht in der Geschichte vollzieht sich eigentlich das Heilshandeln Gottes, sondern am Ende derselben, wenn er dem Menschen die Unsterblichkeit und die Unveränglichkeit schenkt in einer Art von neuer Schöpfung."

240 Vgl. H.E. Lona, Auferstehung, 187: „Typisch für Theophilus ist die Vorstellung der Auferstehung als Rückkehr ins Paradies durch eine Neubildung des menschlichen Leibes."

241 TheophAnt, Ad Aut II,26,3 (PTS 44, 76,9–11 Marcovich): „καθάπερ σκεῦός τι, ἐπὰν πλασθὲν αἰτίαν τινὰ σχῇ, ἀναχωνεύεται ἢ ἀναπλάσσεται εἰς τὸ γενέσθαι καινὸν καὶ ὁλόκληρον, οὕτως γίνεται καὶ τῷ ἀνθρώπῳ διὰ θανάτου." Vgl. Ps-Hippolyt, De Universo (Holl, 140,63–67): „ὥστε τὴν ἀνάστασιν τοῦ σώματος οὐ μάτην πεπιστεύκαμεν, ἀλλ' εἰ καὶ λύεται πρὸς καιρὸν διὰ τὴν ἀπ' ἀρχῆς γενομένην παρακοὴν ὡς εἰς χωνευτήριον εἰς γῆν καθίσταται πάλιν ἀναπλασθησόμενον, οὐ τοιοῦτον φθειρόμενον ἀλλὰ καθαρὸν καὶ μηκέτι φθειρόμενον."

242 TheophAnt, Ad Aut II,26,3 (PTS 44, 76,11f. Marcovich): „δυνάμει γὰρ τέθραυσται, ἵνα ἐν τῇ ἀναστάσει ὑγιὴς εὑρεθῇ, λέγω δὲ ἄσπιλος καὶ δίκαιος καὶ ἀθάνατος."

243 M. Heimgartner stellt aus der Benutzung des σπέρμα-Beispiels innerhalb der Auferstehungsapologetik ein Abhängigkeitsverhältnis der pseudojustinischen Auferstehungsschrift von der Apologie des Justin her: Ps-Justin verwende in De Res 5,7 das von Justin in Apol 1,19,1–4 entwickelte Samenbeispiel zugunsten des Nachweises für die Auferstehung. Vgl. M. Heimgartner, Pseudojustin, 157f. Theophilus von Antiochien sei hingegen von Ps-Justin, De Res 5,5–7 in Ad Aut I,8 abhängig. „Damit scheint mir eine Abhängigkeit von Aut I,8 von PsJust res 5,5–7 schwer bestreitbar, da diese Stelle die des Theophilus vollständig erklärt." M. Heimgartner, Pseudojustin, 76. Auf diese Weise bestimmt Heimgartner den *terminus ante quem* für die Datierung der Auferstehungsschrift von Ps-Justin: „Das älteste Zeugnis geben die kurz nach dem Tod Marc Aurels (17. März 180), wohl ‚spätestens 182' verfassten drei Bücher *An Autolykos* von Theophilus von Antiochien. Dieses Datum stellt den *terminus ante quem* für unsere Schrift dar." M. Heimgartner, Pseudojustin, 95.

SCHÖPFUNGSTHEOLOGISCHE ARGUMENTATION (DE RES 12–17)

ßes Lebewesen gebildet wird (ἐξ ἐλαχίστης ῥανίδος ὑγροῦ τηλικοῦτον πλάσσεται ζῷον).«[244] Denn wie sich darin die Macht Gottes zeigt, so wird sich ebenso die Verheißung der Auferstehung erfüllen. Ps-Justin deutet die Erschaffung des Menschen aus einem Samentropfen neben seiner Entstehung aus der Erde als einen ausreichenden Beweis für die Macht Gottes (ἱκανὸν γὰρ τοῦτο δεῖγμα τῆς τοῦ θεοῦ δυνάμεως).[245]

Ps-Athenagoras vermeidet die Verengung der Argumentation für die göttliche Macht auf das σπέρμα-Beispiel. Zwar zeigt sich auch für ihn die Macht Gottes bei der Entstehung des Menschen aus einem Samen, jedoch ist bei ihm der σπέρμα-Vergleich nur *eine* Möglichkeit neben anderen, um die Schöpfermacht Gottes zu demonstrieren:

> Der Sache entsteht kein Schaden, selbst wenn einige die Menschenkörper und deren ersten Prinzipien aus der Materie oder aus den ersten Elementen oder auch aus den Samen (ἐκ σπερμάτων) herleiten. Derselben (göttlichen) Macht nämlich kommt es zu, die bei ihnen angenommene formlose Materie zu gestalten, die ungeformte und ungeordnete zu vielen und verschiedenartigen Formen zu ordnen, die Elemententeile zu einem Ganzen zusammenzufügen, den einen und einfachen Samen in viele Bestandteile zu entfalten (τὸ σπέρμα ἓν ὂν καὶ ἁπλοῦν εἰς πολλὰ διελεῖν), das Ungegliederte zu gliedern und dem Leblosen Leben zu verleihen.[246]

An der Entstehung der Menschen aus allen diesen Alternativen (ἐξ ὕλης, ἐκ τῶν στοιχείων und ἐκ σπερμάτων) zeigt sich insgesamt die Schöpfermacht Gottes, die sich daher auch in der Auferstehung erweisen wird:

> Derselben Macht steht es auch zu, das Aufgelöste zu vereinigen, das Darniederliegende aufzurichten, das Tote wieder zu beleben und das Ver-

---

244 Ps-Justin, De Res 5,7 (PTS 54, 112,19–21 Heimgartner).

245 Ps-Justin, De Res 5,6 (PTS 54, 112,17 f. Heimgartner).

246 Ps-Athen, De Res 3,2 (Marcovich 27,23–30): „Καὶ τῷ λόγῳ βλάβος οὐδὲν κἂν ἐξ ὕλης ὑποθῶνταί τινες τὰς πρώτας ἀρχάς, κἂν ἐκ τῶν στοιχείων ὡς πρώτων τὰ σώματα τῶν ἀνθρώπων, κἂν ἐκ σπερμάτων. Ἧς γάρ ἐστι δυνάμεως καὶ τὴν παρ' αὐτοῖς νενομισμένην (ὕλην), ἄμορφον οὖσαν, μορφῶσαι καὶ τὴν ἀνείδεον καὶ ἀδιακόσμητον πολλοῖς καὶ διαφόροις εἴδεσιν κοσμῆσαι καὶ τὰ μέρη τῶν στοιχείων εἰς ἓν συναγαγεῖν καὶ τὸ σπέρμα ἓν ὂν καὶ ἁπλοῦν εἰς πολλὰ διελεῖν καὶ τὸ ἀδιάρθρωτον διαρθρῶσαι καὶ τῷ μὴ ζῶντι δοῦναι ζωήν". Zur Konjektur ὕλην nach νενομισμένην vgl. M. Marcovich, De Resurrectione 3.2, 146 f.; ders., De Resurrectione Mortuorum, 9 f.

458 6. KAPITEL

gängliche in die Unvergänglichkeit zu verwandeln (τὸ φθαρτὸν μεταβαλεῖν εἰς ἀφθαρσίαν).[247]

Ps-Athenagoras scheint das Samenmotiv und seine Verwendung für den Auferstehungsbeweis vorauszusetzen. Neben anderen Entstehungsmöglichkeiten greift er darauf zurück, um auf diese Weise den Teil seiner Adressaten anzusprechen, die dem Mediziner Galen folgend die Entstehung des Menschen in besonderer Weise aus den Samen herleiten.[248] Doch ist es für Ps-Athenagoras

---

247 Ps-Athen, De Res 3,2 (Marcovich 27,30–28,1): „τῆς αὐτῆς ἐστιν καὶ τὸ διαλελυμένον ἑνῶσαι καὶ τὸ κείμενον ἀναστῆσαι καὶ τὸ τεθνηκὸς ζωοποιῆσαι πάλιν καὶ τὸ φθαρτὸν μεταβαλεῖν εἰς ἀφθαρσίαν.“

248 Vgl. Galen, De nat fac 1,6 (Helmreich 108,21–109,3/Brock 18,18–20,1): „Περὶ πρώτης οὖν τῆς γενέσεως εἴπωμεν, ἣν ἐξ ἀλλοιώσεώς θ᾽ ἅμα καὶ διαπλάσεως ἐλέγομεν γίγνεσθαι. καταβληθέντος δὴ τοῦ σπέρματος εἰς τὴν μήτραν ἢ εἰς τὴν γῆν, οὐδὲν γὰρ διαφέρει, χρόνοις τισὶν ὡρισμένοις πάμπολλα συνίσταται μόρια τῆς γεννωμένης οὐσίας ὑγρότητι καὶ ξηρότητι καὶ ψυχρότητι καὶ θερμότητι καὶ τοῖς ἄλλοις ἅπασιν, ὅσα τούτοις ἕπεται, διαφέροντα.“ Vgl. L.W. Barnard, Athenagoras, 122.

Zur Entstehung des Lebewesens in Galens Embryologie siehe weiter F. Kovačić, Galen, 53–87, bes. 81: „Das Sperma beider Eltern und das Regelblut der Mutter sind materielle Träger des Lebensprinzips oder der Lebenskräfte; sie befinden sich von Anfang an im Bereich des Lebendigen. Durch die Verbindung dieser Beiträge konstituiert sich ein neues lebendiges Individuum, das sich von da an bis zur angemessenen Größe epigenetisch entwickelt.“

Im Gegensatz zu Aristoteles nimmt Galen neben einem männlichen auch ein weibliches Sperma an. Vgl. dazu F. Kovačić, Galen, 73: „In seiner Schrift *De semine* will Galen – gegen die Meinung des Aristoteles und der Aristoteliker – im besonderen zeigen, daß es auch ein weibliches Sperma gibt. Auf dessen Existenz legt er großen Wert in seiner Vererbungstheorie. Auch wenn er sich dabei von Aristoteles distanziert, dessen Lehre er so deutet, daß das männliche Sperma allein, ohne das weibliche, zeugen kann, so zeigt seine Zweisamenlehre jedoch noch immer eine gewisse Nähe zu Aristoteles. Weil das weibliche Sperma allein nach Galens Ansicht nicht zeugungsfähig ist, ist eine Mischung beider Spermen notwendig. Das heißt mit anderen Worten, daß nur das männliche Sperma die volle Zeugungsfähigkeit hat, während das weibliche diesbezüglich schwächer ist. So gesehen hat das weibliche Sperma dem männlichen gegenüber nicht die volle paritätische Stellung.“

Ps-Athenagoras beschreibt den Befruchtungsvorgang in De Res 17,3 als καταβολὴ τῶν σπερμάτων. In De Res 3,2 verweist er ebenfalls auf die Entstehung der Menschenleiber aus den Samen (ἐκ σπερμάτων). In De Res 3,2 spricht er von dem einen und einfachen Samen, der in viele Bestandteile entfaltet wird (τὸ σπέρμα ἓν ὂν καὶ ἁπλοῦν εἰς πολλὰ διελεῖν). Ps-Athenagoras knüpft offenbar an der medizinisch ausformulierten Embryologie Galens an, ohne ins Detail zu gehen.

Ps-Athenagoras könnte die Aussage in De Res 17,2 über das σπέρμα im Sinne Galens

SCHÖPFUNGSTHEOLOGISCHE ARGUMENTATION (DE RES 12–17)   459

nicht die einzige Alternative, die er zur Überzeugung seiner Hörerschaft beansprucht. Er nimmt ebenfalls an, dass die Menschenleiber und deren ersten
Prinzipien aus dem Nichts (μὴ ὄντα) erschaffen sind:

> Wenn Gott nämlich die Menschenkörper und deren Grundstoffe bei der
> ersten Zusammensetzung (κατὰ τὴν πρώτην σύστασιν) aus dem Nichts
> (μὴ ὄντα) schuf, so wird er auch auf entsprechende Weise mit gleicher
> Leichtigkeit das Aufgelöste auferstehen lassen.[249]

Offenbar geht Ps-Athenagoras davon aus, dass die ersten Menschen *ex nihilo*
erschaffen wurden,[250] während die übrigen aus den σπέρματα entstehen. Er
kennt aber auch die Bildung der Menschenkörper aus den στοιχεῖα.

----

aufgefasst haben: In dem gleichteiligen und unausgebildeten Samen liegt der Ursprung so
zahlreicher und so bedeutender Lebenskräfte aufbewahrt (ἐν ὁμοιομερεῖ καὶ ⟨ἀ⟩διαπλάστῳ
τῷ σπέρματι τοσούτων καὶ τηλικούτων ἀποκεῖσθαι δυνάμεων ⟨ἀρχήν⟩). Das wäre ein Verweis
auf das männliche Sperma, das nach Galen die volle Zeugungsfähigkeit besitzt, wobei es
ohne das weibliche Sperma bei der Entstehung des Embryos nicht auskommt.

Ps-Athenagoras scheint somit auch in der Anschauung von der Befruchtung und
der möglichen Entstehung der Menschen aus den Samen – ebenso wie auch in der
Vorstellung von der Verdauung (De Res 5–7) – von Galen beeinflusst zu sein. Dagegen
B. Pouderon, Athénagore d'Athènes, 299–302, der den Einfluss Galens auf Ps-Athenagoras
völlig abspricht. Dies hängt damit zusammen, dass Pouderon die Aussagen zur Zeugung in
De Resurrectione aus der *Legatio* 33 des Athenagoras her deutet und so die Beeinflussung
des Ps-Athenagoras durch Galen nicht wahrnehmen kann.

249 De Res 3,1 (Marcovich 27,20–23): „Εἰ γὰρ μὴ ὄντα κατὰ τὴν πρώτην σύστασιν ἐποίησεν τὰ τῶν
ἀνθρώπων σώματα καὶ τὰς τούτων ἀρχάς, καὶ διαλυθέντα ⟨καθ' ὃν ἂν τύχῃ τρόπον⟩ ἀναστήσει
μετὰ τῆς ἴσης εὐμαρείας·"

250 In der zweiten Hälfte des zweiten Jahrhunderts entwickelt sich das Vorstellung der *creatio
ex nihilo* der Menschenschöpfung. Dieses Verständnis scheint zu Beginn des dritten Jahrhunderts allgemein verbreitet zu sein. Vgl. G. May, Schöpfung aus dem Nichts, IX: „Erst
in der zweiten Hälfte des zweiten Jahrhunderts entwickelt die kirchliche Theologie im
Gegenüber zur philosophischen Kosmologie und zur platonisierenden Gnosis die Lehre
von der creatio ex nihilo im strengen Sinn, die in der katholischen Kirche jetzt sehr rasch
eine nahezu fraglose Gültigkeit erringt."
Als Ergebnis stellt G. May weiterhin fest, dass am Anfang des dritten Jahrhunderts die
Lehre von der *creatio ex nihilo* bereits allgemein anerkannt ist: „Schon im Denken Justins
besteht freilich eine deutliche Spannung zwischen dem Weltbildungsgedanken und der
Überzeugung von der unbedingten Allmacht Gottes, aber erst in der auf ihn folgenden
Generation kommt es zur fälligen Klärung des Schöpfungsbegriffes. Jetzt wird in der teilweise parallel geführten, teilweise sich überschneidenden Auseinandersetzung mit der
gnostischen und der philosophischen Kosmologie das Weltbildungsmodell überwunden

460   6. KAPITEL

In De Res 17,2 setzt er zusätzlich den Samenvergleich zur Verdeutlichung seiner aus der Lebensalteranalogie entwickelten Verwandlungsvorstellung der Auferstehung ein. Hier scheint insbesondere der Apologet *Justin* die Grundlage für eine derartige Verwendung des Samenmotivs gelegt zu haben. Ps-Athenagoras greift dies auf und gebraucht den σπέρμα-Vergleich innerhalb seines Beweisgangs in De Res 17,2. Dabei geht er über Justins Verwendung hinaus, der noch das Wunder und die Macht Gottes angesichts der Entwicklung aus einem Samen bis zum erwachsenen Menschen betont und so auf die göttliche Kraft bei der Auferstehung der Leiber verweist. Ps-Athenagoras flicht das Samenbeispiel innerhalb des Wachstumsprozesses von der Befruchtung bis zur Auflösung des Leibes ein. Denn diese Entwicklung belegt für ihn die letzte Verwandlung in Form der Auferstehung. Infolge der natürlichen Aufeinanderfolge der Wachstumsstadien innerhalb der Lebensalter des Menschen muss ebenfalls auch die Auferstehung als eine allerletzte Entwicklungsstufe erfolgen. Denn der Verstand legt nur diese einzige Schlussfolgerung nahe, wie er versichert.

4   Bekräftigung und Verteidigung der Auferstehungshoffnung (De Res 13,1–2)

In De Res 12,1–9 entwickelte Ps-Athenagoras aus der Entstehungsursache des Menschen den grundlegenden Beweisgang des „Logos de veritate". In De Res 13,1 f. reflektiert er seine bis dahin hergeleiteten Ergebnisse und schließt auf diese Weise die Argumentation aus der αἰτία der Menschenschöpfung ab. Die Auferstehung des Leibes wird sich demnach als ein Verwandlungsgeschehen in einen besseren Zustand ereignen (vgl. De Res 12,9). Diese Jenseitshoffnung gilt es gegen alle Einwände und Zweifel zu verteidigen, was unser Autor in De Res 13,1 mit Nachdruck betont: „Auf dieses (Kommende) verlassen wir uns nicht weniger als auf das bereits Geschehene."[251]

So wie die Menschenerschaffung dem Schöpfungswillen Gottes entspricht, muss auch die Jenseitshoffnung für den Gesamtmenschen bewahrt bleiben. Ps-

---

und als Gegenposition die Lehre von der creatio ex nihilo formuliert, die bereits zu Beginn des dritten Jahrhundets als Fundamentalsatz der christlichen Theologie gilt." Ebd., 183.

Ps-Athenagoras setzt die *creatio ex nihilo* m. E. fest voraus, obwohl er auch andere Entstehungsursachen gelten lässt. So weist auch diese Entwicklung auf eine Abfassungszeit des Traktats in die erste Hälfte des dritten Jahrhunderts hin, in der unserem Autor die Lehre von der *creatio ex nihilo* bereits bekannt ist.

251   De Res 13,1 (Marcovich 37,25): „Ἐπὶ δὲ τούτοις τεθαρρηκότες οὐ μεῖον ἢ τοῖς ἤδη γενομένοις".

SCHÖPFUNGSTHEOLOGISCHE ARGUMENTATION (DE RES 12–17)   461

Athenagoras bekräftigt das Vertrauen auf die zukünftigen Dinge, welches das fortbestehende Leben für die Seele und den Leib mit sich bringt. Das σῶμα wird dieses Kommende in Form der Auferstehung erleben, so dass diese Hoffnungsperspektive in den Mittelpunkt des Nachdenkens in De Res 13,1 rückt:

> Indem wir unsere Natur betrachten, sind wir mit (unserem) Leben zufrieden, das durch Mangel und Vergänglichkeit gekennzeichnet ist, wie es dem gegenwärtigen Leben zukommt, und (dennoch) erhoffen wir fest die Fortdauer in Unvergänglichkeit.[252]

Das gegenwärtige Leben wird nicht zugunsten einer verstärkten Jenseitshoffnung verworfen oder für gering und unwichtig erachtet. Diesen Beweismoment hat Ps-Athenagoras schon in De Res 10,5 hervorgehoben: Dort führt er aus, dass der Seele durch die Auferstehung des Leibes kein Unrecht widerfährt. Gerade den in der platonischen Tradition Verwurzelten kam jedoch die Auferstehungslehre der Christen als eine erneute Einkerkerung der Seele vor. Insbesondere die Versetzung der Seele in *denselben* Leib, der ja bereits verwest ist (σῶμα σεσηπός),[253] musste ihnen durch Celsus als eine völlig widersinnige Vorstellung vermittelt worden sein (vgl. C. Cels. v,14). Ps-Athenagoras ist aus diesem Grund bemüht, solche Vorurteile gegenüber der christlichen Auferstehungslehre abzubauen: Diejenigen, die tatsächlich annehmen, dass durch die Auferstehung des Leibes der Seele Unrecht entsteht, müssen mit einer solchen Annahme auch das gegenwärtige Leben (τὴν παροῦσαν ζωήν) verwerfen, das nun einmal in einem σῶμα besteht.[254] In der Tat rekurriert unser Autor auf eine platonisch motivierte Anschauung, sich durch das Philosophieren bereits in diesem Leben zunehmend vom Leib und seinen Bedürfnissen zu lösen und unabhängig von diesen zu werden. Daher soll das somatische Leben mit seinen Notwendigkeiten die Lebensführung eines Philosophen nicht weiter bestimmen.

Ps-Athenagoras hält dagegen das Argument aufrecht, dass gerade durch eine derartige Gesinnung das gegenwärtige Leben verworfen wird. Er argumentiert dabei schöpfungstheologisch, indem er den Leib als eine gewollte Kreation Gottes versteht. Der Körper gehört fest zu der Menschennatur, die auf den gött-

---

252   De Res 13,1 (Marcovich 37,25–28): „καὶ τὴν ἑαυτῶν ἐπισκοποῦντες φύσιν, τήν τε μετ᾽ ἐνδείας καὶ φθορᾶς ζωὴν στέργομεν ὡς τῷ παρόντι βίῳ προσήκουσαν καὶ τὴν ἐν ἀφθαρσίᾳ διαμονὴν ἐλπίζομεν βεβαίως·"

253   C. Cels. v,14 (Marcovich 331,6 f.): „ποία γὰρ ἀνθρώπου ψυχὴ ποθήσειεν (ἂν) ἔτι σῶμα σεσηπός;"

254   Vgl. De Res 10,5 (Marcovich 34,8–10): „Οὔτε γὰρ τὴν ψυχὴν ἀδικεῖσθαι φήσει τις σωφρονῶν· λήσεται γὰρ ταύτῃ συνεκβάλλων καὶ τὴν παροῦσαν ζωήν·"

462 6. KAPITEL

lichen Schöpfungswillen zurückgeht. Der Schöpfer hat den Menschen zwar derart in diese Welt eingeführt, dass er in einem vergänglichen und leidensfähigen Leib existiert (De Res 10,5: ἐν φθαρτῷ καὶ παθητῷ σώματι).[255] Jedoch ist diese mangelhafte Verfassung des Menschen nicht unwürdig. Durch die Auferstehung wird der bessere Zustand herbeigeführt, der einen unvergänglichen und leidenschaftslosen Körper beinhaltet (vgl. De Res 10,6).[256] Daher erklärt Ps-Athenagoras in De Res 13,1, dass wir die Fortdauer in Unvergänglichkeit fest erhoffen (τὴν ἐν ἀφθαρσίᾳ διαμονὴν ἐλπίζομεν βεβαίως).[257]

In De Res 13,1 widmet sich Ps-Athenagoras anschließend der Verteidigung der Jenseitshoffnung der Christen, die massiv der heidnischen Kritik ausgesetzt war:

> Wir bauen nicht vergeblich auf die (Meinung) von Menschen, indem wir uns durch trügerische Hoffnungen täuschen lassen, sondern wir haben dem untrüglichsten, dem zuverlässigen Bürgen vertraut, (nämlich) der Absicht unseres Schöpfers, gemäß welcher er den Menschen aus einer unsterblichen Seele und aus einem Leib erschaffen hat.[258]

Besonders Celsus wirft den Christen vor, die Menschen durch nichtige Hoffnungen zu verführen (ὑπάγωνται κούφαις ἐλπίσι).[259] Dabei hält er ihnen vor, das

---

255   De Res 10,5 (Marcovich 34,10 f.).

256   De Res 10,6 (Marcovich 34,17 f.).

257   Offensichtlich wird das irdische Leben der Menschen von Beginn an als eine Bewährungsprobe aufgefasst. Die ersten Menschen sollten fest in der Schau Gottes verharren und nicht den Leidenschaften erliegen, die vor allem durch den Leib ergehen. Der Seele kam die Aufgabe zu, die Triebe des Leibes zu beaufsichtigen und angemessen zu beurteilen (vgl. De Res 12,8). Um eine Vernachlässigung der Betrachtung Gottes zu verhindern, soll die Handlungsfähigkeit der Menschen nicht durch die im σῶμα entstehenden Begierden bestimmt werden. Dieser so vom Schöpfer gewollte Zustand der Bewährung wird durch die Auferstehung überwunden. Der Mensch ist dann nicht mehr den Trieben und Begierden ausgesetzt, da der Auferstehungsleib ἄφθαρτον καὶ ἀπαθές ist. Vgl. De Res 10,6 (Marcovich 34,17 f.).

   Entgegen dieser Aussage meint B. Pouderon, dass der auferstandene Körper zwar unvergänglich, aber nicht leidenschaftslos sein wird. Vgl. ders., Athénagore d'Athènes, 186: „Le texte du *Traité* étant fort évasif à ce sujet, nous admettons par souci de cohérence que le corps du ressuscité, comme celui du damné, est incorruptible, mais non pas impassible."

258   De Res 13,1 (Marcovich 37,28–31): „ἣν οὐ παρὰ ἀνθρώπων ἀναπλάττομεν μάτην ψευδέσιν ἑαυτοὺς βουκολοῦντες ἐλπίσιν, ἀπλανεστάτῳ δὲ πεπιστεύκαμεν ἐχεγγύῳ, τῇ τοῦ δημιουργήσαντος ἡμᾶς γνώμῃ, καθ' ἣν ἐποίησεν ἄνθρωπον ἐκ ψυχῆς ἀθανάτου καὶ σώματος".

259   C. Cels. III,78 (Marcovich 213,28). Er verleumdet prinzipiell die christliche Auferstehungs-

SCHÖPFUNGSTHEOLOGISCHE ARGUMENTATION (DE RES 12–17)   463

gegenwärtige Leben zugunsten ihrer Jenseitshoffnung zu verwerfen: In C. Cels.
VIII,49.54 kritisiert er insbesondere die Martyriumsbereitschaft der Christen,
die den Leib als wertlos den Strafen preisgeben, gleichzeitig jedoch ein Verlangen nach dem Leib haben. Sie sehnen sich nach ihm und hoffen, dass dieser
selbst aufersteht. So hegen sie die Hoffnung auf seine Auferstehung, als gäbe es
nichts Besseres und Wertvolleres.[260] Celsus versucht, den angeblichen Widerspruch zwischen der christlichen Bereitschaft zum Martyrium und der Hoffnung auf die Auferstehung offenzulegen.[261]

Ps-Athenagoras reagiert auf eine solche Kritik, wenn er als Entgegnung behauptet, dass die Christen mit dem gegenwärtigen Leben zufrieden sind (τήν τε
μετ᾽ ἐνδείας καὶ φθορᾶς ζωὴν στέργομεν) und aus diesem Grund keine Weltflucht
durch Martyriumssucht betreiben.[262] Das durch Mangel und Vergänglichkeit
gekennzeichnete Leben nehmen sie an und erwarten dennoch mit Zuversicht
die Fortdauer in Unvergänglichkeit. Ps-Athenagoras will sich ausdrücklich von
derartigen Vorwürfen distanzieren und so die heidnischen Sympathisanten
von der christlichen Lebensbejahung überzeugen. Die Jenseitshoffnung der
Christen ist kein „Wahngebilde menschlicher Phantasie",[263] sondern sie basiert
auf dem Vertrauen des untrüglichen und zuverlässigen Schöpfers, der selbst die

---

lehre als eine „Hoffnung für die Würmer" (σκωλήκων ἡ ἐλπίς). Vgl. C. Cels. V,14 (Marcovich
331,5 f.).

260   C. Cels. VIII,49 (Marcovich 564,2–5): „Ἔτι δὲ πῶς οὐκ ἄτοπα ὑμῶν ταῦτα, τὸ μὲν σῶμα ποθεῖν
καὶ ἐλπίζειν ὅτι αὐτὸ τοῦτο ἀναστήσεται, ὡς οὐδὲν ἡμῖν τούτου κρεῖττον οὐδὲ τιμιώτερον, πάλιν
δ᾽ αὐτὸ ῥίπτειν εἰς κολάσεις ὡς ἄτιμον;"

261   In C. Cels. VIII,54 geht Celsus explizit auf die christlichen Martyrien ein: Durch diese
schmähen die Christen die Dämonen, die um die irdischen Dinge der Menschen besorgt
sind. Indem sie das Leben nicht lieben (τὸ μὴ φιλοζωεῖν) und es auf diese Weise wegwerfen,
bieten sie vergebens den Leib zur Folterung und zum Martertod dar (εἰκῇ παρέχομεν τὸ
σῶμα στρεβλοῦν καὶ ἀποτυμπανίζειν). Daher sind sie für Celsus Übeltäter, die zu Recht
die Strafen ertragen, die sie für ihre Räuberei erleiden. Vgl. C. Cels. VIII,54 (Marcovich
571,1.7.13 f.).

262   Den Christen wurde von den Heiden vorgeworfen, dass sie eine Martyriumssucht hätten.
Im *Märtyrerbericht von Lugdunum und Vienna* wird von den Verfolgern den Märtyrern
unterstellt, dass sie bereitwillig und mit Freude in den Tod gingen (ἕτοιμοι καὶ μετὰ χαρᾶς
ἥκοντες ἐπὶ τὸν θάνατον), weil sie die Hoffnung auf die Auferstehung hätten. Vgl. Euseb,
H.E. V,1,63 (GCS 9,1, 426,22–27 Schwartz). Vgl. P. Gemeinhardt, Die Blutzeugen und ihre
Auferstehung, 103 f.: „Der Mut, den Märtyrer und Märtyrerinnen bewiesen, speiste sich
gerade aus der Hoffnung, dass sie nicht aus der Hand Gottes gerissen werden könnten,
und dies nicht im Sinne einer dualistisch grundierten Verachtung des Körpers, die irdische
Leiden schlicht als gegenstandslos hätte erscheinen lassen, sondern durch die Erwartung,
eben mit Leib und Seele aufzuerstehen."

263   So die Übersetzung von A. Eberhard, Athenagoras (BKV 2/12), 356.

464 6. KAPITEL

Bürgschaft dafür leistet. Die Christen vertrauen seiner Absicht, den Menschen aus einer unsterblichen Seele und einem Leib geschaffen zu haben, so dass die menschliche Existenz mit dem Tod nicht zwecklos zu Ende geht.

Der Zweck der Menschenerschaffung besteht darin, ewig zu existieren und fortzubestehen. Diese Hoffnung gründet sich auf der Schöpfungsabsicht Gottes, der die postmortale Existenz seines Geschöpfs garantiert. Gott hat den Menschen bei seiner Bildung mit dem νοῦς und dem eingepflanzten Gesetz (νόμος ἔμφυτος) ausgestattet, die sich zur Erhaltung und Bewahrung der göttlichen Gaben eignen (ἐπὶ σωτηρίᾳ καὶ φυλακῇ τῶν παρ' αὐτοῦ διδομένων).[264] Diese Zweckbestimmung der menschlichen Hervorbringung steht allein einer verständigen Lebensweise und einem vernünftigen Leben zu,[265] womit das Geschöpf zur Bewahrung der vom Schöpfer verliehenen Gaben befähigt wurde. Um also den Schöpfer in allen Belangen zu erkennen und sich gegenüber seinen Anordnungen treu zu erweisen, hat der Mensch auch den Verstand und eine Vorstellung vom göttlichen Gesetz erhalten.

Somit ist die postmortale Existenz der Menschen fest in der göttlichen αἰτία ihrer Entstehung verankert. Unser Autor schließt daher jegliche Hoffnungslosigkeit, die dieser Erwartung widerspricht, aus:

> So wissen wir wohl, dass er ein derartiges Lebewesen nicht mit allen Mitteln zur Fortdauer ausgerüstet und ausgestattet hätte, wenn er nicht gewollt hätte, dass das Geschaffene fortdauern soll.[266]

Gott hat den Menschen nach seinem Ebenbild hervorgebracht, indem er ihn mit dem νοῦς und der λογικὴ κρίσις begabt hat (vgl. De Res 12,6). Eine derartige Erschaffung verbürgt bereits in sich selbst den Willen Gottes, sein Geschöpf von Anfang an zur Fortdauer bestimmt zu haben.

Es fällt in De Res 13,1 auf, dass Ps-Athenagoras bei der Ausstattung des Menschen neben dem νοῦς nicht wie in De Res 12,6 von der λογικὴ κρίσις, sondern vom ἔμφυτος νόμος spricht. Er ersetzt an dieser Stelle die Begabung mit dem vernünftigen Unterscheidungsvermögen durch die Verleihung des ἔμφυτος νόμος. Dies scheint durch die Aussageabsicht in De Res 13,1 motiviert zu sein, die auf die Einhaltung der göttlichen Verordnungen zielt. Die angeborene Gesetzesvorstellung ermöglicht es den Menschen, die göttlichen Gaben entsprechend

---

264 De Res 13,1 (Marcovich 37,31 f.): „νοῦν τε συγκατεσκεύασεν αὐτῷ καὶ νόμον ἔμφυτον ἐπὶ σωτηρίᾳ καὶ φυλακῇ τῶν παρ' αὐτοῦ διδομένων".

265 De Res 13,1 (Marcovich 37,33): „ἔμφρονι δὲ βίῳ καὶ ζωῇ λογικῇ προσηκόντων".

266 De Res 13,1 (Marcovich 37,33–38,1): „εὖ εἰδότες ὡς οὐκ ἂν τοιοῦτον κατεσκεύασεν ζῷον καὶ πᾶσι τοῖς πρὸς διαμονὴν ἐκόσμησεν, εἰ μὴ διαμένειν ἐβούλετο τὸ γενόμενον."

SCHÖPFUNGSTHEOLOGISCHE ARGUMENTATION (DE RES 12–17) 465

den Verordnungen Gottes zu bewahren. Seit ihrer Erschaffung bekamen sie eine bestimmte Vorstellung von göttlichen Geboten verliehen, die sie mit ihrem Verstand und mit der vernünftigen Unterscheidungsfähigkeit erkennen und einhalten können.[267] Daher besitzen die Menschen offenbar eine schöpfungsbedingte Vorstellung vom ἔμφυτος νόμος, der auf die göttliche Ausrüstung bei der Erschaffung des Menschen zurückgeht.

Die *Stoiker* sprechen von den ἔμφυτοι προλήψεις, die die Menschen als eine angeborene Tendenz zur Wertung des sittlich Guten und Schlechten besitzen.[268] Ps-Athenagoras übernimmt die damit implizierte Auffassung und bezieht sie konkret auf den νόμος, den die Geschöpfe seit ihrer Erschaffung als eine göttliche Einpflanzung erhalten haben. Zur Bewahrung der göttlichen Gaben hat also der Mensch neben dem νοῦς auch einen ἔμφυτος νόμος verliehen bekommen. Dazu ist er befähigt, weil er als einziges Geschöpf das Bild Gottes in Form des Verstands und der Vernunft in sich trägt.[269] Im Gegensatz zu den ἄλογοι ist es demnach den Menschen möglich, nach dem ἔμφυτος νόμος καὶ λόγος zu handeln. Daher können sie ein vernünftiges Leben führen

---

267 In De Res 12,6 (Marcovich 37,4–6) drückt Ps-Athenagoras diese Ansicht explizit aus, indem er ebenfalls den νόμος-Begriff benutzt: Gott hat die Menschen mit dem νοῦς und der λογικὴ κρίσις ausgestattet und zur ewigen Fortdauer bestimmt, damit sie ihren Schöpfer und seine Kraft und Weisheit erkennen und mit seinem *Gesetz* und Recht (νόμῳ τε συνεπόμενοι καὶ δίκῃ) für immer verbunden bleiben.

268 Vgl. SVF III,69 (Arnim 17,12–15): „Τὸν περὶ ἀγαθῶν καὶ κακῶν λόγον ὃν αὐτὸς εἰσάγει καὶ δοκιμάζει ‚συμφωνότατον εἶναί φησι τῷ βίῳ καὶ μάλιστα τῶν ἐμφύτων ἅπτεσθαι προλήψεων‘.“ Vgl. M. Pohlenz, Stoa I, 58: Chrysipp habe den griechischen Terminus ἔμφυτοι προλήψεις verwendet, „um den Unterschied der sittlichen Begriffe von solchen wie Weiß und Warm klarzustellen. Denn während diese rein aus den von außen kommenden Eindrücken gewonnen werden, haben die sittlichen Begriffe ihren Grund in der inneren Erfahrung, durch die das Lebewesen sich seiner selbst bewußt wird, und in der ihm angeborenen Tendenz zur Wertung, durch die das Vernunftwesen das wahre Gute in dem entdeckt, was seiner Vernunftnatur gemäß ist.“

269 Um den Unterschied des Endziels zwischen den vernunftlosen Kreaturen und den Menschen herauszustellen, verwendet Ps-Athenagoras in De Res 24,4 ebenfalls den Terminus ἔμφυτος νόμος: „Denn es wäre nicht recht, dasselbe Endziel für Wesen anzunehmen, die an der vernünftigen Unterscheidungsfähigkeit keinen Anteil haben und für solche, die nach ἔμφυτος νόμος und Vernunft handeln und die ein verständiges Leben nach Recht und Gerechtigkeit (δίκη) führen.“ De Res 24,4 (Marcovich 49,21–23): „ἐπεὶ μη⟨δὲ⟩ θεμιτὸν ταὐτὸν ὑποθέσθαι τέλος τῶν τε λογικῆς κρίσεως ἀμοιρούντων καὶ τῶν κατὰ τὸν ἔμφυτον νόμον καὶ λόγον ἐνεργούντων ἔμφροί τε ζωῇ καὶ δίκῃ χρωμένων.“

und Gerechtigkeit üben. Der Besitz des ἔμφυτος νόμος und des λόγος ist somit als eine Schöpfungsgabe zu verstehen.

In De Res 13,2 verweist Ps-Athenagoras erneut auf die Absicht des Schöpfers, den Menschen von Anfang an zur ewigen Fortdauer geschaffen zu haben. Das göttliche Geschöpf ist dazu bestimmt, für immer in der Gottesschau zu verweilen:

> Wenn also der Schöpfer dieses Weltalls den Menschen geschaffen hat, damit er am vernünftigen Leben teilhat und, nachdem er seine Erhabenheit und (seine) Weisheit über alle Dinge geschaut hat, in der Schau dieser Dinge für immer gemäß der Absicht Gottes und seiner (vom Schöpfer) empfangenen Natur verbleibt, (so) garantiert die Entstehungsursache die ewige Fortdauer, die Fortdauer aber die Auferstehung, ohne die der Mensch nicht fortbestehen könnte.[270]

Ps-Athenagoras fasst in diesem Satz das Ergebnis der aus der αἰτία der Menschenschöpfung resultierenden Beweisführung zusammen. Der Weltschöpfer hat den Menschen zu einem ganz bestimmten Zweck, der in der Teilhabe am verständigen Leben und in der θεωρία der göttlichen Pracht und Weisheit besteht, hervorgebracht. Dies ist auch die entscheidende Schöpfungsabsicht Gottes, die durch die Auferstehung ermöglicht wird.[271] Der gegenwärtige Zustand des durch Mangel und Vergänglichkeit gekennzeichneten Lebens

---

270 De Res 13,2 (Marcovich 38,1–6): „Εἰ τοίνυν ὁ τοῦδε τοῦ παντὸς δημιουργὸς ἐποίησεν ἄνθρωπον ἐπὶ τῷ ζωῆς ἐμφρονος μετασχεῖν καὶ γενόμενον θεωρὸν τῆς τε μεγαλοπρεπείας αὐτοῦ καὶ τῆς ἐπὶ πᾶσι σοφίας τῇ τούτων θεωρίᾳ συνδιαμένειν ἀεὶ κατὰ τὴν ἐκείνου γνώμην καὶ καθ᾽ ἣν εἴληχεν φύσιν, ἡ μὲν τῆς γενέσεως αἰτία πιστοῦται τὴν εἰς ἀεὶ διαμονήν, ἡ δὲ διαμονὴ τὴν ἀνάστασιν, ἧς χωρὶς οὐκ ἂν διαμείνειεν ἄνθρωπος.“

271 Weshalb der Protoplast den Erstzustand in der göttlichen Gegenwart verloren hat, lässt unser Autor offen. Jedenfalls besaßen die Menschen in der vom Schöpfer gegebenen Natur die Fähigkeit zur immerwährenden Gottesschau. Die Beschaffenheit der somatischen Natur hinderte die Menschen nicht, in der Gegenwart Gottes zu verweilen. Die ersten Menschen hatten offenbar die Möglichkeit, für immer in der Kontemplation Gottes zu verbleiben und auf diese Weise von der Vergänglichkeit der leiblichen Natur verschont zu sein. Ps-Athenagoras ist mit dieser Deutung des Anfangszustands offenbar in der philonischen Auslegungstradition verwurzelt, nach welcher sich der Mensch auf der Grenze zwischen der sterblichen und unsterblichen Natur befand. Vgl. Philo, Opif § 135 (Vol. I, 47,6–11 Cohn). So ähnlich auch Theophilus von Antiochien, Ad Aut II,27 (PTS 44, 77,1–20 Marcovich). Siehe meine Auslegung zu De Res 12,6.

SCHÖPFUNGSTHEOLOGISCHE ARGUMENTATION (DE RES 12–17)   467

(vgl. De Res 13,1) resultiert offenkundig – so ist folgerichtig anzunehmen – aus dem Nachlassen in der Betrachtung Gottes. So neigte sich das Schicksal der Menschen der sterblichen Natur zu, die nun den irdischen Lebenszustand bestimmt.[272]

Für Ps-Athenagoras zählt der Gesamtmensch zu der von Gott gewollten Kreation. Wie die ersten Menschen ihr Leben von Beginn an mit der Erkenntnis des Schöpfers und seiner Kraft und Weisheit in der Verbindung mit dem göttlichen Gesetz und Recht stärkten,[273] so ist dieser Zustand auch in der eschatologischen Gottesschau vorauszusetzen. Den Unterschied macht jedoch die Fortdauer in Unvergänglichkeit aus.[274]

In der Gabe des Verstands und des vernünftigen Unterscheidungsvermögens spiegelt sich das Ebenbild Gottes, das die Menschen in sich tragen und daher seit ihrer Erschaffung zur ewigen Fortdauer angelegt sind, wider. So impliziert die Schau der Erhabenheit und Weisheit Gottes die postmortale Menschenexistenz, die hinsichtlich des Leibes durch dessen Auferstehung ermöglicht wird. So gewährleistet die Entstehungsursache die ewige Fortdauer, die die ἀνάστασις mit sich bringt, und ohne die der Mensch nicht fortbestehen kann.

Auf dieser Grundlage seines ersten Beweisgangs basiert die gesamte positive Argumentation des „Logos de veritate" (ὁ περὶ τῆς ἀληθείας λόγος). Der Verfasser

---

272   Ps-Athenagoras setzt nicht notwendigerweise einen Fall aus dem in der Schau der göttlichen Erhabenheit und Weisheit bestehenden Anfangszustand voraus. Celsus dagegen hält an der Annahme eines „Urfehlers" fest. Demzufolge wurde die Seele von bestimmten Leidenschaften beschwert (ὑπὸ παθημάτων τινῶν τῆς ψυχῆς βαρυνθείσης) und befindet sich jetzt als Folge ihres Falls im Leib (vgl. C. Cels. VIII,53 [Marcovich 568,7–16]). Vgl. H.E. Lona, Kelsos, 454. Lona spricht zu Recht von einem „Urfehler", den Celsus als Ursache der Befindlichkeit der Seele im Leib voraussetzt. Eine derartige Anschauung beinhaltet zugleich, den Urzustand in einer leiblosen Präexistenz der Seele wiederherzustellen. Ps-Athenagoras schließt ausdrücklich eine leiblose Präexistenz der Seelen aus (vgl. De Res 12,6 | 16,2).

273   Vgl. De Res 12,6 (Marcovich 37,4–7): „ἵνα γινώσκοντες τὸν ἑαυτῶν ποιητὴν καὶ τὴν τούτου δύναμίν τε καὶ σοφίαν νόμῳ τε συνεπόμενοι καὶ δίκῃ τούτοις συνδιαιωνίζωσιν ἀπόνως, οἷς τὴν προλαβοῦσαν ἐκράτυναν ζωήν, καίπερ ἐν φθαρτοῖς καὶ γηΐνοις ὄντες σώμασιν."

274   In De Res 13,2 legt unser Autor zugleich auch die Grundlage für den letzten Beweisgang, den er in De Res 24f. ausführt: Das Endziel (τέλος) des verständigen Lebens und der vernünftigen Unterscheidung, die der Mensch mit seiner Erschaffung bereits besitzt, besteht nun darin, mit solchen Dingen ungehindert das ganze Leben zu verbringen, für die besonders und zuerst die natürliche Vernunft angemessen ist, so dass er unaufhörlich Freude an der Schau des Gebers und seiner Ratschlüsse empfindet (τῇ τε θεωρίᾳ τοῦ δόντος καὶ τῶν ἐκείνῳ δεδογμένων ἀπαύστως ἐπαγάλλεσθαι). Vg. De Res 25,4 (Marcovich 50,18–21).

468 6. KAPITEL

ist deshalb der festen Überzeugung, in De Res 12 f. den Auferstehungsbeweis erbracht zu haben:

Aus dem Gesagten aber ist ganz deutlich, dass die Auferstehung durch die Entstehungsursache und durch die Absicht des Schöpfers sicher bewiesen wird.[275]

5 Die Natur der Menschen (De Res 15,1–8)

Bereits in der ersten Einteilung (in De Res 11,7) des λόγος περὶ τῆς ἀληθείας beabsichtigt Ps-Athenagoras, den Beweis für die Auferstehung (τὸν περὶ τῆς ἀναστάσεως λόγον) neben der Untersuchung der menschlichen Entstehungsursache ebenso von der gemeinsamen Natur aller Menschen her zu führen (ἀπό τε τῆς κοινῆς πάντων ἀνθρώπων ὡς ἀνθρώπων φύσεως).[276]

Der Beweisgang aus der Menschennatur baut auf der αἰτία der Menschenentstehung auf und zieht die notwendigen Schlussfolgerungen daraus. Die

---

275 De Res 13,2 (Marcovich 38,6–8): „Ἐκ δὲ τῶν εἰρημένων εὔδηλον ὡς τῇ τῆς γενέσεως αἰτίᾳ καὶ τῇ γνώμῃ τοῦ ποιήσαντος δείκνυται σαφῶς ἡ ἀνάστασις."

276 De Res 11,7 (Marcovich 35,21–25). In De Res 13,3 (Marcovich 38,11 f.) nimmt Ps-Athenagoras daraufhin die Überleitung zu diesem Beweisgang vor. Im Anschluss an den ersten Teil der positiven Argumentation untersucht er die Beweisführung, die sich naturgemäß in logischer Verknüpfung daran anschließt. Dies betrifft die Natur der hervorgebrachten Menschen (ἡ τῶν γεννηθέντων ἀνθρώπων φύσις), die folgerichtig direkt an die Ursache der Menschenentstehung anknüpft.

Zuvor reflektiert er in De Res 14,1–6 aber grundsätzlich seine methodische Vorgehensweise im gesamten Traktat und zwar mit der Absicht, seinen Adressaten die aufgestellte Disposition des „Logos de veritate" (De Res 12–25) plausibel zu machen. In diesem Zusammenhang hebt er insbesondere die ersten beiden Beweisgänge hervor, die auf die Schöpfungstätigkeit Gottes zurückgehen. Ps-Athenagoras führt aus, dass es bei der aufgestellten Einteilung der positiven Beweisführung (De Res 12–25) notwendig ist, zunächst die Ursache der Menschenschöpfung zu bestimmen (τάξαι). An diese Ausführungen muss sich die Betrachtung der Natur der geschaffenen Menschen anfügen. Jedoch nimmt in der Rangordnung der Argumentation der Beweisgang aus der menschlichen Natur keine unabhängige zweite Stelle ein. Dies ist darauf zurückzuführen, dass bezüglich beider Beweisführungen nicht auf gleiche Weise ein Urteil gefällt werden kann. Da sie in besonderer Weise zusammen gehören und für die vorliegende Sache die gleiche Beweiskraft darbieten (καὶ πρὸς τὸ προκείμενον τὴν ἴσην παρέχωνται δύναμιν), sind sie daher nicht gänzlich unabhängig von einander zu behandeln. Vgl. De Res 14,4 (Marcovich 38,32–39,2).

SCHÖPFUNGSTHEOLOGISCHE ARGUMENTATION (DE RES 12–17)

entscheidende Grundlage ist bereits in De Res 12,1–13,2 gelegt, so dass Ps-Athenagoras diese in De Res 15,1–8 voraussetzt und in De Res 16 und 17 eine besondere Untersuchung des Terminus διαμονή innerhalb der Bahandlung der menschlichen φύσις anfügt.[277]

De Res 15,1–4

Ps-Athenagoras ist nach dem ersten Beweisgang (De Res 12,1–13,2) fest davon überzeugt, den wichtigsten Grundstein für den Auferstehungsbeweis gelegt zu haben.[278] Er widmet sich nun denjenigen, die von sich aus nicht erken nen können (τοῖς ἐξ αὐτῶν συνιδεῖν μὴ δυναμένοις), dass die Auferstehung aus der αἰτία der Menschenschöpfung resultiert.[279] Unser Autor richtet seine Argumentation gezielt auf das Aufnahmevermögen seiner Zuhörer aus. Daher will er an den Ausgangsgrundlagen seines Publikums anknüpfen und daraus den Auferstehungsbeweis führen. Die Untersuchung der Menschennatur bietet offenbar eine gemeinsame Basis dafür, auch über ihre Postexistenz nachzudenken. Daher untersucht Ps-Athenagoras in De Res 15,2–8 die φύσις τῶν γενομένων ἀνθρώπων, die zu derselben Erkenntnis führt und mit gleicher Zuverlässigkeit die Auferstehung beweist.[280]

Der Verfasser setzt mit einer Ausgangsthese, die die Erschaffung des Menschen aus einer unsterblichen Seele und einem Leib betrifft, ein:

---

277 Es hat sich als naheliegend erwiesen, De Res 16 und 17 direkt nach der μεταβολή-Vorstellung der Auferstehung (De Res 12,7–9) zu behandeln, da der διαμονή-Terminus eng mit dem Verwandlungsgeschehen in der Auferstehung zusammenhängt (vgl. besonders De Res 16,1 f.).

278 Ps-Athenagoras überlegt sogar, ob nicht die gezeigte Ursache der Menschenentstehung allein schon genügt, um die Auferstehung gemäß der natürlichen Schlussfolgerung zu erweisen. Vgl. De Res 15,1 (Marcovich 39,18–20): „Ἀρκούσης δὲ καὶ μόνης τῆς ἐπὶ τῇ γενέσει τῶν ἀνθρώπων θεωρουμένης αἰτίας δεῖξαι τὴν ἀνάστασιν κατὰ φυσικὴν ἀκολουθίαν ἑπομένην τοῖς διαλυθεῖσι σώμασιν". Auf diese Weise wird der herausragende Beweismoment aufgenommen, dass nämlich die αἰτία τῆς τῶν ἀνθρώπων γενέσεως in sich selbst bereits die postmortale Fortdauer verbürgt, die aufgrund der natürlichen ἀκολουθία die Auferstehung der Leiber zur Erfüllung des menschlichen Entstehungszwecks erfordert. Jedoch will Ps-Athenagoras keinen Punkt von der angekündigten Disposition übergehen, so dass er sich der Beweisführung aus der Menschennatur widmet.

279 De Res 15,1 (Marcovich 39,20–22): „δίκαιον ἴσως, πρὸς μηδὲν ἀποκνῆσαι τῶν προτεθέντων, ἀκολούθως δὴ τοῖς εἰρημένοις καὶ τὰς ἐξ ἑκάστου τῶν ἑπομένων ἀφορμὰς ὑποδεῖξαι τοῖς ἐξ αὐτῶν συνιδεῖν μὴ δυναμένοις".

280 De Res 15,1 (Marcovich 39,22–24): „καὶ πρό γε τῶν ἄλλων τὴν τῶν γενομένων ἀνθρώπων φύσιν, ἐπὶ τὴν αὐτὴν ἄγουσαν ἔννοιαν καὶ τὴν ἴσην παρέχουσαν περὶ τῆς ἀναστάσεως πίστιν."

470 6. KAPITEL

> Denn wenn allgemein jede Natur der Menschen aus einer unsterblichen
> Seele und aus einem ihr bei der Entstehung beigefügten Leib zusammen-
> gesetzt ist, dann hat Gott weder der Natur der Seele für sich allein noch
> der Natur des Leibes für sich getrennt eine derartige Entstehung, das
> Leben und die gesamte Lebensweise zugeteilt, sondern den aus diesen
> beiden (Naturen) bestehenden Menschen, damit sie mit diesen (Bestand-
> teilen), durch die sie entstanden sind und leben, ihr Leben verbringen
> und ein einheitliches und gemeinsames Endziel erreichen.[281]

Ps-Athenagoras eröffnet diesen Beweisgang mit einer Grundannahme und bietet eine Definition für die menschliche φύσις. Durch den Entschluss Gottes
wurde der Mensch aus einer unsterblichen Seele und einem Leib erschaffen.[282]
Dabei ist das σῶμα der Seele bei der Entstehung beigefügt, so dass die Menschennatur seit ihrer Erschaffung aus diesen beiden Faktoren besteht. Anders
als in De Res 13,1 beschreibt unser Autor hier die Rolle des Leibes bei der
Menschenschöpfung als eine Beifügung zur unsterblichen Seele. Er will offensichtlich die vom Schöpfer unmittelbar bei der Menschenkreation vermittelte
Unsterblichkeit allein der Seele zuordnen, da der Körper von Anfang an als vergänglich aufgefasst wird (vgl. De Res 12,6).[283] Die Unsterblichkeit bezieht sich
allein auf die postmortale Existenz der ψυχή.[284]

In De Res 15,2 legt Ps-Athenagoras den Nachdruck auf die Einheitlichkeit der
gesamten Menschennatur, ohne jedoch ihre unterschiedlichen Bestandteile

---

281 De Res 15,2 (Marcovich 39,25–30): „Εἰ γὰρ πᾶσα κοινῶς ἡ τῶν ἀνθρώπων φύσις ἐκ ψυχῆς
ἀθανάτου καὶ τοῦ κατὰ τὴν γένεσιν αὐτῇ συναρμοσθέντος σώματος ἔχει τὴν σύστασιν, καὶ μήτε τῇ
φύσει τῆς ψυχῆς καθ᾿ ἑαυτήν, μήτε τῇ φύσει τοῦ σώματος χωρὶς ἀπεκλήρωσεν θεὸς τὴν τοιάνδε
γένεσιν ἢ τὴν ζωὴν καὶ τὸν σύμπαντα βίον, ἀλλὰ τοῖς ἐκ τούτων γενομένοις ἀνθρώποις, ἵν᾿, ἐξ ὧν
γίνονται καὶ ζῶσι, διαβιώσαντες εἰς ἕν τι καὶ κοινὸν καταλήξωσιν τέλος".

282 Vgl. De Res 13,1 (Marcovich 37,30 f.): „τῇ τοῦ δημιουργήσαντος ἡμᾶς γνώμῃ, καθ᾿ ἣν ἐποίησεν
ἄνθρωπον ἐκ ψυχῆς ἀθανάτου καὶ σώματος".

283 In De Res 16,2 drückt er diesen Gedankengang klarer aus: Gott hat den Menschen allein
mit der Seele die ewige und unveränderliche Fortdauer verliehen, die sie seit ihrer Entstehung besitzt. Mit der Erschaffung des Menschen erhält also die Seele die Unsterblichkeit,
so dass eine Präexistenz der Seele auszuschließen ist. Vgl. L. Chaudouard, Étude sur le
Περὶ ἀναστάσεως d'Athénagore, 32 Anm. 1; H.A. Lucks, The Philosophy of Athenagoras, 72.
Anders J.L. Rauch, Athenagoras, 123–125, der aufgrund der Aussage in De Res 15,2 (ἐκ ψυχῆς
ἀθανάτου) von der Präexistenz der Seele ausgeht.

284 Der Leib ist hingegen von Beginn an vergänglich und ist verschiedenen Veränderungen
ausgesetzt. Die Unvergänglichkeit empfängt er erst durch eine Verwandlung, die sich im
Auferstehungsgeschehen ereignet. Vgl. De Res 16,2 (Marcovich 41,7–9): „τῶν δὲ ἀνθρώπων
κατὰ μὲν τὴν ψυχὴν ἀπὸ γενέσεως ἐχόντων τὴν ἀμετάβλητον διαμονήν, κατὰ δὲ τὸ σῶμα προσλαμβανόντων ἐκ μεταβολῆς τὴν ἀφθαρσίαν·"

SCHÖPFUNGSTHEOLOGISCHE ARGUMENTATION (DE RES 12–17)   471

zu nivellieren. Die menschliche φύσις wird dabei aber nicht auf eines ihrer beiden Teile reduziert, als ob der Leib und die Seele unterschiedliche Endziele hätten. Denn Gott hat weder der Natur der Seele noch der Natur des Leibes für sich abgesondert diese Art der Entstehung zugeteilt.[285] Der Mensch besitzt seine Existenz allein als Einheitswesen. Er ist vom Schöpfer dazu bestimmt, mit beiden Bestandteilen sein Leben zu verbringen und ein einheitliches und gemeinsames Endziel zu erreichen.

Der Verfasser betont an dieser Stelle die Einheitlichkeit der Menschennatur deshalb, weil er sich dessen bewusst ist, dass seine von celsischen Gedanken beeinflussten Adressaten die Entstehung der seelischen und der körperlichen Natur auf unterschiedliche Ursprünge zurückführen. Celsus nimmt innerhalb seiner Naturenlehre selbst eine klare Aufteilung vor, was die Entstehung der Natur des Leibes und der Seele betrifft. Mit Ps-Athenagoras geht er zunächst von der Unsterblichkeit der Seele aus, da diese im Gegensatz zum Leib ein Werk des höchsten Gottes ist.[286] Der Leib dagegen gehört zu den sterblichen Werken, dessen Entstehung der höchste Gott seinen Erzeugnissen, den jungen Göttern (τοῖς νέοις θεοῖς), übertragen hat.[287] Da die Körper aus der Materie stammen, sind sie der ständigen Veränderung ausgesetzt, so dass sie die Vergänglichkeit in sich innehaben. Celsus entdeckt aus diesem Grund keinen Unterschied zwischen dem Leib einer Fledermaus, eines Wurmes, eines Frosches oder eines Menschen.[288] „Denn es ist dieselbe Materie und ihre Vergänglichkeit ist gleichartig.“[289]

Die Natur aller genannten Körper ist eine einzige, die zu immer wiederholtem Wechsel fortschreitet und zurückkehrt.[290] Deswegen ist nichts, was aus

---

285   Ps-Athenagoras stellt sich den Menschen dichotomisch vor, indem er die menschliche φύσις sowohl in die Natur der Seele als auch in die des Leibes gliedert.

286   C. Cels. IV,52b (Marcovich 269,11 f.): „ἀλλὰ θεοῦ μὲν ἔργα ὅσα ἀθάνατα, θνητὰ δ' ἐκείνων. Καὶ ψυχὴ μὲν θεοῦ ἔργον, σώματος δὲ ἄλλη φύσις.“

287   C. Cels. IV,52b (Marcovich 269,9–12): „Ἀλλ' ἐκεῖνο μᾶλλον ἐθέλω διδάξαι ⟨περὶ⟩ τὴν φύσιν, ὅτι ὁ θεὸς οὐδὲν θνητὸν ἐποίησεν· ἀλλὰ θεοῦ μὲν ἔργα ὅσα ἀθάνατα, θνητὰ δ' ἐκείνων.“ Hier spielt Celsus mit „θνητὰ δ' ἐκείνων“ eindeutig auf die Vorstellung im Timaios an (vgl. Tim 41a und 42d6 f.: „τοῖς νέοις παρέδωκεν θεοῖς σώματα πλάττειν θνητά“). Vgl. H.E. Lona, Kelsos, 253.

288   C. Cels. IV,52b (Marcovich 269,12–14): „Καὶ ταύτῃ γε οὐδὲν διοίσει νυκτερίδος ἢ εὐλῆς ἢ βατράχου ἢ ἀνθρώπου σῶμα·“

289   C. Cels. IV,52b (Marcovich 269,14 f.): „ὕλη γὰρ ἡ αὐτὴ καὶ τὸ φθαρτὸν αὐτῶν ὅμοιον.“

290   C. Cels. IV,60 (Marcovich 275,27–29): „κοινὴ ἡ πάντων τῶν προειρημένων σωμάτων φύσις καὶ μία, ἐς ἀμοιβὴν παλίντροπον ἰοῦσα καὶ ἐπανιοῦσα.“

472   6. KAPITEL

der Materie entstanden ist, unsterblich.[291] Aufgrund dieser Wandelbarkeit
und ständigen Veränderung des Menschenkörpers kann sich Celsus keineswegs dessen Unvergänglichkeit vorstellen. Das Sein der Seele in einem σῶμα
ist also vorübergehend, bis sie die Strafen für ihre früheren Sünden bezahlt
hat und so völlig von Leidenschaften gereinigt wird.[292] Der Leib wird als ein
Gefängnis (δεσμωτήριον) aufgefasst, in dem sich die Seele im irdischen Leben
befindet. Bestimmte Aufseher überwachen ihr Verhalten,[293] so dass die Seele
bestrebt ist, auf ewig den Körper und den somatischen Bereich hinter sich zu
lassen und zu ihrer leiblosen Präexistenz in der Schau der göttlichen Dinge
zurückzukehren.

Ps-Athenagoras bestimmt die Entstehung des *gesamten* Menschen als ein Werk
Gottes, das in sich selbst das Bild Gottes durch den νοῦς und λογικὴ κρίσις trägt
(vgl. De Res 12,6). Wenn er von der Zusammensetzung des Menschen aus einer
unsterblichen Seele und einem ihr beigefügten Leib spricht, gibt er keineswegs die schöpfungstheologische Bestimmung des ganzen Menschen als eines
Geschöpfs Gottes auf. Vielmehr betont er, dass der Körper ebenso wie die Seele
zum Werk Gottes gehört, und widerspricht damit der celsischen Ausführung,
die Erschaffung des Körpers den niederen „jungen Göttern" (vgl. Tim. 42d6: νεοὶ
θεοί) übertragen zu haben. Für Ps-Athenagoras ist eine solche Erklärung von der
Erschaffung des σῶμα inakzeptabel. Wenn Gott die unsterbliche Seele schuf,
dann auch den Leib, selbst wenn dieser von Beginn an der Vergänglichkeit ausgesetzt ist und mit dem Tod in seine einzelnen Bestandteile zerfällt.

Die einzige Schwäche eines solchen Ansatzes ist die Annahme, dass unser
Autor von einer „unvollkommenen" Kreation des Menschen ausgeht. Dennoch
versteht er diesen ursprünglichen Zustand nicht als mangelhaft und gänzlich
der Würde Gottes widersprechend. Für Gott war es nicht unwürdig, einen vergänglichen und leidensfähigen Leib zu erschaffen.[294] So ist der Seele auch kein
Unrecht entstanden, wenn sie von Beginn an in einem φθαρτὸν καὶ παθητὸν

---

291   C. Cels. IV,61a (Marcovich 276,14): „καὶ ὕλης ἔκγονον οὐδὲν ἀθάνατον."

292   Vgl. C. Cels. VIII,53 (Marcovich 568,7–11): „Ἐπειδὴ δὲ σώματι συνδεθέντες ἄνθρωποι γεγόνασιν,
       εἴτ' οἰκονομίας τῶν ὅλων ἕνεκεν, εἴτε ποινὰς ἁμαρτίας ἀποτίνοντες, εἴθ' ὑπὸ ⟨πα⟩θημάτων τινῶν
       τῆς ψυχῆς βαρυνθείσης, μέχρι ἂν ⟨ἐν⟩ ταῖς τεταγμέναις περιόδοις ἐκκαθαρθῇ·"

293   C. Cels. VIII,53 (Marcovich 568,15 f.): „πειστέον οὖν, ὅτι παραδέδονταί τισιν ἐπιμεληταῖς τοῦδε
       τοῦ δεσμωτηρίου."

294   De Res 10,6 (Marcovich 34,15–17): „εἰ γὰρ τὸ χεῖρον οὐκ ἀνάξιον, τοῦτ' ἔστι τὸ φθαρτὸν ποιῆσαι
       σῶμα καὶ παθητόν".

SCHÖPFUNGSTHEOLOGISCHE ARGUMENTATION (DE RES 12–17)   473

σῶμα wohnte.[295] Vielmehr erhielten die Menschen mit der Gabe des νοῦς und der λογικὴ κρίσις den freien Willen. Ausgerüstet mit einer derartigen Entscheidungsfähigkeit war die Verantwortung ihnen übertragen, immerwährend in der Schau Gottes zu verbleiben. Da sich die Menschen aus der θεωρία der göttlichen Gaben entfernten, sind sie den Begierden und Leidenschaften erlegen, so dass die irdische und vergängliche Beschaffenheit des Leibes ihr Leben auf Erden zu bestimmen begann. Diese der Vergänglichkeit ausgesetzte Existenzweise der Menschen wird mit der Auferstehung überwunden, indem sie einen besseren Körperzustand erhalten.[296]

Daher versteht Ps-Athenagoras diese menschliche Befindlichkeit nicht etwa der göttlichen Würde widersprechend, sondern vielmehr mit dem Schöpfungswillen Gottes vereinbar, der die Menschen als freie Wesen hervorgebracht hat. Die freie Entscheidungsfähigkeit beinhaltet aber auch die Möglichkeit, sich ganz der Vergänglichkeit zuzuwenden und so die göttliche Schau zu vernachlässigen. Somit stimmt die anfängliche Unvollkommenheit der Menschenerschaffung mit der Absicht des Schöpfers überein und ist demnach gewollt.[297]

---

295 De Res 10,5 (Marcovich 34,10 f.).

296 De Res 10,6 (Marcovich 34,15–18): „Denn wenn das Geringere nicht unwürdig war, d. h. den vergänglichen und leidensfähigen Leib zu erschaffen, um wie viel mehr ist das Bessere nicht unwürdig, welches unvergänglich und leidenschaftslos sein wird (εἰ γὰρ τὸ χεῖρον οὐκ ἀνάξιον, τοῦτ᾽ ἔστι τὸ φθαρτὸν ποιῆσαι σῶμα καὶ παθητόν, πολὺ μᾶλλον τὸ κρεῖττον οὐκ ἀνάξιον, ὅπερ ἐστὶν ἄφθαρτον καὶ ἀπαθές)."

297 J. Lehmann, Die Auferstehungslehre, 43, entdeckt in der Aussage von De Res 17,1 einen direkten „Widerspruch zur christlichen Lehre". Es betrifft die Menschennatur, die von Anfang an nach der Absicht des Schöpfers eine zugeteilte Ungleichheit erhielt (De Res 17,1 [Marcovich 42,1 f.]: „αὕτη γὰρ τῶν ἀνθρώπων ἡ φύσις ἄνωθεν καὶ κατὰ γνώμην τοῦ ποιήσαντος συγκεκληρωμένην ἔχουσα τὴν ἀνωμαλίαν"). Für Lehmann ist eine solche Ansicht mit der christlichen Lehre unvereinbar: „Nach christlicher Anschauung wurde die menschliche Natur vollkommen geschaffen, ohne jede Anomalie" (Ebd., 43). Lehmann beruft sich dabei auf Röm 5,12 (vgl. ebd., 44). Für den Autor des Auferstehungstraktats bestehe diese Anomalie in der von Anfang an im Schöpferratschluss beschlossenen Vergänglichkeit des Leibes: „Gott hätte demnach den Menschen im Anfang so geschaffen, wie er jetzt ist, mit allen Anomalieen seiner Natur, mit allen Wandlungen, welche die verschiedenen Altersstufen mit sich bringen, mit allen Schwächen, Gebrechen und Krankheiten, welche den leiblichen Tod allmählich, aber sicher herbeiführen." (Ebd., 44 f.). Lehmann ist der Überzeugung, dass diese Vorstellung „vom christlich-dogmatischen Standpunkte" her eine Schwäche behalte. Ps-Athenagoras habe eine solche Schwäche in Kauf genommen, die er im Hinblick auf seine heidnischen Adressaten formuliere (vgl. ebd., 45). „Die Anomalieen der menschlichen Natur stammen aus der Urzeit menschlichen Daseins und sind ein Objekt göttlicher Verordnung." (Ebd., 45).

M. E. lässt sich diese Zuspitzung von Lehmann als „Widerspruch zur christlichen Lehre"

474   6. KAPITEL

Jedoch ist ein solcher Bewährungszustand im Eschaton nicht weiter vorhanden. Mit der Auferstehung wird diese defizitäre Ausgangslage beseitigt, so dass der Mensch auf ewig ungestört in der Kontemplation Gottes und seiner Gaben verbleiben kann.

Ps-Athenagoras ist in De Res 15 weiterhin bestrebt, die auf das eine und gemeinsame τέλος zielende Einheitlichkeit der Menschennatur aufzuzeigen: Wenn das Menschenwesen ganz gewiss eine Einheit aus beiden Bestandteilen bildet (πάντως ἑνὸς ὄντος ἐξ ἀμφοτέρων ζῴου),[298] dann muss diese schöpfungsbedingte Bestimmung auch *post mortem* aufrecht erhalten werden. Der Verfasser hebt entgegen der Aufteilung der menschlichen φύσις eines Celsus die Einheitlichkeit des Gesamtwesens hervor: Dieses Lebewesen erleidet sowohl Empfindungen der Seele als auch die des Leibes und es bewirkt und vollbringt solche Dinge, die sowohl die sinnliche als auch die vernünftige Urteilskraft in Anspruch nehmen.[299]

Deshalb muss sich auch die ganze Verkettung dieser Zustände und Tätigkeiten auf ein einheitliches Endziel beziehen, damit sich alles zu einer einzigen Fügung und zu derselben Zusammenstimmung im menschlichen Wesen vereinigt.[300] Diese ἁρμονία und συμπάθεια gilt für alle Bereiche des Menschenwesens: Sowohl die Entstehung als auch die Natur und das Leben des Menschen (ἀνθρώπου γένεσις, ἀνθρώπου φύσις, ἀνθρώπου ζωή) bezeugen diese Einheitlichkeit, aber auch die Taten und die Affekte und überhaupt die gesamte Lebensweise (ἀνθρώπου πράξεις καὶ πάθη καὶ βίος) sind davon betroffen, so dass auch das dieser Natur zukommende Endziel (καὶ τὸ τῇ φύσει προσῆκον τέλος) darin eingeschlossen ist.[301] Die Menschennatur kann nicht auf verschiedene End-

---

       schlichtweg daraus erklären, dass Ps-Athenagoras in der *philonischen* Tradition steht (vgl. Opif § 135), wenn er erklärt, dass die Menschen von Beginn an während der Kontemplation Gottes irdische und vergängliche Leiber besaßen (vgl. De Res 12,6). Sie sind offenbar dazu fähig gewesen, in der Schau Gottes trotz der vergänglichen Körper zu verbleiben. Jedoch scheinen die ersten Menschen, sich in dieser Bewährungsprobe dem zur Leidenschaft fähigen Körper (vgl. De Res 10,6: σῶμα παθητόν) zugeneigt zu haben, so dass die Vergänglichkeit der irdischen Natur den Menschenzustand zu bestimmen begann.

298   De Res 15,2 (Marcovich 39,31).

299   De Res 15,2 (Marcovich 39,31–33): „ζῴου τοῦ καὶ πάσχοντος ὁπόσα πάθη ψυχῆς καὶ ὁπόσα τοῦ σώματος, ἐνεργοῦντός τε καὶ πράττοντος ὁπόσα τῆς αἰσθητικῆς ἢ τῆς λογικῆς δεῖται κρίσεως".

300   De Res 15,2 (Marcovich 39,33–40,1): „πρὸς ἕν τι τέλος ἀναφέρεσθαι πάντα τὸν ἐκ τούτων εἱρμόν, ἵνα πάντα καὶ διὰ πάντων συντρέχῃ πρὸς μίαν ἁρμονίαν καὶ τὴν αὐτὴν συμπάθειαν".

301   De Res 15,2 (Marcovich 40,1–3): „ἀνθρώπου γένεσις, ἀνθρώπου φύσις, ἀνθρώπου ζωή, ἀνθρώπου πράξεις καὶ πάθη καὶ βίος καὶ τὸ τῇ φύσει προσῆκον τέλος."

SCHÖPFUNGSTHEOLOGISCHE ARGUMENTATION (DE RES 12–17) 475

zwecke für den Leib und für die Seele aufgeteilt werden, da sonst auch ihre Entstehung auf unterschiedliche Ursachen zurückgeführt werden muss.[302]

Ps-Athenagoras weist die Einheitlichkeit des Menschenwesens durch das Entstehen der Affekte, die nicht allein in der Seele ihren Ursprung haben, nach. Er schreibt explizit die πάθη sowohl der Seele als auch dem Leib zu, so dass der Gesamtmensch für die Entstehung der Leidenschaften die Verantwortung übernimmt.[303] Ebenso bewirkt und vollbringt das ganze Menschenwesen alle Handlungen, die sowohl die sinnlichen Wahrnehmungsorgane als auch die vernünftige Urteilskraft in Anspruch nehmen. Aus diesem Grund sind beide Bestandteile in gleicher Weise beim Erleiden der Leidenschaften und bei der Beurteilung der Zustände und der Tätigkeiten eng auf einander bezogen und von einander abhängig.

Wenn bereits mit der Entstehung des Menschen diese feste Verbindung der beiden Teile vorgelegen hat, so beweisen ebenfalls die im Leben vollbrachten Taten und erlittenen Affekte, dass der Mensch immer als Gesamtwesen agiert. Deswegen muss sich auch das Endziel auf das gesamte Menschenwesen erstrecken, so dass sein postmortaler Fortbestand zu gewährleisten ist. Diese Schlussfolgerung zieht unser Autor in De Res 15,3:

> Wenn eine einzige Fügung und Zusammenstimmung im ganzen Menschenwesen herrscht, die sich aus den Vorgängen der Seele und durch die Verrichtungen des Leibes zeigt, so muss auch das Endziel für alle diese Bestandteile einheitlich sein. Einheitlich aber wird das Endziel in Wahrheit (nur dann) sein, wenn dasselbe Wesen, dessen Endziel es gerade ist, in seiner (ganzen) Zusammensetzung bestehen bleibt.[304]

---

302 Celsus selbst leitet die Entstehung des Menschen aus einem Fall der Seele ab, die zur Strafe für ihre Sünde in den Leib eingebunden wurde. Sie wurde von bestimmten Leidenschaften im präexistenten Zustand beschwert, so dass sie als Folge davon die Verbindung mit dem Leib eingehen musste. Vgl. C. Cels. VIII,53 (Marcovich 568,7–11)· „Ἐπειδὴ δὲ σώματι συνδεθέντες ἄνθρωποι γεγόνασιν, εἴτ᾽ οἰκονομίας τῶν ὅλων ἕνεκεν, εἴτε ποινὰς ἁμαρτίας ἀποτίνοντες, εἴθ᾽ ὑπὸ ⟨πα⟩θημάτων τινῶν τῆς ψυχῆς βαρυνθείσης, μέχρι ἂν ⟨ἐν⟩ ταῖς τεταγμέναις περιόδοις ἐκκαθαρθῇ·“ Daher ist die ψυχή auch bestrebt, den Leib so schnell wie möglich zu verlassen, um sich erneut in die göttliche Sphäre aufzuschwingen. Das Schicksal des Leibes hingegen ist ganz belanglos, da dieser auf kein postmortales Endziel zu hoffen hat.

303 Vgl. L. Chaudouard, Étude sur le Περὶ ἀναστάσεως d'Athénagore, 32: „La preuve de cette unité de l'être vivant, c'est que toutes les actions et toutes les souffrances sont attribuées à la personne.“

304 De Res 15,3 (Marcovich 40,4–8): „Εἰ δὲ μία τίς ἐστιν ἁρμονία τοῦ ζῴου παντὸς καὶ συμπάθεια,

Daraus ergibt sich in letzter Konsequenz der Auferstehungsbeweis: Um das nämliche Wesen zu erhalten, müssen alle Bestandteile desselben Menschen wieder zusammengefügt werden. Ihre eigentümliche ἕνωσις werden sie erst dann erlangen, wenn die aufgelösten Teile zur Zusammensetzung des Wesens wieder vereinigt sind.[305]

> Die Zusammensetzung derselben Menschen aber, die notwendigerweise folgt, beweist die Auferstehung der toten und aufgelösten Leiber.[306]

Somit ist die Beweisführung aus der Menschennatur im Wesentlichen durchgeführt:

> Denn ohne die Auferstehung könnten weder dieselben Teile naturgemäß miteinander vereinigt werden, noch könnte die Natur derselben Menschen zusammengefügt werden.[307]

Da aber der Mensch als Einheitswesen in seiner ganzen Natur von Gott erschaffen wurde, wird er durch die Auferstehung in seiner gesamten Menschennatur wiederhergestellt. Aus der schöpfungsbedingten Einheitlichkeit der menschlichen φύσις folgt somit auch die Auferstehung, durch die der Mensch als Gesamtwesen die Fortdauer erhält.

De Res 15,5 f.

In De Res 15,5 f. bezieht Ps-Athenagoras innerhalb der Beweisführung aus der Menschennatur auch die Verleihung des νοῦς und des λόγος bei der Menschenentstehung in seine Argumentation ein. Da die Menschen das Abbild ihres Schöpfer mit dem νοῦς und der λογικὴ κρίσις in sich tragen, sind sie von dieser schöpfungstheologischen Bestimmung her ebenfalls als Gesamtwesen zur Fortdauer angelegt. Der νοῦς und der λόγος sind den Menschen

---

    καὶ τῶν ἐκ ψυχῆς φυομένων καὶ τῶν διὰ τοῦ σώματος ἐπιτελουμένων, ἓν εἶναι δεῖ καὶ τὸ ἐπὶ πᾶσι τούτοις τέλος. Ἓν δὲ τέλος ἔσται κατ’ ἀλήθειαν, τοῦ αὐτοῦ ζῴου κατὰ τὴν ἑαυτοῦ σύστασιν ὄντος, οὗπέρ ἐστιν [τέλος] τὸ τέλος.“

305 De Res 15,3 (Marcovich 40,8–10): „Τὸ αὐτὸ δὲ ζῷον ἔσται καθαρῶς, τῶν αὐτῶν ὄντων πάντων ἐξ ὧν ὡς μερῶν τὸ ζῷον. Τὰ αὐτὰ δὲ κατὰ τὴν ἰδιάζουσαν ἕνωσιν ἔσται, τῶν διαλυθέντων πάλιν ἑνωθέντων πρὸς τὴν τοῦ ζῴου σύστασιν.“

306 De Res 15,4 (Marcovich 40,10–12): „Ἡ δὲ τῶν αὐτῶν ἀνθρώπων σύστασις ἐξ ἀνάγκης ἑπομένην δείκνυσιν τὴν τῶν νεκρωθέντων καὶ διαλυθέντων σωμάτων ἀνάστασιν·“

307 De Res 15,4 (Marcovich 40,12–14): „ταύτης γὰρ χωρὶς οὔτ’ ἂν ἑνωθείη τὰ αὐτὰ μέρη κατὰ φύσιν ἀλλήλοις, οὔτ’ ἂν συσταίη τῶν αὐτῶν ἀνθρώπων ἡ φύσις.“

SCHÖPFUNGSTHEOLOGISCHE ARGUMENTATION (DE RES 12–17)   477

zur Unterscheidung des geistig Erkennbaren gegeben, und zwar nicht nur der
Wesenheiten (οὐκ οὐσιῶν μόνον),[308] sondern auch der Güte, Weisheit und der
Gerechtigkeit des Gebers. Da diese Eigenschaften Gottes das Ziel der Erkenntnis sind, muss auch die dafür dem Menschen verliehene Unterscheidungsfähigkeit für immer bestehen bleiben.[309] Dieses vernünftige Unterscheidungsvermögen kann jedoch nicht fortbestehen, wenn die gesamte Menschennatur
nicht erhalten bleibt.[310]

Ps-Athenagoras setzt hier die Begabung des Menschen mit dem νοῦς und der
λογικὴ κρίσις, die er in De Res 12,6 ausgeführt hat, deutlich voraus. Gott hat die
Menschen mit diesen geistigen Fähigkeiten ausgestattet, damit sie seine Kraft
und Weisheit erkennen und mit seinem Gesetz und seiner Gerechtigkeit für
immer verbunden bleiben.[311] Außerdem hat der Schöpfer den Menschen um
seiner Güte und Weisheit willen, die an jedem seiner Schöpfungswerke wahrgenommen werden können, hervorgebracht (vgl. De Res 12,5).[312] Wenn nun in
De Res 15,5 von der Güte, Weisheit und Gerechtigkeit des Gebers gesprochen
wird, dann bezieht sich unser Autor auf die in De Res 12,5 f. dargelegten Ausführungen.

Zum Zwecke der Erkenntnis des Schöpfers und seiner Eigenschaften ist den
Menschen also die vernünftige Unterscheidungsfähigkeit vermittelt worden.
Der Mensch hat dabei den νοῦς und den λόγος als Gesamtwesen empfangen,
nicht die Seele für sich allein.[313] Mit dieser Verleihung wird die Ebenbildlichkeit Gottes in seinem Gesamtwesen repräsentiert. Um in der Erkenntnis
seines Schöpfers und dessen Güte, Weisheit und Gerechtigkeit für immer zu
verbleiben, muss der Mensch aus beiden Teilen bestehend für immer fortdauern. Dies ist aber nur dann möglich, wenn er auch aufersteht.[314] Die Be-

---

308   Eine gegen Celsus gerichtete Spitze ist hier nicht zu verkennen. Vgl. im Kapitel 3. 2.1.5:
       „Grundsätzliche Differenz zwischen Celsus und Ps-Athenagoras".

309   De Res 15,5 (Marcovich 40,15–18): „Εἰ δὲ καὶ νοῦς καὶ λόγος δέδοται τοῖς ἀνθρώποις πρὸς διάκρι-
       σιν νοητῶν, οὐκ οὐσιῶν μόνον, ἀλλὰ καὶ τῆς τοῦ δόντος ἀγαθότητος καὶ σοφίας καὶ δικαιοσύνης,
       ἀνάγκη, διαμενόντων ὧν ἕνεκεν ἡ λογικὴ δέδοται κρίσις, καὶ αὐτὴν διαμένειν τὴν ἐπὶ τούτοις
       δοθεῖσαν κρίσιν·"

310   De Res 15,5 (Marcovich 40,19 f.): „ταύτην δὲ διαμένειν ἀδύνατον, μὴ τῆς δεξαμένης αὐτὴν
       καὶ τὰ ἐν οἷς ἐστι διαμενούσης φύσεως." Vgl. L. Chaudouard, Étude sur le Περὶ ἀναστάσεως
       d'Athénagore, 32 f.

311   De Res 12,6 (Marcovich 37,2–6).

312   De Res 12,5 (Marcovich 36,32 f.): „δι' ἑαυτὸν καὶ τὴν ἐπὶ πάσης τῆς δημιουργίας θεωρουμένην
       ἀγαθότητα καὶ σοφίαν ἐποίησεν ὁ θεὸς ἄνθρωπον".

313   De Res 15,6 (Marcovich 40,20 f.): „Ὁ δὲ καὶ νοῦν καὶ λόγον δεξάμενός ἐστιν ἄνθρωπος, οὐ ψυχὴ
       καθ' ἑαυτήν·"

314   De Res 15,6 (Marcovich 40,21 f.): „ἄνθρωπον ἄρα δεῖ τὸν ἐξ ἀμφοτέρων ὄντα διαμένειν εἰς ἀεί,
       τοῦτον δὲ διαμένειν ἀδύνατον μὴ ἀνιστάμενον."

478   6. KAPITEL

stimmung zur immerwährenden Gottesschau beinhaltet demnach den mit der
Auferstehung des Leibes gewährleistenden Fortbestand der ganzen Menschennatur.

> Celsus ordnet dagegen den νοῦς allein der Seele zu, den er – mit Platon im
> Phaidros (247c7 f.) – als κυβερνήτης der ψυχή bezeichnet: Daher besitzt allein
> die Seele die Fähigkeit, die göttliche Wesenheit zu begreifen, die sich allein
> vom Verstand, dem Führer der Seele, betrachten lässt.[315] Der Leib stellt bei
> einem derartigen Erkenntnisvorgang ausschließlich ein Hindernis dar, das die
> geistige Tätigkeit der Seele stört.[316] Celsus will sich ausschließlich mit solchen
> Menschen unterhalten, die mit Gott allein die Seele oder den νοῦς auf ewig
> zu besitzen hoffen.[317] Wenn die Christen aber am Leib hängen (τῷ σώματι
> συντετηκόσιν) und von seiner Auferstehung ausgehen, dann hat es keinen
> Wert, mit ihnen zu reden.[318] Denn mit der Sehnsucht nach dem Leib und der
> Hoffnung auf dessen Auferstehung verzichten sie gänzlich auf die Vernunft
> (χωρὶς λόγου) und sind daher ungesittete und unreine Menschen, die durch
> diesen Aufruhr krank sind.[319]

Als Reaktion auf die Kritik aus dem platonischen Geist spricht Ps-Athenagoras
expressis verbis den νοῦς und den λόγος dem Gesamtmenschen und nicht der
Seele für sich allein zu: „Ὁ δὲ καὶ νοῦν καὶ λόγον δεξάμενός ἐστιν ἄνθρωπος, οὐ ψυχὴ
καθ' ἑαυτήν.“[320]

De Res 15,7 f.

In De Res 15,7–8 schließt Ps-Athenagoras die Beweisführung aus der Menschennatur ab, indem er sich der Argumentation *via negationis* bedient: Wenn nämlich keine Auferstehung stattfindet, dann kann auch die Natur der Menschen

---

315   C. Cels. VI,19 (Marcovich 397,12–14): „Ἡ γὰρ ἀχρώματός τε καὶ ἀσχημάτιστος καὶ ἀναφὴς οὐσία
      ὄντως οὖσα, ψυχῆς κυβερνήτῃ νῷ μόνῳ θεατή“.
316   Vgl. C. Cels. VII,36 (Marcovich 489,8–15). Siehe in dieser Studie das Kapitel 3. 2.1.5: „Grund-
      sätzliche Differenz zwischen Celsus und Ps-Athenagoras“.
317   C. Cels. VIII,49 (Marcovich 564,8.12 f.): „τοῖς μέν⟨τοι⟩ γε τὴν ψυχὴν ἢ τὸν νοῦν […] τοῖς τοῦτο
      ἐλπίζουσιν ἕξειν αἰώνιον ⟨καὶ⟩ σὺν θεῷ, τούτοις διαλέξομαι“.
318   C. Cels. VIII,49 (Marcovich 564,5 f.): „Ἀλλὰ τοῖς μὲν τοῦτο πειθομένοις καὶ τῷ σώματι συντετη-
      κόσιν οὐκ ἄξιον τοῦτο διαλέγεσθαι“.
319   C. Cels. VIII,49 (Marcovich 564,2 f.6–8).
320   De Res 15,6 (Marcovich 40,20 f.).

SCHÖPFUNGSTHEOLOGISCHE ARGUMENTATION (DE RES 12–17)   479

als solche nicht fortdauern.[321] Besitzt also die Menschennatur keine Hoffnung auf eine postmortale Existenz, so erübrigen sich sämtliche Anstrengungen der Menschen, die beispielsweise in der Beobachtung der Gerechtigkeit, Ausübung jeglicher Tugend, Abfassung und Aufstellung von Gesetzen bestehen.[322] Überhaupt wird alles Edle (πᾶν [...] καλόν), was es bei den Menschen und um der Menschen willen gibt, seinen Sinn und Zweck einbüßen.[323] Die Anstrengungen sind auf die jeweilige Funktion der Seele und des Leibes im irdischen Leben zu beziehen. Wenn also die Menschennatur nicht über den Tod hinaus erhalten wird, dann ist die ψυχή vergeblich mit dem Mangel des Leibes und dessen Affekten zusammengefügt (τῇ τοῦ σώματος ἐνδείᾳ καὶ τοῖς τούτου πάθεσιν).[324] Die Seele wird mit den Bedürfnissen und den Leidenschaften des Körpers konfrontiert, über die sie die Aufsicht zu führen hat (vgl. De Res 12,8).

In De Res 15,2 sind die πάθη noch dem Leib und der Seele zugleich zugeordnet. Dort will unser Autor die Einheitlichkeit des Menschenwesens derart betonen, dass es in gleicher Weise die Affekte der Seele und die des Leibes erleidet. Wenn Ps-Athenagoras jedoch das Wesen der Seele getrennt vom Leib betrachtet, dann sagt er explizit, dass die Seele für sich allein gesehen leidenschaftslos (ἀπροσπαθής) ist.[325] Allerdings in Verbindung mit dem Leib spricht unser Autor ihr ebenfalls Affekte zu, die sowohl von ihr als auch vom σῶμα ausgehen, um die Verantwortung des Gesamtwesens für die aus den πάθη entstehenden Taten hervorzuheben.

Während Ps-Athenagoras zum Nachweis des Einheitswesens von den Leidenschaften beider Bestandteile (in De Res 15,2) spricht, so präzisiert er in De Res 15,7 den Ursprung der Affekte und die entsprechende Bezogenheit der Seele und des Leibes diesen gegenüber: In De Res 15,7 ordnet er nämlich die Leidenschaften *allein* dem Leib zu, durch den auch die Seele mit ihnen konfrontiert wird. Er gibt seine Position in De Res 15,2 keineswegs auf, differenziert jedoch, was den Ursprung der πάθη betrifft. Die Leidenschaften wirken auf die

---

321   De Res 15,7 (Marcovich 40,23 f.): „Ἀναστάσεως γὰρ μὴ γινομένης, οὐκ ἂν ἡ τῶν ἀνθρώπων ὡς ἀνθρώπων διαμένοι φύσις·" Die eigenartige Formulierung ἡ τῶν ἀνθρώπων ὡς ἀνθρώπων φύσις hat Ps-Athenagoras bereits in De Res 11,7 verwendet: ἀπό τε τῆς κοινῆς πάντων ἀνθρώπων ὡς ἀνθρώπων φύσεως.

322   De Res 15,7 (Marcovich 40,28 f.): „δικαιοσύνης παρατήρησις ἢ καὶ πάσης ἀρετῆς ἄσκησις καὶ νόμων θέσις καὶ διάταξις".

323   De Res 15,7 (Marcovich 40,29 f.): „καὶ συνόλως εἰπεῖν πᾶν ὅτι περ ἐν ἀνθρώποις καὶ δι' ἀνθρώπους καλόν".

324   De Res 15,7 (Marcovich 40,24–26): „τῆς δὲ τῶν ἀνθρώπων φύσεως μὴ διαμενούσης, μάτην μὲν ἡ ψυχὴ συνήρμοσται τῇ τοῦ σώματος ἐνδείᾳ καὶ τοῖς τούτου πάθεσιν".

325   De Res 18,5 (Marcovich 43,33): „ἀπροσπαθὴς γὰρ αὕτη καθ' ἑαυτήν".

Seele nur durch den Körper ein, so dass die ψυχή ebenfalls die Verantwortung für die aus den πάθη resultierenden Taten übernehmen muss.[326] Somit erleidet das Gesamtwesen die πάθη, die jedoch in unterschiedlichem Maß jeweils auf das σῶμα und die ψυχή einwirken.

In De Res 15,7 geht er nach der Erwähnung der Funktion der Seele hinsichtlich der Affekte zusätzlich auf die des Leibes ein: Ohne Hoffnung auf eine postmortale Existenz ist aber auch das σῶμα zwecklos an die Befriedigung seiner Bedürfnissen gebunden, da es sich den Lenkungen der Seele fügen und sich von ihr leiten lassen muss. Der Leib ist in erster Linie der Erlangung dessen ausgesetzt, was er begehrt (πρὸς τὸ τυγχάνειν ὧν ὀρέγεται). Er besitzt nicht die vernünftige Urteilskraft, um angemessene Entscheidungen zu treffen (vgl. De Res 18,5).[327] Daher muss er sich bei der Erlangung seiner Begierden von der Seele führen lassen. Er hat den Lenkungen der Seele zu gehorchen und wird von ihr gezügelt (ταῖς τῆς ψυχῆς ἡνίαις ὑπεῖκον καὶ χαλιναγωγούμενον).[328]

In der letzten Aussage bedient sich Ps-Athenagoras der Metapher vom Wagenlenker, der sein Pferd in Zaum hält und führt. Mit diesem Vergleich spielt er auf den bekannten platonischen Mythos vom Seelenwagen aus dem Phaidros an.[329] Platon selbst bezieht diesen Mythos ausschließlich auf das Wesen (ἰδέα) der Seele,[330] das einem gefiederten Gespann und einem Wagenlenker gleicht:[331] Das Gespann besteht aus zwei Pferden, wovon das eine gut und edel, das andere von entgegengesetzter Art ist.[332] Der Führer zügelt und lenkt das Zweigespann.[333] Jedoch ist die Lenkung (ἡ ἡνιόχησις) der unterschiedli-

---

326   In De Res 21,4 setzt Ps-Athenagoras das Verhältnis der Seele und des Leibes gegenüber den Affekten noch präziser in Beziehung: Der Leib erleidet sie zuerst und zieht dann die Seele zur Mitleidenschaft und zur Teilnahme an den aus ihnen entspringenden Handlungen herab. Vgl. De Res 21,4 (Marcovich 46,30–32): „πρωτοπαθεῖ τὸ σῶμα καὶ τὴν ψυχὴν ἕλκει πρὸς συμπάθειαν καὶ κοινωνίαν τῶν ἐφ᾽ ἃ ⟨κι⟩νεῖται πράξεων“.

327   De Res 18,5 (Marcovich 44,2 f.): „ἄκριτον γὰρ τοῦτο καθ᾽ ἑαυτὸ νόμου καὶ δίκης“.

328   De Res 15,7 (Marcovich 40,26 f.): „μάτην δὲ τὸ σῶμα πεπέδηται πρὸς τὸ τυγχάνειν ὧν ὀρέγεται, ταῖς τῆς ψυχῆς ἡνίαις ὑπεῖκον καὶ χαλιναγωγούμενον“.

329   So auch B. Pouderon, SC 379, 277 Anm. 2; N. Zeegers-Vander Vorst, Adversaires et destinataires, 620 f.

330   Phaidros 246a3 f.: „περὶ δὲ τῆς ἰδέας αὐτῆς, ὧδε λεκτέον·“

331   Phaidros 246a6 f.: „Ἐοικέ τῳ δὴ ξυμφύτῳ δυνάμει ὑποπτέρου ζεύγους τε καὶ ἡνιόχου.“

332   Phaidros 246b2–4: „εἶτα τῶν ἵππων ὁ μὲν αὐτῷ καλός τε καὶ ἀγαθὸς καὶ ἐκ τοιούτων, ὁ δ᾽ ἐξ ἐναντίων τε καὶ ἐναντίος·“

333   Phaidros 246b1 f.: „Καὶ πρῶτον μὲν ἡμῶν ὁ ἄρχων συνωρίδος ἡνιοχεῖ·“

chen Art der Pferde schwierig und mühsam.[334] Auf diese Weise verdeutlicht Platon die Struktur der noch nicht inkarnierten Seele und deutet auf das sich in ihr befindende Konfliktpotenzial hin, das schließlich die ψυχή in die Inkarnation führt.[335] Ps-Athenagoras bezieht jedoch den Vergleich von der Lenkung des Wagens auf das Verhältnis der Seele zum Leib. Die ψυχή übernimmt dabei die Rolle des Wagenlenkers und hat die Aufgabe der Führung gegenüber dem Leib inne, der selbst an die Erlangung seiner Begierden gefesselt ist (τὸ σῶμα πεπέδηται πρὸς τὸ τυγχάνειν ὧν ὀρέγεται).[336]

Die Regungen des Leibes hat also die Seele zu leiten und so dessen Triebe zu beaufsichtigen. Alles, was dabei dem σῶμα zustößt, muss sie immer mit angemessenen Beurteilungsmitteln und Maßstäben bewerten und bemessen (vgl. De Res 12,8).[337] Ps-Athenagoras überträgt demnach (in De Res 15,7) den Konflikt, der im Phaidros innerhalb der noch nicht inkarnierten Seele stattfindet, auf das Verhältnis der Seele zum Leib. Da die ψυχή seit ihrer Entstehung eine unveränderliche Fortdauer und Unsterblichkeit besitzt (vgl. De Res 16,2), nimmt sie gegenüber dem Leib eine Führungsrolle ein. Der Körper muss sich ihr fügen und den Lenkungen der Seele folgen. Die ψυχή ist mit der Bedürftigkeit des Leibes und seinen Affekten zusammengefügt, so dass sie stets zu beurteilen hat, was davon förderlich oder schädlich ist. Ps-Athenagoras ist m. E. mit dieser Auffassung von der platonischen Sichtweise beeinflusst. Im Phaidon führt Platon nämlich aus, dass, solange die Seele mit dem Leib zusammen ist, dieser ihr zu dienen und zu gehorchen hat. Die ψυχή aber muss über ihn herrschen und gebieten.[338]

Dennoch will Ps-Athenagoras den νοῦς und den λόγος nicht ausschließlich der Seele zurechnen. Im Gegensatz zu Celsus werden diese geistigen Fähig-

---

334   Phaidros 246b4 f.: „χαλεπὴ δὴ καὶ δύσκολος ἐξ ἀνάγκης ἡ περὶ ἡμᾶς ἡνιόχησις.“

335   A. Graeser, Seelenteilungslehre, 42, deutet diese Dreiteilung des Seelenwagens auf die trichotomische Struktur der Seele, die in Politeia IV dargelegt wird: „Die dort in der Hauptsache theoretisch hergeleitete Psychologie stellt sich im ‚Phaidros' bildhaft dar.“ Daher deutet Graeser den Wagenlenker und die zwei Pferde konsequent auf die drei Teile der Seele: „Metaphorisch für das λογιστικόν steht der Lenker νοῦς (247c8), das edle Roß (246b1, 253e6–254a2) versinnbildlicht das θυμοειδές, und für das ἐπιθυμητικόν steht das schlechte Roß (246b2, c1 ff., d8–e5).“ Ebd., 43.

336   De Res 15,7 (Marcovich 40,26).

337   De Res 12,8 (Marcovich 37,18–20).

338   Phaidon 79e8–80a1 f.: „Ὅρα δὴ καὶ τῇδε ὅτι ἐπειδὰν ἐν τῷ αὐτῷ ὦσι ψυχὴ καὶ σῶμα, τῷ μὲν δουλεύειν καὶ ἄρχεσθαι ἡ φύσις προστάττει, τῇ δὲ ἄρχειν καὶ δεσπόζειν·“

482   6. KAPITEL

keiten der gesamten Menschennatur zugeordnet.[339] Die Ebenbildlichkeit Gottes spiegelt sich im Inneren des *ganzen* Menschen wider (vgl. De Res 12,6). Indem jedoch Ps-Athenagoras die Führungsrolle bei der Bemessung und Beurteilung der leiblichen Triebe der Seele zuspricht, setzt er indirekt voraus, dass sich insbesondere die ψυχή des Verstands und der geistigen Beurteilungsfähigkeit bedient. Der Leib ist nämlich zur rationalen Unterscheidung unfähig.[340] Obwohl Ps-Athenagoras die Zuordnung des νοῦς und des λόγος der Seele allein abspricht, setzt er dennoch voraus, dass nur die ψυχή die vernünftige Unterscheidungsfähigkeit gebrauchen kann. Mit dieser Annahme ist er letztendlich der platonischen Denkweise ganz verpflichtet.

> Er hält an seiner schöpfungstheologischen Ausgangslage dahingehend weiter fest, dass er von der Befähigung des Gesamtmenschen zur geistigen Unterscheidung ausgeht. Daher zieht er in De Res 15,7 einige Konsequenzen, die sich aus dieser Begabung des göttlichen Geschöpfs ergeben: Der νοῦς wäre zwecklos und vergeblich verliehen, wenn nicht die gesamte leibseelische Menschennatur fortbestehen würde. Dies gilt ebenso für die φρόνησις, wie auch für die Beobachtung der Gerechtigkeit, Ausübung jeglicher Tugend, Festsetzung und Aufstellung von Gesetzen. Es wäre überhaupt alles ohne Sinn und Zweck, was es bei den Menschen und um der Menschen willen Schönes gibt.[341] Wenn der Mensch keine postmortale Perspektive auf ein Leben hätte, wären sogar selbst seine Entstehung und die Natur vergeblich (μᾶλλον δὲ καὶ αὐτὴ τῶν ἀνθρώπων ἡ γένεσίς τε καὶ φύσις).[342] Ist aber die Zwecklosigkeit von allen Werken Gottes und von allen seinen Gaben ausgeschlossen, so muss gewiss der Fortbestand des Leibes mit der „endlosen" Seele gemäß der eigentümlichen Natur eines jeden Menschen auf ewig gewährleistet werden.[343]

---

339   Celsus bezeichnet im Anschluss an ein Zitat aus dem Phaidros den νοῦς als den Führer der Seele (Phaidros 247c7 f.: κυβερνήτης ψυχῆς). Vgl. C. Cels. VI,19 (Marcovich 397,13 f.).

340   Vgl. De Re 18,5 (Marcovich 44,2 f.): „ἄκριτον γὰρ τοῦτο καθ᾽ ἑαυτὸ νόμου καὶ δίκης".

341   De Res 15,7 (Marcovich 40,27–30): „μάταιος δὲ ὁ νοῦς, ματαία δὲ φρόνησις καὶ δικαιοσύνης παρατήρησις ἢ καὶ πάσης ἀρετῆς ἄσκησις καὶ νόμων θέσις καὶ διάταξις καὶ συνόλως εἰπεῖν πᾶν ὅτι περ ἐν ἀνθρώποις καὶ δι᾽ ἀνθρώπους καλόν".

342   De Res 15,7 (Marcovich 40,30 f.).

343   De Res 15,8 (Marcovich 40,31–34): „Εἰ δὲ πάντων καὶ πανταχόθεν ἀπελήλαται τῶν ἔργων τοῦ θεοῦ καὶ τῶν ὑπ᾽ ἐκείνου διδομένων δωρεῶν τὸ μάταιον, δεῖ πάντως τῷ τῆς ψυχῆς ἀτελευτήτῳ συνδιαιωνίζειν τὴν τοῦ σώματος διαμονὴν κατὰ τὴν οἰκείαν φύσιν."

SCHÖPFUNGSTHEOLOGISCHE ARGUMENTATION (DE RES 12–17) 483

Indem er sich erneut auf die Ursache der Menschenkreation beruft, beschließt Ps-Athenagoras seinen Beweisgang aus der Menschennatur. Der Mensch wurde nicht zwecklos erschaffen, sondern mit dem Ziel, für immer in seiner gesamten Natur in der Schau Gottes zu verweilen (vgl. De Res 12 f.). Daher ist die Zwecklosigkeit bei der Erschaffung dieses Geschöpfs völlig ausgeschlossen. Der Leib erhält seine διαμονή infolge der Auferstehung, so dass er mit der endlosen Seele (τῷ τῆς ψυχῆς ἀτελευτήτῳ) fortbestehen kann. Die Endlosigkeit der Seele bezieht sich auf ihre postmortale Unsterblichkeit, die sie seit ihrer Erschaffung besitzt. Auch dem Leib wird diese Endlosigkeit in Form der Fortdauer zuteil, die durch seine Auferstehung ermöglicht wird. Auf diese Weise wird die gesamte Menschennatur die postmortale Existenzweise erhalten.

7. KAPITEL

Theologiegeschichtliche Zuordnung der μεταβολή-Vorstellung

Ps-Athenagoras erreicht in De Res 12,9 unbestreitbar den Höhepunkt seines Auferstehungsbeweises. Überhaupt nimmt die Argumentation aus der Ursache der Entstehung der Menschen (De Res 12,1–13,2) die zentrale Stellung innerhalb seines „Logos de veritate" ein. Wenn er in De Res 12,9 von der in der Auferstehung stattfindenden μεταβολή des Leibes in einen „besseren Zustand" spricht, dann hat er einen ganz wichtigen Aspekt seines positiven Auferstehungsbeweises benannt.[1] Dabei leitet er seine μεταβολή-Vorstellung aus den sich in den einzelnen Altersstufen vollziehenden Verwandlungen her, die sich auf die Gestalt oder Größe beziehen (De Res 12,8). In De Res 16 und 17 begründet er seine innerhalb der Auferstehung stattfindende μεταβολή-Auffassung genauer. Er erschließt sie vor allem in De Res 17 aus den Veränderungen der menschlichen Gestalt im Laufe der aufeinander folgenden Lebensalter. Daraus zieht er als Konsequenz, dass der Leib die allerletzte μεταβολή bei der Auferstehung erleben wird. Diese verleiht ihm auch die Unvergänglichkeit (De Res 16,2: κατὰ δὲ τὸ σῶμα προσλαμβανόντων ἐκ μεταβολῆς τὴν ἀφθαρσίαν).[2]

Es stellt sich die Frage, ob sich ein solcher Entwurf der Auferstehungshoffnung in eine Entwicklungsphase vom Übergang des zweiten in das dritte Jahrhundert plausibel einordnen lässt oder ob stattdessen die theologiegeschichtliche Verortung des Traktats ausschließlich in der zweiten Hälfte des 4. Jahrhunderts angebracht erscheint. Für letzteres sprechen insbesondere die argumentativen Berührungspunkte mit „In Sanctum Pascha" des Gregor von Nyssa, die auf eine Datierung in diese Zeit schließen lassen.[3]

---

1 Vgl. C.W. Bynum, Resurrection, 32: „Resurrection must involve change, says Athenagoras. Indeed resurrection *is* change; jugment is not the basic reason for resurrection because not all are judged but all rise."

2 De Res 16,2 (Marcovich 41,8 f.).

3 Vgl. H.E. Lona, Athenagoras, 570: „Für die Bestimmung des geschichtlichen Hintergrundes von ‚De Resurrectione' empfiehlt es sich, bei dem Text anzusetzen, der am meisten inhaltliche Berührungspunkte mit unserem Traktat bietet: die Rede ‚In Sanctum Pascha' des Gregor von Nyssa." Ebd., 571: „Es handelt sich dabei um inhaltliche Parallelen, die in der jeweiligen Argumentation eine ähnliche Rolle spielen. Gerade dies macht sie so wichtig, denn es geht

M. E. lässt sich im nächsten Abschnitt dieser Untersuchung zeigen, dass Ps-Athenagoras mit seiner Verwandlungsvorstellung in eine Phase hineingehört, die die erste Entwicklungsstufe des Verständnisses der Auferstehung als μετα-βολή repräsentiert. Dabei kann festgestellt werden, dass sich Ps-Athenagoras wie der Rheginosbrief, Tertullian und vor allem Origenes bei der Bestimmung der Auferstehung als μεταβολή von Paulus (1 Kor 15,51 f.) inspirieren lässt. Daher stellen alle vier Entwürfe dieselbe Rezeptionsphase des paulinischen Verwandlungsansatzes dar, der das Nachdenken dieser Autoren über die Auferstehung als μεταβολή-Geschehen angeregt hat. Sie gehören zu den ersten Versuchen, den entscheidenden Gehalt der Auferstehung in der Umwandlung der Leiblichkeit zu erfassen. Das paulinische πάντες δὲ ἀλλαγησόμεθα/ἡμεῖς ἀλλαγησό-μεθα (1 Kor 15,51 f.) hat diese Autoren vor die Aufgabe gestellt, die Verwandlung bei der Auferstehung als eschatologisches Ereignis zu begreifen.

Die μεταβολή-Vorstellung ist also ein Deutungs- und Entwicklungsversuch der Auferstehung, der – wie sich zeigen lässt – auf 1 Kor 15,51 f. zurückgeht. Dabei scheint die Terminologie, was sich bei der Auferstehung genau unter einer μεταβολή vorzustellen ist, zur Zeit des Ps-Athenagoras noch nicht fest vorgegeben zu sein. Wenn unser Autor die Auferstehung als πρὸς τὸ κρεῖττον μεταβολή charakterisiert, so zeugt es von einem der ersten Versuche, diese als Verwandlungsgeschehen nachzuvollziehen. Auch im Rheginosbrief wird das eschatologisch-futurische Ereignis der Auferstehung neben anderen Verständnismöglichkeiten als „μεταβολή in eine Neuheit" aufgefasst, indem sich der Autor in unmittelbarem Kontext auf 1 Kor 15,51–54 bezieht. Tertullian befasst sich in seinem Traktat „De Resurrectione" ebenso mit der Paulusdeutung, wenn er die Verwandlung innerhalb der Auferstehung gegenüber seinen Gegnern richtig stellt. Bei seiner Charakterisierung der Verwandlungsvorstellung als „demutatio in einen engelhaften Zustand" wird deutlich, dass er sich aus der Schriftexegese (Lk 20,27–39) inspirieren lässt.

Origenes wird dann den μεταβολή-Terminus für das, was bei der Auferstehung geschieht, systematisch reflektieren und zu einem wesentlichen Punkt seines Verständnisses der Auferstehung machen. Genau in diese Entwicklungsphase gehört m. E. auch die Deutung der Auferstehung als πρὸς τὸ κρεῖττον μεταβολή des Ps-Athenagoras. Sein Entwurf lässt sich in diese erste Phase der Bestimmung der Auferstehung unter dem Verwandlungsaspekt plausibel einordnen. Er erreicht ohne Zweifel noch nicht die tiefgehende Reflexion eines Origenes, obgleich er in seiner Terminologie „Verwandlung ins Bessere" dem

---

dabei nicht um rein materielle Berührungspunkte, sondern darüber hinaus um ähnlich gestaltete Argumentationszüge."

486 7. KAPITEL

Alexandriner im Vergleich zum Rheginosbrief und Tertullian sehr nahe kommt. Somit befindet er sich auf dem Weg einer Entwicklung, die bei Origenes innerhalb der Theologiegeschichte im Hinblick auf die Auferstehungslehre einen ersten Höhepunkt erreicht. Der Alexandriner umschreibt die Auferstehung in verschiedenen Nuancen als μεταβολή ins Bessere, Schönere und Herrlichere, um sich auf diese Weise deutlich von dem rein materialistischen Verständnis der eschatologischen Hoffnung abzugrenzen.

Jedoch auch die Ansätze des Rheginosbriefs und des Tertullian zeugen von einem Ringen, wie die Verwandlung im Auferstehungsvorgang zu deuten ist. Dabei kommen beide von gegensätzlichen theologischen Standpunkten her, wenn sie von der die σάρξ betreffenden Verwandlung sprechen. Während sich Tertullian mit gnostischen Vorstellungen von der Auferstehung auseinandersetzt, befasst sich der Autor des Rheginosbriefs vor dem Hintergrund seiner valentinianischen Herkunft mit der allgemeinchristlichen Auferstehungslehre. Er versucht, die Auferstehung des Fleisches mit der von Paulus vorgegebenen Verwandlungsvorstellung in Einklang zu bringen. Neben diesen vier Entwürfen gibt es in der Entwicklung der Auferstehungslehre bis Origenes kein explizites Zeugnis, das dieses eschatologisch-futurische Ereignis unter dem μεταβολή-Aspekt subsumiert. Deshalb gilt die Konzentration vor allem diesen Autoren, um das Zeugnis des Ps-Athenagoras auch innerhalb einer theologiegeschichtlichen Perspektive in eine erste Entwicklungsphase der Verwandlungsvorstellung der Auferstehungslehre einordnen zu können.

1   Rheginosbrief

Der Rheginosbrief nimmt ein wichtiges Zeugnis innerhalb der Entwicklung der christlichen Auferstehungslehre ein. Dabei ist dieser „Lehrbrief"[4] der erste uns bekannte Versuch, das futurisch-eschatologische Ereignis der Auferstehung – neben anderen Verständnismöglichkeiten – als ein μεταβολή-Geschehen aufzufassen. Es hat sich in der Forschung durchgesetzt, im Rheginosbrief einen valentinianischen Auferstehungstraktat zu sehen.[5] Es spiegelt sich in diesem Brief ein gnostisches Selbstverständnis wider, das offenbar im Valentinianis-

---

4   So H.E. Lona, Auferstehung, 218. Es ist ein Brief ohne Präskript an Rheginos und seinen Kreis. Jedoch stellt dieser Brief keine εἰσαγωγή im Sinne einer platonischen Einführung in die Auferstehungslehre dar. So aber B. Layton, Vision, 198–201.

5   Auch wenn die Subscriptio (ⲡⲗⲟⲅⲟⲥ ⲉⲧⲃⲉ ⲧⲁⲛⲁⲥⲧⲁⲥⲓⲥ) sekundär zu sein scheint, zeigt sie dennoch, dass in der Rezeptionsgeschichte der Brief als eine „Abhandlung über die Auferstehung" verstanden worden ist.

THEOLOGIEGESCHICHTLICHE ZUORDNUNG DER METABOΛH-VORSTELLUNG 487

mus seine Wurzeln hat.[6] Die Erstherausgeber haben sogar nachzuweisen versucht, dass der Autor Valentinus selbst ist und daher den Brief kurz nach 150 n. Chr. datiert.[7] Dieser Zuschreibung ist zu Recht widersprochen worden, so dass in der neueren Forschung Valentinus als Verfasser des Briefes nicht mehr in Frage kommt.[8] Dennoch kann der Autor als ein ehrwürdiger Lehrer verstanden werden,[9] der sich an „seinen Sohn" Rheginos wendet,[10]

---

6   So z.B. M.L. Peel, Gnosis und Auferstehung, 26.186 f.; H.E. Lona, Auferstehung, 228 f., und die meisten Forscher. Nur H.-M. Schenke bestreitet eine jegliche Zuordnung zum Valentinianismus. Vgl. H.-M. Schenke, GCS NF 8, 48: „Und Tatsache ist, daß ein typisch valentinianischer Vorstellungskomplex sich in unserer Schrift nicht findet." Vgl. die bereits von M.L. Peel geäußerte Kritik an einer solchen Einschätzung: „Schenke [...] bestreitet sogar – wie wir meinen, zu Unrecht – den valentinianischen Charakter des Briefes!" M.L. Peel, Gnosis und Auferstehung, 164 Anm. 3.

7   Vgl. Editio princeps: M. Malinine/H.-Ch. Puech/G. Quispel/W. Till/R. McL. Wilson/J. Zandee (Hgg.): De Resurrectione (Epistula ad Rheginum), 1963, XXXIII: „Il a pour auteur un valentinien: soit un maître de l'école ‚orientale' du Valentinisme, soit Valentin lui-même. A choisir entre ces deux possibilités, nous opterions, pour notre part, avec les réserves qui s'imposent, en faveur de la seconde." So schon früher, vgl. H.-Ch. Puech/G. Quispel, Les écrits gnostiques du Codex Jung, VigChr 8 (1954), 50 f.

8   Vgl. die ausführliche Auseinandersetzung zur Verfasserfrage bei M.L. Peel, Gnosis und Auferstehung, 164–187, und Chr. Markschies, Valentinus Gnosticus?, 361: „Für eine Zuschreibung dieses Textes [sc. an Valentinus] gibt es m.E. keinen einzigen einigermaßen wahrscheinlichen Anlaß." Der Einschätzung der Erstherausgeber sind nur wenige Forscher gefolgt: z.B. G. Kretschmar, Auferstehung des Fleisches, 115: „Der koptisch erhaltene Rheginosbrief, vielleicht von Valentin, dem großen gnostischen Lehrer in Rom und Alexandrien verfaßt und diesem Fall aus den Jahren um 150 stammend, [...]"; Hans Freiherr v. Campenhausen, Die Entstehung der christlichen Bibel, 167 Anm. 171 und sein Schüler G. May, Schöpfung aus dem Nichts, 87 Anm. 118.

9   Vgl. M.L. Peel, Gnosis und Auferstehung, 187.

10   Vgl. H. Strutwolf, „Epistula ad Rheginum", 79: „Da die Anrede ‚mein Sohn' am besten in ein Lehrer-Schüler-Verhältnis paßt, deuten diese prosopographischen Daten auf die Organisationsform einer gnostisch-christlichen Schule hin. Auf eine solche Schule als sozialem Hintergrund des Briefes weist ferner die schon erwähnte Gestalt des Philosophen, der glaubt, hin, der dem Rheginos persönlich bekannt ist und mit dem er in ständiger und schon länger andauernden Diskussion begriffen zu sein scheint. Eine solche Gesprächssituation ist m.E. am ehesten im Umfeld einer mit Philosophenschulen konkurrierenden Einrichtung denkbar."

„Auch die außenstehenden Zeitgenossen bezeugen, daß die valentinianische Gnosis sich u.a. in Schulen organisierte. Anders als in solchen Schulen wäre auch die immense gelehrte Arbeit, die man hinter den gnostischen Systemen erahnt, gar nicht möglich gewesen. Und dieses freie Schulwesen macht ferner verständlich, warum die valentinianische Gnosis sich in so viele verschiedene Strömungen auseinanderentwickeln konnte, weil

um auf diese Weise einen größeren Adressatenkreis um Ⲣⲏⲅⲓⲛⲟⲥ/Ῥηγῖνος anzusprechen.[11]

Da es innerhalb unserer Fragestellung um eine theologiegeschichtliche Einordnung der Auferstehungsauffassungen geht, ist deshalb die Bestimmung des Abfassungszeitpunkts bzw. -phase des Briefes aus dem Nag-Hammadi-Fund nicht unwesentlich. Zur Datierung des Rheginosbriefs sind einige wichtige Vorschläge gemacht worden: W.C. van Unnik hat bereits ein Jahr nach dem Erscheinen der Editio princeps der Zuschreibung an Valentinus widersprochen, jedoch sich der Datierung des Briefes, den er als ein Produkt des Valentinianismus betrachtet, um 150 n. Chr. angeschlossen. Seinen Datierungsversuch begründet er hauptsächlich damit, dass die im Rheginosbrief enthaltene Auferstehungsvorstellung von Irenäus und Tertullian bekämpft werde und daher um 150 n. Chr. zu datieren sei.[12] M.L. Peel ist weiter gegangen und hat zunächst eine Datierung des Briefes in das letzte Viertel des zweiten Jahrhunderts vorgeschlagen.[13] Chr. Markschies hat die Datie-

---

diese freien Schulen von keiner zentralen Gewalt, die festschreiben konnte, was valentinianische ‚Orthodoxie‘ sein sollte, kontrolliert wurden. Aber, wie gesagt, diese Schulbildungen sind keineswegs das Proprium der Valentinianer und der Gnostiker überhaupt gewesen, sondern stellen eine allgemein christliche Entwicklung dar, die ein Zeichen für die soziale wie bildungsmäßige Aufwärtsentwicklung des Christentums ist: Es erreicht zunehmend auch die oberen Bildungskreise." H. Strutwolf, „Epistula ad Rheginum", 86 f.

11 NHC I,4 (50,1–4): „Ich habe dich und deine Brüder, meine Kinder, belehrt, indem ich nichts von dem ausgelassen habe, was zu euerer Bestärkung nötig ist."

12 W.C. van Unnik, ‚Epistle to Rheginos‘, 165: „In spite of his wish to accept the Christian teaching on the resurrection he gave it a different turn: it is akin to that interpretation of which Irenaeus and Tertullian spoke, and that may have been the kind of teaching Justin Martyr had in view. If that is correct, the work is a product of Valentinianism as it existed about A.D. 150."

13 M.L. Peel, Epistle, 180. W.-P. Funk hat in seiner Übersetzung ins Deutsche die Aussage Peels „the Letter to Rheginos was written in the last quarter of the second century" etwas ausgedehnt, indem er von einer Datierung in das letzte „Drittel des zweiten Jahrhunderts" spricht. Vgl. M.L. Peel, Gnosis und Auferstehung, 187: „Auf der Grundlage der im Brief selbst gegebenen Anhaltspunkte würden wir zusammenfassend sagen, daß der Brief an Rheginus im letzten Drittel des zweiten Jahrhunderts von einem anonymen, aber ehrwürdigen valentinianisch-christlichen Lehrer verfaßt wurde. Dieser war einstmals mit der Lehre einer valentinianischen Schule, wahrscheinlich der orientalischen, wohlvertraut und unterlag mit der Zeit in zunehmendem Maße dem Einfluß seines von Grund auf christlichen Glaubens und der Lehre des Neuen Testaments, vor allem des Paulus. Das Ergebnis war eine ‚Rechristianisierung‘ seines valentinianischen Denkens." Chr. Markschies hat m. E. zu Recht den Begriff „Rechristianisierung" zu ersetzen versucht: „Wenn

rung *via negationis* insoweit präzisiert, indem er den Rheginosbrief nicht „vor Ptolemäus" entstanden sein lässt.[14]

H.E. Lona bestätigt den von Peel geäußerten Datierungsvorschlag, wenn er als Ergebnis festhält, dass der Rheginosbrief die Formel von der Auferstehung des Fleisches voraussetzt.[15] Somit passt der Beitrag des Rheginosbriefs zur Auferstehung des Fleisches gut in diese Phase der „ausführlichen Auseinandersetzung", so dass die Datierung „nach 170" n. Chr. gerechtfertigt erscheint. Aus diesen Forschungsbeiträgen kristalisiert sich heraus, dass die Datierung des Rheginosbriefs in das letzte Viertel des zweiten Jahrhunderts anzunehmen ist.[16]

Im letzten Forschungsbeitrag fasst M.L. Peel seinen Datierungsvorschlag in das letzte Viertel des zweiten Jahrhunderts präziser, indem er von einer Datierung in das *späte zweite* Jahrhundert spricht.[17] L.H. Martin schlägt ebenfalls die Datierung des Rheginosbriefs an das Ende des zweiten Jahrhunderts vor, wobei er auch den Anfang des dritten Jahrhunderts nicht ausschließt.[18] H. Strutwolf ordnet die Entstehung des Rheginosbriefs innerhalb eines freien Schulwesens valentinianischer Ausrichtung ein. Auf dieser Grundlage wird eine Datierungsphase „in die Zeit des späten zweiten bis frühen dritten Jahrhunderts" angenommen.[19] Es ist somit davon auszugehen, dass der Rheginosbrief um ca. 200 n. Chr. entstanden sein muss.

---

man die valentinianische Gnosis als ‚christliche Gnosis' versteht und daher den Ausdruck ‚Rechristianisierung' vermeiden möchte, kann man von einer Bewegung weg vom mythologischen Valentinianismus sprechen, die darin auf Valentin zurückführt." Chr. Markschies, Valentinus Gnosticus?, 360 Anm. 194.

14   Chr. Markschies, Valentinus Gnosticus?, 360: „Die Anklänge an den valentinianischen Mythos und die dezidierte Betonung der Funktion von ‚Gnosis' für die Auferstehung schließen eine Entstehung des Werkes *vor* Ptolemäus und gar seine Abfassung durch Valentin aus."

15   Vgl. H.E. Lona, Auferstehung, 256: „Im zweiten Jahrhundert scheint die Zeit nach 170 die Zeit der ausführlichen Auseinandersetzung mit der Auferstehungsfrage zu sein. In dieser Zeit erlangt auch die Formel von der Auferstehung des Fleisches kanonische Gültigkeit." H. Strutwolf, Gnosis als System, 188, zeigt zusätzlich auf, dass der Verfasser des Rheginos briefs das „gnostische Auferstehungskonzept an die allgemein christliche Lehre von der Auferstehung des Fleisches anzunähern" sucht.

16   Vgl. auch C. Colpe, Einleitung in die Schriften aus Nag Hammadi (2011), 140.

17   Vgl. M.L. Peel, Introductions (1985), 146: „The balance of probability thus indicates the late second century."

18   Vgl. L.H. Martin, Epistle, 293: „We therefore propose a dating some distance from the congregational Gnosticism of Valentinus, but still within the sphere of conflict between Gnosticism and the emerging ‚orthodox' Christianity – the end of the second century, or perhaps even the beginning of the third."

19   Vgl. H. Strutwolf, Retractatio gnostica, 52: „Daher scheint mir weiterhin die Datierung

Da in diesem Abschnitt insbesondere die theologiegeschichtliche Einordnung des Beitrags des Rheginosbriefs in eine bestimmte Entwicklungsphase

des Rheginosbriefs in die Zeit des späten zweiten bis frühen dritten Jahrhunderts die plausibelste Lösung zu sein."

Vgl. schon früher ders., „Epistula ad Rheginum", 87: „Die Einordnung des Rheginosbriefs in diese Geschichte der christlichen Schulen in Rom und Alexandrien [...] macht die Datierung des Briefes m. E. relativ sicher: Der Brief gehört in die Zeit vom Ende des zweiten bis zur ersten Hälfte des dritten Jahrhunderts, da nach dieser Zeit eine valentinianisch-gnostische Schule kaum mehr mit der Gemeinde verbunden gewesen sein dürfte, wobei unser Brief eine solche Verbindung aber noch voraussetzt. Der Rheginosbrief als Schulbrief spricht m. E. für die These, daß die in ihm vertretene Gnosis ein Phänomen gehobener sozialer Schichten ist."

Es ist jedoch m. E. völlig abwegig, mit Edwards den Rheginosbrief in das *vierte* Jahrhundert zu datieren. Vgl. M.J. Edwards, The *Epistle of Rheginus*: Valentinianism in the Fourth Century, 76–91. Als Hauptbeleg für diese Datierungsthese dient Edwards das Zeugnis des *Epiphanius* hinsichtlich der valentinianischen Vorstellung des Auferstehungsleibes. Epiphanius, Pan 31,7,6 (GCS 25, 396,16–397,2 Holl), behauptet, dass die Valentinianer von der Auferstehung eines σῶμα πνευματικόν, der nicht mit dem irdischen identisch ist, ausgehen: Der pneumatische Körper ist ein anderer (ἕτερον), der aus dem irdischen σῶμα hervorgeht: „τὴν δὲ τῶν νεκρῶν ἀνάστασιν ἀπαρνοῦνται [sc. οἱ Οὐαλεντῖνοι], φάσκοντές τι μυθῶδες καὶ ληρῶδες, μὴ τὸ σῶμα τοῦτο ἀνίστασθαι, ἀλλ' ἕτερον μὲν ἐξ αὐτοῦ, ὃ δὴ πνευματικὸν καλοῦσι·"

Edwards entdeckt hier einen direkten Bezug zur Auferstehungsauffassung des Rheginosbriefs und stuft den Bericht des Epiphanius als höchst zuverlässig ein. Daraus schließt er, dass Epiphanius als erster Autor überhaupt auf den zu seiner Zeit kürzlich entstandenen Rheginosbrief verweise. Vgl. M.J. Edwards, *Epistle of Rheginus*, 87 f. insb. 88: „The Panarion is nevertheless a treasury of lost documents, [...] It is therefore not improbable that Valentinian works on the resurrection would be known to him [sc. Epiphanius] at first hand."

Zur Kritik an dieser Spätdatierung vgl. H. Strutwolf, Retractatio gnostica, 51 f.: „[Es] soll neuerdings nach *Edwards* auch der Rheginosbrief erst im vierten Jahrhundert verfaßt worden sein. Einer solcher Datierung widerrät aber der ganze Inhalt des Briefes, der m. E. keinerlei wirklichen Zusammenhang mit Problemen des vierten Jahrhunderts erkennen läßt. [...] Aber nicht nur theologisch, auch kirchengeschichtlich setzt der Brief eine Situation voraus, die seit dem Anfang des dritten Jahrhunderts nicht mehr gegeben war, daß nämlich in einer Metropole eine große valentinianische Schule besteht, die mit der nichtgnostischen christlichen Gemeinde vor Ort in brüderlicher Gemeinschaft existiert, eine Situation, die selbst in Alexandrien, wo die Verhältnisse für die Gnostiker länger günstig blieben als anderswo, mit dem Auftreten des ersten, nachweisbar monarchischen Bischofs, Demetrios von Alexandrien, undenkbar wurde. Zwar gibt es im vierten Jahrhundert sicherlich noch valentinianische Gruppen, aber wir hören nichts mehr von gnostisch-valentinianischen Schulen, die in losem Kontakt zu den Gemeinden der einfachen Christen stehen."

der Auferstehungslehre im Vordergrund steht, ist auf die Verwandlungsvorstellung als eschatologisches Ereignis der Auferstehung in diesem Brief einzugehen. Auf diese Weise sollen die Gemeinsamkeiten und Differenzen in der Auferstehungsauffassung zwischen dem Rheginosbrief und De Resurrectione von Ps-Athenagoras herausgearbeitet werden. Zudem soll der Fokus darauf gerichtet werden, ob der positive Beitrag beider Verfasser in dieselbe theologiegeschichtliche Phase hineingehört, auch wenn sie sich in einem unterschiedlichen Kontext der Auseinandersetzung um das Verständnis einer vertretbaren Auferstehungsauffassung befinden.[20]

Den Anlass des Schreibens stellt eine Frage des Rheginos an seinen Lehrer dar: „Aber weil du uns mit einer Freundlichkeit darüber fragst, was bezüglich der Auferstehung angemessen ist, schreibe ich dir, dass sie eine Notwendigkeit ist."[21] Es besteht demnach ein offenes und vertrautes Verhältnis zwischen dem Lehrer und seinem Schüler, das das Nachdenken über das angemessene Auf-

---

20   Im Unterschied zum Rheginosbrief vermeidet Ps-Athenagoras von der Auferstehung des Fleisches zu reden. Daher versuchen einige Autoren wie P. Siniscalco und H.E. Lona, De Resurrectione aufgrund dessen in eine spätere Zeit zu datieren, als das Ringen um diese Formel nicht mehr im Mittelpunkt stand (vgl. P. Siniscalco, Ricerche sul „De Resurrectione" di Tertulliano, 138 f.; H.E. Lona, Athenagoras, 528).

    Es wird jedoch völlig übersehen, dass Ps-Athenagoras mit dem Terminus σάρξ ausschließlich eine anatomische und keine anthropologische Konnotation verbindet. Außerdem befindet sich Ps-Athenagoras nicht in einer innerchristlichen Debatte um das „richtige" Auferstehungsverständnis, sondern sein Blick gilt den philosophisch denkenden Sympathisanten, die den innerchristlichen Auseinandersetzungen fern stehen. Sie haben ausschließlich die Kritik an der Auferstehungslehre von Celsus und den Kettennahrungs-Einwand vernommen und haben daher ihre Bedenken. Es gilt sie zunächst davon zu überzeugen, ob es überhaupt eine Auferstehung der Leiber geben wird (vgl. De Res 14,3: εἴτε γίνεται τῶν ἀνθρωπίνων σωμάτων ἀνάστασις εἴτε μή). Daher steht auch die Eigentümlichkeit der Auferstehungsleiblichkeit nicht primär im Mittelpunkt, obgleich unser Autor ein Auferstehungsverständnis von einer πρὸς τὸ κρεῖττον μεταβολή (vgl. De Res 12,9) vertritt, um sich von der materialistischen Auffassung des Auferstehungskörpers zu distanzieren (vgl. De Res 7,1). Denn besonders mit einer solchen Vorstellung hat Celsus seine Probleme, wenn er den Christen vorwirft, in „demselben Fleisch" bei der Auferstehung hervorkommen zu wollen, das bereits längst verwest und vermodert ist (vgl. C. Cels. v,14). Für die platonisch Denkenden war dies eine Provokation schlechthin, die einen massiven Anstoß an der Auferstehungslehre auslöste.

21   ΝΗϹ Ι,4 (44,3–8): „ⲁⲗⲗⲁ ⲉⲡⲉⲓⲇⲏ ⲉⲕϣⲓⲛⲉ ⲙ̄ⲙⲁⲛ ⲁⲡⲉⲧⲉϣϣⲉ ϩⲛ̄ ⲟⲩϩⲗⲁϭ ⲉⲧⲃⲉ ⲧⲁⲛⲁⲥⲧⲁⲥⲓⲥ ϯⲥϩⲉⲉⲓ ⲛⲉⲕ ϫⲉ ⲟⲩⲁⲛⲁⲅⲕⲁⲓⲟⲛ ⲧⲉ".

492   7. KAPITEL

erstehungsverständnis bestimmt. Rheginos wendet sich an sein Schuloberhaupt, weil er offenbar Zweifel an der Auferstehung hat. Er stellt sich die
Frage, wie dieser Glaube wohl aufzufassen ist. Dies ist aus der Aufforderung
des Lehrers zu entnehmen: „Deshalb zweifle nicht an der Auferstehung, mein
Sohn Rheginos."[22] Der Autor sagt weiterhin im einleitenden Abschnitt, dass
es viele gibt, die nicht an die Auferstehung glauben, aber nur wenige, die sie
finden.[23] „Daher soll das Wort über sie für uns geschehen."[24] Die ausgelösten
Zweifel an der Auferstehung betreffen offenbar das „rechte" Verständnis dieser Lehre, das nur wenigen vorbehalten ist. Um den Glauben an die christliche
Jenseitshoffnung zu stärken, ist es notwendig, ein bestimmtes Auferstehungsverständnis zu erlangen.[25] Das stellt die Absicht dieses persönlich gehaltenen
„Lehrbriefs" dar.[26] Der Verfasser betont, dass die Auferstehung eine Sache
des Glaubens und nicht der Überzeugung ist.[27] Daher basiert sein Nachweis der Auferstehung auf einem bestimmten Mindestmaß von vorausgesetzten christlichen Lehren.[28] Es geht deutlich um ein innerchristliches Ringen
nach einem angemessenen Verständnis der Auferstehung.[29] Diese Jenseits-

---

22   NHC I,4 (47,1–3): „ϨⲰⲤⲦⲈ ⲘⲠⲰⲢ ⲀⲢ ⲆⲒⲤⲦⲀⲌⲈ ⲈⲦⲂⲈ ⲦⲀⲚⲀⲤⲦⲀⲤⲒⲤ ⲠⲀϢⲎⲢⲈ ⲢⲎⲄⲒⲚⲈ".

23   NHC I,4 (44,8–10).

24   NHC I,4 (44,11 f.): „ⲈⲦⲂⲈ ⲠⲈⲈⲒ ⲘⲀⲢⲈⲠⲖⲞⲄⲞⲤ ϢⲰⲠⲈ ⲚⲈⲚ ⲈⲦⲂⲎⲦⲤ".

25   Vgl. H.E. Lona, Auferstehung, 219 f.: „Dies hängt mit der Absicht des Schreibens zusammen.
     Es will den Glauben an die Auferstehung stärken durch die Darstellung eines bestimmten
     Auferstehungsverständnisses."

26   Vgl. H. Strutwolf, „Epistula ad Rheginum", 80: „Im Duktus des Briefes spiegelt sich damit
     m. E. die offene, wenn auch von einem verehrten Lehrer bestimmte, Gesprächs- und Dis-
     kussionssituation einer theologischen Schule, die von Frage und Antwort und Gegenfrage
     bestimmt gewesen sein dürfte." Der Brief ist somit keine literarische Fiktion, die eine päd-
     agogische εἰσαγωγή sein soll, wie Layton die Gattung der Schrift zu bestimmen sucht. Vgl.
     B. Layton, Vision, 198–201.

27   NHC I,4 (46,3–7).

28   Die Voraussetzungen der christlichen Lehre, auf die der Verfasser zurückgreift und als
     gemeinsame Grundlage der Argumentation erachtet, sind aus dem Brief selbst zu erschlie-
     ßen: 1. der Glaube an Jesus Christus als der Erlöser; 2. der Gebrauch von christologischen
     Titeln wie Gottessohn und Menschensohn; 3. Anerkennung des Paulus als apostolische
     Autorität; 4. die Kenntnis des Evangeliums (Verweis auf die Verklärungsgeschichte); 5.
     kosmologisch-gnostische Vorstellungen, die ihren Ursprung im Valentinianismus haben
     (πλήρωμα, ἀποκατάστασις usw.). Vgl. H.E. Lona, Auferstehung, 220.

29   Dagegen L.H. Martin, der versucht, als Hintergrund der Auseinandersetzung eine anti-
     philosophische Polemik nachzuweisen. Vgl. L.H. Martin, Epistle, 50–66, und ders., The
     anti-philosophical Polemic, 20–37 (besonders 20–28). M.E. geht es aber um eine inner-
     christliche Auseinandersetzung, da die Gegner beanspruchen, „innerhalb des Wortes der
     Wahrheit" (ⲘⲪⲞⲨⲚ ⲘⲠⲖⲞⲄⲞⲤ ⲚⲦⲘⲎⲈ) zu stehen. Vgl. NHC I,4 (43,32–34).

hoffnung gründet sich auf die Erlösungstat Christi, von der aus die Zweifel an einer bestimmten Auferstehungsauffassung überwunden werden sollen. Dabei scheint der Verfasser auf die bereits „kanonisch" gewordene Formel von der Auferstehung des Fleisches einzugehen,[30] wobei er dieses Auferstehungsverständnis mit seiner valentinianisch-christlichen Herkunft zu verbinden sucht.[31]

1.1 Μεταβολή-Verständnis der Auferstehung

Nun gehen wir direkt zum Ergebnis der Argumentation zugunsten der Notwendigkeit der Auferstehung über, die der Verfasser seinem Schüler Rheginos zum Ende des Briefes als Zusammenfassung seiner bis dahin gesamten Erörterung bietet (48,30–49,9).[32] Hier fällt die für unsere Fragestellung entscheidende Qualifizierung der Auferstehung als „μεταβολή zur Neuheit". In diesem resümierenden Abschnitt fasst der Autor die Hauptaussagen des Briefes zusammen. Er bezeichnet sie als Symbole (τὰ σύμβολα) und Entsprechungen[33] der Auferstehung.[34] Daraufhin kommentiert er diesen Abschnitt als den entscheidenden Inhalt, der das Gute (ⲡⲉⲧⲛⲁⲛⲟⲩϥ) hervorbringt.[35] Es geht ihm dabei

---

30   Vgl. H.E. Lona, Auferstehung, 265: „Erst in der Zeit nach 170 verdrängt die Formel von der Auferstehung des Fleisches zunehmend die anderen von der Auferstehung des Leibes bzw. der Toten (Ps.Justin, 3 Kor, Irenäus) und erreicht den Wert eines verbindlichen Bekenntnisses, ohne deswegen einfach die anderen Formeln abzulösen." Vgl. weiter ebd., 256.

31   Vgl. NHC I,4 (47,1–8). Nach der Aufforderung, nicht an der Auferstehung zu zweifeln, wird direkt auf die Bedeutung der σάρξ innerhalb dieses Geschehens eingegangen, die offensichtlich die Debatte um das angemessene Auferstehungsverständnis ausgelöst hat. Die Rede von der fleischlichen Auferstehung hat sichtlich die Zweifel überhaupt an der Auferstehung bei Rheginos begünstigt. Daher wendet er sich an seinen Lehrer, um das „richtige" Auferstehungsverständnis zu finden und nicht den Glauben an sie ganz aufzugeben. „Es gibt zwar viele, die nicht an sie glauben, aber wenige, die sie finden." NHC I,4 (44,8–10).

32   Vgl. B. Layton, Treatise, 99, der diesen Abschnitt (allerdings ab 48,34 beginnen und bereits in 49,7 enden lässt) ebenso als Zusammenfassung der früheren Beschreibungen der Auferstehung innerhalb des Rheginosbriefs bestimmt: „the author summarizes his earlier description". Layton bezeichnet sogar den zweiten Teil dieser Zusammenfassung (48,38–49,7) als Klimax: „This is the climax." Ebd., 100.

33   Mit ⲛ̄ⲧⲁⲛⲧⲛ̄ scheint das griechische Wort τὰ ὁμοιώματα wiedergegeben zu sein. Siehe: W.E. Crum, Dictionary, 420, der für das substantivierte ⲧⲁⲛⲧⲛ die Übersetzung ὁμοίωμα und ὁμοίωσις angibt. Vgl. M.L. Peel, Treatise, 201.

34   NHC I,4 (49,6 f.): „ⲛⲉⲉⲓ ⲛⲉ ⲛ̄ⲥⲩⲙⲃⲟⲗⲟⲛ ⲙⲛ̄ ⲛ̄ⲧⲁⲛⲧⲛ̄ ⲛ̄ⲧⲁⲛⲁⲥⲧⲁⲥⲓⲥ".

35   NHC I,4 (49,8 f.): „ⲛ̄ⲧⲁϥ ⲡⲉ ⲉⲧⲧⲁⲙⲓⲟ ⲙ̄ⲡⲡⲉⲧⲛⲁⲛⲟⲩϥ".

um eine abschließende Beantwortung der zur Debatte stehenden Frage, die er zuvor aufgeworfen hat: „Was nun ist die Auferstehung?"[36] Die erste Antwort lautet, dass sie jederzeit die Enthüllung derer ist, die bereits auferstanden sind.[37]

Daraufhin wehrt der Autor des Rheginosbriefs ein Missverständnis ab, das aus der Verklärungsszene Jesu mit Mose und Elia geschlossen wurde: Sie ist nämlich keine φαντασία, sondern eine Wahrheit. Mose und Elia waren wirklich identifizierbar und nicht bloß zum Schein anwesend.[38] Bei dieser Abwehr nimmt er einen polemischen Ton an, so dass er sich schließlich selbst mäßigen muss,[39] um zum Wesentlichen zurückzukommen. Er nimmt erneut die Anfangsfrage auf, die nach der Bedeutung der Auferstehung fragte: „Was nun ist die Auferstehung?"[40] Diese Fragestellung ist noch längst nicht erledigt, sondern bedarf noch einer weiteren Präzisierung. Mit einem Überleitungssatz setzt er ein, um daraufhin die wesentlichen Inhalte der Auferstehung zu erfassen:

> Aber die Auferstehung hat nicht die Form dieser Art; denn sie ist die Wahrheit, das Feststehende. Und sie ist die Offenbarung dessen, was ist, und die Verwandlung der Dinge und eine Umwandlung (μεταβολή) in etwas Neues. Denn die Unvergänglichkeit [kommt] herab auf das Vergängliche und das Licht fällt hinab auf die Finsternis, indem es sie verschlingt, und das Pleroma erfüllt den Mangel. Das sind Symbole und Entsprechungen für die Auferstehung. Das ist es, was das Gute hervorbringt.[41]

Diese Kennzeichnungen und Beschreibungen der Auferstehung greifen auf das zuvor im Brief Ausgeführte zurück. Sie können als Ergebnis der vorangehenden Argumentation verstanden werden. Für unsere Fragestellung ist es inter-

---

36 NHC I,4 (48,3 f.): „ⲉⲩ ⲟ̄ⲉ ⲧⲉ ⲧⲁⲛⲁⲥⲧⲁⲥⲓⲥ".

37 NHC I,4 (48,4–6): „ⲡⲟ̄ⲱⲗⲛ̄ ⲁⲃⲁⲗ ⲡⲉ ⲛ̄ⲟⲩⲁⲉⲓⲱ ⲛⲓⲙ ⲛ̄ⲛⲉⲧⲁⲣⲧⲱⲟⲩ̄ⲛ".

38 Vgl. NHC I,4 (48,6–30).

39 Er beschließt diesen polemischen Exkurs mit den Worten: „ich will nicht noch mehr gegen die Dinge (der Welt) schimpfen (καταλαλεῖν)." NHC I,4 (48,28–30).

40 NHC I,4 (48,3 f.): „ⲉⲩ ⲟ̄ⲉ ⲧⲉ ⲧⲁⲛⲁⲥⲧⲁⲥⲓⲥ".

41 NHC I,4 (48,30–49,9): „ⲁⲗⲗⲁ ⲧⲁⲛⲁⲥⲧⲁⲥⲓⲥ ⲙⲛ̄ⲧⲉⲥ ⲙ̄ⲙⲉⲩ ⲙ̄ⲡⲓⲥⲭⲏⲙⲁ ⲛ̄ⲧⲙⲓⲛⲉ ϫⲉ ⲧⲙⲏⲉ ⲧⲉ {ⲡⲉ} ⲡⲉⲧⲁϩⲉ ⲁⲣⲉⲧⲩ̄ (ⲡⲉ) ⲁⲩⲱ ⲡⲟⲩⲱⲛϩ̄ ⲁⲃⲁⲗ ⲙ̄ⲡⲉⲧⲱⲟⲟⲡ ⲡⲉ ⲁⲩⲱ ⲡⲟ̄ⲃⲉⲓⲉ ⲡⲉ ⲛ̄ⲛ̄ϩ̄ⲃⲏⲩⲉ ⲁⲩⲱ ⲟⲩⲙⲉⲧⲁⲃⲟⲗⲛ̄ ⲁϩⲟⲩⲛ ⲁⲩⲙⲛ̄ⲧⲃⲣ̄ⲣⲉ ⲧⲙⲛ̄ⲧⲁⲧⲧⲉⲕⲟ ⲛ̄ⲅⲁⲣ [ϭⲉ†ⲉ] [[ⲁϩⲣⲏⲓ]] ⲁⲡⲓⲧⲛ̄ ⲁⲭⲙ̄ ⲡⲧⲉ̣ⲕⲟ ⲁⲩⲱ ⲡⲟⲩⲁⲉⲓⲛ ϥ̄ⲣⲉ†ⲉ ⲁⲡⲓⲧⲛ̄ ⲁⲭⲙ̄ ⲡⲕⲉⲕⲉⲓ ⲉϥⲱⲙⲛ̄ⲕ ⲙ̄ⲙⲁⲩ ⲁⲩⲱ ⲡⲡⲗⲏⲣⲱⲙⲁ ϥ̄ϫⲱⲕ ⲁⲃⲁⲗ ⲙ̄ⲡⲉⲱⲧⲁ ⲛⲉⲉⲓ ⲛⲉ ⲛ̄ⲥⲩⲙⲃⲟⲗⲟⲛ ⲙⲛ̄ ⲛ̄ⲧⲁⲛⲧⲛ̄ ⲛ̄ⲧⲁⲛⲁⲥⲧⲁⲥⲓⲥ ⲛ̄ⲧⲁϥ ⲡⲉ ⲉⲧⲧⲁⲙⲓⲟ ⲙ̄ⲡⲡⲉⲧⲛⲁⲛⲟⲩϥ̄".

essant, dass der Autor an dieser prominenten Stelle mit der christlichen Jenseitshoffnung eine Verwandlungsvorstellung verbindet. Die Auferstehung wird hier zum ersten Mal in der christlichen Literatur als μεταβολή bezeichnet. Mit dem femininen Abstraktum ⲙⲛ̄ⲧⲃⲣ̄ⲣⲉ wird sie zudem präzisiert, was aller Wahrscheinlichkeit nach den griechischen Terminus καινότης wiedergibt.[42] Die Auferstehung wird somit neben anderen Bedeutungsmöglichkeiten als eine Verwandlung in eine Neuheit bzw. in einen neuen Zustand verstanden. Die Frage ist jedoch: Auf welche Problemstellung rekurriert der Autor des Rheginosbriefs, wenn er die Auferstehung als Verwandlung in etwas Neues bestimmt? Wenn hier tatsächlich ein Ergebnis für das Verständnis der Auferstehung geliefert wird, was unbestreitbar zu sein scheint, muss innerhalb des Briefes auch die Problemstellung benannt worden sein, auf die die Rede von der μεταβολή in eine Neuheit als Lösungsansatz zutrifft.

Der Autor kann sich m. E. nur auf die eine Passage im Brief beziehen, in der der Zustand der *Alterung* als eine wesentliche Problematik begriffen wird.[43] Die Verwandlung in eine neue Daseinsform wäre dann ein entgegengesetzter Vorstellungskomplex zur Existenz in der Gebrechlichkeit, die die Vergänglichkeit mit sich bringt und schließlich zum Tod führt. Jedenfalls thematisiert der Autor den Nachteil der irdischen Existenzweise des Menschen, wenn er mit

---

42 Vgl. W.E. Crum, Dictionary, 43: Neben καινότης sind als Übersetzungsalternativen auch ἀνακαίνωσις, νεότης, ἐπανανέωσις und νεωτερισμός (allerdings der „Lehren“) möglich. M.L. Peel setzt sich wegen der Benutzung von καινότης in Verbindung mit Auferstehung in Röm 6,4 (ϩⲛ̄ⲟⲩⲙⲛ̄ⲧⲃⲣ̄ⲣⲉ ⲛ̄ⲱⲛϩ̄), bei Ignatius, Ad Eph 19,3 (Lindemann/Paulsen 190,3 f.): „θεοῦ ἀνθρωπίνως φανερουμένου εἰς καινότητα ἀϊδίου ζωῆς“, und Origenes, CIoh 1,37,267 für die Übersetzung von ⲁⲩⲙⲛ̄ⲧⲃⲣ̄ⲣⲉ als καινότητα ein. „‚Newness‘ (ⲁⲩⲙⲛ̄ⲧⲃⲣ̄ⲣⲉ = καινότητα) seems to refer to this *post mortem* heavenly existence […]“ M.L. Peel, Treatise, 199 f. Vgl. auch Editio princeps (Malinine u. a.), De Resurrectione, 39 f.

   Interessant ist die Stelle bei Origenes in CIoh 1,37,267 (GCS 10, 47,17–19 Preuschen): Die Auferstehung ereignet sich dann, wenn die aufrichtig zu ihm (zum Gottes Sohn) Kommenden die Sterblichkeit ablegen und als Auferstandene die Neuheit des Lebens annehmen („ἀποτίθεσθαι τὴν νεκρότητα τοὺς γνησίως αὐτῷ προσιόντας καὶ ἀναλαμβάνειν καινότητα ζωῆς ἀνισταμένους ‚ἀνάστασις‘ καλεῖται.“). Origenes spricht hier von der Auferstehung als Annahme der Neuheit des Lebens durch die Auferstandenen, indem er von einer präsentischen Aneignung der Auferstehung als Neuheit des Lebens ausgeht. Hier spielt er bei seiner Deutung von Joh 11,25 m. E. deutlich auf Röm 6,4 an, wenn Paulus die Taufe als metaphorisches Auferstehungsgeschehen schon hier auf Erden als Wandel in der Neuheit des Lebens (ἐν καινότητι ζωῆς) deutet.

43 So ähnlich bereits der Bezug bei den Erstherausgebern: Editio princeps (Malinine u. a.), De Resurrectione, 35, der allerdings in der weiteren Forschung nicht mehr so explizit aufgenommen worden ist.

496   7. KAPITEL

einer rhetorischen Frage auf diese Problematik eingeht: „Aber während du in dieser Welt bist, was ist es, das dir mangelt?"[44] Die Antwort wird auf eine besondere Weise eingeführt, indem der Autor ein persönliches Verhältnis suggeriert, das der Überzeugung dient:[45]

> Dies ist es, worum du dich bemüht hast, um es zu lernen: die Nachgeburt (χόριον) des Leibes, diese, welche das Alter ist, und du bist vergänglich.[46]

Die Bereitschaft zum Lernen, die dem Rheginos rhetorisch unterstellt wird, beinhaltet einen Lernprozess, den es zu begreifen gilt: Die Nachgeburt des Leibes ist das Alter, das die Existenz in der Vergänglichkeit beinhaltet. Hier greift der Autor mit χόριον eine Metapher auf, die aus der medizinischen und biologischen Literatur stammt, wie B. Layton gezeigt hat.[47] Es bezeichnet die den Embryo bzw. den Fötus umfassende Membran oder die Plazenta, die zur Versorgung der Leibesfrucht dient.[48] Auf diese Weise hat das χόριον eine vorübergehende Funktion, die mit der Geburt beendet ist. Es wird nach der Geburt des Kindes als Nachgeburt ausgeschieden.[49] Nun bietet der Autor hier die Ant-

---

44   NHC I,4 (47,14 f.): „ⲁⲗⲗⲁ ⲉⲕⲛ̄ⲛⲓⲙⲁ ⲉⲩ ⲡⲉ ⲉⲧⲕ̄ϣⲁⲁⲧ ⲙ̄ⲙⲁϥ".

45   Anders M.L. Peel, Treatise, 181: Er meint, dass im Abschnitt 47,14–20 keine rhetorische Frage vorliege (so aber B. Layton, Treatise, 121 Anm. 1). Es werde vielmehr eine wirkliche Frage von seinem Schüler Rheginos aufgenommen (47,14–16) und in 47,17–20 beantwortet. Genau diese Absicht jedoch intendiert die Argumentation der griechischen Diatribe, die eine Beziehung mit der 2. Pers. Sing. herzustellen beabsichtigt, die zur persönlichen Überzeugung verwendet wird. Vgl. L.H. Martin, Epistle, 175, und ders., Diatribe Style, 280: „The way of argumentation of the Greek diatribe has been characterized as attempts not to prove the point at issue by reason or demonstration, but rather by personal conviction."

46   NHC I,4 (47,15–19): „ⲡⲉⲉⲓ ⲡⲉ ⲛ̄ⲧⲁⲕⲣ̄ⲥⲡⲟⲩⲇⲁⲍⲉ ⲁⲥⲃⲟ ⲁⲣⲁϥ ⲡⲭⲟⲣⲓⲟⲛ ⲙ̄ⲡⲥⲱⲙⲁ ⲉⲧⲉ ⲡⲉⲉⲓ ⲡⲉ ⲧⲙⲛ̄ⲧⲅ̄ⲗⲗⲟ ⲁⲩⲱ ⲕϣⲟⲟⲡ ⲛ̄ⲧⲉⲕⲟ".

47   Vgl. B. Layton, Treatise, 81.

48   Vgl. Galen, De usu partium XV,4 (Helmreich 347,2–5): Galen beschreibt an dieser Stelle, die Layton angibt (vgl. B. Layton, Treatise, 81), die Lage des χόριον in der Gebärmutter. Das χόριον umgibt von allen Seiten den Fötus, indem es dabei die ganze Gebärmutter von innen salbt. So berührt der dort liegende Fötus von nirgendwo die Gebärmutter, weil das χόριον dazwischen liegt und den Fötus mit der Mutter verbindet. Vgl. weiter Galen, De nat fac III,3 (Brock 228,18–27/Helmreich 207,17–25).

49   Vgl. W. Pape, Griechisch-Deutsches Handwörterbuch, Bd. II, 1366, der für χόριον die Bedeutung angibt: „die häutige Hülle, welche die Frucht im Mutterleibe umschließt u. ihr bei der Geburt folgt, die Nachgeburt". Vgl. auch H.G. Liddell/R. Scott, Greek-English Lexicon, 1999: „χόριον, τό, *membrane that encloses the foetus* in the womb, *afterbirth*, [...]"

THEOLOGIEGESCHICHTLICHE ZUORDNUNG DER METABOΛH-VORSTELLUNG 497

wort auf die Frage nach dem Mangel des Menschen innerhalb seiner irdischen Existenz. Er antwortet mit einer „verbreiteten" Metapher von der Nachgeburt des Leibes, die er explizit auf das Alter bezieht.[50] Der Alterungsprozess impli-

---

50 In den philosophischen Schriften wird der Begriff χόριον gerne metaphorisch auf den Leib bezogen: Wie das neugeborene Kind die Nachgeburt zurücklässt, so entledigt sich zum Zeitpunkt des Todes die Seele des Leibes. So vor allem Porphyrius, Epistula ad Marcellam 32: Zur Selbsterkenntnis ist es notwendig, zu beachten, dass der Leib dem Menschen so verbunden ist, wie das χόριον für die im Mutterleib sich befindenden Embryonen (ὡς τοῖς ἐμβρύοις κυοφορουμένοις τὸ χόριον). „Wie nun das mitgewachsene χόριον und der Halm des Getreides, wenn beides reif geworden ist, abgeworfen wird (ῥίπτεται), so ist auch der mit der ausgesäten Seele verbundene Leib kein Teil des Menschen (οὕτω καὶ τὸ συναρτώμενον τῇ ψυχῇ σπαρείσῃ σῶμα οὐ μέρος ἀνθρώπου). Aber damit er im Mutterleib entsteht, wurde das χόριον hinzugefügt, damit er aber auf der Erde entsteht, wurde der Leib hinzugenommen." Porphyrius, Ad Marcellam 32 (Pötscher 34,15–36,2). Diese Stelle bei Porphyrius wird in der Forschung regelmäßig zur Deutung der χόριον-Aussage im Rheginosbrief herangezogen. So zunächst W.C. van Unnik, ‚Epistle to Rheginos', 166; dann G. Quispel, Note sur „De Resurrectione", 14 f., der aufgrund dieser Verwendung von χόριον bei Porphyrius die Deutung vorgegeben hat: „Il n'y a donc aucun doute qu'il faut maintenir la leçon du manuscript et lire χόριον. L'arrière-faix est une métaphore pour désigner le corps." Ebd., 15. B. Layton, Treatise, 82, übernimmt diese Interpretation. Es wird dabei seit van Unnik auf weitere Belege verwiesen, in denen zwar nicht genau der Terminus χόριον vorkommt, aber die gleiche Vorstellung vom Abwerfen der Nachgeburt auf das Verlassen des Leibes durch die Seele bezogen wird. Vgl. Seneca, Epist 92,34 (Rosenbach 408,2–6) und Epist 102,23 (Rosenbach 584,2–8) und insbesondere Marc Aurel, Ad seipsum IX,3,1 (Farquharson 172,22–24): „καὶ ὡς νῦν περιμένεις πότε ἔμβρυον ἐκ τῆς γαστρὸς τῆς γυναικός σου ἐξέλθῃ, οὕτως ἐκδέχεσθαι τὴν ὥραν ἐν ᾗ τὸ ψυχάριόν σου τοῦ ἐλύτρου τούτου ἐκπεσεῖται." Siehe auch Origenes, C. Cels. VII,32 (Marcovich 486,2–10). Vgl. weitere Belege bei B. Layton, Treatise, 82–84, und M.L. Peel, Treatise, 182 f.

Dabei stellt der Verweis auf Origenes, C. Cels. VII,32, m. E. eine Ausnahme dar. Origenes verwendet die Metapher χόριον, um seine Auffassung von der Leiblichkeit der Auferstandenen anschaulich zu machen: Die Seele bedarf, da sie ihrer Natur nach unkörperlich und unsichtbar ist, an jedem körperlichen Ort, an dem sie sich befindet, eines für jenen Ort angemessenen Leibes. Daher wird sie sich des früheren Leibes entkleiden und ein „besseres Gewand" anziehen, das für die reineren, ätherischen und himmlischen Orte passend ist (δεομένη κρείττονος ἐνδύματος εἰς τοὺς καθαρωτέρους καὶ αἰθερίους καὶ οὐρανίους τόπους). Zur Verdeutlichung dieser Sicht verweist er auf die χόριον-Metapher: Wenn die Seele bei der Geburt in diese Welt eintritt, entkleidet sie sich der Nachgeburt (χόριον), die im Mutterleib für sie nützlich (χρήσιμον) gewesen ist, und bekleidet sich mit jenem Leib, der zum Leben auf der Erde notwendig ist. Vgl. C. Cels. VII,32 (Marcovich 486,2–10). Origenes insistiert auf der nützlichen Funktion des χόριον im Mutterleib, welches die Seele zum Leben gebraucht, wie auch der irdische Leib zur Existenz auf Erden notwendig

498   7. KAPITEL

ziert wiederum eine Vergänglichkeit, die letztendlich zum Tod führt. Gerade die Bedrohung des Todes hat der Erlöser als „das Gesetz der Natur" (44,20: ⲡⲛⲟⲙⲟⲥ ⲛ̄ⲧⲫ︦ⲩⲥⲓⲥ) auf der Erde fokussiert, indem er durch seine Göttlichkeit den Tod besiegte.[51] Der Retter hat die Existenz im Fleisch (ⲉϥϣⲟⲟⲡ ϩⲛ̄ ⲥⲁⲣⲝ̄) angenommen,[52] um den mangelhaften Zustand der irdischen Befindlichkeit aufzuheben. Da sich nun der Erwählte im Fleisch befindet, weiß er um die Bedürftigkeit der Menschennatur, die sich vor allem durch die Vergänglichkeit infolge des Alterungsprozesses äußert. Genau dies ist das Defizitäre der menschlichen Existenz hier auf Erden.

Das Ziel des Lernens besteht also in der Einsicht, dass der Alterungsprozess tatsächlich als Mangel zu begreifen ist. Die dem Alter anhaftende Vergänglichkeit wird durch die Auferstehung überwunden. Dies wird geschehen, weil Christus uns den Weg unserer Unsterblichkeit bereitet hat.[53] Außerdem impiziert die χόριον-Metapher das Bild von der Geburt, die mit der Auferstehung zu vergleichen ist.[54] Bei der Geburt kommt die Funktion des χόριον zum Ende, die in der Umhüllung und Versorgung des Embryos bzw. des Fötus im Mutter-

---

ist. So wird sie auch einen besseren Leib erhalten, der für die himmlischen Orte geeignet ist. In diesem Zusammenhang wehrt er sich gegen Celsus, der den Christen unterstellt, dass sie mit ihrer Auferstehungslehre die Seelenwanderungslehre missverstanden hätten.

Der Autor des Rheginosbriefs greift somit eine bekannte Metapher (χόριον) auf, die hauptsächlich auf das Aufgeben des Leibes zum Todeszeitpunkt bezogen wird, so dass die Seele frei von der sie belastenden Hülle (vgl. Marc Aurel, Ad seipsum IX,3,1: ἔλυτρον) wird. Jedoch bezieht er die geläufige Verwendung der Metapher nicht auf den Leib, sondern auf das *Alter*. So wird in der Auferstehung nicht der Leib, sondern die den Leib anhaftende Alterung beseitigt.

51   Vgl. NHC I,4 (44,17–29).

52   NHC I,4 (44,14 f.).

53   NHC I,4 (45,22 f.): „ⲁⲩⲱ ⲁϥ̄ϯ ⲛⲉⲛ ⲛ̄ⲧⲉϩⲓⲏ ⲛ̄ⲧⲛ̄ⲙⲛ̄ⲧⲁⲧⲙⲟⲩ".

54   Vgl. H. Lundhaug, Conceptualizations of Death, 194 f., der besonders diese Analogie zwischen Geburt und Auferstehung im Rheginosbrief mit der χόριον-Metapher ausgedrückt haben will. Daraufhin deutet er die Auferstehung im Rheginosbrief vor allem unter dem Aspekt der Geburt des inneren lebendigen Leibes: „For *Treat. Res.* resurrection thus becomes the birth of the internal living body, and actually also identical with its metaphorical conceptualization of death." Ebd., 195. Indem hier dieser implizite Vergleich von H. Lundhaug übermäßig betont wird, findet bei ihm die Vorstellung von der „μεταβολή in eine Neuheit" überhaupt keine Beachtung, was m. E. die Lösung für die Problematik der Alterung des Leibes ist. Vgl. weiter J.É. Ménard, Traité, 72, der ebenso wie Lundhaug mit der χόριον-Metapher allein die neue Geburt des Menschen in der Auferstehung betont wissen will.

leib besteht.[55] Wenn nun die Nachgeburt des Leibes mit dem Alter gleichgesetzt wird, so gehört der Alterungsprozess notwendigerweise fest zur irdischen Existenz des Menschen. Dies wird als ein Mangel verstanden, der in der Auferstehung behoben wird. Somit fasst der Autor die irdische Befindlichkeit im Fleisch als einen Nachteil auf, der sich in der Alterung äußert und die Sterblichkeit zur Folge hat.[56] Die Auferstehung ist als Antwort darauf zu begreifen, die ihrerseits zur Unsterblichkeit führt. Die ἀνάστασις wird die Todesverfallenheit der irdischen Existenz des Menschen überwinden und eröffnet ihm auf diese Weise den Weg zur Unsterblichkeit.[57] Auf diesen Mangel der menschlichen Todesverfallenheit bezieht sich offenbar die Rede von der Verwandlung in eine Neuheit, wodurch die Vergänglichkeit der Greisenhaftigkeit in der Auferstehung beseitigt wird.

---

55 In seinem Werk „De usu partium" thematisiert Galen überhaupt die verschiedenen Funktionen der einzelnen Organe im Körper. So beschreibt er auch die Funktion des χόριον, die im Verhältnis zur Gebärmutter (ἡ μήτρα) und zum Embryo (τὸ ἔμβρυον) besteht. Galen vergleicht häufig das χόριον mit einer Wurzel des Baumstammes (ὀνομάζεται δὲ χόριον ἡ ῥίζωσις αὕτη). Durch diese sogenannten „Baumstämme" zieht der Embryo aus der Gebärmutter Blut und Pneuma (διὰ τούτων οἷον πρέμνων τινῶν ἐκ τῆς μήτρας ἕλκει τὸ ἔμβρυον αἷμα καὶ πνεῦμα) und so wird er durch das χόριον versorgt und ernährt. Vgl. De usu partium XV,5 (Helmreich II,352,9–17). Somit besteht die Funktion des χόριον hinsichtlich des Embryos bzw. des Fötus in der Umhüllung und Versorgung mit Blut und Pneuma, welche τὸ ἔμβρυον aus der Gebärmutter zieht. Vgl. F. Kovačić, Galen, 64: Der Autor widmet sich in seiner Studie der Fragestellung, woher Galen seine Traditionen entnommen und auf welche Weise in den eigenen Entwurf eingebunden hat. Bezüglich des χόριον stellt Kovačić fest: „Der Embryo ist für die Stoa kein Lebewesen, sondern Teil des Bauches, und er wächst wie die Frucht am Baum, wobei er durch die Nabelschnur und durch das Chorion ernährt wird." Ebd., 64. Von hier aus entnimmt Galen offensichtlich seinen Vergleich des Embryos mit der Pflanze. Der Embryo zieht seine Nahrung aus der Gebärmutter, wie die Pflanze es durch die Wurzeln macht, womit Galen das χόριον bezeichnet, Siehe F. Kovačić, Galen, 80: „An mehreren Stellen und in verschiedenen Bildern vergleicht Galen den Embryo mit der Pflanze. Der Embryo wächst so, wie wir es bei den Pflanzen sehen. Es findet sich in seiner Gliederung sogar eine Analogie mit den Ästen der Bäume. Das Verhältnis des Embryos zur Gebärmutter oder überhaupt zur Mutter illustriert Galen mit dem Verhältnis der Pflanze zum Erdboden: Die Mutter ist für den Embryo das, was die Erde für die Pflanze ist."

56 Vgl. H. Strutwolf, Gnosis als System, 189: „Hier steht das Wort ‚Nachgeburt' als Metapher für ein negatives, zu einer Sache gehörendes Anhängsel. Die negative Begleiterscheinung des Leibes ist das Alter und die Vergänglichkeit des Körpers."

57 Vgl. NHC I,4 (45,22 f.).

Χόριον-Metapher

Nun wird gerade in der zentralen die Bedeutung der Auferstehung erläuternden Passage die „μεταβολή in eine Neuheit" insbesondere als eine Verleihung der Unvergänglichkeit verstanden: „Denn (γάρ) die Unvergänglichkeit [kommt] herab auf das Vergängliche."[58] Dass an dieser Stelle ein paulinischer Sprachgebrauch (vgl. 1 Kor 15,53 f.) vorliegt, scheint unbestreitbar zu sein. Da der Autor mit der Metapher χόριον auf die Geburt als Abbild des eschatologischen Ereignisses verweist, so wird m. E. deutlich, auf welche Problemstellung die Definition der Auferstehung als Umwandlung in einen neuen Zustand eine Antwort ist: Da die Nachgeburt des Leibes das Alter ist, das die *Vergänglichkeit* zur Folge hat, so wird in der Auferstehung das Vergängliche durch die *Unvergänglichkeit* aufgehoben. Wie die Plazenta bei der Geburt zurückgelassen wird, nachdem sie ihren Zweck im Mutterleib zur Versorgung der Leibesfrucht erfüllt hat, so wird auch das Alter, das den Alterungsprozess bis hin zum Verderben beihaltet, bei der Auferstehung beseitigt. Der irdische Zustand des Greisenalters (ⲙ̄ⲛ̄ⲧ︤ϩⲗⲟ = γῆρας)[59] erlebt auf diese Weise eine Umwandlung in eine Neuheit (ⲟⲩⲙⲉⲧⲁⲃⲟⲗⲏ ⲁϩⲟⲩⲛ ⲁⲩⲙ̄ⲛ̄ⲧⲃ̄ⲣ̄ⲣⲉ = μεταβολή εἰς καινότητα).[60] Die Genitivkonstruktion „χόριον des Leibes" (ⲡⲭⲟⲣⲓⲟⲛ ⲙ̄ⲡⲥⲱⲙⲁ) ist dabei als ein *Genitivus obiectivus* aufzufassen:[61] Die Nachgeburt für den Leib ist das Alter, was die Vergänglichkeit des σῶμα kennzeichnet. In der Auferstehung wird die Vergänglichkeit überwunden, indem die Unvergänglichkeit den neuen Zustand des Leibes ausmacht.

---

58 ⲚⲎⲤ I,4 (48,38–49,2): „ⲧⲙ̄ⲛ̄ⲧⲁⲧⲧⲉⲕⲟ ⲛ̄ⲅⲁⲣ [ⲟ̇ϥⲉϯⲉ] ⟦ⲁϩⲣⲏⲓ⟧ ⲁⲡⲓⲧ︤ⲛ︥ ⲁⲭ︤ⲙ︥ ⲡ̄ⲧⲉⲕⲟ".

59 W.E. Crum, Dictionary, 669. Vgl. M.L. Peel, Treatise, 183.

60 Vgl. Editio princeps (Malinine u. a.), De Resurrectione, 40. Die Erstherausgeber verweisen auf die gleichlautende Wendung εἰς καινότητα bei Ignatius von Antiochien in Ad Eph 19,3 und Ad Magn 9,1. Besonders die Stelle in Ad Eph 19,3 (Camelot ⲤⲤ 10, 76,4–7/Lindemann/Paulsen 190,3–5) ist erhellend: Gott offenbarte sich auf menschliche Weise zur Neuheit des ewigen Lebens (θεοῦ ἀνθρωπίνως φανερουμένου εἰς καινότητα ἀϊδίου ζωῆς). Dies nahm den Anfang, was bei Gott zur Vollendung gekommen ist (ἀρχὴν δὲ ἐλάμβανεν τὸ παρὰ θεῷ ἀπηρτισμένον). Von da an ist alles in Bewegung gewesen, weil die Vernichtung des Todes betrieben worden ist (Ἔνθεν τὰ πάντα συνεκινεῖτο διὰ τὸ μελετᾶσθαι θανάτου κατάλυσιν).

Dies legt folgende Bedeutung nahe: Weil die menschliche Offenbarung Gottes zur Neuheit des ewigen Lebens (εἰς καινότητα ἀϊδίου ζωῆς) geführt hat, kam es durch die Auferstehung Jesu schließlich zur Vernichtung des Todes (θανάτου κατάλυσιν).

61 Anders B. Layton, Treatise, 82, der diese Genitivverbindung als „genitive of constituency or ‚content'" versteht und dementsprechend ⲡⲭⲟⲣⲓⲟⲛ ⲙ̄ⲡⲥⲱⲙⲁ als „leibliche Hülle" (bodily envelope) übersetzt. Ebd., 81.

THEOLOGIEGESCHICHTLICHE ZUORDNUNG DER METABOΛH-VORSTELLUNG 501

Somit bezieht der Autor das χόριον[62] explizit auf das Alter und nicht auf das σῶμα,[63] so dass es bei der Auferstehung nicht zur Beseitigung der Leiblichkeit,

---

62   Die Erstherausgeber bedenken, ob nicht χόριον in χωρίον zu emendieren sei. Dies wird jedoch abgelehnt. Sie interpretieren χόριον als eine „rückständige Last" (arrière-faix), die nach dem Ausbrechen des Fötus in der Gebärmutter zurückbleibe („l',arrière-faix' est ce qui reste dans la matrice après l'expulsion du fœtus"). Das Alter korrespondiere mit dem Leib, der immer mehr verdorben und hinter sich gelassen werde, indem sich der erneuerte Mensch davon löse und befreit werde, wenn er auferstehe. Dann werde er in ein neues Sein verwandelt, in ein geistliches Leben geboren; er komme ganz einfach ins Leben. So werde er aus der Hülle des verderblichen Fleisches, in dem er bis dahin gelebt habe, ausbrechen („se dégageant de l'enveloppe de chair corruptible au sein de laquelle il avait jusque-là vécu."). Vgl. Editio princeps (Malinine u. a.), De Resurrectione, 34 f.

    Somit beziehen die Erstherausgeber die „Verwandlung in eine Neuheit" auf das Herausbrechen des erneuerten Menschen aus der Hülle des verderblichen Fleisches. Dabei geben sie zu, dass sie aus der polemischen Sicht des Tertullian, De Res 45,1, den Text interpretieren (vgl. ebd.). Jedoch ist m. E. die Metapher „χόριον des Leibes" eindeutig auf das Alter und nicht auf den Leib zu beziehen, der bei der Auferstehung nicht aufgegeben werden wird. Was als Nachgeburt des Leibes bei der Auferstehung infolge der Verwandlung in eine Neuheit zurückgelassen wird, ist vielmehr der Zustand der Alterung, der die Vergänglichkeit beinhaltet und im Endeffekt zum Tod führt.

63   So aber B. Layton, Treatise, 81 f. Indem er die Nachgeburt des Leibes als „leibliche Hülle" deutet, fällt es ihm leicht, jegliche Leiblichkeit aus dem Auferstehungsgeschehen auszuschließen. Die Metapher „χόριον des Leibes" deutet er so: Die Membran, die im Leib bestehe (wich consists in body), umschließe den Verstand (νοῦς) bis zu seiner Geburt, die der leibliche Tod sei. Zu diesem Zeitpunkt werde der Verstand zum Leben herausbrechen: „Bodily death is for mind a birth; mind leaves behind the corrupt and lifeless corpse as a newborn child its χόριον." B. Layton, Treatise, 82. So werde der Leib abgelegt und der νοῦς allein gerettet.

    Es stellt sich die Frage, wie Layton dann anschließend die Bezeichnung der „leiblichen Hülle" als Alter (17,17 f.: ⲉⲧⲉ ⲡⲉⲉⲓ ⲡⲉ ⲧⲙⲛ̄ⲧⲣ̄ⲗⲗⲟ) versteht. Er übersetzt zunächst die Phrase als Frage: „That is, the old age?" Ebd., 23. Jedoch hat er nach der vorgenommenen Deutung des ⲡⲭⲟⲣⲓⲟⲛ ⲙ̄ⲡⲥⲱⲙⲁ als „leibliche Hülle" deutliche Schwierigkeiten, dieser Äußerung einen Sinn abzugewinnen. Er schreibt daher: „Here the true difficulty with the manuscript reading χόριον emerges." Ebd., 84. In einem sehr gedehnten Sinne sei „leibliche Hülle" das Alter selbst, welches den Leib umschließe, so Layton. Er vermutet, dass Rheginos hier nach dem Alter gefragt habe und nicht nach dem Leib als solchem. Daher stelle der Verfasser des Rheginosbriefs offenbar das Alter mit dem Leib selbst gleich, indem er vielleicht meine: Du fragst über die leibliche Hülle, wie sie als solche im Alter ist („,you inquire about the bodily envelope such as it is in old age'."). Ebd., 84.

    Da er derartige Deutungsschwierigkeiten hat, schlägt er sogar eine Emendation von χόριον in ὅριον vor („for old age marks the *boundary* of bodily life."), was sicherlich einen leichteren Sinn ermöglichen würde. Die Grenze des Leibes bzw. des leiblichen Lebens

502 7. KAPITEL

sondern des Alterungsprozesses kommt. Auf diese Weise wird der Leib infolge der Auferstehung frei von der Vergänglichkeit, die sich vor allem in der Alterung und Greisenhaftigkeit äußert.

In dem sich an die χόριον-Passage (47,14–19) direkt anschließenden Abschnitt (47,19–30) ringt der Autor weiterhin um ein angemessenes Verständnis, was den Leib in seiner Vergänglichkeit betrifft und was dies für die Auferstehung bedeutet: „Du hast die Abwesenheit (ἀπουσία) als einen Gewinn. Denn du wirst nicht das Erwählte aufgeben, wenn du gehst. Das Schlechte hat die Verminderung, aber es gibt Gnade für es."[64] Der Verfasser eröffnet hier die Heilsperspektive für die irdische Existenz des Menschen. Zuvor hat er noch den Charakter der Vergänglichkeit der menschlichen Todesverfallenheit herausgestellt, die sich vor allem in der Alterung äußert: „Und du bist vergänglich (ⲁⲩⲱ ⲕϣⲟⲟⲡ ⲛ̄ⲧⲉⲕⲟ)."[65] Die Abwesenheit, die als Gewinn qualifiziert wird,[66]

---

wäre das Alter. Ebd., 84. Bereits W. Till überlegte, χόριον in χωρίον zu emendieren, wie die Erstherausgeber seine Schwierigkeiten formulieren: „il est difficile d'apercevoir ce qui est entendu ici par ⲭⲟⲣⲓⲟⲛ". Editio princeps (Malinine u.a.), De Resurrectione, 34.

M.E. ist jedoch der Sinn der Passage eindeutig: Es geht hier nicht um das Ablegen des Leibes, wie das neugeborene Kind die Nachgeburt hinter sich lässt, sondern um die Beseitigung des Alterns, wenn es zur Auferstehung kommt, die offensichtlich mit der Geburt verglichen wird. Kritik an Laytons Deutung von χόριον äußert zu Recht auch Hugo Lundhaug: Er beobachtet genau, dass der Autor des Rheginosbriefs nicht feststellt, dass der Leib das χόριον ist. Es ist vielmehr das Alter, welches das χόριον des Leibes ist: „It has also been claimed that χόριον is here simply ‚a harsh and unprepared (also undeveloped) metaphor for body' (so Layton, 82). This, however, runs counter to the fact that *Treat. Res.* does not, in fact, state that the body is the χόριον. It is old age that is ‚the χόριον *of the body*'." H. Lundhaug, Conceptualizations of Death, 194f.

64 ɴʜᴄ ɪ,4 (47,19–24): „ⲟⲩⲛⲧⲉⲕ ⲙ̄ⲙⲉⲩ ⲛ̄ⲧⲁⲡⲟⲩⲥⲓⲁ ⲛ̄ⲟⲩϩⲏⲩ ⲛ̄ⲕⲛⲁϯ ⲛ̄ⲅⲁⲣ ⲉⲛ ⲙ̄ⲡⲉⲧⲥⲁⲧⲡ ⲉⲕϣⲁⲛⲃⲱⲕ ⲡⲉⲑⲁⲩ ⲟⲩⲛⲧⲉϥ ⲙ̄ⲙⲉⲩ ⲙ̄ⲡⲥⲱϫⲃ̄ ⲁⲗⲗⲁ ⲟⲩⲛ̄ ϩⲙⲁⲧ ⲁⲣⲁϥ".

65 ɴʜᴄ ɪ,4 (47,18f.).

66 Hier nimmt der Verfasser deutlich den paulinischen Sprachgebrauch aus Phil 1,21.23 und 2,12 auf. Vgl. J. Zandee, Rheginos, 371; M.L. Peel, Gnosis und Auferstehung, 93. Er eignet sich die paulinische Ausdrucksweise an, die auf seine Vorstellungen offenbar einen Einfluss ausgeübt hat. Paulus allerdings spricht in Phil 2,12 von der Abwesenheit in einem anderen Sinn. Er meint die wirkliche Abwesenheit (ἐν τῇ ἀπουσίᾳ μου) in Bezug auf seine Adressaten, da er sich im Gefängnis befindet. Jedoch hat Paulus deutlich die Vorstellung des Todes als Gewinn beim Autor des Rheginosbriefs beeinflusst. Sterben ist für Paulus ein Gewinn (κέρδος), wie er es in Phil 1,21 ausdrückt. Nun nimmt auch der Rheginosbrief mit dem Terminus ϩⲏⲩ, der die Übersetzung für κέρδος ist (vgl. W.E. Crum, Dictionary, 729; M.L. Peel, Treatise, 183), auf die paulinische Sehnsucht nach der Gemeinschaft mit Christus Bezug (Phil 1,23: τὴν ἐπιθυμίαν ἔχων εἰς τὸ ἀναλῦσαι καὶ σὺν Χριστῷ εἶναι). B. Layton, Treatise, 86, hat zusätzlich auf den Gebrauch von κέρδος bei Platon, Apol 40d, hingewiesen: Der pla-

bezieht sich offenbar auf die irdische Existenz in der Vergänglichkeit, in der sich das Individuum befindet. Von einer Abwesenheit des Leibes ist hier keineswegs die Rede,[67] sondern vom Zustand der Vergänglichkeit, der die irdische Befindlichkeit bis hin zum Greisenalter und Tod bestimmt. Der Gewinn-Aspekt bei der Abwesenheit von dieser Welt besteht darin, dass das Individuum das Erwählte nicht aufgeben wird, wenn es von dieser Welt geht. Die Identität der erlösten Person bleibt im Heil bewahrt, womit der Autor das Erwählte meint, das die Rettung erleben wird. Jedoch hat das Schlechte „die Eigenschaft"[68] der Verringerung und der Abnahme, die in der Gebrechlich-

---

tonische Sokrates bedenkt zwei Alternativen, die der Tod bringen wird: Entweder ist der Tod mit einem Schlaf zu vergleichen, in dem es keine Empfindung, nicht einmal einen Traum gibt. Dann wäre der Tod ein wunderbarer Gewinn (θαυμάσιον κέρδος ἂν εἴη ὁ θάνατος). Diese Möglichkeit wird aber von Platon nicht bevorzugt. Er präferiert vielmehr eine andere Alternative: Der Tod bringt eine Versetzung und Umzug für die Seele von diesem an einen anderen Ort (Apol 40c: μεταβολή τις τυγχάνει οὖσα καὶ μετοίκησις τῇ ψυχῇ τοῦ τόπου τοῦ ἐνθένδε εἰς ἄλλον τόπον). Somit beinhaltet der Tod eine Auswanderung von hier an einen anderen Ort, in dem sich alle Verstorbenen befinden. Dies wäre ein größeres Gut (μεῖζον ἀγαθόν), weil Sokrates dort die wahren Richter antreffen würde. Vgl. Apol 40e–41a.

Es fällt auf, dass Platon an dieser Stelle ebenfalls den μεταβολή-Begriff benutzt. Dabei weist der nähere Kontext deutlich darauf hin, was er sich unter μεταβολή vorstellt. Der Terminus μεταβολή bezeichnet in diesem Fall einen Ortswechsel der Seele, die den Leib verlässt und in den Hades (εἰς Ἅιδου) zu den Verstorbenen geht. Die Begriffe μετοίκησις und ἀποδημέω/ἀποδημία bestätigen diese Konnotation. Eine andere Verwendung liegt m.E. im Rheginosbrief vor, wenn der Verfasser eine „μεταβολή in eine Neuheit" neben der „Verwandlung der Dinge" als Symbole und Vergleiche für die Auferstehung anführt. Im Rheginosbrief ist daher eine andere Bedeutung als bei Platon mit dem Terminus μεταβολή zu verbinden. Vgl. H. Strutwolf, Gnosis als System, 192: „Der Begriff bedeutet demnach [sc. im Rheginosbrief] einen Qualitätsumschlag und soll keinen Ortswechsel bezeichnen." B. Layton hat aber zu Unrecht mit μεταβολή einen Auszug (migration) der Seele aus dem Leib im Rheginosbrief assoziiert. Vgl. B. Layton, Treatise, 29 und 99: „As a metaphor for the soul's transition at physical death".

67 So aber B. Layton, Treatise, 86: „‚absence' (from mind's point of view) of body". Dagegen zu Recht M.L. Peel, Treatise, 184, der die Absicht Laytons deutlich offenlegt, jegliche Leiblichkeit aus der Auferstehung im Rheginosbrief auszuschließen: Die Deutung Laytons, dass der leibliche Tod ein Vorteil für das bessere Element im Menschen wäre, bestehe in der Absicht, den Autor des Rheginosbriefs als christlichen Platoniker zu interpretieren. Vgl. M.L. Peel, Treatise, 184: „This is consistent with Layton's effort to demonstrate that by ‚resurrection', the Christian-Platonist author means nothing more than the survival of the immortal soul (νοῦς) and total abandonment of all personally identifiable form."

68 Vgl. die gelungene Wiedergabe dieses Satzes bei M.L. Peel, Gnosis und Auferstehung, 42: „Das Schlechtere hat die (Eigenschaft der) Abnahme, aber (ἀλλά) es gibt Gnade für es."

504 7. KAPITEL

keit besteht.[69] Mit ⲡⲉⲑⲁⲩ nimmt der Autor den irdischen Zustand der Vergänglichkeit auf, der sich im Alterungsprozess manifestiert und der somit die Eigenschaft der Gebrechlichkeit aufweist. Für diesen durch die Vergänglichkeit gekennzeichneten Zustand im Fleisch gibt es Gnade. Die Gnade bezieht sich auf das Schlechte,[70] womit der Autor auf die Perspektive der Auferstehung verweist.[71] Das den Alterungsprozess ausmachende Schlechte wird in der Auferstehung in einen „neuen" leiblichen Zustand verwandelt, so dass sich das Heil durch die Gnade auf die verderbliche Befindlichkeit des Individuums im Fleisch auswirkt.

---

69 Der Terminus ⲟⲱⲭⲃ̄ ist zunächst als Substantiv mit „Verminderung, Abnahme, Verringerung" zu übersetzen. Die erweiterte Bedeutung kann mit: „Gebrechlichkeit, Schwäche, Abschwächung, Mangel, Fehler" wiedergegeben werden. Vgl. W. Westendorf, Koptisches Handwörterbuch, 473 f., und W.E. Crum, Dictionary, 841 f. Die Erstherausgeber geben als Übersetzung für ⲟⲱⲭⲃ̄ die griechischen Begriffe ἐλάττωσις und ἔκλειψις an. Vgl. Editio princeps (Malinine u. a.), De Resurrectione, 35.

70 Vgl. zum grammatikalischen Bezug von ⲁⲣⲁϥ auf ⲡⲉⲑⲁⲩ die treffenden Erwägungen von M.L. Peel, Gnosis und Auferstehung, 93: „Das Suffixpronomen -f in *araf* muß sich auf Grund seines Genus auf *pet'hau* ›das schlechtere‹ 47,22 beziehen." Auf diese Weise erledigt sich die Emendation von R. Haardt, der ⲁⲗⲗⲁ ⲟⲩⲛ̄ ⲡ̄ⲙⲁⲧ ⲁⲣⲁϥ in ⲁⲗⲗⲁ ⲟⲩⲡ̄ⲙⲁⲧ ⲡⲉ ⲁⲣⲁϥ verbessern will und das Suffixpronomen -ϥ dann auf das „Geist-Selbst" bezieht. Vgl. R. Haardt, Die Abhandlung über die Auferstehung, 262 Anm. 70. Haardt greift dabei die Vermutung der Erstherausgeber auf, die mit diesem Verbesserungsvorschlag ἀλλά ἐστιν χάρις αὐτῷ wiedergeben wollten. Vgl. Editio princeps (Malinine u. a.), De Resurrectione, 35. Siehe die berechtigte Kritik an dieser Interpretation und Emendation bei: M.L. Peel, Gnosis und Auferstehung, 93 f., und H. Strutwolf, Gnosis als System, 189 Anm. 44.

B. Layton hat für den Satz ⲁⲗⲗⲁ ⲟⲩⲛ̄ ⲡ̄ⲙⲁⲧ ⲁⲣⲁϥ einen ganz anderen Übersetzungsvorschlag gemacht, indem er übersetzt: „but what it owes is gratitude." B. Layton, Treatise, 25. Dabei schulde das Schlechte der Gegenwart der Seele Dank, die ihm das Leben verliehen habe, so die Deutung von B. Layton, Treatise, 88. Layton ist überzeugt, dass dieser koptische Satz das griechische χάριν ὀφείλει wiedergebe. Diesem Übersetzungsvorschlag hat sich auch H.-M. Schenke angeschlossen: „‚er schuldet Dank', d. h. der (zugrundegehende) Leib hat der Seele bzw. dem Nous dankbar zu sein, daß er überhaupt gelebt hat." H.-M. Schenke, Nag Hammadi Deutsch I (GCS NF 8), 48. Siehe die differenzierte Widerlegung einer solchen Übersetzung bei M.L. Peel, Treatise, 185: „Futher, to maintain that ⲟⲩⲛ […] ⲁⲡⲁ- can only be a translation of χάριν ὀφείλειν is unduly restrictive, does not take into account *all* the evidence provided by Wilmet's *Concordance du Nouveau Testament* on which Layton bases his argument, and categorically eliminates all alternative renderings."

71 So schon J. Zandee, der als erster hier eine Anspielung auf die Auferstehung festgestellt hat. Vgl. Editio princeps (Malinine u. a.), De Resurrectione, 35: „L'un de nous (J.Z.) incline à croire qu'il est fait ici allusion à la résurrection du corps." Vgl. weiter M.L. Peel, Gnosis und Auferstehung, 93 f.

Aus dieser Sichtweise ist auch der anschließende Satz nicht mehr so schwer verständlich, der von einigen Exegeten als störend im Gedankenablauf empfunden wird:[72] „Es gibt also nichts, was uns von dieser Welt erlöst."[73] Solange wir uns hier auf Erden in der irdischen Existenz, die sich infolge des Alterungsprozesses bis hin zur Gebrechlichkeit zeigt, befinden, gibt es keine Möglichkeit aus diesem vergänglichen Zustand zu entkommen.[74] Jedoch haben wir das Heil durch die Erkenntnis der Wahrheit schon empfangen, so dass alles, was uns ausmacht, bereits gerettet ist.[75] Das erwählte Individuum antizipiert durch die Erkenntnis das Heil, so dass der Autor in dieser Heilsperspektive den Gedankengang von 47,14–30 ausklingen lässt, indem er sich die Erlösung trotz der irdischen Todesverfallenheit des Menschen bewußt vor Augen hält: „Aber alles, was wir sind, wir sind gerettet. Wir haben die Rettung völlig[76] (wörtl.: von ihrem Ende bis zum Ende) empfangen. Lasst uns in dieser Weise denken. Lasst uns es auf diese Weise annehmen."[77]

Der Autor betont also, dass das „Ich", das personale Subjekt des Menschen, ganz und gar die Rettung empfangen hat. Daraufhin geht er auf die Problematik ein, wie das erlöste Individuum im Auferstehungsgeschehen in derselben Personalität hervortreten soll. Er ringt buchstäblich um die Bewahrung der identifizierbaren personalen Identität, die er sich offensichtlich in einer gewissen Leiblichkeit des Auferstehungszustands vorstellt. Dies führt ihn zu

---

72   W. Till übersetzt: „Nichts (oder: Niemand) aber rettet (?) uns vor diesen Orten." Editio princeps (Malinine u. a.), De Resurrectione, 54.

73   NHC I,4 (47,24–26): „ⲙ̄ⲛ ⲗⲁⲁⲩⲉ ϭⲉ ⲥⲱⲧ ⲙ̄ⲙⲁⲛ ⲁⲃⲁⲗ ⲛ̄ⲛⲓⲙⲁ".

74   Vgl. M.L. Peel, Gnosis und Auferstehung, 94: „Dieser Satz [...] kann daher nur bedeuten, daß die Erwählten, ungeachtet der Befreiung, die ihnen durch Christus bereits zuteil wurde, noch die Zeit des vergänglichen Alters durchstehen müssen." Vgl. auch H. Strutwolf, Gnosis als System, 189.

75   Die Erkenntnis der Wahrheit besteht darin, dass der Menschensohn von den Toten auferstanden ist und so die Vernichtung des Todes vollbracht hat. Da er ein Großer ist, so werden auch die groß sein, die an ihn glauben. Daher wird auch nicht vergehen das Denken der Geretteten und der Verstand (νοῦς) derer, die ihn erkannt haben. Vgl. NHC I,4 (46,14–24). Darin besteht die Erwählung der Geretteten, wie der Autor betont: „Deshalb sind wir zur Rettung und Erlösung auserwählt, da wir von Anfang an bestimmt wurden, nicht in die Torheit derer zu fallen, die unwissend sind, sondern in die Verständigkeit derer zu gelangen, die die Wahrheit erkannt haben." NHC I,4 (46,25–32).

76   So M. Krause, Die Gnosis II, 89 Anm. 17.

77   NHC I,4 (47,26–30): „ⲁⲗⲗⲁ ⲡⲧⲏⲣϥ̄ ⲉⲧⲉ ⲁⲛⲁⲛ ⲡⲉ ⲧⲛ̄ⲟⲩⲁϫ ⲁϩⲛ̄ϫⲓ ⲙ̄ⲡⲟⲩϫⲉⲉⲓ ϫⲓⲛⲣ ⲁⲣⲏϫϥ̄ ϣⲁ ⲑⲁⲏ ⲙⲁⲣⲛ̄ⲙⲉⲩⲉ ⲛ̄ϯϩⲉⲉⲥ ⲙⲁⲣⲛ̄ϫⲓ ⲛ̄ϯϩⲉⲉⲥ".

der „Glieder"-Aussage, in der er die Beibehaltung des Individuums der Auferstandenen durch die Rettung der inneren Glieder zu beschreiben sucht. Da er nun ausdrücklich hervorhebt, dass wir unsere Identität in der Auferstehung nicht eintauschen werden, stellt ihn die Situation des Todes, der vor allem den Leib betrifft, vor die Frage, was an uns und zu welchem Zeitpunkt das Heil erleben wird? Der Lehrer des Rheginos nimmt diese Fragestellung folgendermaßen auf: „Aber es gibt einige, sie wollen angesichts der Frage, die sie beschäftigt, wissen, ob der Gerettete, wenn er seinen Leib verlässt, sofort gerettet sein wird."[78] Die Anwort auf die Frage folgt sogleich: „Niemand soll daran zweifeln!"[79]

Daraufhin geht der Autor mit einer Gegenfrage auf die Problemstellung ein, die in der aufgeworfenen Frage ebenfalls mitenthalten ist:

Wie also[80] werden die sichtbaren Glieder, die tot sind, nicht gerettet

---

78   NHC I,4 (47,30–36): „ⲁⲗⲗⲁ ⲟⲩⲛ̅ ϩⲁⲉⲓⲛⲉ ⲟⲩⲱϣⲉ ⲁⲙⲙⲉ ⲛ̅ⲁϩ̅ⲣⲉ ⲡⲱⲓⲛⲉ ⲉⲧⲃⲉ ⲛⲉⲧⲟⲩⲱⲓⲛⲉ ⲉⲧⲃⲏⲧⲟⲩ ⲉⲓⲱⲡⲉ ⲡⲉⲧⲟⲩⲁϫ ⲉϥϣⲁⲛⲕⲱϣⲉ ⲛ̅ⲥⲱϥ ⲙ̅ⲡⲉϥⲥⲱⲙⲁ ⲉϥⲛⲁⲟⲩϫⲉⲉⲓ ⲛ̅ⲧⲟⲩⲛⲟⲩ".

79   NHC I,4 (47,36 f.): „ⲙ̅ⲡⲣ̅ⲧⲣⲉⲗⲁⲩⲉ ⲣ̅ ⲇⲓⲥⲧⲁⲍⲉ ⲉⲧⲃⲉ ⲡⲉⲉⲓ".

80   Die ersten Worte dieses Satzes scheinen konjekturbedürftig zu sein: ⲛ̅ⲛⲉⲥ ⲛ̅ϩⲉ ϭⲉ. Die Erstherausgeber diskutieren eine Emendation von ⲛ̅ⲛⲉⲥ ⲛ̅ϩⲉ in ⲛ̅ⲛⲉⲱ ⲛ̅ϩⲉ, was dem griechischen πῶς entsprechen würde. Vgl. Editio princeps (Malinine u. a.), De Resurrectione, 36. Es wäre dann davon auszugehen, den Buchstaben ⲥ als eine Verschreibung für ⲱ anzusehen. Zwei andere Vorschläge versuchen ohne eine Konjektur auszukommen und der fraglichen Buchstabenfolge einen Sinn zu verleihen: 1. H.-M. Schenke hat vorgeschlagen ⲛ̅ⲛⲉⲥ ⲛ̅ϩⲉ mit „in den alten Weisen" zu übersetzen: Dabei sei ⲉⲥ eine subachmimische/lykopolitanische Form des sahidischen ⲁⲥ (vgl. W.E. Crum, Dictionary, 17a). Vgl. H.-M. Schenke, OLZ 60 (1965), 476; ders., Die Gnosis, 371. So auch H. Strutwolf, Gnosis als System, 190 Anm. 52. In der kürzlich erschienenen Übersetzung des Rheginosbriefes von H.-M. Schenke in Nag Hammadi Deutsch I (2001), 51, wird jedoch dieser Versuch stillschweigend zugunsten der Übersetzung „Wie" fallen gelassen. 2. R. Haardt hat durch eine Anregung von P. Nagel einen anderen Vorschlag unterbreitet: Er übernimmt zunächst die von Schenke vorgebrachte subachmimische Form ⲉⲥ als „alt" und zieht ⲛ̅ϩⲉ und ϭⲉ zu einem Wort ⲛ̅ϩⲉϭⲉ zusammen, was eine sonst nicht bezeugte subachmimische Form des sahidischen ϩⲁϭⲉ („Fessel" in W.E. Crum, Dictionary, 744a) wäre. Daraufhin übersetzt er den gesamten Ausdruck ⲛ̅ⲛⲉⲥ ⲛ̅ϩⲉϭⲉ mit „in den alten Fesseln (befindlich)", was er als „Verstrickungen des Leibes oder der Sünde" deutet. Vgl. R. Haardt, Die Abhandlung über die Auferstehung, 4 Anm. 16. Nun besteht die Problematik bei dieser Übersetzung, dass im Rheginosbrief für den Begriff „Fessel" in 49,15 ⲙ̅ⲣⲣⲉ verwendet wird. Solange für die lykopolitanische Form ϩⲉϭⲉ kein anderer Beleg vorliegt, bleibt es lediglich bei einer Vermutung. Vgl. M.L. Peel, Gnosis und Auferstehung, 95; ders., Treatise, 188. M.L. Peel lässt selbst noch im Gefolge der Erstherausgeber die ganze Buchstabenfolge unübersetzt, da er die Stelle für verderbt erachtet. So schon W. Till nach der Auskunft der Editio princeps (Malinine u. a.), De Resurrectione, 36: „ⲛ̅ⲛⲉⲥ ⲛ̅ϩⲉ soulevant une grave difficulté (insoluble, de l'avis de Till) [...]"

werden, da (doch)[81] die lebendigen Glieder, die in ihnen sind, auferstehen sollten?[82]

M.E. ist die Emendation in ⲛ̄ⲛⲉⲱ ⲛ̄ⲣⲉ vorzuziehen. Dafür sprechen einige Gründe: Selbst im Rheginosbrief wird in 44,13 f. ⲛ̄ⲉⲱ ⲛ̄ⲣⲉ gebraucht, so dass dies darauf hindeutet, in 47,38 c als eine Verschreibung für ⲱ anzunehmen. Als Widerlegung dieser Möglichkeit könnte höchstens eingebracht werden, dass es die Initialgemination des Ausdruckes ⲛ̄ⲛⲉⲥ im Rheginosbrief sonst nicht gebe. Schon R. Haardt hat jedoch darauf hingewiesen, „daß eine solche Gemination" im gleichen Codex in Epistula Jacobi apocrypha NHC I,2 (11,19) mit ⲛ̄ⲛⲉⲱ ⲛ̄ⲣⲉ belegt ist. Vgl. R. Haardt, Die Abhandlung über die Auferstehung, 4 Anm. 16. Somit ist dort ⲛ̄ⲛⲉⲱ ⲛ̄ⲣⲉ ohne Verschreibung als interrogativer Ausdruck für „Wie" bzw. „In welcher Weise" am Anfang des Satzes klar bezeugt.

Nun haben die Erstherausgeber die Emendation in ⲛ̄ⲛⲉⲱ ⲛ̄ⲣⲉ vor allem aus inhaltlichen Gründen abgelehnt. Sie stellen dabei fest: ⲛ̄ⲛⲉⲱ ⲛ̄ⲣⲉ wäre eine Wiedergabe des griechischen πῶς. Der gesamte Satz wäre dann als eine interrogative Aussage zu verstehen, die für eine Gegenantwort (réplique) auf die vorgetragene Frage zu halten sei. Der gesamte Satz sei so zu paraphrasieren: „Wie könnte es sein, dass die sichtbaren Glieder des physischen Leibes nicht gerettet werden, während (alors que) die lebenden Glieder, die in ihnen sind, die ‚geistlichen Glieder' sind oder dazu geeignet und bestimmt sind, um zu sein?" Man müsste bei so einer Übersetzung annehmen (wie ich auch meine), dass der Autor des Rheginosbriefs für seinen Teil die leibliche Auferstehung behaupte („conduirait, en effet, à admettre qu'il affirme, pour sa part, la résurrection corporelle."). Jedoch empfanden die Erstherausgeber eine solche Interpretation als einen Widerspruch zu den sonstigen Zeugnissen, die wir von und über die Valentinianer besitzen, die angeblich die leibliche Auferstehung *per se* ablehnten. Daher kommen sie zum Schluss, diese Worte unübersetzt zu lassen. Vgl. Editio princeps (Malinine u.a.), De Resurrectione, 36 f.

Wenn man aber davon Abstand nimmt, dass der valentinianische Autor unbedingt die leibliche Auferstehung geleugnet haben müsste, dann erscheint die Konjektur mit der Übersetzung „Wie" und der Weiterführung des Fragesatzes durch „da doch" nicht mehr so problematisch. Der Verfasser des Rheginosbriefs ringt ja gerade um ein angemessenes Verständnis einer leiblichen Auferstehung, so dass diese rhetorische Frage in einem neuen Licht erscheint und eine differenziertere Sicht bezüglich der somatischen Auferstehung im Rheginosbrief ermöglicht.

81 Mit dieser kausalen Weiterführung (ⲭⲉ) der Gegenfrage ist eine plausible Antwort intendiert. Vgl. so ähnlich schon bei R. Haardt: „Wie also, werden die lebendigen (scil. sichtbaren) Glieder, wenn sie tot sind, nicht errettet werden, da (doch) die lebenden Glieder, die in ihnen sind, auferstehen sollten?" R. Haardt, Die Abhandlung über die Auferstehung, 4 Anm. 16. Haardt schließt sich jedoch dieser Übersetzung nicht an, weil er den gesamten Satz mit „In den alten Fesseln (befindlich)" beginnen lässt und ihn so nicht als rhetorische Frage auffasst. Die Frage mit ⲭⲉ als „da (doch)" weiterzuführen, verdanke ich einem Hinweis von Siegfried G. Richter.

82 NHC I,4 (47,38–48,3): „ⲛ̄ⲛⲉⲥ ⲛ̄ⲣⲉ ⲥⲉ ⲛ̄ⲙⲉⲗⲟⲥ ⲉⲧⲟⲩⲁⲁⲛ̄ⲃ̄ ⲁⲃⲁⲗ ⲉⲧⲙⲁⲟⲩⲧ ⲛ̄ⲥⲉⲛⲁⲟⲩⲭⲉⲉⲓ ⲉⲛ ⲭⲉ ⲛ̄ⲙⲉⲗ[ⲟ]ⲥ ⲉⲧⲁⲁⲛ̄ⲃ̄ ⲉⲧϣⲟⲟⲡ ⲛ̄ⲅⲣⲏⲓ ⲛ̄ϣⲏⲧⲟⲩ ⲛⲉⲩⲛⲁⲧⲱⲟⲩⲛ ⲡⲉ"。

508   7. KAPITEL

Das Verlassen des Leibes hat sichtlich die Frage provoziert, wann und vor allem was an unserer Person die Rettung erleben wird? Die Fragestellung zielt insbesondere auf die Problematik des Todes: Was geschieht, wenn der Gerettete zum Todeszeitpunkt seinen Leib verlässt? Wird er als gesamtes Individuum sofort gerettet oder nur ein Teil von ihm? Zunächst versichert der Autor, dass die Rettung den Erlösten sogleich auch im postmortalen Zustand sicher ist. Mit der rhetorischen Gegenantwort geht er tiefer auf die Problemstellung ein, die in der Frage ebenfalls enthalten ist: Die gesamte Äußerung verdeutlicht, dass die Bewahrung derselben Identität im Auferstehungsvorgang im Mittelpunkt steht.

Der Verfasser versucht, mit der Begrifflichkeit von „sichtbaren und lebendigen Gliedern" die Bewahrung derselben personalen Identität *post mortem* zu erfassen. Dabei soll kein Teil des erlösten Individuums, das er offenbar an den äußeren und inneren Gliedern des Leibes festmacht, verloren gehen.[83] Der Mensch wird in derselben personalen Individualität erlöst werden, denn der Autor fragt: Wie sollen nun die sichtbaren Glieder, die beim Verlassen des eigenen Leibes tot sind, nicht gerettet werden, da doch die lebendigen Glieder, die sich in den sichtbaren befinden, auferstehen werden?

Mit den lebendigen, inneren Gliedern assoziiert er offenbar die innere, eigentliche Personalität, die er deutlich von der äußeren Existenz in der Vergänglichkeit unterscheidet. Durch die Erkenntnis der Wahrheit haben die Erwählten die Auferstehung bereits antizipiert, die sich auch auf den postmortalen Zustand erstrecken wird. Es war ihnen schon durch die Verinnerlichung der Wahrheit zu Lebzeiten „vorbehalten, aufzuerstehen",[84] so dass sie ebenso mit dem Eintritt des Todes die Rettung erhalten werden. Auf diese Weise wirkt sich die präsentische Annahme der Erkenntnis auch auf das futurische Auferstehungsgeschehen aus. Die Antwort lautet somit: Die sichtbaren Glieder, an denen die personale Identität ebenso festgemacht wird, werden auf jeden Fall gerettet werden, da sie durch die lebendigen Glieder, die in ihnen sind, repräsentiert werden. An den lebendigen Gliedern des äußeren Leibes wird sich insbesondere die Auferstehung ereignen, so dass die Gleichheit derselben Person im Heilsgeschehen bewahrt bleibt.

---

83   Es ist weder von den Gliedern der Seele (so aber B. Layton, Treatise, 91 f.) noch von den Gliedern des inneren Menschen die Rede, die als νοῦς, ἔννοια, φρονήσις, ἐνθύμησις, λογισμός u. a. zu verstehen wären (so aber Editio princeps [Malinine u. a.], De Resurrectione, 37 f., und J.É. Ménard, Traité, 74 f.). Diese Deutungen haben im Rheginosbrief selbst keinen Anhalt und sind aus den anderen Quellen in den Text hineingetragen.

84   So die gelungene Wiedergabe des koptischen Verbums ⲛⲉⲩⲛⲁⲧⲱⲟⲩⲛ bei R. Haardt, Die Abhandlung über die Auferstehung, 4.

THEOLOGIEGESCHICHTLICHE ZUORDNUNG DER METABOΛH-VORSTELLUNG 509

Die Frage nach der kontreten Leiblichkeit in der Auferstehung ist auf diese Weise angedeutet, erschließt sich aber erst vollständig, wenn die Aussagen zur Auferstehung des Fleisches im Rheginosbrief berücksichtigt werden. Jedenfalls hält der Autor an einer gewissen Leiblichkeit in der Auferstehung fest, die er mit der Auferstehung der „lebendigen Glieder" unter Beibehaltung derselben Identität zu erfassen sucht. Wäre er nicht am Erhalt einer derartigen Leiblichkeit interessiert, hätte er direkt auf die Auferstehung des alleinigen πνεῦμα verweisen können.[85]

In der Tat deutet der Autor darauf hin, dass es durch Jesu Auferstehung einerseits zur Vernichtung des Schlechten und andererseits zur Offenbarung des Erwählten gekommen ist, was die προβολή der Wahrheit und des Geistes (πνεῦμα) bedeutet.[86] Daraus könnte geschlossen werden, dass es einzig zur Erlösung des erwählten Geistes im Menschen bei der Auferstehung kommt. Indem er dies zunächst zu vertreten scheint, bewegt er sich fest in der valentinianischen Tradition.[87] Jedoch bemüht sich der Autor um einen Ausgleich mit der bereits „kanonisch"[88] gewordenen Rede von der Auferstehung des Fleisches.[89] Er greift die in der Auseinandersetzung zugespitzte Begrifflichkeit auf und trägt offenbar zu einem tieferen Verständnis der Auferstehung bei:

---

85 Vgl. die Einleitung zum 3 Kor: Die Gegner, Simon und Cleobius, seien nach Korinth gekommen und sagten: „Es gebe keine Auferstehung des Fleisches, sondern (nur) die des Geistes (ϫⲉ ⲙ̄ⲛ ⲁⲛⲁⲥⲧⲁⲥⲓⲥ ϣⲟ[ⲟ]ⲡ ⲛ̄ⲧⲥⲁⲣⲝ̄ ⲁⲗ[ⲗⲁ] ⲧⲁⲡⲉⲛ̄ⲛ̄ⲁ̄ ⲧⲉ)." Vgl. die koptische Edition nach C. Schmidt, Acta Pauli, 39*,14 f.

86 Vgl. NHC I,4 (45,9–13).

87 Vgl. H. Strutwolf, Gnosis als System, 188: „Die pneumatische Auferstehung [...] ist gemeinvalentinianisches Lehrgut." Siehe weiter: „Die pneumatische Auferstehung ist präsentisch und betrifft die innere Substanz der Gläubigen, das Pneuma." Ebd., 188.

88 H.E. Lona, Auferstehung, 256.

89 Ignatius von Antiochien versucht ebenso, die Gegensätze zwischen der pneumatischen und sarkischen Auferstehung abzubauen, indem er beide Auferstehungsweisen in Jesus Christus vereint sieht. Vgl. Ign, Ad Smyrn 12,2 (Camelot SC 10, 142,16.18–20/Lindemann/Paulsen 234,3.5–7): „Ἀσπάζομαι [...] πάντας ἐν ὀνόματι Ἰησοῦ Χριστοῦ καὶ τῇ σαρκὶ αὐτοῦ καὶ τῷ αἵματι, πάθει τε καὶ ἀναστάσει σαρκικῇ τε καὶ πνευματικῇ, ἑνότητι θεοῦ καὶ ὑμῶν." Vgl. H.E. Lona, Auferstehung, 37 Anm. 93: „In diesen Zusammenhang gehört auch Ign Sm 12,2, wo die Auferstehung Jesu sowohl σαρκική als auch πνευματική bezeichnet wird. Damit sind nicht zwei, sich qualitativ unterscheidende Auferstehungsvorgänge gemeint, als würde sich der eine auf das Fleisch bzw. auf den Leib Jesu und der andere auf seinen Geist beziehen. Die Auferstehung Jesu ist zugleich fleischlich und pneumatisch, weil sie seine ganze Wirklichkeit betrifft, und diese ist eben fleischlich und pneumatisch."

510   7. KAPITEL

Er spricht tatsächlich von der „pneumatischen" Auferstehung, die die „psychi-sche", ebenso auch die „sarkische" ἀνάστασις verschlingt.[90]

Nun ist besonders diese Terminologie zur Bekämpfung der damit assoziier-ten Auffassungen von der Auferstehung benutzt worden. Aus der annähernd gleichen Zeit (161–182 n. Chr.) liegt uns ein Zeugnis dieser Auseinandersetzung vor, das zum Teil die gleiche Terminologie benutzt, um sich von einer bestimm-ten Auferstehungsvorstellung zu distanzieren.[91] *Ps-Justin* spitzt in seinem Auf-erstehungstraktat mit dieser sich gegenseitig bekämpfenden Begrifflichkeit die unterschiedlichen Positionen zu: Er gibt in De Res 2,5–12 direkt die Argumen-tation seiner Gegner wieder, die behaupten, dass es keine σαρκικὴ ἀνάστασις geben wird.[92] Auf diese Weise greift Ps-Justin deren polemische Terminologie auf, da er selbst vielmehr den Ausdruck „Auferstehung des Fleisches" bevor-zugt.[93] Seine Kontrahenten vertreten dagegen eine πνευματικὴ ἀνάστασις, gegen die sich Ps-Justin wehrt. Er übernimmt sogar an einer einzigen Stelle in sei-nem Traktat (De Res 9,3–5) ihre polemische Bezeichnung der Auferstehung als σαρκικὴ ἀνάστασις, um sich von der πνευματικὴ ἀνάστασις abzugrenzen. Dabei versteht er die pneumatische Auferstehung als die alleinige Erlösung der *Seele*, was der Autor des Rheginosbriefs vermutlich mit dem Ausdruck „ψυχικὴ ἀνά-στασις" wiedergibt.[94]

---

90 NHC I,4 (45,39–46,2): „ⲧⲉⲉⲓ ⲧⲉ ⲧⲁⲛⲁⲥⲧⲁⲥⲓⲥ ⲛ̅ⲡⲛⲉⲩⲙⲁⲧⲓⲕⲏ ⲉⲥⲱⲙⲛ̅ⲕ ⲛ̅ⲧⲯⲩⲭⲓⲕⲏ ϩⲟⲙⲟⲓⲱⲥ ⲙⲛ̅ ⲧⲕⲉⲥⲁⲣⲕⲓⲕⲏ".

91 Zur Datierung von De Resurrectione des Ps-Justin siehe M. Heimgartner, Pseudojustin, 197: „Verfasst ist unsere Auferstehungsschrift also mit Sicherheit zwischen 153 und 185. Wir dürfen aber kaum fehlgehen, wenn wir diesen Bereich enger eingrenzen auf die Jahre 161 bis 182. Damit werden auch die wenigen Vorschläge hinfällig, welche unsere Auferstehungsschrift in spätere Zeiten als das 2. Jahrhundert datieren."

92 Ps-Justin, De Res 2,12 (PTS 54, 106,14 Heimgartner): „ὥστε οὐδὲ σαρκικὴ ἀνάστασις γενήσεται."

93 Vgl. M. Heimgartner, Pseudojustin, 134 Anm. 2: „Unser Autor redet in der Regel von (τῆς) σαρκὸς ἀνάστασις (in variirender Wortstellung PsJust res 2,1; 5,11.14.16; 6,17.18; 9,7.9; nur in 9,7 σαρκός ohne Artikel). Gegenüber der Formulierung πνευματικὴ ἀνάστασις kann er auch mit Adjektiv σαρκικὴ ἀνάστασις formulieren (PsJust res 2,12; 9,5), bewusst neutral τὴν ἐκ νεκρῶν ἀνάστασιν resp. τὴν ἀνάστασιν τὴν ἐκ νεκρῶν in 1,9 und 2,9." Weiter: Ebd., 178 Anm. 195: „Wenn unser Autor entgegen seinem sonstigen Sprachgebrauch hier [in 9,5] nun adjektivisch formuliert, so lehnt er sich offenbar an den Sprachgebrauch seiner Gegner an, die von einer πνευματικὴ ἀνάστασις reden und eine σαρκικὴ ἀνάστασις (2,12 im Munde von Gegnern) ablehnen."

94 Die Rede von einer ψυχικὴ ἀνάστασις als ein typischer polemischer Terminus ist sonst kaum bezeugt und scheint eine Analogie-Bildung zur σαρκικὴ ἀνάστασις zu sein. Mit der letzten Auferstehungsart wird die großkirchliche Rede von der Auferstehung des Flei-sches mit einem polemischen Unterton wiedergegeben (vgl. schon 1 Kor 2,13–3,5 σαρκι-

Der Lehrer des Rheginos verwendet das spezifische Verbum ⲱⲙ̄ⲛ̄ⲕ,[95] wodurch er die pneumatische Auferstehung ins Verhältnis zur psychischen und zur sarkischen Auferstehung setzt. Nun erschließt sich die mit diesem Verbum ver-

κοί/σαρκινοί im Gegensatz zu πνευματικοί). So ist umgekehrt anzunehmen, dass die ψυχικὴ ἀνάστασις auf die Auferstehung der Seele zielt, wodurch der Autor des Rheginosbriefs auf die Auferstehungsvorstellung von der alleinigen Erlösung der ψυχή Bezug nehmen würde. Dies spiegelt auch die Deutung von Ps-Justin wider, der die pneumatische Auferstehung auf die Erlösung der *Seele* allein bezieht. Vgl. Ps-Justin, De Res 9,3 (PTS 54, 124,4–6 Heimgartner): „Wenn aber die Auferstehung nur eine pneumatische wäre (εἰ δὲ ἦν πνευματικὴ μόνη ἡ ἀνάστασις), (dann) müsste er (Jesus) bei seiner eigenen Auferstehung zeigen, dass der Leib liegen bleibt, die Seele aber für sich allein bestehen bleibt (κατ᾽ἰδίαν δὲ τὴν ψυχὴν ὑπάρχουσαν)."

Es gibt einen Hinweis, der die *psychische* Auferstehung als eine polemische Bezeichnung darstellt, von der es sich innerhalb des Valentinianismus abzugrenzen galt. Herakleon soll nach der Wiedergabe des Origenes die Aussage in Joh 2,19, dass Jesus den „Tempel" in drei Tagen wieder aufrichten werde, auf drei Auferstehungsarten gedeutet haben: Der dritte Tag ist der pneumatische Tag, an dem die Auferstehung der Gemeinde offenbart wird (Ἔτι δὲ καὶ τὴν τρίτην φησὶ τὴν πνευματικὴν ἡμέραν, ἐν ᾗ οἴονται δηλοῦσθαι τὴν τῆς ἐκκλησίας ἀνάστασιν.). So ist es folgerichtig, den ersten Tag als irdisch (τὴν χοϊκὴν ἡμέραν) und den zweiten als ψυχικήν zu bezeichnen, an denen die Auferstehung der Gemeinde nicht geschehen ist (Τούτῳ δὲ ἀκόλουθόν ἐστιν πρώτην λέγειν εἶναι τὴν χοϊκὴν ἡμέραν καὶ τὴν δευτέραν τὴν ψυχικήν, οὐ γεγενημένης τῆς ἐκκλησίας τῆς ἀναστάσεως ἐν αὐταῖς.). Frg. 15: Or, CIoh X,37,248–250 (GCS 10, 212,25–32 Preuschen). Siehe weitere Deutungen dieses Fragments bei W. Foerster, Von Valentin zu Herakleon, 12 f.; H. Strutwolf, Gnosis als System, 185; A. Wucherpfennig, Heracleon Philologus, 77–81.

So deutet dieser Befund m. E. darauf hin, dass der Autor des Rheginosbriefs wie auch Herakleon der *psychischen* Auferstehung kritisch gegenübersteht. Auf diese Weise würde er das Verständnis korrigieren, dass nämlich in der Auferstehung nur die Seele gerettet wird. Ps-Justin lehnt auch diese Position ab, indem er aber darunter die *pneumatische* Auferstehung verstehen will. Der Autor des Rheginosbriefs fasst dagegen die *pneumatische* Auferstehung anders als Ps-Justin auf: Er verbindet damit vor allem ein pneumatisches Geschehen, das sich in der präsentischen Aneignung der Auferstehung bzw. des Heils äußert und sich über den Tod hinaus erstreckt. Vgl. NHC I,4 (45,23–46,2).

95 Es ist die lykopolitanische/subachmimische Form des sahidischen Verbums ⲱⲙⲕ. Die wörtliche Bedeutung entspricht annähernd dem griechischen καταπίνειν (vgl. W.E. Crum, Dictionary, 523) und bedeutet: „schlucken, herunterschlucken, verschlingen" (vgl. W. Westendorf, Koptisches Handwörterbuch, 292). Die übertragene Bedeutung kann auch folgendermaßen wiedergegeben werden „in sich aufnehmen, einverleiben, aufsaugen, eingliedern, absorbieren". Vgl. die Bedeutungsbreite von καταπίνειν in H.G. Liddell/ R. Scott, Greek-English Lexicon, 905: „I. *gulp, swallow down;* II. (metaphorisch): *swallow, absorb, swallow up, consume, spend* u. a."

512 7. KAPITEL

bundene Konnotation in erster Linie aus dem sonstigen Gebrauch von ⲱⲙⲛ̄ⲕ im Rheginosbrief.[96] Dies trägt zur Klärung der Aussage bei, was es bedeutet, dass die πνευματικὴ ἀνάστασις die anderen beiden Auferstehungsarten verschlingt. Das Verbum ⲱⲙⲛ̄ⲕ wird zunächst zur Beschreibung der Erlösungstat Jesu verwendet: Da der Menschensohn auch der Sohn Gottes ist, hat er durch seine Gottheit den Tod besiegt.[97] Diesen Zusammenhang akzentuiert der Verfasser mit einer ⲱⲙⲛ̄ⲕ-Aussage: „Der Retter hat den Tod verschlungen (ⲡⲥⲱⲧⲏⲣ ⲁϥⲱⲙⲛ̄ⲕ ⲙ̄ⲡⲙⲟⲩ).“[98] Daher zählt Rheginos nicht mehr als unwissend,[99] wenn er diese Erkenntnis begreift. Diese Gnosis beinhaltet aber folgende Wahrheit: Der Erlöser legte die Welt, die vergänglich ist, ab und verwandelte sich infolge der Auferstehung in einen unvergänglichen Äon.[100] Er hat sich auf diese Weise selbst auferweckt (ⲁϥⲧⲟⲩⲛⲁⲥϥ̄),[101] indem er das Sichtbare durch das Unsichtbare verschlungen hat (ⲉⲁϥⲱⲙⲛ̄ⲕ ⲙ̄ⲡⲉⲧⲟⲩⲁⲛϩ̄ ⲁⲃⲁⲗ ⲁⲃⲁⲗ ϩⲓⲧⲟⲟⲧϥ̄ ⲙ̄ⲡⲁⲧⲛⲉⲩ ⲁⲣⲁϥ).[102] So gab er uns den Weg für unsere Unsterblichkeit (ⲁⲩⲱ ⲁϥϯ ⲛⲉⲛ ⲛ̄ⲧⲉϩⲓⲏ ⲛ̄ⲧⲛ̄ⲙⲛ̄ⲧⲁⲧⲙⲟⲩ).[103] Das Verschlingen des Todes durch den Erlöser bedeutet also, dass er die vergängliche Befindlichkeit (= Welt) abgelegt und sich in einen unvergänglichen Zustand (= Äon) verwandelt hat. Dabei hat er durch seine Gottheit die Selbstauferweckung bewirkt, so dass es zur Verschlingung des Sichtbaren durch das Unsichtbare gekommen ist. Daher kann der Autor auch die Bedeutung der Auferstehung zum Ende des Briefes mit der ⲱⲙⲛ̄ⲕ-Terminologie erneut metaphorisch ausdrücken: „Und das Licht fällt herab auf die Finsternis, indem es sie verschlingt (ⲉϥⲱⲙⲛ̄ⲕ ⲙ̄ⲙⲁϥ).“[104]

Wenn der Autor nun davon redet, dass die pneumatische Auferstehung die anderen Auferstehungsarten *verschlingt*, so impliziert offensichtlich diese Aussage, dass sowohl die psychische als auch die sarkische ἀνάστασις durch die pneumatische Auferstehung aufgehoben werden. Eine gewisse Gegensätzlich-

---

96 Wobei der deutliche Einfluss aus 1 Kor 15,53 und 2 Kor 5,4 dadurch nicht abgesprochen ist.

97 Vgl. NHC I,4 (44,21–29).

98 NHC I,4 (45,14 f.).

99 NHC I,4 (45,15): „ⲛ̄ⲕⲏⲡ ⲉⲛ ⲁⲣ̄ ⲁⲧⲥⲁⲩⲛⲉ“.

100 NHC I,4 (45,16–18): „ⲁϥⲕⲱⲉ ⲛ̄ⲅⲁⲣ ⲁϩⲣⲏⲓ̈ ⲙ̄ⲡⲕⲟⲥⲙⲟⲥ ⲉϥϥⲁⲧⲉⲕⲟ ⲁϥϣⲱϥ̄ⲧ[ϥ] ⲁϩⲟⲩⲛ ⲁⲩⲁⲓⲱⲛ ⲛ̄ⲁⲧⲧⲉⲕⲟ“.

101 Vgl. Ignatius, Ad Smyrn 2 (Camelot SC 10, 134,3 f./Lindemann/Paulsen 226,17): „ὡς καὶ ἀληθῶς ἀνέστησεν ἑαυτόν“.

102 NHC I,4 (45,19–22).

103 NHC I,4 (45,22 f.).

104 NHC I,4 (49,2–4): „ⲁⲩⲱ ⲡⲟⲩⲁⲉⲓⲛ ϥⲣⲉϯⲉ ⲁⲡⲓⲧⲛ̄ ⲁⲭⲙ̄ ⲡⲕⲉⲕⲉⲓ ⲉϥⲱⲙⲛ̄ⲕ ⲙ̄ⲙⲁϥ“.

keit ist somit mitenthalten, die jedoch m. E. nicht die Differenz, sondern die Überbietung der „geläufigen" Auferstehungsauffassungen betont.[105] Der Autor hebt somit mit der ⲱⲙⲛ̄ⲕ-Aussage nicht die Gegensätze, sondern die Gemeinsamkeiten der verschiedenen Auferstehungsvorstellungen hervor, wobei er deutlich das pneumatische Auferstehungsverständnis präferiert. Er nimmt jedoch keine ausschießlich abgrenzende Stellungnahme hinsichtlich der fleischlichen Auferstehung vor,[106] sondern will diese in seine Auffassung integrieren.[107] Er ist also bestrebt, die Differenzen abzubauen und es Rheginos zu

---

105 Anders M. L. Peel, Treatise, 166, der von der „Zerstörung" oder „Ablehnung" der anderen zwei Weisen der Auferstehung spricht. Vgl. ders., Gnosis und Auferstehung, 84. So ähnlich auch R. Haardt, Die Abhandlung über die Auferstehung, 267.

106 So aber Testimonium Veritatis 36,29–37,5: „Erwarte nun nicht die fleischliche Auferstehung, die (doch) Vernichtung ist. Und die Irrenden werden nicht von ihm [sc. dem Fleisch] entblößt, die eine vergebliche Auferstehung erwarten." NHC IX,3 (36,29–37,5): „[ⲙ̄ⲡⲣ̄ϭⲱ]ϣⲧ̄˙ϭⲉ ⲉⲃⲟⲗ ϩⲏⲧⲥ̄ [ⲛ̄ⲧⲁⲛⲁⲥ]ⲧⲁⲥⲓⲥ ⲛ̄ⲥⲁⲣⲕⲓⲕⲏ [ⲉ]ⲧⲉ ⲡⲧⲉⲕⲟ [ⲡⲉˑ ⲁⲩⲱ ⲙⲉⲅⲕⲟ] [ⲕ]ⲟⲩ ⲁϩⲏⲟⲩ ⲙ[ⲙⲟⲥ ⲛ̄ϭⲓ ⲛⲉⲧⲣ̄]ⲡⲗⲁⲛⲁⲥⲑⲁⲓ ⲉⲩ[ϭⲱϣⲧ̄ ⲉⲃⲟⲗ] [ϩ]ⲏⲧⲩ̄ ⲛ̄ⲛⲟⲩϭⲓ[ⲛⲧⲱⲟⲩⲛϩ̄] ⲉϥϣⲟⲩⲉⲓⲧˑ˙" Die fleischliche Auferstehung gilt als nichtig (ϣⲟⲩⲉⲓⲧ). Die Irrenden erwarten sie, aber sie werden nicht vom Fleisch frei. Der polemische Ton ist nicht zu überhören: Sie erwarten zwar ein „auferstandenes" Fleisch, aber so werden sie niemals von diesem irdischen Fleisch befreit, worin die Begierde ihren Platz inne hat. Vgl. K. Koschorke, Polemik, 120: TestVer betreibe eine Kritik an der „Hoffnung auf die Wiederherstellung des Fleischesleibes überhaupt. Das ist vom Standpunt von TestVer aus gesehen zwingend – ist doch das sexuelle Begehren die dem Fleisch eigentümliche Betätigung und gehören Ehe wie Leiblichkeit in gleicher Weise zu der Schöpfung, der es abzusagen gilt". K. Koschorke rekonstruiert den Text etwas anders, ohne aber in der Aussageabsicht zu differieren. Vgl. K. Koschorkes Übersetzung von TestVer in: ZNW 69 [1978], 91–117 (z. St. vgl. 101 f.).

107 Ein ähnlicher Ansatz ist m. E. auch bei *Theodotus* in Clemens Alexandrinus Excerpta ex Theodoto 7,5 (GCS 17, 108,16–19 Stählin/Früchtel/Treu) zu beobachten: „Abbild des Eingeborenen aber nennen sie den Demiurgen (Εἰκόνα δὲ τοῦ Μονογενοῦς τὸν Δημιουργὸν λέγουσιν·). Daher sind auch die Werke des Abbildes vergänglich (Διὸ καὶ λυτὰ τῆς εἰκόνος τὰ ἔργα.). Darum hat auch der Herr ein Abbild der pneumatischen Auferstehung gemacht; die Toten, die er auferweckte, hat er nicht als Unvergängliche im Fleisch, sondern als (solche) auferweckt, die wieder sterben sollten (Ὅθεν καὶ ὁ Κύριος, εἰκόνα τῆς πνευματικῆς ἀναστάσεως ποιήσας, τοὺς νεκροὺς οὓς ἤγειρεν, οὐκ ἀφθάρτους τὴν σάρκα, ἀλλ᾿ ὡς αὖθις ἀποθανουμένους ἤγειρεν.)." Somit waren die durch Jesus vollbrachten Totenauferweckungen Abbilder der pneumatischen Auferstehung, weil die Auferweckten wieder starben. Sie wurden nicht unvergänglich in ihrem Fleisch auferweckt, da sie sonst nicht mehr gestorben wären. Daher weisen die zwischenzeitlichen Totenerweckungen auf die wahre Auferstehung hin, die nämlich eine πνευματικὴ ἀνάστασις ist. So wird nicht der Gegensatz zwischen der Auferstehung des Fleisches und der pneumatischen Auferstehung betont, sondern der Abbildcharakter der einen Auferstehungsweise für die wahre Art der ἀνά-

514 7. KAPITEL

ermöglichen, zu einem tieferen Auferstehungsverständnis vorzudringen. Indem der Autor die fleischliche Auferstehung auf diese Weise positiv bewältigt, versucht er, „den Gnostiker Rheginos behutsam auf eine höhere Ebene des Vestehens zu führen, die hier paradoxerweise die der Großkirche nahestehende Lehre ist.“[108] Die pneumatische Auferstehung übertrifft somit die psychische und die sarkische, indem diese beiden Auferstehungsarten in der ersten eingeschlossen sind. Sie werden auf diese Weise in das eigene Auferstehungskonzept aufgenommen und verarbeitet. Die πνευματικὴ ἀνάστασις äußert sich schon in der irdischen Wirklichkeit und erstreckt sich über den Tod hinaus.

Dieses Veständnis verdeutlicht der Verfasser mit der Metapher von der Sonne und ihren Strahlen: Wenn wir zur Erkenntnis der Wahrheit gelangen, tragen wir den Erlöser wie die Strahlen der Sonne in uns.[109] Diese präsentisch verstandene Auferstehung erstreckt sich bis zum Zeitpunkt des Todes und darüber hinaus, wenn der Autor betont: „Und wir werden von ihm (d. h. vom Erlöser) bis zu unserem Untergang – dies ist unser Tod in diesem Leben –

στασις, die allein die des Pneuma ist. Vgl. R.P. Casey, Excerpta, 103: „The εἰκών is not a particularly clear one but the meaning is probably that Jesus raised Lazarus, who later died again, showing that the ultimate resurrection is not of the body but of the spirit.“

108 H. Strutwolf, Gnosis als System, 188. Dagegen bezweifelt H.E. Lona, dass der Autor des Rheginosbriefs überhaupt an dieser Stelle auf das großkirchliche Veständnis von einer „Auferstehung des Fleisches“ eingeht: „Ob der Verfasser sich gegen das Festhalten der Großkirche an eine ‚fleischliche Auferstehung‘ wendet, ist fraglich. Er leugnet sie nicht, sondern übertrifft sie durch die ‚pneumatische Auferstehung‘.“ H.E. Lona, Auferstehung, 230 Anm. 621. Wenn er jedoch sie übertrifft, dann setzt er sich m. E. selbstverständlich mit der kanonisch gewordenen Formel von der „Auferstehung des Fleisches“ auseinander. Siehe die präzise Beobachtung bezüglich dieser Fragestellung bereits bei H.-G. Gaffron, Eine gnostische Apologie des Auferstehungsglaubens, 224: „Ein noch schwierigeres Problem ist unserem Verfasser mit der Frage nach der *Auferstehung des Fleisches* aufgegeben. Leitend bei seiner Argumentation ist die Tendenz, die gnostische Auferstehungslehre festzuhalten und zugleich der kirchlichen soweit wie nur eben möglich entgegenzukommen. Die Auferstehung des Fleisches stellt für ihn einen Spezialfall von Auferstehung überhaupt dar. Auferstehung im eigentlichen Sinne ist ein geistiges Geschehen [...]“ Ich würde insoweit diese gelungene Charakterisierung der πνευματικὴ ἀνάστασις präzisieren, indem ich es für angemessen halte, statt vom „geistigen“ eher vom „geistlichen“, in der Tat vom „pneumatischen Geschehen“ zu sprechen.

109 Vgl. NHC I,4 (45,28–32).

THEOLOGIEGESCHICHTLICHE ZUORDNUNG DER METABOΛH-VORSTELLUNG   515

ergriffen.“[110] Mit dem Eintritt des Todes werden wir also vom Erlöser in den Himmel wie die Strahlen von der Sonne gezogen, so dass wir durch nichts zurückgehalten werden.[111] Hier weist der Verfasser auf das futurische Ereignis der Auferstehung hin. Den gesamten Vorgang des präsentischen und zukünftigen Geschehens bezeichnet er als pneumatische Auferstehung, die sowohl die psychische als auch die sarkische absorbiert (ⲧⲉⲉⲓ ⲧⲉ ⲧⲁⲛⲁⲥⲧⲁⲥⲓⲥ ⲙ̄ⲡⲛⲉⲩⲙⲁⲧⲓⲕⲏ ⲉⲥⲱⲙⲛ̄ⲕ ⲛ̄ⲧⲯⲩⲭⲓⲕⲏ ϩⲟⲙⲟⲓⲱⲥ ⲙⲛ̄ ⲧⲕⲉⲥⲁⲣⲕⲓⲕⲏ).[112]

Nach der stichwortartigen Erwähnung der σαρκικὴ ἀνάστασις in 46,2 kommt der Autor explizit in 47,1–13 auf die Auferstehung des Fleisches zu sprechen. Er geht zunächst auf die Zweifel des Rheginos ein, der offenbar an einer solchen Auferstehung Bedenken hatte:

Deshalb zweifle nicht an der Auferstehung, mein Sohn Rheginos. Denn als (ⲉⲓϣⲡⲉ) du nicht im Fleisch (ϩⲛ̄ ⲥⲁⲣⲝ) warst, hast du Fleisch angenommen (ⲁⲕϫⲓ ⲥⲁⲣⲝ), als du in diese Welt hineinkamst. Weshalb sollst du nicht das Fleisch annehmen (ⲛ̄ⲕⲛⲁϫⲓ ⲉⲛ ⲛ̄ⲧⲥⲁⲣⲝ), wenn du hinauf in den Äon gehst?[113]

Die Zweifel beziehen sich unmissverständlich auf die Lehre von der Auferstehung des Fleisches, da sonst die Reflexion über die σάρξ hier ohne Zusammenhang bleiben würde.[114] Es ist zu vermuten, dass die Zweifel an der Auf-

---

110   NHC I,4 (45,32–35): „ⲁⲩⲱ ⲉⲩⲉⲙⲁϩⲧⲉ ⲙ̄ⲙⲁⲛ ⲁⲃⲁⲗ ϩⲓⲧⲟⲟⲧϥ̄ ϣⲁ ⲡⲛ̄ϩⲱⲧⲡ ⲉⲧⲉ ⲡⲉⲉⲓ ⲡⲉ ⲡⲉⲛⲙⲟⲩ ϩⲙ̄ ⲡⲉⲉⲓⲃⲓⲟⲥ“.

111   Vgl. NHC I,4 (45,36–39): „ⲉⲩⲥⲱⲕ ⲙ̄ⲙⲁⲛ ⲁⲧⲡⲉ ⲁⲃⲁⲗ ϩⲓⲧⲟⲟⲧϥ̄ ⲛ̄ⲑⲉ ⲛ̄ⲛⲓⲁⲕⲧⲓⲛ ϩⲓⲧⲛ̄ ⲡⲣⲏ ⲉⲛⲥⲉⲉⲙⲁϩⲧⲉ ⲙ̄ⲙⲁⲛ ⲉⲛ ϩⲓⲧⲛ̄ ⲗⲁⲩⲉ“.

112   NHC I,4 (45,39–46,2). Vgl. die gelungene Übersetzung von J.É. Ménard, Traité, 47.49: „Telle est la Résurrection spirituelle, qui absorbe la psychique tout aussi bien que la charnelle.“

113   NHC I,4 (47,1–8): „ϩⲱⲥⲧⲉ ⲙ̄ⲡⲱⲣ ⲁⲣ̄ ⲇⲓⲥⲧⲁⲍⲉ ⲉⲧⲃⲉ ⲧⲁⲛⲁⲥⲧⲁⲥⲓⲥ ⲡⲁϣⲏⲣⲉ ⲣⲏⲅⲓⲛⲉ ⲉⲓϣⲡⲉ ⲛⲟⲕϣⲟⲟⲡ ⲛ̄ⲅⲁⲣ ⲉⲛ ϩⲛ̄ ⲥⲁⲣⲝ ⲁⲕϫⲓ ⲥⲁⲣⲝ ⲛ̄ⲧⲁⲣⲉⲕⲉⲓ ⲁϩⲟⲩⲛ ⲁⲡⲓⲕⲟⲥⲙⲟⲥ ⲉⲧⲃⲉ ⲉⲩ ⲛ̄ⲕⲛⲁϫⲓ ⲉⲛ ⲛ̄ⲧⲥⲁⲣⲝ ⲉⲕϣⲁⲛⲃⲱⲕ ⲁϩⲣⲏⲓ̈ ⲁϩⲟⲩⲛ ⲁⲡⲁⲓⲱⲛ“.

114   B. Layton postuliert dagegen in 47,4–13 einen Einwand des imaginären Gesprächspartners, der seine Stellungnahme für eine Auferstehung des Fleisches formuliere, woraufhin der Autor des Rheginosbriefs diesen Einwand mit einer Gegenfrage in 47,14f. widerlege, die zu einer *reductio ad absurdum* führe. Vgl. B. Layton, Vision, 206. Es werden hier m. E. keine gegnerischen Einwände aufgenommen und abgewehrt. Vielmehr versucht der Lehrer, seinem Schüler die Auferstehung des Fleisches annehmbar zu machen. Siehe auch die Einführung des Gedankenganges in 47,4 zur Überwindung der Zweifel mit einem γάρ, das explikativ hier gebraucht wird. Ähnlich auch J.É. Ménard, Traité, 72: „Aussi croyons-nous

516   7. KAPITEL

erstehung der σάρξ deshalb hervorgerufen werden, weil der Gnostiker Ῥηγῖνος
aufgrund seiner valentinianischen Tradition vom Ausschluss alles Sarkischen
aus dem Auferstehungsvorgang ausgeht.[115] Indem alles Körperliche in der Auferstehung keine Rolle mehr spielt, entstehen zwingend auch grundsätzliche
Zweifel an einer derartigen Lehre. Der Lehrer bestärkt noch seinen Schüler
darin, die pneumatische ⲀⲚⲀⲤⲦⲀⲤⲓⲤ zu antizipieren, welche die psychische und
die sarkische Auferstehung absorbiert. Es wird jedoch dadurch die Auferstehung der σάρξ nicht außer Kraft gesetzt, sondern ebenfalls in das Auferstehungsgeschehen mit hineingenommen. Das Schuloberhaupt vermittelt somit
seinem Schüler ein tieferes Verständnis von der Auferstehung des Fleisches.
Auf diese Weise wird Rheginos eine differenziertere Sichtweise von der ἀνάστασις der σάρξ nahegebracht.

Zu diesem Zweck setzt er bei der Existenz des Menschen außerhalb der σάρξ
ein, womit er auf einen gewissen präexistenten Zustand verweist, der den Ausgang seiner Argumentation nimmt. Es kommt ihm vor allem darauf an, sowohl

---

que la p. 47,1–10 ne constitue pas des objections de Rhèginos, contrairement à ce que pense
Layton, Treatise, 23.“

115   Die Erstherausgeber vermuten ebenfalls diesen valentinianischen Hintergrund: „Les
Valentiniens admettaient de bouche la résurrection de la chair, sauf à l'interpréter à
leur manière et à entendre par ‚chair‘ ou par ‚corps‘ autre chose que la chair maté-
elle, le corps physique, terrestre.“ Editio princeps (Malinine u.a.), De Resurrectione, 34.
Daraufhin folgen einige Belegstellen, die eine valentinianische Sicht vermitteln sollen,
dass die Auferstehung des materiellen Fleisches bzw. des irdischen, physischen Körpers
bei den Valentinianern geleugnet worden sei. Die Quellen sind jedoch keine valentinianischen Originalstimmen, sondern versuchen, sie bereits als „Häretiker“ zu diskreditieren: Vgl. Tertullian, De Res 19,6 (Evans 52,17–21); Ps-Tertullian, Adversus omnes haereses 4,5 (CCSL 2, 1407,8f. Kroymann): „Resurrectionem huius carnis negat [sc. Valen-
tinus], sed alterius.“; Epiphanius, Pan 31,7,6 (GCS 25, 396,16–397,2 Holl). Origenes setzt
sich als einziger differenzierter mit den Valentinianern auseinander, indem er sie nicht
sogleich als indiskutable Gegner abqualifiziert. Vielmehr nimmt er ihre Position wahr
und versucht, ihre Ansichten mit konstruktiven Argumenten zu widerlegen: Siehe Origenes, De Princ II,10,1 (GCS 22, 173,13f. Koetschau): „Si confitentur etiam ipsi quia resurrectio sit mortuorum, respondeant nobis: [...]“ Vgl. auch die präzise Rekonstruktion der
Eschatologie des älteren Valentinianismus bei H. Strutwolf, Gnosis als System, 181–187.
Zusätzlich zum Rheginosbrief besitzen wir aus dem Nag-Hammadi-Fund eine weitere
valentinianische Originalquelle: das Philippus-Evangelium (NHC II,3). Besonders im Spr.
23 (56,26–57,19) ringt der Autor ebenfalls um eine vertretbare Rede von der Auferstehung des Fleisches, indem er wie der Rheginosbrief jegliches materialistisches Verständnis aus der Auferstehungsleiblichkeit auszuschließen sucht. Vgl. J.É. Ménard, Traité, 71:
„L'EvPhil (p. 56,26–57,19) fait bien la distinction entre la chair spirituelle et la chair matérielle.“

die Annahme des Fleisches, die sich mit der Geburt in diese Welt vollzieht, als auch den Aufstieg zum Äon, der mit dem Tod seinen Anfang nimmt, im Fleisch (ϩⲛ̄ⲥⲁⲣⲝ) als unproblematisch zu erweisen. Denn die rhetorische Frage zielt auf die Zustimmung des geäußerten Gedankengangs: „Weshalb sollst du nicht das Fleisch annehmen, wenn du hinauf in den Äon gehst?"[116]

Wenn der Mensch schon bei seiner Geburt Fleisch annimmt, weshalb soll er dann nicht bei der Auferstehung erneut ⲥⲁⲣⲝ erhalten? Die erste Annahme der σάρξ ist notwendig, um in diese Welt überhaupt einzutreten. Analog dazu verhält es sich mit dem neuen Empfang des Fleisches, wenn der Mensch aufersteht. Auf diese Weise baut der Lehrer beim Gnostiker Rheginos die Bedenken gegenüber einer erneuten sarkischen Existenz im Auferstehungszustand ab.[117] Jedoch weiß der Verfasser zwischen der irdischen und der himmlischen Existenzweise in der σάρξ zu differenzieren, indem er sich sogleich für eine ausgewogene Sicht der Auferstehungsleiblichkeit einsetzt:

> Das, was erwählter als das Fleisch ist, das ist Ursache des Lebens für es.[118]

Nicht das „Fleisch" ist so wichtig, dass man sich allein an ihm festhalten müsste, um die Wahrheit hinsichtlich der Auferstehung zu erfassen. Vielmehr geht es um die „Ursache" des Lebens für das Fleisch. Es geht somit darum, was der σάρξ das Leben verleiht.

In diesem Zusammenhang (47,4–13) verweist der Autor überhaupt mit der 2. Pers. Sing. auf das personale „Ich", das die entscheidende „Ursache" für das Leben des Fleisches ist. Damit ist auch das präexistente Sein des Individuums aufgenommen. Dieses „Ich" nimmt mit der Geburt die fleischliche Existenz an

---

116 NHC I,4 (47,6–8): „ⲉⲧⲃⲉ ⲉⲩ ⲛ̄ⲕⲛⲁϫⲓ ⲉⲛ ⲛ̄ⲧⲥⲁⲣⲝ ⲉⲕϣⲁⲛⲃⲱⲕ ⲁ̅ⲣ̅ⲏ̅ⲓ ⲁ̅ⲣⲟⲩⲛ ⲁⲡⲁⲓⲱⲛ".

117 Dagegen meint L.H. Martin, Epistle, 173 f., dass der Autor des Rheginosbriefs in 47,4–10 von einer Rückkehr in die Präexistenz spreche, die zu einem „fleischlosen" Zustand führe. Dies mache das „pneumatische Leben" aus, das allein in der Rettung des „Geistes" (spirit) bestehe, der besser als das Fleisch sei. Vgl. ebd. Innerhalb einer Zusammenfassung der gesamten Argumentation des Rheginosbriefs (vgl. L.H. Martin, Epistle, 221–230) gibt Martin das Ergebnis seiner Auslegung von 47,4–30 auf diese Weise wieder: „The following passage (DR 47.4–30) deals with the resurrection in light of the Gnostic's sojourn in this world, i.e., his present fleshly condition. It is explained to Rheginos that he will not have flesh in the resurrection state, since the resurrection state is a return to the pre-fall fleshless condition." L.H. Martin, Epistle, 227. Jedoch ist an dieser Stelle in keiner Weise von einem Fall in die σάρξ die Rede, von der sich der Geist in der Auferstehung zu lösen hätte.

118 NHC I,4 (47,9 f.): „ⲡⲉⲧⲥⲁⲧⲡ̄ ⲁⲧⲥⲁⲣⲝ ⲡⲉⲧϣⲟⲟⲡ ⲛⲉⲥ ⲛ̄ⲁⲓⲧⲓⲟⲥ ⲙ̄ⲡⲱⲛϩ̅".

und gibt ihr somit das Leben. Es stellt die eigentliche Ursache für das Leben im Fleisch dar, so dass es auch als die „erwähltere" Komponente im Vergleich zur σάρξ bezüglich der personalen Identität ist. Das Individuum allein erlebt die Auferstehung, zu dessen Existenz nun auch die σάρξ dazugehört. Daher wird das Eigene in der Auferstehung nicht aufgegeben, wozu offensichtlich auch das Fleisch zählt. Diese Implikation ist in den beiden rhetorischen Fragen enthalten, die auf eine bejahende Antwort (mit ми) zielen:

> Das, was deinetwegen geworden ist, ist es etwa nicht dein? Das, was dein ist, (soll) es etwa nicht bei dir bleiben?[119]

Das Fleisch gehört jedenfalls zur personalen Existenz des Menschen.[120] Es ist fest mit der Person verbunden und bestimmt somit ihre Individualität. Daher soll die σάρξ aus dem zukünftigen Heilsgeschehen nicht ausgeschlossen werden, sondern ebenso wie das personale Individuum das Geschehen der Auferstehung miterleben.

Jedoch wird die σάρξ frei von der Vergänglichkeit sein, wie der direkt darauffolgende Abschnitt über die Nachgeburt des Leibes deutlich macht. Die vergängliche Qualität des Fleisches in Form der Alterung wird beseitigt. Auf einen derartigen Qualitätsumschlag bezieht sich offenbar die Definition von der Auferstehung als „μεταβολή in eine Neuheit", so dass es berechtigt ist, von der Auferstehung eines „neuen Fleisches" auszugehen.[121] Die personale Identi-

---

119 NHC I,4 (47,11–13): „ⲡⲉⲧⲁϣⲱⲡⲉ ⲉⲧⲃⲏⲧⲕ̄ ⲙⲏ ⲙ̄ⲡⲱⲕ ⲉⲛ ⲡⲉ ⲡⲉⲧⲉ ⲡⲱⲕ ⲡⲉ ⲙⲏ ⲛ̄ϥϣⲟⲟⲡ ⲉⲛ ⲛⲙ̄ⲙⲉⲕ".

120 Vgl. Editio princeps (Malinine u. a.), De Resurrectione, 34: Die Autoren bedenken, ob hier in 47,11–13 nicht die Unterscheideung zwischen den ἀλλότρια auf der einen Seite und den ἴδια oder οἰκεῖα auf der anderen Seite vorliege. Es werde offenbar zwischen den Dingen unterschieden, die fremd seien, da sie zu uns nicht gehörten, und solchen Dingen, die unsere „Person", „Eigentümlichkeit" und „Uns" ausmachten (τὰ ἐμά, τὰ σά, τὰ ἡμέτερα, etc.), die das konstituierten, was wir seien und was wir in uns hätten.

M. E. rechnet der Autor des Rheginosbriefs die σάρξ zum personalen Kern des Individuums hinzu, so dass das Fleisch ebenso die Auferstehung erleben wird. Vgl. M.L. Peel, Treatise, 181: „Roughly paraphrased, the meaning seems to be: the ‚flesh' that was created (‚came into being') to clothe the inner, spiritual man is uniquely that man's. It co-exists with the spiritual νοῦς in this world, giving personal identity to the Elect. This ‚flesh' is thus uniquely the possession of the individual."

121 Dagegen B. Layton, Vision, 208, der eine jegliche Form des auferstandenen Fleisches im Rheginosbrief ausschließt: „[...] the *Treatise* makes no reference whatsoever to a special form of resurrection flesh." Obwohl der Verfasser des Rheginosbriefs nicht ausdrücklich von einer Auferstehung des „neuen" Fleisches spricht, ist dies m. E. dennoch zwingend aus seiner Argumetation zu erschießen. Vgl. M.L. Peel, Treatise, 178: „Rather, a ‚transformed',

tät, die mit der σάρξ im irdischen Zustand zu verbinden ist, wird in der neuen Befindlichkeit des Fleisches beibehalten. Diesen Zusammenhang verdeutlicht der Autor mit der Bewahrung der Glieder des Leibes, wodurch er diese Identität präziser zu fassen sucht. Die äußeren Glieder werden durch die inneren Glieder repräsentiert, an denen sich insbesondere die Auferstehung ereignet. Da die letzteren als die Glieder zu verstehen sind, die den äußeren das Leben verleihen, scheint der Autor zusätzlich die „Ursache des Lebens" mit den „lebendigen Gliedern" zu verbinden. Wie sie auf Erden den äußeren Gliedern das Leben ermöglicht haben, weil sie offenbar die Ursache des Lebens für diese μέλη (ⲛ̄ⲙⲉ-ⲗⲟⲥ ⲉⲧⲟⲩⲁⲁⲛ̣̄ ⲁⲃⲁⲗ) sind, so werden sie als der „bessere Teil" erneut in dem neuen Fleisch vertreten sein, so dass das personale Individuum ganz in der Auferstehung bewahrt bleibt.

Zur Bedeutung der μεταβολή in eine Neuheit

Nachdem der Autor mit der Glieder-Passage die Identität derselben Person im Auferstehungszustand betont hat, kommt er auf die Bedeutung der ⲁⲛⲁⲥⲧⲁⲥⲓⲥ überhaupt zu sprechen: „Was nun ist die Auferstehung?"[122] Mit dieser rhetorischen Frage versucht er, die wesentlichen Inhalte seiner Belehrung zu erfassen, indem er einige Grundbestimmungen der Auferstehung vorbringt. Es folgt ein erster Definitionsversuch, an den sich ein längerer Exkurs anschließt, der ein Missverständnis dieser Bestimmung ausschließt. Zunächst aber beantwortet der Verfasser die aufgeworfene Frage:

Sie ist jederzeit die Enthüllung derer, die auferstanden sind.[123]

Mit dieser Antwort nimmt er die in der Glieder-Passage geäußerte Aussage auf, dass es in der Auferstehung zur Enthüllung der Person kommt, die bereits zu Lebzeiten die ⲁⲛⲁⲥⲧⲁⲥⲓⲥ durch die Erkenntnis der Wahrheit verinnerlicht hat. Den lebendigen Gliedern, die sich in den äußeren befinden, war es schon vor dem leiblichen Tod vorbehalten aufzuerstehen (48,3: ⲛⲉⲩⲛⲁⲧⲱⲟⲩⲛ). In der Auferstehung werden die Erwählten offenbart, die bereits als Erlöste in ihrer irdischen Gegenwart zur Auferstehung gelangt sind.

,new', ,imperishable' ,flesh' seems affirmed for the resurrection-ascension of believers [...]" So auch J.É. Ménard, Traité, 71: „Et cette chair, qui donne une identité à Rhèginos ici-bas sur terre, doit être remplacée par une chair nouvelle et transfigurée lors de son Ascension au ciel à sa mort (p. 47,6–8)." Vgl. auch H. Strutwolf, Gnosis als System, 192 f.

122 NHC I,4 (48,3 f.): „ⲉⲩ ϭⲉ ⲧⲉ ⲧⲁⲛⲁⲥⲧⲁⲥⲓⲥ".

123 NHC I,4 (48,4–6): „ⲡϭⲱⲗⲛ̄ ⲁⲃⲁⲗ ⲡⲉ ⲛ̄ⲟⲩⲁⲉⲓⲱ ⲛⲓⲙ ⲛ̄ⲛⲉⲧⲁⲣ̄ⲧⲱⲟⲩⲛ".

520 7. KAPITEL

Zusätzlich verbindet der Verfasser mit der Enthüllung der bereits Auferstandenen auch ein tieferes Verständnis hinsichtlich der Auferstehungsleiblichkeit. Es folgt sogleich der Verweis auf die Verklärungsszene (in Mk 9,2–10/Mt 17,1–9/Lk 9,28–36):

> Denn wenn du dich erinnerst, als du in dem Evangelium gelesen hast, dass Elia erschien und Mose mit ihm, denke nicht, dass die Auferstehung eine φαντασία ist.[124]

In der Tat werden auf dem Berg der Verklärung zwei Gestalten enthüllt, ohne ihre Identität offenbar einzubüßen. Sie sind als dieselben Personen identifizierbar, obgleich sie ein „umgestaltetes" Aussehen aufweisen. So verweist der Lehrer des Rheginos auf die Erkennbarkeit derselben persönlichen Gestalt, die eine gewisse μεταμόρφωσις hinsichtlich ihrer leiblichen Erscheinung erfährt.[125] Der Autor deutet mit diesen beiden Personen auf die veränderte Erscheinungsform hin, die den Enthüllten in der Auferstehung bevorsteht.[126] Elia und Mose

---

124 NHC I,4 (48,6–12): „ⲉⲓ𝔴ⲡⲉ ⲁⲕ𝔭 ⲡⲙⲉⲩⲉ ⲛ̄ⲅⲁⲣ ⲉⲕ𝔴𝔴 ⲣ̄ⲙ̄ ⲡⲉⲩⲁⲅⲅⲉⲗⲓⲟⲛ ϫⲉ ⲁⲣⲏⲗⲉⲓⲁⲥ ⲟⲩ𝔴ⲛ𝔥 ⲁⲃⲁⲗ ⲁⲩ𝔴 ⲙ𝔴ⲩⲥ𝔥ⲥ ⲛ̄ⲙ̄ⲙⲉ𝔮 ⲙ̄ⲡ𝔴ⲣ ⲁⲙⲉⲩⲉ ⲁⲧⲁⲛⲁⲥⲧⲁⲥⲓⲥ ϫⲉ ⲟⲩⲫⲁⲛⲧⲁⲥⲓⲁ ⲧⲉ".

125 In Mk 9,2 f. wird noch allein Jesus umgestaltet (μετεμορφώθη), so dass seine Kleider glänzend und ganz weiß werden (καὶ τὰ ἱμάτια αὐτοῦ ἐγένετο στίλβοντα λευκὰ λίαν). So ähnlich muss man sich dann auch die Erscheinung des Elia und Mose vorstellen. In Mt 17,2 vollzieht sich die Umgestaltung Jesu so, dass – neben seinen Kleidern, die weiß wie das Licht werden, – zusätzlich auch sein Angesicht wie die Sonne leuchtet (καὶ ἔλαμψεν τὸ πρόσωπον αὐτοῦ ὡς ὁ ἥλιος). In Lk 9,29 ist nicht mehr von einer Umgestaltung, sondern von einer Veränderung (ἐγένετο [...] ἕτερον) des εἶδος τοῦ προσώπου αὐτοῦ die Rede, wobei sein Gewand ebenso weiß und strahlend wird. Außerdem wird die Erscheinung des Mose und Elia genauer erläutert: Sie sind in Herrlichkeit erschienen (Lk 9,31: οἳ ὀφθέντες ἐν δόξῃ), so dass ihr Aussehen ebenso „verklärt" wie das εἶδος Jesu gewesen ist.

126 B. Layton dagegen nimmt mit diesem Verweis ein *exemplum* wahr, das der Autor des Rheginosbriefs anführe, um die auf Paulus zurückgehende „mysteriöse Auferstehung des Fleisches oder des Leibes" abzuweisen: „This pericope, notes the author, might seem to suggest that somehow the fleshly body can be transformed into a kind of Homeric shade or phantasm and that resurrection entails a state of *phantasia*. The transformation of Jesus, Elias, and Moses, would then be a paradigm for the mysterious resurrection of flesh, or body, to which the apostle Paul seems to refer." B. Layton, Vision, 207. Layton setzt dabei voraus, dass mit der Aufnahme dieses exemplum's der gegnerische Verweis auf die paulinische Auferstehungsleiblichkeit widerlegt werden solle.
Dagegen ist einzuwenden, dass der Verweis auf die Verklärungsszene die Auferstehung vielmehr als Enthüllung erläutern soll (vgl. γάρ). Daher wird hier auch kein Einwand des imaginären Gesprächspartners eingeführt, um die paulinische Auferstehungsleiblichkeit

THEOLOGIEGESCHICHTLICHE ZUORDNUNG DER METABOΛH-VORSTELLUNG 521

gelten offenbar als Prototypen für die Auferstehungsleiblichkeit, obwohl keiner von ihnen die Auferstehung selbst erlebt hat.[127] Mit dem Verweis auf deren Erscheinung will der Autor sie nicht als Vorbilder der von den Toten Auferstandenen anführen,[128] sondern auf die Identifizierbarkeit derselben Person trotz ihrer Umgestaltung verweisen.

> Der Lehrer wehrt jedoch sogleich ein Missverständnis ab, wenn er die Auferstehung als Enthüllung der bereits Auferstandenen definiert, was er mit der Verklärungsgeschichte versinnbildlichen will. Rheginos soll aufgrund der Erscheinung von Elia und Mose nicht denken, dass die Auferstehung bloß eine φαντασία ist. Denn so wie beide Gestalten unerwartet erscheinen, verschwinden sie auch plötzlich, wie besonders der Bericht bei Markus dies deutlich macht.[129] Aufgrund dieser Episode könnte die Vorstellung entstehen, dass die Erkennbarkeit der identifizierbaren Personalität einer Illusion (φαντασία) gleicht, die sich in einer Erscheinung und in einem plötzlichen

---

abzuweisen. Vgl. die ausführliche Kritik an Laytons Deutung bei M.L. Peel, Treatise, 190 f., und H. Strutwolf, Gnosis als System, 191 Anm. 57.

127   Vgl. Tert, De Res 55,10 (Evans 166,35–39), der beim Verweis auf die Verklärungsgeschichte deutlich differenziert: Jesu Kleider wurden durch Licht umgestaltet, doch hat er seine Gesichtszüge bewahrt, die für Petrus erkennbar blieben. Bezüglich Mose sagt Tertullian, dass er noch nicht den „auferstandenen" Leib angenommen hat. Was Elia betrifft, stellt Tertullian ebenfalls fest, dass er sich in der Wirklichkeit eines noch nicht verstorbenen Leibes gezeigt hat, da er die Entrückung erlebt hatte. Beide sind Beweise dafür, dass die äußere Gestalt des Körpers in Herrlichkeit als dieselbe fortbestanden hat („eandem tamen habitudinem corporis etiam in gloria perseverare docuerant."). Vgl. Origenes in Meth, De Res 1,22,5, der ebenso auf die Verklärungsszene verweist, um darzulegen, dass das εἶδος Jesu, Moses und Elias nicht anders bei der Umgestaltung war („ὥσπερ ἦν τὸ Ἰησοῦ εἶδος καὶ Μωυσέως καὶ Ἡλίου, οὐχ ἕτερον ἐν τῇ μεταμορφώσει παρ' ὃ ἦν."). Meth, De Res 1,22,5 (GCS 27, 246,10 f. Bonwetsch). Somit führen beide Autoren diesen Verweis an, um die Erkennbarkeit von Mose und Elia – neben Jesus – als dieselben Personen hervorzuheben, obwohl diese durch die Umgestaltung eine verklärte Erscheinungsform aufweisen.

128   Dagegen spricht M.L. Peel von „den hier gebotenen Einzelbeispielen von Auferstandenen (Mose und Elia)". M.L. Peel, Gnosis und Auferstehung, 97. An einer anderen Stelle meint Peel, dass Elia und Mose Beispiele für die sind, die gestorben sind. Vgl. M.L. Peel, Treatise, 191. Es wird jedoch nicht beachtet, dass Elia nicht starb, sondern entrückt wurde. Außerdem sind weder Mose noch Elia auferstanden.

129   Vgl. Mk 9,8: „καὶ ἐξάπινα περιβλεψάμενοι οὐκέτι οὐδένα εἶδον ἀλλὰ τὸν Ἰησοῦν μόνον μεθ' ἑαυτῶν." Das plötzliche „Verschwinden" von Mose und Elia wird in Mt 17,8 abgeschwächt und verblasst in Lk 9,33 fast vollständig, indem sie sich beide von ihm trennen (ἐν τῷ διαχωρίζεσθαι αὐτοὺς ἀπ' αὐτοῦ).

522 7. KAPITEL

Verschwinden manifestiert. Auf diese Weise könnte auch auf den Illusionscharakter bei der Auferstehungsleiblichkeit geschlossen werden, was jedoch
der Lehrer in einem längeren Exkurs auszuschließen sucht: „Sie ist keine
φαντασία, sondern sie ist eine Wahrheit."[130] Es ist vielmehr nötig zu sagen,
dass die Welt eher als die Auferstehung eine φαντασία ist.[131] Die Auferstehung jedoch ist die, „die durch ihn, unseren Herrn, den Retter Jesus Christus
geschah."[132]

Die christologische Untermauerung weist auf den Wirklichkeitscharakter
der Auferstehung hin, die deutlich an der realen Existenz Christi im Fleisch
(ⲉϥϣⲟⲟⲡ ϩⲛ ⲥⲁⲣⲝ)[133] und seiner Selbstauferweckung (ⲁϥⲧⲟⲩⲛⲁⲥϥ)[134] überprüfbar ist, wie der Verfasser im ersten Teil seines Briefes darlegt. Mit dem Verweis
auf Jesu Christi Auferstehung wehrt der Verfasser somit ein doketisches Verständnis der Auferstehung ab. Er sieht dabei das wesentliche Verständnis der
Auferstehung gefährdet, wenn sie als φαντασία aufgefasst wird.[135]

---

130 NHC I,4 (48,12 f.): „ⲟⲩⲫⲁⲛⲧⲁⲥⲓⲁ ⲉⲛ ⲧⲉ ⲁⲗⲗⲁ [ⲟ]ⲩⲙⲏⲉ ⲧⲉ".

131 NHC I,4 (48,13–16): „ⲛ̄ϩⲟⲩⲟ ⲛ̄ⲇⲉ ⲟⲩⲡⲉⲧⲉⲥϣⲉ ⲡⲉ ⲁϫⲟⲟⲥ ϫⲉ ⲟⲩⲫⲁⲛⲧⲁⲥⲓⲁ ⲡⲉ ⲡⲕⲟⲥⲙⲟⲥ ⲛ̄ϩⲟⲩⲟ
ⲁⲧⲁⲛⲁⲥⲧⲁⲥⲓⲥ"

132 NHC I,4 (48,16–19): „ⲧⲉⲉⲓ ⲉⲛⲧⲁⲥϣⲱⲡⲉ ⲁⲃⲁⲗ ϩⲓⲧⲟⲟⲧϥ̄ ⲙ̄ⲡⲉⲛϫⲁⲉⲓⲥ ⲡⲥⲱⲧⲏⲣ ⲓⲏ(ⲥⲟⲩ)ⲥ ⲡⲉⲭⲣⲏⲥⲧⲟⲥ".

133 NHC I,4 (44,14 f.).

134 NHC I,4 (45,19).

135 Ps-Justin wehrt sich ebenfalls gegen die Vorstellung, dass Jesus nur pneumatisch (πνευματικόν), nicht mehr im Fleisch (μηκέτι δὲ ἐν σαρκί) gewesen sei, so dass er bloß eine Illusion
des Fleisches (φαντασίαν δὲ σαρκός) dargeboten habe. Ps-Justin, De Res 2,14 (PTS 54, 106,17–
19 Heimgartner). Ebenso wird auch in der *Epistula Apostolorum* (EpAp 11 [22] äthiopischer
Text) die Ansicht bekämpft, dass der auferstandene Herr ein Gespenst (φαντασία) gewesen sei. Siehe 3,9 f. und 4,9 des koptischen Textes bei C. Schmidt, Gespräche Jesu, 2 f.*: „Wir
aber dachten, dass es eine φαντασία ist. Und wir glaubten nicht, dass es der Herr ist." EpAp
3,9 f.: „ⲁⲛⲁⲛ ⲇⲉ ⲛⲁⲛⲙⲉⲟⲩⲉ ϫⲉ ⲟⲩⲫⲁⲛ[ⲧⲁ]ⲥⲓⲁ [ⲧ]ⲉ· ⲙ̄ⲡⲛ̄ⲣ̄ⲡⲓⲥⲧⲉⲩⲉ ϫⲉ ⲡϫⲁⲉⲓⲥ ⲡⲉ". Vgl. H.E. Lona,
Auferstehung, 80.

Siehe auch Lk 24,37: Lukas setzt sich als erster Autor damit auseinander, dass der
auferstandene Jesus als Gespenst (πνεῦμα; Codex Bezae [D]: φάντασμα) wahrgenommen
wurde: „ἐδόκουν πνεῦμα θεωρεῖν". Vgl. auch Ignatius, Ad Smyrn 3,2 (Camelot SC 10, 134,10 f./
Lindemann/Paulsen 226,22 f.): Hier wird ein Logion Jesu überliefert, das den leiblosen
Zustand des auferstandenen Herrn deutlich verneint: „Λάβετε, ψηλαφήσατέ με καὶ ἴδετε,
ὅτι οὐκ εἰμὶ δαιμόνιον ἀσώματον." Zum Ganzen siehe H.E. Lona, Auferstehung, 35 f. Vgl.
auch Origenes, De Princ Praef. 8 (GCS 22, 14,18–15,2 Koetschau), der in der Praefatio
von *De Principiis* auf ein ähnliches Logion verweist: „Si vero quis velit nobis proferre
ex illo libello, qui Petri Doctrina appellatur, ubi salvator videtur ad discipulos dicere:
‚Non sum daemonium incorporeum', [...]" Zu diesem Logion siehe weiter H.E. Lona,
Auferstehung, 36 Anm. 90 und insbes. M. Vinzent, ‚Ich bin kein körperloses Geistwesen',
241–286.

Zum Abschluss seines Exkurses wählt der Autor einen polemischen Ton, um endgültig die Auffassung der ἀνάστασις als eine bloße Erscheinung zu widerlegen: „Worüber aber belehre ich dich jetzt? Die Lebenden, sie werden sterben. Leben sie etwa in einer Illusion (φαντασία)?"[136] Er kehrt das Argument um: Wenn die Prototypen der Auferstehungskörperlichkeit nur illusionäre Erscheinungen sind, dann ist das Leben der Menschen ebenso eine Einbildung und geht früher oder später zu Ende. Vielmehr sind die Zustände der Welt eine Illusion, da sie keinen festen Bestand haben: Alles pflegt sich zu verändern. Die Reichen sind arm geworden und die Könige sind gestürzt.[137] Die Ereignisse dieser Welt sind daher bloß zeitliche Erscheinungen. Der Verfasser beschließt diesen Exkurs folgendermaßen: „Eine Illusion ist die Welt, so dass ich nicht noch mehr gegen die Dinge (der Welt) schimpfen (καταλαλεῖν) will."[138]

Dagegen hat die Auferstehung nicht die Gestalt dieser Art, denn sie ist die Wahrheit.[139] Der Autor spitzt diese Vorstellung durch zwei weitere Qualifizierungen deutlich zu: Die Auferstehung ist zudem das Feststehende und die Offenbarung dessen, was wirklich besteht.[140] Die Abwehr des illusionären Charakters führt den Autor dazu, die Auferstehung mit solchen Definitionen zu versehen.

Daraufhin bringt er noch zwei weitere Bestimmungen vor, die eine zusätzliche Komponente der Auferstehungswirklichkeit beschreiben:

> Sie ist „eine Verwandlung der Dinge und eine Umwandlung in eine Neuheit".[141]

Mit diesen beiden Qualifizierungen der Auferstehung geht er auf die körperliche Andersartigkeit der Auferstandenen in Form eines verwandelten Zustands ein. Sie werden nicht als Phantome oder als „Gespenster" erscheinen, was das Verständnis der Auferstehung als φαντασία nahelegen könnte. Der Autor will

---

136 NHC I,4 (48,19–24): „ⲉⲧⲃⲉ ⲉⲩ ⲛ̄ⲇⲉ ⲉⲉⲓⲧⲁⲙⲟ ⲙ̄ⲙⲁⲕ ⲛ̄ⲧⲉⲩⲛⲟⲩ ⲛⲉⲧⲁⲁⲛϩ̄ ⲥⲉⲛⲁⲙⲟⲩ ⲡⲱⲥ ⲉⲩⲁⲛϩ̄ ϩⲛ̄ ⲟⲩⲫⲁⲛⲧⲁⲥⲓⲁ".

137 NHC I,4 (48,24–27).

138 NHC I,4 (48,27–30): „ⲟⲩⲫⲁⲛⲧⲁⲥⲓⲁ ⲡⲉ ⲡⲕⲟⲥⲙⲟⲥ ϫⲉⲕⲁⲥⲉ ϭⲉ ⲛⲓⲣ̄ ⲕⲁⲧⲁⲗⲁⲗⲉⲓ ⲥⲁ ⲛϩⲣⲏⲩⲉ ⲁⲡⲉϩⲟⲩⲟ".

139 NHC I,4 (48,30–33): „ⲁⲗⲗⲁ ⲧⲁⲛⲁⲥⲧⲁⲥⲓⲥ ⲙⲛ̄ⲧⲉⲥ ⲙⲙⲉⲩ ⲙ̄ⲡⲓⲥⲙⲁⲧ ⲛ̄ϯⲙⲓⲛⲉ ϫⲉ ⲧⲙⲏⲉ ⲧⲉ".

140 NHC I,4 (48,33–35): „{ⲡⲉ} ⲡⲉⲧⲁϩⲉ ⲁⲣⲉⲧϥ̄ ⟨ⲡⲉ⟩ ⲁⲩⲱ ⲡⲟⲩⲱⲛϩ̄ ⲁⲃⲁⲗ ⲙ̄ⲡⲉⲧϣⲟⲟⲡ ⲡⲉ".

141 NHC I,4 (48,35–38): „ⲁⲩⲱ ⲡϣⲃ̄ⲉⲓⲉ ⲡⲉ ⲛ̄ⲛ̄ϩⲣⲃⲏⲩⲉ ⲁⲩⲱ ⲟⲩⲙⲉⲧⲁⲃⲟⲗⲏ ⲁϩⲟⲩⲛ ⲁⲩⲙⲛ̄ⲧⲃⲣ̄ⲣⲉ".

524   7. KAPITEL

mit den aufgezählten Definitionsversuchen ein bestimmtes Verständnis der ἀνάστασις seinem Schüler vermitteln. Dabei entwickelt er seine Ideen aus der Auseinandersetzung mit der Vorstellung, die die auferstandene Erscheinungsform als eine Scheinwirklichkeit begreift. Um den tatsächlichen Wirklichkeitscharakter der Auferstandenen zu betonen, greift der Autor auf die Bestimmungen der Auferstehung als Wahrheit, Feststehendes und Offenbarung des Bestehenden zurück. Die Zielrichtung ist, den Illusionscharakter der zukünftigen Beschaffenheit der Auferstandenen abzuweisen.

In dieses Verständnis ordnen sich auch die Qualifizierungen der Auferstehung als Verwandlung (ⲡⲱⲃⲉⲓⲉ) und Umwandlung (ⲟⲩⲙⲉⲧⲁⲃⲟⲗⲏ) ein, die als Synonyme in diesem Kontext aufzufassen sind. Sie stellen wie auch die anderen Bestimmungen keine redundanten Aussagen bezüglich der Auferstehung dar, die in einem ganz verschiedenen Sinn zu interpretieren wären.[142] Vielmehr will der Autor mit den beiden Bezeichnungen die „wirkliche, feststehende und offenbarte" Leiblichkeit hervorheben, ohne jedoch ein materialistisches Verständnis zu intendieren. Der Auferstehungszustand hat weder einen Scheincharakter noch die reale Beschaffenheit des irdisch vergänglichen Körpers. Es handelt sich vielmehr um einen veränderten Zustand, der besonders durch die Neuheit gekennzeichnet ist.

Mit dem anschließenden γάρ-Satz (48,38–49,6) versucht der Autor, die Andersartigkeit der neuen Daseinsform zu erläutern, die auf diese Weise keineswegs mit einer bloßen Erscheinung zu verwechseln ist. Die Aussage setzt sich aus drei Akzentuierungen der Verwandlungsvorstellung des neuen Zustands zusammen:

> Denn (γάρ) die Unvergänglichkeit [kommt] herab auf das Vergängliche und das Licht fließt hinab auf die Finsternis, indem es sie verschlingt, und das Pleroma erfüllt den Mangel.[143]

Besonders die erste Erläuterung zeigt an, woher sich der Verfasser bei der Bestimmung der Auferstehung als μεταβολή inspirieren lässt.[144] Er nimmt hier im Wesentlichen den paulinischen Wortlaut aus 1 Kor 15,53 (δεῖ γὰρ τὸ φθαρτὸν τοῦτο ἐνδύσασθαι ἀφθαρσίαν) und 15,54 (ὅταν δὲ τὸ φθαρτὸν τοῦτο ἐνδύσηται ἀφθαρσίαν) auf. Paulus spricht an diesen Stellen davon, dass die Vergänglichkeit die Unvergänglichkeit anziehen muss, indem er ebenso mit einem explikativen

---

142   So aber M.L. Peel, Treatise, 199.

143   ɴʜᴄ ɪ,4 (48,38–49,6): „ⲧⲙⲛ̄ⲧⲁⲧⲧⲉⲕⲟ ⲅⲁⲣ [ⲥ̣ⲉ̣ϯⲉ̣] ⟦ⲁ̣ⲣ̣ⲣ̣ⲏ̣ⲓ̣⟧ ⲁⲡⲓⲧⲛ̄ ⲁⲭⲙ̄ ⲡⲧⲉ̣ⲕⲟ ⲁⲩⲱ ⲡⲟⲩⲁⲉⲓⲛ ⲥ̣ⲉ̣ϯⲉ ⲁⲡⲓⲧⲛ̄ ⲁⲭⲙ̄ ⲡⲕⲉⲕⲉⲓ ⲉϥⲱⲙⲛ̄ⲕ ⲙ̄ⲙⲁ̣ϥ ⲁⲩⲱ ⲡⲡⲗⲏⲣⲱⲙⲁ ϥ̣ϫⲱⲕ ⲁⲃⲁⲗ ⲙ̄ⲡⲉⲱⲧⲁ".

144   ɴʜᴄ ɪ,4 (48,38–49,2): „ⲧⲙⲛ̄ⲧⲁⲧⲧⲉⲕⲟ ⲛ̄ⲅⲁⲣ [ⲥ̣ⲉ̣ϯⲉ̣] ⟦ⲁ̣ⲣ̣ⲣ̣ⲏ̣ⲓ̣⟧ ⲁⲡⲓⲧⲛ̄ ⲁⲭⲙ̄ ⲡⲧⲉ̣ⲕⲟ".

γάρ (1 Kor 15,53) den bei der Auferstehung stattfindenden Verwandlungsvorgang (1 Kor 15,52: καὶ ἡμεῖς ἀλλαγησόμεθα) verdeutlicht.

In einer ähnlichen Weise versucht auch der Autor des Rheginosbriefs, die geäußerte Verwandlungsauffassung anschaulich zu machen. Außerdem greift er deutlich mit dem Terminus ⲡⲱⲃⲉⲓⲉ (griechisch: ἄλλαγμα) die Aussage aus 1 Kor 15,51 f. auf.[145] Paulus akzentuiert mit dem Verbum ἀλλαγησόμεθα, das dem koptischen ⲧⲛ̄ⲛⲁϣⲓⲃⲉ entspricht, die Verwandlung des σῶμα bei der Auferstehung.[146] Auf diese Weise nimmt der Lehrer des Rheginos mit dem Terminus ⲡⲱⲃⲉⲓⲉ den paulinischen Wortlaut auf, da das Substantiv ϣⲃⲉⲓⲉ (wie ἄλλαγμα mit ἀλλάσσω) mit dem Verbum ϣⲓⲃⲉ stammverwandt ist.[147] In diesen Zusammenhang ist auch der Terminus μεταβολή einzuordnen, der sich aus der paulinischen Verwandlungsvorstellung ergibt. Der Autor des Rheginosbriefs gewinnt somit sein Verständnis der Auferstehung als Verwandlung wie auch Ps-Athenagoras aus dem paulinischen Auferstehungskapitel (vgl. 1 Kor 15,51–54). Nur präzisiert er sie als eine „μεταβολή in eine Neuheit", während Ps-Athenagoras auf die Verwandlung „in einen besseren Zustand" bei der Auferstehung schließt.[148]

---

145   Vgl. Editio princeps (Malinine u. a.), De Resurrectione, 39.

146   Vgl. M.L. Peel, Treatise, 198.

147   Vgl. W.E. Crum, Dictionary, 551; R. Haardt, Die Abhandlung über die Auferstehung, 264 Anm. 79.

148   B. Layton, Treatise, 99 f., gibt einige Verweise für den Terminus μεταβολή an, in denen neben Ps-Athenagoras, De Res 12,9, auch Clemens von Alexandrien, Strom VII,56,7; 57,5 und IV,28,2 für μεταβολή angegeben werden. Jedoch geht es in keiner dieser Clemens-Stellen um Auferstehung, die wie im Rheginosbrief und bei Ps-Athenagoras als μεταβολή bezeichnet wird. In Strom VII,56,7 benennt Clemens eindeutig die γνῶσις als Mittel, das zur Verwandlung in das Bessere führt: Die Erkenntnis ist dazu geeignet, die Verwandlung zum Besseren zu bewirken (ἡ γνῶσις καὶ ἐπιτήδειος εἰς τὴν ἐπὶ τὸ κρεῖττον εὐπρόσδεκτον μεταβολήν.). ClemAl, Strom VII,56,7 (GCS 17, 41,25 f. Stählin/Früchtel/Treu). Unter dem besseren Zustand versteht Clemens im unmittelbaren Kontext (in VII,56,6) offenbar die Entwicklung in die Stellung von „Göttern", indem er auf Ps 81,6 (LXX) anspielt: „Θεοί ἐστε καὶ υἱοὶ ὑψίστου πάντες·" So tragen die vollkommenen Gnostiker die Bezeichnung als „Götter", indem sie mit den anderen Göttern mitthronen werden, die jedoch deutlich „unter dem Retter" diese Stellung als „Götter" einnehmen. Vgl. ClemAl, Strom VII,56,6 (GCS 17, 41,23–25 Stählin/Früchtel/Treu): „καὶ θεοὶ τὴν προσηγορίαν κέκληνται, οἱ σύνθρονοι τῶν ἄλλων θεῶν, τῶν ὑπὸ τῷ σωτῆρι πρώτων τεταγμένων, γενησόμενοι." In Strom VII,57,1–5 spricht er dann erneut von der μεταβολή des Gnostikers, der durch die Erkenntnis in einen engelhaften (ἰσάγγελος) Zustand gelangen kann, was als das Bessere (τὸ κρεῖττον) schlechthin bezeichnet wird. Vgl. Strom VII,57,5 (GCS 17, 42,10–15 Stählin/Früchtel/Treu).

Gelegentlich wird der μεταβολή-Begriff als „Übergang" (transition)[149] in eine Neuheit übersetzt. Diese Wiedergabe wird mit solchen Belegstellen begründet, in denen es vor allem um einen Übergang der Seele in einen postmortalen Zustand geht.[150] Auf diese Weise wird mit μεταβολή die Bedeutung verbunden, dass die Seele den Leib gänzlich im Tod zurücklässt und sich frei von den somatischen Fesseln in einen neuen Zustand begibt.[151] Jedoch ist weder von der Seele im ganzen Brief die Rede noch geht es darum, dass der Leib in dem eschatologischen Auferstehungsereignis keine Rolle mehr spielt. Es handelt sich hier auch nicht um einen Ortswechsel, was die Übersetzung „migration" von B. Layton nahelegt.[152] Vielmehr gewinnt der Verfasser des Rheginosbriefs seine Verwandlungsvorstellung aus dem Verbum ἀλλαγησόμεθα in 1 Kor 15,51 f., indem er besonders an einen Qualitätswechsel im paulinischen Sinne denkt. Paulus hat noch die Veränderung der Qualität explizit auf das σῶμα bezogen, das von einer psychischen (σῶμα ψυχικόν) in eine pneumatische Beschaffenheit (σῶμα πνευματικόν) wechselt (vgl. 1 Kor 15,44). Der Lehrer des Rheginos akzentuiert mit „ⲁⲣⲟⲩⲛ ⲁⲩⲙⲛ̄ⲧⲃⲣ̄ⲣⲉ/εἰς καινότητα" die neue Qualität der Auferstehungsleiblichkeit. Der Auferstehungskörper wird von dem der Vergänglichkeit unterworfenen Alterungszustand befreit, indem die „Neuheit" sein charakteristisches Merkmal sein wird.

Mit den beiden anderen Erläuterungen des Verwandlungsvorgangs in 49,2–6 nimmt der Autor die bereits im Brief entwickelten Vorstellungen auf: „Und das Licht fließt hinab auf die Finsternis, indem es sie verschlingt, und das Pleroma erfüllt den Mangel."[153] Mit dem „Hinabfließen" des Lichts auf die Finsternis greift er die Lichtmetaphorik von der Sonne und ihren Strahlen

---

149 Vgl. Editio princeps (Malinine u. a.), De Resurrectione, 65, und vor allem M.L. Peel, Gnosis und Auferstehung, 44, und ders., Treatise, 199. B. Layton schlägt sogar die Übersetzung „migration into newness" vor. Vgl. B. Layton, Treatise, 29.99.

150 Vgl. B. Layton, Treatise, 99: „As a metaphor for the soul's transition at physical death [...]" M.L. Peel, Treatise, 199, schließt sich ausdrücklich der Deutung von B. Layton an: „its metaphorical use for the soul's *post mortem* transition".

151 Vgl. L.H. Martin, Epistle, 194 f.: „This signifies the freeing of the body from the bonds of material nature."

152 Vgl. die berechtigte Kritik an Laytons Deutung von H. Strutwolf, Gnosis als System, 192: „Μεταβολή bedeutet den Umschlag von etwas in etwas anderes, also eine Veränderung an einer Sache, bei der das Veränderung Unterliegende beharrt und nicht wechselt. Der Begriff bedeutet demnach einen Qualitätsumschlag und soll keinen Ortswechsel bezeichnen."

153 NHC I,4 (49,2–6): „ⲁⲩⲱ ⲡⲟⲩⲁⲉⲓⲛ ⲯⲣⲉ̄ⲧⲉ̄ ⲁⲡⲓⲧⲛ̄ ⲁⲭⲙ̄ ⲡⲕⲉⲕⲉⲓ ⲉϥⲱⲙⲛ̄ⲕ ⲙ̄ⲙⲁⲩ ⲁⲩⲱ ⲡⲡⲗⲏⲣⲱⲙⲁ ⲯ̄ϫⲱⲕ ⲁⲃⲁⲗ ⲙ̄ⲡⲉϣⲧⲁ".

auf, indem er dabei das pneumatische Auferstehungsgeschehen versinnbild-licht. In diesem Zusammenhang benutzt er das Verbum ⲱⲙⲛ̄ⲕ, so dass er auf die Absorbierung der fleischlichen und der psychischen ἀνάστασις durch die pneumatische Auferstehung Bezug nimmt.[154] Gerade bei diesem Terminus ist es offensichtich, dass sich der Autor erneut der paulinischen Begrifflich-keit (1 Kor 15,54: κατεπόθη und 2 Kor 5,4: καταποθῇ) bedient, um sein Auferste-hungsverständnis darzulegen.

Mit dem letzten Bild scheint er eine bereits geäußerte Vorstellung aufzu-nehmen, die sich im Vorgang der Auferstehung ereignet: Dass das Pleroma den Mangel erfüllt,[155] verweist offensichtlich auf den Hymnus, der das System (σύστημα) des Pleroma zum Inhalt hat.[156] Außerdem ist dadurch, dass der Erlöser auch Menschensohn gewesen ist, die Wiederherstellung (ἀποκατά-στασις) in das Pleroma geschehen.[157] Mit dem Terminus ⲡⲉϣⲧⲁ spielt der Autor auf die mangelhafte Befindlichkeit der irdischen Existenz an, die er mit dem stammverwandten Verbum ϣⲁⲁⲧ bereits bestimmt hat:[158] Der Man-gel der irdischen Beschaffenheit besteht insbesondere in der Alterung und Vergänglichkeit des Leibes. Gerade dieser Mangel wird durch die Fülle der Auferstehung beseitigt, so dass es zur Verwandlung in einen neuen somati-schen Zustand kommt.

1.2   *Vergleich mit Ps-Athenagoras*

Bezüglich der Auferstehung als Verwandlung gibt es also deutliche Parallelen zwischen dem Rheginosbrief und Ps-Athenagoras. Sie entwickeln unabhängig voneinander eine eigenständige Verwandlungsvorstellung im Hinblick auf die Auferstehungskörperlichkeit. Das Gemeinsame besteht darin, dass beide Auto-ren bei ihrer Auferstehungsauffassung auf die paulinische Konzeption in 1 Kor 15,51 f. zurückgreifen. Auf diese Weise befinden sie sich in der ersten Rezepti-onsphase der paulinischen Deutung der Auferstehung als μεταβολή, die Paulus primär auf die noch Lebenden bezieht, die zu diesem Zeitpunkt die Verände-rung ihres Leibes erfahren. Jedoch betrifft die Verwandlung nach paulinischem Verständnis auch die Auferstandenen, da diese als Unvergängliche (ἄφθαρτοι)

---

154   Vgl. NHC I,4 (45,39–46,2).

155   Zum mythologischen Hintergrund siehe M.L. Peel, Treatise, 201; H. Strutwolf, Gnosis als System, 192.

156   Vgl. NHC I,4 (46,34–47,1).

157   Vgl. NHC I,4 (44,30–33).

158   Vgl. NHC I,4 (47,14 f.). Vgl. W.E. Crum, Dictionary, 590–594. W. Westendorf, Koptisches Handwörterbuch, 330.

528   7. KAPITEL

erscheinen werden (vgl. 1 Kor 15,52). In dem πάντες δὲ ἀλλαγησόμεθα (1 Kor 15,51)
schließt Paulus sowohl die Übriggebliebenen als auch die Toten in den Auferstehungsvorgang ein. Auf diese Weise hat Paulus das weitere Nachdenken hin-
sichlich der veränderten Auferstehungsleiblichkeit vorgegeben, die er selbst
mit der Auferweckung eines pneumatischen Leibes verbindet (vgl. 1 Kor 15,44:
ἐγείρεται σῶμα πνευματικόν).

Von dieser Vorstellung lassen sich beide Autoren bei ihrer Bestimmung der
Auferstehung als μεταβολή inspirieren. Nun gehen sie eigenständige Wege, um
sich die in der Auferstehung vollziehende Verwandlung für ihren Verständ-
nishorizont zu erschließen. Dabei sezten sie eine bestimmte Problemstellung
voraus, auf die sich die paulinische Verwandlungsauffassung anwenden lässt.

Wenn Ps-Athenagoras von einer μεταβολή in einen *besseren* Zustand spricht,
dann setzt er voraus, dass die irdische Befindlichkeit des Leibes demgegenüber
schlechter ist. Das σῶμα ist ständig der Veränderung, die eine Vergänglichkeit
mit sich bringt, unterworfen. Daher muss die allerletzte Verwandlung den Ver-
gänglichkeitsprozess aufheben, so dass die Auferstehung als πρὸς τὸ κρεῖττον
μεταβολή (vgl. De Res 12,9) verstanden wird. Der bessere Zustand beinhaltet, dass das Nahrungsbedürfnis der irdischen Körperlichkeit entfällt. Dabei
werden die die materielle Leiblichkeit konsituierenden Körpersäfte die Auferstehungsleiblichkeit nicht mehr ausmachen. Neben dem Nahrungsbedürfnis
wird auch die Vergänglichkeit beseitigt werden.[159] Ps-Athenagoras bestimmt
die defizitäre irdische Leiblichkeit ähnlich wie der Autor des Rheginosbriefs
durch einen Mangel (ἔνδεια), der die Ernährenden durch die Notwendigkeit der
Nahrungsaufnahme begleitet. Wenn diese ἔνδεια nicht gestillt wird, dann hat
sie das Sterben zur Folge. Der bessere Zustand der Auferstehungsleiblichkeit
beinhaltet die Aufhebung eines solchen Mangels. Daher werden das Nahrungsbedürfnis und die Sterblichkeit die bessere Beschaffenheit des Auferstehungskörpers nicht mehr prägen.

Auch der Autor des Rheginosbriefs spricht von einem Mangel, der die
Grundproblematik der irdischen Menschenexistenz ausmacht. Dieser Mangel
äußert sich im Greisenalter (ⲙ̄ⲧⲣ̄ⲗⲗⲟ = γῆρας),[160] das der Verfasser metaphorisch als Nachgeburt des Leibes (ⲡⲭⲟⲣⲓⲟⲛ ⲙ̄ⲡⲥⲱⲙⲁ) bezeichnet.[161] Damit ist der
Alterungsprozess versinnbildlicht, der von Geburt an die irdische Körperlichkeit begleitet. Nach der Verwendung dieser Metapher drückt er das Ergebnis
dieses mangelhaften Zustands klar aus: „und du bist vergänglich (ⲁⲩⲱ ⲕ̄ϣⲟⲟⲡ

---

159   De Res 7,1 (Martovich 31,10–12).
160   W.E. Crum, Dictionary, 669; M.L. Peel, Treatise, 183.
161   NHC I,4 (47,17 f.).

ⲛ̄ⲧⲉⲕⲟ)."[162] Bald darauf sagt er: „Das Schlechte hat den Mangel, aber es gibt Gnade für es."[163] Die mangelhafte Beschaffenheit der Vergänglichkeit wird als schlecht qualifiziert, für die es aber Gnade gibt. Dieser schlechte Zustand wird in der Auferstehung beseitigt: Denn die Auferstehung ist das, was das Gute schafft.[164] Die Hervorbringung des Guten vollzieht sich mit der Verwandlung in eine neue Daseinsform und entfernt durch die göttliche Fülle den Mangel.

Beide Autoren betonen somit die Andersartigkeit des Auferstehungszustands. Für Ps-Athenagoras ist es eine bessere Leiblichkeit, die der Mensch in der Auferstehung erhält. Sie wird der Sterblichkeit und der Vergänglichkeit nicht mehr ausgesetzt sein. Im Rheginosbrief äußert sich eine ähnliche Verwandlungsvorstellung: Die neue Daseinsform wird dem Alterungsprozess enthoben sein, so dass ebenfalls die Unvergänglichkeit den neuen Zustand prägen wird. So bewahren beide Autoren mit der μεταβολή-Vorstellung die Transzendenz der verwandelten Auferstehungskörperlichkeit.

Dennoch vernachlässigen beide Konzepte nicht, das individuelle Kontinuum hervorzuheben. Im Rheginosbrief wird die irdische und die auferstandene Personalität durch den μέλος-Begriff ausgedrückt, der dieselbe Individualität auch im Auferstehungszustand garantiert.[165] Die äußeren Glieder desselben Individuums werden durch die Auferstehung der inneren Glieder repräsentiert. Die Letzteren sind die Ursache für das Leben der äußeren Glieder, so dass die an den Gliedern des Leibes festgemachte Personalität in der Auferstehung bewahrt bleibt. Der Verfasser des Rheginosbriefs scheint somit auf die Auferstehung des inneren Menschen hinzuweisen, wobei er dadurch die äußere irdische Menschlichkeit nicht aufgehoben sein lässt.[166]

Ps-Athenagoras bewahrt die Identität der auferstandenen und der irdischen Leiblichkeit durch den μέρος-Begriff. Die Auferstehungsleiber werden allein aus ihren eigenen Teilen wieder zusammengesetzt (τῶν μὲν ἀνισταμένων σωμάτων ἐκ τῶν οἰκείων μερῶν πάλιν συνισταμένων),[167] so dass es nicht zur Vermi-

---

162 NHC I,4 (47,18f.).

163 NHC I,4 (47,22–24).

164 NHC I,4 (49,8).

165 Vgl. H.E. Lona, Auferstehung, 227: „Unser Verfasser kombiniert den μέλος-Begriff [...] mit dem Motiv vom ‚inneren Menschen‘, aus dem er das Moment der Lebendigkeit herausliest. Dadurch verleiht er dem μέλος-Begriff einen positiven Sinn, als verborgene unzerstörbare Wirklichkeit."

166 Vgl. H. Strutwolf, Gnosis als System, 190: „Der innere Leib ist daher das Subjekt der Auferstehung und wird bei seinem Aufstieg in die göttliche Welt neues Fleisch, nämlich ein geistiges und immaterielles Substrat seiner verherrlichten Körperlichkeit, erhalten."

167 De Res 7,1 (Marcovich 31,5f.).

schung der Körperteile verschiedener Menschen kommt. Jedoch verbindet er damit keine rein materielle Identität, denn der Auferstehungsleib erfährt eine Verwandlung in einen besseren Zustand, den die vier stofflichen Elemente nicht mehr ausmachen werden: Das Flüssige, Trockene, Warme und Kalte, welche sich durch Blut, Schleim, Galle und Atem im menschlichen Organismus manifestieren, tragen nicht mehr zum Leben des auferstandenen σῶμα bei (vgl. De Res 7,1). Ps-Athenagoras vermeidet dabei von einer auferstandenen σάρξ zu sprechen, da das Fleisch allein als anatomischer Bestandteil des Körpers neben Knochen, Sehnen, Knorpeln, Muskeln und Eingeweide aufgefasst wird.[168]

Der Autor des Rheginosbriefs verbindet mit der Auferstehung des Fleisches ebenfalls keine rein materielle Identität. Er hält insofern an der Auferstehung der σάρξ fest, indem er die äußeren Glieder des irdischen Fleischesleibes in den inneren Gliedern des verwandelten neuen Fleisches abgebildet sein lässt. Auf diese Weise ist die personale Identität bewahrt, ohne ein materialistisches Verständnis des Auferstehungsfleisches zu vertreten. Die Neuheit des verwandelten Menschen äußert sich im Rheginosbrief darin, dass der Alterungsprozess bei den Auferstandenen beseitigt ist. Die Unvergänglichkeit zeichnet die neue Daseinsform aus, die die Vergänglichkeit des irdischen Zustands aufhebt. In diesem Sinn kann von einem neuen und pneumatischen Fleisch gesprochen werden, das sicherlich auch einen verklärten Zustand nicht ausschließt,[169] selbst wenn im gesamten Brief nicht explizit von einer verklärten Leiblichkeit gesprochen wird.

Wenn einige Kommentatoren aus dem Verständnis der μεταβολή in eine Neuheit auf die pneumatische σάρξ der Auferstandenen schließen,[170] so kann

---

168 De Res 17,2 (Marcovich 42,8–10). Vgl. H.E. Lona, Bemerkungen, 352–363.

169 So H.E. Lona, Auferstehung, 227: „Die Gewißheit von der verborgenen Wirklichkeit des Lebens beinhaltet an sich schon die Auferstehung. Dazu gehört auch die Leiblichkeit, aber sie ist dann nicht eine äußere, sondern eine verklärte, die nicht näher präzisiert werden kann."

170 So ausdrücklich H.-G. Gaffron, Eine gnostische Apologie des Auferstehungsglaubens, 226, der explizit von einer σάρξ πνευματική spricht. Vgl. auch R. Haardt, Die Abhandlung über die Auferstehung, 268; M.L. Peel, Gnosis und Auferstehung, 154. Dass die Valentinianer an der Auferstehung der σάρξ πνευματική festgehalten haben, bezeugt Tertullian, De Carne Christi 15,1 (Evans 52,1f.) „caro spiritalis" (als Meinung des Valentinus), und Epiphanius, Pan 31,7,6 (GCS 25, 396,16–397,2 Holl), der von der Auferstehung eines σῶμα πνευματικόν redet, die die Valentinianer vertreten haben sollen: Dieser pneumatische Leib ist nicht der irdische, sondern ein anderer, der aus dem irdischen σῶμα hervorgeht: „τὴν δὲ τῶν νεκρῶν ἀνάστασιν ἀπαρνοῦνται [sc. οἱ Οὐαλεντῖνοι], φάσκοντές τι μυθῶδες καὶ ληρῶδες, μὴ τὸ σῶμα τοῦτο ἀνίστασθαι, ἀλλ᾽ ἕτερον μὲν ἐξ αὐτοῦ, ὃ δὴ πνευματικὸν καλοῦσι·"
    Von einer σάρξ πνευματική spricht auch die Elia-Apokalypse 42,10–15 (TU 17,3a, 104,10–

im Sinne des Rheginosbriefs dem zugestimmt werden, solange damit keine materielle Identität desselben Auferstehungsfleisches nahegelegt wird. Die Andersartigkeit des Auferstehungskörpers wird durch die Verwandlung in eine Neuheit klar garantiert. Jedoch begreift der Verfasser des Rheginosbriefs die fleischliche Auferstehung nicht etwa als Gegensatz zur pneumatischen ἀνάστα-σις. Denn die pneumatische ⲁⲛⲁⲥⲧⲁⲥⲓⲥ wird die psychische und die sarkische absorbieren,[171] so dass beide in der πνευματικὴ ἀνάστασις eingeschlossen sind. Somit hält der Autor an der Auferstehung des Fleisches fest, indem er jedoch die mit dieser Formel assoziierte materialistische Sicht der Auferstehungshoff-nung überbietet.

Auf diese Weise verbinden sowohl Ps-Athenagoras als auch der Rheginos-brief mit der μεταβολή-Vorstellung eine ähnliche Auffassung, die die Anders-artigkeit des Auferstehungszustands in beiden Konzeptionen betont, ohne jedoch das idividuelle Kontinuum der Auferstandenen aufzuheben.

2 Tertullian: De Resurrectione

2.1 Demutatio *in einen engelhaften Zustand*

Tertullian fasst ebenfalls die zukünftige Auferstehung als ein Verwandlungsge-schehen auf. Er stützt sich dabei – wie der Rheginosbrief und Ps-Athenagoras – auf keine fest vorgegebene Terminologie. Er befindet sich vielmehr in einer ersten Rezeptionsphase der von Paulus geäußerten Verwandlung in 1 Kor 15,51 f., wenn er die *demutatio* innerhalb des Auferstehungsvorgangs beschreibt. Ter-tullian lässt sich insbesondere von der Schriftexegese leiten, wenn er zum Ergebnis gelangt, dass die auferstandene Leiblichkeit durch eine Verwand-lung in einen engelhaften Zustand bestimmt sein wird. In AdvMarc III,24,6 gibt er prägnant diese Auferstehungsauffassung wieder und formuliert deutlich unter dem Eindruck von 1 Kor 15,52 f.: Zum Zeitpunkt der Auferstehung erle-ben die Christen augenblicklich die Verwandlung in die engelhafte Substanz

---

15 Steindorff): „Danach kommen herab Elia und Henoch, legen das Fleisch der Welt ab, empfangen ihr geistiges Fleisch (ⲥⲉⲭⲓ ⲛ̄ⲛⲟⲩⲥⲁⲣⲝ̄ ⲙ̄ⲡ̄ⲛ̄ⲁ̄), verfolgen den Sohn der Gesetzlo-sigkeit und töten ihn, ohne dass er reden kann." Epiphanius bezeugt ebenfalls, dass Elia bei seiner Entrückung pneumatisches Fleisch erhielt. Vgl. Epiphanius, Pan 64,64,2 (GCS 31, 503,12–14 Holl): „ἀλλὰ καὶ περὶ τοῦ Ἠλία ὡσαύτως *, ὅτι ἀνελήφθη ἐν ἅρματι πυρίνῳ, καὶ ἔστιν ἔτι ἐν σαρκί, σαρκὶ δὲ πνευματικῇ καὶ οὐκ ἐπιδεομένῃ τοῦ ἀεί, ⟨ὡς⟩ ὅτε ἐν τῷ κόσμῳ τούτῳ ὑπῆρχε […]"

171   NHC I,4 (45,39–46,2).

532 7. KAPITEL

(demutati in atomo in angelicam substantiam), die sich als eine Überkleidung mit der Unvergänglichkeit (scilicet per illud incorruptelae superindumentum) ereignet.[172] Dieses Verständnis des Auferstehungsgeschehens äußert Tertullian innerhalb der Beschreibung des Chiliasmus, der auch von Justin (Dial 80 f.) und Irenäus (AdvHaer V,33–35) vertreten wird.[173] Mit dieser Bestimmung gibt er das wesentliche Verständnis des Auferstehungsvorgangs innerhalb der eschatologischen Ereignisse wieder. Es ist deutlich zu sehen, dass er auf 1 Kor 15,52 f. anspielt: Die Verwandlung wird sich in einem Nu (in atomo/1 Kor 15,52: ἐν ἀτόμῳ) vollziehen, indem es zur Überkleidung mit der Unvergänglichkeit kommt (per illud incorruptelae superindumentum/1 Kor 15,53: ἐνδύσασθαι ἀφθαρσίαν).

Es stellt sich die Frage nach den Hintergründen für die Formulierung einer derartigen Definition des Auferstehungsvorgangs. Wie kommt Tertullian dazu, von einer „Verwandlung in eine engelhafte Substanz" zu sprechen und was stellt er sich darunter vor? In seinem Auferstehungstraktat liefert er die wesentlichen Argumente, die ihn zu dieser Verwandlungsvorstellung führen.

In De Resurrectione ist deutlich zu beobachten, dass sich Tertullian bei der Entwicklung seiner Auferstehungsauffassung von der Schriftauslegung bestimmen lässt. Er kombiniert bei der Beschreibung der Auferstehung als *demutatio in einen engelhaften Zustand"* die Aussagen Jesu zur Auferstehung in Lk 20,27–39 mit der paulinischen Verwandlungsansicht in 1 Kor 15,51–54.[174] Wie leitet Tertullian nun diese Vorstellung der Auferstehung her? In De Resurrectione[175]

---

172 AdvMarc III,24,6 (Evans 248,9–11).

173 Zur chiliastischen Hoffnung bei Justin, Irenäus und Tertullian siehe S. Heid, Chiliasmus und Antichrist-Mythos, 72–124.

174 Brian Daley stellt die wichtigste Aussage in De Resurrectione hinsichtlich der Beschaffenheit der Auferstandenen in der Existenz eines engelgleichen Zustands fest: „Kurzum werden die Auferstandenen ,engelgleich' (so Lk 20,36) sein und werden also in dieser Substanz des Fleisches die Eigenschaften geistiger Wesen erleben [...]" B. Daley, Eschatologie, 112. In der Tat lässt sich m. E. die Auferstehungsauffassung des Karthagers besonders in der Beschreibung der Auferstehungsleiblichkeit als *demutatio* in einen engelhaften Zustand erfassen.

175 Für die Datierung von De Resurrectione ist die Zeitphase von 208 bis 212 n. Chr. anzunehmen. Vgl. F.J. Cardman, Tertullian on the Resurrection, 202–231. P. Siniscalco schlägt sogar konkret das Jahr 211 bzw. den Anfang von 212 n. Chr. vor: „Gli indizi, qui esposti per esserci sembrati più certi tra molti altri più incerti, incoraggiano dunque a situare in un punto cronologico assai preciso la redazione del *De res.*, intorno all'anno 211, nel tempo in cui la Chiesa cartaginese, dopo un periodo di pace, vedeva incombere una nuova persecuzione e, fors'anche in relazione a questa prova, nel pensiero di Tertulliano, già informato da concezioni montaniste, maturava quella crisi che avrebbe dovuto allontanarlo in modo

THEOLOGIEGESCHICHTLICHE ZUORDNUNG DER METABOΛH-VORSTELLUNG 533

lässt sich diese Fragestellung an den einschlägigen Kapiteln (De Res 36, 42 und 55) beantworten, in denen Tertullian vor allem Lk 20,27–39 und 1 Kor 15,51–54 auslegt.

De Res 36 und 41 f.

Aus der Perikope im Lukasevangelium, in der es um die Frage der Sadduzäer nach der Auferstehung geht, entwickelt Tertullian seine Vorstellung, dass die Auferstandenen einen engelgleichen Zustand besitzen werden. Tertullian setzt voraus, dass die Sadduzäer bei ihrer Leugnung der Auferstehung weder der Seele noch dem Fleisch das postmortale Heil zuerkennen.[176] Der Karthager legt Lk 20,27–39 so aus: Der Herr beglaubigt aber die Auferstehung der Toten, indem er zuletzt sagt: „Da doch die Toten auferstehen (Lk 20,37)."[177] Mit dieser Aussage bekräftigt er, dass die Toten durch den „Gott der Lebenden" (deum vivorum/Lk 20,38: θεὸς [...] ζώντων) hinsichtlich ihrer beiden menschlichen Substanzen auferstehen (utriusque scilicet substantiae humanae),[178] so dass sowohl die Seele als auch das Fleisch das Heil erlangen.

Tertullian legt daraufhin weiter aus: Wenn der Herr nämlich sagt, dass die Auferstandenen nicht mehr heiraten, bedeutet dies aber nicht, dass sie nicht auferstehen. Er hat sie vielmehr „Söhne der Auferstehung" genannt, so dass sie durch diese Auferstehung gewissermaßen geboren werden (per eam quodammodo nasci). So geschieht es, dass sie nicht mehr heiraten, sondern als Auferweckte den Engeln ähnlich sein werden (similes enim erunt angelis/Lk 20,36: ἰσάγγελοι γάρ εἰσιν).[179] Es ist offensichtlich, dass Tertullian hier das lukanische ἰσάγγελοι aufnimmt[180] und daraus den engelhaften Zustand

---

definitivo dalla Chiesa; nel tempo cioè che intercorre tra la composizione del *De Corona* e del *De anima* e quella dell'*Ad Scapulam* e del *De fuga* e che può essere indicato fra il 211 ed il principio del 212." P. Siniscalco, Ricerche sul ‚De Resurrectione' di Tertulliano, 40 f.

176 Tert, De Res 36,1 (Evans 98,2–100,4): „causa opinor quaestionis fuit destructio resurrectionis, siquidem Sadducaei neque animae neque carnis admittunt salutem".

177 Tert, De Res 36,3 (Evans 100,14): „Quoniam autem mortui resurgunt."

178 Tert, De Res 36,3 (Evans 100,13–17): „postremo subiciens ‚Quoniam autem mortui resurgunt', sine dubio et confirmando esse quod negabatur, id est resurrectionem mortuorum apud deum vivorum, talem quoque eam confirmabat esse qualis negabatur, utriusque scilicet substantiae humanae."

179 Tert, De Res 36,4 (Evans 100,17–21): „neque enim si nupturos tunc negavit ideo nec resurrecturos demonstravit: atquin filios resurrectionis appellavit, per eam quodammodo nasci habentes post quam non nubent sed resuscitati similes [enim] erunt angelis".

180 Vgl. E. Evans, Tertullian's Treatise on the Resurrection, 276: *similes enim erunt angelis,*

der Auferstandenen ableitet: Denn nach der Auferstehung heiraten sie nicht mehr, da sie auch nicht mehr sterben.[181]

> Vielmehr werden sie durch die Auferstehung „in einen engelhaften Zustand übergehen, durch jene Umkleidung mit der Unvergänglichkeit, durch die Verwandlung der doch wiederauferweckten Substanz (transituri in statum angelicum per indumentum illud incorruptibilitatis per substantiae, resuscitatae tamen, demutationem)".[182]

Tertullian spricht zunächst noch vom „Übergehen" in einen „statum angelicum", wobei er diese Aussage mit der Anspielung auf 1 Kor 15,53 f. als „Umkleidung mit der Unvergänglichkeit" erweitert.

Zusätzlich assoziiert er den Übergang in einen engelhaften Zustand – neben „indumentum illud incorruptibilitatis" – mit der Verwandlung der Substanz, nachdem diese jedoch auferweckt wurde. Es ist deutlich zu sehen, dass Tertullian die paulinische Verwandlungsvorstellung in 1 Kor 15,51 f. ($\dot{\alpha}\lambda\lambda\alpha\gamma\eta\sigma\acute{o}\mu\epsilon\theta\alpha$) und in 1 Kor 15,53 f. ($\dot{\epsilon}\nu\delta\acute{u}\sigma\alpha\sigma\theta\alpha\iota$ $\dot{\alpha}\phi\theta\alpha\rho\sigma\acute{\iota}\alpha\nu$) mit dem lukanischen $\dot{\iota}\sigma\acute{\alpha}\gamma\gamma\epsilon\lambda\iota$ $\gamma\grave{\alpha}\rho$ $\epsilon\grave{\iota}\sigma\iota\nu$ (Lk 20,36) verbindet, so dass er zur Bestimmung der Auferstehung als Verwandlung der wiederauferweckten Substanz in einen engelhaften Zustand gelangt. Tertullian präzisiert in De Res 36,6 weiterhin, dass es sich bei der Substanz nicht um die der Seele, sondern um die des Fleisches innerhalb des Auferstehungsgeschehens handelt, da insbesondere die *caro* beim Tod und Heiraten beteiligt ist. So wird es in der Auferstehung zur Wiederherstellung (restitutio) der Substanz des Fleisches kommen.[183] Auf diese Weise bekräftigt der Herr – nach der Meinung des Karthagers – gegenüber den jüdischen Häretikern, was nun auch bei „den christlichen Sadduzäern" geleugnet wird, nämlich die vollständige Auferstehung (solida resurrectio).[184]

---

an indirect reference to Luke 20.36, $\dot{\iota}\sigma\acute{\alpha}\gamma\gamma\epsilon\lambda\iota$ $\gamma\acute{\alpha}\rho$ $\epsilon\grave{\iota}\sigma\iota$ (where Matthew and Mark have $\dot{\omega}\varsigma$ $\ddot{\alpha}\gamma\gamma\epsilon\lambda\iota$)."

181   Tert, De Res 36,5 (Evans 100,21): „non nupturi quia nec morituri". Vgl. Lk 20,35 f.: „οὔτε γαμοῦσιν οὔτε γαμίζονται· οὐδὲ γὰρ ἀποθανεῖν ἔτι δύνανται".

182   Tert, De Res 36,5 (Evans 100,21–23).

183   Tert, De Res 36,6 (Evans 100,23–26): „ceterum nec quaereretur nupturi sive morituri necne rursus essemus si non eius vel maxime substantiae restitutio in dubium vocaretur quae proprie et morte et nuptiis fungitur, id est carnis".

184   Tert, De Res 36,7 (Evans 100,26–28): „habes igitur dominum confirmantem adversus haereticos Iudaeorum quod et nunc negatur apud Sadducaeos Christianorum, solidam resurrectionem."

THEOLOGIEGESCHICHTLICHE ZUORDNUNG DER METABOΛH-VORSTELLUNG 535

Tertullian versichert also in De Res 36,5, dass es bei der Auferstehung zur Verwandlung der „wiederauferweckten Substanz" kommt. Es fällt auf, dass er bei der Aussage „per substantiae demutationem" ausdrücklich „resuscitatae tamen" einschiebt. Er will mit dieser Präzisierung offenbar betonen, dass sich die Verwandlung auf allein jene Substanz bezieht, die bereits auferweckt wurde. Nun differenziert Tertullian zwischen *zwei* Verwandlungen im Auferstehungsgeschehen, so dass er auch eine Verwandlung *vor* dem Tod kennt. Aus der Schrift erschließt er, dass es auch ohne Auferweckung zur *demutatio* der Substanz des Fleisches kommen wird. Dies findet jedoch nur bei der Ankunft Christi statt, indem die zu diesem Zeitpunkt noch Lebenden ebenfalls die Verwandlung der *caro* erleben, ohne den Tod zu erleiden.

Diese Verwandlungsauffassung leitet er in De Res 41,5–7 her, indem er sich mit der Deutung von 2 Kor 5,2 f. beschäftigt: Tertullian zitiert die Verse aus 2 Kor 5,2 f., wobei er insbesondere in Vers 3 (exuti/ἐκδυσάμενοι) dem sogenannten „westlichen" Text[185] folgt:

> Denn auch in diesem seufzen wir, wobei wir uns sehnen, mit unserer Wohnung, welche vom Himmel ist, (uns) zu überkleiden, insofern wir entkleidet (exuti) nicht nackt vorgefunden werden.[186]

Daraufhin deutet er die Sehnsucht nach der Überkleidung mit der himmlischen Behausung auf das Ereignis der Parusie Christi: Denn die Aussage des Apostels bedeutet, dass wir uns bereits vorher wünschen, dass die himmlische Kraft der Ewigkeit uns überkleidet, bevor wir des Fleisches entkleidet werden.[187] Die Metapher vom „Ausziehen des Fleisches" deutet er auf das Sterben. Die Sehnsucht besteht für Tertullian also darin, die Annahme der himmlischen Kraft der Ewigkeit bereits vor dem Tod zu erlangen.

---

185 Die Lesart „exuti/ἐκδυσάμενοι" wird in der griechischen Überlieferung allein von Codex Bezae D*.c bezeugt. Zusätzlich bieten Γ und G an dieser Stelle: ἐκλυσάμενοι. Die meisten neutestamentlichen Handschriften haben ἐνδυσάμενοι (nur 226 hat ἐπενδυσάμενοι). Vgl. R.J. Swanson, 2 Corinthians, 63. Vgl. weiterhin B.M. Metzger, A textual commentary, 511: „It is difficult to decide between ἐνδυσάμενοι and ἐκδυσάμενοι. [...] In view of its superior external support the reading ἐνδυσάμενοι should be adopted, the reading ἐκδυσάμενοι being an early alteration to avoid apparent tautology."

186 Tert, De Res 41,5 (Evans 114,18–20): „Nam et in hoc gemimus, domicilium nostrum quod de caelo est superinduere desiderantes, siquidem et exuti non nudi inveniemur".

187 Tert, De Res 41,5 (Evans 114,20 f.): „id est, ante volumus superinduere virtutem caelestem aeternitatis quam carne exuamur."

536 7. KAPITEL

Die Bestätigung für diese Deutung findet er in 1 Thess 4,15–17, wenn der Apostel durch ein Wort des Herrn versichert, dass wir, die Lebenden, die wir bis zur Ankunft des Herrn zurückbleiben, den Entschlafenen nicht zuvorkommen werden.

> Denn der Herr selbst wird beim Befehl, bei der Stimme und bei der Posaune Gottes vom Himmel herabsteigen, und die Toten in Christus werden zuerst auferstehen, sodann werden wir zugleich mit ihnen Christus entgegen in die Wolken entrückt werden und so immer mit dem Herrn zusammen sein.[188]

Damit jedoch die Lebenden eine Leiblichkeit erhalten, die mit der der Auferstandenen vergleichbar ist, müssen sie ebenso die Verwandlung in den engelhaften Zustand erleben. Tertullian kennt somit eine innerhalb des Parusiegeschehens vorgesehene Verwandlung für die zu jener Zeit noch Lebenden und erläutert diese Annahme wie folgt:

> Denn das Vorrecht dieser Gnade erwartet jene, die bei der Ankunft des Herrn im Fleisch vorgefunden werden und die wegen der Beschwerlichkeiten der Zeiten des Antichrists verdienen werden, durch die Ersparnis eines durch Verwandlung aufgehobenen Todes mit den Auferstandenen zusammenzutreffen.[189]

So bleibt den Lebenden bei der Ankunft Christi der Tod erspart, indem dieser durch die Verwandlung aufgehoben wird, damit auch sie die Beschaffenheit der verwandelten Auferstandenen erlangen.

Die Bestätigung dieser Verwandlungsvorstellung findet Tertullian überraschenderweise in 1 Kor 15,51b–52a, wobei er erneut den „westlichen" Text vor sich liegen hat:[190]

---

188 Tert, De Res 41,7 (Evans 114,25–31): „sicut Thessalonicensibus scribit: ‚Hoc enim dicimus vobis in sermone domini, quod nos qui vivimus, qui remanemus in adventum domini, non praeveniemus eos qui dormierunt: quoniam ipse dominus in issu et voce et tuba dei descendet de caelo: et mortui in Christo resurgent primi, dehinc nos cum ipsis simul rapiemur in nubibus obviam Christo et ita semper cum domino erimus.'"

189 Tert, De Res 41,6 (Evans 114,21–25): „huius enim gratiae privilegium illos manet qui ab adventu domini deprehendentur in carne et propter duritias temporum antichristi merebuntur compendio mortis per demutationem expunctae concurrere cum resurgentibus".

190 Vgl. O. Lehtipuu, The Transformation of the Flesh, 160 Anm. 87.

THEOLOGIEGESCHICHTLICHE ZUORDNUNG DER METABOΛH-VORSTELLUNG 537

Wir werden zwar alle auferstehen, aber nicht alle verwandelt werden, im Nu, in einem Augenblick, bei der letzten Posaune.[191]

Nun legt dieser Text in 1 Kor 15,51b–52a nahe, dass zwar alle auferstehen, jedoch die Verwandlung – nach Tertullians Deutung – nur den Lebenden zusteht. Er betont nach diesem Zitat sogleich, dass die Verwandlung allein diejenigen erleben, die im Fleisch vorgefunden werden (sed illi scilicet soli qui invenientur in carne).[192] Ist daraus zu schließen, dass die Auferstandenen keine *demutatio* erleben werden? Diese in seinem Text (1 Kor 15,51b–52a) enthaltene Schwierigkeit löst Tertullian anschließend in De Res 42,1b–5.[193] Zunächst findet er jedoch seine Deutung in 1 Kor 15,52b bestätigt:

‚Und die Toten‘, sagt er, ‚werden auferstehen und wir werden verwandelt werden.‘[194]

Die Verwandlung in 1 Kor 15,51 f. deutet Tertullian also entsprechend seiner Textfassung ausschließlich auf die Lebenden, die zum Zeitpunkt der Ankunft Christi das „Vorrecht dieser Gnade“ (De Res 41,6: huius gratiae privilegium) erle-

---

191 Tert, De Res 42,1 (Evans 114,1–3): Das Zitat wird explizit mit einem Verweis auf den 1 Kor eingeleitet: „Horum demutationem ad Corinthios reddit dicens, ‚Omnes quidem resurgemus, non autem omnes demutabimur, in atomo, in momentaneo motu oculi, in novissima tuba‘.“ Vor allem der Text von 1 Kor 15,51b (resurgemus, non autem omnes demutabimur) entspricht der in Codex Bezae D* bezeugten Textform: „ἀναστησόμεθα, οὐ πάντες δὲ ἀλλαγησόμεθα.“

192 Tert, De Res 42,1 (Evans 114,3 f.).

193 Vgl. F.J. Cardman, Tertullian on the Resurrection, 91: „Tertullian takes up the matter of change and investigates 1 Cor. 15:51–53 in the next chapter. The discussion is complicated by a difficulty with his biblical text, the text he cites being in direct contradiction to the point he wishes to make. [...] The point of Tertullian's argument, however, is to establish that all will be changed, though not all will rise again, since those who are alive at the coming of the Lord will have no need of rising again.“ Weiterhin führt Cardman aus, dass der neutestamentliche Text von 1 Kor 15,51 f. Tertullian in der vorliegenden Gestalt vorgelegen haben müsste, so dass der Karthager die im Text enthaltene Schwierigkeit zu beheben versuche: „It is reasonable to conclude that the scriptual text should stand as Tertullian cites it, and that he has done his best to turn even this difficulty to his advantage.“ Ebd., 91 f.

194 Tert, De Res 42,1 (Evans 114,4 f.): „‚Et mortui‘, inquit, ‚resurgent et nos demutabimur.‘“ Dieser von Tertullian zitierte Text entspricht der folgenden Fassung des griechischen Textes von 1 Kor 15,52b: „καὶ οἱ νεκροὶ ἀναστήσονται καὶ ἡμεῖς ἀλλαγησόμεθα.“ Es fällt auf, dass nach ἀναστήσονται hier ἄφθαρτοι fehlt.

538   7. KAPITEL

ben. Der neutestamentliche Text des Karthagers legt zunächst keine Verwandlung für die Auferstandenen nahe. Die Auslassung von ἄφθαρτοι/incorrupti nach ἀναστήσονται/resurgent veranlasst ihn möglicherweise zu solch einer Auslegung,[195] da insbesondere dieser Begriff auf die Verwandlung der Auferstandenen hinweisen könnte.[196]

In De Res 42,2 interpretiert Tertullian 1 Kor 15,53 ebenfalls in diesem Sinne und erläutert, dass das Übrige in 1 Kor 15,53 nach der Anordnung (dispositione) in 1 Kor 15,51 f. zu betrachten ist:[197] „Denn dieses Vergängliche muss die Unvergänglichkeit anziehen und dieses Sterbliche die Unsterblichkeit."[198] Daraufhin deutet Tertullian 1 Kor 15,53 mit dem Text aus 2 Kor 5,4, wenn er darlegt: Das in

---

195   E. Evans behauptet, dass Tertullian deshalb den Begriff ἄφθαρτοι/incorrupti ausgelassen habe, weil dieser ihm Schwierigkeiten hinsichtlich seiner Deutung bereiten würde. Vgl. E. Evans, Tertullian's Treatise on the Resurrection, 292. Da aber Tertullian die Verwandlung auch für die Auferstandenen beansprucht, hätte ihm vielmehr dieser Terminus (ἄφθαρτοι/incorrupti) einen Anhaltspunkt für die zweite Möglichkeit der *demutatio* liefern können. Denn die Auferstandenen würden dann zur einer Unvergänglichkeit verwandelt werden. So hätte Tertullian m. E. es einfacher gehabt, die Verwandlung der Auferstandenen aus 1 Kor 15,52 herzuleiten, anstatt diese zweite Vorstellung der Verwandlung in De Res 42,5 mit 2 Kor 5,4 zu begründen.

196   In De Resurrectione zitiert Tertullian noch zweimal 1 Kor 15,52b. In beiden Textfassungen (sowohl in De Res 51,8 als auch in De Res 57,8) kommt „incorrupti" vor, so dass es ausgeschlossen zu sein scheint, dass der überlieferte neutestamentliche Text des Tertullian eine Auslassung von ἄφθαρτοι/incorrupti gehabt hat. Auch die uns bekannte griechische Textüberlieferung bezeugt keine entsprechende Auslassung. Vgl. R.J. Swanson, 1 Corinthians, 268.

         Außerdem bestätigt Tertullian in De Res 51,8 seine Deutung, obwohl sein Zitat von 1 Kor 15,52b „incorrupti" enthält: Er fragt in rhetorischer Weise, wann und wie der Tod ein Ende nehmen soll. Daraufhin zitiert er als Antwort 1 Kor 15,51 f.: „Wenn in einem Nu, in einem Augenblick, bei der letzten Posaune auch die Toten unvergänglich auferstehen werden (et mortui resurgent incorrupti)." Tertullian bezieht dieses Ereignis ausdrücklich auf die, die bereits die Verderbnis erfahren haben (corrupti), was für ihn sowohl die Körper als auch das Fleisch und das Blut einschließt (id est corpora, id est caro et sanguis). Die Aussage: „Et nos demutabimur" bezieht er erneut allein auf diejenigen, die zum Zeitpunkt der Ankunft Christi lebend vorgefunden werden (deprehendemur), so dass ihre „äußere Gestalt" (habitudo) verwandelt werden wird. Vgl. Tert, De Res 51,8 (Evans 150,34–38). In AdvMarc V,12,2 und V,20,7 bestätigt er diese Auslegung von 1 Kor 15,51 f. Vgl. AdvMarc V,12,2 (Evans 586,17–19): „Et mortui resurgent incorrupti, qui iam obierunt, et nos mutabimur, qui in carne fuerimus deprehensi a deo."

197   Tert, De Res 42,2 (Evans 114,5–116,6): „hac ergo prius dispositione prospecta reliqua revocabis ad superiorem sensum."

198   Tert, De Res 42,2 (Evans 116,6–8): „Oportet etenim corruptivum istud induere incorruptelam et mortale istud induere immortalitatem".

THEOLOGIEGESCHICHTLICHE ZUORDNUNG DER METABOΛH-VORSTELLUNG 539

1 Kor 15,53 Gesagte weist auf „jene Wohnung vom Himmel" hin, „mit der wir uns in diesem Fleisch seufzend überkleidet zu werden wünschen." Dies gilt für das Fleisch, in dem wir angetroffen werden (deprehendemur), „weil der Apostel sagt, dass wir, die wir uns in diesem Zelt befinden, beschwert werden. Dabei wünschen wir uns nicht, von diesem Zelt entkleidet, sondern vielmehr über-kleidet zu werden, damit das Sterbliche vom Leben verschlungen wird (2 Kor 5,4b: nolimus exui sed potius superindui, uti devoretur mortale a vita), indem wir nämlich durch die Überkleidung mit dem, was vom Himmel ist, verwandelt werden."[199]

Tertullian sagt auf diese Weise deutlich, dass die Verwandlung in der Über-kleidung mit einer himmlischen Qualität besteht. Diese Art der Verwandlung setzt keinen Tod voraus, wie er in De Res 42,3 ausführt:

> Denn wer wird sich nicht sehnen, solange er im Fleisch ist, die Unsterb-lichkeit anzuziehen und das Leben fortzusetzen, indem er sich den Tod durch die an dessen Stelle tretende Verwandlung erspart, so dass er die Unterwelt nicht erleidet, in der man bis zum letzten Heller bezahlen muss?[200]

Nun scheint eine solche Verwandlung erstrebenswert zu sein, so dass sich Tertullian hier für die Erwartung des nahen Endes ausspricht. Doch gleich darauf beansprucht er die Verwandlung auch für die Auferstandenen, wobei er die Grundlage der in 1 Kor 15,51 f. geäußerten Vorstellung von der *demutatio* zu verlassen wagt:

> Übrigens wird die Verwandlung nach der Auferstehung auch derjenige erlangen, der die Unterwelt schon durchgemacht hat.[201]

Demnach werden im Auferstehungsgeschehen auch die Verstorbenen die *demutatio* erleben. Tertullian erblickt in dieser zweiten Möglichkeit seiner Ver-

---

199 Tert, De Res 42,2 (Evans 116,8–12): „hoc erit illud domicilium de caelo quod gementes in hac carne superinduere desideramus, utique super carnem in qua deprehendemur, quia gravari nos ait qui simus in tabernaculo, quod nolimus exui sed potius superindui, uti devoretur mortale a vita, scilicet dum demutatur superinduendo quod es de caelis."

200 Tert, De Res 42,3 (Evans 116,13–16): „quis enim non desiderabit dum in carne est superin-duere immortalitatem, et continuare vitam lucrifacta morte per vicariam demutationem, ne inferos experiatur usque novissimum quadrentem exacturos?"

201 Tert, De Res 42,3 (Evans 116,16 f.): „ceterum demutationem etiam post resurrectionem consecuturus est inferos iam expertus."

540 · 7. KAPITEL

wandlungsauffassung keinen Widerspruch zu derjenigen aus 1 Kor 15,51 f., die auf diese Weise nicht nur den Lebenden, sondern auch den Auferstandenen zuteil wird. Denn zum Zeitpunkt der Wiederkunft des Herrn wird es sowohl zur Verwandlung der Lebenden als auch der Verstorbenen nach ihrer Auferstehung kommen. Diesen beiden Gruppen gilt in gleicher Weise die Verheißung der *demutatio* in einen engelhaften Zustand, wie Tertullian in De Res 42,4 ausführt:

> Denn von jetzt an bestimmen wir, dass das Fleisch in jeder Hinsicht auferstehen wird, und zwar als jenes, das aus der dazukommenden Verwandlung einen engelhaften Zustand annehmen wird.[202]

In De Res 42,5 verteidigt er abschließend seine Deutung, dass die Verwandlung nicht nur den Lebenden, sondern auch den von den Toten Auferstandenen gilt. Dabei argumentiert er ein Stück weit gegen seine Textüberlieferung in 1 Kor 15,51 f., da er sich mit 2 Kor 5,4 auch für die *demutatio* der Auferstandenen einsetzt: Wenn allein das Fleisch derjenigen umgewandelt wird, die zum Zeitpunkt der Ankunft Christi im Fleisch vorgefunden werden, damit das Sterbliche vom Leben verschlungen wird, – das ist das Fleisch von jener himmlischen und ewigen Überkleidung (ut devoretur mortale a vita, id est caro ab illo superindumento caelesti et aeterno) – dann erlangen diejenigen, die schon tot sind, das Leben nicht. Dies gleicht jedoch nach tertullianischem Verständnis einer Tragödie, da die Toten dann nämlich „der Materie, [...] der Speise des Lebens, d. h. des Fleisches (materia [...] esca vitae, id est carne)" beraubt werden. Es ist jedoch notwendig, dass auch die Auferstandenen das Fleisch wieder erhalten, damit auch bei ihnen das Sterbliche vom Leben verschlungen werden kann, wenn sie ebenfalls das Leben erlangen werden.[203] Somit begründet Tertullian die Verwandlung für die Auferstandenen mit 2 Kor 5,4: Die *demutatio* wird sich an ihnen ebenso ereignen, damit die Verschlingung des Sterblichen durch das Leben geschieht. Der gesamte Vorgang wird mit der Verwandlung der Auferstandenen in eine engelhafte Beschaffenheit gleichgesetzt.

---

202 Tert, De Res 42,4 (Evans 116,17–19): „abhinc enim iam definimus carnem omnimodo quidem resurrecturam, atque illam ex demutatione superventura habitum angelicum suscepturam."

203 Tert, De Res 42,5 (Evans 116,19–25): „aut si in his solis qui invenientur in carne demutari eam oportebit ut devoretur mortale a vita, id est caro ab illo superindumento caelesti et aeterno, ergo qui mortui deprehendentur vitam non consequentur, privati iam materia et ut ita dixerim esca vitae, id est carne: aut necesse est recipiant eam et illi, ut et in ipsis mortale devorari possit a vita, si vitam sunt consecuturi."

THEOLOGIEGESCHICHTLICHE ZUORDNUNG DER METABOΛH-VORSTELLUNG 541

So zeigt sich in De Res 42,4, dass Tertullian die *demutatio* explizit für die Verstorbenen nach der Auferstehung bekräftigt. Dabei gewinnt er seine Vorstellung von der Verwandlung in einen engelhaften Zustand aus der Deutung des paulinischen *demutabimur*/ἀλλαγησόμεθα, obwohl seine Textüberlieferung lediglich für die Umwandlung der noch bei der Ankunft Christi Lebenden zu gelten scheint, – so jedenfalls legt er 1 Kor 15,51 f. aus. Tertullian befindet sich auf diese Weise bei der Entwicklung seines Verständnisses der Auferstehung als „demutatio in statum/habitum angelicum" in der gleichen Rezeptionsphase der paulinischen Auffassung des Auferstehungsvorgangs von 1 Kor 15,51 f. wie auch der Rheginosbrief und Ps-Athenagoras. Alle drei Autoren eignen sich das vom Apostel durch das Verbum ἀλλαγησόμεθα angeregte Verständnis der Auferstehung an. Jeder von ihnen entwickelt dabei eine eigenständige Auferstehungsvorstellung, die in besonderer Weise als eine μεταβολή/*demutatio* zu begreifen ist.

Verständnis der demutatio (De Res 55)

In De Res 55 geht Tertullian ausführlich auf den Begriff *demutatio* ein: Die Frage nach einer eindeutigen Definition erfordert eine besondere Erörterung,[204] um die Kraft und die Bedeutung der *demutatio* detaillierter zu interpretieren.[205] Hinsichtlich der Verwandlung müssen offenbar noch einige Missverständnisse ausgeräumt werden. Tertullian zufolge liefert der Terminus *demutatio* gewöhnlich die Vermutung, dass ein *anderes* Fleisch auferstehen wird (quae ferme subministrat alterius carnis resurrecturae praesumptionem).[206] Eine solche Auffassung der Verwandlung impliziert auch eine andere Auferstehungsleiblichkeit, so dass die frühere Beschaffenheit des Menschen verloren geht („quasi demutari desinere sit in totum et de pristino perire").[207]

Die mit der Verwandlung verbundene Andersartigkeit begünstigt offensichtlich die Meinung von der völlig anderen Auferstehungskörperlichkeit. Daher

---

204 Vgl. Tert, De Res 55,1 (Evans 164,1–4): Tertullian empfindet es als erforderlich, einzelne Fragen und deren Anlässe noch einmal in einer besonderen Erörterung genauer aufzugreifen. In diesem Zusammenhang verweist er darauf, dass er die Bedeutung der *demutatio* bereits behandelt hat (licet aliunde iam caesae), wobei er auf De Res 42 Bezug nimmt. Vgl. E. Evans, Tertullian's Treatise on the Resurrection, 328: „,licet aliunde iam caesae', as for instance the text *et nos immutabimur* has already been discussed in § 42 and referred to in § 51."

205 Tert, De Res 55,2 (Evans 164,4 f.): „interpretabimur itaque plenius et vim et rationem demutationis".

206 Tert, De Res 55,2 (Evans 164,5 f.).

207 Tert, De Res 55,2 (Evans 164,6 f.).

spitzt Tertullian diese Position insoweit zu, dass er zu der Befürchtung gelangt, dass wir Menschen durch ein solches Verständnis der *demutatio* vollständig aufhören und so unsere frühere Identität aufgeben müssen. Auf diese Weise kommt die Verwandlung der Vernichtung des ursprünglichen Zustands gleich, so dass die Auferstandenen nichts mehr mit der früheren irdischen Beschaffenheit gemeinsam haben. Deswegen bedarf es einer Klärung, wie sich die Andersartigkeit der Auferstehungsleiblichkeit konkret darstellt, nachdem die Verwandlung erfolgt ist.

So ergibt sich aus dem Terminus *demutatio* eine gewisse Problemstellung, die mit der Andersartigkeit des auferstandenen Fleisches zusammenhängt. Um das Verständnis der Aussage „et nos demutabimur" – aus seiner Sicht – von einer Fehldeutung zu bewahren, greift Tertullian erneut auf die durch Paulus in 1 Kor 15,51 f. geäußerte *demutatio* im Auferstehungsvorgang zurück.[208] Dies wird vor allem aus der Stellungnahme ersichtlich, die er in De Res 55,7 als zwischenzeitliches Ergebnis seines Nachweises festhält: Der auferstandene Mensch wird nicht ein anderer, sondern etwas *anderes* sein (immo nec alius efficiatur sed aliud).[209] Tertullian formuliert hier sehr vorsichtig, so dass gefragt werden muss, wie er überhaupt zu solch einer scharfsinnigen Differenzierung kommt.

Der Karthager will innerhalb des Verwandlungsgeschehens der Auferstehung die frühere Beschaffenheit der auferstandenen Person bewahrt wissen. Die Verwandlung darf keineswegs als Vernichtung der ursprünglichen Körperlichkeit verstanden werden. Obwohl in der von Tertullian (in De Res 55,2) wiedergegebenen Annahme der Gegner keine Rede von einer *perditio* ist,[210] spitzt er dennoch ihre Position als eine Vernichtung des früheren Zustands zu (quasi demutari desinere sit in totum et de pristino perire).[211] Insofern scheint die Ansicht der Kontrahenten schlichtweg die zu sein, dass infolge der Verwandlung ein *anderes* Fleisch auferstehen wird (alterius carnis resurrecturae).[212] Mit diesem Gegensatzpaar eröffnet Tertullian sein Nachdenken über die in der *demutatio* implizierte Andersartigkeit des auferstandenen Körperzustands:

---

208 Vgl. P. Siniscalco, Ricerche sul „De Resurrectione" di Tertulliano, 157, der ebenso konstatiert, dass in De Res 55 der Begriff „demutabimur" aus 1 Kor 15,52 hinter der Argumentation stehe, obgleich der Vers in diesem Kapitel (in De Res 55) nicht ausdrücklich zitiert werde.

209 Tert, De Res 55,7 (Evans 166,28).

210 Anders F.J. Cardman, Tertullian on the Resurrection, 118, die behautet, dass dies die Meinung der Gegner sei: „The heretics assume that change means destruction, an end to existence."

211 Tert, De Res 55,2 (Evans 164,6 f.).

212 Tert, De Res 55,2 (Evans 164,4–6): „interpretabimur itaque plenius et vim et rationem demutationis, quae ferme subministrat alterius carnis resurrecturae praesumptionem".

Die Verwandlung muss aber von jeder Bedeutung der Vernichtung getrennt werden, denn das eine ist die Verwandlung, das andere ist die Vernichtung.[213]

Wenn das Fleisch derart verwandelt wird, dass es zugrunde geht, dann ist es auch kein anderes mehr. Wenn es in der Verwandlung nicht weiter besteht, wird es in der Tat vernichtet werden.[214] Auf diese Weise bestimmt Tertullian die *demutatio* zunächst negativ: Sie ist keine Beseitigung der Fortdauer desselben Fleisches. Der Karthager hält dabei als Zwischenergebnis seiner rhetorischen Argumentation fest:

> Es sollen nicht völlig verschiedene Dinge vermischt werden, die Verwandlung und die Vernichtung, die jedenfalls in (ihren) Wirkungen (ganz) verschieden sind; die eine vernichtet, die andere verwandelt.[215]

Die Zielrichtung der Argumentation ist eindeutig: Die Gleichsetzung der Verwandlung mit der Vernichtung soll streng vermieden werden. Tertullian ist dabei bestrebt, die beiden Begriffe als gegenseitige Deutungskategorien auszuschließen: „quomodo ergo quod perditum est mutatum non est, ita quod mutatum est perditum non est."[216] Er differenziert hier sehr gründlich, was unter „perisse" und „mutatum esse" zu verstehen ist: Denn „perisse" bedeutet, im Ganzen nicht zu sein, was man gewesen ist; „mutatum esse" bedeutet anders (aliter) zu sein.[217] Mit dem Adverb „aliter" fasst er im Wesentlichen die Andersartigkeit des Auferstehungszustands auf, was keineswegs einer gänzlichen Verschiedenheit gegenüber der früheren Beschaffenheit des Menschen entspricht. Er versucht also, die Verwandlungsvorstellung innerhalb der Auferstehung von einer radikalen Andersartigkeit zu lösen: Die *caro* kann dieselbe bleiben, auch wenn sie anders wird. Somit kann das Fleisch sein substanzielles Sein beibehalten, ohne es infolge der *demutatio* gänzlich zu verlieren.[218]

---

213 Tert, De Res 55,3 (Evans 164,7–9): „discernenda est autem demutatio ab omni argumento perditionis: aliud enim demutatio aliud perditio."

214 Tert, De Res 55,3 (Evans 164,9–11).

215 Tert, De Res 55,5 (Evans 164,15–17): „non miscebuntur omnino diversa, mutatio atque perditio, operibus utique diversa: perdit haec, illa mutat."

216 Tert, De Res 55,5 (Evans 164,17 f.).

217 Tert, De Res 55,6 (Evans 164,19 f.): „perisse enim est in totum non esse quod fuerit: mutatum esse aliter esse est."

218 Tert, De Res 55,6 (Evans 164,20 f.): „porro dum aliter est, idipsum potest esse. habet enim esse quod non omnino perit".

Denn es hat eine Verwandlung erlitten, keine Vernichtung (mutationem enim passum est, non perditionem).[219]

Diesen Zusammenhang will Tertullian in De Res 55,7 anhand von Beispielen der Veränderungen darlegen, die der Mensch während seiner gesamten Lebenszeit in vielfältiger Weise durchlebt, ohne jedoch seine Individualität einzubüßen: Denn so sehr auch der Mensch den Veränderungen unterliegt, bleibt er dennoch in dieser Lebenszeit seiner Substanz nach immer dieselbe Person (ut et totus homo in hoc aevo substantia quidem ipse sit), obwohl er vielfach (multifariam) verwandelt wird.

> Dies betrifft seine „Erscheinungsform, die Körperlichkeit selbst, den Gesundheitszustand, die generelle Beschaffenheit, die Würde, das Lebensalter (aetate), die Lebensrichtung, die Tätigkeit, die Kunst, die Fähigkeiten, die Wohnsitze, die Gesetze und auch die Sitten."[220]

Tertullian versucht, mit dieser Aufzählung so viele Komponenten wie möglich zu erfassen, die sich im Laufe des Menschenlebens ständig in einem Veränderungsprozess befinden. Auch wenn der Mensch so viele Veränderungen in seinem Leben durchmacht, bleibt er substanziell immer derselbe. Er verliert nichts von seinem Menschsein (nec quicquam tamen amittat hominis).[221]

> So wird er auch nicht ein anderer, so dass er aufhört, derselbe zu sein. Im Gegenteil, er wird nicht ein anderer, sondern etwas anderes.[222]

Es fällt auf, dass in De Res 55,7 der Verweis auf die *Lebensalter* neben vielen anderen Vergleichen vorkommt, um den ständigen Veränderungsprozess der menschlichen Existenz zu erweisen. Bei Ps-Athenagoras bestimmt hingegen die innerhalb der verschiedenen Altersstufen stattfindende Verwandlung dermaßen die Vorstellung von der Auferstehung, dass die sich darin äußernde μεταβολή das wesentliche Kennzeichen der Auferstehung einnimmt: Die Ver-

---

219   Tert, De Res 55,6 (Evans 164,21 f.).

220   Tert, De Res 55,7 (Evans 164,22–26): „atque adeo potest et demutari quid et ipsum esse nihilominus, ut et totus homo in hoc aevo substantia quidem ipse sit multifariam tamen demutetur, et habitu et ipsa corpulentia et valetudine et condicione et dignitate et aetate, studio negotio artificio, facultatibus sedibus legibus moribus".

221   Tert, De Res 55,7 (Evans 164,26–166,27).

222   Tert, De Res 55,7 (Evans 166,27 f.): „nec ita alius efficiatur ut cesset idem esse, immo nec alius efficiatur sed aliud."

wandlung, die sich in den einzelnen Lebensaltern vollzieht, wird mit dem Tod keinen Halt machen. Vielmehr wird die Auferstehung die allerletzte μεταβολή des Menschenkörpers sein (vgl. Ps-Athen, De Res 12,9).[223]

In De Res 55,8–12 versucht Tertullian, die in De Res 55,1–7 entwickelte Andersartigkeit derselben fleischlichen Substanz im Auferstehungszustand mit einigen Beispielen aus der Schrift zu belegen. Es geht ihm vor allem um ein ganz bestimmtes Verständnis von der *demutatio*, das er auf diese Weise einführt: „Diese Form der Verwandlung bezeugen auch die göttlichen Schriften."[224] Dabei will Tertullian seine Vorstellung von der Verwandlung ausdrücklich mit der Heiligen Schrift unterlegen und damit sein Verständnis als schriftgemäß erweisen. Als erstes Beispiel wird Mose herangezogen: Seine Hand wird in der Weise verwandelt, dass sie einer abgestorbenen gleicht, da sie durch den Aussatz blutlos, bleich und kalt wird (vgl. Ex 4,6 f.).[225] „Aber nach dem Empfang der Lebenswärme und der Wiedererlangung der Farbe ist sie dasselbe Fleisch und Blut."[226] Wenn später das Aussehen des Mose in eine blendende Helligkeit verwandelt wird, so bleibt er dennoch derselbe, obwohl er nicht angesehen werden kann (vgl. Ex 34,30; 2 Kor 3,7).[227]

Daraufhin folgen einige neutestamentliche Belege, die Tertullian zur Bestätigung seiner Sicht von der *demutatio* anführt: So erreicht auch Stephanus bereits eine engelhafte Stellung (angelicum fastigium), aber es sind dennoch keine anderen Knie, die er bei seiner Steinigung niederbeugt (vgl. Apg 7,55–60).[228] In De Res 55,10 greift Tertullian auf die Verklärungsszene (Mt 17,1–9/Mk 9,2–10/Lk 9,28–36) zurück, die sich besonders zur Darlegung des verwandelten Zustands anbietet:[229] Der Herr lässt sogar in der Zurückgezogenheit auf dem Berg seine Kleidung durch das Licht verwandeln, aber seine Gesichts-

---

223 Ps-Athen, De Res 12,9 (Marcovich 37,23 f.).

224 Tert, De Res 55,8 (Evans 166,28 f.): „hanc formam demutationis divina etiam documenta testantur."

225 Tert, De Res 55,8 (Evans 166,29 f.).

226 Tert, De Res 55,8 (Evans 166,30 f.): „sed et recepto calore et refuso colore eadem caro et sanguis est."

227 Tert, De Res 55,8 (Evans 166,31–33): „mutatur postea et facies eiusdem incontemplabili claritate: sed Moyses erat proinde qui non videbatur."

228 Tert, De Res 55,9 (Evans 166,33 f.): „sic et Stephanus angelicum iam fastigium induerat: sed non alia genua in lapidatione succiderant."

229 So auch im Rheginosbrief NHC I,4 (48,6–10) und bei Origenes in Meth, De Res I,22,5 (GCS 27, 246,10 f. Bonwetsch).

546   7. KAPITEL

züge bleiben für Petrus trotzdem erkennbar.[230] Ebenso verhält es sich auch
bei Mose und Elia, die beide dort anwesend sind – der eine, der noch kein
Auferstehungsfleisch angenommen hat, und der andere, der noch nicht verstorben ist. So lässt sich an ihnen zeigen, dass sie sogar in Herrlichkeit dieselbe
äußere Gestalt des Körpers beibehalten (eandem tamen habitudinem corporis etiam in gloria perseverare).[231] Von diesem Beispiel wurde Paulus inspiriert
(de quo exemplo instructus et Paulus), wenn er in Phil 3,21 sagt: „Er wird den
Leib unserer Niedrigkeit umgestalten, der mit dem Leib seiner Herrlichkeit
gleichförmig sein wird."[232]

Anschließend geht Tertullian in diesem Kapitel noch einmal direkt auf die
gegnerische Argumentation in De Res 55,11 ein: Wenn jedoch die Kontrahenten behaupten, dass die Umgestaltung und Veränderung im Verschwinden
der Körpersubstanz besteht, dann muss die Veränderung Sauls in einen anderen Mann so zu verstehen sein,[233] dass er aus seinem Leib herausgegangen
ist.[234] Wenn die Gegner Recht behalten, dann muss selbst Satan, wenn er
sich in einen Engel des Lichts umgestaltet (vgl. 2 Kor 11,14), seine Beschaffenheit verlieren.[235] Dies kann aber für Tertullian auf keinen Fall sein: „non opi-

---

230   Tert, De Res 55,10 (Evans 166,35 f.): „dominus quoque in secessu montis etiam vestimenta
      luce mutaverat, sed liniamenta Petro agnoscibilia servaverat".

231   Tert, De Res 55,10 (Evans 166,36–39): „ubi etiam Moyses et Helias, alter in imagine carnis
      nondum receptae, alter in veritate nondum defunctae, eandem tamen habitudinem cor-
      poris etiam in gloria perseverare docuerant."

232   Tert, De Res 55,11 (Evans 166,39–41): „de quo exemplo instructus et Paulus, ‚Qui transfigura-
      bit', inquit, ‚corpus humilitatis nostrae conformale corpori gloriae suae'." Irenäus von Lyon
      spricht aufgrund von Phil 3,20 f. ebenfalls von einer „transfiguratio/μετασχηματισμός" des
      Fleisches innerhalb der Auferstehung. Vgl. Irenäus, AdvHaer v,13,3 (SC 153, 170,58–174,81
      Rousseau/Doutreleau/Mercier). Jedoch vermeidet er von einer *demutatio* bzw. μεταβολή
      beim Auferstehungsvorgang zu sprechen, so dass er den Terminus ἀλλαγησόμεθα (1 Kor
      15,51 f.) zur Bestimmung des Auferstehungsgeschehens nicht rezipiert.

233   Offensichtlich spielt Tertullian hier auf 1 Sam 10,6 an, als Saul durch das Herabkom-
      men des Geistes des Herrn zu einem anderen Mann verändert worden ist (1 Sam 10,6
      LXX: καὶ ἐφαλεῖται ἐπὶ σὲ πνεῦμα κυρίου, καὶ προφητεύσεις μετ' αὐτῶν καὶ στραφήσῃ εἰς
      ἄνδρα ἄλλον.). Siehe auch Vulgata: „et mutaberis in virum alium". Vgl. E. Evans, Tertul-
      lian's Treatise on the Resurrection, 167.328: „If transfiguration had involved a change of
      substance, Saul when changed into another man would not have been the same Saul
      [...]"

234   Tert, De Res 55,11 (Evans 166,41–43): „quodsi et transfigurationem et conversionem in tran-
      situm substantiae cuiusque defendis, ergo et Saul in alium virum conversus de corpore suo
      excessit".

235   Tert, De Res 55,12 (Evans 166,43–45): „et ipse Satanas, cum in angelum lucis transfiguratur,
      · qualitatem suam amittit."

nor."[236] Nach dieser Schriftauslegung formuliert Tertullian schließlich sein Ergebnis, was das Verständnis der *demutatio* und der sich mit ihr einstellenden Andersartigkeit des Auferstehungszustands betrifft: „So wird es auch beim Ereignis der Auferstehung möglich sein, unter Beibehaltung der Substanz verwandelt, verändert und umgestaltet zu werden."[237]

Bedeutung der demutatio für die konkrete Auferstehungsleiblichkeit (De Res 60f.)

In De Res 60–62 wendet Tertullian die Verwandlung in einen engelhaften Zustand auf die konkrete Auferstehungsleiblichkeit an. In De Res 62,1 weist er ausdrücklich darauf hin, dass die engelgleiche Verfassung direkt den zukünftigen Körper mitbetreffen wird: Denn in dem *angelicum statum* wird es weder das Heiraten noch den Tod geben. Die Auferstandenen werden überhaupt keinem entsprechenden Bedürfnis der körperlichen Beschaffenheit mehr unterliegen (nec ulli simili necessitati succidendo corporalis conditionis), weil sie „wie die Engel sein werden (Erunt tanquam angeli)."[238]

Wie stellt sich Tertullian eine derartige Auferstehungsleiblichkeit vor? Dieser Fragestellung widmet er sich besonders in De Res 60 und 61, indem er als Anlass einen Einwand gegen die Identität des auferstandenen Fleisches zum Ausgangspunkt seiner Darlegung macht. Innerhalb der Beschäftigung mit der Beschaffenheit des Auferstehungsleibes (De Res 52–62)[239] geht er in De Res 60 auf einen wichtigen Einspruch ein. Dieser betrifft vor allem die *Tätigkeit* der Körperglieder, die im zukünftigen Körper nicht mehr bestehen wird. Die Kontrahenten folgern daraus, dass mit der Aufhebung der Wirkungen der einzelnen Glieder auch die gesamte Körperlichkeit im Auferstehungszustand entfallen müsste.[240]

Diese Problematik ist bereits in der gegnerischen Argumentation in De Res 4,5 angeklungen, die Tertullian nun in De Res 60f. einer ausführlichen Klärung unterzieht.[241] Der Einwand richtet sich somit gegen die Auferstehung des

---

236 Tert, De Res 55,12 (Evans 166,45).

237 Tert, De Res 55,12 (Evans 166,45f.): „ita et in resurrectionis eventu mutari converti reformari licebit cum salute substantiae."

238 Tert, De Res 62,1 (Evans 182,1–3).

239 Vgl. R. Sider, Structure, 179, der den Abschnitt De Res 52–62 als „amplificatio" qualifiziert, in dem die Natur des auferstandenen Leibes in der himmlischen Welt behandelt werde: „Moreover, chapters LII–LXII are held together not only by the fact that they all consider the nature of the resurrected body in the heavenly world [...]"

240 Tert, De Res 60,1 (Evans 176,1–7).

241 R. Sider untersucht die rhetorische Struktur von De Resurrectione des Tertullian und weist

548　　　　　　　　　　　　　　　　　　　　　　　　　　　7. KAPITEL

Körpers mit all seinen Gliedern, da diese notwendigerweise die gesamte Leiblichkeit umfassen: Wenn nun dieselben Körperglieder auferstehen sollen, dann
müssen sie erneut die gleichen Tätigkeiten und Wirkungen besitzen. Wenn
jedoch feststeht, dass die Betätigungen der Glieder aufhören, dann ist auch die
gesamte *corpulentia* zu beseitigen, an deren Fortdauer ohne die *membra* jedenfalls nicht geglaubt werden kann, da auch die Glieder ohne ihre Aktivitäten
keinen Zweck mehr haben.[242] Daher muss – nach Meinung der Kontrahenten – die *Körperlichkeit* im Auferstehungszustand aufhören, legt die engelgleiche Befindlichkeit dies doch nahe.[243]

Mit der Argumentation der Gegner teilt Tertullian jedenfalls die Meinung,
dass die Funktionen der irdischen Leiblichkeit im postmortalen Zustand
keine Bedeutung mehr haben. Jedoch zieht er daraus keineswegs die Schlussfolgerung, dass die gesamte Körperlichkeit, die ja aus den einzelnen Gliedern konstituiert wird, entfällt. Die Kontrahenten hingegen führen sämtliche
Funktionen der Körperglieder auf, die zwar in diesem Leben, nicht aber in
der auferstandenen Existenz ihren Nutzen haben: Wenn nämlich Essen und
Trinken die Auferstehungsleiblichkeit nicht mehr ausmachen, wozu benöti-

---

explizit darauf hin, dass die in De Res 4,3–6 aufgeführten Einwände in De Res 57–61 aufgenommen und eingehend behandelt werden. Vgl. R. Sider, Structure, 194: „In LVII–LXI,
Tertullian picks up the objections he had already narrated in chapter IV.3–6. [...], so here
in LVII–LXI Tertullian replies to the heretical abuse of the heavenly body with a promise
of its perfect health and integrity (LX–LXI)."

242　Tert, De Res 60,1 (Evans 176,4–7).

243　Vgl. Ps-Justin, De Res 2,10–12 (PTS 54, 106,12–14 Heimgartner): Ps-Justin referiert ebenso
die gegnerische Argumentation, die aus dem Herrenwort an die Sadduzäer (Mt 22,30/Mk
12,25/Lk 20,35f.) die Schlussfolgerung zieht, dass die Existenz in der σάρξ aufgehoben sein
wird, wenn die Auferstandenen im himmlischen Zustand wie die Engel weder heiraten
noch verheiratet werden. Wenn sie also den Engeln gleich sein werden, dann besitzen
sie auch kein Fleisch mehr, so dass auch das Essen und der Geschlechtsverkehr entfällt
(De Res 2,11: οἱ δὲ ἄγγελοι, φασίν, οὔτε σάρκα ἔχουσιν οὔτε ἐσθίουσιν οὔτε συνουσιάζονται).
Daher ist die σαρκικὴ ἀνάστασις zu verwerfen (De Res 2,12: ὥστε οὐδὲ σαρκικὴ ἀνάστασις
γενήσεται.). Vgl. dazu H.E. Lona, Ps. Justins „De Resurrectione", 717: „Die Gegner bestreiten
nicht die Wirklichkeit der Auferstehung im ganzen, sondern eine bestimmte Auffassung.
Die Argumentation mit der Schrift – ‚sie werden wie Engel im Himmel sein' – soll den
Nachweis bringen, daß es keine σαρκικὴ ἀνάστασις geben kann, da die Engel weder Fleisch
haben, noch essen, noch in Geschlechtsgemeinschaft leben. Damit ist das Wesentliche
über Herkunft und Anliegen der Gegner gesagt. Es sind Christen, die nur ein spiritualisti-
sches Auferstehungsverständnis annehmen."

gen wir dann noch die einzelnen Verdauungsorgane, wie die Mundhöhle, die Zähne, den hinabführenden Schlund, den Magen, die Bauchhöhle mit ihren Vertiefungen und überhaupt die Eingeweide?[244] „Zu welchem Zweck sollten derartige Glieder aufnehmen, kauen, hinunterschlucken, zersetzen, verdauen und ausscheiden?"[245] „Wozu werden noch Hände, Füße und Muskeln, die zum Arbeiten dienen, benötigt, wenn der Lebensunterhalt und die Sorge um ihn aufhören?"[246] Auch die männlichen und weiblichen Geschlechtsglieder werden in der auferstandenen Befindlichkeit keine Verwendung mehr haben, da weder das Heiraten noch das Zeugen oder Gebären von Kindern weiter bestehen.[247] Die lange Aufzählung der Nutzlosigkeit aller Körperglieder mündet in einer generellen Verwerfung des gesamten Körpers im Auferstehungszustand: Wenn die einzelnen Glieder ihrer bisherigen Funktion enthoben sind, wozu wird der Körper in seiner Gesamtheit überhaupt noch benötigt, ist er mit seinen Organen doch zu nichts mehr zu gebrauchen (postremo quo totum corpus, totum scilicet vacaturum)?[248]

Nun scheint die gegnerische Argumentation auf Tertullian doch einen starken Eindruck gemacht zu haben, da aus der Aufhebung der bisherigen Funktionen aller Körperglieder konsequent auf die Leugnung des gesamten Körpers in der auferstandenen Beschaffenheit geschlossen wird. Zur Abwehr dieser Schlussfolgerung verweist Tertullian auf seine bis dahin entwickelte Vorstellung von der Verwandlung, auf die er in diesem Zusammenhang gezielt zurückkommt:

> Dazu haben wir daher vorausgeschickt, dass die Einrichtungen der Zukunft und die der Gegenwart nicht zusammengestellt werden dürfen, weil die Verwandlung dann dazwischentreten wird.[249]

---

244 Tert, De Res 60,2 (Evans 176,7–178,10): „quo enim iam, inquiunt, spelunca haec oris et dentium statio et gulae lapsus et compitum stomachi et alvei gurges et intestinorum perplexa proceritas, cum esui et potui locus non erit?"

245 Tert, De Res 60,2 (Evans 178,10 f.): „quo huiusmodi membra admittunt subigunt devolvunt dividunt digerunt egerunt?"

246 Tert, De Res 60,2 (Evans 178,11 f.): „quo manus ipsae et pedes et operarii quique artus, cum victus etiam cura cessabit?"

247 Tert, De Res 60,3 (Evans 178,12–15).

248 Tert, De Res 60,3 (Evans 178,15 f.).

249 Tert, De Res 60,4 (Evans 178,16–18): „ad haec ergo praestruximus non oportere committi futurorum atque praesentium dispositiones, intercessura tunc demutatione".

Die Verwandlung hebt die irdische Tätigkeit der Körperglieder auf, so dass sie nicht mehr dieselben Funktionen beibehalten. Die Verrichtungen der Glieder bestehen für die Bedürfnisse dieses Lebens so lange, bis das Leben selbst aus der Zeitlichkeit in die Ewigkeit hinübergeführt wird (donec et ipsa vita transferatur a temporalitate in aeternitatem) – wie auch der psychische in den pneumatischen Leib (sicut animale corpus in spiritale [vgl. 1 Kor 15,44]). So zieht dieses Sterbliche die Unsterblichkeit und dieses Vergängliche die Unvergänglichkeit an (vgl. 1 Kor 15,53 f.).[250] Wenn aber das Leben selbst von den Bedürfnissen befreit ist, werden auch die Glieder ihrer Tätigkeiten enthoben.[251] Dennoch sollen die einzelnen *membra* durch die Auferstehung zum Zwecke des Gerichts wiederhergestellt werden:

> Sie werden daher nicht unnötig sein. Denn wenn sie auch von (ihren) Verrichtungen befreit werden, (so) werden sie doch zum Gericht beibehalten, damit ‚jeder (das) empfängt, je nachdem wie er durch den Leib gehandelt hat' (vgl. 2 Kor 5,10).[252]

Die Körperglieder werden demnach ganz wiederhergestellt, damit das göttliche Gericht an einem vollständigen Menschen ausgeübt werden kann.[253] Überhaupt nimmt der Gerichtsgedanke im Auferstehungstraktat des Tertullian eine zentrale Stellung ein.[254] Daher hebt er hervor, dass das Gericht Gottes auch einen vollständigen Menschen verlangt (salvum enim hominem tribunal dei exigit).[255] Vollständig kann er jedoch nicht ohne seine Glieder sein, denn er besteht nicht aus deren Verrichtungen, sondern aus deren Substanzen (etenim ex quorum non officiis sed substantiis constat).[256]

---

250 Tert, De Res 60,4 (Evans 178,18–22): „et nunc superstruimus officia ista membrorum necessitatibus vitae huius eo usque consistere donec et ipsa vita transferatur a temporalitate in aeternitatem, sicut animale corpus in spiritale, dum mortale istud induit immortalitatem et corruptivum istud incorruptelam."

251 Tert, De Res 60,5 (Evans 178,22 f.): „et ipsa autem liberata tunc vita a necessitatibus, liberabuntur et membra ab officiis".

252 Tert, De Res 60,5 (Evans 178,23–25): „nec ideo non erunt necessaria: licet enim officiis liberentur, sed iudiciis detinentur ut quis referat per corpus prout gessit".

253 Anders Bynum, die den Zweck der Wiederherstellung der Körperorgane so bestimmt: „Such organs will have no function in the resurrection, but they will survive for the sake of beauty." C.W. Bynum, Resurrection, 37.

254 Vgl. Tert, De Res 14,8 (Evans 36,26–38,28): „idque iudicium resurrectio expunget, haec erit tota causa immo necessitas resurrectionis, congruentissima scilicet deo destinatio iudicii."

255 Tert, De Res 60,6 (Evans 178,25 f.).

256 Tert, De Res 60,6 (Evans 178,26 f.): „salvum vero sine membris non licet, etenim ex quorum non officiis sed substantiis constat".

Tertullian wirft also seinen Kontrahenten vor, dass sie aus der zukünftigen Zwecklosigkeit der Körperglieder auf die gänzliche Verwerfung des Leibes im Auferstehungszustand schließen. Sie bedenken nicht, dass die Glieder zwar von ihrer irdischen Betätigung befreit werden, stattdessen jedoch eine neue Funktionalität einnehmen. Diese neue Funktion der Glieder versucht er *pars pro toto* an einzelnen Beispielen zu illustrieren: Der Mund mit seinen Zähnen ist beispielsweise nicht allein dafür da, um Fleisch zu zerkauen, sondern wird in der postmortalen Beschaffenheit vielmehr zum Lobe Gottes verwendet.[257] Daher irren seine Gegner, wenn sie die Auferstehungsleiblichkeit gänzlich verwerfen in der Annahme, dass die gleichen Glieder zu nichts mehr zu gebrauchen sind. Sie bedenken nicht, dass in jener Zeit die Ursachen für die Bedürfnisse selbst entfallen werden, nämlich für das Essen der Hunger, für das Trinken der Durst, für den Beischlaf das Gebären und für das Arbeiten die Gewinnung des Lebensunterhalts.[258] Daher wird mit der Aufhebung des Todes weder die Nahrung als Mittel zum Erhalt des Lebens benötigt, noch die Geschlechtsglieder zur weiteren Vermehrung verwendet.[259] Denn die Verwandlung in einen engelhaften Zustand wird mit dem Tod auch das Heiraten beseitigen[260] und auf diese Weise die Ursachen der körperlichen Bedürftigkeit gänzlich außer Kraft setzen.

---

257 Vgl. Tert, De Res 61,1 f. (Evans 180,1–10).

258 Tert, De Res 61,4 (Evans 180,16–18): „non recogitantes ipsas prius causas necessitatis tunc vacaturas, cibi famem et potus sitim et concubitus gentiuram et operationis victum."

259 Tert, De Res 61,4 (Evans 180,18–20): „sublata enim morte neque victus fulcimenta ad subsidia vitae neque generis subparatura gravis erit membris."

260 In De Res 61,5–7 (Evans 180,120–182,31) verweist Tertullian darauf, dass schon zu Lebzeiten dem Geschlechtsverkehr durch Askese entsagt werden kann. Weshalb soll dies auch nicht im postmortalen Zustand so sein, ohne jedoch die Geschlechtglieder aus dem Auferstehungsleib zu beseitigen? Ähnlich argumentiert auch Ps-Justin, wenn er in De Res 3 seine asketische Anschauung entfaltet. Vgl. M. Heimgartner, Pseudojustin, 89 f.: „Unserer Schrift fremd ist das Argument Tertullians, dass die Glieder für das Endgericht unversehrt erhalten bleiben, doch wenn er dann beifügt, dass sehr wohl etwas existieren und zugleich von seinen Funktionen frei sein kann (Tert res 60,9), so erkennt man darin den Gedanken von PsJust res 3,3, wo unser Autor erklärt, dass die Geschlechtsteile nicht notwendigerweise ihre Funktionen ausüben müssen. Mit dem Tod verschwindet also auch das Verlangen nach Speise, Trank und Geschlechtsverkehr, da beim Tod das Bedürfnis verschwindet, das eigene Leben durch Nahrung zu erhalten und den Fortbestand der Art durch geschlechtliche Fortpflanzung zu sichern (Tert res 61,4 f.). Und wie PsJust res 3,7–3,12 verweist auch Tertullian darauf, dass man bereits jetzt durch Fasten und Enthaltsamkeit die Eingeweide und Geschlechtsteile von ihren Funktionen frei halten kann, wie Asketen – und zwar beiderlei Geschlechts (vgl. PsJust res 3,9 f.!) – zeigen (Tert res 61,6)."

De Res 62

In De Res 62 beendet Tertullian die gesamte Abhandlung hinsichtlich der Beschaffenheit der Auferstandenen. In diesem Zusammenhang ist die Antwort des Herrn an die Sadduzäer erneut ganz entscheidend:[261] „Sie werden wie die Engel sein!"[262] Diese Aussage Jesu nimmt für ihn also eine zentrale Stellung ein, wenn er die Auferstehungsleiblichkeit bestimmt. Bevor er in De Res 63 zum Ergebnis der gesamten Argumentation seines Auferstehungstraktats kommt, bringt er mit diesem Herrenwort die Erörterung über die zukünftige Beschaffenheit der Auferstandenen auf den Punkt: Die engelgleiche Befindlichkeit besteht nicht nur darin, dass sie nicht mehr heiraten und sterben, sondern keinerlei entsprechender Notwendigkeit der körperlichen Beschaffenheit mehr unterliegen.[263] Diesen Zusammenhang hat Tertullian vor allem in De Res 60 f. entfaltet, wo er eine solche Bedürfnislosigkeit ausdrücklich auf die Verwandlung in einen engelhaften Zustand zurückführt, die dann dazwischen treten wird (intercessura tunc demutatione).[264]

Die Hauptbegründung für die engelhafte Existenz der Auferstandenen liefert ihm jedenfalls eine ganz bestimmte Schrifttradition: Der Überlieferung entsprechend sind auch gewisse Engel einst wie Menschen geworden, indem sie aßen, tranken und sich die Füße waschen ließen.[265] Mit diesem Verhalten haben diese Engel die äußere Erscheinung der Menschen angenommen, ohne jedoch die eigentümliche Substanz in ihrem Inneren aufzugeben (humanam enim induerant superficiem salva intus substantia propria).[266] Entweder folgt Tertullian an dieser Stelle einer eigenen Tradition, oder er lässt sich von bestimmten Schriftstellen (vgl. Gen 18,4–8) inspirieren,[267] führt er doch gewisse Engel an, die die menschliche Erscheinung anlegen und dennoch weiterhin ihr geistiges Wesen im Inneren (intus) beibehalten.

---

261 Tert, De Res 62,1 (Evans 182,1): „Sed huic disceptationi finem dominica pronuntiatio imponet."

262 Tert, De Res 62,1 (Evans 182,2): „Erunt, inquit, tanquam angeli."

263 Tert, De Res 62,1 (Evans 182,2 f.): „si non nubendo quia nec moriendo, utique nec ulli simili necessitati succidendo corporalis conditionis".

264 Tert, De Res 60,4 (Evans 178,17 f.).

265 Tert, De Res 62,1 (Evans 182,4 f.): „quia et angeli aliquando tanquam homines fuerunt edendo et bibendo et pedes lavacro porrigendo."

266 Tert, De Res 62,1 (Evans 182,5 f.).

267 E. Evans, Tertullian's Treatise on the Resurrection, 183, verweist auf Gen 18,4–8. Jedoch schränkt er den Einfluss dieser Stelle auf Tertullian sogleich ein: „The angelic visitation of Gen. 18 and 19 is fully discussed *Adv. Marc.* III.9 and *De Carne Christi* 3, but with nothing that specially bears on the present passage." Ebd., 338.

THEOLOGIEGESCHICHTLICHE ZUORDNUNG DER METABOΛH-VORSTELLUNG 553

Mit einer rhetorischen Frage wagt Tertullian die Übertragung dieser Vorstellung auf den engelhaften Zustand der Auferstandenen:

> Wenn also die Engel, die wie Menschen geworden sind, in derselben geistigen Substanz das fleischliche Verhalten übernahmen, warum sollten nicht auch die Menschen, wenn sie wie Engel geworden sind, in derselben fleischlichen Substanz eine geistige Stellung übernehmen?[268]

Dies trifft nach Meinung Tertullians für die Auferstandenen zu, da sie „unter dem engelhaften Gewand nicht mehr den Gewohnheiten des Fleisches unterworfen (non magis sollemnibus carnis obnoxii sub angelico indumento)" sind.[269] Denn auch die Engel legten das menschliche Gewand an, ohne allein den Gewohnheiten des Geistes verpflichtet zu sein.[270] Wenn jedoch die Auferstandenen die Gewohnheiten des Fleisches aufgeben, so bedeutet dies nicht, dass sie nicht weiter im Fleisch fortbestehen. Denn auch die Engel sind weiterhin im Geist verblieben, obwohl sie die geistigen Gewohnheiten abgelegt und das menschliche Verhalten angenommen haben.[271] Auf diese Weise wird die jeweilige Substanz immer bestehen bleiben, selbst wenn das Verhalten der Engel als auch der Menschen dem eigenen Wesen entgegenzustehen scheint.

In De Res 62,4 bekräftigt Tertullian seine Ansicht, dass auch im Auferstehungszustand an der Beibehaltung der materiellen Substanz des Menschen festzuhalten ist. Er legt diesen Zusammenhang auf folgende Weise dar:

> Zuletzt hat er nicht gesagt: ‚Sie werden Engel sein (erunt angeli)', so dass er dadurch ihr Menschsein verneinte, sondern er sagte: ‚Sie werden *wie* (tanquam) Engel sein', so dass er ihr Menschsein bewahrte.[272]

Der Herr hat die menschliche Substanz keineswegs beseitigt, als er ihr eine Ähnlichkeit mit den Engeln zuwies (non abstulit substantiam, cui similitudi-

---

268 Tert, De Res 62,2 (Evans 182,6–9): „igitur si angeli, facti tanquam homines, in eadem substantia spiritus carnalem tractationem susceperunt, cur non et homines, facti tanquam angeli, in eadem substantia carnis spiritalem subeant dispositionem".

269 Tert, De Res 62,3 (Evans 182,9 f.).

270 Tert, De Res 62,3 (Evans 182,10 f.).

271 Vgl. Tert, De Res 62,3 (Evans 182,11–13): „nec ideo non permansuri in carne quia non in sollemnibus carnis, cum nec angeli ideo non et in spiritu permanserint quia non et in sollemnibus spiritus?"

272 Tert, De Res 62,4 (Evans 182,13–15): „denique non dixit, ‚erunt angeli', ne homines negaret, sed ‚tanquam angeli', ut homines conservaret."

nem attribuit).[273] So äußert sich diese engelhafte Beschaffenheit in der Bedürfnislosigkeit ihrer Auferstehungsleiblichkeit. Jedenfalls wird dieselbe Substanz des Fleisches in dem engelgleichen Zustand bewahrt, so dass alle Glieder des Körpers ganz und unversehrt zum Gericht auferstehen.[274] Nur sind sie ihrer irdischen Funktion enthoben, was aber ihrer Wiederherstellung zum Gericht nicht entgegensteht. Denn die Absicht der Auferstehung besteht für Tertullian insbesondere im Gerichtsgedanken: Der Mensch soll mit allen seinen Gliedern vor dem Richterstuhl Gottes erscheinen, damit er sowohl den Lohn als auch die Strafe für das davonträgt, was er mit seinen Körpergliedern verübt hat. Somit äußert sich die Verwandlung in einen engelhaften Zustand allein in der Aufhebung der irdischen Bedürftigkeit und Notwendigkeit des Leibes, ohne jedoch dieselbe materielle Substanz des Fleisches mit allen seinen Gliedern in der auferstandenen Verfassung aufzugeben.

2.2 Vergleich mit Ps-Athenagoras

Tertullian entwickelt ohne jegliche Voraussetzungen seine Terminologie von der Verwandlungsvorstellung im Auferstehungsgeschehen. Indem er von einer Verwandlung in das Engelhafte spricht, gestaltet er offenbar ganz selbstständig diese Ausdrucksform.[275] Dabei gewinnt er seine Begrifflichkeit aus der Schrift-

---

273   Tert, De Res 62,4 (Evans 182,15 f.).

274   Vgl. Tert, De Res 63,1 (Evans 182,1 f.): „Resurget igitur caro, et quidem omnis, et quidem ipsa, et quidem integra." Eine ähnliche Konzeption vertritt auch Ps-Justin in De Res 4,4 f., wenn er darlegt, dass bei der Auferstehung das Fleisch unversehrt und vollständig auferstehen wird. Vgl. besonders De Res 4,4 (PTS 54, 110,8 Heimgartner): „ὅτι ἐν τῇ ἀναστάσει ἡ σάρξ ὁλόκληρος ἀναστήσεται." und De Res 4,5 (PTS 54, 110,10 f. Heimgartner): „ὥστε καὶ ἀκέραιον καὶ ὁλόκληρον ἀναστῆναι τὴν σάρκα."

275   Traditionsgeschichtlich lässt sich mindestens ein Vorgänger nachweisen, von dem Tertullian m. E. *nicht* abhängig zu sein scheint. Die *syrische Baruch-Apokalypse* (Datierung: 80–100 n. Chr.) vertritt ebenfalls die Vorstellung von einer Verwandlung in eine engelgleiche Herrlichkeit der Gerechten. Die Verwandlung stellt innerhalb der dort vertretenen Eschatologie ein von der Auferstehung völlig getrenntes Ereignis dar. Vgl. G. Sellin, Streit, 224 Anm. 38: „Überdies sind Verwandlung und Totenauferweckung zwei verschiedene Vorgänge."

    Die Auferstehung aller Menschen findet in erster Linie zum Zwecke des Gerichts statt. Die Toten werden in ihrer früheren irdischen Gestalt hergestellt, „indem sich an ihrem Aussehen (ܚܙܘ̈ܬܗܘܢ) nichts verändert (ܡܫܚܠܦ [syrBarApk 50,2])." Erst nach dem Gericht erfolgt die Verwandlung der Auferstehungsgestalt (ܘܡܚܕ) der Frevler und der Gerechten (syrBarApk 51,1). Die Gottlosen werden ein schlimmeres Aussehen, als es war, erhalten, „damit sie die Strafe erleiden (ܐܝܟ ܕܢܬܚܒܠܘܢ ܠܡܫܬܢܝܘ [syrBarApk 51,2])."

    Die Gerechten werden hingegen eine heilvolle Verwandlung erleben, so dass „ihr Glanz

exegese von Lk 20,27–39 und 1 Kor 15,51 f. Tertullian variiert zum Teil seine Ausdrucksweise, wenn er von einer engelhaften Befindlichkeit der Auferstandenen ausgeht. Neben der *demutatio* in eine „engelhafte Substanz" (AdvMarc III,24,6) kann er auch von einer Verwandlung in einen *„angelicus status"* (De Res 36,5) und in einen *„angelicus habitus"* (De Res 42,4) sprechen. Diese Terminologie setzt sich offenbar in De Resurrectione durch, denn in einigen seiner früheren Schriften verwendet Tertullian bei der Bestimmung des postmortalen Zustands noch eine andere Ausdrucksweise. Daher geht dem Sprachgebrauch in De Resurrectione ein Entwicklungsprozess im tertullianischen Nachdenken über die jenseitige Körperbeschaffenheit voraus.

In der Schrift *Ad Uxorem* (entstanden um 204 n. Chr.)[276] geht er ebenso auf die Perikope in Lk 20,27–39 ein, die die Frage der Sadduzäer hinsichtlich der Auferstehung enthält. In diesem Zusammenhang bestimmt er den Auferstehungszustand, ohne jedoch den paulinischen Terminus „demutare/demutatio" zu verwenden. Er redet von einem „transferre in angelicam qualitatem et sanctitatem".[277] Es ist offensichtlich, dass er diese Ausdrucksweise noch nicht mit 1 Kor 15,51 f. kombiniert. An dieser Stelle in *Ad Uxorem* I,1,4 führt er aus, dass es am Tag der Auferstehung nicht zur einer Wiederherstellung der Ehen kommt, weil auch die Engel weder heiraten noch verheiratet werden. Die Auferstandenen werden vielmehr in der Weise der Engel in eine

---

durch Umwandlungen verherrlicht sein wird (ܢܬܚܠܦ ܙܝܘܗܘܢ ܒܫܘܦܪܐ)." „Und es wandelt sich das Aussehen ihrer Gesichter ins Licht ihrer Schönheit (ܚܙܬܗܘܢ ܘܠܫܘܦܪܗ [syrBarApk 51,3])." Indem die Gerechten erhöht und verherrlicht werden, werden sie „zum Glanz der Engel" (ܠܙܝܘܐ ܕܡܠܐܟܐ) verwandelt. Die Gottlosen werden „zu Schaudererscheinungen und Gespenstergestalten" (ܠܚܙܘܐ ܘܫܪܢܐ ܡܟܣܝܐ ܘܒܥܬܐ) verändert, und sie werden gänzlich vergehen (syrBarApk 51,5). Die Geretteten werden in ihrer verwandelten Gestalt nicht mehr altern. „Denn in den Höhen jener Welt werden sie wohnen (ܢܥܡܪܘܢ), und sie werden den Engeln (ܠܡܠܐܟܐ) gleichen und den Sternen (ܠܟܘܟܒܐ) ähnlich sein (syrBarApk 51,10a)."
    Als Folge des Gerichts wird somit eine Verwandlung mit einem doppelten Ausgang für Gerechte und Gottlose vertreten. Dabei geht die syr. Baruch-Apokalypse von einer verklärten Leiblichkeit der Gerechten aus. Vgl. P. Volz, Eschatologie, 253: „In Bar 50 f. stehen die Gerechten mit der alten materiellen Leiblichkeit auf, werden aber in eine ganz neue, engelgleiche verwandelt." Vgl. weiter G. Stemberger, Der Leib der Auferstehung, 85–96.

276 Zur Datierung des gesamten Schrifttums von Tertullian siehe J.-C. Fredouille, Tertullien et la conversion de la culture antique, 487 f.
277 Tert, Ad Uxorem I,1,4 (SC 273, 94,20 f. Munier).

„engelhafte Qualität und Heiligkeit überführt (translatis scilicet in angelicam qualitatem et sanctitatem)", in der weder der Tod noch das Heiraten Bestand haben. In dieser engelgleichen Beschaffenheit gibt es dann keine Bekümmernis mehr, die aus der Eifersucht des Fleisches kommt.[278] Tertullian spricht hier also von einem „Überführen" in eine *angelica qualitas et sanctitas*. Diese Beschreibung des Auferstehungszustands verwendet er nur in dieser Schrift. Ansonsten ist bei Tertullian wahrzunehmen, dass er überwiegend von der Verheißung der engelhaften Substanz (angelica substantia) für die Auferstandenen ausgeht.

In einer seiner ersten Schriften, *Ad Martyras* (197 n. Chr.),[279] ermutigt er die Märtyrer zum Durchhalten in den Leiden, um mit dem Siegespreis der engelhaften Substanz belohnt zu werden (brabium angelicae substantiae). Diese Terminologie kommt in einer Aufzählung vor, die die Verheißung der Jenseitshoffnung illustriert: Die Märtyrer werden mit dem „Siegeskranz der Ewigkeit, mit dem Siegespreis der engelhaften Substanz, mit dem himmlischen Bürgerrecht und mit der Herrlichkeit von Ewigkeit zu Ewigkeit" ausgezeichnet werden.[280] Die Verheißung der engelhaften Substanz im postmortalen Zustand bestimmt ebenso seine Ausdrucksweise in *De Cultu Feminarum* 1,2,5: „Denn auch euch ist dann dieselbe engelhafte Substanz verheißen."[281] Die engelgleiche Beschaffenheit bestimmt auf diese Weise bei Tertullian die Vorstellung von der postmortalen Existenz. In *De Anima* spricht er erneut von der Verheißung des vollkommenen Zustands, der nach dem Maß der engelhaften Vollkommenheit angeordnet ist.[282] Die Verwandlung in eine engelhafte Seinsweise nimmt innerhalb der tertullianischen Vorstellung des postmortalen Auferstehungszustands somit eine wichtige Rolle ein.

---

278 Vgl. Tert, Ad Uxorem 1,1,4 (SC 273, 94,18–22 Munier): „Ceterum Christianis saeculo digressis nulla restitutio nuptiarum in diem resurrectionis repromittitur, translatis scilicet in angelicam qualitatem et sanctitatem. Proinde sollicitudo nulla, quae de carnis zelo venit." Vgl. F.J. Cardman, Tertullian on the Resurrection, 178.

279 Vgl. J.-C. Fredouille, Tertullien et la conversion de la culture antique, 487 f.

280 Vgl. Tert, Ad Martyras 3,3 (CCSL 1, 5,23–26 Dekkers): „Bonum agonem subituri estis in quo agonothetes Deus vivus est, xystarches Spiritus Sanctus, corona aeternitatis, brabium angelicae substantiae, politia in caelis, gloria in saecula saeculorum."

281 Tert, De Cultu Feminarum 1,2,5 (SC 173, 54,46 f. Turcan): „Nam et vobis eadem tunc substantia angelica repromissa."

282 Tert, De Anima 56,7 (CCSL 2, 864,55–57 Waszink): „perfectum illud repromittitur ad angelicae plenitudinis mensuram temperatum".

Eine vergleichbare Auffassung von der Auferstehung bietet auch Ps-Athenagoras, indem er in dem μεταβολή-Begriff das wesentliche Verständnis der Auferstehung erfasst. Beide Autoren lassen sich in besonderer Weise von der Rezeption der paulinischen Terminologie aus 1 Kor 15,51 f. leiten, wenn sie im Auferstehungsvorgang von der μεταβολή/*demutatio* ausgehen. Im Unterschied zu Tertullian bestimmt Ps-Athenagoras jedoch den verwandelten Auferstehungszustand nicht in einer engelhaften Existenz, sondern allgemeiner in einem „besseren Zustand". Dieser unterscheidet sich deutlich von der irdischen Beschaffenheit, die daher als die schlechtere zu verstehen ist. Auf diese Weise treten deutlich die Gemeinsamkeiten und Differenzen beider Entwürfe hervor. Die Gemeinsamkeiten bestehen vor allem darin, dass im Anschluss an die paulinische Ausdrucksweise in 1 Kor 15,51 f. die Auferstehung als ein Verwandlungsgeschehen begriffen wird. Daher befinden sie sich m. E. in derselben Rezeptionsphase der von Paulus mit dem Verbum ἀλλαγησόμεθα vorgegebenen Verwandlungsvorstellung der Auferstehung.

Die Differenzen liegen vorrangig in der Bestimmung der personalen Identität zwischen der irdischen und der auferstandenen Körperlichkeit, die in ihren verschiedenen Konzeptionen des Auferstehungszustands impliziert sind. Tertullian assoziiert die Identität der Personen mit der engelhaften Existenz der Auferstandenen: Die materielle Substanz des Fleisches wird im engelgleichen Zustand wiederhergestellt, so dass sich die *caro* aus denselben Gliedern zusammensetzt, ohne jedoch die irdischen Bedürfnisse und Funktionen aufzuweisen. Der Hauptzweck einer derartigen Wiederherstellung liegt in der Gerichtsperspektive begründet. Im Gericht Gottes soll der Mensch mit allen seinen Gliedern, mit denen er auch seine Taten verübte, vorgeführt werden. So findet an dem vollständigen Menschen eine gerechte Vergeltung statt. Tertullian lehrt auf diese Weise eine materielle Identität der auferstandenen mit der irdischen Körperlichkeit.

Ps-Athenagoras unterscheidet sich an diesem Punkt doch sehr deutlich von einer derartigen Vorstellung der Auferstehungsleiblichkeit. Obgleich beide Autoren davon ausgehen, dass es im Auferstehungskörper kein Nahrungsbedürfnis gibt, geht Ps-Athenagoras über Tertullians Aufhebung der gesamten irdischen Funktionalität derselben Glieder im Auferstehungszustand hinaus: Die auferstandenen σώματα werden nicht einmal aus den vier Stoffen alles Materiellen zusammengesetzt. Die vier Grundelemente des Körperlichen machen die verwandelten Leiber dann nicht mehr aus. Denn das Flüssige, Trockene, Warme und Kalte, die sich in Blut, Schleim, Galle und Atem des menschlichen Organismus manifestieren, tragen nicht mehr zum Leben des auferstandenen Körpers bei (vgl. Ps-Athen, De Res 7,1). Wenn Ps-Athenagoras jedoch von der Zusammensetzung derselben Teile im Auferstehungskörper ausgeht, ver-

558   7. KAPITEL

sucht er, vor allem mit dem μέρος-Begriff die Identität des auferstandenen mit dem irdischen σῶμα zu bewahren. Deshalb vertritt er aber noch lange nicht eine rein materielle Identität. Denn der auferstandene Körper wird gänzlich durch den besseren Zustand charakterisiert, der sich in der Unsterblichkeit und Unvergänglichkeit äußert (vgl. Ps-Athen, De Res 16,2).

B. Pouderon versucht, die Abhängigkeit der tertullianischen Auferstehungsschrift von der des Ps-Athenagoras nachzuweisen. Er listet sämtliche parallele Gedankengänge beider Traktate auf, um aufgrund der Differenzen und Ähnlichkeiten eine literarische Abhängigkeit des De Resurrectione des Tertullian von dem griechischen Auferstehungstraktat zu behaupten.[283] Er legt dar, dass es zwar grundlegende Divergenzen in Form und Inhalt gibt, die aber aus unterschiedlicher Problematik und unterschiedlichen Ambitionen resultieren.[284] Diese Divergenzen bedeuten aber Pouderon zufolge nicht notwendigerweise, dass der eine von dem anderen unabhängig ist. Vielmehr finden sich in beiden Traktaten zahlreiche Analogien in Themen und Argumenten, die nicht einem Zufall zuzuschreiben sind.[285] Bereits aus diesen vorsichtigen Formulierungen im resümierenden Abschnitt des Aufsatzes wird m.E. ersichtlich, wie hypothetisch die Ergebnisse von B. Pouderon sind.

Daraufhin führt der Autor *zwei* Hypothesen auf, die diese Abhängigkeit plausibel erklären sollen. Beide Annahmen schließen sich nach der Auskunft von Pouderon nicht gegenseitig aus, sondern bieten ein wechselseitiges Verständnis.[286] In die Hypothesenbildung bezieht er zusätzlich den Auferstehungstraktat des *Ps-Justin* und das fünfte Buch des Adversus Haereses von *Irenäus* ein: Alle vier Entwürfe zur Auferstehung sind teilweise (en partie) von einer gemeinsamen Quelle abhängig, die als „Prototyp" oder Modell die-

---

283   Vgl. B. Pouderon, Athénagore et Tertullien, 199–216.

284   Vgl. B. Pouderon, Athénagore et Tertullien, 220: „De cette étude, il ressort que les traités respectifs d'Athénagore et de Tertullien sur la résurrection présentent de profondes divergences dans la forme et le contenu, qui résultent de problématiques et d'ambitions différentes;"

285   Vgl. B. Pouderon, Athénagore et Tertullien, 220: „mais ces divergences ne signifient pas nécessairement que l'un soit indépendant de l'autre, parce que s'y opposent de nombreuses analogies dans les thèmes et les arguments qu'on ne peut en aucun cas attribuer au simple hasard."

286   Vgl. B. Pouderon, Athénagore et Tertullien, 220: „Mais ces deux hypothèses ne s'excluent nullement l'une l'autre."

ser Auferstehungstraktate dient. Der Auferstehungstraktat des Ps-Justin soll sogar den „Prototyp" repräsentieren, auch wenn das Werk nur in Fragmenten und daher unvollständig erhalten ist.[287]

Der zweite Erklärungsversuch der gegenseitigen Abhängigkeit der Werke bietet eine fortschreitende Hypothese: Ps-Athenagoras und Irenäus haben das Werk des Ps-Justin gelesen und in ihren Darlegungen der Auferstehungslehre verarbeitet. Tertullian soll daraufhin alle diese Vorgänger studiert und aus diesen Entwürfen einige Gedanken entlehnt haben.[288] Nun zeigen sich nach Pouderon in folgenden Punkten Abhängigkeiten des Tertullian von Ps-Athenagoras: Er soll die logische Strenge in der Argumentation, die epistemologische bzw. die erkenntnistheoretische Reflexion und die gemeinsame Quelle der Erkenntnis, die aus der Stoa entnommen ist, von dem griechischen Autor übernommen haben.[289] Anschließend stellt Pouderon folgende Hypothese auf: „Il n'est pas impossible que sur ce point précis, Tertullien dépende d'Athénagore."[290]

Zusätzlich wird vermutet, dass sich Tertullian in der Anthropologie und in der Seelenlehre bewusst von Ps-Athenagoras abgrenzt. Wenn Ps-Athenagoras behauptet, dass die ψυχή für Leidenschaften und Bedürfnisse unzugänglich ist, so betont der Karthager dagegen, dass die Seele eine materielle Natur und eine Körperlichkeit besitzt, die ihr das Erleiden der Leidenschaften und die Kenntnis der Leiden ermöglicht. Pouderon zufolge reagiert Tertullian auf die Thesen des Ps-Athenagoras, um sie in De Res 17,1 als Anschauung der „einfachen Gläubigen" (simplices) zu degradieren.[291] Schließlich stellt Pouderon folgende Abhängigkeit auf, die sich in diesem Punkt als Abgrenzung vom griechischen Autor äußert: „Es erscheint also, dass Tertullian, wenn er das Werk des Athenagoras zur Auferstehung gekannt und einige Themen aus ihm entnommen haben könnte, dafür gesorgt hat, dass sich seine eigene Lehre

---

287   Vgl. B. Pouderon, Athénagore et Tertullien, 220: „Aussi deux hypothèses s'offrent-elles à nous: ou bien les quatre auteurs (Justin, Athénagore, Irénée et Tertullien) dépendent en partie d'une source commune, un ouvrage ‚prototype' qui aurait servi de modèle aux uns et aux autres; et il n'est pas exclu que ce prototyp soit précisément l'ouvrage de Justin dont il ne nous reste que des fragments – peut-être un abrégé". Vgl. erneut B. Pouderon, Apologetica 1994, 36–38.

288   Vgl. B. Pouderon, Athénagore et Tertullien, 220: „ou bien l'interpénétration des thèmes s'est faite progressivement, Athénagore et Irénée ayant lu l'ouvrage de Justin, et Tertullien, ceux de ses trois prédécesseurs."

289   Vgl. B. Pouderon, Athénagore et Tertullien, 221.

290   B. Pouderon, Athénagore et Tertullien, 221.

291   Vgl. B. Pouderon, Athénagore et Tertullien, 221.

560 7. KAPITEL

von der des Apologeten unterscheidet, die er ohne Zweifel hinter sich lassen wollte."[292]

Was aber die Seelenlehre des Tertullian betrifft, so vertritt er noch im *Apologeticum* und in *De Testimonio Animae* eine ganz andere Ansicht als in *De Anima* (58,1–8) und in *De Resurrectione* (17,1f.). In den ersten beiden Schriften lehrt er ebenso wie Ps-Athenagoras (in De Res 21,5–23,5) die Leidens*unfähigkeit* der Seele, wenn sie ohne den Körper die Strafen erleiden soll.[293] Somit hat die Bezeichnung der christlichen Gruppe als *simplices* (in De Res 17,1), die von der Leidenschaftslosigkeit der Seele ausgehen,[294] nichts mit einer Abgrenzung von Ps-Athenagoras zu schaffen. Es ist m. E. notwendig, eine Entwicklung im Denken des Tertullian durch eine Korrektur zu konstatieren, die die doktrinellen Unterschiede plausibel erklären kann.[295]

Überhaupt gibt auch Pouderon nach der Darlegung der möglichen Ähnlichkeiten in beiden Traktaten zu, dass nicht mit Sicherheit von einer Abhängigkeit gesprochen werden darf, höchstens von einer Wahrscheinlichkeit.[296]

---

292 B. Pouderon, Athénagore et Tertullien, 221: „Il apparaîtrait donc que Tertullien, s'il a pu connaître l'ouvrage d'Athénagore sur la résurrection et lui emprunter quelques thèmes, a pris soin de distinguer sa propre doctrine de celle de l'apologiste, qu'il devait sans doute juger dépassée."

293 Vgl. Tert, Apol 48,4 (Becker 212,28 f.): „quia neque pati quicquam potest anima sola sine materia stabili, id est carne". Vgl. auch Tert, De Testimonio animae 4,1 (CCSL 1, 178,7 f. Willems): Hier vertritt Tertullian eine ähnliche Auffassung von der Leidensunfähigkeit der körperlosen Seele. Die Seele könne weder Schlechtes noch Gutes empfinden, ohne die Vermittlung des empfindungsfähigen Fleisches (quod et nihil mali ac boni sentire possis sine carnis passionalis facultate).

294 Vgl. Tert, De Res 17,1 (Evans 44,1–4): „Simplicior quisque fautor sententiae nostrae putabit carnem etiam idcirco repraesentandam esse iudicio quia aliter anima non capiat passionem tormenti seu refrigerii, utpote incorporalis: hoc enim vulgus existimat."

295 Vgl. T. Georges, Tertullian ›Apologeticum‹, 691: „In der Fortsetzung des Satzes erläutert er [*sc.* Tertullian] den Begründungszusammenhang zwischen dem göttlichen Gericht und der Restitution des ganzen Menschen näher. [...] Welche Rolle die Körper für diese Vergeltung spielen, veranschaulicht Tertullian im Folgenden: Sie werden aus zwei Gründen ‚zum Erscheinen gebracht werden' (Ideoque et repraesentabuntur et corpora). Zum einen, weil a) ‚die Seele allein ohne feste Materie, das heißt ohne das Fleisch, gar nichts erleiden kann' (quia neque pati quicquam potest anima sine materia stabili, id est carne). Diese Ansicht vertritt Tertullian auch in test 4,1 [...] Anders äußert er sich in den später entstandenen Schriften an. (58,1–8) und res. (17,1f.). Dort vertritt er die Ansicht, dass die Seelen auch schon in der Unterwelt, vor ihrer Vereinigung mit den Körpern, Strafe erleiden."

296 Vgl. B. Pouderon, Athénagore et Tertullien, 216: „Mais rien ne permet de le soutenir avec certitude: au mieux peut-on parler de probabilité."

Somit sind die aufgeführten Ähnlichkeiten so vage, dass sich Pouderon selbst eingesteht, die Abhängigkeit des Tertullian von Ps-Athenagoras höchstens als eine „probabilité" zu betrachten. Diese Wahrscheinlichkeit stützt sich dabei auf das rigorose Verfahren (une démarche rigoureuse) der Argumentation und auf die Bestimmung des Publikums als Zweifler und Skeptiker (la définition d'un public, celui des hésitants et des sceptiques) in beiden Traktaten.[297] Jedoch sind diese Ähnlichkeiten erneut so allgemein gehalten, dass m. E. keineswegs von einer Abhängigkeit auszugehen ist.

Die vorliegende Untersuchung zeigt, dass beide Autoren aufgrund der gemeinsamen Tradition zu ähnlichen Verwandlungsvorstellungen innerhalb des Auferstehungsgeschehens gelangen. Jedoch unterscheiden sie sich auch deutlich voneinander, wenn sie den Verwandlungszustand der konkreten Auferstehungsleiblichkeit bestimmen. Während Ps-Athenagoras von einer Verwandlung in einen besseren Zustand spricht, fasst Tertullian die auferstandene Befindlichkeit als eine engelhafte Existenz auf. Die Differenzen treten ebenso in der Auffassung der materiellen Identität der Auferstandenen hervor. Tertullian betont die Beibehaltung der materiellen Substanz des Fleisches im Auferstehungszustand, was Ps-Athenagoras in jedem Fall verneint. Der griechische Autor akzentuiert stattdessen stärker den verwandelten Zustand des Auferstehungsleibes, der nicht mehr aus den vier materiellen Grundstoffen besteht. Auf diese Weise vertritt er keine streng materialistische Auferstehungskonzeption, wohingegen Tertullian eine solche in seinem Traktat explizit nachzuweisen sucht. Dennoch bestehen die Gemeinsamkeiten der beiden Auferstehungsentwürfe insbesondere darin, dass sie sich von der paulinischen Verwandlungsvorstellung im Auferstehungsgeschehen (in 1 Kor 15,51 f.) inspirieren lassen und auf diese Weise theologiegeschichtlich in die gleiche Rezeptionsphase gehören.

3 Origenes

3.1 Verwandlung in eine pneumatische Leiblichkeit

Innerhalb der Auferstehungslehre des Origenes nimmt die μεταβολή-Vorstellung eine wichtige Stellung ein. Es empfiehlt sich, mit der Schrift „Contra Celsum" zu beginnen, in der sich Origenes – wie auch Ps-Athenagoras – mit der Kritik des Celsus an der Auferstehung des Fleisches auseinandersetzt (in

---

297 Vgl. B. Pouderon, Athénagore et Tertullien, 216.

562   7. KAPITEL

C. Cels. v,15–24). Er verteidigt die in der Kirche verkündete „ἀνάστασις τῆς σαρκός", die er jedoch als eine μεταβολὴ ἐπὶ τὸ βέλτιον (C. Cels. v,18) verstanden wissen will.[298] Auch Ps-Athenagoras stellt in seinem positiven Beweis in De Res 12–25 besonders die μεταβολὴ πρὸς τὸ κρεῖττον in den Mittelpunkt seines Auferstehungsverständnisses. Beide Autoren sind mit den Einwänden des Celsus konfrontiert und widerlegen nacheinander die ἀδύνατον- und ἀβούλητον-Argumente des Christengegners. Besonders bei der positiven Darlegung der Auferstehungslehre nimmt die Verwandlungsvorstellung bei beiden Autoren eine wichtige Funktion ein. Origenes will seinem Auftraggeber Ambrosius und natürlich einem weiteren Leserkreis seiner Schrift damit das Verständnis der Formel von der „Auferstehung des Fleisches" zugänglich machen.

Ps-Athenagoras verfolgt ebenso das Ziel, mit der „Verwandlung ins Bessere" seinem philosophisch-gebildeten Publikum die Auferstehungslehre akzeptabel erscheinen zu lassen. Insbesondere die Auferstehung desselben Fleisches, das bereits in der Erde die Verwesung erfahren hat, erzeugt einen erheblichen Anstoß bei den Gebildeten, die höchstens an einer postmortalen Existenz der Seele festzuhalten gewillt sind. Indem beide Autoren auf die „Verwandlung in einen besseren Zustand" verweisen, versuchen sie auf ihre Weise, einem derartigen Publikum die Auferstehungslehre dennoch denkbar und vor allem annehmbar zu machen. Mit dem Verwandlungsverständnis sollen die Bedenken gegenüber der Auferstehung der Toten beseitigt werden, da eine stark materialistisch angenommene Vorstellung der Auferstehungskörperlichkeit vermieden wird.

Origenes geht in C. Cels. v,18 direkt auf die celsische Kritik an der ἀνάστασις τῆς σαρκός ein, während Ps-Athenagoras auf eine derartige Formel verzichtet, weil er aufgrund seiner medizinischen Vorbildung die σάρξ ausschließlich in einem anatomischen Verständnis als Teil des σῶμα begreift.[299] Celsus

---

298 C. Cels. v,18 (Marcovich 334,18–20). Vgl. M. Demura, The Resurrection of the Body, 385–391, der ebenfalls in der Bestimmung der Auferstehung als μεταβολὴ ἐπὶ τὸ βέλτιον eine zentrale Antwort des Origenes auf die celsische Kritik an der Auferstehung des Fleisches sieht.

299 Vgl. De Res 17,2 (Marcovich 42,5–10): „Ἡ τίς ἂν ἐπίστευσεν μὴ τῇ πείρᾳ δεδιδαγμένος, ἐν ὁμοιομερεῖ καὶ ⟨ἀ⟩διαπλάστῳ τῷ σπέρματι τοσούτων καὶ τηλικούτων ἀποκεῖσθαι δυνάμεων ⟨ἀρχὴν⟩ ἢ τοσαύτην ἐπισυνισταμένων καὶ πηγνυμένων ὄγκων διαφοράν, ὀστέων φημὶ καὶ νεύρων καὶ χόνδρων, ἔτι δὲ μυῶν καὶ σαρκῶν καὶ σπλάγχνων καὶ τῶν λοιπῶν τοῦ σώματος μερῶν;" Vgl. auch H.E. Lona, Bemerkungen, 359: „Es handelt sich dabei um das Fleisch des menschlichen Körpers, das die verschiedenen Glieder verbindet, einhüllt und erwärmt (7,3). Diese Funktionen des Fleisches im menschlichen Organismus weisen auf ein konsequent durchgehaltenes anatomisches Verständnis von ‚sarx‘ hin."

THEOLOGIEGESCHICHTLICHE ZUORDNUNG DER METABOΛH-VORSTELLUNG   563

gebraucht beide Begriffe in seinem Angriff der christlichen Auferstehungslehre in C. Cels. v,14 synonym. Er wirft den Christen vor, aus der Erde mit demselben Fleisch auferstehen zu wollen (αὐταῖς σαρξὶν ἐκείναις ἀπὸ τῆς γῆς ἀναδύντας), so dass sie ein Verlangen nach einem verwesten Körper haben (σῶμα σεσηπός).[300] Eben diese Kritik greift Origenes in C. Cels. v,18 direkt auf und hält weiterhin an der Auferstehung des Fleisches fest, wenn diese als eine Verwandlung in einen besseren Zustand aufgefasst wird.[301]

Origenes stimmt der Ansicht zu, dass in den christlichen Gemeinden die Auferstehung des Fleisches verkündet wird (τῆς σαρκὸς ἀνάστασις). Jedoch verstehen sie die Einsichtigeren genauer und durchdringender (ὑπὸ δὲ τῶν συνετωτέρων τρανότερον νενοημένην).[302] Es geht also darum, ein tieferes und vor allem ein „richtiges" Verständnis von dieser Formel zu erhalten, die als *regula fidei* bereits in den Gemeinden anerkannt ist. Dies sucht Origenes zu vermitteln und befindet sich damit in der Verteidigung gegen Celsus, dem dieser Glaube völlig fremd ist. Zusätzlich will er die „unmündigen" (νηπίους) und unreifen Christen zu einem tieferen Verständnis der Auferstehung des Fleisches führen, das der Würde Gottes entspricht und für die Leser annehmbar ist.[303] Er ist also bemüht, die materialistische Auffassung dieser Formel zu überwinden, die dann einer Gottes würdigen Weise (ἀξίως θεοῦ) gleicht.[304]

Außerdem will er sich vom Vorwurf des Celsus distanzieren, der behauptet, dass der verweste Leib erneut aufersteht, indem die Christen mit demselben Fleisch aus der Erde emporkommen.[305] Diese recht materialistische Sicht von der Auferstehung sucht Origenes zu überwinden und versteht sie als Verleumdung.[306] Jedoch ist er sich dessen bewusst, dass sich die einfachen Gläubigen die Auferstehung in genau dieser Weise vorstellen. Nun verteidigt er die Würde dieser Lehre, indem er im Anschluss an 1 Kor 15,35–38 betont, dass nicht der in

---

300   C. Cels. v,14 (Marcovich 331,4–7).

301   C. Cels. v,18 (Marcovich 334,18–21): „Οὔτε μὲν οὖν ἡμεῖς οὔτε τὰ θεῖα γράμματα αὐταῖς φησι σαρξί, μηδεμίαν μεταβολὴν ἀνειληφυίαις τὴν ἐπὶ τὸ βέλτιον, ζήσεσθαι τοὺς πάλαι ἀποθανόντας, ἀπὸ τῆς γῆς ἀναδύντας·" Vgl. G. Dorival, Résurrection, 300: „Ainsi les chairs subsisteront, mais seront changées en mieux."

302   C. Cels. v,18 (Marcovich 334,11–13).

303   Vgl. C. Cels. v,18 (Marcovich 334,14–18).

304   C. Cels. v,18 (Marcovich 334,22 f.): „Ἀκούομεν γὰρ καὶ πολλῶν γραφῶν περὶ ἀναστάσεως ἀξίως θεοῦ λεγουσῶν".

305   C. Cels. v,18 (Marcovich 334,18–21): „Οὔτε μὲν οὖν ἡμεῖς οὔτε τὰ θεῖα γράμματα αὐταῖς φησι σαρξί, μηδεμίαν μεταβολὴν ἀνειληφυίαις τὴν ἐπὶ τὸ βέλτιον, ζήσεσθαι τοὺς πάλαι ἀποθανόντας, ἀπὸ τῆς γῆς ἀναδύντας·"

306   C. Cels. v,18 (Marcovich 334,21 f.): „ὁ δὲ Κέλσος ἡμᾶς συκοφαντεῖ ταῦτα λέγων."

564 7. KAPITEL

der Erde begrabene Leib auferstehen wird. Er greift die von Paulus verwendete Samenmetapher auf, mit der er den Unterschied zwischen dem gesäten Weizenkorn und der daraus entstehenden Pflanze betont. Zwar wird ein nacktes Korn in die Erde gesät, Gott aber gibt jedem Samen seinen eigenen Leib, so wie er es will.[307]

Übertragen auf die Auferstehung bedeutet dies, dass Gott selbst für einen würdigen und angemessenen Auferstehungsleib Sorge trägt. Dieser Körper wird vor allem durch die Verwandlung in einen besseren Zustand (μεταβολὴ ἐπὶ τὸ βέλτιον) gekennzeichnet. Auf diese Weise stellt die Verwandlungsvorstellung einen Versuch dar, die Auferstehungslehre von einer materialistischen Sicht zu befreien. Den Lesern wird so ein tieferes Verständnis von der Leiblichkeit im Auferstehungszustand nahegelegt. Es liegt allein an ihrem Intellekt, die Auferstehungslehre genauer und durchdringender zu begreifen.

In C. Cels. v,22 grenzt sich Origenes von solchen christlichen Gruppen ab, die sich zwar Christen nennen, die Lehre der Schrift über die Auferstehung jedoch ablehnen (ἀθετούντων δὲ τὸ περὶ ἀναστάσεως κατὰ τὰς γραφὰς δόγμα).[308] Celsus hat noch in C. Cels. v,14 auf die Widersprüche bezüglich der Auferstehung unter den Christen hingewiesen und betont, dass sie sich selbst darüber nicht einig sind.[309] Origenes bezieht daher deutlich Stellung gegenüber Meinungen, die der eschatologisch-futurischen Auferstehung skeptisch gegenüberstehen:[310] Solche Leute können überhaupt nicht erklären, wie aus einem Weizenkorn oder aus einem anderen Samen (vgl. 1 Kor 15,37) eine Ähre oder ein Baum gleichsam (οἰονεί) aufersteht.[311] Der Alexandriner argumentiert gegen derartige Ansichten fest von der Schrift aus und lehnt sich eng an

---

307   Vgl. C. Cels. v,18 (Marcovich 334,23–29).

308   C. Cels. v,22 (Marcovich 338,4–6): „Μὴ ὑπονοείτω δέ τις ἡμᾶς ταῦτα λέγοντας ἀπ' ἐκείνων εἶναι τῶν λεγομένων μὲν Χριστιανῶν, ἀθετούντων δὲ τὸ περὶ ἀναστάσεως κατὰ τὰς γραφὰς δόγμα."

309   C. Cels. v,14 (Marcovich 331,7 f.): „Ὁπότε μηδ' ὑμῶν τοῦτο τὸ δόγμα καὶ τῶν Χριστιανῶν ἐνίοις κοινόν ἐστι".

310   Vgl. H.E. Lona, Kelsos, 284: „Die Auferstehung des Fleisches als Glaubeninhalt wird nicht von allen Juden – auch nicht von allen Christen – bejaht. Auch hier drängt sich die Vermutung auf, dass die Feststellung vornehmlich durch den Kontakt des Kelsos mit den christlichen Gemeinden entstanden ist. Im zweiten Jahrhundert wird die Auferstehung des Fleisches besonders in gnostischen Kreisen geleugnet."

311   C. Cels. v,22 (Marcovich 338,6–8): „Ἐκεῖνοι μὲν γὰρ τὸν οἰονεὶ ἀπὸ κόκκου „σίτου ἤ τινος τῶν λοιπῶν" ἀνιστάμενον στάχυν ἢ δένδρον οὐδαμῶς παραστῆσαι ἔχουσιν, ὅσον ἐπὶ τῷ ἀρέσκοντι ἑαυτῶν·"

THEOLOGIEGESCHICHTLICHE ZUORDNUNG DER METABOΛΗ-VORSTELLUNG 565

1 Kor 15,36–44 an: „Wir hingegen sind überzeugt, dass das Gesäte ‚nicht wieder belebt wird, wenn es nicht stirbt‘, so dass auch ‚nicht der zukünftige Leib‘ gesät wird (vgl. 1 Kor 15,36 f.).“[312] Origenes unterscheidet im Anschluss an Paulus deutlich zwischen dem sterblichen und dem auferstandenen Leib, was sich insbesondere an der Samenmetapher veranschaulichen lässt. Es kommt ihm auf das Verleihen des entsprechenden Leibes durch *Gott* an, so dass er erneut feststellt: „Denn Gott gibt ihm einen Leib nach seinem Willen (1 Kor 15,38).“[313]

Origenes schließt sich der paulinischen Betonung der Andersartigkeit des Auferstehungszustands an, ohne die Kontinuität zu vernachlässigen, die mit dem σῶμα-Begriff verknüpft ist: „Es wird ein σῶμα ψυχικόν gesät, aber ein σῶμα πνευματικόν auferweckt (1 Kor 15,44).“[314] Dem Alexandriner ist daran gelegen, die paulinische Unterscheidung hervorzuheben, dass der in die Erde gelegte Leib keineswegs dem Auferstehungskörper gleichen wird. Er wird sich deutlich in seiner Qualität unterscheiden, indem er nicht mehr „psychisch“, sondern „pneumatisch“ ist.

Nach der Rezeption dieser paulinischen Gedanken geht er in C. Cels. v,22b auf das dort propagierte ἀδύνατον ein (C. Cels. v,14: οὔτι γε τὰ αἰσχρὰ ὁ θεὸς δύναται/ὁ θεὸς οὔτε δυνήσεται),[315] dass Gott nämlich Celsus zufolge außerstande ist, die Auferstehung der Leiber zu bewirken:

> Wir bewahren auch den Willen der Kirche Christi und die Größe der Verheißung Gottes, wenn wir auch die Möglichkeit (τὸ δυνατόν) der Sache nicht (nur) durch Meinungsäußerung, sondern auch mit Vernunft (λόγῳ) aufzeigen.[316]

---

312 C. Cels. v,22 (Marcovich 338,8–10): „ἡμεῖς δὲ πειθόμενοι ὅτι τὸ σπειρόμενον „οὐ ζωοποιεῖται, ἐὰν μὴ ἀποθάνῃ“, καὶ ὅτι „οὐ τὸ γενησόμενον σῶμα“ σπείρεται“.

313 C. Cels. v,22 (Marcovich 338,10): „ὁ γὰρ „θεὸς αὐτῷ δίδωσι σῶμα, καθὼς ἠθέλησε“.“ Der begrabene Körper wird zwar in Vergänglichkeit, in Unehre und in Schwachheit ausgesät, aber in Unvergänglichkeit, in Herrlichkeit und in Kraft auferweckt (vgl. 1 Kor 15,42 f.). Vgl. C. Cels. v,22 (Marcovich 338,10–13): „μετὰ τὸ σπαρῆναι „ἐν φθορᾷ“ ἐγείρων αὐτὸ „ἐν ἀφθαρσίᾳ“ καὶ μετὰ τὸ σπαρῆναι „ἐν ἀτιμίᾳ“ ἐγείρων αὐτὸ „ἐν δόξῃ“ καὶ μετὰ τὸ σπαρῆναι „ἐν ἀσθενείᾳ“ ἐγείρων αὐτὸ „ἐν δυνάμει“.“

314 Vgl. C. Cels. v,22 (Marcovich 338,13 f.): „καὶ μετὰ τὸ σπαρῆναι „σῶμα ψυχικὸν“ ἐγείρων αὐτὸ „πνευματικόν“.“

315 C. Cels. v,14 (Marcovich 331,13 f.22).

316 C. Cels. v,22 (Marcovich 338,14–16): „τηροῦμεν καὶ τὸ βούλημα τῆς ἐκκλησίας τοῦ Χριστοῦ καὶ

566   7. KAPITEL

An dieser Stelle wehrt sich Origenes ausdrücklich gegen Celsus, der die Auferstehungslehre als vernunftwidrig (παραλόγως/παράλογον) verleumdet[317] und sie stattdessen scheinbar als Resultat der eigenen Phantasie der Christen vermutet. Origenes behauptet hingegen, dass die Lehre der Vernunft entspricht und daher argumentativ nachvollziehbar ist. Damit folgt er der Forderung des Celsus, eine vernunftgemäße Lehre zu vertreten.[318] Jedenfalls basiert seine Argumentation auf einem Herrenwort: „Der Himmel und die Erde werden vergehen, aber meine Worte werden gewiss nicht vergehen (Mt 24,35)."[319]

Die λόγοι Jesu entsprechen dem λόγος selbst, der für Origenes gemäß dem Johannesprolog „im Anfang bei Gott" (Joh 1,1) war und daher für seine Worte als ewig Seiender die Garantie übernimmt. Mit dem Himmel und mit der Erde vergeht alles, was in ihnen existiert, jedoch die Worte des ewigen Logos bleiben für immer bestehen.[320] Somit steht der λόγος nicht allein für sich, vielmehr identifiziert ihn Origenes mit dem Präexistenten selbst, der für die Auferstehung Sorge trägt.

In C. Cels. v,23 thematisiert Origenes die Kontinuität zwischen dem irdischen und dem auferstandenen Leib, die offenbar für Irritationen sorgt, wie aus den Äußerungen des Celsus zu entnehmen ist. Er distanziert sich vom Vorwurf seines Gegners, dass der verweste Leib in seine ursprüngliche Natur zurückkehren soll (τὸ διαφθαρὲν σῶμα ἐπανέρχεσθαι εἰς τὴν ἐξ ἀρχῆς φύσιν).[321] Dabei greift er erneut auf die paulinische Weizenkornmetapher zurück, um der Kritik des Celsus zu entgegnen: Denn auch das verweste Weizenkorn kehrt nicht wieder zu demselben Weizenkorn zurück (εἰς τὸν κόκκον τοῦ σίτου).[322] Wie nämlich aus ihm eine Ähre entsteht, so liegt auch im Leib ein λόγος, aus dem, da er nicht

---

τὸ μέγεθος τῆς ἐπαγγελίας τοῦ θεοῦ, παριστάντες αὐτοῦ καὶ τὸ δυνατὸν οὐκ ἀποφάσει ἀλλὰ καὶ λόγῳ·"

317   Vgl. C. Cels. v,14 (Marcovich 331,22–24).

318   Celsus erfasst ebenso in der Vernunft das Wesen Gottes, was nach seiner Meinung mit der Auferstehung des Leibes unvereinbar ist. Daher fordert er die Christen auf, sich allein am λόγος bei jeder Lehre zu messen. Vgl. C. Cels. v,14 (Marcovich 331,22–24): „Αὐτὸς γάρ ἐστιν ὁ πάντων τῶν ὄντων λόγος· οὐδὲν οὖν οἷός τε παράλογον οὐδὲ παρ' ἑαυτὸν ἐργάσασθαι."

319   C. Cels. v,22 (Marcovich 338,19 f.): „Ὁ οὐρανὸς καὶ ἡ γῆ παρελεύσεται, οἱ δὲ λόγοι μου οὐ μὴ παρέλθωσιν."

320   Vgl. C. Cels. v,22 (Marcovich 338,16–19).

321   C. Cels. v,23 (Marcovich 338,21 f.): „Ἡμεῖς μὲν οὖν οὔ φαμεν τὸ διαφθαρὲν σῶμα ἐπανέρχεσθαι εἰς τὴν ἐξ ἀρχῆς φύσιν". Celsus selbst formuliert diesen Vorwurf mit einer rhetorischen Frage in C. Cels. v, 14 (Marcovich 331,9–11): „Ποῖον γὰρ σῶμα πάντη διαφθαρὲν οἷόν τε ἐπανελθεῖν εἰς τὴν ἐξ ἀρχῆς φύσιν καὶ αὐτὴν ἐκείνην, ἐξ ἧς ἐλύθη, τὴν πρώτην σύστασιν;"

322   C. Cels. v,23 (Marcovich 338,22 f.): „ὡς οὐδὲ τὸν διαφθαρέντα „κόκκον" τοῦ „σίτου" ἐπανέρχεσθαι εἰς τὸν „κόκκον" τοῦ „σίτου"."

THEOLOGIEGESCHICHTLICHE ZUORDNUNG DER METABOΛH-VORSTELLUNG 567

zugrunde geht, der Leib „in Unvergänglichkeit auferweckt wird" (vgl. 1 Kor 15,42: ἐγείρεται ἐν ἀφθαρσίᾳ).[323]

Die Identität des irdischen mit dem auferstandenen Leib wird nicht an der Wiederherstellung der ursprünglichen Natur und der ersten Zusammensetzung festgemacht, sondern am λόγος, der als Prinzip im Leib liegt (οὕτως λόγος τις ἔγκειται τῷ σώματι). Hier spiegelt sich in einer anderen Begrifflichkeit die εἶδος-Spekulation wider, die Origenes insbesondere in Meth, De Res I,20–24, zur Bewahrung der Identität desselben Individuums ausführlich entfaltet.[324]

Der Alexandriner grenzt sich in diesem Zusammenhang von den Stoikern ab, die seiner Ansicht nach die Meinung vertreten, dass der gänzlich verweste Leib in seine ursprüngliche Natur zurückkehren wird.[325] Auf diese Weise postuliert Origenes, dass die Kritik des Celsus in Wahrheit die stoische Lehre trifft. Sie lehren nämlich die Wiederkehr der gleichen Dinge in nacheinander folgenden Weltperioden,[326] wovon sich Origenes deutlich distanziert. Weiterhin meinen sie, mit zwingenden Gründen ihrer Dialektik zu beweisen, dass jene erste Zusammensetzung (ἡ πρώτη σύστασις), die der Leib vor seiner Auflösung besaß, wieder zusammengefügt wird.[327]

Somit kehrt Origenes die Einwände des Celsus, die die Wiederherstellung des verwesten Leibes in seine ursprüngliche Natur und in jene erste Konstitution *vor* der Auflösung (εἰς τὴν ἐξ ἀρχῆς φύσιν καὶ αὐτὴν ἐκείνην, ἐξ ἧς ἐλύθη, τὴν πρώτην σύστασιν) betreffen, gegen die stoische Lehre von der Wiederholung der Weltperioden um. Origenes setzt sich somit nicht der Kritik des Celsus aus, sondern zeigt umgekehrt, dass der Christengegner die christliche Auferstehungslehre – selbstverständlich aus der Perspektive des Alexandriners –

---

323 C. Cels. v,23 (Marcovich 338,23–25): „Λέγομεν γάρ, ὥσπερ ἐπὶ τοῦ κόκκου τοῦ σίτου ἐγείρεται στάχυς, οὕτως λόγος τις ἔγκειται τῷ σώματι, ἀφ' οὗ μὴ φθειρομένου „ἐγείρεται" τὸ σῶμα „ἐν ἀφθαρσίᾳ"."

324 Vgl. in dieser Studie den Umgang des Origenes mit der Kettennahrungsproblematik (Kapitel 4. 6): In Meth, De Res I,20–24, will Origenes explizit durch die Auferweckung des somatischen εἶδος dieselbe personale Identität der Auferstandenen bewahren. Vgl. weiter bei Origenes, C. Cels. VII,32 (Marcovich 485,26–28) und De Princ II,10,3 (GCS 22, 176,4–11 Koetschau).

325 C. Cels. v,23 (Marcovich 338,25–27): „Οἱ μέντοι ἀπὸ τῆς Στοᾶς τὸ πάντη διαφθαρὲν σῶμά φασιν ἐπανέρχεσθαι εἰς τὴν ἐξ ἀρχῆς φύσιν".

326 C. Cels. v,23 (Marcovich 338,27 f.).

327 C. Cels. v,23 (Marcovich 338,28–30): „καὶ αὐτὴν ἐκείνην, ἐξ ἧς ἐλύθη, τὴν πρώτην σύστασιν πάλιν φασὶ συστήσεσθαι, διαλεκτικαῖς (ὡς οἴονται) ἀνάγκαις ταῦτα παριστάντες."

568   7. KAPITEL

gar nicht erst verstanden hat (C. Cels. V,20: μήτε νοήσαντος τὸ παρ' ἡμῖν γεγραμ-
μένον)[328] und stattdessen im Wesentlichen die stoische Lehre kritisiert.

In C. Cels. V,20 führt Origenes aus, dass die Stoiker den Ausdruck „Auferstehung" zwar nicht benutzen, aber der Sache nach die gleiche Vorstellung
vertreten.[329] Sie lehren, dass sich die Wiederherstellung der Abläufe mit denselben Personen ereignen wird. Nur einige von ihnen meinen aus Scheu vor
dieser Lehre, dass es eine geringfügige und sehr kleine Veränderung gegenüber den Abläufen der früheren Perioden geben wird.[330] Sonst lehren sie
durchaus die Wiederkehr derselben Gestalten, so dass beispielsweise Sokrates
wiedergeboren und sich mit der Philosophie beschäftigen wird, bis er erneut
auf dem Areopag die Verurteilung erlebt. Er soll tatsächlich dieselben Kleider
wie die aus der früheren Periode tragen, was Origenes als eine Lächerlichkeit
empfindet.[331]

Somit meint Origenes, dass die Kritik des Celsus an der Auferstehungslehre als
Wiederherstellung der vor der Auflösung bestandenen ersten Zusammensetzung vielmehr der stoischen Lehre von der Wiederholung der Weltperioden gilt

---

328   C. Cels. V,20 (Marcovich 336,17 f.).

329   C. Cels. V,20 (Marcovich 337,2 f.): „Κἂν μὴ ὀνομάζωσιν οὖν τὸ τῆς ἀναστάσεως ὄνομα, τὸ πρᾶγμά
      γε δηλοῦσιν".

330   C. Cels. V,20 (Marcovich 336,27–29): „Ὅσοι δ' αὐτῶν ἠδέσθησαν τὸ δόγμα, ὀλίγην εἰρήκασι
      παραλλαγὴν καὶ σφόδρα βραχεῖαν γίνεσθαι κατὰ περίοδον τοῖς ἐπὶ τῆς πρὸ αὐτῆς περιόδου." Vgl.
      M. Pohlenz, Stoa I, 81: „So zogen die Stoiker die Folgerung: Nicht nur die Welt als Ganzes
      wird in der neuen Periode in derselben Gestalt wiederkehren, sondern auch die Indivi-
      duen. Vielleicht wird der neue Mensch ein paar Sommersprossen mehr im Gesicht haben,
      aber sonst wird er derselbe sein, der schon einmal gelebt hat." Origenes erwähnt in C. Cels.
      IV,68 aber auch, dass es bei den Stoikern die Meinung gibt, dass es keine genaue Identität
      der Personen, sondern eine absolute Ähnlichkeit bestehen wird. Auf diese Weise versu-
      chen einige Anhänger der Stoa die Widersprüche ihrer Weltperiodenlehre zu lösen, so
      dass nicht Sokrates wieder geboren wird, sondern jemand, der Sokrates völlig gleich ist
      (Vgl. C. Cels. IV,68 [Marcovich 282,7–10]: „Πειρώμενοι μέντοι θεραπεύειν πως τὰς ἀπεμφά-
      σεις οἱ ἀπὸ τῆς Στοᾶς οὐκ οἶδ' ὅπως ἀπαραλλάκτους φασὶν ἔσεσθαι κατὰ περίοδον τοῖς ἀπὸ τῶν
      προτέρων περιόδων πάντας, ἵνα μὴ Σωκράτης πάλιν γένηται, ἀλλ' ἀπαράλλακτός τις τῷ Σωκρά-
      τει".). Jedoch ist nach der Auskunft des Origenes die verbreitete Vorstellung der Stoiker,
      dass die Individuen in der früheren Gestalt erneut auftreten werden. Sonst wäre die Kritik
      an dieser stoischen Lehre in C. Cels. V,20.23 völlig unbegründet, wenn nicht die absolute
      Identität der Personen in den verschiedenen Weltperioden gelehrt werden würde. Vgl.
      M. Pohlenz, Stoa II, 47.

331   Vgl. C. Cels. V,20 (Marcovich 336,29–337,12).

THEOLOGIEGESCHICHTLICHE ZUORDNUNG DER METABOΛH-VORSTELLUNG 569

als etwa der christlichen Lehre. Ps-Athenagoras wählt einen anderen Weg, um celsische Argumente zu widerlegen. Er argumentiert von der Schöpfungstheologie her, wenn er versichert, dass Gott die erste Zusammensetzung (ἡ πρώτη σύστασις) wieder hervorbringen wird (vgl. De Res 3,1).[332]

Weiterhin weist Origenes bei seiner Widerlegung des celsischen ἀδύνατον in C. Cels. v,23a die Flucht in die Allmacht Gottes zurück, mit der einige Christen pauschal die Möglichkeit der Auferstehung bekräftigen:

> Wir ziehen uns auch nicht in die widersinnigste Zuflucht zurück, indem wir behaupten, dass alles für Gott möglich ist.[333]

Origenes stimmt dem generellen Bezug auf die Macht Gottes nicht zu,[334] da der Begriff „alles" für ihn nicht auf solche Dinge zu beziehen ist, die nicht vorhanden oder undenkbar sind.[335] Dies bedeutet aber nicht, dass er Celsus Recht gibt, der die Unmöglichkeit der Auferstehung so zu erweisen meint. Sie ist durchaus denkbar, was er bei der Abwehr des ἀβούλητον-Einwands mit dem Willen Gottes und seiner Vernunft zu vereinbaren sieht.

Celsus begründet den ἀδύνατον-Einwand zusätzlich damit, dass Gott das Hässliche nicht vollbringen kann (ἀλλ' οὔτι γε τὰ αἰσχρὰ ὁ θεὸς δύναται).[336] Origenes stimmt der Grundannahme, dass Gott in der Tat das Hässliche nicht vermag, zu. Denn in diesem Fall bestünde auch die Möglichkeit, dass er nicht mehr Gott wäre.[337] Der Alexandriner bezieht sich bei der Abwehr dieses celsischen Vorwurfs auf das Zitat einer anerkannten Autorität. Wie Celsus sich

---

332   De Res 3,1 (Marcovich 27,20–23): „Εἰ γὰρ μὴ ὄντα κατὰ τὴν πρώτην σύστασιν ἐποίησεν τὰ τῶν ἀνθρώπων σώματα καὶ τὰς τούτων ἀρχάς, καὶ διαλυθέντα (καθ' ὃν ἂν τύχῃ τρόπον) ἀναστήσει μετὰ τῆς ἴσης εὐμαρείας·"

333   C. Cels. v,23 (Marcovich 338,30–339,1): „Καὶ οὐκ εἰς ἀτοπωτάτην γε ἀναχώρησιν ἀναχωροῦμεν λέγοντες ὅτι πᾶν δυνατὸν τῷ θεῷ·"

334   Bereits in Meth, De Res I,21,1 (GCS 27, 243,12 f. Bonwetsch), hat Origenes die Berufung auf πάντα εἶναι δυνατὰ τῷ θεῷ der „einfachen Gläubigen" kritisiert Er will mit diesem Schriftverweis (Mt 19,26/Mk 10,27/Lk 18,27) keineswegs eine rein materialistische Sichtweise von der Auferstehung vertreten wissen, die auf die Schwierigkeiten mit dem Kettennahrungs-Einwand in die Bekräftigung der Allmacht Gottes flieht. Vielmehr ist Origenes der Meinung, dass die Auferstehungslehre als denkfähig und mit der Vernunft vereinbar zu begründen ist, um diesen Glauben als verständlich und annehmbar zu erweisen.

335   C. Cels. v,23 (Marcovich 339,1 f.): „οἴδαμεν γὰρ ἀκούειν τοῦ πᾶν οὐκ ἐπὶ τῶν ἀνυπάρκτων οὐδ' ἐπὶ τῶν ἀδιανοήτων."

336   C. Cels. v,14 (Marcovich 331,13 f.).

337   C. Cels. v,23 (Marcovich 339,2 f.): „Φαμὲν δὲ καὶ ὅτι οὐ δύναται αἰσχρὰ ὁ θεός, ἐπεὶ ἔσται ὁ θεὸς δυνάμενος μὴ εἶναι θεός·"

570   7. KAPITEL

zur Bekräftigung seiner Anschauung auf Heraklit stützt,[338] so verweist Origenes auf eine Äußerung des Euripides, wobei er jedoch nicht von θεοί, sondern allein von θεός spricht:[339] „Wenn nämlich Gott etwas Hässliches vollbringt, (so) ist er nicht (mehr) Gott."[340] Im Gegensatz zu Celsus aber stellt die Auferstehungsleiblichkeit hier nicht etwa etwas Hässliches dar, sondern ist vielmehr mit dem Willen und der Vernunft Gottes vereinbar. Daher widmet er sich dem ἀβούλητον-Einwand in C. Cels V,23b, mit dem Celsus zusätzlich seine ἀδύνατον-Argumentation stützt.

In dieser Weise geht Origenes ähnlich wie Ps-Athenagoras vor, der ebenfalls den ἀδύνατον- und den ἀβούλητον-Einwand widerlegt. Im Unterschied zu Origenes setzt er sich mit einer zusätzlichen Begründung des ἀδύνατον-Arguments, die die Kettennahrungs-Problematik betrifft (De Res 3,3–8,5), auseinander. Die Vorgehensweise weist dennoch eine auffallend ähnliche Struktur auf.[341] Auch Ps-Athenagoras geht in De Res 9 am Ende der Widerlegung des celsischen ἀδύνατον auf die Kritik an der Zuflucht in die Allmacht Gottes ein. Jedoch hält er an der Aussage fest, dass das bei Menschen Unmögliche bei Gott doch möglich ist (τὸ παρ' ἀνθρώποις ἀδύνατον παρὰ θεῷ δυνατόν).[342] Denn dies ist weit ehrenvoller und wahrhaftiger, als die Macht Gottes mit Kunsthandwerkern zu vergleichen, die ihre zerstörten Werke nicht neu schaffen können.

Auf diese Weise fliehen die Gegner selbst in solche Vergleiche, die dann die Unfähigkeit der Menschen auf die Auferstehung der Leiber anwenden, als ob Gott nicht fähig ist, diese zu bewirken.[343] Mit dieser Entgegnung, die sogar direkt das Vokabular des Celsus aufnimmt (καταφευγεῖν), befindet sich Ps-Athenagoras in einer direkten Konfrontation mit dem celsischen ἀδύνατον-Einwand, der offenbar ebenso wie das ἀβούλητον bei seinen Zuhörern präsent ist.

So wie Ps-Athenagoras in De Res 10 auf das celsische ἀβούλητον eingeht, greift auch Origenes bei seiner Widerlegung in C. Cels. V,23b die von Celsus geäußerte Aussage „τὰ παρὰ φύσιν ὁ θεὸς οὐ βούλεται" auf.[344] Er unterzieht diese Aussage

---

338   Vgl. C. Cels. V,14 (Marcovich 331,20 f.): „‚Νέκυες δέ', φησὶν Ἡράκλειτος, ‚κοπρίων ἐκβλητότεροι'."

339   Das Euripides Fragment lautet: „εἰ θεοί τι δρῶσιν αἰσχρόν, οὐκ εἰσὶν θεοί". Eurip. Fr. 292 (Nauck, 447), das bei Plutarch, Moralia 21A, 1049E (Pohlenz/Westman 41,40) zitiert wird. Vgl. H.-J. Horn, Konzeption der Evidenz, 195.

340   C. Cels. V,23 (Marcovich 339,3 f.): „εἰ γὰρ αἰσχρόν τι δρᾷ θεός, οὐκ ἔστι θεός."

341   Vgl. J.-M. Vermander, Résurrection, 129 f.

342   De Res 9,2 (Marcovich 33,15 f.).

343   De Res 9,1 (Marcovich 33,3–9).

344   C. Cels. V,23 (Marcovich 339,5).

THEOLOGIEGESCHICHTLICHE ZUORDNUNG DER METABOΛΗ-VORSTELLUNG 571

einer genauen Differenzierung: Wenn jemand das „Widernatürliche" mit der Schlechtigkeit gleichsetzt, so sagen auch wir, dass Gott das τὰ παρὰ φύσιν nicht will, weil es aus der Schlechtigkeit und Vernunftlosigkeit hervorgeht.[345] Allerdings trifft diese Annahme nicht auf die Auferstehungslehre zu: Denn die Auferstehung der Leiber ist insbesondere mit der Vernunft und dem Willen Gottes vereinbar. Daher richtet sie sich nicht notwendig gegen die Natur.[346]

> Denn das von Gott Vollbrachte ist nicht naturwidrig, selbst wenn es unbegreiflich ist oder einigen unbegreiflich erscheint (κἂν παράδοξα ἦ ἢ δοκοῦντά τισι παράδοξα).[347]

Den Anschein der Paradoxie der Auferstehung sucht Origenes zu bewältigen. Er sieht sich herausgefordert, die Auferstehungslehre in dem Sinne zu reflektieren, dass sie tatsächlich die Gesetze der Natur überwindet. Wenn jemand genötigt wird, diesen Vorgang zum Ausdruck zu bringen, so lautet der Versuch der Bestimmung des Auferstehungsvorgangs folgendermaßen:

> Gott bewirkt gelegentlich Dinge, die über das gewöhnliche Verständnis der Natur hinausgehen.[348]

Dass Gott nicht notwendigerweise an die Gesetze der Natur gebunden ist, sondern sie gewissermaßen durch seine Wundertaten übertrifft, ist auch auf das Auferstehungsgeschehen zu beziehen.[349] Innerhalb des Auferstehungsvor-

---

345 C. Cels. v,23 (Marcovich 339,5–8): „Ἐπεὶ δὲ τίθησιν ὅτι καὶ τὰ παρὰ φύσιν ὁ θεὸς οὐ βούλεται, διαστελλόμεθα τὸ λεγόμενον· ὅτι εἰ μὲν παρὰ φύσιν τὴν κακίαν τις λέγει, καὶ ἡμεῖς λέγομεν ὅτι οὐ βούλεται τὰ παρὰ φύσιν ὁ θεός, οὔτε τὰ ἀπὸ κακίας οὔτε τὰ ἀλόγως γινόμενα·"

346 C. Cels. v,23 (Marcovich 339,8 f.): „εἰ δὲ τὰ κατὰ λόγον θεοῦ καὶ βούλησιν αὐτοῦ γινόμενα ⟨λέγει⟩, ἀναγκαῖον εὐθέως εἶναι μὴ παρὰ φύσιν·"

347 C. Cels. v,23 (Marcovich 339,9–11): „οὐ ⟨γὰρ⟩ παρὰ φύσιν τὰ πραττόμενα ὑπὸ τοῦ θεοῦ, κἂν παράδοξα ἦ ἢ δοκοῦντά τισι παράδοξα."

348 C. Cels. v,23 (Marcovich 339,11–13): „Εἰ δὲ χρὴ βεβιασμένως ὀνομάσαι, ἐροῦμεν ὅτι ὡς πρὸς τὴν κοινότερον νοουμένην φύσιν ἐστί τινα ὑπὲρ τὴν φύσιν, ἃ ποιῆσαι ἄν ποτε θεός".

349 Anders Chr. Reemts, Vernunftgemäßer Glaube, 157. Reemts bestimmt den Wunderbegriff des Origenes genau gegenteilig: „Dagegen gehört es nicht zum Begriff des Wunders, daß mit ihm Naturgesetze überschritten werden." Daraufhin gibt die Autorin doch zu, dass Origenes in C. Cels. v,23 zwischen Natur und Übernatur hinsichtlich der Wunder unterscheide. Jedoch meint sie, dass Origenes diese Unterscheidung fremd sei und er sie „theologisch nicht genügend reflektiert" habe. (Vgl. ebd.)
    Die Schwäche einer solchen Deutung ist die, dass der unmittelbare Kontext kaum beachtet wird. Gerade mit der Differenzierung, dass Gott gelegentlich Dinge bewirkt, die

gangs erhebt Gott den Menschen über die menschliche φύσις und bewirkt, dass dieser in eine bessere und göttlichere Natur verwandelt wird. Indem Gott ihn so erhält, zeigt er durch sein Handeln an dem Bewahrten an, dass die Auferstehung des Menschen seinem *Willen* entspricht.[350]

So widerlegt Origenes hier das ἀβούλητον und führt hinsichtlich des Willens Gottes den positiven Nachweis für die Auferstehungslehre, indem er dieses Geschehen als Verwandlung ἐπὶ φύσιν κρείττονα καὶ θειοτέραν bestimmt. Darin ist offenbar das tiefere Verständnis der Auferstehungslehre enthalten.

> Verwandlung in einen besseren Zustand (C. Cels. III,41 f. und
> C. Cels. IV,57)

Es stellt sich die Frage, wie Origenes sonst in „Contra Celsum" seine Vorstellung von der Auferstehung als μεταβολὴ ἐπὶ τὸ βέλτιον (C. Cels. V,18) bzw. ἐπὶ φύσιν κρείττονα καὶ θειοτέραν (C. Cels. V,23) versteht. Welche Voraussetzungen bringt er mit, wenn er eine derartige Auferstehungsauffassung entwickelt? Eine solche Verwandlungsvorstellung kann Origenes durchaus auf der Grundlage der griechischen Philosophie begründen, was er bereits hinsichtlich des Leibes Christi in C. Cels. III,41 f. ausgeführt hat. Seine μεταβολή-Auffassung ist im *stoischen Hylemorphismus* verankert,[351] geht er doch von einer eigenschaftslosen Materie aus, die verschiedene Verwandlungen annehmen kann:[352] Die Materie ist dazu fähig, immer wieder neue Eigenschaften zu erhalten, so dass sie sogar aus einer sterblichen in eine göttliche Beschaffenheit verwandelt wird. Es hat sich aufgrund der Vorsehung Gottes durch die Auferstehung die sterbliche

---

      über die Natur hinausgehen, begründet Origenes den tieferen Sinn seines Auferstehungsverständnisses. Es ist ihm weder fremd noch ist es ungenügend reflektiert, wenn er das Auferstehungsgeschehen als Erhebung des Menschen über die menschliche Natur und somit als Verwandlung in eine bessere und göttlichere Natur versteht.

350   C. Cels. V,23 (Marcovich 339,13–15): „⟨οἷον⟩ ὑπὲρ τὴν ἀνθρωπίνην φύσιν ἀναβιβάζων τὸν ἄνθρωπον καὶ ποιῶν αὐτὸν μεταβάλλειν ἐπὶ φύσιν κρείττονα καὶ θειοτέραν καὶ τηρῶν τοιοῦτον ὅσον καὶ ὁ τηρούμενος δι' ὧν πράττει παρίστησιν ὅτι βούλεται."

351   Vgl. H. Crouzel, Doctrine origénienne, 243 f.; H. Strutwolf, Gnosis als System, 312 f.

352   Vgl. Diogenes Laertius, Vitae philosophorum VII,134 (Long 354,8–15): „Δοκεῖ δ' αὐτοῖς ἀρχὰς εἶναι τῶν ὅλων δύο, τὸ ποιοῦν καὶ τὸ πάσχον. τὸ μὲν οὖν πάσχον εἶναι τὴν ἄποιον οὐσίαν τὴν ὕλην, τὸ δὲ ποιοῦν τὸν ἐν αὐτῇ λόγον τὸν θεόν· τοῦτον γὰρ ἀΐδιον ὄντα διὰ πάσης αὐτῆς δημιουργεῖν ἕκαστα. τίθησι δὲ τὸ δόγμα τοῦτο Ζήνων μὲν ὁ Κιτιεὺς ἐν τῷ Περὶ οὐσίας, Κλεάνθης δ' ἐν τῷ Περὶ τῶν ἀτόμων, Χρύσιππος δ' ἐν τῇ πρώτῃ τῶν Φυσικῶν πρὸς τῷ τέλει, Ἀρχέδημος δ' ἐν τῷ Περὶ στοιχείων καὶ Ποσειδώνιος ἐν τῷ δευτέρῳ τοῦ Φυσικοῦ λόγου." Diogenes Laertius schreibt also diese Lehre ausdrücklich Zenon zu, die von weiteren Vertretern der Stoa rezipiert worden ist. Vgl. H. Chadwick, Resurrection, 101; D.G. Bostock, Quality and Corporeity, 325.

Eigenschaft im Leib Jesu in eine ätherische und göttliche Eigenschaft verwandelt (μεταβαλεῖν εἰς αἰθέριον καὶ θείαν ποιότητα).[353]

> Diese Verwandlungsvorstellung entwickelt Origenes vor allem bei der Verteidigung gegen den Vorwurf seines Gegners, dass die Christen Jesus für einen Gott halten, obwohl er aus einem sterblichen Leib gewesen ist (ἐκ θνητοῦ σώματος ὄντα θεὸν νομίζομεν).[354] Celsus zufolge stellt der sterbliche Körper Jesu die größte Problematik dar. In diesen kann sich Gott seiner Ansicht nach auf keinen Fall begeben, da er dann einen solch guten, schönen und glücklichen Zustand verlässt, um in eine schlechte, hässliche und unglückliche Lage zu gelangen.[355] Für Celsus ist Gott unwandelbar, so dass er eine derartige Veränderung nicht annimmt (οὐκ ἂν οὖν οὐδὲ ταύτην τὴν μεταβολὴν θεὸς δέχοιτο).[356] Origenes geht auf diese Kritik ein und formuliert hinsichtlich des sterblichen Körpers des Erlösers einen Erklärungsversuch: Jesu sterblicher Leib und die in ihm wohnende menschliche Seele haben nicht nur durch die Gemeinschaft, sondern auch durch die Vereinigung und durch die Vermischung das Höchste erlangt, indem sie sich durch die Teilhabe an Jesu Göttlichkeit zu Gott verwandelt haben (καὶ τῆς ἐκείνου θειότητος κεκοινωνηκότα εἰς θεὸν μεταβεβληκέναι).[357] Origenes ist sich dessen bewusst, dass hier ein gewisser Anstoß hinsichtlich des Leibes Jesu vorliegt. Diese Schwierigkeit versucht er mit dem Bezug auf das, was von den Griechen über die qualitätslose Materie gesagt worden ist,[358] zu lösen: Die eigenschaftslose Materie wird mit

---

353   C. Cels. III,41 (Marcovich 184,2–4): „Εἰ γὰρ ὑγιῆ τὰ τοιαῦτα, τί θαυμαστὸν τὴν ποιότητα τοῦ θνητοῦ κατὰ τὸ τοῦ Ἰησοῦ σῶμα προνοίᾳ θεοῦ βουληθέντος μεταβαλεῖν εἰς αἰθέριον καὶ θείαν ποιότητα;"

354   C. Cels. III,41 (Marcovich 183,18–20): „Ἐπεὶ δ᾽ ἐγκαλεῖ ἡμῖν, οὐκ οἶδ᾽ ἤδη ὁποσάκις, περὶ τοῦ Ἰησοῦ ὅτι ἐκ θνητοῦ σώματος ὄντα θεὸν νομίζομεν καὶ ἐν τούτῳ ὕυια ὑμῖν δοκοῦμεν".

355   C. Cels. IV,14 (Marcovich 228,5–8).

356   C. Cels. IV,14 (Marcovich 228,8–12). Im gesamten Zusammenhang von C. Cels. IV,14 rezipiert Celsus die platonische Anschauung vor allem aus Rep. 380d–382d. Vgl. H.E. Lona, Kelsos, 229: „Der Hauptbegriff ist μεταβολή, d.h. Veränderung, Verwandlung. Auch Platon verwendet im Abschnitt R. 380d–382e diesen Begriff (R. 381b); wichtiger ist aber das Verb μεταβάλλω. Freilich ist der Ausgangspunkt der Frage bei Platon nicht die Möglichkeit eines Herabkommens Gottes, aber sachlich handelt es sich um die gleiche Auffassung von der Unwandelbarkeit des Göttlichen, die jede Art von Veränderung ausschließt."

357   C. Cels. III,41 (Marcovich 183,23–26): „τὸ δὲ θνητὸν αὐτοῦ σῶμα καὶ τὴν ἀνθρωπίνην ἐν αὐτῷ ψυχὴν τῇ πρὸς ἐκεῖνον οὐ μόνον κοινωνίᾳ ἀλλὰ καὶ ἑνώσει καὶ ἀνακράσει τὰ μέγιστά φαμεν προσειληφέναι καὶ τῆς ἐκείνου θειότητος κεκοινωνηκότα εἰς θεὸν μεταβεβληκέναι."

358   Vgl. De Princ II,1,4 (GCS 22, 110,4–6 Koetschau). Diese Lehre hat einen stoischen Ursprung.

574 7. KAPITEL

Eigenschaften bekleidet, mit denen der Schöpfer sie ausstatten will. In diesem Gestaltungsvorgang werden oftmals die früheren Eigenschaften abgelegt, um bessere und davon abweichende anzunehmen (καὶ πολλάκις τὰς μὲν προτέρας ἀποτιθεμένης, κρείττονας δὲ καὶ διαφόρους ἀναλαμβανούσης).[359]

Von dieser hellenistischen Lehre schließt Origenes auf die Verwandlungsfähigkeit des Leibes Jesu: „Wenn nämlich solche Auffassungen gesund sind (ὑγιῆ τὰ τοιαῦτα), was ist dann verwunderlich daran, die sterbliche Eigenschaft im Leib Jesu durch die Vorsehung Gottes, der es so wollte, in eine ätherische und göttliche Eigenschaft zu verwandeln?"[360] Origenes akzeptiert diese Annahme der Griechen als verständige und „gesunde" Lehre, die er ebenso für die Verwandlung des Leibes Jesu im Auferstehungsgeschehen beansprucht. Dabei setzt er voraus, dass die Materie, die allen Eigenschaften zugrunde liegt, die Eigenschaften wechselt (C. Cels. III,42: εἴπερ δυνατὸν ἀμείβειν ποιότητας τὴν ὑποκειμένην πάσαις ποιότησιν ὕλην).[361] Daher ist es auch möglich, dass ebenso das Fleisch Jesu die Eigenschaften gewechselt hat und von solcher Art geworden ist, um in ätherischen und oberen Orten leben zu können. Auf diese Weise hat es die Eigentümlichkeiten der fleischlichen Schwäche abgelegt, die Celsus für abscheulich (μιαρώτερα) hält.[362]

Origenes versucht, prinzipiell die Ablehnung gegenüber der leiblichen Natur innerhalb der platonisch-philosophischen Anschauungen zu überwinden: Das, was im eigentlichen Sinn abscheulich ist, ist das, was aus der κακία entstammt. Die Körpernatur ist jedoch keineswegs damit gleichzusetzen: „φύσις δὲ σώματος οὐ μιαρά·"[363] Diese φύσις enthält nicht durch das eigene

---

Vgl. svf II,309 (Arnim 112,24)/Sextus Empiricus, Adv. Mathem. x,312: „ἡ ἄποιος ὕλη καὶ δι᾿ὅλων τρεπτή".

Sie wird auch von Mittelplatonikern wie beispielsweise Alkinoos, Didaskalikos 8,2 f. (Whittaker 19,29–20,10/Summerell/Zimmer 22,9–27) vertreten.

359 C. Cels. III,41 (Marcovich 183,26–184,2): „Ἐὰν δέ τις προσκόπτῃ καὶ περὶ τοῦ σώματος αὐτοῦ ταῦθ᾿ ἡμῶν λεγόντων, ἐπιστησάτω τοῖς ὑπὸ Ἑλλήνων λεγομένοις περὶ τῆς τῷ ἰδίῳ λόγῳ ἀποίου ὕλης, ποιότητας ἀμφισκομένης ὁποίας ὁ δημιουργὸς βούλεται αὐτῇ περιτιθέναι, καὶ πολλάκις τὰς μὲν προτέρας ἀποτιθεμένης, κρείττονας δὲ καὶ διαφόρους ἀναλαμβανούσης."

360 C. Cels. III,41 (Marcovich 184,2–4): „Εἰ γὰρ ὑγιῆ τὰ τοιαῦτα, τί θαυμαστὸν τὴν ποιότητα τοῦ θνητοῦ κατὰ τὸ τοῦ Ἰησοῦ σῶμα προνοίᾳ θεοῦ βουληθέντος μεταβαλεῖν εἰς αἰθέριον καὶ θείαν ποιότητα;"

361 C. Cels. III,42 (Marcovich 184,9 f.).

362 C. Cels. III,42 (Marcovich 184,11–14): „πῶς οὐ δυνατὸν καὶ τὴν σάρκα τοῦ Ἰησοῦ ἀμείψασαν ποιότητας γεγονέναι τοιαύτην, ὁποίαν ἐχρῆν εἶναι τὴν ἐν αἰθέρι καὶ τοῖς ἀνωτέρω αὐτοῦ τόποις πολιτευομένην, οὐκέτι ἔχουσαν τὰ τῆς σαρκικῆς ἀσθενείας ἴδια καὶ ἅτινα μιαρώτερα ὠνόμασεν ὁ Κέλσος;"

363 C. Cels. III,42 (Marcovich 184,15 f.).

Sein die Schlechtigkeit, das Verabscheuenswerte hervorzubringen. So darf die direkte Zuschreibung der Bosheit an die leibliche Natur nicht als grundsätzliche Prämisse angenommen werden. An diesem Punkt unterscheidet er sich deutlich von Celsus, der aufgrund dieser Annahme die Auferstehung des Fleisches von vornherein als widersinnig einstuft: „Das Fleisch doch, das voll von Dingen ist, von denen nichts Gutes zu sagen ist, als ewig zu erweisen, ist widersinnig; dies wird Gott weder wollen noch können."[364]

Die Lehre vom Hylemorphismus wendet Origenes zunächst in C. Cels. III,41f. auf die Verwandlung des Leibes Jesu infolge seiner Auferstehung an. In C. Cels. IV,57 überträgt er dieselbe Vorstellung direkt auf die Auferstehung der Toten. Was bereits an der Auferstehung Jesu dargelegt wurde, muss notwendigerweise auch allgemein für die Auferstehungslehre gelten. Er wendet sich in C. Cels. IV,57 gegen die Naturenlehre des Celsus (C. Cels. IV,52b–61),[365] der die Behauptung aufstellt, dass die Materie niemals die Unsterblichkeit erhalten kann.[366]

Der Alexandriner erklärt, dass die Materie durchaus im Auferstehungszustand die Eigenschaft der Unvergänglichkeit annehmen kann. Dabei führt er den Nachweis von der Schrift aus: Mit Paulus argumentiert er, dass der irdi-

---

364 C. Cels. V,14 (Marcovich 331,21f.): „Σάρκα δὴ, μεστὴν ὧν οὐδὲ εἰπεῖν καλόν, αἰώνιον ἀποφῆναι παραλόγως οὔτε βουλήσεται ὁ θεὸς οὔτε δυνήσεται."

365 Vgl. H.E. Lona, Kelsos, 252.

366 Vgl. C. Cels. IV,61 (Marcovich 276,14): „Nichts von dem, was aus der Materie entstammt, ist unsterblich (ὕλης ἔκγονον οὐδὲν ἀθάνατον)." Vielmehr ist die Materie ständig dem Wandel und der Veränderung unterworfen und deshalb vergänglich. Die Eigentümlichkeit der ὕλη besteht vor allem in ihrer Vergänglichkeit, die einem wiederholten Wechsel der Eigenschaften ausgesetzt ist. Diese Verwandlung der Eigenschaften der Materie erfolgt ohne Einwirkung des göttlichen Logos (οὐχὶ θείου τινὸς λόγου ἔργον εἶναι), so dass aus derselben Materie der Leib einer Fledermaus, eines Wurmes, eines Frosches oder eines Menschen gebildet wird (C. Cels. IV,52.57 [Marcovich 269,12–15; 274,14–21]) Allein darin äußern sich die Eigenschaften in der Materie, die sich in einem ständigen Wechsel und in der Vergänglichkeit zeigen. Daher kann für Celsus die ὕλη auf keinen Fall die Unvergänglichkeit und Unsterblichkeit annehmen, denn das sind die Eigenschaften Gottes und seiner Werke. Celsus betont, dass alle Werke Gottes unsterblich sind (ἀλλὰ θεοῦ μὲν ἔργα ὅσα ἀθάνατα), wozu auch die Seele gehört (καὶ ψυχὴ μὲν θεοῦ ἔργον). Die Natur des Leibes ist aber davon ausgeschlossen (σώματος δὲ ἄλλη φύσις), so dass der Christengegner grundsätzlich davon ausgeht, dass die Materie niemals die Eigenschaft der Unvergänglichkeit erhält (C. Cels. IV,52 [Marcovich 269,9–12]). Sie befindet sich stattdessen ständig in einem Prozess der Veränderung (C. Cels. IV,60 [Marcovich 275,27–29]), worin sich der Zustand der Vergänglichkeit äußert (C. Cels. IV,52 [Marcovich 269,14f.]).

576 7. KAPITEL

sche Leib zwar in Vergänglichkeit, in Unehre und in Schwachheit gesät, jedoch in Unvergänglichkeit, in Herrlichkeit und in Kraft auferweckt wird. So werden psychische Leiber gesät, pneumatische σώματα aber auferweckt (vgl. 1 Kor 15,42–44).[367]

Daraufhin hebt Origenes hervor, dass alle, die von der Vorsehung ausgehen, nachweisen werden, dass die zugrundeliegende Materie fähig ist, die Eigenschaft anzunehmen, die der Schöpfer ihr geben will.[368] Es ist allein im Willen des Schöpfers begründet, dass die Materie der Auferstandenen im pneumatischen Zustand mit der Unvergänglichkeit ausgestattet wird. So wird bei den Auferstehungsleibern eine bessere und sich von den irdischen Körpern unterscheidende materielle Eigenschaft bestehen.[369] Origenes legt auf diese Weise bei der Lehre von der Auferstehung der Toten dar, dass sich die Verwandlungen insbesondere auf die Eigenschaften in den Körpern erstrecken.[370] Daher kommt es zur Auferweckung der pneumatischen σώματα, die mit den Eigenschaften der Unvergänglichkeit, Herrlichkeit und Kraft ausgezeichnet werden.[371]

Hiermit setzt Origenes die Lehre von der eigenschaftslosen Materie voraus, die dazu fähig ist, die Eigenschaften anzunehmen, die dem Willen Gottes entsprechen.

> Denn dieselbe Materie, die allen Körpern zugrunde liegt, ist im eigentlichen Sinn eigenschaftslos und gestaltlos.[372]

---

367 C. Cels. IV,57 (Marcovich 274,1–6): „Διὸ καὶ „τὴν ἀνάστασιν τῶν νεκρῶν" ἀποδεχόμενοι μεταβολάς φαμεν γίνεσθαι ποιοτήτων τῶν ἐν σώμασιν· ἐπεὶ σπειρόμενά τινα αὐτῶν „ἐν φθορᾷ ἐγείρεται ἐν ἀφθαρσίᾳ", καὶ σπειρόμενα „ἐν ἀτιμίᾳ ἐγείρεται ἐν δόξῃ", καὶ σπειρόμενα „ἐν ἀσθενείᾳ ἐγείρεται ἐν δυνάμει", καὶ σπειρόμενα σώματα ψυχικὰ ἐγείρεται πνευματικά."

368 C. Cels. IV,57 (Marcovich 274,6–8): „Περὶ δὲ τοῦ τὴν ὑποκειμένην ὕλην δεκτικὴν εἶναι ποιοτήτων, ὧν ὁ δημιουργὸς βούλεται, πάντες οἱ πρόνοιαν παραδεξάμενοι κατασκευάζομεν·"

369 C. Cels. IV,57 (Marcovich 274,8–10): „καὶ βουλομένου μὲν θεοῦ ποιότης τοιαδὶ νῦν ἐστι περὶ τήνδε τὴν ὕλην ἑξῆς δὲ τοιαδί, φέρ' εἰπεῖν, βελτίων καὶ διαφέρουσα."

370 C. Cels. IV,57 (Marcovich 274,1–3): „Διὸ καὶ „τὴν ἀνάστασιν τῶν νεκρῶν" ἀποδεχόμενοι μεταβολάς φαμεν γίνεσθαι ποιοτήτων τῶν ἐν σώμασιν·"

371 Vgl. M. Demura, The Resurrection of the Body, 388: „From this passage, it is evident that Origen takes bodily resurrection as a qualitative change."

372 C. Cels. IV,56 (Marcovich 273,4–6): „Ὕλη γὰρ ἡ αὐτὴ πᾶσι τοῖς σώμασιν ὑποκειμένη τῷ ἰδίῳ λόγῳ ἄποιος καὶ ἀσχημάτιστος". Nach dieser Aussage wirft Origenes seinem Gegner vor, dass er nicht erklären kann, von wem die Materie die Eigenschaften empfängt. Stattdessen postuliert Celsus eine grundsätzliche Vergänglichkeit der ὕλη. Vgl. C. Cels. IV,56 (Marcovich 273,6–9). Um den Nachweis zu erbringen, dass die Materie durchaus die Unvergänglichkeit erhält, greift Origenes auf 1 Kor 15 zurück. Dies betrifft den Auferstehungszustand,

THEOLOGIEGESCHICHTLICHE ZUORDNUNG DER METABOΛH-VORSTELLUNG 577

Auf diese Weise verteidigt Origenes in C. Cels. IV,57 seine Anschauung, dass sich die Verschiedenheit bei den σώματα in den Eigenschaften äußert, die in den Körpern innewohnen und in Bezug auf die Körper bestehen.[373] Um diesen grundsätzlichen Unterschied zwischen den somatischen Eigenschaften zu belegen, greift er erneut auf die paulinische Argumentation in 1 Kor 15,40 f. zurück: Denn es gibt sowohl himmlische als auch irdische Körper, die sich in der δόξα unterscheiden. Dabei besteht nicht einmal dieselbe Herrlichkeit unter den himmlischen Körpern. Denn die δόξα der Sonne ist eine andere als die der Sterne. Auch unter den Sternen gibt es Verschiedenheiten, so dass sich ein jeder Stern von dem anderen im Glanz unterscheidet.[374]

Daher ist es begründet, auch von der pneumatischen Beschaffenheit der Auferstandenen zu sprechen, die ebenso wie die Himmelskörper eine ätherische Leiblichkeit aufweisen werden. Besonders aus dem Vergleich mit den ätherischen Himmelskörpern, wie der Sonne und den Sternen, schließt Origenes auf die ätherische Qualität der pneumatischen Leiber im Auferstehungszustand. Dabei grenzt er sich vom aristotelischen Verständnis des Äthers als fünftes Element ab, das außerhalb der Materie existiert, die ihrerseits aus den vier Grundelementen zusammengesetzt ist.[375] Er begreift den Äther ausschließlich als einen besonderen Zustand der Materie. Diese ätherische Eigenschaft wird den Auferstehungskörpern eigen sein, was Origenes aus der paulinischen Verheißung eines σῶμα πνευματικόν (1 Kor 15,44) erschließt. Somit wird mit der Verwandlung der bessere und sich von der irdischen Beschaffenheit deutlich unterscheidende Zustand bewirkt, der sich insbesondere in der ätherischen Qualität der Auferstehungsleiblichkeit zeigt.

---

der durch die Unvergänglichkeit der pneumatischen Körperlichkeit gekennzeichnet sein wird. Origenes sieht die Verleihung der ἀφθαρσία im göttlichen Willen begründet, den er im paulinischen Auferstehungskapitel entdeckt.

373 C. Cels. IV,57 (Marcovich 273,23–25): „Ὅρα οὖν εἰ δεῖ τῷ μετὰ τοιούτων δογμάτων κατηγοροῦντι Χριστιανῶν προσθέσθαι καταλείποντα λόγον, διαφορὰν διδόντα διὰ τὰς ἐπικειμένας ποιότητας τοῖς σώμασι καὶ περὶ τὰ σώματα."

374 C. Cels. IV,57 (Marcovich 273,25–274,1): „Ἴσμεν γὰρ καὶ ἡμεῖς ὅτι ἐστὶ „καὶ σώματα ἐπουράνια καὶ σώματα ἐπίγεια", καὶ ἄλλη μὲν „ἐπουρανίων" σωμάτων „δόξα" ἄλλη δὲ „ἐπιγείων", καὶ οὐδὲ τῶν „ἐπουρανίων" ἡ αὐτή· „ἄλλη" γὰρ „δόξα ἡλίου" „καὶ ἄλλη δόξα ἀστέρων", καὶ ἐν αὐτοῖς δὲ τοῖς ἄστροις „ἀστὴρ ἀστέρος διαφέρει ἐν δόξῃ"."

375 C. Cels. IV,56 (Marcovich 273,11–13): „προσφεύξεται δὲ Ἀριστοτέλει καὶ τοῖς ἀπὸ τοῦ Περιπάτου, ἄϋλον φάσκουσιν εἶναι τὸν αἰθέρα, καὶ πέμπτης παρὰ τὰ τέσσαρα στοιχεῖα αὐτὸν εἶναι φύσεως." Vgl. Aristoteles, De Caelo 1,3,270b; Meteorologica 1,3,339b. Auch in De Princ III,6,6 (GCS 22, 288,21–24 Koetschau) lehnt Origenes diese Lehre ab.

Bewahrung derselben Identität im Auferstehungszustand (C. Cels. VII,32)

Im weiteren Verlauf der Widerlegung der celsischen Argumentation vertieft Origenes die Notwendigkeit der ätherischen Leiblichkeit im Auferstehungszustand. Er wehrt sich dabei in C. Cels. VII,32 gegen den Vorwurf des Celsus, dass die Christen die Vorstellung von der Auferstehung vertreten, weil sie Seelenwanderungslehre missverstanden haben.[376] Während die μετενσωμάτωσις die Versetzung der Seele aus einem Leib in einen ganz *anderen* beinhaltet, stellt die christliche Lehre – trotz der Betonung der Andersartigkeit – die Auferstehung *desselben* Leibes dar. Die fortdauernde Kontinuität des Individuums drückt Origenes in C. Cels. VII,32 mit der paulinischen Metapher vom „Zelt der Seele" (vgl. 2 Kor 5,1–4) aus: Die Identität derselben Person wird durch den im σκῆνος τῆς ψυχῆς enthaltenen λόγος σπέρματος bewahrt.[377] In einem anderen Zusammenhang bezeichnet Origenes diesen „Samenlogos" in stoischer Terminologie als σπερματικὸς λόγος, der die Umwandlung des somatischen εἶδος ermöglicht und auf diese Weise die Identität derselben Person im Auferstehungszustand garantiert.[378] Der λόγος σπερματικός durchdringt und umfasst die Materie des somatischen εἶδος, das offenbar hier mit der paulinischen Metapher vom „Zelt der Seele" gleichzusetzen ist.[379]

---

376 C. Cels. VII,32 (Marcovich 486,1 f.): „ὅτι οὐχ, ὡς οἴεται Κέλσος, τῆς μετενσωματώσεως παρακούσαντες τὰ περὶ ἀναστάσεώς φαμεν".

377 C. Cels. VII,32 (Marcovich 485,26 f.).

378 Meth, De Res I,24,5 (GCS 27, 249,12–250,6 Bonwetsch). Zum σπερματικὸς λόγος als stoischer Terminus vgl. M. Pohlenz, Stoa I, 78 f.: Nach stoischem Verständnis seien die spermatikoi Logoi „die Keimkräfte, in denen sich das Schöpfertum der Weltvernunft äußert, die Kräfte, die sich in den einzelnen Teilen der Materie auswirken, als ‚Same' die Entstehung der Einzeldinge ermöglichen und zugleich als Träger des vernünftigen Naturgesetzes ihre Entwicklung vorzeichnen und bestimmen. Sie übernehmen damit die Funktion des aristotelischen Eidos, das als Finalursache im Stoff die Tendenz zu einer individuellen Entwicklung hervorrief, formen aber diese Vorstellung im Sinne der monistischen Denkweise um, die den Stoff und das vernünftig gestaltende Prinzip als die zwei Seiten der einen Substanz auffaßte, und machen aus der statisch in sich ruhenden ‚Form' eine wirkende Kraft."

379 Origenes führt in C. Cels. VII,32 weiter aus, dass es eine „irdische Behausung des Zeltes" (2 Kor 5,1) gibt, die irgendwie (που) für das Zelt notwendig ist. Die paulinischen Worte erklären, dass „die irdische Behausung aufgelöst wird" (2 Kor 5,1), das *Zelt* aber mit einer Behausung überkleidet wird, die nicht von Händen gemacht, ewig in den Himmeln ist (2 Kor 5,1.4). Vgl. C. Cels. VII,32 (Marcovich 486,11–14). Daraus ist zu schließen, dass das σκῆνος – ähnlich wie das εἶδος – ein den Tod überdauerndes Prinzip ist, das nach der Auflösung der irdischen Behausung mit einer ewigen und nicht von Händen gemachten Behausung überkleidet wird.

THEOLOGIEGESCHICHTLICHE ZUORDNUNG DER METABOΛΗ-VORSTELLUNG 579

Dieser σπερματικὸς λόγος ermöglicht die μεταβολή der vier materiellen Grundstoffe, so dass die Eigenschaften der Erde, des Wassers, der Luft und des Feuers überwunden und in die göttliche Beschaffenheit verwandelt werden.[380] Die in dieser Vorstellung enthaltene Andersartigkeit des Auferstehungszustands hat Celsus offensichtlich nicht verstanden, wie Origenes konstatiert. Er hat die Auferstehungslehre von Unkundigen (ἀπὸ ἰδιωτῶν) gehört, die sie nicht mit vernünftigen Argumenten aufzeigen konnten.[381] Genau diesen Anspruch erhebt Origenes nun für sich, so dass er mit einer „logischen" Darlegung das Missverständnis von einer gänzlichen Andersartigkeit des Auferstehungsleibes ausräumen will.

In diesem Zusammenhang geht er auf die Notwendigkeit eines ätherischen Auferstehungskörpers für das Verweilen an den entsprechenden Orten ein: Die ihrer eigenen Natur nach unkörperliche und unsichtbare Seele bedarf an jedem somatischen Ort, an dem sie sich befindet, eines eigenen Leibes, der seiner Natur nach jenem Ort angemessen ist.[382] Den früheren Körper trägt sie solange, bis er für den zweiten Zustand überflüssig ist. Dennoch wird sie den früheren Körper, der für den ersten Zustand notwendig gewesen ist, nicht ganz eintauschen, sondern erneut mit dem πρότερον σῶμα bekleidet werden. Dieses σῶμα erhält jedoch die Beschaffenheit eines „besseren Gewands", welches die ψυχή für die reineren, ätherischen und himmlischen Orte benötigt (δεομένη κρείττονος ἐνδύματος εἰς τοὺς καθαρωτέρους καὶ αἰθερίους καὶ οὐρανίους τόπους).[383] Nach paulinischem Verständnis ist es eine Bekleidung mit Unvergänglichkeit und Unsterblichkeit (vgl. 1 Kor 15,53 f.). Sie fungieren gleichsam als Kleider (ὡς ἐνδύματα) für den, der damit bekleidet und mit solchen Gewändern umhüllt wird, und so lassen sie den sie Tragenden nicht vergehen oder sterben (οὐκ ἐᾷ φθαρῆναι ἢ ἀποθανεῖν τὸν περικείμενον αὐτά).[384]

---

380 Meth, De Res I,24,5 (GCS 27, 249,12–250,4 Bonwetsch): „εἰ γὰρ καλῶς ἐλάβομεν τὸ παράδειγμα, τηρητέον ὅτι ὁ σπερματικὸς λόγος ἐν τῷ κόκκῳ τοῦ σίτου δραξάμενος τῆς παρακειμένης ὕλης καὶ δι' ὅλης αὐτῆς χωρήσας, περιδραξάμενός αὐτῆς τοῦ αὐτοῦ εἴδους ὃν ἔχει δυνάμεων ἐπιτίθησι τῇ ποτε γῇ καὶ ὕδατι καὶ ἀέρι καὶ πυρί, καὶ νικήσας τὰς ἐκείνων ποιότητας μεταβάλλει ἐπὶ ταύτην, ἧς ἐστιν αὐτὸς δημιουργός".

381 C. Cels. VII,32 (Marcovich 485,28–30): „μὴ νοήσας ὁ Κέλσος τῷ ἀπὸ ἰδιωτῶν καὶ μηδενὶ λόγῳ παραστῆσαι δυναμένων ἀκηκοέναι περὶ αὐτοῦ χλευάζει τὸ λεγόμενον".

382 C. Cels. VII,32 (Marcovich 486,2–4): „ἀλλ' εἰδότες ὅτι ἡ τῇ ἑαυτῆς φύσει ἀσώματος καὶ ἀόρατος ψυχὴ ἐν παντὶ σωματικῷ τόπῳ τυγχάνουσα δέεται σώματος οἰκείου τῇ φύσει τῷ τόπῳ ἐκείνῳ·"

383 C. Cels. VII,32 (Marcovich 486,4–7): „ὅπερ ὅπου μὲν φορεῖ ἀπεκδυσαμένη ⟨τὸ⟩ πρότερον, ἀναγκαῖον μὲν, περισσὸν δὲ ὡς πρὸς τὰ δεύτερα, ὅπου δὲ ἐπενδυσαμένη ᾧ πρότερον εἶχε, δεομένη κρείττονος ἐνδύματος εἰς τοὺς καθαρωτέρους καὶ αἰθερίους καὶ οὐρανίους τόπους."

384 C. Cels. VII,32 (Marcovich 486,19–22): „Ὅρα οὖν ἐφ' οἷα προτρέπει ὁ λόγος, „ἐνδύσασθαι" λέγων

580   7. KAPITEL

Im *Kommentar zum Ps 1,5* äußert Origenes ebenso diese Vorstellung von der Notwendigkeit der entsprechenden Leiber, die die Seele für das Verweilen an bestimmten Orten benötigt:[385] Wenn wir im Wasser leben müssten, wäre es notwendig, Fischkiemen (βράγχια) zu erhalten und so den Zustand der Fische anzunehmen. Ähnlich verhält es sich, wenn wir das Reich der Himmel ererben sollen. Indem wir an vorzüglicheren Orten sein werden, ist es auch notwendig, pneumatische Leiber zu besitzen, ohne jedoch das frühere εἶδος zu verlieren, selbst wenn seine Veränderung in den herrlicheren Zustand stattfindet.[386]

Einen ähnlichen Vergleich benutzt Origenes auch in C. Cels. VII,32, um die Notwendigkeit einer neuen Hülle (χόριον) für das Verweilen der Seele an einem anderen körperlichen Ort zu verdeutlichen: Als die Seele zur Geburt in diese Welt kam, entkleidete sie sich der Hülle (χόριον), die zur Gestaltung in der Gebärmutter der Schwangeren erforderlich war, solange sie sich in ihr aufhielt. Mit der Geburt umkleidet sie sich mit jener Hülle, die notwendig ist, um auf der Erde leben zu können.[387] Das χόριον in der Gebärmutter weist auf die Plazenta hin, die mit der Geburt abgelegt wird. Stattdessen wird die Seele mit einer neuen Hülle ausgestattet, womit der irdische Leib gemeint ist. Mit diesem Beispiel will Origenes die Notwendigkeit eines passenden Leibes für den jeweiligen somatischen Ort illustrieren.

Bereits in C. Cels. III,41f. hat Origenes eine entsprechende Vorstellung auf die Verwandlung des Leibes Jesu nach seiner Auferstehung angewandt: Die sterbliche Beschaffenheit im Körper Jesu ist durch die Vorsehung Gottes in eine ätherische und göttliche Eigenschaft verwandelt (C. Cels. III,41),[388] so

---

τὴν „ἀφθαρσίαν" καὶ τὴν „ἀθανασίαν", ἅτινα ὡς ἐνδύματα τῷ ἐνδυσαμένῳ καὶ περιεχομένῳ τῶν τοιούτων ἐνδυμάτων οὐκ ἐᾷ φθαρῆναι ἢ ἀποθανεῖν τὸν περικείμενον αὐτά."

385 Meth, De Res I,22,4 (GCS 27, 246,3–5 Bonwetsch): „ἀναγκαῖον γὰρ τὴν ψυχὴν ἐν τόποις σωματικοῖς ὑπάρχουσαν κεχρῆσθαι σώμασι καταλλήλοις τοῖς τόποις."

386 Meth, De Res I,22,5 (GCS 27, 246,5–10 Bonwetsch): „καὶ ὥσπερ ἐν θαλάσσῃ ζῆν ἡμᾶς ἐνύδρους γενομένους εἰ ἐχρῆν, πάντως ἂν ἡμᾶς ἔδει βράγχια ἔχειν καὶ τὴν ἄλλην ἰχθύων κατάστασιν, οὕτως μέλλοντας κληρονομεῖν βασιλείαν οὐρανῶν καὶ ἐν τόποις διαφέρουσιν ἔσεσθαι, ἀναγκαῖον χρῆσθαι σώμασι πνευματικοῖς, οὐχὶ τοῦ εἴδους τοῦ προτέρου ἀφανιζομένου, κἂν ἐπὶ τὸ ἐνδοξότερον γένηται αὐτοῦ ἡ τροπή".

387 C. Cels. VII,32 (Marcovich 486,7–10): „Καὶ ἀπεξεδύσατο μὲν ἐπὶ τὴν τῇδε γένεσιν ἐρχομένη τὸ χρήσιμον πρὸς τὴν ἐν τῇ ὑστέρᾳ τῆς κυούσης ⟨διάπλασιν⟩, ἕως ἦν ἐν αὐτῇ, χορίον· ἐνεδύσατο δὲ ὑπ᾽ ἐκεῖνο ὃ ἦν ἀναγκαῖον τῷ ἐπὶ γῆς μέλλοντι διαζῆν." Die Konjektur διάπλασιν von Koetschau und Borret ist vorzuziehen, statt der Ergänzung μονήν von Marcovich zu folgen.

388 C. Cels. III,41 (Marcovich 184,2–4): „Εἰ γὰρ ὑγιῆ τὰ τοιαῦτα, τί θαυμαστὸν τὴν ποιότητα τοῦ θνητοῦ κατὰ τὸ τοῦ Ἰησοῦ σῶμα προνοίᾳ θεοῦ βουληθέντος μεταβαλεῖν εἰς αἰθέριον καὶ θείαν ποιότητα;"

dass die Möglichkeit geschaffen wurde, sich in ätherischen und oberen Orten aufzuhalten (C. Cels. III,42).[389] So werden auch die Auferstandenen in einer ähnlichen Weise mit einem besseren Gewand ausgestattet, das das Leben in ätherischen und himmlischen Orten ermöglicht. In CMt XVII,29 f. sagt Origenes dann explizit, dass die Seele einen ätherischen und glänzenden Leib erhält, der im Vergleich zur früheren Beschaffenheit eine deutlich bessere Qualität aufweisen wird. Es ist aber immer noch derselbe Leib, den die Seele empfängt, der jedoch αἰθέριόν τι καὶ κρεῖττον sein wird.[390]

Ätherische Auferstehungsleiblichkeit (CMt XVII,29 f. und Strom)
In seinem Matthäusevangelium-Kommentar legt Origenes die Perikope aus Mt 22,23–33 aus, die die Frage der Sadduzäer bezüglich der Auferstehung enthält. Aus der Beschäftigung mit dieser Schriftstelle leitet er für den Auferstehungszustand die ätherische und bessere Leiblichkeit her. Er entdeckt in der Anfrage der Sadduzäer eine recht materialistische Auffassung von der Auferstehung, obwohl sie selbst weder an die ἀνάστασις des Fleisches noch an die Unsterblichkeit der Seele noch an ihre postmortale Existenz (ἐπιδιαμονή) glauben.[391]

Origenes vermutet, dass sie aufgrund ihrer generellen Hoffnungslosigkeit zu einer derartigen Annahme der Auferstehung gelangen: Da sie keine Hoffnung auf die Auferstehung haben, verstehen sie die in Mt 22,23–33 vorausgesetzte alttestamentliche Stelle aus Dtn 25,5–10 falsch und legen dem vorliegen-

---

389   C. Cels. III,42 (Marcovich 184,11–14): „πῶς οὐ δυνατὸν καὶ τὴν σάρκα τοῦ Ἰησοῦ ἀμείψασαν ποιότητας γεγονέναι τοιαύτην, ὁποίαν ἐχρῆν εἶναι τὴν ἐν αἰθέρι καὶ τοῖς ἀνωτέρω αὐτοῦ τόποις πολιτευομένην, οὐκέτι ἔχουσαν τὰ τῆς σαρκικῆς ἀσθενείας ἴδια καὶ ἅτινα μιαρώτερα ὠνόμασεν ὁ Κέλσος;"

390   Vgl. CMt XVII,29 (GCS 40, 667,8–14 Klostermann/Benz): „ἵνα γὰρ καθ' ὑπόθεσιν μὴ ᾖ ἀληθὴς ἡ πεπιστευμένη παρὰ τοῖς πολλοῖς ἀνάστασις, οὐκ „ἐν ταύτῃ τῇ ζωῇ" ἤλπικε „μόνον" „ἐν Χριστῷ" ὁ ἐκείνην ἀθετῶν ζώσης τῆς ψυχῆς, οὐκ ἐκεῖνο μὲν ἀπολαμβανούσης τὸ σῶμα ἐνδυομένης δὲ αἰθέριόν τι καὶ κρεῖττον;" Mit H.J. Vogt muss dieser Satz als Frage aufgefasst werden. Vgl. H.J. Vogt, Origenes, Der Kommentar zum Evangelium nach Mattäus, Zweiter Teil (BGL 30), 282 Anm. 81: „Deshalb scheint mir dieser Satz ein Fragesatz zu sein, der in Wirklichkeit versichert, was er fragt."

391   Vgl. CMt XVII,29 (GCS 40, 665,22–32 Klostermann/Benz): „Οἱ Σαδδουκαῖοι μέντοι λέγοντες μὴ εἶναι ἀνάστασιν, οὐ (μόνον) τὴν ἐν τῇ συνηθείᾳ τῶν ἁπλουστέρων ὀνομαζομένην ἀνάστασιν σαρκὸς ἠθέτουν, ἀλλὰ καὶ παντελῶς ἀνῄρουν τὴν τῆς ψυχῆς οὐ μόνον ἀθανασίαν ἀλλὰ καὶ ἐπιδιαμονήν, οἰόμενοι μηδαμοῦ ἐν τοῖς Μωσέως γράμμασι σημαίνεσθαι τὴν τῆς ψυχῆς μετὰ ταῦτα ζωήν."

582 7. KAPITEL

den Gesetz einen Sinn bei, der Gottes unwürdig ist.[392] Sie meinen nämlich, aus der Tatsache der Auferstehung zu erschließen, dass der Mann wieder als Mann mit männlichen Gliedern aufersteht und die Frau erneut als Frau, der ein weiblicher Körper umgelegt wird.[393] Origenes führt eine solche Auffassung auf eine niedere Weise (ταπεινῶς) des Verständnisses von der Auferstehung zurück.[394] Gerade eine solche Auferstehungshoffnung mit der Beibehaltung der Geschlechtsglieder im Auferstehungszustand vertritt beispielsweise Tertullian, wobei er annimmt, dass die Funktionen der Geschlechtsglieder außer Kraft gesetzt werden (vgl. Tert, De Res 60 f.).

Origenes zieht aus der sadduzäischen Anfrage hinsichtlich der Auferstehung im Gegensatz zu Tertullian völlig andere Schlüsse, was die Auferstehungsleiblichkeit betrifft. Zunächst weist der Alexandriner darauf hin, dass „unser Retter“ in seiner Antwort den Sinn des mosaischen Gesetzes aus Dtn 25,5–10 deshalb nicht auslegt, weil die Sadduzäer der Erkenntnis eines so großen Geheimnisses nicht würdig sind.[395] Umgekehrt deutet er an, dass dieses μυστήριον allein den Gewürdigten zugänglich ist, die das Geheimnis der Auferstehung ganz erkennen können. Anschließend vertieft er diese Argumentation: In seiner Antwort legt der Herr einfach nur dar, was auch die göttlichen Schriften über die Auferstehung der Toten berichten.[396]

Auf diese Weise stellt Origenes die Verbindung zu den anderen Aussagen über die Auferstehung her, so dass er gleich darauf die paulinische Äußerung aus Phil 3,21 einbringt. Zunächst ist aber aus der Antwort Jesu zu bedenken – so Origenes –, dass es nach der Auferstehung kein Heiraten mehr gibt. Vielmehr werden die von den Toten Auferstandenen wie die Engel im Himmel sein. Daher werden sie ebenfalls wie die Engel weder heiraten noch verheiratet werden.[397] Weiterhin macht diese Aussage des Herrn klar, dass nicht nur

---

392 CMt XVII,30 (GCS 40, 670,10–13 Klostermann/Benz): „ὡς τὴν ἐλπίδα τῆς ἀναστάσεως μὴ ἔχοντες, φαύλως ἀκούσαντες καὶ μηδὲν θεοῦ ἄξιον ἐνθυμηθέντες εἰς τὸν ἐκκείμενον νόμον“.

393 CMt XVII,30 (GCS 40, 670,13–18 Klostermann/Benz): „ᾠήθησαν ἀκολουθεῖν τῷ εἶναι ἀνάστασιν τὸ καὶ τὸν ἄνδρα ἄνδρα πάλιν ἔσεσθαι ἀναστάντα ἄρρενα μόρια ἔχοντα, καὶ τὴν γυναῖκα γυναῖκα ἀναστήσεσθαι σῶμα γυναικεῖον περικειμένην.“

394 CMt XVII,30 (GCS 40, 670,19–21 Klostermann/Benz): „καὶ ταπεινῶς ὑπολαμβάνοντες λέγεσθαι τὰ περὶ ἀναστάσεως ἐκ τοῦ ταῦτα αὐτοῖς νομίζειν ἀκολουθεῖν“.

395 CMt XVII,30 (GCS 40, 670,31–671,1 Klostermann/Benz): „καὶ ὁ σωτὴρ ἡμῶν ἀποκρινόμενος αὐτοῖς τὸ μὲν βούλημα τοῦ κατὰ Μωσέα νόμου οὐ διηγήσατο, ὡς οὐκ ἀξίοις γνώσεως τηλικούτου μυστηρίου·“

396 CMt XVII,30 (GCS 40, 671,1–4 Klostermann/Benz): „μόνον δὲ ἀπ(λῶς ἀπ)εφήνατο λέγων καὶ τὰς θείας γραφὰς ἀπαγγέλλειν περὶ τῆς ἐκ νεκρῶν ἀναστάσεως“.

397 CMt XVII,30 (GCS 40, 671,4–10 Klostermann/Benz): „ὅτι ἐκεῖ μή εἰσι γάμοι, ἀλλὰ γίνονται οἱ

im „Nicht-Heiraten" und im „Nicht-Verheiratet-Werden" (οὐ μόνον κατὰ τὸ μὴ γαμεῖν καὶ τὸ μὴ γαμεῖσθαι) die Auferstandenen wie die Engel sein werden. Darüber hinaus erhalten sie auch durch die Umgestaltung ihrer Niedrigkeitsleiber eine solche Beschaffenheit wie die Engelkörper, welche nämlich ätherisch und glänzendes Licht sind (ὁποῖά ἐστι τὰ τῶν ἀγγέλων σώματα, αἰθέρια καὶ αὐγοειδὲς φῶς).[398]

Origenes setzt offenbar voraus, dass die Engel ätherische und lichtförmige Leiber besitzen.[399] Er wendet diese Annahme auf die Beschaffenheit der menschlichen Auferstehungsleiber an, indem er die paulinische Aussage aus Phil 3,21 rezipiert. Die Auferstandenen werden also infolge der Umgestaltung ihrer Niedrigkeitsleiber solche Körper wie die Engel erhalten, die αἰθέρια καὶ αὐγοειδὲς φῶς sind.

In dem nur in Fragmenten erhaltenen Werk „Stromata"[400] vertieft Origenes die Vorstellung der ätherischen Beschaffenheit der Auferstehungskörper. Diese Fragmente sind aus der Schrift „Contra Iohannem Hierosolymitanum" des Hieronymus entnommen. In den Kapiteln 25 und 26 dieses Werkes referiert Hieronymus die Auferstehungslehre des Origenes, indem er sie in direkten und indirekten Zitaten wiedergibt.[401] Die Beschreibung der ätherischen Leiblichkeit der Auferstandenen nimmt dort eine zentrale Stellung ein, die Origenes mit dem Auferstehungskörper Jesu zu verbinden vermag. Zunächst führt Origenes in der indirekten Wiedergabe des Hieronymus aus, dass den Auferstandenen die Verheißung des geistlichen und ätherischen Leibes zu-

---

ἐκ νεκρῶν ἀνιστάμενοι ὡς οἱ ἐν τῷ οὐρανῷ ἄγγελοι, καὶ ὥσπερ οἱ ἐν τῷ οὐρανῷ ἄγγελοι οὔτε γαμοῦσιν οὔτε γαμοῦνται, οὕτω (φησὶ) καὶ οἱ ἀνιστάμενοι ἀπὸ τῶν νεκρῶν."

398   CMt XVII,30 (GCS 40, 671,10–21 Klostermann/Benz): „ἐγὼ δ' οἶμαι διὰ τούτων δηλοῦσθαι ὅτι οὐ μόνον κατὰ τὸ μὴ γαμεῖν καὶ τὸ μὴ γαμεῖσθαι ὡς οἱ ἐν τῷ οὐρανῷ ἄγγελοι γίνονται οἱ καταξιούμενοι τῆς ἐκ νεκρῶν ἀναστάσεως, ἀλλὰ καὶ κατὰ τὸ μετασχηματιζόμενα αὐτῶν τὰ σώματα „τῆς ταπεινώσεως" γίνεσθαι τοιαῦτα, ὁποῖά ἐστι τὰ τῶν ἀγγέλων σώματα, αἰθέρια καὶ αὐγοειδὲς φῶς." Vgl. H. Crouzel, Doctrine origénienne, 189f.

399   Vgl. De Princ II,2,2 (GCS 22, 113,1–4 Koetschau). Hier wird ebenfalls dargelegt, dass die Söhne der Auferstehung und die Engel Gottes himmlische und pneumatische Körper haben, die den vollkommeneren und seligeren Vernunftwesen verliehen werden. Vgl. H. Strutwolf, Gnosis als System, 241.313.

400   Vgl. CPG 1483. Die die Auferstehung behandelnden Fragmente stammen aus dem zehnten Buch dieses Werkes.

401   Vgl. P. Nautin, Origène, 296–300. Die Zuschreibung des in Kapiteln 25 und 26 Ausgeführten an das nur in Fragmenten erhaltene Werk „Stromata" hat in der Forschung Zustimmung gefunden. Vgl. beispielsweise G. Dorival, Résurrection, 295.

584 7. KAPITEL

steht.[402] Im Kontext dieser Aussage bezieht sich der Alexandriner auf die paulinische Darstellung in 1 Kor 15,42–44, die die Auferweckung des pneumatischen Leibes beinhaltet.[403] Die Rede des Paulus von einem „corpus spiritale" fasst er als eine ätherische Beschaffenheit der Auferstehungsleiber auf. „Es wird uns ein anderer geistlicher und ätherischer Körper verheißen."[404] Die Andersartigkeit des Auferstehungskörpers besteht in seiner pneumatischen und ätherischen Qualität. Die paulinische Bestimmung des Auferstehungsleibes als σῶμα πνευματικόν identifiziert er mit einer ätherischen Leiblichkeit.[405]

Daraufhin versucht Origenes, mit einigen negativen Aussagen die Beschaffenheit des „aetherium corpus" zu bestimmen: Er kann weder berührt noch mit den Augen wahrgenommen noch mit dem Gewicht gewogen werden.[406] Vielmehr nimmt er für verschiedene Orte die Verwandlungen an (mutabitur).[407] Auf eine positive Bestimmung der auferstandenen Befindlichkeit geht Origenes nicht weiter ein. Jedoch beschreibt er ausführlich den Auferstehungskörper Jesu, der offenbar als Paradigma für die ätherische Auferstehungsleiblichkeit der Heiligen dient.[408] Der Alexandriner spricht beim Auferstehungsleib Jesu ebenfalls von einem pneumatischen Körper, der zusätzlich als „luftartig" qualifiziert wird. Jesus hat nämlich die Natur seines luftartigen und geistlichen Körpers nicht verborgen.[409]

Origenes leitet diese Vorstellung aus einigen spezifischen Merkmalen der Erscheinungsberichte her, die er vor allem im Lukas- und Johannesevangelium entdeckt. Zwei Aspekte für die Bestimmung des luftartigen und pneu-

---

402 Strom, in: Hier, Contra IohH, 26 (CCSL 79A, 46,54f. Feiertag).

403 Strom, in: Hier, Contra IohH, 26 (CCSL 79A, 46,45–48 Feiertag).

404 Strom, in: Hier, Contra IohH, 26 (CCSL 79A, 46,54f. Feiertag): „Aliud nobis spiritale et aetherium promittitur".

405 Vgl. R. Roukema, Origen's Interpretation of 1 Corinthians 15, 336: „Origen interprets the term ‚spiritual' as ‚ethereal' (aethereum), and thinks that this suits the kingdom of heaven."

406 Strom, in: Hier, Contra IohH, 26 (CCSL 79A, 46,55f. Feiertag): „quod nec tactui subiacet, nec oculis cernitur, nec pondere praegravatur".

407 Strom, in: Hier, Contra IohH, 26 (CCSL 79A, 46,56f. Feiertag): „et pro locorum, in quibus futurum est, varietate mutabitur." Vgl. G. Dorival, Résurrection, 297: „Les caractéristiques de ce corps sont les suivantes: il est éthéré, il ne peut être touché, vu et pesé; il s'adapte à la variété des lieux où il se trouve."

408 Vgl. L.E. Boliek, Resurrection, 52: „Origen finds an attestation to the ethereal nature of the body in Christ's resurrection in his passing through closed doors and vanishing out of sight of the Emmaeus travelers after his resurrection. In this respect Christ's body is held to be of the same nature as that of the risen body of the believer."

409 Strom, in: Hier, Contra IohH, 26 (CCSL 79A, 47,71f. Feiertag): „Sed tamen non dissimulat naturam aerii corporis et spiritalis."

matischen Leibes Jesu sind entscheidend: 1. Das Hineingehen des Auferstandenen durch verschlossene Türen (vgl. Joh 20,26) und 2. das Verschwinden Jesu beim Brechen des Brotes mit den Emmausjüngern, so dass er nicht mehr gesehen werden konnte (vgl. Lk 24,31).[410]

Diese Schriftbelege scheinen bei Origenes die Sicht von der ätherischen und pneumatischen Leiblichkeit der Auferstandenen bestärkt zu haben. So erwarten auch die Christen einen ähnlich gearteten Auferstehungskörper, wobei jedoch die Unterschiede vom Alexandriner nicht verschwiegen werden. Im Gegensatz zur verheißenen Beschaffenheit der ätherischen Körperlichkeit konnte Jesu Leib gesehen und berührt werden (vgl. Lk 24,39). Außerdem hat er nach seiner Auferstehung mit seinen Jüngern gegessen und getrunken (vgl. Apg 10,41).[411] Jedoch haben diese Ereignisse eine ganz bestimmte Funktion: Sie sollen den Glauben an die Auferstehung bei den noch zweifelnden Aposteln bestärken.[412]

Zusätzlich führt Origenes aus, dass der auferstandene Körper Jesu eine Sonderstellung einnimmt. Der Glaube an Jesu Auferstehung soll durch verschiedene Handlungen in den Erscheinungsberichten geweckt und bestätigt werden: Er zeigte seine Hände und seine Seiten (vgl. Joh 20,27), er stand am Ufer (vgl. Joh 21,4) und ging auf dem Weg mit Kleophas (vgl. Lk 24,18). Er sagte, dass er Fleisch und Gebein hat (vgl. Lk 24,39).[413] Daraus ist entgegen der Meinung der „Simplices" keineswegs auf den Leib der Auferstandenen zu schließen. Denn Jesu Körper ist mit anderen Privilegien ausgezeichnet worden,[414] der den Auferstehungsglauben bei den Zweifelnden bewirken soll.

Die Unterschiede sind auch bei der Inkarnation Jesu zu bedenken, wie Origenes ausführt. Jesus ist nicht aus dem Samen eines Mannes und aus der Lust des Fleisches entstanden (vgl. Joh 1,13).[415] Daher darf auch sein

---

410   Strom, in: Hier, Contra IohH, 26 (CCSL 79A, 47,72 f. Feiertag): „Clausis enim ostiis ingreditur, et in fractione panis ex oculis evanescit."

411   Strom, in: Hier, Contra IohH, 26 (CCSL 79A, 47,68–70 Feiertag): „Comedit post resurrectionem suam et bibit, vestitus apparuit, tangendum se praebuit".

412   Strom, in: Hier, Contra IohH, 26 (CCSL 79A, 47,70 f. Feiertag): „ut dubitantibus apostolis fidem faceret resurrectionis."

413   Strom, in: Hier, Contra IohH, 26 (CCSL 79A, 47,64–67 Feiertag): „Nec vos, o simplices animae, resurrectio domini decipiat, quod manus et latera monstraverit, in litore steterit, in itinere cum Cleopha ambulaverit, et carnes et ossa habere se dixerit."

414   Strom, in: Hier, Contra IohH, 26 (CCSL 79A, 47,67 Feiertag): „Illud corpus aliis pollet privilegiis."

415   Strom, in: Hier, Contra IohH, 26 (CCSL 79A, 47,67 f. Feiertag): „De viri semine et carnis voluptate non natum est."

Auferstehungszustand nicht auf die Auferstandenen in jeder Weise übertragen werden, weil seine Menschwerdung nicht der der Menschen entspricht. Dennoch bezeichnet Origenes seinen Auferstehungsleib ebenso pneumatisch und zusätzlich luftartig, der dadurch als Vorbild der ätherischen Beschaffenheit der Auferstehungskörper dient.

Den Vorbildcharakter der Auferstehung Jesu und die Übertragung auf die Auferstandenen findet Origenes in Phil 3,21 bestätigt: „Der Herr wird unseren Niedrigkeitsleib umgestalten, welcher mit dem Leib seiner Herrlichkeit gleichgestaltet sein wird."[416] Im Verb μετασχηματίσει entdeckt Origenes den entscheidenden Gehalt des Auferstehungsvorgangs. Der niedrige Körper der Menschen erfährt eine Umgestaltung, so dass er die Gleichgestaltung mit dem Herrlichkeitsleib Jesu erhält. Daher ist es auch berechtigt, von einem ätherischen und pneumatischen Auferstehungsleib auszugehen, der wie der Körper Jesu mit der entsprechenden Herrlichkeit ausgezeichnet ist.

Mit der Umgestaltung wird auch die Verschiedenheit der jetzigen Glieder im Auferstehungszustand beseitigt.[417] „Jetzt sehen wir mit den Augen, hören mit den Ohren, handeln mit den Händen, gehen mit den Füßen. In jenem geistlichen Leib aber werden wir ganz sehen, ganz hören, ganz beschäftigt sein, ganz wandeln."[418] Dieser Zustand macht dann im Vergleich zu seiner irdischen Beschaffenheit den ätherischen und pneumatischen Leib aus, so dass die Verschiedenheit der Glieder nicht mehr bestehen wird.[419]

De Principiis

In De Princ III,6,6 thematisiert Origenes noch einmal gezielt seine Vorstellung von der Verwandlung in eine ätherische Leiblichkeit. In De Princ III,6,1–9 widmet er sich überhaupt dem Thema des „Endes" (περὶ τέλους) und geht der Frage hinsichtlich der Leiblichkeit im Endheil nach. Er stellt in De Princ III,6,9 zwei Möglichkeiten zur Auswahl, nachdem er in III,6,1–3 zunächst die Körperlosigkeit und dann in III,6,4–9 die pneumatische Körperlichkeit im Endheil refe-

---

416   Strom, in: Hier, Contra IohH, 26 (CCSL 79A, 46,51f. Feiertag): „Et transfigurabit dominus corpus humilitatis nostrae conforme corpori gloriae suae."

417   Strom, in: Hier, Contra IohH, 26 (CCSL 79A, 46,52–54 Feiertag): „Quando dicit transfigurabit, id est μετασχηματίσει, membrorum, quibus nunc utimur, diversitas denegatur."

418   Strom, in: Hier, Contra IohH, 26 (CCSL 79A, 46,48–51 Feiertag): „Nunc oculis videmus, auribus audimus, manibus agimus, pedibus ambulamus. In illo autem corpore spiritali toti videbimus, toti audiemus, toti operabimur, toti ambulabimus."

419   Vgl. L.E. Boliek, Resurrection, 53: „Having no distinctive members the new body will see, hear, grasp, and walk as a whole."

riert hat. Bei der Beschreibung des pneumatischen Körpers in III,6,4–9 geht er erneut auf das Problem der ätherischen Auferstehungsleiblichkeit ein. Er will das Missverständnis vermeiden, dass der ätherische Körper ein völlig anderer als der irdische sein wird.[420] Da er die Verheißung des σῶμα πνευματικόν als eine ätherische Beschaffenheit des Auferstehungsleibes versteht, ist er bestrebt, den ätherischen Körper nicht als eine ganz neue Leiblichkeit der Auferstandenen aufzufassen.

Bevor jedoch seine Position in De Princ III,6,6 behandelt wird, muss das in De Princ II,3,7 Ausgeführte zum ätherischen Zustand der Erlösten in Erinnerung gebracht werden, was er offensichtlich in III,6,6 voraussetzt. In De Princ II,3,7 stellt Origenes drei Annahmen über das Ende vor, wobei der Prüfung des Lesers überlassen wird, welche von diesen die wahre und die bessere ist.[421] Die zweite Möglichkeit der Vollendung thematisiert den ätherischen Zustand der Erlösten. Die Übersetzung Rufins spricht in der Tat von der Verwandlung der körperlichen Substanz in einen ätherischen Zustand (in aetherium statum permutata), indem diese *permutatio* mit der paulinischen Aussage aus 1 Kor 15,52 („Et nos inmutabimur") begründet wird: Wenn alles Christus und mit Christus auch Gott unterworfen ist, dann wird auch die körperliche Substanz selbst aufstrahlen, nachdem ihre Vereinigung mit den besten und reinsten Geistern und ihre Verwandlung in einen ätherischen Zustand entsprechend der Eigenschaft und der Verdienste ihrer Träger vollzogen ist.[422] Die Wiedergabe des Hieronymus fällt wesentlich kürzer aus, enthält jedoch auch eine ähnliche Aussage: So wie alles, was Christus unterworfen ist, mit Christus selbst Gott unterworfen wird und eine enge Verbindung mit ihm

---

420 Vgl. H. Görgemanns/H. Karpp, Origenes, 661 Anm. 20: „Bei der Beschreibung des ‚geistigen Leibes', die Or. gibt, lag der Gedanke an die aristotelische Vorstellung nicht fern, und er selbst hatte in II 3, 7 [...] den Ausdruck ‚Äther' gebraucht. Es muß aber das Mißverständnis verhütet werden, als wäre das aristotelische Element gemeint, das nicht aus den irdischen entstehen kann."

421 De Princ II,3,7 (GCS 22, 125,1–4 Koetschau) und Hieronymus, Ep 124,5 (CSEL 56/1, 102,16–18 Hilberg): „Triplex ergo suspicio nobis de fine suggeritur, e quibus quae vera et melior sit, lector inquirat."

422 De Princ II,3,7 (GCS 22, 125,6–12 Koetschau): „vel cum nihilominus Christo ‚fuerint universa subiecta' et per Christum deo, cum quo et ‚unus spiritus' secundum hoc, quod spiritus sunt naturae rationabiles, fiunt, tunc ipsa quoque substantia corporalis optimis ac purissimis spiritibus sociata pro assumentium vel qualitate vel meritis in aetherium statum permutata, secundum quod apostolus dicit: ‚Et nos inmutabimur', refulgebit;"

eingeht, so wird auch die ganze körperliche Substanz in ihre beste Beschaffenheit versetzt und in Äther aufgelöst werden (ita omnis substantia redigetur in optimam qualitatem et dissolvetur in aetherem), da dieser von reinerem und einfacherem Wesen ist.[423] Die Versetzung der ganzen körperlichen Substanz in ihre beste Beschaffenheit wird als eine Auflösung in Äther aufgefasst. Im Sinne des Hylemorphismus nimmt die Substanz ihre beste Qualität an, so dass sie mit der ätherischen Eigenschaft ausgestattet wird.

Diese Erwägungen setzt Origenes voraus, wenn er in De Princ III,6,6 von den ätherischen Körpern der Auferstandenen spricht, die sie infolge der Verwandlung erhalten werden. Origenes thematisiert in De Princ III,6,6 prinzipiell die Theorie vom Bestehen des fünften Elements des Äthers.[424] Dabei grenzt er sich von der hellenistischen Philosophie ab, die im Anschluss an Aristoteles vom πέμπτον σῶμα sprach, das außerhalb der vier Grundelemte der Materie besteht:[425] „Denn der Glaube der Kirche erkennt nicht an, dass es gemäß einiger Philosophen der Griechen außer diesem Körper, der aus vier Elementen besteht, einen anderen fünften Körper gibt, der in allem ein anderer und von diesem unseren Körper verschieden ist. Denn weder kann jemand einen Hinweis aus den heiligen Schriften dafür vorbringen, noch gestattet die folgerichtige Erwägung der Sache eine solche Annahme.“[426]

Daraufhin bezieht sich Origenes auf den „heiligen Apostel", der bezüglich des Auferstehungsleibes keine völlige Andersartigkeit lehrt, wenn er vom „corpus spiritale" spricht: Denn die von den Toten Auferstandenen erhalten nicht irgendwelche neuen Körper (non nova aliqua corpora), sondern dieselben,

---

423   Hieronymus, Ep 124,5 (CSEL 56/1, 102,21–26 Hilberg): „aut, quomodo Christo subiecta cum ipso Christo subicientur deo et in unum foedus artabuntur, ita omnis substantia redigetur in optimam qualitatem et dissolvetur in aetherem, quod purioris simpliciorisque naturae est;"

424   Er widmet sich der Definition des Begriffes „Äther", um ein falsches Verständnis auszuschließen. Damit war seit Aristoteles die Quintessenz (πέμπτη οὐσία) gemeint, die von den vier die sublunaren Sphären ausmachenden Elementen der Materie zu unterscheiden ist. Zur Lehre des Aristoteles vom Äther als fünftem Element vgl. Aristoteles, De Caelo 268b27–269a32; 269b18–270b31. Vgl. H. Strutwolf, Gnosis als System, 314.

425   Vgl. H. Görgemanns/H. Karpp, Origenes, 661 Anm. 20. Vgl. weiterhin H. Crouzel, Doctrine origénienne, 193: „Il accepte donc que l'éther corresponde à une qualité, mais non à un corps."

426   De Princ III,6,6 (GCS 22, 288,21–26 Koetschau): „Non enim secundum quosdam Graecorum philosophos praeter hoc corpus, quod ex quattuor constat elementis, aliud quintum corpus, quod per omnia aliud sit et diversum ab hoc nostro corpore, fides ecclesiae recipit; quoniam neque ex scripturis sanctis vel suspicionem aliquam de his proferre quis potest neque ipsa rerum consequentia hoc recipi patitur".

die sie als Lebende gehabt haben (sed haec ipsa, quae viventes habuerant). Diese Körper empfangen jedoch die Verwandlung aus dem Schlechteren zum Besseren (ex deterioribus in melius transformata).[427] Die Verwandlung des schlechteren in einen besseren Zustand belegt er anschließend mit der paulinischen Aussage, dass ein psychischer Leib gesät, ein pneumatischer Leib aber auferweckt wird (vgl. 1 Kor 15,44).[428] Er fasst auf diese Weise die psychische Beschaffenheit des irdischen Körpers als einen schlechteren Zustand auf, der durch die Verwandlung zum „corpus spiritale" in eine bessere Beschaffenheit gebracht wird.

Origenes legt weiterhin nahe, dass die Äußerung des Paulus in 1 Kor 15,42 f. ebenso in dieser Weise zu verstehen ist: Der irdische Leib wird in Vergänglichkeit, in Schwachheit und in Unehre gesät, aber in Unvergänglichkeit, in Kraft und in Herrlichkeit auferweckt.[429] So begründet er mit der paulinischen Autorität die Verwandlung in eine bessere Qualität. Der psychische Leib hat der Seele gedient, so dass er „seelisch" zu nennen ist. Wenn aber die Seele mit Gott verbunden und ein „Geist" mit ihm wird, dann gelangt der Leib als „Diener des Geistes" durch einen gewissen Fortschritt zu einem „geistlichen" Zustand und so zu einer pneumatischen Beschaffenheit (iam tum corpus quasi spiritui ministrans in statum qualitatemque proficiat spiritalem).[430] Daraufhin verweist Origenes erneut auf seine Vorstellung vom Hylemorphismus, nach der die körperliche Natur so beschaffen ist, dass sie sich leicht in jede Qualität verwandeln lässt, die der Schöpfer will oder die Sache erfordert.[431]

---

427 De Princ III,6,6 (GCS 22, 288,26–28 Koetschau): „maxime cum manifeste definiat sanctus apostolus quia non nova aliqua corpora resurgentibus a mortuis dentur, sed haec ipsa, quae viventes habuerant, ex deterioribus in melius transformata recipiant." Vgl. D.G. Bostock, Quality and Corporeity, 331

428 De Princ III,6,6 (GCS 22, 288,29 Koetschau): „Ait enim: ‚Seminatur corpus animale, resurget corpus spiritale'".

429 De Princ III,6,6 (GCS 22, 288,29–289,1 Koetschau). „et ‚seminatur in corruptione, resurget in incorruptione; seminatur in infirmitate, resurget in virtute; seminatur in ignobilitate, resurget in gloria'".

430 De Princ III,6,6 (GCS 22, 289,4–8 Koetschau): „ita etiam de corporis statu putandum est quod idem ipsum corpus, quod nunc pro ministerio animae nuncupatum est animale, per profectum quendam, cum anima adiuncta deo ‚unus' cum eo ‚spiritus' fuerit effecta, iam tum corpus quasi spiritui ministrans in statum qualitatemque proficiat spiritalem".

431 De Princ III,6,6 (GCS 22, 289,8–10 Koetschau): „maxime cum, sicut saepe ostendimus, talis a conditore facta sit natura corporea, ut in quamcumque voluerit vel res poposcerit qualitatem facile subsequantur."

590 7. KAPITEL

In De Princ III,6,7 führt Origenes diesen Gedankengang insofern weiter aus, indem er darlegt, dass Gott im Menschen zwei Naturen begründet hat. Es gibt eine sichtbare, körperliche und eine unsichtbare, unkörperliche Natur, die jeweils ihren verschiedenen Verwandlungen ausgesetzt sind.[432] Jene unsichtbare Natur, die auch vernunftbegabt ist, wandelt sich durch die Gesinnung und durch Willensentschluss zu dem, was ihr durch die Freiheit ihrer freien Entscheidung verliehen ist, so dass sie sich zeitweise im Guten, zeitweise im Entgegengesetzten befindet.[433]

Die körperliche Natur aber nimmt eine substantielle Verwandlung an.[434]

Diese Aussage kann nicht als eine Wesensverwandlung der Materie in eine Unsterblichkeit verstanden werden,[435] wie der Kontext dies deutlich zeigt. Origenes führt nämlich sogleich seine Vorstellung vom Hylemorphismus aus, die die Verwandlung der Eigenschaften der Materie beinhaltet: Die körperliche Natur des Menschen ist fähig, zu allem, was auch immer Gott, der Urheber des Alls, will, in Bewegung gesetzt, verfertigt oder neu bearbeitet zu werden.

---

432 De Princ III,6,7 (GCS 22, 289,11–14 Koetschau): „Omnis igitur haec ratio hoc continet, quod duas generales naturas condiderit deus: naturam visibilem, id est corpoream, et naturam invisibilem, quae est incorporea. Istae vero duae naturae diversas sui recipiunt permutationes."

433 De Princ III,6,7 (GCS 22, 289,14–16 Koetschau): „Illa quidem invisibilis, quae et rationabilis est, animo propositoque mutatur pro eo quod arbitrii sui libertate donata est; et per hoc aliquando in bonis, aliquando in contrariis invenitur."

434 De Princ III,6,7 (GCS 22, 289,17 Koetschau): „Haec vero natura corporea substantialem recipit permutationem;"

435 Origenes führt in seinem Johanneskommentar deutlich aus (in: Or. CIoh XIII,61 [GCS 10, 293,15–18 Preuschen]), dass das sterbliche Wesen und die vergängliche Natur nicht in die Unsterblichkeit und Unvergänglichkeit verwandelt werden kann (ἡμεῖς οὐ προσησόμεθα [...] οὐσίαν θνητὴν μεταβάλλουσαν εἰς ἀθάνατον, καὶ φύσιν φθαρτὴν ἐπὶ τὸ ἄφθαρτον·). Denn es ist auch unvorstellbar, wie sich etwas Körperliches in eine Unkörperlichkeit verwandeln soll (ὅμοιον γὰρ τοῦτο τῷ λέγειν μεταβάλλειν τι ἀπὸ σώματος εἰς ἀσώματον·). Daher kann der vergängliche Leib wesensmäßig auch nicht unvergänglich und unsterblich werden. Denn bezüglich des Sterblichen muss gesagt werden, dass es keine Verwandlung in die Unsterblichkeit erlebt (GCS 10, 293,23 f.: Τὰ δ᾽ αὐτὰ καὶ περὶ τῆς θνητῆς λεκτέον, οὐ μεταβαλλούσης μὲν εἰς ἀθανασίαν). Die den Körpern zugrundeliegende Materie wird höchstens eine bessere Beschaffenheit aufgrund ihrer Wandelbarkeit erhalten. Da sie aber die Fähigkeit der Umgestaltung besitzt, kann sie niemals in ihrem Wesen die Unvergänglichkeit annehmen. Denn die Materie bleibt ständig veränderlich, so dass sie sich aufgrund der Verdienste der Vernunftwesen entweder in eine schlechtere oder bessere Beschaffenheit in den Auferstehungsleibern verwandeln lässt. Vgl. H. Strutwolf, Gnosis als System, 339.

Die Materie der körperlichen Natur steht diesem zu Diensten, so dass sie in alle beliebigen Formen und Gestalten, die der Schöpfer möchte, umgewandelt und übertragen wird, wie die Verdienste es erfordern.[436] Zum Schluss begründet Origenes diese Ausführungen mit einem Schriftverweis (Amos 5,8): „‚Deus‘ inquit ‚qui facit omnia et transmutat‘.“[437] Die Verwandlungsfähigkeit der Körpernatur bezieht sich somit eindeutig auf die Eigenschaften der Materie, die im Auferstehungszustand in eine pneumatische Qualität verwandelt werden. Eine solche Verwandlung zeichnet den besseren Zustand der körperlichen Natur aus.

Origenes erwägt innerhalb des Auferstehungsgeschehens auch eine Verwandlung in einen schlechteren Zustand. In De Princ II,10,3 weist er darauf hin, dass diejenigen, die zum „ewigen Feuer“ und zur „Strafe“ (vgl. Mt 25,41.46) bestimmt sind, ebenso durch die Verwandlung in der Auferstehung einen unvergänglichen Körper empfangen, der nicht durch Strafen vernichtet und aufgelöst werden kann.[438] Während die Heiligen nach der Auferstehung glänzende und herrliche Leiber wiedererhalten (lucida et gloriosa ex resurrectione suscipient), werden die Gottlosen mit dunklen und schwarzen Leibern bekleidet (obscuris et atris post resurrectionem corporibus induantur).[439] An diesen Stellen dominiert die Gerichtsperspektive, so dass nach der Auferstehung alle Menschen in ihren Körpern vorgeführt werden, die entsprechend ihrer Verdienste beschaffen sind.

In De Princ III,6,5 führt Origenes die sich in der Auferstehung ereignende Verwandlung sowohl in einen besseren als auch in einen schlechteren Zustand auf der Basis des Hylemorphismus aus: Gott hat alle seine Geschöpfe erschaffen, damit sie bestehen sollen, und das, was geschaffen ist, vermag nicht gänzlich zu vergehen.[440] Deswegen wird das Geschaffene Umwandlung und Verschiedenheit in sich aufnehmen, damit es entsprechend seiner Verdienste ent-

---

436 De Princ III,6,7 (GCS 22, 289,17–21 Koetschau): „unde et ad omne quodcumque moliri vel fabricari vel retractare voluerit artifex omnium deus, materiae huius habet in omnibus famulatum, ut in quascumque vult formas vel species, prout rerum merita deposcunt, naturam corpoream transmutet et transferat.“

437 De Princ III,6,7 (GCS 22, 289,21f. Koetschau): „Quod evidenter propheta designans ait: ‚Deus‘ inquit ‚qui facit omnia et transmutat‘.“

438 De Princ II,10,3 (GCS 22, 176,16–20 Koetschau): „ita tamen ut etiam eorum, qui ad ‚ignem aeternum‘ vel ad ‚supplicia‘ destinandi sunt, per ipsam resurrectionis permutationem ita corpus incorruptum sit quod resurgit, ut ne suppliciis quidem corrumpi valeat ac dissolvi.“

439 De Princ II,10,8 (GCS 22, 182,3–10).

440 De Princ III,6,5 (GCS 22, 287,4f. Koetschau): „propterea enim fecit omnia, ut essent; et ea, quae facta sunt, ut essent, non esse non possunt.“

weder in einem besseren oder in einem schlechteren Zustand erhalten wird (ita ut pro meritis vel in meliore vel in deteriore habeantur statu).[441] Daher kann das von Gott Geschaffene keine Vernichtung der Substanz annehmen, weil es zur Fortdauer bestimmt wurde.[442]

Hier sind deutliche Parallelen zu den Ausführungen von Ps-Athenagoras in De Res 12 und seiner Argumentation aus der Ursache der Menschenschöpfung festzustellen: Gott hat den Menschen ebenso dazu geschaffen, dass er nicht vergeht, sondern über den Tod hinaus existiert. Die Seele besitzt diese postmortale Existenz von ihrem Wesen her, dem Leib hingegen wird diese Fortdauer erst mit der Auferstehung verliehen, die als eine Verwandlung in einen besseren Zustand zu verstehen ist (vgl. De Res 12,8 f.).

Weiterhin grenzt sich Origenes in De Princ III,6,5 von der Vorstellung der Menge ab, dass sich mit dem Tod ein völliges Vergehen einstellt, was nicht mit der Vernunft des Glaubens oder der Wahrheit übereinstimmt.[443] So wird von Unkundigen und von Ungläubigen angenommen, dass unser Fleisch nach dem Tode in der Weise zugrunde geht, dass überhaupt nichts mehr von seiner Substanz übrigbleibt.[444] Der Leugnung jeglicher postmortalen Existenz der menschlichen Leiblichkeit setzt Origenes entgegen, dass durch den Tod lediglich eine Umwandlung des Fleisches geschieht (immutationem eius tantummodo per mortem factam). Es steht dabei fest, dass die Substanz verbleibt und durch den Willen des Schöpfers zu einer festgesetzten Zeit zurück zum Leben wiederhergestellt wird. Mit der Auferstehung ereignet sich erneut eine Umwandlung (atque iterum permutationem eius fieri).[445]

Somit vollzieht sich sowohl mit dem Tod als auch mit der Auferstehung jeweils eine Verwandlung der Substanz des Fleisches.[446] Mit einigen Schriftbezügen belegt Origenes diese Ausführungen: Wie dieses Fleisch zuerst „aus der

---

441   De Princ III,6,5 (GCS 22, 287,5–7 Koetschau): „Propter quod immutationem quidem varietatemque recipient, ita ut pro meritis vel in meliore vel in deteriore habeantur statu;"

442   De Princ III,6,5 (GCS 22, 287,7–9 Koetschau): „substantialem vero interitum ea, quae a deo ad hoc facta sunt, ut essent et permanerent, recipere non possunt."

443   De Princ III,6,5 (GCS 22, 287,9–11 Koetschau): „Non enim ea, quae opinione vulgi interire creduntur, continuo etiam vel fidei vel veritatis ratio ea interisse consentit."

444   De Princ III,6,5 (GCS 22, 287,11–13 Koetschau): „Denique caro nostra ab inperitis et infidelibus ita post mortem deperire aestimatur, ut nihil prorsus substantiae suae reliquum habere credatur."

445   De Princ III,6,5 (GCS 22, 287,13–16 Koetschau): „Nos vero, qui resurrectionem eius credimus, immutationem eius tantummodo per mortem factam intellegimus, substantiam vero certum est permanere et voluntate creatoris sui certo quo tempore reparari rursus ad vitam, atque iterum permutationem eius fieri;"

446   Vgl. H. Crouzel, Doctrine origénienne, 245; H. Strutwolf, Gnosis als System, 314.

THEOLOGIEGESCHICHTLICHE ZUORDNUNG DER METABOΛH-VORSTELLUNG 593

Erde irdisch" (vgl. 1 Kor 15,47) gewesen ist, dann durch den Tod aufgelöst und gemäß dem Wort aus Gen 3,19 wieder zu „Staub und Erde" (vgl. Gen 18,27) wird, so wird es erneut aus der Erde auferweckt. Daraufhin gelangt es, „so wie der Verdienst der in ihm wohnenden Seele es fordert, zur Herrlichkeit eines ‚geistlichen Leibes' (vgl. 1 Kor 15,44)."[447] In dieser Aussage ist deutlich ein Entwicklungsprozess intendiert.[448] Die Verdienste der Seele können sowohl positive als auch negative Fortschritte annehmen, so dass sich die ψυχή bei der Auferstehung in einem besseren oder schlechteren Körperzustand wiederfindet.[449]

Obwohl Origenes die Verwandlung in einen pneumatischen Leib als *eine* Möglichkeit des Endheils bietet, zeigt bereits seine Vorstellung von der sich infolge der Auferstehung vollziehenden Verwandlung der Menschen in einen besseren und schlechteren Zustand, dass er die auferstandene Beschaffenheit als eine *Zwischenphase* zum letztendlichen Heil begreift. Der Alexandriner spricht in De Princ III,6,6 von einem Besserungsprozess (emendatio), in dem sich die Vernunftwesen stufenweise im Laufe von unzähligen und unendlich langen Zeitperioden befinden.[450] In De Princ II,3,2f. sagt er nach der Wiedergabe des Hieronymus explizit,[451] dass der auferstandene Körperzustand eine Zwischenstufe zum körperlosen Endheil einnimmt.[452] Origenes begründet diese Überlegungen ebenso mit einem Wort des Paulus aus 1 Kor 15,53f.:

---

447 De Princ III,6,5 (GCS 22, 287,16–20 Koetschau): „ut quae primo fuit caro ‚ex terra terrena', tum deinde dissoluta per mortem et iterum facta ‚cinis ac terra' (‚quoniam terra es' inquit ‚et in terram ibis') rursum resuscitetur e terra et post hoc iam, prout meritum inhabitantis animae poposcerit, in gloriam ‚corporis' proficiat ‚spiritalis'."

448 Vgl. auch De Princ III,6,6 (GCS 22, 287,21–288,4 Koetschau).

449 In De Princ III,6,6 macht Origenes noch einmal deutlich, dass die sich mit Tod und Auferstehung ereignenden Verwandlungsstufen keine Vernichtung der Substanz herbeiführen. So besitzen wir auch nicht einen Körper, der mit Niedrigkeit, Vergänglichkeit und Schwäche ausgezeichnet ist, um dann wiederum einen *anderen* Leib in Unvergänglichkeit, Kraft und Herrlichkeit zu erhalten. Es ist vielmehr *derselbe* Leib, der durch das Ablegen der irdischen Schwächen die Umwandlung zur Herrlichkeit erlebt und auf diese Weise zum „geistlichen Leib" wird. Vgl. De Princ III,6,6 (GCS 22, 288,11–16 Koetschau): „ita etiam de natura corporis sentiendum est quod non aliud corpus est, quo nunc ‚in ignobilitate et in corruptione et in infirmitate' utimur, et aliud erit illud, quo ‚in incorruptione et in virtute et in gloria' utemur, sed hoc idem abiectis his infirmitatibus, in quibus nunc est, in gloriam transmutabitur, ‚spiritale' effectum".

450 Vgl. De Princ III,6,6 (GCS 22, 287,23–288,4 Koetschau).

451 Rufin lässt diese Ausführungen in De Princ II,3,3 als Meinung von Dritten erscheinen, so dass Origenes bloß das körperlose Heil referiere, ohne sich auf irgendwelche Weise festzulegen.

452 Vgl. H. Strutwolf, Gnosis als System, 343: Origenes stelle „in de princ II,3,2–3 ganz folgerichtig die ätherische Leiblichkeit als eine bloße Durchgangsstufe zur eschatologischen

594 7. KAPITEL

Wenn dieses Vergängliche die Unvergänglichkeit und dieses Sterbliche die Unsterblichkeit angezogen hat, dann wird der Tod in Sieg verschlungen.[453]

> Und vielleicht wird (dann) die ganze körperliche Natur völlig beseitigt werden, in der allein der Tod wirksam sein kann.[454]

Was hier noch als eine Eventualität erscheint, führt Origenes so weiter aus, dass kein Zweifel an der Beseitigung der Körperlichkeit im Endheil bestehen bleibt: Während sich die Vernunftwesen in den Körpern befinden, büßen sie durch die Natur der körperlichen Materie die Schärfe des Denkens ein.[455] Wenn sie aber außerhalb eines Körpers sind, dann werden sie jeder Last einer derartigen Störung entfliehen.[456]

Anschließend lässt Origenes deutlich verlauten, dass auch das Befinden in Auferstehungskörpern eine Zwischenphase zum letztgültigen Heil einnimmt. Die Vernunftwesen befinden sich dabei in einem Erziehungs- und Besserungsprozess, bis sie ganz von der materiellen Natur befreit werden: Da die Vernunftwesen nicht sofort jeder körperlichen Umkleidung entfliehen können, ist anzunehmen, dass sie sich zuerst in feineren und reineren Körpern aufhalten, die nicht länger vom Tod besiegt und vom Stachel des Todes verletzt werden können.[457]

Schließlich hört so die materielle Natur allmählich auf (ita demum paulatim cessante natura materiali), so dass der Tod verschlungen und sein Ende finden wird. Der Stachel des Todes wird durch die göttliche Gnade völlig stumpf gemacht (retundatur), wenn die Seele für sie aufnahmefähig geworden ist und sich die Unvergänglichkeit und Unsterblichkeit verdient hat.[458] Dann erst wird

---

Körperlosigkeit dar."

453 De Princ II,3,3 (GCS 22,117,7–10 Koetschau) und Hieronymus, Ep 124,5 (CSEL 56/1, 101,19–23 Hilberg).

454 Hieronymus, Ep 124,5 (CSEL 56/1, 101,23–25 Hilberg): „Et forsitan omnis natura corporea tolletur e medio, in qua sola potest mors operari."

455 De Princ II,3,3 (GCS 22,117,12 f. Koetschau): „dum hi, qui in corpore sunt, per naturam materiae corporalis mentis acumen videntur obtundi."

456 De Princ II,3,3 (GCS 22,117,13 f. Koetschau): „Si vero extra corpus sint, tunc omnem molestiam huiuscemodi perturbationis effugient."

457 De Princ II,3,3 (GCS 22,117,14–17 Koetschau): „Sed quoniam non ad subitum omne indumentum corporeum effugere poterant, prius in subtilioribus ac purioribus inmorari corporibus aestimandi sunt, quae ultra nec a ‚morte' vinci nce ‚aculeo mortis' conpungi praevaleant".

458 De Princ II,3,3 (GCS 22,117,18–21 Koetschau): „ut ita demum paulatim cessante natura materiali et ‚absorbeatur mors' et exterminetur ‚in finem', atque omnis eius ‚aculeus'

das Wort des Paulus (1 Kor 15,55 f.) erfüllt: „Tod, wo ist dein Sieg, Tod, wo ist dein Stachel? Der Stachel des Todes aber ist die Sünde."[459] Da aber der Tod allein im Körper wirksam ist, wird im Endheil jede materielle Natur beseitigt.[460]

---

     penitus retundatur per divinam gratiam, cuius capax effecta est anima et ‚incorruptionem‘ atque ‚inmortalitatem‘ meruit adipisci."

459   De Princ II,3,3 (GCS 22,117,21–23 Koetschau): „Et tunc merito dicetur ab omnibus: ‚Ubi est, mors, victoria tua? Ubi est, mors, aculeus tuus? Aculeus autem mortis peccatum est‘."

460   Dagegen R. Roukema, L'interprétation origénienne de 1 Corinthiens 15, 175 f., und ders., Origen's Interpretation of 1 Corinthians 15, 340 f. Roukema behauptet, dass Origenes gelehrt habe, dass die Seele im prälapsalen Zustand einen feinstofflichen (λεπτομερές) und lichthaften (αὐγοειδὲς σῶμα) Körper gehabt habe. Da im Endzustand der Anfangszustand der Seelen wiederhergestellt werde, würden sie nicht körperlos, sondern mit einem feinstofflichen und ätherischen Leib ausgestattet. So will Roukema im Anschluss an Crouzel den Zustand der Körperlosigkeit im Endheil widerlegt haben (vgl. H. Crouzel, Doctrine origénienne, 190.261–265). Er kann dies allein mit einem Fragment zu Gen 3,21 von „Origenes" (PG 87,1, 221AB) bei Prokop von Gaza in seiner Genesis-Katene belegen, da in De Princ m. E. deutlich die Unkörperlichkeit der Vernunftwesen im Anfangszustand vorliegt (vgl. De Princ I,7,1 [GCS 22, 86,5–8 Koetschau]). Außerdem führt Origenes in CIoh I,17,97 (GCS 10, 21,12 f. Preuschen) aus, dass die Heiligen vor dem Fall ein völlig immaterielles und körperloses Leben in Seligkeit geführt haben (ἄϋλον πάντη καὶ ἀσώματον ζωὴν ζώντων ἐν μακαριότητι τῶν ἁγίων). Eben dieser Anfangszustand wird im Endheil wiederhergestellt. Vgl. H. Strutwolf, Theologische Gnosis, 107–109.

     Die Zuordnung des Fragments bei Prokop zu Origenes ist umstritten. Das Fragment gibt vielmehr die „Auslegung späterer Origenisten" wieder. So C. Köckert, Gott, Welt, Zeit und Ewigkeit bei Origenes, 290 Anm. 93. M. Heimgartner hat eine neue Edition der betreffenden Textpassage vorgelegt. Vgl. M. Heimgartner, Pseudojustin, 290–292. Er führt ebenfalls die von Prokop vorgetragene Position auf die Allegoreten (οἱ ἀλληγορηταί/οἱ ἀλληγοροῦντες) zurück, die in der „origenistischen Tradition" stehen. Vgl. M. Heimgartner, Pseudojustin, 258–272.

     Zur Stelle bei Prokop und ihrer Deutung siehe H. Strutwolf, Gnosis als System, 254 Anm. 268: Simonetti meine (in: M. Simonetti, Alcune osservazioni, 370–381), mit der Stelle bei Prokop von Gaza „zeigen zu können, daß sich Gen 2,7 bei Origenes auf den ätherischen Leib vor dem Fall beziehe [...] Es gibt aber m.W. keine Stelle im erhaltenen Werk des Alexandriners, wo er eine solche Deutung vorgetragen hat. Es ist zwar durchaus möglich, daß Origenes an bestimmten Stellen seiner verloren gegangenen Werke Gen 2,7 auf die paradiesische Leiblichkeit des Menschen vor dem Fall gedeutet hat [...], aber dieser engelgleiche Zustand des Menschen müßte dann nach dem origeneischen System doch schon einen Fall voraussetzen, da auch der Engelstatus ein depotenzierter Modus der Vernunftwesen ist. Daher wäre eine solche Auslegung von Gen 2,7 kein Argument gegen die Lehre von der Unkörperlichkeit des Urzustandes der noch ganz im Ursprung verharrenden Vernunftwesen."

Dieser Schluss ergibt sich folgerichtig aus den Überlegungen des Origenes.[461] Daher beschließt er auch diese Erwägung mit der Äußerung:

> Wenn dieses dem Glauben nicht entgegensteht, werden wir vielleicht einst ohne Körper weiterleben.[462]

Origenes setzt somit eine Zwei-Phasen-Eschatologie voraus.[463] Mit der Auferstehung wird die Verwandlung in einen besseren Zustand herbeigeführt, so dass die Auferstandenen in pneumatischen Leibern existieren werden. Dies stellt die *erste* Phase der Entwicklung in der Eschatologie des Origenes dar. Wenn sich jedoch die Vernunftwesen weiterhin reinigen und heiligen lassen und fest in der Schau Gottes verharren, werden sie gänzlich die Körperlichkeit hinter sich lassen, die die Schärfe des Denkens mildert. Auf diese Weise wird die *letzte* Phase des Endheils ihren Höhepunkt in einer völligen Körperlosigkeit erreichen.

3.2 *Vergleich mit Ps-Athenagoras*

Innerhalb der Argumentation des Origenes in De Princ III,6,7 und Ps-Athenagoras in De Res 12,8 f. kann ein ähnlicher Argumentationsaufbau festgestellt

---

461 In der Forschung scheint dies umstritten zu sein. Gegen die Körperlosigkeit im Endheil sind zuletzt eingetreten: H. Crouzel, Doctrine origénienne, 261–265; G. Dorival, Résurrection, 312–315; L.R. Hennessey, Philosophical Issue, 373–380; M.J. Edwards, Origen's Two Resurrections, 502–518; R. Roukema, L'interprétation origénienne de 1 Corinthiens 15, 175 f.; ders., Origen's Interpretation of 1 Corinthians 15, 340 f.; I.L.E. Ramelli, ,Preexistence of Souls'?, 177 f.

    Für den körperlosen Zustand im Endheil sprechen sich insbesondere diese Autoren aus: L.E. Boliek, Resurrection, 65 f.; F.H. Kettler, Der ursprüngliche Sinn, 23–31; D.G. Bostock, Quality and Corporeity, 334–337; H. Strutwolf, Gnosis als System, 323–356; ders., Theologische Gnosis, 107–112; K.-H. Uthemann, Protologie und Eschatologie, 406–418; A.-C.L. Jacobsen, Origen on the Human Body, 649–656; G. Röwekamp, Pamphilius von Caesarea, Apologia pro Origene (FC 80), 171 f.

462 Hieronymus, Ep 124,5 (CSEL 56/1, 101,25–27 Hilberg): „Si haec non sunt contraria fidei, forsitan sine corporibus aliquando vivemus." Vgl. De Princ II,3,3 (GCS 22,117,23–118,2 Koetschau): „Si ergo haec habere consequentiam videntur, reliquum est ut status nobis aliquando incorporeus futurus esse credatur;"

463 Vgl. K.-H. Uthemann, Protologie und Eschatologie, 417: „Für Origenes scheint die Vermittlung in einem Zwei-Phasen-Modell zu liegen, in dem eine noch bestehende Vielheit, die Unterwerfung unter Christus (1 Kor 15,24b–27), in die Einheit der Gottunmittelbarkeit, in der ,Gott alles in allem' sein wird (1 Kor 15,28), aufgehoben wird." Vgl. zum Ganzen H. Strutwolf, Gnosis als System, 334–356.

THEOLOGIEGESCHICHTLICHE ZUORDNUNG DER METABOΛH-VORSTELLUNG 597

werden. Aus der Entstehungsursache leitet Ps-Athenagoras die postmortale Fortdauer des Menschen her: Damit die Postexistenz des Menschenwesens fortbesteht, muss sowohl die Seele als auch der Leib einen Beitrag dazu leisten. Die Aufgabe der Seele besteht darin, sich ihrer geschaffenen Natur gemäß zu verhalten und das auszuführen, was ihr naturgemäß zukommt. Es steht ihr aber zu, die ihr begegnenden Triebe des Leibes zu beaufsichtigen und mit angemessenen Beurteilungsmitteln und Maßstäben zu bemessen. Der Leib muss sich ebenfalls zum dem bewegen lassen, was seiner Natur entspricht. Er muss nämlich die ihm bestimmten Verwandlungen annehmen, die in den Altersstufen, in der Gestalt oder in der Größe bestehen.[464] Als allerletzte Verwandlung fungiert abschließend die Auferstehung, durch welche in der postmortalen Befindlichkeit der bessere Körperzustand ermöglicht wird.[465]

Es fällt auf, dass Origenes in De Princ III,6,7 ebenfalls von zwei allgemeinen von Gott geschaffenen Naturen im Menschen ausgeht: Es ist von der sichtbaren, der körperlichen Natur und von der unsichtbaren, der unkörperlichen Natur die Rede. Daraufhin führt Origenes aus, dass diese Naturen ihre jeweiligen Verwandlungen durchleben. Die unsichtbare und vernunftbegabte Natur ändert sich in ihrem Sinn und Willensentschluss, indem sie die Freiheit ihrer eigenen Entscheidung besitzt, so dass sie sich zeitweise im Guten oder zeitweise im Entgegengesetzten befindet. Ps-Athenagoras lässt die Aufgabe der Seele in erster Linie auf das σῶμα bezogen sein, indem die Seele die Triebe des Leibes zu beaufsichtigen und zu beurteilen hat. Ähnlich verhält sich jedoch die Bestimmung der körperlichen Natur bei Origenes und des σῶμα bei Ps-Athenagoras.

Für Origenes nimmt die körperliche Natur die Verwandlung in ihrer Substanz an, so dass sie vom Schöpfer verfertigt und neu bearbeitet wird. Nach seinem Willen erfährt sie die Verwandlung in alle beliebigen Formen und Gestalten. Origenes bestimmt die Aufgabe der Körpernatur streng vom Hylemorphismus her, indem die ihr zugrundeliegende Materie eigenschaftslos gedacht wird. Diese Materie ist fähig, alle Eigenschaften anzunehmen, die ihr der Schöpfer verleiht. Im Auferstehungszustand wird die körperliche Natur in eine bessere Qualität verwandelt. Dabei fasst Origenes sowohl den Tod als auch die Auferstehung als einzelne Verwandlungsstufen der einen materiellen Substanz auf, die jeweils in eine andere Beschaffenheit verwandelt wird.

---

464   De Res 12,8 (Marcovich 37,14–23).
465   De Res 12,9 (Marcovich 37,23 f.).

598 7. KAPITEL

Origenes spricht hinsichtlich der Auferstehung im Fragment zum ersten Psalm explizit von der größten Verwandlung.[466] Dort führt er aus, dass das somatische εἶδος, das dieselbe Identität des Menschen über den Tod hinaus garantiert, die größte μεταβολή ἐπὶ τὸ κάλλιον erleben wird.[467] Origenes kann im gleichen Kontext auch von der Verwandlung des früheren εἶδος in das Herrlichere (ἐπὶ τὸ ἐνδοξότερον) sprechen.[468] Die dritte Bestimmung des Auferstehungszustands kommt der des Ps-Athenagoras doch sehr nahe. In Meth, De Res I,22,3, führt Origenes aus: Das somatische εἶδος wird in der Auferstehung der Seele wieder umgelegt, indem es die Verwandlung ἐπὶ τὸ κρεῖττον erlebt.[469]

Nun spricht auch Ps-Athenagoras von einer μεταβολή πρὸς τὸ κρεῖττον innerhalb des Auferstehungsvorgangs, wobei er dies zunächst auf die Verwandlung der noch zum Zeitpunkt der Parusie Christi Lebenden bezieht. Dies schließt aber die Auferstandenen nicht aus (De Res 12,9). Denn die Letzteren werden die Unvergänglichkeit empfangen, was definitiv den besseren Zustand impliziert. Die Verleihung der ἀφθαρσία ist die Überwindung des schlechteren Zustands, der in der Vergänglichkeit und im ständigen Veränderungsprozess besteht. Die Auferstehung wird die allerletzte Verwandlung im Leben der Menschen sein (εἶδος γάρ τι μεταβολῆς καὶ πάντων ὕστατον ἡ ἀνάστασις),[470] wodurch der unveränderliche Zustand in der Fortdauer der Menschenexistenz hergestellt wird.

Im Unterschied zu Ps-Athenagoras spricht Origenes *expressis verbis* von einer Verwandlung aus dem Schlechteren in das Bessere (De Princ III,6,6: ex deterioribus in melius transformata).[471] Er reflektiert die sich in der Auferstehung vollziehende Verwandlung vor allem in seinem Prinzipienwerk. Die von den Toten Auferstandenen erhalten keine neuen Leiber, wie die Seelenwanderungslehre dies nahelegt. Vielmehr werden sie in der Auferstehung dieselben Körper empfangen, die aber aus dem schlechteren in einen besseren Zustand verwandelt werden.

Ebenso bezieht Origenes das postmortale Schicksal der Gottlosen in das Auferstehungsgeschehen ein. Er geht dabei von der Auferstehung aller Menschen

---

466 Dieses Fragment ist in der Auferstehungsschrift des Methodius in De Res I,20–24 enthalten.

467 Meth, De Res I,22,4 (GCS 27, 246,2 f. Bonwetsch).

468 Meth, De Res I,22,5 (GCS 27, 246,8–10. Bonwetsch).

469 Meth, De Res I,22,3 (GCS 27, 245,10 f. Bonwetsch).

470 De Res 12,9 (Marcovich 37,23 f.): „Εἶδος γάρ τι μεταβολῆς καὶ πάντων ὕστατον ἡ ἀνάστασις ἤ τε τῶν κατ' ἐκεῖνον τὸν χρόνον περιόντων ἔτι πρὸς τὸ κρεῖττον μεταβολή."

471 De Princ III,6,6 (GCS 22, 288,26–28 Koetschau): „maxime cum manifeste definiat sanctus apostolus quia non nova aliqua corpora resurgentibus a mortuis dentur, sed haec ipsa, quae viventes habuerant, ex deterioribus in melius transformata recipiant."

THEOLOGIEGESCHICHTLICHE ZUORDNUNG DER METABOΛH-VORSTELLUNG 599

aus. So werden die Gottlosen wie die Heiligen ebenfalls die Auferstehung erleben. Im Gegensatz zu den Heiligen werden sie jedoch in einen schlechteren Zustand verwandelt. Sie erhalten nämlich dunkle und schwarze Körper, die die Fähigkeit besitzen, die Strafen und die Züchtigungen zu bestehen, ohne sogleich ganz vernichtet zu werden. Die Heiligen hingegen werden in einen besseren Zustand verwandelt, indem sie sich mit feineren und reineren Körpern bekleiden werden.[472]

Ps-Athenagoras lässt eine solche Perspektive völlig aus. Er ist allein an einem positiven Nachweis der Auferstehungshoffnung interessiert, die er als eine postmortale Heilserwartung darstellt. Hingegen zielt Origenes innerhalb seiner ἀποκατάστασις πάντων-Lehre auf eine Rückführung aller Vernunftwesen in das Endheil. Die rationalen Wesen müssen dabei einen Erziehungs- und Reinigungsprozess durchlaufen. Die Verwandlung in die Auferstehungsleiblichkeit sowohl der Heiligen als auch der Gottlosen nimmt ein Zwischenstadium der Reinigung und Besserung ein, bis die Vernunftwesen gänzlich die Befreiung vom somatischen Bereich erfahren. Im Anschluss an Paulus muss der Tod gänzlich überwunden werden (1 Kor 15,53 f.). Da aber der Tod allein im Körper wirksam sein kann, ist auch die auferstandene Leiblichkeit davon nicht ausgenommen, so dass das Endheil in letzter Konsequenz außerhalb des somatischen Bereichs in einem körperlosen Zustand der Vernunftwesen erfolgt.

Es ist zu konstatieren, dass sich Origenes und Ps-Athenagoras bei ihren Verwandlungsvorstellungen innerhalb der Auferstehung von 1 Kor 15,51 f. inspirieren lassen. Origenes spricht an vielen Stellen von einer Verwandlung in ein σῶμα πνευματικόν, was er als eine ätherische Leiblichkeit auffasst. Ebenso wie Ps-Athenagoras lässt er sich von dem paulinischen πάντες δὲ ἀλλαγησόμεθα/ἡμεῖς ἀλλαγησόμεθα leiten. Jedoch bezieht er sich wesentlich stärker als

---

472 *Ps-Hippolyt* geht in „De Universo" (CPG 1898) ebenso von der Auferstehung aller Menschen aus: Die Ungerechten werden zum Gericht so auferstehen, wie sie verstorben sind. Die Verwandlung der Körper in einen verherrlichten Zustand steht nur den Gerechten zu. Die Ungerechten erfahren keine Verwandlung ihrer Leiber. Diese Vorstellung beinhaltet, dass die Verwandlung innerhalb der Auferstehung als Heilsgeschehen aufgefasst wird. Die Ungerechten werden aus diesem Heilsgeschehen ausgenommen, da ihre Körper trotz Auferstehung weiter mit Leiden und Krankheit behaftet sind. Vgl. Ps-Hippolyt, De Universo (Holl, 140,72–141,76): „οἱ δὲ ἄδικοι οὐκ ἀλλοιωθέντα τὰ σώματα οὐδὲ πάθους ἢ νόσου μεταστάντα οὐδὲ ἐνδοξασθέντα ἀπολήψονται ἀλλ' ἐν οἷς νοσήμασιν ἐτελεύτων καὶ ὁποῖα ἦν τοιαῦτα ἀναβιώσαντα ἐπενδύσονται καὶ ὁποῖοι ἐν ἀπιστίᾳ γεγένηνται τοιοῦτοι πιστῶς κριθήσονται."

Die Zuschreibung von *De Universo* an Hippolyt ist offenbar zweifelhaft. Vgl. zuletzt C.E. Hill, The Authorship of the Fragment De Universo, 105–115. Im Anschluss daran A. Whealey, Hippolytus' Lost De Universo, 244–250. Solange die Verfasserfrage ungeklärt bleibt, ist m. E. die Bezeichnung des Autors als *Ps-Hippolyt* gerechtfertigt.

600   7. KAPITEL

Ps-Athenagoras auf die paulinischen Ausführungen in 1 Kor 15,35–56, um seine Auffassung von der verwandelten Auferstehungsleiblichkeit zu verdeutlichen.[473] Er reflektiert sehr ausführlich die paulinische Argumentation, wobei 1 Kor 15,42–44 deutlich im Mittelpunkt seines Interesses steht, das dem Auferstehungsbeweis der pneumatischen Leiblichkeit dient.[474]

4   Ergebnis

Vor Irenäus ist mit einer μεταβολή-Auffassung der Auferstehung nicht zu rechnen. Die Auseinandersetzung um die Deutung von 1 Kor 15,51 f. spielt bei ihm im Gegensatz zu 1 Kor 15,50 keine Rolle.[475] Allein in AdvHaer v,13,3 spricht er im Anschluss an Phil 3,20 f. von μετασχηματισμός/*transfiguratio*,[476] während die μεταβολή bei der Behandlung der Auferstehungslehre bei ihm nicht vorkommt.[477] Überhaupt stellt für ihn die Auslegung von 1 Kor 15,51 f. noch keine Problematik für das Verständnis der Auferstehung dar, die wie 1 Kor 15,50 gegen gnostische Interpretationen richtig zu stellen wäre.

Dies ändert sich mit Tertullian, der im Anschluss an 1 Kor 15,51 f. die *demutatio* nicht als Vernichtung der Substanz des Fleisches verstehen will (vgl. Tert, De Res 55). Sein Auferstehungstraktat wird in die Zeit 208–212 n. Chr. datiert,[478] in

---

473   Vgl. M. Demura, The Resurrection of the Body, 387: „In addition, we should take account of the Pauline text (1 Cor 15:40 ff.) which is a main source for the biblical understanding of resurrection as change [...]"

474   Ps-Athenagoras vermeidet es hingegen von einer Verwandlung in ein σῶμα πνευματικόν zu sprechen. Dies hängt mit seinem Verständnis des πνεῦμα zusammen, das er explizit aus der Auferstehungsleiblichkeit in De Res 7,1 (Marcovich 31,9 f.) ausschließt. Vgl. F. Altermath, Du corps psychique au corps spirituel, 73: „Mais si, chez Paul, cette opposition est liée au don de l'Esprit, si chez l'apôtre, l'Esprit est un réel facteur de transformation de l'être intérieur jusqu'à la parousie et du corps lors de celle-ci, Athénagore, lui, ne parle pas de corps spirituel pour qualifier le corps de résurrection. Si ce dernier diffère du corps terrestre, c'est par l'absence de tous les éléments liquides, sang, salive, bile, ainsi que par l'absence de souffle (πνεῦμα! d'où l'impossibilité pour Athénagore de qualifier ce corps de σῶμα πνευματικόν)."

475   So besonders bei Irenäus in AdvHaer v,9,1–11,2: Hier setzt er sich für das richtige Verständnis von 1 Kor 15,50 ein. Diese paulinische Aussage soll von seinen Gegnern gegen die Auferstehung des Fleisches aufgeführt worden sein, so dass sich Irenäus intensiv mit der Deutung dieser Stelle auseinandersetzen muss.

476   Vgl. Irenäus, AdvHaer v,13,3 (SC 153, 170,58–174,81 Rousseau/Doutreleau/Mercier).

477   Vgl. L.E. Boliek, Resurrection, 38; W. Overbeck, Menschwerdung, 236.

478   Vgl. J.-C. Fredouille, Tertullien et la conversion de la culture antique, 487 f.; F.J. Cardman,

THEOLOGIEGESCHICHTLICHE ZUORDNUNG DER METABOΛH-VORSTELLUNG   601

der bereits zwei bis drei Jahrzehnte nach Irenäus die Auseinandersetzung um das richtige Verständnis von 1 Kor 15,51 f. voll im Gang zu sein scheint. Der Rheginosbrief (Datierung um 200 n. Chr.)[479] ist das erste Zeugnis für eine Definition der Auferstehung als μεταβολή überhaupt. Tertullian setzt solche Ansichten offenbar voraus und thematisiert daraufhin die *demutatio* im Auferstehungsgeschehen, indem er sich von den gnostischen Deutungen abgrenzt.

Die μεταβολή-Auffassung der Auferstehung von Ps-Athenagoras gehört m. E. in diese erste Rezeptionsphase des paulinischen Terminus ἀλλαγησόμεθα. Origenes macht daraufhin das paulinische Auferstehungskapitel zum wesentlichen Verständnis seiner Auferstehungslehre und erklärt die Verwandlung in einen pneumatischen Leib zum zentralen Punkt dieser Lehre.

Eine derartige zeitgeschichtliche Einordnung legt nahe, dass Ps-Athenagoras innerhalb einer theologiegeschichtlichen Entwicklung mit seinem μεταβολή-Verständnis der Auferstehung als Zeitgenosse des Origenes zu verstehen ist. Dabei können die Entwürfe des Rheginosbriefs und des Tertullian ebenfalls als zeitgenössische Deutungen der Auferstehung als ein Verwandlungsgeschehen (ⲙⲉⲧⲁⲃⲟⲗⲏ/*demutatio*) aufgefasst werden.

Exkurs: Spätere Entwicklung der Verwandlungsvorstellung

Am Ende des dritten und Anfang des vierten Jahrhunderts bestimmte weiterhin das Nachdenken über die Verwandlung das Verständnis der Auferstehung.[480] *Petrus I. von Alexandrien* († 311 n. Chr.) thematisiert in der nur in Fragmenten erhaltenen Schrift „De Resurrectione" (CPG 1638) ebenfalls die Verwandlungsvorstellung innerhalb der Auferstehung.[481] Im Mittelpunkt des

---

Tertullian on the Resurrection, 202–231. P. Siniscalco geht sogar von der Entstehung des tertullianischen Auferstehungstraktats im Jahr 211 bzw. am Anfang von 212 n. Chr. aus. Vgl. P. Siniscalco, Ricerche sul ‚De Resurrectione‘ di Tertulliano, 40 f.

479   Vgl. L.H. Martin, Epistle, 293; M.L. Peel, Introductions, 146; H. Strutwolf, Retractatio gnostica, 52; ders., „Epistula ad Rheginum", 87.

480   *Methodius von Olympus* geht auf die Bedeutung von 1 Kor 15,51 f. ein. Er betont, dass der Auferstehungsleib verwandelt wird. Die Verwandlung bezieht sich aber nicht auf die Substanz (ⲛⲉ ⲡⲟ ⲕⲉⲥⲧⲃⲟⲩ) des Leibes. Vielmehr erlebt der „Leib der Niedrigkeit" eine Umgestaltung (ⲡⲣⲉⲟⲃⲣⲁⲕⲉⲛⲓⲉ/μεταμόρφωσις [vgl. Fr. v. Miklosich, Lexicon, 740]) in den „Leib der Herrlichkeit" (Phil 3,21). Meth, De Res III,12,3 (GCS 27, 408,7–12 Bonwetsch)/(f. 155ᵛ,16–22). Vgl. auch Petrus I. Alexandrinus, De Res Cod. Vatopédi 236 Frg. 13 (Richard 267,10–13): „δῆλον δὴ ὅτι καθ᾽ὁμοιότητα τῆς ἀπαρχῆς τῶν κεκοιμημένων, τοῦ πρωτοτόκου ἐκ τῶν νεκρῶν, πάντες οἱ νεκροὶ ἀναστήσονται μετασχηματιζόμενοι καὶ συμμορφούμενοι ‚τῷ σώματι τῆς δόξης αὐτοῦ‘."

481   Zu *De Resurrectione* von Petrus I. Alexandrinus zählen – Vivian zufolge – die syrischen

602   7. KAPITEL

Interesses steht die Auslegung von 1 Kor 15,51 f. (ἀλλαγησόμεθα/ܢܫܬܚܠܦ).[482] Petrus wehrt die Annahme ab, dass die Auferstandenen eine völlig „vergeistigte" Leiblichkeit erhalten. In diesem Zusammenhang widerlegt er die Vorstellung, die Auferstehungsleiblichkeit als eine „Geistererscheinung" aufzufassen. Petrus bezieht sich dabei auf den Bericht in Lk 24,36–40, in dem die Jünger bei der Erscheinung Jesu dachten, einen Geist bzw. ein Gespenst (πνεῦμα θεωρεῖν/ܘܿܦܫܐ ܡܿܪܝܡ ܗܘܿܐ) zu sehen.[483] Daraufhin fordert Jesus sie auf, ihn zu berühren, und zeigt ihnen seine Hände und Füße. Petrus führt die Täuschung der Jünger auf die infolge der Auferstehung stattgefundene Verwandlung zurück (παρέθετο διὰ τὴν ἐν αὐτῷ γενομένην ἀλλαγήν).[484]

Daraus zieht Petrus Schlussfolgerungen hinsichtlich der verwandelten Auferstehungsleiblichkeit: Er hält zwar an der paulinischen Aussage fest, dass die Auferstandenen ein σῶμα πνευματικόν/ܚܝܠ ܪܘܚܢܐ (1 Kor 15,44) erhalten, will aber mit der Verwandlung des Leibes keine völlige Andersartigkeit verbinden.[485] Aus diesem Grund betont er, dass die Auferstehung keine Veränderung der Substanz (ἀλλαγὴ τῆς οὐσίας/ܘܐܘܣܝܐ ܫܘܚܠܦܐ) mit sich bringt;[486]

Fragmente (B, C, D, E, F, G, H), die bei J.B. Pitra, Analecta Sacra Tom. IV, 189–193, abgedruckt sind. Zusätzlich kommen noch zwei griechische Fragmente hinzu, die von M. Richard aus dem Codex Vatopédi 236 (Frg. 13 und Frg. 14) im Jahre 1973 (Le Muséon 86) veröffentlicht wurden. Vgl. M. Richard, Le Florilège du Cod. Vatopédi 236, 267–269. Wie T. Vivian gezeigt hat, stammen diese Fragmente ebenfalls aus De Resurrectione des Petrus I. Alexandrinus. Vgl. T. Vivian, St. Peter of Alexandria, 100–105, v. a. 102: „Therefore the Greek manuscript tradition supports the Syriac tradition." Das syrische Fragment C weist viele Gemeinsamkeiten mit den beiden griechischen Auszügen auf. Dabei repräsentiert die syrische Überlieferung m. E. das Werk des Petrus vollständiger. Daher sind die Bedenken von Vivian (vgl. ebd., 105), die syrischen Fragmente für die Rekonstruktion der Auferstehungslehre des Petrus heranzuziehen, unberechtigt.

482   Petrus I. Alexandrinus, De Res Frg. F (Pitra 191,1).

483   Petrus I. Alexandrinus, De Res Cod. Vatopédi 236 Frg. 14 (Richard 267,15): „τὴν διάνοιαν τῶν μαθητευόντων αὐτῷ δοκούτων ‚πνεῦμα θεωρεῖν'."
     Vgl. PetrAl, De Res Frg. G (Pitra 192,4 f.): „ܡܣܬܕܡܝܢ ܗܘܿܐ ܕܐܚܢܢܝ̈ ܘܕܘܦܫܐ ܡܿܪܝܡ ܗܘܿܐ".

484   Petrus I. Alexandrinus, De Res Cod. Vatopédi 236 Frg. 14 (Richard 267,16–22): „διήγειρε λέγων· ‚Τί τεταραγμένοι ἐστὲ καὶ διατί διαλογισμοὶ ἀναβαίνουσιν ἐν ταῖς καρδίαις ὑμῶν; Ψηλαφήσατέ με καὶ ἴδετε ὅτι πνεῦμα σάρκα καὶ ὀστέα οὐκ ἔχει καθὼς ἐμὲ θεωρεῖτε ἔχοντα· καὶ τοῦτο εἰπὼν ἔδειξεν αὐτοῖς τὰς χεῖρας καὶ τοὺς πόδας', ἅπερ ὡς εἰκὸς παρέθετο διὰ τὴν ἐν αὐτῷ γενομένην ἀλλαγήν, δι᾽ἣν ‚ἐκρατοῦντο τοῦ μὴ ἐπιγνῶναι αὐτόν', ἐπεὶ καὶ ἐν τούτῳ ἔδει αὐτὸν πρωτεύειν, κατὰ τὸ ἀποστολικὸν ῥητόν." Vgl. auch Petrus I. Alexandrinus, De Res Frg. C (Pitra 190,9).

485   Petrus I. Alexandrinus, De Res Frg. H (Pitra 193,10–13).

486   PetrAl, De Res Frg. H (Pitra 193,5): „ܒܝ ܗܘ ܘܒܗ ܡܥܒܕܢܘܬܐ ܘܐܘܣܝܐ ܐܠܐ ܫܘܚܠܦܐ" Vgl. De

THEOLOGIEGESCHICHTLICHE ZUORDNUNG DER METABOΛΗ-VORSTELLUNG 603

allein die Beschaffenheit (ποιότης) des Auferstehungsleibes und nicht sein Wesen wird verändert.[487] In diesem Zusammenhang bezieht er sich bei der Bestimmung der Auferstehungsleiblichkeit auf Ez 37,6: „‚Und ich werde meinen Geist in euch geben.‘ In offenkundiger Weise zeigt es die Gnade des Heiligen Geistes (ܟ̈ܕܐ‎ ܘܘ̈ܗܢܐ ܟ̈ܒ̈ܥܐ), welche künftig in den Leibern der Gerechten (ܚܦ̈ܝ̈ܢܘ̈ܗ‎ ܘܐܘ̈ܟ̈ܐ) durch die Unsterblichkeit und Unvergänglichkeit und durch die Herrlichkeit und leuchtende Pracht aufstrahlen wird.“[488] So versucht Petrus, sich die Verwandlung in die pneumatische Leiblichkeit vorzustellen. Dabei hält er an der Identität des einen und desselben Leibes fest.[489]

In vierten Jahrhundert unternahmen weiterhin christliche Schriftsteller, die Auferstehung unter dem Aspekt der Verwandlung zu beschreiben.[490] *Didymus der Blinde* (310/313–ca. 398 n. Chr.) kann als repräsentativer Zeuge dafür angeführt werden.[491] Auch er weiß um die Bedeutung von 1 Kor 15,51 f. für das Verständnis der Auferstehungsleiblichkeit.[492] Didymus führt aus, dass die Verwandlung des Leibes nicht als Veränderung seiner Substanz zu verstehen ist, so dass wir anstelle eines vergänglichen Körpers einen unvergänglichen (ἀντὶ φθαρτοῦ σώματος ἄφθαρτον) empfangen.[493] „Nicht nämlich entsteht

---

Res Cod. Vatopédi 236 Frg. 14 (Richard 267,6–8): „Αὕτη γάρ ἐστιν ἣν λέγει ὁ διδάσκαλος ἀλλαγὴν ὑπομεῖναι τὸν κύριον· οὐ γὰρ τὴν οὐσίαν τοῦ σώματος μεταβεβλῆσθαι διδάσκει, μὴ γένοιτο.“

487   Petrus I. Alexandrinus, De Res Cod. Vatopédi 236 Frg. 14 (Richard 267,1–3): „ὅτι καθάπερ ἡμεῖς ἀνιστάμενοι ἐκ νεκρῶν τὸ σῶμα ἀλλοῖον ἀπολαμβάνομεν, οὐ κατὰ τὴν οὐσίαν, ἀλλὰ κατὰ τὴν ἐπιφαινομένην αὐτῷ ποιότητα.“

488   Petrus I. Alexandrinus, De Res Frg. H (Pitra 193,3–5).

489   Petrus I. Alexandrinus, De Res Frg. H (Pitra 193,7).

490   Auch *Gregor von Nyssa* begreift die Auferstehung als eine Verwandlung. Vgl. dazu die Ausführungen des Gregor von Nyssa in De mortuis (GNO IX, 62,4–63,3), die in dieser Studie im Kapitel 4. 11 referiert werden.

491   Didymus bewegt sich in der exegetischen Tradition des Origenes, die er seinem Schülerkreis zu vermitteln sucht. Vgl. R.A. Layton, Didymus the Blind, 158: „The student questions indicate that within his circle, a loyalty to the exegetical and theological accomplishments of Origen did not result in theological conformity. The Origenism of the Tura commentaries reflects a commitment to view the Scriptures from the broad hermeneutical and theological priorities of the great Alexandrian exegete, not that Didymus attempted to rationalize the various doctrines of Origen into a unity.“

492   Didymus, CPs 328,25–329,1 (PTA 12, 192,25–27 Gronewald): „Παῦλος δὲ λέγων οὐκ εἶπεν· | ‚πάντες δὲ ἀλλο[ι]ωθησόμεθα‘, ἀλλὰ ‚ἀλλαγησόμεθα‘, ‚κ[α]ὶ οἱ νεκροὶ ἀναστήσονται ἄφθαρτοι‘, ἐπεὶ κατ᾽ οὐσίαν τὸ σῶμα ἐγείρεται·“ Vgl. F. Altermath, Du corps psychique au corps spirituel, 155–157.

493   Didymus, CPs 328,23–25 (PTA 12, 192,23–25 Gronewald): „τινὲς λαμβάνουσιν αὐτὸ περὶ τῆς

604 7. KAPITEL

aus einem Leib etwas Leibloses, sondern aus einem gleichartigen Leib ein gleichartiger, der die Verwandlung in der Beschaffenheit erfährt."[494] Der Auferstehungskörper wird nicht in seiner Substanz, sondern allein in seiner Qualität völlig anders. Er bleibt nach der Auferstehung als dasselbe σῶμα bestehen. Die μεταβολή vollzieht sich nach Art einer Wandlung. „Wenn nun die Auferstehung nach Art einer Wandlung stattfindet, ist das Fleisch wieder Fleisch, das Vergängliche wieder vergänglich; denn ich bezeichne das Vergängliche oder das Fleisch nicht als Qualität."[495] Die Auferstehung erfolgt allein in der Veränderung (κατὰ ἀλλαγήν) der Körperbeschaffenheit.[496]

Didymus verweist auf das Beispiel von den Altersstufen, um die Veränderung der Körpergestalt unter Beibehaltung derselben Identität für das Verwandlungsgeschehen verständlich zu machen. Die Altersstufen, die derselbe Mensch vom Säugling bis zum Greis durchläuft, sind als wesenartige Qualitäten (εἶπον γὰρ τὰς ἡλικίας οὐσιώδεις εἶναι ποιότητας) aufzufassen.[497] Bezogen auf die Auferstehung resümiert er: „Selbst wenn also der Leib bei der Auferstehung eine so große Verwandlung erhält, bleibt er (doch) ein Leib, nicht jedoch derselbe Leib, nicht der *vor* der Verwandlung."[498] Die Aussage des Paulus vom Säen des psychischen und Auferwecken des pneumatischen Leibes (1 Kor 15,44) bezieht sich „nicht auf die Veränderung von Substanzen, sondern auf die Veränderung desselben Leibes, weil aus einem vergänglichen ein unvergänglicher und aus einem psychischen ein pneumatischer geworden ist."[499] So will Didymus das paulinische ἀλλαγησόμεθα nicht als eine substanzielle ἀλλοίωσις des Leibes in der Auferstehung begreifen. Es wird allein die Qualität des σῶμα verändert, so dass ein und derselbe Leib bestehen bleibt.

ἀναστάσεως τῆς ἐκ νεκρῶν λέγον|τες τοὺς ἐγειρομένους ἀντὶ φθαρτοῦ σώματος ἄφθαρτον ἔχοντας καὶ ἀντὶ ψυχικοῦ πνευ|ματικὸν καὶ ἀντὶ ἀσθενοῦς καὶ ἀδόξ[ο]υ ἰσχυρὸν καὶ ἔνδοξον." Vgl. auch CPs 259,4–6 (PTA 6, 130,4–132,6 Gronewald).

494 Didymus, CPs 329,1 f. (PTA 12, 192,1 f. Gronewald): „οὐ γὰρ ἐκ σώματος ἀσώματον γίνεται, ἀλλ' ἐκ τοιοῦδε σώμα|τος τοιόνδε σῶμα κατὰ ποιότητα τὴν μεταβολὴν ἔχον."

495 Didymus, CPs 329,7 f. (PTA 12, 194,7 f. Gronewald): „ἐὰν οὖν κατὰ ἀλλοίωσιν ἀνάστασις γένηται, ἡ σὰρξ πάλιν σάρξ ἐστιν, τὸ φ[θαρ]|τὸν πάλιν φθαρτόν ἐστιν· οὐ γὰρ ποιότητα λέγω τὸ φθαρτὸν ἢ τὴν σάρκα."

496 Didymus, CPs 329,8 (PTA 12, 194,8 Gronewald): „κατὰ ἀλλαγὴν οὖν γίνετ[αι]."

497 Didymus, CPs 330,4–13 (PTA 12, 196,4–198,13 Gronewald). Vgl. auch CPs 259,10–14 (PTA 6, 132,10–14 Gronewald). Vgl. dazu R.A. Layton, Didymus the Blind, 156 f.

498 Didymus, CPs 330,13 f. (PTA 12, 198,13 f. Gronewald): „κἂν μυρίαν οὖν μεταβολὴν δέξηται τὸ σῶμα ἐν τῇ ἀναστάσει, σῶμά ἐστ[ι]ν, | οὐ σῶμα μέντοι τόδε, οὐ τὸ πρὸ τῆς μεταβολῆς."

499 Didymus, CPs 330,17 f. (PTA 12, 198,17 f. Gronewald): „ὅμως | δὲ τὸ πρῶτον καὶ τὸ ἔπειτα οὐκ ἐπὶ ἐξαλλαγῆς οὐσιῶν λαμβάνομεν, ἀλλὰ ἐξαλλαγῆς τοῦ αὐτοῦ σώματος, | ἐπεὶ ἐκ φθαρτοῦ ἄφθαρτον καὶ ἐκ ψυχικοῦ πνευματικὸν γέγονεν."

Durch die μεταβολή des Körpers erhalten die Gerechten „aufleuchtende und sich verstärkende (ἀναλαμπούσας καὶ αὐξομένας) Wahrnehmungen".[500] In dieser Weise äußert sich offenbar die pneumatische Eigenschaft der Auferstandenen.

Evagrius Ponticus (ca. 345–399 n. Chr.) ist ein weiterer bedeutender Zeuge für das Verständnis der Auferstehung als Verwandlungsgeschehen. In seinem theologischen Hauptwerk *Kephalaia Gnostica* definiert er die Auferstehung unter dem Aspekt der Veränderung der Körperqualitäten: „Die Auferstehung des Leibes ist eine Veränderung (ܫܘܚܠܦܐ) von einer schlechten in eine bessere Beschaffenheit (ܡܛܟܣܘ)".[501] Im Anschluss an Origenes[502] vertritt Evagrius auch die Möglichkeit der Verwandlung in einen schlechteren Körperzustand. Dabei vermeidet er eine allzu materialistische Konzeption der Auferstehungsleiblichkeit, obgleich er an der Bewahrung derselben Identität im

---

500 Didymus, CEccl 348,4–7 (PTA 9, 164,4–7 Koenen/Binder/Liesenborghs): „ὅταν μέντοι μεταβάλῃ αὐτὸ(ν) | τὸ σῶμα ἀπὸ τοῦ ‚φθαρτοῦ‘ ἐπὶ τὸ ‚ἄφθαρτον‘ καὶ ἀπὸ τοῦ ‚ψυχικοῦ‘ ἐπὶ τὸ ‚πνευ|ματικόν‘, οὐκ ἔχουσιν οὐκέτι αἰσθήσεις ‚σκοτιζο[μ]ένας‘ ἀλλὰ ἀναλαμπούσας | καὶ αὐξομένας."

501 Evagrius, KephGn V,19 (Guillaumont 185,5 f.). Vgl. M. Tobon, Raising Body and Soul, 60 f.66: „In sum, the passage of the body ‚from the bad quality to the superior quality‘ is its transformation from a thick, dark, earthy mixture to a lighter and more fiery one, [...]" Evagrius kennt auch noch zwei weitere Auferstehungsarten. Es gibt nämlich eine Auferstehung der Seele und eine des νοῦς. „Die Auferstehung der ܢܦܫܐ/ψυχή ist die Rückkehr von der Rangordnung (ܛܟܣܐ/τάξις) voller Leidenschaft/Passibilität in einen leidenschaftslosen Zustand (KephGn V,22 [Guillaumont 185,11 f.])." Diese Auferstehung beinhaltet einen Entwicklungsprozess der Vernunftwesen zu einer völligen ἀπάθεια. Ein solches Verständnis der ܩܝܡܬܐ/ἀνάστασις stellt offenbar eine Zwischenstufe dar, die zur „Auferstehung des νοῦς" führt. „Die Auferstehung des ܗܘܢܐ/νοῦς ist ein Übergang von der Unwissenheit zur Erkenntnis der Wahrheit (ܘܡܢ ܝܕܥܬܐ ܕܩܘܫܬܐ) (KephGn V,25 [Guillaumont 187,6])." In *Epistula ad Melaniam* spricht Evagrius von der Auferstehung des νοῦς „in seiner ersten Schopfung (ܒܚܙܬܐ ܩܕܡܝܬܐ ܕܟܝܢܗ/ἐν τῇ πρώτῃ κτίσει αὐτοῦ) EpMel § 26 (Frankenberg 618,5)." Der νοῦς wird in seinen protologischen Zustand zurückgeführt, als er noch in der Einheit mit Gott verweilte. In *Epistula Fidei* bezeichnet Evagrius die Auferstehung des Intellekts als einen Übergang von der materiellen Erkenntnis zur immateriellen Kontemplation (ἀνάστασιν λέγων τὴν ἀπὸ τῆς ἐνύλου γνώσεως ἐπὶ τὴν ἄϋλον θεωρίαν μετάβασιν). „Dann nämlich steht unser νοῦς auf und wird zu seliger Höhe erweckt, wenn er die Einheit und Einzigkeit des Logos schaut (Τηνικαῦτα γὰρ ὁ νοῦς ἡμῶν ἐξανίσταται καὶ πρὸς ὕψος μακάριον διεγείρεται, ὁπηνίκα ἂν θεωρήσῃ τὴν ἐνάδα καὶ μονάδα τοῦ Λόγου) EpFid VIII,7 (Courtonne 30,32–37/Gribomont 100,27–31)." Vgl. K.-H. Uthemann, Protologie und Eschatologie, 424–429.

502 Vgl. De Princ III,6,5 (GCS 22, 287,5–7 Koetschau): „Propter quod immutationem quidem varietatemque recipient, ita ut pro meritis vel in meliore vel in deteriore habeantur statu;" Siehe in dieser Studie das Kapitel 7. 3.1: „Verwandlung in eine pneumatische Leiblichkeit".

Verwandlungsgeschehen festhält: „Der pneumatische Leib (حفْحفَا وفَمُنُا) und sein Gegenteil bestehen nicht aus unseren Gliedern oder aus unseren Teilen, aber aus einem Körper (حفْحفا). Eine Veränderung (معُنُا) nämlich besteht nicht aus Gliedern zu Gliedern; sondern es gibt eine Veränderung (محفْحفا) aus einer vorzüglichen oder schlechten Beschaffenheit (محوُنُا) zu einer vorzüglichen oder schlechten Veränderung (محفْحفا)."[503]

Das Ziel der Vernunftwesen (محجُنُا/λογικοί) besteht darin, sich innerhalb der Aufeinanderfolge von Welten in eine höhere Körperqualität zu verwandeln.[504] Dies beinhaltet eine Entwicklung im Erkenntnisprozess, den die λογικοί durch Verringerung der Unkenntnis zu durchlaufen haben.[505] „In den Welten wird Gott ‚den Leib unserer Niedrigkeit zur Gestalt des Leibes seiner Herrlichkeit, des Herrn, verwandeln‘ (Phil 3,21). Aber nach allen Welten wird er auch uns in ‚die Gleichheit (محفْذُا) des Abbildes seines Sohnes‘ (Röm 8,29) formen, insofern das Bild des Sohnes die wesensmäßige Erkenntnis Gottes des Vaters ist."[506] Das absolute Endziel der Vernunftwesen ist diese Einheit mit dem Sohn, die die γνῶσις οὐσιώδης/اكذُحُا اكذُنُمُا des Vaters ermöglicht.[507] In diesem Zustand wird es offenbar keine Körperlichkeit der λογικοί/محجُنُا mehr geben.[508] Das letzte Gericht besteht nicht in der

---

503 Evagrius, KephGn III,25 (Guillaumont 107,7–9).

504 Evagrius, KephGn III,40 (Guillaumont 113,13 f.).

505 Evagrius, KephGn III,68 (Guillaumont 125,9–11).

506 Evagrius, KephGn VI,34 (Guillaumont 231,5–7).

507 Vgl. G. Bunge, Evagrios Pontikos Briefe aus der Wüste, 145: „Das Werk der Erlösung besteht daher wesentlich in der Wiedervereinigung von Bild und Ebenbild in einer ‚Erneuerung zur Erkenntnis nach dem Bilde des Schöpfers‘."

508 Dennoch bleiben die Vernunftwesen identifizierbare Kreaturen und gehen nicht gänzlich in Gott auf. Der Intellekt (محوُا/νοῦς) ist ursprünglich in seiner Natur (حنُا/φύσις), seiner Hypostase (محفُحُا/ὑπόστασις) und in seinem Rang (مححُا/τάξις) eins (حُو/εἷς), so dass er auch im Endheil erneut diese *Einheit* erreicht, in der Gott ihn als eine vollkommene Kreatur schuf (EpMel §26 [Frankenberg 618,2–6]). Vgl. J.S. Konstantinovsky, Evagrius Ponticus, 170: „[...] the minds remain circumscribed as distinct creatures in relation to one another and to God. God alone is limitless. [...] ‚the naked intellects‘ retain some somatic characteristics." Ob jedoch der „nackte Intellekt" (KephGn III,70 [Guillaumont 127,3]: ὁ γυμνὸς νοῦς) tatsächlich im Endheil somatische Kennzeichnen beibehält, ist m. E. aufgrund der Aussagen von Evagrius hinsichtlich der endgültigen Vernichtung der Körper fraglich.

I.L.E. Ramelli hingegen stellt fest, dass nur die „sterblichen" und „schweren" Körper verschwinden, nicht aber die Leiblichkeit der Vernunftwesen an sich. Vgl. I.L.E. Ramelli, Apokatastasis, 488 Anm. 482: „Indeed, ἀποκατάστασις is a return to the original state without sin and therefore without heavy bodies." Daher muss Ramelli die eindeutigen

Verwandlung der Körper (ܫܘܚܠܦܐ ܕܓܘܫܡ̈ܐ), sondern in deren Vernichtung (ܚܘܒܠܗܘܢ).[509]

Evagrius entwickelt diese eschatologische Konzeption auf der Grundlage der paulinischen Aussagen in 1Kor 15,51f. Explizit greift er auf die von Paulus erwähnte „letzte Posaune" (ܩܪܢܐ ܐܚܪܝܬܐ/ἡ ἐσχάτη σάλπιγξ) zurück, um seiner Eschatologie Nachdruck zu verleihen: „Wie die erste Posaune die Entstehung der Leiber bekanntgab, so wird auch die ‚letzte Posaune' die Zerstörung der Leiber bekanntgeben."[510] In KephGn III,40 heißt es erneut: „Die ‚letzte Posaune' ist der Befehl des Richters, der die Vernunftwesen mit guten oder schlechten Körpern verbunden hat. Nach diesem (Befehl) werden die schlechten Leiber nicht (mehr) existieren."[511] Dabei stellt sich Evagrius – im Anschluss an Origenes[512] – die Entwicklung der Vernunftwesen im Eschaton als ein Zwei-Phasen-Modell vor: „Wie die *erste* ‚Ruhe' (Gen 2,2) Gottes die Verringerung der Bosheit und das Verschwinden der groben Leiber (ܓܘܫܡ̈ܐ ܥܒܝ̈ܐ) bekanntgeben wird, so wird auch die *zweite* ‚Ruhe' die Zerstörung der Leiber (ܚܒܠܐ ܕܓܘܫܡ̈ܐ), der zweiten Existenzen, und die Verringerung der Unwissenheit bekanntgeben."[513] Dieses Kephalaion gibt zu verstehen,

Aussagen von der vollständigen Beseitigung der Körperlichkeit uminterpretieren. Sie übersetzt beispielsweise KephGn I,26: „the form of the *mortal* body will also pass", obwohl der Text lediglich so lautet: „ܐܦ ܐܣܟܡܗ ܕܦܓܪܐ ܢܥܒܪ/καὶ τὸ σχῆμα τοῦ σώματος παράξει". In KephGn IV,41 übersetzt sie ܓܘܫܡܐ ebenfalls als „sterblicher Leib". Die Übersetzung von ܦܓܪܐ/ܓܘܫܡܐ als „sterblicher Leib" begründet sie so: „for in Syriac there are two different words for ‚body', one referring to heavy, thick bodies, and the other also including finer and incorruptible bodies". Vgl. I.L.E. Ramelli, Apokatastasis, 497–499. Jedoch gibt es genügend Stellen, die dieser schematischen Einteilung explizit widersprechen (vgl. nur den syrischen Ausdruck „ܓܘܫܡܐ ܪܘܚܢܐ" für den „pneumatischen Leib" in KephGn III,25 und die Rede vom Verschwinden der (ܓܘܫܡ̈ܐ ܥܒܝ̈ܐ) groben Leiber in KephGn III,68. Außerdem steht hinter den beiden syrischen Termini ܦܓܪܐ/ܓܘܫܡܐ einfach das griechische Wort σῶμα. Vgl. A. Guillaumont, ‚Képhalaia Gnostica', 114 Anm. 149: „Le texte grec original avait probablement partout σῶμα."

509 Evagrius, KephGn II,77 (Guillaumont 91,8).

510 Evagrius, KephGn III,66 (Guillaumont 125,5f.).

511 Evagrius, KephGn III,40 (Guillaumont 113,13f.).

512 Siehe in dieser Studie das Kapitel 7. 3.1: „Verwandlung in eine pneumatische Leiblichkeit".

513 Evagrius, KephGn III,68 (Guillaumont 125,9–11). Notwendige Voraussetzung eines solchen Entwicklungsprozesses ist, dass die Vernunftwesen ursprünglich körperlos waren (vgl. KephGn VI,73 [Guillaumont 247,11]: der νοῦς war und wird als Ebenbild Gottes erneut unkörperlich „ܕܠܐ ܓܘܫܡ ܗܘܐ"). Die λογικοί sind aufgrund der Wandlungsfähigkeit ihres Sinnes und der Entscheidungsfreiheit von Gott abgefallen und haben Körper angenommen (vgl. EpMel § 26 [Frankenberg 618,2f.]). Dabei bekamen sie sowohl schlechte (ܒܝ̈ܫܐ) als auch vorzügliche Leiber (ܦܓܪ̈ܐ ܡܝܬܪ̈ܐ). Vgl. KephGn III,51 (Guillaumont 119,1–3). Die

dass alle Vernunftwesen zunächst infolge eines Erkenntnisprozesses aus der groben Leiblichkeit in pneumatische Körper überführt werden. Anschließend kommt es zur Aufhebung der sekundären Dinge und zur Beseitigung jeglicher Körperlichkeit.[514] In der vollkommenen Kontemplation wird die gesamte Natur der Körper (ܟܠܗ ܟܝܢܐ ܕܓܘܫܡܐ) entfernt, so dass die eigentümliche Schau (ܬܐܘܪܝܐ/θεωρία) Gottes immateriell (ܠܐ ܗܘܠܢܝ/ἄϋλος) sein wird.[515] Evagrius vertritt somit wie Origenes eine „zweistufige Apokatastasis", die einen Übergang der verwandelten Leiblichkeit in eine Körperlosigkeit im Endheil beinhaltet.[516]

Körperannahme richtet sich nach dem jeweiligen Grad des Abfalls aus der ursprünglichen Einheit mit Gott. So hat ein jeder gemäß dem Maß seiner Rangordnung (κατὰ μέτρον τῆς τάξεως αὐτοῦ) entsprechende Leiber erhalten. Vgl. KephGn III,47 (Guillaumont 117,3–6). Jedoch werden die λογικοί infolge ihres Wachstums in der γνῶσις endgültig die Körper ablegen und erkenntnisfähige Werkzeuge (ܡܐܢܐ ܝܕܘܥܬܢܐ/γνωστικὰ ὄργανα) werden. Vgl. KephGn III,51 (Guillaumont 119,3).

514   Vgl. Evagrius, KephGn I,26; II,17; III,66; III,68. Vgl. A. Guillaumont, ‚Képhalaia Gnostica', 116: „Puis, dans un ultime changement, le corps spirituel lui-même disparaîtra, et ce sera l' anéantissement complet des corps." Vgl. J.S. Konstantinovsky, Evagrius Ponticus, 155.166: „The first transformation of bodies, then, is a change from a gross material state into a spiritual condition. The second one, however, is the downright abolition of the bodies."

515   Evagrius, KephGn II,62 (Guillaumont 85,9 f.). Vgl. KephGn III,11 (Guillaumont 103,1–3): Allein die unkörperliche Natur (ܟܝܢܐ ܠܐ ܓܫܝܡܐ) ist fähig, *vollkommen* die Einheit Gottes zu erkennen, nicht jedoch die körperliche Natur (ܟܝܢܐ ܓܫܝܡܐ).

516   Vgl. K.-H. Uthemann, Protologie und Eschatologie, 426 Anm. 105: „Dagegen spricht alles für eine zweistufige Apokatastasis, in der mit der Übergabe der Herrschaft Christi an Gott Vater alle Körperlichkeit vernichtet wird. [...] M. a. W. pneumatische Körperlichkeit heißt immer noch Welt und wird mit dem absoluten Ende aufgehoben." Vgl. ebd., 427: „Denn das Eschaton ist die Heimholung der gefallenen Vernunftwesen in die immaterielle, wesenhafte Erkenntnis (γνῶσις οὐσιώδης) der Trinität, in der alle Körperlichkeit, auch die pneumatische, vernichtet und Gott unmittelbar in seinem Wesen erkannt wird."

8. KAPITEL

Die auf der Providenz Gottes beruhende Beweisführung (De Res 18–25)

1 Gerichtsargumentation (De Res 18–23)

In der ersten Einteilung des „Logos de veritate" nimmt die Gerichtsperspektive den abschlie-ßenden Argumentationsgang ein (De Res 11,7). Die Auferstehung soll nach der Behandlung der Ursache der Menschenschöpfung und seiner Natur an dritter Stelle vom Gericht des Schöpfers über alle Menschen erwiesen werden. Während die beiden ersten Beweisgänge von der Schöpfertätigkeit Gottes bestimmt sind, ergibt sich das Gerichtsargument aus der göttlichen πρόνοια. Die Zeit des irdischen Lebens und die Einhaltung der Staatsgesetze (καθ' οὓς ἐπολιτεύσατο νόμους) finden im Gericht Gottes Berücksichtigung und werden einer gerechten Belohnung bzw. Bestrafung unterzogen.[1] Nach der ersten Ankündigung der Gerichtsargumentation erfolgt in De Res 13,3 eine Erweiterung des „Logos de veritate" um das Endziel des Lebens.[2] Auf diese Weise gliedert sich die Beweisführung aus der Vorsehung Gottes in zwei Teile: In De Res 18–23 soll der Auferstehungsbeweis aus dem gerechten Gericht und abschließend in De Res 24f. aus dem Endziel des Menschenlebens ergehen.

1.1 Relativierung des Gerichtsarguments (De Res 14,5f.)

In De Res 14,5f. bedenkt Ps-Athenagoras den Stellenwert des Gerichtsarguments. Dies erscheint ihm notwendig, da die Gerichtsargumentation zu seiner Zeit die primäre Begründung der Auferstehung einnahm. Er setzt offenbar bei seinen Adressaten die erste Kenntnis der Auferstehungsbotschaft voraus, die sich in der apologetischen Literatur an Außenstehende richtet. Unser Autor ist jedoch der Überzeugung, dass der Auferstehungsbeweis bereits aus der Schöpfertätigkeit Gottes klar (ἐναργῶς) erwiesen ist.[3] Dennoch verzichtet er nicht darauf, an seine christliche Tradition anzuknüpfen. Dies vollzieht er aber mit einer deutlichen Umwertung und verlagert entsprechend die Gewichte auf

---

1   De Res 11,7 (Marcovich 35,25–27): „ἔτι δὲ ἀπὸ τῆς τοῦ ποιήσαντος ἐπὶ τούτοις κρίσεως, καθ' ὅσον ἕκαστος ἔζησε χρόνον καὶ καθ' οὓς ἐπολιτεύσατο νόμους, ἣν οὐκ ἄν τις ἀμφισβητήσειεν εἶναι δικαίαν."

2   De Res 13,3 (Marcovich 38,11–14).

3   De Res 14,5 (Marcovich 39,3f.): „Διὰ δὲ τούτων, ὡς πρώτων καὶ τὴν ἐκ δημιουργίας ἐχόντων ἀρχήν, ἐναργῶς δεικνυμένης τῆς ἀναστάσεως".

© KONINKLIJKE BRILL NV, LEIDEN, 2016 | DOI: 10.1163/9789004305373_011

610   8. KAPITEL

die göttliche δημιουργία. Die Schöpfertätigkeit Gottes bildet die entscheidende Grundlage für die Auferstehungswahrheit.

Das Gerichtsargument nimmt hingegen eine sekundäre Stellung ein.[4] Diese Beweisführung ist aus der göttlichen πρόνοια zu erschließen, so dass diese Argumente ebenfalls die Zuverlässigkeit der Auferstehung erhärten.[5] Ps-Athenagoras konzentriert sich dabei auf die für jeden Menschen gemäß dem gerechten Gericht geschuldete Belohnung oder Strafe (διὰ τῆς ἑκάστῳ τῶν ἀνθρώπων ὀφειλομένης κατὰ δικαίαν κρίσιν τιμῆς ἢ δίκης) und abschließend auf das τέλος des Menschenlebens.[6]

Der Verfasser bezieht sich explizit auf viele Behandlungen der Auferstehung, ohne dabei einen kritischen Unterton zu vermeiden:

> Denn *viele* (πολλοί) haben die Auferstehungslehre behandelt und das Hauptgewicht ausschließlich auf den dritten Punkt gelegt. Sie sind der Meinung gewesen, dass die Auferstehung allein um des Gerichts willen veranlasst ist.[7]

In der Tat nimmt in der apologetischen Literatur die Gerichtsperspektive die primäre Begründung der Auferstehung ein. Sowohl der Apologet Athenagoras als auch Tatian betonen, dass die Auferstehung vor allem zum Zwecke des Gerichts stattfindet.[8] Tertullian erhebt sogar das Gerichtshandeln Gottes zur Hauptursache der Auferstehung.[9]

---

4 Vgl. H.E. Lona, Athenagoras, 566: „Denn das Gerichtsargument allein besitzt keine überzeugende Beweiskraft. [...] Es handelt sich also um einen sekundären Argumentationsgang, der aber ebenso einen theologischen Kernpunkt hat."

5 De Res 14,5 (Marcovich 39,4 f.): „οὐδὲν ἧττον καὶ διὰ τῶν τῆς προνοίας λόγων ἔστι λαβεῖν τὴν περὶ ταύτης πίστιν".

6 De Res 14,5 (Marcovich 39,5–7): „λέγω δὲ διὰ τῆς ἑκάστῳ τῶν ἀνθρώπων ὀφειλομένης κατὰ δικαίαν κρίσιν τιμῆς ἢ δίκης καὶ τοῦ κατὰ τὸν ἀνθρώπινον βίον τέλους."

7 De Res 14,6 (Marcovich 39,7–9): „Πολλοὶ γὰρ τὸν τῆς ἀναστάσεως λόγον διαλαμβάνοντες τῷ τρίτῳ μόνῳ τὴν πᾶσαν ἐπήρεισαν αἰτίαν, νομίσαντες τὴν ἀνάστασιν γίνεσθαι διὰ τὴν κρίσιν."

8 Vgl. Athenagoras, Leg 31,2 und 36,1 (PTS 31, 100,19–101,31; 110,9–12 Marcovich); Tatian, Oratio 6,1 (PTS 43, 15,1–6 Marcovich): Tatian behauptet ausdrücklich, dass die Auferstehung der Leiber nach der Vollendung aller Dinge geschehen wird, um die Menschen vollständig um des Gerichts willen (ἔσεσθαι χάριν κρίσεως) zu versammeln. Vgl. auch TheophAnt, Ad Aut I,14,4–6 (PTS 44, 35,17–27 Marcovich).
    Innerhalb des Schriftcorpus der sogenannten *Apostolischen Vätern* nimmt die Auferstehung um des Gerichts willen ebenso die primäre Begründung ein: vgl. 2 Clem 9,1; Barn 21,1; PolycS, EpPhil 2,1 f.; 7,1.

9 Tertullian, Apol 48,12 (Becker 216,7–13) und De Res 14,8 (Evans 36,26–38,28): „idque iudicium

DIE AUF DER PROVIDENZ GOTTES BERUHENDE BEWEISFÜHRUNG 611

Die Behandlung der Auferstehungslehre war bis dahin in der apologetisch-christlichen Literatur fest in das göttliche Gerichtshandeln eingebunden. Indem er die Hauptbeweislast aus dem göttlichen Gericht für die Auferstehung deutlich relativiert, nimmt Ps-Athenagoras an dieser Begründung eine Korrektur vor.[10] Er bezeichnet die Überbetonung des Gerichtsarguments beim Auferstehungsbeweis sogar als ein ψεῦδος:

> Dieses erweist sich ganz deutlich als ein Irrtum, dass zwar *alle* gestorbenen Menschen auferstehen, aber nicht alle Auferstandenen gerichtet werden.[11]

Wenn allein die Gerechtigkeit im Gericht den einzigen Grund für die Auferstehung bietet, dann dürfen gewiss diejenigen nicht auferstehen, die weder gesündigt noch gut gehandelt haben. Dies sind die ganz kleinen Kinder (τοῦτ' ἔστι τοὺς κομιδῇ νέους παῖδας),[12] die noch kein Bewusstsein von schlechten oder guten Handlungen haben. Da aber unser Autor die Auferstehung als ein göttliches Heilshandeln versteht, werden auch die Säuglinge und die ganz kleinen Kinder in das Heil mittels der Auferstehung einbezogen.[13] Somit impliziert die

---

resurrectio expunget, haec erit tota causa immo necessitas resurrectionis, congruentissima scilicet deo destinatio iudicii." H.E. Lona gibt zu bedenken, ob sich Ps-Athenagoras nicht gegen so eine Überbetonung des Gerichtsarguments bei der Begründung der Auferstehung wendet. Vgl. H.E. Lona, Ps. Justins „De Resurrectione", 714 Anm. 50: „Richtet sich die Kritik an die Adresse von Tertullians „De Resurrectione"?"

10 Vgl. J. Ulrich, Selbstbehauptung, 267, der ebenso anführt, dass Ps-Athenagoras an der Begründung der Auferstehung aus dem Gericht Gottes eine Korrektur und zugleich eine Überbietung vornimmt: „Die offensichtlich verbreitete Argumentation mit der Gerichtsvorstellung korrigiert und überbietet Athenagoras dann durch eine differenzierte und detaillierte Beweisführung." Ebd.

11 De Res 14,6 (Marcovich 39,9–11): „Τοῦτο δὲ περιφανῶς δείκνυται ψεῦδος ἐκ τοῦ πάντας μὲν ἀνίστασθαι τοὺς ἀποθνήσκοντας ἀνθρώπους, μὴ πάντας δὲ κρίνεσθαι τοὺς ἀναστάντας·"

12 De Res 14,6 (Marcovich 39,11–14): „εἰ γὰρ μόνον τὸ κατὰ τὴν κρίσιν δίκαιον τῆς ἀναστάσεως ἦν αἴτιον, ἐχρῆν δήπου τοὺς μηδὲν ἡμαρτηκότας ἢ κατορθώσαντας μηδ' ἀνίστασθαι, τοῦτ' ἔστι τοὺς κομιδῇ νέους παῖδας·"

13 In der Quaestiones-Literatur stellte der Tod von Neugeborenen und auch der bereits im Mutterleib Verstorbenen hinsichtlich der Gerichtsbegründung für die Auferstehung weiterhin eine Problematik dar. Vgl. Quaest. et Resp. 26 (13), (Papadopulos-Kerameus 37,2–6): „Ἐρώτησις. Εἰ γίνεται ἡ ἀνάστασις διὰ τὴν τῶν βεβιωμένων ἑκάστῳ ἀντίδοσιν, πῶς τὰ βρέφη ἢ καὶ τὰ ἐν γαστρὶ τελευτήσαντα περιττῶς οὐκ ἀνίστανται, οὔτ' ἔργων ἀμοιβὰς κομιζόμενα, οὔτε ἀνέσεως ἢ θλίψεως διὰ τὸ τῆς ἡλικίας ἄωρον λαβεῖν δυνάμενα αἴσθησιν·"
Jedoch wird aufgrund dessen die Gerichtsargumentation nicht relativiert, sondern

612   8. KAPITEL

Annahme der ἀνάστασις πάντων[14] auch die Auferstehung der im ersten Alter verstorbenen Kinder. Diese Prämisse wird auf diese Weise zu einer grundlegenden Ausgangsbasis, so dass die Auferstehung in erster Linie *nicht* wegen des Gerichts, sondern wegen der Absicht des Schöpfers und der Natur der geschaffenen Menschen erfolgt.[15]

---

bereits fest vorausgesetzt. In der auf diese *Quaestio* ergehende *Responsio* wird direkt mit 1 Kor 15,43b und Hiob 3,19a argumentiert. Zusätzlich wird auf den Kindermord des Herodes und auf das Hüpfen des Johannes im Leibe seiner Mutter und überhaupt auf die Lobgesänge der Kinder und Säuglinge verwiesen. Vgl. Quaest. et Resp. 26 (13), (Papadopulos-Kerameus 37,7–21): „**Ἀπόκρισις.** Τῷ πιστεύοντι ἀληθὲς εἶναι τὸ ‚σπείρεται ἐν ἀσθενείᾳ, ἐγείρεται ἐν δυνάμει‘, τούτῳ δυνατὸν καὶ πρέπον ἐστὶ καὶ τὸ πιστεύειν τῶν βρεφῶν τὴν ἀνάστασιν· ὁ γὰρ τὴν ἀφθαρσίαν αὐτοῖς παρέχων, δύναται καὶ τὴν αἰσθητικὴν τῶν προσόντων ἀγαθῶν χαρίσασθαι αὐτοῖς δύναμιν. πλὴν οὐδὲ ‚ἔστιν ἐκεῖ μικρὸς ἢ μέγας‘, ἀλλὰ πάντες τὴν πνευματικὴν ἡλικίαν τέλειοι· τὸ γὰρ ‚ἐγείρεται ἐν δυνάμει‘ οὐδὲν ἕτερον ἢ τοῦτο ἐμφαίνει. ἔτι δέ, εἰ οὐ γίνεται τῶν βρεφῶν ἀνάστασις, εὑρεθήσεται ὁ θεὸς μάτην πλασάμενος αὐτά. εἰ δὲ μάτην ποιεῖ ὁ θεὸς οὐδέν, ἀνάγκη ἄρα καὶ αὐτὰ εἰς τὸ εἶναι παραγενέσθαι διὰ τῆς ἀναστάσεως. πῶς δὲ οὐκ ἄκαιρον τὸ πρὸς τὴν ἐκδίκησιν τῆς τῶν βρεφῶν ἀναιρέσεως κατακρίνειν τὸν Ἡρώδην, τῶν βρεφῶν οὐκ ὄντων τῶν ἐκδικουμένων; μαρτυρεῖ δὲ τούτοις τὰ τοῦ βαπτιστοῦ Ἰωάννου ἐν τῇ κοιλίᾳ τῆς μητρός, τῆς ἀγαλλιάσεως σκιρτήματα, καὶ ὁ ὕμνος τῶν νηπίων καὶ θηλαζόντων.“

Die Heilige Schrift stellt die Argumentationsbasis dar und dies ist zweifellos eine *spätere* Diskussion, als wir sie bei Ps-Athenagoras vorfinden. Daher kann der Verweis von H.E. Lona, Athenagoras, 573, der die Ähnlichkeit von De Res 14,6 mit dieser *Quaestio* belegen soll, nicht als ein Indiz für die Datierung von De Resurrectione in das späte vierte Jahrhundert gewertet werden.

14 Die Ursprünge der Vorstellung von der ἀνάστασις πάντων lassen sich bis in das Alte und Neue Testament zurückverfolgen, wobei die Gerichtsperspektive durch die Vergeltung der guten und bösen Taten bestimmend ist. Vgl. Dan 12,2; 2 Kor 5,10; Joh 5,28 f.: „μὴ θαυμάζετε τοῦτο, ὅτι ἔρχεται ὥρα ἐν ᾗ πάντες οἱ ἐν τοῖς μνημείοις ἀκούσουσιν τῆς φωνῆς αὐτοῦ καὶ ἐκπορεύσονται οἱ τὰ ἀγαθὰ ποιήσαντες εἰς ἀνάστασιν ζωῆς, οἱ δὲ τὰ φαῦλα πράξαντες εἰς ἀνάστασιν κρίσεως.“ Apg 24,15; Apk 20,13.

In der apologetischen Literatur: Justin, Apol I,52,3 (PTS 38, 104,8–12 Marcovich); Dial 45,4 (PTS 47, 144,27–30 Marcovich); TheophAnt, Ad Aut I,13,7 (PTS 44, 33,20–22 Marcovich): „Ταῦτα δὲ πάντα ἐνεργεῖ ἡ τοῦ θεοῦ Σοφία, εἰς τὸ ἐπιδεῖξαι καὶ διὰ τούτων ὅτι δυνατός ἐστιν ὁ θεὸς ποιῆσαι τὴν καθολικὴν ἀνάστασιν ἁπάντων ἀνθρώπων.“; Ad Aut I,14,4–6 (PTS 44, 35,17–27 Marcovich).

15 De Res 14,6 (Marcovich 39,14–17): „Ἐξ ὧν δὲ πάντας ἀνίστασθαι τούς τε ἄλλους καὶ δὴ καὶ τοὺς κατὰ τὴν πρώτην ἡλικίαν τελευτήσαντας καὶ αὐτοὶ δικαιοῦσιν, οὐ διὰ τὴν κρίσιν ἡ ἀνάστασις γίνεται κατὰ πρῶτον λόγον, ἀλλὰ διὰ τὴν τοῦ δημιουργήσαντος γνώμην καὶ τὴν τῶν δημιουργηθέντων φύσιν.“

1.2 *Vorsehung Gottes als Ausgangslage (De Res 18)*

Nach der Relativierung des Gerichtsarguments in De Res 14,5 f. legt Ps-Athenagoras in De Res 18,1–3 die Notwendigkeit der Beweisführung aus der göttlichen πρόνοια dar. Dabei knüpft er offenbar an die Voraussetzungen seiner Adressaten an, die sich ebenso über die Vorsehung Gedanken machten. So wie sie vom Schöpfungshandeln Gottes ausgehen, nehmen sie auch die göttliche Fürsorge für die Menschen an, die sich auf das irdische und postmortale Leben bezieht. Celsus setzt ebenfalls bei seinem am Christentum interessierten Publikum[16] die Annahme von einer göttlichen ἐπιμέλεια voraus, die sich durch die Dämonen auf das Menschenleben erstreckt.[17] Ohne jedoch die letzte Ansicht zu übernehmen, geht unser Autor bei seinen von celsischen Gedanken beeinflussten Adressaten auf gleiche Weise vom Glauben an eine göttliche Fürsorge für die Menschen aus.[18]

In De Res 18,2 f. eröffnet Ps-Athenagoras mit einer kurzen Vorrede den gesamten Beweisgang aus der göttlichen Vorsehung: Wenn seine Adressaten fest von der Annahme ausgehen, dass Gott der Schöpfer dieses Alls ist, so muss aus seiner Wahrheit und Gerechtigkeit der Schluss gezogen werden, dass er über alles Geschaffene wacht und für dessen Bewahrung Sorge trägt.[19] Unser

---

16 Vgl. H.E. Lona, Kelsos, 52: „Sprache und Inhalt des Werkes weisen auf eine bestimmte Zielgruppe in der Gesellschaft hin: Es sind die Gebildeten, die sich für das Christentum interessieren, sei es, weil sie sich von ihm angezogen fühlen, sei es, weil sie ratlos davor stehen, oder weil sie sich empören, ohne jedoch ihre Ablehnung begründen zu können."

17 Vgl. C. Cels. IV,99; V,25b; VII,68; VIII,28.34.53.55.58 und den Exkurs zur Vorsehung bei H.E. Lona, Kelsos, 277 f.

18 Diese Ausgangsbasis bestimmt seine Einführung in die Gerichtsargumentation (De Res 18,1–3). Zunächst reflektiert er aber die ergangenen Beweisargumente, die er ins Verhältnis zu seinen letzten Ausführungen setzt: Die bisherigen Beweise für die Auferstehung waren von gleicher Art, da sie denselben Ausgangsgrund haben. Die Schöpfertätigkeit Gottes bestimmte bis dahin die Untersuchung im „Logos de veritate". Ps-Athenagoras widmet sich in De Res 18,1 dem abschließenden Beweisgang, der die Glaubwürdigkeit der Auferstehungsbotschaft aus der Vorsehung Gottes zu ermitteln sucht. Der Beweis der Gerechtigkeit, gemäß welcher Gott die Menschen richtet, ob sie nun gut oder schlecht gelebt haben, gewinnt seine Stärke vom Endziel der Menschen her. Daher beruhen die letzten beiden Argumentationsgänge primär auf der Vorsehung Gottes (ἤρτηνται δὲ μᾶλλον τῆς προνοίας). Vgl. De Res 18,1 (Marcovich 42,29–43,5). Der vom Gericht ausgehende Beweis soll dem vom Endziel des Menschenlebens vorangehen und so die Lehre von der Auferstehung ebenfalls bewahrheiten.

19 De Res 18,2 (Marcovich 43,12–14): „ὅτι δεῖ τοὺς ποιητὴν τὸν θεὸν τοῦδε τοῦ παντὸς παραδεξαμένους τῇ τούτου σοφίᾳ καὶ δικαιοσύνῃ τὴν τῶν γενομένων ἁπάντων ἀνατιθέναι φυλακήν τε καὶ πρόνοιαν".

614 8. KAPITEL

Autor versichert, dass sich diese Schlussfolgerung aus der Schöpfertätigkeit Gottes ergibt, da dieser seine Schöpfung nicht sich selbst überlässt, sondern sich weiterhin um den Erhalt seiner Geschöpfe kümmert. Wenn man daher den eigenen Prinzipien nicht untreu werden will (εἴ γε ταῖς ἰδίαις ἀρχαῖς παραμένειν ἐθέλοιεν), so ist es notwendig, von der göttlichen Bewahrung und Fürsorge für alles Geschaffene (τὴν τῶν γενομένων ἁπάντων φυλακήν τε καὶ πρόνοιαν) auszugehen.[20]

Aufgrund dieser Erkenntnis muss ebenso die Überzeugung feststehen, dass nichts von den irdischen und himmlischen Dingen ohne Beaufsichtigung und Vorsehung bleibt. Vielmehr erstreckt sich die Fürsorge des Schöpfers auf alles in gleicher Weise, auf das Unsichtbare und Sichtbare, auf Kleines und Größeres.[21] Der Verfasser ist somit davon überzeugt, dass sowohl alles Geschaffene als auch auf besondere Weise jedes einzelne Geschöpf gemäß seiner eigenen Natur und zu seinem eigenen Zweck der Fürsorge des Schöpfers bedarf.[22] Für Ps-Athenagoras gilt jedoch die gesamte Aufmerksamkeit dem Menschen, so dass es ein unbrauchbarer Eifer wäre – wie er betont –, nun alle einzelnen Arten der Geschöpfe anzuführen oder das jeder Natur Angemessene aufzählen zu wollen, worauf sich die Providenz Gottes im Einzelnen bezieht.[23]

Nach dieser Vorrede über die Notwendigkeit der göttlichen Vorsehung für die ganze Schöpfung widmet sich Ps-Athenagoras daher der Fürsorge Gottes, die sich in besonderer Weise auf den Menschen erstreckt:

> Der Mensch jedoch, über den nun zu reden ist, braucht als bedürftiges Wesen Nahrung, als sterbliches Wesen Nachkommenschaft, als vernünftiges Wesen Gerechtigkeit.[24]

Der Autor versucht mit dieser Eröffnung, die Notwendigkeit der Gerechtigkeit für den Menschen nachzuweisen. Neben der Bedürftigkeit des Menschen nach

---

20 De Res 18,2 (Marcovich 43,13–15).

21 De Res 18,2 (Marcovich 43,15–18): „ταῦτα δὲ περὶ τούτων φρονοῦντας μηδὲν ἡγεῖσθαι μήτε τῶν κατὰ γῆν, μήτε τῶν κατ' οὐρανὸν ἀνεπιτρόπευτον μηδ' ἀπρονόητον, ἀλλ' ἐπὶ πᾶν ἀφανὲς ὁμοίως καὶ φαινόμενον, μικρόν τε καὶ μεῖζον διήκουσαν γινώσκειν τὴν παρὰ τοῦ ποιήσαντος ἐπιμέλειαν."

22 De Res 18,3 (Marcovich 43,18–20): „Δεῖται γὰρ πάντα τὰ γενόμενα τῆς παρὰ τοῦ ποιήσαντος ἐπιμελείας, ἰδίως δὲ ἕκαστον καθ' ὃ πέφυκεν καὶ πρὸς ὃ πέφυκεν·"

23 De Res 18,3 (Marcovich 43,20 f.): „ἀχρείου γὰρ οἶμαι φιλοτιμίας τὸ κατὰ γένη διαιρεῖν νῦν ἢ τὸ πρόσφορον ἑκάστῃ φύσει καταλέγειν ἐθέλειν." Zum Verhältnis der Vorsehung Gottes für das Weltall und für jedes einzelne Geschöpf vgl. J. Lehmann, Die Auferstehungslehre, 50–52.

24 De Res 18,4 (Marcovich 43,22 f.): „Ὅ γε μὴν ἄνθρωπος, περὶ οὗ νῦν πρόκειται λέγιν, ὡς μὲν ἐνδεὴς δεῖται τροφῆς, ὡς δὲ θνητὸς διαδοχῆς, ὡς δὲ λογικὸς δίκης."

DIE AUF DER PROVIDENZ GOTTES BERUHENDE BEWEISFÜHRUNG 615

Nahrung und des Strebens der Sterblichen nach Nachkommenschaft muss auch die δίκη ein wesentlicher Bestandteil des Vernunftwesens sein. Der Verfasser betont, dass alle drei genannten Grundbedürfnisse der Veranlagung der Menschennatur entsprechen.[25] Wie der Mensch die Nahrung zum Leben und die Nachkommenschaft zur Fortdauer seines Geschlechts nötig hat, so bedarf er auch der Gerechtigkeit. Diese Entsprechung leitet er aus der Gesetzmäßigkeit (ἔννομον) hinsichtlich der Ernährung und der Nachfolge zum Fortbestand des Menschengeschlechts her.[26] Das Bedürfnis der Menschen nach Gerechtigkeit hängt mit seiner Begabung durch die Vernunft zusammen. Da er nun ein von Gott geschaffenes Vernunftwesen ist, benötigt er insbesondere die δίκη.

Die Maßstäbe der Gerechtigkeit setzen notwendigerweise ein vernünftiges Wesen voraus, das zwischen gut und böse unterscheiden kann und daher zu einer gerechten Beurteilung der eigenen Lebensweise fähig ist. Da sich aber die Gesetzmäßigkeit der Nahrung und der Nachkommenschaft auf das aus Seele und Leib bestehende Wesen bezieht, muss auch die Gerechtigkeit für das aus beiden Teilen bestehende Gesamtwesen gelten.[27] So versucht der Verfasser, die Grundlage des Gerichtsarguments für den Auferstehungsbeweis zu legen.

Daraufhin liefert er eine Definition des Menschen, den er als συναμφότερον bestimmt und der aus Seele und Leib zusammengesetzt ist (λέγω δὲ συναμφότερον τὸν ἐκ ψυχῆς καὶ σώματος ἄνθρωπον). Da ein solcher Mensch die Verantwortung für alle seine Handlungen trägt, muss er auch als Gesamtwesen dafür Ehre oder Strafe erhalten.[28]

Das Verständnis des Menschen als συναμφότερον entstammt der platonischen Tradition.[29] In *Alkibiades I* wird nämlich die Frage aufgeworfen, was

---

25   De Res 18,4 (Marcovich 43,23 f.): „Εἰ δὲ τῶν εἰρημένων ἕκαστόν ἐστιν ἀνθρώπῳ κατὰ φύσιν".

26   De Res 18,4 (Marcovich 43,24–26): „καὶ δεῖται μὲν τροφῆς διὰ τὴν ζωήν, δεῖται δὲ διαδοχῆς διὰ τὴν τοῦ γένους διαμονήν, δεῖται δὲ δίκης διὰ ⟨τὸ⟩ τῆς τροφῆς καὶ τῆς διαδοχῆς ἔννομον".

27   De Res 18,4 (Marcovich 43,26–28): „ἀνάγκη δήπου, τῆς τροφῆς καὶ τῆς διαδοχῆς ἐπὶ τὸ συναμφότερον φερομένης, ἐπὶ τοῦτο φέρεσθαι καὶ τὴν δίκην".

28   De Res 18,4 (Marcovich 43,28–30): „λέγω δὲ συναμφότερον τὸν ἐκ ψυχῆς καὶ σώματος ἄνθρωπον, καὶ τὸν τοιοῦτον ἄνθρωπον γίνεσθαι πάντων τῶν πεπραγμένων ὑπόδικον τήν τε ἐπὶ τούτοις δέχεσθαι τιμὴν ἢ τιμωρίαν."

29   Vgl. Tim 87e5 f.; Conv 209b7. M. Pohlenz versucht, den Ursprung dieses Terminus aus der peripatetischen Tradition herzuleiten. Vgl. ders., Auferstehungslehre, 241–250, v.a. 246. H.E. Lona betont zu Recht, dass die von Pohlenz angeführten Belege viel spätere Zeugnisse darstellten. Außerdem sei dieser Terminus fest im Platonismus verankert. Vgl. H.E. Lona, Athenagoras, 566 Anm. 81.
       Es fällt auf, dass besonders *Plotin* den συναμφότερον-Terminus zur Bestimmung des Gesamtwesens explizit gebraucht. Vgl. Enn. II,3,15,24; IV,3,25,38; IV,3,26,1. Vgl. dazu K. Alt,

616 8. KAPITEL

der Mensch ist.[30] Daraufhin werden drei Möglichkeiten vorgestellt, in denen neben der ψυχή und σῶμα der συναμφότερον-Terminus zur Bestimmung des Menschen aufgeführt wird. Offenbar stand dieser Begriff innerhalb des Platonismus schon früh zur Debatte. Da jedoch die Seele die Führungsrolle inne hat und sich des Leibes bedient, macht allein sie das menschliche Individuum aus.[31] Sie wird als die verantwortliche Personalität bestimmt, die den Leib als Instrument gebraucht. Aufgrund dieser Voraussetzung wird ausdrücklich die Definition des Menschen als συναμφότερον verneint. Sokrates beschließt seine Erwägungen zu dieser Frage:

> Wenn nun weder der Leib noch das συναμφότερον der Mensch ist, so bleibt übrig, wie ich meine, dass er entweder nichts ist, oder wenn er doch etwas ist, so kann der Mensch nichts anderes als die Seele sein.[32]

Plotin, 95–102: „Der Mensch als Gesamtwesen". Obwohl Plotin den συναμφότερον-Begriff zur Bezeichnung des menschlichen Gesamtwesens verwendet, sieht er dennoch allein in der Seele die Individualität des Menschen vertreten (vgl. Enn. IV,7,1,20–25).

Vgl. überhaupt H. Dörrie/M. Baltes, Platonismus in der Antike, Bd. 6.1, 251–253, v. a. 251: „Zwar gibt es auch bei Platon Stellen genug, aus welchen klar hervorgeht, daß für ihn die vernunftbegabte Seele der eigentliche Mensch ist, aber dennoch waren einige Anhänger Platons – vor allem in Absetzung von der Stoa – der Ansicht, der eigentliche Mensch sei nicht *nur* Seele, sondern das συναμφότερον aus Seele und Leib, obschon auch diese Platoniker der Seele den Vorrang einräumten. [...] Doch die meisten Platoniker lehrten – im Anschluß an den Platonischen Alkibiades – daß die *Seele* das eigentliche Selbst des Menschen, ja, daß sie der eigentliche Mensch sei."

Nemesius von Emesa führt die Definition des Menschen als eine *Seele* direkt auf Platon zurück, der das Verständnis des Menschen als τὸ συναμφότερον ausdrücklich verneine. Der Mensch sei stattdessen eine Seele, die sich des Leibes bediene. Vgl. NemEm, De Natura Hominis I,2 (Morani 2,1–3): „Πλάτων δὲ οὐ δοκεῖ λέγειν τὸν ἄνθρωπον εἶναι τὸ συναμφότερον, ψυχὴν καὶ σῶμα, ἀλλὰ ψυχὴν σώματι τοιῷδε χρωμένην". Vgl. weiterhin Porphyrius, Sent. 21.

Methodius von Olympus bestimmt im Anschluss an Ps-Athenagoras den Menschen explizit als τὸ συναμφότερον. Vgl. Methodius, De Res I,54,3; I,55,4 (GCS 27, 314,14–18 Bonwetsch): „οὐ γὰρ πρὸ τῆς ἐνσωματώσεως τὸ παράπτωμα, καθάπερ ἐδείξαμεν ἱκανῶς, οὐδ᾽ αὖ τὸ σῶμα παγὶς τοῦτο, ἀλλὰ μετὰ τὴν εἰς τὸ σῶμα σύμφυσιν τῆς ψυχῆς γίγνεται τὸ παράπτωμα, ὅτι τὸ συναμφότερον ὁ ἄνθρωπος, καὶ ἡ ἐκ τοῦ παραδείσου κατάπτωσις ἐνθάδε." Vgl. in dieser Studie das Kapitel „Ausblick: Die Rezeption von De Resurrectione durch Methodius von Olympus".

30 Alkibiades I, 129e9: „Τί ποτ᾽ οὖν ὁ ἄνθρωπος;"

31 Vgl. Alkibiades I, 129e10–130b13.

32 Alkibiades I, 130c1–3: „Ἐπειδὴ δ᾽ οὔτε σῶμα οὔτε τὸ συναμφότερόν ἐστιν ἄνθρωπος, λείπεται, οἶμαι, ἢ μηδὲν αὐτ᾽ εἶναι, ἢ εἴπερ τί ἐστι, μηδὲν ἄλλο τὸν ἄνθρωπον συμβαίνειν ἢ ψυχήν."

DIE AUF DER PROVIDENZ GOTTES BERUHENDE BEWEISFÜHRUNG 617

Abschließend wird von Sokrates und Alkibiades gemeinsam als Ergebnis bekräftigt, dass allein die Seele der Mensch ist (ὅτι ἡ ψυχή ἐστιν ἄνθρωπος).[33] Ps-Athenagoras setzt offenbar solche Definitionen voraus, plädiert aber bewußt für das in der platonischen Tradition abgelehnte Verständnis der Menschennatur.[34] Er greift den συναμφότερον-Terminus auf und definiert den Menschen ausdrücklich nicht einzig und allein als eine Seele, sondern als das aus Seele und Leib bestehende Wesen.

De Res 18,5
Die Definition des Menschen als das aus Seele und Leib zusammengesetzte Wesen wird fest vorausgesetzt und die Forderung der Gerechtigkeit konsequent auf den aus beiden Teilen bestehenden Menschen angewandt. In De Res 18,5 führt Ps-Athenagoras die Rede vom *gerechten Gericht* in die Argumentation ein, die er ebenso als feste Vorstellung aus dem Platonismus übernimmt:[35] Da der Mensch als Kompositum für alle seine Handlungen die Verantwortung trägt und als solches Gesamtwesen die Ehre oder Strafe dafür erhält, so muss sich das gerechte Gericht auf den aus Seele und Leib bestehenden Menschen beziehen.[36] Die δικαία κρίσις kann nur dem aus beiden Teilen zusammenge-

---

33 Alkibiades I, 130c5f.

34 In der platonischen Tradition wird also die Individualität des Menschen besonders in der Seele festgemacht. Vgl. H. Dörrie/M. Baltes, Platonismus in der Antike, Bd. 6.1, 253: „Wie gesagt, blieb die Lehre, die Seele sei das eigentliche Selbst des Menschen, im Platonismus weitgehend konstant, vor allem verbunden mit der Lehre, der Körper sei das Werkzeug der Seele, dessen sie sich bediene. [...] Aus all diesen Stellen ersehen wir, daß der Platonismus durchweg bestrebt war, die vernünftige Seele als den eigentlichen Menschen zu verteidigen. Dabei wandte man sich explizit oder implizit in zunehmendem Maße auch gegen das Christentum, das dem menschlichen Leib eine ganz andere Würde einräumte als der Platonismus."

   In der christlichen Tradition wird hingegen aufgrund der schöpfungstheologischen Annahme das leibseelische Gesamtwesen als Mensch definiert. Vgl. nur Ps-Justin, De Res 8,8–11 (PTS 54, 120,15–21 Heimgartner): „Τί γάρ ἐστιν ὁ ἄνθρωπος ἀλλ' ἢ τὸ ἐκ ψυχῆς καὶ σώματος συνεστὸς ζῷον λογικόν; Μὴ οὖν καθ' ἑαυτὴν ψυχὴ ἄνθρωπος; οὔ, ἀλλ' ἀνθρώπου ψυχή. Μὴ οὖν καλοῖτο σῶμα ἄνθρωπος; οὔ, ἀλλ' ἀνθρώπου σῶμα καλεῖται. Εἴπερ οὖν κατ' ἰδίαν μὲν τούτων οὐδέτερον ἄνθρωπός ἐστι, τὸ δὲ ἐκ τῆς ἀμφοτέρων συμπλοκῆς καλεῖται ἄνθρωπος, κέκληκε δὲ ὁ θεὸς εἰς ζωὴν καὶ ἀνάστασιν τὸν ἄνθρωπον, οὐ τὸ μέρος, ἀλλὰ τὸ ὅλον κέκληκεν, ὅπερ ἐστὶ τὴν ψυχὴν καὶ τὸ σῶμα."

35 Vgl. Apologia 41a1–c7; Gorgias 523c7–e6; 524a6f.: „ἵνα ὡς δικαιοτάτη ἡ κρίσις ᾖ περὶ τῆς πορείας τοῖς ἀνθρώποις."

36 Sowohl das Verständnis des Menschen als συναμφότερον als auch die Vorstellung eines gerechten Gerichts (δικαία κρίσις) entnimmt Ps-Athenagoras der platonischen Tradition.

618   8. KAPITEL

setzten Menschen das Recht verschaffen, da er ausschließlich als ein solches Einheitswesen für alles Vollbrachte verantwortlich bleibt.[37]

Ps-Athenagoras will weder der Seele noch dem Leib allein die Verantwortung für die Menschenhandlungen zuschreiben und versucht daher, derartige Polarisierungen bewußt zu vermeiden. Die Einheit des Menschenwesens wird im Hinblick auf alle Verrichtungen streng bewahrt. Dabei wird nicht zwischen rein geistigen oder sinnlichen Tätigkeiten unterschieden, um verschiedene Ursprünge im Leib oder in der Seele für die jeweilige Tat herzuleiten. Der Mensch als eine vollkommene Einheit bleibt das handelnde Subjekt, so dass sein Handeln nicht isoliert auf seelische oder leibliche Beweggründe zurückzuführen ist.

Genau dies stellt den umstrittenen Gegenstand dar, der aus der Sicht unseres Autors einer ersten Klärung bedarf. Daher schließt er in einer grundsätzlichen Stellungnahme die getrennte Verantwortlichkeit der Seele und des Leibes für alles im irdischen Leben Vollbrachte aus: Die Seele darf nicht den Lohn für das erlangen, was sie mit Hilfe des Leibes vollbrachte.[38] Denn die ψυχή selbst ist für sich allein betrachtet ganz leidenschaftslos (ἀπροσπαθής) und hat keine Neigung zu solchen Verrichtungen, die zur Befriedigung der leiblichen Lüste oder Ernährung und Pflege des Körpers vorkommen.[39]

R. Staats hingegen will glaubhaft machen, dass Ps-Athenagoras mit der Annahme von der „Mittätigkeit des Körpers beim sittlichen Handeln" vom *Apokryphon Ezechiel* abhängig sei. Er verweist auf „eine Reihe von Parallelen" in beiden Schriften. Vgl. R. Staats, Auferstehung: Alte Kirche, in: TRE 4 (1979), 469 f.

M. E. überwiegen jedoch die Unterschiede, so dass *keine* Abhängigkeit zwischen beiden Schriften besteht. Statt von einer δικαία κρίσις ist in ApokEz von einer κρίσις τελεία die Rede (das Fragment beginnt ab GCS 31, 516,2 [ὅτι βασιλεύς τις ...] und die Einleitung λέγει περὶ τῆς δικαίας κρίσεως ᾗ κοινωνεῖ ψυχὴ καὶ σῶμα stammt von Epiphanius). Außerdem wird die Verbindung der Seele und des Leibes „zur Überführung gemeinsamen Wirkens" (εἰς ἔλεγχον τῆς κοινῆς ἐργασίας) an keiner Stelle in De Resurrectione erwähnt. Vgl. ApokEz Frg. 1, in Epiph, Pan 64,70,17 (GCS 31, 517,9–12 Holl): „οὕτως τὸ σῶμα τῇ ψυχῇ καὶ ἡ ψυχὴ τῷ σώματι εἰς ἔλεγχον τῆς κοινῆς ἐργασίας συνάπτεται, καὶ ἡ κρίσις τελεία γίνεται περὶ ἀμφοτέρων, σώματός τε καὶ ψυχῆς, * τῶν ἔργων [τῶν] γεγενημένων εἴτε ἀγαθῶν εἴτε φαύλων." Vgl. weiter K.-G. Eckart, Apokryphon Ezechiel, 45–55; H.C.C. Cavallin, Life after Death, 98.

37   De Res 18,5 (Marcovich 43,31 f.): „Εἰ δὲ κατὰ τοῦ συναμφοτέρου φέρει τὴν ἐπὶ τοῖς εἰργασμένοις δίκην ἡ δικαία κρίσις".

38   De Res 18,5 (Marcovich 43,32 f.): „καὶ μήτε τὴν ψυχὴν μόνην δεῖ κομίσασθαι τὰ ἐπίχειρα τῶν μετὰ τοῦ σώματος εἰργασμένων".

39   De Res 18,5 (Marcovich 43,33–44,2): „ἀπροσπαθὴς γὰρ αὕτη καθ' ἑαυτὴν τῶν περὶ τὰς σωματικὰς ἡδονὰς ἢ τροφὰς καὶ θεραπείας γινομένων πλημμελημάτων".

DIE AUF DER PROVIDENZ GOTTES BERUHENDE BEWEISFÜHRUNG 619

Aber auch der Leib allein darf nicht den Lohn für alle Handlungen erlangen, da er für sich selbst das Gesetz und das Recht nicht beurteilen kann (ἄκριτον γὰρ τοῦτο καθ' ἑαυτὸ νόμου καὶ δίκης).[40] Der Körper ist zu keiner Erkenntnis fähig, so dass er nicht als schuldfähiger Bestandteil des Menschen verantwortlich gemacht werden kann. Vielmehr ist der gesamte Mensch als Geschöpf Gottes zur Beurteilung des Gesetzes und des Rechts befähigt, weil er mit dem νοῦς und λογικὴ κρίσις begabt wurde (vgl. De Res 12,6). Daher unterstreicht Ps-Athenagoras die Verantwortlichkeit des gesamten Menschenwesens:

Der aus diesen beiden Komponenten bestehende Mensch erhält für jede seiner vollbrachten Taten die Vergeltung.[41]

---

40 De Res 18,5 (Marcovich 44,2 f.): „μήτε τὸ σῶμα μόνον (ἄκριτον γὰρ τοῦτο καθ' ἑαυτὸ νόμου καὶ δίκης)".

41 De Res 18,5 (Marcovich 44,3 f.): „ὁ δὲ ἐκ τούτων ἄνθρωπος τὴν ἐφ' ἑκάστῳ τῶν εἰργασμένων αὐτῷ δέχεται κρίσιν".

Für die erste Grundlegung reicht Ps-Athenagoras diese Feststellung zunächst aus. Im weiteren Verlauf seiner Argumentation wird er das Zusammenwirken der Seele und des Leibes bei der Verrichtung der Handlungen noch genauer vertiefen, wobei der Mensch immer als ganzes Wesen das handelnde Subjekt bleibt. Diesem Zusammenhang widmet er sich ausführlich in De Res 21–23. Bevor er jedoch zu dieser Untersuchung kommt, will er bereits in De Res 18,5 einige Grundlinien für seinen Auferstehungsbeweis ausführen. Diese betreffen die Notwendigkeit des göttlichen Gerichts, das aber weder in diesem Leben noch nach dem Tod in rechter Weise nach dem verbreiteten Verständnis zur Geltung kommt. Ps-Athenagoras will dabei zwei Alternativen ausschlie-ßen, die offenbar noch im Wege stehen.

Er wendet sich der *ersten Option* zu, die an dem bekannten Verständnis der Gerechtigkeit im irdischen Leben anknüpft: Die gerechte Vergeltung aller Menschentaten findet in diesem Leben *nicht* statt (τοῦτο δὲ οὔτε κατὰ τήνδε τὴν ζωὴν εὑρίσκει συμβαῖνον ὁ λόγος). Das Ausbleiben der gerechten Vergeltung im Erdenleben wird in Anwendung der Idee des Tun-Ergehens-Zusammenhangs weiter angenommen: Denn im gegenwärtigen Leben herrscht keine Gerechtigkeit, die nach Verdienst für das jeweilige Menschenleben den gerechten Lohn bereitstellt. Dies ist zunächst an vielen Gottlosen zu beobachten, die jede Gesetzlosigkeit und Schlechtigkeit eifrig verrichten und dennoch bis zum Lebensende von Übeln verschont bleiben (οὐ γὰρ σῴζεται τὸ κατ' ἀξίαν ἐν τῷ παρόντι βίῳ, διὰ τὸ πολλοὺς μὲν ἀθέους καὶ πᾶσαν ἀνομίαν καὶ κακίαν ἐπιτηδεύοντας μέχρι τελευτῆς διατελεῖν κακῶν ἀπειράτους). Umgekehrt leben tugendhafte Menschen in Qualen, in Beleidigungen, in Verleumdungen, in Misshandlungen und mancherlei Leiden dahin, obwohl sie gemäß jeder Tugend ein ausgezeichnetes Leben vorweisen können (καὶ τοὐναντίον τοὺς κατὰ πᾶσαν ἀρετὴν ἐξητασμένον τὸν ἑαυτῶν βίον ἐπιδειξαμένους ἐν ὀδύναις ζῆν, ἐν ἐπηρείαις, ἐν συκοφαντίαις, αἰκίαις τε καὶ παντοίαις κακοπαθείαις). Vgl. De Res 18,5 (Marcovich 44,4–10).

Im gegenwärtigen Leben herrscht also gemäß dem Tun-Ergehens-Zusammenhang

620   8. KAPITEL

In De Res 18,5 gründet Ps-Athenagoras also seinen Auferstehungsbeweis auf die göttliche Gerechtigkeit. Die Konzentration auf das gerechte Gericht setzt die menschliche Wiederherstellung voraus, die allein mit der Auferstehung des Leibes zustande kommt. Die rechtmäßige Belohnung bzw. Bestrafung der menschlichen Lebensweise führt Ps-Athenagoras explizit unter Berufung auf eine höhere Autorität ein, indem er sich auf den Apostel Paulus stützt:

---

eine Ungerechtigkeit, die den Gottlosen ein gutes und den tugendhaften Menschen ein schlechtes Leben gewährt. Daher kommt in der irdischen Lebenszeit die Gerechtigkeit nicht zum Zuge.

Nach der Auskunft des Verfassers bleibt jedoch im vorherrschenden Paradigma die gerechte Vergeltung der menschlichen Lebensweise auch *nach dem Tode* aus (οὔτε δὲ μετὰ θάνατον). Diese Äußerung wirkt zunächst befremdlich, da in der platonischen Tradition ein Jenseitsgericht für die Seelen fest angenommen wird. Dennoch will sich Ps-Athenagoras bewusst von diesem verbreiteten Verständnis abgrenzen, da er die Bestrafung bzw. Belohnung der körperfreien Seele für die Menschentaten als ungerecht einstuft.

Wenn sich zum Zeitpunkt des Todes die Seele vom Leib trennt, so ist der aus beiden Teilen bestehende Mensch nicht mehr vorhanden (οὐδὲ γὰρ ἔστιν ἔτι τὸ συναμφότερον χωριζομένης μὲν τῆς ψυχῆς ἀπὸ τοῦ σώματος), der allein als ein solches Gesamtwesen für alle seine Handlungen verantwortlich bleibt. Deshalb ist die gerechte Beurteilung seiner Taten, die er weder mit der Seele noch mit dem Leib allein vollbracht hat, nicht mehr gewährleistet. Der Leib wird nämlich wieder in seine Elemente zerstreut, aus denen er seine Zusammensetzung erhielt, so dass er nichts mehr von seiner früheren Leibesgestalt oder Form behält. Aber aufgrund des leiblichen Zerfalls fehlt dem als συναμφότερον definierten Menschen auch die *Erinnerung* an seine Taten (τὴν μνήμην τῶν πεπραγμένων). Vgl. De Res 18,5 (Marcovich 44,10–13).

An dieser Stelle nimmt der Verfasser erneut eine Korrektur vor, wie er entgegen der platonischen Tradition den Menschen nicht als Seele allein, sondern als συναμφότερον definiert: Die eine unkörperliche und leidenschaftslose Seele kennt keine Erinnerung an die leibseelische Erfahrung. Für Ps-Athenagoras kann also das Gericht Gottes nur dann der Gerechtigkeit entsprechen, wenn der gesamte Mensch als Kompositum die Verantwortung seiner Handlungsweise im irdischen Leben übernimmt.

Die Zuordnung der Erinnerung an die Handlungen zum Gesamtwesen und nicht ausschließlich zur Seele wendet sich gegen die im Platonismus verbreitete Meinung, dass allein die Seele die Fähigkeit zur Erinnerung besitzt. Das Vermögen der Erinnerung wird in der platonischen Tradition explizit der Seele zugeordnet, wenn man den Menschen in seiner dichotomischen Verfassung als Seele und Leib betrachtet. Vgl. Menon 81b–e und Phaidon 72e–77e: Der zweite Unsterblichkeitsbeweis der Seele setzt im Phaidon die Fähigkeit der ἀνάμνησις allein bei der Seele voraus, woraus ihre Präexistenz und somit die Unsterblichkeit hergeleitet wird.

DIE AUF DER PROVIDENZ GOTTES BERUHENDE BEWEISFÜHRUNG 621

So ist für jeden ganz deutlich, was (noch) übrig bleibt, dass nach (dem Worte) des *Apostels* dieses Vergängliche und Zerstreute Unvergänglichkeit anziehen muss, damit, wenn infolge der Auferstehung das Tote lebendig gemacht und das Getrennte oder auch ganz Aufgelöste wieder vereinigt worden ist, ein jeder gerechterweise erhält, was er durch den Leib getan hat, sei es Gutes oder Böses.[42]

Ps-Athenagoras stellt die Verbindung zur apostolischen Tradition her, die er seinem Publikum näher bringen will. Er setzt jedoch keine Kenntnis des zitierten Textes bei seinen Adressaten voraus. Vielmehr beabsichtigt er, seine Zuhörer durch die Berufung auf den Apostel von der Wahrheit des christlichen Auferstehungsglaubens zu überzeugen.[43] Der Verfasser führt ein Mischzitat aus 1 Kor 15,53 und 2 Kor 5,10 ein, das er durch eigene Zusätze im Sinne seiner Beweisabsicht erweitert. Er stützt sich dabei auf 1 Kor 15,53 und versteht die Auferstehung als Verleihung der Unvergänglichkeit an den Leib, so dass der Gesamtmensch das seiner Lebensweise entsprechende Gerichtsurteil empfangen kann. Daraufhin bekräftigt er diese Gerichtsperspektive durch 2 Kor 5,10 ebenfalls mit einem paulinischen Wort.

Bereits in De Res 3,2 spielt unser Autor auf 1 Kor 15,51–53 an: „καὶ τὸ φθαρτὸν μεταβαλεῖν εἰς ἀφθαρσίαν".[44] Mit dem Verbum μεταβαλεῖν nimmt er die gesamte Aussage von der Verwandlung in 1 Kor 15,51 f. auf und versteht sie als ein Anziehen der ἀφθαρσία. In De Res 18,5 folgt er beinahe wörtlich dem Zitat aus 1 Kor 15,53a: „δεῖ [...] τὸ φθαρτὸν τοῦτο [...] ἐνδύσασθαι ἀφθαρσίαν". Er erweitert τὸ φθαρτὸν τοῦτο mit καὶ σκεδαστόν, indem er die vorher ergangene Aussage von der Zerstreuung des Leibes in seine Teile aufnimmt.[45] Das Ereignis der Auferstehung wird – Paulus entsprechend – als eine Bekleidung mit der Unvergänglichkeit und als Verwandlung in einen besseren Zustand aufgefasst (vgl. De Res 12,9: πρὸς τὸ κρεῖττον μεταβολή).[46] Die bessere Befindlichkeit äußert sich insbesondere in der Begabung mit der ἀφθαρσία.[47]

---

42 De Res 18,5 (Marcovich 44,14–18): „εὔδηλον παντὶ τὸ λειπόμενον, ὅτι δεῖ κατὰ τὸν ἀπόστολον τὸ φθαρτὸν τοῦτο καὶ σκεδαστὸν ἐνδύσασθαι ἀφθαρσίαν, ἵνα ζωοποιηθέντων ἐξ ἀναστάσεως τῶν νεκρωθέντων καὶ πάλιν ἑνωθέντων τῶν κεχωρισμένων ἢ καὶ πάντῃ διαλελυμένων, ἕκαστος κομίσηται δικαίως ἃ διὰ τοῦ σώματος ἔπραξεν εἴτε ἀγαθὰ εἴτε κακά."

43 Anders H.E. Lona, Athenagoras, 567.

44 De Res 3,2 (Marcovich 28,1).

45 De Res 18,5 (Marcovich 44,11 f.): „σκεδαννυμένου δὲ καὶ αὐτοῦ τοῦ σώματος εἰς ἐκεῖνα πάλιν ἐξ ὧν συνεφορήθη".

46 De Res 12,9 (Marcovich 37,24).

47 De Res 16,2 (Marcovich 41,7–9): „τῶν δὲ ἀνθρώπων [...] κατὰ δὲ τὸ σῶμα προσλαμβανόντων ἐκ μεταβολῆς τὴν ἀφθαρσίαν."

Der Zweck des Auferstehungsgeschehens wird mit dem ἵνα-Satz ausgeführt, welcher der paulinischen Formulierung aus 2 Kor 5,10b entspricht. Dieser ἵνα-Satz wird erneut mit einer Präzisierung erweitert, die das Ereignis der Auferstehung erläutert: Aufgrund der Auferstehung wird das Tote lebendig gemacht und das Geschiedene oder auch das ganz Aufgelöste wieder vereinigt.[48]

Da der Tod die Trennung der Seele vom Leib herbeiführt, wird diese in der Auferstehung rückgängig gemacht. So wird die leibseelische Einheit des Gesamtwesens wieder hergestellt. Aus diesem Grund wird es möglich, dass jeder Mensch in gerechter Weise den Lohn für seine Taten erhält. Nach κομίσηται schiebt unser Autor δικαίως ein, was sich aus der Forderung der δικαία κρίσις ergibt. Jeder wird seinen gerechten Lohn für das erhalten, was er mit Hilfe des Leibes getan hat. Die paulinische Formulierung διὰ τοῦ σώματος ist hier instrumental verstanden, wobei die temporale Bedeutung nicht ausgeschlossen ist. Es geht um die Verantwortlichkeit für die Taten während des Leibeslebens. Die letzte Formulierung aus dem Zitat εἴτε ἀγαθὰ εἴτε κακά nimmt das Relativpronomen ἅ auf, so dass sich „es sei Gutes oder Böses" deutlich auf ἔπραξεν und nicht auf κομίσηται bezieht.[49] Die Vergeltung im gerechten Gericht Gottes richtet sich also nach den guten oder schlechten Taten, die der Mensch durch den Körper vollbrachte.

Ps-Athenagoras wählt offenbar gezielt die Formulierung des Apostels aus 2 Kor 5,10 (ἃ διὰ τοῦ σώματος ἔπραξεν εἴτε ἀγαθὰ εἴτε κακά) aus, die den Menschen (mit ἕκαστος) und nicht die Seele als Subjekt des Handelns bestimmt. Der Leib ist nicht das Instrument der Seele, sondern des handelnden Individuums, das sich zur Ausübung seiner Taten des Leibes bedient. Somit ist das sich im Gericht zu verantwortende Subjekt weder Seele noch Leib, sondern der Mensch, der sich als Gesamtwesen für alle guten und schlechten Taten während seines Erdenlebens zu verantworten hat. Daher verlangt das göttliche Gerichtshandeln den Gesamtmenschen, der allein mit der Auferstehung herbeigeführt werden kann.

---

48 De Res 18,5 (Marcovich 44,15–17): „ζωοποιηθέντων ἐξ ἀναστάσεως τῶν νεκρωθέντων καὶ πάλιν ἑνωθέντων τῶν κεχωρισμένων ἢ καὶ πάντη διαλελυμένων".

49 Das Zitat von 2 Kor 5,10b richtet sich nach der Version, die die *Codices* D*, F und G bezeugen. Dies stellt offenbar eine „geglättete" und leicht verständlichere Formulierung der Aussage dar, die ansonsten durch den von den meisten Handschriften bezeugten Wortlaut von ἵνα κομίσηται ἕκαστος τὰ διὰ τοῦ σώματος πρὸς ἃ ἔπραξεν, εἴτε ἀγαθὸν εἴτε φαῦλον etwas umständlicher formuliert wird (vgl. zu τὰ [...] πρὸς ἅ BDR § 239 Anm. 8 als eine Art der *Prolepsis* und Bauer/Aland, Wörterbuch zum NT, Sp. 1423: „πρὸς ἃ ἔπραξεν *dem entsprechend, was er getan hat*"). Der Plural εἴτε ἀγαθὰ εἴτε κακά wird in der griechischen Überlieferung ebenfalls bezeugt, jedoch nicht mit κακά, sondern mit dem Synonym φαῦλα (so nur die Handschrift: 1881).

DIE AUF DER PROVIDENZ GOTTES BERUHENDE BEWEISFÜHRUNG 623

Das Auferstehungsgeschehen wird hier im Anschluss an Paulus als Bekleidung mit der Unvergänglichkeit aufgefasst, womit Ps-Athenagoras die Verwandlung in einen besseren Zustand aufnimmt. Mit dem Einschub nach dem
ἵνα-Satz zeigt er aber, dass er das Ereignis der Auferstehung ebenfalls als eine
Wiederherstellung des bereits Toten und als eine erneute Vereinigung des Zerstreuten und ganz Aufgelösten versteht.[50]

1.3 Notwendigkeit eines gerechten Jenseitsgerichts (De Res 19)

In De Res 18,4f. legt Ps-Athenagoras die entscheidende Grundlage des Auferstehungsbeweises aus der Gerechtigkeit Gottes. Im weiteren Verlauf der
Argumentation versucht er, seine Grundannahmen zu belegen und in Auseinandersetzung mit seiner Zuhörerschaft zu vertiefen. Er verfolgt dabei das
Ziel, die Notwendigkeit eines Jenseitsgerichts zu erweisen, das den gesamten
aus Seele und Leib bestehenden Menschen betrifft. Der Auferstehungsglaube
impliziert, dass jeder Mensch den entsprechenden Lohn für das auf Erden Vollbrachte erhält.

Der Verfasser ist sich jedoch bewußt, dass über manche Punkte seiner
Grundlegung bei seinen Adressaten möglicherweise noch Zweifel bestehen.
Daher widmet er sich in De Res 19,1–3 dem Nachweis der Notwendigkeit eines
göttlichen Gerichts. Zunächst reflektiert er in De Res 19,1 den aus der Gerechtigkeit Gottes vorgetragenen Auferstehungsbeweis (in De Res 18,4f.) im Hinblick
auf sein Publikum und geht fest davon aus, es vom Auferstehungsglauben aufgrund der göttlichen Vorsehung zu überzeugen.

Ps-Athenagoras setzt voraus, dass seine Rezipienten ebenfalls an die προνοία
glauben und knüpft bewusst an dieses Wissen an: Denen also, die der Vorsehung zustimmen und dieselben Anfangsgründe annehmen, die auch bei uns

---

50 Ps-Athenagoras stellt in De Res 3,2 (Marcovich 27,30–28,1) diese drei Deutungsmöglichkeiten des Auferstehungsgeschehens nebeneinander, ohne darin einen Widerspruch anzunehmen: Der göttlichen Kraft kommt es nämlich zu, das Aufgelöste zu vereinigen, das Tote
wieder lebendig zu machen und schließlich das Vergängliche in die Unvergänglichkeit zu
verwandeln (τὸ διαλελυμένον ἑνῶσαι [...] καὶ τὸ τεθνηκὸς ζῳοποιῆσαι πάλιν καὶ τὸ φθαρτὸν
μεταβαλεῖν εἰς ἀφθαρσίαν).

Die Auferstehung wird somit als Vereinigung und Wiederbelebung der durch den Tod
zerstreuten und aufgelösten Körperteile verstanden, was aber die paulinische Vorstellung von der Verwandlung in die Unvergänglichkeit nicht ausschließt. Mit der Belebung
und Vereinigung des Körpers wird dieselbe Identität des Menschen bewahrt, ohne die
qualitative Andersartigkeit aufzuheben. Ps-Athenagoras lässt sich insbesondere von der
paulinischen Verwandlungsvorstellung inspirieren, die mit der Verleihung der Unvergänglichkeit an das σῶμα die postmortale Fortdauer des Gesamtwesens garantiert.

624 8. KAPITEL

gelten, kann mit solchen Ausführungen (wie in De Res 18,4 f.) der Auferstehungsbeweis erbracht werden.[51] Wenn sie sich aber aufgrund der Anerkennung
der πρόνοια nicht überzeugen lassen, werden sie – nach der Auskunft des Verfassers – ihren eigenen Annahmen in nicht nachvollziehbarer Weise (οὐκ οἶδ'
ὅπως) untreu. Er bezeichnet diesen Zustand sogar als einen Abfall von den eigenen Grundlagen (τῶν οἰκείων ὑποθέσεων […] ἐκπίπτοντας).[52]

Das Abweichen von den eigenen Annahmen basiert offenbar auf den noch
verbliebenen Zweifeln an einer Jenseitsexistenz überhaupt. Daher wendet sich
Ps-Athenagoras in De Res 19,2 f. der Bewältigung dieser Bedenken zu und macht
einen anderen Ausgangspunkt als die Anerkennung der Vorsehung zur Grundlage seiner Argumentation.[53] Diese neue Ausgangslage beschäftigt sich mit der
generellen Leugnung der Jenseitshoffnung. Ps-Athenagoras beabsichtigt damit,
bei seinen Zuhörern die letzte Hoffnungslosigkeit auf ein jenseitiges Dasein
zu überwinden und zugleich die Notwendigkeit eines göttlichen Gerichts zu
erweisen.

Ps-Athenagoras lädt in rhetorischer Manier seine Adressaten ausdrücklich
dazu ein, gemeinsam darüber nachzudenken und den Sachverhalt zu prüfen,[54] ob sich das Menschenleben tatsächlich nur auf Erden ereignet und
mit dem Tod endgültig zu Ende geht. Dabei stellt er zwei Alternativen vor,
die sich gegenseitig ausschließen: „Bleibt etwa gänzlich das Leben der Menschen und (ihre) gesamte Lebensweise ein für allemal unbeachtet? Ist eine
(so) tiefe Finsternis über die Erde ausgegossen, so dass sie die Menschen und
ihre Handlungen in Unwissenheit und in Schweigen verhüllt?“[55] Diese rhetorischen Fragen provozieren eine verneinende Stellungnahme seitens der
Zuhörer.

---

51 Daher baut diese Überzeugungsarbeit darauf auf, was in De Res 18,4 f. in aller Kürze und
in Eile vorgetragen wurde (τὰ συντόμως καὶ κατ' ἐπιδρομὴν εἰρημένα), wie unser Autor
bemerkt.

52 De Res 19,1 (Marcovich 44,19–22): „Πρὸς μὲν οὖν τοὺς ὁμολογοῦντας τὴν πρόνοιαν καὶ τὰς αὐτὰς
ἡμῖν παραδεξαμένους ἀρχάς, εἶτα τῶν οἰκείων ὑποθέσεων οὐκ οἶδ' ὅπως ἐκπίπτοντας, τοιούτοις
χρήσαιτ' ἄν τις λόγοις καὶ πολλῷ πλείοσι τούτων, εἴ γε πλατύνειν ἐθέλοι τὰ συντόμως καὶ κατ'
ἐπιδρομὴν εἰρημένα.“

53 De Res 19,2 (Marcovich 44,22–24): „Πρὸς δέ γε τοὺς περὶ τῶν πρώτων διαφερομένους ἴσως ἂν
ἔχοι καλῶς ἑτέραν ὑποθέσθαι πρὸ τούτων ἀρχήν“.

54 De Res 19,2 (Marcovich 44,24 f.): „συνδιαποροῦντας αὐτοῖς περὶ ὧν δοξάζουσιν καὶ τοιαῦτα
συνδιασκεπτομένους·“

55 De Res 19,2 (Marcovich 44,25–28): „ἆρά γε πάντη καθάπαξ ἡ τῶν ἀνθρώπων παρῶπται ζωὴ καὶ
σύμπας ὁ βίος, ζόφος δέ τις βαθὺς κατακέχυται τῆς γῆς, ἀγνοίᾳ καὶ σιγῇ κρύπτων αὐτούς τε τοὺς
ἀνθρώπους καὶ τὰς τούτων πράξεις“.

DIE AUF DER PROVIDENZ GOTTES BERUHENDE BEWEISFÜHRUNG   625

Daraufhin liefert er eine Option, die aus seiner Beweisabsicht allein der Wahrheit entspricht: „Ist es nicht viel sicherer als dieses anzunehmen, dass der Schöpfer seinen Werken vorsteht, der ein Aufseher von allem wie auch immer Seienden oder Gewordenen und der ein Richter der Werke und der Beschlüsse (der Menschen) ist?"[56] Allein diese Möglichkeit ist zu bejahen, die die erste Alternative als logische Folge negiert. Wenn Gott der Schöpfer seiner Geschöpfe ist, dann folgt daraus notwendigerweise, dass er auch die Beaufsichtigung der Menschen und deren Handlungen übernimmt und auf diese Weise als Aufseher und Richter ihrer Entschlüsse und Werke fungiert. Das Vertrauen auf die προνοία äußert sich aus diesem Grund als Fürsorge Gottes gegenüber seinen Geschöpfen, deren Leben nicht der Sinnlosigkeit und dem Zufall überlassen wird. Im Richteramt Gottes vollzieht sich die Gerechtigkeit hinsichtlich seiner Kreatur, die daher dem einzig wahren Richter und seiner gerechten Beurteilung ihrer Lebensweise vertrauen kann.

Aller Hoffnungslosigkeit zum Trotz beschwört unser Autor das Vertrauen zu Gott, der als gerechter Richter nicht etwa die Menschen ihrem Schicksal überlässt, sondern sich um seine Geschöpfe und deren Handlungen sorgt und kümmert: Denn wenn es kein Gericht über die vollbrachten Taten der Menschen gibt, dann haben sie keinen Vorzug vor den unvernünftigen Tieren.[57] Da die Menschen aber im Gegensatz zu den Tieren die Fähigkeit besitzen, ihre Leidenschaften zu bezwingen und nach Gottesfurcht und Gerechtigkeit oder nach einer anderen Tugend zu streben, befinden sie sich sogar in einer viel erbärmlicheren und unglücklicheren Lage als die vernunftlosen Kreaturen,[58] da sie mit der Begabung der Vernunft keinen Vorteil gegenüber den unvernünftigen Lebewesen haben und als Konsequenz das gleiche Schicksal der Hoffnungslosigkeit auf eine postmortale Existenz mit ihnen teilen.

Unser Autor bedient sich hier der rhetorischen Absicht, die auf die Überzeugung des Gegenteils zielt. Wenn der Tod das endgültige Ende der Menschen bedeutet, dann muss das Menschenleben folgerichtig auf die gleiche Stufe mit den vernunftlosen Kreaturen gestellt werden. Dabei nimmt der Verfasser an, dass die unvernünftigen Wesen keine Jenseitsexistenz besitzen, so

---

56 De Res 19,2 (Marcovich 44,28–30): „ἢ πολὺ τούτων ἀσφαλέστερον τὸ δοξάζειν ὅτι τοῖς ἑαυτοῦ ποιήμασιν ἐφέστηκεν ὁ ποιήσας, πάντων τῶν ὁπωσοῦν ὄντων ⟨ἢ⟩ γινομένων ἔφορος, ἔργων τε καὶ βουλευμάτων κριτής."

57 De Res 19,3 (Marcovich 44,31 f.): „Εἰ μὲν γὰρ μηδεμία μηδαμοῦ τῶν ἀνθρώποις πεπραγμένων γίνοιτο κρίσις, οὐδὲν ἕξουσι πλεῖον τῶν ἀλόγων ἄνθρωποι·"

58 De Res 19,3 (Marcovich 44,32–34): „μᾶλλον δὲ κἀκείνων πράξουσιν ἀθλιώτερον οἱ τὰ πάθη δουλαγωγοῦντες καὶ φροντίζοντες εὐσεβείας καὶ δικαιοσύνης ἢ τῆς ἄλλης ἀρετῆς".

626 8. KAPITEL

dass ihr Leben mit dem Tod in der Tat zu Ende geht.[59] Im Gegensatz dazu haben die Menschen vom Schöpfer die Vernunft erhalten, so dass sie als vernunftbegabte Geschöpfe zur postmortalen Fortdauer bestimmt sind.

Ps-Athenagoras spitzt in De Res 19,3b in rhetorischer Weise die Konsequenzen eines Lebens zu, das nur auf das Diesseits hofft und keine Erwartung an ein jenseitiges Leben hat: „Das viehmäßige oder tierartige Leben wäre dann das Beste, die Tugend wäre sinnlos, die Androhung einer Strafe eine platte Lächerlichkeit, die Pflege jeder Genusssucht das größte Gut."[60] Der gemeinsame Grundsatz eines solchen Verhaltens gibt den Ungezügelten und Ausschweifenden Recht: „Laßt uns essen und trinken, denn morgen sterben wir."[61]

Dieses dem paulinischen Wortlaut entlehnte Motto (1 Kor 15,32) beschreibt das Lebensgefühl derjenigen Menschen, die sich um ein Leben nach dem Tod nicht kümmern. Unser Autor beendet seine Aufzählungen mit einer abschließenden Ergänzung: „Denn das Endziel eines derartigen Lebens besteht bei einigen Leuten auch nicht in der Lust, sondern in einer gänzlichen Empfindungslosigkeit (ἀναισθησία παντελής)."[62]

Mit der Bestimmung des Endziels zielt der Verfasser darauf, die Jenseitserwartung dieser Ansichten zu erfassen.[63] Dabei verweist er auf die Meinungen, die den postmortalen Zustand als gänzliche Empfindungslosigkeit annehmen. Deshalb setzt die Erwartung einer ἀναισθησία jegliche Gerichtshandlung außer Kraft, die die Menschen in Form einer Strafe oder Belohnung zu empfinden haben. Die Verantwortungslosigkeit für alle Menschenhandlungen stellt dann die Folge dieser Lebenseinstellung dar. Ps-Athenagoras gibt zu

---

59 Vgl. De Res 10,2; 16,3.

60 De Res 19,3 (Marcovich 44,34–45,1): „ὁ δὲ κτηνώδης ἢ θηριώδης βίος ⟨ἔσται⟩ ἄριστος, ἀρετὴ δὲ ἀνόητος, δίκης δὲ ἀπειλὴ γέλως πλατύς, τὸ δὲ πᾶσαν θεραπεύειν ἡδονὴν ἀγαθῶν τὸ μέγιστον".

61 De Res 19,3 (Marcovich 45,1–3): „δόγμα δὲ κοινὸν τούτων ἁπάντων καὶ νόμος εἷς τὸ τοῖς ἀκολάστοις καὶ λάγνοις φίλον· ‚Φάγωμεν [δὲ] καὶ πίωμεν, αὔριον γὰρ ἀποθνήσκομεν.' "

62 De Res 19,3 (Marcovich 45,3 f.): „Τοῦ γὰρ τοιούτου βίου τέλος οὐδὲ ἡδονὴ κατά τινας, ἀλλ' ἀναισθησία παντελής."

63 In De Res 24,5 (Marcovich 49,24–29) beschäftigt er sich mit dem geeigneten τέλος des menschlichen Lebens. Dort thematisiert er ebenfalls das Endziel der Empfindungslosigkeit: Eine solche Erwartung der Schmerzlosigkeit trifft jedoch allein für die vernunftlosen Wesen zu, die gänzlich unempfindlich sind (τοῖς παντελῶς ἀναισθητοῦσιν). Das Endziel der Menschen besteht jedoch nicht im Genuss dessen, was den Leib ernährt oder sättigt, aber auch nicht in der Fülle der Genusssucht. Ein solches Endziel würde notwendig machen, dass die tierische Lebensweise den Vorrang hätte, das tugendhafte Leben wäre dann vergeblich. Das auf Diesseits allein begrenzte Endziel kommt nur dem Haus- und Weidevieh zu, was nicht für die Menschen zutrifft, die eine unsterbliche Seele und ein vernünftiges Unterscheidungsvermögen besitzen.

DIE AUF DER PROVIDENZ GOTTES BERUHENDE BEWEISFÜHRUNG

verstehen, dass solche Ansichten durchaus Zustimmung finden. Besonders *Epikur* hat die Sicht geprägt, dass der Zustand des Todes in Empfindungslosigkeit führt: „Der Tod ist nichts für uns. Denn das Aufgelöste empfindet nicht."[64] Daher ist für Epikur die Lust der Anfang und das Ziel eines glückseligen Lebens.[65]

Innerhalb der apologetischen Polemik nimmt der Rekurs auf epikureische Anschauungen den Höhepunkt der Sinnlosigkeit des tugendhaften Strebens auf Erden ein.[66] Bereits Platon gibt zu bedenken, dass die Leugnung einer Jenseitsexistenz der Seele für die Schlechten ein Glücksfall ist, da sie dementsprechend im Jenseitsgericht keine Verantwortung für ihre Vergehen zu übernehmen haben.[67] Die Apologeten greifen dieses Motiv auf und belegen damit die Erwartung eines Endgerichts, in dem die Gerechtigkeit über alle Taten der Menschen waltet.[68] Auch die Ausführungen des Ps-Athenagoras in De Res 19,2 f. sind in diese apologetische Tradition einzuordnen.[69]

Ps-Athenagoras bewegt sich somit bei seinem Nachweis der Notwendigkeit eines Gerichtshandeln Gottes in einem christlich-apologetischen Kontext. Die Annahme einer Bewußtlosigkeit nach dem Tod begünstigt den ungezügelten

---

64 Epikur, in: DiogLaert, Vitae X,139 (Usener 71,6 f./Long 559,9): „ὁ θάνατος οὐδὲν πρὸς ἡμᾶς· τὸ γὰρ διαλυθὲν ἀναισθητεῖ."

65 Epikur, in: DiogLaert, Vitae X,128 (Usener 62,23–63,1/Long 554,16 f.): „καὶ διὰ τοῦτο τὴν ἡδονὴν ἀρχὴν καὶ τέλος λέγομεν εἶναι τοῦ μακαρίως ζῆν·" Vgl. J. Lehmann, Auferstehungslehre, 49; N. Zeegers-Vander Vorst, Adversaires et destinataires, 92.

66 Vgl. TheophAnt, Ad Aut II,4; III,2; Athen, Leg 12,3.

67 Platon, Phaidon 107c5–8: „εἰ μὲν γὰρ ἦν ὁ θάνατος τοῦ παντὸς ἀπαλλαγή, ἕρμαιον ἂν ἦν τοῖς κακοῖς ἀποθανοῦσι τοῦ τε σώματος ἅμ' ἀπηλλάχθαι καὶ τῆς αὐτῶν κακίας μετὰ τῆς ψυχῆς·"

68 Vgl. Justin, Apol I,18,1; Dial 5,3; Athen, Leg 12,1 f.; 31,4; 36,2; Tert, Apol 49,2 und MinFel, Oct 34,12.

69 Der Apologet *Justin* verweist ebenfalls auf das τέλος der früheren Herrscher, die alle den gemeinsamen Tod starben. Wenn dieses Endziel sie in eine Empfindungslosigkeit führt, ist es für alle Ungerechten ein Glücksfall (ὅπερ εἰ εἰς ἀναισθησίαν ἐχωρεῖ, ἕρμαιον ἂν ἦν τοῖς ἀδίκοις πᾶσιν). Daraufhin legt er dar, dass die Seelen nach dem Tod weiterhin die Empfindung behalten und auch die ewigen Strafen erleiden können. Vgl. Justin, Apol I,18,1–3 (PTS 38, 59,1–9 Marcovich); vgl. Apol I,20,4 (PTS 38, 62,11–14 Marcovich). Justin verfolgt in Apol I,18 insgesamt die Absicht, seinen Adressaten ein göttliches Gerichtshandeln nahe zu bringen. Jedoch bleibt er *nicht* bei einem reinen Seelengericht stehen, sondern versichert, dass die Christen den Glauben vetreten, auch ihre toten und in die Erde gelegten Leiber wieder zu empfangen (καὶ τὰ νεκρούμενα καὶ εἰς γῆν βαλλόμενα πάλιν ἀπολήφεσθαι ἑαυτῶν σώματα προσδοκῶμεν). Vgl. Justin, Apol I,18,6 (PTS 38, 59,18 f. Marcovich).

und ausschweifenden Lebenswandel und lässt das tugendhafte Leben demnach sinnlos erscheinen. Die Folgen einer solchen Lehre will unser Autor in De Res 19,3b seinem Publikum auf drastische Art und Weise einprägen. Wenn die Hoffnung auf eine Existenz jenseits des Todes negiert wird, bestimmen allein kurzfristige Vergnügungssucht und Sinnlosigkeit das Menschendasein. Wenn die gerechte Vergeltung für die Handlungen der Menschen ausbleibt, sind die beschriebenen Zustände in De Res 19,3b die notwendige Konsequenz.[70] Der Verfasser ist sich jedoch sicher, dass seine Zuhörer nicht die Ansicht einer völligen Leugnung des Gerichtshandeln Gottes vertreten. Er will sie vielmehr darin bestärken, keinesfalls an einer gerechten Belohnung bzw. Bestrafung im Endgericht zu zweifeln.[71]

---

70   Ps-Athenagoras zitiert in De Res 19,3 nicht von ungefähr 1 Kor 15,32 (‚Φάγωμεν [δὲ] καὶ πίωμεν, αὔριον γὰρ ἀποθνήσκομεν.'), um die Folgen der Leugnung einer jeglichen Jenseitshoffnung seinen Adressaten mit diesem Lebensmotto einzuprägen. Jedoch kann daraus nicht geschlossen werden, dass das Publikum des Auferstehungstraktats nur auf das Diesseits bezogen gewesen wäre und kein Interesse an einer Jenseitsexistenz hätte. Bereits Paulus zieht mit dem Zitat aus Jesaja 22,13 in 1 Kor 15,32 die Konsequenz aus der Leugnug der Auferstehung der Toten, die die Korinther selbst nicht gezogen hätten. Vgl. G. Sellin, Streit, 286: „Wenn Tote nicht auferweckt werden, ist auch das ‚Sterben' in diesem Leben sinnlos. Die Folge wäre, daß man nach er Devise Jes 22,13 leben könnte. Paulus nimmt nicht an, daß die Korinther das tun."

    Somit erfüllt dieses Zitat sowohl bei Paulus als auch bei Ps-Athenagoras eine bestimmte rhetorische Funktion: Den Korinthern wird als Folge der Auferstehungsleugnung die Konsequenz einer libertinistischen Lebenseinstellung demonstriert. Eine ähnliche rhetorische Absicht verfolgt auch Ps-Athenagoras in De Res 19,3. Er will seinen Adressaten die Folgen einer gänzlichen Leugnung des göttlichen Gerichtshandelns vor Augen führen, um die Zweifel daran zu überwinden und zugleich die Erwartung eines göttlichen Gerichts zu bestärken.

71   N. Zeegers-Vander Vorst, Adversaires et destinataire, 92 f., schließt aus dem Abschnitt De Res 19,2–3, dass Ps-Athenagoras hier die Epikuräer als Gegner des Traktats anvisiere.

    Auch wenn Ps-Athenagoras hier epikuräische Anschauungen mit der völligen Empfindungslosigkeit im postmortalen Zustand aufnimmt, so argumentiert er m. E. *nicht* gegen Epikuräer, die als Gegner der Auferstehungsschrift zu behandeln wären. Vielmehr greift er verbreitete Motive der apologetischen Polemik auf, um die Adressaten vom Gegenteil dessen zu überzeugen, was von den Epikuräern vertreten wird. Es soll nämlich der Glaube an eine gerechte Vergeltung im Endgericht befestigt werden.

    Die Gegner sind mit Celsus als ihrem Hauptvertreter eindeutig *Platoniker*, die selbst von einem Jenseitsgericht ausgehen. De Res 19,2 f. zielt in Wirklichkeit auf die Überzeugung des platonischen Publikums, am göttlichen Gerichtshandeln keineswegs zu zweifeln, sondern dieses als eine gemeinsame Ausgangslage fest anzunehmen. Auf diese Weise

DIE AUF DER PROVIDENZ GOTTES BERUHENDE BEWEISFÜHRUNG   629

Daraufhin widmet er sich einer weiteren wichtigen Voraussetzung seiner Gerichtsargumentation. Er beabsichtigt, gemeinsam mit seinen Zuhörern zu klären, zu welchem Zeitpunkt sich die δικαία κρίσις ereignet, um dem Anspruch der Gerechtigkeit in vollem Maße zu genügen. Zwei Möglichkeiten stehen dabei zur Verfügung: Entweder kommt das göttliche Gericht im gegenwärtigen Leben oder erst nach dem Tod zum Vollzug. Zunächst wendet sich unser Autor der ersten Alternative in De Res 19,4–7 zu und betont die Unmöglichkeit der *gerechten* κρίσις im gegenwärtigen Leben.[72]

De Res 19,4–7
Entgegen jeder Hoffnungslosigkeit hinsichtlich einer jenseitigen Existenz und einer fehlenden Gerechtigkeit in diesem und im postmortalem Leben bestärkt Ps-Athenagoras seine Zuhörer, sich der göttlichen Absicht ganz anzuvertrauen: Der Schöpfer der Menschen trägt Sorge für seine eigenen Erzeugnisse.[73] Der persönliche Bezug Gottes zu seinen Geschöpfen überlässt diese nicht ihrem eigenen Schicksal, vielmehr kümmert sich der Schöpfer auch jenseits des Todes um deren Existenz. Aufgrund der Fürsorge Gottes ist sich der Verfasser sicher, dass eine gerechte Beurteilung der Menschentaten eintreten muss. Er legt seinen Zuhörern erneut zwei Alternativen vor, um sie aufs Neue zum Nachdenken zu veranlassen:

> Findet das gerechte Gericht über das gut oder böse geführte Menschenleben irgendwo (που) statt, so wird es entweder im gegenwärtigen Leben der noch Lebenden (ἤτοι κατὰ τὸν παρόντα βίον ζώντων ἔτι) [...] oder nach dem Tod (ἢ μετὰ θάνατον) geschehen [...][74]

---

bereitet unser Autor die Ausgangsbasis vor, von der er weiter den Auferstehungsbeweis aus der Gerechtigkeit Gottes führen kann.

72   Erst in De Res 20,1 thematisiert er den wirklich strittigen Punkt, der die gerechte Vergeltung der Seele oder des Gesamtmenschen im Jenseitsgericht betrifft. Ps-Athenagoras will seine Adressaten davon überzeugen, dass einem reinen Seelengericht die Gerechtigkeit fehlt.

73   De Res 19,4 (Marcovich 45,5 f.): „Εἰ δὲ ἔστι τις τῷ ποιήσαντι τοὺς ἀνθρώπους τῶν ἰδίων ποιημάτων φροντίς".

74   De Res 19,4 (Marcovich 45,6–8): „σῴζεταί που τῶν εὖ ἢ κακῶς βεβιωμένων ἡ δι(καί)α κρίσις, ἤτοι κατὰ τὸν παρόντα ⟨ἔσται⟩ βίον ζώντων ἔτι τῶν κατ' ἀρετὴν ἢ κακίαν βεβιωκότων, ἢ μετὰ θάνατον ἐν χωρισμῷ καὶ διαλύσει τυγχανόντων."
       Die *erste* Möglichkeit lässt den menschlichen Lebenswandel noch auf Erden *vor* dem Tod zur Bewertungsgrundlage dessen werden, ob die Menschen ihr Leben tugendhaft oder schlecht verbracht haben (τῶν κατ' ἀρετὴν ἢ κακίαν βεβιωκότων). Die *zweite* Alternative bezieht sich auf den Zustand nach dem Tod, wobei infolge der Trennung und Loslö-

Worauf es Ps-Athenagoras weiterhin in De Res 19,6 f. insbesondere ankommt, ist die Feststellung, dass die sterbliche Menschennatur nicht dazu fähig ist, in einer gerechten Vergeltung auf Erden für zahlreichere oder schwerere Vergehen die angemessene Strafe zu ertragen.[75] Deshalb ist eine gebührende Bestrafung der Schwerverbrecher keineswegs im irdischen Gerichtsprozess gewährleistet, selbst wenn die Todesstrafe das letzte Mittel der Rechtsprechung ist. Zum Beweis seiner These verweist er auf einige geläufige Beispiele, die die Verbrechen der Räuberei, des Machtmissbrauchs und der Tyrannei zum Inhalt haben:[76] „Denn auch ein Räuber, ein Gewaltherrscher oder ein Tyrann, der unzählige Menschen auf ungerechte Weise (ἀδίκως) umgebracht hat, dürfte wohl nicht durch seinen einmaligen Tod die angemessene Strafe für seine Verbrechen erhalten."[77]

Um die Unangemessenheit der Todesstrafe für die Gewaltverbrechen solcher Menschen zu erweisen, führt unser Autor in einer rhetorisch geschick-

---

sung vom Körper die Seele allein die Vergeltung der Menschentaten zu erleiden hat. Beide zur Entscheidung vorgelegten Optionen lehnt der Verfasser jedoch ab: Denn nach keiner der beiden Möglichkeiten kann man finden, dass das gerechte Gericht bewahrt wird. Vgl. De Res 19,5 (Marcovich 45,9 f.): „Ἀλλὰ κατ᾽ οὐδέτερον τῶν εἰρημένων εὑρεῖν δυνατὸν σῳζομένην τὴν δικαίαν κρίσιν·"

Daraufhin wendet sich unser Autor dem Nachweis zu, dass die Beurteilung der menschlichen Handlungsweise im irdischen Leben keineswegs der Gerechtigkeit entspricht: „Denn im gegenwärtigen Leben erlangen weder die Rechtschaffenen den Lohn (ihrer) Tugend noch die Bösen den Lohn (ihrer) Schlechtigkeit." De Res 19,5 (Marcovich 45,10 f.): „οὔτε γὰρ οἱ σπουδαῖοι κατὰ τὴν παροῦσαν ζωὴν φέρονται τὰ τῆς ἀρετῆς ἐπίχειρα, οὔτε μὴν οἱ φαῦλοι τὰ τῆς κακίας." Nun hat Ps-Athenagoras bereits in De Res 18,5 diese Position ausgeführt: Viele Gottlose verüben eifrig jede Gesetzlosigkeit und Schlechtigkeit und bleiben dennoch bis zum Lebensende von Übeln verschont. Dagegen leben die tugendhaften Menschen in Qualen, in Beleidigungen, in Verleumdungen, in Misshandlungen und allerlei Leiden dahin. Vgl. De Res 18,5 (Marcovich 44,5–10). Der gerechte Lohn auf Erden, der sich nach dem Verdienst der irdischen Lebensweise zu richten hat, bleibt somit aus.

75   De Res 19,6 (Marcovich 45,12–14): „Παρίημι γὰρ λέγειν ὅτι σῳζομένης τῆς φύσεως ἐν ᾗ νῦν ἐσμέν, οὐδ᾽ ἡ θνητὴ φύσις ἐνεγκεῖν οἷά τε τὴν σύμμετρον δίκην πλειόνων ἢ βαρυτέρων φερομένην πλημμελημάτων."

76   Zum verbreiteten Motiv solcher Gewaltverbrechen, die gerne zur rhetorischen Verdeutlichung verwendet werden, siehe Platon, Gorgias 525d1–6; Politeia 615b–616a; Marc Aurel, Ad seipsum IV,48,1 (Farquharson 70,12 f.): „πόσοι δὲ τύραννοι, ἐξουσίᾳ ψυχῶν μετὰ δεινοῦ φρυάγματος ὡς ἀθάνατοι κεχρημένοι·"

77   De Res 19,7 (Marcovich 45,14–16): „Ὅ τε γὰρ μυρίους ἐπὶ μυρίοις ἀνελὼν ἀδίκως λῃστὴς ἢ δυνάστης ἢ τύραννος οὐκ ἂν ἑνὶ θανάτῳ λύσειεν τὴν ἐπὶ τούτοις δίκην·"

DIE AUF DER PROVIDENZ GOTTES BERUHENDE BEWEISFÜHRUNG 631

ten Weise das Ausbleiben einer gebührenden Bestrafung von tyrannischen Freveln an: „Wer nichts Wahres über Gott denkt, wer in jeder Überhebung und Lästerung lebt und das Göttliche verachtet, wer die Gesetze bricht, wer Kinder und Frauen schändet, wer Städte ungerecht zerstört, wer Häuser mitsamt den Bewohnern verbrennt, ein Land verwüstet und dabei Gemeinden und Volksmengen oder auch einen ganzen Volksstamm vertilgt, wie könnte ein solcher mit seinem vergänglichen Leib (ἐν φθαρτῷ τῷ σώματι) die gebührende Strafe für seine Verbrechen abbüßen?"[78]

Der Tod vielmehr schließt die volle Vergeltung für derartige Missetaten aus und die sterbliche Menschennatur vermag keineswegs für eines der begangenen Verbrechen auszureichen.[79] Ps-Athenagoras ist der Meinung, dass die passende Bestrafung solcher Gewalttaten im gegenwärtigen Leben in Form eines Todesurteils nicht den Kriterien und Massstäben der Gerechtigkeit genügt.

Der Verfasser will in De Res 19,5–7 mit seinem platonischen Publikum vorrangig eine Übereinstimmung in dem Punkt erzielen, dass im irdischen Leben die gerechte Vergeltung der Menschenhandlungen nicht geschieht. Dabei ist er bemüht, eine gemeinsame Grundlage mit seinen Adressaten herzustellen. Im Platonismus gehörte es seit der *Apologie des Sokrates* zur Überzeugung, dass eine gerechte Rechtsprechung während der Lebenszeit auf Erden nicht stattfinden kann. Die „ungerechte" Verurteilung von Sokrates ist unbestritten das einprägsamste Beispiel dafür, dass menschliche Richter kein gerechtes Urteil fällen können. Daher hofft auch Sokrates, dass mit dem Tod eine Versetzung der Seele an einen anderen Ort einsetzt.[80] In der Unterwelt

---

78 De Res 19,7 (Marcovich 45,16–21): „ὅ τε μηδὲν περὶ θεοῦ δοξάζων ἀληθές, ὕβρει δὲ πάσῃ καὶ βλασφημίᾳ συζῶν καὶ παρορῶν μὲν τὰ θεῖα, καταλύων δὲ νόμους, ὑβρίσας δὲ παῖδας ὁμοῦ καὶ γυναῖκας, κατασκάψας δὲ πόλεις ἀδίκως, ἐμπρήσας δὲ οἴκους μετὰ τῶν ἐνοικούντων καὶ δῃώσας χώραν καὶ τούτοις συναφανίσας δήμους καὶ λαοὺς ἢ καὶ ὅλμιαν ἔθνος, πῶς ἂν ἐν φθαρτῷ τῷ σώματι πρὸς τὴν τούτοις σύμμετρον ἀρκέσειεν δίκην;"

79 De Res 19,7 (Marcovich 45,21–23): „προλαμβάνοντος τοῦ θανάτου τὸ κατ' ἀξίαν καὶ μηδὲ πρὸς ἕν τι τῶν εἰργασμένων τῆς θνητῆς ἐξαρκούσης φύσεως".

80 Platon, Apol 40e4 f.: „Εἰ δ' αὖ οἷον ἀποδημῆσαί ἐστιν ὁ θάνατος ἐνθένδε εἰς ἄλλον τόπον". Der Sokrates der Apologie bedenkt in diesem Zusammenhang auch die Möglichkeit, dass der Tod einen Zustand ohne jede Wahrnehmung und Empfindung bringen könnte (40c6 f.: μηδὲ αἴσθησιν μεδεμίαν μηδενὸς ἔχειν τὸν τεθνεῶτα), der einem tiefen und traumlosen Schlaf gleiche (40c–d). Dann wäre der Tod ebenfalls im Vergleich zum ungerechten Urteil der Richter ein Gewinn (40e2 f.). „Der Gedanke der Gerechtigkeit fehlt vollkommen; allein dies erweist die Schlaf-Lösung im sokratisch-platonischen Sinn als indiskutabel." K. Alt, Diesseits und Jenseits, 284 f. Daher präferiert der platonische Sokrates die zweite Möglichkeit, die eine Versetzung der Seele in die Unterwelt beinhaltet. Dort hofft er auf die Wieder-

632 8. KAPITEL

trifft er dann auf solche Verstorbenen, die ebenso wegen eines ungerechten Gerichts (διὰ κρίσιν ἄδικον) starben.[81] Dort sprechen die wahren Richter (εὑρήσει τοὺς ὡς ἀληθῶς δικαστάς) das Recht, zu denen er Minos, Rhadamanthys, Aiakos und Triptolemos zählt.[82] So wird das gerechte Gericht in die Unterwelt verlagert, da sich die Richter auf Erden täuschen lassen und daher in der irdischen Rechtsprechung die Gerechtigkeit völlig ausbleibt. Allein im jenseitigen Gericht wird das vollkommene Recht walten, da dort die wahren Richter ihr Urteil fällen.[83]

Mit dem Verweis auf den „Tyrannen" (τύραννος) und „Gewaltherrscher" (δυνάστης) nimmt Ps-Athenagoras in De Res 19,7 bekannte Paradigmata seiner von Platon geprägten Adressaten auf.[84] Besonders das jenseitige Geschick der

---

herstellung der fehlenden Gerechtigkeit auf Erden, die sich durch die wahren Richter im gerechten Gericht ereignen wird.

81 Apol 41b3.

82 Apol 41a2–4.

83 Vgl. K. Alt, Diesseits und Jenseits, 285.

84 Hier ist keineswegs davon auszugehen, dass unser Autor auf einen Regenten seiner Zeit verweist. R.M. Grant, Athenagoras or Pseudo-Athenagoras, 129, meint dagegen, dass in De Res 19,7 auf den Kaiser Galerius hingewiesen werde, der als Statthalter in Phrygien die Verbrennung einer christlichen Stadt mit ihren Bewohnern angeordnet habe (vgl. Euseb, H.E. VIII,11,1).

Jedoch ist in De Res 19,7 überhaupt von keiner Verfolgung der Christen die Rede, sondern es werden allgemein Gewaltverbrechen wie Schändung von Kindern und Frauen, ungerechte Zerstörung der Städte und Verbrennung der Häuser mitsamt den Bewohnern aufgezählt. Diese Beispiele steuern auf eine Klimax zu, die in der Vertilgung von Gemeinden, Volksmengen und sogar von einem ganzen Volksstamm endet. Die Vernichtung eines σύμπαν ἔθνος ist jedenfalls von Galerius nicht bekannt. Die Ausführungen in De Res 19,7 sollen ausschließlich in rhetorischer Zuspitzung die Gewaltverbrechen eines Räubers, eines Gewaltherrschers oder eines Tyrannen beschreiben. Aufgrund dessen soll aufgezeigt werden, dass die für solche Verbrechen gebührende Todesstrafe auf keinen Fall die gerechte Bestrafung solcher Übeltäter bedeuten würde.

Grant hat dagegen aus diesem angeblichen Hinweis auf Galerius die Bestätigung seiner Datierungsthese zu erweisen versucht. Er schließt daraus, dass der Auferstehungstraktat kurz vor Galerius Tod im Frühjahr 310 n. Chr. geschrieben sein müsste. Vgl. R.M. Grant, Athenagoras or Pseudo-Athenagoras, 129. Bereits J.L. Rauch hat diese Argumentation überzeugend widerlegt, indem er zu Recht auf die rhetorische Funktion von De Res 19,7 hingewiesen hat, so dass sich die von Grant behaupteten möglichen zeitgenössischen Verweise erübrigen. Vgl. J.L. Rauch, Athenagoras, 30 f.: „As an paradigm, however, it is quite unnecessary that Athenagoras' description fit any specific person. What he has given us is a general description of a ‚robber, *or* ruler, *or* tyrant' whose sins are an amalgam of many enormous crimes. That this example does not involve a reference to an historical

Tyrannen spielt in den platonischen Jenseitsmythen eine prägende Rolle. Am Beispiel der Tyrannen macht Platon die im Jenseitsgericht waltende Gerechtigkeit fest. Diese Machthaber müssen für ihre Gewaltverbrechen eine ewige Strafe abbüßen. Platon spricht in *Gorgias* in diesem Zusammenhang von den unheilbaren Frevlern, die wegen der Größe ihrer verbrecherischen Taten in der Unterwelt auf ewige Zeit zu leiden haben.[85] Dazu gehören als Abschreckbeispiele für alle anderen Übeltäter insbesondere die Tyrannen, Könige und Herrscher (ἐκ τυράννων καὶ βασιλέων καὶ δυναστῶν),[86] die aufgrund ihrer Macht die größten und die unheiligsten Verbrechen verübten (οὗτοι γὰρ διὰ τὴν ἐξουσίαν μέγιστα καὶ ἀνοσιώτατα ἁμαρτήματα ἁμαρτάνουσι).[87] Auf diese Weise kommt die ihnen gebührende Strafe für die Größe ihrer Vergehen zu ihrem Recht. Dabei gilt es als Selbstverständlichkeit, dass in einem irdischen Gericht die gerechte Bestrafung ihrer Tyrannai nicht stattfinden kann.

Ps-Athenagoras stellt somit in De Res 19 mit seinem Publikum eine gemeinsame Ausgangsgrundlage her, um den noch *wirklich* strittigen Punkt zu klären. Dies betrifft die fehlende Gerechtigkeit in einem reinen Seelengericht, die der Verfasser zu beweisen sucht.

1.4   Fehlende Gerechtigkeit des reinen Seelengerichts (De Res 20)

Nach der Zurückweisung einer gerechten Beurteilung der Menschentaten im Erdenleben wendet sich Ps-Athenagoras der Rechtmäßigkeit eines Jenseitsgerichts zu:

> Also zeigt sich weder im gegenwärtigen Leben noch nach dem Tod die verdienstvolle Vergeltung.[88]

---

person or the mention of actual past facts seems to be supported by the presence of a rhetorical figure that resembles κλῖμαξ or *gradatio*." Daher ist der Hinweis auf eine historische Begebenheit eine unhaltbare Vermutung, die die rhetorische Komponente des ausgeführten Paradigmas ganz verkennt.

85   Platon, Gorgias 525c1–8.

86   Im Vergleich zum platonischen Gorgias tauscht Ps-Athenagoras jeglich die Könige duch den Verweis auf den „Räuber" aus. Sonst bedient er sich der bekannten Beispiele von Tyrannen und Gewaltherrscher, die ihre Macht zu missbrauchen pflegen.

87   Platon, Gorgias 525d1–6. Im Schlussmythos der Politeia spricht Platon ebenfalls davon, dass die Tyrannen ewigen Qualen im Tartaros ausgesetzt sein werden. Vgl. Platon, Politeia 615b–616a.

88   De Res 19,7 (Marcovich 45,23 f.): „Οὔτ' οὖν κατὰ τὴν παροῦσαν ζωὴν ἡ κατ' ἀξίαν δείκνυται κρίσις, οὔτε μετὰ θάνατον."

634 8. KAPITEL

Ps-Athenagoras hat große Zweifel an den geläufigen Gerichtsvorstellungen, die der Gerechtigkeit zu entsprechen haben. Die Bedenken beziehen sich auf die gebührende Bestrafung oder Belohnung der Menschentaten in einem reinen Seelengericht. Bevor er jedoch ab De Res 20,3 diese zur Debatte stehende Differenz einer ausführlichen Untersuchung unterzieht, klärt er erneut die gemeinsamen Voraussetzungen mit seinem Publikum und erläutert, was unter einem postmortalen Zustand zu verstehen ist. Daher liefert er in De Res 20,1 zunächst eine Definition des Todes, von der er hofft, dass sie auch von seinen Adressaten akzeptiert wird.

In gewohnter Weise stellt er auch hier zwei Alternativen zur Debatte, um die Bedeutung des Todes zu entfalten:

> Denn entweder ist der Tod ein vollständiges Erlöschen des Lebens, so dass sich die Seele mit dem Leib auflöst und vergeht oder die Seele bleibt für sich unaufgelöst, unzerstreut (und) unzerstört; der Leib aber wird vernichtet und aufgelöst.[89]

Zweifellos setzt er voraus, dass allein die zweite Möglichkeit die richtige sein muss. Jedoch will er sein Publikum nicht vor vollendete Tatsachen stellen, sondern zur eigenen Stellungnahme herausfordern. Daher stellt er zwei Definitionen des Todes vor, die sich gegenseitig ausschließen. Entweder ist mit dem Tod ein gänzliches Erlöschen des menschlichen Lebens zu verbinden oder aber die Menschen können weiterhin mit ihrer Seele auf eine jenseitige Existenz hoffen.[90] Wenn jedoch die erste Möglichkeit zutrifft, dann wird mit dem Leib auch die Seele einer Auflösung und Vernichtung unterworfen (συνδιαλυομένης τῷ σώματι τῆς ψυχῆς καὶ συνδιαφθειρομένης).

Ps-Athenagoras erinnert damit sein Publikum an eine in der platonischen Tradition längst abgelehnte Auffassung des Todes. Im *Phaidon* werden die entsprechenden Einwände der sokratischen Gesprächspartner (Kebes und Simias) formuliert, die zugunsten des Beweises von der Unsterblichkeit der

---

89   De Res 20,1 (Marcovich 45,25–28): „Ἤτοι γὰρ παντελής ἐστι σβέσις τῆς ζωῆς ὁ θάνατος, συνδιαλυομένης τῷ σώματι τῆς ψυχῆς καὶ συνδιαφθειρομένης, ἢ μένει ⟨μὲν⟩ ἡ ψυχὴ καθ' ἑαυτὴν ἄλυτος ἀσκέδαστος ἀδιάφθορος, φθείρεται δὲ καὶ διαλύεται τὸ σῶμα".

90   Auch Philo von Alexandrien bringt es mit einer ähnlichen Formulierung in De Abrahamo 258 (Vol. IV, 56,20–22 Cohn) auf den Punkt, dass der Tod nicht als ein Auslöschen der Seele, sondern als eine Trennung und Loslösung der Seele vom Leib zu verstehen ist (τὸν θάνατον νομίζειν μὴ σβέσιν ψυχῆς, ἀλλὰ χωρισμὸν καὶ διάζευξιν ἀπὸ σώματος).

DIE AUF DER PROVIDENZ GOTTES BERUHENDE BEWEISFÜHRUNG　　　635

Seele widerlegt werden. Der Einwand des Kebes greift die Zweifel an einem
postmortalen Dasein der Seele auf: Wenn sich die Seele infolge des Todes vom
Leib trennt, dann wird sie vernichtet und geht ebenso wie der Leib zugrunde
(διαφθείρηταί τε καὶ ἀπολλύηται). Sie wird nach der Trennung vom Körper wie
ein Lufthauch oder wie Rauch zerstreut (ὥσπερ πνεῦμα ἢ καπνὸς διασκεδασθεῖσα), so dass sie keine Jenseitsexistenz mehr besitzt.[91] Nach den beiden
Unsterblichkeitsbeweisen der Seele[92] wiederholt Simias erneut den Einwand
des Kebes, dass nämlich die Meinung der Menge noch immer dem entgegensteht, dass die Seele nach dem Tod des Menschen weiter existieren wird (ἔτι
ἔσται). Denn die Ansicht der Menge beinhaltet, dass, wenn der Mensch stirbt,
auch zugleich die Seele zerstreut wird (διασκεδάννυται ἡ ψυχή), so dass der
Tod das Ende ihres Seins bedeutet.[93] Sokrates unterstellt in ironischer Weise
seinen beiden Gersprächspartnern, die Furcht zu hegen, dass die Seele nach
dem Verlassen des Körpers vom Wind verweht und zerstreut wird.[94]

Daraufhin entwickelt Platon seinen dritten Unsterblichkeitsbeweis, der die
Verwandtschaft der Seele mit den Ideen beinhaltet (78b–80e). Darin weist er
nach, dass es allein dem Körper zukommt, sich nach dem Tod aufzulösen,
zu zerfallen und verweht zu werden (διαλύεσθαι καὶ διαπίπτειν καὶ διαπνεῖσθαι).[95] Die Seele hingegen bleibt gänzlich unaufgelöst bestehen (προσήκει
ψυχῇ δὲ αὖ τὸ παράπαν ἀδιαλύτῳ εἶναι), da sie eine substanzielle Ähnlichkeit
und Verwandtschaft mit dem Göttlichen, Unsterblichen, geistig Erkennbaren,
Einförmigen und Unauflösbaren besitzt. Dem Körper steht es aber zu, schnell
aufgelöst zu werden, da er dem Sterblichen, Vielförmigen, geistig nicht Erfass-
baren und Auflösbaren am ähnlichsten ist.[96]

91　Phaidon 69e7–70a6: „Ὦ Σώκρατες, τὰ μὲν ἄλλα ἔμοιγε δοκεῖ καλῶς λέγεσθαι, τὰ δὲ περὶ τῆς
　　　ψυχῆς πολλὴν ἀπιστίαν παρέχει τοῖς ἀνθρώποις μή, ἐπειδὰν ἀπαλλαγῇ τοῦ σώματος, οὐδαμοῦ
　　　ἔτι ᾖ, ἀλλ᾽ ἐκείνῃ τῇ ἡμέρᾳ διαφθείρηταί τε καὶ ἀπολλύηται ᾗ ἂν ὁ ἄνθρωπος ἀποθνῄσκῃ, εὐθὺς
　　　ἀπαλλαττομένη τοῦ σώματος, καὶ ἐκβαίνουσα ὥσπερ πνεῦμα ἢ καπνὸς διασκεδασθεῖσα οἴχηται
　　　διαπτομένη καὶ οὐδὲν ἔτι οὐδαμοῦ ᾖ.“

92　1. Beweis: „Kreislauf des Lebens“ (Phaidon 70c–72e) und 2. Beweis: „Anamnesis“ (Phaidon
　　　72e–77b).

93　Phaidon 77b1–5: „εἰ μέντοι καὶ ἐπειδὰν ἀποθάνωμεν ἔτι ἔσται, οὐδὲ αὐτῷ μοι δοκεῖ, ἔφη, ὦ
　　　Σώκρατες, ἀποδεδεῖχθαι, ἀλλ᾽ ἔτι ἐνέστηκεν ὃ νυνδὴ Κέβης ἔλεγε, τὸ τῶν πολλῶν, ὅπως μὴ ἅμα
　　　ἀποθνῄσκοντος τοῦ ἀνθρώπου διασκεδάννυται ἡ ψυχὴ καὶ αὐτῇ τοῦ εἶναι τοῦτο τέλος ᾖ.“

94　Phaidon 77d8–e1: „ὁ ἄνεμος αὐτὴν ἐκβαίνουσαν ἐκ τοῦ σώματος διαφυσᾷ καὶ διασκεδάννυσιν“.

95　Phaidon 80c2–5: „Ἐννοεῖς οὖν, ἔφη, ἐπειδὰν ἀποθάνῃ ὁ ἄνθρωπος, τὸ μὲν ὁρατὸν αὐτοῦ, τὸ
　　　σῶμα, καὶ ἐν ὁρατῷ κείμενον, ὃ δὴ νεκρὸν καλοῦμεν, ᾧ προσήκει διαλύεσθαι καὶ διαπίπτειν καὶ
　　　διαπνεῖσθαι“.

96　Phaidon 80a10–b10: „Σκόπει δή, ἔφη, ὦ Κέβης, εἰ ἐκ πάντων τῶν εἰρημένων τάδε ἡμῖν συμβαίνει,

636 8. KAPITEL

Nun setzt Ps-Athenagoras die im Phaidon zugunsten des Unsterblichkeitsbeweises der Seele erwiesene Definition des Todes voraus: Der Tod bedeutet lediglich, dass die Seele unaufgelöst, unzersteut und unverdorben für sich allein bestehen bleibt (ἄλυτος, ἀσκέδαστος, ἀδιάφθορος).[97] Der Leib dagegen erleidet die Auflösung und Vernichtung (φθείρεται δὲ καὶ διαλύεται τὸ σῶμα).[98]

Daraufhin folgt eine Schlussfolgerung, die jedoch – wie bereits in De Res 18,5 angedeutet[99] – überraschenderweise gänzlich der platonischen Auffassung entgegensteht: Mit der Vernichtung und Auflösung des Körpers geht einher, dass keine *Erinnerung* (μνήμη) an das im Erdenleben Vollbrachte und kein *Bewußtsein* (αἴσθησις) der auf die Seele eingewirkten Leidenschaften bewahrt bleibt.[100] Nun kommt im Platonismus das Erinnerungsvermögen durchgehend allein der Seele zu.[101] Ps-Athenagoras verlagert hier deutlich den Verantwortlichkeitsbereich sowohl der Erinnerung als auch des Bewußtseins der Erfahrung von seelischen Leidenschaften ausdrücklich auf den Körper, da die Seele völlig leidenschaftslos zu denken ist. Aufgrund ihrer Leidenschaftslosigkeit kann sie daher auch nicht der Erinnerung an die vollbrachten Taten belangt werden.

τῷ μὲν θείῳ καὶ ἀθανάτῳ καὶ νοητῷ καὶ μονοειδεῖ καὶ ἀδιαλύτῳ καὶ ἀεὶ ὡσαύτως κατὰ ταὐτὰ ἔχοντι ἑαυτῷ ὁμοιότατον εἶναι ψυχή, τῷ δὲ ἀνθρωπίνῳ καὶ θνητῷ καὶ πολυειδεῖ καὶ ἀνοήτῳ καὶ διαλυτῷ καὶ μηδέποτε κατὰ ταὐτὰ ἔχοντι ἑαυτῷ ὁμοιότατον αὖ εἶναι σῶμα. ἔχομέν τι παρὰ ταῦτα ἄλλο λέγειν, ὦ φίλε Κέβης, ἢ οὐχ οὕτως ἔχει; Οὐκ ἔχομεν. Τί οὖν; τούτων οὕτως ἐχόντων ἆρ' οὐχὶ σώματι μὲν ταχὺ διαλύεσθαι προσήκει, ψυχῇ δὲ αὖ τὸ παράπαν ἀδιαλύτῳ εἶναι ἢ ἐγγύς τι τούτου;"

97 De Res 20,1 (Marcovich 45,26 f.): „μένει ⟨μὲν⟩ ἡ ψυχὴ καθ' ἑαυτὴν ἄλυτος ἀσκέδαστος ἀδιάφθορος". Vgl. Alkinoos, Did 25,1 (Whittaker 48,21–24/Summerell/Zimmer 50,14–17), der eine ähnliche Defintion der Seele bietet: „Εἰ δὲ ἀθάνατον ἡ ψυχή, καὶ ἀνώλεθρον ἂν εἴη· ἀσώματος γάρ ἐστιν οὐσία, ἀμετάβλητος κατὰ τὴν ὑπόστασιν καὶ νοητὴ καὶ ἀειδὴς καὶ μονοειδής· οὐκοῦν ἀσύνθετος, ἀδιάλυτος, ἀσκέδαστος·"

98 De Res 20,1 (Marcovich 45,27 f.).

99 Vgl. De Res 18,5 (Marcovich 44,11–13): „σκεδαννυμένου δὲ καὶ αὐτοῦ τοῦ σώματος εἰς ἐκεῖνα πάλιν ἐξ ὧν συνεφορήθη καὶ μηδὲν ἔτι σῴζοντος τῆς προτέρας φυῆς ἢ μορφῆς, ἢ πού γε τὴν μνήμην τῶν πεπραγμένων".

100 De Res 20,1 (Marcovich 45,28 f.): „οὐδεμίαν ἔτι σῷζον οὔτε μνήμην τῶν εἰργασμένων, οὔτ' αἴσθησιν τῶν ἐπ' αὐτῇ παθημάτων." Marcovich ersetzt hier die Lesart ἐπ' αὐτῇ mit ἐπ' αὐτῷ, ohne dabei das in De Res 21,4 dargelegte wechselseitige Verhältnis der Seele und des Leibes beim Erleiden der πάθη zu beachten. Deshalb ist dieser Konjektur *nicht* zu folgen. Vielmehr wird die in allen Handschriften bezeugte Formulierung ἐπ' αὐτῇ beibehalten.

101 Vgl. allein den im Phaidon 72e–77b für die Unsterblichkeit der Seele dargelegten „Anamnesis-Beweis": Wenn sich die Seele an die frühere Schau der Ideen erinnern könne und zudem Lernen ein Prozess des Erinnerns sei, dann sei ihre Präexistenz klar erwiesen.

DIE AUF DER PROVIDENZ GOTTES BERUHENDE BEWEISFÜHRUNG 637

Außerdem deutet Ps-Athenagoras auf das Zusammenwirken der psychoso-matischen Einheit bei der Erfahrung der πάθη hin, welche die ψυχή allein durch den Körper erfährt.[102] Wenn aber der Tod die Auflösung des Leibes bedeutet, so dass die Seele für sich allein (ἡ ψυχὴ καθ᾽ ἑαυτήν) bestehen bleibt, dann hat dies zur Konsequenz, dass auch die Erinnerung an die Taten und das Bewußt-sein der gemeinsam vollbrachten Handlungen verloren gehen. Bereits mit der Zuschreibung des Erinnerungsvermögens an den Leib deutet der Verfasser an, dass allein durch die Wiederherstellung des ganzen aus Seele und Leib beste-henden Menschen die Forderung der δικαία κρίσις erfüllt wird.

In De Res 20,3 thematisiert Ps-Athenagoras die allein akzeptable Option des *postmortalen* Zustands,[103] wobei er zugleich die Rechtmäßigkeit eines Jen-seitsgerichts der infolge des Todes vom Körper getrennten Seele in Frage stellt. Dabei arbeitet er seine Vorstellung von der Gerechtigkeit heraus, die sich auf den gesamten aus ψυχή und σῶμα bestehenen Menschen bezieht:

---

102 Denn der Leib erleidet die Leidenschaften zuerst und zieht erst dann die Seele zur Mitleidenschaft und zur Gemeinschaft der vollbrachten Taten heran (πρωτοπαθεῖ τὸ σῶμα καὶ τὴν ψυχὴν ἕλκει πρὸς συμπάθειαν καὶ κοινωνίαν τῶν ἐφ᾽ ἅ κινεῖται πράξεων). Vgl. De Res 21,4 (Marcovich 46,30–32).

103 In De Res 20,2 (Marcovich 45,29–33) greift er die erste Deutungsmöglichkeit des Todes auf und zieht einige Konsequenzen daraus, die er bereits in De Res 19,2 f. bedacht hat. Dabei will er endgültig jede Hoffnungslosigkeit hinsichtlich einer postmortalen Jenseits-existenz überwinden: „Wenn das Leben der Menschen gänzlich erlischt, dann fällt auch die Fürsorge um die nicht mehr lebenden Menschen dahin, so dass auch kein Gericht stattfinden wird, ob sie tugendhaft oder schlecht ihr Leben verbracht haben (Σβεννυμέ-νης μὲν γὰρ παντελῶς τῆς τῶν ἀνθρώπων ζωῆς, οὐδεμία φανήσεται τῶν ἀνθρώπων οὐ ζώντων φροντίς, οὐ τῶν κατ᾽ ἀρετὴν ἢ κακίαν βεβιωκότων [ἡ] κρίσις)." Wenn so die göttliche Sorge für die Verstorbenen und die gerechte Vergeltung ihres Lebenswandels geleugnet wird, „dann stürmen die Folgen eines gesetzlosen Lebens (auf uns) ein und der ganze Schwarm der damit verbundenen Widersinnigkeiten, so dass das Resultat dieser Gesetzlosigkeit (ἀνομία) die völlige Gottlosigkeit (ἀθεότης) ist (ἐπεισκυκληθήσεται δὲ πάλιν [τὰ] τῆς ἀνό μου ζωῆς καὶ τῶν ταύτῃ συνεπομένων ἀτόπων τὸ σμῆνος τό τε τῆς ἀνομίας ταύτης κεφάλαιον, ἀθεότης)."

Dies kann aber keinesfalls der Wahrheit entsprechen, da nämlich ein solcher Zustand die vollständige Gottesleugung zur Folge hat. Wenn es also aufgrund der göttlichen Für-sorge keine Vergeltung des auf Erden verbrachten Lebens gibt, dann ist in der Tat das vieh- und tierartige Leben wohl die beste Alternative (vgl. De Res 19,3). Nun weiß Ps-Athenagoras, dass die Annahme einer völligen Gottesleugnung weder für sich noch für sein Publikum eine ernstzunehmende Möglichkeit sein kann. Jedoch denkt er die Folgen der ersten Todesdefinition konsequent zu Ende, um sich endgültig jeglichen Zweifels an einem Jenseitsgericht zu entledigen.

638 8. KAPITEL

> Wenn (durch den Tod) der Leib vernichtet wird und sich jedes seiner
> aufgelösten Elemente zum Verwandten begibt, die Seele aber für sich
> allein unzerstört bleibt, auch in diesem Fall ist das Gericht über die
> Seele nicht recht am Platz, da ihm die Gerechtigkeit fehlt (μὴ προσούσης
> δικαιοσύνης).[104]

Wenn also nur die Seele gerichtet wird, kommt einem derartigen Gericht die
Gerechtigkeit nicht zu. Eben von dieser Annahme will unser Autor sein Publikum überzeugen. Denn seine Adressaten gehen fest von einem reinen Seelengericht aus, an dem das σῶμα keine Beteiligung erhält. Die Seele übernimmt die
gesamte Verantwortung für das, was sie mit Hilfe des Leibes auf Erden verübt
hat. Der Körper dient ihr einzig als ein ausführendes Organ, um ihre Entscheidungen umzusetzen.

Ab De Res 20,3 widmet Ps-Athenagoras der Widerlegung des leiblosen Seelengerichts seine gesamte Aufmerksamkeit, weiß er doch, dass eine solche
Gerichtsvorstellung zu den grundlegenden Annahmen im Platonismus gehört.
Das Fehlen der Gerechtigkeit in einem körperfreien Seelengericht ist der
Ansatz, von dem aus unser Autor den Beweis für die Auferstehung des Leibes
führen will:

> Denn es ist nicht recht anzunehmen, dass aus Gott und von Gott ein
> Gericht ergeht, bei dem die Gerechtigkeit nicht vorhanden ist. Im Gericht
> findet aber keinerlei Gerechtigkeit statt, wenn nicht der erhalten wird, der
> die Gerechtigkeit oder die Gesetzlosigkeit vollbrachte. Denn der, welcher
> alle im Leben geschehenen Taten vollführte, über die das Gericht ergeht,
> war der (ganze) Mensch, nicht die Seele für sich allein (ἄνθρωπος ἦν, οὐ
> ψυχὴ καθ' ἑαυτήν).[105]

Daher ist die Annahme einer Gerichtsvorstellung, die die Vergeltung der Menschentaten allein der Seele zuschreibt, nicht gerecht und entspricht in keiner
Weise den Maßstäben und Kriterien der für unseren Autor geltenden Gerechtigkeit. Um den aus Leib und Seele bestehenden Menschen im Gericht Gottes

---

104 De Res 20,3 (Marcovich 46,1–3): „Εἰ δὲ φθείροιτο μὲν τὸ σῶμα καὶ χωροίη πρὸς τὸ συγγενὲς
τῶν λελυμένων ἕκαστον, μένοι δὲ ἡ ψυχὴ καθ' ἑαυτὴν ὡς ἄφθαρτος, οὐδ' οὕτως ἕξει χώραν ἡ κατ'
αὐτῆς κρίσις, μὴ προσούσης δικαιοσύνης·"

105 De Res 20,3 (Marcovich 46,3–8): „ἐπεὶ μηδὲ θεμιτὸν ὑπολαμβάνειν ἐκ θεοῦ καὶ παρὰ θεοῦ
γίνεσθαί τινα κρίσιν, ᾗ μὴ πρόσεστι τὸ δίκαιον. Οὐ πρόσεστι δὲ τῇ κρίσει τὸ δίκαιον μὴ σῳζομένου
τοῦ διαπραξαμένου τὴν δικαιοσύνην ἢ τὴν ἀνομίαν· ὁ γὰρ διαπραξάμενος ἕκαστον τῶν κατὰ τὸν
βίον ἐφ' οἷς ἡ κρίσις, ἄνθρωπος ἦν, οὐ ψυχὴ καθ' ἑαυτήν."

DIE AUF DER PROVIDENZ GOTTES BERUHENDE BEWEISFÜHRUNG 639

vorzuführen, muss er anschließend nachweisen, dass einzig das aus beiden Teilen zusammengesetzte Wesen und nicht die Seele für sich allein die Verantwortung für alle Menschenhandlungen zu tragen hat.

In der platonischen Tradition ist umgekehrt die fehlende Gerechtigkeit eines Gerichts in dem Fall beklagt worden, wenn der Mensch kurz *vor* seinem Tod als leibseelische Einheit die Vergeltung seiner gesamten Lebensweise erhalten sollte. Im Jenseitsmythos des *Gorgias* (Gorgias 523a–524a) begründet Platon in mythologischer Ausdrucksweise die Notwendigkeit eines Jenseitsgerichts für die körperfreie Seele: Es wird ein Ausgangszustand postuliert, in dem das Gericht am Tag, an dem ein Mensch sterben soll, von den *lebenden* Richtern abgehalten wird.[106] Einer solchen Gerichtshandlung der noch Lebenden fehlt jedoch die gerechte Rechtssprechung, weil viele, die schlechte Seelen haben, in schöne Leiber und Verwandtschaften und Reichtümer eingehüllt sind. Wenn das Gericht gehalten wird, kommen viele Zeugen, um den Richtern das Zeugnis abzugeben, dass diese gerecht gelebt haben (μαρτυρήσοντες ὡς δικαίως βεβιώκασιν).[107]

Da in einem derartigen Gericht auf Erden der wahre Zustand der Seele verhüllt bleibt, beschließt Zeus, dass ein jenseitiges Gericht der vom Leib befreiten Seele stattfinden muss. Allein *nach* dem Tod kann die Seele das gerechte Gericht erhalten (ἵνα δικαία ἡ κρίσις ᾖ).[108] Denn im Leben ist dies für Platon unmöglich.[109] Die Menschen sollen durch den Tod zunächst entblößt und leiblos werden, da das σῶμα den wahren Zustand der Seele verschleiert. Die schönen Leiber werden als Täuschung der schlechten Seelen bestimmt, so dass es für die Richter schwer zu beurteilen ist, ob solche Menschen gerecht gelebt haben.[110]

Platon spricht ausdrücklich von der Notwendigkeit eines vollkommen gerechten Gerichts (ἵνα ὡς δικαιοτάτη ἡ κρίσις ᾖ), das auf Erden nicht gewähr-

---

106 Gorgias 523b4–6.

107 Gorgias 523c4–d1: „πολλοὶ οὖν, ἦ δ' ὅς, ψυχὰς πονηρὰς ἔχοντες ἠμφιεσμένοι εἰσὶ σώματά τε καλὰ καὶ γένη καὶ πλούτους, καί, ἐπειδὰν ἡ κρίσις ᾖ, ἔρχονται αὐτοῖς πολλοὶ μάρτυρες, μαρτυρήσοντες ὡς δικαίως βεβίωκασιν·"

108 Gorgias 523d1–e6.

109 Ps-Athenagoras befindet sich demnach in der Annahme eines gerechten Gerichts *nach* dem Tod (De Res 19,4–7) fest in der platonischen Tradition.

110 Vgl. K. Alt, Diesseits und Jenseits, 286: „Hier ist der Körper, als Verhüllung der Seele, Ursache für Täuschung und Trug; wahres Erkennen gibt es demnach im Leben nicht."

640   8. KAPITEL

leistet ist.[111] Allein in einem leibfreien Zustand der Seele kann eine gebührende Beurteilung der menschlichen Lebensweise erfolgen. Die Richter sollen früher Lebende sein, deren Namen Minos, Rhadamanthys und Aiakos sind.[112] Sie sollen ebenso als entblößte Seelen die bloßen Seelen eines jeden anschauen, um sich *nicht* beim gerechten Urteil von Verwandtschaften oder Schmuck blenden zu lassen.[113] Wenn nun durch den Tod die Trennung der Seele vom Leib stattgefunden hat,[114] dann ist alles an der Seele sichtbar, sobald sie sich des Körpers entkleidet hat (ἔνδηλα πάντα ἐστὶν ἐν τῇ ψυχῇ, ἐπειδὰν γυμνωθῇ τοῦ σώματος).[115] Sowohl das Wesen ihrer Natur als auch die Erlebnisse, die der Mensch wegen der Handlungsweise jeder Tat in der Seele (ἐν τῇ ψυχῇ) erhalten hat, sind deutlich zu sehen.[116] Platon betont in diesem Zusammenhang, dass jede Handlung des ἄνθρωπος in seiner Seele abgeprägt ist (ἑκάστη ἡ πρᾶξις αὐτοῦ ἐξωμόρξατο εἰς τὴν ψυχήν)[117] und nun in der leiblosen ψυχή ganz ersichtlich ist. Er fasst dabei den Menschen und seine Personalität allein in der Seele auf, so dass das verantwortliche Handeln des Menschen ausschließlich in der ψυχή begründet ist. Nur wenn sie also vom Leib getrennt ist, ist sie des gerechten Gerichts würdig.

Hier setzt jedoch die Argumentation des Ps-Athenagoras einen deutlich anderen Akzent. Er schreibt die Bestrebungen für jede Tat voll und ganz dem Menschen in seiner leibseelischen Verfassung zu und betont, dass sich auch der gesamte ἄνθρωπος für alle seine Handlungen im Gericht zu verantworten hat. Die Seele hat zwar die Aufgabe der Beaufsichtigung der Begierden und der Bedürfnisse des Leibes (vgl. De Res 12,8), doch vollbringt sie alle Taten zusammen mit dem Körper, so dass bei allen Handlungen des Menschen sowohl das

---

111   Gorgias 524a6 f.

112   Gorgias 523e6–524a7.

113   Gorgias 523e2–6: „καὶ τὸν κριτὴν δεῖ γυμνὸν εἶναι, τεθνεῶτα, αὐτῇ τῇ ψυχῇ αὐτὴν τὴν ψυχὴν θεωροῦντα ἐξαίφνης ἀποθανόντος ἑκάστου, ἔρημον πάντων τῶν συγγενῶν καὶ καταλιπόντα ἐπὶ τῆς γῆς πάντα ἐκεῖνον τὸν κόσμον, ἵνα δικαία ἡ κρίσις ᾖ.“

114   Gorgias 524b2–4: „ὁ θάνατος τυγχάνει ὤν, ὡς ἐμοὶ δοκεῖ, οὐδὲν ἄλλο ἢ δυοῖν πραγμάτοιν διάλυσις, τῆς ψυχῆς καὶ τοῦ σώματος, ἀπ’ ἀλλήλοιν·“ Vgl. Ps-Athen, De Res 19,4 (Marcovich 45,8): „μετὰ θάνατον ἐν χωρισμῷ καὶ διαλύσει τυγχανόντων“.

115   Gorgias 524d4 f.

116   Gorgias 524d4–7: „ἔνδηλα πάντα ἐστὶν ἐν τῇ ψυχῇ, ἐπειδὰν γυμνωθῇ τοῦ σώματος, τά τε τῆς φύσεως καὶ τὰ παθήματα ἃ διὰ τὴν ἐπιτήδευσιν ἑκάστου πράγματος ἔσχεν ἐν τῇ ψυχῇ ὁ ἄνθρωπος.“

117   Gorgias 525a1 f.

σῶμα als auch die ψυχή beteiligt ist. Daher muss der ganze Mensch eine Vergeltung für das erlangen, was er mit Hilfe des Leibes verübt hat (vgl. De Res 18,5: ἕκαστος κομίσηται δικαίως ἃ διὰ τοῦ σώματος ἔπραξεν).[118]

Platon hingegen schreibt dem Körper einen solchen Stellenwert nicht zu. Denn das σῶμα ist für ihn als σῆμα zu verstehen,[119] von dem sich die Seele zu lösen hat.[120] Das verantwortungsfähige Individuum des Menschen ist allein in der Seele gelegen, so dass sich das gerechte Gericht demzufolge auch nur an der vom Leib getrennten Seele zu ereignen hat. Das σῶμα ist allein das Mittel, dessen sich die Seele bei allen ihren Entscheidungen und Tätigkeiten bedient, und gehört nicht zur verantwortungsvollen Individualität des Menschen.

Da das Publikum des Auferstehungstraktats unter dem Einfluss der celsischen Gedanken steht, ist es m. E. angebracht, auf die Gerichtsvorstellung des Celsus einzugehen. Auch er kennt ein Jenseitsgericht der Seelen, aus dem der Körper gänzlich ausgeschlossen ist. In C. Cels. VIII,49b verweist Celsus auf die platonische Gerichtsvorstellung:[121] Allein die ψυχή wird ein Jenseitsgericht erfahren, nachdem sie sich vom Leib beim Tod des Menschen getrennt hat. Nur mit solchen Menschen, die den Leib aus der Jenseitshoffnung ausschließen, will sich Celsus unterhalten. Da die Seele ein überhimmlisches und unvergängliches Erzeugnis der göttlichen und unkörperlichen Natur ist (θείας καὶ ἀσωμάτου φύσεως ἔκγονον ὑπερουράνιόν τε καὶ ἄφθαρτον),[122] überdauert sie den Tod und wird für die im Leben vollbrachten Taten allein zur Rechenschaft gezogen. Welche gut gelebt haben, werden glückselig sein (οἱ μὲν εὖ βιώσαντες εὐδαιμονήσουσιν). Die Ungerechten dagegen werden gänzlich mit ewigen

---

118 De Res 18,5 (Marcovich 44,17 f.). An dieser Stelle zitiert Ps-Athenagoras 2 Kor 5,10b.

119 Gorgias 493a3; Kratylos 400c1–9.

120 Vgl. K. Alt, Diesseits und Jenseits, 280: „Die Umkehrung und Umwertung des homerischen Denkens zeigt sich mit aller Klarheit in dem Wortspiel, das Platon im Gorgias und Kratylos zitiert: σῶμα σῆμα. Hier erscheint die Seele als etwas Eigenständiges und Höheres als der vergängliche Körper;" Ebd., 281: „Wird der Körper als ‚Grab der Seele' verstanden, so impliziert dies, daß die Seele dereinst der Beengung entrinnen, im Tod also zur Freiheit einer ihr gemäßen körperlosen Existenzform gelangen wird."

121 Vgl. H.E. Lona, Kelsos, 453: „Die Lehre von der Glückseligkeit aufgrund einer guten Lebensführung (οἱ μὲν εὖ βιώσαντες εὐδαιμονήσουσιν) und von der ewigen Bestrafung der Ungerechten (οἱ δὲ ἄδικοι πάμπαν αἰωνίοις κακοῖς συνέξονται) gehört zu den bekannten platonischen Ansichten (vgl. Phd. 113d–114c; Phdr. 248a–249d)."

122 C. Cels. VIII,49 (Marcovich 564,10 f.).

Übeln behaftet und bedrückt sein (οἱ δὲ ἄδικοι πάμπαν αἰωνίοις κακοῖς συνέ-ξονται).[123] Allein von dieser Lehre über das Jenseitsgericht mögen weder die Christen noch ein anderer Mensch abfallen.[124]

Einzig eine solche Jenseitsperspektive entspricht für Celsus der Wahrheit. Die Hoffnung, mit Gott die Seele oder den νοῦς auf ewig zu besitzen,[125] ist die Heilsperspektive des Platonikers.[126]

1.5 Ungerechtigkeit der platonischen Gerichtsvorstellung (De Res 21–23)

1.5.1 Die Verantwortlichkeit der leibseelischen Einheit für alle Menschentaten (De Res 21,1–4)

Nach der Klärung der Bedeutung des Todes (De Res 20,1–3) widmet sich Ps-Athenagoras der Berechtigung eines reinen Seelengerichts. Von seinem Verständnis der Gerechtigkeit muss sich die Vergeltung für alle Taten nicht allein auf die Seele, sondern auf den ganzen Menschen beziehen.[127] Er versichert, dass eine Auffassung des Gerichts, in dem allein die Seele vorzuführen ist, in

---

123 C. Cels. VIII,49 (Marcovich 564,13–16): „Τοῦτο μέν⟨τοι⟩ γε ὀρθῶς νομίζουσιν, ὡς οἱ μὲν εὖ βιώσαντες εὐδαιμονήσουσιν, οἱ δὲ ἄδικοι πάμπαν αἰωνίοις κακοῖς συνέξονται." Vgl. G. May, Kelsos und Origenes über die ewigen Strafen, 349: Celsus „hält die Lehre von der Bestrafung der Ungerechten und der Belohnung der Gerechten für unbedingt notwendig (III 16; VIII 49). Es handelt sich für ihn offenbar um ein zwingendes ethisches Postulat. Darüber hinaus bejaht Kelsos eindeutig die Existenz ewiger Strafen im Jenseits."

124 C. Cels. VIII,49 (Marcovich 564,16 f.): „καὶ τούτου δὲ τοῦ δόγματος μήθ' οὗτοι μήτ' ἄλλος ἀνθρώπων μηδείς ποτε ἀποστῇ [ἀποτείνοντες]."

125 C. Cels. VIII,49 (Marcovich 564,8.12 f.): „τοῖς μέν⟨τοι⟩ γε τὴν ψυχὴν ἢ τὸν νοῦν [...], τοῖς τοῦτο ἐλπίζουσιν ἕξειν αἰώνιον ⟨καὶ⟩ σὺν θεῷ, τούτοις διαλέξομαι."

126 Der Leib hat darin keinen Platz, da er zum Bereich der Materie gehört und somit der Vergänglichkeit und Sterblichkeit ausgesetzt ist. Daher stellt das σῶμα bei der Schau des Göttlichen ein Hindernis für die Seele dar. Von ihm hat sie sich bereits im irdischen Leben zu lösen, um so mehr dann im Tod. Die Christen dagegen hängen an ihm und hoffen auf seine Auferstehung, so dass sie dadurch zu den ungesitteten und unreinen Menschen gehören, die ohne Vernunft alle am Aufruhr litten. Vgl. C. Cels. VIII,49a (Marcovich 564,5–8): „Ἀλλὰ τοῖς μὲν τοῦτο πειθομένοις καὶ τῷ σώματι συντετηκόσιν οὐκ ἄξιον τοῦτο διαλέγεσθαι· οὗτοι γάρ εἰσιν οἱ καὶ τὰ ἄλλα ἄγροικοι καὶ ἀκάθαρτοι καὶ χωρὶς λόγου τῇ στάσει συννοσοῦντες."

So charakterisiert der Platoniker Celsus die für ihn völlig unvorstellbare Hoffnung, infolge der Auferstehung mit der Seele auch noch den Körper zu erhalten und in einem solchen Zustand auf ewig in der Gegenwart Gottes zu verbleiben.

127 De Res 20,3 (Marcovich 46,6–8): „ὁ γὰρ διαπραξάμενος ἕκαστον τῶν κατὰ τὸν βίον ἐφ' οἷς ἡ κρίσις, ἄνθρωπος ἦν, οὐ ψυχὴ καθ' ἑαυτήν."

DIE AUF DER PROVIDENZ GOTTES BERUHENDE BEWEISFÜHRUNG 643

keiner Weise die Gerechtigkeit bewahrt (ὁ λόγος οὗτος ἐπ' οὐδενὸς φυλάξει τὸ δίκαιον).[128] Der Verfasser wehrt sich dabei gegen die platonische Anschauung, die den wesentlichen Kern des Menschen in seiner Seele erblickt. Stattdessen definiert er den Menschen als συναμφότερον, der aus einer Seele und einem Leib besteht (vgl. De Res 18,4).[129] Wie die Seele gehört auch der Leib zum vernunftbegabten Individuum. Denn die Ebenbildlichkeit des Schöpfers, die in der göttlichen Verleihung des νοῦς und der λογικὴ κρίσις besteht (vgl. De Res 12,6),[130] spiegelt sich im Inneren des *ganzen* Menschen wider.[131]

In De Res 21,1–4 will Ps-Athenagoras nachweisen, dass der Leib genau wie die Seele die Verantwortung für alle Menschentaten übernehmen muss: Denn wenn die guten Handlungen des Menschen belohnt werden, so widerfährt in einem reinen Seelengericht dem Leib gewiss ein Unrecht. Denn er hat mit der Seele an den Mühen bei den Tätigkeiten mitgewirkt, darf aber nicht an der Belohnung für die guten Handlungen teilnehmen.[132] Bei dieser Argumentation setzt Ps-Athenagoras fest voraus, dass das σῶμα ein unabhängig von der Seele mithandelndes Subjekt des Gesamtmenschen ist. Der Körper gehört zum Bestandteil des handelnden Individuums und ist nicht lediglich ein passives Organ, das den Willen des Menschen umsetzt.

Der Verfasser geht aufgrund seiner schöpfungstheologischen Auffassung davon aus, dass der Leib wie auch die Seele als ein Teil des Menschen an der Gabe des Verstands und der vernünftigen Unterscheidung Anteil hat. Wenn er

---

128   De Res 20,3 (Marcovich 46,8f.): „Τὸ δὲ σύμπαν εἰπεῖν, ὁ λόγος οὗτος ἐπ' οὐδενὸς φυλάξει τὸ δίκαιον.“

129   Vgl. De Res 18,4 (Marcovich 43,28f.): „λέγω δὲ συναμφότερον τὸν ἐκ ψυχῆς καὶ σώματος ἄνθρωπον".

130   De Res 12,6 (Marcovich 37,2–4).

131   Daher betont unser Autor explizit, dass nicht die Seele allein, sondern der gesamte Mensch in seiner leibseelischen Verfassung den Verstand und die Vernunft erhalten hat. Vgl. De Res 15,6 (Marcovich 40,20f.): „ὁ δὲ καὶ νοῦν καὶ λόγον δεξάμενός ἐστιν ἄνθρωπος, οὐ ψυχὴ καθ' ἑαυτήν.“ Das komplette Geschöpf Gottes trägt das göttliche Abbild in sich selbst, so dass es in seiner somatisch-psychischen Individualität ein vernünftig handelndes Subjekt darstellt. Daher muss der gesamte aus beiden Teilen bestehende Mensch die gerechte Vergeltung im Gericht Gottes erfahren, da er auch in dieser Gesamtheit für alle seine Handlungen die Verantwortung zu übernehmen und Lohn oder Strafe für seinen Lebenswandel zu erhalten hat. Vgl. De Res 18,4 (Marcovich 43,28–30). Dies ist also seine zu beweisende These, die er in De Res 18,4 zugunsten der Auferstehung des Leibes innerhalb des Gerichtsarguments vorlegt.

132   De Res 21,1 (Marcovich 46,10–12): „Κατορθωμάτων τε γὰρ τιμωμένων, ἀδικηθήσεται τὸ σῶμα σαφῶς ἐκ τοῦ κοινωνῆσαι μὲν τῇ ψυχῇ τῶν ἐπὶ τοῖς σπουδαζομένοις πόνων, μὴ κοινωνῆσαι δὲ τῆς ἐπὶ τοῖς κατορθωθεῖσι τιμῆς".

aber als ein getrennter Bestandteil des gesamtmenschlichen Wesens betrachtet wird, kann er das Recht und das Gesetz nicht erkennen (vgl. De Res 18,5).[133] Jedoch gehört er ebenso wie die Seele zur Gesamtverfassung des menschlichen Individuums.[134] Deswegen widerfährt ihm ein Unrecht, wenn er zwar bei den Mühen zur Vollbringung der guten Taten die mitwirkende Beteiligung hat, dann aber im Endgericht von der Belohnung ausgeschlossen wird.

Das Gleiche gilt auch bei der Büßung und der anschließenden Vergeltung der schlechten Taten. Denn wenn die ψυχή oft für manche Vergehen wegen des Mangels und der Bedürftigkeit des Leibes die Verzeihung erhält, wird dann der Leib aus der Teilnahme an einem Lohn für die guten Handlungen ausgeschlossen bleiben, um derentwillen er die Mühen im Leben bis zum Ende mitgetragen hat.[135] Denn er muss zwar die Mühen bei der Ausführung der guten und schlechten Taten aushalten, wird aber ganz aus der Gemeinschaft bei der Auszeichnung oder bei der Bestrafung in einem derartigen Gericht ausgeschlossen, das sich nur an der Seele ereignet. Diese Vorstellung ist für den Verfasser mit der gerechten Vergeltung der Handlungen, die der Mensch als eine psychosomatische Einheit ausführte, unvereinbar.

In De Res 21,2 stellt Ps-Athenagoras die Rechtmäßigkeit der platonischen Gerichtsvorstellung aus der Sicht der Seele ebenfalls in Frage:

> Und wenn auch die Vergehen gerichtet werden, wird nicht die Gerechtigkeit für die Seele bewahrt, wenn sie allein die Strafe für das empfangen sollte, was sie gefehlt hat, weil der Leib sie belästigte und zu seinen eigenen Begierden oder Regungen herabzog.[136]

Die Belästigung und das Herabziehen des Leibes zu den eigenen Begierden oder Regungen bedingt die Verfehlung der Seele. Unser Autor beschreibt daraufhin die belästigenden Zustände des Leibes als ein Fortreißen, als eine Täuschung, als ein gewaltsames Ziehen und als eine Zustimmung zur Gefälligkeit

---

133 De Res 18,5 (Marcovich 44,2 f.): „ἄκριτον γὰρ τοῦτο καθ' ἑαυτὸ νόμου καὶ δίκης".

134 Vgl. L. Chaudouard, Étude sur le Περὶ ἀναστάσεως d'Athénagore, 62: „Quant au corps lui-même, Athénagore en dit peu de choses. Il en fait un élément essentiel de la personne humaine."

135 De Res 21,1 (Marcovich 46,12–16): „καὶ συγγνώμης μὲν τυγχάνειν πολλάκις τὴν ψυχὴν ἐπί τινων πλημμελημάτων διὰ τὴν τοῦ σώματος ἔνδειάν τε καὶ χρείαν, ἐκπίπτειν δὲ αὐτὸ τὸ σῶμα τῆς ἐπὶ τοῖς κατορθωθεῖσι ⟨τιμῆς⟩ κοινωνίας, ὑπὲρ ὧν τοὺς ἐν τῇ ζωῇ συνδιήνεγκεν πόνους."

136 De Res 21,2 (Marcovich 46,16–18): „Καὶ μὴν καὶ πλημμελημάτων κρινομένων οὐ σῴζεται τῇ ψυχῇ τὸ δίκαιον, εἴ γε μόνη τίνοι δίκην ὑπὲρ ὧν ἐνοχλοῦντος τοῦ σώματος καὶ πρὸς τὰς οἰκείας ὀρέξεις ἢ κινήσεις ἕλκοντος ἐπλημμέλησεν".

und Pflege des gesamten leiblichen Wesens,[137] wodurch sich die Seele verleiten lässt und es auf diese Weise zu ihrer Verfehlung kommt. An dieser Stelle geht Ps-Athenagoras verstärkt auf die platonische Denkweise seiner Adressaten ein: Die Vergehen verübt die Seele nur deshalb, weil sie vom Leib belästigt und von ihm zu seinen eigenen Begierden und Regungen herabgezogen wird. Wenn sie jedoch allein für das, was sie auf das Drängen des Leibes hin gefehlt hat, die Strafe büßen soll, findet in einer ausschließlichen Bestrafung der Seele für den menschlichen Lebenswandel keine Gerechtigkeit statt.

Fast entschuldigend wird hier die Seele dargestellt, die sich allein durch den Leib zu den schlechten Taten verführen lässt. Dennoch sündigt sie und trägt die Verantwortung dafür, dass sie die Triebe des Leibes nicht angemessen beaufsichtigt und beurteilt (vgl. De Res 12,8). Der Verfasser weiß um ihre Führungsrolle für den an sich mangelhaften und bedürftigen Körper. Worauf er hier jedoch den Schwerpunkt legt, ist die Betonung, dass sie freilich die Handlungen nicht allein, sondern mit Hilfe des Leibes verübt. Ein Platoniker lastet ausschließlich ihr die Verantwortung für alle Vergehen an, ausgehend von der Annahme, dass der Leib lediglich ihren Willen umzusetzen hat.

Ps-Athenagoras hingegen schreibt dem Körper aufgrund seines Mangels und seiner Bedürftigkeit ausdrücklich eine belästigende Funktion zu. Allein im Leib entstehen alle Begierden und Regungen, die anschließend die an sich leidenschaftslose Seele zur angemessenen Beurteilung herausfordern. Daher kann die ψυχή nicht allein für die aufgrund der Bedürftigkeit des Körpers verübten Vergehen belangt werden, da sie nur in Verbindung mit dem σῶμα zu den Übeln hinabgezogen wird. Da der Körper von Ps-Athenagoras jedoch wie ein handelndes Subjekt des Menschen beschrieben wird, kann und will er ihn nicht als eine Last und Beengung der Seele verstehen, obwohl er sich der platonischen Sichtweise von der seelischen Führungs- und Leitungsposition gegenüber den somatischen Begierden grundsätzlich verpflichtet weiß.

Ps-Athenagoras vertieft in De Res 21,3–4 wiederum das Zusammenwirken der Seele und des Leibes bei der Ausübung der Menschentaten. Dabei bedenkt er die Ungerechtigkeit eines Gerichts, in dem allein die Seele die Strafe oder die Belohnung für den menschlichen Lebenswandel erhält:

---

137   De Res 21,2 (Marcovich 46,18–21): „ποτὲ μὲν κατὰ συναρπαγὴν καὶ κλοπήν, ποτὲ δὲ κατά τινα βιαιοτέραν ὁλκήν, ἄλλοτε δὲ κατὰ συνδρομὴν ἐν χάριτος μέρει καὶ θεραπείας τῆς τούτου συστάσεως." Marcovich will τῆς τούτου συστάσεως durch τῆς τοῦ ⟨ἀνθρώπ⟩ου συστάσεως ersetzen. Jedoch geht es hier ausdrücklich nicht um die Gefälligkeit und Pflege des menschlichen, sondern des leiblichen Wesens. Denn gerade durch die Begierden und Regungen *des Leibes* wird die Seele belästigt und zu den Verfehlungen hinabgezogen.

646 8. KAPITEL

Oder wie sollte es nicht ungerecht sein, wenn die Seele für sich allein wegen solcher Dinge gerichtet würde, bei denen sie in ihrer eigenen Natur einen entgegengesetzten Sinn hat, wozu sie weder Begierde noch Regung noch Drang hat, wie zum Beispiel nach Ausschweifung oder Gewalttat oder Habsucht, Ungerechtigkeit und nach zu diesen Dingen gehörenden Vergehen?[138]

Der Verfasser geht fest von der Affektionsfreiheit der Seele aus. In ihrer eigenen Natur empfindet sie keine Begierde, keine Regung und auch keinen Drang (ἔχει κατὰ τὴν ἑαυτῆς φύσιν οὐκ ὄρεξιν οὐ κίνησιν οὐχ ὁρμήν). Vielmehr soll sie den Trieben des Leibes vorstehen (ἐπιστατεῖν),[139] da sie selbst in ihrem Wesen mit derartigen Affekten nicht konfrontiert wird. Erst in der Verbindung mit dem Körper muss auch die ψυχή die Angemessenheit der Notwendigkeit und der Bedürftigkeit des Leibes bewerten. Die im Körper des Menschen provozierten Leidenschaften wirken sich unter Vernachlässigung ihrer angemessenen Bewertung durch die Seele zu den Vergehen des Menschen aus, die aus Wollust, Gewalttätigkeit, Habsucht oder überhaupt jeder Ungerechtigkeit entstehen. Die Seele hat mit solchen Leidenschaften in ihrer eigenen Natur nichts zu tun, unser Autor ist diesbezüglich völlig von ihrer Affektionslosigkeit überzeugt.

Den unter dem Einfluss der celsischen Einwände stehenden Adressaten wird eine solche Vorstellung der Seele nicht ganz fremd vorgekommen sein. Denn auch Celsus vermeidet es, die Affekte innerhalb der Seele zu verorten. Damit wird der Dualismus zwischen Seele und Leib verstärkt, so dass sich eine noetische Seele bei der Erkenntnis des Wahren und des Seienden vollständig vom Körper und seinen Sinnesorganen zu lösen hat (vgl. C. Cels. VII,36).[140] Wenn die Christen jedoch am Leib hängen, dann sind sie ungesittete und *unreine* (ἀκάθαρτοι) Menschen (vgl. C. Cels. VIII,49).[141] Hier legt Celsus indirekt nahe, dass die Unreinheit aus dem Körper stammt. Hingegen versteht er die Seele

---

138 De Res 21,3 (Marcovich 46,22–25): „῍Η πῶς οὐκ ἄδικον τὴν ψυχὴν κρίνεσθαι καθ' ἑαυτὴν ὑπὲρ ὧν οὐδ' ἡντινοῦν ἔχει κατὰ τὴν ἑαυτῆς φύσιν οὐκ ὄρεξιν οὐ κίνησιν οὐχ ὁρμήν, οἷον λαγνείας ἢ βίας ἢ πλεονεξίας [ἀδικίας] καὶ τῶν ἐπὶ τούτοις ἀδικημάτων;"

139 De Res 12,8 (Marcovich 37,18 f.): „πέφυκεν δὲ ταῖς τοῦ σώματος ἐπιστατεῖν ὁρμαῖς".

140 C. Cels. VII,36 (Marcovich 489,10–15).

141 C. Cels. VIII,49 (Marcovich 564,5–8): „Ἀλλὰ τοῖς μὲν τοῦτο πειθομένοις καὶ τῷ σώματι συντετηκόσιν οὐκ ἄξιον τοῦτο διαλέγεσθαι· οὗτοι γάρ εἰσιν οἱ καὶ τὰ ἄλλα ἄγροικοι καὶ ἀκάθαρτοι καὶ χωρὶς λόγου τῇ στάσει συννοσοῦντες."

als ein überhimmlisches und unvergängliches Erzeugnis von göttlicher und unkörperlicher Natur (vgl. C. Cels. VIII,49),[142] die sich vom Bereich des Somatischen zu trennen hat, um nicht etwa wie die Christen *unrein* zu werden. Als Werk Gottes ist die ψυχή unsterblich (vgl. C. Cels. IV,52),[143] so dass sie mit dem materiellen Bereich nichts zu schaffen hat.

Celsus spricht ihr auch keinen Zuwachs von leidenschaftsfähigen Seelenteilen bei ihrer Inkarnation zu, wie es im Platonismus zu seiner Zeit durchaus verbreitet war (vgl. nur Alkinoos, Did 17; 23 f.).[144] Er vermeidet offenbar bewusst, von verschiedenen Seelenteilen zu sprechen, die dann für die Entstehung von unterschiedlichen Leidenschaften innerhalb der Seele selbst verantwortlich gemacht werden können.[145] An diesem Punkt teilt Ps-Athenagoras dieselbe Anschauung mit dem Christengegner und setzt so hinsichtlich der Affektionsfreiheit der leiblosen Natur der Seele bei seinen von celsischen Gedanken beeinflussten Adressaten die gleiche Ausgangslage voraus.

Ps-Athenagoras hebt hervor, dass die Seele von sich aus keine Neigung zu solchen Dingen wie Wollust, Gewalt oder Habsucht hat, die bei unbeherrschter Ausübung zu verschiedenen Vergehen führen. Die Ursache für die Entstehung solcher Unrechttaten führt er also nicht auf die ψυχή zurück. Er macht vielmehr die Gesamteinheit des Menschen für die Verfehlungen verantwortlich, die eine Bestrafung im Gericht Gottes nach sich ziehen. Ps-Athenagoras führt nämlich in De Res 21,4 aus:

---

142 C. Cels. VIII,49 (Marcovich 564,10 f.).

143 C. Cels. IV,52 (Marcovich 269,9–12): „Ἀλλ᾽ ἐκεῖνο μᾶλλον ἐθέλω διδάξαι ⟨περὶ⟩ τὴν φύσιν, ὅτι ὁ θεὸς οὐδὲν θνητὸν ἐποίησεν· ἀλλὰ θεοῦ μὲν ἔργα ὅσα ἀθάνατα, θνητὰ δ᾽ ἐκείνων. Καὶ ψυχη μὲν θεοῦ ἔργον, σώματος δὲ ἄλλη φύσις.“

144 Vgl. H. Dörrie/M. Baltes, Der Platonismus in der Antike, Bd. 6 1, 106–110; 349 355.

145 Dabei scheint Celsus die platonische Vorstellung der Seele im Timaios nicht übersehen zu haben, wenn er die Seele als ein „Werk Gottes“ bezeichnet. Vgl. H.E. Lona, Kelsos, 253: „Die Rede von den ‚Werken Gottes‘ zeigt den Einfluss des platonischen Timaios auf die Anschauung von der göttlichen Herkunft der Seele. Was dabei nicht übernommen wurde, ist die Vorstellung von der trichotomischen Verfassung der Seele, die neben dem unsterblichen Teil noch zwei sterbliche Teile kennt, welche die affektiven Regungen und die natürlichen leiblichen Begierden verursachen (Ti. 70a–e).“ Celsus betont offenbar stärker den aus dem Phaidon bekannten Leib-Seele-Dualismus, um eine klare Abgrenzung von dem „leibliebenden Geschlecht“ (vgl. C. Cels. VII,36: φιλοσώματον γένος) der Christen zu ziehen.

648   8. KAPITEL

Die meisten derartigen Übel[146] geschehen doch deswegen, weil die Menschen die belästigenden Leidenschaften nicht beherrschen (μὴ κατακρατεῖν τοὺς ἀνθρώπους τῶν ἐνοχλούντων παθῶν). Sie werden aber vom Mangel und Bedürftigkeit des Leibes und von der ihm gewidmeten Sorge und Pflege belästigt.[147]

Wegen der Bedürfnisse des Leibes entsteht auch jeder Besitz und der Umgang damit, aber auch die Verehelichung und überhaupt alle Handlungen im irdischen Leben, in denen und bei denen das Fehlerhafte und das Gegenteil davon wahrgenommen wird.[148] Der Körper stellt mit seinen Mangelerscheinungen den Anlass dafür dar, dass die daraus entstehenden Affekte den Menschen als Gesamtwesen betreffen.

Es überrascht zunächst, dass Ps-Athenagoras hier von der Belästigung *des Menschen* spricht, obwohl er noch in De Res 21,2 klar ausgeführt hat, dass die Seele vom *Leib* belästigt (ἐνοχλοῦντος τοῦ σώματος) und zu seinen eigenen Begierden und Regungen herabgezogen wird.[149] Auch die Beherrschung der belästigenden Leidenschaften schreibt der Verfasser hier dem Menschen zu, obgleich er diese Aufgabe längst in platonischer Manier der Seele zuordnete (vgl. De Res 12,8).

An dieser Stelle scheint ein Schwanken in seinem Denken vorzuliegen, da sich Ps-Athenagoras zwischen der platonischen und schöpfungstheologischen Prägung bewegt. Daher ist seine Konzeption in De Res 21,2.4 auch nicht ganz ausgereift. Gerne würde er die gesamte Verantwortung dem Menschen übertragen, der als vernunftbegabtes Geschöpf die Beherrschung der im Körper entstehenden Affekte zu übernehmen hat. Aber er weiß aus seiner platonischen Tradition auch, dass die Seele als führender Teil des Menschen weit besser für diese Aufgabe geeignet ist.

Da er aber in der Beweispflicht steht, die Seele an sich für alle Menschentaten im Jenseitsgericht zu entlasten, muss er das Zusammenwirken der gesamten psychosomatischen Einheit des Menschen bei der Ausübung der Handlun-

---

146 Wie sie in De Res 21,3 beispielhaft aufgelistet wurden.

147 De Res 21,4 (Marcovich 46,25–28): „Εἰ γὰρ τὰ πλεῖστα τῶν τοιούτων γίνεται κακῶν ἐκ τοῦ μὴ κατακρατεῖν τοὺς ἀνθρώπους τῶν ἐνοχλούντων παθῶν, ἐνοχλοῦνται δὲ ὑπὸ τῆς τοῦ σώματος ἐνδείας καὶ χρείας καὶ τῆς περὶ τοῦτο σπουδῆς καὶ θεραπείας".

148 De Res 21,4 (Marcovich 46,28–30): „τούτων γὰρ ἕνεκεν πᾶσα ἡ κτῆσις καὶ πρὸ ταύτης ἡ χρῆσις, ἔτι δὲ γάμος (καὶ ὅσαι) κατὰ τὸν βίον πράξεις, ἐν οἷς καὶ περὶ ἃ θεωρεῖται τό τε πλημμελὲς καὶ τὸ μὴ τοιοῦτον".

149 De Res 21,2 (Marcovich 46,17 f.): „ἐνοχλοῦντος τοῦ σώματος καὶ πρὸς τὰς οἰκείας ὀρέξεις ἢ κινήσεις ἕλκοντος".

DIE AUF DER PROVIDENZ GOTTES BERUHENDE BEWEISFÜHRUNG   649

gen betonen. Daher spitzt er in einer rhetorischen Fragestellung seine Position zu und versucht so, seine Adressaten zu überzeugen:

> Wie sollte es (also) gerecht sein, wenn die Seele allein wegen solcher Dinge gerichtet würde, die der Leib zuerst erleidet und die Seele zur Mitleidenschaft und zur Teilnahme an den Handlungen, zu denen er bewegt wird, hinabzieht?[150]

Wenn die Seele ihrer Verantwortung nicht gerecht wird, die Triebe des Leibes zu beaufsichtigen und das Zustoßende stetig mit passenden Beurteilungsmitteln und Maßstäben zu beurteilen und zu bemessen (vgl. De Res 12,8),[151] dann wird sie vom Leib zu dessen Affekten hinabgezogen. Sie kann keineswegs die Taten, an denen der Leib die größte Beteiligung hat, allein verüben. Nur im Verbund mit ihm wird auch sie zu allen Handlungen veranlasst, die im Endgericht zu vergelten sind.

Der entscheidende Impuls zur Umsetzung einer Empfindung geht offenbar vom Körper aus. Der Leib wird hier als ein selbstständig empfindendes Subjekt des Menschen behandelt (πρωτοπαθεῖ τὸ σῶμα), der die Fähigkeit besitzt, die Seele zu seinen Leidenschaften und den daraus entstehenden Taten hinabzuziehen (καὶ τὴν ψυχὴν ἕλκει πρὸς συμπάθειαν καὶ κοινωνίαν τῶν ἐφ' ἃ κινεῖται πράξεων). Dies ist nur dann möglich, wenn sich die Seele von seinen Affekten vereinnahmen lässt. Diese Vereinnahmung kann allein dann geschehen, wenn die Seele aufgrund der Mangelerscheinungen und der Bedürfnisse des Leibes die Überzeugung gewinnt, dass die im σῶμα hervorgerufenen Affekte in vollem Maße umzusetzen sind. Die daraus resultierenden Vergehen führt unser Autor vor allem auf das Fortreißen und auf die Täuschung (κατὰ συναρπαγὴν καὶ κλοπήν) der Seele durch den Leib und auf sein gewaltsames Ziehen (κατά τινα βιαιοτέραν ὁλκήν) zum von ihm Empfundenen zurück.[152]

> Die Vorstellung vom „Gezogenwerden" (ἕλκειν) der Seele durch den Leib zu seinen eigenen Affekten hat Ps-Athenagoras m. E. in dem platonischen Dialog *Phaidon* vorgefunden. Er erweitert diesen Komplex insoweit, dass er den Leib als eine selbstständige Instanz zur Empfindung von Affekten erklärt, der sie

---

150   De Res 21,4 (Marcovich 46,30–32): „ποῦ δίκαιον ἐν οἷς πρωτοπαθεῖ τὸ σῶμα καὶ τὴν ψυχὴν ἕλκει πρὸς συμπάθειαν καὶ κοινωνίαν τῶν ἐφ' ἃ ⟨κι⟩νεῖται πράξεων, αὐτὴν κρίνεσθαι μόνην;"

151   De Res 12,8 (Marcovich 37,18–20): „πέφυκεν δὲ ταῖς τοῦ σώματος ἐπιστατεῖν ὁρμαῖς καὶ τὸ προσπῖπτον ἀεὶ τοῖς προσήκουσι κρίνειν καὶ μετρεῖν κριτηρίοις καὶ μέτροις".

152   De Res 21,2 (Marcovich 46,19).

650   8. KAPITEL

zuerst und so zunächst unabhängig von der Seele erleidet bzw. empfindet (πρωτοπαθεῖ τὸ σῶμα). Den Anhaltspunkt der Belästigung der Seele durch den Leib übernimmt er offenbar aus der platonischen Tradition.[153]

Im Phaidon wird ebenfalls vom Gezogenwerden der ψυχή durch den Körper gesprochen, wovon sich jedoch die nach Erkenntnis strebende Seele zu lösen hat. Wenn sich aber die ψυχή bei der Untersuchung des Wahren des Körpers und seiner Sinne wie des Hörens, des Sehens und anderer Sinnesarten bedient, dann wird sie vom Leib zu dem *gezogen* (τότε μὲν ἕλκεται ὑπὸ τοῦ σώματος), was sich niemals gleich verhält, so dass sie in die Irre geführt und verwirrt wird (καὶ αὐτὴ πλανᾶται καὶ ταράττεται).[154] Ps-Athenagoras vermeidet jedoch, daraus eine gänzliche Ablehnung des Körperlichen als Konsequenz zu ziehen. Er greift lediglich auf das Motiv des Ziehens zurück, welches das Zusammenwirken der Seele und des Leibes bei der Verübung der ἀδικήματα akzentuiert.[155]

Freilich meint Platon damit eine solche Seele, die sich völlig vom Körper und seinen Affekten vereinnahmen lässt, so dass sie zur Strafe für ihr leibverfallenes Leben erneut eine Inkarnation erleiden muss.[156] Auch Ps-

---

153   Ps-Athenagoras befindet sich in einer bestimmten Platon-Rezeption und entnimmt einige wesentliche Züge für das Verhältnis der Seele zum Leib aus dem platonischen *Phaidon*. Im kaiserzeitlichen Platonismus wurde auf das Motiv des „Ziehens" der Seele zum Körper öfters zurückgegriffen. Vgl. H. Dörrie/M. Baltes, Der Platonismus in der Antike, Bd. 6.2, 184: Platon „spricht im Phaidon, wie Macrobius es formuliert, davon, daß die Seele durch eine für sie bis dahin ungekannte Trunkenheit taumelnd (*trepidantem*) zu ihrem Körper gezogen wird, [...]"

154   Phaidon 79c2–8: „Οὐκοῦν καὶ τόδε πάλαι ἐλέγομεν, ὅτι ἡ ψυχή, ὅταν μὲν τῷ σώματι προσχρῆται εἰς τὸ σκοπεῖν τι ἢ διὰ τοῦ ὁρᾶν ἢ διὰ τοῦ ἀκούειν ἢ δι' ἄλλης τινὸς αἰσθήσεως – τοῦτο γάρ ἐστιν τὸ διὰ τοῦ σώματος, τὸ δι' αἰσθήσεως σκοπεῖν τι – τότε μὲν ἕλκεται ὑπὸ τοῦ σώματος εἰς τὰ οὐδέποτε κατὰ ταὐτὰ ἔχοντα, καὶ αὐτὴ πλανᾶται καὶ ταράττεται καὶ εἰλιγγιᾷ ὥσπερ μεθύουσα, ἅτε τοιούτων ἐφαπτομένη;"

155   Origenes diskutiert in De Princ III,4,1 (GCS 22, 264,2–6 Koetschau) ebenfalls die Möglichkeit des menschlichen Versagens, das auf das Ziehen und Drängen der Seele durch den Körper zurückgeht. Dabei setzt er in diesem Zusammenhang voraus, dass wir an die Körper gebunden sind, die gemäß ihrer eigenen Natur tot und ganz seelenlos sind. Durch die Seele wird der stoffliche Körper belebt, der an sich jedenfalls dem Geist entgegengesetzt und feindlich ist. Von ihm werden wir zu den Übeln gezogen und gereizt, die dem Körper willkommen sind (trahimur et provocamur ad haec mala, quae corpori grata sunt).

156   Im Phaidon 81b1–e3 beschreibt Platon die Folgen einer an den Leib gebundenen Seele: Im Tode kann sie sich nicht ganz und rein von ihm trennen. Wenn sie sich also befleckt und unrein von ihm trennt, weil sie ihn geehrt und geliebt hat und von ihm und von seinen Begierden und Lüsten geblendet war (Phd. 81b3f.: γοητευομένη ὑπ' αὐτοῦ ὑπό τε

DIE AUF DER PROVIDENZ GOTTES BERUHENDE BEWEISFÜHRUNG 651

Athenagoras behandelt dieses Zusammenwirken des Leibes und der Seele im Hinblick auf das menschliche Versagen, das seiner Überzeugung nach im Endgericht nicht allein der Seele anzulasten ist. Da der Leib mit seinen Empfindungen sie dazu verleitet, muss er als ein Teil des menschlichen Individuums ebenfalls die Vergeltung für die gemeinsamen Taten im göttlichen Gerichtshandeln erhalten. Er vermittelt der Seele offenbar die Ansicht, dass sie seinen Bedürfnissen in maßloser Ausübung der Affekte zu folgen hat. Daher spricht Ps-Athenagoras vom Fortreißen, von einer Täuschung und von einem heftigeren Ziehen der Seele durch den Leib, der sie zu seinen eigenen Begierden und Regungen herabzuziehen vermag (ἐνοχλοῦντος τοῦ σώματος καὶ πρὸς τὰς οἰκείας ὀρέξεις ἢ κινήσεις ἕλκοντος).[157]

Ps-Athenagoras vertieft in einer erneut rhetorischen Fragestellung seine Ansicht, dass die Begierden und Regungen ihren Ausgang in erster Linie vom Körper nehmen:

> Wie sollte es gerecht sein, wenn auch die Begierden und Lustgefühle, ferner noch die Furcht- und Schmerzgefühle, bei denen alles nicht Maßvolle straffällig ist, vom Leib (ihre) Erregung haben, die daraus aber entstehenden Sünden und für die Sünden folgenden Strafen auf die Seele allein abzulegen, die weder etwas Derartiges bedarf noch begehrt noch fürchtet noch solches in sich selbst empfindet, was naturgemäß der (ganze) Mensch erleidet?[158]

τῶν ἐπιθυμιῶν καὶ ἡδονῶν), dann wird so eine Seele niedergedrückt und wieder an einen sichtbaren Ort gezogen (Phd. 81c9 f.: ὃ δὴ καὶ ἔχουσα ἡ τοιαύτη ψυχὴ βαρύνεταί τε καὶ ἕλκεται πάλιν εἰς τὸν ὁρατὸν τόπον) und treibt sich bei den Grabmälern und Grabern umher, bis sie durch die Begierde nach dem sie begleitenden Körperartigen wieder in einen Körper eingebunden wird (Phd. 81d9–e2: ἕως ἂν τῇ τοῦ συνεπακολουθοῦντος, τοῦ σωματοειδοῦς, ἐπιθυμίᾳ πάλιν ἐνδεθῶσιν εἰς σῶμα). Die erneute Inkarnation wird deutlich als Strafe für ihre körperartige Lebensweise begriffen (Phd. 81d8 f.: δίκην τίνουσαι τῆς προτέρας τροφῆς κακῆς οὔσης). Vgl. H. Dörrie/M. Baltes, Der Platonismus in der Antike, Bd. 6.2, 347: „Von den eingekörperten Seelen gelangen diejenigen, die sich im Tod aufgrund ihrer Körperverhaftetheit nicht ganz vom Körperlichen haben frei machen können, nicht einmal in die Unterwelt, sondern verbringen eine Weile auf der Erde, wobei sie an den Gräbern erscheinen, und werden dann bald wieder eingekörpert."

157 De Res 21,2 (Marcovich 46,17 f.).

158 De Res 21,4 (Marcovich 46,30.32–47,3): „ποῦ δίκαιον [...] καὶ τὰς μὲν ὀρέξεις καὶ τὰς ἡδονάς, ἔτι δὲ φόβους καὶ λύπας, ἐφ' ὧν πᾶν τὸ μὴ μέτριον ὑπόδικον, ἀπὸ τοῦ σώματος ἔχειν τὴν κίνησιν, τὰς

Unser Autor geht davon aus, dass die hauptsächlichen Affekte ihren Ursprung im Leib haben. Er führt diese πάθη auf die Mangelerscheinungen und auf die Bedürftigkeit des Leibes zurück, die sich in Begierden, Lüsten, Furcht- und Schmerzgefühlen äußern. Nun sind diese Affekte an sich nicht zu bestrafen, es sei denn, es kommt zu einer übermäßigen Beherrschung der Seele durch diese im Menschenkörper entstehenden Leidenschaften. Daher fügt er auch hinzu, dass alles Maßlose und Unangemessene zu bestrafen ist (ἐφ' ὧν πᾶν τὸ μὴ μέτριον ὑπόδικον). Aus diesem Grund muss auch die Seele die aus dem Leib hervorgebrachten πάθη mit angemessenen Kriterien und Maßstäben beurteilen und bemessen (vgl. De Res 12,8).

Jedoch wehrt sich Ps-Athenagoras dagegen, die gesamte Verantwortung für alle Handlungen allein auf die ψυχή zu übertragen, selbst wenn sie die führende Stellung bei der Beurteilung der Affekte innehat. Denn wenn alle Leidenschaften im σῶμα entstehen und erst im Anschluss daran die Seele zur ihrer Umsetzung veranlassen, kann sie nicht die daraus entstehenden Sünden und die dafür folgenden Strafen allein tragen. Denn in der Tat vollbrachte die ψυχή alle Verfehlungen mit ihrem Körper. Indem er dem σῶμα aus seiner schöpfungstheologischen Voraussetzung eine verantwortungsfähige Stellung zuspricht, betont der Verfasser wiederholt diesen Punkt.

Zudem ist Ps-Athenagoras von der Affektionsfreiheit der Seele an sich überzeugt, so dass er das Erleiden der Strafen für alle in erster Linie aus den Leidenschaften des Leibes entstehenden Sünden ihr allein nicht anlasten will. Einer solchen Gerichtshandlung fehlt nach seiner Überzeugung definitiv die Gerechtigkeit. Denn die ψυχή hat weder Begehrensvermögen noch eine Empfindung von Furcht und Schmerzen, denn dies kommt naturgemäß dem ganzen Menschen zu. Ausschließlich in seiner Gesamtheit erleidet der Mensch alle πάθη, somit hat er auch in seiner gesamten psychosomatischen Verfassung für alle seine Vergehen die Verantwortung im Endgericht zu übernehmen.

1.5.2 Platonische Gegenposition und deren Rezeption

Bei dieser Argumentation geht Ps-Athenagoras von einigen wichtigen Grundentscheidungen aus, die die Leidenschaftslosigkeit der Seele und das Entstehen aller Affekte im Körper betreffen. Mit dieser Konzeption grenzt er sich aller Wahrscheinlichkeit nach von zu seiner Zeit geläufigen Annahmen ab. Besonders die Verlagerung des Ursprungs aller πάθη in den Körper, woraus die ἀπά-

---

δὲ ἐκ τούτων ἁμαρτίας καὶ τὰς ἐπὶ τοῖς ἡμαρτημένοις τιμωρίας ἐπὶ τὴν ψυχὴν φέρεσθαι μόνην, τὴν μήτε δεομένην τοιούτου τινός, μήτε ὀρεγομένην, μήτε φοβουμένην ἢ πάσχουσάν τι τοιοῦτον καθ' ἑαυτὴν οἷον πάσχειν πέφυκεν ἄνθρωπος;"

DIE AUF DER PROVIDENZ GOTTES BERUHENDE BEWEISFÜHRUNG 653

θεια der Seele folgt, wendet sich gegen Auffassungen im Platonismus, die die Entstehung der irrationalen und rationalen Kräfte ausschließlich innerhalb der Seele selbst verorten.

Der Mittelplatoniker *Alkinoos*[159] stellt mit seinem Didaskalikos innerhalb der platonischen Tradition für die Gegenposition zu Ps-Athenagoras ein repräsentatives Zeugnis dar. In Did 32 widmet er sich der Thematik der Affekte. Zunächst bietet er eine prägnante Definition für ein πάθος: „Nun ist ein Affekt eine unvernünftige Regung der Seele (κίνησις ἄλογος ψυχῆς) zum Schlechten oder zum Guten hin."[160] „Unvernünftig wird eine κίνησις deshalb genannt, weil die Affekte weder Urteile noch Meinungen sind, sondern Bewegungen der unvernünftigen Seelenteile (ἀλλὰ τῶν ἀλόγων τῆς ψυχῆς μερῶν κινήσεις)."[161] Daraufhin führt er den Ursprung der Affekte in die Seele zurück: Diese unvernünftigen κινήσεις entstammen dem affektiven Teil der Seele (ἐν γὰρ τῷ παθητικῷ τῆς ψυχῆς συνίσταται).[162]

Alkinoos vertritt dabei die im Platonismus geläufige Lehre von den Seelenteilen. Das λογιστικόν steht dem παθητικόν gegenüber, das sich selbst noch in θυμικόν und ἐπιθυμητικόν gliedert (vgl. Did 17,4).[163] Die Entstehung der unvernünftigen Regungen wird also insgesamt dem pathetischen Teil der Seele zugeordnet, aus dem die einzelnen Affekte folgen. In Did 32,2 benennt Alkinoos daraufhin die wichtigsten Grundaffekte, die bei Ps-Athenagoras zwar ebenfalls genannt (in De Res 21,4), stattdessen aber innerhalb des Leibes verortet werden: Lust und Schmerz (ἡδονή τε καὶ λύπη) werden zu den zwei einfachen und elementaren Affekten gerechnet, aus denen die anderen gebildet

---

159 Die ältere Forschung sprach noch von Albinos als dem Verfasser des Werkes. In den neueren Ausgaben des Didaskalikos wird diese Verfasserangabe korrigiert und überzeugend Alkinoos als Autor der Schrift nachgewiesen. Vgl. J. Whittaker, Alcinoos, VII–XIII; J. Dillon, Alcinous, IX–XIII. Zuletzt O.F. Summerell/Th. Zimmer, Alkinoos, Didaskalikos, IX–XI, v.a. XI: „Deshalb soll – wie in der vorliegenden Ausgabe – die Verfasserschaft des *Didaskalikos* Alkinoos zugeschrieben werden, auch wenn von seinem Leben und dessen Umständen keine Aussage getroffen werden kann."

160 Did 32,1 (Whittaker 64,26 f./Summerell/Zimmer 66,16 f.): „Ἔστι τοίνυν πάθος κίνησις ἄλογος ψυχῆς ὡς ἐπὶ κακῷ ἢ ὡς ἐπ' ἀγαθῷ."

161 Did 32,1 (Whittaker 64,27–29/Summerell/Zimmer 66,17–19): „Ἄλογος μὲν οὖν εἴρεται κίνησις, ὅτι οὐ κρίσεις τὰ πάθη οὐδὲ δόξαι, ἀλλὰ τῶν ἀλόγων τῆς ψυχῆς μερῶν κινήσεις." Vgl. dazu J. Dillon, Alcinous, 193 f.

162 Did 32,1 (Whittaker 64,29 f./Summerell/Zimmer 66,19).

163 Did 17,4 (Whittaker 39,11–15/Summerell/Zimmer 42,13–17).

sind.[164] Furcht und Begierde gehören zwar nicht zu diesen einfachen und ursprünglichen Affekten,[165] dennoch bilden alle zusammen die vier Kardinalaffekte,[166] obgleich φόβος und ἐπιθυμία bei Alkinoos eine untergeordnete Stellung erhalten.[167]

Ps-Athenagoras verlagert die Entstehung dieser vier Grundaffekte in den Leib, so dass die Seele davon entlastet und gänzlich affektionslos gedacht wird. Offenbar geht unser Verfasser bewußt gegen die Verortung der Affekte in die niederen Seelenteile vor. Denn wenn die Verantwortung für alle aus den πάθη entstehenden Handlungen ausschließlich innerhalb der Seele zu suchen ist, so kommt dem Körper lediglich eine umsetzende Funktion des längst in der ψυχή selbst Entschiedenen zu. Der Leib wird somit aus dem Entscheidungsprozess ausgeschlossen und erhält eine passive Rolle. Die Entstehung aller Affekte wird schließlich in die einzelnen Seelenteile verlagert, so dass das leiblose Seelengericht für die irdische Lebensweise des Menschen als gerechtfertigt erscheint.

Der Körper spielt in einer derartigen Konzeption nur eine ausführende Rolle der innerhalb der ψυχή wirkenden rationalen und irrationalen Kräfte. Daher muss er als ein ausschließlich ausführendes Organ der in der Seele beschlos-

---

164 Did 32,2 (Whittaker 65,42 f./Summerell/Zimmer 66,30 f.): „Ἔστι δὲ πάθη ἁπλᾶ καὶ στοιχειώδη δύο, ἡδονή τε καὶ λύπη, τἆλλα δ' ἐκ τούτων πέπλασται."

165 Did 32,2 (Whittaker 65,2 f./Summerell/Zimmer 66,31 f.): „Οὐ γὰρ συναριθμητέον τούτοις φόβον καὶ ἐπιθυμίαν ὡς ἀρχικὰ ὑπάρχοντα καὶ ἁπλᾶ."

166 Auch *Plutarch von Chaironeia* beschäftigt sich in seiner Schrift „Πότερον ψυχῆς ἢ σώματος ἐπιθυμία καὶ λύπη" mit dem Problem, woher die Affekte stammen. „Diese kleine Schrift Plutarchs – ein unfertiger Entwurf, wahrscheinlich aus dem Nachlaß Plutarchs herausgegeben – behandelt die Frage nach dem Ursprung der vier Kardinalaffekte – Lust, Kummer, Begierde, Furcht (ἡδονή, λύπη, ἐπιθυμία, φόβος). Stammen diese aus der Seele, aus dem Körper oder aus dem κοινόν, das diese beide bilden, dem Menschen?" H. Dörrie/M. Baltes, Der Platonismus in der Antike, Bd. 3, 303.

167 In der Stoa hat man seit Zenon bei den Leidenschaften zwischen diesen vier Arten unterschieden, die offenbar gleichwertig zu behandeln sind. Vgl. Zenon in SVF I,211 (Arnim 51,32–34) und in DiogLaert, Vitae VII,110 (Long 343,21–23): „Τῶν δὲ παθῶν τὰ ἀνωτάτω, (καθά φησιν [...] Ζήνων ἐν τῷ Περὶ παθῶν), εἶναι γένη τέτταρα, λύπην, φόβον, ἐπιθυμίαν, ἡδονήν." Vgl. J. Dillon, Alcinous, 195. Nach Zenon ist ebenfalls die Leidenschaft entweder eine unvernünftige und widernatürliche Bewegung der Seele oder ein das Maß überschreitender Trieb. Vgl. Zenon in SVF I,205 (Arnim 50,22 f.) und in DiogLaert, Vitae VII,110 (Long 343,18–20): „ἔστι δὲ αὐτὸ τὸ πάθος κατὰ Ζήνωνα ἡ ἄλογος καὶ παρὰ φύσιν ψυχῆς κίνησις ἢ ὁρμὴ πλεονάζουσα."

DIE AUF DER PROVIDENZ GOTTES BERUHENDE BEWEISFÜHRUNG   655

senen Handlungen auch keine Verantwortung übernehmen. Seine Vorführung im Gericht Gottes verliert so jede Berechtigung, da das σῶμα nicht in den innerseelischen Entscheidungsprozess der daraus folgenden Taten involviert ist. Deshalb nimmt Ps-Athenagoras zum Zwecke der zu beweisenden Schuldfähigkeit des Leibes eine deutliche Umpolung vor und versetzt den Ursprung der vier Grundaffekte in den Körper. So hat das σῶμα bei der Entstehung und Umsetzung der aus den Leidenschaften resultierenden Handlungen ebenfalls die Verantwortung zu übernehmen.

Ps-Athenagoras entnimmt offenbar die Zuschreibung der genannten Affekte zum somatischen Bereich – wie zuvor auch das Motiv vom „Gezogenwerden" der Seele durch den Leib zu seinen Begierden – ebenfalls aus dem platonischen Dialog *Phaidon*. In keinem anderen Dialog wird der Kontrast der Seele zum Leib und seinen Affekten so eindrücklich betont wie dort:[168] Platon führt in Phaidon 82c–83e aus, dass „sich die rechten Philosophen aller den Körper betreffenden Begierden enthalten".[169] Der Philosoph, der mit seiner Seele geradezu im Leib gefesselt ist (τὴν ψυχὴν [...] ἀτεχνῶς διαδεδεμένην ἐν τῷ σώματι), sieht sich gezwungen, durch den Leib wie durch ein Gefängnis hindurch (ὥσπερ διὰ εἱργμοῦ)[170] das Seiende zu betrachten.[171] Die ψυχή muss dabei erkennen, dass die Macht dieses Gefängnisses in den Begierden besteht.[172] Denn die Untersuchung mittels der Sinnesorgane wie der Augen und der Ohren ist voller Täuschung. Von diesen muss sie sich zurückziehen und sie nur so weit wie nötig gebrauchen.[173]

In diesem Zusammenhang kommt Platon ebenfalls auf die vier Grundaffekte zu sprechen: „Die Seele des wahrhaften Philosophen enthält sich so

---

168   Vgl. D. Frede, Platons ›Phaidon‹, 4: „Nirgends sonst gibt Platon sich so leibesfeindlich, und nirgends sonst empfiehlt er so ausschließlich die Konzentration auf das Heil der eigenen Seele."

169   Phaidon 82c2–4. „οἱ ὀρθῶς φιλόσοφοι ἀπέχονται τῶν κατὰ τὸ σῶμα ἐπιθυμιῶν ἁπασῶν".

170   Vgl. H. Dörrie/M. Baltes, Der Platonismus in der Antike, Bd. 6.2, 222f.: „Der Körper sei ihr Käfig, ihr Gefängnis, ja sogar ihr Grab, und sie müsse sich daher vom Körper möglichst lösen, sich in sich selbst zurückziehen (ἐπιστροφὴ πρὸς ἑαυτήν) und für sich selbst leben; denn es sei für die Seele besser, nicht im Körper zu sein."

171   Phaidon 82d9–e4: „γιγνώσκουσι γάρ, ἦ δ' ὅς, οἱ φιλομαθεῖς ὅτι παραλαβοῦσα αὐτῶν τὴν ψυχὴν ἡ φιλοσοφία ἀτεχνῶς διαδεδεμένην ἐν τῷ σώματι καὶ προσκεκολλημένην, ἀναγκαζομένην δὲ ὥσπερ διὰ εἱργμοῦ διὰ τούτου σκοπεῖσθαι τὰ ὄντα".

172   Phaidon 82e5f.: „καὶ τοῦ εἱργμοῦ τὴν δεινότητα κατιδοῦσα ὅτι δι' ἐπιθυμίας ἐστίν"

173   Phaidon 83a4–7.

der Lüste und der Begierden, des Schmerzes und der Ängste, so weit sie es kann."[174] Die Enthaltung von diesen Affekten nimmt sie deswegen vor, weil sie bedenkt, dass die Übel dann entstehen, sobald sich jemand heftig freut oder fürchtet, Schmerz empfindet oder begehrt (ἐπειδάν τις σφόδρα ἡσθῇ ἢ φοβηθῇ ἢ λυπηθῇ ἢ ἐπιθυμήσῃ).[175] Das größte und äußerste Übel ist dabei zu glauben, dass diese Empfindungen das Offenbarste und das Wahrste sind.[176] Denn in diesem Leidenszustand wird die Seele am stärksten vom Leib gefesselt (ἐν τούτῳ τῷ πάθει μάλιστα καταδεῖται ψυχὴ ὑπὸ σώματος),[177] „weil jede Lust und jeder Schmerz sie wie mit einem Nagel an den Körper annagelt, anheftet und körperartig macht".[178] Die Folgen einer solchen körperartigen Seele sind, dass die ψυχή infolge der Beherrschung durch die Affekte des Körpers mit dem Leib gleicher Meinung ist (ὁμοδοξεῖν τῷ σώματι). So geht sie niemals in Reinheit in die Unterwelt, sondern ist immer mit dem Körper angefüllt, so dass sie bald wieder einer Inkarnation ausgesetzt wird und in einen anderen Körper fällt (ὥστε ταχὺ πάλιν πίπτειν εἰς ἄλλο σῶμα).[179]

Bereits am Anfang des Dialogs hebt Platon den Leib-Seele-Dualismus besonders hervor, indem er die Lösung der Seele vom Leib und seinen Affekten propagiert. Dabei ordnet er konsequent alle Bedürfnisse und Affekte des

---

174 Phaidon 83b5–7: „ἡ τοῦ ὡς ἀληθῶς φιλοσόφου ψυχὴ οὕτως ἀπέχεται τῶν ἡδονῶν τε καὶ ἐπιθυμιῶν καὶ λυπῶν [καὶ φόβων] καθ' ὅσον δύναται".

175 Phaidon 83b8–c3: „λογιζομένη ὅτι, ἐπειδάν τις σφόδρα ἡσθῇ ἢ φοβηθῇ [ἢ λυπηθῇ] ἢ ἐπιθυμήσῃ, οὐδὲν τοσοῦτον κακὸν ἔπαθεν ἀπ' αὐτῶν ὧν ἄν τις οἰηθείη, οἷον ἢ νοσήσας ἤ τι ἀναλώσας διὰ τὰς ἐπιθυμίας, ἀλλ' ὃ πάντων μέγιστόν τε κακῶν καὶ ἔσχατόν ἐστι, τοῦτο πάσχει καὶ οὐ λογίζεται αὐτό."

176 Phaidon 83c5–8: „Ὅτι ψυχὴ παντὸς ἀνθρώπου ἀναγκάζεται ἅμα τε ἡσθῆναι σφόδρα ἢ λυπηθῆναι ἐπί τῳ καὶ ἡγεῖσθαι περὶ ὃ ἂν μάλιστα τοῦτο πάσχῃ, τοῦτο ἐναργέστατόν τε εἶναι καὶ ἀληθέστατον, οὐχ οὕτως ἔχον·"

177 Phaidon 83d1 f.

178 Phaidon 83d4 f.: „Ὅτι ἑκάστη ἡδονὴ καὶ λύπη ὥσπερ ἧλον ἔχουσα προσηλοῖ αὐτὴν πρὸς τὸ σῶμα καὶ προσπερονᾷ καὶ ποιεῖ σωματοειδῆ".

179 Phaidon 83d7–e1: „ἐκ γὰρ τοῦ ὁμοδοξεῖν τῷ σώματι καὶ τοῖς αὐτοῖς χαίρειν ἀναγκάζεται οἶμαι ὁμότροπός τε καὶ ὁμότροφος γίγνεσθαι καὶ οἵα μηδέποτε εἰς Ἅιδου καθαρῶς ἀφικέσθαι, ἀλλὰ ἀεὶ τοῦ σώματος ἀναπλέα ἐξιέναι, ὥστε ταχὺ πάλιν πίπτειν εἰς ἄλλο σῶμα". Daher kann auch Celsus den Christen vorwerfen, dass sie mit ihrer Auferstehungslehre die Lehre von der Seelenwanderung missverstanden hätten. Vgl. C. Cels. VII,32 (Marcovich 486,1f.): „ὡς οἴεται Κέλσος, τῆς μετενσωματώσεως παρακούσαντες τὰ περὶ ἀναστάσεώς φαμεν." Wenn sie nämlich am Körper hängen – so Celsus –, dann sind sie unreine und ungesittete Menschen, die niemals das Wahre erfassen können. Vgl. C. Cels. VIII,49 (Marcovich 564,5–8).

DIE AUF DER PROVIDENZ GOTTES BERUHENDE BEWEISFÜHRUNG 657

Menschen ausschließlich dem σῶμα zu.[180] Ein Philosoph soll sich nicht um die sogenannten Lüste wie die des Essens und Trinkens bemühen. Aber auch die körperliche Liebe und überhaupt die Pflege des Körpers soll sein Streben keineswegs beherrschen.[181] Die Bemühung eines solchen Menschen ist nicht auf den Körper gerichtet, sondern darauf, sich so weit als möglich von diesem zu entfernen.[182]

Daher hat der Philosoph seine Seele im Besonderen von der Gemeinschaft mit dem Körper zu lösen und sich nicht um die Lüste zu kümmern, die durch *den Körper* kommen (ὁ μηδὲν φροντίζων τῶν ἡδονῶν αἳ διὰ τοῦ σώματός εἰσιν).[183] Die Trennung der Seele vom Körper ist Definition der Philosophie überhaupt.[184] Weder Hören noch Sehen, weder Schmerz noch irgendeine Lust (μήτε ἀκοὴ μήτε ὄψις μήτε ἀλγηδὼν μηδέ τις ἡδονή) soll die Seele beim Denken stören. Es geht vielmehr darum, den Körper so gut wie irgend möglich beiseite zu lassen, und ohne Gemeinschaft oder Berührung mit diesem nach dem Seienden zu streben.[185] Die Sinnesorgane und die Affekte wie Lust und Schmerz gehören hier also zum Bereich des σῶμα. Deshalb kann Platon auch deutlich sagen, dass der Körper uns mit Liebesverlangen und Begierden, mit Ängsten und mancherlei Bildern und Unsinn erfüllt.[186] Auch Kriege,

---

180 Vgl. H. Görgemanns, Platon, 133: „Die Bedürfnisse und Lustempfindungen des Körpers lenken die Seele ab, und sein sinnliches Wahrnehmungsvermögen hilft der Erkenntnis nicht, sondern trübt sie."

181 Phaidon 64d2–8.

182 Phaidon 64e4–6: „Οὐκοῦν ὅλως δοκεῖ σοι, ἔφη, ἡ τοῦ τοιούτου πραγματεία οὐ περὶ τὸ σῶμα εἶναι, ἀλλὰ καθ' ὅσον δύναται ἀφεστάναι αὐτοῦ, πρὸς δὲ τὴν ψυχὴν τετράφθαι;"

183 Phaidon 64e8–65a7: „᾽Αρ' οὖν πρῶτον μὲν ἐν τοῖς τοιούτοις δῆλός ἐστιν ὁ φιλόσοφος ἀπολύων ὅτι μάλιστα τὴν ψυχὴν ἀπὸ τῆς τοῦ σώματος κοινωνίας διαφερόντως τῶν ἄλλων ἀνθρώπων; Φαίνεται. Καὶ δοκεῖ γέ που, ὦ Σιμμία, τοῖς πολλοῖς ἀνθρώποις ᾧ μηδὲν ἡδὺ τῶν τοιούτων μηδὲ μετέχει αὐτῶν οὐκ ἄξιον εἶναι ζῆν, ἀλλ' ἐγγύς τι τείνειν τοῦ τεθνάναι ὁ μηδὲν φροντίζων τῶν ἡδονῶν αἳ διὰ τοῦ σώματός εἰσιν."

184 Vgl. H. Dörrie/M. Baltes, Der Platonismus in der Antike, Bd. 4, 255: „Umkehr der Seele weg von den Dingen dieser Welt meint zugleich Abkehr, ja Trennung vom Körper und seinen Bedürfnissen. Nun ist aber ‚die Trennung der Seele vom Körper' zugleich die Definition des Sterbens. Also ist Philosophie als Einübung in die Trennung der Seele vom Körper zugleich Einübung ins Sterben."

185 Phaidon 65c5–9: „Λογίζεται δέ γέ που τότε κάλλιστα, ὅταν αὐτὴν τούτων μηδὲν παραλυπῇ, μήτε ἀκοὴ μήτε ὄψις μήτε ἀλγηδὼν μηδέ τις ἡδονή, ἀλλ' ὅτι μάλιστα αὐτὴ καθ' αὑτὴν γίγνηται ἐῶσα χαίρειν τὸ σῶμα, καὶ καθ' ὅσον δύναται μὴ κοινωνοῦσα αὐτῷ μηδ' ἁπτομένη ὀρέγηται τοῦ ὄντος."

186 Phaidon 66c2–4: „ἐρώτων δὲ καὶ ἐπιθυμιῶν καὶ φόβων καὶ εἰδώλων παντοδαπῶν καὶ φλυαρίας ἐμπίμπλησιν ἡμᾶς πολλῆς".

> Aufstände und Kämpfe werden durch nichts anderes als den Leib und seine
> Begierden verursacht (τὸ σῶμα καὶ αἱ τούτου ἐπιθυμίαι).[187]

Die Zugehörigkeit der Affekte zum Körper scheint Ps-Athenagoras also aus dem
Phaidon entnommen zu haben.[188] Daher vertritt er die Ansicht von der ausschließlichen Entstehung aller πάθη im σῶμα. Die Seele hat weder ein Bedürfnis noch ein Verlangen nach den Dingen, denen der Körper aufgrund seiner
Bedürftigkeit ausgesetzt ist, und wird nur in Verbindung mit dem Leib mit allen
seinen Leidenschaften konfrontiert. Ps-Athenagoras will verdeutlichen, dass
die ψυχή an sich in keiner Weise für die Entstehung der Affekte belangt werden
kann, höchstens aber für ihre Führungsrolle, die beinhaltet, über die Triebe des
Leibes die Aufsicht zu führen (vgl. De Res 12,8).

Der Verfasser versucht, die Rechtmäßigkeit des reinen Seelengerichts mit
allen Mitteln in Frage zu stellen, indem er den Ursprung aller Affekte ausschließlich in den Leib selbst verlagert und sich das Wesen der Seele so völlig
affektfrei denkt.[189] Daher kommt es einer Ungerechtigkeit gleich, wenn die

---

187 Phaidon 66c5–7: „καὶ γὰρ πολέμους καὶ στάσεις καὶ μάχας οὐδὲν ἄλλο παρέχει ἢ τὸ σῶμα καὶ
αἱ τούτου ἐπιθυμίαι."

188 Was das Verhältnis von Seele und Leib und das spezielle Phänomen körperlicher Affekte
im Phaidon betrifft, sieht A. Graeser, Seelenteilungslehre, 61, es richtig, dass Platon den
Körper nicht als ein individuelles und unabhängig von der Seele empfindendes und
handelndes Subjekt – wie es bei Ps-Athenagoras der Fall ist – darstellt. Die Seele allein
wird im Gegensatz zum Körper und seinen Organen, die nur eine vermittelnde Funktion
haben, als Subjekt jeglicher Erkenntnis vorgestellt (vgl. Graeser, Seelenteilungslehre, 61).
Daher geht Graeser von „der Negierung des Körperlichen als einer selbständigen Instanz
der Affektion" aus (Graeser, Seelenteilungslehre, 62).

  Dennoch ist die konsequente Zuordnung der Affekte zum Leib im Phaidon besonders
auffällig, auch wenn das Verhältnis ihres Ursprunges aus dem σῶμα nicht explizit geklärt
ist. Vgl. C. Apostolopoulos, Phaedo Christianus, 35: „Trotz der offensichtlichen ‚Negierung
des Körperlichen als einer selbständigen Instanz der Affektion', neigt er (Platon) aber
dennoch meist dahin, die Affekte mechanisch auf den Körper zurückzuführen."

189 Im Phaidon findet sich kein Hinweis dafür, dass die Seele in verschiedene Teile zu gliedern
wäre. So sind auch nicht die niederen Seelenteile für das Entstehen der Affekte verantwortlich. Aus der Kontrastierung der Seele zum Leib konnte somit der Schluss gezogen
werden, dass die Seele an sich keine Leidenschaften besitzt. Nur wenn sie glaubt, mit Hilfe
des Leibes und seiner Sinnesorgane und Empfindungen das Wahre zu erkennen, dann
liefert sie sich den Affekten des Körpers aus und geht so in die Irre. Wenn sie sich aber
in sich selbst sammelt, wird sie rein und somit unabhängig von den Empfindungen und
Affekten des Leibes. Daraus konnte die Schlussfolgerung gezogen werden, dass sie für sich
selbst gesehen völlig affektlos und leidenschaftslos ist. Diese Konklusion zieht offenbar Ps-

DIE AUF DER PROVIDENZ GOTTES BERUHENDE BEWEISFÜHRUNG 659

ψυχή für das bestraft wird, was sie in ihrem Wesen in keiner Weise empfindet oder begehrt. Die Empfindungen kommen von Natur dem ganzen, aus Seele und Leib bestehenden Menschen zu (De Res 21,4: οἷον πάσχειν πέφυκεν ἄνθρωπος), so dass dieser nur als Gesamtwesen im Endgericht die Verantwortung für alle Handlungen tragen kann.

1.5.3 Affektionsfreiheit und Bedürfnislosigkeit der Seele (De Res 21,5–23,5)

De Res 21,5–8: Affektionsfreies Wesen der Seele

In De Res 21,5–8 bemüht sich Ps-Athenagoras zunächst um den Nachweis, dass die dem Körper eigentümlichen Affekte in der gesamten Natur der Seele *keinen* Ursprung haben. Daher können auch die Tugenden und die Laster für die Beherrschung oder Vernachlässigung der πάθη nicht allein auf die Seele beschränkt werden, da sie als affektionsfreies Wesen keine Veranlassung dazu hat (in De Res 22,1–5). Auf diese Weise wird einem reinen Seelengericht die Grundlage entzogen, die die Bestrafung der Laster und Belohnung der Tugenden für die ψυχή impliziert. Es ist keineswegs zu übersehen, dass der Autor des Traktats hier gegen die im Platonismus verbreitete Vorstellung vorgeht, die einzig und allein die Seele für die Entstehung der Affekte und ihrer Ausführung verantwortlich macht.

In De Res 21,5 bezieht sich der Verfasser auf seine Äußerung aus De Res 21,4, dass nämlich alle Affekte dem Menschen von Natur aus zukommen (οἷον πάσχειν πέφυκεν ἄνθρωπος). Die Seele hat von sich aus weder ein Verlangen noch eine Empfindung, da sie überhaupt allen Leidenschaften unzugänglich bleibt. Allein der Mensch in seiner Gesamtheit ist Empfindungen ausgesetzt, die bei ihm Begierden, Lust-, Furcht- und Schmerzgefühle verursachen. In De Res 21,5 bedenkt er seine Zuordnung der Affekte zum Gesamtwesen, obwohl er deren Ursprung in erster Linie im Leib verortet:[190]

> Selbst wenn wir feststellen, dass die πάθη nicht allein vom Leib, sondern vom ganzen Menschen stammen, ist es dennoch eine richtige Behauptung, da das Leben des Menschen aus beiden Bestandteilen besteht.[191]

Athenagoras, indem er feststellt, dass eine unsterbliche Natur ganz leidenschaftslos (De Res 18,5: ἀπροσπαθής) und bedürfnislos ist: „Denn unbrauchbar ist für eine unsterbliche Natur alles (ἀχρεῖον γὰρ ἀθανάτῳ φύσει πᾶν), was den bedürftigen (Wesen) erstrebenswert wie brauchbar ist." De Res 23,5 (Marcovich 48,29 f.).

190   Vgl. De Res 21,4 (Marcovich 46,32–34): „καὶ τὰς μὲν ὀρέξεις καὶ τὰς ἡδονάς, ἔτι δὲ φόβους καὶ λύπας [...] ἀπὸ τοῦ σώματος ἔχειν τὴν κίνησιν".

191   De Res 21,5 (Marcovich 47,4 f.): „Ἀλλὰ κἂν μὴ μόνου τοῦ σώματος, ἀνθρώπου δὲ θῶμεν εἶναι τὰ πάθη, λέγοντες ὀρθῶς διὰ τὸ μίαν ἐξ ἀμφοτέρων εἶναι τὴν τούτου ζωήν".

660 8. KAPITEL

Jedoch ist die Feststellung, dass diese πάθη auch der Seele zuzuschreiben sind, auf keinen Fall richtig (οὐ δήπου γε καὶ τῇ ψυχῇ ταῦτα προσήκειν φήσομεν).[192] Um die Affektionsfreiheit der Seele zu belegen, lädt Ps-Athenagoras seine Zuhörer anschließend dazu ein, eine Untersuchung in reiner Absicht über ihre eigene Natur anzustellen (ὁπόταν καθαρῶς τὴν ἰδίαν αὐτῆς ἐπισκοπῶμεν φύσιν).[193] Dass der Seele keine Leidenschaften zukommen, stellt zu Beginn noch eine zu beweisende Hypothese dar. Daher versucht der Verfasser, in einem breit angelegten Exkurs (De Res 21,6–23,5) das affektionsfreie Wesen der Seele nachzuweisen.

Er setzt mit der Behauptung ein, dass die Seele keinerlei Nahrungsbedürfnis besitzt (τροφῆς ἐστιν ἀνενδεής).[194] Die Bedürftigkeit nach Nahrung kommt ausschließlich dem Leib zu, was auf seinen Zustand der ἔνδεια und χρεία zurückzuführen ist. Ps-Athenagoras beginnt auf diese Weise seinen Beweisgang mit dem Grundbedürfnis des menschlichen Organismus, das er jedoch gänzlich vom geistigen Wesen der Seele zu scheiden vermag. In einer Analogie zur Bedürftigkeit des Körpers stellt er die These von der Bedürfnislosigkeit der seelischen Natur auf.

Von Anfang an setzt er die antithetische Kategorie des Leib-Seele-Verhältnisses voraus, um die gänzliche Affektionslosigkeit der ψυχή zu entwickeln. Das Verlangen nach Nahrung gehört zu den Dingen, die die Seele in keiner Weise zu ihrer Existenz benötigt (οὐδαμῶς δεῖται πρὸς τὸ εἶναι).[195] Daher kann sie auch kein Begehrungsvermögen besitzen, denn dieses zielt grundsätzlich auf die Nahrungsaufnahme zum Erhalt des irdischen Lebens. Auch trachtet sie nicht nach Dingen (ὁρμήσειεν), nach denen sie von Natur aus keinerlei Bedürfnis hat.[196] Vielmehr gehören alle Triebe zur Natur des Leibes (vgl. De Res 12,8: ταῖς τοῦ σώματος ὁρμαῖς),[197] der aufgrund seiner Bedürftigkeit diesen Affekten ausgesetzt ist.

Ps-Athenagoras verfolgt hier das Ziel, die vier Grundaffekte aus dem Wesen der Seele gänzlich auszuschließen. Diese sind allein die Eigentümlichkeit der somatischen Natur (vgl. De Res 21,4). Nachdem er anhand des Nahrungsbedürfnisses ausgeführt hat, dass die ψυχή weder ein begehrendes Vermögen noch einen Trieb besitzt, verdeutlich er weiterhin, dass sie um des Mangels am Besitz oder am Vermögen willen auch keine λύπη in sich verspürt (ἀλλ' οὐδ' ἂν λυπη-

---

192 De Res 21,5 (Marcovich 47,5 f.).

193 De Res 21,5 (Marcovich 47,6 f.).

194 De Res 21,6 (Marcovich 47,7 f.): „Εἰ γὰρ πάσης καθάπαξ τροφῆς ἐστιν ἀνενδεής".

195 De Res 21,6 (Marcovich 47,8): „οὐκ ἂν ὀρεχθείη ποτὲ τούτων ὧν οὐδαμῶς δεῖται πρὸς τὸ εἶναι".

196 De Res 21,6 (Marcovich 47,9): „οὐδ' ἂν ὁρμήσειεν ἐπί τι τούτων οἷς μηδ' ὅλως χρῆσθαι πέφυκεν·"

197 De Res 12,8 (Marcovich 37,18 f.).

DIE AUF DER PROVIDENZ GOTTES BERUHENDE BEWEISFÜHRUNG 661

θείη δι' ἀπορίαν χρημάτων ἢ κτημάτων), da ihr auch nichts von diesen Dingen zukommt (ὡς οὐδὲν αὐτῇ προσηκόντων).[198] In De Res 21,7 schließt er ebenso die Fähigkeit zum Affekt der Furcht aus dem Wesen der Seele aus. Die Angst wirkt seiner Überzeugung zufolge ausschließlich im somatischen Bereich und betrifft daher keinesfalls die Seele:

> Wenn sie aber auch stärker als die Vernichtung ist, fürchtet sie überhaupt nichts, was fähig wäre, sie zu vernichten.[199]

Anschließend zählt Ps-Athenagoras sämtliche Gefahren auf, die in besonderem Maße dem Körper Vernichtung zufügen:

> Denn die ψυχή fürchtet weder Hunger noch Krankheit, weder Verstümmelung noch Misshandlung, weder Feuer noch Schwert, da sie davon nichts Schädliches und Schmerzhaftes erleiden kann.[200]

Dies hängt damit zusammen, dass die aufgezählten Bedrohungen allein dem Körper Schaden und Schmerz verleihen, die Seele davon aber frei bleibt. Denn die dem Körper zugefügten Verletzungen wirken auf sie nicht ein. Wenn er abschließend in De Res 21,7 sagt, dass der Körper und die körperlichen Einflüsse die Seele nicht berühren (οὐχ ἁπτομένων αὐτῆς τὸ παράπαν οὔτε σωμάτων οὔτε σωματικῶν δυνάμεων),[201] so hat er das bereits dargelegte Verhältnis beim Zusammenwirken der Seele und des Leibes hinsichtlich der Verübung aller Handlungen *nicht* im Sinn. Denn dieses Verhältnis bestimmt er als ein Ziehen der Seele durch den Leib zu seinen eigenen Begierden oder Regungen (vgl. De Res 21,4). Hier geht es vor allem um das Erleiden von Verletzungen und Schmerzen, die den Affekt der Furcht verursachen. Allein dem Körper werden solche Schäden und Schmerzen zugefügt, so dass in ihm auch die Ursache der Furcht wirksam ist. Die Seele als unvergängliches Wesen ist stärker als jede Vernichtung, so dass die ψυχή in sich selbst keine Angst verspüren kann.

Somit ist für den Verfasser der Beweis erbracht, dass die vier Grundaffekte wie Begierde, Lust, Schmerz und Furcht ihren Ursprung allein im Körper haben. Die Seele als unvergängliches und unbedürftiges Wesen kann weder

---

198   De Res 21,6 (Marcovich 47,9–11).

199   De Res 21,7 (Marcovich 47,11 f.): „Εἰ δὲ καὶ φθορᾶς ἐστι κρείττων, οὐδὲν φοβεῖται τὸ παράπαν ὡς φθαρτικὸν ἑαυτῆς·“

200   De Res 21,7 (Marcovich 47,12–14): „οὐ γὰρ δέδοικεν οὐ λιμὸν οὐ νόσον οὐ πήρωσιν οὐ λώβην οὐ πῦρ οὐ σίδηρον, ἐπεὶ μηδὲ παθεῖν ἐκ τούτων δύναταί τι βλαβερὸν μηδ' ἀλγεινόν“.

201   De Res 21,7 (Marcovich 47,14 f.).

etwas begehren, noch Schmerz oder Trauer empfinden, noch Angst vor einer Gefahr verspüren. Daher ist es unverständlich, die aus diesen Affekten resultierenden Taten allein der affektfreien ψυχή anzulasten. Alle πάθη entstehen im Körper und betreffen ausschließlich den somatischen Bereich.

Aus diesem Grund muss aus der Perspektive unseres Verfassers die angebliche Gerechtigkeit eines platonischen Seelengerichts hinterfragt werden. Zu diesem Zweck spitzt Ps-Athenagoras seine Position in De Res 21,8 auch deutlich zu:

> Wenn es aber ungehörig ist, die Affekte ausschließlich den Seelen zuzuschreiben, so ist es auch in weit höherem Maße ungerecht und des göttlichen Gerichts unwürdig, die daraus entstehenden Sünden und die dafür vorgesehenen Strafen auf die Seelen allein zu beschränken.[202]

De Res 22,1–5: Unfähigkeit der Seele zur ἀρετή und κακία

In De Res 22,1–5 geht Ps-Athenagoras auf die im Gericht Gottes vorgesehene Belohnung der Tugend und Bestrafung der Schlechtigkeit ein. Die tugendhaften und die schlechten Handlungen gehören zur Wirksamkeit des gesamten Menschen und hängen nicht nur der Seele an. Diesen Zusammenhang vertieft der Verfasser in diesem Abschnitt seines Traktats, um ein einzig und allein an der Seele auszuführendes Gericht *ad absurdum* zu führen. Die Ausgangsthese in De Res 22,1 beinhaltet die Feststellung, dass die Seele an sich nicht zwischen der Tugend und der Schlechtigkeit wählen kann, so dass es widersinnig ist, die dafür vorgesehene Ehre oder Strafe auf die Seele allein zu beziehen.[203]

Da die ψυχή keine Affekte in sich verspürt, ist sie zur Sünde unfähig. Daher ist es ungerecht, die Strafen für die Sünden ihr allein zuzuschreiben.[204] Diesen Zusammenhang hat unser Autor bereits in De Res 21,4 ausgeführt. In einem ähnlichen Wortlaut nimmt er diesen Gedankengang in De Res 22,1 noch einmal auf:

> Wie sollte es nicht widersinnig sein, die Tugend und die Schlechtigkeit, welche nicht einmal bei der Seele für sich allein gedacht werden kön-

---

202 De Res 21,8 (Marcovich 47,15–18): „Εἰ δὲ τὸ τὰ πάθη ταῖς ψυχαῖς ἰδιαζόντως προσάπτειν ἄτοπον, τὸ τὰς ἐκ τούτων ἁμαρτίας καὶ τὰς ἐπὶ ταύταις τιμωρίας ἐπὶ μόνας φέρειν τὰς ψυχὰς ὑπερβαλλόντως ἄδικον καὶ τῆς τοῦ θεοῦ κρίσεως ἀνάξιον."

203 De Res 22,1 (Marcovich 47,19 f.23).

204 De Res 21,4 (Marcovich 46,34–47,1): „τὰς δὲ ἐκ τούτων ἁμαρτίας καὶ τὰς ἐπὶ τοῖς ἡμαρτημένοις τιμωρίας ἐπὶ τὴν ψυχὴν φέρεσθαι μόνην".

DIE AUF DER PROVIDENZ GOTTES BERUHENDE BEWEISFÜHRUNG   663

nen [...], und die dafür geltende Ehre oder Strafe auf die Seele allein zu beschränken?[205] Denn wir wissen, dass die Tugenden selbst zum ganzen Menschen gehören.[206]

Entscheidend bei dieser Argumentation ist, dass sich Ps-Athenagoras die Seele ausdrücklich getrennt vom Leib (χωρίς) zu betrachten vornimmt, so dass die Tugend und die Schlechtigkeit nicht an der Seele allein erwogen werden dürfen: Denn wir sind uns der Erkenntnis bewußt, dass die Tugenden „wie nun auch die ihnen entgegengesetzte Schlechtigkeit nicht der vom Leib getrennten und für sich allein seienden Seele (οὐ ψυχῆς κεχωρισμένης τοῦ σώματος καὶ καθ' ἑαυτὴν οὔσης) zukommen."[207] Daher erscheint auch ein reines Seelengericht als unsinnig, da die ψυχή als leidenschaftsloses Wesen doch zur Sünde unfähig ist, wird sie getrennt vom Körper bedacht. Allein in Verbindung mit dem den Affekten ausgesetzten Leib ist auch sie zur Sünde fähig, so dass das σῶμα zusammen mit der ψυχή im Gericht Gottes die Belohnung oder Bestrafung für ihr gemeinsames Verüben der ἀρετή oder κακία zu erhalten haben.

Daraufhin bedenkt er in De Res 22,2–5 einige Tugenden,[208] die der Seele von ihrem Wesen her nicht zuzuschreiben sind: Die ψυχή besitzt in ihrer Natur kein Vermögen zu den ἀρεταί der Tapferkeit oder Standhaftigkeit (ἀνδρεία ἢ καρτερία). Der Grund dafür besteht darin, dass sie sich nicht tapfer oder standhaft gegenüber bestimmten Gefahren, die eine Bedrohung ihrer Existenz bedeuten, verhalten muss. Denn sie hat keine Furcht vor dem Tod, vor Verwundung oder Vestümmelung, vor Beschädigung oder Misshandlung, vor den damit

---

205   De Res 22,1 (Marcovich 47,19 f.23): „πῶς οὐκ ἄτοπον τὴν μὲν ἀρετὴν καὶ τὴν κακίαν μηδὲ νοηθῆναι δύνασθαι χωρὶς ἐπὶ τῆς ψυχῆς [...], τὴν δὲ ἐπὶ τούτοις τιμὴν ἢ τιμωρίαν ἐπὶ μόνης φέρεσθαι τῆς ψυχῆς;"

206   De Res 22,1 (Marcovich 47,20 f.): „ἀνθρώπου γὰρ ἀρετὰς εἶναι γινώσκομεν ὡς ἀρετάς".

207   De Res 22,1 (Marcovich 47,20–23): „ἀνθρώπου γὰρ ἀρετὰς εἶναι γινώσκομεν τὰς ἀρετάς, ὥσπερ οὖν καὶ τὴν ταύταις ἀντικειμένην κακίαν οὐ ψυχῆς κεχωρισμένης τοῦ σώματος καὶ καθ' ἑαυτὴν οὔσης".

208   Es betrifft folgende Tugenden: ἀνδρεία ἢ καρτερία (De Res 22,2), ἐγκράτεια καὶ σωφροσύνη (De Res 22,3), φρόνησις (De Res 22,4) und δικαιοσύνη (De Res 22,5). Dies entspricht im Wesentlichen den vier Kardinaltugenden, die in der Stoa gelehrt wurden. Vgl. SVF I,200 (Arnim 49,21–24)/Plutarch, De Stoic. Rep. 1034c6–9: „Ἀρετὰς ὁ Ζήνων ἀπολείπει πλείονας κατὰ διαφοράς, ὥσπερ ὁ Πλάτων, οἷον φρόνησιν ἀνδρείαν σωφροσύνην δικαιοσύνην, ὡς ἀχωρίστους μὲν οὔσας, ἑτέρας δὲ καὶ διαφερούσας ἀλλήλων." Vgl. noch DiogLaert, Vitae VII,126 (Long 350,16–351,3). Siehe dazu M. Pohlenz, Stoa I, 126. Jedoch spricht auch Plotin in der Enneade I,2,3 (Περὶ ἀρετῶν) ebenfalls von den vier „bürgerlichen Tugenden", die da sind: φρόνησις, ἀνδρεία, σωφροσύνη und δικαιοσύνη. Vgl. dazu K. Alt, Plotin, 107 f.

664 8. KAPITEL

verbundenen Schmerzen oder dem daraus folgenden Leiden.[209] Die Seele fürchtet sich überhaupt vor nichts, was ihr eine Zerstörung nahelegt, da sie stärker ist als jede Vernichtung.[210] Aufgrund ihrer Unvergänglichkeit gibt es also keine Veranlassung zur Angst. Die Bewährung in einer Gefahr durch Tapferkeit oder Standhaftigkeit kommt also einer überflüssigen Eigenschaft ihres Wesens gleich.

Derselbe Sachverhalt gilt auch bei den Tugenden der Enthaltsamkeit und Mäßigung: In der Seele wohnt keine Begierde zur Nahrung, zum geschlechtlichen Verkehr oder zu anderen sinnlichen Lüsten und Befriedigungen, gegenüber denen ἐγκράτεια und σωφροσύνη zu üben ist. Sie wird überhaupt von keiner Begierde zu derartigen Dingen gezogen, da es nichts gibt, was sie von innen belästigt oder von außen reizt (οὐδ' ἄλλου τινὸς οὔτ' ἔσωθεν ἐνοχλοῦντος οὔτ' ἔξωθεν ἐρεθίζοντος).[211] Die ψυχή wird einzig und allein vom Leib belästigt, der sie zu den eigenen Begierden und Regungen hinabzieht (vgl. De Res 21,2).[212] Der Mangel und die Bedürftigkeit des Leibes und die ihm gewidmete Sorge und Pflege belästigt den Menschen insgesamt und die affektlose Seele in besonderem Maße (vgl. De Res 21,4).[213] Gegen die Verlagerung des Konflikts der rationalen und irrationalen Kräfte innerhalb der Seele betont der Verfasser *expressis verbis*, dass nichts die ψυχή von innen (ἔσωθεν) belästigt. Sie wird in ihrer Natur auch nicht von außen (ἔξωθεν) gereizt, wenn sie getrennt vom Körper betrachtet wird.

In der Seele selbst liegt auch keine Veranlassung zu einer gerechten oder ungerechten Tat. Diesen Zusammenhang veranschaulicht unser Autor in De Res 22,4: Der Seele selbst liegt nichts zugrunde, was sie zu tun und nicht zu tun, was sie zu wählen und zu vermeiden hat.[214] Sie besitzt demnach in ihrem Wesen kein Vermögen, das sie zum Vollbringen des Bösen führen kann. Daher

---

209 De Res 22,2 (Marcovich 47,24–26): „Ἢ πῶς ἄν τις καὶ νοήσειεν ἐπὶ ψυχῆς μόνης ἀνδρείαν ἢ καρτερίαν, οὐκ ἐχούσης οὐ θανάτου φόβον οὐ τραύματος οὐ πηρώσεως οὐ ζημίας οὐκ αἰκίας οὐ τῶν ἐπὶ τούτοις ἀλγημάτων ἢ τῆς ἐκ τούτων κακοπαθείας;"

210 De Res 21,7 (Marcovich 47,11 f.): „Εἰ δὲ καὶ φθορᾶς ἐστι κρείττων, οὐδὲν φοβεῖται τὸ παράπαν ὡς φθαρτικὸν ἑαυτῆς·"

211 De Res 22,3 (Marcovich 47,26–29): „Πῶς δὲ ἐγκράτειαν καὶ σωφροσύνην, οὐδεμιᾶς ἑλκούσης αὐτὴν ἐπιθυμίας πρὸς τροφὴν ἢ μῖξιν ἢ τὰς ἄλλας ἡδονάς τε καὶ τέρψεις, οὐδ' ἄλλου τινὸς οὔτ' ἔσωθεν ἐνοχλοῦντος οὔτ' ἔξωθεν ἐρεθίζοντος;"

212 De Res 21,2 (Marcovich 46,17 f.): „ἐνοχλοῦντος τοῦ σώματος καὶ πρὸς τὰς οἰκείας ὀρέξεις ἢ κινήσεις ἕλκοντος".

213 De Res 21,4 (Marcovich 46,26–28): „ἐνοχλοῦνται δὲ ὑπὸ τῆς τοῦ σώματος ἐνδείας καὶ χρείας καὶ τῆς περὶ τοῦτο σπουδῆς καὶ θεραπείας".

214 De Res 22,4 (Marcovich 47,29 f.): „Πῶς δὲ φρόνησιν, οὐχ ὑποκειμένων αὐτῇ πρακτέων καὶ μὴ πρακτέων, οὐδ' αἱρετῶν καὶ φευκτῶν".

DIE AUF DER PROVIDENZ GOTTES BERUHENDE BEWEISFÜHRUNG 665

besitzt sie auch nicht die Möglichkeit und Fähigkeit, eine Entscheidung für eine tugendhafte oder schlechte Handlung zu treffen. An dieser Stelle bezieht Ps-Athenagoras erneut deutlich Stellung gegen die platonische Lehre von den Seelenteilen, die innerhalb der ψυχή konkurrierende Vermögen voraussetzt, aus denen letztendlich die guten oder schlechten Taten resultieren.

Ps-Athenagoras betont die Einheitlichkeit ihres Wesens, das eine Unfähigkeit zur Verfehlung innehat. Deshalb ist auch die ἀρετή der Einsicht (φρόνησις) in gerechtes und ungerechtes Handeln nicht notwendig, da sie in ihrem Wesen einer solchen Wahl nicht ausgesetzt ist. Vielmehr wohnt in ihr selbst keinerlei Regung oder Trieb zu einer Handlung.[215] Alle Regungen sind allein im Körper wirksam, so dass sie auch von ihm ausgehen (vgl. De Res 21,4: ἀπὸ τοῦ σώματος ἔχειν τὴν κίνησιν).[216] Da der Leib von Natur aus mangelhaft und bedürftig ist, gehören die natürlichen Triebe ebenso zu seiner Eigentümlichkeit (vgl. De Res 12,8: ταῖς τοῦ σώματος ὁρμαῖς).[217]

Ps-Athenagoras ist somit überzeugt, die Unfähigkeit der Seele von ihrer Natur aus zu jeglichem Affekt demonstriert zu haben. Daher ist es auch unmöglich, die ψυχή für eine tugend- oder frevelhafte Lebensweise zu belohnen oder zu bestrafen. In De Res 22,5 kommt der Verfasser erneut auf die Gerechtigkeit zu sprechen, die in einem Gericht Gottes keinesfalls fehlen darf (vgl. De Res 20,3). Die Forderung der Gerechtigkeit kann in keiner Weise auf die Seelen allein übertragen werden, da sie von sich aus unfähig zu gerechten oder ungerechten Taten sind. Von dieser Grundlage fragt Ps-Athenagoras in seiner gewohnt rhetorischen Manier:

> Wie soll aber den Seelen überhaupt die Gerechtigkeit im Verhältnis zu einander oder zu einem anderen gleichartigen oder andersartigen Wesen von Natur aus zukommen, da sie (doch) weder die Mittel noch das Material noch die Fähigkeit (in sich) besitzen, wofür der gebührende Lohn nach Verdienst oder nach Maßgabe zu erteilen wäre?[218]

Die Rechtsprechung kann ausschließlich bei solchen Wesen erfolgen, die auch fehlbar sein können. Für diese Fehlbarkeit müssen jedoch die Mittel, das Mate-

---

215 De Res 22,4 (Marcovich 47,31f.): „μᾶλλον δὲ μηδεμιᾶς ἐνούσης αὐτῇ κινήσεως τὸ παράπαν ἢ φυσικῆς ὁρμῆς ἐπί τι τῶν πρακτέων·"

216 De Res 21,4 (Marcovich 46,33f.).

217 De Res 12,8 (Marcovich 37,18f.).

218 De Res 22,5 (Marcovich 47,33–35): „Ποῦ δὲ ὅλως ψυχαῖς ἡ πρὸς ἀλλήλας δικαιοσύνη προσφυὴς ἢ πρὸς ἄλλο τι τῶν ὁμογενῶν ἢ τῶν ἑτερογενῶν, οὐκ ἐχούσαις οὔτε πόθεν οὔτε δι' ὧν οὔτε πῶς ἀπονείμωσι τὸ κατ' ἀξίαν ἢ κατ' ἀναλογίαν ἴσον·"

666 8. KAPITEL

rial und überhaupt die Fähigkeit vorhanden sein. Am eigenen Wesen der Seele ist dies keinesfalls festzustellen. Aus diesem Grund ist es auch nicht möglich, ihr nach ihrem Verdienst bzw. nach ihrer Maßgabe den gebührenden Lohn (τὸ κατ' ἀξίαν ἢ κατ' ἀναλογίαν ἴσον) zu erteilen, da die körperlose Natur der Seele gänzlich zur Fehlbarkeit unfähig ist.

In einem Nebengedanken vermeidet unser Autor, aufgrund ihrer Sündlosigkeit auch von der Göttlichkeit der Seele auszugehen: Die Seele besitzt vielmehr die Fähigkeit zur Gottesverehrung (ἐξῃρημένης τῆς εἰς θεὸν τιμῆς).[219] Sie hat die Möglichkeit, zu wählen (ἐξαιρέομαι), ob sie Gott ehren will. Zwar gesteht der Verfasser ihr die Möglichkeit zur Wahl der Gottesverehrung zu, ist aber davon überzeugt, dass die Seele aus sich selbst heraus keine Entscheidung treffen kann (De Res 22,4: οὐδ' αἱρετῶν καὶ φευκτῶν). Dass die ψυχή diese freie Entscheidungsfähigkeit auch zur Vernachlässigung der Verehrung Gottes gebrauchen kann, bleibt bei diesem Betrachtungsaspekt unbeachtet. Vielmehr will Ps-Athenagoras vermeiden, der Seele aufgrund ihrer Unfehlbarkeit die Göttlichkeit zu zuschreiben, wie es beispielsweise Plotin ausdrücklich tut.[220] Die ψυχή ist ein Teil des göttlichen Geschöpfs und daher als ein Gegenüber zu Gott zu verstehen, das somit von seinem Wesen her nur zur Gottesverehrung angelegt ist.

In einer Art Zusammenfassung benennt Ps-Athenagoras weiter die Gründe für die Unfähigkeit der Seele zur Fehlbarkeit: Diese ist darauf zurückzuführen, dass die Seelen unabhängig davon weder einen Trieb noch eine Regung in sich verspüren. Daher kann die Seele nicht selbst zur Befriedigung oder Enthaltung der Affekte beitragen.[221] Die Benutzung der natürlichen Dinge, deren die Seelen bedürften, impliziert auch das Vermögen der Enthaltung bei der Befriedigung des Eigenen.[222] Von allen diesen Dingen ist die ψυχή nicht betroffen.

---

219 De Res 22,5 (Marcovich 47,35 f.).

220 Vgl. K. Alt, Plotin, 78: „Demnach muss die Seele körperlos, immateriell sein: sie ist wahrhaft seiend, eine wahre Wesenheit, ist selber unsterblich, ja etwas Göttliches, sie hat in sich gutes, vernunftreiches Leben und verleiht anderem das Leben. Wenn die reine Seele des Menschen zu sich selbst gelangt, zeigt sich, dass sie von jener Art ist, die dem Göttlichen und Ewigen eignet, denn sie ist dem Göttlichen verwandt und wesensgleich." So schon bei Platon, der die vernunftbegabte Seele als göttlich (θεῖον) bezeichnet. Tim 41c7; 73a7; 88b2; 90a8; 90c8. Vgl. H. Dörrie/M. Baltes, Der Platonismus in der Antike, Bd. 6.1, 148: „Im Menschen ist die vernunftbegabte Seele göttlich (θεῖον) bzw. eine Gottheit (δαίμων); sie ist das, was den menschlichen Körper im wahrsten Sinne des Wortes erhebt und ihn für das Göttliche empfänglich macht."

221 De Res 22,5 (Marcovich 47,36–48,1): „οὐδ' ἄλλως ἐχούσαις ὁρμὴν ἢ κίνησιν πρὸς χρῆσιν ἰδίων ἢ πρὸς ἀποχὴν ἀλλοτρίων".

222 De Res 22,5 (Marcovich 48,1 f.): „τῆς μὲν χρήσεως τῶν κατὰ φύσιν καὶ τῆς ἀποχῆς ἐπὶ τῶν

DIE AUF DER PROVIDENZ GOTTES BERUHENDE BEWEISFÜHRUNG   667

Ps-Athenagoras betont erneut ausdücklich, dass die Seele in ihrem Wesen kein Bedürfnis kennt (τῆς δὲ ψυχῆς μήτε δεομένης τινός), aber auch keine Fähigkeit dazu besitzt, etwas zu ihrem Sein zu benutzen (μήτε χρῆσθαι τισὶν ἢ τινὶ πεφυκυίας).[223]

In einem letzten Schlusssatz des Nachweises von der Bedürfnislosigkeit der Seele in De Res 22 drückt Ps-Athenagoras explizit aus, gegen welche Position er sein gesamtes Verständnis vom Wesen der Seele entwickelt:

> Deshalb kann bei der so beschaffenen Seele auch keine sogenannte eigene Handlung der (Seelen)teile gefunden werden.[224]

Mit τῆς λεγομένης ἰδιοπραγίας τῶν μερῶν nimmt er hier einen offenbar geläufigen Ausdruck auf, der die eigene Handlung der Seelenteile beinhaltet. Dass er tatsächlich die Teile *der Seele* meint und nicht von einem anderen Sachverhalt spricht,[225] findet seine Bestätigung bei Galen[226] und insbesondere bei Origenes.

> Der *Alexandriner* führt die Vorstellung von „der eigenen Handlung der Seelenteile" ausdrücklich auf die Platoniker zurück: „Eine andere Gerechtigkeit vertreten die Anhänger Platons, die sagen, dass die Gerechtigkeit in der eigenen Handlung der Seelenteile bestehe (ἰδιοπραγίαν τῶν μερῶν τῆς ψυχῆς)."[227]

χρῆσθαι πεφυκότων θεωρουμένης". Der Zusatz nach τῆς ἀποχῆς von M. Marcovich τῶν παρὰ φύσιν ist zwar interessant, aber für das Verständnis der Aussage nicht wirklich notwendig. Deshalb ist hier die handschriftliche Überlieferung vorzuziehen.

223   De Res 22,5 (Marcovich 48,2 f.).

224   De Res 22,5 (Marcovich 48,4 f.): „διὰ τοῦτο μηδὲ τῆς λεγομένης ἰδιοπραγίας τῶν μερῶν ἐπὶ τῆς οὕτως ἐχούσης ψυχῆς εὑρεθῆναι δυναμένης."

225   So aber B. Pouderon, der sogar vermutet, dass hier ein Verweis auf 1 Kor 12,12–30 vorliegt. B. Pouderon, Athénagore (SC 379), 307 Anm. 2: „Le mot ἰδιοπραγία est platonicien, cf. *Lois* IX, 875b; mais l'auteur fait ici vraisemblablement référence à l'apologie des membres et de l'estomac. Cf. Paul, *1 Cor.* 12, 12–30".

226   Galen, Institutio logica, 18,4 (Kalbfleisch 46,3–11): „καὶ διὰ τοῦτο προγυμνάσας τοὺς κοινωνοῦντας αὐτῷ τοῦ λόγου νεανίσκους ἐν τῷ περὶ τῆς δικαίας πόλεως λόγῳ μεταβὰς ἐπὶ τὴν ψυχὴν ἀποδείκνυσι κἀκείνην κατὰ τὸν αὐτὸν τρόπον δικαίαν λεγομένην ὥσπερ καὶ τὴν πόλιν, ὡς εἶναι τὸν συλλογισμὸν τοιοῦτον ‚ὡσαύτως πόλις τε καὶ ψυχὴ δίκαιαι λέγονται καὶ εἰσί· πόλις δὲ δικαία λέγεται τῇ [κατὰ] τῶν μερῶν αὐτῆς ἰδιοπραγίᾳ· καὶ ψυχὴ ἄρα κατὰ τοῦτο δικαία λεχθήσεται'." Galen bezieht sich hier offenbar auf Plat. Politeia 580d–583a.

227   C. Cels. V,47 (Marcovich 361,10–12): „ἄλλη δὲ κατὰ τοὺς ἀπὸ Πλάτωνος, ἰδιοπραγίαν τῶν μερῶν τῆς ψυχῆς φάσκοντας εἶναι τὴν δικαιοσύνην."

668   8. KAPITEL

Daraufhin deutet Origenes an, dass sich für die Platoniker die Gerechtigkeit in dem Vollbringen der Tugend des θυμικόν vollzieht. Diese ἀρετή äußert sich in der Tapferkeit (ἀνδρεία) des muthaften Seelenteils (τοῦ θυμικοῦ μέρους τῆς ψυχῆς),[228] der sich mit dem λογιστικόν gegen das ἐπιθυμικόν zu verbinden vermag.[229]

Auf diese ἰδιοπραγία der Seelenteile spielt auch *Galen* in Institutio logica 18,4 an. Er spricht in einer anderen Schrift ebenfalls von einem Konflikt der Seelenteile untereinander: „Das λογιστικόν kämpft oft mit dem Muthaften. Es hat jedoch das θυμοειδές auch als Kampfgenossen gegen das ἐπιθυμητικόν."[230] Daher erweist sich in der Tat die Tugend des muthaften Seelenteils darin, dass es nicht gegen das λογιστικόν, sondern zusammen mit dem vernünftigen Seelenteil gegen das ἐπιθυμητικόν kämpft. Hierin besteht nach dem Referat des Origenes offenbar die Gerechtigkeit der Platoniker, wenn nämlich die ἰδιοπραγία der Seelenteile nicht zur κακία, sondern zur ἀρέτη führt, die in der Tapferkeit des θυμικόν besteht.

Ps-Athenagoras setzt offensichtlich eine entsprechende platonische Konzeption von der Eigenhandlung der Seelenteile in De Res 22,5 voraus. Er spricht in De Res 22,2 nicht zufällig von der Tugend der ἀνδρεία und schließt diese explizit aus dem Wesen der Seele aus: Denn es ist unmöglich, von der ἀνδρεία ἢ καρτερία im Wesen der Seele auszugehen, da die ψυχή keine Fähigkeit zu derartigen Tugenden besitzt, um als unvergängliches Wesen die Angst vor dem Tod oder jeglicher Vernichtung zu überwinden. Daher bezieht sich die Gerechtigkeit des göttlichen Gerichts nicht auf die Führung und Beherrschung der rationalen und irrationalen Kräfte, die nämlich auf tugend- oder lasterhafte Eigenhandlungen der Seelenteile zurückzuführen wären.[231]

---

228   C. Cels. v,47 (Marcovich 361,14–16): „ἄλλη δ' ἡ ⟨τοῦ⟩ ἀπὸ Πλάτωνος, τοῦ θυμικοῦ μέρους τῆς ψυχῆς φάσκοντος αὐτὴν εἶναι ἀρετὴν καὶ ἀποτάσσοντος αὐτῇ τόπον τὸν περὶ τὸν θώρακα."

229   Vgl. Platon, Politeia 439e2–442c3; Tim. 69e3–70a7; Vgl. H. Dörrie/M. Baltes, Der Platonismus in der Antike, Bd. 6.1, 402.

230   Galen, In Plat. Tim. (Schröder 11,32–36): „ὁ δὲ Πλάτων οὐ τὴν αὐτὴν οὐσίαν τὸ λογιστικὸν τῆς ψυχῆς τῷ ἀλόγῳ καὶ ἐπιθυμικῷ φησιν ὑπάρχειν, ἀλλ' ἕτερον ἐκείνου, καὶ τοῦτο καὶ τῷ θυμοειδεῖ πολλάκις διαμάχεσθαι, καὶ μέντοι καὶ σύμμαχον ἔχειν ποτὲ τὸ θυμοειδὲς κατὰ τοῦ ἐπιθυμ⟨ητ⟩ικοῦ". Vgl. zur Stelle H. Dörrie/M. Baltes, Der Platonismus in der Antike, Bd. 6.1, 357: „Platon hingegen leugne [sc. sagt Galen], daß das λογιστικόν, das θυμοειδές und das ἐπιθυμητικόν dieselbe Substanz besitzen, vielmehr seien sie ganz verschieden, denn das λογιστικόν habe mit dem θυμοειδές, das seinen Sitz in einer anderen Körpergegend habe, bald zu kämpfen, bald habe es dieses zum Bundesgenossen gegen das ἐπιθυμητικόν."

231   Alkinoos behandelt das Thema „Tugend" in Did 29, indem er die einzelnen Tugenden auf

DIE AUF DER PROVIDENZ GOTTES BERUHENDE BEWEISFÜHRUNG 669

Die gesamte Argumentation in De Res 22 wendet sich demnach gegen die im Platonismus verbreitete Lehre von den Seelenteilen.[232] Dieser Lehre zufolge werden alle Handlungen des Menschen auf ihren Ursprung in den einzelnen Seelenteilen zurückgeführt. Auf diese Weise bleibt die ψυχή allein für alle Tugenden und Laster verantwortlich, so dass sich die Gerechtigkeit in einem Gerichtshandeln Gottes ausschließlich an ihr zu ereignen hätte. Der Körper erhält in einer derartigen Konzeption *keine* verantwortungsvolle Funktion, da er einzig und allein zur Ausführung der ἰδιοπραγία der Seelenteile verwendet wird.

Indem Ps-Athenagoras aus dem Wesen der ψυχή den im Platonismus vertretenen innerseelischen Konflikt ihrer Teile ausdrücklich ausschließt, geht er offensichtlich in De Res 22 gegen die Verlagerung der gesamten Verantwortlichkeit für die Ausübung der Handlungen innerhalb der Seele vor.[233]

Es lohnt sich, einen kurzen Blick auf einen Repräsentanten der Lehre von den Seelenteilen aus dem zweiten Jahrhundert zu werfen, um die platonische Position, gegen die Ps-Athenagoras hier vorgeht, genauer zu erhellen. Der Mittelplatoniker *Alkinoos* spricht in seinem Didaskalikos[234] von den Tei-

---

die unterschiedlichen Seelenteile aufteilt: Die Weisheit und die Einsicht (σοφία καὶ φρόνησις) kommen dem λογιστικόν zu. Die Tugend der ἀνδρία bezieht sich auf das θυμικόν und die σωφροσύνη auf das ἐπιθυμητικόν. Die Vollkommenheit des vernünftigen Seelenteils ist die Einsicht, des Gemüthaften die Tapferkeit und des begehrenden Teils die Besonnenheit (Did 29,1 [Whittaker 58,25–27/Summerell/Zimmer 60,16 f.]: „τοῦ μὲν δὴ λογιστικοῦ μέρους τελειότης ἐστίν ἡ φρόνησις, τοῦ δὲ θυμικοῦ ἡ ἀνδρία, τοῦ δὲ ἐπιθυμητικοῦ ἡ σωφροσύνη.")
Was die vierte Tugend der Gerechtigkeit betrifft, so ist diese eine Harmonie der drei Seelenteile untereinander, da sie ein Vermögen ist, gemäß welchem die drei Teile der Seele übereinstimmen und miteinander in Harmonie stehen. So ist die δικαιοσύνη die Vollkommenheit der drei Tugenden, der Einsicht, der Tapferkeit und der Besonnenheit, indem das Denkvermögen herrscht und die übrigen Seelenteile gemäß ihrer eigenen Eigenheit dem Denkvermögen untergeordnet und ihm gehorsam sind (vgl. Did 29,3 [Whittaker 59,37–46/Summerell/Zimmer 60,26–33]).

232 Eine Zusammenfassung der Lehre von den Seelenteilen und ihre differenzierte Sicht im Platonismus bietet H. Dörrie/M. Baltes, Der Platonismus in der Antike, Bd. 6.2, 401f.

233 Dabei spielt es aus der Sicht des Ps-Athenagoras keine Rolle, ob sich der Widerstreit zwischen den Seelenteilen bzw. -arten sehr heftig oder ausgeglichener vollzieht. Vgl. H. Dörrie/M. Baltes, Der Platonismus in der Antike, Bd. 6.2, 401: „Nach Numenios sind der Gegensatz und der Widerstreit offenbar sehr heftig, nach Plutarch und Attikos hingegen ausgeglichener."

234 Dieses Werk wird in der Regel in die zweite Hälfte des zweiten Jahrhunderts n. Chr. datiert.

670 8. KAPITEL

len der ψυχή, die er nach dem platonischen Timaios bestimmten Plätzen im Körper zuordnet (vgl. Tim 69cff.): Dabei ist die Seele dreigeteilt gemäß dem Vermögen und ihre Teile sind vernunftgemäß an ihre eigene Plätze verteilt worden.[235] Das παθητικόν und das λογιστικόν sind von Natur aus verschieden, so dass sie auch räumlich von einander getrennt sind.[236] Sie liegen miteinander im Widerstreit (Εὑρίσκεται γὰρ μαχόμενα ἀλλήλοις), was auf einen innerseelischen Konflikt schließen lässt.[237] Im Bereich des Kopfes ist das λογιστικόν als führender Teil (τὸ ἡγεμονικόν) der Seele angesiedelt. Das παθητικόν befindet sich tiefer im Körper und ist in zwei Teile unterteilt: Das θυμικόν hat seinen Sitz in der Herzgegend und das ἐπιθυμητικόν im Bereich des Unterleibes und des Nabels erhalten (vgl. Did 17,4).[238]

Der innerseelische Kampf zwischen diesen Seelenteilen wird mit zwei Zitaten untermauert: Im ersten Zitat aus der „Medeia" des Euripides (Medeia 1078f.) geht es um den θυμός. Dieser streitet mit dem Denkvermögen, so dass das Gemüt schlechte Taten (κακά) vollbringt.[239] Mit dem zweiten Zitat aus dem „Chrysippos" des Euripides (Chrysippos Fragm. 841 Nauck) wird der Streit der Begierde mit dem Denkvermögen belegt: Der Mensch erkennt zwar durch das λογιστικόν das Gute, bedient sich dessen aber nicht und gibt der Begierde nach.[240] Daher muss nach Alkinoos das λογιστικόν der Belehrung

---

Vgl. J. Whittaker, Alcinoos, XII–XIII; O.F. Summerell/Th. Zimmer, Alkinoos, Didaskalikos, IX: „Der *Didaskalikos* des mittelplatonischen Philosophen Alkinoos aus dem 2. Jahrhundert n. Chr. ist ein Lehrbuch des Platonischen Denkens, das dieses thematisch organisiert und mit Aristotelischen und stoischen Elementen der Ontologie und Noologie bzw. Logoslehre synthetisiert und dadurch erweitert."

235 Did 24,1 (Whittaker 46,35–47,37/Summerell/Zimmer 48,25 f.): „Ὅτι δὲ τριμερής ἐστιν ἡ ψυχὴ κατὰ τὰς δυνάμεις, καὶ κατὰ λόγον τὰ μέρη αὐτῆς τόποις ἰδίοις διανενέμηται".

236 Did 24,2 (Whittaker 47,41–43/Summerell/Zimmer 48,31 f.): „Ἔπειτά γε μὴν ἕτερα ὄντα τῇ φύσει τό τε παθητικὸν καὶ τὸ λογιστικὸν καὶ τόποις ὀφείλει κεχωρίσθαι."

237 Did 24,2 (Whittaker 47,1–3/Summerell/Zimmer 48,32–35): „Εὑρίσκεται γὰρ μαχόμενα ἀλλήλοις, οὔτε αὐτοῦ τινος πρὸς αὐτὸ μάχεσθαι δυναμένου οὔτε τῶν ἐναντιουμένων πρὸς ἄλληλα περὶ τὸ αὐτὸ κατὰ τὸν αὐτὸν χρόνον δυναμένων συστῆναι."

238 Did 17,4 (Whittaker 39,5–8.11–15/Summerell/Zimmer 42,9–11.13–17): „Ἐργασάμενοι δὲ οἱ θεοὶ τὸν ἄνθρωπον καὶ ἐνδήσαντες τῷ σώματι αὐτοῦ τὴν ψυχὴν δεσπόσουσαν αὐτοῦ, ταύτης τὸ ἡγεμονικὸν κατὰ λόγον περὶ τὴν κεφαλὴν καθίδρυσαν [...] Ἐν τούτῳ καὶ τὸ λογιστικὸν τῷ τόπῳ καὶ τὸ κρῖνόν τε καὶ τὸ θεωροῦν· τὸ δὲ παθητικὸν τῆς ψυχῆς κατωτέρω ἐποίησαν, τὸ μὲν θυμικὸν περὶ τὴν καρδίαν, τὸ δὲ ἐπιθυμητικὸν περὶ τὸ ἧτρον καὶ τοὺς περὶ τὸν ὀμφαλὸν τόπους, περὶ ὧν ὕστερον εἰρήσεται." Vgl. auch Did 23,1–2.

239 Did 24,3 (Whittaker 47,4–7/Summerell/Zimmer 48,36–50,2): „Ὁρᾶται δέ γε ἐπὶ μὲν τῆς Μηδείας ὁ θυμὸς λογισμῷ μαχόμενος· λέγει γοῦν τὸ ‚Καὶ μανθάνω μὲν οἷα δρᾶν μέλλω κακά, Θυμὸς δὲ κρείσσων τῶν ἐμῶν βουλευμάτων·'"

240 Did 24,3 (Whittaker 47,8–11/Summerell/Zimmer 50,3–6): „ἐπὶ δὲ τοῦ Λαΐου τὸν Χρύσιππον

DIE AUF DER PROVIDENZ GOTTES BERUHENDE BEWEISFÜHRUNG   671

und das παθητικόν der sittlichen Übung (διὰ τῆς τοῦ ἔθους ἀσκήσεως) unterzogen werden.[241] Somit ist das Vollbringen der ἀρετή und der κακία ganz in den Bereich der ψυχή verlagert, da sich die einzelnen Seelenteile in einem Konflikt miteinander befinden.[242] Die Seele muss sich stets entscheiden, ob sie den Affekten aus den niederen Teilen oder allein der Vernunft des λογιστικόν zu folgen hat.[243]

De Res 23,1–5: Der Mensch als Empfänger der göttlichen Gebote

Auf der Basis seiner jüdisch-christlichen Schriftüberlieferung vertieft Ps-Athenagoras seine Ansicht von der Affektionsfreiheit der Seele. Er will bei seinen Adressaten endgültig jeden Zweifel bezüglich der Gerichtshandlung an dem ganzen Menschen ausräumen. In De Res 23,1–5 wird die göttliche Verordnung der Gebote als ein Zusatzargument dafür beansprucht, dass der Mensch und nicht die Seele allein zur Haltung der Gebote Gottes verpflichtet wurde.

Nun argumentiert Ps-Athenagoras hier in der Tat von der Schrift aus. Er setzt voraus, dass die göttlichen Verordnungen in Form der zehn Gebote an die Menschen ergangen sind. Daraufhin werden aus dem *Dekalog* auch zwei Gebote (Ex 20,12.14) zitiert. Mit dem Rekurs auf den Dekalog versucht er, das reine Seelengericht von der Schrift aus zu widerlegen. Auch wenn er hier auf seine Schrifttradition zurückgreift, so stellt diese nicht die Ausgangsbasis seiner Argumentation innerhalb des Gerichtsarguments dar. Als Ausgangspunkt dient im Hinblick auf seine platonischen Adressaten vielmehr seine Annahme von der Affektionslosigkeit und Unbedürftigkeit der Seele.[244] In De Res 23,1–5

ἁρπάζοντος ἐπιθυμία λογισμῷ μαχομένη· λέγει γὰρ οὕτως· ‚Αἲ αἲ τόδ’ ἤδη θεῖον ἀνθρώποις κακόν, ὅταν τις εἰδῇ τἀγαθόν, χρῆται δὲ μή.‘ "

241 Did 24,4 (Whittaker 47,12–15/Summerell/Zimmer 50,7–9): „Ἔτι δὲ τὸ ἕτερον εἶναι τὸ λογιστικὸν τοῦ παθητικοῦ παρίσταται κἀκ τοῦ ἑτέραν μὲν ἐπιμέλειαν εἶναι τοῦ λογιστικοῦ, ἑτέραν δὲ τοῦ παθητικοῦ· τοῦ μὲν διὰ διδασκαλίας, τοῦ δὲ διὰ τῆς τοῦ ἔθους ἀσκήσεως."

242 Vgl. H. Dörrie/M. Baltes, Der Platonismus in der Antike, Bd. 6.1, 352 f: „Alkinoos/Albinos belegt die Behauptung, daß der den Affekten unterworfene gegen den vernünftigen Teil der Seele kämpft, mit zwei Zitaten aus der Literatur. Das erste Zitat aus der ‚Medeia‘ des Euripides soll den Kampf zwischen dem θυμός bzw. dem θυμοειδές und dem λογιστικόν belegen, das zweite aus dem ‚Chrysippos‘ desselben Dichters den Kampf zwischen der ἐπιθυμία bzw. dem ἐπιθυμητικόν und dem λογιστικόν." Zu den verschiedenen Einflüssen in Did 24 vgl. J. Dillon, Alcinous, 149–151.

243 Vgl. H. Dörrie/M. Baltes, Der Platonismus in der Antike, Bd. 6.1, 402: „In der menschlichen Seele herrscht also ein fundamentaler Gegensatz zwischen zwei prinzipiell verschiedenen εἴδη ψυχῆς, der nicht selten in einen offenen Widerstreit mündet."

244 Daher bleibt Ps-Athenagoras seiner Vorgehensweise im „Logos de veritate" grundsätzlich

672 8. KAPITEL

untermauert er diesen Standpunkt, indem er den ganzen Menschen als Empfänger der Gebote in die Pflicht nimmt.

Damit gibt er zu verstehen, dass auch von der christlichen Tradition her an ein Gerichtshandeln an den leiblosen Seelen nicht zu denken ist. Er beginnt in De Res 23,1 erneut seine Argumentation in der Weise, dass er an den Menschenverstand seiner Adressaten appelliert:

> Und auch jenes ist doch das widersinnigste von allen Dingen, die verkündeten Gebote auf die Menschen zu beziehen, dagegen aber die Vergeltung für das gesetzmäßig oder gesetzwidrig Verübte allein auf die Seelen zu beschränken.[245]

Dabei gilt als feste Annahme, dass nicht die Seele für sich allein (οὐ ψυχὴ καθ᾽ ἑαυτήν), sondern der Mensch die Gebote empfangen hat (ἐδέξατο δὲ τοὺς νόμους ἄνθρωπος).[246] Wenn demnach der Mensch als Empfänger der Gebote gerechterweise auch selbst die Vergeltung für deren Übertretung erhalten soll, so muss auch er und nicht die Seele für sich allein die Strafe für die Sünden erdulden.[247]

> Denn nicht den Seelen hat Gott verkündet (ἐθέσπισεν θεός), sich von solchen ihnen nicht zukommenden Dingen zu enthalten, wie Ehebruch, Mord, Diebstahl, Raub, Verachtung der Eltern und überhaupt jede auf Ungerechtigkeit und Schädigung der Nächsten gerichtete Begierde.[248]

---

    treu, die zum Beweis der Auferstehung vorgebrachten Ausgangspunkte der Fassungskraft der Anwesenden anzupassen (vgl. De Res 23,6 [Marcovich 49,3 f.]: „ἃ χρὴ περὶ τῆς ἀναστάσεως φρονεῖν καὶ τῇ δυνάμει τῶν παρόντων συμμετρῆσαι τὰς ἐπὶ τοῦτο φερούσας ἀφορμάς."). Aus den Zitaten (Ex 20,12.14) ist keineswegs auf ein christliches Publikum des Traktats zu schließen. Vgl. N. Zeegers-Vander Vorst, Adversaires et destinataires, 431–435.

    Vielmehr begründet Ps-Athenagoras als christlicher Autor seine Position in De Res 23 von der Schrift aus, nachdem er seine Adressaten auf der Basis des rationalen Denkens (vgl. De Res 14,1 f.) von der Affektionsfreiheit der Seele und somit von der Ungerechtigkeit eines reinen Seelengerichts zu überzeugen versucht hat.

245 De Res 23,1 (Marcovich 48,6–8): „Καὶ μὴν κἀκεῖνο πάντων παραλογώτατον, τὸ τοὺς μὲν θεσπισθέντας νόμους ἐπ' ἀνθρώπους φέρειν, τῶν δὲ νομίμως ἢ παρανόμως πεπραγμένων τὴν δίκην ἐπὶ μόνας τρέπειν τὰς ψυχάς."

246 De Res 23,2 (Marcovich 48,9 f.).

247 De Res 23,2 (Marcovich 48,8–11): „Εἰ γὰρ ὁ τοὺς νόμους δεξάμενος αὐτὸς δέξαιτ' ἂν δικαίως καὶ τῆς παρανομίας τὴν δίκην, ἐδέξατο δὲ τοὺς νόμους ἄνθρωπος, οὐ ψυχὴ καθ᾽ ἑαυτήν, ἄνθρωπον δεῖ καὶ τὴν ὑπὲρ τῶν ἡμαρτημένων ὑποσχεῖν δίκην, οὐ ψυχὴν καθ᾽ ἑαυτήν·"

248 De Res 23,2 (Marcovich 48,11–14): „ἐπεὶ μὴ ψυχαῖς ἐθέσπισεν θεὸς ἀπέχεσθαι ⟨τῶν⟩ οὐδὲν αὐταῖς

DIE AUF DER PROVIDENZ GOTTES BERUHENDE BEWEISFÜHRUNG 673

Gott wird hier explizit als Autorität und Ursprung der Gebote beansprucht. Bei dieser losen Aufzählung einiger Vergehen, die nicht auf die Seele zu beziehen sind, hat Ps-Athenagoras bereits manche Gebote aus dem Dekalog im Blick. Sie betreffen vor allem die sittlichen Anordnungen des zwischenmenschlichen Miteinanders.[249]

In De Res 23,3–5 begründet Ps-Athenagoras seine in De Res 23,1–2 dargelegte Position und betrachtet einige Gebote dahingehend, die Unmöglichkeit ihrer Geltung für die Seelen allein darzulegen. Er will vor allem den Menschen und nicht die Seele als Verantwortungsträger der göttlichen Gebote und somit als verantwortungsfähiges Gegenüber Gottes erweisen: Das Gebot, Vater und Mutter zu ehren (vgl. Ex 20,12 [LXX]: Τίμα τὸν πατέρα σου καὶ τὴν μητέρα), kann auf keinen Fall für die Seelen als solche passen, da ihnen derartige Namen nicht zustehen.[250]

> Denn nicht die Seelen, die etwa Seelen erzeugen (οὐ γὰρ ψυχαὶ ψυχὰς γεννῶσαι), eignen sich die Bezeichnung des Vaters oder der Mutter an, sondern die Menschen, welche Menschen erzeugen.[251]

Mit dieser Aussage verdeutlicht er, dass derartige Benennungen allein den Menschen zukommen, da sie durch die Zeugung der Kinder Eltern werden

---

προσηκόντων, οἷον μοιχείας, φόνου, κλοπῆς, ἁρπαγῆς, τῆς κατὰ τῶν γεννησάντων ἀτιμίας, πάσης τε κοινῶς τῆς ἐπ' ἀδικίᾳ καὶ βλάβῃ τῶν πέλας γινομένης ἐπιθυμίας."

249 Dies sind in erster Linie die letzten sechs Gebote des Dekalogs. Unerwähnt bleibt allein das Verbot der falschen Zeugenaussage (neuntes Gebot). Zur unterschiedlichen Reihenfolge des sechsten, siebten und achten Gebots siehe M. Karrer/W. Kraus (Hgg.), Septuaginta Deutsch, Erläuterungen und Kommentare, Bd. 1, 300 f.
    Eine vollständige Aufzählung der einzelnen Gebote ist nicht beabsichtigt. Die Verbote des Ehebruchs und der Verachtung der Eltern werden in De Res 23,3 f. ausdrücklich zitiert (Ex 20,12.14). Auf die Verbote des Stehlens und des Begehrens von fremdem Gut wird in De Res 23,5 abschließend angespielt. Vom Mord (φόνος) spricht der Verfasser in De Res 23,2 beiläufig, wobei er zusätzlich auch das Vergehen des Raubes neben dem des Diebstahls folgen lässt. Die Erwähnung der ἁρπαγή ist keinem Gebot des Dekalogs eigen, wobei wohl der Raub durchaus zum Verbot des Diebstahls gezählt werden kann. *Philo* subsummiert in seiner Schrift „De Decalogo" eindeutig die unverschämten Raubhandlungen (ἀναισχύντοις ἁρπαγαῖς) unter das Verbot des Stehlens, nachdem er die zehn Gebote einzeln besprochen hat. Vgl. Philo, De Decalogo §171 (Vol. IV, 306,10–13 Cohn).

250 De Res 23,3 (Marcovich 48,15 f.): „Οὔτε γὰρ τὸ ‚Τίμα τὸν πατέρα σου καὶ τὴν μητέρα' ψυχαῖς μόνον εὐάρμοστον, οὐ προσηκόντων αὐταῖς τῶν τοιούτων ὀνομάτων·"

251 De Res 23,3 (Marcovich 48,16–18): „οὐ γὰρ ψυχαὶ ψυχὰς γεννῶσαι τὴν τοῦ πατρὸς ἢ τῆς μητρὸς οἰκειοῦνται προσηγορίαν, ἀλλ' ἀνθρώπους ἄνθρωποι·"

674   8. KAPITEL

können. Die Seelen dagegen sind gänzlich unfähig, Seelen zu erzeugen,[252] so dass die Bezeichnungen als Vater oder Mutter für sie unzutreffend sind.[253]

Das Verbot des Ehebruchs (De Res 23,4) vertieft diesen Zusammenhang, indem die Unfähigkeit der Seelen zum Geschlechtsverkehr und daher ihre Unmöglichkeit zum Verstoß gegen dieses Gebot in den Mittelpunkt gerückt wird:

> Nun auch das (Gebot): ‚Du sollst nicht die Ehe brechen' dürfte wohl niemals in gebührender Weise über Seelen ausgesagt oder gedacht werden, da bei ihnen kein geschlechtlicher Unterschied als Mann und Frau existiert, auch nicht ein Bedürfnis zum Geschlechtsverkehr oder ein Verlangen danach besteht.[254]

---

252 Anders Tertullian, De Anima 27.36, der seine traduzianische Anschauung von der Entstehung der Seelen durch die Annahme eines „Seelensamens" (semen animale) entfaltet. Vgl. H. Karpp, Anthropologie, 43 f.: „Die seelische Fortpflanzung denkt sich Tertullian der leiblichen ganz entsprechend, daher auch mittels eines ‚seelischen Samens', der mit dem körperlichen untrennbar verbunden ist. Deshalb wird auch von einem aus zwei Substanzen bestehenden ‚Samen des ganzen Menschen' geredet."

Zum Traduzianismus Tertullians vgl. ebd., 59–67, bes. 59: „Nicht die Annahme einer Beseelung des Embryos oder die Übertragung der elterlichen oder der väterlichen Seele war neu, sondern die genauere Bestimmung, daß die Seele seit der Schöpfung durch einen mit dem körperlichen Samen verbundenen seelischen fortgepflanzt werde, so daß alle menschlichen Seelen die ‚Absenker' einer einzigen seien."

253 Bei dieser Argumentation und Deutung des fünften Gebots geht Ps-Athenagoras von der seelischen Unfähigkeit zur Zeugung aus. Daher können sie auch nicht gegen das Gebot, Vater und Mutter zu ehren, verstoßen, da sie nicht in die Stellung von Eltern gelangen.

Wenn die bisherigen Ausführungen bezüglich der Seelen beachtet werden, dann hat Ps-Athenagoras konsequent die Annahme von der Bedürfnis- und Leidenschaftslosigkeit der Seele auf ihre Unfähigkeit zum geschlechtlichen Begehrungsvermögen angewandt. Da die Seelen unfähig zur geschlechtlichen Verbindung sind, können sie auch nicht etwa andere Seelen zeugen. Aus diesem Grund kann dieses Gebot niemals den Seelen, sondern allein den Menschen gelten. Diese haben Eltern und sind fähig, durch die Zeugung der Kinder in die Verantwortung als Vater und Mutter zu gelangen.

Nun scheint unser Autor mit einer solchen Argumentation einerseits die Plausibilität eines Gerichts zu erweisen, in dem der gesamte Mensch für die Haltung der Gebote Gottes zu verpflichten ist. Andererseits betont er zum Ende der Gerichtsargumentation (De Res 18–23) mit ganzem Nachdruck die völlige Unsinnigkeit (De Res 23,1: πάντων παραλογώτατον) eines Seelengerichts.

254 De Res 23,4 (Marcovich 48,18–21): „οὔτε οὖν τὸ ‚Οὐ μοιχεύσεις' ἐπὶ ψυχῶν λεχθείη ποτ' ἂν ἢ νοηθείη δεόντως, οὐκ οὔσης ἐν αὐταῖς τῆς κατὰ τὸ ἄρσεν καὶ θῆλυ διαφορᾶς, οὐδὲ πρὸς μίξιν τινὸς ἐπιτηδειότητος ἢ πρὸς ταύτην ὀρέξεως."

DIE AUF DER PROVIDENZ GOTTES BERUHENDE BEWEISFÜHRUNG 675

In De Res 22,3 führte Ps-Athenagoras bereits aus, dass sich die Seele überhaupt von keiner Begierde zur Nahrung, zum geschlechtlichen Verkehr oder zu anderen sinnlichen Lüsten und Befriedigungen hinziehen lässt.[255] Aufgrund ihrer Affektlosigkeit und Unbedürftigkeit hat sie auch kein Begehrungsvermögen, so dass das Verbot des Ehebruchs in keiner Weise auf sie zutrifft. Ps-Athenagoras nennt als Grund für die Unangemessenheit eines solchen Gebots für die Seelen, dass ihnen nämlich keine Geschlechtsdifferenzierung eigen ist. Da sie aber weder männliche noch weibliche Geschlechtsorgane besitzen, können sie auch niemals ein Bedürfnis oder ein Verlangen nach Geschlechtsverkehr haben.[256]

Bei solchen Wesen aber, bei denen überhaupt kein Geschlechtsverkehr besteht, gibt es nicht einmal die rechtmäßige geschlechtliche Verbindung, was die Ehe ist.[257] Wo es aber keinen rechtmäßigen Geschlechtsverkehr gibt, kann es auch kein unerlaubtes und nach einer fremden Frau entstehendes Verlangen oder einen Beischlaf geben. Dies nämlich ist der Ehebruch (τοῦτο γάρ ἐστι μοιχεία).[258]

---

255 De Res 22,3 (Marcovich 47,27 f.): „οὐδεμιᾶς ἑλκούσης αὐτὴν ἐπιθυμίας πρὸς τροφὴν ἢ μῖξιν ἢ τὰς ἄλλας ἡδονάς τε καὶ τέρψεις“.

256 Wenn aber bei ihnen dieses Verlangen nicht besteht, ist es nicht einmal möglich, dass es zum Geschlechtsverkehr kommt. Vgl. De Res 23,4 (Marcovich 48,21 f.): „Ὀρέξεως δὲ τοιαύτης οὐκ οὔσης, οὐδὲ μῖξιν εἶναι δυνατόν·“

Nun hat Ps-Athenagoras längst dargelegt, dass die Seelen in ihrem Wesen weder ein Verlangen noch eine Regung noch einen Trieb besitzen (vgl. De Res 21,3 [Marcovich 46,23]: „ἔχει κατὰ τὴν ἑαυτῆς φύσιν οὐκ ὄρεξιν οὐ κίνησιν οὐχ ὁρμήν“), so dass sie aufgrund ihrer völligen Bedürfnislosigkeit auch kein Streben nach geschlechtlichem Verkehr aufweisen können. Aus der Annahme einer gänzlichen Unempfindlichkeit sowohl in ihrem Inneren als auch bezüglich des Äußeren (vgl. De Res 22,3 [Marcovich 47,28 f.]: „οὐδ' ἄλλου τινὸς οὔτ' ἔσωθεν ἐνοχλοῦντος οὔτ' ἔξωθεν ἐρεθίζοντος“) zieht unser Autor offenbar die Schlussfolgerung, dass die Seelen auch keine Geschlechtsglieder haben. Sie unterscheiden sich geschlechtlich überhaupt nicht voneinander, so dass sie auch in keiner Weise als männliche oder weibliche Wesen wahrnehmbar sind (οὐκ οὔσης ἐν αὐταῖς τῆς κατὰ τὸ ἄρσεν καὶ θῆλυ διαφορᾶς). Die Geschlechtsorgane sind ausschließlich die Eigentümlichkeit des Körpers und daher nicht die der Seelen.

257 De Res 23,4 (Marcovich 48,22 f.): „παρ' οἷς δὲ μῖξις ὅλως οὐκ ἔστιν, οὐδὲ ἔνθεσμος μῖξις, ὅπερ ἐστὶν γάμος·“ Die Ehe vollzieht sich demnach in der gesetzlich erlaubten ehelichen Vereinigung.

258 De Res 23,4 (Marcovich 48,23–25): „ἐννόμου δὲ μίξεως οὐκ οὔσης, οὐδὲ τὴν παράνομον καὶ τὴν ἐπ' ἀλλοτρίᾳ γυναικὶ γινομένην ὄρεξιν ἢ μῖξιν εἶναι δυνατόν· τοῦτο γάρ ἐστι μοιχεία.“

676 8. KAPITEL

Als Ehebruch wird sowohl das unerlaubte Verlangen nach einer fremden Frau als auch der mit ihr vollzogene Geschlechtsverkehr definiert.[259] Die Seelen können sich im gerechten Gericht in keiner Weise für die auf Erden verübte μοιχεία verantworten. Im Gericht muss vielmehr der ganze Mensch erscheinen, der einzig als ein solches Gesamtwesen zum Ehebruch fähig ist. Dies setzt aber die Auferstehung des Leibes zum Gericht voraus. Ob der Auferstehungskörper auch Geschlechtsglieder haben wird, bleibt außerhalb der Betrachtungsperspektive unseres Verfassers. Er nimmt für den Auferstehungsleib an, dass dieser ἄφθαρτον καὶ ἀπαθές sein wird (vgl. De Res 10,6).[260]

Tertullian vertritt hingegen in seinem Auferstehungstraktat ausdrücklich die Ansicht, dass der gesamte Mensch mit seinen Geschlechtsorganen zum Zwecke des Gerichts vorgeführt werden muss. Auf diese Weise wird der Mensch gerechterweise die Vergeltung für das empfangen, was er mittels seiner Körperteile auf Erden verübt hat. Jedoch werden die Geschlechtsglieder der Auferstehungsleiblichkeit funktionslos sein (vgl. Tert, De Res 60 f.).

Auch *Ps-Justin* geht von der Funktionslosigkeit der Geschlechtsorgane in dem Auferstehungskörper aus. Die Funktionen der Geschlechtsglieder werden im kommenden Äon außer Kraft gesetzt.[261] Er wendet sich in seinem Traktat gegen die Meinung seiner Gegner, die befürchten, dass der auferstandene Körper erneut Geschlechtsorgane und das Verlangen nach geschlechtlicher Vereinigung besitzt. Daher verwerfen sie die σαρκικὴ ἀνάστασις,[262] weil

---

259   Diese Annahme erinnert doch sehr stark an Jesu Bestimmung der μοιχεία in Mt 5,28: Wer eine Frau anschaut, mit der Absicht sie zu begehren, hat schon Ehebruch in seinem Herzen mit ihr begangen („ἐγὼ δὲ λέγω ὑμῖν ὅτι πᾶς ὁ βλέπων γυναῖκα πρὸς τὸ ἐπιθυμῆσαι αὐτὴν ἤδη ἐμοίχευσεν αὐτὴν ἐν τῇ καρδίᾳ αὐτοῦ."). Vgl. U. Luz, Mt 1–7 (EKK I/1), 266: „So wichtig ist vom Gottesreich her für Jesus die Integrität der Frau und/bzw. die Heiligkeit der von Gott gebotenen Ehe, daß bereits der begehrliche Blick eines Mannes nach einer verheirateten Frau den Tatbestand des Ehebruchs erfüllt." Diese Zuspitzung des Ehebruchs als in der Gesinnung des Menschen entstehende Absicht zur μοιχεία entspricht der von Ps-Athenagoras beiläufig geäußerten Ansicht, dass das unerlaubte und nach einer fremden Frau gerichtete Verlangen (τὴν παράνομον καὶ τὴν ἐπ᾽ ἀλλοτρίᾳ γυναικὶ γινομένην ὄρεξιν) neben dem vollzogenen Geschlechtsverkehr ebenso schon μοιχεία ist.

260   De Res 10,6 (Marcovich 34,17 f.).

261   Ps-Justin, De Res 3,18 (PTS 54, 110,32–34 Heimgartner): „Μὴ θαυμαζέτωσαν οὖν οἱ τῆς πίστεως ἐκτός, εἰ τὴν ἀπὸ τοῦ νῦν καταργουμένην ἐν τοῖς ἔργοις τούτοις σάρκα καὶ ἐν τῷ μέλλοντι αἰῶνι καταργήσει."

262   Ps-Justin, De Res 2,12 (PTS 54, 106,14 Heimgartner): „ὥστε οὐδὲ σαρκικὴ ἀνάστασις γενήσεται."

DIE AUF DER PROVIDENZ GOTTES BERUHENDE BEWEISFÜHRUNG 677

sie diese Bedürftigkeit für den Heilszustand nicht akzeptieren. Vielmehr wollen sie das Heil offensichtlich leiblos erleben, so dass sie die Hoffnung haben, als von der σάρξ befreite Seelen keine Geschlechtsorgane und somit keine Begierde nach Geschlechtsverkehr zu besitzen. Denn sie werden wie die Engel im Himmel sein. „Die Engel aber, sagen sie, haben weder Fleisch, noch essen sie, noch verkehren sie geschlechtlich miteinander."[263]

Dabei nehmen die Kontrahenten aller Wahrscheinlichkeit nach an, dass sie als Seelen oder als pneumatische Wesen keine σάρξ haben werden.[264] Mit dem Besitz der σάρξ setzen sie die Verdauungs- und Geschlechtsorgane voraus, von denen sie sich aber Befreiung wünschen. Daher lässt sich vermuten, dass sie sich den Zustand der pneumatischen Seelen als geschlechtslos und somit ohne einen geschlechtlichen Unterschied denken. Die Gegner scheinen *Enkratiten* um ihren Hauptvertreter Julius Cassian zu sein,[265] die behaupten, dass sie die Auferstehung bereits empfangen hätten (vgl. ClemAl, Strom III,48,1: εἰ γοῦν τὴν ἀνάστασιν ἀπειλήφασιν, ὡς αὐτοὶ λέγουσι).[266]

Julius Cassian hat selbst nach der Auskunft des Clemens von Alexandrien die platonische Meinung vertreten, dass die Seele zwar göttlich, aber durch die Begierde weiblich geworden (ἐπιθυμίᾳ θηλυνθεῖσαν) und daher von oben zur Geburt und Verderben (εἰς γένεσιν καὶ φθοράν) hierher gekommen sei.[267] Hier wird die Ursache für die Inkarnation der göttlichen Seele in der Begierde gesehen, durch die die Seele weiblich wird. Julius Cassian „hatte die Ge-

---

263   Ps-Justin, De Res 2,11 (PTS 54, 106,13 f. Heimgartner): „Οἱ δὲ ἄγγελοι, φασίν, οὔτε σάρκα ἔχουσιν οὔτε ἐσθίουσιν οὔτε συνουσιάζονται".

264   H.E. Lona, Ps. Justins „De Resurrectione", 719 f., lässt es offen, ob die Gegner jede Art von Leiblichkeit aus der πνευματικὴ ἀνάστασις ausschließen. B. Pouderon, La gnose valentinienne, 172, plädiert dafür, dass die Gegner allein die Rettung der Seelen vertreten. Vgl. auch Ps-Justin, De Res 9,2–4 (PTS 54, 124,3–7 Heimgartner): „Πῶς οὖν τοὺς νεκροὺς ἀνέστησε, πότερον τὰς ψυχὰς ἢ τὰ σώματα; ἀλλὰ δηλονότι ἀμφότερα. Εἰ δὲ ἦν πνευματικὴ μόνη ἡ ἀνάστασις, ἐχρῆν ἀναστάντα αὐτὸν κατ' ἰδίαν μὲν δεῖξαι τὸ σῶμα κείμενον, κατ' ἰδίαν δὲ τὴν ψυχὴν ὑπάρχουσαν. Νῦν δὲ τοῦτο μὲν οὐκ ἐποίησεν, ἀνέστησε δὲ τὸ σῶμα τῆς ψυχῆς τὴν ἐπαγγελίαν ἐν αὐτῷ πιστούμενος."

265   Vgl. M. Heimgartner, Pseudojustin, 150: „Sie gehören offenbar zu den Enkratiten, gegen die sich Clemens im dritten Buch der *Stromateis* wendet und dabei Julius Cassian namentlich als deren Hauptexponenten nennt."

266   ClemAl, Strom III,48,1 (GCS 52, 218,8 f. Stählin/Früchtel/Treu). Vgl. 2 Tim 2,18: „οἵτινες περὶ τὴν ἀλήθειαν ἠστόχησαν, λέγοντες τὴν ἀνάστασιν ἤδη γεγονέναι [...]"

267   ClemAl, Strom III,93,3 (GCS 52, 239,5–7 Stählin/Früchtel/Treu): „ἡγεῖται δὲ ὁ γενναῖος οὗτος Πλατωνικώτερον θείαν οὖσαν τὴν ψυχὴν ἄνωθεν ἐπιθυμίᾳ θηλυνθεῖσαν δεῦρο ἥκειν εἰς γένεσιν καὶ φθοράν." Zum Motiv der „Verweiblichung" der Seele vgl. H. Dörrie/M. Baltes, Der Platonismus in der Antike, Bd. 6.2, 315.

678 8. KAPITEL

schlechtsunterschiede allegorisch ausgelegt und auf das Geschick der präexistenten Seelen bezogen."[268] Clemens hält einer derartigen allegorischen
Deutung von der Weiblichkeit der Seele entgegen: Wenn sich der Geist und
die Seele vereinen, dann wird das erfüllt, was Paulus in Gal 3,28 sagt: „οὐκ ἔνι
ἐν ὑμῖν οὐκ ἄρρεν, οὐ θῆλυ."[269] „Denn nachdem sich die Seele von dieser Gestalt
(des Leibes) getrennt hat, mit der das Männliche und das Weibliche unterschieden wird, wird sie, da sie keines von beiden mehr ist, in eine Einheit
verändert."[270]

Diese Einheit wird sie demnach mit dem Geist besitzen, so dass sie weder
männlich noch weiblich ist. Die Seele besitzt dann keine Geschlechtlichkeit,
wenn sie sich nach der Trennung von der körperlichen Gestalt in diese Einheit
umwandelt. Die Geschlechtlichkeit wird hier als Eigentümlichkeit der Körpergestalt verstanden. Dieser ist die Unterscheidung des Männlichen und des
Weiblichen eigen, was aber der vom Leib getrennten Seele *post mortem* nicht
zukommt, da sie in diesem leiblosen Zustand weder männliche noch weibliche Unterscheidungsmerkmale mehr hat (οὐθέτερον οὖσα). Clemens stellt sich
die ψυχή in der Einheit mit dem Geist eindeutig geschlechtslos vor.

Eine ähnliche Vorstellung vertritt auch Ps-Athenagoras, wenn er das
Gericht an den leiblosen Seelen ausschließt. Denn das Verbot des Ehebruchs
kann keineswegs auf die Seelen bezogen werden, da bei ihnen nach der Trennung vom Leib ebenso kein geschlechtlicher Unterschied als Mann und Frau
feststellbar ist.[271]

In De Res 23,5 beschließt Ps-Athenagoras seine Argumentation auf der Basis
des Dekalogs. Er will endgültig die Gültigkeit der göttlichen Gebote für die
durch den Tod vom Körper getrennte Seele ausschließen:[272]

Aber auch das Verbot des Diebstahls oder der Begierde nach Übervorteilung ist von Natur aus den Seelen nicht zugehörig.[273] Denn die ψυχαί

---

268 D. Wyrwa, Die christliche Platonaneignung, 224.

269 ClemAl, Strom III,93,2 (GCS 52, 239,1–3 Stählin/Früchtel/Treu).

270 ClemAl, Strom III,93,3 (GCS 52, 239,4 f. Stählin/Früchtel/Treu): „ἀποστᾶσα γὰρ τοῦδε τοῦ
σχήματος, ᾧ διακρίνεται τὸ ἄρρεν καὶ τὸ θῆλυ, ψυχὴ μετατίθεται εἰς ἕνωσιν, οὐθέτερον οὖσα."

271 De Res 23,4 (Marcovich 48,19 f.): „οὐκ οὔσης ἐν αὐταῖς τῆς κατὰ τὸ ἄρσεν καὶ θῆλυ διαφορᾶς".

272 Die Verordnungen Gottes gelten immer für den Menschen in seiner gesamten leibseelischen Verfassung. Die zehn Gebote, die die Menschen in ihrer Verantwortung vor Gott zu
befolgen haben, bilden offenbar die Beurteilungsgrundlage im göttlichen Endgericht.

273 De Res 23,5 (Marcovich 48,25 f.): „Ἀλλ᾽ οὐδὲ τὸ κλοπὴν ἀπαγορεύειν ἢ τὴν τοῦ πλείονος

DIE AUF DER PROVIDENZ GOTTES BERUHENDE BEWEISFÜHRUNG 679

bedürfen jener Dinge nicht, die die Bedürftigen um des natürlichen Mangels oder Bedarfs willen zu stehlen und zu rauben gewohnt sind, wie z. B. Gold, Silber, Lebewesen oder etwas anderes, was zur Nahrung, Bedeckung oder zum Gebrauch erforderlich ist.[274]

Allein die Menschen als bedürftige Wesen sind zu solchen Verbrechen wie Diebstahl oder Raub fähig, da sie auf die Befriedigung ihrer Bedürfnisse zielen. Der Zustand der ἔνδεια und der χρεία ist besonders dem Körper eigen, so dass es aufgrund der übermäßigen Befriedigung seiner Erfordernisse und Notwendigkeiten zu manchen Verfehlungen kommt (vgl. De Res 21,1).[275] Dabei muss nicht schon die Gier nach Gold, Silber oder Lebewesen zu Diebstählen und Raubhandlungen führen. Vielmehr bieten die ganz natürlichen Grundbedürfnisse nach Nahrung oder Bekleidung eine Veranlassung zu derartigen Vergehen.

Wenn diese Bedürfnisse im vollen Übermaß ohne Beachtung der Rechte des Nächsten ausge-übt werden, kommt es zu jeglicher Art von Fehlhandlungen. Da aber die Seelen kein Bedürfnis nach Nahrung, Bekleidung oder einem sonstigen Gebrauch besitzen, können sie als bedürfnislose Wesen auch keinesfalls gegen die Verbote des Diebstahls oder der Begierde nach fremdem Gut und Übervorteilung des Nächsten verstoßen.

ἐπιθυμίαν ψυχαῖς προσφυές·" Alle Verordnungen Gottes gelten vielmehr den Menschen, wovon die Seelen ganz ausgenommen sind.

Ps-Athenagoras spielt hiermit auf das siebte (nach LXX) bzw. das achte (nach masoretischem Text) und auf das zehnte Gebot an. Das Verbot des Diebstahls ist eindeutig dem οὐ κλέψεις (Ex 20,14 LXX) zuzuordnen. Jedoch auch die Verordnung, keine Begierde zu seinem eigenen Nutzen in sich aufkommen zu lassen (τὴν τοῦ πλείονος ἐπιθυμίαν), nimmt das zehnte Gebot auf und fasst es in gewisser Weise zusammen. In Ex 20,17 (LXX) ist von der Begierde nach der Frau und nach dem Haus seines Nächsten, überhaupt nach dessen Acker, Knecht, Magd, Rind, Esel, Vieh und nach allem, was seinem Nächsten gehört, die Rede.

Bereits in De Res 23,2 (Marcovich 48,13 f.) hat unser Autor auf dieses Verbot verwiesen, das vor allem auf die Übervorteilung des Nächsten zielt. Dort spricht er von jeder auf Ungerechtigkeit und Schädigung der Nächsten ausgerichteten Begierde (πάσης τε κοινῶς τῆς ἐπ' ἀδικίᾳ καὶ βλάβῃ τῶν πέλας γινομένης ἐπιθυμίας), die den Seelen in keiner Weise zusteht, da sie keinerlei Begehrungsvermögen besitzen.

274 De Res 23,5 (Marcovich 48,26–29): „οὐδὲ γὰρ δέονται τούτων ὧν οἱ δεόμενοι διὰ φυσικὴν ἔνδειαν ἢ χρείαν κλέπτειν εἰώθασιν καὶ λῃστεύειν, οἷον χρυσὸν ἢ ἄργυρον ἢ ζῷον ἢ ἄλλο τι τῶν πρὸς τροφὴν ἢ σκέπην ἢ χρῆσιν ἐπιτηδείων·"

275 De Res 21,1 (Marcovich 46,13 f.): „πλημμελημάτων διὰ τὴν τοῦ σώματος ἔνδειάν τε καὶ χρείαν".

680 8. KAPITEL

> Denn unbrauchbar ist für die unsterbliche Natur alles, was den bedürfti-
> gen (Wesen) erstrebenswert wie brauchbar ist.[276]

Auch wenn die Seelen die Verantwortung für die Bedürfnisse und Mangelerscheinungen des Körpers übernehmen (vgl. De Res 12,8),[277] vollbringen sie
nicht allein diese Taten. In ihrem Wesen fehlt ihnen dazu die Veranlagung.
Daher ist unser Autor der Ansicht, dass sich die Seelen trotz ihrer Führungsrolle nicht für die Handlungen des Menschen zu verantworten haben.

Ob diese Argumentation die fest in ihrer Tradition verwurzelten Platoniker tatsächlich überzeugte, bleibt dahin gestellt. Denn sie konnten immerhin
einwenden, dass ausschließlich die Seele die Verantwortung für das zu übernehmen hat, was sie mit Hilfe des Leibes vollbrachte. Schließlich ließ sie sich
von den Notwendigkeiten und Erfordernissen des Leibes leiten, so dass sie auch
die Strafe für die Verübung der Vergehen davonzutragen hat, die sie freilich mit
dem Körper als ihrem Werkzeug ausführte.

Der Verfasser weiß um die Überzeugungskraft des platonischen Denkens, so
dass er nicht die Platoniker selbst zum Glauben an die Auferstehung führen
will. Vielmehr zielt er auf die Überwindung der Zweifel an der leiblichen Auferstehung und gibt so seinen Adressaten Argumente zur Hand, um gegen die
platonischen Einwände bestehen zu können.

Ps-Athenagoras vertritt ein grundsätzlich anderes Menschenbild. In der
Bewertung des Körpers liegt der entscheidende Differenzpunkt vor. Denn Ps-
Athenagoras versteht ihn nicht als ὄργανον oder als notwendiges oder überflüs-
siges Übel der Seele, sondern als *Gabe* Gottes. Das gesamte Geschöpf aus Seele
und Leib trägt in seinem Inneren das Abbild des Schöpfers,[278] so dass das σῶμα
neben der Seele ebenso die Würde und die Stellung einer guten und gewollten
Erschaffung Gottes erhalten hat. Daher wird der Körper auch der Auferstehung
gewürdigt, da das ganze Geschöpf von Beginn an zur postmortalen Fortdauer
von seinem Schöpfer bestimmt wurde.

---

276 De Res 23,5 (Marcovich 48,29 f.): „ἀχρεῖον γὰρ ἀθανάτῳ φύσει πᾶν ὁπόσον τοῖς ἐνδεέσιν ὀρεκτὸν
ὡς χρήσιμον."

277 De Res 12,8 (Marcovich 37,18–20): „πέφυκεν δὲ ταῖς τοῦ σώματος ἐπιστατεῖν ὁρμαῖς καὶ τὸ
προσπῖπτον ἀεὶ τοῖς προσήκουσι κρίνειν καὶ μετρεῖν κριτηρίοις καὶ μέτροις".

278 Vgl. De Res 12,6 (Marcovich 37,2 f.): „τοῖς δὲ αὐτὸν ἐν ἑαυτοῖς ἀγαλματοφοροῦσι τὸν ποιητήν".

DIE AUF DER PROVIDENZ GOTTES BERUHENDE BEWEISFÜHRUNG 681

2 Exkurs: Philosophiegeschichtliche Einordnung der Psychologie von De Resurrectione

2.1 *Affektionsfreiheit der Seele bei Plotin*

Die Annahme von der Affektionsfreiheit[279] und der Bedürfnislosigkeit[280] der Seele ist keine fremde Seelenauffassung innerhalb des Platonismus. Plotin ist ebenfalls aufgrund der Unsterblichkeit und Unvergänglichkeit der Seele von ihrer Leidenschaftslosigkeit überzeugt. In seiner Schrift „Was ist das Lebewesen und wer ist der Mensch?" gibt Plotin eine weitgehende Antwort auf die von ihm aufgeworfene Frage.[281] In diesem Zusammenhang sagt er ausdrücklich, dass die Seele nur dann als wahrhaft unsterblich genannt werden kann, wenn davon auszugehen ist, dass sie als unsterbliches und unvergängliches Wesen auch ἀπαθές sein muss (δεῖ τὸ ἀθάνατον καὶ ἄφθαρτον ἀπαθὲς εἶναι).[282]

Damit ist die wahre ψυχή gemeint, die Plotin auch als die obere Seele bezeichnen kann. Die niederen Seelenteile sind gemäß der Aussage des Timaios (41d; 69c–d) sterblich und besitzen aus diesem Grund nicht die Leidenschaftslosigkeit an sich, sondern sind vielmehr für die Entstehung der Affekte verantwortlich.[283] Daher gehören die irrationalen Seelenkräfte nicht zum eigentlichen Wesen der Seele, da sie infolge der Inkarnation der wahren Seele erst als sterbliche Seelenteile hinzugefügt werden.[284]

---

279 Vgl. De Res 18,5 (Marcovich 43,33): „ἀπροσπαθὴς γὰρ αὕτη καθ' ἑαυτήν".

280 Vgl. De Res 23,5 (Marcovich 48,29 f.): „ἀχρεῖον γὰρ ἀθανάτῳ φύσει πᾶν ὁπόσον τοῖς ἐνδεέσιν ὀρεκτὸν ὡς χρήσιμον."

281 Zur Datierung der Schrift (Enneade I,1): „Περὶ τοῦ τί τὸ ζῷον καὶ τίς ὁ ἄνθρωπος" vgl. J. Halfwassen, Plotin, 129: „Plotins zusammenhängende Antwort findet sich in seiner vorletzten Schrift, die er kurze Zeit vor seinem Tod im Jahr 270 schwer krank in Kampanien verfaßt hat (Enneade I,1)."

282 Plotin, Enn. I,1,2,9–11: „Οὕτω γὰρ καὶ τὸ ἀθάνατον ἀληθὲς λέγειν, εἴπερ δεῖ τὸ ἀθάνατον καὶ ἄφθαρτον ἀπαθὲς εἶναι".

283 Plotin, Enn. II,3,9,6–10: „Ἔν τε Τιμαίῳ θεὸς μὲν ὁ ποιήσας τὴν ἀρχὴν τῆς ψυχῆς δίδωσιν, οἱ δὲ φερόμενοι θεοὶ τὰ δεινὰ καὶ ἀναγκαῖα πάθη, θυμοὺς καὶ ἐπιθυμίας καὶ ἡδονὰς καὶ λύπας αὖ, καὶ ψυχῆς ἄλλο εἶδος, ἀφ' οὗ τὰ παθήματα ταυτί."

284 Vgl. K. Alt, Plotin, 83: „Plotin beruft sich auf diese platonische Darstellung (Timaios 41d; 69cff.) und resümiert: wir haben demnach von den Sterngöttern eine andere Art der Seele erhalten, von welcher die Leidenschaften herrühren, aber auch unser Charakter, unsere Sinnesart. [...] Von einem Zusatz, dem Zugefügten, dem Hinzukommenden spricht Plotin wiederholt. Da die wahre Seele die geistige Seele ist, untangierbar und frei von allen Affekten und Leidenschaften, können diese nur mit einer niederen Seele verbunden sein, die hinzutritt."

682   8. KAPITEL

Demnach ist die Affektionsfreiheit der Seele, die Ps-Athenagoras vertritt, durchaus mit Plotins Vorstellung von der Seele vergleichbar. Plotin „wies die Seele als solche – τὴν ψυχὴν καθ᾽ ἑαυτὴν γενομένην – dem oberen Bereich zu, mußte ihr nun aber die im Körper wirksamen Kräfte, vor allem Empfindungen und Wahrnehmungen, absprechen. Diese gehören nach Plotins Grenzziehung nicht mehr zur Seele."[285]

Nun ist auf einige Begründungen zu achten, die Plotin in dieser Schrift (Enn. I,1) für die Leidenschaftslosigkeit der Seele anführt. Dabei können einige Ähnlichkeiten, aber auch deutliche Unterschiede zur Konzeption des Ps-Athenagoras bezüglich der Affektionsfreiheit der Seele festgestellt werden: Da die Seele an sich unsterblich und unvergänglich ist, empfindet sie keine Leidenschaften und ist somit keinem πάθος ausgesetzt. „Was sollte denn ein derartiges Wesen fürchten, da es für alles Äußere unempfänglich ist?"[286] Vielmehr soll ein solches Wesen, das auch Leidenschaften empfinden kann (ὃ δύναται παθεῖν), Furcht haben.[287] Dies trifft aber für die unsterbliche und unvergängliche Natur der Seele *nicht* zu. So ähnlich argumentiert auch Ps-Athenagoras in De Res 21,7, der ebenfalls aufgrund der Unvergänglichkeit der Seele jede Furcht aus ihrem Wesen ausschließt. Denn sie ist stärker als die Vernichtung, so dass sie sich auch vor nichts zu fürchten hat, was fähig wäre, sie zu vernichten.[288]

Wie Ps-Athenagoras in De Res 21,5–8 schließt auch Plotin anschließend alle Affekte aus der wahren Natur der Seele aus: Er stellt nämlich richtig, dass die hauptsächlichen Affekte die ψυχή in keiner Weise betreffen. Sie hat keinen Mut (θάρρος) und keine Begierden (ἐπιθυμίαι), die durch den Leib ihre Befriedigung finden, indem dieser sich damit füllt oder leert. Was aber gefüllt und geleert wird, ist nun von der Seele verschieden.[289] Sie ist also unaffizierbar und einem solchen Füllen durch Begierden im Gegensatz zum Leib nicht ausgesetzt. Auch Schmerz (ἀλγεῖν) und Trauer (λυπεῖσθαι) ist ihr fern; denn in ihrem Wesen ist sie einfach (ἁπλοῦν ἐν οὐσίᾳ), so dass sie sich selbst genug ist.[290] Der Affekt der Furcht betrifft sie ebenfalls in keiner Weise. Die „Seele ist unsterblich

---

285   H. Dörrie, Seelenwanderung, 423.

286   Plotin, Enn. I,1,2,13 f.: „Τί γὰρ ἂν καὶ φοβοῖτο τοιοῦτον ἄδεκτον ὂν παντὸς τοῦ ἔξω;"

287   Plotin, Enn. I,1,2,14 f.: ᾽Εκεῖνο τοίνυν φοβείσθω, ὃ δύναται παθεῖν."

288   De Res 21,7 (Marcovich 47,11 f.): „Εἰ δὲ καὶ φθορᾶς ἐστι κρείττων, οὐδὲν φοβεῖται τὸ παράπαν ὡς φθαρτικὸν ἑαυτῆς·"

289   Plotin, Enn. I,1,2,15–18: „Οὐδὲ θαρρεῖ τοίνυν· τούτοις γὰρ θάρρος, οἷς ἂν τὰ φοβερὰ [μὴ] παρῇ, ἐπιθυμίαι δέ, αἳ διὰ σώματος ἀποπληροῦνται κενουμένου καὶ πληρουμένου, ἄλλου τοῦ πληρουμένου καὶ κενουμένου ὄντος."

290   Plotin, Enn. I,1,2,21–23: „Τὸ δ᾽ ἀλγεῖν ἔτι πόρρω· λυπεῖσθαι δὲ πῶς ἢ ἐπὶ τίνι; Αὔταρκες γὰρ τό γε ἁπλοῦν ἐν οὐσίᾳ, οἷόν ἐστι μένον ἐν οὐσίᾳ τῇ αὑτοῦ."

DIE AUF DER PROVIDENZ GOTTES BERUHENDE BEWEISFÜHRUNG 683

und darum nicht affizierbar; sie ist ein Wesen, dessen Wirksamkeit in sich selber begründet ist und das anderen etwas von sich hingibt, das aber selber nichts empfängt außer von höher stehenden Wesenheiten, von denen es nicht abgesondert ist."[291]

In Enn. I,1,3 thematisiert Plotin sogleich das Sein der Seele im Körper (ἐν σώματι θετέον ψυχήν)[292] und ihr Verhältnis zu ihm beim Erleiden der Affektionen. Die Seele bedient sich nun des Leibes als eines ὄργανον.[293] Dabei wird sie jedoch nicht genötigt, die im Körper entstehenden Leidenschaften in sich aufzunehmen (οὐκ ἀναγκάζεται δέξασθαι τὰ διὰ τοῦ σώματος παθήματα).[294] Allein die Wahrnehmung lässt sie zwangsläufig zu, und zwar dann, wenn sie das Werkzeug des Leibes gebraucht und so infolge der Wahrnehmung die von außen kommenden Leidenschaften erkennt. Nur durch die αἴσθησις erfährt die Seele auch Trauer, Schmerz und überhaupt alles, was dem Leib zustößt. So entstehen ihr auch Begierden, wenn sie nach der Pflege des Werkzeugs verlangt (ὥστε καὶ ἐπιθυμίαι ζητούσης τὴν θεραπείαν τοῦ ὀργάνου).[295] In De Res 21,3 f. spricht auch Ps-Athenagoras davon, dass die Seele von sich aus weder Begierde noch Regung noch Drang verspürt.[296] Allein um der Sorge und Pflege des Leibes willen, der in seinem Wesen dem Mangel und der Bedürftigkeit ausgesetzt ist,[297] erleidet auch der Mensch und insbesondere die Seele (vgl. De Res 21,2) die belästigenden Leidenschaften.[298]

---

291 K. Alt, Plotin, 96.

292 Plotin, Enn. I,1,3,1.

293 Vgl. H. Dörrie/M. Baltes, Der Platonismus in der Antike, Bd. 6.1, 252: „Dabei wurde der Körper – im Anschluß an Platon und Aristoteles – als ein Werkzeug der Seele angesehen, dessen die Seele sich bedient, solange sie im sichtbaren Kosmos weilt."

294 Plotin, Enn. I,1,3,3 f.: „Χρωμένη μὲν οὖν σώματι οἷα ὀργάνῳ οὐκ ἀναγκάζεται δέξασθαι τὰ διὰ τοῦ σώματος παθήματα".

295 Plotin, Enn. I,1,3,6–11: „αἴσθησιν δὲ τάχ᾽ ἂν ἀναγκαίας, εἴπερ δεῖ χρῆσθαι τῷ ὀργάνῳ γινωσκούσῃ τὰ ἔξωθεν παθήματα ἐξ αἰσθήσεως· ἐπεὶ καὶ τὸ χρῆσθαι ὄμμασίν ἐστιν ὁρᾶν. Ἀλλὰ καὶ βλάβαι περὶ τὸ ὁρᾶν, ὥστε καὶ λῦπαι καὶ τὸ ἀλγεῖν καὶ ὅλως ὅ τι περ ἂν περὶ τὸ σῶμα πᾶν γίγνηται· ὥς τε καὶ ἐπιθυμίαι ζητούσης τὴν θεραπείαν τοῦ ὀργάνου."

296 De Res 21,3 (Marcovich 46,23): „ἔχει κατὰ τὴν ἑαυτῆς φύσιν οὐκ ὄρεξιν οὐ κίνησιν οὐχ ὁρμήν".

297 De Res 21,4 (Marcovich 46,26–28): „ἐνοχλοῦνται δὲ ὑπὸ τῆς τοῦ σώματος ἐνδείας καὶ χρείας καὶ τῆς περὶ τοῦτο σπουδῆς καὶ θεραπείας".

298 Plotin kennt ebenso die Sorge der Seele um den Leib. Siehe Enn. IV,3,12,6–8: „ὅτι τὸ μέσον αὐταῖς ἠναγκάσθη, φροντίδος δεομένου τοῦ εἰς ὃ ἔφθασαν, φροντίσαι." Vgl. H. Dörrie/M. Baltes, Der Platonismus in der Antike, Bd. 6.2, 211: „Anders als der Weltleib [...] ist der menschliche Leib [...] bedürftig, ja ein ‚Sorgenkind' (φροντίδος δεομένου), und anders als die Weltseele [...] ist die Menschenseele gezwungen, sich wirklich um ihren Leib zu kümmern und zu sorgen (φροντίσαι), ja, sich um ihn zu mühen."

684 8. KAPITEL

Plotin widmet sich daraufhin der Frage: „Wie sollen aber die πάθη vom Leib her in sie gelangen?"[299] Der Leib ist nun der, der begehrt und der für sich fürchtet.[300] Die Seele geht durch den Leib hindurch, ohne seine Affektionen zu erleiden (ἔστι ψυχὴν διαπεφοιτηκυῖαν μήτοι πάσχειν τὰ ἐκείνου πάθη).[301] Nun weist Plotin in Enn. I,1,5 darauf hin, dass die niederen Seelenteile Träger der Affektionen sind. Die ἐπιθυμία stammt vom ἐπιθυμητικόν und der θυμός vom θυμικόν.[302] Er verneint jedoch, dass diese Affekte allein der Seele angehören. Vielmehr gehören sie auch zum Leib, „weil Blut und Galle dabei aufwallen müssen, und der Leib in einem bestimmten Zustand sein muss, um die Begierde zu erwecken."[303]

Er gibt mit dieser Äußerung zu verstehen, dass die niederen Seelenteile gemeinsam mit dem Leib die Affekte verursachen.[304] Im Gegensatz zum Leib aber haben die niederen Seelenteile einen Trieb nach dem Guten, was dem Körper an sich ganz fehlt.[305] Das Böse entsteht, wenn wir dem Niederen unterliegen, nämlich der Begierde, dem Zorn oder dem Abbild des Bösen.[306] Die obere Seele aber, die den νοῦς besitzt, bleibt von jeder Schuld frei, da der νοῦς

---

299 Plotin, Enn. I,1,3,11 f.: „Ἀλλὰ πῶς ἀπὸ τοῦ σώματος εἰς αὐτὴν ἥξει τὰ πάθη;"

300 Plotin, Enn. I,1,4,7–9: „Τοῦτο τοίνυν καὶ ὀρέξεται [...] καὶ φοβήσεται περὶ αὑτοῦ·"

301 Plotin, Enn. I,1,4,14 f. Vgl. K. Alt, Plotin, 97. Zur Vorstellung vom Durchdringen des Körpers durch die Seele vgl. H. Dörrie/M. Baltes, Der Platonismus in der Antike, Bd. 6.2, 243–246.

302 Plotin, Enn. I,1,5,21 f.: „Ἤ, ὅτι καὶ ἡ ἐπιθυμία τοῦ ἐπιθυμητικοῦ καὶ ὁ θυμὸς τοῦ θυμικοῦ".

303 Plotin, Enn. I,1,5,24–26: „ἢ καὶ τοῦ σώματος, ὅτι δεῖ αἷμα καὶ χολὴν ζέσαι καί πως διατεθὲν τὸ σῶμα τὴν ὄρεξιν κινῆσαι, [...]"

304 Plotin kann dabei sowohl das Gesamtwesen (συναμφότερον) als auch die irrationalen Seelenkräfte für das Entstehen der Affekte verantwortlich machen. Jedoch bleibt die Geistseele ganz affektlos, so dass sie an sich zur Sünde und zur Verfehlung unfähig ist. Vgl. K. Alt, Plotin, 99 f.: „Während die Wahrnehmungen notwendig mit der Seele verbunden sind, ist bei den Emotionen zu differenzieren. Einerseits kann Plotin feststellen, dass sie gar nicht zur Seele gehören sondern zum Gesamtwesen, von dem zumal die körperlichen Begierden herrühren. Wenn man nämlich die Seele als geistige Wesenheit versteht, kann keine Affektion sie betreffen, oder sie müsste noch im Affiziertsein ohne Affektion bleiben. Andererseits gibt es aber außer der geistigen Seele auch andere, vernunftlose Seelenbereiche, und so sind diesen die Begierde sowie der Zorn und ähnliche Triebe zuzuordnen. In gewisser Weise gehören sie also doch zur Seele."

305 Plotin, Enn. I,1,5,26–28: „Ἡ δὲ τοῦ ἀγαθοῦ ὄρεξις μὴ κοινὸν πάθημα ἀλλὰ ψυχῆς ἔστω, ὥσπερ καὶ ἄλλα, καὶ οὐ πάντα τοῦ κοινοῦ δίδωσί τις λόγος." Vgl. K. Alt, Plotin, 97: „Dagegen ist das Verlangen nach dem Guten nichts Gemeinsames, sondern es ist, wie auch manche andere Strebungen, allein der Seele zu eigen."

306 Plotin, Enn. I,1,9,6–8: „Ἡ πράττεται μὲν τὰ κακὰ ἡττωμένων ἡμῶν ὑπὸ τοῦ χείρονος – πολλὰ γὰρ ἡμεῖς – ἢ ἐπιθυμίας ἢ θυμοῦ ἢ εἰδώλου κακοῦ·" Gegen Theilers Konjektur von κακοῦ in καὶ νοῦ ist hier dem Text bei Henry/Schwyzer zu folgen. Vgl. so auch K. Alt, Plotin, 98.

DIE AUF DER PROVIDENZ GOTTES BERUHENDE BEWEISFÜHRUNG   685

unfehlbar ist (ἀναμάρτητος).[307] Die Unfehlbarkeit gehört der Seele, die als Eines und Einfaches zu verstehen ist. Die Verfehlung ist allein der anderen Art der Seele zuzuschreiben, welche die schlimmen πάθη enthält. Allein diese andere Seelenart ist zusammengesetzt, und ausschließlich sie ist zur Sünde fähig, so dass auch sie – und nicht jene einfache – die Strafe zu erleiden hat.[308]

Jedenfalls weiß Plotin um einen Konflikt zwischen den rationalen und irrationalen Kräften innerhalb der Seele. Ps-Athenagoras ist mit Plotin in der Vorstellung von der Leidenschaftslosigkeit der Seele an sich einig. Jedoch geht er im Gegensatz zu ihm und zu den meisten Platonikern nicht von der Seelenteilungslehre aus.[309] Er versteht die Seele ganz in ihrer Einheitlichkeit und nicht zusammengesetzt aus verschiedenen Seelenteilen wie λογιστικόν, θυμικόν und ἐπιθυμητικόν. Nach seiner ersten Darlegung (in De Res 21,5–22,5) der Leidenschafts- und Bedürfnislosigkeit der Seele beschließt er diesen Abschnitt (in De Res 22,5) explizit damit, dass bei der so beschaffenen Seele keine ἰδιοπραγία der Seelenteile wahrgenommen werden kann.[310] Denn wenn die Ausübung aller Taten auf ihren Ursprung in der Seele zurückführbar ist, dann stellt der Leib in der Tat lediglich ein ausführendes Organ dar, wie auch Plotin betont.

Jedoch will sich Ps-Athenagoras eben dieser Ansicht nicht anschließen. Denn dies hat zur Folge, dass die Loslösung vom Körper das angestrebte Ziel einer vernunftbegabten Seele ist. Gemeinsam mit dem Körper und den niederen Seelenbereichen – so Plotin – kommen die Affekte zustande, die dann zur Vollbringung der Laster führen. „Das Ziel des Menschen ist es also, sich vom Bann des Schicksals zu befreien. Daher muss man, um zur Seele in ihrer Rein-

---

307 Plotin, Enn. I,1,9,12 f.: „Ὁ δὲ νοῦς ἢ ἐφήψατο ἢ οὔ, ὥστε ἀναμάρτητος·"

308 Plotin, Enn. I,1,12,6–12: „Ὁ μὲν γὰρ τὸ ἀναμάρτητον διδοὺς τῇ ψυχῇ λόγος ἓν ἁπλοῦν πάντη ἐτίθετο τὸ αὐτὸ ψυχὴν καὶ τὸ ψυχῇ εἶναι λέγων, ὁ δ' ἁμαρτεῖν διδοὺς συμπλέκει μὲν καὶ προστίθησιν αὐτῇ καὶ ἄλλο ψυχῆς εἶδος τὸ τὰ δεινὰ ἔχον πάθη· σύνθετος οὖν καὶ τὸ ἐκ πάντων ἡ ψυχὴ αὐτὴ γίνεται καὶ πάσχει δὴ κατὰ τὸ ὅλον καὶ ἁμαρτάνει τὸ σύνθετον καὶ τοῦτό ἐστι τὸ διδὸν δίκην αὐτῷ, οὐκ ἐκεῖνο." Vgl. K. Alt, Plotin, 99: „Nochmals betont Plotin, man müsse unterscheiden zwischen der Seele in ihrer wahren Natur, die unfehlbar ist als geistiges Wesen, und einer anderen Art von Seele, zu welcher die schlimmen Emotionen und Leidenschaften gehören und die aus Verschiedenartigem zusammengesetzt, daher zu Verfehlungen fähig ist."

309 Vgl. H. Dörrie/M. Baltes, Der Platonismus in der Antike, Bd. 6.1, 313: „Unsere Seele ist zwar ihrer Substanz nach eine, doch besteht sie zugleich aus zwei Teilen, deren zweiter noch einmal zweigeteilt ist [...] Dies ist die Lehre Platons und der meisten Platoniker, wobei hier vorausgesetzt wird, daß es der vernunftlose Teil ist, durch den wir zum Bösen veranlaßt werden."

310 De Res 22,5 (Marcovich 48,4 f.): „διὰ τοῦτο μηδὲ τῆς λεγομένης ἰδιοπραγίας τῶν μερῶν ἐπὶ τῆς οὕτως ἐχούσης ψυχῆς εὑρεθῆναι δυναμένης."

686   8. KAPITEL

heit zu gelangen, alles andere wegstoßen, nicht nur den Körper, sondern alles, was ihr hinzugefügt wurde, auch jene andere Art der Seele, welche die schlimmen Leidenschaften an sich hat."[311]

In der Enneade III,6 bezieht Plotin deshalb auch deutlich eine ablehnende Stellung gegenüber der christlichen Auferstehungslehre,[312] die ihm offenbar durch solche Traktate wie die des Ps-Athenagoras bekannt gewesen ist:

> Die wahre Auferstehung aber ist das wahrhafte Aufwachen vom Leib, nicht mit dem Leib (ἡ δ' ἀληθινὴ ἐγρήγορσις ἀληθινὴ ἀπὸ σώματος, οὐ μετὰ σώματος, ἀνάστασις.).[313]

Plotin wendet sich hier *expressis verbis* gegen die Auferstehung *mit dem Leib*, indem er das wirkliche Erwachen des geistigen Kerns der Seele als das aus dem und vom Körper hinweg bezeichnet. In diesem Zusammenhang kritisiert er diejenigen, die die Körper als das Seiende annehmen und auf das Zeugnis der wiederholten Stöße und auf die durch die Wahrnehmung vermittelnden Vorstellungen (τοῖς διὰ τῆς αἰσθήσεως φαντάσμασι) die Zuverlässigkeit der Wahrheit gründen.[314] Sie handeln ähnlich wie die Träumenden, die ihre Träume als seiend wahrnehmen und für wirksam halten.[315] Das ist aber gerade das, wovon sich die Seele reinigen soll, nämlich von den φαντάσματα, die auf den pathetischen Teil der Seele einwirken und so die Leidenschaften hervorrufen.[316]

---

311   K. Alt, Plotin, 85.

312   Vgl. E. Rohde, Psyche II, 400 Anm. 1; R. Harder/R. Beutler/W. Theiler, Plotins Schriften Bd. IIb, 448: „Bei Plotin Polemik gegen die Christen und die leibliche Auferstehung." Vgl. weiterhin G. Greshake/J. Kremer, Resurrecio Mortuorum, 174; L.W. Barnard, Athenagoras, 31: „Plotinus appears to have had the doctrine in mind when he wrote that ‚the true awakening of the soul is a true resurrection (ἀνάστασις) not with the body but from the body‘."

313   Plotin, Enn. III,6,6,71 f.

314   Plotin, Enn. III,6,6,65–67: „Ταῦτα μὲν οὖν εἴρηται πρὸς τοὺς ἐν τοῖς σώμασι τιθεμένους τὰ ὄντα τῇ τῶν ὠθισμῶν μαρτυρίᾳ καὶ τοῖς διὰ τῆς αἰσθήσεως φαντάσμασι πίστιν τῆς ἀληθείας λαμβάνοντας". Zu den in der gesamten Enneade III,6 anvisierten Gegnern vgl. B. Fleet, Plotinus *Ennead* III.6, XVI: „In III. 6, apart from those places where Plotinus takes issue with Aristotle or with the Stoics [...], his main attack is on the ‚Giants‘ of the *Sophist*, 6. 33 ff. It would be a mistake, however, to indentify these ‚Giants‘ too closely with any group of Plato's contemporaries; they should be seen in rather broader terms as the materialist camp, which was as vigorous in its beliefs in Plotinus' day as it was in Plato's."

315   Plotin, Enn. III,6,6,68 f.: „οἳ παραπλήσιον τοῖς ὀνειρώττουσι ποιοῦσι ταῦτα ἐνεργεῖν νομίζουσιν, ἃ ὁρῶσιν εἶναι ἐνύπνια ὄντα."

316   Vgl. Plotin, Enn. III,6,5,1–4.

DIE AUF DER PROVIDENZ GOTTES BERUHENDE BEWEISFÜHRUNG   687

Weiterhin versucht Plotin, die „Unsinnigkeit" der Auferstehungslehre zu erweisen: „Denn die ἀνάστασις mit dem Leib ist eine Versetzung von einem in einen anderen Schlaf, wie von einer Lagerstätte zur anderen."[317] Die wahre ἀνάστασις ist aber ganz von den Körpern weg (ἡ δ' ἀληθὴς ὅλως ἀπὸ τῶν σωμάτων), welche in ihrer Natur der Seele eine Entgegensetzung bieten und somit auch zum Sein entgegengesetzt sind.[318] Vorher hat Plotin ausgeführt, dass die Körper im Gegensatz zur Seele kein Sein haben.[319] „Dies bezeugt auch ihre Entstehung, ihr Fließen und ihr Vergehen, was nicht zur Natur des Seienden gehört."[320]

Wer daher an die Auferstehung der Leiber glaubt, befindet sich völlig in einem Traum, in dem die Vorstellungen entstehen, die die Leidenschaften hervorrufen. Diese πάθη werden wiederum mit dem Leib ausgeführt, wovon sich die Seele ganz zu trennen und zu reinigen hat.[321] Das Ziel der Philosophie ist es deshalb, sich von allen Vorstellungen zu reinigen, damit keine Ursache geboten ist, dass diese φαντάσματα auf den pathetischen Seelenteil Einfluss ausüben.

Daher befinden sich nach Überzeugung Plotins solche Menschen, die an die Auferstehung *mit dem Leib* glauben, völlig im Bereich der Leidenschaften und sind daher unreine Menschen, wie es auch Celsus vor ihm behauptet.[322] Gerade aber die Reinigung und die Abtrennung (χωρισμός) der Seele vom Leib ist das Ziel der Philosophie.[323] Doch auch in diesem „trüben Zustand" (ἐν θολερῷ) bleibt die Geistseele für Plotin affektionsfrei (ἀπαθές).[324] Die κάθαρσις bezieht sich dabei insbesondere auf den pathetischen Seelenteil, wobei dessen Reinigung ein Erwachen (ἔγερσις) von den widersinnigen Trugbildern bedeutet.[325]

---

317   Plotin, Enn. III,6,6,72–74: „Ἡ μὲν γὰρ μετὰ σώματος μετάστασίς ἐστιν ἐξ ἄλλου εἰς ἄλλον ὕπνον, οἷον ἐξ ἑτέρων δεμνίων·"

318   Plotin, Enn. III,6,6,74–76: „ἡ δ' ἀληθὴς ὅλως ἀπὸ τῶν σωμάτων, ἃ τῆς φύσεως ὄντα τῆς ἐναντίας ψυχῇ τὸ ἐναντίον εἰς οὐσίαν ἔχει."

319   Plotin, Enn. III,6,6,29–32.

320   Plotin, Enn. III,6,6,76 f.: „Μαρτυρεῖ δὲ καὶ ἡ γένεσις αὐτῶν καὶ ἡ ῥοὴ καὶ ἡ φθορὰ οὐ τῆς τοῦ ὄντος φύσεως οὖσα."

321   Vgl. Plotin, Enn. III,6,5,19–22: „Εἰ δὲ ἐπὶ θάτερα τὰ ἄνω ἀπὸ τῶν κάτω, πῶς οὐ κάθαρσις καὶ χωρισμός γε πρὸς τῆς ψυχῆς τῆς μηκέτι ἐν σώματι γιγνομένης ὡς ἐκείνου εἶναι, καὶ τὸ ὥσπερ φῶς μὴ ἐν θολερῷ;"

322   C. Cels. VIII,49 (Marcovich 564,6 f.).

323   Vgl. H. Dörrie/M. Baltes, Der Platonismus in der Antike, Bd. 4, 255.

324   Plotin, Enn. III,6,5,22: „Καίτοι ἀπαθὲς ὅμως ὃ καὶ ἐν θολερῷ."

325   Plotin, Enn. III,6,5,22–24: „Τοῦ δὴ παθητικοῦ ἡ μὲν κάθαρσις [ἡ] ἔγερσις ἐκ τῶν ἀτόπων εἰδώλων".

2.2 Bedürfnislosigkeit der Seele bei Plotin

Plotin spricht zwar nicht ausdrücklich von der Bedürfnislosigkeit der Seele, jedoch legt er in seiner Schrift „Περὶ τοῦ τίνα καὶ πόθεν τὰ κακά" (Enn. I,8)[326] implizit eine solche Vorstellung für die Seele nahe. Dort geht er dem Wesen und Ursprung des Bösen nach: Das Böse ist dabei das Gegenteil des Guten (καὶ τῷ ἀγαθῷ ἐναντίον τὸ κακόν),[327] so dass sich Plotin zunächst der Bestimmung des Guten widmet, um umgekehrt das Böse zu erfassen. Das Wesen des Guten wird als unbedürftig (ἀνενδεές), sich selbst genug, keiner Sache ermangelnd (μηδενὸς δεόμενον) und als Maß und Grenze aller Dinge definiert, das aus sich den νοῦς, die Substanz, die Seele, das Leben und die Wirksamkeit auf den Geist hervorbringt.[328]

Aufgrund dessen ist die ψυχή ein Teil des Guten und an sich bereits *unbedürftig*. Das Kennzeichen des Bösen ist konsequent als Gegensatz des Guten zu verstehen.[329] Daher ist das Böse u.a. „die Unangemessenheit gegen das Maß, Unbegrenztheit gegen die Grenze, Gestaltlosigkeit gegen die gestaltende Kraft, ewige Bedürftigkeit gegen Selbstgenügsamkeit (ἀεὶ ἐνδεὲς πρὸς αὔταρ-κες)."[330]

Die ewige Bedürftigkeit gehört also zu einer Eigenschaft der Substanz des Bösen. Plotin macht anschließend unmissverständlich klar, dass dies die Eigentümlichkeiten der Materie sind.[331] Die Materie ist die Substanz des

---

326 Vgl. zu dieser Schrift den Kommentar von E. Schröder, ΠΟΘΕΝ ΤΑ ΚΑΚΑ (Enn. I,8).

327 Plotin, Enn. I,8,1,13 f.

328 Plotin, Enn. I,8,2,1–7: „Νῦν δὲ λεγέσθω, τίς ἡ τοῦ ἀγαθοῦ φύσις, καθ᾽ ὅσον τοῖς παροῦσι λόγοις προσήκει. Ἔστι δὲ τοῦτο, εἰς ὃ πάντα ἀνήρτηται καὶ οὗ πάντα τὰ ὄντα ἐφίεται ἀρχὴν ἔχοντα αὐτὸ κἀκείνου δεόμενα· τὸ δ᾽ ἐστὶν ἀνενδεές, ἱκανὸν ἑαυτῷ, μηδενὸς δεόμενον, μέτρον πάντων καὶ πέρας, δοὺς ἐξ αὑτοῦ νοῦν καὶ οὐσίαν καὶ ψυχὴν καὶ ζωὴν καὶ περὶ νοῦν ἐνέργειαν." Vgl. E. Schröder, ΠΟΘΕΝ ΤΑ ΚΑΚΑ (Enn. I,8), 126–128.

329 Vgl. E. Schröder, ΠΟΘΕΝ ΤΑ ΚΑΚΑ (Enn. I,8), 137 f.: „‚Δι᾽ ἐναντιότητος' können daher jetzt die ersten genaueren Bestimmungen des κακόν gewonnen werden: maßlos, unendlich, gestaltlos, bedürftig, unbegrenzt, ruhelos, widerstandslos, unersättlich, völliger Mangel, alles Attribute, wie sie auch der Materie gegeben werden, ja im Grunde nur so verständlich."

330 Plotin, Enn. I,8,3,12–15: „Ἤδη γὰρ ἄν τις εἰς ἔννοιαν ἥκοι αὐτοῦ οἷον ἀμετρίαν εἶναι πρὸς μέτρον καὶ ἄπειρον πρὸς πέρας καὶ ἀνείδεον πρὸς εἰδοποιητικὸν καὶ ἀεὶ ἐνδεὲς πρὸς αὔταρκες".

331 Vgl. E. Schröder, ΠΟΘΕΝ ΤΑ ΚΑΚΑ (Enn. I,8), 135: „Ziel des Ganzen ist für Plotin von Anfang an, die Materie als ‚das Schlechte' zu erweisen. Dies ermöglicht er sich dadurch, daß er allmählich, sein Ziel fest im Auge, dem ‚Schlechten' alle die Eigenschaften beilegt, die auch der Materie zukommen, und so, stufenweise fortschreitend, mehr und mehr dem Begriff der Materie näher rückt, bis sich schließlich die Identität beider wie ein Selbstverständliches überraschend zutage tritt."

DIE AUF DER PROVIDENZ GOTTES BERUHENDE BEWEISFÜHRUNG 689

Bösen (κακοῦ οὐσία), da sie das erste Böse und das Böse an sich ist (κακὸν εἶναι πρῶτον καὶ καθ' αὑτὸ κακόν).[332]

Die Natur der Körper, insoweit sie an der Materie teilhat, stellt das zweite Böse dar.[333] Diese φύσις steht der Seele bei ihrer eigenen Wirksamkeit im Wege.[334] „Die Seele hingegen ist von sich aus nicht böse, auch wird sie niemals als Ganzes böse."[335] Sie wird nur dann κακή, wenn die vernunftlose Art der Seele das Böse in sich aufnimmt (τοῦ ἀλόγου τῆς ψυχῆς εἴδους τὸ κακὸν δεχομένου), nämlich Unangemessenheit, Übermaß und Mangel (ἔλλειψις). Daraus entstehen Zügellosigkeit, Feigheit (δειλία) und das, was es sonst Böses in der Seele gibt.[336] Die ψυχή ist in einen Leib eingeführt, der Materie hat (σώματι γὰρ ἐγκέκραται ὕλην ἔχοντι).[337] Aus diesem Grund wird die inkarnierte Seele mit dem Bösen konfrontiert.[338]

---

332 Plotin, Enn. I,8,3,38–40. Vgl. E. Schröder, ΠΟΘΕΝ ΤΑ ΚΑΚΑ (Enn. I,8), 139: „Die Materie also ist das Schlechte an sich, das Prinzip der κακά."

333 Plotin, Enn. I,8,4,1 f.: „Σωμάτων δὲ φύσις, καθόσον μετέχει ὕλης, ⟨δεύτερον⟩ κακὸν ἂν [οὐ πρῶτον] εἴη·"

334 Plotin, Enn. I,8,4,4: „ἐμπόδιά τε ψυχῆς πρὸς τὴν αὐτῆς ἐνέργειαν". Vgl. dazu H. Dörrie/M. Baltes, Der Platonismus in der Antike, Bd. 4, 516: „Die Natur der Körper, so fährt Plotin fort, ist nicht das erste Schlechte; denn sie hat ja an der Materie als dem ersten Schlechten nur teil. Und dennoch ist auch sie schlecht; denn abgesehen von ihrer Teilhabe an der Materie besitzen die Körper keine wahre Form und kein Leben (wie die Seele); sie zerstören einander, und die aus ihnen stammende Bewegung ist ungeordnet; sie hindern die Seele an ihrer ureigenen Tätigkeit und sind, weil sie sich immer im Fluß befinden, ständig auf der Flucht vor dem Sein. Als solche sind die Körper das *zweite* Schlechte."

335 Plotin, Enn. I,8,4,5 f.: „ψυχὴ δὲ καθ' ἑαυτὴν μὲν οὐ κακὴ οὐδ' αὖ πᾶσα κακή."

336 Plotin, Enn. I,8,4,8–10: „ὡς τοῦ ἀλόγου τῆς ψυχῆς εἴδους τὸ κακὸν δεχομένου, ἀμετρίαν καὶ ὑπερβολὴν καὶ ἔλλειψιν, ἐξ ὧν καὶ ἀκολασία καὶ δειλία καὶ ἡ ἄλλη ψυχῆς κακία".

337 Plotin, Enn. I,8,4,16 f.

338 Vgl. E. Schröder, ΠΟΘΕΝ ΤΑ ΚΑΚΑ (Enn. I,8), 141 f.. „Der Körper ist im zweiten Grade schlecht, aber auch er ist immer und ganz schlecht. Die nächsthöhere Stufe, die Einzelseele, ist nicht unbedingt schlecht, Ihrem Wesen nach ist sie sogar gut, sie ist außerdem nicht vollständig schlecht. [...] Nur in einen Teil der Seele, in das ἄλογον, vermag das Schlechte wirklich einzudringen und ruft von hier aus, namentlich durch eine Urteilsverwirrung, alle Schlechtigkeiten der Seele hervor. Es fragt sich, wie sich auch diese moralische Schlechtigkeit auf die Materie zurückführen läßt. Voraussetzung ist zunächst, daß eben eine Seele, die schlecht zu nennen ist, nicht mehr im Überirdischen, außerhalb der Materie existieren könnte, weil sie an sich, wie schon gesagt, gut ist, sondern im Irdischen, d.h. im Reich der Materie als des Prinzips zugleich des irdischen Scheinseins wie des Schlechten, weilen muß. Daraus folgt, daß sie durch die Materie unrein ist, [...] Die Berührung mit der Materie findet statt durch den Aufenthalt der Seele im Körper [...]"

690 8. KAPITEL

Das Denkvermögen (τὸ λογιζόμενον) in der Seele wird durch die Leidenschaften, durch Verdunklung der Materie und durch Neigung zur Materie hin am Sehen gehindert, so dass es nicht zum Sein, sondern zum Werden hinschaut, dessen Ursprung die Natur der Materie ist.[339] Durch diese Hinwendung zur ὕλη wird die Seele mit der Bosheit erfüllt. Die Materie hat keinerlei Anteil am Guten, sondern ist dessen Beraubung und absoluter Mangel (ἄκρατος ἔλλειψις).[340] Jedoch diejenige Seele, die vollkommen und auf den Geist gerichtet ist, bleibt immer rein und von der Materie abgekehrt, so dass sie alles Ungestaltete, Unmäßige und Böse weder sieht noch heranzieht (οὔτε ὁρᾷ οὔτε πελάζει).[341] „So bleibt sie rein und völlig vom Geist begrenzt."[342]

In Enn. I,8,5 führt Plotin nochmals aus, dass das Wesen der Materie in der *Bedürftigkeit* besteht. Durch die materiebehafteten Körper (σωμάτων ἐνύλων) sind wir der Armut ausgesetzt, die sich als Mangel und Beraubung der Dinge äußert, deren wir um der Materie willen bedürfen, mit der wir verbunden sind und deren Wesen Bedürftigkeit (χρησμοσύνη) ist.[343]

Die Eigenschaft des Bösen besteht also in der ewigen Bedürftigkeit, die sich aufgrund des Mangels und der Beraubung des Guten einstellt. Dies gilt für die Materie an sich und für die Natur der Körper, die an der Materie teilhat. Die wahre Seele besitzt dagegen Anteil am Guten, so dass sie an und für sich nicht böse, sondern *unbedürftig* und sich selbst genug ist.[344] Somit wohnt der wahren Seele die Bedürfnislosigkeit inne, weil sie ein Teil des Guten ist.[345]

---

339 Plotin, Enn. I,8,4,17–20: „Ἔπειτα δὲ καὶ τὸ λογιζόμενον εἰ βλάπτοιτο, ὁρᾶν κωλύεται καὶ τοῖς πάθεσι καὶ τῷ ἐπισκοτεῖσθαι τῇ ὕλῃ καὶ πρὸς ὕλην νενευκέναι καὶ ὅλως οὐ πρὸς οὐσίαν, ἀλλὰ πρὸς γένεσιν ὁρᾶν, ἧς ἀρχὴ ἡ ὕλης φύσις".

340 Plotin, Enn. I,8,4,21–24: „οὕτως οὖσα κακὴ ὡς καὶ τὸ μήπω ἐν αὐτῇ, μόνον δὲ βλέψαν εἰς αὐτήν, ἀναπιμπλάναι κακοῦ ἑαυτῆς. Ἄμοιρος γὰρ παντελῶς οὖσα ἀγαθοῦ καὶ στέρησις τούτου καὶ ἄκρατος ἔλλειψις".

341 Plotin, Enn. I,8,4,25–27: „Ἡ μὲν οὖν τελεία καὶ πρὸς νοῦν νεύουσα ψυχὴ ἀεὶ καθαρὰ καὶ ὕλην ἀπέστραπται καὶ τὸ ἀόριστον ἅπαν καὶ τὸ ἄμετρον καὶ κακὸν οὔτε ὁρᾷ οὔτε πελάζει·"

342 Plotin, Enn. I,8,4,27 f.: „καθαρὰ οὖν μένει ὁρισθεῖσα νῷ παντελῶς."

343 Plotin, Enn. I,8,5,21–26: „Ἡ νόσον μὲν ἔλλειψιν καὶ ὑπερβολὴν σωμάτων ἐνύλων τάξιν καὶ μέτρον οὐκ ἀνεχομένων, αἶσχος δὲ ὕλην οὐ κρατηθεῖσαν εἴδει, πενίαν δὲ ἔνδειαν καὶ στέρησιν ὧν ἐν χρείᾳ ἐσμὲν διὰ τὴν ὕλην ᾗ συνεζεύγμεθα φύσιν ἔχουσαν χρησμοσύνην εἶναι."

344 Vgl. E. Schröder, ΠΟΘΕΝ ΤΑ ΚΑΚΑ (Enn. I,8), 149 f.: „Während aber die Menschen, weil sie durch ihren Körper der irdischen Welt, also dem Reich der Materie angehören, der Macht des Schlechten ausgeliefert sind und ihr höchstens zu entfliehen vermögen, sind die Götter ganz frei von ihm; um so mehr, als selbst Menschen seiner Herr zu werden vermögen, und zwar durch den Teil ihres Wesens, der der Materie nicht anheimgefallen ist, d. h. durch den ‚reinen' oberen Teil der Seele, wenn er die volle Herrschaft über den ganzen Menschen erhält."

345 Vgl. K. Alt, Plotin, 73: „Entscheidend ist hier für Plotin, dass die Seele in ihrer wahren Natur gut ist, das Böse demnach etwas ihr Wesensfremdes sein muss, das hinzutritt."

DIE AUF DER PROVIDENZ GOTTES BERUHENDE BEWEISFÜHRUNG

2.3 Die ps.-athen. Seelenlehre innerhalb der Philosophiegeschichte

Die Vorstellung von der Affektionsfreiheit und Bedürfnislosigkeit der Seele des Ps-Athenagoras lässt sich also durch die Ähnlichkeiten und Parallelen mit Plotin plausibel in die philosophiegeschichtliche Entwicklung im dritten Jahrhundert einordnen. H. Dörrie/M. Baltes bestätigen die Ansicht, dass die Auffassung von der Leidenschaftslosigkeit der Seele im kaiserzeitlichen Platonismus nicht fremd war: „Alle Platoniker sehen die Seele als unkörperlich und unvergänglich an, ja für manche ist die Seele sogar von außen völlig unbeeinflußbar (ἀπαθής), für viele ewig, nicht zusammengesetzt, einfach, unveränderlich und unausgedehnt, ohne Masse und ohne Größe."[346]

Da uns die zeitgeschichtliche Entwicklung interessiert, ist auf den frühesten Beleg für die ἀπαθής-Seelenvorstellung einzugehen, die innerhalb des kaiserzeitlichen Platonismus geboten wird. Vor Plotin lässt sich in der philosophischen Literatur *Plutarch von Chaironeia* (45–125 n. Chr.)[347] als Zeuge für die Auffassung anführen, dass der νοῦς als der vernünftige Teil der Seele ἀπαθής ist:

> Denn das Unbeseelte ist selbst machtlos und durch anderes beeinflussbar, der νοῦς aber ist unbeeinflussbar (ἀπαθής) und eigenmächtig.[348]

Der νοῦς bildet bei Plutarch das wahre Selbst,[349] was auf den Körper als unbeseeltes Wesen nicht zutrifft. Denn der Körper ist im Gegensatz zur Seele machtlos und durch andere Dinge beeinflussbar (παθητὸν ὑπ' ἄλλων).

Die Ursprünge der Affektlosigkeit für den vernünftigen Teil der Seele lassen sich dabei bis auf Aristoteles und womöglich bis auf Platon zurückverfolgen. Aristoteles äußert sich in De Anima 429a diesbezüglich zum Seelenteil, mit dem die Seele erkennt und denkt: Dieses Seelenteil muss unbeeinflussbar sein und doch aufnahmefähig für die intelligible Form (ἀπαθὲς ἄρα δεῖ εἶναι, δεκτικὸν δὲ τοῦ εἴδους).[350] Bei Platon wird der ἀπαθής-Begriff auf den Menschen bezogen, der sich furchtsam im Einklang mit der Gerechtigkeit zu

---

346 H. Dörrie/M. Baltes, Der Platonismus in der Antike, Bd. 6.2, 396.

347 Vgl. C. Hünemörder, Art. *Plutarchos*, In: DNP 9, 1159–1175.

348 Plutarch von Chaironeia, De facie 30 (945d4 f.): „τὸ γὰρ ἄψυχον ἄκυρον αὐτὸ καὶ παθητὸν ὑπ' ἄλλων, ὁ δὲ νοῦς ἀπαθὴς καὶ αὐτοκράτωρ". Bei H. Dörrie/M. Baltes, Der Platonismus in der Antike, Bd. 6.1, 40,38 f.

349 Vgl. H. Dörrie/M. Baltes, Der Platonismus in der Antike, Bd. 6.1, 207.

350 Aristoteles, De Anima 429a15 f. Vgl. R. Harder/R. Beutler/W. Theiler, Plotins Schriften Bd. IIb, 435: „Daß die Seele affektionslos sein soll, war stoische Forderung; daß der Geist affektionsfrei sei, hatte Aristoteles behauptet De an. 429a 15 und ähnlich schon bei Anaxagoras gefunden (a 19 nach Anaxagoras fr. 12)."

692 8. KAPITEL

leben wünscht.[351] Daher ist es durchaus möglich, dass die Platoniker bei Platon selbst Ansätze für die Affektionsfreiheit der oberen Seele gefunden haben.[352]

Wie auch immer sich die Anfänge für die Affektionsfreiheit der Seele festlegen lassen, Plotin hebt eindrücklich die ἀπαθής-Vorstellung der Geistseele hervor. Daher widmet er diesem Thema sogar die Enneade III,6 („Περὶ τῆς ἀπαθείας τῶν ἀσωμάτων"). *Iamblich* relativiert daraufhin diese platonische Lehre deutlich, indem er die Affektionsfreiheit nur den vom Körper gelösten Seelen zugesteht.[353] Diejenige Seele aber, „die sich um die Körper wegen der Übung und Verbesserung der eigenen Charakteranlagen kümmert, ist nicht gänzlich affektionsfrei (οὐκ ἀπαθής ἐστι παντελῶς)."[354] Somit vertritt Iamblich diese Lehre nicht mehr wie Plotin, der sich die Geistseele völlig affektlos vorstellt.[355]

Die Lehre von der Leidenschaftslosigkeit der Seele fand auch in der christlichen Literatur Eingang. Die ersten Ansätze für die Auseinandersetzung mit dieser platonischen Lehre von der Affektionsfreiheit der Seele lassen sich bei *Justin*, Dial 1,5, nachweisen. Justin referiert die Meinung einiger Platoniker, die sich die Seele entgegen der Ansicht der Stoiker[356] unkörperlich[357] und leidenschaftslos denken:

---

351 Vgl. Platon, Nomoi 647c7–d7.

352 Vgl. H. Dörrie/M. Baltes, Der Platonismus in der Antike, Bd. 6.2, 124: „Daß die obere Seele ein πάθος erleiden könne, hätten nicht alle Platoniker akzeptiert. Einige haben diese Lehre abgelehnt und – möglicherweise in Anlehnung an Staat 608 D 12–610 E 9 – die obere Seele für ἀπαθής erklärt."

353 Iamblich von Chalkis, De Anima, bei Stobaeus I,49,40 (Wachsmuth/Hense 380,19–29). Bei H. Dörrie/M. Baltes, Der Platonismus in der Antike, Bd. 6.2, 18,38–20,49.

354 Iamblich von Chalkis, De Anima, bei Stobaeus I,49,40 (Wachsmuth/Hense 380,9–11): „ἡ δὲ διὰ γυμνασίαν καὶ ἐπανόρθωσιν τῶν οἰκείων ἠθῶν ἐπιστρεφομένη περὶ τὰ σώματα οὐκ ἀπαθής ἐστι παντελῶς". Bei H. Dörrie/M. Baltes, Der Platonismus in der Antike, Bd. 6.2, 18,28 f.

355 Iamblich äußert sich hingegen deutlich kritischer. „Auch sonst besitzen wir zahlreiche Zeugnisse, in welchen Iamblich sich gegen die Lehre der Vermengung der Hypostasen wendet. Insbesondere bekämpfte er die Lehre Plotins und des Theodoros von Asine, daß von der Seele immer ein Teil im νοῦς bleibt und daher nicht affizierbar (ἀπαθής) ist. Damit hat er den Grund gelegt für alle späteren Platoniker, die nie mehr zur Lehre Plotins zurückkehrten." H. Dörrie/M. Baltes, Der Platonismus in der Antike, Bd. 6.1, 249 f.

356 Im gleichen Kontext (Dial 1,5) wird auf die stoische Lehre von der Wiederkunft der Weltperioden verwiesen, so dass alles immer gleich bleiben werde, und dass sowohl ich als auch du wieder in gleicher Weise leben würden, ohne besser oder schlechter geworden zu sein ([PTS 47, 71,32–34 Marcovich]: „Οἵ γε ἀεὶ ταὐτὰ ἔσεσθαι λέγουσι, καὶ ἔτι ἐμὲ καὶ σὲ ἔμπαλιν βιώσεσθαι ὁμοίως, μήτε κρείσσονας μήτε χείρους γεγονότας.").

357 Die Stoiker stellten sich die Seele körperlich vor. Vgl. M. Pohlenz, Stoa I, 142 f.: Bereits Zenon hat die Meinung geäußert, das die Seele körperlich sei.

DIE AUF DER PROVIDENZ GOTTES BERUHENDE BEWEISFÜHRUNG   693

Andere aber behaupten, dass die Seele unsterblich und unkörperlich ist.
Sie meinen, dass die, die etwas Böses getan haben, keine Strafe erlangen
werden, weil nämlich das Unkörperliche unempfindlich ist (ἀπαθὲς γὰρ
τὸ ἀσώματον). Und da die Seele unsterblich ist, bitten sie Gott um nichts
weiter mehr.[358]

Justin verweist hier auf die Vorstellung, dass die Seele als unempfindliches
Wesen aufgrund ihrer Unbeeinflussbarkeit auch keine Strafe erleiden kann.
Der Apologet selbst grenzt sich von der Ansicht der Platoniker ab, die vom
unsterblichen Wesen der Seele ausgehen: Wenn das ζωτικὸν πνεῦμα von der
Seele weicht, dann existiert die ψυχή nicht mehr, sondern sie geht dahin zurück,
woher sie genommen wurde.[359] Das Erlangen der Unsterblichkeit für die Seele
liegt auschließlich im Willen Gottes: „Die Seele aber hat Anteil am Leben, weil
Gott will, dass sie lebt."[360]

Hingegen rezipiert *Tertullian* in seinem *Apologeticum* positiv die Vorstellung
von der Leidensunfähigkeit der Seele, um daraus die Auferstehung des Fleisches abzuleiten: Denn im Gericht muss der ganze Mensch vorgeführt werden,
wozu die Auferstehung der *caro* notwendig ist, da sonst die leiblose Seele für
sich allein ohne eine dauerhafte Materie nichts erleiden kann.[361] Diese Sicht
lässt Tertullian aber in *De Anima* und in *De Resurrectione* fallen und spricht
auch der leiblosen Seele die Fähigkeit zum Erleiden der Strafen zu, wenn sie
sich im Zwischenzustand vor der Auferstehung befindet (vgl. De Anima 58,1–8
und De Res 17,1 f.).[362]

---

358   Justin, Dial 1,5 (PTS 47, 71,34–37 Marcovich): „Ἄλλοι δέ τινες, ὑποστησάμενοι ἀθάνατον καὶ
ἀσώματον τὴν ψυχήν, οὔτε κακόν τι δράσαντες ἡγοῦνται δώσειν δίκην (ἀπαθὲς γὰρ τὸ ἀσώματον),
οὔτε, ἀθανάτου αὐτῆς ὑπαρχούσης, δέονταί τι τοῦ θεοῦ ἔτι." Vgl. N. Hyldahl, Philosophie und
Christentum, 101: „Es wird hier wahrscheinlich an die Platoniker gedacht."

359   Justin, Dial 6,2 (PTS 47, 82,13–15 Marcovich): „ἀπέστη ἀπ' αὐτῆς τὸ ζωτικὸν πνεῦμα καὶ οὐκ
ἔστιν ἡ ψυχὴ ἔτι, ἀλλὰ καὶ αὐτὴ ὅθεν ἐλήφθη ἐκεῖσε χωρεῖ πάλιν "

360   Justin, Dial 6,2 (PTS 47, 82,8 Marcovich): „Ζωῆς δὲ ψυχὴ μετέχει, ἐπεὶ ζῆν αὐτὴν ὁ θεὸς
βούλεται."

361   Tert, Apol 48,4 (Becker 212,28 f.): „quia neque pati quicquam potest anima sola sine materia stabili, id est carne". Vgl. auch Tert, Test 4,1 (CCSL 1, 178,7 f. Willems): Auch hier äußert
Tertullian eine ähnliche Auffassung von der Leidensunfähigkeit der Seele ohne Körper.
Die Seele könne weder Schlechtes noch Gutes empfinden, ohne die Vermittlung des empfindungsfähigen Fleisches (quod et nihil mali ac boni sentire possis sine carnis passionalis
facultate).

362   Vgl. T. Georges, Tertullian ›Apologeticum‹, 691: „Anders äußert er sich in den später
entstandenen Schriften an. (58,1–8) und res. (17,1 f.). Dort vertritt er die Ansicht, dass

694 8. KAPITEL

Nun ist *Ps-Athenagoras* überhaupt der *erste* christliche Autor, der konsequent und in vollem Maße zugusten seiner Auferstehungslehre die Affektionsfreiheit und Unbedürftigkeit der Seele als platonische Lehre verwertet. Dabei spricht er nicht nur von ihrer Leidensunfähigkeit bezüglich der dem Körper zugezogenen Leiden und Schmerzen (vgl. De Res 22,2),[363] sondern von einer gänzlichen Unaffizierbarkeit der Seele durch Affekte. Allein in Verbindung mit dem Körper wird auch die ψυχή mit den körperlichen Trieben und Begierden konfrontiert. Daher muss auch der Leib auferstehen, damit sich das gerechte Gericht am ganzen Menschen ereignen kann. Denn dieser verübt alle seine Handlungen auf Erden als psychosomatische Einheit und hat somit als ein solches Gesamtwesen die Verantwortung zu tragen.

G. af Hällström vermutet zu Recht, dass Ps-Athenagoras in der Vorstellung von der Leidenschaftslosigkeit der Seele philosophisches Material seiner Tage entliehen und zu einem Argument zugunsten der Auferstehung gemacht hat.[364] Hällström geht dabei davon aus, dass der Verfasser des Traktats die Ansicht von den vier Hauptaffekten aus der stoischen Psychologie[365] entnahm. Dabei wurde der Ursprung dieser Affekte auf den Körper zurückgeführt und in Bezug auf die Seele deren Affektlosigkeit behauptet.[366]

Nun ist die Beobachtung, dass Ps-Athenagoras an der zeitgenössischen Philosophie partizipiert, durchaus richtig. Jedoch ist eine Entlehnung aus der Psychologie der Stoa m. E. unwahrscheinlich.[367] Wenn aber von einer Datierung in das 3. Jahrhundert auszugehen ist, dann finden sich bei Plotin sehr große Ähnlichkeiten, was die Affektionslosigkeit der Geistseele betrifft. Daher übernahm Ps-Athenagoras in der Tat die Vorstellung von der Leidenschaftslosigkeit und Unbedürftigkeit der Seele aus dem Platonismus seiner Zeit.

---

    die Seelen auch schon in der Unterwelt, vor ihrer Vereinigung mit den Körpern, Strafe erleiden."

363   De Res 22,2 (Marcovich 47,24–26).

364   Vgl. G. af Hällström, Carnis Resurrectio, 62: „This passionless soul is not a biblical creature, nor does Athenagoras claim it to be. He has, in fact, borrowed raw material from the philosophy of his day and arranged it into an argument in favour of resurrection."

365   Vgl. M. Pohlenz, Stoa I, 145–148.

366   Vgl. G. af Hällström, Carnis Resurrectio, 62.

367   So aber auch B. Pouderon, Athénagore d'Athènes, 228: „Mais dans ce domaine, c'est la théorie stoïcienne des passions qui a exercé la plus forte influence sur l'apologiste."

3   Der auf dem τέλος beruhende Auferstehungsbeweis (De Res 24–25)

In De Res 24 und 25 widmet sich Ps-Athenagoras seinem letzten Argumentationsgang des „Logos de veritate". Darin bringt er seine gesamte Abhandlung über die Auferstehung zum Abschluss. Es entsteht der Eindruck, dass unser Autor in diesen beiden Kapiteln viele bereits hergeleitete Ergebnisse und Argumente noch einmal aufnimmt und eine Art Zusammenfassung der auf der Vorsehung basierenden Argumentation vom Endziel des Menschenlebens unternimmt.[368]

Von Beginn an umfasst eine solche Beweisführung nicht nur das τέλος einiger Auserwählter, sondern explizit *aller* Menschen. Das τέλος wird als eine „gemeinsame Bestimmung" (De Res 25,5: ἡ κοινὴ ἀποκλήρωσις)[369] für alle Menschen und als das anzustrebende Ziel des Menschenlebens überhaupt propagiert.[370] Ps-Athenagoras will den τέλος-Beweisgang als Festigung des bereits Gehörten verstanden wissen.[371]

---

368   In De Res 24,1 rekurriert Ps-Athenagoras auf die aufgestellte Disposition der positiven Beweisführung, in der der vierte Argumentationsgang mit dem τέλος der Menschen angekündigt wurde. In der ersten Einteilung des „Logos de veritate" (in De Res 11,7) bleibt der τέλος-Beweisgang noch unerwähnt, was sich aber in De Res 13,3 dann ändert. Dort wird die Argumentation vom gerechten Gericht um das τέλος des Lebens für alle Menschen erweitert (vgl. De Res 13,3 [Marcovich 38,13 f.]: τούτοις τε πᾶσι τὸ τοῦ βίου τέλος).

369   De Res 25,5 (Marcovich 50,23).

370   Generell gehört der τέλος-Beweisgang zur Argumentation von der Vorsehung (De Res 18–25), die sich den Ausführungen über die Schöpfertätigkeit Gottes (De Res 12–17) anschließt. Denn durch die λόγοι von der Vorsehung (διὰ τῶν τῆς προνοίας λόγων) soll die Zuverlässigkeit der Auferstehung erwiesen werden. Diese λόγοι beinhalten die für einen jeden Menschen gemäß dem gerechten Gericht geschuldete Belohnung oder Strafe sowie das Endziel im menschlichen Leben (καὶ τοῦ κατὰ τὸν ἀνθρώπινον βίον τέλους). Vgl. De Res 14,5 (Marcovich 39,3–7).

    Die τέλος-Beweisführung wird somit wie auch das Gerichtsargument (De Res 18–23) deutlich der Betrachtung von der πρόνοια zugeordnet. Insoweit ergänzen sich die beiden letzten Argumentationsgänge. Denn der Beweis der Gerechtigkeit (ὁ δὲ τῆς δικαιοσύνης λόγος) gewinnt seine Stärke insbesondere vom Endziel der Menschen (ἐκ τοῦ τούτων τέλους), welches das Gericht über deren Lebensführung beinhaltet. Dass Gott die Menschen danach richten wird, ob sie ihr Leben gut oder böse verbrachten, ist eine vom τέλος her zu betrachtende Perspektive, die auf der Vorsehung beruht. Vgl. De Res 18,1 (Marcovich 43,1–5).

371   „Nachdem nämlich die angekündigten Punkte einigermaßen untersucht wurden, dürfte übriggeblieben sein, auch den Beweis vom Endziel her genau zu betrachten, der schon durch das Vorangehende klar geworden ist (ἤδη μὲν τοῖς εἰρημένοις ἐμφαινόμενον)." De Res

696 8. KAPITEL

Ps-Athenagoras will in diesem Argumentationsgang den Schwerpunkt nun auf einen ganz bestimmten Aspekt legen, den er im τέλος-Gedanken enthalten sieht. Es ist einer besonderen Hervorhebung (ἐπισημήνασθαι) wert – so der Autor –, die Endbestimmung aller Geschöpfe zu betrachten, um so das eigentümliche Endzielprofil für die Menschen herauszuarbeiten:[372]

> Jedes Wesen, das sowohl aus der Natur (ἐκ φύσεως) entstanden als auch kunstvoll geworden ist, muss auch seinen eigenen Endzweck haben (δεῖ καὶ [...] οἰκεῖον ἑκάστου τέλος εἶναι). Dieses lehrt uns wohl schon der allengemeinsame Menschenverstand, auch die Beobachtung mittels der Augen (τῶν ἐν ὀφθαλμοῖς στρεφομένων) bezeugt es.[373] Sehen wir etwa nicht (οὐ θεωροῦμεν), dass ein anderes Ziel für die besteht, die Ackerbau betreiben, ein anderes Ziel aber liegt für die vor, die Ärzte sind, und wieder ein

---

24,1 (Marcovich 49,5–7): „Ἐξητασμένων δὲ ποσῶς τῶν προτεθέντων ὑπόλοιπον ἂν εἴη καὶ τὸν ἀπὸ τοῦ τέλους διασκέψασθαι λόγον, ἤδη μὲν τοῖς εἰρημένοις ἐμφαινόμενον".

Hier spielt Ps-Athenagoras auf seine Erwägungen über das einheitliche und gemeinsame τέλος der aus beiden Teilen bestehenden Natur der Menschen in De Res 15,2 f. an. Vgl. H.E. Lona, Athenagoras, 570. Das einheitliche Endziel betrifft die gesamte Natur der aus Seele und Leib zusammengesetzten Menschen, so dass es sich auch auf ein solches Gesamtwesen bezieht: „Einheitlich aber wird das Endziel in Wahrheit (nur dann) sein, wenn dasselbe Wesen in seiner Zusammensetzung bestehen bleibt, dessen Endziel es gerade ist." De Res 15,3 (Marcovich 40,6–8).

Der Verfasser ist in De Res 24,1 überhaupt bemüht, die von Anfang an gegebene Einteilung der positiven Beweisführung und so den gesamten Stoff nicht zu beeinträchtigen: „Daher bedarf es (abschließend in De Res 24 f.) nur so viel Aufmerksamkeit und Hinzufügung, dass nicht der Anschein entsteht, dass etwas von dem vorher kurz Angedeuteten außer acht gelassen wird." De Res 24,1 (Marcovich 49,7–9): „τοσαύτης δὲ μόνον ἐπιστασίας καὶ προσθήκης δεόμενον, ὡς μὴ δοκεῖν ⟨τι⟩ τῶν μικρῷ ⟨πρόσθεν⟩ εἰρημένων ἀμνημόνευτον καταλιπόντα παραβλάψαι τὴν ὑπόθεσιν ἢ τὴν ἐξ ἀρχῆς γενομένην διαίρεσιν."

Ps-Athenagoras ist daran interessiert, seiner aufgestellten Disposition treu zu bleiben. Auf diese Weise schafft er die Möglichkeit, seinen Beweis für die Auferstehung noch einmal zu vertiefen und im Bewußtsein seiner Zuhörer zu verankern. Deshalb hält er den rhetorischen Aufbau des „Logos de veritate" strikt ein, weiß er sich doch der Beweisabsicht bezüglich der Auferstehungsbotschaft ganz verpflichtet.

372 De Res 24,2 (Marcovich 49,9–11): „Τούτων τε οὖν ἕνεκεν καὶ τῶν ἐπὶ τούτοις ἐγκ(ληθ)ησομένων καλῶς ἂν ἔχοι τοσοῦτον ἐπισημήνασθαι μόνον".

373 De Res 24,2 (Marcovich 49,11–14): „ὅτι δεῖ καὶ τῶν ἐκ φύσεως συνισταμένων καὶ τῶν κατὰ τέχνην γινομένων οἰκεῖον ἑκάστου τέλος εἶναι, τοῦτο που καὶ τῆς κοινῆς πάντων ἐννοίας ἐκδιδασκούσης ἡμᾶς καὶ τῶν ἐν ὀφθαλμοῖς στρεφομένων ἐπιμαρτυρούντων." Daraufhin wird die Wahrnehmung mit den Augen in Anspruch genommen. Mit einer rhetorischen Frage stellt der Verfasser geschickt den Bezug zu dieser Sinnesart her.

DIE AUF DER PROVIDENZ GOTTES BERUHENDE BEWEISFÜHRUNG 697

anderes für die Gewächse der Erde, ein anderes aber für die auf ihr sich ernährenden Tiere, die auch in einer natürlichen Reihe hervorgebracht werden?[374]

Die Beispiele vom Ackerbauer (γεωργός) und vom Arzt (ἰατρός) wurden schon von unserem Autor in De Res 1,4 für seine Aussageabsicht verwendet. Hier greift er erneut auf diese Anschauungsbeispiele zurück: Ein Ackerbauer verfolgt ein anders Ziel als der Arzt, wenn beide ihre jeweilige Tätigkeit ausüben. Der γεωργός sät den Samen aus und hofft auf eine gute Ernte. Der Arzt behandelt seinen Patienten mit der Absicht, dem Kranken zur Besserung zu verhelfen. Ein anderes Ziel haben ebenso die Pflanzen und alle Gewächse auf Erden, wie auch alle Lebewesen, die sich davon ernähren.[375] Wenn demnach für jede menschliche Tätigkeit und für jedes Wesen auf Erden eine genau definierte Zweckbestimmung vorgesehen ist, so muss dies offensichtlich auch für das Menschengeschlecht gelten. Denn insbesondere die Menschen haben innerhalb der Geschöpfe Gottes eine herausragende Stellung erhalten, da sie das Ebenbild des Schöpfers in Form des νοῦς und der λογικὴ κρίσις in sich tragen (vgl. De Res 12,6).

Die Menschen sind mit einer besonderen Bestimmung ausgezeichnet. Sie wurden der göttlichen Erwählung (ἐξῃρῆσθαι) gewürdigt, die sich in einem von den anderen Geschöpfen unterscheidenden τέλος äußert:

> Wenn dies nämlich einleuchtend ist und wenn den natürlichen oder kunstvollen Kräften und ihren Wirkungen sicher das naturgemäße Endziel folgen muss, so ist es auch dringend notwendig, dass sich das Endziel der Menschen, da es das τέλος einer einzigartigen Natur ist, von der Gemeinschaft der anderen Wesen abhebt. Denn es wäre nicht recht, dasselbe Endziel für Wesen anzunehmen, die an der vernünftigen Unterscheidungsfähigkeit keinen Anteil haben und für solche, die nach ἔμφυτος νόμος und Vernunft handeln und die ein verständiges Leben nach Recht und Gerechtigkeit (δίκη) führen.[376]

---

374 De Res 24,3 (Marcovich 49,15–18): „Ἦ γὰρ οὐ θεωροῦμεν ἕτερόν τι τοῖς γεωργοῦσιν, ἕτερον δὲ τοῖς ἰατρεύουσιν ὑποκείμενον τέλος, καὶ πάλιν ἄλλο μέν τι τῶν ἐκ γῆς φυομένων, ἄλλο δὲ τῶν ἐπ' αὐτῆς τρεφομένων ζῴων καὶ κατά τινα φυσικὸν εἱρμὸν γεννωμένων;"

375 Das Endziel der Tiere besteht offenbar in einer natürlichen Vermehrung ihrer jeweiligen Gattung. Darauf scheint unser Autor mit κατά τινα φυσικὸν εἱρμὸν γεννωμένων anzuspielen, wenn er auf das τέλος der animalischen Lebewesen verweist.

376 De Res 24,4 (Marcovich 49,18–23): „Εἰ δὲ τοῦτ' ἐστὶν ἐναργὲς καὶ δεῖ πάντως ταῖς φυσικαῖς ἢ τεχνικαῖς δυνάμεσι καὶ ταῖς ἐκ τούτων ἐνεργείαις τὸ κατὰ φύσιν ἕπεσθαι τέλος, ἀνάγκη πᾶσα

698   8. KAPITEL

Der Verfasser appelliert an das Denkvermögen seiner Adressaten. Es muss notwendigerweise eine Differenz im Endziel der Menschen und der vernunftlosen Kreatur geben, da die ἄνθρωποι Vernunft und Verstand besitzen. Sie haben gegenüber den übrigen Existenzen einen geschöpflichen Vorzug, der in der λογικὴ κρίσις besteht, so dass sie die Fähigkeit besitzen, nach dem ἔμφυτος νόμος und λόγος zu handeln. Daher können sie ein verständiges Leben führen, das der Gerechtigkeit entspricht.[377]

Daraufhin werden in De Res 24,5 und 25,1 drei Alternativen ausgeschlossen, die als Endziel der Menschen in Betracht kommen. Als *erste* Möglichkeit wird die Unempfindlichkeit im postmortalen Zustand erwogen: „Nun dürfte wohl auch nicht die Schmerzlosigkeit für diese als Endziel bestimmt sein."[378] Mit τὸ ἄλυπον wird offenbar eine völlige Empfindungsunfähigkeit und ein Zustand der Bewußtlosigkeit assoziiert. Jedoch stellte man sich – aus der Perspektive des Verfassers – mit einer derartigen postmortalen Erwartung auf die gleiche Stufe mit den vernunftlosen Kreaturen. Denn diese Schmerzlosigkeit wird wohl solchen Wesen angehören, die gänzlich unempfindlich sind (τοῖς παντελῶς ἀναισθητοῦσιν).[379]

καὶ τὸ τῶν ἀνθρώπων τέλος ὡς ἰδιαζούσης ὂν φύσεως ἐξηρῆσθαι τῆς τῶν ἄλλων κοινότητος· ἐπεὶ μη⟨δὲ⟩ θεμιτὸν ταὐτὸν ὑποθέσθαι τέλος τῶν τε λογικῆς κρίσεως ἀμοιρούντων καὶ τῶν κατὰ τὸν ἔμφυτον νόμον καὶ λόγον ἐνεργούντων ἔμφρονί τε ζωῇ καὶ δίκῃ χρωμένων."

377   In De Res 13,1 spricht Ps-Athenagoras ebenfalls von der Verleihung des νοῦς und des ἔμφυτος νόμος, die den Menschen ermöglichen, die göttlichen Gaben zu bewahren. Diese Fähigkeit kommt allein einer verständigen Lebensweise und einem vernünftigen Leben zu (ἔμφρονι δὲ βίῳ καὶ ζωῇ λογικῇ προσηκόντων). Vgl. De Res 13,1 (Marcovich 37,31–33).

378   De Res 24,5 (Marcovich 49,24): „Οὔτ᾽ οὖν τὸ ἄλυπον οἰκεῖον τούτοις ἂν εἴη τέλος·"

379   De Res 24,5 (Marcovich 49,24 f.): „μετείη γὰρ ⟨ἂν⟩ τούτου καὶ τοῖς παντελῶς ἀναισθητοῦσιν·" In De Res 19,3 (Marcovich 45,3 f.) geht unser Autor auf derartige Lebensmaximen ein: „Denn das Endziel (τέλος) eines solchen Lebens ist gemäß einigen auch nicht die Lust, sondern eine vollständige Empfindungslosigkeit (ἀλλ᾽ ἀναισθησία παντελής)." Dort ist deutlich die Hoffnung auf eine ἀναισθησία παντελής als eine Jenseitserwartung zu verstehen, die als Endziel des Menschenlebens propagiert wird. Damit mag der Verfasser auf die Meinung der Epikuräer angespielt haben.

      Jedoch wird auch in der *Apologie des Sokrates* die Möglichkeit erwogen, dass der Tod einen Zustand herbeibringt, in dem der Verstorbene keinerlei Empfindung von irgendetwas mehr hat (μηδὲ αἴσθησιν μηδεμίαν μηδενὸς ἔχειν τὸν τεθνεῶτα). Vgl. Platon, Apologia 40c6 f. „Und wenn es (dann) gar keine Empfindung (mehr) gibt, sondern eine Art Schlaf, in dem der Schlafende (καθεύδων) nicht einmal einen Traum hat, so wäre der Tod ein wunderbarer Gewinn (Καὶ εἴτε δὴ μηδεμία αἴσθησίς ἐστιν, ἀλλ᾽ οἷον ὕπνος, ἐπειδάν τις καθεύ-

DIE AUF DER PROVIDENZ GOTTES BERUHENDE BEWEISFÜHRUNG   699

Als *zweite* Option für das Endziel des Menschenlebens verwirft Ps-Athenagoras die Vorstellung, die vor allem in einer Lebensweise voll sinnlicher Befriedigung und Vergnügen besteht: „Aber auch nicht der Genuss dessen, was den Leib ernährt oder erfreut, auch nicht eine Fülle von Lustgefühlen dürfte wohl das Endziel der Menschen sein."[380]

Ein auf Hedonismus und Lustempfinden ausgerichtetes Ziel kann nicht den Sinn des Menschenlebens ausmachen. Sonst müsste das viehmäßige Leben (τὸν κτηνώδη βίον) den Vorzug haben. Als Konsequenz einer solchen Lebenseinstellung wäre das tugendhafte Leben ein vergebliches Unterfangen.[381] Eine solche Endbestimmung kann aus der Sicht des Verfassers keineswegs für die Menschen zutreffen: „Ich meine nämlich, dass dieses Endziel für Haus- und Weidevieh bestimmt ist, (aber) nicht für Menschen, die eine unsterbliche Seele und ein vernünftiges Unterscheidungsvermögen besitzen."[382]

δων μηδ᾽ ὄναρ μηδὲν ὁρᾷ, θαυμάσιον κέρδος ἂν εἴη ὁ θάνατος.).“ Platon, Apologia 40c9–d2. Daher entstammt die postmortale Erwartung von einer gänzlichen Unempfindlichkeit ursprünglich der platonischen Tradition, obwohl Sokrates selbst die zweite Möglichkeit zu präferieren scheint. Diese beinhaltet eine Versetzung der Seelen in den Hades, in dem ein gerechtes Gericht stattfinden soll. Vgl. K. Alt, Diesseits und Jenseits, 284 f.

380 De Res 24,5 (Marcovich 49,25 f.): „ἀλλ᾽ οὐδὲ τῶν τὸ σῶμα τρεφόντων ἢ τερπόντων ἀπόλαυσις καὶ πλῆθος ἡδονῶν·“

381 De Res 24,5 (Marcovich 49,26 f.): „ἢ πρωτεύειν ἀνάγκη τὸν κτηνώδη βίον, ἀτελῆ δ᾽ εἶναι τὸν κατ᾽ ἀρετήν.“ In De Res 19,3 thematisiert der Verfasser ebenfalls eine solche Lebensauffassung. Dort geht er darauf innerhalb der Leugnung einer jeglichen Gerichtsvorstellung ein: Wenn es kein Gericht über die menschlichen Taten gibt, besitzen die Menschen gegenüber den vernunftlosen Wesen auch keinen Vorzug. Sie handeln stattdessen viel unglücklicher, da sie im Vergleich zu diesen ihre Leidenschaften knechten und für Gottesfurcht und Gerechtigkeit oder auch für eine andere Tugend Sorge tragen, was ihnen jedoch keinen Nutzen bringt. Vgl. De Res 19,3 (Marcovich 44,31–34). Als Konsequenz einer gänzlichen Leugnung der Vergeltung der menschlichen Handlungen im Gericht ist dann das vieh- oder tierartige Leben offenbar die beste Lebenseinstellung (ὁ δὲ κτηνώδης ἢ θηριώδης βίος (ἔσται) ἄριστος). Die Tugend ist dagegen in der Tat sinnlos, die Androhung der Strafe eine platte Lächerlichkeit. Vielmehr kommt der Pflege jedes Vergnügens das größte Gut (ἀγαθῶν τὸ μέγιστον) zu. Vgl. De Res 19,3 (Marcovich 44,34–45,1).

382 De Res 24,5 (Marcovich 49,27–29): „Κτηνῶν γὰρ οἶμαι καὶ βοσκημάτων οἰκεῖον τοῦτο ⟨τὸ⟩ τέλος, οὐκ ἀνθρώπων ἀθανάτῳ ψυχῇ καὶ λογικῇ κρίσει χρωμένων.“ Ps-Athenagoras bedient sich seiner ganzen Autorität (1. Pers. Sing.: οἶμαι), um ein solches Lebensziel gänzlich zu negieren.

Den Zusatz ⟨τὸ⟩ vor τέλος hat nur die Handschrift C. Bei Marcovich fehlt die Bezeugung dieser Konjektur. Siehe aber bei B. Pouderon, SC 379, 312, Zeile 30 (z. St.): „τοῦτο + τό C“.

In De Res 25,1 benennt Ps-Athenagoras schließlich die *dritte* Möglichkeit, die insbesondere mit seinen Adressaten zur Debatte steht: „Aber auch nicht die Glückseligkeit der vom Leib getrennten Seele dürfte wohl das Endziel der Menschen sein."[383] Die Annahme des körperlosen Seelenheils bestimmt weiterhin die Auseinandersetzung mit dem zeitgenössischen Platonismus. Die Glückseligkeit der vom Körper getrennten Seele kann keineswegs das Endziel der Menschen bedeuten. Denn wie aus der Betrachtung hervorging, gehört das Leben oder das Endziel (ζωὴ ἢ τέλος) nicht nur dem einen der beiden Teile an, aus denen der Mensch besteht, sondern dem aus beiden Bestandteilen zusammengesetzten Menschenwesen.[384]

Allein ein solches Kompositum ist der Mensch, der dieses Leben erhalten hat. Daher muss für sein Leben auch ein eigenes Endziel vorgesehen sein (τι τέλος οἰκεῖον).[385] Das τέλος kommt also nicht im getrennten Schicksal der Seele und des Leibes für den Menschen zur Vollendung, da der Schöpfer das Menschenwesen in seiner Gesamtheit als συναμφότερον zur Fortdauer bestimmte. So muss sich auch das Endziel auf das Gesamtgeschöpf beziehen, indem es zur erneuten Vereinigung der beiden Komponenten des Menschen kommt.[386]

---

383   De Res 25,1 (Marcovich 49,30): „Οὐ μὴν οὐδὲ μακαριότης ψυχῆς κεχωρισμένης σώματος·"

384   De Res 25,1 (Marcovich 49,30–50,1): „οὐδὲ γὰρ τὴν θατέρου τούτων ἐξ ὧν συνέστηκεν ἄνθρωπος ἐσκοποῦμεν ζωὴν ἢ τέλος, ἀλλὰ τοῦ συνεστῶτος ἐξ ἀμφοῖν·"

385   De Res 25,1 (Marcovich 50,1 f.): „τοιοῦτος γὰρ πᾶς ὁ τόνδε τὸν βίον λαχὼν ἄνθρωπος, καὶ δεῖ τῆς τούτου ζωῆς εἶναί τι τέλος οἰκεῖον."

386   Der Verfasser verweist ausdrücklich in De Res 25,2 auf die bereits erarbeitete Beweisführung, indem er auf diese Weise Resultate seiner bisherigen Argumentation präsentiert: Aus den oftmals schon erwähnten Gründen kann dieses Endziel keineswegs in diesem Leben gefunden werden, solange die Menschen noch als Lebende auf Erden existieren. Vgl. De Res 25,2 (Marcovich 50,2–4): „Εἰ δὲ τοῦ συναμφοτέρου τὸ τέλος, τοῦτο δὲ οὔτε ζώντων αὐτῶν ἔτι κατὰ τόνδε τὸν βίον εὑρεθῆναι δυνατὸν διὰ τὰς πολλάκις ἤδη ῥηθείσας αἰτίας".

     Diesen Zusammenhang schloss Ps-Athenagoras bereits in De Res 19,3 und erneut in De Res 24,5 bei der Behandlung der ersten beiden Alternativen des Bedeutungsgehalts des τέλος aus. Der Sinn des Menschenlebens kommt weder in der Erwartung einer völligen Schmerzlosigkeit noch in dem ausschweifenden Genuss aller sinnlichen Lebensfreuden hier auf Erden zum Tragen. Jedoch kann sich die Endbestimmung der Menschen ebenso wenig in der Trennung der Seele vom Leib erfüllen, so dass sich die ψυχή – aus der platonischen Perspektive gesehen – von ihrem Gefängnis und ihrer Einengung befreit. Also kann in der Loslösung vom Leib keinesfalls das anzustrebende Ziel für die ψυχή bestehen, da der Mensch als göttliches Geschöpf dann nicht mehr als ein aus Seele und

DIE AUF DER PROVIDENZ GOTTES BERUHENDE BEWEISFÜHRUNG   701

Ps-Athenagoras spricht bei der Bestimmung des τέλος τῶν ἀνθρώπων ausdrücklich von einer „Neuverbindung" desselben Wesens:[387]

> Wenn es aber (nur) das (eine) Endziel für den aus beiden Teilen Beste-
> henden (τοῦ συναμφοτέρου) gibt, [...] so ist es dringend notwendig, dass
> sich das Endziel der Menschen in einer neuen Vereinigung (κατ' ἄλλην τινὰ
> σύστασιν) des aus beiden Teilen Bestehenden und desselben Lebewesens
> zeigt.[388]

Mit κατ' ἄλλην τινὰ σύστασιν fasst Ps-Athenagoras die Andersartigkeit der neuen
psychosomatischen Verbindung auf, die jedoch dieselbe Identität des Gesamtwesens im Auferstehungszustand garantiert (τοῦ συναμφοτέρου καὶ τοῦ αὐτοῦ
ζῴου). Die Andersartigkeit hebt dieselbe Personalität nicht auf, sondern ergänzt
sie insoweit, dass trotz der eintretenden πρὸς τὸ κρεῖττον μεταβολή des Leibes
(vgl. De Res 12,9) derselbe Mensch bewahrt bleibt. Das σῶμα wird somit eine
andere und bessere Qualität erhalten, was aber dieselbe Identität des Menschen nicht aufhebt.

Da das Endziel in der Neuverbindung desselben Menschenwesens erfolgt,
muss unbedingt eine Auferstehung der toten oder auch ganz aufgelösten Leiber geschehen (τῶν νεκρωθέντων ἢ καὶ πάντῃ διαλυθέντων σωμάτων ἀνάστασιν),
so dass wieder dieselben Personen auftreten.[389] In der Auferstehung werden

---

Leib bestehendes Gesamtwesen vorhanden ist. Vgl. De Res 25,2 (Marcovich 50,4–6): „οὔτε
μὴν ἐν χωρισμῷ τυγχανούσης τῆς ψυχῆς, τῷ μηδὲ συνεστάναι τὸν τοιοῦτον ἄνθρωπον".
    Denn in einem solchen Fall (De Res 25,2 [Marcovich 50,6 f.]) erlebt der Leib die
Auflösung oder auch eine gänzliche Zerstreuung seiner Elemente (διαλυθέντος ἢ καὶ πάντῃ
σκεδασθέντος τοῦ σώματος), so dass die Seele für sich allein fortbestehen bleibt (ἡ ψυχὴ
διαμένῃ καθ' ἑαυτήν). Da aber die Seele entgegen der platonischen Anschauung nicht der
eigentliche Mensch ist, bleibt mit ihr *post mortem* nur ein Teil des göttlichen Geschöpfs
unaufgelöst bestehen. Diese Position widerspricht gänzlich der christlichen Anschauung
des Verfassers, der vom Glauben an die Auferstehung überzeugt ist.

387   J. Lehmann, Auferstehungslehre, 64, spricht treffend von einer „Neuverbindung", was definitiv die Aussageabsicht besser trifft als die Übersetzung „in einer anderen Zusammensetzung" von κατ' ἄλλην τινὰ σύστασιν. „So verstehen wir unter Auferstehung des Leibes die
dereinst sich vollziehende Wiederherstellung des durch den Tod aufgelösten Menschenkörpers und seine Neuverbindung mit der – unsterblichen – Seele zu neuem, endlosen,
d. i. unsterblichen Leben." Ebd.

388   De Res 25,2 (Marcovich 50,2 f.7–9): „Εἰ δὲ τοῦ συναμφοτέρου τὸ τέλος, [...] ἀνάγκη πᾶσα
κατ' ἄλλην τινὰ τοῦ συναμφοτέρου καὶ τοῦ αὐτοῦ ζῴου σύστασιν τὸ τῶν ἀνθρώπων φανῆναι
τέλος."

389   De Res 25,3 (Marcovich 50,9–11): „Τούτου δ' ἐξ ἀνάγκης ἑπομένου, δεῖ πάντως γενέσθαι τῶν

702   8. KAPITEL

die nämlichen Menschen, die infolge des Todes nicht mehr in ihrer früheren
Gestalt vorzufinden sind, wieder hergestellt. Daher kann das Endziel der Menschen nur dann zum Vollzug kommen, wenn durch die Auferstehung der toten
und völlig aufgelösten σώματα dieselben Individuen, die bereits auf Erden ihr
Leben führten, wieder erscheinen.

Daraufhin führt Ps-Athenagoras in die Argumentation die „Naturgesetzlichkeit" (ὁ τῆς φύσεως νόμος) ein, gemäß welcher nur diejenigen Menschen in der
Auferstehung hervortreten, die auch zuvor bereits gelebt haben. Mit diesem
Verweis beabsichtigt er offensichtlich, dem Missverständnis zu begegnen, dass
nämlich in der Auferstehung völlig neue und ganz andere Personen entstehen.
Er will die Aufrechterhaltung derselben Identität der verstorbenen und auferstandenen Menschen deutlich garantieren.[390]

Ps-Athenagoras verweist zum Ende seines Traktats auf ὁ τῆς φύσεως νόμος,
um die Auferstehung von der Seelenwanderungslehre erkennbar abzugrenzen:[391]

> Da ja doch das Naturgesetz das Endziel nicht blind, auch nicht für irgend
> welche beliebigen Menschen, sondern für jene selbst bestimmt, die im
> vorausgehenden Leben gelebt haben, so ist es unmöglich, dass doch die
> selben Menschen wieder auftreten, wenn nicht dieselben Leiber densel
> ben Seelen zurückgegeben werden.[392]

Der Verweis auf ὁ τῆς φύσεως νόμος beinhaltet demnach, dass das Endziel einer
Naturgesetzlichkeit untersteht, die nicht für irgendwelche neu entstandenen

---

νεκρωθέντων ἢ καὶ πάντῃ διαλυθέντων σωμάτων ἀνάστασιν καὶ τοὺς αὐτοὺς ἀνθρώπους συστῆναι
πάλιν·"

390   Denn sonst trifft tatsächlich der Vorwurf des Celsus zu, dass die Christen mit ihrer Auferstehungslehre die Lehre von der Seelenwanderung missverstanden hätten. Vgl. C. Cels.
       VII,32 (Marcovich 486,1 f.). Daher werden in der Auferstehung keineswegs gänzlich andere
       Persönlichkeiten vorgeführt, was mit der Wanderung der Seele von einem in einen anderen Körper und auf diese Weise zur Konstituierung eines ganz neuen Lebewesens führt.

391   Vgl. G. af Hällström, Carnis Resurrectio, 60: „In order to preserve a man's identity it is not
       enough to have *any* body, it is a *particular* body that is required: the same soul and the
       same body re-united is the only way of preserving man for eternity. Athenagoras makes
       the doctrine of metensomatosis, which contains the idea of a wholly new body, totally
       unacceptable for Christians."

392   De Res 25,3 (Marcovich 50,11–15): „ἐπειδή γε τὸ μὲν τέλος οὐχ ἁπλῶς οὐδὲ τῶν ἐπιτυχόντων
       ἀνθρώπων ὁ τῆς φύσεως τίθεται νόμος, ἀλλ᾽ αὐτῶν ἐκείνων τῶν κατὰ τὴν προλαβοῦσαν ζωὴν
       βεβιωκότων, τοὺς δὴ αὐτοὺς ἀνθρώπους συστῆναι πάλιν ἀμήχανον, μὴ τῶν αὐτῶν σωμάτων ταῖς
       αὐταῖς ψυχαῖς ἀποδοθέντων."

DIE AUF DER PROVIDENZ GOTTES BERUHENDE BEWEISFÜHRUNG 703

Menschen gilt, die es zuvor niemals gab, sondern allein für jene, die bereits auf Erden ihr Leben verbrachten. Das τέλος bezieht sich somit auf das jenseitige Leben der früher gelebten Menschen und erfüllt erst in dieser Weise die Bestimmung des Naturgesetzes, das der Schöpfer mit der Erschaffung der Welt eingesetzt hat. Die Betonung liegt deutlich auf derselben Identität zwischen den gestorbenen und auferstandenen Menschen. Deshalb ist es nicht anders möglich, dass die nämlichen Menschen wieder erscheinen, außer dass dieselbe ψυχή wieder denselben Körper erhält. Dies ist aber nur mit der Auferstehung möglich (κατὰ μόνην δὲ τὴν ἀνάστασιν δυνατόν).[393]

Daher ist der Auferstehungsbeweis auch vom Endziel des Menschenlebens evident. Ps-Athenagoras beschließt die auf dem τέλος beruhende Beweisführung:

> Wenn diese (Auferstehung) nämlich eintritt, erfolgt auch das für die Natur der Menschen entsprechende Endziel.[394]

Obwohl der Auferstehungsbeweis vom τέλος erbracht ist, lässt es sich der Verfasser nicht nehmen, die Endbestimmung der Menschen in De Res 25,4, die mit der Auferstehung erfolgt, inhaltlich genauer auszuführen: „Das Endziel aber für ein verständiges Leben und eine vernünftige Unterscheidungsfähigkeit dürfte wohl keiner verfehlen, der sagt, dass es darin besteht, mit solchen Dingen ungehindert die ganze Zeit zu verbringen, wofür besonders und zuerst die natürliche Vernunft angemessen ist, und in der Schau des Gebers und seiner Ratschlüsse unaufhörlich Freude zu empfinden."[395]

Mit dem Verweis auf das τέλος für ein verständiges Leben und eine λογικὴ κρίσις greift Ps-Athenagoras die geschöpfliche Auszeichnung der Menschen auf. Das Endziel für die Menschen als Vernunftwesen besteht nun darin, sich mit solchen Dingen zu beschäftigen, wofür die natürliche Vernunft verlie-

---

393 De Res 25,3 (Marcovich 50,15f.): „Τὸ δ' αὐτὸ σῶμα τὴν αὐτὴν ψυχὴν ἀπολαβεῖν ἄλλως μὲν ἀδύνατον, κατὰ μόνην δὲ τὴν ἀνάστασιν δυνατόν·"

394 De Res 25,3 (Marcovich 50,16f.): „ταύτης γὰρ γενομένης καὶ τὸ τῇ φύσει τῶν ἀνθρώπων πρόσφορον ἐπακολουθεῖ τέλος."

395 De Res 25,4 (Marcovich 50,18–21): „Τέλος δὲ ζωῆς ἔμφρονος καὶ λογικῆς κρίσεως οὐκ ἂν ἁμάρτοι τις εἰπὼν τὸ τούτοις ἀπερισπάστως συνδιαιωνίζειν οἷς μάλιστα καὶ πρώτως ὁ φυσικὸς συνήρμοσται λόγος, τῇ τε θεωρίᾳ τοῦ δόντος καὶ τῶν ἐκείνῳ δεδογμένων ἀπαύστως ἐπαγάλλεσθαι·" Marcovich fügt nach κρίσεως den handschriftlich nicht bezeugen Zusatz ⟨μεμοιραμένοις⟩ hinzu, den er aus De Res 12,6 und 13,2 zu gewinnen glaubt. Jedoch für das Verständnis der Aussage ist diese Konjektur nicht notwendig.

704   8. KAPITEL

hen wurde. Der φυσικὸς λόγος ist vor allem zur Erkenntnis Gottes geeignet,
die der Verfasser mittels des platonischen Sprachgebrauchs in der unaufhörlichen Kontemplation Gottes erfasst.[396] An der Schau des Gebers und seiner
Ratschlüsse ewig Freude zu empfinden, ist ausschließlich mit der geschöpflichen Gabe des Verstands möglich, so dass diese θεωρία das absolut anzustrebende Endziel eines Vernunftwesens ist.[397] Dies ist eine durchaus mit
der platonischen Tradition zu vereinbarende Heilshoffnung.[398] In der ewi-

---

396   Zum platonischen Sprachgebrauch, der in der Kontemplation des Göttlichen besteht, vgl.
      Phaidros 247c6–8: Das farblose, gestaltlose, unberührbare, wahrhaft seiende Wesen ist
      nur durch den Verstand, den Führer der Seele, zu schauen (vgl. C. Cels. VI,19 [Marco-
      vich 397,12–14]). Die Betrachtung des Wahren (Phaidros 247d4: θεωροῦσα τἀληθῆ) wird im
      Phaidros-Mythos als das absolut anzustrebende Ziel der mit dem Seelenwagen vergliche-
      nen leiblosen Seele propagiert. Solange die Seele das wahrhaft Seiende erblickt und sich
      daran erfreut (247e3: τὰ ὄντα ὄντως θεασαμένη καὶ ἑστιαθεῖσα), bleibt sie von einer Inkarna-
      tion verschont.
          Die christlichen Autoren erheben ebenfalls die θεωρία Gottes zur Perspektive des Heils.
      Vgl. Justin, Apol I,44,9; 58,3; Dial 4,1; An Diognet 10,2; Clemens von Alexandrien, Protr.
      IV,63,4; X,100,3; Origenes, C. Cels. III,56; Methodius, De Res I,51,2.
397   Vgl. zum Motiv der θεωρία Gottes innerhalb der Philosophie als Hauptziel des menschli-
      chen Strebens F. Schubring, Die Philosophie des Athenagoras, 9–14.
398   Celsus bestimmt ebenso die θεωρία Gottes in der Betätigung des Verstands (νοῦς), mit
      dem allein Gott gesehen werden kann (vgl. C. Cels. VII,36 [Marcovich 489,13–15]). Die
      Christen dagegen sind unfähig dazu, weil sie mit der Sinneswahrnehmung der Augen Gott
      sehen wollen, indem sie eine Auferstehung des Leibes erwarten. Wenn sie sich jedoch vom
      Fleisch abwenden und das Auge der Seele erwecken, nur auf diese Weise werden sie fähig
      sein, Gott zu sehen (μόνως οὕτως τὸν θεὸν ὄψεσθε).
          Alkinoos versteht ähnlich die Betrachtung als eine Wirksamkeit des Verstands, welcher
      das Denkbare erfasst (vgl. Did 2,2 [Whittaker 2,3 f./Summerell/Zimmer 2,34]: „Ἔστι τοίνυν
      ἡ θεωρία ἐνέργεια τοῦ νοῦ νοοῦντος τὰ νοητά".). Der Seele widerfährt etwas Gutes (εὐπαθεῖν),
      wenn sie das Göttliche und die Gedanken des Göttlichen betrachtet (Did 2,2 [Whittaker
      2,5 f./Summerell/Zimmer 2,35 f.]: „Ἡ ψυχὴ δὴ θεωροῦσα μὲν τὸ θεῖον καὶ τὰς νοήσεις τοῦ
      θείου".). Dieses Erlebnis wird Einsicht (φρόνησις) genannt, was Alkinoos für nichts anderes
      als die Angleichung an das Göttliche (τῆς πρὸς τὸ θεῖον ὁμοιώσεως) hält (vgl. Did 2,2
      [Whittaker 2,6–9/Summerell/Zimmer 2,36–38]). Dies bestimmt er als den Grund des uns
      vorgesetzten Endziels (Did 2,2 [Whittaker 3,11 f./Summerell/Zimmer 4,2 f.]: „καὶ ἐφ' ἡμῖν
      κείμενον καὶ τοῦ προκειμένου τέλους ἡμῖν αἴτιον".).
          Dem Ursprung entsprechend wird wohl das Endziel demnach darin bestehen, sich
      Gott ganz anzugleichen (vgl. Did 28,3 [Whittaker 57,42 f./Summerell/Zimmer 58,31]: „ἀκό-
      λουθον οὖν τῇ ἀρχῇ τὸ τέλος εἴη ἂν τὸ ἐξομοιωθῆναι θεῷ".). Somit vollzieht sich die betrach-
      tende Lebensweise in der Erkenntnis der Wahrheit (vgl. Did 2,1), die als τέλος des Philoso-
      phen zur Angleichung an Gott führt. Daher gehört es für den Philosophen aufgrund des

DIE AUF DER PROVIDENZ GOTTES BERUHENDE BEWEISFÜHRUNG   705

gen Schau Gottes zu verweilen, ist das höchste Ziel jeder Gotteserkenntnis, die sich in der Bewunderung seiner Ratschlüsse äußert. Entgegen der platonischen Überlieferung ist dieser λόγος nicht allein der Seele, sondern dem Gesamtmenschen verliehen, so dass das ganze psychosomatische Vernunftwesen eine solche Heilshoffnung zu erwarten hat.

Ps-Athenagoras ist sich aber dessen bewußt, dass die menschliche Realität gänzlich anders aussieht. Daher bietet er eine konsequent platonische Begründung für das Verfehlen einer solchen Berufung: Viele Menschen können zu diesem Endziel nicht gelangen, weil sie allzu leidenschaftlich und heftig (ἐμπαθέστερον καὶ σφοδρότερον) an den Dingen dieser Welt hängen.[399] Wer aber auf das Irdische gerichtet ist, kann das Göttliche nicht erfassen, da er sich den Leidenschaften dieser Welt hingibt. Deshalb qualifiziert unser Autor eine solche Verfehlung als ein Abfallen der meisten Menschen von dem ihnen zustehenden Endziel: „Denn die Menge derer, die von dem ihnen zukommenden τέλος abfallen, machen die gemeinsame Bestimmung nicht ungültig.“[400]

Ps-Athenagoras versteht dabei das Endziel als eine κοινὴ ἀποκλήρωσις für *alle* Menschen. Zuletzt verweist er als Begründung für die Unaufhebbarkeit eines solchen τέλος auf das Endgericht, in dem eine besondere Untersuchung der Menschen stattfinden wird und jedem für seine Lebensweise Lohn oder Strafe zuteil wird.[401] Über die Verfehlung der Endbestimmung durch die meisten Menschen erfolgt also ein gerechtes Gerichtshandeln. Freilich werden nur diejenigen Menschen ein in der ewigen Schau Gottes bestehendes Endziel erreichen, die nicht die Strafe, sondern die Belohnung ihrer Lebensführung erhalten. Was mit dem Schicksal der Bestraften geschieht, bleibt in unserem Traktat außerhalb der Perspektive. Mit dem Ausblick auf das göttliche Gerichtshandeln nimmt der Verfasser die auf der Vorsehung basierende Beweisführung zugunsten der Auferstehung auf (in De Res 18,5), dass nämlich die Gerechtigkeit Gottes in einem Endgericht am Gesamtmenschen

---

Gesagten, niemals von der Betrachtung abzulassen, sondern sie immer zu pflegen und wachsen zu lassen (Did 2,3 [Whittaker 3,21–23/Summerell/Zimmer 4,11 f.]: „Πρέπει δὴ ἐκ τῶν εἰρημένων τῷ φιλοσόφῳ μηδαμῶς τῆς θεωρίας ἀπολείπεσθαι, ἀλλ' ἀεὶ ταύτην τρέφειν καὶ αὔξειν“.). Vgl. K. Alt, Gott, Götter und Seele bei Alkinoos, 39.

399   De Res 25,4 (Marcovich 50,21–23): „κἂν οἱ πολλοὶ τῶν ἀνθρώπων ἐμπαθέστερον καὶ σφοδρότερον τοῖς τῇδε προσπεπονθότες ἄστοχοι τούτου διατελῶσιν.“

400   De Res 25,5 (Marcovich 50,23 f.): „Οὐ γὰρ ἀκυροῖ τὴν κοινὴν ἀποκλήρωσιν τὸ πλῆθος τῶν ἀποπιπτόντων τοῦ προσήκοντος αὐτοῖς τέλους“.

401   De Res 25,5 (Marcovich 50,24–26): „ἰδιαζούσης τῆς ἐπὶ τούτοις ἐξετάσεως καὶ τῆς ἑκάστῳ συμμετρουμένης ὑπὲρ τῶν εὖ ἢ κακῶς βεβιωμένων τιμῆς ἢ δίκης.“

zum Vollzug kommt. Zwingende Voraussetzung dafür ist aber die Auferstehung der Toten, damit dieselben Menschen, die auf Erden ihr Leben geführt haben, im göttlichen Gericht die entsprechende Vergeltung für dieses erhalten.

AUSBLICK

Die Rezeption von De Resurrectione durch Methodius von Olympus in seiner Schrift „De Resurrectione"

Für eine mögliche Rezeption des Auferstehungstraktats des Ps-Athenagoras kommt insbesondere die Schrift „De Resurrectione" des Methodius von Olympus in Frage, die um 300 n. Chr. entstanden ist. Max Pohlenz hat bereits 1904 in seinem Aufsatz: „Die griechische Philosophie im Dienste der christlichen Auferstehungslehre" darauf hingewiesen, dass Methodius diesen Traktat kennt.[1] Methodius ist auch der einzige Schriftsteller, der die „Legatio" des Athenagoras zitiert und ausdrücklich auf diesen verweist: In De Res 1,37,1 auf Leg 24 (καθάπερ ἐλέχθη καὶ Ἀθηναγόρᾳ).[2] So liegt die Vermutung nahe, dass Methodius die Auferstehungsschrift, die möglicherweise schon zu seiner Zeit unter dem Namen Athenagoras überliefert wurde,[3] ebenfalls gekannt hat.[4] Um diese These zu belegen, verweist Max Pohlenz auf die Rezeption des entscheidenden Terminus τὸ συναμφότερον des pseudoathenagoreischen Auferstehungstraktats in der

---

1 Max Pohlenz, Die griechische Philosophie im Dienste der christlichen Auferstehungslehre (1904), 249 f.: „Dagegen merkt man dessen Einfluss wieder bei Methodius, der ja zu den wenigen Männern der alten Zeit gehört, die Athenagoras kennen." Die Kenntnis des Methodius bezieht sich auf die Auferstehungsschrift des Ps-Athenagoras.

2 Meth, De Res 1,37,1 (GCS 27, 278,1 Bonwetsch).

3 Vgl. das Kapitel 1. 2: „Handschriftliche Überlieferung von De Resurrectione" in dieser Studie. Zur Zeit des Baanes und Arethas ist es sicher, dass diese Auferstehungsschrift unter dem Namen Athenagoras tradiert wurde. Dies ist m. E. auch schon z. Z. des Methodius zu vermuten. Daher ist davon auszugehen, dass De Resurrectione im frühen Stadium der Überlieferung aufgrund von Leg 37,1 dem Apologeten Athenagoras zugeschrieben wurde.

4 B. Pouderon, Apologetica 1993, 36–40, verweist ebenfalls darauf, dass Methodius die Auferstehungsschrift des Ps-Athenagoras gelesen und rezipiert hat. Dieses Abhängigkeitsverhältnis wird von Pouderon zugunsten der These von der „Echtheit" der athenagoreischen Verfasserschaft des Traktats verwertet. Jedoch auf die Rezeption der συναμφότερον-Vorstellung des Methodius aus dem Auferstehungstraktat des Ps-Athenagoras geht Pouderon nicht ein. Die mit dieser Vorstellung zusammenhängende Auffassung von der Sündenunfähigkeit der Seele, die Methodius m. E. aus De Resurrectione des Ps-Athenagoras übernimmt, bleibt ebenso unbeachtet. Insbesondere die συναμφότερον-Terminologie prägt Ps-Athenagoras als erster christlicher Autor für das Verständnis der Anthropologie, so dass mit M. Pohlenz anzunehmen ist, dass Methodius sie aus dem Auferstehungstraktat direkt entnimmt.

© KONINKLIJKE BRILL NV, LEIDEN, 2016 | DOI: 10.1163/9789004305373_012

gleichnamigen Schrift des Methodius von Olympus (De Res 1,54,3 und 1,55,4), der um 311/312 n. Chr. gestorben sein soll.

Vorausgesetzt, Ps-Athenagoras geht dem Methodius voraus, dann ist er der erste christliche Autor, der diesen Begriff zur Verteidigung der Auferstehung des Leibes einführt und den Menschen somit aus Seele und Leib bestehend definiert (Ps-Athen, De Res 18,4: λέγω δὲ συναμφότερον τὸν ἐκ ψυχῆς καὶ σώματος ἄνθρωπον).[5] Gerade als dieses Kompositum nämlich ist der so zusammengesetzte Mensch für alle seine Handlungen verantwortlich. Daher muss er in der Auferstehung auch vollständig und nicht lediglich als Seele erscheinen, um sich im Gericht für die mit Hilfe des Leibes vollbrachten Taten zu verantworten. Durch eine derartige Definition des Menschen als τὸ συναμφότερον gelingt es Ps-Athenagoras, die Gerechtigkeit des Gerichts sowohl für die Seele als auch für das σῶμα aufrecht zu erhalten.

Methodius verwendet den Terminus τὸ συναμφότερον zur Bestimmung des Menschen und verteidigt sich so gegen den platonisch gesinnten Christen Aglaophon und gegen den Origenisten Proclus. Aglaophon wird in seiner Ansicht widerlegt, dass die allein aus einer Seele bestehenden Erstgeschaffenen im Paradies sündigten und so zur Strafe die σώματα erhalten haben. Mit dem Ziel, dieser „Fessel" zu entfliehen, propagiert Aglaophon ein leibloses Heil für die Seele.[6] Methodius verweist darauf, dass der Mensch bereits im Paradies aus Seele und Leib bestand und als solcher zur Sünde fähig war. Denn die Seele an sich ist zur Sünde nicht fähig. Deshalb muss der Mensch als τὸ συναμφότερον gesündigt haben und demnach auch als Ganzes für seine Taten im Gericht verantwortlich gemacht werden.[7]

Ps-Athenagoras legt in De Res 21,5–23,5 seine Auffassung dar, dass die Seele an sich keinesfalls zu einer Verfehlung fähig ist. Deshalb darf die ψυχή auch nicht ohne den Leib gerichtet werden. Diese Vorstellung, die aufs Engste mit der τὸ συναμφότερον-Argumentation zugunsten der Auferstehung des Leibes zusammenhängt, wird ebenfalls von Methodius übernommen. Dies lässt vermuten, dass Methodius nicht etwa zufällig den gleichen Begriff verwendet. Er greift auch auf die damit zusammenhängende Vorstellung von der Unfähigkeit der Seele zur Sünde zurück, die Ps-Athenagoras im Hinblick auf die Auferstehung desselben Leibes in aller Deutlichkeit herausarbeitet.

---

5 Ps-Athen, De Res 18,4 (Marcovich 43,28 f.).

6 Aglaophon entwickelt diese Position insbesondere in seinem ersten Argumentationsgang (Meth, De Res 1,4–8).

7 Methodius stellt dies in seiner *refutatio* des Aglaophon in dem Abschnitt De Res 1,54–55 dar.

DIE REZEPTION VON DE RESURRECTIONE

Im Folgenden soll diese Rezeptionsthese überprüft und ausgeführt werden. Den Schwerpunkt der Untersuchung bildet dabei die Schrift *De Resurrectione* des Methodius von Olympus. Dieses Werk ist im Dialogstil abgefasst und stellt zuerst die Argumentation der Auferstehungsgegner dar. Wichtig sind dabei die Ausführungen des Aglaophon in De Res I,4–8, da dieser Argumentationsgang anschließend in De Res I,27–II,8 von Methodius widerlegt wird. In diesem Zusammenhang geht dieser in De Res I,54 f. auf die umstrittene Schriftstelle aus Ps 66,10–12 ein und sucht mit Hilfe von pseudoathenagoreischer Terminologie (τὸ συναμφότερον) die Position des Aglaophon zu entkräften.

1   Methodius von Olympus: De Resurrectione

Methodius von Olympus[8] hat einen großen Teil seiner Schriften in Dialogform verfasst. Dazu zählen vor allem die größeren Abhandlungen: *Symposion*, *De Autexusio*, *De Lepra*, *De Creatis* und seine umfangreichste Schrift *De Resurrectione*.[9] Das Vorbild hierfür stellt die sokratische Methode der Gesprächsführung dar, die Methodius durch seine gute Kenntnis der Lektüre Platons zugänglich war.[10] Da er wie kein anderer christlicher Autor auf die literarische Methode Platons zurückgreift, nimmt Methodius innerhalb der christlichen dialogischen Literatur eine herausragende Rolle ein.[11] Allerdings verwendet er diese Methode in seiner christlich modifizierten Form als „[…] Wiedergabe schriftgebundener Disputation, der es nicht um neue Erkenntnis, sondern um Auslegung offenbarter Wahrheit geht."[12] Das leitende Interesse ist, die „wahr-

---

8   Über die Biographie des Methodius von Olympus gibt es kaum gesicherte Nachrichten. Im Grundsatz ist der Feststellung von H.S. Benjamins zuzustimmen: „Über Methodius von Olympus wissen wir fast nichts – wir wissen nicht, ob er Bischof oder Lehrer oder Asket oder das alles zusammen war – und wir können ihn nur aus seinen Werken kennenlernen." H.S. Benjamins, Methodius von Olympus. Über die Auferstehung, 91. Auf die wenigen widersprüchlichen Nachrichten zu seiner Person kann hier nicht ausführlicher eingegangen werden. Vgl. dazu K. Quensell, Die wahre kirchliche Stellung und Tätigkeit des fälschlich so genannten Bischofs Methodius von Olympus (1952), und K. Bracht, Vollkommenheit und Vollendung. Zur Anthropologie des Methodius von Olympus (1999), 340–374.

9   Seine weiteren überlieferten Schriften sind in der Form des Briefes und der Abhandlung abgefasst: *De Cibis*, *De Sanguisuga* und *De Vita*. Siehe K. Quensell, Methodius, 34–37.

10   Vgl. nur den Apparat der GCS-Ausgabe von N. Bonwetsch.

11   Vgl. B.R. Voss, Dialog, 334: „Die dialogische Schriftstellerei des Methodios bedeutet nach Antrieb und Ausmaß innerhalb der christlichen Literatur etwas Neues."

12   B.R. Voss, Dialog, 334.

710 AUSBLICK

haftige Lehre" gegen heterodoxe Meinung durchzusetzen. „Methodius charakterisiert selbst seine Abhandlungen als ‚Lehr'vorträge (I 55,4)",[13] mit denen er
das richtige Verständnis von theologischen Standpunkten fördern will. Das Ziel
ist es dabei nicht, den Leser aufgrund der Disputationssituation des Dialogs
zu eigenen Erkenntnissen zu führen, sondern vielmehr eine autoritative Lehre
mitzuteilen.[14]

Die Abhandlung erhielt eine Doppelbezeichnung und wird mit Ἀγλαοφῶν ἢ
περὶ ἀναστάσεως überschrieben. Dabei erscheinen der Name eines Kontrahenten und die Thematik der Schrift im Titel. Die Schrift wurde durch die altslavische Übersetzung vollständig erschlossen,[15] wobei vermutlich das 2. und 3.
Buch eine verkürzte Ausgabe des griechischen Originals darstellen. Entweder
hat der Übersetzer ein Exzerpt dieser Bücher vorgefunden oder die Verkür-
zung selbst vorgenommen.[16] Der größte Teil des griechischen Textes ist durch
die Aufnahme des Epiphanius in seinen Panarion, Kapitel 64, erhalten: De
Res I,20–II,8. Darüber hinaus sind weitere griechische Fragmente überliefert,
deren Einordnung die slavische Übersetzung „fast überall"[17] möglich macht.
Die Schrift entstand um 300 n. Chr., da Pamphilius in seiner Apologie für Origenes (307–309 n. Chr.)[18] auf die „Bücher" verweist, die gegen Origenes verfasst
wurden.[19] Es ist wahrscheinlich, dass zu diesem Zeitpunkt vermutlich vorrangig die Schriften des Methodius in Frage kommen.[20]

---

13   M. Hoffmann, Dialog, 78 Anm. 3.

14   M. Hoffmann, Dialog, 78: „Deshalb kann für Methodius die Dialogform nicht eine Methode zur Wahrheitsfindung sein, sondern nur zur Wahrheitsvermittlung: die Dialogform ist
bei ihm nicht Ausdruck der sokratischen Methode, sondern einer didaktischen Methode."

15   Die altslavische Übersetzung von De Resurrectione des Methodius liegt in einer sehr
wörtlichen deutschen Übersetzung durch N. Bonwetsch in GCS 27 vor. De Resurrectione ist
im altslavischen Corpus Methodianum noch nicht ediert. Die Edition wird von Christoph
Koch und Katharina Bracht vorbereitet. K. Bracht war so freundlich und hat mir eine Kopie
der Handschrift, die nach dem Urteil von A. Vaillant (PO 22,5, 660f.) und N. Bonwetsch
(GCS 27, XXII) die beste Textqualität liefert, zur Verfügung gestellt. Sie befindet sich in
der Russischen Nationalbibliothek St. Petersburg unter der Signatur Q.I. 265 und stammt
aus dem Anfang des 16. Jahrhunderts. Vgl. K. Bracht, Vollkommenheit und Vollendung, 9.
Darin sind auf f. 1ʳ–215ᵛ einige Schriften des Methodius enthalten: *De Autexusio, De Vita, De
Resurrectione I–III, De Cibis, De Lepra, De Sanguisuga*. De Resurrectone wird auf f. 42ᵛ–168ʳ
überliefert. Die Transkription des altslavischen Textes entstammt dieser Handschrift.

16   Vgl. N. Bonwetsch, GCS 27, XXXIV.

17   Ebd.

18   Vgl. G. Röwekamp, Pamphilus von Caesarea, Apologia pro Origene (FC 80), 51.

19   Vgl. Pamphilius, Apol 16.

20   Vgl. G. Röwekamp, Apologia pro Origene (FC 80), 240 Anm. 24: „Mit dem Schüler des Orige-

DIE REZEPTION VON DE RESURRECTIONE

Methodius führt sich sogleich zu Beginn in der „Ich-Form" ein und stellt sich selbst mit einem Pseudonym als Εὐβούλιος vor. Diese Selbstbezeichnung hat symbolischen Charakter, da er sich im Gegensatz zu den anderen Teilnehmern als „den guten Rat Gebenden" versteht. Bereits im Proömium bei der Beschreibung der Anfangsszene wird seine herausragende Stellung ersichtlich. Aglaophon, der schon länger mit Sistelius debattiert, ruft beim Eintreffen des Eubulius und dessen Begleiter Proklus von Milet aus: „Zum Guten bist du gekommen, o Eubulius."[21] Auch im Verlauf des Dialogs mit Memian wird Methodius die bedeutende Rolle einnehmen, die orthodoxe Anschauung hinsichtlich der Auferstehung zu vertreten.

Dem platonischen Aufbau entsprechend beginnt dieser Dialog in De Res I,1,1–8 mit einer Situationsschilderung. Die Forschung weist hier immer wieder den parallelen Aufbau mit Platons Protagoras hin.[22] So werden in De Res I,1,1–8 die teilnehmenden Personen und auch das zu diskutierende Thema benannt. Eubulius begibt sich in Begleitung eines gewissen Proklus von Milet nach Patara in Lykien, um den ehrwürdigen Theophilus zu sehen. Dieser befindet sich im Hause des Arztes Aglaophon, um dort des Sturmes wegen einige Tage zu verweilen. Beim Eintreffen finden sie in der Vorhalle des Hauses folgende Situation vor: Um Theophilus herum, der sich auf einem Lehnsessel niedergelassen hat, sitzen auf dem Boden einige Bürger der Stadt. Namentlich genannt werden Sistelius, Auxentius und Memian, der später mit Methodius die Widerlegung führen wird. Aglaophon selbst wandelt in der Vorhalle, womit von Beginn an seine führende Stellung in der Debatte ersichtlich ist. Es findet ein Gespräch mit Theophilus statt, der bereitwillig auf ihre Fragen antwortet. Sogleich wird auch der Gegenstand ihrer Diskussion angegeben: „Sie philosophierten aber über die Natur des Leibes und über die Auferstehung, indem sie sich mit Theophilus unterhielten."[23]

Aglaophon freut sich über das Eintreffen des Eubulius, da er mit Sistelius schon seit längerem über die Auferstehung des Fleisches und die Unverwes lichkeit der Seele debattiert. Hier wird die Thematik bereits präziser gefasst: Sie „streiten schon lange über dieses Fleisch, ob es aufersteht und mit der

---

nes, der nun Lehrer sein will und Bücher gegen ihn geschrieben hat, ist wohl Methodius gemeint." Ebenso L.G. Patterson, Methodius of Olympus, 15 f.

21 Meth, De Res I,1,4 (GCS 27, 220,2 f. Bonwetsch)/(f. 43ʳ,19 f.): „ɴᴀ ᴀᴏʙᴘᴏ ᴨᴘïи̃дᴇ ᴘᴇᴠᴇ ω ᴇʙʙᴏʏᴧïᴇ".

22 Vgl. B.R. Voss, Dialog, 117.

23 Meth, De Res I,1,3 (GCS 27, 219,11 f. Bonwetsch)/(f. 43ʳ,13–15): „ᴘᴀᴈᴏʏʍᵬᴀхᴏʏ жᴇ са, ω ᴇᴄᴛʙᵬ ᴛᴇᴧᴇᴄɴᴇʍь и ω ʙᴏᴄᴋᴘᴇᴄᴇɴïи ʙᴇᴄᵬдᴏʏᴛᴏᴛᴩᴇ ᴄъ ᴅᴇωφиᴧᴀωʍ."

Seele die Unvergänglichkeit empfängt."[24] Mit dem Substantiv плъть wird eindeutig auf die σάρξ[25] und die Problematik ihrer Auferstehung als kontroverser Streitpunkt hingewiesen. Kann das Fleisch mit der Seele die Unvergänglichkeit erlangen? Dabei wird selbstverständlich von einer Weiterexistenz der Seele nach dem Tod ausgegangen.

Aglaophon möchte Eubulius zum Schiedsrichter ihres Streits machen, womit sich unser Verfasser nun indirekt selbst auszeichnet. Da Methodius aber selbst beabsichtigt, im weiteren Dialog die skeptische Haltung des Aglaophon bezüglich der Auferstehung des Fleisches zu widerlegen, lehnt er diesen Wunsch ab. Stattdessen wird Theophilus zum Schiedsrichter erklärt,[26] der allerdings im weiteren Verlauf seine Rolle nicht ausüben kann und völlig verschwindet. Entweder sind die erdrückenden Beweise der orthodoxen Partei so stark, dass eine Entscheidung des Richters überflüssig wurde, oder seine Erwähnung ist der stark exzerpierenden Arbeit des slavischen Übersetzers im dritten Buch zum Opfer gefallen.[27]

In De Res I,2 unterbreitet Sistelius den Vorschlag, zunächst den heterodoxen Standpunkt zu hören und im Anschluss daran die orthodoxe Sicht.[28] Hier wird im Grunde genommen bereits die Gliederung des ganzen Werkes vorgenommen, als *probatio* und *refutatio*.[29] Die *probatio* wird in I,4–12 zunächst von Aglaophon geführt und anschließend in I,14–19 und I,25 f. von Proklus, dem Begleiter des Eubulius. In I,20–24 wird eine Auslegung des Origenes zum I. Psalm zitiert, in der sich der Alexandriner zur Auferstehungsfrage äußert. Anschließend entfaltet Methodius selbst ab I,27 bis zum Ende des 3. Buches eine breit ausgestaltete *refutatio*, wobei er zwischenzeitlich von Memian (II,9–30) unterstützt wird.

---

24 Meth, De Res I,1,4 (GCS 27, 220,3–5 Bonwetsch)/(f. 43ʳ,20–43ᵛ,1): „систелии бо сьде назъ издавна назъ ѿ сеи са приѫ плоти аще въскреснеть приемающии съ д[оу]шею нетлѣнїа."

25 Vgl. Fr. v. Miklosich, Lexicon, 576.

26 Meth, De Res I,1,8: „Wenn es euch aber nun gefällig ist, o Männer, dies zu sehen und zu untersuchen, so möge Theophilus prüfen, in jeder Hinsicht tüchtig seiend, über alles Beweis zu geben, ob nach dem Tod dieser Leib aufersteht zur Unverweslichkeit." (GCS 27, 220,21–24 Bonwetsch)/(f. 43ᵛ–44ʳ).

27 M. Hoffmann, Dialog, 73, spricht sich für die erste Lösung aus; B.R. Voss, Dialog, 116.123, befürwortet die zweite Option.

28 Meth, De Res I,2,3: „[...] ich erinnere, [...], daß der eine Heterodoxe die Fragen, nachdem er vollständig und genau erforscht, zuerst beibringe, nicht zurückhaltend von fremden Problemen, sondern alles verknüpfend durch die tiefsten Gedanken." (GCS 27, 221,8–13 Bonwetsch)/(f. 44ʳ–44ᵛ).

29 Vgl. M. Hoffmann, Dialog, 68.71.

DIE REZEPTION VON DE RESURRECTIONE 713

In De Res 1,3 eröffnet Theophilus als Schiedsrichter die Debatte. Er stimmt dem Vorschlag des Sistelius zu und ordnet an, dass Aglaophon zuerst über die Natur des Leibes reden soll.[30] Methodius wird daraufhin im Gegensatz dazu seine Position darlegen, damit durch die Verhandlung „das Wahre wie das lebendige Gold im Feuer geprüft hervorleuchte."[31] Von Beginn an ist ersichtlich, dass sich Methodius als Vertreter der Wahrheit gegen seine Kontrahenten durchsetzen wird. Die Rede des Theophilus erfüllt den Zweck, die Art und Weise der Widerlegung zu bestätigen. Daraufhin wird der Vorwurf abgewehrt, durch die Wiedergabe des gegnerischen Standpunkts in der *probatio* die „häretischen Satzungen" bekannt zu machen. Dies bestreitet Theophilus und verweist auf Salomo, der in Proverbien 7 ebenfalls die Worte der Buhlerin und in Sapientia Salomonis 2,1–3 den Standpunkt der Gottlosen darlegt. „Daher ist es keineswegs ungehörig, daß auch wir die häretischen Philosopheme zur Zerstörung der Lüge erforschen."[32]

Aus diesen Äußerungen ist ersichtlich, dass es keine im Sinne der sokratischen Dialoge rein philosophisch geführte Diskussion ist, die zum Erkenntnisgewinn beitragen soll. Die Fronten scheinen bereits verhärtet zu sein. Die orthodoxe Seite beschuldigt die Gegner offen der Häresie und sucht sie nun durch „die Wahrheit" zu überführen. Die Vertreter der Heterodoxie sind als philosophisch gesinnte Christen und Origenisten zu bestimmen. Aglaophon scheint dabei ein christlicher Neuplatoniker zu sein,[33] da er sich auf Platon,

---

30   Meth, De Res 1,3,1 (GCS 27, 222,2–5 Bonwetsch)/(f. 45^r).

31   Meth, De Res 1,3,1 (GCS 27, 222,6 f. Bonwetsch)/(f. 45^r,10 f.): „истиннное іако и живое злато въ wгни моучимо просвѣтитса."

32   Meth, De Res 1,3,8 (GCS 27, 223,21–23 Bonwetsch)/(f. 46^v).

33   So ähnlich H.S. Benjamins, Methodius von Olympus. Über die Auferstehung, 91–98, wobei Benjamins nicht nur Aglaophon, sondern auch Proklus als einen Neuplatoniker bis zur Erwähnung des Origenes in De Res 1,18 bestimmt. Sie hätten sich im Gefolge von Porphyrius gegen die Auferstehungslehre ausgesprochen. Allerdings ordnet sich Proklus selbst durch die Verweise auf Origenes (De Res 1,18,5; 1,19,1) und das längere Zitat aus Origenes' Auslegung zum 1. Psalm (De Res 1,20–24) in den Kreis der Origenisten ein.

     Zu dieser neuen Bestimmung der Gegner durch Benjamins äußert sich W.A. Bienert: „In *De resurrectione* verteidigt er [sc. Methodius] darüber hinaus die kirchliche Lehre von der Auferstehung des Fleisches gegen Origenes. Neuere Untersuchungen machen allerdings deutlich, daß sich seine Kritik nicht nur gegen Origenes richtet, sondern zugleich und vielleicht noch mehr gegen den Neuplatoniker Porphyrios. Zu beachten bleibt jedoch, daß Origenes selbst Neuplatoniker war und von Methodius in *De resurrectione* (ab cap. 18) immer wieder namentlich genannt wird." W.A. Bienert, Zur Entstehung des Antiorigenismus im 3./4. Jahrhundert, 841. Ganz anders L.G. Patterson, der die Gegner des Methodius neben Origenes als Gnostiker bestimmt. Vgl. L.G. Patterson, Who are the Oppo-

Hippokrates und Aristoteles bezieht.[34] Ihnen entnimmt er die entscheidenden Argumente gegen die Auferstehung des Leibes, wie die verstärkte Rezeption des platonischen Phaidon in De Res I,4,6–9 zeigt.

Proklus dagegen verweist mehrmals auf Origenes und zitiert in De Res I,20–24 einen längeren Auszug der Auslegung des 1. Psalms von Origenes. Außerdem wendet er sich gegen die Auferstehung des Fleisches und vertritt stattdessen ebenso wie Origenes eine Verwandlung zum τѣλο д[оу]ховное/σῶμα πνευματικόν.[35] Die Auferstehung des irdischen Leibes bzw. des Fleisches lehnt Proklus wie auch Aglaophon ab. Mit Hilfe von Origenes kommt er aber zur Überzeugung, dass die Auferstandenen einen pneumatischen Leib empfangen, der im Gegensatz zum irdischen Leib eine andersartige Qualität hat. Proklus verweist in De Res I,18,5 ausdrücklich auf Origenes: „Denn höre das von dem weisen Origenes Gesagte [...]“[36] Dazu wird der Alexandriner in I,19,1 als „ein kundiger Mann der Kirche (ѡриген же оубо црѣвникъ хытръ)“[37] bezeichnet, wodurch sich Proklus eindeutig in den Kreis der Ὠριγενισταί einordnet. Aglaophon hingegen kann aufgrund seiner platonischen Prägung die somatische Heilsvorstellung nicht akzeptieren. So gelangt er in Abgrenzung von einer materiellen Heilserwartung zu der Annahme einer leiblosen Heilshoffnung.

2 Rezeption der συναμφότερον-Vorstellung (De Res I,54–55)

Es soll nun die Passage untersucht werden, in der es zur Rezeption der συναμφότερον-Vorstellung aus der Auferstehungsschrift des Ps-Athenagoras kommt.

Methodius widerlegt in De Res I,54–55 einen Schriftbeweis des Aglaophon. Dabei greift er die Interpretation von Psalm 66,10–12 (LXX: Ps 65,10–12) sei-

---

  nents in Methodius' *De Resurrectione?*, 221–229, und erneut ders., Methodius of Olympus, 184 f.

34 Meth, De Res I,8,8; I,9,7.14 (GCS 27, 229,29; 231,9; 233,8 Bonwetsch).

35 Meth, De Res I,17,2 (GCS 27, 240,16–21 Bonwetsch)/(f. 59ᵛ,2–8): „своемоу не могоущоуса дати ино ен датиса въ иного мѣсто ѡстае исповѣдовати д[оу]ховнен и несложено възьмати тѣло с нимже и в небесѣх моцно ен прѣбывати, свѣть бо са рече ап[о]с[то]лъ тѣло д[оу]шевъное въста не тѣло д[оу]ховное (1 Kor 15,44).“

36 Meth, De Res I,18,5 (GCS 27, 241,6 Bonwetsch)/(f. 60ʳ,10–12): „послоушан бо гланых ѡригеномь [...] моудромъ“.

37 Meth, De Res I,19 (GCS 27, 241,15 f. Bonwetsch)/(f. 60ʳ,22–60ᵛ,2): „ѡриген же оубо црѣвникъ хытръ сын вса добрѣ прошедъ книгы“.

DIE REZEPTION VON DE RESURRECTIONE

nes Kontrahenten auf und wiederholt dessen Standpunkt: Aglaophon erklärt gewaltsam und unangemessen die Prophetie dieses Psalms. Gott soll ihm zufolge die Seelen wie in einen Fallstrick auch in das Fleisch (ὡς εἰς παγίδα τὴν σάρκα) hineingebracht haben, damit sie auf diese Weise die Strafe für ihre Sünden erleiden.[38] Dieser Schriftbeweis wurde zuvor in De Res I,6,1 von Aglaophon zur Bestätigung seiner Sicht angeführt,[39] dass nämlich der Leib (ᲄᲮᲚᲝ) für die Seele wie eine Folterkammer und ein Gefängnis ist.[40] Entscheidend ist die Aussage, dass Gott uns „in eine Schlinge (Გ ᲪᲮᲄᲮ/εἰς παγίδα)"[41] geführt hat, was nach Aglaophon auf die Seelen zu beziehen ist, die in die Leiber hineingesetzt wurden.[42]

Methodius wehrt sich gegen ein solches Verständnis von Psalm 66,10–12 und knüpft direkt an die Widerlegung aus De Res I,29–32 an. Von dem dort herausgearbeiteten Standpunkt interpretiert er den Schriftbeweis des Aglaophon um. In diesem Zusammenhang muss er nicht erneut die Annahmen seines Kontrahenten wiederholen, sondern verweist mehrmals auf seine frühere *refutatio*.[43] So hat er mehr Raum, die durch die Auferstehungsschrift des Ps-Athenagoras vermittelte Position auch terminologisch stärker einzubringen.

Zu Beginn macht Methodius auf den in De Res I,29–32 herausgearbeiteten Widerspruch[44] dieser Psalmdeutung aufmerksam:

---

38 Meth, De Res I,54,1 (GCS 27, 310,13–16 Bonwetsch): „ὁ θεὸς γὰρ αὐτῷ πάλιν αὐτὰς τὰς ψυχὰς ἐν τῇ κατὰ τὸν ἑξηκοστὸν πέμπτον ψαλμὸν προφητείᾳ βεβιασμένως αὐτὴν καὶ ἀνοικείως ἐκτιθεμένῳ, ὡς εἰς παγίδα τὴν σάρκα δίκην ὑφεξούσας τῶν ἡμαρτημένων ἐμβιβάζει, ὅπερ ἀτοπίας μᾶλλον ἢ ὀρθοδοξίας ἐστίν."

39 Vgl. Meth, De Res I,6,1 (GCS 27, 227,10–13 Bonwetsch)/(f. 48ᵛ–49ʳ): „Du hast uns geprüft, o Gott, du hast uns durch Feuer geläutert, wie Silber durch Feuer geläutert wird; du hast uns in eine Schlinge (Გ ᲪᲮᲄᲮ) geführt, hast Leiden auf unser Haupt gelegt; wir sind gegangen durch Feuer und Wasser, und du hast uns zur Ruhe herausgeführt (Ps 66,10–12)."

40 Meth, De Res I,5,6 (GCS 27, 227,5–8 Bonwetsch)/(f. 48ᵛ,17–21): „ᲪᲘᲪᲔ ᲛᲝᲩᲩᲔᲜᲘᲔ ᲜᲮᲛᲝᲔ Ი ᲮᲔᲛ[Ზ]ᲜᲘᲪᲐ ᲞᲠᲮᲪᲮᲝᲩᲞᲚᲔᲜᲳᲐ ᲐᲮᲚᲐ ᲄᲮᲚᲝ ᲒᲝ ᲒᲞᲝᲩᲛᲔᲛᲝᲩ ᲜᲮᲘ Გ[ᲝᲒ]ᲝᲩ Გ ᲜᲔ. ᲐᲐᲙᲐᲖᲜᲔ ᲜᲔᲞᲝᲪᲚᲝᲩᲛᲐᲜᲳᲐ ᲒᲝᲚᲮᲖᲜᲔ ᲜᲒᲝᲘᲚᲝᲩ ᲞᲠᲳᲘᲛᲔ ᲛᲮᲘ."

41 Der Begriff ᲪᲮᲄᲮ entspricht dem griechischen Terminus παγίς, siehe Fr. v. Miklosich, Lexicon, 973.

42 Meth, De Res I,6,1 (GCS 27, 227,13–15 Bonwetsch)/(f. 49ʳ).

43 Meth, De Res I,54,2 (GCS 27, 310,17 Bonwetsch): „καθάπερ ἤδη καὶ ἐν τοῖς ἔμπροσθεν ἐξεθέμεθα".

44 Vgl. Meth, De Res I,29,5f. (GCS 27, 260,5–19 Bonwetsch). In diesem Zusammenhang setzt sich Methodius mit der „Fellkleidtheorie" des Aglaophon (in De Res I,4,2 f. vorgetragen) auseinander. Die Verleihung der Fellkleider in Gen 3,21 ist dabei nicht auf die Körper zu deuten, in die die leiblosen Seelen zur Strafe ihrer Übertretung hineingesetzt wurden. Methodius macht auf die Paradoxie dieser Argumentation aufmerksam: Wenn die Seele

716 AUSBLICK

Denn wenn die Seelen vor der Übertretung den Leib besaßen […], wie werden sie später wie in einen Fallstrick, nach der Übertretung in den Leib hineingebracht, da es keine Zeit gab, in der sie sich versündigt haben, bevor sie den Leib empfingen?[45]

Das σῶμα kann keine παγίς sein, in die die Seele zur Strafe hineingesetzt wurde. Vor der Leibannahme besaßen die Seelen keine leiblose Präexistenz, in der sie gesündigt haben können. Den Zusammenhang, dass die Seele in Verbindung mit dem Leib zur Existenz gelangte und nicht etwa schon vor dem Leib ein Leben führte, arbeitete Methodius in De Res I,34–35 nachdrücklich heraus. Dort heißt es, dass Gott den Menschen im Anfang als unsterbliches Wesen schuf.[46]

Der Mensch wird aber in Wahrheit nach (seiner) Natur weder Seele ohne den Leib, noch wiederum Leib ohne die Seele genannt, sondern das Zusammengesetzte aus der Vereinigung der Seele und des Leibes zur einer Gestalt des Schönen.[47]

---

für sich selbst nicht sündigen kann, wie ist sie dann durch die Überredung der Schlange zur Sünde anfällig gewesen? Methodius hält dabei ausdrücklich an der Sündlosigkeit der Seele fest. In einem Zwischengedanken räumt er sogleich ein, „denn sie ist zu diesem überhaupt nicht befähigt, sondern der Leib ist schuldig an allerlei Bösen bei ihr (De Res I,29,5 [GCS 27, 260,5f. Bonwetsch])." Er bekräftigt diesen Standpunkt und führt so die Deutung der Fellkleider auf die σώματα ad absurdum. Hat die Seele aber dennoch gesündigt, muss dies gemeinsam mit dem Leib geschehen sein, so dass die Herstellung der Fellkleider für die Menschen nicht als Verleihung der Leiber zur Strafe für die Übertretung gedeutet werden kann. Denn der Mensch brach das göttliche Gebot vor der Herstellung der χιτῶνες δερμάτινοι (De Res I,29,6 [GCS 27, 260,16–18 Bonwetsch]: „εὑρίσκεται γὰρ πρὸ τῆς κατασκευῆς αὐτῶν ἀθετήσας ὁ ἄνθρωπος τὴν θείαν ἐντολήν·").

An dieser Stelle schafft Methodius also die Grundlage, die συναμφότερον-Vorstellung der Auferstehungsschrift des Ps-Athenagoras in De Res I,54f. einzubringen. Wenn der Mensch ausschließlich aus einer Seele bestand, konnte er überhaupt nicht gesündigt haben. Allein der aus Seele und Leib zusammengesetzte Mensch ist demnach zur Sünde fähig, da die Sündenanfälligkeit dem Leib entspringt.

45 Meth, De Res I,54,2 (GCS 27, 310,16–311,2 Bonwetsch): „εἰ γὰρ πρὸ τῆς παραβάσεως, καθάπερ ἤδη καὶ ἐν τοῖς ἔμπροσθεν ἐξεθέμεθα, σῶμα ἐκέκτηντο αἱ ψυχαί, πῶς ⟨ὡς⟩ εἰς παγίδα ὕστερον μετὰ τὴν παράβασιν εἰς ⟨τὸ⟩ σῶμα ἐμβιβάζονται, οὐκ ὄντος χρόνου ἐν ᾧ πρὶν αὐτὰς τὸ σῶμα λαβεῖν ἐξημάρτοσαν;"

46 Meth, De Res I,34,3 (GCS 27, 272,3–7 Bonwetsch) und De Res I,35,2 (GCS 27, 273,16f. Bonwetsch).

47 Meth, De Res I,34,4 (GCS 27, 272,7–9 Bonwetsch): „ἄνθρωπος δὲ ἀληθέστατα λέγεται κατὰ φύσιν οὔτε ψυχὴ χωρὶς σώματος οὔτ' αὖ σῶμα χωρὶς ψυχῆς, ἀλλὰ τὸ ἐκ συστάσεως ψυχῆς καὶ

DIE REZEPTION VON DE RESURRECTIONE   717

Diese schöpfungstheologische Bestimmung des Menschen als Vereinigung aus Seele und Leib verdeutlicht, dass Methodius die Annahme Aglaophons, dass nämlich der Mensch im Paradies als Seele sündigte und anschließend zur Strafe in den Leib gesetzt wurde, widerlegt. Gott bestimmte den Menschen von Anfang an als Seele und Leib zu einem unsterblichen Wesen.[48] So muss bei der Auferstehung auch der gesamte Mensch – und nicht die Seele allein – in den Ursprungszustand zurückgeführt werden. Diese Grundzüge der Argumentation in De Res I,34f. werden bei der Widerlegung in I,54,2 mit dem Verweis: οὐκ ὄντος χρόνου ἐν ᾧ πρὶν αὐτὰς τὸ σῶμα λαβεῖν ἐξημάρτοσαν notwendigerweise vorausgesetzt.[49]

Ausgehend von der Annahme, dass die Seelen keine Präexistenz besaßen, macht Methodius erneut auf die Widersprüchlichkeit der aglaophonischen Argumentation aufmerksam: Denn es ist widersinnig, einmal zu sagen, dass die Seelen wegen des Leibes gesündigt haben, ein andermal aber zu behaupten, dass ihnen als Strafe für ihre Sünde der Leib als Fessel (δεσμός) und Schlinge (παγίς) gegeben wurde.[50] Aus beiden Standpunkten zieht er weitere Konsequenzen: Haben die Seelen wegen des Leibes gesündigt, war folglich der Leib von Beginn an, also bevor es zur Sünde kam, mit den Seelen zusammen.[51]

σώματος εἰς μίαν τὴν τοῦ καλοῦ μορφὴν συντεθέν." An dieser Stelle und in Meth, De Res I,50,3, knüpft Methodius eher an Ps-Justin, De Res 8,8–11, als an Ps-Athenagoras, De Res, (oder an Tert, De Res 40,3; Iren. AdvHaer. v,6,1) an, wie es Max Pohlenz noch vermutet. Vgl. M. Pohlenz, Auferstehungslehre, 250. Erneut so B. Pouderon, Apologetica 1993, 39. Vgl. auch M. Mejzner, L'Eschatologia di Metodio di Olimpo, 138.

Bei Ps-Justin, De Res 8,8–11 (PTS 54, 120,15–21 Heimgartner) heißt es: „Τί γάρ ἐστιν ὁ ἄνθρωπος, ἀλλ' ἢ τὸ ἐκ ψυχῆς καὶ σώματος συνεστὸς ζῷον λογικόν; Μὴ οὖν καθ' ἑαυτὴν ψυχὴ ἄνθρωπος; Οὔ, ἀλλ' ἀνθρώπου ψυχή. Μὴ οὖν καλοῖτο σῶμα ἄνθρωπος; Οὔ, ἀλλ' ἀνθρώπου σῶμα καλεῖται. Εἴπερ οὖν κατ' ἰδίαν μὲν τούτων οὐδέτερον ἄνθρωπός ἐστι, τὸ δὲ ἐκ τῆς ἀμφοτέρων συμπλοκῆς καλεῖται ἄνθρωπος, κέκληκε δὲ ὁ θεὸς εἰς ζωὴν καὶ ἀνάστασιν τὸν ἄνθρωπον, οὐ τὸ μέρος, ἀλλὰ τὸ ὅλον κέκληκεν, ὅπερ ἐστὶ τὴν ψυχὴν καὶ τὸ σῶμα." Vgl. N. Bonwetsch, Die Theologie des Methodius von Olympus, 181 Anm. 2, und M. Heimgartner, Pseudojustin, 93 f.

48 Meth, De Res I,34,3 (GCS 27, 272,3–7 Bonwetsch): „ὁ δὲ θεὸς ἀθανασία καὶ ζωὴ καὶ ἀφθαρσία, ἔργον δὲ ἄνθρωπος θεοῦ. πᾶν δὲ τὸ ὑπὸ ἀθανασίας ἐργασθὲν ἀθάνατον· ἀθάνατος ἄρα ὁ ἄνθρωπος. διὸ δὴ τὸν μὲν ἄνθρωπον αὐτούργησεν αὐτός, τὰ δὲ λοιπὰ γένη τῶν ζῴων ἀέρι καὶ γῇ καὶ ὕδατι προσέταξε φέρειν."

49 Meth, De Res I,54,2 (GCS 27, 311,1f. Bonwetsch).

50 Meth, De Res I,54,2 (GCS 27, 311,2–4 Bonwetsch): „οὐ γὰρ ἔμφρονος ὁτὲ μὲν ὡς διὰ τὸ σῶμα λέγειν τὰς ψυχὰς ἡμαρτηκέναι, ὁτὲ δέ, ἐπειδήπερ ἥμαρτον, διὰ τοῦτο καὶ δεσμὸν αὐτὸ καὶ παγίδα πρὸς κατάκρισιν γεγονέναι."

51 Meth, De Res I,54,3 (GCS 27, 311,5f. Bonwetsch): „εἰ γὰρ διὰ τὸ σῶμα ἥμαρτον, συνῆν ἄρα ἐξ ἀρχῆς αὐταῖς καὶ πρὸ τῆς ἁμαρτίας τὸ σῶμα."

718   AUSBLICK

Diese Auffassung, dass die Seele nur durch den Leib zur Sünde fähig war, sucht Methodius hier durchzusetzen. Demnach konnten die Seelen vor der Leibannahme keinesfalls gesündigt haben.[52] Wenn aber der heterodoxe Standpunkt wahr ist und der Leib als Schlinge aufgefasst wird, ist nicht mehr das aus beiden Teilen Bestehende (τὸ συναμφότερον) schuldig an der zum Erhalt der Schlinge führenden Strafe, sondern die Seele allein.[53] Hier scheint Methodius die Terminologie der pseudoathenagoreischen Auferstehungsschrift zu rezipieren, um Aglaophon endgültig zu widerlegen.

Wenn nun der Leib dem Menschen tatsächlich zur Strafe gegeben wurde, dann ist nicht der Mensch als τὸ συναμφότερον – also aus Leib und Seele bestehend – schuldig an der Sünde, sondern allein die Seele. Dies widerlegt Methodius aber im Anschluss an *De Resurrectione* des Ps-Athenagoras. Darin arbeitete Ps-Athenagoras nämlich im Hinblick auf die Auferstehung sehr dezidiert die grundsätzliche Unfähigkeit der Seele zur Sünde heraus.[54] Demzufolge kann der Mensch ausschließlich als τὸ συναμφότερον sündigen, nicht aber als Seele allein, die dazu völlig unfähig ist. Daraus folgert Ps-Athenagoras weiter: Das gerechte Gericht ist erst dann gewährleistet, wenn der „ganze" Mensch bei der Auferstehung wiederhergestellt wird, um auch als τὸ συναμφότερον die Strafe bzw. den Lohn für seine Taten erhalten zu können.[55]

Bevor Methodius zur Entkräftung von Aglaophons Gleichung auf das Hauptargument von der Unmöglichkeit der Seele zur Sünde eingeht, verweist er in De Res I,54,4 auf die bereits in I,30 f. herausgearbeitete Funktion des Leibes.[56] Das σῶμα kann für die Seele weder Fessel noch Schlinge sein, da es als συνεργός sowohl zum Guten als auch zum Bösen mitwirken kann.[57] Eine Fessel aber hindert die Seele daran zu sündigen. Da der Mensch auch nach Erhalt des Leibes

---

52   Meth, De Res I,54,3 (GCS 27, 311,6 f. Bonwetsch): „πῶς γὰρ διὰ τοῦτο ἡμάρτανον, ὃ μὴ ἦν μηδέπω;"

53   Meth, De Res I,54,3 (GCS 27, 311,7 f. Bonwetsch): „εἰ δὲ παγὶς πάλιν αὐτὸ τὸ σῶμα καὶ πέδαι νομίζεται καὶ δεσμός, οὐκέτι τὸ συναμφότερον αἴτιον, ἀλλὰ ψυχὴ μόνη."

54   Ps-Athen, De Res 21,5–23,5. (Marcovich 47,4–48,30).

55   Ps-Athen, De Res 18,5 (Marcovich 43,31–44,18).

56   Vgl. Meth, De Res I,31,7 (GCS 27, 267,21–23 Bonwetsch): „ΜΕΘ. Οὐκ ἄρα τὸ σῶμα δεσμός, οὔτε κατὰ σὲ οὔτε κατὰ ἄλλον, ἔφην, ὦ Ἀγλαοφῶν, ἀλλὰ πρὸς ἑκάτερον τῇ ψυχῇ συνεργόν, εἴτε πρὸς τὸ ἀγαθὸν εἴτε πρὸς τὸ κακόν." Methodius interpretiert den Leib im Gegensatz zu Aglaophon nicht als δεσμός, sondern vielmehr als Werkzeug, welches zum Guten als auch zum Schlechten verwendet werden kann.

57   Meth, De Res I,54,4 (GCS 27, 311,10–13 Bonwetsch): „ἀλλὰ μὲν δὴ ὡμολογήσαμεν μὴ δύνασθαι δεσμὸν εἶναι τὸ σῶμα τῆς ψυχῆς, ἐπειδὴ τὸ μὲν σῶμα πρὸς ἑκάτερα, καὶ πρὸς τὸ δίκαιον καὶ ἄδικον, συνεργεῖ, ὁ δὲ δεσμὸς εἴργει τοῦ ἀδικεῖν."

DIE REZEPTION VON DE RESURRECTIONE

gesündigt hat, ist die Vorstellung des Leibes als Fessel aber negiert. Methodius lässt nun endgültig diese Annahme nicht mehr gelten und betont:

> Denn entweder haben wir von Anfang an mit dem Leib gesündigt und es erscheint keine Zeit, in der wir außerhalb des Leibes waren, und schuldig ist der Leib mit der Seele sowohl am Guten als auch am Bösen, – oder wir haben ohne den Leib gelebt und gesündigt und unschuldig ist der Leib an der ganzen Schlechtigkeit. Aber ohne den Leib wird die Seele von der unvernünftigen Lust nicht ergriffen. Die Erstgeschaffenen aber wurden von der unvernünftigen Lust geködert und ergriffen. Also war die Seele mit dem Leib auch vor der Sünde.[58]

Folglich wurde der Leib also nicht nachträglich der Seele als Fallstrick gegeben. Dies ist schon deshalb unmöglich, da zunächst jede Präexistenz der Seele ausgeschlossen wird und Methodius an dem Unvermögen der Seele zur Sünde festhält. Allein der Leib lässt die Seele der unvernünftigen Lust frönen. So können auch die Erstgeschaffenen nicht aus nur einer Seele bestehend gedacht werden, da die Lust im Leib des Protoplasten geweckt und erst infolge dessen die Seele zur Übertretung des Gebotes herabgezogen wurde.

An dieser Stelle rezipiert Methodius erneut die Auferstehungsschrift des Ps-Athenagoras. In De Res 12 legt Ps-Athenagoras dar, dass der Mensch von Gott nicht vergeblich erschaffen wurde. Vielmehr wurde er um des ewigen Lebens willen gebildet.[59] Um die eschatologische Hoffnung der Auferstandenen zu festigen, weist Ps-Athenagoras im Anschluss daran auf die zukünftigen Güter hin. So werden die Menschen ihren Schöpfer, seine Kraft und Weisheit erkennen und mit dem Gesetz und der Gerechtigkeit verbunden sein.[60] An dieser Stelle verweist Ps-Athenagoras auf den von Beginn an bestehenden irdischen Zustand der Menschen: „mit denen (Gütern) sie das vorher empfangene Leben stärkten, *obwohl* sie in vergänglichen und irdischen Leibern waren."[61]

---

58   Meth, De Res 1,54,4 (GCS 27, 311,13–19 Bonwetsch): „ἢ γὰρ ἐξ ἀρχῆς ἡμάρτομεν μετὰ σώματος καὶ οὐ φαίνεται χρόνος ἐν ᾧ ἐκτὸς ὑπήρξαμεν σώματος καὶ συναίτιον τὸ σῶμα καὶ ἀγαθῶν τῇ ψυχῇ καὶ κακῶν, – ἢ χωρὶς σώματος διάγοντες ἡμάρτομεν καὶ ἀναίτιον τὸ σῶμα κακίας ἐκ παντός. ἀλλὰ χωρὶς σώματος ὑπὸ ἀλόγου ἡδονῆς οὐ κρατεῖται ἡ ψυχή, ἐκρατήθησαν δὲ οἱ πρωτόπλαστοι ἀλόγῳ δελεασθέντες ἡδονῇ· ἦν ἄρα ἡ ψυχὴ μετὰ σώματος καὶ πρὸ τῆς ἁμαρτίας."

59   Ps-Athen, De Res 12,6 (Marcovich 37,2–4).

60   Ps-Athen, De Res 12,6 (Marcovich 37,4–6).

61   Ps-Athen, De Res 12,6 (Marcovich 37,6 f.): „οἷς τὴν προλαβοῦσαν ἐκράτυναν ζωήν, καίπερ ἐν φθαρτοῖς καὶ γηΐνοις ὄντες σώμασιν."

720 AUSBLICK

Durch die Auferstehung wird die Beschaffenheit der Protoplasten wiederhergestellt. Das vorausgehende Leben kann keinesfalls die Präexistenz der Seelen intendieren. Der Konzessivsatz mit καίπερ verdeutlicht, dass hier ein Sein in vergänglichen und irdischen Leibern gemeint ist. Dies bedeutet, dass auch die Erstgeschaffenen von Ps-Athenagoras als Seele und Leib angenommen werden. Methodius knüpft also auch an dieser Stelle ohne Mühe an der Auferstehungsschrift des Ps-Athenagoras an. So legt er dar, dass die Protoplasten nur deshalb von der unvernünftigen Lust geködert werden konnten, da der Mensch bereits vor dem Aufkommen der Sünde aus Leib und Seele bestand.

Auch der Gedanke, dass ausschließlich der Leib und nicht etwa die Seele für die unvernünftige Lust zugänglich ist, kann bei Ps-Athenagoras explizit in De Res 21,5–23,5 nachgelesen werden. In dieser Passage entfaltet Ps-Athenagoras die völlige Bedürfnislosigkeit der Seele, woraus die Unfähigkeit zur Sünde folgt. Allein auf das Drängen des Leibes hin wird die Seele zu den Begierden und Regungen herabgezogen.[62] Deshalb ist auch das gerechte Gericht nicht auf die Seele allein zu beziehen, die in sich keine Fähigkeit zur Sünde besitzt.[63] Den Ursprung für alle Begierden und Affekte stellt allein der Leib dar, bei dem die unvernünftige Lust ansetzen kann. Somit bezieht sich Methodius mit der Vorstellung von der vollständigen Sündenunfähigkeit der Seele auf das Gedankengut des Ps-Athenagoras. Methodius fand diese Position offenbar in dessen Auferstehungstraktat vor und verwendete sie zur Widerlegung des Aglaophon.

Nachdem Methodius betonte, dass die Seele ohne den Leib nicht von der unvernünftigen Lust ergriffen werden kann, bestätigt er in De Res I,54,5 die Unschuldigkeit (ἀκήρατος) der Seele. Diese erhielt Aglaophon zufolge zur Strafe den Leib, so dass sie nun als Qual das Tote (νεκροφορέω) an sich trägt.[64] Dem-

---

62 Ps-Athen, De Res 21,2 (Marcovich 46,16–21).

63 Ps-Athen, De Res 21,3 (Marcovich 46,22–25): „Ἢ πῶς οὐκ ἄδικον τὴν ψυχὴν κρίνεσθαι καθ' ἑαυτὴν ὑπὲρ ὧν οὐδ' ἡντινοῦν ἔχει κατὰ τὴν ἑαυτῆς φύσιν οὐκ ὄρεξιν οὐ κίνησιν οὐχ ὁρμήν, οἷον λαγνείας ἢ βίας ἢ πλεονεξίας [ἀδικίας] καὶ τῶν ἐπὶ τούτοις ἀδικημάτων;"

64 Meth, De Res I,54,5 (GCS 27, 311,19–312,3 Bonwetsch): „περὶ γὰρ δὴ τοῦ μὴ ἐγχωρεῖν αὐτὸ νομίζεσθαι διὰ τὴν παράβασιν δεσμὸν ἐπὶ τιμωρίᾳ γεγονός, ἵν' ἀκήρατον ἡ ψυχὴ καὶ συνεχὴ κατ' αὐτοὺς βάσανον ἔχῃ νεκροφοροῦσα". In De Res I,29,1.4 (GCS 27, 258,7; 260,2 Bonwetsch) wird das Verbum νεκροφορέω zum ersten Mal in der christlichen Literatur verwendet und von Aglaophon metaphorisch auf das Tragen des toten Leibes der noch auf Erden lebenden Seele bezogen. Vgl. Lampe, Lexicon, 902. Ursprüngliche Bedeutung von νεκροφορέω ist: „das Tote zu Grabe tragen, bestatten, den toten Körper zur Beerdigung tragen". Vgl. Liddell/Scott, Lexicon, 1166 und Pape, Handwörterbuch II, 238.

In De Res I,54,5 greift Methodius diesen Terminus erneut auf, um die von den Gegnern in I,29,1.4 verwendete Bezeichnung für den Leib zu widerlegen. Diese terminologische

DIE REZEPTION VON DE RESURRECTIONE   721

nach muss sie gesündigt haben – so Aglaophon –, was Methodius aber im
Anschluss an Ps-Athenagoras als unmöglich erscheint. Die Seele ist nur in
Verbindung mit dem Leib zu sündigem Handeln fähig. Somit gilt der Leib
keinesfalls als nachträgliche Schlinge für die von Aglaophon angenommene
Sündenfähigkeit der Seele, welche dieser in De Res I,29,8 postuliert.[65]

Ab De Res I,54,5b widmet sich Methodius weiteren Aspekten der aglaophonischen Deutung von Psalm 66,10–12, die den angeblichen Fall der Seelen in
die Körper belegen sollen. Bei der Widerlegung dieser Sicht kommt erneut die
Rezeption der συναμφότερον-Vorstellung des Ps-Athenagoras zum Vorschein.
Gemäß Aglaophon sollen die Seelen aus dem dritten Himmel geworfen sein,
da sie dort das Gebot übertreten haben.[66] Auch diese Position wird mit Psalm
66,10–12 belegt: Gott führt diejenigen Seelen in den Fallstrick, die wie zu einem
Kampf (ὡς εἰς ἀγώνισμα) aus dem dritten Himmel herabstürzen, in dem sich das
Paradies befindet.[67] Denn die Aussage aus Ps 66,12 „Wir sind durch Feuer und
Wasser hindurchgegangen" bezieht sich auf den Eingang der Seele durch den
Mutterleib in die Welt.[68] Der Geburtsprozess ist als Aufenthalt in einer großen
Flamme und Feuchtigkeit aufzufassen, den die Seelen zur Annahme des Lei-
bes erleiden.[69] Die Aussage des Psalms deutet Aglaophon als Fall der Seelen
aus den Himmeln in das Leben, wodurch es zur Geburt eines Kindes kommt.

Ab De Res I,55,1 setzt die Widerlegung des Methodius ein: Das Paradies kann
sich keinesfalls im dritten Himmel befinden, da es einen auserwählten Ort dieser Erde darstellt, den Gott zum unbekümmerten Ausruhen und zum Aufenthaltsort für die Heiligen bestimmte.[70] Zudem weisen die Flüsse, die sich aus
dem Paradies ins Festland ergießen, darauf hin, dass sich dieser Ort nicht im
Himmel, sondern vielmehr auf der Erde befindet.[71] Von hier aus geht Metho-

---

    Verbindung verdeutlicht, dass die Widerlegung aus I,29 in I,54 f. direkt vorausgesetzt und
    weitergeführt wird.

65   Vgl. Meth, De Res I,29,8 (GCS 27, 261,6–9 Bonwetsch): „καὶ ἐκ ταύτης τῆς ὁμολογίας συγκα-
    τατίθεσθαι, ὡς οὐ τὸ σῶμα τοῦτο παραίτιον κακίας ἐστίν, ἀλλ᾽ αὐτὴ ἡ ψυχὴ ἐν ἑαυτῇ. διὸ κἂν μὴ
    λάβῃ τὸ σῶμα, ἁμαρτησεται, ἐπειδήπερ καὶ πρόσθεν ἡμαρτεν χωρὶς σώματος."

66   Meth, De Res I,54,5 (GCS 27, 312,4–7 Bonwetsch).

67   Meth, De Res I,54,8 (GCS 27, 312,16–18 Bonwetsch): „καὶ εὐθέως ἐπιφέρουσι· ταῦτα δὲ ὑπὸ
    τῶν ψυχῶν εἴρηται τῶν εἰς τὴν παγίδα τὸ σῶμα ὡς εἰς ἀγώνισμα κατενεχθεισῶν ἐκ τοῦ τρίτου
    οὐρανοῦ, ἔνθα ὁ παράδεισος."

68   Meth, De Res I,54,8 (GCS 27, 312,18–313,1 Bonwetsch).

69   Meth, De Res I,54,8 (GCS 27, 313,1–4 Bonwetsch).

70   Meth, De Res I,55,1 (GCS 27, 313,6–8 Bonwetsch): „Πρῶτον γὰρ ὁ παράδεισος, ὅθεν καὶ ἐξε-
    βλήθημεν ἐν τῷ πρωτοπλάστῳ, ἐκ ταύτης ἐστὶ τῆς γῆς προδήλως τόπος ἐξαίρετος, πρὸς ἄλυπον
    ἀνάπαυσιν καὶ διαγωγὴν τοῖς ἁγίοις ἀφωρισμένος".

71   Meth, De Res I,55,1 (GCS 27, 313,8–11 Bonwetsch): „⟨ὡς⟩ δῆλον ἀπὸ τοῦ καὶ τὸν Τίγριν καὶ

722   AUSBLICK

dius in De Res I,55,2 f. auf 2 Kor 12,2–4 ein. Diese Schriftstelle wird zur Identifizierung des Paradieses im dritten Himmel als Beleg für die von Aglaophon aufgeführte Vorstellung verwendet. In 2 Kor 12,2 berichtet Paulus nämlich von einer Entrückung bis in den dritten Himmel. Die Verse 3 und 4 beschreiben daraufhin eine Entrückung in das Paradies.[72] So ist für Aglaophon bewiesen, dass sich das Paradies im dritten Himmel befindet, aus dem die Erstgeschaffenen nach der Übertretung in die Leiber zur Strafe gestürzt wurden.

Methodius widerlegt die Gleichsetzung des Paradieses mit dem dritten Himmel und geht dazu von zwei gesonderten Offenbarungen aus, die keinen Bezug zueinander haben.[73] Der Verlagerung des Paradieses in den Himmel wird vehement widersprochen. Dazu verweist Methodius auf den zweiten Schöpfungsbericht:

> Denn auch Adam wurde nicht aus den Himmeln herausgeworfen, sondern aus dem Paradies, das ‚östlich in Eden‘ gepflanzt worden war.[74]

τὸν Εὐφράτην καὶ τοὺς λοιποὺς ποταμοὺς τοὺς ἐκεῖθεν προχεομένους ἐνταῦθα φαίνεσθαι τῶν ῥευμάτων τὰς διεκβολὰς εἰς τὴν καθ᾽ ἡμᾶς ἤπειρον ἐπικλύζοντας.“

72   Es ist anzunehmen, dass Paulus in den Versen 3 und 4 dasselbe Erlebnis wie aus Vers 2 reflektiert, dieses aber lediglich anders formuliert. Vgl. Chr. Wolff, Der zweite Brief des Paulus an die Korinther, 244: In 2 Kor 12,3 f. „betont Paulus sein Desinteresse an einer Bestimmung seines Zustandes während der Ekstase. Dabei ist noch an dasselbe Ereignis zu denken, von dem in v. 2 die Rede war; das zeigt die eine Zeitangabe in v. 2, καί hat explikativen Sinn. In dem dritten Himmel wird also das Paradies lokalisiert.“ Vgl. auch H.-J. Klauck, Die Himmelfahrt des Paulus (2 Kor 12,2–4), 395: „Es liegt nur *ein* Ereignis zugrunde, das stockend in zwei Anläufen mit weithin gleichen Worten wiedergegeben wird. Der erste, zögernde Anlauf enthält die Datierung und die allgemeine Zielangabe. Erst der zweite Anlauf führt zu sehr sparsamen inhaltlichen Auskünften.“ So ebenfalls R. Bultmann, Der zweite Brief an die Korinther, 223: „Natürlich ist das Erlebnis von v. 3 f. mit dem von v. 2 identisch. Abgehoben ist v. 3 f. von v. 2 offenbar, weil in v. 2 nur das Daß der Entrückung angegeben ist (das ἕως τρίτου οὐρανοῦ ist Lokalangabe, gehört zur Entrückung als solcher), während in v. 3 f. etwas vom Inhalt des Erlebnisses und seiner Herrlichkeit abgedeutet wird.“

73   Dies wirkt freilich weniger überzeugend. Er hätte vielmehr auf die Aussage „ich kenne einen solchen Menschen, ob im Leibe oder außerhalb des Leibes, Gott weiß es [...]“ den Schwerpunkt legen sollen und so die Annahme einer leiblosen Entrückung der Seele, die Aglaophon hier voraussetzt, in einen solchen Ort ins Ungewisse geführt. Zur methodianischen Vorstellung des Paradieses in De Resurrectione vgl. M. Mejzner, L'Eschatologia di Metodio di Olimpo, 113–117.

74   Meth, De Res I,55,4 (GCS 27, 314,13 f. Bonwetsch): „ἐπεὶ μηδὲ ὁ Ἀδὰμ ἐκ τῶν οὐρανῶν ἐξεβλήθη, ἀλλὰ ἀπὸ τοῦ κατὰ ἀνατολὰς ἐν Ἐδὲμ πεφυτευμένου παραδείσου.“

DIE REZEPTION VON DE RESURRECTIONE   723

Mit dem Bezug auf Gen 2,8 „östlich in Eden" wird die Örtlichkeit des Paradieses auf die Erde festgelegt, um die Hypothese des Himmelssturzes der Seelen zu entkräften. Um die Unmöglichkeit des Seelenfalls aus den Himmeln weiter zu belegen, verweist Methodius auf die bereits dargelegte Argumentation:

> Denn nicht vor der Einkörperung geschah die Übertretung, wie wir hinreichend gezeigt haben, – auch ist ferner dieser Leib kein Fallstrick –, sondern nach der Verbindung der Seele mit dem Leib geschah die Übertretung, weil der Mensch aus beiden (Teilen) bestehend (ὅτι τὸ συναμφότερον ὁ ἄνθρωπος) ist.[75]

An dieser Stelle wiederholt Methodius seinen Standpunkt, um erneut jede Präexistenz der Seelen vor der Übertretung auszuschließen. Der Sündenfall des Menschen fand erst nach der Verbindung der Seele mit dem Leib statt. Um dies zu begründen, verweist er auf die Definition des Ps-Athenagoras, der den Menschen in ähnlicher Weise als τὸ συναμφότερον bestimmt, um seinerseits die alleinige Verantwortung der Seelen für das Vollbringen der Sünden auszuschließen. Ps-Athenagoras führt diesen Zusammenhang in De Res 18,4 wie folgt aus:

> Ich definiere aber den Menschen als den aus beiden (Teilen) Bestehenden, aus Seele und Leib (λέγω δὲ συναμφότερον τὸν ἐκ ψυχῆς καὶ σώματος ἄνθρωπον), und dass ein solcher Mensch für alle (seine) Handlungen verantwortlich ist und für diese Ehre oder Strafe erhält.[76]

An diesem Verständnis des Menschen, der nur als τὸ συναμφότερον und nicht als Seele allein zur Übertretung fähig ist, knüpft Methodius an. Ps-Athenagoras zielt mit seiner Bestimmung des Menschen auf die Gerechtigkeit des Gerichts, welches sich nicht allein auf die Seele, sondern auf den gesamten Menschen beziehen muss.[77]

---

75   Meth, De Res 1,55,4 (GCS 27, 314,14–17 Bonwetsch): „οὐ γὰρ πρὸ τῆς ἐνσωματώσεως τὸ παράπτωμα, καθάπερ ἐδείξαμεν ἱκανῶς, οὐδ' αὖ τὸ σῶμα παγὶς τοῦτο, ἀλλὰ μετὰ τὴν εἰς τὸ σῶμα σύμφυσιν τῆς ψυχῆς γίγνεται τὸ παράπτωμα, ὅτι τὸ συναμφότερον ὁ ἄνθρωπος".

76   Ps-Athen, De Res 18,4 (Marcovich 43,28–30): „λέγω δὲ συναμφότερον τὸν ἐκ ψυχῆς καὶ σώματος ἄνθρωπον, καὶ τὸν τοιοῦτον ἄνθρωπον γίνεσθαι πάντων τῶν πεπραγμένων ὑπόδικον τήν τε ἐπὶ τούτοις δέχεσθαι τιμὴν ἢ τιμωρίαν."

77   So leitet Ps-Athenagoras aus der „Gerichtsargumentation" die Auferstehung des Leibes her: „Denn wenn das gerechte Gericht für die vollbrachten Dinge dem aus beiden Teilen Bestehenden (κατὰ τοῦ συναμφοτέρου) Recht verschafft, darf weder die Seele allein

3   Resultat

Als Ergebnis ist festzuhalten, dass Methodius die συναμφότερον-Vorstellung zur Definition des Menschen aus De Resurrectione des Ps-Athenagoras entlehnt. Diese Bestimmung des Menschen verwendet Ps-Athenagoras dazu, die postmortale Existenz auch für das σῶμα herzuleiten. Aus der Annahme eines gerechten Gerichts ergibt sich die Notwendigkeit der Auferstehung des Leibes, damit der gesamte Mensch als τὸ συναμφότερον zur Verantwortung gezogen werden kann. Methodius rezipiert diese Vorstellung, wenn er dies auch zu einem anderen Zweck tut. Er zielt damit auf die Entkräftigung der aglaophonischen Position des Seelenfalls in einen Leib. Dabei betont Methodius das Unvermögen der Seele zur Sünde und schreibt die Verantwortung für die Übertretung dem gesamten Menschen als τὸ συναμφότερον zu.

Er partizipiert ebenfalls an der von Ps-Athenagoras sehr deutlich herausgearbeiteten Auffassung von der Sündenunfähigkeit der Seele, da diese aufs Engste mit der συναμφότερον-Vorstellung zusammenhängt. So spricht er sich entschieden gegen Aglaophons Ausführungen aus und kommt zu dem Fazit: Der Leib wird mit dem Tod keinesfalls als Fessel abgelegt, sondern darf bei der Auferstehung auf seine Wiederherstellung hoffen.

Überhaupt greift Methodius auf kirchliche Autoritäten des zweiten und dritten Jahrhunderts zurück, um die Streitigkeiten seiner Zeit bezüglich der Auferstehung des Fleisches zu klären. *Nathanael Bonwetsch* zeigte in seiner „Theologie des Methodius von Olympus" längst die starke Abhängigkeit des Methodius von den christlichen Schriftstellern auf.[78] Besonders in seinem Werk „De Resurrectione" erweist sich Methodius von den kirchlichen Autoritäten seiner Überlieferung bestimmt. Da er sich in seiner Auferstehungsschrift sowohl gegen philosophische Vorbehalte hinsichtlich der Auferstehung des Leibes als auch gegen eine sich am Ende des dritten Jahrhunderts ausbreitende „Schule" des Origenes, die ebenfalls die Auferstehung des materiellen Leibes bzw. Fleisches verneint, wendet, greift er auf die Autoritäten der kirchlichen Tradition zurück, die die postmortale Existenz des ganzen Menschen herausgearbeitet

---

die Belohnung für das erlangen, was sie mit Hilfe des Leibes vollbrachte, [...] noch der Leib allein [...], aber der aus diesen beiden Teilen bestehende Mensch erhält für alles von ihm Vollbrachte das Gericht." Ps-Athen, De Res 18,5 (Marcovich 43,31–44,4): „εἰ δὲ κατὰ τοῦ συναμφοτέρου φέρει τὴν ἐπὶ τοῖς εἰργασμένοις δίκην ἡ δικαία κρίσις καὶ μήτε τὴν ψυχὴν μόνην δεῖ κομίσασθαι τὰ ἐπίχειρα τῶν μετὰ τοῦ σώματος εἰργασμένων [...] μήτε τὸ σῶμα μόνον [...], ὁ δὲ ἐκ τούτων ἄνθρωπος τὴν ἐφ' ἑκάστῳ τῶν εἰργασμένων αὐτῷ δέχεται κρίσιν".

78   Vgl. N. Bonwetsch, Die Theologie des Methodius von Olympus (1903), 160–171.

haben. Gegen philosophische Einwände wird vor allem die Auferstehung des σῶμα in der pseudoathenagoreischen Auferstehungsschrift dezidiert erwiesen.

N. Bonwetsch führt weitere Autoren an, wie beispielsweise Ignatius,[79] Theophilus von Antiochien,[80] Irenäus,[81] Hippolyt[82] u.a., von denen Methodius wichtige Impulse zur Verteidigung der Auferstehung des Fleisches entnommen hat, ohne deren Namen explizit zu nennen – so wie es im Falle Athenagoras in De Res I,37,1 und Justins in De Res II,18,9[83] erfolgt ist. In De Res II,18,10 greift Methodius eine wichtige Terminologie (ἡ τῆς σαρκὸς παλιγγενεσία) der Auferstehungsschrift von Ps-Justin auf.[84] Er rezipiert somit zentrale Termini

---

79 Zur Rezeption von bestimmten Auffassungen des Ignatius ist in Meth, De Res II,18,8, darauf hinzuweisen, dass sich Methodius wie Ignatius in Ad Smyrn 2,1 gegen doketische Tendenzen des Leidens Christi und seiner Auferstehung wendet. Siehe Meth, De Res II,18,8 (GCS 27, 370,5–11 Bonwetsch): „ἀλλ᾿ οὐδὲν περισσῶς ποιεῖ ὁ υἱὸς τοῦ θεοῦ. οὐκ ἄρα ἀνωφελῶς τὴν „μορφὴν" τοῦ „δούλου" ἀνέλαβεν, ἀλλὰ πρὸς τὸ ἀναστῆσαι καὶ σῶσαι. ἀληθῶς γὰρ ἄνθρωπος ἐγένετο καὶ (ἀληθῶς) ἀπέθανε, καὶ οὐ τῷ δοκεῖν, ὅπερ ἐστὶν οὔ – ἦν γὰρ „ἐν αὐτῷ" πάντα „ναί" –, ἵνα ἀληθῶς „πρωτότοκος" ἀναφανῇ „τῶν νεκρῶν" τὸν χοϊκὸν ἀληθῶς μεταβαλὼν εἰς οὐράνιον καὶ τὸν θνητὸν εἰς ἀθάνατον." Diese ausdrückliche Betonung durch ἀληθῶς der Menschwerdung Christi und seines wirklichen Sterbens und der Auferstehung seines irdischen Leibes, erinnert stark an Ignatius. Siehe Ign. Ad Smyrn 2 (Camelot SC 10, 134,2–5/Lindemann/Paulsen 226,16–18): „Ταῦτα γὰρ πάντα ἔπαθεν δι᾿ ἡμᾶς, ἵνα σωθῶμεν· καὶ ἀληθῶς ἔπαθεν, ὡς καὶ ἀληθῶς ἀνέστησεν ἑαυτόν, οὐχ ὥσπερ ἄπιστοί τινες λέγουσιν, τὸ δοκεῖν αὐτὸν πεπονθέναι, αὐτοὶ τὸ δοκεῖν ὄντες." Vgl. auch N. Bonwetsch, Die Theologie des Methodius von Olympus, 162 f.

80 Vgl. N. Bonwetsch, Die Theologie des Methodius von Olympus, 163: „Nachweisbar aber ist eine auf direkte Abhängigkeit deutende Verwandtschaft von Ausfürungen des M.[ethodius] mit solchen des Theophilus, Ad Autol. II, 24–28."

81 Vgl. N. Bonwetsch, Die Theologie des Methodius von Olympus, 164: „Aber mag auch M.[ethodius] manches anderen Gewärsmännern entnommen haben, was uns nur aus Irenäus bekannt ist, so wird doch das Urteil nicht fehlgehen, dass er keinem andern so viel wie diesem verdankte."

82 Vgl. N. Bonwetsch, Die Theologie des Methodius von Olympus, 167 f. „Das aus der Theologie eines Theophilus, Irenäus und Hippolyt Ueberkommene ist für M.[ethodius] die kirchliche Lehre." Ebd., 168.

83 In De Res II,18,9 f. wird explizit auf Justin verwiesen und dessen Auslegung von 1 Kor 15,50 rezipiert. Vgl. Meth, De Res II,18,9 f. (GCS 27, 370,11–371,4 Bonwetsch): „Ἰουστῖνος δὲ ὁ Νεαπολίτης, ἀνὴρ οὔτε τῷ χρόνῳ πόρρω ὢν τῶν Ἀποστόλων οὔτε τῇ ἀρετῇ, κληρονομεῖσθαι μὲν τὸ ἀποθνῆσκον, κληρονομεῖν δὲ τὸ ζῶν λέγει, καὶ ἀποθνῆσκειν μὲν σάρκα, ζῆν δὲ τὴν βασιλείαν τῶν οὐρανῶν. Ὁπόταν οὖν σάρκα ὁ Παῦλος καὶ αἷμα μὴ δύνασθαι ,τὴν βασιλείαν τοῦ Θεοῦ κληρονομῆσαι᾿ λέγῃ, οὐχ ὡς ἐκφαυλίζων, φησί, τῆς σαρκὸς τὴν παλιγγενεσίαν ἀποφαίνεται, ἀλλὰ διδάσκων οὐ κληρονομεῖσθαι βασιλείαν Θεοῦ, αἰώνιον ὑπάρχουσαν ζωήν, ὑπὸ τοῦ σώματος, ἀλλὰ τὸ σῶμα ὑπὸ τῆς ζωῆς."

84 Vgl. Meth, De Res II,18,10 (GCS 27, 371,2 Bonwetsch). Methodius nimmt die entscheidende

726   AUSBLICK

der beiden Auferstehungsschriften für seine Argumentation. Zusätzlich führt
M. Heimgartner zahlreiche Nachweise auf,[85] die die direkte Abhängigkeit des
Methodius von *De Resurrectione* des Ps-Justin nahelegen.[86]

Terminologie von De Resurrectione des Ps-Justin auf: ἡ τῆς σαρκὸς παλιγγενεσία (vgl. Ps-
Justin, De Res 6,5 [PTS 54, 114,13 Heimgartner]: „ἡ τῆς σαρκὸς ὑπάρχειν παλιγγενεσία"; De Res
8,13 [PTS 54, 122,23 f. Heimgartner]: „οὐκ ὄντος γὰρ ἀδυνάτου, καθάπερ δέδεικται, τὴν σάρκα
ἔχειν τὴν παλιγγενεσίαν"; De Res 10,5 [PTS 54, 128,5 f. Heimgartner]: „θεωροῦντες γοῦν καὶ τοὺς
κοσμικοὺς λόγους καὶ κατ᾽ αὐτοὺς οὐκ εὑρίσκοντες ἀδύνατον ὑπάρχειν τῇ σαρκὶ τὴν παλιγγενεσίαν".). Vgl. dazu M. Mejzner, L'Eschatologia di Metodio di Olimpo, 277: „La dipendenza si
manifesta anche nell'uso dell'expressione παλιγγενεσία τῆς σαρκός, praticamente non usata
dagli altri autori cristiani."

Offenbar bezieht sich Methodius hier auf die Auferstehungsschrift des Ps-Justin, die
zu seiner Zeit bereits dem Apologeten Justin zugeschrieben wurde. Da diese Schrift fragmentarisch überliefert ist, dürfte die „justinische" Auslegung in De Res II,18,9 f. von 1 Kor
15,50 aller Wahrscheinlichkeit nach verloren gegangen sein – wie Th. Zahn überzeugend
nachweist. Vgl. Th. Zahn, Studien zu Justinus Martyr, 29. Zahn vermutet, dass zwischen
dem 2. und 3. Fragment, also in der zweiten Lücke, die Behandlung von 1 Kor 15 gestanden haben muss. „Dann wäre hier der geeignete Platz für das Citat des Methodius." Ebd.
Dagegen ordnet M. Heimgartner das von ihm nur in De Res II,18,9b rekonstruierte Justin-
Zitat entweder dem *Syntagma* oder dem *Dialog* zu. Vgl. M. Heimgartner, Pseudojustin,
69. Jedoch fehlen m. E. einleuchtende Argumente, weshalb eher diese Schriften und nicht
De Resurrectione als Quelle des Zitats in Frage kommen. Da Heimgartner die Wendung ἡ
τῆς σαρκὸς παλιγγενεσία nicht Justin, sondern – außer τῆς σαρκός – Methodius zuordnet,
umgeht er den Haupthinweis auf die Auferstehungsschrift als Quelle des Zitats.

In De Res II,18,10 entnimmt Methodius also den Ausdruck ἡ τῆς σαρκὸς παλιγγενεσία aus De Resurrectione des Ps-Justin. Vgl. A. D'Anna, Pseudo-Giustino, 21 f. Hinter der
altslavischen Übersetzung von пакъпорожение steht möglicherweise der Terminus παλιγγενεσία (vgl. Fr. v. Miklosich, Lexicon, 552). Methodius verwendet offensichtlich im weiteren
Verlauf seiner Auferstehungsschrift diesen Ausdruck. Vgl. Meth, De Res III,2,6 (GCS 27,
390,4 Bonwetsch)/(f. 140ᵛ,8) und III,18,7 (GCS 27, 416,7 Bonwetsch)/(f. 162ᵛ,10 f.). Ps-Justin
entwickelt womöglich seine Terminologie aufgrund von Justin, Dial 85,7 (PTS 47, 218,46
Marcovich): „τὸ μυστήριον πάλιν τῆς γενέσεως ἡμῶν". Auch Irenäus kennt eine solche Ausdrucksweise innerhalb seines Beweises der ἀνάστασις τῆς σαρκός. Er spricht von der *rege-
neratio carnis*. Irenäus, AdvHaer V,2,2 (SC 153, 30,19 f. Rousseau/Doutreleau/Mercier). Im
Märtyrerbericht von Lugdunum und Vienna wird ebenfalls der Ausdruck παλιγγενεσία
zur Beschreibung des Geschehnisses der Auferstehung verwendet. Vgl. Euseb, H.E. V,1,63
(GCS 9,1, 426,22 Schwartz).

85   Vgl. M. Heimgartner, Pseudojustin, 90–94.

86   Vgl. M. Heimgartner, Pseudojustin, 94: „Wir beobachten also bei Methodius eine Fülle
      von ähnlichen Themen, Gedanken, Motiven, welche er oft in sehr eigenständiger Weise
      verarbeitet. Dabei stimmt er aber immer wieder auch in Details mit unserem Traktat
      überein. [...] Dies alles lässt sich weit besser durch die Annahme direkter literarischer

Auf diese Weise erweist sich Methodius völlig „von der kirchlichen Überlieferung"[87] abhängig, um die im Neuplatonismus und unter den Anhängern
des Origenes geäußerten Bedenken bezüglich der Auferstehung des materiellen Leibes zu widerlegen.

Als Resultat ist demnach festzuhalten, dass Methodius beide Auferstehungsschriften (des Ps-Athenagoras und des Ps-Justin) vorgelegen haben. Im Hinblick auf De Resurrectione des Ps-Athenagoras ist von einer Rezeption des entscheidenden Terminus τὸ συναμφότερον für die methodianische Anthropologie
und der damit zusammenhängenden Vorstellung hinsichtlich der Seelenlehre
auszugehen.

> Abhängigkeit als durch eine Reihe von zugrunde liegenden gemeinsamen Quellen und
> Traditionen erklären."

87 N. Bonwetsch, Die Theologie des Methodius von Olympus, 160.

Ergebnis

Die Datierung von De Resurrectione wurde in der bisherigen Forschung wenig intensiv vorangetrieben. Die aktuelle Einordnung der Entstehung in die weit gefasste Zeitspanne vom zweiten bis zum vierten nachchristlichen Jahrhundert spiegelt den unsicheren Forschungsstand wider. Die vorliegende Studie hat sich zum Ziel gesetzt, dieses Forschungsdesiderat aufzugreifen und den Bezugsrahmen für die Entstehungszeit des Auferstehungstraktats so detailliert wie möglich einzugrenzen und eine Datierung vorzunehmen.

1 Pseudonymität von De Resurrectione

Die Frage nach der Verfasserschaft des Traktats ist im Rahmen des Forschungsvorhabens unbedingt zu klären. Wie der erste Teil der Untersuchung gezeigt hat, muss bezüglich der Legatio und De Resurrectione von zwei völlig unterschiedlichen Autoren ausgegangen werden. Da die Schrift dem Apologeten erst seit dem Arethas-Codex (914 n. Chr.) explizit zugeschrieben wird, ist es gerechtfertigt, aufgrund der Pseudonymität des Traktats von *Ps-Athenagoras* als dem Verfasser der Auferstehungsschrift zu sprechen. Als wichtiges Ergebnis ist daher festzuhalten, dass der Verfasser von De Resurrectione nicht der Apologet Athenagoras ist. Die Datierung der Auferstehungsschrift am Ende des zweiten Jahrhunderts kann daher nicht mehr mit der Verfasserschaft des Athenagoras begründet werden.

2 Celsische Einwände als Bezugsrahmen der Datierung

Um sichere Ergebnisse für einen Datierungsansatz zu ermitteln, ist die Rekonstruktion der Gegnerschaft unumgänglich. Dabei wurden im Rahmen der Untersuchung aus dem Traktat selbst sichere Bezugspunkte für eine kontrovers geführte Debatte um die Auferstehung im Hinblick auf eine bestimmte Zeitperiode verifiziert. Da De Resurrectione eine Reaktion auf konkrete Einwände wider die leibliche Auferstehung darstellt, wurde diese Position der Kontrahenten so detailliert wie möglich erfasst.

Aus der vorliegenden Studie geht hervor, dass sich Ps-Athenagoras in seinem Auferstehungstraktat mit den ἀδύνατον- und ἀβούλητον-Einwänden des Platonikers Celsus auseinandersetzt. Außerdem wird aus der positiven Beweisführung unseres Autors ersichtlich, dass er die Auferstehungskonzeption des

ERGEBNIS

großen Alexandriners Origenes noch nicht zur Kenntnis nimmt. Da aber die Auferstehungslehre des Origenes bereits im dritten Jahrhundert eine intensive Debatte um dessen Auferstehungsauffassung bei Autoren wie beispielsweise auch Methodius von Olympus ausgelöst hat,[1] muss im Hinblick auf Ps-Athenagoras davon ausgegangen werden, dass er zeitlich nicht später als die Wirkungsphase des Origenes anzusetzen ist. Aus diesen beiden Bezugspunkten ergibt sich der angenommene Zeitrahmen für die Abfassung der Auferstehungsschrift von Ps-Athenagoras. Der *terminus post quem* wird mit dem Entstehen des ἀληθής λόγος des Christengegners angesetzt. Da Celsus etwa 177/180 n. Chr. seinen Angriff auf die neue Religionsbewegung verfasst, muss die Reaktion des Ps-Athenagoras auf dessen Kritik an der christlichen Auferstehungslehre mit diesem Datum ihren Anfang nehmen. Der *terminus ante quem* ergibt sich aus dem Ende der literarischen Wirksamkeit des Origenes, der in den Jahren 245/248 n. Chr. eines seiner letzten und wohl reifsten Werke *Contra Celsum* verfasst.[2] Mit diesen beiden Bezugspunkten ist die erste Eingrenzung für die Datierung der Abfassungszeit von De Resurrectione des Ps-Athenagoras auf den Zeitrahmen 177/180 bis 245/248 n. Chr. vorzunehmen.

3 Kettennahrungsdebatte als auslösender Faktor des Traktats

Die hier angenommene Zeitphase von ca. 70 Jahren wird anhand zusätzlicher Indizien weiter eingeschränkt. Die vorliegende Untersuchung ergab hierbei, dass die Debatte um die Kettennahrungs-Problematik den Ausgangspunkt des Traktats bildet und daher als maßgeblicher Bezugspunkt zur Datierung zu werten ist. Aus der Entwicklung der allgemein diskutierten Kettennahrungs-Problematik lässt sich ermitteln, dass die gegnerische Argumentation in De Res 4,1–4 auf die erste Stufe der Kettennahrungs-Argumentation aufbaut und diese fest voraussetzt. Die Problematik von der kettenartigen Verspeisung der

---

1   Methodius von Olympus hat seine Schrift *De Resurrectione* etwa bald nach 300 n. Chr. verfasst. Jedoch reicht seine Auseinandersetzung deutlich in das dritte Jahrhundert hinein, wenn er in diesem Dialog zwei Kontrahenten auftreten lässt. Der eine von ihnen ist Proklus, der ein Anhänger des Origenes ist. Der zweite Gegner ist Aglaophon, der eher als platonisch geprägter Christ aufzufassen ist, der die Auferstehung des Leibes leugnet. Jedenfalls verweisen beide Kontrahenten in das ausgehende dritte Jahrhundert, in dem die Auferstehungslehre des Origenes bereits bekannt ist und debattiert wird.

2   Vgl. M. Fiedrowicz, Origenes Contra Celsum (FC 50/1), 10: „Hier (in Caesarea) verfasste Origenes zwischen 245 und 248 eines seiner letzten und ausgereiftesten Werke, die acht Bücher umfassende Schrift ‚Gegen Celsus'.“

730 ERGEBNIS

Menschenkörper wird in diesem Zusammenhang bis zur Teknophagie gesteigert und erfährt auf diese Weise im Hinblick auf die Auseinandersetzung mit der christlichen Auferstehungslehre ihren Höhepunkt.

Eine zeitgleiche Behandlung des Kettennahrungs-Einwands wider die Auferstehungsauffassung der *Simpliciores* ist in dem Kommentar zu Psalm 1,5 von Origenes festzustellen. Dieser positive Umgang mit der sich bereits in der zweiten Stufe befindenden Kettennahrungs-Problematik stellt in der gleichen Zeitphase eine Behandlung desselben Problems zugunsten einer pneumatischen Konzeption der Auferstehungskörperlichkeit dar.[3] Die erste Stufe dieser Problematik, die den Verzehr der Menschen durch Tiere beinhaltet, wird bei apologetischen Autoren wie Tatian, Tertullian und Minucius Felix als Einwand gegen den Auferstehungsglauben behandelt. Erst mit Origenes und Ps-Athenagoras ist eine Steigerung dieser Problematik von der kettenartigen Verspeisung der menschlichen σώματα durch Tiere und anschließend durch Menschen auszumachen. Bei Ps-Athenagoras wird schließlich der direkte Kannibalismus von den Kontrahenten wider die Auferstehung derselben Leiber vorgebracht. Da bis dahin keine Lösungsstrategien für den kettenartigen Verzehr der Menschenkörper entwickelt worden sind, ringen beide Autoren in unterschiedlicher Weise um die ersten Lösungsansätze. Beide Schriftsteller gehen dabei unabhängig voneinander vor – nicht etwa gegeneinander. Es vollzieht sich somit ein zeitgleicher Umgang mit der neuen Herausforderung für die Auferstehungslehre. Aufgrund ihrer unterschiedlichen Verdauungsanschauungen von der Nahrung gelangen beide Verfasser jedoch zu völlig unterschiedlichen Lösungen in Bezug auf die Behandlung der aktuellen Problematik.

Für die zeitgeschichtliche Einordnung der gegnerischen Position in De Res 4,1–4 ergibt sich somit aufgrund dieser entwicklungsspezifischen Steigerung des Einwands eine relative Chronologie: Die Kettennahrungs-Problematik ist

---

3 P. Nautin datiert die Entstehung des Kommentars zu den Psalmen 1–25 in die alexandrinische Wirkungszeit des Origenes 222–225 n. Chr. Er stützt sich dabei auf die Angabe des Euseb in dessen Kirchengeschichte, der die Erklärung zu den ersten 25 Psalmen in die alexandrinsiche Zeit des Origenes verortet. Siehe Euseb, H.E. VI,24,2 (GCS 9,2, 572,1–6 Schwartz): „κατὰ δὲ τὸ ἔνατον τῶν Εἰς τὴν Γένεσιν (δώδεκα δ' ἐστὶν τὰ πάντα) οὐ μόνον τοὺς πρὸ τοῦ ἐνάτου δηλοῖ ἐπὶ τῆς Ἀλεξανδρείας ὑπεμνηματίσθαι, καὶ εἰς τοὺς πρώτους δὲ πέντε καὶ εἴκοσι Ψαλμοὺς ἔτι τε τὰ εἰς τοὺς Θρήνους, ὧν εἰς ἡμᾶς ἐληλύθασιν τόμοι πέντε, ἐν οἷς μέμνηται καὶ τῶν Περὶ ἀναστάσεως· δύο δ' ἐστὶν καὶ ταῦτα." Vgl. P. Nautin, Origène, 262–275.368–371. „Le commentaire des *Psaumes 1 à 25*, dont l' interruption semble avoir été provoquée par la composition des *Stromates*, doit se placer immédiatement avant, dans les mêmes années 222–225." P. Nautin, Origène, 369. In den Anfang dieser Zeitphase ist offenbar auch der Kommentar zu Ps 1,5 zu datieren, der bei Methodius, De Res I,20–24 (GCS 27, 242,2–250,6 Bonwetsch), überliefert ist.

ERGEBNIS 731

mit Tatian in der zweiten Hälfte des 2. Jahrhunderts im Hinblick auf die Auferstehungslehre zum ersten Mal in der apologetischen Literatur greifbar (Datierung der *Oratio*: ca. 165–172 n. Chr.).[4] In Grundzügen liegt dieser Einwand ebenfalls bei Tertullian im Apologeticum und in seinem De Resurrectione und bei Minucius Felix vor. Für die Abfassungszeit des Octavius von Minucius Felix wird in der Regel eine längere Zeitspanne in der ersten Hälfte des 3. Jahrhunderts angenommen.[5] Dessen Abhängigkeit von Tertullians Apologie wird von den meisten Forschern vertreten, so dass die Abfassung des tertullianischen Apologeticums (ca. 197 n. Chr.)[6] den Beginn der Entstehung des Dialogs Octavius markiert. Mit Tertullians Auferstehungsschrift bewegen wir uns im Hinblick auf einen konkreten Entstehungszeitraum auf festerem Boden. Die Abfassung seines De Resurrectione wird in die Jahre 208–212 n. Chr. datiert.[7]

---

4 So zuletzt M. Marcovich, Tatiani oratio ad Graecos (PTS 43), 3. J. Trelenberg, Tatianos, 14 f., schlägt ebenfalls einen längeren Entstehungsprozess für die Abfassung der *Oratio* vor, die nicht „in einem Zug" geschrieben worden sei. Daher lässt er im Anschluss an M. Marcovich die Entstehungsphase „zwischen 165 und 172 n. Chr." gelten.

5 Dieser Dialog wird in die erste Hälfte des dritten Jahrhunderts datiert, nachdem sich die Priorität des Apologeticums (197 n. Chr.) von Tertullian durchgesetzt zu haben scheint. Ausführlicher dazu C. Becker, Der ‚Octavius' des Minucius Felix, 74–97. „Der Zeitraum, der für die Abfassung in Betracht kommt, umfaßt mehrere Jahrzehnte (zwischen 212 und 246/49) und läßt sich schwerlich weiter einengen. Aber mit der Festlegung auf ein bestimmtes Jahr wäre auch nicht viel gewonnen. Wichtiger ist es, dem Dialog seinen Platz in der Entwicklung der frühen lateinischen Apologetik zu geben." C. Becker, Der ‚Octavius' des Minucius Felix, 97. Die neueren Studien zu Octavius des Minucius Felix bestätigen diese Entstehungsphase, ohne weitere nennenswerte Argumente beizubringen, die den Zeitraum noch weiter einengen würden. Vgl. F. Hasenhütl, Die Heidenrede im „Octavius" des Minucius Felix, 37: „Aus dieser Untersuchung ergibt sich nun als sicherer *terminus post quem* das Jahr der Abfassung des ‚*Apologeticum*' nämlich 197. Da Minucius nicht unter dem Eindruck einer blutigen Verfolgungssituation der Christen zu schreiben scheint, wie es sie im ersten Jahrzehnt des 3. Jhd. gegeben hat, ist der ‚Octavius' wohl nach 210 anzusetzen. Als *terminus ante quem* ist Cyprians Schrift ‚*Ad Donatum*' festzustellen, welche um 245 entstand." Dagegen jedoch G. Stölting, ‚Octavius' von Minucius Felix, 4–6. Die Autorin nimmt an, dass der *Octavius* in „das dritte Viertel des 3. Jahrhunderts" zu datieren sei. Ebd., 6.

6 Vgl. J.-C. Fredouille, Tertullien et la conversion de la culture antique, 487 f.; C. Becker, Tertullian Apologeticum, 15 f.; T. Georges, Tertullian ›Apologeticum‹, 30–32, bes. 32: „In jedem Fall zählt das apol. zu den frühen Werken Tertullians. Die Datierung um das Jahr 197 stellt das apol. in das gleiche historische Umfeld wie nat. und mart."

7 Vgl. J.-C. Fredouille, Tertullien et la conversion de la culture antique, 487 f.; F.J. Cardman, Tertullian on the Resurrection, 202–231. P. Siniscalco geht sogar von der Entstehung des tertullianischen Auferstehungstraktats im Jahr 211 bzw. am Anfang von 212 n. Chr. aus. Vgl. P. Siniscalco, Ricerche sul ‚De Resurrectione' di Tertulliano, 40 f.

732   ERGEBNIS

Diese Autoren geben somit das erste Stadium der Kettennahrungs-Problematik ab. Dieses wird von den Gegnern des Ps-Athenagoras aufgegriffen und bis zur direkten Anthropophagie wider den Auferstehungsglauben gesteigert. Auf diese Weise greift die gegnerische Position auf die ersten Ansätze zurück und entwickelt ihren Kettennahrungs-Einwand gegen die leibliche Auferstehung.

Ps-Athenagoras beschäftigt sich mit der seinen Traktat auslösenden Problematik innerhalb dieser Zeitphase. Aufgrund dessen legt sich für die Entstehung seines De Resurrectione mit großer Wahrscheinlichkeit *nicht* das ausgehende zweite Jahrhundert nahe. Vielmehr muss angenommen werden, dass Ps-Athenagoras zeitgleich mit Origenes mit derselben Herausforderung für die Auferstehungslehre konfrontiert wurde und daraufhin seinen Auferstehungstraktat in der ersten Hälfte des 3. Jahrhunderts verfasste.

4 Auferstehung als Verwandlungsgeschehen innerhalb der theologiegeschichtlichen Entwicklung

Des Weiteren ist gegen B. Pouderon zu konstatieren, dass Tertullian mit seinem Auferstehungstraktat keineswegs von De Resurrectione des Ps-Athenagoras abhängig ist.[8] Vielmehr befinden sich beide Schriftsteller hinsichtlich ihrer Auferstehungslehre in derselben Rezeptionsphase des von Paulus vorgegebenen Verwandlungsgeschehens innerhalb der Auferstehung in 1 Kor 15,51f. (ἀλλαγησόμεθα). In die gleiche Phase gehört die Bestimmung der Auferstehung als „ⲟⲩⲙⲉⲧⲁⲃⲟⲗⲏ ⲁⲣⲟⲩⲛ ⲁⲩⲙⲛ̄ⲧⲃ̄ⲣ̄ⲣⲉ/μεταβολὴ εἰς καινότητα" des Rheginosbriefs (Datierung ca. 200 n. Chr.).[9] Vor dessen Entstehen ist eine μεταβολή-Vorstellung der Auferstehung nicht nachweisbar. Irenäus von Lyon kennt keine entsprechende Auferstehungskonzeption, die er in den von ihm bekämpften gnostischen Bewegungen vorgefunden haben könnte.[10]

---

8   So aber B. Pouderon, Athénagore et Tertullien, 220f.

9   Vgl. L.H. Martin, Epistle, 293; M.L. Peel, Introductions, 146; H. Strutwolf, Retractatio gnostica, 52; ders., „Epistula ad Rheginum", 87.

10   D. Wyrwa bestimmt die annähernde Lebenszeit des Irenäus von Lyon „um 135 – um 200". Dessen Werk *Adversus haereses* datiert er in eine über mehrere Jahre andauernde Entstehungsphase zwischen 181 und 189 n. Chr. Vgl. D. Wyrwa, Irenäus von Lyon, 24: „Das epochale antihäretische Hauptwerk, die fünf Bücher umfassende ‚Entlarvung und Widerlegung der fälschlich so genannten Gnosis', meist mit dem lateinischen Kurztitel *Adversus haereses* bezeichnet, ist über eine Reihe von Jahren hin wahrscheinlich zwischen 181 und 189 entstanden, wie die Nennung des amtierenden Bischofs Eleutherus in der römischen Bischofsliste nahelegt."

ERGEBNIS   733

Ps-Athenagoras fasst im Anschluss an 1 Kor 15,51 f. die Auferstehung als μεταβολή πρὸς τὸ κρεῖττον auf und befindet sich auf diese Weise in der theologiegeschichtlichen Entwicklung der Auferstehungslehre, die beim alexandrinischen Theologen Origenes ihren Höhepunkt erreicht. Der Alexandriner
bestimmt ebenfalls den Vorgang der Auferstehung als ein Verwandlungsgeschehen, das innerhalb einer systematisch durchreflektierten Konzeption der
Eschatologie eingestuft wird. In diesem Sinn ist die Auferstehungsauffassung
des Ps-Athenagoras in diese Entwicklungsphase der paulinischen Rezeption
einzuordnen, so dass mit dem Rheginosbrief und Tertullian zwei zeitgenössische Entwürfe des Verständnisses von Auferstehung als μεταβολή bzw. *demutatio* vorliegen. Mit Origenes erreicht die Auferstehungslehre im Hinblick auf
das μεταβολή-Geschehen eine weitaus fortgeschrittenere systematische Durchdringung der Auffassung. Hierbei fasst er ähnlich wie Ps-Athenagoras die Auferstehung als eine μεταβολὴ ἐπὶ τὸ κρεῖττον auf. Im Sinne des stoischen Hylemorphismus kann er den Vorgang der Verwandlung jedoch auch als μεταβολὴ
ἐπὶ τὸ κάλλιον bzw. ἐπὶ τὸ ἐνδοξότερον bezeichnen. In der Auseinandersetzung
mit den ἀδύτατον- und ἀβούλητον-Argumenten des Celsus wider den Auferstehungsglauben insistiert er insbesondere auf das Verständnis der christlichen
Jenseitshoffnung als eine μεταβολὴ ἐπὶ τὸ βέλτιον (C. Cels. v,18), womit er die
materialistische Auffassung der Formel von der ἀνάστασις τῆς σαρκός der *Simpliciores* zu durchdringen und überbieten sucht.

Wie Origenes ist auch Ps-Athenagoras mit den Einwänden des Christengegners konfrontiert, so dass er sich in einer entsprechenden Weise zur Widerlegung der ἀδύτατον- und ἀβούλητον-Einwände des Celsus veranlasst sieht. Diese
Argumente stellen für beide Autoren schwerwiegende Hindernisse für die
Annahme des christlichen Auferstehungsglaubens bei dem gebildeten Publikum in der ersten Hälfte des 3. Jahrhunderts dar. Der Auferstehungsansatz
als ein μεταβολή-Vorgang des Ps-Athenagoras kann innerhalb einer derartigen Entwicklung der Auferstehungslehre plausibel als ein theologiegeschicht-
licher Zeitgenosse der origeneischen Verwandlungskonzeption der Auferstehung eingeordnet werden.

5   Philonische und galenische Gedankengänge im
       Auferstehungstraktat

Mit der Rezeption der philonischen Termini ἀγαλματοφορεῖν und συνδιαιωνίζειν
und der galenischen medizinischen Vorstellungen liegen zusätzliche Indizien
vor, die die Abfassung von De Resurrectione des Ps-Athenagoras nach 200 n.
Chr. nahelegen. Gemäß D.T. Runia beginnt die Zirkulation und Verbreitung der

734   ERGEBNIS

philonischen Schriften innerhalb der christlichen Kreise mit Clemens Alexandrinus, der als erster christlicher Autor namentlich Philo erwähnt und dessen
Auffassungen ausdrücklich verarbeitet.[11] Mit Origenes wird dieser Rezeptionsprozess der philonischen Gedanken weiter fortgesetzt, so dass das philonische
Schrifttum nicht mehr auf die Verbreitung in Alexandrien beschränkt bleibt.
Die Wirksamkeit des Origenes in Caesarea (ca. ab 233 n. Chr.) bezeugt, dass die
Kenntnis von Philos Werken auch außerhalb der ägyptischen Metropole publik
wird.[12] In dieser Zeitphase partizipiert auch Ps-Athenagoras an dem philonischen Gedankengut, das er mit dem für seine Schöpfungstheologie zentralen
Terminus ἀγαλματοφορεῖν für die Ebenbildlichkeit Gottes im Menschen in De
Res 12,6 nutzt. Die Ergebnisse von *D.T. Runia* hinsichtlich der Verfasserschaft
und der Datierung von De Resurrectione des Ps-Athenagoras kulminieren in
einem klaren Fazit: „*De resurrectione* is not his [sc. Athenagoras] and not to be
dated to the second century, but rather to a later period, when the tradition
of Alexandrian theology, decisively influenced by the reception of the Philonic
corpus, spread out from Alexandria to a wider audience in the early Christian
world."[13]

In die gleiche Richtung weist auch die Rezeption des Ps-Athenagoras von
galenischen Theoremen der antiken Medizin in De Res 5–7 hin. Die Verdauung von Nahrung innerhalb eines dreifachen Assimilierungsprozesses und der
Bezug auf einige Lehrsätze der humoral-pathologischen Krankheitsursachen
legen einen Einfluss von Galen auf Ps-Athenagoras nahe. Die Rezeption der
galenischen Theorien konnte außerhalb von Rom erst am Ende des zweiten
Jahrhunderts einsetzen, nachdem der produktive *medicus* in der Regierungs

---

11   In ClemAl, Strom I,31,1; I,72,4; I,153,2; II,100,3 (GCS 52, 20,5; 46,17; 95,16; 168,3 Stählin/Früchtel/Treu). Vgl. D.T. Runia, Why does Clement of Alexandria call Philo ,the Pythagorean'?,
      54–76. Siehe weiter D.T. Runia, Philo in Early Christian Literature, 132–156, insbesondere
      132: „Clement is the first Christian author to make explicit mention of Philo, twice calling
      him a ,Pythagorean' and once referring to one of his works (the *De vita Moysis*)."

12   Vgl. D.T. Runia, Philo and Origen: a Preliminary Survey, 117–125, insbesondere 117: „It can
      be said beyond all reasonable doubt that the preservation of Philo's writings as we have
      them today is due to the intervention of Origen himself. Had he not taken copies of
      Philo's treatises with him when he moved from Alexandria to Caesarea in 233, then these
      would have gone lost, together with the remainder of the Hellenistic-Jewish literature
      of Alexandria. Philo had a place in Origen's library." Runia macht darauf aufmerksam,
      dass Origenes sogar explizit Philo dreimal namentlich erwähnt: C. Cels. IV,51 (Marcovich
      268,10); C. Cels. VI,21 (Marcovich 398,26); CMt XV,3 (GCS 40, 354,30 Klostermann/Benz).
      Siehe weiter D.T. Runia, Philo in Early Christian Literature, 157–183.

13   D.T. Runia, Verba Philonica, 324. Vgl. erneut D.T. Runia, Philo in Early Christian Literature,
      109.

ERGEBNIS   735

zeit unter Marc Aurel seine größte schriftstellerische Tätigkeit entfaltet hatte
(seit seinem zweiten Aufenthalt in Rom 169 bis zum Tod von Marc Aurel im
Jahre 180 n. Chr.).[14]

6 Modifikation der Gerichtsargumentation des 2. Jhds als Indiz für die Datierung

Die Relativierung der Gerichtsargumentation für die Hauptbeweislast des Auferstehungsglaubens (in De Res 14,5 f.) weist ebenfalls in eine theologiegeschichtliche Zeitphase hin, die auf den ersten Reaktionsversuch im Hinblick
auf die paganen Bedenken gegenüber der leiblichen Auferstehung aufbaut. Der
in der apologetischen Literatur des 2. Jahrhunderts vorrangige Begründungszusammenhang für die christliche Jenseitshoffnung mittels des Gerichtsgedan-
kens[15] wird von Ps-Athenagoras fest vorausgesetzt und durch die schöpfungstheologische Perspektive einer Modifikation unterzogen.

Innerhalb der Beweisführung aus dem göttlichen Gericht partizipiert Ps-
Athenagoras an der platonischen Auffassung von der Affektionsfreiheit der
leiblosen Seele. Aufgrund dessen entspricht ein Gericht an einer vom Körper
getrennten Seele nicht der Gerechtigkeit Gottes, da sich die ψυχὴ καθ' ἑαυτήν
völlig leidenschaftslos und unbedürftig vorzustellen ist (vgl. De Res 18,5: ἀπροσπαθὴς γὰρ αὕτη καθ' ἑαυτήν). Daher verlangt die gerechte Vergeltung, dass die
Seele mitsamt ihrem früheren Körper im göttlichen Gericht zu erscheinen hat.
Allein in der Verbindung mit diesem ist die Seele fehlbar, so dass die Auferstehung des σῶμα im Hinblick auf eine gerechte Beurteilung der menschlichen
Lebensweise notwendig ist. Die Vorstellung von der Leidenschaftslosigkeit und
Unbedürftigkeit der Seele entnimmt Ps-Athenagoras aus dem Platonismus seiner Zeit. Da insbesondere Plotin als Zeuge der Affektionsfreiheit der Geistseele
im dritten Jahrhundert hervortritt, erscheint die Partizipation an der zeitgenössischen Philosophie hinsichtlich dieser Seelenauffassung sehr wahrscheinlich.
Angesichts dessen lässt sich diese innerhalb der christlichen Literatur offenbar

---

14   Vgl. J. Ilberg, Ueber die Schriftstellerei des Klaudios Galenos, In: RhM 44. 47. 51. 52 (1889.
     1892. 1896. 1897), 207–239. 489–514. 165–196. 591–623.
15   Vgl. Justin, Apol I,52,3 (PTS 38, 104,8–12 Marcovich); Tatian, Oratio 6,1 (PTS 43, 15,1–6
     Marcovich); Athenagoras, Leg 31,2 und 36,1 (PTS 31, 100,19–101,31; 110,9–12 Marcovich);
     TheophAnt, Ad Aut I,14,4–6 (PTS 44, 35,17–27 Marcovich); Tertullian, Apol 48,12 (Becker
     216,7–13) und De Res 14,8 (Evans 36,26–38,28): „idque iudicium resurrectio expunget, haec
     erit tota causa immo necessitas resurrectionis, congruentissima scilicet deo destinatio
     iudicii."

736 ERGEBNIS

bis dato kaum rezipierte platonische Seelenansicht plausibel in eine philosophiegeschichtliche Entwicklung im dritten Jahrhundert einordnen.

7 Abhängigkeit des Methodius von Ps-Athenagoras als flankierende Beweisführung

Die Rezeption des entscheidenden anthropologischen Terminus συναμφότερον
und der damit eng zusammenhängenden Vorstellung von der Sündenunfähigkeit der Seele bei Ps-Athenagoras[16] durch Methodius von Olympus[17] bestätigen
die in dieser Studie angenommene Entstehungszeit des Auferstehungstraktats.
De Resurrectione des Ps-Athenagoras ist aufgrund des nachgewiesenen Abhän-
gigkeitsverhältnisses *nicht* in das späte vierte Jahrhundert zu datieren.

8 Resümee

Vielmehr kommt die vorliegende Untersuchung unter Berücksichtigung aller
im Vorfeld ausführlich dargelegten Indizien zu dem Ergebnis, dass die Auferstehungsschrift des Ps-Athenagoras in der ersten Hälfte des dritten Jahrhunderts
entstanden ist. Somit konnte der in der bisherigen Forschung beschriebene
Zeitrahmen der Verfassung deutlich eingegrenzt und ein wesentlicher Beitrag
in der patristischen Forschung geleistet werden.

---

16 Ps-Athen, De Res 18,4 (Marcovich 43,28–30): „λέγω δὲ συναμφότερον τὸν ἐκ ψυχῆς καὶ σώματος
ἄνθρωπον, καὶ τὸν τοιοῦτον ἄνθρωπον γίνεσθαι πάντων τῶν πεπραγμένων ὑπόδικον τήν τε ἐπὶ
τούτοις δέχεσθαι τιμὴν ἢ τιμωρίαν."

17 Meth, De Res I,54,3 (GCS 27, 311,7 f. Bonwetsch): „εἰ δὲ παγὶς πάλιν αὐτὸ τὸ σῶμα καὶ πέδαι
νομίζεται καὶ δεσμός, οὐκέτι τὸ συναμφότερον αἴτιον, ἀλλὰ ψυχὴ μόνη·" Meth, De Res I,55,4
(GCS 27, 314,14–17 Bonwetsch): „οὐ γὰρ πρὸ τῆς ἐνσωματώσεως τὸ παράπτωμα, καθάπερ
ἐδείξαμεν ἱκανῶς, οὐδ' αὖ τὸ σῶμα παγὶς τοῦτο, ἀλλὰ μετὰ τὴν εἰς τὸ σῶμα σύμφυσιν τῆς ψυχῆς
γίγνεται τὸ παράπτωμα, ὅτι τὸ συναμφότερον ὁ ἄνθρωπος". Vgl. M. Pohlenz, Auferstehungslehre,
249 f.

Literaturverzeichnis

Abkürzungen nach S.M. Schwertner, Internationales Abkürzungsverzeichnis für Theologie und Grenzgebiete, Berlin/New York ²1992.

I Hilfsmittel

1 *Wörterbücher*

Bauer, W./Aland, B. und K., Griechisch-deutsches *Wörterbuch* zu den Schriften des Neuen Testaments und der frühchristlichen Literatur, 6. völlig neu bearbeitete Auflage im Institut für neutestamentliche Textforschung/Münster unter besonderer Mitwirkung von Viktor Reichmann, Berlin/New York 1988.

Crum, W.E., A Coptic *Dictionary*, Oxford 1962 (Nachdr. der Ausg. 1939).

Dillmann, A., *Lexicon Linguae Aethiopicae.* Cum indice Latino. Adiectum est Vocabularium tigre dialecti septentrionalis, Reprinted [d. Ausg. Leipzig, 1865], New York 1955.

Lampe, G.W.H., A Patristic Greek *Lexicon*, Eighteenth impression, Oxford 2004.

Liddell, H.G./Scott, R., A *Greek-English Lexicon* with a revised supplement 1996, Oxford 1996.

Menge, H., Langenscheidts Großwörterbuch Altgriechisch. Altgriechisch-Deutsch unter Berücksichtigung der Etymologie, Berlin/München/Wien/Zürich/New York ²⁹1997.

Miklosich, Fr. von, *Lexicon* palaeslovenico-graeco-latinum, Wien 1862–1865.

Pape, W., Griechisch-Deutsches Handwörterbuch, Bd. I und II, Braunschweig 1864.

Payne Smith (Margoliouth), J., A compendious Syriac dictionary founded upon the Thesaurus Syriacus of R. Payne Smith, Oxford 1998 (= 1903).

Westendorf, W., *Koptisches Handwörterbuch.* Bearbeitet auf Grund des Koptischen Handworterbuchs von Wilhelm Spiegelberg, Heidelberg 1965.

2 *Andere*

Blass, F./Debrunner, A./Rehkopf, F., Grammatik des neutestamentlichen Griechisch, Göttingen ¹⁸2001 (= BDR).

Döpp, S./Geerlings, W. (Hgg.), Lexikon der antiken christlichen Literatur, Freiburg im Breisgau/Basel/Wien ³2002 (= LACL).

Geerard, M. (Hg.), Clavis Patrum Graecorum, Turnhout 1974 ff. (= CPG).

Thesaurus Linguae Graecae, A Digital Library of Greek Literature, hg. v. der University of California (Zugang über den Server der Westfälischen Wilhelms-Universität Münster). (= TLG).

738 LITERATURVERZEICHNIS

II Quellen

1 *Bibelausgaben*

Biblia Hebraica Stuttgartensia, hg. v. Karl Elliger/Wilchelm Rudolf, Stuttgart [5]1997.

Biblia sacra. iuxta Vulgatam versionem. recensuit et brevi apparatu critico instruxit Robert Weber. 5., verb. Aufl./Editionem quintam emendatum retractatam praeparavit Roger Gryson, Stuttgart 2007.

Nestle – Aland, Novum Testamentum Graece, Begründet von Eberhard und Erwin Nestle. Herausgegeben von Barbara und Kurt Aland, Johannes Karavidopoulos, Carlo M. Martini, Bruce M. Metzger. 28. revidierte Auflage. Herausgegeben vom Institut für Neutestamentliche Textforschung Münster/Westfalen unter der Leitung von Holger Strutwolf, Stuttgart 2012.

Septuaginta, Id est Vetus Testamentum graece iuxta LXX interpretes. Editio altera, hg. v. Alfred Rahlfs/Robert Hanhart, Stuttgart 2006. (= LXX).

2 *Antike und christliche Quellen*

Aëtius
De placitis

Diels, H., Doxographi Graeci collegit recensuit prolegomenis indicibusque instruxit Hermannus Diels, (1. Auflage 1879), 4. Auflage, Berlin 1965 (Nachdruck 1976).

Alkinoos
Didaskalikos

Alkinoos, Didaskalikos. Lehrbuch der Grundsätze Platons. Einleitung, Text, Übersetzung und Anmerkungen von Orrin F. Summerell und Thomas Zimmer (Sammlung wissenschaftlicher Commentare), Berlin/New York 2007.

Alcinoos, Enseignement des doctrines de Platon. Introduction, texte établi et commenté par John Whittaker, et traduit par Pierre Louis (Collection des Universités de France), Paris 1990.

Ambrosius
Hexameron

Schenkl, C., Sancti Ambrosii Opera. Pars prima. Qua continentur libri Exameron, De paradiso, De Cain et Abel, De Noe, De Abraham, De Isaac, De bono mortis (CSEL 32,1), Pragae/Vindobonae/Lipsiae 1897, 1. repr. [d. Ausg.] 1962, 1–261.

De excessu fratris

Faller, O., Sancti Ambrosii Opera. Pars septima. Explanatio Symboli, De sacramentis, De mysteriis, De paenitentia, De excessu fratris, De obitu Valentiniani, De obitu Theodosii (CSEL 73,7), Vindobonae 1955, 207–325.

LITERATURVERZEICHNIS 739

Anastasius Sinaita

Anastasius Sinaita, *Quaestiones et Responsiones*, ediderunt M. Richard et J.A. Munitiz, Corpus Christianorum Series Graeca (CCSG) 59, Turnhout 2006.

Apokryphon Ezechiel

Frg. 1 in Epiph, Pan 64,70,6–17 (GCS 31, 516,2–517,12 Holl). Epiphanius II. Panarion haer. 34–64. Herausgegeben von Karl Holl. 2. Bearbeitete Auflage herausgegeben von Jürgen Dummer (GCS 31), Berlin 1980.

K.-G. Eckart, Apokryphon Ezechiel, In: W. Hage/ders. (Hgg.), Apokalypsen (Jüdische Schriften aus hellenistisch-römischer Zeit), Band V,1, Gütersloh 1974, 45–55.

Apollodor
Bibliotheca

Apollodoros, Götter und Helden der Griechen – griechisch und deutsch. Eingel., hrsg. und übers. von Kai Brodersen (Edition Antike), Darmstadt 2004.

Apostolische Väter

Lindemann, A./Paulsen, H., Die Apostolischen Väter. Griechisch-deutsche Parallelausgabe auf der Grundlage der Ausgaben von Franz Xaver Funk/Karl Bihlmeyer und Molly Whittaker mit Übersetzungen von M. Dibelius und D.-A. Koch, neu übersetzt und herausgegeben, Tübingen 1992.

Apuleius
De Platone

Apulei Planonici Madaurensis, opera quae supersunt Vol. III De philosophia libri, edidit C. Moreschini (Bibliotheca scriptorum Graecorum et Romanorum Teubneriana), Stuttgart 1991.

Arethas (Baanes)
Scholia im Arethas-Codex

Athenagoras Legatio pro Christianis. Edited by Miroslav Marcovich (PTS 31), Berlin/ New York 1990, 114.

Athenagorae qui fertur De Resurrectione Mortuorum edidit M. Marcovich (SVigChr 53), Leiden/Boston/Köln 2000, 51–63.

Harnack, A. v., Die Überlieferung der griechischen Apologeten des zweiten Jahrhunderts in der alten Kirche und im Mittelalter, (TU 1,1/2), Leipzig 1882, 24.33.177.

Aristides Apologeta

Aristide, Apologie. Introduction, textes critiques, traductions et commentaire par B. Pouderon, M.-J. Pierre, B. Outtier, M. Guiorgadzé (SC 470), Paris 2003.

Aristeasbrief

Lettre d'Aristée à Philocrate. Introduction, texte critique, traduction et notes, index complet des mots grecs par A. Pelletier (SC 89), Paris 1962.

Aristoteles
De Anima

Aristotelis De anima libri III, recogn. G. Biehl, ed. tertia curavit O. Apelt (BiTeu), Leipzig 1926.

Metaphysik

Aristotelis Metaphysica, recognovit brevique adnotatione critica instruxit W. Jaeger (SCBO), Oxford 1963[3].

De Caelo

Aristotelis De caelo libri quattuor, recognovit brevique adnotatione critica instruxit D.J. Allan (SCBO), Oxford 1961[3].

Meteorologica

Aristotelis Meteorologicorum libri quattuor, rec. indicem verborum addidit F.H. Fobes (Reprograf. Nachdr. d. Ausg. Cambridge/Mass. 1919), Hildesheim 1967.

Physica

Aristotelis Physica, recogn., brevique adnot. crit. instruxit W.D. Ross (SCBO), Oxford 1957.

Ps-Athanasius

Ps-Athanasius, Quaestiones ad Antiochum ducem: Patrologia Graeca (PG) 28, 597–700 (= Felckmann).

Athenagoras
Legatio

Athenagoras Legatio pro Christianis. Edited by Miroslav Marcovich (PTS 31), Berlin/New York 1990.

Pouderon, B., Supplique au sujet des Chrétiens et sur la résurrection des morts (SC 379), Paris 1992, 70–209.

Schoedel, W.R., Athenagoras, Legatio and De resurrectione (OECT), Oxford 1972.

Schwartz, E., Athenagorae Libellus pro Christianis, Oratio de Resurrectione Cadaverum, (TU 4/2), Leipzig 1891.

LITERATURVERZEICHNIS 741

Ps-Athenagoras
De Resurrectione

Athenagorae qui fertur *De Resurrectione Mortuorum* edidit M. Marcovich (SVigChr 53), Leiden/Boston/Köln 2000.

Pouderon, B., Supplique au sujet des Chrétiens et sur la résurrection des morts (*SC* 379), Paris 1992, 214–317.

Schoedel, W.R., *Athenagoras*, Legatio and De resurrectione (OECT), Oxford 1972.

Schwartz, E., Athenagorae *Libellus* pro Christianis, Oratio de Resurrectione Cadaverum, (TU 4/2), Leipzig 1891.

Attikos

Atticus, Fragments. Texte établi et traduit par Édouard des Places (Collection des Universités de France), Paris 1977.

Augustin
De Civitate Dei

Sancti Aurelii Augustini episcopi, De Civitate Dei libri XXII, recognoverunt Bernardus Dombart et Alfonsus Kalb, Vol. II: Lib. XIV–XXII, Editio quinta, Darmstadt 1981.

Syrische Baruch-Apokalypse

Kmosko, M., Liber Apocalypseos Baruch Filii Neriae, translatus de Graeco in Syriacum, Patrologia Syriaca I,2, Parisiis 1907, 1057–1207.

Gurtner, Daniel M., Second Baruch. A Critical Edition of the Syriac Text: With Greek and Latin Fragments, English Translation, Introduction, and Concordances (Jewish and Christian Texts in Contexts and Related Studies 5), New York/London 2009. Übersetzung von A.F.J. Klijn, Die syrische Baruch-Apokalypse, In: E. Brandenburger/U.B. Müller/ders. (Hgg.), Apokalypsen (Jüdische Schriften aus hellenistisch-römischer Zeit), Band V,2, Gütersloh 1976, 103–184.

Cicero

M. Tulli Ciceronis De natura deorum, Libri III. Edited by A.S. Pease. Cambridge (Mass.): Havard University Press. Bd 1. 1955. Bd. 2. Ebd. 1958.

M. Tulli Ciceronis, Tusculanae disputationes, ed. M. Giusta (Corpus scriptorum Latinorum Paravianum), Turin 1984.

Clemens von Alexandrien
Protrepticus und Paedagogus

Clemens Alexandrinus. Erster Band: Protrepticus und Paedagogus, hg. von O. Stählin, 3. durchg. Auflage von U. Treu (GCS 12), Berlin 1972.

Stromata und *Excerpta ex Theodoto*

Clemens Alexandrinus. Zweiter Band: Stromata Buch I–VI, hg. von O. Stählin, neu hg. von L. Früchtel. 4. Auflage mit Nachträgen von U. Treu (GCS 52 [15]), Berlin 1985.

Clemens Alexandrinus. Dritter Band: Stromata Buch VII und VIII. Excerpta ex Theodoto, Eclogae Propheticae, Quis Dives Salvetur, Fragmente, hg. von O. Stählin, in zweiter Auflage neu hg. von L. Früchtel, zum Druck besorgt von U. Treu (GCS 17), Berlin 1970.

Cyprian
Epistulae 58–81

Sancti Cypriani Episcopi Opera Pars III/2 Sancti Cypriani Episcopi Epistularium (epp. 58–81), ad fidem codicum summa cura selectorum necnon adhibitis editionibus prioribus praecipuis ed. G.F. Diercks (CCSL III C), Turnhout 1996.

Cyrill von Jerusalem

Reischl, W.C./Rupp, J., Cyrilli Hierosolymorum archiepiscopi opera quae supersunt omnia, Vol. I et II (Reprografischer Nachdruck der Ausgabe München 1848–1860), Hildesheim 1967.

Didymus der Blinde

Kommentar zu Hiob (*CIob*): Didymos der Blinde, Kommentar zu Hiob (Tura-Papyrus). Teil III Kommentar zu Hiob Kap. 7,20c–11 in Zusammenarbeit mit dem Ägyptischen Museum zu Kairo herausgegeben, übersetzt, erläutert von U. Hagedorn/D. Hagedorn und L. Koenen (Papyrolgische Texte und Abhandlungen 3), Bonn 1968.

Psalmenkommentar (*CPs*): Didymos der Blinde, Psalmenkommentar (Tura-Papyrus). Teil IV Kommentar zu Psalm 35–39 herausgegeben und übersetzt von M. Gronewald (Papyrologische Texte und Abhandlungen 6), Bonn 1969; Didymos der Blinde, Psalmenkommentar (Tura-Papyrus). Teil V Kommentar zu Psalm 40–44,4 herausgegeben und übersetzt von M. Gronewald (Papyrologische Texte und Abhandlungen 12), Bonn 1970.

Kommentar zum Ecclesiastes (*CEccl*): Didymos der Blinde, Kommentar zum Ecclesiastes (Tura-Papyrus). Teil VI Kommentar zu Eccl. Kap. 11–12 in Zusammenarbeit mit dem Ägyptischen Museum zu Kairo unter Mitwirkung von L. Koenen herausgegeben und übersetzt von G. Binder und L. Liesenborghs (Papyrolgische Texte und Abhandlungen 9), Bonn 1969.

Diogenes Laertius
Vitae philosophorum

Diogenis Laertii Vitae philosophorum, recognovit brevique adnotatione critica instruxit H.S. Long, Tom. I–II (SCBO), Oxford 1964.

LITERATURVERZEICHNIS 743

Elia-Apokalypse

Steindorff, G., Die Apokalypse des Elias. Eine unbekannte Apokalypse und Baruch-stücke der Sophonias-Apokalypse. Koptische Texte, Übersetzung, Glossar (TU 17,3a), Leipzig 1899.

Empedokles

Diels, H., Die Fragmente der Vorsokratiker. Griechisch und deutsch von Hermann Diels, herausgegeben von Walter Kranz. Bd. 1, Zurüch 1993, 276–375.

Epiktet
Dissertationes

Epictetus, The discourses as reported by Arrian, the manual, and fragments. With an English translation by W.A. Oldfather. In two volumes. Vol. I: Discourses, Books I and II (The Loeb classical library), London 1961.

Epicteti Dissertationes ab Arriani digestae. Ad fidem codicis Bodleiani iterum recen-suit H. Schenkl. Accedunt Fragmenta, Enchiridion ex recensione Schweighaeuseri, Gnomologiorum Epicteteorum reliquiae, Indices. Editio maior, adiecta est tabula, editio stereotypa editionis alterius (1916) (BiTeu), Stuttgart 1965.

Epikur

Usener H., Epicurea, (Sammlung wissenschaftlicher Commentarc) Ed. stereotypa ed. 1887, Stuttgart 1966.

Epiphanius
Epiphanius I. Panarion

Ancoratus und Panarion haer. 1–33. Herausgegeben von Karl Holl (GCS 25), Leipzig 1915, 153–464.

Epiphanius II. Panarion

Panarion haer. 34–64. Herausgegeben von Karl Holl. 2. bearbeitete Auflage herausge-geben von Jürgen Dummer (GCS 31), Berlin 1980.

Epistula Apostolorum

Schmidt, C., *Gespräche Jesu* mit seinen Jüngern nach der Auferstehung (TU 43), Leipzig 1919.

Epistula Jacobi apocrypha

Rouleau, D., L'Épître apocryphe de Jacques (NH I,2). (BCNH.T 18.), Québec 1987, 1–161.

Esra-Apokalypse (4 Esra)

Klijn, A.F.J., Die Esra-Apokalypse (IV. Esra). Nach dem lateinischen Text unter Benutzung der anderen Versionen übersetzt und herausgegeben (GCS), Berlin 1992.

Euripides
Fragmenta

Nauck, A., *Tragicorum Graecorum fragmenta*, Leipzig 1889 (repr. Hildesheim 1964).

Medeia

Diggle, J., *Euripidis fabulae*, vol. 1. (SCBO), Oxford 1984, 93–155.

Euseb
Commentarius in Isaiam

Ziegler, J., Eusebius Werke. Neunter Band, Der Jesajakommentar (GCS), Berlin 1975.

Historia Ecclesiastica (H.E.)

Schwartz, E./Mommsen, Th., Eusebius Werke. Zweiter Band: Kirchengeschichte, Erster Teil: Bücher I bis V (GCS 9,1), Leipzig 1903; Zweiter Teil: Bücher VI bis X. Über die Märtyrer in Palästina (GCS 9,2), Leipzig 1908; Dritter Teil: Einleitungen, Übersichten und Register (GCS 9,3), Leipzig 1909.

Praeparatio evangelica

Mras, K., Eusebius Werke. Achter Band: Die Praeparatio evangelica (GCS 43,1.2), Berlin 1954.1956.

Evagrius Ponticus
Kephalaia Gnostica

Guillaumont, A., Les Six Centuries des ‚Képhalaia Gnostica‘ d'Évagre le Pontique (Patrologia Orientalis 28.1), Paris 1958.

Epistula ad Melaniam

Frankenberg, W., Evagrius Ponticus (Abhandlungen der königlichen Gesellschaft der Wissenschaften zu Göttingen. Philologisch-historische Klasse, Neue Folge. Band 13, No. 2), Berlin 1912, 612–619.

Epistula Fidei

Courtonne, Y., Saint Basile. Lettres Tome I. Texte établi et traduit, Paris 1957, 22–37.

Gribomont, J., Ep. 8 in: Forlin Patrucco, M., Basilio di Cesarea. Le lettere. Introduzione, testo criticamente riveduto, traduzione, commento Vol. I (Corona Patrum 11), Torino 1983, 84–112.

LITERATURVERZEICHNIS

Galen

De alimentorum facultatibus

Helmreich, Georg, Galeni De alimentorum facultatibus (CMG V 4,2), Leipzig u. Berlin 1923, 199–386.

De naturalibus facultatibus

Helmreich, Georg, Scripta minora Vol. III, Leipzig 1893.

Brock, A.J., Galen, On the Natural Faculties, with an English Translation, London/Cambridge (Mass.) 1916. (Loeb Class. Libr.) 1963

De simplicium medicamentorum temperamentis et facultatibus libri VII–XI

Kühn, C.G., Claudii Galeni opera omnia. Bd. XII,1, Leipzig 1826, 1–377.

In Hippocratis librum de alimento commentarii IV

Kühn, C.G., Claudii Galeni opera omnia. Bd. XV,3, Leipzig 1826, 224–417.

De sanitate tuenda libri VI

Koch, Konrad, Galeni De sanitate tuenda (CMG V 4,2), Leipzig u. Berlin 1923, 1–198.

De usu partium

Helmreich, Georg, Galeni De usu partium libri XVII. Bd. 1–2. Leipzig 1907–1909 (Nachdr. Amsterdam 1968).

De bonis malisque sucis

Helmreich, Georg, Galeni De bonis malisque sucis (CMG V 4,2), Leipzig u. Berlin 1923, 387–429.

De symptomatum differentiis

Alte Ausgabe: Kühn, C.G., Claudii Galeni opera omnia. Bd. VII,2 (S. 42–84).

Gundert, Beate, Galeni De symptomatum differentiis (CMG V 5,1), Berlin 2009.

In Hippocratis epidemiarum librum sextum commentarii: In Hipp epid VI *coment*

Wenkebach, Ernst, Galeni In Hippocratis Epidemiarum librum VI commentaria III–VI (CMG V 10,2,2), 2. Aufl., Berlin 1956, 124–351.

De plenitudine

Otte, Chr., Galen, „De plenitudine": Kritische Edition, Übersetzung und Erläuterungen. Wiesbaden 2001.

De temperamentis

Helmreich, Georg, Galeni De temperamentis libri III. Leipzig 1904 (Nachdr. Stuttgart 1969).

De elementis

De Lacy, Phillip, Galeni De elementis ex Hippocratis sententia (CMG V 1,2), Berlin 1996.

De semine

De Lacy, Phillip, Galeni De semine (CMG V 3,1), Berlin 1992.

De usu respirationis

Alte Ausgabe: Kühn, C.G., Claudii Galeni opera omnia. Bd. IV,4 (S. 470–511).

Furley, David J./Wilkie, James Sterling, Galen. On Respiration and the Arteries. An Edition with English Translation and Commentary of De usu respirationis, An in arteriis natura sanguis contineatur, De usu pulsuum, and De causis respirationis. Princeton: Princeton University Press 1984.

De difficultate respirationis

Kühn, C.G., Claudii Galeni opera omnia. Bd. VII,15 (S. 753–960).

Institutio logica

Kalbfleisch, Karl, Galeni institutio logica. (Bibliotheca Teubneriana), Leipzig 1896.

In Platonis Timaeum commentarii fragmenta

Schröder, Heinrich Otto, Galeni In Platonis Timaeum commentarii fragmenta (CMG Suppl. I), Leipzig u. Berlin 1934.

In Hippocratis de natura hominis librum commentarii II

Alte Ausgabe: Kühn, C.G., Claudii Galeni opera omnia. Bd. XV,1 (S. 1–173).

Mewaldt, Johannes, Galeni In Hippocratis De natura hominis commentaria III (CMG V 9,1), Leipzig u. Berlin 1914, 1–88.

In Hippocratis Aphorismos commentarii I–V

Kühn, C.G., Claudii Galeni opera omnia. Bd. XVII,B,2 (S. 345–887).

Gregor von Nyssa

De anima et resurrectione (An et Res), Patrologia Graeca (PG) 46, 12–160.

De Opificio Hominis (OpHom), Patrologia Graeca (PG) 44, 124–256.

In sanctum Pascha (In s. Pascha), edidit E. Gebhardt Gregorii Nysseni Opera (GNO), IX, Second impression (first published 1967) Leiden u. a. 1992, 245–270.

LITERATURVERZEICHNIS 747

De mortuis (*De mort*), edidit G. Heil Gregorii Nysseni Opera (GNO), IX, Second impression (first published 1967) Leiden u. a. 1992, 28–68.

De infantibus (*Infant*), ed. curavit H. Hörner Gregorii Nysseni Opera (GNO), III,2, Leiden u. a. 1987, 67–97.

De oratione dominica (*Or dom*), edidit J.F. Callahan Gregorii Nysseni Opera (GNO), VII,2, Leiden u. a. 1992, 5–74.

De beatitudinibus (*Beat*), edidit J.F. Callahan Gregorii Nysseni Opera (GNO), VII,2, Leiden u. a. 1992, 77–170.

De vita Moysis (*VitMoys*), edidit H. Musurillo Gregorii Nysseni Opera (GNO), VII,1, (Photomechnical reprint, first published 1964) Leiden u. a. 1991.

In Canticum canticorum (*CCant*), edidit H. Langerbeck Gregorii Nysseni Opera (GNO), VI, Editio altera (1st edition 1960) Leiden 1986.

De virginitate (*Virg*), edidit J.P. Cavarnos Gregorii Nysseni Opera (GNO), VIII,1, Editio tertia (1st edition 1952) Leiden 1986, 247–343.

Adversus eos qui baptismum differunt (*Bapt*), edidit H. Polack Gregorii Nysseni Opera (GNO), X,2, Leiden u. a. 1996, 357–370.

Oratio catechetica (*Or cat*), edidit E. Mühlenberg Gregorii Nysseni Opera (GNO), III,4, Leiden u. a. 1996.

In luciferam sanctam domini resurrectionem (*Lucif res*), edidit E. Gebhardt Gregorii Nysseni Opera (GNO), IX, Second impression (first published 1967) Leiden u. a. 1992, 315–319.

Oratio funebris in Meletium episcopum (*Melet*), edidit A. Spira Gregorii Nysseni Opera (GNO), IX, Second impression (first published 1967) Leiden u. a. 1992, 441–457.

Äthiopische Henochapokalypse

Äthiopische Übersetzung: Flemming, J./Radermacher, L., Das Buch Henoch (GCS 5), Leipzig 1901.

Herodot

Herodotus, Historiae, edidit H.B. Rosén 2 Bde. (BiTeu), Leipzig 1987/1997.

Hieronymus
De viris illustribus (*Vir. ill.*)

Hieronymus, De viris illustribus, hg. v. E.C. Richardson (TU 14/1), Leipzig 1896.

Epistulae (*Ep*)

Hilberg, I., S. Eusebii Hieronymi Epistulae, Pars III: CXXI–CLIV (CSEL 56/1), 2., erw. Auflage, Wien 1996.

748   LITERATURVERZEICHNIS

Contra Iohannem (*Contra IohH*)

Feiertag, J.-L., S. Hieronymi Presbyteri Opera, Contra Iohannem (CCSL 79A), Turnhout 1999.

Corpus Hippocraticum/Hippokratiker: De natura hominis

Hippocratis *De natura hominis*, édité, traduit et commenté par Jacques Jouanna (CMG I,1,3), Berlin 1975.

Ps-Hippolyt
De Universo (CPG: 1898)

K. Holl, Fragmente vornicänischer Kirchenväter aus den Sacra Parallela (TU 20,2), Leipzig 1899, 137–143.

Homer
Ilias

Homeri, Ilias, edidit Thomas W. Allen, Tomus I–III, Oxford 1931.

Odyssea

Homeri Odyssea, recognovit P. von der Muehll (BiTeu) Ed. stereotypa editionis 3. (1962), Stuttgart 1984.

Homeri Odyssea, recognovit Helmut van Thiel (Bibliotheca Weidmanniana; 1) Hildesheim u. a. 1991.

Iamblich von Chalkis
De Anima (bei Stobaeus I,49,40)

Ioannis Stobaei Anthologium, recensuerunt C. Wachsmuth et O. Hense, Volumen primum. Anthologii librum primum. Editio altera ex editione anni 1884 lucis ope expressa, (Nachdruck der Ausgabe) Berlin 1958.

Ignatius von Antiochien

Ignace d'Antioche. Polycarpe de Smyrne, Lettres. Martyre de Polycarpe. Texte grec, introd., trad. et notes de P.Th. Camelot (SC 10), 4. éd., rev. et corr., Paris 1969, 56–154.

Lindemann, A./Paulsen, H., Die Apostolischen Väter. Griechisch-deutsche Parallelausgabe auf der Grundlage der Ausgaben von Franz Xaver Funk/Karl Bihlmeyer und Molly Whittaker mit Übersetzungen von M. Dibelius und D.-A. Koch, neu übersetzt und herausgegeben, Tübingen 1992, 178–240.

LITERATURVERZEICHNIS

Irenäus
Adversus Haereses V

Roussseau, A./Doutreleau, L./Mercier, C. (Hgg.), Irénée de Lyon, Contre les hérésies. Livre V, Tome I: Introduction, notes justificatives, tables (SC 152) Paris 1969; Tome II: Texte et traduction (SC 153), Paris 1969.

Josephus

Michel, O./Bauernfeind, O. (Hgg.), Flavius Josephus, De Bello Judaico. Der jüdische Krieg, Bd. I–III, Darmstadt 1959, 1963, 1969.

Niese, B. (Hg.), Flavii Iosephi Opera, I–VII, Berlin ²1955.

Justin
Apologie I und II

Iustini Martyris Apologiae pro Christianis. Edited by Miroslav Marcovich (PTS 38), Berlin/New York 1994.

Dialog mit Tryphon

Iustini Martyris Dialogus cum Tryphone. Edited by Miroslav Marcovich (PTS 47), Berlin/New York 1997.

Ps-Justin
De Resurrectione

Heimgartner, M., Pseudojustin – Über die Auferstehung. Text und Studie (PTS 54), Berlin/New York 2001.

D'Anna, A., *Pseudo-Giustino*: Sulla resurrezione. Discorso cristiano del II secolo, Brescia 2001.

Quaestiones graecae ad christianos (CPG: 1088)

Quaestiones graecae ad christianos. De incorporeo, et de Deo, et de Resurrectione mortuorum: PG 6, 1464–1489 (D.P. Maranus).

Otto, I.C.Th., Quaestiones gentiles ad christianos. Corpus Apologetarum christianorum saeculi secundi, Vol. V: Iustinus Philosophus et Martyr (tomi III pars II) Opera Iustini subditicia, Ienae 1881, 326–366.

Apokryphe *dritte* Brief des Paulus an die *Korinther* (*3Kor*)

Schmidt, C., Acta Pauli. Aus der Heidelberger koptischen Papyrushandschrift Nr. 1, Hildesheim 1904 (²1905; repr. 1965).

750   LITERATURVERZEICHNIS

Lucian

Luciani Opera, recognovit brevique adnotatione critica instruxit M.D. Macleod, 4 Bde. (Scriptorum classicorum bibliotheca Oxoniensis), Oxford 1972–1987.

Macrobius
Saturnalia

Ambrosii Theodosii Macrobii Saturnalia, apparatu critico instruxit, In Somnium Scipionis Commentarios, selecta varietate lectionis ornavit I. Willis, 2Bde. (BiTeu), Leipzig u. a. 2013.

Schönberger, O./E., *Tischgespräche am Saturnalienfest*. Ambrosius Theodosius Macrobius. Einl., Übers. und Anm. von Otto und Eva Schönberger, Würzburg 2008.

Makarius Magnes
Apokritikos

Goulet, R., *Macarios de Magnésie*, Le Monogénès. Introduction générale, édition critique, traduction française et commentaire, *Tome I* et *II* (Textes et traditions 7), Paris 2003.

Marc Aurel
Ep. ad Frontem

M. Corneli Frontonis epistulae. Schedis tam editis quam ineditis Edmundi Hauleri usus iterum edidit M.P.J. van den Hout (BiTeu), 1. Auflage, Leipzig 1988.

Ad seipsum

ΜΑΡΚΟΥ ΑΝΤΩΝΙΝΟΥ ΑΥΤΟΚΡΑΤΟΡΟϹ ΤΑ ΕΙϹ ΕΑΥΤΟΝ. The meditations of the emperor Marcus Antoninus. Edited mit Translation and Commentary by A.S.L. Farquharson Volume I: Text and Translation, Volume II: Greek Commentary, Oxford 1968.

Menander

Koerte, A./Thierfelder, A., *Menandri quae supersunt*, Vol. 2, 2nd edn. (BiTeu), Leipzig 1959.

Methodius von Olympus
De Resurrectione

Bonwetsch, N., Methodius (GCS 27), Leipzig 1917, 217–424.

Altslavische Handschrift aus der Russischen Nationalbibliothek St. Petersburg unter der Signatur Q.I. 265 (Anfang des 16. Jahrhunderts). Darin sind auf f. 1^r–215^v diese Schriften des Methodius enthalten: *De Autexusio, De Vita, De Resurrectione I–III, De Cibis, De Lepra, De Sanguisuga*. De Resurrectone ist auf f. 42^v–168^r überliefert. Die Transkription des altslavischen Textes entstammt dieser Handschrift.

LITERATURVERZEICHNIS

Symposium
Bonwetsch, N., Methodius (GCS 27), Leipzig 1917, 1–141.

Minucius Felix, Marcus
Octavius
M. Minuci Felicis Octavius, edidit Bernhard Kytzler (BiTeu), 1. Auflage, Leipzig 1982.

Nemesius von Emesa
Morani, M., Nemesii Emeseni De Natura Hominis (BiTeu), Leipzig 1987.

Origenes
Contra Celsum (C. Cels.)
Origenis Contra Celsum Libri VIII edidit M. Marcovich (SVigChr 54), Leiden/Boston/Köln 2001.

Commentarii in Iohannem (CIoh)
Preuschen, E., Origenes Werke Bd. 4, Der Johanneskommentar, hg. im Auftrage der Kirchenväter-Commission der Königl. Preußischen Akademie der Wissenschaften (GCS 10), Leipzig 1903.

De Principiis (De Princ)
Koetschau, P., Origenes Werke Bd. 5, De Principiis (ΠΕΡΙ ΑΡΧΩΝ), hg. im Auftrage der Kirchenväter-Commission der Königl. Preußischen Akademie der Wissenschaften (GCS 22), Leipzig 1913.

Kommentar zu Ps 1,5a
In: Methodius, De Res 1,20–24, N. Bonwetsch, Methodius (GCS 27), Leipzig 1917, 242–250.

De Oratione (De Orat)
Koetschau, P., Origenes Werke Bd. 2, Buch V–VIII Gegen Celsus. Die Schrift vom Gebet, hg. im Auftrage der Kirchenväter-Commission der Königl. Preußischen Akademie der Wissenschaften (GCS 3), Leipzig 1899, 297–403.

Exhortatio ad Martyrium
Koetschau, P., Origenes Werke Bd. 1, Die Schrift vom Martyrium. Buch I–IV Gegen Celsus., hg. im Auftrage der Kirchenväter-Commission der Königl. Preußischen Akademie der Wissenschaften (GCS 2), Leipzig 1899, 3–47.

752   LITERATURVERZEICHNIS

Stromata (Strom) (CPG 1483)

Liber X (fragmenta), In: Hieronymus, Contra IohH 25 und 26: J.-L. Feiertag, S. Hieronymi
   Presbyteri Opera, Contra Iohannem (CCSL 79A), Turnhout 1999, 40–48.

Commentarii in Matthaeum. Libri X–XVII (CMt)

Klostermann, E./Benz, E., Origenes Werke Bd. 10. Origenes Matthäuserklärung, I. Die
   griechisch erhaltenen Tomoi (GCS 40), Leipzig 1935–1937.

Pamphilius von Caesarea
Apologia Origenis (secundum translationem latinam quam fecit Rufinus)

Röwekamp, G., Pamphilus von Caesarea, Apologia pro Origene (FC 80), Turnhout 2005.

Petrus I. Alexandrinus
De Resurrectione

J.B. Pitra, *Analecta Sacra* Spicilegio Solesmensi parata. *Tom. IV* Patres Antenicaeni,
   Parisiis 1883,189–193.
M. Richard, *Le Florilège du Cod. Vatopédi 236*. Sur le corruptible et l'incorruptible, In: Le
   Muséon 86 (1973), 267–269.

Petrusapokalypse

Grébaut, S., Littérature Éthiopienne Pseudo-Clémentine: texte et traduction du traité
   „La seconde venue du Christ et la résurrection des morts", In: Revue de l'Orient
   Chrétien 15 (1910), 198–214.307–323.425–439.
Kraus, T.J./Nicklas, T., *Das Petrusevangelium und die Petrusapokalypse*. Die griechischen
   Fragmente mit deutscher und englischer Übersetzung (GCS NF 11), Berlin/New York
   2004, 81–130.
Duensing, H., Ein Stück der urchristlichen *Petrusapokalypse* enthaltender Traktat der
   äthiopischen pseudoclementinischen Literatur, In: ZNW 14 (1913), 65–78 (dt. Übers.
   mit philologischen Anmerkungen).
Müller, C.D.G., *Offenbarung des Petrus*, In: W. Schneemelcher (Hg.), Neutestamentliche
   Apokryphen in deutscher Übersetzung. II. Band: Apostolisches, Apokalypsen und
   Verwandtes, 6. Auflage, Tübingen 1997, 562–578.

Philippus von Side

Hansen, G.Chr., Theodoros Anagnostes, Kirchengeschichte (GCS 54), Berlin 1971, 160.

Philippus-Evangelium

Isenberg, W.W./Layton, B., The Gospel according to Philip. Introduction, Critical Edition, Translation, Appendix, In: B. Layton (Hg.), Nag Hammadi Codex II,2–7. Bd. 1:

LITERATURVERZEICHNIS   753

Gospel according to Thomas, Gospel according to Philip, Hypostasis of the Archons, and Indexes (Nag Hammadi Studies 20), Leiden 1989, 129–217.

Philo von Alexandrien

Cohn, L./Wendland, P. (Hgg.), Philonis Alexandrini Opera quae supersunt I–VII/2, Berlin 1962/63.

De opificio mundi (Opif): Opera quae supersunt hrsg. von L. Cohn, Vol I, 1–60.
Legum allegoriae I–III (LegAll): Opera quae supersunt hrsg. von L. Cohn, Vol I, 61–169.
Quod deus sit immutabilis (Imm): Opera quae supersunt hrsg. von P. Wendland, Vol II, 56–94.
De fuga et inventione (De fuga): Opera quae supersunt hrsg. von P. Wendland, Vol III, 110–155.
De Abrahamo (Abr): Opera quae supersunt hrsg. von L. Cohn, Vol IV, 1–60.
De vita Mosis I–II (VitMos): Opera quae supersunt hrsg. von L. Cohn, Vol IV, 119–268.
De Decalogo (Decal): Opera quae supersunt hrsg. von L. Cohn, Vol IV, 269–307.
De specialibus legibus I–IV (SpecLeg): Opera quae supersunt hrsg. von L. Cohn, Vol V, 1–265.
De praemiis et poenis (Praem): Opera quae supersunt hrsg. von L. Cohn, Vol V, 336–365.

Philon von Larissa

Areios Didymos bei Ioannes Stobaios, Eclogae 2,7.

Ioannis Stobaei Anthologium, recensuerunt C. Wachsmuth et O. Hense, Volumen alterum. Anthologii librum alterum. Editio altera ex editione anni 1884 lucis ope expressa, [2. Nachdruck der Ausgabe Dublin/Zürich 1974] 1999, 39–42.

Platon

Platonis Opera, recognovit brevique adnotatione critica instruxit J. Burnet, 5 Bde. (SCBO), Oxford 1900–1907.

Plotin

Plotin, Schriften, Übersetzt von R. Harder. Neubearbeitung mit griechischem Lesetext und Anmerkungen fortgeführt von R. Beutler und W. Theiler, 5 Bände in 12 Büchern (Philosophische Bibliothek Band 211–215.276), Hamburg 1956–1971.

Plotini Opera, ediderunt P. Henry/H.-R. Schwyzer, Tom. I–III, (ML.P 33.34.35), Paris/Bruxelles 1951.1959.1973.

Plutarch von Chaironeia

Plutarchi Moralia, ed. W.R. Paton, J. Wegehaupt, M. Pohlenz, H. Gärtner u.a., 7 Bde. (BiTeu), Leipzig 1925/1970.

Plutarchi Vitae Parallelae, ed. K. Ziegler und W. Wuhrmann, 3 Bde., Leipzig 1954/1965.

Porphyrius
Ad Marcellam
Porphyrius, Πρὸς Μαρκέλλαν. Griechischer Text. Herausgegeben, übersetzt, eingeleitet und erklärt von Walter Pötscher (Philosophia antiqua 15), Leiden 1969.

Sententiae
Lamberz, E., Porphyrii sententiae ad intelligibilia ducentes. (Bibliotheca scriptorum Graecorum et Romanorum Teubneriana), Leipzig 1975.

Prokop von Gaza
Catena in Octateuchum
In Octateuchum sive priores octo Veteris Testamenti libros antiquae lectionis Commentarii: Patrologia Graeca (PG) 87,1, 21–1220.

Rheginosbrief
Malinine, M./Puech, H.-Ch./Quispel, G./Till, W./Wilson, R. McL./Zandee, J. (Hgg.): *De Resurrectione* (Epistula ad Rheginum), Codex Jung F. XXII^r – F. XXV^v (pp. 43–50), Zürich/Stuttgart 1963. *Editio princeps.*

Seneca
Epistulae
L. Annaeus Seneca, Philosophische Schriften. Lateinisch und Deutsch. Herausgegeben von Manfred Rosenbach. Dritter Band: Ad Lucilium epistulae morales I–LXIX, – An Lucilius Briefe über Ethik 1–69. Lateinischer Text von François Préchac. Übersetzt, eingeleitet und mit Anmerkungen versehen von Manfred Rosenbach, Darmstadt 1974.

L. Annaeus Seneca, Philosophische Schriften. Lateinisch und Deutsch. Herausgegeben von Manfred Rosenbach. Vierter Band: Ad Lucilium epistulae morales LXX–CXXIV, [CXXV] – An Lucilius Briefe über Ethik 70–124, [125]. Lateinischer Text von François Préchac. Übersetzt, eingeleitet und mit Anmerkungen versehen von Manfred Rosenbach, Darmstadt 1984.

Sextus Empiricus
Sexti Empirici Opera, Vol. 2: Adversus dogmaticos libri quinque, rec. H. Mutschmann (BiTeu), Leipzig 1914.

Stoicorum Veterum Fragmenta (= SVF).
Arnim, I. ab, Stoicorum Veterum Fragmenta, 4 Bde., Leipzig 1903–1924.

LITERATURVERZEICHNIS

Strabon
Geographica

Radt, St., Strabons Geographika, Bd. 4. Buch XIV–XVII: Text und Übersetzung, Göttingen 2005.

Suda

Suidae Lexicon, 5 Bde., hrsg. von A. Adler (Lexicographi Graeci 1), Leipzig 1928.1931.1933. 1935.1938.

Tatian
Oratio ad Graecos

Tatiani Oratio ad Graecos. Edited by Miroslav Marcovich (PTS 43), Berlin/New York 1995.

Theophilus von Antiochien
Ad Autolycum

Theophili Antiocheni Ad Autolycum. Edited by Miroslav Marcovich (PTS 44), Berlin/New York 1995.

Tertullian
De Resurrectione

Evans, E., *Tertullian's Treatise on the Resurrection*. The text edited with an Introduction, Translation and Commentary, London 1960.

De Carne Christi

Evans, E., Tertullian's Treatise on the Incarnation. The text edited with an Introduction, Translation and Commentary, London 1956.

Adversus Marcionem

Tertullianus, Quintus Septimius Florens, Adversus Marcionem. Edition and Translation by Ernest Evans (Oxford early Christian texts) Bd. 1–2, Oxford 1972.

Apologeticum

Tertullian Apologeticum. Verteidigung des Christentums. Lateinisch und Deutsch. Herausgegeben, übersetzt und erläutert von Carl Becker, 1. Auflage, München 1952.

Ad Martyras

Q.S. Fl. Tertulliani Ad Martyras, Cura et Studio E. Dekkers. Tertulliani Opera Pars I (CCSL 1), Turnhout 1954, 3–8.

De Testimonio animae

Q.S. Fl. Tertulliani De Testimonio animae, Cura et Studio R. Willems. Tertulliani Opera Pars I (CCSL 1), Turnhout 1954, 175–183.

De Monogamia

Q.S. Fl. Tertulliani De Monogamia, Cura et Studio E. Dekkers. Tertulliani Opera Pars II (CCSL 2), Turnhout 1954, 1229–1253.

De Ieiunio

Q.S. Fl. Tertulliani De Ieiunio adversus Psychicos, Cura et Studio A. Reifferscheid/ G. Wissowa. Tertulliani Opera Pars II (CCSL 2), Turnhout 1954, 1257–1277.

De Pallio

Q.S. Fl. Tertulliani De Pallio, Cura et Studio A. Gerlo. Tertulliani Opera Pars II (CCSL 2), Turnhout 1954, 733–750.

Ad Uxorem

Tertullien. A son épouse. Introduction, Texte critique, Traduction et Notes de Charles Munier (SC 273), Paris 1980.

De Cultu Feminarum

Tertullien. La Toilette des Femmes (De cultu feminarum). Introduction, Texte critique, Traduction et Commentaire de Marie Turcan (SC 173), Paris 1971.

De Anima

Q.S. Fl. Tertulliani De Anima, Cura et Studio J.H. Waszink. Tertulliani Opera Pars II (CCSL 2), Turnhout 1954, 781–869.

Ad Nationes

Le premier livre Ad Nationes de Tertullien (introduction, texte, traduction et commentaire par A. Schneider = BHR 9), Neuchâtel 1968.

Ps-Tertullian
Adversus omnes haereses

Ps-Tertullian, Adversus omnes haereses, Cura et Studio Aem. Kroymann. Tertulliani Opera Pars II (CCSL 2), Turnhout 1954, 1401–1410.

Testimonium Veritatis

Pearson, B.A./Giversen, S., NHC IX,3: The Testimony of Truth, In: B.A. Pearson (Hg.), Nag Hammadi Codices IX and X (Nag Hammadi Studies 15), Leiden 1981, 101–203.

LITERATURVERZEICHNIS 757

Theodoret von Cyrus
De Providentia I–X

Beati Theodoreti episcopi Cyri De Providentia orationes decem: Patrologia Graeca (PG) 83, 556–773 (J.L. Schulze).

Quaestiones et Responsiones ad orthodoxos (CPG: 6285 dubium).

Papadopulos-Kerameus, A., „Θεοδωρήτου ἐπισκόπου πόλεως Κύρρου πρὸς τὰς ἐπενεχθείσας αὐτῷ ἐπερωτήσεις παρά τινος τῶν ἐξ Αἰγύπτου ἐπισκόπων ἀποκρίσεις", Ἐν Πετρουπόλει/Petropoli 1895, Fotomechan. Neudr. d. Originalausg. S.-Petersburg, 1895, mit einem Vorwort zur Neuausgabe von Günther Christian Hansen (Subsidia Byzantina 13), Leipzig 1975.

Thucydides
Historiae

Thucydides, Historiae, recogn. brevique adnot. crit. instr. H.S. Jones. Apparatum crit. corr. et auxit J.E. Powell (SCBO), 2 Bde. (Repr.), Oxford 1956/1958.

Vergil
Aeneis

P. Vergilius Maro, Aeneis, Rec. atque apparatu critico instruxit G.B. Conte (BeTeu), Berlin u. a. 2009.

Xenophon
Cyropaedia

E.C. Marchant, *Xenophontis opera omnia*, vol. 4. Oxford: Clarendon Press, 1910 (repr. 1970).

III   Sekundärliteratur

Aland, B., *Christentum, Bildung und römische Oberschicht*. Zum ‚Octavius' des Minucius Felix, In: H.-D. Blume/F. Mann (Hgg.), Platonismus und Christentum. Festschrift für Heinrich Dörrie (JbAC Ergbd. 10), Münster 1983, 11–30.

Alt, K., *Gott, Götter und Seele bei Alkinoos* (Abhandlungen der Geistes- und Sozialwissenschaftlichen Klasse/Akademie der Wissenschaften und der Literatur. Jahrgang 1996 Nr. 3), Stuttgart 1996.

Alt, K., *Diesseits und Jenseits* in Platons Mythen von der Seele (Teil I), Hermes 110 (1982), 278–299; Teil II, Hermes 111 (1983), 15–33.

Alt, K., *Plotin* (Faszination Philosophie: Historische Reihe 9), Bamberg 2005.

Altermath, F., *Du corps psychique au corps spirituel*. Interprétation de 1 Cor. 15, 35–49 par les auteurs chrétiens des quatre premiers siècles (Beiträge zur Geschichte der biblischen Exegese 18), Tübingen 1977.

Andresen, C., Justin und der mittlere Platonismus, In: ZNW 44 (1952/1953), 157–195.

Andresen, C., *Logos und Nomos*. Die Polemik des Kelsos wider das Christentum (Arbeiten zur Kirchengeschichte 30), Berlin 1955.

Apostolopoulos, C., *Phaedo Christianus*. Studien zur Verbindung und Abwägung des Verhältnisses zwischen dem platonischen „Phaidon" und dem Dialog Gregors von Nyssa „Über die Seele und die Auferstehung" (EHS.Ph 188), Frankfurt a. M. 1986.

Arruzza, C., Les mésaventures de la *théodicée*. Plotin, Origène, Grégoire de Nysse (Nutrix 6. Studies in late antique medieval and renaissance thought), Turnhout 2011.

Azéma, Y., Théodoret de Cyr. *Discours sur la Providence*. Traduction avec Introduction et Notes, Paris 1954.

Bardenhewer, O., Geschichte der altkirchlichen Literatur, Bd. 1. Vom Ausgang des apostolischen Zeitalters bis zum Ende des zweiten Jahrhunderts, Darmstadt 1962 (fotomechanischer Nachdruck der zweiten Auflage, Freiburg im Breisgau 1913).

Bardenhewer, O., Geschichte der altkirchlichen Literatur, Bd. 2. Vom Ende des zweiten Jahrhunderts bis zum Beginn des vierten Jahrhunderts, Darmstadt 1962 (fotomechanischer Nachdruck der zweiten Auflage, Freiburg im Breisgau 1914).

Barnard, L.W., *Athenagoras*, A Study in Second Century Christian Apologetic (Théologie Historique 18), Paris 1972.

Barnard, L.W., Notes on Athenagoras, In: Latomus 31 (1972), 413–432.

Barnard, L.W., The Father of Christian Anthropology, In: ZNW 63 (1972), 254–270.

Barnard, L.W., Athenagoras: De Resurrectione. The *Background* and Theology of a Second Century Treatise on the Resurrection, In: Studia Theologica 30 (1976), 1–42.

Barnard, L.W., The *Authenticity* of Athenagoras' De Resurrectione, In: Studia Patristica 15 (1984), 39–49.

Barnes, T.D., Porphyry *Against the Christians*. Date and the attribution of fragments, In: JThS 24 (1973), 424–442.

Bauckham, R., Resurrection as Giving Back the Dead, In: ders., The Fate of the Dead. Studies on the Jewish and Christian Apocalypses (Supplements to Novum Testamentum 93), Leiden 1998, 269–289.

Beatrice, P.F., Art. *Porphyrius*, In: TRE 27 (1997), 54–59.

Becker, C., *Der ‚Octavius' des Minucius Felix*. Heidnische Philosophie und frühchristliche Apologetik (Bayerische Akademie der Wissenschaften. Philos.-Hist. Klasse. Sitzungsberichte 1967/2), München 1967.

Bedke, A., *Anthropologie* als Mosaik. Die Aufnahme antiker Philosophie durch Gregor von Nyssa in seine Schrift De hominis opificio (Orbis antiquus 45), Münster 2012.

Beintker, E./Kahlenberg, W., Werke des Galenos. Bd. 2. Galenos' Gesundheitslehre Buch 4–6, Stuttgart 1941.

LITERATURVERZEICHNIS

Beintker, E./Kahlenberg, W., Werke des Galenos. Bd. 3. Die Kräfte der Nahrungsmittel Buch 1–2, Stuttgart 1948.

Beintker, E./Kahlenberg, W., Werke des Galenos, Bd. 5. Die Kräfte der Physis (Über die natürlichen Kräfte), Stuttgart 1954.

Bellini, E., *Atenagora* e il trattato „Sulla risurrezione dei morti", In: La Scuola cattolica 101 (1973), 511–517.

Benjamins, H.S., *Methodius von Olympus. Über die Auferstehung.* Gegen Origenes und gegen Porphyrius?, In: W.A. Bienert/U. Kühneweg (Hgg.), Origeniana Septima. Origenes in den Auseinandersetzungen des 4. Jahrhunderts (Bibliotheca Ephemeridum Theologicarum Lovaniensium 137), Leuven 1999, 91–98.

Berchman, R.M., *Porphyry against the Christians* (Ancient Mediterranean and Medieval Texts and Contexts: Studies in Platonism, Neoplatonism and the Platonic Tradition 1), Leiden 2005.

Berger, K., Die impliziten Gegner. Zur Methode des Erschließens von ‚Gegnern' in neutestamentlichen Texten, In: D. Lührmann/G. Strecker (Hgg.), Kirche. Festschrift für Günther Bornkamm zum 75. Geburtstag, Tübingen 1980, 373–400.

Bienert, W.A., Zur Entstehung des Antiorigenismus im 3./4. Jahrhundert, In: L. Perrone (Hg.), Origeniana Octava, Origen and the Alexandrian tradition (Bibliotheca Ephemeridum Theologicarum Lovaniensium 164), Leuven 2003, 829–842.

Biermann, M., Art. *Macarius Magnes*, In: LACL, 468–469.

Bietz, W.K., *Paradiesesvorstellungen* bei Ambrosius und seinen Vorgängern (Inaugural-Dissertation zur Erlangung des Doktorgrades der Philosophischen Fakultät der Universität Gießen), Gießen 1973.

Boliek, L.E., The *Resurrection* of the Flesh. A Study of a Confessional Phrase, Amsterdam 1962.

Bonwetsch, N., Die Theologie des Methodius von Olympus (AGWG.PH 7/1), Berlin 1903.

Bostock, D.G., *Quality and Corporeity* in Origen, In: H. Crouzel/A. Quacquarelli (Hgg.), Origeniana Secunda. Second colloque international des études origéniennes (Bari, 20–23 septembre 1977) (Quaderni di „Vetera Christianorum" 15), Rom 1980, 323 337.

Bracht, K., *Vollkommenheit und Vollendung.* Zur Anthropologie des Methodius von Olympus (STAC 2), Tübingen 1999.

Brittain, C., *Philo of Larissa.* The last of the academic sceptics (Oxford classical monographs XII), Oxford 2001.

Bruns, P., Art. *Tatian der Syrer*, In: LACL, 666–667.

Bultmann, R., Der zweite Brief an die Korinther (KEK), Göttingen ²1987.

Bunge, G., *Evagrios Pontikos Briefe aus der Wüste.* Eingeleitet, übersetzt und kommentiert (Sophia Quellen östlicher Theologie 24), Trier 1986.

Burini De Lorenzi, C., „*Contro natura". Atenagora, De resurrectione 8,3,* In: La cultura scientifico-naturalistica nei Padri della Chiesa (I–V sec.). XXXV incontro di studiosi dell'antichità cristiana 4–6 Maggio 2006 (Studia Ephemeridis Augustinianum 101), Roma 2007, 643–653.

Bynum, C.W., The *Resurrection* of the body in Western Christianity, 200–1336 (Lectures on the history of religions; New series 15), New York 1995.

Campenhausen, Hans Freiherr v., Die Entstehung der christlichen Bibel (BHTh 39), Tübingen 1968.

Cardman, F.J., Tertullian on the Resurrection, Yale Univ., Diss., New Haven, Conn., 1974.

Casey, R.P., The *Excerpta* ex Theodoto of Clement of Alexandria. Edited with Translation, Introduction and Notes (Studies and Documents 1), London 1934.

Cavallin, H.C.C., *Life after Death*. Paul's Argument for the Resurrection of the Dead in 1 Cor 15. Part 1: An Enquiry into the Jewish Background (Coniectanea Biblica NT Ser. 7:1), Diss. Uppsala, Lund 1974.

Cavallin, H.C.C., *Leben nach dem Tode im Spätjudentum* und im frühen Christentum, In: ANRW 2, 19/1 (1979), 240–345.

Chadwick, H., Origen, Celsus and the *Resurrection* of the Body, In: HThR 41 (1948), 83–102.

Chaudouard, L., La philosophie du dogme de la résurrection de la chair au IIᵉ siècle. *Étude sur le Περὶ ἀναστάσεως d'Athénagore* (Thèse de doctorat en Théologie présentée à la Faculté Catholique de Lyon), Lyon 1905.

Colpe, C., Einleitung in die Schriften aus Nag Hammadi (Jerusalemer Theologisches Forum 16), Münster 2011.

Conzelmann, H., Der erste Brief an die Korinther (KEK V), 12. Aufl., 2., überarb. u. erg. Aufl. d. Auslegung, Göttingen 1981.

Crouzel, H., Les *critiques* adressées par Méthode et ses contemporains à la doctrine origénienne du corps ressuscité, In: Gregorianum 53 (1972), 679–716.

Crouzel, H., La *doctrine origénienne* du corps ressuscité, In: Bulletin de Littérature Ecclésiastique 81 (1980), 175–200 und 241–266.

Daley, B., Patristische *Eschatologie*, In: ders.,/J. Schreiner/H.E. Lona (Hgg.), Eschatologie in der Schrift und Patristik (Handbuch der Dogmengeschichte, Bd. IV,7a), Freiburg/Basel/Wien 1986, 84–248.

Daniélou, J., *Platonisme* et théologie mystique. Essai sur la doctrine spirituelle de saint Grégoire de Nysse, Paris 1944.

Daniélou, J., *La résurrection des corps* chez Grégoire de Nysse, In: Vigiliae Christianae 7 (1953), 154–170.

Daniélou, J., La chronologie des sermons de saint Grégoire de Nysse, In: Revue des Sciences Religieuses 29 (1955), 346–372.

Daniélou, J., La chronologie des œuvres de Grégoire de Nysse, In: Studia Patristica 7 (1966), 159–169.

Demura, M., *The Resurrection of the Body* and Soul in Origen's Contra Celsum, In: Studia Patristica 18/3 (1989), 385–391.

LITERATURVERZEICHNIS

Dennis, T.J., Gregory on the Resurrection of the Body, In: A. Spira/Ch. Klock (Hgg.), The Easter Sermons of Gregory of Nyssa. Translation and Commentary (Patristic Monograph Series 9), Cambridge-Mass. 1981, 55–80.

Diels, H., Die Fragmente der Vorsokratiker. Griechisch und deutsch von Hermann Diels, herausgegeben von Walter Kranz. Bd. 1, Zurüch 1993.

Diepgen, P., *Geschichte der Medizin*. Die historische Entwicklung der Heilkunde und des ärztlichen Lebens. I. Band: Von den Anfängen der Medizin bis zur Mitte des 18. Jahrhunderts, Berlin 1949.

Dillon, J., *Alcinous*. The Handbook of Platnonism. Translated with an Introduction and Commentary (Clarendon later ancient philosophers), Oxford 1993.

Dölger, Fr.J., Sacramentum infanticidii, In: ders., Antike und Christentum 4, Münster 1934, 188–228.

Dorival, G., Origène et la *résurrection* de la chair, In: L. Lies (Hg.), Origeniana Quarta. Die Referate des 4. Internationalen Origeneskongresses (Innsbruck, 2.–6. September 1985) (Innsbrucker theologische Studien 19), Innsbruck/Wien 1987, 291–321.

Dörrie, H., *Die platonische Theologie des Kelsos* in ihrer Auseinandersetzung mit der christlichen Theologie auf Grund von Origenes c. Celsum 7,42 ff., In: ders., Platonica Minora (Studia et Testimonia Antiqua 8), München 1976, 229–262.

Dörrie, H., Kontroversen um die *Seelenwanderung* im kaiserzeitlichen Platonismus, In: ders., Platonica Minora (Studia et Testimonia Antiqua 8), München 1976, 420–440.

Dörrie, H., *Der Platonismus in der Antike Bd. 1*: Die geschichtlichen Wurzeln des Platonismus. Bausteine 1–35: Text, Übersetzung, Kommentar. Aus dem Nachlaß herausgegeben von Annemarie Dörrie, Stuttgart-Bad Cannstatt 1987.

Dörrie, H./Baltes, M., *Der Platonismus in der Antike, Bd. 3*: Der Platonismus im 2. und 3. Jahrhundert nach Christus. Bausteine 73–100: Text, Übersetzung, Kommentar, Stuttgart-Bad Cannstatt 1993.

Dörrie, H./Baltes, M., *Der Platonismus in der Antike, Bd. 4*: Die philosophische Lehre des Platonismus. Einige grundlegende Axiome/Platonische Physik (im antiken Verständnis). Bausteine 101–124: Text, Übersetzung, Kommentar, Stuttgart-Bad Cannstatt 1996.

Dörrie, H./Baltes, M., *Der Platonismus in der Antike, Bd. 6.1*: Die philosophische Lehre des Platonismus. Von der „Seele" als der Ursache aller sinnvollen Abläufe. Bausteine 151–168: Text, Übersetzung, Kommentar, Stuttgart-Bad Cannstatt 2002.

Dörrie, H./Baltes, M., *Der Platonismus in der Antike, Bd. 6.2*: Die philosophische Lehre des Platonismus. Von der „Seele" als der Ursache aller sinnvollen Abläufe. Bausteine 169–181: Text, Übersetzung, Kommentar, Stuttgart-Bad Cannstatt 2002.

Dörrie, H./Dörries, H., Art., *Erotapokriseis*, In: RAC 6 (1966), 342–370.

Drijvers, J.W., Cyril of Jerusalem: Bishop and City (SVigChr 72), Leiden 2004.

Eberhard, A., Des *Athenagoras* von Athen Apologie und Schrift über die Auferstehung aus dem Griechischen übersetzt von P. Anselm Eberhard (BKV 2/12), Kempten & München 1913, 259–375.

Edwards, M.J., The *Epistle of Rheginus*: Valentinianism in the Fourth Century, In: Novum Testamentum 37 (1995), 76–91.

Edwards, M.J., Origen's Two Resurrections, In: Journal of Theological Studies N.S. 46 (1995), 502–518.

Ehrhard, A., *Rez.* A. Papadopulos-Kerameus, Θεοδωρήτου ἐπισκόπου πόλεως Κύρρου πρὸς τὰς ἐπενεχθείσας αὐτῷ ἐπερωτήσεις παρά τινος τῶν ἐξ Αἰγύπτου ἐπισκόπων ἀποκρίσεις, Ἐν Πετρουπόλει/Petropoli 1895, In: Byzantinische Zeitschrift 7 (1898), 609–611.

Eichinger, M., *Die Verklärung Christi bei Origenes*. Die Bedeutung des Menschen Jesus in seiner Christologie (Wiener Beiträge zur Theologie Band XXIII), Wien 1969.

Elze, M., Tatian und seine Theologie (Forschungen zur Kirchen- und Dogmengeschichte 9), Göttingen 1960.

Evans, E., *Tertullian's Treatise on the Resurrection*. The text edited with an Introduction, Translation and Commentary, London 1960.

Fiedrowicz, M., *Apologie im frühen Christentum*. Die Kontroverse um den christlichen Wahrheitsanspruch in den ersten Jahrhunderten, Paderborn 2000.

Fiedrowicz, M./Barthold, C., *Origenes Contra Celsum*. Eingeleitet und kommentiert von Michael Fiedrowicz. Übersetzt von Claudia Barthold (FC 50/1), Freiburg im Breisgau 2011.

Fleet, B., Plotinus *Ennead* III.6. On the impassivity of the bodiless. transl. and commentary by Barrie Fleet, Oxford 1995.

Foerster, W., *Von Valentin zu Herakleon*. Untersuchungen über die Quellen und die Entwicklung der valentinianischen Gnosis (Beihefte zur Zeitschrift für die neutestamentliche Wissenschaft und die Kunde der älteren Kirche 7), Gießen 1928.

Frede, D., Platons ›Phaidon‹. Der Traum von der Unsterblichkeit der Seele (Werkinterpretationen), Darmstadt 1999.

Fredouille, J.-C., Tertullien et la conversion de la culture antique, Paris 1972.

Funk, F.X., *Pseudo-Justin und Diodor von Tarsus*, In: ders., Kirchengeschichtliche Abhandlungen und Untersuchungen. Dritter Band, Paderborn 1907 (Unveränderter Nachdruck Frankfurt a. M. 1972), 323–350.

Fürst, A., *Christentum als Intellektuellen-Religion*. Die Anfänge des Christentums in Alexandria (SBS 213), Stuttgart 2007.

Gaffron, H.-G., *Eine gnostische Apologie des Auferstehungsglaubens*. Bemerkungen zur „Epistula ad Rheginum", In: G. Bornkamm/K. Rahner (Hgg.), Die Zeit Jesu (Festschrift für Heinrich Schlier), Freiburg im Breisgau 1970, 218–227.

Gahbauer, F.R., Art., *Anastasius Sinaita*, In: LACL, 33–34.

Gallicet, E., Atenagora o Pseudo-Atenagora?, In: Rivista di Filologia 104 (1976), 420–435.

Gallicet, E., Ancora sullo Pseudo-Atenagora, In: Rivista di Filologia 105 (1977), 21–42.

LITERATURVERZEICHNIS   763

Gass, W., Die unter Justins des Märtyrers Schriften befindlichen Fragen an die Rechtgläubigen, In: ZHTh 12 (1842) H. 4, S. 35–154.

Gebhardt, O. v., Zur handschriftlichen Überlieferung der griechischen Apologeten. 1.
Arethascodex, Paris Gr. 451, (TU 1,3), Leipzig 1883, 154–196.

Geffcken, J., Zwei griechische *Apologeten*, (Sammlung wissenschaftlicher Kommentare
zu griechischen und römischen Schriftstellern), Leipzig-Berlin 1907.

Gemeinhardt, P., „Tota paradisi clauis tuus sanguis est". *Die Blutzeugen und ihre Auferstehung* in der frühchristlichen Märtyrerliteratur, In: T. Nicklas/A. Merkt/J. Verheyden (Hgg.), Gelitten – gestorben – auferstanden. Passions- und Ostertraditionen im
antiken Christentum (WUNT R. 2/273), Tübingen 2010, 97–122.

Georges, T., *Tertullian ›Apologeticum‹* (Kommentar zu frühchristlichen Apologeten 11),
Freiburg im Breisgau 2011.

Georges, T., *Retorsio aus theologischer Perspektive*. Gerichtsszene und maiestas in Tertullians Apologeticum, In: F.R. Prostmeier (Hg.), Frühchristentum und Kultur (Kommentar zu frühchristlichen Apologeten; Erg.-Bd. 2), Freiburg im Breisgau 2007, 223–
235.

Görgemanns, H./Karpp, H., *Origenes*. Vier Bücher von den Prinzipien. Texte zur Forschung, Bd. 24, 3. Auflage, Darmstadt 1992.

Görgemanns, H., Platon (Heidelberger Studienhefte zur Altertumswissenschaft), Heidelberg 1994.

Goulet, R., Porphyre et Macaire de Magnésie, In: Studia Patristica 15 (1984), 448–452.

Graeser, A., Probleme der platonischen *Seelenteilungslehre*. Überlegungen zur Frage
der Kontinuität im Denken Platons (Zetemata 47), München 1969.

Grant, R.M., Athenagoras or Pseudo-Athenagoras, In: The Harvard Theological Review
47 (1954), 121–129.

Grant, R.M., The Date of Tatian's Oration, In: The Harvard Theological Review 46 (1953),
99–101.

Grant, R.M., The Resurrection of the Body, In: Journal of Religion 28 (1948), 120–130 und
188–208.

Greshake, G./Kremer, J., *Resurrectio Mortuorum*. Zum theologischen Verständnis der
leiblichen Auferstehung, Darmstadt 1986.

Guillaumont, A., Les ‚Képhalaia Gnostica' d'Évagre le Pontique et l'histoire de l'origé-
nisme chez les grecs et chez les syriens (Patristica Sorbonensia 5), Paris 1962.

Haardt, R., „*Die Abhandlung über die Auferstehung*" des Codex Jung aus der Bibliothek
gnostischer koptischer Schriften von Nag Hammadi: Bemerkungen zu ausgewählten
Motiven, Teil I: Der Text, In: Kairos NF 11 (1969), 1–5; Teil II: Die Interpretation, In:
Kairos NF 12 (1970) 241–269.

Hagedorn, D./Merkelbach, R., Ein neues Fragment aus Porphyrios „Gegen die Christen",
In: Vigiliae Christianae 20 (1966), 86–90.

Hahn, J., *Der Philosoph* und die Gesellschaft. Selbstverständnis, öffentliches Auftreten und populäre Erwartungen in der hohen Kaiserzeit (Heidelberger althistorische Beiträge und epigraphische Studien Band 7), Stuttgart 1989.

Halfwassen, J., *Plotin* und der Neuplatonismus (Beck'sche Reihe 570: Denker), München 2004.

Hällström, G. af, *Carnis Resurrectio*. The Interpretation of a Credal Formula (Commentationes Humanarum Litterarum 86), Helsinki 1988.

Harder, R./Beutler, R./Theiler, W., *Plotins Schriften Bd. 11b*: Die Schriften 22–29 der chronologischen Reihenfolge. Anmerkungen (Philosophische Bibliothek Band 212b), Hamburg 1962, 395–560.

Harig, G., Bestimmung der Intensität im medizinischen System Galens. Ein Beitrag zur theoretischen Pharmakologie, Nosologie und Therapie in der Galenischen Medizin. Schriften zur Geschichte und Kultur der Antike 11 (Hrsg. Akademie der Wissenschaften der DDR, Zentralinstitut für Alte Geschichte und Archäologie), Berlin 1974.

Harnack, A. v., Die Überlieferung der griechischen *Apologeten* des zweiten Jahrhunderts in der alten Kirche und im Mittelalter, (TU 1,1/2), Leipzig 1882, 1–300.

Harnack, A. v., Geschichte der altchristlichen Literatur bis Eusebius, Teil I: Die *Überlieferung und Bestand*, 1. Halbband, Leipzig 1958 (= ebd. 1893).

Harnack, A. v., Geschichte der altchristlichen Literatur bis Eusebius, Teil II: Die *Chronologie Bd. 1*, Die Chronologie der Literatur bis Irenäus nebst einleitenden Untersuchungen, Leipzig 1958 (= ebd. 1897).

Harnack, A. v., Geschichte der altchristlichen Literatur bis Eusebius, Teil II: Die *Chronologie Bd. 2*, Die Chronologie der Literatur von Irenäus bis Eusebius, Leipzig 1958 (= ebd. 1904).

Harnack, A. v., Lehrbuch der Dogmengeschichte, Bd. 1, 5. Auflage, Tübingen 1931.

Harnack, A. v., *Porphyrius, ‚Gegen die Christen‘, 15 Bücher*. Zeugnisse, Fragmente und Referate (APAW.Ph. 1), Berlin 1916.

Harnack, A. v., *Kritik des Neuen Testaments* von einem griechischen Philosophen des 3. Jahrhunderts. Die im Apocriticus des Macarius Magnes enthaltene Streitschrift (TU 37/4), Leipzig 1911.

Harnack, A. v., *Diodor von Tarsus*, Vier pseudojustinische Schriften als Eigentum Diodors nachgewiesen (TU 21,4 = N.F.6, H.4), Leipzig 1901.

Hasenhütl, F., *Die Heidenrede im „Octavius" des Minucius Felix* als Brennpunkt antichristlicher Apologetik. Weltanschauliche und gesellschaftliche Widersprüche zwischen paganer Bildungsoberschicht und Christentum, Wien/Berlin 2008.

Heid, S., *Chiliasmus und Antichrist-Mythos*. Eine frühchristliche Kontroverse um das Heilige Land (Hereditas 6), Bonn 1993.

Heinemann, I., Über die Einzelgesetze I–IV, In: L. Cohn/I. Heinemann/M. Adler/ W. Theiler (Hgg.), Philo von Alexandria, Die Werke in deutscher Übersetzung, Bd. II, Berlin 1962, 3–312.

Hennessey, L.R., A *Philosophical Issue* in Origen's Eschatology: The Three Senses of

LITERATURVERZEICHNIS

Incorporeality, In: R.J. Daly (Hg.), Origeniana Quinta. Historica – Text and Method – Biblica, Philosophica – Theologica, Origenism and Later Developments. Papers of the 5th International Origen Congress Boston College, 14–18 August 1989 (Bibliotheca Ephemeridum Theologicarum Lovaniensium 105), Leuven 1992, 373–380.

Hill, C.E., Hades of Hippolytus or Tartarus of Tertullian? *The Authorship of the Fragment De Universo*, In: Vigiliae Christianae 43 (1989), 105–126.

Hoffmann, M., Der *Dialog* bei den christlichen Schriftstellern der ersten vier Jahrhunderte (TU 96), Berlin 1966.

Holl, K., *Amphilochius* von Ikonium in seinem Verhältnis zu den großen Kappadoziern, Tübingen/Leipzig 1904.

Horn, H.-J., Zur *Konzeption der Evidenz* in der Schrift des Origenes Contra Celsum, In: G.W. Most/H. Petersmann/A.M. Ritter (Hgg.), Philanthropia kai Eusebeia (Festschrift für Albrecht Dihle), Göttingen 1993, 183–198.

Hübner, R.M., Die *Einheit* des Leibes Christi bei Gregor von Nyssa. Untersuchungen zum Ursprung der „physischen" Erlösungslehre (Philosophia patrum 2), Leiden 1974.

Hünemörder, C., Art., *Plutarchos*, In: DNP 9, 1159–1175.

Hyldahl, N., *Philosophie und Christentum*. Eine Interpretation der Einleitung zum Dialog Justins (AThD IX), Kopenhagen 1966.

Ilberg, J., Ueber die Schriftstellerei des Klaudios Galenos, In: RhM (Rheinisches Museum) 44 (1889), 207–239; RhM 47 (1892), 489–514; RhM 51 (1896), 165–196; RhM 52 (1897), 591–623.

Ivánka, E. v., Hellenisches und Christliches im frühbyzantinischen *Geistesleben*, Wien 1948.

Jacobsen, A.-C.L., *Origen on the Human Body*, In: L. Perrone (Hg.), Origeniana Octava. Origen and the Alexandrian Tradition. Papers of the 8th International Origen Congress Pisa, 27–31 August 2001 (Bibliotheca Ephemeridum Theologicarum Lovaniensium 164), Leuven 2003, 649–656.

Jülicher, Ad., *Rez.* A. v. Harnack, Diodor von Tarsus, Vier pseudojustinische Schriften als Eigentum Diodors nachgewiesen (TU 21,4 = N.F.6, H.4), Leipzig 1901, In: ThLZ 27 (1902), 79–86.

Karpp, H., Probleme altchristlicher *Anthropologie*. Biblische Anthropologie und philosophische Psychologie bei den Kirchenvätern des dritten Jahrhunderts, (Beiträge zur Förderung christlicher Theologie 44. Band – 3. Heft), Gütersloh 1950.

Karrer, M./Kraus, W. (Hgg.), Septuaginta Deutsch, Erläuterungen und Kommentare zum griechischen Alten Testament, Bd. 1: Genesis bis Makkabäer, Stuttgart 2011.

Kees, R.J., Die Lehre von der *Oikonomia Gottes* in der Oratio catechetica Gregors von Nyssa (SVigChr 30), Leiden 1995.

Kettler, F.H., *Der ursprüngliche Sinn* der Dogmatik des Origenes (BZNW 31), Berlin 1966.

Kierdorf, W., Art., *Bestattung D. Italien und Rom*, In: DNP 2, 590–592.

Kinzig, W., War der Neuplatoniker Porphyrios ursprünglich Christ?, In: M. Baumbach/ H. Köhler/A.M. Ritter (Hgg.), Mousopolos Stephanos (FS H. Görgemanns), Heidelberg 1998, 320–332.

Klauck, H.-J., *Die Himmelfahrt des Paulus* (*2 Kor 12,2–4*) in der koptischen Paulusapokalypse aus Nag Hammadi (NHC V/2), In: ders., Gemeinde – Amt – Sakrament. Neutestamentliche Perspektiven, Würzburg 1989, 391–429.

Köckert, C., Gott, Welt, Zeit und Ewigkeit bei Origenes, In: R.G. Kratz/H. Spieckermann (Hgg.), Zeit und Ewigkeit als Raum göttlichen Handelns. Religionsgeschichtliche, theologische und philosophische Perspektiven (BZAW 390) Berlin/New York 2009, 253–297.

Konstantinovsky, J.S., *Evagrius Ponticus*. The Making of an Gnostic (Ashgate new critical thinking in religion, theology and biblical studies), Farnham, Surrey/Burlington 2009.

Koschorke, K., Die *Polemik* der Gnostiker gegen das kirchliche Christentum. Unter besonderer Berücksichtigung der Nag-Hammadi-Traktate „Apokalypse des Petrus" (NHC VII,3) und „Testimonium Veritatis" (NHC IX,3) (Nag Hammadi Studies 12), Leiden 1978.

Koschorke, K., Der gnostische Traktat „Testimonium Veritatis" aus dem Nag-Hammadi-Codex IX, In: ZNW 69 (1978), 91–117.

Kovačić, F., Der Begriff der Physis bei *Galen* vor dem Hintergrund seiner Vorgänger (Philosophie der Antike 12), Stuttgart 2001.

Kraus, T.J./Nicklas, T., *Das Petrusevangelium und die Petrusapokalypse*. Die griechischen Fragmente mit deutscher und englischer Übersetzung (GCS NF 11), Berlin 2004.

Krause, M., Die Abhandlung über die Auferstehung, In: ders./K., Rudolph/W. Foerster (Hgg.), *Die Gnosis II*: Koptische und mandäische Quellen, Zürich/Stuttgart 1971, 85–91.163.

Kretschmar, G., *Auferstehung des Fleisches*. Zur Frühgeschichte einer theologischen Lehrformel, In: Leben angesichts des Todes. Beiträge zum theologischen Problem des Todes (Helmut Thielicke zum 60. Geburtstag), Tübingen 1968, 101–137.

Lampe, P., *Die stadtrömischen Christen* in den ersten beiden Jahrhunderten. Untersuchungen zur Sozialgeschichte (WUNT 2.R. 18), Tübingen ²1989.

Layton, B., The Gnostic *Treatise* on Resurrection from Nag Hammadi. Edited with Translation and Commentary (Harvard Dissertations in Religion 12), Missoula 1979.

Layton, B., *Vision* and Revision: A Gnostic View of the Resurrection, In: B. Barc (Hg.), Colloque international sur les textes de Nag Hammadi (Québec, 22–25 août 1978) (Bibliothèque copte de Nag Hammadi, Section „études" 1), Québec 1981, 190–217.

Layton, R.A., *Didymus the Blind* and His Circle in Late-Antique Alexandria. Virtue and Narrative in Biblical Scholarship, Urbana and Chicago 2004.

Le Boulluec, A., De la croissance selon les Stoïciens à la *résurrection selon Origène*, In: Revue des Études Grecques 88 (1975), 143–155.

LITERATURVERZEICHNIS

Le Boulluec, A., *Corporéité ou individualité?* La condition finale des ressuscités selon Grégoire de Nysse, In: Augustinianum 35 (1995), 307–326.

Lebon, J., Restitutions à Théodoret de Cyr, In: RHE 26 (1930), 523–550.

Lehmann, J., Die *Auferstehungslehre* des Athenagoras, Diss. Leipzig 1890.

Lehtipuu, O., „Flesh and Blood Cannot Inherit the Kingdom of God:" *The Transformation of the Flesh* in the Early Christian Debates Concerning Resurrection, In: T.K. Seim/J. Økland (Hgg.), Metamorphoses. Resurrection, Body and Transformative Practices in Early Christianity (Ekstasis 1), Berlin/New York 2009, 147–168.

Löhr, H., Studien zum frühchristlichen und frühjüdischen Gebet. Untersuchungen zu 1Clem 59 bis 61 in seinem literarischen, historischen und theologischen Kontext (WUNT 160), Tübingen 2003.

Lona, H.E., *Ps. Justins „De Resurrectione"* und die altchristliche Auferstehungsapologetik, In: Salesianum 51 (1989), 691–768.

Lona, H.E., *Bemerkungen* zu Athenagoras und Ps.-Athenagoras, In: Vigiliae Christianae 42 (1988), 352–363.

Lona, H.E., Die dem Apologeten *Athenagoras* zugeschriebene Schrift ‚De Rusurrectione Mortuorum' und die altchristliche Auferstehungsapologetik, In: Salesianum 52 (1990), 525–578.

Lona, H.E., Über die *Auferstehung* des Fleisches. Studien zur frühchristlichen Eschatologie (BZNW 66), Berlin 1993.

Lona, H.E., *Rez.* Martin Heimgartner, Pseudojustin – Über die Auferstehung. Text und Studie. PTS 54, Berlin/New York 2001, In: ZAC 8 (2004), 162–165.

Lona, H.E., Die „Wahre Lehre" des *Kelsos* (Kommentar zu frühchristlichen Apologeten; Erg.-Bd. 1), Freiburg im Breisgau 2005.

Lucks, H.A., *The Philosophy of Athenagoras*: Its Sources and Value (Dissertation), Washington D.C., 1936.

Ludlow, M., *Universal Salvation.* Eschatology in the Thought of Gregory of Nyssa and Karl Rahner (Oxford Theological Monographs), Oxford 2000.

Lundhaug, H., „These are the Symbols and Likenesses of the Resurrection". *Conceptualizations of Death* and Transformation in the Treatise on the Resurrection (NHC 1,4), In: T.K. Seim/J. Økland (Hgg.), Metamorphoses. Resurrection, Body and Transformative Practices in Early Christianity (Ekstasis 1), Berlin/New York 2009, 187–205.

Luz, U., Das Evangelium nach Matthäus. 1. Teilband: Mt 1–7 (EKK I/1), 2., durchges. Aufl., Zürich [u. a.] 1989.

Mansfeld, J., *Resurrection added*: The Interpretatio christiana of a Stoic Doctrine, In: Vigiliae Christianae 37 (1983), 218–233.

Maraval, P., Art., *Chronology of Works*, In: L.F. Mateo-Seco/G. Maspero (Hgg.), The Brill Dictionary of Gregory of Nyssa. Translated by Seth Cherney (SVigChr 99), Leiden 2010, 153–169.

Marcovich, M., Athenagoras *De Resurrectione 3.2*, In: Journal of Theological Studies N.S. 29 (1978), 146–147.

Marcovich, M., *On the Text* of Athenagoras, De Resurrectione, In: Vigiliae Christianae 33 (1979), 375–382.

Markschies, Chr., *Valentinus Gnosticus?* Untersuchungen zur valentinianischen Gnosis mit einem Kommentar zu den Fragmenten Valentins (WUNT 65), Tübingen 1992.

Markschies, Chr., *Lehrer*, Schüler, Schule: Zur Bedeutung einer Institution für das antike Christentum, In: U. Egelhaff-Gaiser/A. Schäfer (Hgg.), Religiöse Vereine in der römischen Antike. Untersuchungen zu Organisation, Ritual und Raumordnung (STAC 13), Tübingen 2002, 97–120.

Markschies, Chr., Kaiserzeitliche christliche Theologie und ihre *Institutionen*. Prolegomena zu einer Geschichte der antiken christlichen Theologie, Tübingen 2007.

Markschies, Chr., *Valentinianische Gnosis* in Alexandrien und Ägypten, In: ders., Origenes und sein Erbe. Gesammelte Studien (TU 160), Berlin/New York 2007, 155–171.

Markschies, Chr., *Origenes*. Leben – Werk – Theologie – Wirkung, In: ders., Origenes und sein Erbe. Gesammelte Studien (TU 160), Berlin/New York 2007, 1–13.

Martin, L.H., The *Epistle* to Rheginos. Translation, Commentary, and Analysis, Diss., Claremont 1971.

Martin, L.H., *The anti-philosophical Polemic* and Gnostic Soteriology in The Treatise on the Resurrection (CG I,3), In: Numen 20 (1973), 20–37.

Martin, L.H., The Treatise on the Resurrection (CG I,3) and *Diatribe Style*, In: Vigiliae Christianae 27 (1973), 277–280.

Mateo-Seco, L.F., Art., *Resurrection*, In: ders./G. Maspero (Hgg.), The Brill Dictionary of Gregory of Nyssa. Translated by Seth Cherney (SVigChr 99), Leiden 2010, 668–671.

May, G., Die Chronologie des Lebens und der Werke Gregors von Nyssa, In: M. Harl (Hg.), Écriture et culture philosophique dans la pensée de Grégoire de Nysse, Leiden 1971, 51–66.

May, G., *Schöpfung aus dem Nichts*. Die Entstehung der Lehre von der Creatio ex Nihilo (Arbeiten zur Kirchengeschichte 48), Berlin 1978.

May, G., Kelsos und Origenes über die ewigen Strafen, In: M. Baumbach/H. Köhler/ A.M. Ritter (Hgg.), Mousopolos Stephanos (FS H. Görgemanns), Heidelberg 1998, 346–351.

Mees, M., *Paulus, Origenes und Methodius* über die Auferstehung der Toten, In: Augustinianum 26 (1986), 103–113.

Meissner, H.M., *Rhetorik und Theologie*. Der Dialog Gregors von Nyssa De anima et resurrectione (Patrologia 1), Frankfurt a. M. 1991.

Mejzner, M., L'Eschatologia di Metodio di Olimpo (Studia Ephemeridis Augustinianum 124), Roma 2011.

Ménard, J.É., Le *Traité* sur la résurrection (NH I,4). Texte établi et présenté (Bibliothèque copte de Nag Hammadi: Sect. Textes 12), Québec 1983.

Merki, H., Ὁμοίωσις θεῷ. Von der platonischen Angleichung an Gott zur Gottähnlichkeit bei Gregor von Nyssa (Paradosis 7), Freiburg in der Schweiz 1952.

LITERATURVERZEICHNIS

Merklein, H./Gielen, M., Der erste Brief an die Korinther. Kapitel 11,2–16,24 (ÖTKNT 7/3), Gütersloh 2005.

Mesk, J., Galens Schriften über Nutzen und Schaden der Nahrungsmittel, In: Wiener Studien 52 (1934), 57–66.

Metzger, B.M., *A textual commentary* on the Greek New Testament. A companion volume to the United Bible Societies' Greek New Testament (fourth revised edition). 2. ed., 7. print., Stuttgart 2006.

Monaci Castagno, A., *Origene e Ambrogio*. L'indipendenza dell'intellettuale e le pretese del patronato, In: L. Perrone (Hg.), Origeniana Octava. Origen and the Alexandrian tradition (Bibliotheca Ephemeridum Theologicarum Lovaniensium 164), Leuven 2003, 165–193.

Nautin, P., *Origène*. Sa vie et son œuvre (Christianisme Antique 1), Paris 1977.

Neymeyr, U., Die christlichen *Lehrer* im zweiten Jahrhundert. Ihre Lehrtätigkeit, ihr Selbstverständnis und ihre Geschichte (SVigChr 4), Leiden 1989.

Nutton, V., Galen in the Eyes of his Contemporaries, In: Bull. hist. med. 58 (1984), 315–324.

Nutton, V., Art., *Erasistratos*, In: DNP 4 (1998), 41–43.

Nutton, V., Ancient Medicine (Series of antiquity), London and New York, 2004.

Oesterle, H.J., Probleme der *Anthropologie* bei Gregor von Nyssa. Zur Interpretation seiner Schrift ‚De hominis opificio', In: Hermes 113 (1985), 101–114.

Orton, R.M., *Garments of Light*, Tunics of Skin and the Body of Christ: St Gregory of Nyssa's Doctrine of the Body (Unpublished PhD thesis, King's College London), University of London 2009.

Orton, R.M., *Reassembly, Purification or Restoration*: The Resurrection of the Body in St Gregory of Nyssa, In: A. Brent/M. Vinzent (Hgg.), Studia Patristica Vol. LII (Including Papers presented at the British Patristic Conference Durham, September 2010), Leuven/Paris/Walpole 2012, 185–195.

Overbeck, W., *Menschwerdung*. Eine Untersuchung zur literarischen und theologischen Einheit des fünften Buches ‚Adversus Haereses' des Irenäus von Lyon (Basler und Berner Studien zur historischen und systematischen Theologie 61), Bern 1995.

Patterson, L.G., *Methodius of Olympus*. Divine Sovereignity, Human Freedom and Life in Christ, Washington D.C. 1997.

Patterson, L.G., Who are the Opponents in Methodius' *De Resurrectione?*, In: StPatr 19 (1989), 221–229.

Peel, M.L., The *Epistle* to Rheginos. A Valentinian Letter on the Resurrection – Introduction, Translation, Analysis and Exposition (The New Testament Library), Philadelphia/London 1969.

Peel, M.L., *Gnosis und Auferstehung*. Der Brief an Rheginus von Nag-Hammadi. Mit einem Anhang: Der koptische Text des Briefes an Rheginus (W.-P. Funk, trans.; Verbesserte Auflage), Neukirchen-Vluyn 1974.

Peel, M.L., The Treatise on the Resurrection, In: H.W. Attridge (Hg.), Nag Hammadi Codex I (The Jung Codex) *Introductions*, Texts, Translations, Indices (Nag Hammadi Studies 22), Leiden *1985*, 123–157.

Peel, M.L., The *Treatise* on the Resurrection, In: H.W. Attridge (Hg.), Nag Hammadi Codex I (The Jung Codex), Notes (Nag Hammadi Studies 23), Leiden 1985, 137–215.

Peglau, M., Die „*Presbeia*" des Athenagoras im Spannungsfeld zwischen ἀρχαία φιλοσοφία und καινὴ διδαχή. Eine Untersuchung zum apologetischen Spektrum im späten zweiten Jahrhundert, Dresden 1999.

Pichler, K., *Streit um das Christentum*. Der Angriff des Kelsos und die Antwort des Origenes (RSTh 23), Frankfurt a. M./Bern 1980.

Pilhofer, P., Art. *Athenagoras*, In: LACL, 76–77.

Pochoshajew, I., Die *Seele* bei Plato, Plotin, Porphyr und Gregor von Nyssa. Erörterung des Verhältnisses von Platonismus und Christentum am Gegenstand der menschlichen Seele bei Gregor von Nyssa (Patrologia Beiträge zum Studium der Kirchenväter Band XII), Frankfurt am Main 2004.

Pohlenz, M., Die *Stoa*. Geschichte einer geistigen Bewegung Bd. *I*, 7. Auflage, Göttingen 1992, Bd. *II*: Erläuterungen, 6, Auflage: Zitatkorrekturen, bibliographische Nachträge (bis 1979) und ein Stellenregister von Horst-Theodor Johann, Göttingen 1990.

Pohlenz, M., Die griechische Philosophie im Dienste der christlichen *Auferstehungslehre*, In: ZWTh 47 (1904), 241–250.

Pépin, J., *Théologie cosmique et théologie chrétienne*. Ambroise, Exam. I 1, 1–4 (Bibliothèque de philosophie contemporaine: Histoire de la philosophie et philosophie générale), Paris 1964.

Phillips, E.D., *Greek Medicine* (Aspects of Greek and Roman Life), London/Southampton 1973.

Pouderon, B., *L'Authenticité* du Traité sur la Résurrection attribué à l'Apologiste Athénagore, In: Vigiliae Christianae 40 (1986), 226–244.

Pouderon, B., *Athénagore d'Athènes*, philosophe chrétien (Théologie Historique 82), Paris 1989.

Pouderon, B., *La chair et le sang*. Encore sur l'authénticité du traité d'Athénagore, In: Vigiliae Christianae 44 (1990), 1–5.

Pouderon, B., *Apologetica*. Encore sur l'authenticité du ‚De Resurrectione' d'Athénagore, In: Revue des sciences religieuses 67 (*1993*), 23–40; 68 (*1994*), 19–38; 69 (*1995*), 194–201; 70 (*1996*), 224–239.

Pouderon, B., Le „De resurrectione" d'Athénagore face à *la gnose valentinienne*, In: Recherches Augustiniennes 28 (1995), 145–183.

Pouderon, B., L'argument de *la „chaîne alimentaire"* dans le De resurrectione, In: ders., D'Athènes à Alexandrie. Études sur Athénagore et les origines de la philosophie chrétienne (Bibliothèque copte de Nag Hammadi: Section „études" 4), Québec 1998, 229–251.

LITERATURVERZEICHNIS   771

Pouderon, B., *Le contexte polémique* du De Resurrectione attribué à Justin: destinataires et adversaires, In: StPatr 31 (1997), 143–166.

Pouderon, B., *Athénagore et Tertullien* sur la résurrection, In: ders., D'Athènes à Alexandrie. Études sur Athénagore et les origines de la philosophie chrétienne (Bibliothèque copte de Nag Hammadi: Section „études" 4), Québec 1998, 197–228.

Pouderon, B., Les apologistes grecs du IIe siècle (Initiations aux Pères de l'Église), Paris 2005.

Prigent, P., *Justin* et l'Ancien Testament. L'argumentation scripturaire du traité de Justin contre toutes les hérésies comme source principale du Dialogue avec Tryphon et de la première Apologie (Études bibliques), Paris 1964.

Puech, A., *Recherches sur le Discours aux Grecs de Tatien* suivies d'une trad. franç. du discours avec notes (Univ. de Paris. Bibliothèque de la Faculté des lettres 17), Paris 1903.

Puech, H.-Ch./Quispel, G., Les écrits gnostiques du Codex Jung, In: Vigiliae Christianae 8 (1954), 1–51.

Puiggali, J., *La démonologie de Celse* penseur médio-platonicien, In: Études classiques 55 (1987), 17–40.

Quensell, K., Die wahre kirchliche Stellung und Tätigkeit des fälschlich so genannten Bischofs *Methodius* von Olympus (maschinenschriftl. Diss.), Heidelberg 1952.

Quispel, G., Note sur „De Resurrectione", In: Vigiliae Christianae 22 (1968), 14–15.

Radt, St., Strabons Geographika, Bd. 8. Buch XIV–XVII: Kommentar, Göttingen 2009.

Ramelli, I.L.E., The Christian Doctrine of *Apokatastasis*. A Critical Assessment from the New Testament to Eriugena (SVigChr 120), Leiden/Boston 2013.

Ramelli, I.L.E., ,*Preexistence of Souls*'? The ἀρχή and τέλος of Rational Creatures in Origen and Some Origenians, In: M. Vinzent (Hg.), Studia Patristica Vol. LVI. Volume 4: Rediscovering Origen (Papers presented at the Sixteenth International Conference on Patristic Studies held in Oxford 2011), Leuven/Paris/Walpole 2013, 167–226.

Rankin, D., *Athenagoras*. Philosopher and Theologian, Farnham Surrey/Burlington 2009.

Rauch, J.L., Greek Logic and Philosophy, and the Problem of Authorship in *Athenagoras*, Diss. Chicago 1968.

Reemts, Chr., *Vernunftgemäßer Glaube*. Die Begründung des Christentums in der Schrift des Origenes gegen Celsus (Hereditas 13), Bonn 1998.

Richter, L., Philosophisches in der Gottes- und Logoslehre des Apologeten *Athenagoras* aus Athen. Dissertationsschrift, Meissen 1905.

Riedweg, Chr., *Porphyrios über Christus und die Christen*: Die philosophia ex oraculis haurienda und Adversus Christianos im Vergleich, In: A. Wlosok (Hg.), L'apologétique chrétienne gréco-latine à l'époque prénicénienne sept exposés suivis de discussions (Entretiens sur l'antiquité classique 51), Genève 2005, 151–198.

Rohde, E., Psyche I und II, Seelencult und Unsterblichkeitsglaube der Griechen, Leipzig/Tübingen $^{9/10}$1925.

Roukema, R., La résurrection des morts dans *l'interprétation origénienne de 1 Corinthiens 15*, In: La résurrection chez les Pères (Cahiers de Biblia Patristica 7), Strasbourg 2003, 161–177.

Roukema, R., Origen's Interpretation of 1 Corinthians 15, In: T. Nicklas/A. Merkt/J. Verheyden (Hgg.), Gelitten – gestorben – auferstanden. Passions- und Ostertraditionen im antiken Christentum (WUNT R. 2/273), Tübingen 2010, 329–342.

Röwekamp, G., Art., *Cyrill von Jerusalem*, In: LACL, 178–180.

Röwekamp, G., Cyrill von Jerusalem, Mystagogische Katechesen (FC 7), Freiburg im Breisgau 1992.

Runia, D.T., God and Man in Philo of Alexandria, In: Journal of Theological Studies 39 (1988), 48–75.

Runia, D.T., *Verba Philonica*. Ἀγαλματοφορεῖν and the Authenticity of the De resurrectione attributed to Athenagoras, In: Vigiliae Christianae 46 (1992), 313–327.

Runia, D.T., Philo in Early Christian Literature. A Survey (CRI III/3), Assen/Minneapolis 1993.

Runia, D.T., Why does Clement of Alexandria call Philo ‚the Pythagorean'?, In: ders., Philo and the Church Fathers. A Collection of Papers (SVigChr 32), Leiden 1995, 54–76.

Runia, D.T., Philo and Origen: a Preliminary Survey, In: ders., Philo and the Church Fathers. A Collection of Papers (SVigChr 32), Leiden 1995, 117–125.

Schäfke, W., Frühchristlicher Widerstand, In: ANRW II 23/1, hg. W. Haase, Berlin-New York 1979, 461–723.

Schenke, H.-M., *Rez.*, Malinine, M./Puech, H.-Ch./Quispel, G./Till, W./Wilson, R. McL./Zandee, J. (Hgg.): *De Resurrectione* (Epistula ad Rheginum), Codex Jung F. XXII^r – F. XXV^v (pp. 43–50), Zürich/Stuttgart 1963, In: OLZ 60 (1965), 471–477.

Schenke, H.-M., *Die Gnosis*, In: J. Leipoldt/W. Grundmann (Hgg.), Umwelt des Urchristentums Bd. II. Texte zum neutestamentlichen Zeitalter, 8. Auflage, Leipzig 1991, 350–418.

Schenke, H.-M., „Der Brief an Rheginus" (NHC I,4) (Die Abhandlung über die Auferstehung), In: ders.,/H.-G. Bethge/U.U. Kaiser (Hgg.), Nag Hammadi Deutsch. 1. Band: NHC I,1–V,1 (GCS NF 8), Berlin/New York 2001, 45–52.

Scheurer, G., Das *Auferstehungs-Dogma* in der vornicänischen Zeit, Diss. Würzburg 1896.

Schlange-Schönigen, H., *Die römische Gesellschaft bei Galen*. Biographie und Sozialgeschichte (Untersuchungen zur antiken Literatur und Geschichte 65), Berlin/New York 2003.

Schneider, K., Studien zur Entfaltung der altkirchlichen *Theologie der Auferstehung* (Hereditas 14), Bonn 1999.

Scholten, C., Die alexandrinische Katechetenschule, JbAC 38 (1995), 16–37.

Schrage, W., Der erste Brief an die Korinther (EKK VII/4). 1 Kor 15,1–16,24, Zürich 2001.

LITERATURVERZEICHNIS 773

Schröder, E., Plotins Abhandlung *ΠΟΘΕΝ ΤΑ ΚΑΚΑ* (*Enn. 1,8*) (Inaugural-Dissertation zur Erlangung der Doktorwürde der Hohen Philosophischen Fakultät der Universität Rostock), Borna-Leipzig 1916.

Schubring, F., *Die Philosophie des Athenagoras* (Wissenschaftliche Beilage zum Programm des Köllnischen Gymnasiums), Berlin 1882.

Schulte, J., *Theodoret von Cyrus als Apologet*. Ein Beitrag zur Geschichte der Apologetik (Theologische Studien der Leo-Gesellschaft 10), Wien 1904.

Sellin, G., Der *Streit* um die Auferstehung der Toten. Eine religionsgeschichtliche und exegetische Untersuchung von 1 Korinther 15 (FRLANT 138), Göttingen 1986.

Setzer, C., *Resurrection of the Body* in Early Judaism and Early Christianity. Doctrine, Community, and Self-Definition, Boston 2004.

Setzer, C., Resurrection of the Body in Early Judaism and Early Christianity. In: T. Nicklas/F.V. Reiterer/J. Verheyden (Hgg.), The Human Body in Death and Resurrection (Deuterocanonical and Cognate Literature. Yearbook 2009), Berlin/New York 2009, 1–12.

Sider, R., *Structure* and Design in the „De Resurrectione Mortuorum" of Tertullian, In: Vigiliae Christianae 23 (1969), 177–196.

Simonetti, M., *Alcune osservazioni* sull'interpretazione origeniana di Genesi 2,7 e 3,2, In: Aevum 36 (1962), 370–381.

Siniscalco, P., Ricerche sul ‚De Resurrectione' di Tertulliano (Verba seniorum, N.S. 6), Roma 1966.

Spanneut, M., Le stoïcisme des Pères de l'Eglise de Clément de Rome à Clément d'Alexandrie, Paris 1957.

Staats, R., Auferstehung: Alte Kirche, in: TRE 4 (1979), 467–477.

Stemberger, G., *Der Leib der Auferstehung*. Studien zur Anthropologie und Eschatologie des palästinischen Judentums im neutestamentlichen Zeitalter (ca. 170 v. Chr. – 100 n. Chr.) (Analecta Biblica 56), Rom 1972.

Stölting, G., Probleme der Interpretation des ‚Octavius' *von Minucius Felix*, Frankfurt a. M. 2006.

Strutwolf, H., Die Auferstehungslehre in der „*Epistula ad Rheginum*" und die Eschatologie des Johannesevangeliums (unveröffentlichte Magisterschrift im Fach Neues Testament der Theologischen Fakultät der Ruprecht-Karl-Universität Heidelberg), Heidelberg 1987.

Strutwolf, H., *Gnosis als System*. Zur Rezeption der valentinianischen Gnosis bei Origenes (Forschungen zur Kirchen- und Dogmengeschichte 56), Göttingen 1993.

Strutwolf, H., *Retractatio gnostica*. Die Reinterpretation gnostischer Schultradition im Dialog mit der Grosskirche, In: A. Franz/Th. Rentsch (Hgg.), Gnosis oder die Frage nach Herkunft und Ziel des Menschen, Paderborn/München/Wien/Zürich 2002, 41–64.

Strutwolf, H., *Theologische Gnosis* bei Clemens Alexandrinus und Origenes, In: Chr.

Markschies/J. van Oort (Hgg.), Zugänge zur Gnosis. Akten zur Tagung der Patristischen Arbeitsgemeinschaft vom 02.–05.01.2011 in Berlin-Spandau (Studien der Patristischen Arbeitsgemeinschaft 12), Leuven 2013, 91–112.

Swanson, R.J., New Testament Greek Manuscripts, *1 Corinthians*. Variant readings arranged in horizontal lines against Codex Vaticanus, Wheaton, Illinois/Pasadena, California 2003.

Swanson, R.J., New Testament Greek Manuscripts, *2 Corinthians*. Variant readings arranged in horizontal lines against Codex Vaticanus, Carol Stream, Illinois/Pasadena, California 2005.

Tobon, M., *Raising Body and Soul* to the Order of the Nous: Anthropology and Contemplation in Evagrius, In: M. Vinzent/M. Tobon (Hgg.), Evagrius Ponticus on Contemplation (Papers presented at the Sixteenth International Conference on Patristic Studies/5. Studia Patristica Vol. LVII), Leuven/Paris/Walpole 2013, 51–74.

Torrance, T.F., Phusikos Kai Theologikos *Logos*. St Paul and Athenagoras at Athens, In: Scottish Journal of Theology 41 (1988), 11–26.

Trelenberg, J., *Tatianos* Oratio ad Graecos Rede an die Griechen (Beiträge zur historischen Theologie 165), Tübingen 2012.

Ulrich, J., *Selbstbehauptung* und Inkulturation in feindlicher Umwelt: Von den Apologeten bis zur „Konstantinischen Wende". I. Theologische Entwicklungen, In: D. Zeller (Hg.), Christentum I. Von den Anfängen bis zur Konstantinischen Wende (Die Religionen der Menschheit 28), Stuttgart 2002, 223–300.

Unnik, W.C. van, The Newly Discovered Gnostic ‚*Epistle to Rheginos*‘ on the Resurrection, In: JEH 15 (1964), 141–152; 153–167.

Uthemann, K.-H., *Protologie und Eschatologie*. Zur Rezeption des Origenes im 4. Jahrhundert vor dem Ausbruch der ersten Origenistischen Kontroverse, In: W.A. Bienert/U. Kühneweg (Hgg.), Origeniana Septima. Origenes in den Auseinandersetzungen des 4. Jahrhunderts (Bibliotheca Ephemeridum Theologicarum Lovaniensium 137), Leuven 1999, 399–458.

Vaillant, A., Le „De autexusio" de Méthode d'Olympe. Version slave et texte grec édités et traduits en français, (*PO 22,5*), Paris 1930 (Turnhout ²1974).

Vermander, J.-M., Celse et l'attribution à Athénagore d'un ouvrage sur la *résurrection* des morts, In: Mélanges de Science Religieuse 35 (1978), 125–134.

Vinzent, M., ‚*Ich bin kein körperloses Geistwesen*‘. Zum Verhältnis von κήρυγμα Πέτρου, ‚Doctrina Petri‘, διδασκαλία Πέτρου und IgnSm 3, In: R.M. Hübner, Der Paradox Eine. Antignostischer Monarchianismus im zweiten Jahrhundert. Mit einem Beitrag von Markus Vinzent (SVigChr 50), Leiden/Boston/Köln 1999, 241–286.

Vinzent, M., *Christ's Resurrection in Early Christianity*: and the Making of the New Testament, Farnham Surrey 2011.

Vitores, A., *Identidad* entre el cuerpo muerto y resucitado en Origenes segun el „De Resurrectione" de Metodio de Olimpo (SBF Analecta 18), Jerusalem 1981.

LITERATURVERZEICHNIS

Vivian, T., *St. Peter of Alexandria*. Bishop and Martyr (Studies in Antiquity and Christianity), Philadelphia 1988.

Vogt, H.J., Origenes, Der Kommentar zum Evangelium nach Mattäus. Eingeleitet, übersetzt und mit Anmerkungen versehen von Hermann J. Vogt. Zweiter Teil (BGL 30), Stuttgart 1990.

Vogt, H.J., Der Häretikervorwurf des Hieronymus an Theodoret und Origenes, In: ders., Origenes als Exeget. Hrsg. von Wilhelm Geerlings, Paderborn 1999, 265–276.

Völker, W., *Gregor von Nyssa* als Mystiker, Wiesbaden 1955.

Volp, U., *Die Würde des Menschen*. Ein Beitrag zur Anthropologie in der Alten Kirche (SVigChr 81), Leiden 2006.

Volz, P., Die *Eschatologie* der jüdischen Gemeinde im neutestamentlichen Zeitalter nach den Quellen der rabbinischen, apokalyptischen und apokryphen Literatur. Zweite Auflage des Werkes „Jüdische Eschatologie von Daniel bis Akiba", Tübingen 1934.

Voss, B.R., Der *Dialog* in der frühchristlichen Literatur (STA 9), München 1970.

Walzer, R., Galen on Jews and Christians (Oxford Classical & Philosophical Monographs), London 1949.

Wellmann, M., Art., *Erasistratos*, In: Paulys Real-Encyclopädie der classischen Altertumswissenschaft (RE) Bd. VI,1 (1907), 333–350.

Whealey, A., *Hippolytus' Lost De Universo* and De Resurrectione: Some New Hypotheses, In: Vigiliae Christianae 50 (1996), 244–256.

Whealey, A., Pseudo-Justin's *De Resurrectione*: Athenagoras or Hippolytus?, In: Vigiliae Christianae 60 (2006), 420–430.

Winden, J.C.M. van, The Origin of Falsehood, In: Vigiliae Christianae 30 (1976), 303–306.

Winden, J.C.M. van, *In defence of the Resurrection* (In Sanctum Pascha p. 253,19–270,7), In: A. Spira/Ch. Klock (Hgg.), The Easter Sermons of Gregory of Nyssa. Translation and Commentary (Patristic Monograph Series 9), Cambridge-Mass. 1981, 101–121.

Wöhrle, G., Studien zur Theorie der antiken Gesundheitslehre (Hermes: Einzelschriften 56), Stuttgart 1990.

Wolff, Chr., Der zweite Brief des Paulus an die Korinther (ThHK 8), 1. Auflage, Berlin 1989.

Wucherpfennig, A., *Heracleon Philologus*. Gnostische Johannesexegese im zweiten Jahrhundert (WUNT 142), Tübingen 2002.

Wyrwa, D., *Die christliche Platonaneignung* in den Stromateis des Clemens von Alexandrien (Arbeiten zur Kirchengeschichte 53), Berlin 1983.

Wyrwa, D., *Religiöses Lernen* im zweiten Jahrhundert und die Anfänge der alexandrinischen Katechetenschule, In: B. Ego/H. Merkel, (Hgg.), Religiöses Lernen in der biblischen, frühjüdischen und frühchristlichen Überlieferung (WUNT 180), Tübingen 2005, 271–305.

Wyrwa, D., Irenäus von Lyon, In: G.M. Hoff/U.H.J. Körtner (Hgg.), Arbeitsbuch Theologiegeschichte. Diskurse, Akteure, Wissensformen. Band 1: 2. bis 15. Jahrhundert, Stuttgart 2012, 23–44.

Zachhuber, J., *Human Nature* in Gregory of Nyssa. Philosophical Background and Theological Significance (SVigChr 46), Leiden/Boston/Köln 2000.

Zahn, Th., Studien zu Justinus Martyr, In: ZKG VIII (1886), 1–84.

Zandee, J., De Opstanding in de brief aan *Rheginos* en in het Evangelie van Philippus, In: Nederlands theologisch tijdschrift 16 (1962), 361–377.

Zeegers-Vander Vorst, N., *La Paternité* athénagorienne du De Resurrectione, In: Revue d'histoire ecclésiastique 87 (1992), 333–374.

Zeegers-Vander Vorst, N., *Adversaires et destinataires* du De resurrecione attribué à Athénagore d'Athènes, In: Salesianum 57 (1995), 75–122; 199–250; 415–442; 611–656.

Zemp, P., Die *Grundlagen* heilsgeschichtlichen Denkens bei Gregor von Nyssa (Münchener theologische Studien II. Systematische Abteilung 38. Band), München 1970.

Zintzen, C., Art., *Geister* (*Dämonen*), RAC 9 (1976), 640–668.

Quellenregister

1.1 Altes Testament

Genesis

1–3	402, 431
1	398, 401, 427–428
1,3	288
1,26–27	174, 425–430
1,26	399, 426, 431–432
1,27	174, 426–427
2	398, 401–402, 427
2,2	607
2,7	402, 426, 437, 595–596
2,8	723
3	402
3,19	313–314, 593
3,21	325, 327, 595, 715
18	552
18,4–8	552
18,27	593
19	552

Exodus

4,6–7	545
20,12	96, 110, 671–673
20,14	96, 110, 671–673, 679
20,17	679
34,30	545

Deuteronomium

25,5–10	581–582
26,15	266

1. Samuelbuch

10,6	546

Jesaja

22,13	16, 628
34,4	265

66,1	266

Ezechiel

37,1–6	242
37,1	279
37,6	603
37,7	221

Amos

5,8	591

Psalmen

1,5	229–230, 240, 580, 730
3,6	447
22,4	447
66,10–12	709, 714–715, 721
66,12	721
81,6	525
95,4	314
117,27	332

Proverbien

7	713

Hiob

3,19	612

Daniel

12,2	49, 612

2. Makkabäerbuch

14,35	414

Sapientia Salomonis

2,1–3	713

1.2 Neues Testament

Matthäus

5,28	676
8,12	242
10,28	242

11,25	266
13,24–30	62
13,36–43	62
17,1–9	520, 545

QUELLENREGISTER

Matthäus (*cont.*)

17,2	520
17,8	521
17,20	259–260
19,26	151, 569
21,18–22	260
21,21	260
22,30	123, 548
22,23–33	581
24,35	266, 276, 566
25,41	591
25,46	591

Markus

9,2–10	520, 545
9,2–3	520
9,8	521
10,27	569
11,23	260
12,25	123, 548

Lukas

9,28–36	520, 545
9,29	520
9,31	520
9,33	521
18,27	110, 151, 569
20,27–39	485, 532–533, 555
20,35–36	123, 534, 548
20,36	532–534
20,37	533
20,38	533
24,18	585
24,31	585
24,36–40	602
24,37	522
24,39	585

Johannes

1,1	566
1,13	585
2,19	511
3,27	266
5,28–29	49, 612
11,11	447
11,25	495
14,2	329
20,26	585
20,27	585

21,4	585

Apostelgeschichte

3,15	302
7,55–60	545
10,41	585
24,15	49, 612

Römerbrief

1,16	87
5,12	473
6,4	495
8,11	242–244
8,21	424
8,29	606

1. Korintherbrief

2,13–3,5	510–511
7,31	264
12,12–30	667
15	16, 576, 726
15,19	315
15,20	447
15,24–27	596
15,26	329
15,28	596
15,32	16, 626, 628
15,35–56	600
15,35–38	563
15,35	217, 243–244
15,36–44	565
15,36–38	304
15,36–37	565
15,38	565
15,37	564
15,40	600
15,40–41	577
15,42–44	576, 584, 600
15,42–43	565, 589
15,42	567
15,43	612
15,44	241, 526, 528, 550, 565, 577, 589, 593, 602, 604, 714
15,45–48	303
15,47	593
15,50	241–242, 247, 600, 725–726
15,51–54	485, 525, 532–533

QUELLENREGISTER

15,51–53	537, 621
15,51–52	442, 444, 485, 525–527, 531, 534, 536–542, 546, 555, 557, 561, 599–603, 607, 621, 732–733
15,51	442, 447, 528, 537
15,52–53	531–532
15,52	315–316, 525, 528, 532, 537–538, 542, 587
15,53–54	500, 534, 550, 579, 594, 599
15,53	16, 96, 110, 442–443, 455, 512, 524–525, 532, 538–539, 621
15,54	524, 527
15,55–56	595

2. Korintherbrief

3,7	545
5,1–4	578
5,1	578
5,2–3	535
5,4	512, 527, 538–540, 578
5,10	16, 49, 96, 110, 550, 612, 621–622, 641
11,14	546
12,2–4	722
12,2	722
12,3–4	722
12,3	722
12,4	722

Galaterbrief

3,28	678

Philipperbrief

1,21	502
1,23	502
2,12	502
3,20–21	546, 600
3,21	546, 582–583, 586, 601, 606

Kolosserbrief

1,18	303
3,4	244
3,10	322

1. Thessalonicherbrief

4,15–17	263, 273, 536
4,13–18	443, 447
4,17	322–324

2. Timotheusbrief

2,18	677

Hebräerbrief

11,11	452

1. Petrusbrief

1,9	87
3,15	26

Johannes-Apokalypse

1,5	303
20,13	49, 221, 612

1.3   Apostolische Väter

1. Clemensbrief

26,2	447
52,1	414–415

2. Clemensbrief

9,1	49, 610

Barnabasbrief

21,1	49, 610

Diognetbrief

3,4	414–415
10,2	704

Ignatius von Antiochien
Ad Eph

19,3	495, 500

Ad Magn

9,1	500

QUELLENREGISTER

Ad Smyrn

2	512, 725
3,2	522
12,2	509

Polycarp von Smyrna
EpPhil

2,1–2	49, 610
7,1	49, 610

1.4   Antike Autoren

Aëtius
De placitis

1,9,5	145

Alkinoos
Didaskalikos

1,2	61
2,1	704
2,2	704
2,3	704–705
4,7	32
6,3	75
8,2–3	574
8,2	145
10,3	414
17	647
17,3	357
17,4	653, 670
23–24	647
23,1–2	670
24	671
24,1	670
24,2	670
24,3	670–671
24,4	671
25,1	636
28,3	704
29	668
29,1	669
29,3	669
32	653
32,1	653
32,2	653–654

Ambrosius
De excessu fratris/De Fid Res

II,58/58	104

Hexameron

6,71	355–356

Anastasius Sinaita
Quaest. et. Resp.

22	307–309

Apokryphon Ezechiel

Frg. 1	618

Apollodor
Bibliotheca

3,5,2	203

Apuleius
Plat

12 p. 205	140

Arethas
Scholia   17, 22–26, 29, 62, 380–
                 381, 442, 707

Aristeasbrief

211	414

Aristides Apologeta

I,4	415

Aristoteles
De Anima

429a15–16	691

De Caelo

1,3,270b	577
268b27–269a32	588
269b18–270b31	588

Metaphysik Λ

1069b,35–1070a,4	443

Meteorologica

1,3,339b	577

Physica Δ

2 (209b11–13)	145

QUELLENREGISTER

Ps-Athanasius
Quaest. ad Antiochum ducem

114	307–309

Athenagoras
Legatio

1,1	57
1,2	57
2,5	58
3,1	44
4–30	35
4,1	57
6,2	49–50, 57
6,3	168
10,1	58
12,1–2	627
12,1	30
12,2	16
12,3	627
13,1	58
13,2	415
13,3	58
15,1	31
17,1	58
18,2–3	58
19,1	31
21	37
21,1–2	19, 37
21,2	58
21,3	37
23,1	58
24	25, 707
24,2	38
24,3	38
25,2	38, 55
25,3	55
26,1	52, 55, 413
27	38, 51, 53
27,1	38, 51
27,2	33, 51–52, 55, 117, 413
31–36	35
31–34	35
31,1	35
31,2	12, 19, 35–37, 39, 41, 56, 96, 610, 735
31,4	627
33	459
33,2	19
34,2	19, 43, 57

35–36	35
35	30, 41
35,1	30, 41, 43–44
35,2	41
36–37	11
36	12, 21–22, 30, 41–42
36,1	42, 46–47, 50, 96, 610, 735
36,2	11, 17, 22, 30–34, 40–41, 60, 627
37,1	16–17, 25, 34, 707

Ps-Athenagoras
De Resurrectione

1,1–2	4, 61–64, 76, 78, 107
1,1	57, 59, 61–62, 117, 120
1,2	57, 62–65, 76–77, 181, 195, 197
1,3–5	68
1,3–4	64–67, 78, 89
1,3	57, 64–65, 72–73, 77, 80
1,4	57, 59, 65–66, 68, 72, 74–75, 78, 89, 98, 184, 697
1,5	40, 63, 78–82, 93, 131, 231
2,1–11,6	66, 76
2–10	177
2,1–3	79, 134
2,1	79–80, 83
2,2	40, 80, 83, 117–118, 120–121, 134, 231
2,3–11,2	5, 125, 130
2,3	6, 41, 106, 118, 120–121, 129–130, 135, 143, 154, 157, 177–178, 198, 271
2,4–11,2	113, 155, 178, 195
2,4–9,2	69, 113, 125, 154–155
2,4–3,2	143, 193, 394, 434
2,4–6	143, 193
2,4	57
2,5	129, 143, 146, 178
2,6	144
3–9	112
3,1–2	144, 193
3,1	40, 143–144, 271, 298–299, 459, 569
3,2–3	57
3,2	144–147, 298–299, 442, 457–458, 621, 623

QUELLENREGISTER

De Resurrectione (*cont.*)

3,3–8,5	101, 113, 133, 394, 570
3,3–8,4	5, 114, 121
3,3–4,4	7, 178, 193, 205–206, 383
3,3–4,3	129
3,3	104, 108, 114, 181, 193–195, 205, 434
4–8	40, 42, 178
4	226
4,1–4	197–198, 205, 225–226, 270, 334, 336, 393, 729–730
4,1–2	198, 201, 205–206, 221, 233, 268, 288
4,1	198–199, 205–206, 268, 270
4,2	193, 199, 203, 206, 233–234, 270–271
4,3	198–201, 203, 205
4,4	41, 44–46, 197–198, 200–201, 203–206, 234, 271, 301, 383–384
5–8	7, 205, 227, 247, 335, 336–337, 341
5–7	103, 111–112, 204, 247, 250, 337, 339, 344, 382, 387–389, 459, 734
5–6	337
5	344, 363, 371
5,1–8,5	46
5,1–7,3	382–383
5,1	338, 344–345
5,2–3	347, 355, 357
5,2	345–346, 363, 370, 386
5,3	337, 340, 346–347, 350, 352, 363, 387
6	371
6,1–2	337, 363–364, 366
6,1	248–249, 340, 347, 355, 363
6,2	248, 363–364
6,3–4	366
6,3	248, 352, 366–367, 370, 380
6,4	367–368, 370
6,5–6	368
6,5	40, 368–370, 380
6,6	248, 369, 380
7	371

7,1	39, 41, 112, 146, 245–246, 249, 337, 340, 371–372, 375, 377–378, 382, 491, 528–530, 557, 600
7,2–3	40, 371, 375, 377
7,2	40, 350, 377–380
7,3	381–382, 562
7,4–8,3	382–383, 387
7,4	43, 205, 248, 371, 382–384, 387
8,1–2	338
8,1–3	384
8,1	248, 344, 384
8,2–3	40, 385
8,2	43–44, 385
8,3	43–44, 205, 383, 386–387
8,4–5	383
8,4	40, 41, 57, 178, 193, 205–206, 225, 383
8,5	118, 120–121, 384
9	148, 150, 179–180, 570
9,1–2	394
9,1	118, 120, 130, 151–154, 180, 570
9,2	108, 152–153, 226, 307, 570
10	112, 154–155
10,1–11,2	125, 394
10,1–6	113
10,1–5	176
10,1	130, 155, 157, 176
10,2–4	155
10,2–3	424
10,2	40, 417, 424–425, 626
10,3–4	424
10,3	424–425
10,4	425
10,5	155, 159, 461–462, 473
10,6	130, 176, 462, 472–474, 676
11,1	40, 176
11,2	157, 176
11,3–6	67–68, 394
11,3	67–68
11,4–6	83
11,4–5	67, 85
11,4	57, 71–73, 83–86
11,5	68, 70–74, 84, 98, 184

QUELLENREGISTER

11,6	74, 84–85, 87–88, 184
11,7–25,5	66–67, 76, 78, 83–85
11,7	40, 89, 394–395, 397, 420, 468, 479, 609, 695
12–25	8, 176–177, 310, 394, 468, 562
12–17	393–394, 695
12–13	8, 48, 89, 93, 176, 394–395, 420, 427, 468
12,1–13,2	395, 397, 469, 484
12	443, 592, 719
12,1–9	460
12,1–5	404
12,1–4	404, 421
12,1–3	421
12,1–2	406
12,1	404, 407–408, 411
12,2	405–408
12,3	406–408, 415, 417, 421–423
12,4	408–409, 416, 418, 420–421
12,5–6	477
12,5	421–423, 440, 477
12,6	34, 119–120, 174–175, 397, 421–425, 430–440, 464–467, 470, 472, 474, 477, 482, 619, 643, 680, 697, 703, 719, 734
12,7–9	440, 469
12,7	440
12,8–9	450, 592, 597
12,8	40, 53–55, 240, 440–442, 449, 462, 479, 481, 484, 597, 640, 645–646, 648–649, 652, 658, 660, 665, 680
12,9	240, 436, 442, 444, 460, 484, 491, 525, 528, 545, 597–598, 621, 701
13	445
13,1–2	460
13,1	86, 460–462, 464, 467, 470, 698
13,2	40, 175, 422–423, 433, 466–468, 703
13,3	395, 468, 609, 695
14	90, 394

14,1–6	50, 93, 395, 468
14,1–3	88–89, 91
14,1–2	18, 57, 87, 97, 184, 277, 453, 672
14,1	49, 59–60, 89, 427
14,2	90–91, 453
14,3	40, 78, 85, 91, 396, 491
14,4–6	89, 91
14,4–5	395
14,4	396, 468
14,5–6	13, 609, 613, 735
14,5	49, 609–610, 695
14,6	47–48, 50, 96–97, 610–612
15–17	8, 48, 89, 394–395, 397
15	130, 445, 474
15,1–8	468–469
15,1–4	469
15,1	93, 395–396, 469
15,2–8	469
15,2–3	696
15,2	53–54, 93, 470, 474, 479
15,3	57, 475–476, 696
15,4	476
15,5–6	476
15,5	57, 172, 477
15,6	172–173, 422–423, 433, 477–478, 643
15,7–8	478
15,7	54, 57, 173, 479–482
15,8	422–423, 436, 482
16	445, 469, 484
16,1–2	469
16,1	445
16,2–3	418
16,2	34, 417–418, 436, 445–446, 467, 470, 481, 484, 558, 621
16,3	425, 446, 626
16,4	446–447, 449
16,5–6	447
16,5	16, 448
16,6	448–449
17	445, 448–449, 453, 469, 484
17,1	449–450, 473
17,2–4	450
17,2	40, 373, 451, 458–460, 530, 562

QUELLENREGISTER

De Resurrectione (*cont.*)

17,3	451–452, 458
17,4	452–453
18–25	393, 609, 695
18–23	8, 46, 48, 50, 53, 92, 94, 394, 434, 441, 609, 674, 695
18	94, 443, 613
18,1–3	613
18,1	395, 613, 695
18,2–3	57, 613
18,2	95, 613–614
18,3	614
18,4–5	623–624
18,4	40, 57, 614–615, 643, 708, 723, 736
18,5	16, 40, 53–54, 96, 108, 434, 442, 479–480, 617–622, 630, 636, 641, 644, 659, 681, 705, 718, 723–724, 735
19	623, 633
19,1–3	623
19,1	81, 94–95, 131, 623–624
19,2–3	94, 624, 627–628, 637
19,2	624–625
19,3	16, 96, 425, 625–626, 628, 637, 698–700
19,4–7	629, 639
19,4	629, 640
19,5–7	631
19,5	630
19,6–7	630
19,6	630
19,7	630–633
20	633
20,1–3	642
20,1	629, 634, 636
20,2	637
20,3	54, 57, 634, 637–638, 642–643, 665
21–23	619, 642
21,1–4	642–643
21,1	643–644, 679
21,2	53, 644–645, 648–649, 651, 664, 683, 720
21,3–4	645, 683
21,3	646, 648, 675, 683, 720

21,4–5	54
21,4	53, 441, 480, 636–637, 647–649, 651–653, 659–662, 664–665, 683
21,5–23,5	560, 659, 708, 718, 720
21,5–22,5	685
21,5–8	659, 682
21,5	54, 659–660
21,6–23,5	94, 660
21,6–8	57
21,6	660–661
21,7	661, 664, 682
21,8	662
22	667, 669
22,1–5	659, 662
22,1–2	54
22,1	662–663
22,2–5	663
22,2–4	57
22,2	663–664, 668, 694
22,3	663–664, 675
22,4	663–666
22,5	663, 665–668, 685
23	96, 672
23,1–5	671
23,1–2	673
23,1	672, 674
23,2	434, 672–673, 679
23,3–5	673
23,3–4	96, 108, 673
23,3	673
23,4	674–675, 678
23,5	94, 659, 673, 678–681
23,6	92–94, 97–98, 184, 395, 672
24–25	8, 394, 467, 609, 695–696
24,1	395, 695–696
24,2	696
24,3	57, 697
24,4	465, 697–698
24,5	626, 698–700
25	695
25,1	698, 700
25,2	700–701
25,3	40, 701–703
25,4	175, 422–423, 436–437, 467, 703, 705
25,5	695, 705

QUELLENREGISTER

Athenodoros 149

Attikos
Fr. 5   139

Augustin
De Civitate Dei
  XXII,11–12   262–263
  XXII,11   262–263
  XXII,12   262–263
  XXII,20   262–263
  XXII,28   262

Baanes
Scholia   22–25, 29, 707

Syrische Baruch-Apokalypse
  21,23   213
  30,2   213
  50–51   555
  50,2   554
  51,1   554
  51,2   554
  51,3   554–555
  51,5   555
  51,10   555

Cicero
De natura deorum
  I,12   61
  II,135–137   355
  II,136   356
  II,137   356–357
Tusculanae disputationes
  II,11,26   74
  V,107   74

Clemens Alexandrinus
Excerpta ex Theodoto
  7,5   513
Paedagogus
  III,81,1   16
Protrepticus
  VI,68,1   168
  X,102,3   16
  IV,63,4   704
  X,100,3   704
Stromata
  I,31,1   438, 734

  I,59,4   16
  I,72,4   438, 734
  I,153,2   438, 734
  II,100,3   438, 734
  III,48,1   677
  III,83,1   452
  III,93,2   678
  III,93,3   677–678
  IV,28,2   525
  V,78,1   168
  V,92,3   168
  VI,137,4   415
  VII,56,6   525
  VII,56,7   525
  VII,57,1–5   525
  VII,57,5   525

Cyprian
Epistulae
  58,4   107

Cyrill von Jerusalem
Katechesen
  Procat. 10   281
  Kat. 4,37   281
  Kat. 6,33   281
  Kat. 18   116, 279–280
  Kat. 18,1–20   279
  Kat. 18,1–2. 11–13   281
  Kat. 18,1   279–280
  Kat. 18,2   279, 281–282, 284
  Kat. 18,3–10   280–281
  Kat. 18,3   283–285
  Kat. 18,6   280
  Kat. 18,8   280
  Kat. 18,10   280
  Kat. 18,11–19   280
  Kat. 18,11   281
  Kat. 18,20   280

Didymus der Blinde
Kommentar zu Hiob
  10,13   259
Psalmenkommentar
  259,4–6   604
  259,10–14   604
  328,25–329,1   603
  328,23–25   603–604
  329,1–2   603–604

786 QUELLENREGISTER

Psalmenkommentar (cont.)
329,7–8	604
329,8	604
330,4–13	604
330,13–14	604
330,17–18	604

Kommentar zum Ecclesiastes
348,4–7	605

Diogenes Laertius
Vitae philosophorum
VII,110	654
VII,126	663
VII,134	146, 572
VII,136	146
VII,137	146
X,128	627
X,139	627

Elia-Apokalypse
42,10–15	530–531

Empedokles
Testimonia
34	146

Epiktet
Dissertationes
II,4	150
II,4,1.3	150
II,4,4	150
II,4,5	150–151

Epikur
in: DiogLaert, Vitae
X,128	627
X,139	627

Epiphanius
Panarion
31,7,6	490, 516, 530
64	710
64,3,1	187, 189
64,64,2	531
64,70,17	618

Epistula Apostolorum
3,9–10	522
4,9	522
11 [22]	522
21 [32]	148

Epistula Jacobi apocrypha
NHC
I,2 (11,19)	507

Esra-Apokalypse (4 Esra)
IV,35.41	213
VII,32.95	213

Euripides
Fr. 292	570

Medeia
1078–1079	670–671

Chrysippos
Fr. 841	670–671

Euseb
Historia Ecclesiastica
V,1,14	44
V,1,26	43
V,1,52	43
V,1,62–63	224
V,1,63	463, 726
V,28,13	389
V,28,14	388
VI,11,6	439
VI,18,1	187
VI,18,2	185, 190
VI,19,5–8	250
VI,19,5	190
VI,19,12	185, 190
VI,23,1–2	187–188
VI,24,2	730
VIII,11,1	632

Commentarius in Isaiam
II,7	266

Praeparatio Evangelica
I,3	26

Evagrius Ponticus
Kephalaia Gnostica
I,26	607–608
II,17	608
II,62	608
II,77	607
III,11	608
III,25	606–607

QUELLENREGISTER

III,40	606–607
III,47	608
III,51	607–608
III,66	607–608
III,68	606–608
III,70	606
IV,41	607
V,19	605
V,22	605
V,25	605
VI,34	606
VI,73	607

Epistula ad Melaniam

§ 26	605–607

Epistula Fidei

VIII,7	605

Galen

De alimentorum facultatibus

I,2,11	371
III,1,2	342
III,1,4	343
III,1,6	343, 386
III,6,1	342
III,18,2	342

De naturalibus facultatibus

I,3	379
I,6	147, 458
I,10	337, 364
I,10,22	341–342
I,11	365
I,12	364, 366
I,15	337
II,8	337, 357, 379
II,9	374
III,1	361
III,3	496
III,7	368
III,8	361
III,13	337

De simplicium medicamentorum temperamentis et facultatibus libri VII–XI

X,2,2	343, 386

In Hippocratis librum de alimento commentarii IV

5	348, 350, 352, 354–355

De sanitate tuenda libri VI

IV,11,9–12	350

IV,11,9	349
IV,11,10	349
IV,11,11	349
IV,11,12	350
IV,11,13	350–351
IV,11,14–18	351
IV,11,14	351
IV,11,15	352
IV,11,16	352
IV,11,17	352
IV,11,18	352
IV,11,19	352

De usu partium

IV,2	353
IV,3	340, 353
IV,5	362
IV,6	362
IV,12	340
VII,8	376
XV,4	496
XV,5	499

De bonis malisque sucis

1,13	368
5,6	370
5,17–18	355
5,17	354
5,18	354

De symptomatum differentiis

4	360–361

In Hippocratis epidemiarum librum sextum commentarii

V,1	361

De plenitudine

11,18	371

De temperamentis

III,4	372

De elementis

I,8,10	372
I,8,11–12	373, 381
I,8,11	451
II,1,3	373

De semine

II,3,14	450

De usu respirationis

5,8	376

De difficultate respirationis

I,4	376

Institutio logica

18,4	667–668

In Platonis Timaeum commentarii fragmenta
668

In Hippocratis de natura hominis librum commentarii II   146

In Hippocratis Aphorismos commentarii I–V
IV,1   452

Gregor von Nyssa
De anima et resurrectione
§ 9,2   323
§ 11,2   330
§ 14,1   323–326, 330
§ 14,4   331
§ 18,1   327
§ 18,5   329
De Opificio Hominis
6   331
17   323, 330
18   323
26   310–314
27   313, 316–321
28   331
29   331
In sanctum Pascha   310, 314–316
De mortuis   322–325, 327–329, 603
De infantibus   322, 329
De oratione dominica
IV,3   322–323
V,3   327
De beatitudinibus
VIII,1   327
De vita Moysis
II,22   327
II,191   324
In Canticum canticorum
I   329
II   327
XI   324, 327
XV   329
De virginitate
12,2   325–327
12,4   327
Adversus eos qui baptismum differunt
326
Oratio catechetica
VIII,4   327
In luciferam sanctam domini resurrectionem
329

Oratio funebris in Meletium episcopum
329

äthiopische Henochapokalypse
61,5   221

Herodot
Historiae
1,119,3–7   46, 202

Hieronymus
De viris illustribus
56,1   187
Epistulae
124,5   587–588, 594, 596
Contra Iohannem
25–26   583
26   584–586

Corpus Hippocraticum/Hippokratiker
De natura hominis
4,1   374

Ps-Hippolyt
De Universo   456, 599

Homer
Ilias
8,379–380   381
11,818   381
13,832   381
16,672   16, 447–448
16,682   16, 447–448
21,127   381
21,204   381
23,243   381
23,750   381
Odyssea
4,563–565   163
13,79–80   16, 447–448

Iamblich von Chalkis
De Anima, bei Stobaeus
I,49,40   692

Irenäus
Adversus Haereses V
V,1–14   20
V,1,3   126

QUELLENREGISTER

V,2,2	726
V,5,2	148
V,6,1	426, 717
V,13,3	546, 600
V,9,1–11,2	600
V,33–35	532

Josephus
Antiquitates Judaicae
8,111	414

De Bello Judaico
VI,193–213	203

Justin
Apologie I und II
I,10,2	145
I,13,1	415
I,18	627
I,18,1–3	627
I,18,1	627
I,18,6	627
I,19	454
I,19,1–4	450, 456
I,19,1	454
I,19,2	455
I,19,4	455
I,20,4	627
I,44,9	704
I,52,3	48, 96, 612, 735
I,58,3	704
I,59,1	145
II,10,6	168

Dialog mit Tryphon
1,5	692–693
4,1	704
5,3	627
6,2	693
10,1	43
22,1	415
45,4	612
80–81	532
85,7	726

Ps-Justin
De Resurrectione
1,1	59
1,4	59
1,5	59
1,6	59
1,9	510
1,10	59
1,11	59
2,1–2	122
2,1	510
2,2–3	124
2,3	122
2,5–14	124
2,5–12	510
2,6–12	123, 125
2,9–10	123
2,9	510
2,10–12	548
2,10	125–126
2,11–12	124
2,11	548, 677
2,12	510, 548, 676
2,14	125–126, 522
3	124, 551
3,3	551
3,7–12	551
3,9–10	551
3,18	676
4	124
4,4–5	554
4,4	554
4,5	554
5	125
5–6	179
5,1	124
5,2	122
5,5–7	456
5,6	457
5,7–8	450
5,7	456–457
5,11	510
5,13	59
5,14	510
5,16	510
6	125
6,1–18	147
6,1–2	60
6,2	145
6,3	147
6,4	147
6,5–10	152, 180
6,5	147, 726
6,6	60, 145
6,9	152, 179–180

De Resurrectione (cont.)

6,10–11	60
6,10	34, 60, 152, 180
6,13	60
6,17	510
6,18	510
7	125
7,1	125
7,3–4	426
7,3	426
7,4	426
7,5	426
7,6–8	426
8–10	125
8,8–11	617, 717
8,13	726
9,2–4	677
9,3–5	510
9,3	126, 179, 511
9,5	510
9,7	510
9,9	510
10,5	726
10,7–8	60

Quaestiones graecae ad christianos
Qu.

14	295
15	295–296, 301–302

Resp.

15	297
15,1	298, 300–301, 307
15,14	302
15,16	303
15,17	303–304
15,24	300
15,30	299
15,32	299
15,34	306

Apokryphe *dritte* Brief des Paulus an die Korinther

3 Kor	20, 493, 509

Lucian
De mercede conductis

41	45

De saltatione

43	202
80	202

Macrobius
Saturnalia

7,4,12–19	355
7,4,13	359
7,4,15	359
7,4,14–18	360
7,4,18	361
7,4,19	361
7,4,22	361–362
7,4,23	362

Makarius Magnes
Apokritikos

II,14	256
III,17	260
III,17,1	260
III,17,2	260
III,22	256
IV,1	264, 276
IV,1,2	264
IV,1,3	264
IV,1,5	266
IV,2	262–263, 273–274
IV,2,3	274
IV,2,4	274–275
IV,4	256
IV,6	265, 267, 276
IV,6,1	265
IV,6,2	264
IV,6,3	265
IV,7	265, 276
IV,7,1	265–266, 276
IV,7,2	266, 276
IV,7,3–4	266
IV,16,3	265
IV,24	258–263, 274
IV,24,1	263–264, 273
IV,24,2–4	266
IV,24,2	264, 267, 273, 275
IV,24,3–4	270–272
IV,24,3	267, 269
IV,24,4	259, 268–269, 271, 282–283
IV,24,5–6	268, 271–274
IV,24,5	259–261, 272
IV,24,6	259–260, 273–275
IV,24,7–8	275
IV,24,7	275–276
IV,24,8	276

QUELLENREGISTER

Marc Aurel
Ep. ad Frontem

I,6,5	223–224

Ad seipsum

IV,48,1	630
V,8,4	398
IX,3,1	497–498

Menander

Frg. 337	62

Methodius von Olympus
De Resurrectione

I–II	332
I,1,1–8	711
I,1,3	711
I,1,4	711–712
I,1,8	712
I,2	712
I,2,3	712
I,3	713
I,3,1	713
I,3,8	713
I,4–12	712
I,4–8	708–709
I,4,2–3	715
I,4,6–9	714
I,5,6	715
I,6,1	715
I,8,8	714
I,9,7	714
I,9,14	714
I,14–19	229, 712
I,17,2	714
I,18	713
I,18,5	229, 713–714
I,19	714
I,19,1	713–714
I,20–24	229–230, 321, 567, 598, 712–714, 730
I,20,1	230
I,20,2	231, 235, 242
I,20,3	231–232
I,20,4–5	113, 229–232
I,20,4	232, 268
I,21,1–3	234, 242
I,21,1	242, 569
I,21,3	243
I,22,1	235–236
I,22,2–3	232, 236
I,22,2	236
I,22,3	236–239, 241, 318–320, 598
I,22,4–5	239
I,22,4	238–239, 241, 320, 580, 598
I,22,5	238–242, 320–321, 521, 545, 580, 598
I,23,1–3	241
I,23,1	241
I,23,2	241–242, 320
I,23,3	235, 242, 318
I,23,4–24,4	242
I,23,4	235
I,24,4	243
I,24,5	243–244, 578–579
I,25–26	229, 712
I,27–II,8	709
I,27	712
I,29–32	715
I,29	721
I,29,1	720
I,29,4	720
I,29,5–6	715
I,29,5	716
I,29,6	716
I,29,8	721
I,30–31	718
I,31,7	718
I,34–35	716–717
I,34,3	716–717
I,34,4	716–717
I,35,2	716
I,37,1	25, 707, 725
I,50,3	717
I,51,2	704
I,54–55	708–709, 714, 716, 721
I,54,1	715
I,54,2	715–717
I,54,3	616, 708, 717–718, 736
I,54,4	718–719
I,54,5	720–721
I,54,8	721
I,55,1	721–722
I,55,2–3	722
I,55,4	616, 708, 710, 722–723, 736
II,9–30	712

De Resurrectione (*cont.*)

II,9,2–4	355
II,9,2–3	356
II,18,8	725
II,18,9–10	725–726
II,18,9	725–726
II,18,10	725–726
III,2,6	726
III,12,3	601
III,18,7	726

Symposium

II,6,45	265

Minucius Felix, Marcus

Octavius

5–13	214
11	214, 217
11,1–9	215
11,1–3	215
11,1	215
11,2	215
11,3	215
11,4	107, 216–218
11,5	217
11,7–9	217
11,7	217
16–38	217
27,2	52, 413
34	217
34,1–5	217
34,6–12	217
34,6–8	33
34,6	218
34,9	218
34,10	218, 224
34,12	627

Nemesius von Emesa

De natura hominis

1,2	616
23	360

Origenes

Contra Celsum

Praef. 4	188, 190
II,77	136
III,16	642
III,41–42	572, 575, 580
III,41	573–574, 580

III,42	574, 581
III,56	704
III,59–71	157
III,62–71	158
III,65	158
III,70	157
III,72–77	183
III,78	462
III,75	183
IV,2–23	141
IV,14	140–141, 573
IV,18	141
IV,36	399, 402
IV,51	734
IV,52–61	138, 140, 147, 575
IV,52	138–140, 471, 575, 647
IV,56	576–577
IV,57	139, 572, 575–577
IV,60	139–140, 471, 575
IV,61	139, 148, 472, 575
IV,62–70	140
IV,62	140, 158
IV,65	140, 158
IV,68	568
IV,74	419
IV,78	419–420
IV,79	419
IV,80	419
IV,88	420
IV,98	420
IV,99	613
V,14	106, 108, 112–113, 136–137, 140–142, 148–149, 151–154, 156, 159, 177, 215, 235, 271, 282, 443–445, 461, 463, 491, 563–566, 569–570, 575
V,15–24	562
V,18	247, 562–564, 572, 733
V,19	111
V,20	568
V,22–24	133
V,22–23	112–113
V,22	110, 564–566
V,23–24	112–113
V,23	566–572
V,25	613
V,33	401

QUELLENREGISTER

V,47	667–668	VIII,58	613
V,59	401–402	VIII,60	52, 413–414
VI,3	171	VIII,62	413–414
VI,8	171	VIII,63	414–416
VI,18	173	*Commentarii in Iohannem*	
VI,19	172, 478, 482, 704	I,17,97	595
VI,21	734	I,37,267	495
VI,27	46	V,8	187–188
VI,40	43, 46	X,37,248–250	511
VI,49	402	XIII,61	590
VI,52	415	FrIoh	
VI,60–65	427	Frg. 27	452
VI,61	428	*De Principiis*	
VI,62	428	Praef. 8	522
VI,63	173, 402, 427	I,7,1	595
VI,64	428	I,8,4	331
VI,65	171, 173–174, 428	II,1,4	111–112, 232–233, 573
VII,27–35	162	II,2,2	583
VII,27–32	162	II,3,2–3	593
VII,27	162, 166	II,3,3	593–596
VII,28	163–164	II,3,7	328, 587
VII,31	164	II,10,1	516
VII,32	165, 210, 331, 497, 567,	II,10,3	230, 567, 591
	578–580, 656, 702	II,10,8	230, 591
VII,33–35	165	II,11,2	246
VII,33	166	III,4,1	650
VII,34	166	III,6,1–9	328, 586
VII,36–45	162, 167	III,6,1–3	586
VII,36	159, 167–168, 235, 454,	III,6,5	247, 591–593, 605
	478, 646–647, 704	III,6,6	577, 586–589, 593,
VII,41	168		598
VII,42	167–169	III,6,7	590–591, 597
VII,45	162, 169–171, 428	III,6,4–9	586–587
VII,62	412, 428–429	III,6,9	586
VII,68	412, 613	*Commentarii in Matthaeum. Libri X–XVII*	
VIII,21	414–415	XV,3	734
VIII,24	416	XVII,29–30	581
VIII,28	411, 415, 613	XVII,29	581
VIII,33	411	XVII,30	582–583
VIII,34	613	*Kommentar zu Ps 1,5a* (In: Methodius,	
VIII,49	142, 454, 463, 478,	*De Res I,20–24*)	
	641–642, 646–647, 656,	I,20–24	229–230, 321, 567, 598,
	687		712–714, 730
VIII,52	46	I,20,1	230
VIII,53	160–162, 174, 402–403,	I,20,2	231, 235, 242
	409, 467, 472, 475, 613	I,20,3	231–232
VIII,54	463	I,20,4–5	113, 229–232
VIII,55–63	410	I,20,4	232, 268
VIII,55	410, 417, 613	I,21,1–3	234, 242

Kommentar zu Ps 1,5a (In: Methodius, De Res I,20–24) *(cont.)*

I,21,1	242, 569
I,21,3	243
I,22,1	235–236
I,22,2–3	232, 236
I,22,2	236
I,22,3	236–239, 241, 318–320, 598
I,22,4–5	239
I,22,4	238–239, 241, 320, 580, 598
I,22,5	238–242, 320–321, 521, 545, 580, 598
I,23,1–3	241
I,23,1	241
I,23,2	241–242, 320
I,23,3	235, 242, 318
I,23,4–24,4	242
I,23,4	235
I,24,4	243
I,24,5	243–244, 578–579

De Oratione

26,6	247
27,8	236–237

Exhortatio ad Martyrium

14	186–187
37–38	187
36	189

Stromata (CPG 1483) 583–586

Pamphilius von Caesarea
Apologia Origenis

16	710

Petrus I. Alexandrinus
De Resurrectione
Cod. Vatopédi 236 Frg.

13	601
14	176–177, 602–603

Frg.

C	602
F	602
G	602
H	602–603

Petrusapokalypse

§4	212, 267, 272
§4,3	272

Philippus von Side
in: Theodoros Anagnostes, Kirchengeschichte 25, 59

Philippus-Evangelium
NHC

II,3 (56,26–57,19)	516

Philo von Alexandrien
De opificio mundi

§30	432
§69	174, 431–433
§72	399
§73–74	399
§75	399
§77	400
§79	400
§82	400, 437
§83	400
§132	452
§135	437, 466, 474
§137	174, 431
§151	437

Legum allegoriae I–III

I,39	433

Quod deus sit immutabilis

56	414

De fuga et inventione

§61	149
§69	400

De Abrahamo

258	634

De vita Mosis I–II

I,157	414
II,108	436–437

De Decalogo

§171	673

De specialibus legibus I–IV

I,31	436
I,76	436
I,216	358
I,217	358
I,218	358–359
I,271	414

De praemiis et poenis

71	436

QUELLENREGISTER

Philon von Larissa
Stob. Ecl.

2,7	69–74

Platon
Alkibiades I

129e9	616
129e10–130b13	616
130c1–3	616
130c5–6	617

Apologia

40c–d	631
40c6–7	631, 698
40c9–d2	447, 698–699
40d	502–503
40c	503
40e–41a	503
40e2–3	631
40e4–5	631
41a1–c7	617
41a2–4	632
41b3	632

Convivium (*Symposium*)

209b7	615

Gorgias

493a3	641
523a–524a	639
523b4–6	639
523c4–d1	639
523c7–e6	617
523d1–e6	639
523e6–524a7	640
523e2–6	640
524a6–7	617, 640
524b2–4	640
524d4–7	640
524d4–5	640
525a1–2	640
525c1–8	633
525d1–6	630, 633

Kratylos

400c1–9	641

Menon

81b–e	620

Nomoi (Leg.)

647c7–d7	692
875b	667
906	412

Phaidon

64d2–8	657
64e4–6	657
64e8–65a7	657
65c5–9	657
66c2–4	657
66c5–7	658
69e7–70a6	635
70c–72e	635
72e–77e	620
72e–77b	635–636
77b1–5	635
77d8–e1	635
78b–81a	32
78b–80e	635
79c2–8	650
79e8–80a2	441, 481
80c2–5	635
80a10–b10	635–636
81b–e	165
81b1–e3	650
81b3–4	650–651
81c9–10	651
81d8–9	651
81d9–e2	165, 651
82c–83e	655
82c2–4	655
82d9–e4	655
82e5–6	655
83a4–7	655
83b5–7	656
83b8–c3	656
83c5–8	656
83d1–2	656
83d4–5	656
83d7–e1	656
107d–115a	163
107c5–8	627
109a–b	163–164
109d–e	164
109e2–4	164
113d–114c	641
114c2–4	164

Phaidros

246a–247e	161
246a3–4	480
246a6–7	480
246b2–4	480
246b1–2	480

796 QUELLENREGISTER

Phaidros (cont.)

246b1	481
246b2	481
246b4–5	481
246b2c1	481
247c	172
247c6–8	704
247c7–8	478, 482
247c8	481
247d4	704
246d8–e5	481
247e3	704
248a–249d	641
253e6–254a2	481

Politeia (Res/Rep/Staat)

379b	140
380d–382d	573
380d–382e	573
381b	573
433a8–9	441
439e2–442c3	668
580d–583a	667
608d12–610e9	692
615b–616a	630, 633

Protagoras

321b	87

Sophistes

230c–d	69

Timaios

27d6	31
28a4–5	398
28a5–6	398
28c2–3	398
28c3–5	168
34b7	414
34c	161, 409
41a	138, 471
41c2–6	400
41c7	666
41d	681
42d	138
42d5–7	138, 400
42d6–7	471
50b6	145
52a8	145
69c	138, 670, 681
69c–d	681
69e3–70a7	668
70a–e	647

73a7	666
81a	387
87e5–6	615
88b2	666
90a8	666
90c8	666
Philebos 26e3–4	398

Plotin

Enneade

I,1	681
I,1,2,9–11	681
I,1,2,13–14	682
I,1,2,14–15	682
I,1,2,15–18	682
I,1,2,21–23	682
I,1,3,1	683
I,1,3,3–4	683
I,1,3,6–11	683
I,1,3,11–12	684
I,1,4,7–9	684
I,1,4,14–15	684
I,1,5	684
I,1,5,21–22	684
I,1,5,24–26	684
I,1,5,26–28	684
I,1,9,6–8	684
I,1,9,12–13	685
I,1,12,6–12	685
I,2,3	663
I,8	688
I,8,1,13–14	688
I,8,2,1–7	688
I,8,3,12–15	688
I,8,3,38–40	689
I,8,4,1–2	689
I,8,4,4	689
I,8,4,5–6	689
I,8,4,8–10	689
I,8,4,16–17	689
I,8,4,17–20	690
I,8,4,21–24	690
I,8,4,25–27	690
I,8,4,27–28	690
I,8,5	690
I,8,5,21–26	690
II,3,9,6–10	681
II,3,15,24	615
III,6	686, 692

QUELLENREGISTER

III,6,5,1–4	686
III,6,5,19–22	687
III,6,5,22	687
III,6,5,22–24	687
III,6,6,29–32	687
III,6,6,65–67	686
III,6,6,68–69	686
III,6,6,71–72	686
III,6,6,72–74	687
III,6,6,74–76	687
III,6,6,76–77	687
IV,3,12,6–8	683
IV,3,25,38	615
IV,3,26,1	615
IV,7,1,20–25	616
V,1,2	149–150
V,1,3	150

Plutarch von Chaironeia
Comparatio Aristidis et Catonis

4,2	414

Consolatio ad Apollonium

12, 107 E	16, 447

De facie

30 (945d4–5)	691

De fato

11 (Mor. 574e5–7)	398

Is. et Os.

25 (Mor. 360e)	413

Moralia

21A, 1049E	570

Quaestiones convivales

IV,4,669	149

De Stoic. Rep.

1034c6–9	663

Spart. Apopht.

11	87

Πότερον ψυχῆς ἢ σώματος ἐπιθυμία καὶ λύπη/De
libidine et aegritudine

	654

Porphyrius
Ad Marcellam

32	497

Sententiae

21	616

Prokop von Gaza
Catena in Octateuchum

PG 87,1, 221AB	595

Rheginosbrief
NHC

I,4 (43,32–34)	492
I,4 (44,3–8)	491
I,4 (44,8–10)	492–493
I,4 (44,11–12)	492
I,4 (44,13–14)	507
I,4 (44,14–15)	498, 522
I,4 (44,17–29)	498
I,4 (44,20)	498
I,4 (44,21–29)	512
I,4 (44,30–33)	527
I,4 (45,9–13)	509
I,4 (45,14–15)	512
I,4 (45,15)	512
I,4 (45,16–18)	512
I,4 (45,19–22)	512
I,4 (45,19)	522
I,4 (45,22–23)	498–499, 512
I,4 (45,23–46,2)	511
I,4 (45,28–32)	514
I,4 (45,32–35)	515
I,4 (45,36–39)	515
I,4 (45,39–46,2)	510, 515, 527, 531
I,4 (46,2)	515
I,4 (46,3–7)	492
I,4 (46,14–24)	505
I,4 (46,25–32)	505
I,4 (46,34–47,1)	527
I,4 (47,1–13)	515
I,4 (47,1–10)	516
I,4 (47,1–8)	493, 515
I,4 (47,1–3)	492
I,4 (47,4–30)	517
I,4 (47,4–13)	515, 517
I,4 (47,4–10)	517
I,4 (47,4)	515
I,4 (47,6–8)	517, 519
I,4 (47,9–10)	517
I,4 (47,11–13)	518
I,4 (47,14–30)	505
I,4 (47,14–20)	496
I,4 (47,14–19)	210, 502
I,4 (47,14–16)	496
I,4 (47,14–15)	496, 515, 527

QUELLENREGISTER

NHC (*cont.*)

I,4 (47,15–19)	496
I,4 (47,17–20)	496
I,4 (47,17–18)	501, 528
I,4 (47,18–19)	502, 528–529
I,4 (47,19–30)	502
I,4 (47,19–24)	502
I,4 (47,22–24)	529
I,4 (47,22)	504
I,4 (47,24–26)	505
I,4 (47,26–30)	505
I,4 (47,30–36)	506
I,4 (47,36–37)	506
I,4 (47,38–48,3)	506–507
I,4 (47,38)	507
I,4 (48,3–4)	494, 519
I,4 (48,3)	519
I,4 (48,4–6)	494, 519
I,4 (48,6–30)	494
I,4 (48,6–12)	520
I,4 (48,6–10)	545
I,4 (48,12–13)	522
I,4 (48,13–16)	522
I,4 (48,16–19)	522
I,4 (48,19–24)	523
I,4 (48,24–27)	523
I,4 (48,27–30)	523
I,4 (48,28–30)	494
I,4 (48,30–49,9)	493–494
I,4 (48,30–33)	523
I,4 (48,33–35)	523
I,4 (48,34)	493
I,4 (48,35–38)	523
I,4 (48,38–49,7)	493
I,4 (48,38–49,6)	524
I,4 (48,38–49,2)	500, 524
I,4 (49,2–6)	526
I,4 (49,2–4)	512
I,4 (49,6–7)	493
I,4 (49,7)	493
I,4 (49,8–9)	493
I,4 (49,8)	529
I,4 (49,15)	506
I,4 (50,1–4)	488

Seneca
Epistulae

65,14	398
92,33	208

92,34	208–209, 497
102,23	497

Sextus Empiricus
Adv. Mathem.

X,312	574

Stoicorum Veterum Fragmenta (= SVF)

I,200	663
I,205	654
I,211	654
II,83	90
II,309	574
II,912	398
III,69	465

Strabon
Geographica

16,4,26	149

Suda

Lexicon	388, 430

Tatian
Oratio ad Graecos

6	101, 107, 211
6,1–4	211
6,1	48, 96, 211–212, 610, 735
6,2	211
6,3	211, 213
6,4	206, 211–213
25,5	203

Theophilus von Antiochien
Ad Autolycum

I,8	450, 456
I,8,3	455
I,8,4	455–456
I,13,7	612
I,14,4–6	48, 96, 610, 612, 735
II,4	627
II,13,1	148
II,24–28	725
II,26	456
II,26,3	151–152, 180, 456
II,27	466
III,2	627
III,3,4	203
III,5	43
III,8	43

QUELLENREGISTER

III,5,3–4   202
III,15   43
III,15,1   41, 43, 45
III,15,2–3   45
III,15,3   201

Tertullian
De Resurrectione

4	101, 219
4,2	219–220
4,3–6	548
4,3	220
4,5	547
5–7	426
14,8	48, 96, 550, 610–611, 735
17,1–2	560, 693
17,1	559–560
19,6	516
20	221
32	107, 221
32,1	221
32,2	221
32,3	222
36	533
36,1	533
36,3	533
36,4	533
36,5	534, 555
36,6	534
36,7	534
40,3	717
41–42	533
41,5–7	535
41,5	535
41,6	536–537
41,7	536
42	541
42,1–5	537
42,1	537
42,2	538–539
42,3	539
42,4	540–541, 555
42,5	538, 540
45,1	501
49,13	16
51	541
51,8	538
52–62	547

55	541–542, 600
55,1–7	545
55,1	541
55,2	541–542
55,3	543
55,5	543
55,6	543–544
55,7	542, 544
55,8–12	545
55,8	545
55,9	545
55,10	521, 545–546
55,11	546
55,12	546–547
57–61	548
57,8	538
57,11	148
60–62	547
60–61	547–548, 552, 582, 676
60	547
60,1	547–548
60,2	549
60,3	549
60,4	549–550, 552
60,5	550
60,6	550
60,9	551
61	547
61,1–2	551
61,4–5	551
61,4	551
61,5–7	551
61,6	551
62	552
62,1	547, 552
62,2	553
62,3	553
62,4	553–554
63	221–222, 552
63,1	223, 554
63,3	222
63,4	222–223

De Carne Christi

3	552
15,1	530

Adversus Marcionem

III,9	552
III,24,6	531–532, 555
V,12,2	538

Adversus Marcionem (*cont.*)

V,20,7	538

Apologeticum

22,6	52, 413
48,4	560, 693
48,9	220
48,12	48, 96, 610, 735
49,2	627

Ad Martyras

3,3	556

De Testimonio animae

4,1	560, 693

De Monogamia

16,5	16

De Ieiunio

17,5	16

De Pallio

5,6	221

Ad Uxorem

I,1,4	555–556

De Cultu Feminarum

I,2,5	556

De Anima

27	674
36	674
56,7	556
58,1–8	560, 693

Ad Nationes

1,2,8	44
1,7,10	44
1,7,27	44

Ps-Tertullian

Adversus omnes haereses

4,5	516

Testimonium Veritatis

NHC

IX,3 (36,29–37,5)	513

Theodoret von Cyrus

De Providentia I–X

I	286
IX	286–290

Quaestiones et Responsiones ad orthodoxos (CPG: 6285 dubium)

26 (13)	611–612
122 (111)	304–306

Thucydides

Historiae

6,83,2	86
7,70,7	87

Xenophon

Cyropaedia

8,7,21	447

Vergil

Aeneis

9,485	209

Autorenregister

Aland, B. 214–215
Alt, K. 615–616, 631–632, 639, 641, 663, 666, 681–686, 690, 699, 705
Altermath, F. 600, 603
Andresen, C. 33, 139, 414
Apostolopoulos, C. 325–326, 658
Arruzza, C. 328, 331
Azéma, Y. 285–286

Bardenhewer, O. 189, 211
Barnard, L.W. 3, 12, 24, 29, 62, 66, 68, 76–77, 107–110, 147, 337–338, 389, 422, 438–439, 442–443, 458, 686
Barnes, T.D. 257
Barthold, C. 182
Bauckham, R. 221
Bauer, W./Aland, B./K. 622
Beatrice, P.F. 254
Becker, C. 214–215, 217, 731
Bedke, A. 323
Beintker, E./Kahlenberg, W. 339, 342, 366
Bellini, E. 18
Benjamins, H.S. 709, 713
Berchman, R.M. 258
Berger, K. 6
Bienert, W.A. 713
Biermann, M. 256
Bietz, W.K. 329
Blass, F./Debrunner, A./Rehkopf, F. (= BDR) 622
Boliek, L.E. 584, 586, 596, 600
Bonwetsch, N. 8, 709–710, 717, 724–725, 727
Bostock, D.G. 572, 589, 596
Bracht, K. 709–710
Brittain, C. 69, 71, 74
Bruns, P. 211
Bultmann, R. 722
Bunge, G. 606
Burini De Lorenzi, C. 385, 387
Bynum, C.W. 335, 484, 550

Campenhausen, H.Fr. v. 487
Cardman, F.J. 219, 532, 537, 542, 556, 600–601, 731
Casey, R.P. 514
Cavallin, H.C.C. 213, 618

Chadwick, H. 236, 263, 572
Chaudouard, L. 181, 185, 336–337, 408, 453, 470, 475, 477, 644
Colpe, C. 489
Crouzel, H. 237–238, 572, 583, 588, 592, 595–596
Crum, W.E. 493, 495, 500, 502, 504, 506, 511, 525, 527–528

Daley, B. 237, 334, 532
Daniélou, J. 310–311, 322–323, 328, 331–332
D'Anna, A. 726
Demura, M. 562, 576, 600
Dennis, T.J. 322, 328, 332
Diels, H. 146
Diepgen, P. 348–349, 354
Dillmann, A. 268
Dillon, J. 653–654, 671
Dölger, Fr.J. 46
Dorival, G. 236, 238, 563, 583–584, 596
Dörrie, H. 69, 74, 157, 162, 682
Dörrie, H./Baltes, M. 145, 441, 616–617, 647, 650–651, 654–655, 657, 666, 668–669, 671, 677, 683–685, 687, 689, 691–692
Dörrie, H./Dörries, H. 307–309
Drijvers, J.W. 281
Duensing, H. 267–268

Eberhard, A. 463
Eckart, K.-G. 618
Edwards, M.J. 490, 596
Ehrhard, A. 293–294
Eichinger, M. 240–241
Elze, M. 211–213
Evans, E. 220–221, 533–534, 538, 541, 546, 552

Fiedrowicz, M. 135–137, 177, 182–183, 190–192, 729
Fleet, B. 686
Flemming, J./Radermacher, L. 221
Foerster, W. 511
Frede, D. 655
Fredouille, J.-C. 555–556, 600, 731
Funk, F.X. 292–293
Funk, W.-P. 488
Fürst, A. 187, 189

AUTORENREGISTER

Gaffron, H.-G. 514, 530
Gahbauer, F.R. 308
Gallicet, E. 2, 12–14, 17–20, 22, 24, 33, 48, 50, 57–58, 105–107, 110
Gass, W. 309
Gebhardt, O. v. 23–25
Geffcken, J. 32–33, 35, 38, 52, 168, 253–254
Gemeinhardt, P. 224, 463
Georges, T. 177, 560, 693–694, 731
Görgemanns, H./Karpp, H. 587–588
Görgemanns, H. 657
Goulet, R. 254–259, 262, 266, 272, 274–275, 277
Graeser, A. 481, 658
Grant, R.M. 1–3, 11–12, 14, 17, 23–24, 33, 75, 101–107, 109–112, 114, 196, 208, 211, 227–228, 231, 245–246, 438, 632
Greshake, G./Kremer, J. 686
Guillaumont, A. 607–608

Haardt, R. 504, 506–508, 513, 525, 530
Hagedorn, D./Merkelbach, R. 260
Hahn, J. 184–185, 196–197
Halfwassen, J. 681
Hällström, G. af 1, 4, 66, 76–77, 79–80, 126, 197, 337, 694, 702
Hansen, G.Chr. 293
Harder, R./Beutler, R./Theiler, W. 686, 691
Harig, G. 379
Harnack, A. v. 22–24, 26–29, 189, 211, 250, 252–258, 271, 276, 291–294, 302, 389
Hasenhütl, F. 214, 731
Heid, S. 532
Heimgartner, M. 22, 26–29, 34, 60, 124–126, 147, 179, 456, 510, 551, 595, 677, 717, 726–727
Heinemann, I. 358
Hennessey, L.R. 596
Henry, P./Schwyzer, H.-R. 684
Hill, C.E. 599
Hoffmann, M. 710, 712
Holl, K. 327
Horn, H.-J. 570
Hübner, R.M. 322, 328, 330
Hünemörder, C. 691
Hyldahl, N. 693

Ilberg, J. 341, 351, 389, 735
Ivánka, E. v. 325

Jacobsen, A.-C.L. 596
Jülicher, Ad. 292–293

Karpp, H. 674
Karrer, M./Kraus, W. 673
Kees, R.J. 323, 332
Kettler, F.H. 596
Kierdorf, W. 216
Kinzig, W. 250–251
Klauck, H.-J. 722
Koch, Chr. 710
Köckert, C. 595
Konstantinovsky, J.S. 606, 608
Koschorke, K. 513
Kovačić, F. 361, 365, 372–374, 376, 458, 499
Kraus, T.J./Nicklas, T. 265
Krause, M. 505
Kretschmar, G. 487

Lampe, G.W.H. 720
Lampe, P. 184, 389
Layton, B. 486, 492–493, 496–497, 500–504, 508, 515, 518, 520, 525–526
Layton, R.A. 603–604
Le Boulluec, A. 238, 244, 322, 326, 334
Lebon, J. 293
Lehmann, J. 75, 377, 444, 473, 614, 627, 701
Lehtipuu, O. 536
Liddell, H.G./Scott, R. 496, 511, 720
Lona, H.E. 2–3, 5–6, 12–20, 24, 29, 34, 37–40, 43, 46, 62, 66–67, 76, 82–83, 88, 99, 102, 114–119, 126, 135–140, 161, 165–166, 168–169, 179, 182–183, 185, 190, 192, 212, 214, 227–228, 234, 246, 251, 263, 277–279, 283, 298, 309–310, 334, 337, 394–395, 399, 403, 409, 412, 414, 426–429, 431, 439, 456, 467, 471, 484–487, 489, 491–493, 509, 514, 522, 529–530, 548, 562, 564, 573, 575, 610–613, 615, 621, 641, 647, 677, 696
Lucks, H.A. 90, 446, 470
Ludlow, M. 322, 328
Lundhaug, H. 498, 502
Luz, U. 676

Malinine, M./u.a. 487, 495, 500–502, 504–508, 516, 518, 525–526
Mansfeld, J. 31, 33
Maranus, D.P. 291, 295, 298, 302–304

AUTORENREGISTER

Maraval, P. 310

Marcovich, M. 23–26, 32, 35–37, 42, 45, 62–63, 65, 72, 104, 137, 142, 145, 157, 175, 190–191, 211, 299, 345, 379, 380–381, 386, 422–423, 455, 457, 580, 636, 645, 667, 699, 703, 731

Markschies, Chr. 185–187, 439, 487–489

Martin, L.H. 489, 492, 496, 517, 526, 601, 732

Mateo-Seco, L.F. 332

May, G. 144, 311, 459–460, 487, 642

Mees, M. 237

Meissner, H.M. 325

Mejzner, M. 717, 722, 726

Ménard, J.É. 498, 508, 515–516, 519

Merki, H. 327

Mesk, J. 354

Metzger, B.M. 535

Miklosich, Fr. von 601, 712, 715, 726

Monaci Castagno, A. 188

Müller, C.D.G. 267–268, 272

Nagel, P. 506

Nautin, P. 189, 229, 583, 730

Neymeyr, U. 66–67, 76, 186, 439

Nutton, V. 349, 374, 388

Oesterle, H.J. 323

Orton, R.M. 323, 327–328, 330

Otto, I.C.Th. 291, 295, 298, 302–304

Overbeck, W. 600

Papadopulos-Kerameus, A. 293

Pape, W. 496, 720

Patterson, L.G. 711, 713–714

Peel, M.L. 187–189, 193, 195–497, 500, 502–506, 513, 518–519, 521, 524–528, 530, 601, 732

Peglau, M. 33

Pichler, K. 135, 177

Pilhofer, P. 11

Pitra, J.B. 602

Pochoshajew, I. 329

Pohlenz, M. 90, 465, 568, 578, 615, 663, 692, 694, 707, 717, 736

Pépin, J. 262–263

Phillips, E.D. 357, 374

Pouderon, B. 2–4, 13–20, 23–25, 27, 29, 32, 35, 42–46, 50, 53–54, 56–60, 62, 75–76, 80, 96, 100, 111, 117–121, 125–127, 129,

337–340, 355, 359–360, 380–381, 385, 389–390, 433, 438–439, 443, 459, 462, 480, 558–561, 667, 677, 694, 699, 707, 717, 732

Prigent, P. 126

Puech, A. 211

Puech, H.-Ch./Quispel, G. 487

Puiggali, J. 413

Quensell, K. 709

Quispel, G. 497

Radt, St. 149

Ramelli, I.L.E. 322, 330, 596, 606–607

Rankin, D. 1–2, 24, 100, 119, 438

Rauch, J.L. 75, 90, 103–107, 110, 185, 194, 196, 435, 470, 632–633

Reemts, Chr. 571

Richard, M. 602

Richter, L. 407

Richter, S.G. 507

Riedweg, Chr. 251

Rohde, E. 686

Roukema, R. 584, 595–596

Röwekamp, G. 279, 596, 710–711

Runia, D.T. 430–432, 436, 438–440, 733–734

Schäfke, W. 45

Schenke, H.-M. 487, 504, 506

Scheurer, G. 75, 377

Schlange-Schönigen, H. 388–390

Schmidt, C. 509, 522

Schneider, K. 1, 67, 76–77, 377

Schoedel, W.R. 14–15, 32, 35, 57, 68, 77, 102–103, 106–111, 114, 196, 250–251, 271, 438

Scholten, C. 184

Schönberger, O./E. 359

Schröder, E. 688–690

Schubring, F. 61–62, 704

Schulte, J. 285

Schwartz, E. 12, 15, 23–24, 27–28, 32, 35, 57, 68–69, 75, 95, 97–99

Sellin, G. 433, 554, 628

Setzer, C. 1, 3, 76

Sider, R. 547–548

Simonetti, M. 595

Siniscalco, P. 18–19, 219, 491, 532–533, 542, 601, 731

AUTORENREGISTER

Spanneut, M. 117
Staats, R. 618
Stählin, O. 11, 23–24
Stemberger, G. 555
Stölting, G. 214, 731
Strutwolf, H. 187, 210, 238, 243–244, 328–331, 443–444, 487–490, 492, 499, 503–506, 509, 511, 514, 516, 519, 521, 526–527, 529, 572, 583, 588, 590, 592–596, 601, 732
Summerell, O.F./Zimmer, Th. 653, 670
Swanson, R.J. 535, 538

Theiler, W. 684
Till, W. 502, 505–506
Tobon, M. 605
Torrance, T.F. 397
Trelenberg, J. 23, 211, 731

Ulrich, J. 611
Unnik, W.C. van, 488, 497
Uthemann, K.-H. 332, 596, 605, 608

Vaillant, A. 710
Vermander, J.-M. 63, 76, 109–114, 570
Vinzent, M. 76, 81, 522
Vitores, A. 235–236
Vivian, T. 601–602
Vogt, H.J. 581

Völker, W. 330–332
Volp, U. 1
Volz, P. 555
Voss, B.R. 709, 711–712

Walzer, R. 389
Wellmann, M. 357, 374
Westendorf, W. 504, 511, 527
Whealey, A. 34, 599
Whittaker, J. 653, 670
Winden, J.C.M. van 61–62, 309–310
Wöhrle, G. 351
Wolff, Chr. 722
Wucherpfennig, A. 187–188, 511
Wyrwa, D. 185–186, 439, 677–678, 732

Zachhuber, J. 332
Zahn, Th. 726
Zandee, J. 502, 504
Zeegers-Vander Vorst, N. 2–4, 12, 15–17, 20–22, 24–25, 28, 41, 46, 48, 50, 57–58, 62, 67–68, 75, 77, 79–81, 86–87, 95, 98, 100–101, 109–110, 116, 118–119, 121, 127–133, 197, 227, 398, 426, 447, 454, 480, 627–628, 672
Zemp, P. 323, 327, 329, 331
Zintzen, C. 413

Printed in the United States
By Bookmasters